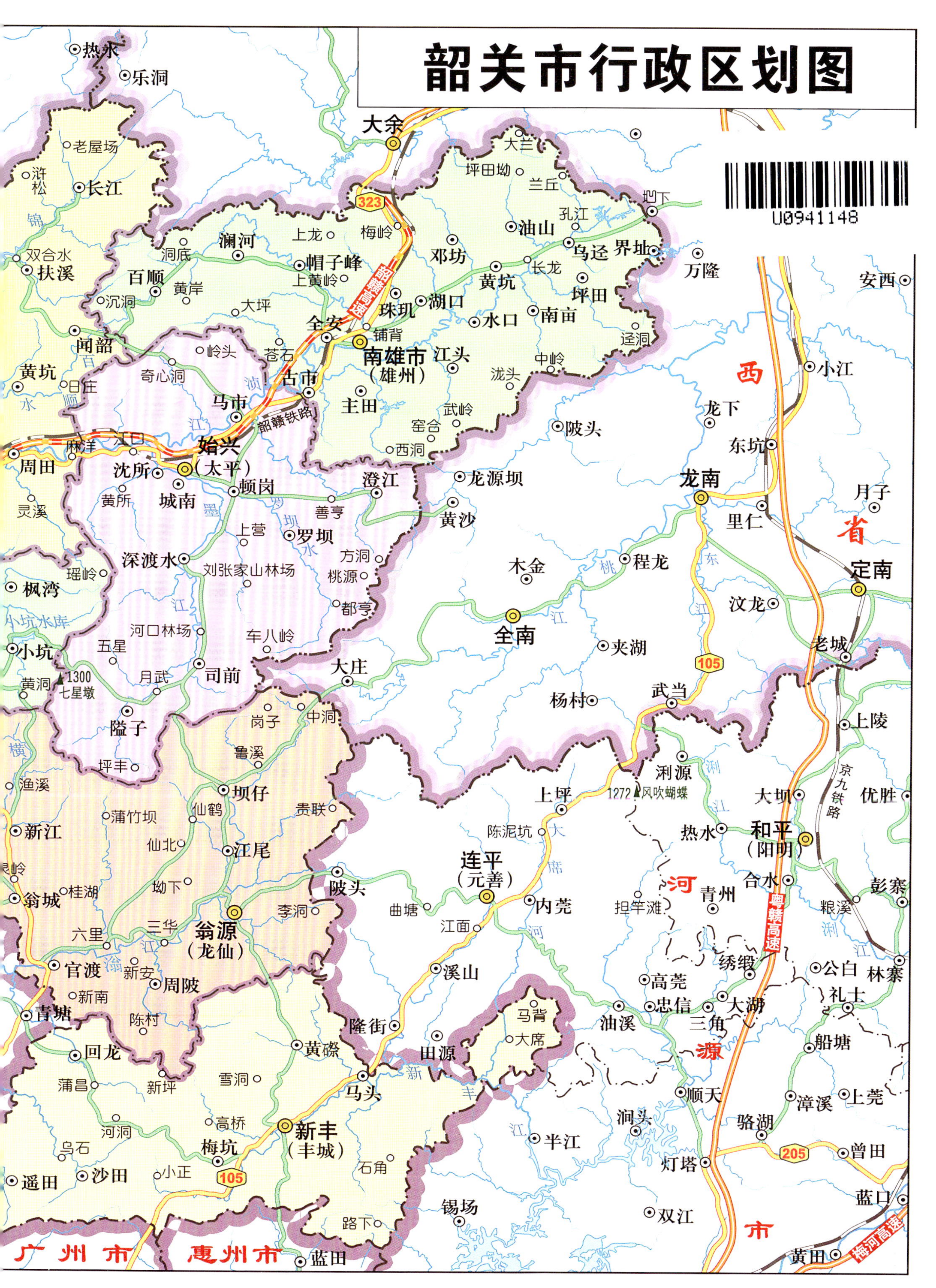

韶关市行政区划图
U0941148
热水
乐洞
大余
老屋场
许松
长江
锦
双合水
扶溪
沉洞
闻韶
黄坑
日庄
百
水
顺
周田
灵溪
瑶岭
枫湾
小坑水库
小坑
黄洞
1300
七星墩
横
渔溪
新江
翁城
桂湖
官渡
新南
青塘
回龙
蒲昌
新坪
乌石
河洞
遥田
沙田
小正
广州市
惠州市
蓝田
323
韶赣高速
大兰
坪田坳
兰丘
孔江
坳下
油山
邓坊
乌迳
界址
万隆
长龙
黄坑
坪田
湖口
南亩
水口
迳洞
中岭
泷头
武岭
窖合
西洞
澜河
洞底
百顺
黄岸
大坪
上龙
梅岭
帽子峰
上黄岭
珠玑
全安
铺背
南雄市
（雄州）
江头
主田
岭头
苍石
奇心洞
古市
马市
浈
江
韶赣铁路
麻洋
江口
始兴
（太平）
沈所
城南
顿岗
黄所
墨
罗
坝
善亨
上营
罗坝
水
深渡水
刘张家山林场
方洞
桃源
都亨
澄江
江
河口林场
五星
车八岭
月武
司前
隘子
坪丰
岗子
中洞
鲁溪
坝仔
仙鹤
蒲竹坝
贵联
仙北
江尾
坳下
李洞
三华
六里
翁源
（龙仙）
江
滃
新安
周陂
陈村
黄磜
雪洞
高桥
梅坑
105
新丰
（丰城）
石角
路下
马头
新
丰
江
隆街
溪山
田源
马背
大席
陂头
曲塘
江面
连平
（元善）
内莞
陈泥坑
大
席
河
上坪
1272
风吹蝴蝶
涧源
热水
龙源坝
黄沙
陂头
木金
全南
桃
江
程龙
夹湖
大庄
杨村
武当
龙南
东
江
里仁
龙下
东坑
小江
月子
西
省
定南
汶龙
老城
上陵
京九铁路
大坝
优胜
和平
（阳明）
合水
彭寨
粮溪
浰
江
青州
担竿滩
河
粤赣高速
绣缎
高莞
忠信
油溪
三角
大湖
源
公白
林寨
礼士
船塘
顺天
漳溪
上莞
涧头
半江
骆湖
灯塔
205
曾田
锡场
双江
市
蓝口
黄田
梅河高速
安西

韶关年鉴

SHAOGUAN NIANJIAN

2014

韶关年鉴编纂委员会　编

方志出版社
Publishing House of Local Records

图书在版编目（CIP）数据

韶关年鉴. 2014 /《韶关年鉴》编纂委员会编. --北京：方志出版社，2014.9

ISBN 978-7-5144-1375-5

Ⅰ. ①韶… Ⅱ. ①韶… Ⅲ. ①韶关市-2014-年鉴 Ⅳ. ①Z526.53

中国版本图书馆CIP数据核字(2014)第223733号

韶关年鉴(2014)

编　　者:《韶关年鉴》编纂委员会
责任编辑: 刘方圆

出 版 人: 冀祥德
出 版 者: 方志出版社
（北京市朝阳区潘家园东里9号（国家方志馆4层）
邮编　100021
网址　http://www.fzph.org
发　　行: 方志出版社发行中心
（010）67110500
经　　销: 各地新华书店
印　　刷: 韶关市典经社彩印有限公司

开　　本: 889×1194　1/16
印　　张: 41.2
字　　数: 1125千字
版　　次: 2014年9月第1版　2014年9月第1次印刷
印　　数: 0001~3000册

ISBN 978-7-5144-1375-5/K·1121　定　价：260.00元

编 辑 说 明

一、《韶关年鉴》是由中共韶关市委领导、市人民政府主持、市史志办公室组织实施、各承编单位共同参与编纂的综合年鉴，《韶关年鉴》以马克思列宁主义、毛泽东思想、邓小平理论、“三个代表”重要思想为指导，深入贯彻落实科学发展观，全面、系统地载录本行政区域内自然、政治、经济、文化、社会等方面基本面貌和发展情况，为全市资料性文献，每年编纂出版一卷。

二、《韶关年鉴（2014）》采用分类编辑法。主体内容设类目、分目、条目三个结构层次，以条目为基本记载单元。全书条目的标题统一用黑体加【】表示，少数包含多方面资料的条目则在文内用楷体标题标明各段资料的主题。

三、《韶关年鉴（2014）》主要反映2013年韶关市各项事业发展的基本情况。年鉴分正文和彩页两大部分，彩页主要反映年内全市政务活动、行业成就、城乡新貌；正文内容由特载、大事记、行业专文、县（市、区）概况、人物、社会经济统计资料、附录等组成。全书共32个类目、224个分目和1789个条目，计1125千字，彩页86幅。

四、由于机构的变更以及新机构的产生，本年鉴编目设计在上一年的基础上，对个别栏目的编排进行适当调整，并增加少量分目和条目，使编目更加科学和完整。

五、本年鉴统计数据采用法定计量单位（少量计量单位仍用“亩”、“公里”、“吨”），统计数据以韶关市统计局提供的数据为准，统计局无此数据的则使用单位统计数据。

六、本年鉴撰稿人一般在文末标出，部分特殊内容的作者在标题下方标出。

七、本年鉴配备双重检索系统，书前刊有目录，书后配有索引。索引采用主题分析法，款目按汉语拼音字母顺序排列。

八、本年鉴的编辑出版工作得到全市各级党委、政府的支持和各有关单位的通力合作，在此谨表谢意。书中疏漏之处，敬请批评指正。

《韶关年鉴》编纂委员会

《韶关年鉴》编辑部

目　录

特　载

大事记

全市概况

中国共产党韶关市委员会

韶关市人民代表大会及常务委员会

韶关市人民政府

政协韶关市委员会

纪检·监察

民主党派·工商联

群团组织

地方军事

法　治

经济管理

工　业

农·林·水·气象

商业·贸易

财政·金融·保险

旅游·服务业

交　通

邮政·电信

城乡建设·环保

教　育

科　技

文　化

卫生·体育

社会生活

重点企业

重点市属企业

县（市、区）概况

人 物

统计资料

附 录

索 引

数字韶关·2013

经济平稳发展

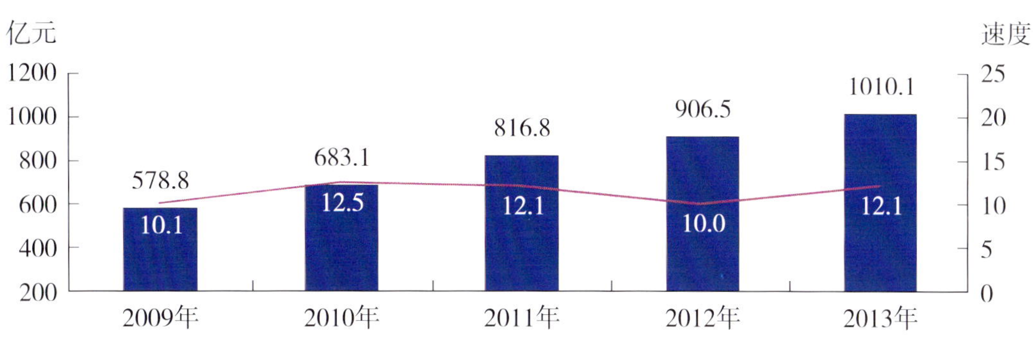

地区生产总值（当年价，亿元）及增长速度

区域经济协调发展

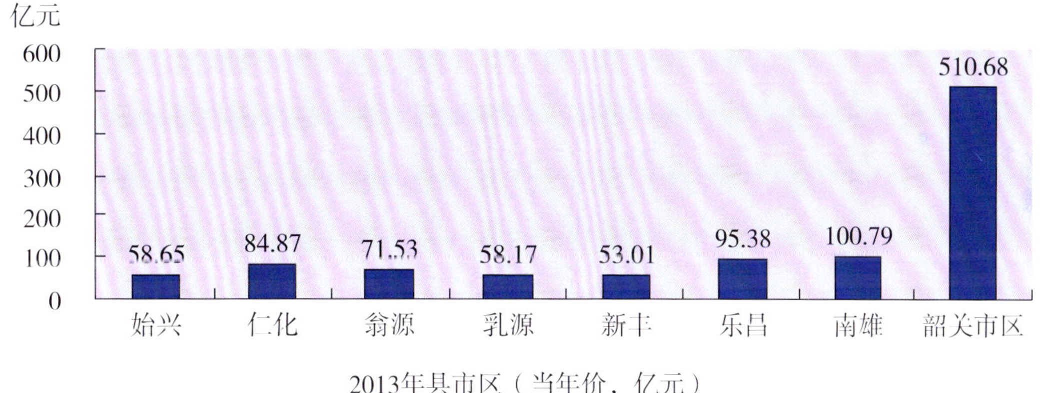

2013年县市区（当年价，亿元）

经济结构明显优化

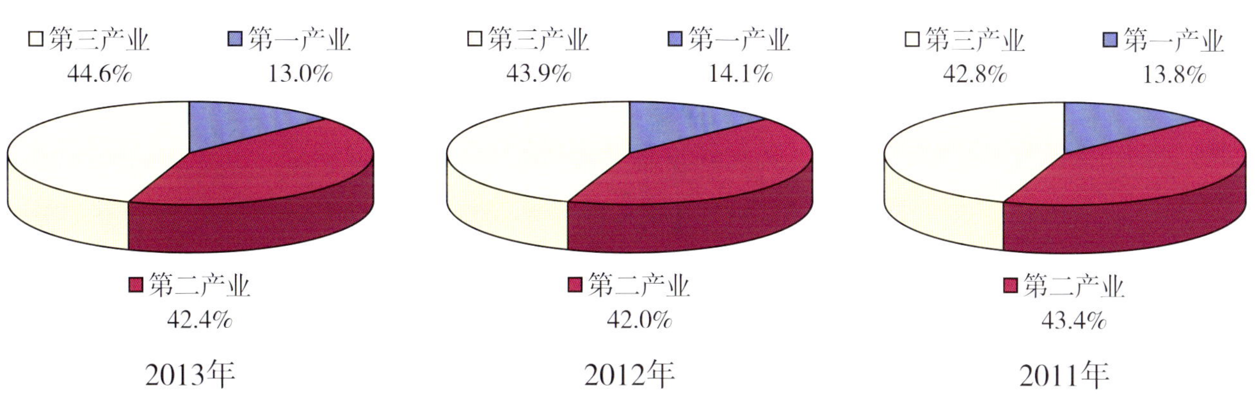

消费需求旺盛

社会消费品零售总额（亿元）及增速

发展后劲增强

固定资产投资（亿元）

城乡居民收入快速增长

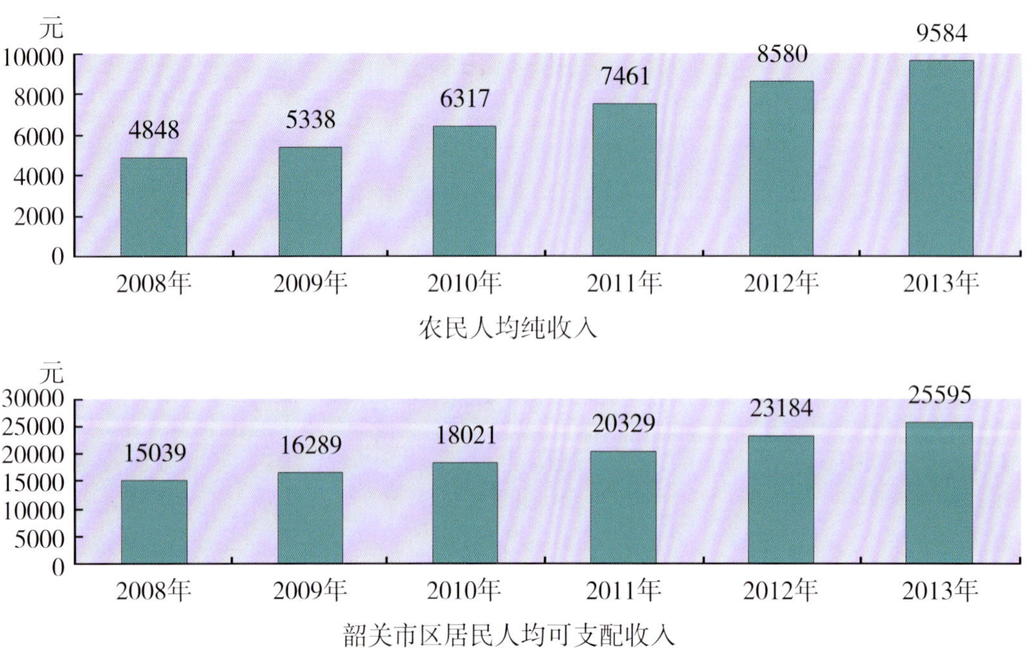

韶关市区居民人均可支配收入

7月10日，中国共产党韶关市第十一届四次全体会议在市会议中心召开　　（童铜韶　摄）

2月27日，韶关市第十三届人民代表大会第三次会议在市会议中心开幕　　（童铜韶　摄）

2月26日至28日，中国人民政治协商会议第十一届韶关市委员会第二次会议在市会议中心召开

（童铜韶　摄）

2月25日，中国共产党韶关市第十一届纪律检查委员会第三次全体会议在市会议中心召开

（张为　摄）

6月16-17日，中共中央政治局委员、省委书记胡春华（右三）在市委书记郑振涛（右二）的陪同下，到丹霞冶炼厂了解企业发展情况

（童铜韶　摄）

8月21-22日，中共中央政治局委员、省委书记胡春华（右四）一行在市委书记郑振涛（左三）陪同下在韶关考察，图为在乳源县一六镇凌角碰村考察“8·15”洪灾后救灾复产情况

（潘志立　摄）

6月28日，省委副书记、省长朱小丹（右）到浈江区十里亭镇五里亭村慰问80岁老党员古静峰，送去了党和政府的关怀与温暖

（潘志立 摄）

12月3日，省人大常委会主任黄龙云（右）、市委书记、人大常委会主任郑振涛（左）在韶关学院为地方立法研究评估与咨询服务基地揭牌

（潘志立 摄）

7月1日，澳洲新南威尔士州上议院议员王国忠一行8人到韶关市访问。图为王国忠（左六）代表团一行与市领导郑振涛（右五）、孔云龙（左五）合影

（市外事侨务局　供稿）

11月6日至8日，韩国荣州市议会议长朴南绪等一行6人对韶关市进行友好访问。图为市委书记郑振涛（右）会见朴南绪（左）一行

（市外事侨务局　供稿）

11月14日至16日，市委书记、市人大常委会主任郑振涛率市政府代表团一行5人访问友好城市美国旧金山市。图为旧金山市市长李孟贤（左）与市委书记郑振涛（右）会见时的情景

（市外事侨务局　供稿）

10月28日，市委书记郑振涛（右）、市长艾学峰（左）为芙蓉新区管理委员会揭牌（童铜韶　摄）

11月7日，有关领导（自左向右）：陈仲球、王其俊、林旺南、刘次英、罗斌、孔云龙、龙永图、郑振涛、许志新、钟裕荣、张耀华、张济民、尹成枝在首届韶关装备及零部件展览会开幕式上剪彩（潘志立 摄）

11月8日，第三届广东装备制造业高峰论坛暨中国机械博士大会，市长艾学峰（中）与德国工商大会广州代表处总经理Peter Helis（贺励平左一）交谈（潘志立 摄）

4月26日，市政协主席李飞（前排左二）到南雄调研督导产业转移园建设

（叶明　摄）

市区开展拆除“两违”建筑物行动，市人大常委会常务副主任、党组副书记李石保（前排右二）等在拆除现场了解拆除情况

（市城管局　供稿）

年内，市区开展了声势浩大的拆除“两违建筑”行动。图为韶关学院西区大门对面教师公寓汽车站旁的违建物拆除现场

（市城管局　供稿）

12月间，在韶关市区开展拆除“两违建筑”行动　（童铜韶　摄）

建设中的广乐高速公路乌石大桥
（王政文　摄）

建设中的广乐高速公路一景
（王政文　摄）

4月24日，市政协副主席王乙未率领政协委员视察赣韶铁路建设情况
（叶明　摄）

建设中的韶赣铁路一角　（赖金棠　摄）

1月6日，S248线改造工程动工

（童铜韶　摄）

7月9日，广东北江中学综合楼开工，该楼计划总建筑面积19695.98平方米，总投资5584.69万元，由香港交银集团旗下的蝶峦地产有限公司全资捐建

（童铜韶　摄）

9月26日，位于西联新城恒大酒店动工建设，该酒店规划建设43层，高达185米，将成为韶关市又一地标性建筑

（童铜韶　摄）

3月9日上午，韶关市民心工程之一——粤北医院急门诊大楼落成，（左起）省卫生厅副厅长廖新波、市领导郑振涛、李飞、李石保、陈波、兰茵等参加落成仪式　　（潘志立　摄）

9月27日，韶关纯电动出租车投放仪式在韶关火车东站举行，市领导郑振涛、艾学峰、孔云龙、邹永松等出席仪式

（童铜韶　摄）

10月29日，世界张氏总会第六届恳亲大会在韶关举行，来自马来西亚、泰国、印尼、新加坡等40多个宗亲会及国内20多个省市70多个宗亲会3000多人参加大会

（童铜韶　摄）

10月31日，世界张氏总会第六届恳亲大会韶关招商环境推介会在韶关召开。图为项目签约现场

（童铜韶　摄）

图为世界张氏总会第六届理事会就职典礼　（童铜韶　摄）

10月30日上午，九龄纪念公园举行揭幕仪式，来自海内外的3000名张氏宗亲参加公园揭幕仪式。

九龄纪念公园在原武江区西河镇田心村张九龄家族墓地基础上修建，公园按照唐代建筑风格设计建造，由门楼牌坊、停车场、诗词碑廊、张九龄陈列馆和张氏源流馆等组成

（童铜韶　摄）

（邓培雄　摄）

图为新建成的九龄园门楼（下）、碑廊（右）、园内张九龄雕像（左）　（邓培雄　摄）

六祖大师涅槃1300周年暨曹溪讲堂落成

（童铜韶　摄）

9月7日上午，纪念六祖惠能圆寂1300周年大会在“禅宗祖庭”韶关南华禅寺隆重召开。大会还举行了《南华寺》特种邮票首发启动仪式，中国邮政集团公司领导宣读了邮票发行通告，有关领导共同触球启动邮票首发

（童铜韶　摄）

9月7日，纪念六祖惠能大师圆寂1300周年大会在韶关学院会议中心举行　（童铜韶　摄）

11月3日，2013年瑶族“十月朝”暨乳源瑶族自治县成立五十周年庆祝大会在乳源县城举行

（潘志立　摄）

在涂志伟美术馆落成式上美国油画家协会主席尼尔·帕尔森先生代表美国油画家协会为涂志伟先生授予终身成就奖

（潘志立　摄）

10月29日，投资6000万元，建筑面积18000多平方米的涂志伟美术馆在翁源落成　（潘志立　摄）

2013年，韶关市民心工程之一的东堤北路改造工程——百年东街建成并逐步投入使用，该项目为综合性商业项目，全长1.3公里，总占地面积9万平方米，总建筑面积为8万平方米，其中商业建筑面积5万平方米

百年东街旧景 （王政文　摄）

百年东街新景 （王政文　摄）

广州会馆（邓培雄　摄）

百年东街夜景　　（邓培雄　摄）

百年东街新门楼　　（邓培雄　摄）

广富新街（旧景）（邓培雄　摄）

“8·15”洪灾使大量农田被浸　（童铜韶　摄）

“8·15”洪灾，韶关市武江区惠民北路被浸
（邓培雄　摄）

“8·15”洪灾，韶关市第七中学水浸情形　（邓培雄　摄）

8月17日，武警韶关支队官兵在乐昌市梅花镇坪溪村进行抗洪抢险

（武警韶关支队　供稿）

3月27日，京珠高速公路一挂车起火，图为韶关市消防支队官兵正在现场灭火

（韶关消防支队　供稿）

5月16日，武警韶关支队官兵在翁源县营救被困群众　（武警韶关支队　供稿）

6月1日，韶关市举办“关爱孤残儿童，共建和谐家园”文艺活动。图为活动现场

（赖金棠 摄）

5月1日，在中山公园举行汽车文化节活动

（市文广新局 供稿）

6月10日，2013韶关市“体彩杯”龙舟赛在市区举行。图为比赛现场

（赖金棠 摄）

2013年韶关市元旦环城跑 （潘志立 摄）

2013年全国第一届暨韶关市第四届无偿献血志愿者“成人礼”在市区中山公园举行

（市红十字　供稿）

2月3日，韶关市党政军民迎春联欢晚会在韶关剧院举行

（市文广新局　供稿）

2月10日晚，武警韶关支队官兵执行“岭南名郡·魅力韶关”烟花晚会安保任务

（武警韶关支队　供稿）

2月10日大年初一晚，韶关市区举办的春节烟花晚会，图为烟花晚会现场

（市城管局　供稿）

乐昌五山梯田　　（王政文　摄）

丹霞风光　　（王政文　摄）

韶关市华南虎驯养繁育研究基地位于韶关市南郊国家森林公园内，于2008年建立，基地占地面积30公顷。由科普教育区、驯养繁育区、野化驯练区组成，是目前国内规模最大的华南虎繁育研究基地。韶关华南虎驯养繁育研究基地集科学研究、科普教育和生态旅游一体，已成为中国华南虎驯养繁育研究重要基地和“广东省生态旅游示范基地。基地自2008年底引入一雄一雌两只华南虎“王子”和“公主”后，在5年的时间内共诞下11只虎崽，除一只不幸夭折外，10只虎宝宝正茁壮成长。

（照片提供：雷胜桥）

2013年3月16日，广州军区政委魏亮中将（中）视察韶关

韶关军分区 SHAOGUAN JUNFENQU

政治合格　军事过硬　作风优良　纪律严明

2013年9月3日，广东省军区司令员盖龙云少将（右二）视察韶关

2013年1月11日，韶关军分区党委十届九次全体会议召开

2013年5月7日，韶关军分区召开政治委员调整命令大会

2013年8月1日，韶关军分区召开征兵宣传动员大会

2013年7月1日，参加广东省扶贫济困日捐款活动

2013年5月27日，韶关军分区组织民兵进行冲锋舟训练

2013年8月18日，韶关军分区首次跨区机动至英德市抗洪救灾

2013年7月1日，韶关军分区领导机关参观八旬退伍老兵30年如一日坚持升国旗先进事迹

2013年10月12日，韶关军分区组织民兵专业技能比武竞赛

中共中央政治局委员、省委书记胡春华（左四）在市委书记郑振涛（左三）、副市长、公安局局长李安平（左一）的陪同下视察乳源县公安局游溪派出所

韶关市公安局是市政府主管全市公安工作的部门，主要承担预防和打击各类违法犯罪，开展交通、消防、治安等各项管理，维护公共安全，办理出入境、治安、户政业务，承担重大活动安全保卫和重要人员警卫等职责。

2013年，全市公安机关在市委、市政府和省公安厅的正确领导下，认真贯彻落实十八大、十八届三中全会精神，紧紧围绕创建“平安韶关”的总目标，努力为全市经济社会发展、人民群众安居乐业创造和谐稳定的社会环境，公安工作和队伍建设都取得了可喜的成绩：妥善化解处置了一批矛盾纠纷和突发事件，维护了全市社会大局稳定。突出主业，严厉打击各类违法犯罪活动，成功破获了“亮碧思”传销案，受到公安部和省公安厅表扬。组织开展社会治安视频监控系统建设，基本建成了全天候、广覆盖的社会治安视频监控网络。加强执法规范化建设，严格案件审核把关，市局行政复议、行政诉讼连续4年“零变更、零撤销、零败诉”。积极推进“百项工程兴韶关”项目，完善了市区道路标识设置，在市区30条主干道施划了自行车道。积极落实从优待警措施，成功举办了全市第一届公安系统运动会，丰富了警营文体生活。年内，市公安局被评为“广东省扶贫开发‘规划到户、责任到人’工作优秀单位”。

副市长、市公安局局长李安平（中）慰问困难群众

开展听民意改行风活动

举行被盗抢机动车发还大会

集中销毁赌博游戏机

依法查处无牌无证车辆

成功破获亮碧思传销案

举办全市公安系统第一届运动会

在科技周活动上展示排爆机器人

参加广东省公安特警队2013年粤北片区跨区域演练暨比武活动

武警韶关市支队

WUJINGSHAOGUANSHIZHIDUI

武警广东省总队司令员许亚非（右一）慰问支队参加卫士－13演习官兵

武警广东省总队政委陈杭（右三）莅临支队检查指导工作

12月26日，武警韶关支队新作战指挥中心举行落成庆典

5月16日，武警韶关支队官兵在翁源县营救被困群众

8月20日，武警韶关支队官兵为乐昌市受灾群众送粮食

2月10日晚，武警韶关支队官兵执行“岭南名郡·魅力韶关”烟花晚会安保任务

3月25日，武警韶关支队在浈江区黄竹晶苑希望小学开展捐资助学活动

12月25日，武警韶关支队参加“粤联－2013·韶关”军地联合演习

5月21日，武警韶关支队组织卫士－13演习

武警韶关市消防支队

WUJINGSHAOGUANSHIXIAOFANGZHIDUI

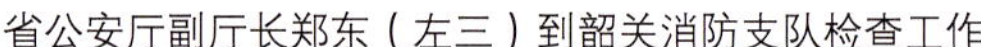
省公安厅副厅长郑东（左三）到韶关消防支队检查工作

省消防总队政委陈国祥调研指导韶关消防工作

武警韶关市消防支队，又称韶关市公安消防支队，成立于1987年1月1日，位于韶关市武江区工业东路23号，1992年9月加称韶关市公安消防局，下设司令部、政治处、后勤处、防火处4个部门，辖1个培训基地、10个大队、14个中队。此外，全市有政府专职消防队4个、企业专职消防队10个，承担着韶关市防火、灭火和应急救援任务。

2013年，是全市消防部队承上启下、高效发展、再创佳绩的重要一年。一年来，全市消防部队在总队党委、市委市政府和市公安局的坚强领导下，紧紧抓住科学发展不放松，同心同德，攻坚克难，圆满完成各项工作任务，实现“火灾形势和部队管理双稳定”的总体目标，翻开了韶关消防崭新的一页。全市消防部队共接警出动3457次，抢救遇险群众1229人，保护财产价值11.5亿元，成功处置了“6·3”京港澳高速保险粉货车灭火救援、“5·16”、“8·17”抗击洪水台风灾害救援等“急难险重”任务，受到地方政府和人民群众的一致好评。支队被公安部消防局评为“先进支队党委”，被省总队评为“先进支队级党委”、“五无”先进支队等荣誉，市政府给予支队记集体二等功。1个中队被公安部消防局评为“抗洪抢险救灾先进单位”，3个中队荣立集体二等功，4个中队荣立集体三等功，7人荣立二等功，62人荣立个人三等功。

市政协主席李飞亲切慰问消防部队

副市长李安平（中）带队检查消防安全工作

“3·27”京港澳高速货车火灾扑救

“6·3”京港澳高速保险粉货车火灾救援

消防知识宣传教育

开展隧道灾害事故跨区域实战演练

荣获首届全省消防部队日常实战化会操“团体一等奖”

韶关市地方税务局

2013年8月27日，8·15洪灾过后，市委副书记陈向新（右二）、市地税局局长王中高（右三）到市地税局扶贫点官渡镇河边村调研受灾情况，并深入灾民家中慰问

2013年11月26日，市地税局在二楼会议室召开税收优惠政策落实专题税企座谈会，武江、浈江区纳税人代表参加了会议，图为省地税局副巡视员黄和平（右二）在座谈会上

2013年11月11日，市地税局在市人民银行举办“金税通”掌上办税系统启动仪式，图为局长王中高（前右一）在启动仪式上

2013年3月19日，市地税局到韶铸集团开展“连心桥”活动，图为局长王中高（中）在车间调研

2013年5月15日，市地税局扶持扶贫点汤盆村建设的龙泉三级水电站并网发电，图为局长王中高（左一）与韶铸集团董事长沐清路（右一）在并网启动仪式上

2013年8月9日，市地税局局长王中高（右四）与韶关市工、农、中、建四大商业银行的行长签订协税护税协议，在全省开创了地税部门与银行协税护税合作的先河

2013年4月1日，市地税局举行“韶关市中小学生税收宣传展馆”启用暨税宣月启动仪式，图为市地税局副局长陈红光（左二）、副局长苏韶娟（左三）参加启用仪式

2013年3月9日，市地税局青年志愿服务队在风度广场开展志愿服务活动

2013年9月16日，省地税局廉政文艺轻骑队在韶关影剧院演出廉政教育情景剧——《心灵的对话》，图为演出现场

市检察院检察长阙定胜在市十三届人大三次会议上作检察院工作报告

韶关市人民检察院

SHAOGUANSHIRENMINJIANCHAYUAN

http://www.sgjc.gov.cn/

澳门廉政公署组织新入职人员到市检察院学习反腐经验

2013年，全市检察机关紧紧围绕十八大关于全面推进依法治国、加快建设社会主义法治国家的战略部署，积极服务经济社会发展大局，各项检察工作取得了新的成绩：突出打击危害群众安全感、危害公共安全以及食品安全的犯罪活动，共批准逮捕各类刑事犯罪案件1321件2101人，提起公诉1293件1890人。持续加大职务犯罪查办力度，共立案侦查贪污贿赂犯罪案件110件126人，其中大案99件，要案1件；渎职侵权犯罪案件37件40人，其中重特大案件15件；为国家挽回经济损失8479万元。积极构建大预防网络，打造具有韶关品牌特色的预防文化氛围，进一步丰富韶关警示教育基地内容，组织新进公务员队伍、新提拔人员、市直机关新党员等“三新人员”、干部家属、私营企业管理人员接受教育，共接待省内外99个单位3978人次参观学习；联合多家单位举办了第二届“扬三江正气、树六岸清风”反腐倡廉辩论赛活动，各县市区党委及相关单位共组织24支辩论队参赛，6600多名党员干部到场观赛互动；编辑整理40多起本地未成年人犯罪典型案例，投入近30万元，制作了巡展图片、读本、光碟、网络视频和公益广告，联合多家单位开展“未成年人犯罪治理与预防巡回展览”活动，全市50多所初高中学校、3万多人参观了巡展，400多所学校40多万学生受到教育。加强自身建设，自觉接受人大监督和政协民主监督，深入推进阳光检务，系统实施文化育检工程，提振检察队伍的“精气神”。

2013年，韶关警示教育基地被评为全国检察机关“百优”预防职务犯罪警示教育基地；市检察院反渎职侵权局被评为“全国检察机关严肃查办危害民生民利渎职侵权犯罪专项工作先进集体”；市检察院公诉科被授予“广东省青年文明号”；在全省130个基层检察院两年一次的检察业务量化综合考核统一排名中，韶关市10个县级基层检察院均位列前50名，其中5个位列前30名。

举办第二届“扬三江正气、树六岸清风”廉政辩论赛

不定期对车辆使用情况进行明察暗访，强化内部监督

举办“检察开放日”活动，增强检察工作透明度

开展“举报宣传周”活动，接受群众举报和法律咨询

举办主题演讲比赛等各类文体活动，提升干警素质

举办“未成年人犯罪治理与预防”巡回展览，关爱青少年成长

强化法律监督　维护公平正义

韶关市中级人民法院

SHAOGUANSHIZHONGJIRENMINFAYUAN

8月8日，省法院党组成员、副院长王勇（左三）一行在北江监狱观摩了韶关中院减刑案件的庭审并给予高度评价

10月22日，市委常委、市委副书记陈向新（中）到韶关中院调研指导工作

8月5日至16日，韶关中院班子成员率队分赴10个县（市、区），广泛征询了140位市级以上人大代表的意见和建议

2013年，全市法院深入贯彻落实党的十八大和十八届三中全会精神，紧紧围绕全市工作大局，充分发挥审判职能，各项工作取得新成效。一是审判质效有新提升。共受理各类案件31553件，办结31046件，法定（正常）审限内结案率为99.68%。排头兵核心指标达标率为85.71%，居全省中上水平。二是服务大局有新作为。注重发挥职能作用，积极参与社会管理，妥善处理了韶关印染总厂系列破产案等一批重大、敏感案件，针对行政职能部门和行业协会工作中的问题提出司法建议292份，采纳率达75%。三是机制创新有新举措。市中院推行审委会委员列席基层法院审委会工作新机制，邀请律师界人大代表、政协委员评查案件，建立公民代理审查机制。浈江法院率先推行少年审判合适成年人制度，始兴法院建立“涉老”审判机制。四是司法为民有新成效。共为确有困难的当事人减、缓、免交诉讼费242.59万元，在立案大厅安装导诉服务触摸屏，增设银行“POS”机，共参与诉前联调案件610件，调解成功率达99.34%。五是司法公开有新突破。市中院广泛征询人大代表的意见和建议，办理的重点政协提案受到领衔督办领导市委书记郑振涛的充分肯定，召开律师代表座谈会促进法官与律师互动。全市法院相继实行随案向当事人发放廉政和审判作风监督卡、执行工作联系卡等制度，促进司法廉洁规范。健全审判流程公开机制，推进数字法庭建设，实现“一院一网站”，推动生效裁判文书上网，司法宣传工作位居全省第3名。六是队伍建设有新气象。开展了审务督察、窗口服务满意度测评工作，严格公务接待和公车管理，推进党建工作经常化、特色化。通过上述活动，干警司法作风明显改善，涌现出一批先进典型，如市中院刑一庭被评为全国法院刑事审判工作先进集体、乐昌法院坪石法庭被评为全国法院先进集体。

8月22日，韶关中院召开全市各律师事务所均派代表参加的座谈会，进一步促进了法官与律师良性互动

7月2日至22日，韶关中院邀请7名律师界人大代表、政协委员随机抽取76宗案件进行评查

6月26日，韶关中院法官应邀为全市食品生产加工企业法制培训班授课

4月26日，一宗民事案件的双方当事人在法官的主持下达成调解协议，并当场履行完毕

4月19日，韶关中院开展“学习新党章·重走革命路·重温入党誓词”活动，在战时广东省委机关旧址红围宣誓

武江区

——历史名城 活力新城

2013年8月22日，中共中央政治局委员、广东省委书记胡春华（前排中）一行在市委书记、市人大常委会主任郑振涛（前排左一）陪同下视察武江区“8·15”洪灾后救灾复产情况。图为在武江区重阳镇水口村视察灾情

2013年2月4日，省长朱小丹（右一）到武江区惠民街党代表工作室接访群众

2013年11月1日，市委书记、市人大常委会主任郑振涛（前排左一）到武江区甘棠产业园视察

2013年12月11日，市长艾学峰（左三）到武江区甘棠园区调研

武江区乃粤北古邑，文化底蕴深厚，钟灵毓秀，曾孕育唐朝宰相张九龄、宋朝尚书余靖、清代文学家廖燕、革命烈士欧日章、抗日名将欧震等许多名人志士。20世纪60年代的“三线建设”，使其形成基础的重工业体系，对韶关的工业化产生了深远的影响，其蕴蓄的技术基础和造就的强大产业技术工人队伍，仍然为武江的后续发展提供了强大的支撑。

辖区内的韶关芙蓉新城开发建设，更是给武江带来新的发展优势和机遇。京广铁路、武广高速铁路、京珠高速公路、323国道越境而过，京珠高速公路西联互通立交贯通四方，是武江得天独厚的交通区位优势；莞韶工业园、武江科技工业园、沐溪工业园聚集发展，沃尔玛、益华百货、前进国际装饰建材城、倚山商务酒店等知名商贸企业落户武江，立足本土特色的产业聚集优势，催生韶关武江的“新天河”；良好的生态环境，房地产业迅速发展，碧桂园、恒大城、保利花园等一批房地产龙头企业先后进驻，信息服务业和基础教育、医院、文化体育、供水电气等公共服务业服务水平不断提升，各项城市功能配套设施不断完善，展现出环境优美、宜居宜业的新武江。

2013年3月，武江区党政班子领导组队到湖南郴州市工业园交流考察

2013年5月23日，区委书记、区人大常委会主任王德雄（右一）到武江区龙归镇检查灾后复产工作

2013年5月19日，军民合力清除灾后淤泥

2013年5月23日，武江区龙归镇灾后复产场面

2013年4月23日，广东省体育先进区揭牌

2013年 1月18日，武江区新华街爱心超市为困难群体发放爱心物资

2013年9月27日，武江区惠民街举行“庆国庆”社区文艺演出

2013年2月23日，区委书记、区人大常委会主任王德雄（左三）率队到芙蓉新城检查武江区西联镇赤水安置新村建设情况，走访武江科技工业园天恒液压等企业

2013年8月4日，武江区西联新村奠基

2013年10月16日，保利芙蓉新城项目在武江区正式动工

2013年11月27日，武江区甘棠园区首批企业入园暨动工仪式

2013年9月27日，美卓对韶瑞重工交割仪式在武江区举行

仁化县

——全国最美生态旅游示范县

仁化县位于广东省韶关市北部，行政区域面积2223.22平方公里。2013年，全县辖1个街道10个镇，年末户籍人口23.55万人，常住人口20.54万人，人口自然增长率6.96‰。全年全县有耕地面积2.135927万公顷，粮食播种面积1.63万公顷，粮食产量10万吨；林地面积17.36万公顷，森林覆盖率77.41%，活立木蓄积量0.1077亿立方米，竹林面积4.33万公顷。仁化物产资源丰富，是中国“有色金属”之乡，“古塔之乡”，素有广东省“毛竹之乡”“白毛茶之乡”“贡柑之乡”美誉。2013年，仁化县丹霞源水利风景区获“国家水利风景区”称号，仁化县被评为“全国最美生态旅游示范县”“中国好风光项目拍摄地”“广东省教育强县”“广东省药品安全示范县”“广东省2012年度旅游综合竞争力十强县(市)”。

2013年，全县：生产总值84.86亿元，比上年增长12.4%；人均地区生产总值41521元，增长11.4%；固定资产投资43.29亿元，增长25.1%；社会消费品零售总额20.69亿元，增长12.6%；外贸出口额758万美元，增长11.1%；实际利用外资1721万美元，增长12.9%；地方财政一般预算收入5.26亿元，增长15.9%；城镇居民人均可支配收入17976元，增长8.5%；农村居民人均纯收入10433元，增长12.1%；高中阶段教育毛入学率93%，九年义务教育巩固率100%；参加城镇职工基本养老保险3.8239万人，参加城镇职工基本医疗保险2.2672万人，参加城镇居民基本医疗保险1.7118万人；参加新型农村合作医疗16.0567万人，参加新型农村社会养老保险37340人。

3月25日，全国妇联副主席宋秀岩（前右三）在副市长兰茵、县长王晓梅陪同下到仁化石塘镇下中坌村委会调研

6月20日，市委书记郑振涛（前右一）在县委书记刘锋（右三）陪同下调研仁化县新型城镇化建设情况

9月23日，市长艾学峰（中）在县长王晓梅陪同下到周田金属工业园调研

2月5日，仁化县干群会客厅正式启用。图为县委书记刘锋（左二）在首场会客活动中与群众亲切交谈

8月28日，县委书记刘锋（左二）、县长王晓梅（右二）为“丹霞仁家”示范点之一喜洋洋休闲农庄揭牌

12月20日，县委书记刘锋（左）、县长王晓梅（右）在周田鑫三洲土特产交易中心展示仁化特产沙田柚

6月17日，中共中央政治局委员、省委书记胡春华（右二）在市、县领导的陪同下到始兴产业园区视察

2月9日，省委常委、常务副省长徐少华（右三）在市委书记郑振涛（右二）等领导的陪同下到始兴县在建的粤北残疾人就业培训中心施工现场调研

始兴县

——中国最美小城

10月16日，市长艾学峰（左二）到始兴调研，对始兴县“三区”建设发展思路和取得的成绩给予充分肯定

11月13日，召开加快乡镇发展现场会。县委书记范秀燎（前排左三）、县长杨思远（右二）带队深入全县各乡镇，逐一考察了全县十个乡镇的道路建设、社区居委会工作、三旧改造项目、示范名村建设、旅游开发项目和现代农业发展等方面的情况

2月1日，县长杨思远一行到在建的樱花谷进行调研，仔细察看在建工程的进展情况

4月23日，始兴县举行韶关冶炼厂整体搬迁升级改造工程项目用地框架协议签约仪式

千年古县——始兴，置县于三国吴永安六年（公元263），距今有1751年的历史。始兴县位于广东省北部，韶关市东部。东与江西省全南县相连，南与翁源县毗邻，西与仁化县交界，北与南雄市接壤。距韶关市60公里，韶赣高速、赣韶铁路、国道323线、省道244线及在建的湘深高速贯穿全境。

2013年辖9个镇1个乡。土地面积2174.12平方公里。始兴县耕地面积2.09万公顷，粮食播种面积1.42万公顷，粮食产量8.58万吨。林地面积15.47万公顷，森林覆盖率76.0%，活立木蓄积量1249万立方米。是全国商品粮基地和全国无公害蔬菜生产示范基地县；是中国枇杷之乡、杨梅之乡、围楼文化之乡。主要旅游景点有车八岭世界生物圈国家级自然保护区，“岭南第一大围”满堂客家大围、东湖坪客家民俗文化村、中共广东省委旧址红围、沈所铜钟寨性趣博物馆、深渡水瑶乡景区及刘张家山温泉度假村等。

2013年，始兴县被评为全省首个全国社会主义新农村档案工作示范县，被国家体育总局评为全国群众体育先进单位；沈所镇被国家卫计委评为全国人口和计划生育依法行政示范乡镇；罗坝长围村围楼列入全国第七批重点文物保护单位；太平镇调委会被司法部评为全国模范人民调解委员会。

8月14日，始兴县人民政府与广东中汇农业科技有限公司签订油茶种植加工项目

9月30日，始兴县全民健身广场建成启用

韶关市人力资源和社会保障局

SHAOGUANSHIRENLIZIYUANHESHEHUIBAOZHANGJU

2013年7月11日，副省长林少春率省人社厅、省总工会等相关部门负责人深入韶关市企业和社会保险经办机构，对企业劳资关系、社会保险等相关问题进行调研和指导

2013年4月28日，广东省高层次人才服务专区韶关分区在市人力资源市场挂牌成立，韶关市成为粤东、粤西、粤北唯一一个设立了高层次人才服务分区的地级市

2013年，韶关市人社局紧紧围绕“民生为本，人才优先”工作主线，圆满完成各项目标任务，被评为全省扶贫开发“双到”工作优秀单位，全国清理整顿人力资源市场秩序专项行动取得突出成绩单位，农村劳动力培训转移连续五年进入全省优秀行列。

一是就业培训工作凸显新亮点。制定落实积极就业政策，大力培育新的就业增长点，全市实现城镇新增就业5.4万人，城镇失业人员再就业4.3万人，城镇登记失业率为2.35%。完成全民技能提升培训16万人次。

二是社保体系建设实现新突破。推进社会保险城乡一体化建设，五大险种参保人数达到519.75万人次。整合社保、医保经办机构，组建韶关市社会保险服务管理局。

三是人事人才工作迈出新步伐。出台事业单位分类改革实施细则，建立全市统一公开招考机制。组建韶关市人才服务局，在粤东西北率先建立高层次人才服务专区。新增一家博士后科研工作站，新增专业技术人才4793人，新增高技能人才4000多人。

四是和谐劳动关系开创新局面。全市企业在岗职工劳动合同签订率达91.5%，参加和谐劳动关系示范区建设企业达45%。基层劳动争议调解组织建设覆盖率100%，劳动人事争议案件法定审限内结案率100%。劳动监察举报投诉案件结案率98%。

2013年8月29日，韶关市社会保障卡户籍人口全覆盖暨农信社发卡仪式在乐昌市北乡镇举行，标志着韶关市社会保障卡的服务范围，将由原来的参保人群拓宽到所有的户籍人口

2013年3月2日，举办韶关市2013年“南粤春暖”就业服务专场招聘会活动，为求职者提供就业岗位1.5万个

2013年“邮储银行杯”广东省创业创富大赛韶关赛区晋级赛于11月1日举行，乐昌农丰农场、南雄联合利农生态农业开发有限公司及0751mart.com网上生活超市3个参赛项目获得全省决赛资格

2013年10月，市人社局工作组入驻乳源县桂头镇塘头村开展对口帮扶工作。并在短短4个月内筹集资金140多万元，为该村铺设8.3公里自来水管道，解决了385户1250人安全饮用水的难题

中国农业银行股份有限公司韶关分行是中国农业银行辖属的一家二级分行。2013年，在美国《财富》杂志全球500强排名中，中国农业银行位列第64位；在英国《银行家》杂志全球银行1000强排名中，位列第10位。

中国农业银行韶关分行下辖15个一级支行、46个营业网点，198台ATM和30个自助银行遍布全市，县区覆盖率达100%，“惠农通”工程服务点293个。2013年，该行紧跟市委、市政府工作部署，加大信贷投放，大力支持“百项工程兴韶关”，圆老百姓的“住房梦”和“汽车梦”；全力推进企业文化建设，大力支持扶贫开发工作，积极承担社会责任。

2013年末，该行各项存款余额突破200亿元大关，达到207.8亿元，比年初增加14.6亿元；各项贷款余额达到98亿元，比年初增加9.2亿元；不良贷款保持“双降”。连续4年被省农行评为内控评价一类行，连续13年安全运营，荣获“全省农行文明单位”等荣誉称号。

Nonfemet

深圳市中金岭南有色金属股份有限公司
凡口铅锌矿

2013年，深圳市中金岭南有色金属股份有限公司凡口铅锌矿（简称“凡口铅锌矿”）面对有色金属产品价格下滑，安全环保压力大，生产和技改任务重等诸多困难，秉承“做不到，没有理由”的企业核心价值观，努力践行“高境界、高精度、高效率、高标准”的鹰文化，以勇于担当、敢于创新的拼搏进取精神推进各项工作，全矿员工统一思想，积极应对，真抓实干，攻坚克难，圆满完成了公司下达的各项工作任务，矿山保持了稳定的良好发展态势。

凡口铅锌矿以打造“本质安全型企业”为目标，不断完善和实施安全风险分级管理责任人制度，强化对安全风险的防控，保持良好的安全生产态势。2013年7月18日，井下实现安全生产7年，同年8月3日驻矿施工单位也实现安全生产4周年。

2013年，凡口铅锌矿主要围绕“降低尾矿库外排水BOD5浓度”和选矿回水利用开展环保工作，以“零排入”为目标，实现尾矿库外排水BOD_5、COD及重金属等污染因子实现稳定达标排放。

党群工作落地有声。严格抓好作风建设、深入开展党的群众路线教育实践活动，严格执行“八项规定”，开展丰富多彩的文体活动，全矿形成上下风正、气顺、人和局面，充满了积极向上、催人奋进的正能量，有力地促进了生产经营、降本增效等各项工作的顺利进行。

关心、关爱员工生活，定期慰问困难员工，形成了帮扶工作长效机制

矿党委围绕中心任务对基层单位深挂靠、强联系、改作风，营造了良好的工作氛围

地址：广东省韶关市仁化县凡口铅锌矿　邮编：512325

历经5年半完成的帷幕注浆截流工程，有效降低井下涌水量，以前齐腰深的-40米截流巷水流，现在不到30厘米深

井下安全避险六大系统，历时两年半建设，2013年6月15日通过验收。图为避险硐室

大力推广新工艺、新技术，启用电子网络爆破技术，极大提高井下采矿生产安全系数

2013年购买的井下炸药运输车，专门为远距离作业面运送爆破器材，既提高工作效率，又减轻工人劳动强度

2013年5月中旬，通过验收的尾矿库扩容及并库工程，有效增加库容量

韶关市文化广电新闻出版局

SHAOGUANSHIWENHUAGUANGDIANXINWENCHUBANJU

韶关市2013年党政军民迎春联欢晚会

韶关市非物质文化遗产宣传展示活动

2013社区文化辅导培训班

2013年，在市委、市政府的正确领导下，韶关市文化广电新闻出版局扎实推进文化建设，各项工作取得了新进展新成效：一是加大投入，文化硬件建设水平不断提升。全市9家公共图书馆达到三级以上标准，完成35个乡镇文化站达标任务，为122个村文化室配备了相关的文化设备，进一步提升了公共文化服务水平。二是贴近群众，文化惠民活动成效显著。完成14436场的农村电影放映年度任务，观众近100万人次，为基层群众带去了丰盛的文化大餐。如期完成7711户农村广播电视“户户通”工程建设任务，广大边远山区人民群众可收听收看到55套电视节目，47套广播节目，解决了边远山区广大农民群众收听收看好广播电视节目的问题，受到边远山区广大干部群众的好评。三是打造品牌，群众文化活动丰富多彩。会同有关部门组织策划了2013年新年音乐会、“我们的节日——欢度春节”文化活动、市党政军民迎春联欢晚会等一系列文化活动，丰富了群众文化生活。各地加强了群众文化活动品牌打造，乳源“瑶族十月朝”节庆文化活动荣获全省群众性文化活动优秀品牌称号，乐昌千人书画大赛荣获广东省“特色文化品牌”称号。四是服务大局，配合中心工作成绩明显。做好世界张氏总会第六届恳亲大会相关筹备工作，完成了张九龄家族墓地附属工程建设任务，新建了门楼、碑廊、九龄馆、张氏源流馆和广场、停车场等配套设施。“韶关欢迎您”和“世张之夜”两台晚会演出圆满成功，受到社会各界一致好评。配合市政府做好纪念六祖惠能圆寂1300周年暨2013广东禅宗六祖文化节（韶关）活动相关筹备工作。五是狠抓落实，文化遗产保护不断加强。全面启动辖区内第一次全国可移动文物普查工作。南粤雄关与古道、长围村围屋和丹霞山摩崖石刻入选第七批全国重点文物保护单位。市政府公布了第四批市级非物质文化遗产代表性项目名录。乐昌渔鼓等3个项目入选广东省第五批省级非物质文化遗产名录。六是加大力度，文化行业管理规范有序。加大文化市场监管力度，组织开展一系列专项行动，进一步净化了社会文化环境。七是加强文化交流与合作，提升韶关文化美誉度。加大与东莞市的文化交流合作，两市文化部门签订了莞韶文化交流合作意向书，建立了友好合作关系，开展了一系列文化交流合作活动，扩大了韶关文化的影响。

世界张氏总会第六届恳亲大会“韶关欢迎您”晚会

舞蹈《太阳·瑶鼓》获省第九届少儿艺术花会铜奖

韶关市道德讲堂总堂文化系统专题讲堂

韶关市第十一个“公民道德宣传日”暨“我们的节日”演出活动

特　　载

中共韶关市委十一届四次全会召开

2013 年 7 月 10 日上午，中国共产党韶关市第十一届委员会第四次全体会议召开。全会由市委常委会主持。全会深入学习中共十八大和省委十一届二次全会精神，贯彻落实胡春华在韶关调研时的重要讲话精神，研究部署加快推进新型工业化和新型城镇化工作，推动“两化”良性发展，为全面建成小康社会奠定坚实基础。市委书记郑振涛代表市委常委会作题为《加快推进新型工业化和新型城镇化，为全面建成小康社会奠定坚实基础》的报告和总结讲话。市委副书记、市长艾学峰作关于经济工作的讲话。

全会指出，加快推进新型工业化和新型城镇化是市委、市政府根据韶关当今发展阶段性特征作出的战略决策，是跟上全省率先全面建成小康社会步伐的必由之路，是建设粤北区域中心城市的战略举措，是进一步保障和改善民生的内在要求。各级各部门要把思想和行动统一到市委、市政府的决策部署上来，群策群力，开拓创新，大胆探索符合时代要求、具有韶关特点、满足群众意愿的工业化、城镇化发展道路，推动韶关向粤北区域中心城市迈进。

全会强调，要加快建立符合现代产业发展要求的新型工业体系。要以改革创新为动力，以转变经济发展方式为主线，坚定不移地走新型工业化道路，推动特色资源产业化、传统产业规模化、新兴产业高端化、园区建设集聚化，加快建立符合现代产业发展要求的新型工业体系，整体提升韶关工业发展水平。一是明确产业定位，做大工业规模。要以战略眼光和长远视野审视韶关市的产业定位，发挥资源优势，依托现有产业基础，坚持产业互补、差异竞争、错位发展，优化存量，扩大增量，构建韶关现代工业体系，增强工业综合实力。二是培育产业集群，打造产业品牌。把产业集群发展放在突出位置，有规划、有步骤地加以推动，培育发展一批特色鲜明、辐射带动能力和市场竞争力强的产业，形成一批集聚度高的产业集群。三是加快园区建设，发展园区经济。按照产城融合、以产带城、以城促产的原则，把园区建设纳入城镇建设总体规划，促进产业向园区集中、园区向城市集中。四是加大招商力度，构建产业洼地。树立“大招商、招大商”理念，建立专业招商队伍，创新招商形式，健全招商引资激励机制，打造投资“洼地”，营造“亲商”环境，把对外开放推向新水平。五是发展循环经济，推动绿色发展。转变发展理念和发展方式，坚持生态发展，发展循环经济，实现资源利用的最大化。

全会强调，要着力构建特色鲜明的新型城镇化发展格局，按照新型城镇化的内在要求，加快建成粤北区域中心城市和粤北生态城镇群，全面提升城镇化发展质量和居民生活水平。一是构建科学的城镇体系。高起点、高标准、高质量编制中心城区、县城和中心镇城镇总体规划、城镇产业规划、各功能区的详细规划，科学规划城市建设的规模和布局，明确城镇发展路线图，引领大中小城市健康协调发展。二是加快城镇扩容提质。科学确定城镇空间布局和发展规模，优化城镇发展格局，形成以芙蓉新区为龙头、以县城和有条件的中心镇为重点的城镇发展格局。三是加强城镇基础设施建设。坚持基础设施先行，不断完善城市功能，提高城镇基础设施水平。四是完善城市公共服务功能。加快发展社会各项事业，提升城市公共服务供给能力，建设满足人生存和发展需要的新型城镇，逐步让进入城镇体系的各类群体真正成为公平享受城镇社会公共服务资源的城镇居民。五是提高城市管理水平。推进城市管理体制改革，推广居民小区物业化管理，完善社区治安群防群治网络，有效整治群众反映强烈的环境卫生、公共秩序混乱等突出问题，提升城市文明程度。

全会强调，要推进新型工业化和新型城镇化的互动发展，坚持城市发展与以工业为主导的产业成长“两手抓”，统筹推进新型工业化、新型城镇化，做到时间上同步演进，空间上产城融合，布局上功能分区，形成“两化”良性互动、相互支撑的发展格局。一是强化规划引领，做到城镇规划、土地利用规划、产业规划“三规合一”。二是强化产城融合，重点围绕产业聚集、产业园区、产业新城三个层次，有序推进产业园区化、园区城镇化、产城一体化。三是强化城乡统筹，优化城乡空间布局，破解城乡“二元”结构。四是强化管理协调，加快户籍制度改革，优化社会管理，深化社会保障体制改革，加快就业制度改革，让农民工更好地融入城市。五是强化要素支撑，引导土地、资金、人才等要素有序向城镇和产业园区集聚，为推动“两化”建设提供有力保障。

全会总结分析上半年全市经济运行情况，部署下半年工作。全会强调，要完成全年预期发展目标任务，重点要抓好以下八个方面的工作：一是推动工业提速增效；二是加强农业农村工作；三是提升发展第三产业；四是促进城市扩容提质；五是推进项目扩量提质；六是加强财税金融工作；七是加强以保障和改善民生为重点的社会建设；八是提高执行力。

全会要求，加快推进新型工业化和新型城镇化，必须有好的作风、过硬的本领作保证。各级各部门要把作风建设摆在更加突出的位置，着力治“庸”，树立进取精神；着力治“懒”，提高工作效率；着力治“散”，严肃工作纪律；着力治“奢”，倡导节俭之风。通过转变作风，推动事业发展。

全会号召，全市党员干部群众要高举中国特色社会主义伟大旗帜，以邓小平理论、“三个代表”重要思想和科学发展观为指导，解放思想，与时俱进，抢抓机遇，攻坚克难，奋力开创新型工业化和新型城镇化互动发展的新局面，为全面建成小康社会奠定坚实的基础。

全会审议通过市委、市政府《关于加快推进新型工业化的意见》和《关于加快推进新型城镇化的意见》，表决通过《中国共产党韶关市第十一届委员会第四次全体会议决议》。

十一届市委委员、候补委员出席会议；不是十一届市委委员、候补委员的市领导，副厅级干部，市政府秘书长、市政协秘书长，市纪委常委，市委、市人大常委会、市政府、市政协党员副秘书长，市人大常委会、市政协各工作委员会、专门委员会党员负责人，市直及中省驻韶单位党员主要负责人，市属企业党员主要负责人，县（市、区）长，中心镇党委书记、镇长，街道办党工委书记、主任列席会议。

韶关市十三届人大三次会议召开

韶关市十三届人民代表大会第三次会议于2013年2月26日至3月1日在韶关市区举行，344名人大代表出席了会议（出席本次会议应有代表为357名）。会议听取和审议艾学峰市长代表市人民政府所作的《政府工作报告》，书面审查了市发展和改革局局长胡书臣提交的《韶关市2012年国民经济和社会发展计划执行情况与2013年计划草案的报告》、市财政局局长孙江平提交的《韶关市2012年预算执行情况和2013年预算草案的报告》；听取和审议市人大常委会常务副主任李石保所作的《韶关市人民代表大会常务委员会工作报告》、市中级人民法院院长刘曙光所作的《韶关市中级人民法院工作报告》、市人民检察院检察长阙定胜所作的《韶关市人民检察院工作报告》。会议表决通过了关于政府工作报告的决议、关于韶关市2012年国民经济和社会发展计划执行情况与2013年计划的决议、关于韶关市2012年预算执行情况和2013年预算的决议、关于韶关市人民代表大会常务委员会工作报告的决议、关于韶关市中级人民法院工作报告的决议、关于韶关市人民检察院工作报告的决议等六项决议。

会议根据地方组织法和省选举实施细则的规定，依法补选高振忠为市十三届人民代表大会常务委员会秘书长，增选马水源、伍福县为市十三届人民代表大会常务委员会委员。出席本次会议的代表在会议规定的提出议案建议的截止时间内提出议案5件（全部转作建议处理）和建议、批评与意见69件。

30多名来自社会各界人士应邀旁听了大会，大会秘书处于2月18日召开旁听人员座谈会，市人大常委会副主任张平、市人民政府副市长邹永松出席座谈会听取旁听人员对韶关经济社会发展的意见与建议。

世界张氏总会第六届恳亲大会在韶关召开

10月28日至31日，世界张氏总会第六届恳亲大会在韶关召开。

世界张氏总会恳亲大会每两年举办一次。2010年10月28日，世界张氏总会第四届四次理事会正式表决通过世界张氏第六届恳亲大会于2013年在张九龄故乡韶关举办。成功申办2013年世界张氏第六届恳亲大会后，韶关市委、市政府十分重视，2010年12月23日，市委办发出〔2010〕38号文《关于成立韶关市筹办世界张氏总会第六届恳亲大会工作领导小组的通知》，确定有市委常委、张九龄（韶关）研究会会长张志才任筹备组长，市委、市政府及25个相关部门组成工作小组。2011年6月4日，在世界张氏第五届恳亲大会上，韶关市接过举办世界张氏第六届恳亲大会的会旗。随后，韶关市正式成立世界张氏第六届恳亲大会工委会，下设13个功能组和秘书处。市长艾学峰任恳亲大会主席，市委常委、张九龄（韶关）研究会会长张志才任工委会主席、市委常委、宣传部部长许红和市人大常委会副主任张平任常务副主席。2012年4月1日，正式成立秘书处筹备办公室，并先后抽调8名工作人员，全面启动大会各项筹备工作。

为做好世界张氏第六届恳亲大会筹备工作，工委会首先注重宣传发动工作，向海内外张氏宗亲团体和全市人民宣传张九龄，宣传韶关。工委会先后召开两次新闻发布会，制作《九龄故里、魅力韶关》电视专题宣传片，《韶关日报》还出张九龄专版，印制《九龄风度·韶州情缘》宣传手册5000份，向海内外张氏宗亲宣传推荐韶关，介绍第六届恳亲大会捐赠办法。工委会秘书处还自办世张第六届恳亲大会《简报》，及时报道反映筹备活动动态和宣传张九龄。除此之外，工委会还利用世界张氏总会会刊和《华夏与世界》等杂志上发布2013年第六届恳亲大会在韶关举办的信息和推荐韶关的广告。新闻发布会上多次邀请中省媒体、香港《文汇报》《大公报》以及《人民日报》、新华社、《南方日报》《羊城晚报》《广州日报》、广东电视台等媒体，及时宣传报道第六届恳亲大会筹备概况。在市属范围内，市委宣传部多次召开各县、区宣传部长会议，并布置分配工作和对外联络任务，以包干包片广泛联络形式，发动联络全国各地张氏宗亲团体和张九龄后裔到九龄故里寻根问祖。

精心策划，广泛联络，经过一年多紧锣密鼓的筹备工作，各项工作进展有序。2013年10月28日至31日，韶关隆重举办世界张氏总会第六届恳亲大会。此次大会共接待来自海内外的张氏宗亲3000余人，有来自马来西亚、泰国、印尼、新加坡、菲律宾、巴拿马等国家和中国香港、澳门、台湾等地区共计40多个宗亲团体，内地嘉宾有来自河南、河北、江苏、江西、浙江、福建、四川、重庆、北京、湖南、湖北、广东、广西、海南等17个省、市共计80多个宗亲团体。10月30日上午，新建成的九龄园正式剪彩，来自海内外3000多名张氏后裔在此举行隆重庄严的祭祖大典。10月29日晚上在韶关学院道平广场举行“韶关欢迎你”

晚会，30日晚上举行“世张之夜”晚会，市领导郑振涛、艾学峰、张志才、许红、李飞、陈波、孔云龙、张平、何伟青、熊万鹏等出席晚会，国务院侨办司长董传杰、中国侨联副主席李卓彬、世张总会创会会长丹斯里拿督张晓卿、拿都张贵芳、拿都斯里张庆信等以及海内外嘉宾3000余人出席晚宴晚会。在两场晚会上，海内外张氏宗亲以及韶关本地张九龄后裔宗亲团体和部分企业家热情踊跃捐款捐物，此次大会共为张九龄纪念公园筹得捐款1200万元，大会完成所有议程，热烈和谐，圆满成功。

此次大会期间还举办招商引资、经贸洽谈、文化展览等一系列活动，并举行韶关旅游招商推荐会，有9个项目完成签约，项目总额达56.6亿。会后，有来自海内外的张氏宗亲1000余人到丹霞山、南华寺等景区观光旅游，韶关的旅游风光，投资环境为海内外嘉宾留下深刻印象。世张第六届恳亲大会的成功举办，为韶关招商引资搭建平台，为海内外张氏后裔了解韶关，到九龄故里寻根问祖打开通道，同时也为韶关的知名度和美誉度得到提升。

韶关市以世界张氏总会第六届恳亲大会为契机，推动张九龄纪念公园落成。张九龄纪念公园是在张九龄家族墓原址基础上纪念历史名人的文化活动场所。张九龄家族墓现保存下来的有7座古墓，70年代就定为广东省文物保护单位，是市内现存张九龄遗址、遗迹的宝贵财富；在此地建设张九龄纪念公园，有利于文物保护，有利于宣传纪念张九龄，有利于韶关旅游、文化建设的开发利用。2011年8月25日，韶关市委、市政府召集市规划、国土、交通、公路、园林、武江区等部门相关领导实地考察张九龄家族墓地。提出建设张九龄纪念公园项目的意向，并设想规划出1465公顷山地，结合纪念公园的建设逐步开发成为一个集文化产业、旅游休闲、商业地产等为一体的综合性“九龄文化城”，并请省内有关部门进行规划设计。2013年3月2日下午，市领导张志才、许红、张平率相关部门人员到张九龄家族墓地进行考察，在田心村委召开张九龄纪念公园园林建设规划筹备工作会议。会议指出，为配合2013年世张第六届恳亲大会在韶关隆重举办，为做好大会的各项筹备工作，决定启动建设张九龄纪念公园，规划建设公园牌坊、诗祠碑廊、广场、陈列馆、卫生设施等相关建筑。并指定相关部门抓紧做好设计方案和“三通一平”征地等前期工作。经过近一年的规划设计和协调工作，在东阳光公司的支持下，于2013年4月经市发改局、城规局等部门立项备案，九龄公园正式动工，9月竣工，一座仿唐式的古建园林公园初见规模。张九龄纪念公园占地面积2.66公顷，按照唐代建筑风格设计建造。公园为园林式，由牌坊、门楼、诗词碑廊、张九龄陈列馆、张氏源流陈列馆、纪念广场等设施组成，工程总投资超过2000万元。纪念公园建成正式定名为“九龄园”，园名题额由中国书法家协会主席张海和北京市书画院院长张惠臣题写。园内雕塑张九龄像和张挥公雕像由香港张氏后裔张嘉谦、广州张氏后裔张玉山捐赠，园内“九龄园”大石由曲江张氏后裔张福成捐赠。2013年10月30日上午，来自海内外参加世张第六届恳亲大会的张氏后裔3000人聚集九龄园举行盛大的祭祖仪式，同时为九龄园举行开园剪彩仪式。九龄公园的建成受到广大群众和海内外张氏后裔及世界张氏总会的赞誉。

（李振林）

纪念六祖惠能圆寂1300周年大会在曲江南华禅寺召开

“五家七宗，嗣承繁隆，脉延环宇，法传五洲。”2013年9月7日上午，纪念六祖惠能圆寂1300周年大会在“禅宗祖庭”韶关南华禅寺隆重召开。国家宗教事务局副局长蒋坚永，广东省委常委、统战部部长林雄，广东省副省长林少春，中国佛教协会副会长明生大和尚，韶关市领导郑振涛、艾学峰、李飞等四套班子成员出席纪念大会。来自海内外的有关方面负责人、专家学者、高僧大德和佛教界、社会各界人士约2000人参加大会。

纪念大会由南华禅寺监院法祇法师主持，国家宗教局副局长蒋坚永、广东省委常委林雄、韶关市市长艾学峰、南华禅寺方丈传正法师致辞。中国佛教协会为本次纪念活动专门发来贺信，中国佛教协会副会长、广东省佛教协会会长明生大和尚宣读中国佛教协会会长传印长老的讲话稿，中国佛教协会咨议委员会副主席根通长老代表诸山长老讲话。

蒋坚永在纪念大会上讲话指出，禅宗六祖惠能大师在中国佛教史上乃至世界佛教史上具有举足轻重地位，他是佛教光大于中国承上启下的重要推动者，是佛教中国化的集大成者。希望广东省有关方面继续发挥好文化节的平台作用，进一步深入阐扬六祖惠能大师的思想和精神，弘扬禅宗文化，进一步把文化节办成精品，办出特色。希望韶关南华寺、广州光孝寺、云浮国恩寺等禅宗名刹秉持惠能大师精神，把所在寺院建设成为中国禅宗修行的楷模、研究的中心和交流的窗口，为当地经济社会发展、文化繁荣、社会和谐做出更大的贡献。

林雄指出，隆重纪念六祖惠能圆寂1300周年，不仅是为彰显六祖惠能作为一位宗教领袖，一位杰出的思想家、哲学家，在推动佛教改革和中国文化思想发展上所做出的卓越贡献，并向这位以《六祖坛经》思想光芒福泽后世、利于千秋的伟人表达崇敬、缅怀之情；更为重要的是为继承与弘扬六祖惠能及禅宗文化思想的精神价值，为现代社会启迪智慧、净化人心、造福人间指引门径，最大限度调动包括佛教界在内的广大人民群众建设美好家园、追求幸福生活的积极性，为实现中华民族伟大复兴的“中国梦”贡献力量。

艾学峰对前来出席盛会的领导、嘉宾表示热烈欢迎。他表示，弘扬禅宗文化，引导佛教与社会主义社会相适应，是做好新时期宗教工作的一项重要任务。通过举办这次纪念大会，必将进一步弘扬六祖惠能的平等和谐、慈悲善良、宽仁让恕、造福社会、利乐人群的思想以及务实开放、包容创新的精神，进一步扩大六祖惠能作为东方和世界思想文化名人的影响，进一步凝聚宗教界正能量，发挥宗教界和信教群众在促进科学发展中的作用，为实现“中国梦”做出更大的贡献。

大会还举行《南华寺》特种邮票首发启动仪式，中国邮政集团公司领导宣读邮票发行通告，有关领导共同触球启动邮票首发。《南华禅寺》特种邮票采用手绘画风格，为注明邮票设计家李庆发、姜伟杰等设计，以南华禅寺曹溪门、大雄宝殿、灵照塔、祖殿为主图，4枚连印，体现南华禅寺这座千年古刹的深厚禅韵。

韶关自古是钟灵毓秀之地，是佛教传入较早的地区，高僧辈出，名刹众多，佛教文化底蕴深厚。南华禅寺始建于公元502年，禅宗文化底蕴深厚，公元677年，六祖惠能驻锡南华，中兴寺宇，开创南宗顿悟禅法，弘法37年，使禅宗成为中国佛教主流宗派。六祖惠能将印度传入的佛教中国化、平民化和现世化，开创极具中国特色的佛教。其与孔子、老子并称“东方三大圣人”，被欧洲学术界列为“世界十大思想家”之一，被毛泽东称为岭南杰出伟人。惠能圆寂后其真身至今供奉于南华禅寺，该寺因此被尊奉为“禅宗祖庭”。

立足于“禅宗祖庭”的特殊地位，9月6—15日，韶关市隆重举办纪念六祖惠能圆寂1300周年暨2013广东禅宗六祖文化节（韶关）系列活动，活动内容丰富，亮点突出，异彩纷呈。除重点活动纪念大会外，举办“慧海禅灯”大型书画展、“祖印重光”重建六祖殿落成典礼暨万众瞻仰六祖真身、“坛经智慧，幸福人生”佛学讲座、韶关素食文化艺术节等活动，吸引近15万名游客、信众参加。（殷南光 整理）

韶关市举办首届机械及零部件装备展览会

2013年11月7日，首届韶关机械装备及零部件展览会伴随着广东省第三届装备论坛的开幕而揭开帷幕，这是韶关市在成功举办两届广东装备论坛后举办的首届韶关机械展，是莞韶两市共建园区和经贸合作向纵深发展的结晶。外经贸部副原部长龙永图以及莞韶两地市政府领导出席开幕式。

韶关拥有一批以铸锻、工程机械、发配电成套设备、汽车零配件、液压油缸等为主导产品的装备骨干企业；韶钢集团2012年并入宝钢集团，成为宝钢集团旗下一级子公司；韶铸集团进入中国机械500强，是中国最大的锻件专业生产企业之一；比亚迪3.5T电动叉车项目于2013年8月落户韶关。韶关机械装备制造业已拥有规模以上机械装备企业100多家，年工业总产值达170多亿元，在国内外拥有较高的知名度。

本次展会在凤凰城酒店的草地上搭场建馆，展区面积共3000平方米，设有标准展位102个、特装展位21个，分零部件馆、液压件馆等5个展馆，除韶关本地重点机械装备企业参展外，还有东莞机械装备制造企业龙头，如南兴木工、东莞铭力数控、东莞巨岡机械等企业，展会首日进场观众人数近3000人。下一阶段，莞、韶两市将开展深度合作，以广东装备论坛、机械装备及零部件展览会为契机，依托良好的产业基础和区域特色，进一步做大做强装备制造业，打造广东装备制造重要产业基地。（彭映彦）

暴雨给韶关带来洪涝灾害

“5·16”洪灾

受西南较强暖湿气流加强影响，5月15—16日韶关市普降暴雨到大暴雨、局部特大暴雨，造成全市大范围的洪涝灾害，给农业生产带来严重的影响，多种农作物受到不同程度的损害。全市10个县、区受灾，其中翁源县全面受灾。全市受灾农作物面积2.53万公顷，其中严重受灾面积8906.67公顷。主要农作物受灾分别为：水稻受灾1.33万公顷，成灾4860公顷；大豆受灾793.3公顷，成灾253.33公顷；蔬菜受灾5666.67公顷，成灾2446.67公顷；花生受灾2006.67公顷，成灾680公顷，糖蔗受灾1313.33公顷，成灾306.67公顷，水果等其他作物1146.67公顷，成灾233H33公顷。农作物产量损失5.57万吨，直接经济损失达2.95亿元。鱼塘过水面积1460公顷，冲走浸死生猪、家禽分别为3497头、33.28万羽，畜牧、水产业直接经济损失1.14亿元。

灾情发生后，市委市政府高度重视，市委书记郑振涛第一时间作出重要批示，指示各地要千方百计确保生命财产安全；市长艾学峰、分管领导张志才等市领导紧急召开三防会议，研究部署当前抢险抗灾救灾工作，并深入重灾区现场指导抗灾救灾工作，慰问受灾群众。接到灾情后，农业局领导迅速召开专题会议，传达会议精神，研究部署当前救灾复产工作，立即组织3个工作组分别赴翁源县、新丰县、曲江区、武江区了解灾情，指导基层和受灾群众开展抗灾救灾工作。

抓好关键技术措施的落实

为尽快恢复灾后正常生产，消除洪灾的影响，要求受灾地区要迅速组织农民开展救灾复产工作，按照“分类指导、因地制宜”的工作原则，抓好关键技术措施的落实，确保大灾之年不减收。

一是对受浸时间较短、农作物受害较轻的田块（全市约25万亩），要迅速组织力量进行清沟清淤、排水降渍、冲苗扶苗，清除田间枯枝烂叶等杂物，恢复田间正常生长环境，减少病害的发生。对可收获的作物要及时抢收、抢种。

二是对受浸时间较长，通过补救措施仍能使农作物较正常生长的田块（全市约10万亩），在及时采取上述措施基础上，根据不同作物、不同生长发育时期的特点，采取松土、培土、喷药、补肥等田间管理技术措施，促进受灾农作物尽快恢复生长。

三是对受损程度严重、受浸时间较长的田块和耐涝性差的品种，尤其是瓜、果、豆类品种，要引导、动员农民及时改种、抢种。

四是对受毁的栽培保护性设施和农田基础设施，如大棚、水渠、机耕路等，要动员群众，组织力量抓紧修复，恢复正常生产条件。对严重受损的水利设施和水毁农田，要统筹规划，争取农建项目资金和耕地复垦资金，尽快修复农田水利设施和水毁农田。

落实救灾复产重点工作措施

一是加强组织领导。为尽快恢复灾后生产，加强农业救灾复产的组织协调工作，市农业局高度重视当前救灾复产工作，已成立由主要领导为组长、各相关单位为成员的救灾复产工作小组。把救灾复产工作作为当前工作的重中之重来抓，制定可行、高效的救灾复产工作方案，并抓紧落实。

二是加强技术指导。迅速组织广大农业技术人员深入田间地头，针对不同作物和不同受灾情况实行分类指导。开展技术宣传与培训，通过报刊、电视广播等新闻媒体，组织农业技术专家进行救灾复产技术知识讲座。

三是筹措资金。采取政府扶持、社会捐赠、金融信贷、农户自筹等方式，千方百计筹集资金，解决好当前改（补）种所需种子种苗、农药、化肥等必需资金，确保救灾复产工作顺利开展。

四是落实救灾复产工作责任制。按照省市救灾工作的要求，制定相应奖惩措施，层层落实责任制，实行干部分片包干负责制，把农业救灾复产工作落到实处。

五是办好复产救灾示范点。在受灾较严重县（市、区），兴办救灾复产示范点，通过示范点的辐射带动作用，带动复产救灾工作的全面开展，实现大灾之年不减收的工作目标。

“尤特、潭美”相继来袭

受强台风“尤特”和台风“潭美”的影响，8月，全市持续出现强雨，造成大范围的洪涝灾害，给当前农业生产带来严重影响，全市10个县（市、区）的种植业和养殖业都受到不同程度的损害。灾情发生后，韶关市各地发扬不怕疲劳、连续作战的作风，按照“早造损失晚造补、水稻损失旱粮补、粮食损失经济作物补、农业损失非农补、天灾损失人为补”的工作思路，把救灾复产作为当前的中心工作来抓，经过各方的努力，全市农业救灾复产工作取得成效。

一、受灾情况

全市农作物受灾面积2.56万公顷，其中成灾面积1.39万公顷、绝收面积3986.67公顷，农作物产量损失6.91万吨。主要农作物受灾分别为：水稻受灾1.59万公顷，成灾8640公顷；蔬菜受灾4553.33公顷，成灾2653.33公顷；花生受灾1573.33公顷，成灾686.67公顷；大豆受灾246.67公顷，成灾140公顷；玉米受灾520公顷，成灾280公顷；糖蔗受灾246.67公顷，成灾206.67公顷；水果等其他作物受灾2526.67公顷，成灾1293.33公顷，预计农作物产量损失6.91万吨。部分农业保护性栽培设施和田间水利设施受到损坏，其中毁坏大、小棚面积506.67公顷，损毁喷灌设施300公顷，冲毁田间水利设施7966.67公顷，冲毁农田4080公顷。洪灾冲走浸死生猪6970头、家禽12.16万羽，栏舍受损、倒塌2.45万平方米，鱼塘过水面积893.33公顷，成鱼损失2888吨,鱼种损失635万尾,损毁塘基5150米。全市农业直接经济损失达3.22亿元,其中种植业损失2.69亿元,畜牧业损失0.21亿元、水产业损失0.32亿元。

二、采取措施

灾情发生后，迅速召开专题会议，传达省、市领导有关救灾复产工作指示精神，采取有效措施，开展救灾复产工作。

8月18日，成立由农业局主要领导为组长、各相关科室为成员的救灾复产工作领导小组，并组织4个工作组分别由分管副局长带队赴各县（市、区）了解灾情，指导基层和受灾群众开展抗灾救灾工作。

8月19日，印发《关于做好当前农业救灾复产工作的紧急通知》，指导各地做好台风“尤特”的抗灾救灾工作。8月23日，又印发《关于做好当前防灾抗灾救灾工作的紧急通知》，全力应对新一轮强降雨过程，维护人民群众生命财产安全和生产生活秩序，最大限度地减少灾害造成的损失。

按照“分类指导，因地制宜”的原则，制定针对性、可操作性较强的工作方案，加强对灾区灾后农业生产的技术指导工作。

请求上级资金项目支持。起草灾情汇报材料，及时向省农业厅报告，并请求农业厅给予1000万元，支持韶关市抗灾救灾复产工作；会同市发改局组织乐昌、乳源、新丰、浈江等地申报中央水毁农田水利设施修复项目资金2000万元。

省厅工作组深入乐昌、乳源、武江等地，开展指导抗灾救灾和灾情调研等工作。

加强组织领导，做好救灾复产督促检查工作。农业部门多次组织相关人员深入灾区，对当地救灾复产情况进行定期或不定期检查，指导和督促其做好救灾复产工作。

三、救灾复产工作进展情况及成效

为尽快恢复灾后生产，加强农业复产救灾的组织协调工作，实现大灾之年不减收的工作目标，市、县（市、区）农业局迅速成立由主要领导为组长、各相关科（股）室为成员的复产救灾工作领导小组和各专项技术专家组，深入灾区开展调查研究，并制定好针对性、可操作性较强的工作方案，按照“分类指导，因地制宜”的原则，加强对灾区灾后农业生产的技术指导工作。

一是加强田间管理，及时组织农民做好清沟排水、清淤救苗、补施肥料、防治病虫害防治等工作，促进作物尽快恢复生长，确保灾后农作物长势良好。灾后一周内，全市共组织群众开展扶苗洗苗15120公顷，开沟排清淤13133公顷，补施肥料17120公顷，喷药防病22280公顷。

二是对受灾严重的田块，因地制宜，抢种改种，迅速动员群众抢种蔬菜等经济作物，组织力量兴办市、县救灾复产示范点，做到市级示范点有精品、县级示范点有亮点，扎实推进抢种改种新高潮。全市创办复产示范点46个，示范面积780公顷。带动全市及时补种改种蔬菜、玉米、水果等农作物3433公顷，其中补种1060公顷、改种2373公顷。除因严重冲毁无法复耕的农田外，至9月15日，韶关市已全面完成补改种任务。改补种的农作物按蔬菜折算亩产1.4吨，每吨2000元计，可挽回经济损失近1亿元，最大限度降低灾害损失。由于及时改补种农作物，确保全年农作物生产任务完成，2013年农作物总播种面积336520公顷，比2012年增加12260公顷。其中，粮食163953公顷、同比增加5020公顷和2.44万吨；油料44820公顷、总产13.39万吨，同比增加1466公顷和0.53万吨；蔬菜85053公顷、总产192.10万吨，同比增加4473公顷和11.02万吨。实现大灾之年不减收的成绩。

三是对受损毁的栽培设施和被冲毁的农田，通过群众自筹、上级财政拨款等多方筹措资金，组织各地抓紧做好修复、复耕工作。修复大小棚506公顷、修复喷灌设施280公顷，已全部完成修复任务。修复田间水利设施7373公顷，其中已完成轻度损毁的田间水利设施修复99.79%。修复冲毁农田3480公顷，其中轻度冲毁农田已全部修复。

四是树立晚造损失冬种补的思想，及早谋划并组织群众开展冬种生产。10月，省冬种生产电视电话会议后，11月5日市政府就在仁化县召开全市冬种生产现场会议。各地响应市委、市政府的号召，根据本地实际，因地制宜，以冬种蔬菜为重点，发展有地方特色的冬种生产，确保晚造损失冬种补和实现农民增收的目标。年内农作物冬种计划面积53626公顷，其中粮食3960公顷、油菜籽6000公顷、蔬菜32666公顷，绿肥、青饲料等其他农作物11000公顷。至12月10日，全市冬种面积42246公顷，完成计划80.09%，比上一年同期多733公顷，其中已种粮食826公顷、油菜籽5733公顷、蔬菜25273公顷、其他农作物10413公顷。由于早谋划、早行动，全年冬种进度约比上年快2—3天。

五是对在洪灾中死亡动物、鱼类等尸体进行无害化处理，对被洪水浸泡过的栏舍、池塘等场地进行消淤、清洗和消毒，对受灾地方动物及时进行疫苗补注，并根据损失情况指导各地及时补栏。全市共无害化处理淹死畜禽7.93万头只，其中家畜5958头，家禽7.34万只，全市累计使用消毒药物达15吨，消毒畜禽场2321个，消毒面积近200万平方米。灾后动物防疫注射畜禽170万头只，其中家畜12万头、家禽158万只。（农业局综合科）

涂志伟美术馆在翁源县落成

10 月 29 日上午，历时 6 年精雕细琢的涂志伟美术馆在风景秀丽的翁江河畔举行简约而隆重的落成庆典仪式。

美国油画家协会主席尼尔·帕特森（Nell patterson）、中国美术学院教授秦明等美国、加拿大和国内的众多知名画家、艺术家，韶关市领导郑振涛、许红、孔云龙、李石保、林平杰、许志新、何伟青以及翁源县四套班子领导和市、县相关单位负责人及中央、省、市媒体共 400 多人参加落成庆典仪式。庆典仪式上，主席尼尔·帕特森（Nell patterson）还向涂志伟颁发“终身成就奖”，这是美国油画家协会第一次将这个重要的奖项颁发给画家

涂志伟美术馆总投资 6000 万元，于 2007 年 11 月正式动工兴建，总建筑面积 18000 多平方米，主要功能是收藏、陈列涂志伟美术作品，是一家公益文化艺术机构，将长期向社会开放。馆内现展示和收藏涂志伟的代表作品 400 余件。

涂志伟 1951 年出生于韶关市翁源县六里龙船村，1975 年毕业于广州美术学院，1987 年赴美国留学，获美术硕士学位，后定居美国。他在几十年的艺术创作中，从中国最著名的历史事件入手，创作许多写实油画，代表作有《七步诗作品集》《贵妃醉酒》《反弹琵琶》等，出版个人画集 8 本，并在美国、中国、日本、加拿大等国家举办 30 多次个人画展和 100 多次联合画展。涂志伟入选“20 世纪美国杰出华人”“中华世纪英才”名册，任美国油画家协会大师评委会主任，被美国油画界授予“油画大师”称号。

涂志伟美术馆的建成投入使用，将成为韶关地区文化建设的一个新亮点。 （殷南光 整理）

大 事 记

1月

1日上午，2013年韶关市“汇展华城杯”元旦环城跑在市区举行。市委书记郑振涛，市委副书记、市长艾学峰，市政协主席李飞等市领导，市直机关、企事业单位代表，中省驻韶关单位，驻韶关部队，厂矿企业干部群众职工代表，以及大中专院校师生代表共10000多人参加活动。

同日，由市委宣传部、市文广新局、市体育局和世界张氏总会第六届恳亲大会工委会共同主办的2013年“迎接世界张氏总会第六届恳亲大会暨第二届游武江登黄岗”活动在五里亭河畔名居广场举行。市领导张志才等参加启动仪式。

4日至5日，中共中央政治局委员、广东省委书记胡春华来韶关市调研。5日，胡春华在韶关钢铁炼钢部、特钢事业部生产一线调研，他勉励韶关钢铁广大员工继续努力，攻坚破难，取得新成绩，为广东省经济发展，为把韶关钢铁建成华南地区最具竞争力的优特钢长材精品基地作出贡献。省委常委、秘书长林木声，常务副省长肖志恒，市领导郑振涛、艾学峰、陈波陪同调研。

6日，中共中央政治局委员省委书记胡春华在清远召开韶关、清远两市座谈会，要求粤北山区增强加快发展的紧迫感，加快区域中心城市建设，承接珠三角产业转移，把生态优势转化为发展优势。省领导林木声、肖志恒，市领导郑振涛、王青西参加座谈会。

7日，市委召开市党风廉政建设责任制落实情况汇报会。省委第八巡视组组长万东明到会讲话，市委书记郑振涛汇报韶关市党风廉政建设责任制落实情况，市委副书记、市长艾学峰主持会议，市党政班子党员领导陈向新等参加会议。

8日下午，市委书记郑振涛主持召开市委十一届第31次常委会议。议题是：①传达学习贯彻省委书记胡春华到韶关调研的讲话精神；②讨论2012年全市经济社会发展运行情况和2013年计划安排；③讨论《关于全面加强农村扶贫开发的实施意见》；④讨论2013年春节前送温暖慰问、座谈会系列活动方案；⑤讨论调整市十一届政协委员、常委人员。

9日上午，省人大常委会主任欧广源到新丰县黄礤镇三坑村开展调研慰问活动。在三坑村，与扶贫工作组人员和村民座谈，总结上年扶贫开发“双到”（规划到户，责任到人）工作经验，谋划新一年计划。并到贫困户黄细群、刘阳付的家中，了解村民生产生活困难，鼓励他们在各级党委、政府和社会各界的帮助下，增强自我发展意识，勤劳致富。市领导郑振涛、张平陪同。

同日上午，全市受援助的45户单亲特困母亲安居房乔迁仪式在翁源县江尾镇举行。市委副书记陈向新参加并为6位受助单亲母亲发放金锁匙牌和援建金。

9日至10日，中国世界地质公园2012年度工作会议在丹霞山召开，全国27个世界地质公园所在省（区、市）国土资源厅（局）和管委会的200余名代表参加会议。国土资源部地质环境司副司长陈小宁，省国土厅副巡视员张超群参加会议。市委常委、常务副市长段宇飞到会致辞，市委常委、秘书长、丹霞山管委会党委书记、主任陈波参加会议。

10日下午，全国人大常委会法制工作委员会副主任李飞、国家旅游局副局长杜一力一行莅临世界自然遗产地丹霞山景区考察调研。市委常委、秘书长、丹霞山管委会党委书记、主任陈波，市人大常委会副主任张平等陪同考察调研。

11日下午，省扶贫“双到”监测调查核查组莅临韶关开展核查工作。市领导郑振涛、张志才、肖怀跃参加扶贫开发“双到”工作汇报会，张志才代表市委、市政府汇报韶关市近三年扶贫开发“双到”工作情况。

14日上午，市委书记郑振涛到市关工委调研。郑振涛希望在新的一年里，韶关市关心下一代工作与创建全国文明城市工作相结合，坚持以社会主义核心价值体系为主线，加强青少年思想道德教育。市委副书记、市关工委主任陈向新参加调研。

16日，省军区司令员刘联华少将率领工作组到翁源县检查人武部全面建设工作。市委常委、韶关军分区政委李建华，军分区司令员郑佳树陪同。

18日至19日，广东省女企业家协会第五届第四次常务理事会暨2012年度年会在我市举行，省妇联副主席杨建珍出席，市委副书记陈向新到会祝贺。陈向新向出席年会的嘉宾们介绍韶关的人文历史和经济发展环境，希望全省的女企业家到韶关这片投资热土来投资创业。

19日，韶关军分区党委召开十届七次全体（扩大）会议，总结2012年工作，部署2013年任务。市委书记、韶关军分区党委第一书记郑振涛在会上强调，军分区广大官兵要把思想统一到市委十届九次全会的精神和部署上来，增强完成多样化军事任务能力建设的责任感和使命感，为推动韶关经济社会跨越发展做出新的贡献。

市委常委、韶关军分区政委李建华主持会议，并对军分区如何加强干部队伍的能力和作风建设进行部署。韶关军分区司令员郑佳树作军分区党委常委会工作报告。

21日，省安全生产责任考核组莅韶，对韶关市2011—2012年度安全生产责任制进行考核，当日上午听取市党政领导班子2011—2012年度履行安全生产监管职责的情况汇报。市领导郑振涛、艾学峰、段宇飞、陈波、孔云龙、李安平分别向省考核组就两年来履行安全生产职责情况进行述职。

同日，市委召开2012年全市党政班子和领导干部年度考核民主测评、干部选拔任用“一报告两评议”会议。市委书记郑振涛主持会议并讲话，市委委员、市人大、市政府、市政协领导班子成员，市纪委常委，各县（市、区）委书记、县（市、区）长，以及市直及中省驻韶各单位主要负责人参加会议。

同日，市政协召开十一届第四次常委会议，讨论《政府工作报告（征求意见稿）》、审议有关人事问题等事宜。市政协主席李飞主持会议，市长艾学峰应邀参加会议。

22日上午，召开全市经济工作会议，学习领会总书记习近平视察广东的重要讲话精神，贯彻落实省委书记胡春华在韶关、清远两市调研时的讲话精神，按照中央经济工作会议的要求和省委十一届二次全会的部署，全面总结上年经济工作，深入分析当前经济形势，研究部署2013年经济工作任务。市委书记郑振涛作重要讲话，市委副书记、市长艾学峰就全市经济工作作部署。市四套班子领导参加会议。

23日，市委、市政府印发《中共韶关市委、韶关市人民政府关于促进绿色发展打造现代林业强市的意见》（韶发〔2013〕1号）。

同日上午，市委书记郑振涛主持召开市委十一届第32次常委会议。议题是：①传达中省有关文件、全省党委政府秘书长会议、全省纪委监察机关办案点规范管理工作座谈会等会议精神；②讨论《韶关市贯彻〈广东省从严治党五年行动计划〉实施意见（讨论稿）》及分工方案；③讨论《韶关市加强村级基层组织建设五年行动计划实施意见》；④讨论干部人事问题。

24日，省十二届人大一次会议韶关代表团召开会议。徐少华、郑振涛、艾学峰等31名省人大代表参加会议。会议推选市委书记、市人大常委会主任郑振涛为省十二届人大一次会议韶关代表团团长，艾学峰、李石保为副团长，并审议大会主席团、秘书长名单草案，计划预算委员会、议案审查委员会名单草案等，审议省十二届人大一次会议议程草案。

会上，郑振涛传达召集人会议精神，要求代表要严格遵守大会纪律，发扬民主，履行代表职责，审议报告，为建设幸福广东建言献策。

同日，市委、市政府印发《中共韶关市委、韶关市人民政府关于授予华璟等57人“韶关市第七期专业技术拔尖人才”称号的决定》(韶发〔2013〕2号)。

28日,市委印发《中共韶关市委关于印发〈韶关市贯彻《广东省从严治党五年行动计划》实施意见〉的通知》(韶发〔2013〕3号)。

同日,市委印发《中共韶关市委关于印发〈韶关市加强村级基层组织建设五年行动计划实施意见〉的通知》(韶发〔2013〕4号)。

同日上午，韶关、湛江、潮州

市市长参加省十二届人大一次会议第四场记者会，韶关市市长艾学峰就媒体关注韶关的相关问题回答记者的提问。

31日，在省十二届人大一次会议第三次全体会议上，市委副书记、市长艾学峰，以及余子权、张红伟、刘志强、赵雪芬等5人当选为十二届全国人大代表。

2月

3日，市委书记郑振涛到新丰县遥田镇和沙田镇走访慰问部分困难党员、困难群众、优抚对象和敬老院孤寡老人，开展春节前送温暖慰问活动。市委常委、秘书长陈波参加慰问活动。

4日，市委、市政府印发《中共韶关市委、韶关市人民政府关于全面加强农村扶贫开发的实施意见》（韶发〔2013〕5号）。

同日下午，2013年全市社会各界迎春茶话会在荷花园举行。市委书记郑振涛，市委副书记、市长艾学峰，市政协主席李飞等市四套班子领导与原市四套班子成员，中省驻韶关有关单位、各民主党派、工商联、无党派人士、宗教界人士代表，驻韶关团以上部队首长、部队副师职以上及退休老干部，劳动模范、科技工作者、台胞台属、归侨侨眷、少数民族及外企、民企代表等近200人参加。

同日晚，“逐梦2013”韶关市2013年党政军民迎春联欢晚会在韶关剧院举行。市领导郑振涛、李飞、陈向新等市四套班子领导观看演出。

5日上午，市委书记郑振涛主持召开市委十一届第33次常委会议。议题是：①讨论《政府工作报告》；②讨论《市2012年国民经济和社会发展计划执行情况及2013年计划草案的报告》；③讨论《2012年预算执行情况和2013年预算安排的报告》；④讨论《贯彻落实〈十八届中央政治局关于改进工作作风、密切联系群众的八项规定〉实施办法》；⑤传达省纪委十一届二次全会精神及听取市纪委十一届三次全会筹备情况报告；⑥讨论市纪委工作报告；⑦讨论《市全面应用电子政务办公业务系统办文工作方案》。

9日，省委常委、常务副省长徐少华到宝钢集团韶关钢铁有限公司、韶关市残疾人综合服务中心开展春节前“送温暖”慰问活动，考察韶关市残疾人康复、就业培训基地建设情况。市领导郑振涛、张志才、段宇飞分段陪同慰问。

22日下午，市委书记郑振涛主持召开市委十一届第34次常委会议。议题是：①讨论《2013年市劳动模范和先进集体评选表彰活动方案》；②讨论《2013年巩卫创文迎检工作方案》；③讨论《市残联第六次代表大会方案》；④讨论干部人事问题。

25日，市纪委十一届三次全会在市委会议中心举行。会议传达学习十八届中纪委二次全会和十一届省纪委二次全会精神，总结2012年韶关市党风廉政建设和反腐败工作，并对2013年和今后一段时期的工作作出部署。全会审议通过市纪委常委会工作报告和有关决议。市领导郑振涛、李飞等市四套班子领导参加会议。

同日上午，市委、市政府召开全市迎接国家卫生城市复审暨全国文明城市测评工作会议，部署迎检工作。市领导郑振涛等参加会议。

26日上午，市政协第十一届委员会第二次会议开幕。市政协主席李飞主持开幕大会，市政协副主席何伟青受政协第十一届韶关市委员会常务委员会委托，向大会作市政协十一届一次会议以来常委会工作报告。副主席王伟阳等参加会议，市领导段宇飞及市政协原主席陈仲舒、李培秋、刘创、邓苏夏等参加会议。

27日上午，市第十三届人民代表大会第三次会议开幕。大会主席团常务主席、执行主席郑振涛主持会议，市委副书记、市长艾学峰向大会作政府工作报告。市政府向大会书面提交《韶关市2012年国民经济和社会发展计划执行情况及2013年计划草案的报告》《韶关市2012年预算执行情况及2013年预算草案的报告》。大会的执行主席有郑振涛、艾学峰等。在主席台就座的还有主席团其他成员和市领导、驻韶关解放军和武警部队负责人，历任市人大常委会的主要领导。

同日，市委书记、市人大常委会主任郑振涛和出席市十三届人大三次会议的乳源县代表团的代表们一同审议政府工作报告并讲话。市委副书记、市长艾学峰参加浈江区代表团讨论政府工作报告。

同日，市十三届人民代表大会第三次会议举行主席团第二次会议。会议听取市委常委、组织部部长肖怀跃作关于提名推荐部分市人大常委会组成人员候选人人选的情况说明，以举手表决的方式通过部分市人大常委会组成人员候选人名单，提交各代表团酝酿；决定代表联合提名候选人的截止时间为2013年2月28日上午12时；决定总监票人、副总监票人、监票人名单。

28日下午，市政协第十一届委员会第二次会议圆满完成各项议程胜利闭幕。闭幕大会由市政协副主席林嘉主持。在市政协十一届二次会议上，张衡、陈祎、钟沛东当选为政协第十一届韶关市委员会常务委员。大会表决通过《中国人民政治协商会议第十一届韶关市委员会第二次会议决议》。市领导郑振涛、艾学峰、李飞及市政协原主席陈仲舒、李培秋、刘创、邓苏夏等领导出席。

同日，市十三届人大三次会议举行第二次全体会议，市人大常委会常务副主任李石保、市中级人民法院院长刘曙光、市人民检察院检察长阙定胜分别作工作报告。会议由大会主席团常务主席、执行主席张平主持。

3月

1日下午，市十三届人大三次会议举行第三次全体会议。会议由大会主席团常务主席、执行主席李石保主持。根据《中华人民共和国地方各级人民代表大会和地方各级人民政府组织法》《广东省各级人民代表大会选举实施细则》以及《韶关市第十三届人民代表大会第三次会议选举办法》，以无记名投票的方式，大会选举市人大常委会秘书长1人、市人大常委会委员2人。依法确定高振忠当选韶关市第十三届人民代表大会常务委员会秘书长，马水源、伍福县当选韶关市第十三届人民代表大会常务委员会委员。

下午4时20分，市十三届人大三次会议举行第四次全体会议。344名代表参加大会。会议表决通过《关于韶关市人民政府工作报告的决议》《关于韶关市2012年国民经济和社会发展计划执行情况与2013年计划的决议》《关于韶关市2012年预算执行情况与2013年预算的决议》《关于韶关市人民代表大会常务委员会工作报告的决议》《关于韶关市中级人民法院工作报告的决议》《关于韶关市人民检察院工作报告的决议》。市十三届人大三次会议圆满完成各项议程，胜利闭幕。

2日，市委副书记、市长艾学峰到原曲仁矿棚户区改造工地调研，听取棚户区改造建设进度和社区配套设施建设情况汇报。

4日下午，全市农村工作电视电话会议在市电信大楼举行，会议总结2012年全市农业农村工作，部署2013年工作任务。市委书记郑振涛作讲话。会议由张志才主持，南雄、仁化、始兴、浈江等县（市、区）分别作会议发言。

5日，根据省委工作部署，由巡视员林广云任组长的省委第五巡视组进驻南雄市，当天下午召开巡视工作动员大会。市委副书记陈向新参加动员大会。

6日上午，市妇联联合市委政法委、市公安局、市司法局、市教育局、市环保局、市人社局、市民政局、市卫生局和市计生局等，在中山公园开展以“关爱妇孺，幸福同行”为主题的“三八”宣传咨询活动。市委副书记陈向新参加活动。

7日，市领导郑振涛、李飞、陈向新等四套班子领导及干部群众参加在浈江区新韶镇东联洋屋村举行的全民义务植树月第一批植树活动。

2013年的义务植树活动以种植乡土阔叶树为主，主要有樟树、灰木莲、火力楠、山杜英、乐昌含笑等，苗木达1.2万株。植树点在浈江区新韶镇东联洋屋村，面积约150亩。市四套领导班子及所在机关、其他市直机关单位、驻市区中省单位，以及社会团体等，分批参加植树活动，为建设美丽韶关挥锄添绿。

8日，市委、市政府召开全市发展和改革工作会议，总结部署发改工作，并对开展“项目建设年”活动进行动员部署。市委书记郑振涛参加会议并讲话，市委常委、常务副市长段宇飞对2013年全市发改工作作部署。市领导林平杰、王伟阳参加会议。

10日，省文化厅厅长方健宏深入到仁化石塘古村以及县博物馆、图书馆、文化馆、本土画家工作室，实地考察了解仁化的历史文化保护和文化建设情况。市委常委、宣传部部长许红陪同考察。

11日，中共韶关地委原书记马一品（离休干部、享受副省长级医疗待遇），因病医治无效，在粤北人民医院逝世，享年95岁。13日上午，马一品遗体告别仪式在市殡仪馆举行。市四套班子领导和老干部，清远市委、市人大、市政协有关领导，马一品曾经工作过地方的有关领导及马一品的亲属、生前友好等，约500人参加告别仪式。省委组织部、省委老干局、省委党校，以及市委、市人大、市政府、市政协，海南省委办公厅、梅州市委、市政府，清远市委、市人大、市政府、市政协等单位送上花圈。全国人大常委会原副委员长习仲勋的夫人齐心发来唁电并送花圈。全国政协原副主席叶选平，广东省顾问委员会原主任寇庆延，全国人大常委会委员、全国人大华侨委员会主任委员高祀仁，省人大常委会原主任张帼英，省委常委、组织部部长李玉妹，中央人民政府驻香港联络办副主任林武，省人大常委会原副主任范希贤、张汉青、佀志广、汤维英，省政协原副主席康乐书、覃卫东等国家、省领导分别以个人名义送来花圈表示哀悼。

同日上午，市委召开工业化、城镇化专题调研座谈会。会上市委书记郑振涛要求，各级党委、政府要高度重视城镇化工作，科学谋划，尽早研究和解决存在的问题。一要研究城镇化的客观规律；二要研究城镇化政策；三要研究实现城镇化的路径；四要做好示范，打造一批中心镇、特色村示范点，以点带面，加快韶关市城镇化建设步伐。市领导陈向新、张志才、陈波、孔云龙及市住建、国土、规划、发改、经信等部门负责人及浈江、武江、曲江、南雄主要负责人参加调研和座谈。

同日上午，市政府召开全市安全生产暨2013年第一季度防范重特大安全事故工作会议，总结分析当前全市安全生产形势，部署2013年全市安全生产重点工作。市委常委、常务副市长段宇飞代表市政府与各县（市、区）和市直相关部门签订2013年安全生产目标考核责任书。

15日，在西河全民健身广场举行纪念“3·15”国际消费者权益日大型咨询宣传活动。市委常委、市政府党组副书记、市委政法委书记张志才参加活动并讲话。

19日上午，全省传达贯彻全国“两会”精神电视电话会议在市电信大楼举行，省委书记胡春华主持会议并讲话，市领导郑振涛、艾学峰、李飞、陈向新等市四套班子领导成员，市中院院长，市检察院检察长，在韶关副厅级以上老干部，市直部门、省市有关企业单位和各县（市、区）等负责人在韶关分会场参加会议。

20日上午，郑振涛、艾学峰、陈向新等市四套班子领导在曲江区马坝镇乐村坪参加全民义务植树活动。植树活动结束后，市领导郑振涛、艾学峰、张志才等前往市珍贵树种繁育基地进行调研。

同日，韶关市未成年人思想道德建设工作联席会议第一次全体会议召开。会议提出要通过3年时间完成全市近百所市级乡村（城市）学校少年宫建设。市委常委、宣传部部长许红，副市长邹永松参加会议。

22日上午，市委书记郑振涛主持召开市委十一届第35次常委会议。议题是：①传达全国“两会”、全省安全生产电视电话会议及全省保密工作会议等精神，研究韶关市贯彻意见；②讨论《市委常委会2013年工作要点》；③讨论《2013年以市委市政府名义、市委名义或市政府名义召开的全市性会议及全市重要政务活动安排》；④讨论《市党政领导班子2012年度民主生活会整改措施》；⑤讨论《市四套班子领导同志挂钩联系省问题突出村和后进村工作安排表》；⑥通报《我市扶贫开发“双到”工作优秀单位和优秀驻村干部推荐名单》；⑦讨论干部人事问题。

23日至24日，全国妇联党组书记、副主席宋秀岩一行，深入武江区、始兴县、仁化县等地调研，重点了解妇女之家、妇女创业、参政议政等情况。市领导郑振涛、陈向新、兰茵等分段陪同调研。

25日上午，全市财税和审计工作会议在市政府会议室举行。市委副书记、市长艾学峰参加会议并作讲话，艾学峰对2013年财税审工作提出三点意见：一要肯定成绩、找出差距，增强做好财税和审计工作的责任感和紧迫感；二要明确目标、突出重点，确保完成财税和审计工作各项任务；三要强化领导、狠抓落实，为完成各项任务提供坚强保障。市领导林平杰、林嘉和市财政、国税、地税、审计部门有关负责同志参加会议。

同日，全市水利与三防工作会议在仁化县举行。会前，与会代表观摩仁化县赤石迳水库防洪预案演练，会后举办市三防领导干部培训班。

参加会议的有市三防指挥部成员单位领导，各县（市、区）分管三防工作的副县（市、区）长、水利（水务）局局长、分管三防工作副局长、三防办主任、规划股股长以及仁化县三防指挥部成员单位领导等约200人。市委常委、市政府党组副书记、市委政法委书记张志才到会讲话，并代表市政府与各县（市、区）分管领导签订《防汛工作责任书》。

26日上午，市领导艾学峰、段宇飞等在韶关分会场参加国务院、省政府举行的第一次廉政工作电视电话会议。之后，市政府召开第二次廉政工作会议，贯彻落实国家、省会议精神。市长艾学峰在会上讲话，市委常委、常务副市长段宇飞主持会议。

28日，市领导、世张第六届恳亲大会工委会主任张志才、许红率队参加第二届华夏张氏祖庭管委会就职典礼，并拜会河南濮阳张氏宗亲。

29日上午，市民心工程之一——粤北人民医院门急诊医技综合大楼全面投入使用，省卫生厅副厅长廖新波，市领导郑振涛、李飞、陈波、李石保、兰茵、贝抗胜、林嘉等参加启用仪式。

同日下午，韶关市在深圳市展览中心举行韶深莞装备企业联谊交流会暨莞韶产业园推介会，市委常委、常务副市长段宇飞，东莞市副市长张科参加推介会并分别致辞。

同日，市政府组织召开《环丹霞山生态旅游产业园发展规划（2012—2025）》专家评审会。来自省内9位知名专家组成评审组，一致同意通过规划评审。《环丹霞山生态旅游产业园发展规划（2012—2025）》的编制和指导实施，有利于有序引导丹霞山外围地带开发建设，对整个韶关旅游产业的发展有着重大的指引和带动作用。市委市政府的领导、市发改、规划、旅游、环保、交通等部门及相关县区代表参加评审会议。

4月

1日至2日，副省长许瑞生率省国土资源厅、省住房和城乡建设厅、省环境保护厅等部门负责人来韶开展城镇化建设调研。先后到韶钢、始兴县罗坝镇淋头新村、深渡水瑶族乡长梅村、南雄市珠玑镇叟里元村、塘东村等地调研农村生活垃圾处置和农村生态文明建设等情况。在座谈会上，市委副书记、市长艾学峰介绍韶关市2013年头两月经济社会发展、农村生态文明建设、农村生活垃圾处置等情况。许瑞生对我市在相对困难的情况下经济稳步增长、生态文明建设取得较好成绩、城乡一体联动发展给予肯定。他强调，加快推动城镇化需要以保证乡村可持续发展为前提。市领导郑振涛、艾学峰、段宇飞、邹永松等分段陪同调研和座谈。

8日，副省长林少春先后到韶关市示范性综合实践基地、浈江区十里亭镇金凤坪村委会、武江区计生服务站及新华街道花城社区调研基层人口计生工作开展情况。调研期间，林少春对我市人口计生工作所取得的成绩给予肯定，针对当前所面临的机构改革、卫生和计生合并的新形势提出具体要求。省人口计生委主任骆文智，市领导黄劲东、李安平陪同调研。

9日至12日，市委书记郑振涛、市长艾学峰率市党政考察团分别到清远市、佛山市、阳江市学习考察，并分别召开两市工作交流座谈会，学习和交流经济社会发展的情况。

12日上午，市委常委、市政府党组副书记、市委政法委书记张志才到韶关学院、仁化县、始兴县、翁源县等调研指导“世界张氏总会第六届恳亲大会”筹备工作。

18日，市委常委、秘书长陈波到“薄弱村”挂钩联系点翁源县藤山村开展调研。实地查看藤山村村委会建设情况，并召开座谈会，陈波要求要认清藤山村经济基础薄弱的现状，找准突破口，明确整治目标，制订整治方案，完善运作机制，加强班子建设，进一步改善村委办公条件，促进经济发展，提高农民收入。

同日下午，为进一步规范市委办、市人大办、市政府办、市政协办工作程序，提高办事效率，召开“四办”工作联席会，市委常委、秘书长陈波主持会议并讲话。

19日下午，市委书记郑振涛主持召开市委十一届第36次常委会议。议题是：①传达全省大型骨干企业座谈会、全省加快重要基础设施建设工作会议等精神，研究韶关市贯彻意见；②讨论《2013年市第一季度经济运行情况报告》；③讨论《2013年市领导联系重点项目方案》；④讨论《2013年党风廉政建设和反腐败工作任务分解表》；⑤讨论《2012年度人口计生目标管理责任制考核情况汇报》；⑥讨论《市建设用地规模有关情况》。

22日，市委中心组理论学习（扩大）会议暨第五期“韶关学习论坛”在市委党校举行。广东商学院旅游管理与规划研究所所长张伟强教授应邀作题为《生态文明与区域旅游发展》主题报告。艾学峰等市委中心组成员参加论坛。

同日下午，市委书记郑振涛到浈江区调研化解信访积案工作，调研中，郑振涛听取浈江区关于化解信访积案工作情况汇报，并与市、区两级信访部门就化解信访积案工作情况进行研究。市委常委、秘书长陈波参加调研。

同日，由市创文办、市文明办、团市委、市农业局主办的韶关市保护山川河流志愿服务暨“生态韶关”全民公益放生活动启动仪式在市区举行。市领导陈向新、张志才、徐紫玲参加启动仪式。

23日，韶关市举办为四川雅安地震灾区捐款动员大会，4月20日上午8时02分，四川省雅安市芦山县发生里氏7.0级强烈地震，造成灾区人民生命财产重大损失，雅安地震灾情深深牵动着韶关干部群众的心。在动员会上，郑振涛、艾学峰、李飞等在家的市四套班子领导与近500名市委机关干部职工纷纷向捐款箱投下装满爱心的信封，希望灾区人民尽快渡过难关、重建家园。

大会号召全市机关工作人员和社会各界行动起来，开展爱心捐助活动，为灾区群众献爱心，用实际行动支持帮助受灾群众。当日，市领导与市委机关干部共捐献爱心款189970元。

24日，市委、市政府印发《中共韶关市委、韶关市人民政府关于表彰韶关市劳动模范和先进工作者的决定》（韶发〔2013〕8号）。经自下而上、层层推荐，并经市劳动竞赛委员会办公室初步审核，黄细妹等80人拟为市劳动模范（先进工作者）人选。

同日上午，南方日报社社长、南方报业传媒集团总编辑张东明率报道组到韶关专访市委书记郑振涛。双方就韶关如何贯彻落实总书记习近平视察广东时提出的“三个定位，两个率先”的要求，省委书记胡春华提出加强发展紧迫感的要求，以及胡春华在韶关调研时提出韶关要加快区域中心城市建设的要求等问题进行深入座谈交流。

25日，副省长邓海光率省水利、农业、林业、发改、财政等单位领导一行到始兴县江口万亩水果生产基地调研特色水果产业生产流通情况。调研中指出，始兴生态环境优越，良好的空气、土壤、水质为生产优质的农产品提供条件。始兴作为农业大县，在推进现代化生产的同时，也要完善冷库、大型农贸批发市场等配套设施的建设，更要建立起现代化的农产品流通、交易平台，以增强农业抵御市场风险的能力。市领导艾学峰、张志才及县领导范秀燎、杨思远陪同调研。

同日，全市廉洁镇村创建工作经验交流现场会在乐昌市廊田镇召开。为进一步提高农村基层党风廉政建设科学化水平，统筹推进廉洁城乡建设，市委市政府于2012年在乐昌市廊田镇和曲江区大塘镇开展廉洁镇村创建试点工作，并通过开展一系列的创建工作，取得一定成效。2013年，市委市政府决定在全市全面铺开廉洁镇村创建工作。会上，乐昌市廊田镇、曲江区大塘镇分别介绍试点工作经验。与会人员还实地观摩乐昌市廊田镇廉洁镇村创建工作开展情况。市委副书记陈向新，省纪委常委刘连生参加会议。

同日，市政协主席李飞深入到南雄、始兴的产业转移工业园调研，督查“百项工程兴韶关”建设项目进展情况。调研中肯定南雄、始兴两地推进“百项工程兴韶关”项目建设所取得的成绩。他强调，两地要进一步在突出产业集聚特色、加快扩园项目建设、搞好相关配套、提升招商引资质量等方面要有大动作、大项目、大举措，结合推进城镇化建设提升园区承载力，做大做强特色、优势产业，实现园区规模效益。市政协副主席林嘉、秘书长陶学权随同调研。

25日至29日，市委书记郑振涛率韶关市经贸交流团赴台开展农业、旅游业考察和推介洽谈活动。交流团一行先后前往高雄、台东、花莲、台北等地，实地走访高雄市义联集团、屏东生物科技园区、潮州农会、新光兆丰休闲农场等，在宣传韶关、推介韶关的同时，学习台湾企业发展经验，了解台商投资需求，推动交流合作，增进韶台友谊。市委常委、秘书长陈波和市委台办、市农业局、市旅游局、乳源瑶族自治县等负责人参加考察。

26日上午，韶关市庆祝“五一”国际劳动节暨表彰大会在市委会议中心举行。市劳模叶军乔向全市职工发出《立足本职、务实创新，为加快绿色转型、实现振兴发展再立新功》的倡议。市委副书记、市长艾学峰参加会议并讲话。

同日，韶关市举行纪念中共中央发布“五一口号”65周年座谈会，重温“五一口号”，共同回顾65年来多党合作的发展历程，畅谈韶关市统一战线和衷共济的良好政治局面，听取各民主党派、无党派人士的意见建议。座谈会由市政协副主席、市委统战部部长何伟青主持，市领导陈向新等参加会议。市各民主党派、工商联有关负责人，无党派人士代表，统战系统有关单位负责人等出席座谈会。

同日，韶关市社会科学联合会第四届代表大会在市区举行。市社科联2001年12月组成第三届委员会以来，全市社科界围绕韶关经济建设、政治建设、文化建设、社会建设和生态文明建设，开展一系列社科研究活动和社科普及活动，为韶关经济社会发展做出贡献。大会选举产生第四届社科联主席、副主席、秘书长和委员。市委常委、宣传部部长许红参加会议。

26日至27日，以省政协常委、经济委员会主任谢悦新为组长的省政协调研组，围绕“促进广东省区域协调和加快发展”专题，深入浈江、武江、乐昌等地调研。市委常委、常务副市长段宇飞，市政协副主席王伟阳、林嘉陪同调研。

27日，全市第一季度经济形势分析会暨贯彻落实全省大型骨干企业座谈会和加快重要基础设施建设工作会议在市政府会议室举行。市长艾学峰主持会议并讲话，市领导张志才等参加会议。

28日，在国务院印发《关于核定并公布第七批全国重点文物保护单位的通知》中，核定公布第七批全国重点文物保护单位，以及与现有全国重点文物保护单位合并的项目。我市三影塔、南粤雄关与古道、丹霞山宋至民国摩崖石刻3处，被列为第七批全国重点文物保护单位。

同日，全市申报省教育强市工作动员会在市政府会议室举行，对我市教育创强工作进行具体部署。省教育厅副厅长朱超华到会讲话，市人大常委会副主任徐紫玲参加会议，副市长邹永松主持会议。

同日，广东省高层次人才服务专区韶关分区成立，我市成为粤东西北地区率先设立高层次人才服务专区的地级市。

同日，由原市建设工程交易中心、市产权交易中心、市政府招标采购中心和市国土资源交易中心整合组建成的韶关市公共资源交易管理办公室和公共资源交易中心挂牌成立。市委常委、常务副市长段宇飞参加挂牌仪式。

5月

7日下午，根据中央军委主席习近平的命令，珠海警备区副政治委员郭伟建任韶关军分区政治委员，广东省军区党委决定增补其为中共韶关军分区委员会委员、常委、书记；原政治委员李建华调任深圳警备区工作。省军区副司令员张鲁江宣布中央军委命令和省军区党委决定。市委书记、军分区党委第一书记郑振涛参加会议并讲话。

8日，由省农业、卫生、工商等部门有关专家组成的禽流感防控工作督查组在韶关开展检查。要求各部门、各医疗机构要以实战状态做好人感染H7N9禽流感疫情的防控工作。市领导张志才参加座谈会并讲话。

8日，市委副书记、市长艾学峰到市人口计生局调研工作。调研中指出，市委市政府历来十分重视人口计生工作，在当前机构改革新形势下，要坚持计划生育基本国策不变；坚持计划生育党政一把手负总责不变；坚持实施计划生育“一票否决权”制度不变，确保责任到位、措施到位、投入到位、落实到位。

同日，市委副书记陈向新到武江区调研村（居）建设。先后到龙归镇奇石村和新华街花城社区调研。要求，村委要进一步加强村两委班子建设，要进一步发展经济，要加强基础设施建设；社工服务要加强宣传，进一步扩大社工服务的知名度和影响力，要摸索经验，探讨做好韶关社工服务的好路子，力争建立党组织，更好地为居民服务。

同日，市委常委、宣传部长许红到仁化石塘镇京群村调研薄弱村整治工作，到京群小学、农家书屋、成人文化技术学校等地，实地了解村民文化阵地发展情况。

9日，市依法治市工作领导小组第十八次会议在市委会议中心举行。市委书记、市人大常委会主任、市依法治市工作领导小组组长郑振涛主持会议并讲话，市领导李飞、陈向新、张平、李安平及市依法治市工作领导小组成员单位负责人参加会议。

10日至12日，以全国政协常委、人口资源环境委员会副主任钱冠林为组长的全国政协调研组，就“加强土壤污染防治”专题到韶关市调研。省政协党组成员、原副主席覃卫东，省政协常委、人口资源环境委员会主任赖诗仁，市领导艾学峰、李飞、孔云龙陪同调研。

10日上午，“百项工程兴韶关”基础设施建设项目建设汇报会在市委会议中心举行，专题研究部署韶关市加快基础设施建设工作。市委书记郑振涛主持会议，艾学峰等市四套班子领导参加会议。

同日下午，市委副书记陈向新率调研组到韶关市部分党代表工作室，就“一站双联三代”拓展延伸项目情况进行调研。市委计划从2013年4月至2014年2月项目推进期间，在全市村（社区）全面建立1325个党代表工作站，将省、市，县（区）和镇党代表全部安排进驻党代表工作站，轮流进驻接待党员群众，并形成相应的接待制度和事项办理机制。

12日晚，由市妇联和韶关民声网联合主办的韶关供电杯“妈妈，我爱您”第二届母亲节网络征文大赛颁奖典礼在西河全民健身广场举行。本届征文大赛自3月开赛以来，得到市各有关部门、学校及全国各地网友的关注和支持，共收到我市文学爱好者及陕西、甘肃、河北等省市网友的作品900余篇。经过严格的评选，乐昌的骆学煌和仁化的肖欣摘得桂冠。市委常委、宣传部部长许红参加典礼并颁奖。

14日，省委常委、常务副省长徐少华一行到我市调研赣韶铁路、广乐高速公路项目建设情况。上午先后到武江区龙归镇广乐高速长基岭隧道、赣韶铁路浈江区启明路段疏解线现场调研，了解项目建设情况。市领导艾学峰、段宇飞、邹永松陪同调研。下午，主持召开工作座谈会，听取云浮、韶关、河源、梅州、清远等山区五市负责人对进一步促进粤东西北地区振兴发展的意见建议。市领导郑振涛、艾学峰等参加座谈会。

同日，广东省现代烟草农业建设推进现场会在我市举行。市委常委、市政府党组副书记、市委政法委书记张志才到会致辞，中国烟叶公司副总经理吴洪田，省烟草专卖局（公司）局长、总经理户春河以及来自全省各烟叶产区政府部门、烟草公司的有关领导参加会议。

同日上午，市委市政府召开市巩卫工作指挥部第二次全体成员会议，针对检查中发现的问题和省暗访组提出的整改要求，部署下一阶段的工作重点。市领导陈向新、兰茵参加会议。

5月15日，由省纪委副书记陈伟东率领的省纪委调研组在市领导郑振涛、段宇飞的陪同下，调研我市网上办事大厅及作风建设工作。调研组一行参观市党风廉政建设、干部任前法纪教育暨预防职务犯罪教育基地，并召开座谈会，听取我市关于网上办事大厅建设和治理“庸懒散奢”工作的情况汇报，并对我市网上办事大厅建设及治理“庸懒散奢”工作给予肯定，提出要求。

同日上午，在市委党校召开中心组理论学习（扩大）会议暨第六期韶关学习论坛，广东智库促进会会长谢秉臻作“创建粤北生产性服务贸易基地和现代物流中心”主题报告。市领导艾学峰、李飞等市委中心组成员参加学习论坛。市委副书记陈向新主持论坛。

16日，省委决定，市委常委、常务副市长段宇飞拟任省食品药品监管局局长、党组书记。经省委批准免去段宇飞的韶关市委常委、委员职务，并同意不再担任韶关市副市长职务。

同日，经省委同意，熊万鹏挂任我市副市长，时间1年。

同日上午，市十三届人大常委会召开第九次会议。34名市人大常委会组成人员参加会议。会议决定免去尚伟韶关市副市长职务，接受王青西辞去市十三届人大常委会副主任职务，同时决定任命王青西为韶关市副市长。市委书记、市人大常委会主任郑振涛主持会议，市长艾学峰列席会议，

17日上午，省政府副秘书长颜学亮带领省发改委、财政、农业、水利、民政等相关部门负责人察看翁源县“5·16”洪灾受灾情况。先后到受灾较严重的翁城镇定南村、周陂镇、华力园艺有限公司察看被洪水冲毁的农田、桥梁和花卉企业，并召开座谈会，观看“5·16”洪灾视频资料，听取市县领导关于抗洪救灾情况的汇报，对救灾工作提出意见和要求。市委常委、市政府党组副书记、市委政法委书记张志才陪同察看。

同日上午，市委召开中心组学习会议，专题学习《关于当前意识形态领域情况的通报》（中办发〔2013〕9号）。市委书记郑振涛主持会议并讲话。艾学峰、李飞等市委中心组成员参加

会议。

同日下午，市委书记郑振涛主持召开市委十一届第37次常委会议。议题是：①传达中央、省有关文件会议精神，研究韶关市贯彻意见；②讨论《市2012年社会工作情况和2013年工作安排报告》；③讨论《纪念六祖圆寂1300周年活动暨2013年广东禅宗六祖文化节（韶关）系列活动筹备工作情况》；④讨论市扶贫开发工作有关情况；⑤讨论《2012年度各县（市、区）经济社会科学发展考核初步结果》；⑥讨论干部人事问题。

同日，市委副书记、市长艾学峰赶赴翁源受灾较严重的翁城镇指导救灾工作，要求各相关部门及时妥善安置受灾群众，将人民群众的生命财产安全放在第一位，迅速开展灾后复产工作。

18日，市委副书记、郑振涛一行先后到翁源县翁城镇、龙仙镇、周陂镇和新丰县遥田镇等受灾严重的村了解情况，详细询问受灾群众生产生活，传达中共中央政治局委员、省委书记胡春华对韶关抗洪救灾工作的指示精神。并强调要根据气象部门预测，做好新一轮强降雨的防范工作，及时掌握雨情水情汛情，科学有序、有组织地做好防灾抗灾工作，确保人民群众生命财产安全。市领导张志才、陈波陪同前往。

19日，市委常委、秘书长陈波到武江区江湾镇察看“5·16”因洪灾造成9人失踪现场，指导开展搜救和家属安抚工作。

20日，省委组织部印发通知，同意市政协主席邓苏夏退休。

同日上午，市委书记郑振涛主持召开市委十一届第38次常委会议。议题是：①传达学习省委书记胡春华关于防汛救灾工作的重要讲话精神；②分别听取市三防办近期防汛救灾情况汇报、武江区、曲江区关于受灾人员伤亡情况汇报；③研究部署韶关市下一步防灾救灾和复产重建工作。

同日，召开全市救灾复产暨进一步做好防汛工作视频会议，贯彻落实全省相关会议精神，总结“5·16”洪水防御工作，研究分析当前救灾复产形势，动员全市广大干部群众投入救灾复产，并部署下一步防汛工作。市委常委、市政府党组副书记、市委政法委书记、市三防指挥部副指挥张志才主持会议并讲话。

21日，市委、市政府印发《中共韶关市委、韶关市人民政府关于表彰扶贫开发“规划到户、责任到人”工作优秀单位和优秀个人的通报》（韶发〔2013〕9号）。

同日，副市长、市公安局长李安平与武江区政府领导一起，前往此次洪灾受害较重的武江区江湾镇指导灾后复产工作，同时组织有关力量继续搜救下落不明的一名失踪人员。

此次洪灾共造成江湾镇水浸房间94间，泥砖房倒塌20间，其中有6户全倒户，2000多亩农作物水浸，冲走生猪200多头，41亩水塘过水，灵芝受损140多立方米，水浸粮食6000公斤。此外，部分水利设施及饮水工程也受到程度不等的破坏，洪灾当天全镇停水、停电及通讯中断。此次洪灾造成全镇直接经济损失达9500万元，并造成8人死亡，1人失踪。

22日，副省长许瑞生到韶关调研大宝山矿区及周边环境综合整治工作，并召开现场办公会议。市领导艾学峰、孔云龙陪同调研。

22日至23日，省考核组来韶对韶关市2012年度省“双转移”目标责任制落实情况进行考核。市委副书记、市长艾学峰参加工作汇报会，副市长邹永松陪同考察，副市长王青西代表韶关市汇报2012年度“双转移”工作情况。

22日上午，召开全市扶贫开发工作电视电话会议，总结过去3年全市扶贫开发“双到”工作，部署新一轮扶贫开发工作。市委书记郑振涛主持会议并讲话，市委副书记、市长艾学峰总结部署扶贫开发工作。会议对扶贫开发“双到”优秀单位和优秀驻村干部进行表彰。市领导李飞、张志才、肖怀跃、李石保参加会议。

23日至24日，东莞市委书记徐建华率东莞市党政代表团到韶关考察扶贫开发及“双转移”工作。其间，先后考察乳源东阳光公司、莞韶产业园、宏大齿轮公司、韶关液压件公司及乳源乳城镇新兴村，并慰问新兴村委刘屋村的困难老党员。24日上午，两市召开扶贫开发工作座谈会。开展扶贫开发“双到”工作以来，东莞市共统筹落实帮扶资金5亿多元，扶持发展集体经济项目483个，完成贫困户危房改造5149户，完成300人以上自然村村道硬底化337.8公里，解决饮水安全40965户，帮助建设文化卫生设施545宗。对口帮扶的85个贫困村2012年村集体经济收入平均达10.72万元，10346户有劳动能力贫困户人均纯收入为8448.69元，脱贫率达100%。在新一轮扶贫开发中，韶关市共有相对贫困村310个，相对贫困户34990户、贫困人口123427人，其中东莞市对口帮扶我市乐昌、南雄、翁源、新丰、乳源五县（市）的80个村，相对贫困户5618户、贫困人口22148人。市领导郑振涛、艾学峰、陈向新、张志才、陈波等陪同考察并座谈。

30日上午，省复查团召开韶关市巩固国家卫生城市省级复查工作情况通报会，宣布韶关市巩固国家卫生城市工作顺利通过省级复查。省复查团专家宣读《韶关市国家卫生城市复查综合评价意见》。复查团将建议广东省爱卫会向全国爱卫会推荐，重新确认韶关市为国家卫生城市。市领导郑振涛、艾学峰等参加会议。

31日上午，市政府召开全市整治农村违法用地建房和市区违章建筑工作会议，部署在全市范围内迅速开展整治“两违”活动。市政府与各县（市、区）人民政府签订整治农村违法用地建房工作责任书。市委副书记、市长艾学峰参加会议并讲话，副市长邹永松、王青西对整治“两违”工作进行部署。

同日，全市出租车“服务质量提升年”活动誓师大会在韶关火车东站站前广场举行。此次誓师大会，旨在将韶关出租车行业打造成亮丽的城市名片，为“巩卫创文”添分加彩。出租车行业主管部门、企业、驾驶员代表分别宣誓。市政协主席李飞，市委常委、宣传部长许红出席活动。

6月

1日至2日，省委常委、省纪委书记黄先耀到乳源瑶族自治县调研扶贫开发工作，要求省纪委省监察厅驻村扶贫工作组进一步做好扶贫“双到”工作。市委书记郑振涛，市委副书记陈向新分段陪同调研。

4日至5日，省人大常委会副主任黄业斌到新丰县就新一轮扶贫开发“双到”和林业生态文明建设工作进行调研。按照新一轮扶贫开发“双到”工作部署，省人大机关对口帮扶新丰县梅坑镇华溪村。全省新一轮扶贫开发工作会议后，省人大机关立足于“实”和“快”，迅速行动，深入华溪村调查摸底，工作组驻村入户，已经就帮扶工作形成初步计划。

6月4日，黄业斌一行深入华溪村的群众家中、田间地头，向当地干部群众详细了解收入来源、脱贫计划、致富愿望等，他要求扶贫开发要真扶贫、扶真贫，要结合当地实际，找准主攻方向，帮助贫困群众增加收入、实现脱贫、尽快致富；他要求当地探索稳定脱贫、长远致富的长效机制，尝试“村村有物业、户户有就业、年年有收入”的模式，不断增加村集体经济收入和贫困户家庭收入。市委书记郑振涛等陪同调研。

4日上午，第七届“十大杰出青年”颁奖大会在市委会议中心举行。会议表彰邓伟华等新当选的杰出青年和优秀青年。团省委书记曾颖如，市领导陈向新、邹永松参加会议。

同日上午，市委书记郑振涛接受新华社广东分社社长杨春南专访，就加强生态旅游项目合作进行商谈。

5日上午，市委书记郑振涛到乐昌市北乡镇黄坌村调研扶贫开发和薄弱村整治工作。黄坌村546户农户中有167户贫困户，被列入新一轮省相对贫困村和省市问题突出村，是郑振涛的挂点联系村。市委常委、秘书长陈波参加调研。

7日至9日，市委常委、秘书长、丹霞山管委会主任陈波率队，先后到深圳、清远、广西桂林考察旅游企业及项目开发情况。副市长孔云龙参加考察活动。

8日上午，100多名市直和中省驻韶关单位2013年驻村干部集中在市委党校接受岗前培训。根据省统一部署和有关标准，韶关市310个相对贫困村被认定为新一轮扶贫开发重点帮扶村，由省直单位、东莞市和市、县（市、区）定点帮扶；新丰县、乐昌市、南雄市、乳源县为新一轮扶贫开发重点县（市）。至年底，118个市直单位和部分驻韶单位已新抽调驻村干部132人，组成75个驻村工作组，将在6月10日前投入到贫困村开展新一轮扶贫开发工作中。市委常委、组织部部长肖怀跃向驻村工作队授旗。

10日上午，2013年韶关市“体彩杯”龙舟赛在市区浈江河面北江桥至曲江桥约600米水域举行。各县（市、区）、驻韶关部队和市中心业余体校共18支参赛队伍展开激情竞渡。经过激烈的较量，武江重阳水口队以三轮总成绩 7 分 41 秒 81 获得第一，乳源白马龙舟队以 7 分 43 秒 92 的微弱劣势屈居第二，浈江沙园兄弟龙舟队以 7 分 56 秒 31 位列第三名。省爱卫办主任许立凡，市领导郑振涛、李飞、徐紫玲、兰茵参加开幕式并观看比赛。

13 日下午，市委书记郑振涛主持召开市委十一届第 39 次常委会议。议题是：①传达省环保厅 2012 年主要污染物总量减排工作约谈会议精神，研究韶关市贯彻意见；②讨论韶关市 2012 年机关事业单位突出贡献奖有关情况；③讨论《关于加强和改进我市互联网管理工作的实施意见》；④讨论《市 2013 年深入开展道德领域突出问题专项教育和治理活动实施方案》；⑤讨论《关于开展廉洁镇村创建工作的意见》；⑥讨论《市级机关绩效考评普惠制奖励与经济发展指标挂钩办法》；⑦讨论《2013 年韶关市“广东扶贫济困日”活动方案》；⑧讨论干部人事问题。

14 日，市委副书记、市长艾学峰与市政协委员专题座谈城镇化建设。为开好此次座谈会，市政协会同市民建、市直有关部门组成调研组，并挑选 20 多位对城镇化情况比较熟悉的政协委员，一起开展专题调研活动。在深入调研的基础上，形成 20 多篇发言材料和 1 篇专题调研报告。会上，市政协经济委员会负责人汇报此次调研的情况，杨应满等 15 位市政协委员围绕“加快推进我市城镇化进程”的中心议题提出意见和建议。座谈会由市政协主席李飞主持，市领导王青西等参加。

同日，市巩固国家卫生城市工作指挥部召开第三次全体成员会议，全面部署落实省级复查存在问题的整改工作，确保以良好的巩卫成果迎接检查。市领导陈向新、许红、兰茵等参加会议。

17 日，中共中央政治局委员、广东省省委书记胡春华，广东省委常委、常务副省长徐少华率广东省有关部门、韶关市主要负责人专程到赣韶铁路疏解线浈江特大桥施工现场考察，并亲切看望和慰问奋战在施工一线的建设者。考察中，胡春华希望路地进一步加强协作，再接再厉，再创铁路建设佳绩，为推动广东经济社会又好又快发展再立新功。

18 日，市委中心组理论学习（扩大）会议暨第七期韶关学习论坛在市委党校举行，国家宗教局副局长蒋坚永作题为《我国的宗教和宗教政策》专题辅导。市领导郑振涛、李飞等市委中心组成员，市直及中省驻韶关单位副处级以上干部，各县（市、区）分管宗教工作的副县（市、区）长、统战部部长及全市民族宗教系统干部参加学习论坛。

19 日，省政府党组成员、省扶贫开发领导小组副组长李容根到韶关调研扶贫开发“双到”工作。当日上午，先后到乳源县游溪镇八一瑶族新村、一六镇东粉村、东坪镇新村村委会斜岭自然村等地了解上一轮扶贫“双到”工作情况，调研新一轮扶贫开发工作。李容根强调，2013 年扶贫济困日活动要围绕“扶贫济困、奉献爱心”的主题，重点是资助高寒石灰岩山区不具备生产生活条件的贫困村搬迁户和困难户的危房改造、资助家庭经济困难的大学新生入学、资助养老和儿童福利机构的建设、资助残疾人托养康复中心建设等四个方面。要加强领导，深入发动，让参与面更广，活动面更广，使扶贫济困日活动更加有声有色，得到更多人参与。市委副书记、市长艾学峰，市委常委、市政府党组副书记、市委政法委书记张志才参加座谈会。

同日，市委、市政府召开“百项工程兴韶关”项目进展情况汇报会。听取“百项工程兴韶关”振兴工业工程项目建设进展情况汇报，研究部署进一步加快工业项目建设工作。市委书记郑振涛主持会议，市领导艾学峰等参加会议。

20 日下午，粤湘两省北江流域防汛抗旱应急管理座谈会在韶关举行。会议讨论研究粤湘两省北江流域防汛抗旱应急管理合作有关事宜，部署下阶段工作。珠江水利委员会副主任谢志强，湖南省防汛抗旱指挥部副指挥长、省水利厅厅长詹晓安，广东省防汛防旱防风总指挥部副总指挥、省水利厅厅长林旭钿，市委常委、市政府党组副书记、市委政法委书记张志才参加会议。

同日，市委书记郑振涛到仁化、始兴调研新型城镇化建设。先后考察仁化县丹霞新城扩容提质项目、黄屋新村、“梦幻丹霞”项目、有色金属循环经济产业园和始兴县总甫新村、丝绸文化园、文化中心、体育公园、东莞石龙（始兴）产业转移工业园等，并在始兴县召开座谈会，听取仁化县、始兴县城镇化建设情况汇报。在座谈会上，郑振涛强调：一要重视规划，二要善于谋划，三是要做好计划，科学安排项目建设。市领导陈向新、陈波参加调研。

同日，市委副书记、市长艾学峰和部分省、市党代表到南雄调研城镇化建设，对南雄加快城镇化建设工作进行考察调研，详细了解该市城镇化建设的推进情况和具体的做法、成效，希望南雄在城镇化建设方面带好头，科学谋划，开展工作，促进城镇化健康发展。

24日下午，市委、市政府召开深入开展重点领域“三打”（打击欺行霸市、打击制假售假、打击商业贿赂）工作电视电话会议。从6月起，深入开展食品药品、农资产品、农村集体土地非法流转等重点领域“三打”工作，建立健全“三打”工作长效机制。在解决人民群众最关心、反映最强烈的问题上取得突破，建立良好的市场经济秩序。市委副书记陈向新参加会议并讲话，市领导张志才主持会议。

25日，市委书记郑振涛到翁源县调研城镇化和工业化推进情况。先后到翁源县涂志伟美术馆和华彩化工涂料城，进行调研。华彩化工涂料城是韶关市“百项工程兴韶关”的重点工程之一。目前累计投资32亿元，引进企业32家，其中投产企业7家，在建8家，筹建17家。2013年1—5月，园区快速推进，建设完成固定资产投资2.89亿元，是市下达全年2.5亿元任务的116%。园区规划面积533.33公顷，分两期开发，全面完成建设后，年产值可达160亿元，实现税收5亿元以上，创造就业岗位约1万个。

同日下午，2013年“广东扶贫济困日”中省驻韶关及市属国有企业座谈会在市区召开。2012年市第三个“广东扶贫济困日”活动中，国有企业对扶贫济困工作做出很大贡献，起到示范带头作用。截至2013年5月底，市本级共接收捐款2198.2万元，其中57个国有企业捐款1100多万元，占市本级接收捐款的50.3%。这些捐款有效地改善贫困地区人口的生产生活条件，推动贫困地区经济社会的发展。郑振涛对各企业给予市扶贫济困活动的帮助和支持表示感谢。

会上，宝钢集团广东韶关钢铁有限公司、大宝山矿业有限公司、广东韶能集团股份有限公司等国有企业负责人先后作表态发言，意向捐款总计超过1100万元。

25日至26日，水利部副部长胡四一到乳源、乐昌调研农村水电增效扩容改造工作，先后考察乳源溪二、溪三水电站，乐昌峡水利枢纽，详细了解韶关水利事业发展和农村水电增效扩容改造前期工作情况。经审查筛选，市从2076座小水电中确定本次上报水电增效扩容改造电站120座。这120座小水电站改造后装机容量可达21万千瓦，年发电量将比改造前3年平均发电量增加2.4亿千瓦时。概算总投资近4亿元，其中中央补助约1.5亿元。省水利厅厅长林旭钿，市委书记郑振涛等陪同调研。

26日，市十三届人大常委会举行第十次会议，会议听取和审议市人民政府关于市本级2012年预算超收收入安排情况的报告、2012年市本级决算草案的报告、2012年市本级预算执行及其他财政收支的审计工作报告、韶关市餐饮服务食品安全监管工作情况的报告，市人大常委会执法检查组关于实施《中华人民共和国妇女权益保障法》情况的报告，以及人事任免事项；表决通过关于批准韶关市2012年本级决算的决议；决定任命熊万鹏、许志新为副市长，免去段宇飞副市长职务。市委书记、市人大常委会主任郑振涛，常务副主任李石保等出席会议，市长艾学峰、副市长邹永松列席会议。

26日，市委书记郑振涛带队到省发改委汇报芙蓉新区发展总体规划。市委副书记、市长艾学峰、副市长王青西一同参加汇报。

同日，省机场管理集团公司董事长吕升业一行到市现场踏勘韶关机场选址，并召开调研座谈会。市领导郑振涛、陈波、王青西分段参加调研活动。

同日下午，“广东扶贫济困日”活动民营企业家代表座谈会在荷花园宾馆召开。在3年的“广东扶贫济困活动”中，全市共募集扶贫济困资金1.4亿元，其中民营经济组织捐款3087万元，是社会建设不可或缺的生力军。市委副书记陈向新参加座谈会。

同日下午，市委常委、宣传部部长许红，副市长邹永松进驻石塘镇党代表工作室，开展以“市县领导听取党的群众路线教育活动意见”为主题的集中接待党员群众专题活动。会上，石塘镇负责人汇报石塘镇开展党的群众路线教育实践活动的前期准备工作。来自石塘镇各村居的党员代表围绕党代表如何发挥作用、村小组长的管理、农田水利建设等问题进行发言。活动中，许红、邹永松还分别走访慰问困难老党员。

27 日下午，韶关市召开 2013 年“广东扶贫济困日”活动房地产和建筑施工行业座谈会。在 2012 年开展的第三届“广东扶贫济困日”活动中，全市建设系统为扶贫济困共捐款 929.83 万元，所捐资金极大地改善韶关市贫困地区发展和贫困人口的生产生活状况。市委副书记、市长艾学峰和副市长邹永松参加会议。

28 日，省长朱小丹来韶察看原曲仁矿棚户区改造工程，并在韶关城市规划展示馆调研中心城区扩容提质工作。朱小丹详细听取安置社区的规划布局和建设情况，特别关注学校、医疗、商业、绿化、文体设施、污水处理等公共配套。要求在保证质量基础上，集中资源加快建设，让棚户区居民尽快住进新家。在韶关城市规划展示馆，重点听取韶关芙蓉新城发展的总体规划设想。强调新城建设必须规划好功能区之间的生态间隔，“农田、山坡都可以成为生态间隔。不要破坏天然生态屏障，绝对不能削山”，真正形成城市组团式发展。市委书记郑振涛，市委副书记、市长艾学峰陪同考察调研。

同日上午，第四届韶关市“广东扶贫济困日”活动捐款仪式在市区举行。当日的捐款仪式共募集善款 25.8 万余元。市领导郑振涛、艾学峰等参加捐款活动。

同日上午，丹霞山博士生态农业示范园项目在丹霞山举行开工奠基仪式。丹霞山博士生态农业示范园项目作为环丹霞山生态旅游产业园丹霞园区重点项目之一，总投资 1.2 亿元，主要建设项目包括锦江游船码头、观光茶园、茶叶博物馆、茶制壶游客体验馆、丹霞岩茶研发中心、健康饮食茶庄、游客度假区等。项目将建成为广东省乃至岭南地区独具特色和品质的生态休闲度假胜地。市委常委、秘书长、丹霞山管委会主任陈波，副市长邹永松参加奠基仪式。

30 日上午，市政府与香港保立集团深圳盛世立业投资发展公司共同签署《环丹霞山生态旅游产业园古洋水乡度假区开发合作框架协议》。该框架协议是《环丹霞山生态旅游产业园总体规划》的一部分，古洋水乡度假区项目将在五年内投资不少于60 亿元人民币，建成一座超五星级的国际知名品牌酒店，多座三、四星级的庄园式酒店群和一个旅游风情街区，组成集国际会议、观光娱乐、购物度假的一流旅游服务中心，年接待能力达 300 万人次。市领导郑振涛等参加签约仪式，陈波主持仪式。

7 月

1 日上午，市领导郑振涛、艾学峰、肖怀跃在广州主会场参加全省党的群众路线教育实践活动工作会议。中共中央政治局委员、省委书记胡春华作重要讲话。大会以电视电话会议形式开展至各地级以上市、县（市、区）。市领导李飞、陈向新、张志才、许红、陈波等四套班子领导在韶关分会场参加会议。

2 日，省人大常委会主任黄龙云率领省人大调研组到新丰县就扶贫开发和底线民生保障工作进行调研。按照新一轮扶贫开发“双到”工作部署，省人大机关对口帮扶新丰县梅坑镇华溪村，至此已经完成工作对接和前期调研，各项工作紧张有序进行。当天上午，黄龙云一行到华溪村，深入群众家中、田间地头，向当地干部群众详细了解贫困群众的情况。在华溪村委会召开的扶贫开发工作座谈会上，黄龙云一行听取驻村干部工作汇报，倾听镇村干部、大学生村官、群众代表关于加快脱贫致富的心声。省人大常委会副主任黄业斌，市领导郑振涛、李石保、李安平陪同调研活动。

3 日，省委常委、秘书长、办公厅主任林木声带领省委办公厅领导班子成员和各局、办、处、室负责人，到对口帮扶点新丰县马头镇秀田村，同基层干部和群众进行面对面的座谈交流，调研扶贫开发工作。市委书记郑振涛，市委常委、秘书长陈波陪同调研。

5 日上午，市委书记郑振涛主持召开市委十一届第40 次常委会议。议题是：①传达省组织系统专题会议主要精神，讨论韶关市贯彻意见；②研究召开市委十一届四次全体会议有关事宜；③讨论《市委十一届四次全会工作报告》《艾学峰同志在市委十一届四次全会的讲话》《关于加快推进新型工业化进程的意见》《关于加快推进新型城镇化的意见》；④讨论《市直事业单位分类改革方案及相关配套政策要点》；⑤听取市人大常委会党组工作情况汇报。

6 日上午，市政府与玉圭园（天津）投资有限公司、国风集团有限公司共同签署《环丹霞山生态旅游产业园夏富片区、湾头园区合作框架协议》在荷花园举行。市领导郑振涛及仁化县、浈江区有关负责人参加签约仪式。市委常委、秘书长、丹霞山管委会主任陈波主持仪式。

8日，省委常委、组织部长李玉妹一行到曲江区乌石镇濛浬村和乐昌市沙坪镇柘洞村调研基层党建工作。调研中强调，要搞好基层党建工作就要走群众路线，要多与群众接触，与群众关系要亲，才能深入了解群众的诉求，才能找到党建工作中存在的问题；要搞好基层党建工作，关键是抓好班子的建设，班子好了，才能起到良好的带动作用，才能更好地服务群众。市领导郑振涛等分段陪同调研。

同日上午，省委常委、常务副省长徐少华到乐昌市长来镇罗村，调研省政府办公厅挂点扶贫工作情况，并召开座谈会听取驻村干部、村民关于帮扶工作的意见建议。徐少华要求，挂点扶贫工作要按照省新一轮扶贫开发工作的总体要求，结合党的群众路线教育实践活动，结合当地实际，为基层群众办实事，通过发展生产帮助他们增加收入、改善环境，实现整体脱贫的目标。当前要抓人员到位、方案到位、资金到位、项目到位，争取早日在生产、社会事业、群众生活等方面起步，实现新一轮扶贫开发工作的良好开局。市领导艾学峰、张志才陪同调研。

9日，广东北江中学举行综合大楼开工奠基仪式。该综合楼规划总用地面积约5569.13平方米，计划建设总建筑面积约19695.98平方米，总投资5584.69万元，融教室、图书馆、校史室、多功能室、学术报告厅等于一体，计划于2014年2月主体工程完工，10月竣工验收并交付使用。大楼建成后将会改善广东北江中学的办学条件，十分有利于广东北江中学提高教育教学质量和办学水平。

该大楼是由香港高银集团旗下的蝶峦地产有限公司全资捐建，这是韶关市教育有史以来最大数额的单笔捐建项目。市领导陈波、徐紫玲、邹永松、邓建华、香港高银集团副总经理谭新忠等参加仪式并奠基培土。

10日，中国共产党韶关市第十一届委员会第四次全体会议召开，全会由市委常委会主持。全会深入学习贯彻中共十八大和省委十一届二次全会精神，贯彻落实胡春华在韶关调研时的重要讲话精神，研究部署加快推进新型工业化和新型城镇化工作，推动“两化”良性发展，为全面建成小康社会奠定坚实基础。市委书记郑振涛代表市委常委会作题为《加快推进新型工业化和新型城镇化，为全面建成小康社会奠定坚实基础》的报告和总结讲话。市委副书记、市长艾学峰作关于经济工作的讲话。全会审议通过市委、市政府《关于加快推进新型工业化的意见》和《关于加快推进新型城镇化的意见》，表决通过《中国共产党韶关市第十一届委员会第四次全体会议决议》。

10日至11日，省委常委、统战部部长林雄到乳源瑶族自治县调研，听取民族地区党员干部、群众对省委加强作风建设的意见和建议。市领导郑振涛、艾学峰、兰茵、何伟青分段陪同调研。

11日，副省长林少春率省人社厅、省总工会等相关部门负责人深入韶关市企业和社会保险经办机构，对企业劳资关系、社会保险等相关问题和工作进行调研和指导。市领导郑振涛、艾学峰、邹永松等分段陪同调研。

同日上午，市委、市政府召开迎接巩卫国家复审暨创建全国文明城市“两测”工作动员大会。会上，对上半年韶关市巩卫创文工作进行总结，对下半年迎接巩卫国家复审和创文“两测”工作进行部署。市领导郑振涛、艾学峰等及市巩卫创文工作指挥部成员单位成员、市直副处以上单位负责人、驻韶关部队及中省驻韶关有关单位分管领导、市辖三区党政领导及相关单位负责人等近千人参加会议。

12日下午，市委书记郑振涛主持召开市委十一届第41次常委会议。议题是：①讨论芙蓉新区规划建设的有关情况；②讨论《市影响社会稳定的重大问题排查工作报告》；③讨论《市党内规范性文件备案工作实施意见》和《市党内规范性文件备案工作规程（试行）》；④听取市610办公室工作汇报；⑤听取武江区“5·16”洪灾调查情况汇报。

17日上午，全市纪律教育学习月活动动员暨领导干部廉洁从政专题报告会在市委会议中心举行。市委书记郑振涛对2013年全市纪律教育学习月活动进行动员部署，邀请省纪委副书记王兴宁作领导干部廉洁从政专题辅导报告。市领导艾学峰等参加会议。

同日下午，全市新一轮扶贫

开发“双到”工作领导小组第一次全体成员会议在市委会议中心召开，会议研究部署全市新一轮扶贫开发“双到”工作，通报全市新一轮扶贫开发“双到”工作情况。在新一轮“双到”工作中，省认定韶关市新丰、乐昌、南雄、乳源为新一轮扶贫开发重点县（市），占全省21个重点县（市）的19%，310个相对贫困村为新一轮扶贫开发重点帮扶村，占全省2571个重点帮扶村的12%，共有19009户有劳动能力的相对贫困户为新一轮扶贫开发重点帮扶贫困户。市委书记郑振涛作动员讲话。市领导艾学峰、张志才、肖怀跃及市扶贫开发“双到”工作领导小组成员单位负责人员参加会议。

19日，市委印发《中共韶关市委转发〈中共韶关市人大常委会党组关于进一步加强全市乡镇人大工作的意见〉的通知》（韶发〔2013〕10号）。2013年3—6月，市人大常委会在全省先行先试，通过调研和召开座谈会，广泛听取意见，研究起草“关于进一步加强全市乡镇人大工作的意见”。该意见从认识乡镇人大工作的重要性、加强乡镇人大工作的领导、乡镇人大依法行使职权、发挥乡镇人大代表作用、加强乡镇人大自身建设等方面提出新要求。

同日上午，韶关市组织首批领导干部走进位于广州市番禺区的省反腐倡廉教育基地参观学习，开展廉政教育活动。

此次活动是根据省纪委的要求开展的一次反腐倡廉教育活动，2013年全市组织15批副处级以上领导干部到省反腐倡廉教育基地开展参观学习活动，并举行座谈会交流观后感，为全市反腐倡廉工作建言献策。当天上午，市委常委、市人大常委会，各县（市、区）委书记、市委工作部门、群众和社会团体及市委直属部分事业单位主要负责人等50多人参加。

同日，东莞市台商投资企业协会考察团到韶关进行投资环境考察。东莞市台商投资企业协会是于1993年10月29日成立的一家由东莞市台胞开办的企业及台商投资者、技术管理人员组成的非营利性合法团体。考察团深入莞韶园区企业和韶钢进行实地考察。通过实地考察，台商客人对韶关的投资环境有更加直观和深刻的了解，认为与韶关有较大的合作空间。市长艾学峰会见考察团一行。

23日上午，广东省网上办事大厅韶关分厅正式开通运行。个人、企业和部门通过网上办事厅即可实现“网络办事”。建设省网上办事大厅韶关分厅是市委、市政府根据省委、省政府要求，自2012年年底启动的一项顺应信息化大趋势、深化审批制度改革的重大部署。5月20日，韶关市网上办事大厅投入试运行，6月21日正式上线运行。目前，39个市直单位793项服务事项进驻网上办事大厅，占全部事项的97.42%。其中，能全程网上办理的服务事项有672项，网上办理率达82.56%。网上办事减少办事往返跑部门和窗口的次数，并可在网上直接修改上报材料，办事人还可在线查询到办理进程，且一旦网上受理，便进入电子监察，就必须在法定时限或承诺时限内完成。市领导艾学峰、王青西参加开通运行仪式。

同日，市领导张志才在浈江区调研农产品交易中心建设情况。韶关市全年消费农产品超过50万吨，但交易专业市场存在规模小、地域分散等不利因素，难以适应现代农业发展的需要。新的大型农产品交易中心建成后，将使农产品进城拥有市场载体，可以健全物流体系，降低流通成本，为近1500家农民专业合作社的生产经营创造良好的市场环境，从而促进农产品有效供给和农民持续增收，同时，在农产品交易中心这个平台上开设扶贫农产品展销交易区，将成为全市推进新一轮扶贫开发工作的新亮点和有力抓手。张志才要求力争3个月内将农产品交易中心规划设计和前期工作做好，年底能开工建设，2014年年中能投入使用。

26日，副省长招玉芳到乳源瑶族自治县洛阳镇坪溪村、天井山、东阳光公司开展调研式学习活动，到洛阳镇党代表工作室接待群众。市领导艾学峰、陈波、孔云龙分段陪同调研。

同日，副省长陈云贤到乳源瑶族自治县开展党的群众路线教育实践活动专题调研。先后察看乳城镇农企联合党支部、乳城镇大群村委、乳源第一小学新校区和省教育厅对口帮扶点洛阳镇白竹村，与当地干部群众进行深入交谈，倾听基层群众的心声，并且慰问贫困户。市领导艾学峰、邹永松等分段陪同调研。

28日下午，市委副书记、市长艾学峰到曲江区现场办公，协调解决南华禅寺有关问题，进一步做好纪念六祖惠能圆寂1300周年暨2013年广东禅宗六祖文化节（韶关）系列活动筹备工作，并主持召开现场办公会，听取纪念六祖惠能圆寂1300周年暨2013年广东禅宗六祖文化节（韶关）系列活动筹备工作的汇报。

30日，省政协副主席刘日知到新丰县调研经济社会发展和国土资源管理情况。调研中，要求该县进一步抢抓机遇，以产业园区为载体，全力加快地方经济发展步伐。省国土资源厅厅长邬公权及市领导陈波、邓建华陪同调研。

同日上午，市委书记郑振涛到市行政服务中心调研督办韶关市网上办事大厅建设。在市行政服务中心详细了解企业和群众办事的相关情况，观看网上办事大厅功能演示，听取建设情况汇报。市领导王青西、王伟阳参加调研。

31日上午，省委常委、省纪委书记黄先耀，副省长陈云贤率领省“八一”拥军慰问团到省武警总队韶关市支队慰问官兵，代表省委、省政府送去慰问金。市领导郑振涛、李安平参加慰问活动。

31日下午至8月1日，省委常委、省纪委书记黄先耀到乳源瑶族自治县一六镇团结村调研指导扶贫工作，并主持召开省纪委监察厅对口帮扶一六镇团结村规划论证会。市委书记郑振涛，市委常委、市政府党组副书记、市委政法委书记张志才陪同调研并参加会议。

8月

2日，经省委批准，郑佳树任韶关市委委员、常委，孔云龙任韶关市委常委，免去李建华的韶关市委常委、委员职务，免去许志新的南雄市委书记职务；经省委同意，提名陈波为韶关市副市长人选，孔云龙不再担任韶关市副市长职务。

同日上午，韶关比亚迪3.5吨电动叉车正式下线。比亚迪公司于2010年进军叉车行业，推出全球首款搭载铁电池的电动叉车，成功研发出搭载铁电池的平衡重式、托盘式、前移式、堆垛式四大系列的纯电动叉车，拥有完整整车生产线、一流的检验设备及完善的品质体系。零污染、零排放的比亚迪电动叉车，不仅引领叉车市场开启新的篇章，还使绿色环保的发展理念在韶关真正成为现实。市领导郑振涛、艾学峰、陈波、孔云龙、李安平以及比亚迪公司总裁王传福参加下线仪式。

同日，港台两地128名教师组成的交流团抵达韶关市，并与韶关教师开展为期6天的交流活动。市委副书记陈向新、副市长邹永松与交流团一行互动。

同日下午，市委书记郑振涛主持召开市委十一届第42次常委会议。议题是：①观看党内警示教育片；传达全省进一步促进粤东西北地区振兴发展工作会议精神，研究韶关市贯彻意见；②传达全省组织工作会议精神，研究韶关市贯彻意见；③讨论《关于贯彻落实全市政协工作会议精神检查情况的汇报》；④讨论《2012年市管干部年度考核结果》；⑤讨论《关于对全市各县（市、区）和市直综治成员单位2011—2012年度社会综合治理工作考核情况的报告》；⑥讨论干部人事问题。

6日，市创建全国文明城市工作指挥部在市辖三区开展“清洁家园，美丽韶关”活动。活动中，各级领导以身作则、率先垂范，广大干部群众参与，大家以实际行动践行“文明城市全民共建，创卫成果你我共享”的巩卫创文精神。市领导艾学峰等参加活动。

同日上午，市委书记郑振涛到原曲仁矿棚户区改造项目进行调研。原曲仁矿棚户区改造二期工程分为田螺冲、格顶、花坪镇里群大队3个安置区。其中，田螺冲安置区总用地面积约93.33公顷，计划解决1万多户棚户区居民的居住问题。已开工建设安置房近6000套，约60%的在建楼房已封顶，30%进入装修阶段，剩余10%已进行主体施工。郑振涛要求市直有关部门要高度重视，加快工程进度，让棚户区居民早日搬进新居。副市长王青西参加调研。

7日，副省长、省高速公路建设总指挥部总指挥刘志庚到广乐高速乳源一六镇长基岭隧道入口段、浈江区十里亭镇龙颈凹二号桥等建设施工点督导高速公路建设，并召开督导会议，听取广乐高速公路韶关段、大广高速公路韶关新丰段建设情况以及仁深高速公路仁化至新丰段、汕昆高速公路韶关段前期工作进展情况汇报。市领导艾学峰、邹永松陪同调研。

同日下午，2013广东省营销创新暨第二届城市营销高峰论坛在仁化县举行。本次论坛分别围绕“城市营销”　“营销创新”

“二次创业营销创新”“如何拓宽中小企业融资新渠道”等主题进行五场分论坛和互动沙龙。来自珠三角和韶关本市的政商精英、专家学者为韶关市打造岭南生态功能区品牌及绿色转型生态发展的新韶关建言献策。市领导李飞、许红参加论坛。

同日，由广东营销学会、南方日报社、市企业文化建设协会、市创业协会主办，市华略靖龙文化传媒有限公司等承办的“2013广东省营销创新暨第二届城市营销高峰论坛”在仁化县开幕。市领导李飞、许红参加活动。

8日，由省文明办主办，市委宣传部、市创文办、市文明办承办的“学雷锋在行动”——“2013广东省道德模范与身边好人（韶关）现场交流会”在市委会议中心举行，为“中国好人”“广东好人”及“2013感动韶关十佳道德模范”和“韶关好人”颁奖，省文明办副主任林海华，市领导许红等参加颁奖活动。

9日，“尚德堂”韶关市道德讲堂总堂文化系统专场讲堂在中山公园文化广场开讲。同时，举行首批韶关市文化志愿者集结宣誓和授牌、授旗仪式，市委常委、宣传部部长许红参加活动。

12日至13日，国家税务总局副局长丘小雄到韶关市调研指导工作，召开广州市国税局、韶关市国税局和韶关市地税局组织收入情况工作汇报会。省国税局局长胡金木，省地税局局长王南健，市领导郑振涛、艾学峰等陪同调研。

同期，省人大常委会副主任、省总工会主席黄业斌到浈江区、武江区和市人社局就韶关市“六五”普法工作的开展情况进行检查，市领导郑振涛等参加工作汇报会。

同日，市人大机关召开学习贯彻《中共韶关市委关于转发〈中共韶关市人大常委会党组关于进一步加强全市乡镇人大工作的意见〉的通知》精神的会议。市委副书记陈向新，市人大常委会常务副主任李石保等参加会议。

15日，市委书记郑振涛到莞韶产业园和芙蓉新城调研，实地考察莞韶园扩园选址地点，并参观考察牛尾机电公司，详细了解企业的经营状况，听取莞韶产业园区的情况介绍，深入了解园区发展面临的困难和问题。市领导许红、陈波等分段参加调研活动。

同日，位于浈江产业园区的广东磊蒙重型机械制造有限公司正式投产。该公司是专业从事研发及制造大型破碎筛分成套设备、专业矿山设备及提供相关技术咨询的现代化高新技术企业。公司在产业园区一期工程总投资1.5亿元，生产厂房面积20000平方米。具有年产破碎机300台套的生产能力，预计年产值将超过1亿元。二期工程将建成年产破碎机1200台，产值将超过4亿元，完成利税将超过7000万元。国家质量监督检验检疫总局总检验师项玉章，市委副书记、市长艾学峰参加投产仪式。

同日上午，芙蓉新城芙蓉安置新村建设项目正式开工。新村位于芙蓉新城东北部，规划建设495套连排住宅。新村的开工建设，既是惠及芙蓉村全体村民的大喜事，也是韶关市芙蓉新城建设的重要阶段性成果。市领导艾学峰等参加开工奠基仪式。

16日上午，市委书记郑振涛主持召开市委十一届第43次常委会议。议题是：①传达全省维稳工作会议精神，研究韶关市贯彻意见；②传达创建平安广东工作（阳江片区）推进会等精神，研究韶关市贯彻意见；③讨论《市精神文明创建活动实施意见》；④讨论《市人口与计划生育目标管理责任制考评实施意见》；⑤讨论《市委市政府关于贯彻落实〈省委省政府关于依靠科技创新推进专业镇转型升级的决定〉的实施意见》；⑥讨论干部人事问题。

17日，市委书记郑振涛主持召开市三防指挥部成员单位会议，通报最新的汛情和天气情况，并听取市三防办、水文、气象、公路、交通、供电等部门受灾情况的汇报。受超强台风“尤特”残留云系影响，韶关市从15日起各地持续出现强降雨，造成全市67乡镇受灾，受灾人口达17万多人。市委常委、秘书长陈波以及市三防指挥部成员单位负责人参加会议。

19日，市委、市政府印发《中共韶关市委、韶关市人民政府关于加快推进新型工业化的意见》（韶发〔2013〕11号）、《中共韶关市委、韶关市人民政府关于加快推进新型城镇化的意见》（韶发〔2013〕12号）。文件对韶关市推进新型工业化和新型城镇化建设的目标任务作出明确规定。

同日，市委副书记、市长艾学峰，市委常委、市政府党组副书记、市委政法委书记张志才到武江区和乳源县了解灾情，慰问受灾群众，指导抗洪救灾及灾后重建工作。

同日下午，纪念六祖惠能圆寂1300周年暨2013年广东禅宗六祖文化节（韶关）系列活动工作领导小组第二次会议在市政府召开，会议总结前一阶段筹备工作，部署下阶段工作。市领导陈向新、许红、兰茵、李安平参加会议。

21日至22日，中央政治局委员、省委书记胡春华先后到武江区重阳镇水口村、万侯村，乳源县一六镇凌角碰村察看灾情，看望慰问受灾群众，检查指导防汛抗灾工作。22日中午，胡春华在韶州宾馆主持召开汇报会，听取省“三防”总指挥部、韶关市、省民政厅、省气象局、广铁集团等单位负责人汇报防汛抗灾救灾工作情况及下一步工作打算。省领导林木声、黄善春、邓海光，武警广东省总队司令员许亚非等参加活动，市领导郑振涛、艾学峰、张志才、陈波等陪同察看灾区并参加汇报会。

21日，防御台风“潭美”异地视频会商会议在市三防办举行。会议听取市气象局对第12号台风“潭美”的预测分析，并就做好台风“潭美”防御工作作全面部署。市委副书记、市长、市三防指挥部指挥长艾学峰参加会议并讲话，张志才主持会议。

22日下午，市委、市政府召开全市防洪抗灾工作紧急会议，迅即传达中央政治局委员、省委书记胡春华在韶关主持召开全省防汛救灾恢复重建工作会议上的重要讲话精神。市委书记郑振涛，市委副书记、市长艾学峰及张志才、陈波、李安平等市领导参加会议。会后，市领导分赴乐昌、乳源、武江、仁化、新丰等地指导防汛抗灾工作。

23日上午，市十三届人大常委会举行第十一次会议。会议听取和审议市政府关于韶关市2013年上半年国民经济和社会发展计划执行情况的报告和关于韶关市2013年上半年预算执行情况的报告、市人大常委会执法检查组关于《中华人民共和国公路法》实施情况的检查报告。会议决定免去孔云龙韶关市人民政府副市长职务，决定任命陈波为韶关市人民政府副市长。市委书记、市人大常委会主任郑振涛，市人大常委会常务副主任李石保等参加会议，市长艾学峰、副市长熊万鹏列席会议。

同日，市委书记郑振涛，市领导艾学峰、张志才先后坐镇市三防指挥部会商室，指挥防御台风“潭美”。

同日，“韶关行·好心情”禅宗祖庭游暨南华寺特种邮票发行推介会在广州举办，活动中，韶关市向到会的旅行社负责人、中省媒体记者推介纪念六祖惠能圆寂1300周年暨2013年广东禅宗六祖文化节（韶关）系列活动，及配合活动推出的3条禅宗文化旅游线路。市委常委、宣传部部长许红参加推介会。

25日晚，全市救灾复产重建家园会议在市委常委会议室举行，会议听取市民政、交通、农业、卫生、公路、供电等单位关于抗洪救灾、重建家园工作情况汇报，对下一步救灾复产、重建家园工作进行部署。市委书记郑振涛主持会议并讲话，市领导艾学峰等和市直及中省驻韶关有关单位负责人参加会议。

26日，全省高标准基本农田建设（韶关片区）督导会议在市区举行。2013年，全省高标准基本农田建设已立项项目554个，建设规模21.612万公顷；已动工项目68个，建设规模1.37万公顷。会上，市委常委、常务副市长陈波代表市政府作工作汇报。仁化县在会上作典型发言，介绍该县做好高标准基本农田建设的经验、做法。副省长许瑞生出席会议并讲话。

27日，广东省首次城乡建设用地增减挂钩试点专题现场会在南雄市举行。省国土资源厅厅长邬公权，市委副书记、市长艾学峰参加现场会。

同日上午，全市维稳暨创建平安工作会议在市委会议中心举行。会议传达全省维稳工作和创建平安广东工作会议精神，总结部署全市维稳和创建平安韶关工作。市委书记郑振涛讲话，市委副书记陈向新主持会议，市领导张志才等参加会议。

同日，市委党校举行2013年秋季开学典礼，本次入学的有处级领导干部进修班、市直科级干部培训班和2个中青年干部培训班共212名学员。市委党校通过党性教育、研教结合、教学方式创新、管理细化、引才引智等五个方面为锻造领导干部、养成优良学风提供保证。市委常委、组织部长肖怀跃参加开学典礼。

同日下午，市委书记郑振涛到南华寺检查纪念六祖惠能圆寂1300周年暨2013年广东禅宗六祖文化节（韶关）系列活动筹备情况。强调，各项筹备工作时间紧、任务重，各级、各有关部门要高度重视，采取有效措施，全力支持配合主办单位抓好各项筹备工作。市领导兰茵、李安平陪同检查。

29 日，市委书记郑振涛、市长艾学峰率领韶关市党政代表团前往东莞市学习考察，东莞市委书记徐建华、市长袁宝成陪同考察并与市党政代表团座谈交流。市领导李飞、张志才、陈波、李石保，东莞市领导李毓全、黄双福、邓志广、王检养等参加考察交流活动。

30 日，2013 年中国（广东）国际旅游产业博览会在广州开幕，韶市近 20 家旅游景区和企业组团参会，宣传推介韶关旅游。市委常委、常务副市长陈波参加博览会并检查布展情况。

同日下午，市政协召开十一届第十二次主席会议，讨论《关于我市困难群体法律援助工作的调查与建议（讨论稿）》和《关于弘扬六祖禅宗文化，促进韶关市和谐社会建设的调查与建议》等事宜。市政协主席李飞主持会议，市政协副主席及秘书长等参加会议。

31 日，韶关市丹霞山管委会综合执法局正式揭牌成立。执法局成立后除行使风景名胜区管理方面法律、法规、规章规定的行政处罚权外，还可行使景区内文化、文物管理、规划建设、环境卫生、环境保护、物价、道路交通安全等相对集中的综合处罚权，市有关行政执法部门将不再行使这些权利。市委常委、常务副市长、丹霞山管委会主任陈波参加揭牌仪式。

9 月

2 日上午，纪念六祖惠能圆寂 1300 周年暨 2013 年广东禅宗六祖文化节（韶关）系列活动工作领导小组召开工作会议，对活动筹备工作作最后的动员部署。市委副书记陈向新、副市长兰茵参加会议。

3 日，广东省军区司令员盖龙云少将率工作组到韶关军分区检查指导工作，市委常委、军分区司令员郑佳树，副市长李安平陪同检查。

4 日上午，市委书记郑振涛到武江区、浈江区调研广乐高速公路及地方公路水毁情况。此次调研考察的范围包括：广乐高速北连接线武江区重阳互通施工点、浈江区十里亭镇广乐高速公路龙颈凹大桥施工点、重阳镇水毁路桥及地方公路的大夫前桥、陀村桥等。现场查看广乐高速公路及地方公路的水毁情况，详细了解工程进度及遇到的困难，指出要加快广乐沿线水毁公路、水利设施的修复工作。要在确保工程质量的前提下，全力加快工程建设。副市长邹永松参加调研。

5 日上午，市委书记郑振涛接受南方报业传媒集团“行走东西北”联合采访组采访。由南方报业传媒集团内各媒体组成 10 多人的庞大记者阵容，围绕省委、省政府的重大决策作新闻采访报道。郑振涛表示，按照省委、省政府的部署，韶关人均生产总值要在 2017 年达到全国平均水平。韶关将推进新型工业化和新型城镇化，进一步提高经济增长速度和质量，建设粤北地区中心城市，探索具有山区特色的全面建成小康社会实践道路，确保实现省委、省政府交给韶关的目标任务。许红参加采访活动。

同日下午，市委书记郑振涛到浈江区启明路、仁化县周田镇丹霞山火车站调研赣韶铁路建设情况。副市长王青西及市发改、国土等有关部门负责人参加调研。

7 日上午，纪念六祖惠能圆寂 1300 周年大会在“禅宗祖庭”韶关南华禅寺隆重举行。立足于“禅宗祖庭”的特殊地位，9 月 6 日至 15 日，韶关市举办纪念六祖惠能圆寂 1300 周年暨 2013 年广东禅宗六祖文化节（韶关）系列活动，活动内容除重点活动纪念大会外，还举办“慧海禅灯”大型书画展、“祖印重光”重建六祖殿落成典礼暨万众瞻仰六祖真身、“坛经智慧，幸福人生”佛学讲座、韶关素食文化艺术节等活动。国家宗教事务局副局长蒋坚永，广东省委常委、统战部长林雄，广东省副省长林少春，中国佛教协会副会长明生大和尚及郑振涛、艾学峰、李飞等市四套班子领导参加纪念大会。来自海内外的有关方面负责人、专家学者、高僧大德和佛教界、社会各界人士约 2000 人参加大会。

同日上午，南华禅寺曹溪讲坛正式落成。市领导黄劲东、兰茵为讲坛落成揭幕。

12 日至 14 日，以全国人大环境与资源保护委员会副主任委员、国家质量监督检查检疫总局原党组书记、副局长李传卿为组长，全国政协文史和学习委员会副主任、中央党校原校长孙庆聚为副组长的中央开展党的群众路线教育实践活动办公室督导组到韶关走访调研，征求对省级领导班子和省级党员领导干部在“四风”方面存在问题情况。省委组织部副部长刘毅陪同在韶关调研，市领导郑振涛、艾学峰、陈向新、肖怀跃等分段陪同调研并接受访谈。市政协主席李飞等接受访谈。

12日，市委、市政府印发《中共韶关市委、韶关市人民政府关于贯彻落实〈中共广东省委、广东省人民政府关于依靠科技创新推进专业镇转型升级的决定〉的实施意见》（韶发〔2013〕14号）。文件对定施科技兴市战略的意义，指导思想和总体目标及具体措施作明确说明。

同日上午，市委书记郑振涛主持召开市委十一届第44次常委会议。议题是：①传达省委省政府新一轮绿化广东大行动工作会议精神；②传达省党政代表团赴桂、湘考察情况；③传达全省预防化解处置劳资纠纷座谈会精神；④讨论《市建设法治化国际化营商环境五年行动计划实施方案》等5个行动计划实施方案；⑤讨论《2013年韶关市县（市、区）经济社会科学发展考核办法》；⑥讨论干部人事问题。

14日，2013年国家司法考试正式开考，市2013年共有828人报名参加考试，市领导张志才、张平、李安平到韶关考区市区田家炳中学考点巡考。

17日，市文明委在市公安局举行“风度韶城尚德修身”全民行动启动仪式，拉开韶关市新一轮公民道德教育活动的序幕。为提升全市公民道德素质和社会文明程度，探索创建全国文明城市的新渠道，构建文明和谐的社会管理新模式，推动加快转型升级、建设幸福美好韶关，决定在全市组织开展“风度韶城尚德修身”全民行动。全市计划用3年时间，按照“全民参与，全民受益”的要求，递进式推进。在全市城乡建成1000个以上“修身学堂”，开展500个以上特色修身项目，发动80%以上的市民群众共同参与，实现“全民齐修身，社会共进步”的基本目标。重点推进八大配套行动：“厚德韶城”建设行动、公共文明实践行动、“粤北文化”弘扬行动、“志愿服务”普及行动、“行风政风”优化行动、“美德少年”培育行动、“生态韶关”保护行动、“乡风文明”促进行动。市委常委、宣传部部长许红参加启动仪式并讲话。

18日，市第二届“扬三江正气、树六岸清风”辩论赛决赛在市委党校举行。辩论赛历时2个多月，来自全市各县（市、区）和市直机关的24支代表队，经过12场淘汰赛和6场半决赛的激烈角逐，最终市国税局代表队摘得本次大赛的桂冠，市国税局代表队一辩刘晓良获得“最佳辩手”。市委常委、宣传部长许红，市人大常委会副主任张平及有关部门领导干部一同观看辩论决赛，并为获奖的代表队和单位颁奖。

21日至22日，世界张氏总会由秘书长张文彪率队一行5人到韶关市考察指导世张第六届恳亲大会筹备工作。市委常委、宣传部部长、世张第六届恳亲大会常务副主席许红等陪同考察。

22日，澳门和声戏剧曲艺会在韶关剧院演出。表演剧目为取材于韶关市名人余靖的杂志式粤剧《名臣丰碑》。市政协主席李飞，市委常委、宣传部部长许红观看演出。

23日，市委书记郑振涛在市委常委会室主持召开新雪域冷链物流项目工作协调会，研究韶关市加快推进农产品交易市场规划建设有关工作。市领导张志才参加会议。

24日下午，市委书记郑振涛主持召开市委第十一届第45次常委会议。传达市委市政府向省委省政府主要领导汇报工作情况及重要指示、全国及全省宣传思想工作会议等精神，听取市纪委有关工作、市巩卫创文有关工作汇报，讨论《芙蓉新城文化“三馆”规划设计方案》，讨论干部人事问题。

同日，韶关市书法大家蒋士云于23日因病离世，市政协主席李飞，市委常委、宣传部部长许红前往蒋士云家中慰问。

25日，市委中心组召开“推动振兴发展，加快建设粤北地区中心城市”专题务虚研讨会。市委书记郑振涛主持会议并总结讲话，市长艾学峰作主题发言，李飞等中心组成员发言。市委中心组成员、各县（市、区）党委书记、市直有关部门负责人参加会议。

26日，全市新一轮扶贫开发“双到”工作现场会在乐昌市召开。会议总结前一阶段全市扶贫开发“双到”工作情况，交流工作经验，部署下一阶段工作。其间，参观考察长来镇罗村千亩沙糖橘基地，廊田镇白山村穗丰养兔专业合作社项目基地，北乡镇万亩马蹄、香芋规模化种植基地、黄坌村五星、松山幸福安居示范村，下茅坪村幸福安居示范村和粤宝农产品加工厂等扶贫项目建设和幸福安居示范村建设。市长艾学峰主持会议，市委书记郑振涛作总结讲话。市领导张志才、肖怀跃、黄劲东、孔云龙及各县（市、区）党政有关领导、各相关部门领导共250多人参加现场会。

26日上午，芙蓉新区恒大酒店举行奠基仪式。恒大酒店是韶关市“推动振兴发展，加快建设粤北地区中心城市”，加快新城建设的项目之一，由恒大地产开发建设，是芙蓉新城建设又一重大配套工程。该酒店位于韶关大道旁、武广高铁站场对面，规划建设43层高达185米，将成为韶关市的又一地标性建筑。在配套布置设计上，配有800间客房，同时集会议、餐饮、娱乐、购物、运动健身等多功能于一体。市领导郑振涛、艾学峰、孔云龙、王青西，以及恒大集团领导参加开工仪式，并为奠基石培土。

27日上午，在韶关火车东站广场举行比亚迪电动出租车运营启动仪式。2010年起，韶关市开始推广新能源汽车，取得良好的社会效益和经济效益。此次纯电动出租车的上路运营，是韶关市推广新能源汽车的又一成果。至11月底，该类型出租车将陆续增至50台。电动出租车每百公里消耗20千瓦时左右的电能，单次充电可行驶300公里，具有零排放、零耗油的优点，起步价与其他出租车一样。50台电动出租车，与燃油出租车相比，预计每年可以节约汽油650吨，对减少尾气污染，保护城市环境，提高城市品位有着重要的作用。

市领导郑振涛、艾学峰、孔云龙、邹永松及比亚迪有限公司总裁王传福参加仪式。

10月

8日，中国丹霞山汉诗抡元大赛新闻发布会在市区举行。通报将于10—12月期间举办中国丹霞山汉诗抡元大赛，向全球诗文创作者和爱好者征集以丹霞山为题材的诗作。市委常委、常务副市长、丹霞山管委会主任陈波参加新闻发布会。

9日上午，中色南方稀土新丰7000吨/年稀土分离项目投资建设签约仪式在华美达会议中心举行。中国有色金属建设股份有限公司总经理王宏前，市领导郑振涛、艾学峰、陈波，以及市直部门、新丰县党政负责人参加签约仪式。

10日，全市贯彻落实新一轮绿化广东大行动电视电话会议在市电信大楼举行，会议动员部署全市建设“广东绿色生态第一市”各项工作。市委书记郑振涛作讲话，市委副书记、市长艾学峰主持会议。

同日，以“为民、务实、清廉”为主题的公务员培训班在市委党校举办，全市600多名公务员参加培训。市领导陈向新等市四套班子领导参加培训活动。

10日至11日，省水利厅厅长林旭钿率队到新丰县调研山区水利建设情况。要求该县在水利项目建设中重视规划设计，加大前期投入，严把质量关，促进山区水利事业发展。市领导张志才陪同调研。

11日，省国资委副主任周兴挺率省属企业考察团到韶关开展项目考察活动，召开项目对接座谈会，进一步促进省属企业与韶关市的交流合作，推动双方共赢发展。市委常委、常务副市长陈波参加座谈会。

同日上午，由市社会管理综合治理委员会、市人民检察院、市公安局、市教育局、团市委等多家单位共同举办的韶关市未成年人犯罪治理与预防巡回展览启动仪式在韶关市第八中学举行。市领导张志才参加启动仪式。

12日上午，市委书记郑振涛到市医疗纠纷人民调解委员会、市交通事故纠纷人民调解委员会、市劳教（戒毒）所新所址施工工地进行调研，在市司法局召开工作座谈会，听取市司法局工作情况汇报。市领导孔云龙、李安平参加调研。

同日上午，全市数字城市建设成果推广应用工作会议在市政府会议室举行。在数字城市建设过程中，韶关市已经开发应用旅游地理信息系统、地名管理系统、城市规划信息系统，升级改造原有的三防信息查询系统及地质灾害气象预报预警系统。特别是采用集中模式已开展数字县区地理空间框架建设试点工作，为全省不同经济条件下、不同区域县级数字城市建设探索出可行的建设方案。市委常委、常务副市长陈波参加会议。

15日下午，省社会创新实验基地授牌仪式在韶关市举行。仪式上，省社工委相关负责人宣读省社会创新观察项目评审结果的通知，刘润华代表省社工委向韶关市颁发证书和牌匾，郑振涛从刘润华手中接过证书和牌匾。省社工委专职副主任刘润华，市委副书记陈向新及市社工委相关负责人参加授牌仪式。

16 日，国家财政部、发改委在北京组织 2013 年节能减排财政政策综合示范城市竞争性评审，确定韶关市等 10 个城市为第二批“节能减排财政政策综合示范城市”。

同日上午，韶关保利地产项目奠基仪式在芙蓉新城举行。保利芙蓉新城项目坐落于新城芙蓉大道与百旺路交汇处，项目总建筑面积 160 万平方米，是芙蓉新城第五个房地产项目，预计在 2014 年第三季度开盘。市委副书记、市长艾学峰参加仪式，并与保利地产项目负责人交流，听取项目实施情况和发展规划。

18 日下午，市委书记郑振涛主持召开市委十一届第 46 次常委会议。议题是：①传达全省整治违规修建楼堂馆所“小金库”工作会议精神，讨论韶关市贯彻落实意见；②传达全省党委秘书长办公室（厅）主任会议，讨论韶关市贯彻意见；③传达全省农村基层组织建设工作座谈会，研究讨论韶关市贯彻落实意见；④听取世界张氏总会第六届恳亲大会筹备工作汇报；⑤讨论《2013 年韶关市落实党风廉政建设责任制考核方案》；⑥讨论《关于开展纪委全会述责述德述廉活动的意见》；⑦讨论干部人事问题。

20 日，省老促会会长陈开枝在南雄市调研。先后考察珠玑古巷、梅关古道、瑶坑省委机关旧址、南雄革命历史博物馆以及东莞大岭山南雄产业转移园，一路领略南雄丰厚的文化底蕴，探寻革命战争年代老一辈无产阶级革命家在南雄开展艰苦卓绝的战争革命史以及老区人民为中国的解放事业做出重大贡献所留下的足迹。市委副书记陈向新陪同调研。

23 日，省委常委、省纪委书记黄先耀一行到韶关调研扶贫工作，先后察看乳源一六镇石崩坑河堤修建工程、新河河堤加高工程和村民活动中心建设工程，到蔬菜种植项目基地，了解村民脱贫致富情况。之后察看省道 S258 线大布镇路段。市委书记郑振涛、市委副书记陈向新陪同调研。

同日上午，全市科学技术奖励大会在市委会议中心召开，总结部署全市科技工作，表彰 2012 年度市科学技术进步奖获奖单位和个人。2012 年度，全市共评选出 76 项优秀科技成果，其中一等奖 10 项、二等奖 26 项、三等奖 40 项。获奖的 76 个成果项目技术水平显著提高，达到国际先进水平和国内领先水平的项目有 9 个，达到国内先进水平的项目有 42 个，其中获奖工农业项目新增产值 28 亿多元，新增税利 6 亿多元，节支 3 亿元。

市委书记郑振涛作讲话，市委副书记、市长艾学峰主持会议。市领导孔云龙等参加会议。

同日，市委书记郑振涛在韶州宾馆会见人民银行广州分行行长王景武一行。王景武表示，人民银行广州分行将落实省委、省政府的工作部署，加大对粤东西北地区的支持力度，推动银行机构与韶关发展建设项目的对接，给予金融方面的支持。市领导陈波、孔云龙、熊万鹏参加会见活动。

同日，市领导艾学峰到张九龄纪念公园检查工程建设情况。作为省级文物保护单位的张九龄家族墓地及祠堂，按照修旧如旧的原则已经完成修葺。张志才、许红一同检查。

同日，市人大常委会组织部分市十三届人大代表分组前往南雄、始兴和仁化、乐昌，对各地森林消防大队、碳汇造林点、封山育林点、珍贵树种造林点等进行视察，实地了解韶关市加强封山育林工作议案办理情况。视察结束后，市人大常委会常务副主任李石保主持召开座谈会，市委常委、市政府党组副书记、市委政法委书记张志才参加座谈会。

同日，《广东韶关芙蓉新区发展总体规划》获省政府常务会议审议通过。该总体规划是韶关市芙蓉新区建设的一个纲领性文件，对新区的战略定位、发展目标、空间布局、产业发展、起步区建设等进行综合性规划，为新区的未来发展描绘出一幅宏伟蓝图。

25 日上午，市政府与人民银行广州分行在荷花园酒店举行《金融支持韶关“新型工业化与城镇化”建设合作框架协议》签约仪式，同时举办金融机构支持“百项工程兴韶关”、中小企业融资对接活动。市委常委、常务副市长陈波，副市长熊万鹏，人民银行广州分行、省金融办有关负责人，市部分重点企业、中小企业负责人参加现场签约活动。

同日下午，市长艾学峰现场检查省道 248 线南出口（百芒坳至转溪段）改造工程进展情况。

检查中强调，要在确保工程质量和安全的前提下，加快施工进度，确保工程如期完成。副市长邹永松参加检查。

同日，张九龄百首诗意艺术陶瓷展在市艺术展览中心开幕。本次展览的陶瓷艺术作品，是由韶关市本土文化艺术创意企业韶风文化公司与江西景德镇昌南官窑陶瓷文化研究院合作，邀请中国当代多位知名陶艺大师，历时两年创作完成。作品以张九龄经典诗词为主题，通过陶瓷艺术作品展示“九龄文化”思想内涵，100件陶瓷作品，件件精美绝伦，在全国尚属首创。市领导张志才等参加开幕式。

28日上午，韶关市加快芙蓉新区建设动员大会在市委会议中心举行。芙蓉新区总规划面积约490平方公里，其中起步区面积14平方公里。新区发展战略定位为国家老工业基地振兴发展与生态文明建设示范区、粤北地区中心城市核心区和粤湘赣现代商贸物流中心。至2017年，起步区形成雏形，拉开新区发展建设的总体框架；至2020年，起步区主体功能形成，核心区初具规模；至2030年，基本建成经济繁荣、环境优美、人文深厚、生态宜居的现代化山水新区。

市委书记郑振涛作动员讲话，市委副书记、市长艾学峰主持会议，李飞等市四套班子领导，各县（市、区）党政主要负责人，市直及中省驻韶关各单位主要负责人，各县、区相关单位主要负责人参加动员大会。

同日，市十三届人大常委会举行第12次会议。听取和审议市人民政府关于韶关市国民经济和社会发展“十二五”规划纲要实施情况的中期评估报告、市人民检察院关于开展民事检察工作情况的报告和依法治市办公室关于在法治框架下解决基层矛盾试点工作情况的报告。市委书记、市人大常委会主任郑振涛主持会议，市人大常委会副主任和秘书长出席会议。副市长王青西、熊万鹏列席会议。

同日上午，韶关芙蓉新区管委会在市城投公司大院正式挂牌。为充实新区建设力量，加快新区发展步伐，2013年4月，经省人民政府批准，韶关市正式设立韶关芙蓉新区管理委员会，为市人民政府派出机构，由副市长王青西兼任管委会主任，市政府秘书长钟裕荣兼任管委会党组书记。根据市机构编制委员会印发的“三定”工作方案，管委会主要根据市委、市政府授权或委托依法行使芙蓉新区规划、建设和发展等职能，并根据授权，管理韶关市新鸿达城市投资经营有限公司及其下属公司，负责新区开发建设的效能监察工作。管委会下设党政办公室、规划建设局、招商发展局、社会工作局等4个副处级内设机构。市领导郑振涛、艾学峰、李飞等市四套班子领导，芙蓉新区规划建设工作协调领导小组成员单位负责人，相关县市区政府负责人等参加挂牌仪式。

同日，广东省“张九龄杯”书法篆刻展在市博物馆开展。本次展出的300余幅作品除部分特邀作品外，全部是广东省第二届“张九龄”杯书法篆刻比赛的入围作品。活动筹备和作品征集耗时半年，共收到来自全国各地的参赛作品1500余件，其中本市书法篆刻爱好者投稿200余件，入展28件。本次展出的大部分作品围绕张九龄感怀诗进行创作，其诗作中的名句“海上生明月，天涯共此时”也成为书法篆刻爱好者创作的热点，涌现出楷、行、草、隶、篆等几乎涵盖所有字体的书法作品，展现较高的艺术创作水平。

29日上午，涂志伟美术馆落成典礼在翁源县举行。涂志伟美术馆总投资6000万元，历时6年的精雕细琢，总建筑面积18000多平方米，主要功能是收藏、陈列涂志伟美术作品，是一家公益文化艺术机构，将长期向社会开放。馆内展示和收藏涂志伟的代表作品400余件。市领导郑振涛等参加落成典礼。

同日下午，市长艾学峰实地检查市区北出口和省道246线韶关市区到仁化段改（扩）建工程进展情况，副市长邹永松参加检查。

同日晚，世界张氏总会第六届恳亲大会在韶关市举行。共有来自泰国、马来西亚、印尼、新加坡、菲律宾等5个国家和中国港澳台地区，以及内地18个省和地区的海内外张氏宗亲团体共3000名嘉宾参加大会。国务院侨办政法司副司长董传杰，省旅游局副局长张振林，市领导艾学峰、张志才、许红、张平、熊万鹏、张文铭等参加晚会。

30日，世界张氏总会第六届恳亲大会祭祖大典在九龄纪念公园隆重举行。3000名来自海内外的张氏宗亲聚集在张挥公、张九龄圣像前方，虔诚肃穆，鞠躬朝拜，寻根谒祖。

上午10时48分，伴随着六响古钟声，祭祖大典仪式正式开始。市委常委、政法委书记、世界张氏总会第六届恳亲大会工委会主席、张九龄（韶关）研究会会长张志才宣布：“世界张氏总会第六届恳亲大会祭祖大典正式开始!”随后，各地张氏宗亲团体旗帜依次入场，祭祖大典现场响起配乐诗朗诵《挥公颂》《望月怀远》。

同日晚，“世张之夜”晚会暨世张第六届理事会就职典礼在韶关学院举行。世界张氏总会为民间组织，世界张氏总会恳亲大会每两年举办一次，前五届分别在国内外多地举办，第六届到了美丽的韶关。中国侨联副主席李卓彬、国务院侨办政法司副司长董传杰、省侨办副主任蔡伟生及市领导郑振涛等参加就职典礼。

31日上午，召开世界张氏总会第六届恳亲大会韶关招商环境推介会，部分张氏宗亲在韶投资项目和近期落户韶关市项目到场签约，此次签约项目合同总额达56.6亿元，包括新雪域（冷链）物流园、铁皮石斛深加工、打造枫湾特色小镇、中汇农业科技生态产业园、铁皮石斛种植、珠玑文化产业园、精米种植加工基地、电视剧《张九龄》、翁源县思茅岭八卦围9个项目。世界张氏总会第六届理事会会长、拿督斯里太平局绅张庆信，世界张氏总会荣誉主席、拿督张贵芳等和海内外张氏宗亲代表，以及市领导张志才等参加推介会。

11月

3日上午，2013年瑶族“十月朝”暨乳源瑶族自治县成立50周年庆祝大会在乳源民族广场举行。50年来，乳源先后3次被国务院评为“全国民族团结进步模范集体”。先后获得全国文化信息资源共享工程示范县、中国农村水电之乡、中国绿色名县等20多项荣誉。1月，乳源被国家民委授予“全国民族自治县（旗）科学发展示范县”称号。庆祝活动简朴而热烈。全国人大民委、国家民委、广东省委、省政府、韶关市委、市政府派出祝贺团与省内外嘉宾、港澳同胞、海外瑶族同胞、乳源杰出乡贤和在乳源工作过的老领导、老前辈以及瑶汉群众参加庆祝大会。

3日晚，省委书记胡春华在清远主持召开会议，听取清远、韶关市中心城区规划建设情况汇报。省委常委、常务副省长徐少华，省委常委、秘书长林木声出席会议，市领导郑振涛、王青西参加会议。。

4日上午，全市冬季农业生产工作会议在仁化县举行，部署2013年冬季的农业生产工作和开展政策性水稻保险工作。市领导张志才参加会议并讲话。

6日上午，市委中心组理论学习（扩大）会议暨第八期韶关学习论坛在市委党校礼堂举行。省委宣传部讲师团团长曾凡光受邀作《统一思想和推进工作的科学指南——学习习近平总书记一系列重要讲话精神》专题报告。郑振涛、艾学峰等市委中心组成员参加学习论坛，陈向新主持会议。

同日晚，市委书记郑振涛在韶州宾馆会见韩国荣州市议会代表团一行，与荣州市议会议长朴南绪进行会谈。市人大常委会副主任徐紫玲参加会见活动。

7日上午，首届韶关机械装备及零部件展览会在市碧桂园凤凰国际会议中心举行，本展展会共有66家各地企业参展，其中零部件54家，工程机械6家，整机装备6家，设重型机械、整机装备和零部件、液压件等5个展馆，涉及电动叉车等7个机械装备行业。韶关是广东的老工业基地，拥有一批以铸锻、工程机械、发配电成套设备、汽车零配件、液压油缸等为主导产品的装备骨干企业，已拥有规模以上机械装备企业100多家，年工业总产值170多亿元，其中汽车零配件、液压油缸、发配电成套设备、工程机械等行业已呈现优势，在国内外拥有较高的知名度。中国入世首席谈判代表龙永图，市领导郑振涛、孔云龙、许志新，省相关部门负责人以及来自各地的参展企业代表、嘉宾参加开幕仪式。

同日下午，第二届中国机械博士大会高峰会议在市碧桂园凤凰国际会议中心举行。副市长邹永松参加会议并致辞。省人社厅、市人社局有关负责人作高层次人才政策推介，莞韶园管委会作“韶关创新创业机会”主旨发言。

8日上午，第三届广东装备制造业国际高峰论坛在市碧桂园凤凰国际会议中心举行。本届展会设置标准展位100个，分设重型机械、整机装备、零部件3个展区，约60家韶关机械制造企业及一批省内知名装备企业参展，有3000名国内外机械设计商、开发商、贸易商、代理商等专业观众进场观展、采购。中国入世首席谈判代表龙永图，市领导郑振涛、艾学峰、孔云龙、邹永松、许志新，东莞市副市长唐庆涛，省相关部门领导以及来自国内外机械行业的专家、企业家、各大高校机械博士等近600人参加论坛。

同日下午，市委书记郑振涛主持召开市委十一届第47次常委会议，议题是：①传达学习中共中央政治局委员、省委书记胡春华在韶关、清远城市规划建设情况汇报会上的讲话精神；②传达全省调整加强对口帮扶暨推进产业园建设工作会议精神，研究韶关市贯彻落实意见；③讨论召开市十三届人大四次会议和市政协十一届三次会议的有关事项；④讨论《韶关市区违法建设查处暂行规定》；⑤讨论《韶关市人民政府关于开展打击“两违”行动的通告》；⑥讨论《韶关市区查控违法建设工作方案》；⑦讨论《韶关市区“两违”建筑不予提供水电等公共服务实施方案》；⑧讨论干部人事问题。

12日，省食品药品监督管理局局长、省食安办主任段宇飞一行到市食药监局、药检所和曲江区调研。市领导陈波、黄劲东陪同调研。

14日至15日，省《全民科学素质行动计划纲要》（以下简称《纲要》）实施工作中期评估考核组到韶关市就《纲要》的实施情况进行考核。市委常委、常务副市长陈波参加考核活动。

14日至17日，应旧金山市政厅的邀请，市委书记郑振涛率团到友好城市美国旧金山市访问。与旧金山市市长李孟贤会见，拜访旧金山韶关旅美乡亲联谊会并参加有关活动。

同日，韶关市召开学习习近平总书记关于安全生产重要讲话宣贯会暨全市安全生产工作会议。市委常委、常务副市长陈波参加会议。

16日，举行韶关学院韶州师范分院建校110周年庆祝大会。110年来，学校共为国家培养10余万名毕业生，为粤北乃至广东的基础教育发展做出重要的贡献，被广东省原省长朱森林誉为“粤北革命的熔炉，岭南教师的摇篮”。省政府副秘书长、韶师校友江海燕，市领导艾学峰等参加大会。

19日上午，市政府召开市区拆除违法建筑工作第一次联席会议，总结前段时间市区违法建设查控基本情况，动员下一阶段拆除违法建筑工作。市领导艾学峰、陈波、邹永松、李安平、王青西参加会议。市辖三区政府和各有关部门负责人对查控违法建设工作作表态性发言。艾学峰代表市政府与市辖三区政府签订市区违法建筑查控工作责任书。

20日，2013年韶关旅游专家问策会在华美达会议中心举行，来自全国各地的13位专家学者就如何建设成为“国家旅游产业发展集聚区”献言献策。国家旅游局综合协调司司长、驻香港特派员张坚钟，中国旅游报社社长高舜礼，以及市领导艾学峰、陈波、林平杰、林嘉参加会议。

21日，中国侨联副主席，广东省侨联党组书记、主席王荣宝及广东国际华商会经贸考察团一行莅临韶关开展为期两天的考察活动。当天，考察团一行走访莞韶园，22日还将前往环丹霞山旅游开发项目现场和芙蓉新区进行实地考察。市委常委、常务副市长陈波，副市长熊万鹏参加推介活动。

22日下午，市委中心组传达学习贯彻中共十八届三中全会精神理论学习专题会议在市委会议中心四楼召开。市委书记郑振涛主持会议并讲话，市委副书记、市长艾学峰传达中共十八届三中全会和全省传达学习贯彻中共十八届三中全会精神电视电话会议精神。市领导李飞等在韶关的市委中心组成员参加会议。

25日下午，市委书记郑振涛在武江区新华街道花城社区、西河镇红星村调研人口计生工作，在武江区政府召开调研座谈会，听取全市及武江区计生工作情况汇报。市领导孔云龙、李安平参加调研。

同日下午，市长艾学峰在原曲仁矿棚户区改造项目二期工程之田螺冲安置区现场办公，并对市属国有企业棚改项目建设相关问题研究部署。

26日，国家发改委、科技部、财政部、海关总署、税务总局发布2013年第41号公告，确认广东东阳光铝业股份有限公司技术中心为第二十批享受优惠政策的企业（集团）技术中心，成为韶关市第一家国家级企业技术中心。

同日，76166部队野外驻训现场会在乳源桂头、龙归镇举行。广州军区司令员徐粉林、总后勤部副部长秦银河、广州军区副司令员王治民等全军各大军区有关负责人参加现场观摩。市领导郑振涛、艾学峰、李安平现场观摩。

同日上午，市委常委、常务副市长陈波接受台湾7家媒体的联合采访，宣传推介韶关市经济、文化、旅游、投资环境及未来发展计划等情况。

27日下午，东莞韶关对口帮扶第一次联席会议在东莞市召开。会议还就建立联席会议制度、成立帮扶指挥部、全面合作交流、框架协议、帮扶工作总体方案及明年帮扶工作要点等有关问题进行讨论。市领导郑振涛、艾学峰、孔云龙、许志新与东莞市领导徐建华、袁宝成、王检养、张科等参加会议。

同日，武江甘棠工业园有12家企业同时入园并动工。甘棠工业园位于芙蓉新区核心区50平方公里范围内，第一期共有37家企业，包括现代科技涂料及配套30家，汽车变速箱、烟草机械配件、机械制造和电子信息类企业7家，预计总投资30.93亿元，2016年完成投产，达产后年产值93.05亿元，年税收8.49亿元。市领导许红、杨小明、李安平、王乙未及市相关部门负责人到场致贺。

28日至29日，省人大常委会副主任肖志恒带领调研组到乳源开展信访立法调研，在市区召开信访立法调研座谈会。市领导郑振涛、李石保、徐紫玲分段陪同调研或座谈。

28日，广东省经信委等七部门印发《关于同意扩大东莞大岭山（南雄）产业转移工业园享受省产业转移政策范围的复函》（粤经信园区函〔2013〕3089号），同意东莞大岭山（南雄）产业转移工业园扩园，扩园区规划面积336公顷，全力打造电气机械及器材制造主导产业。

同日下午，全市2014年村、社区“两委”换届选举工作会议在市委会议中心举行。这次村级换届选举工作将从2014年1月开始，至2014年3月底结束，涉及全市1422个村、社区，6100多名村居干部，将有6.9万名党员、180万名选民参与选举。市委书记郑振涛主持会议并讲话，市领导肖怀跃、黄劲东、李安平等参加会议。

29日下午，市委书记郑振涛主持召开市委第十一届第48次常委会议，议题是：①会议研究部署韶关市贯彻落实十八届三中全会精神有关工作；②传达省政府召开学习总书记习近平关于安全生产重要讲话精神，研究韶关市贯彻落实意见；③讨论《2012年韶关市绩效考评结果》；④讨论《2013年韶关市绩效考评实施方案》；⑤讨论韶关市上报省精神文明建设表彰初步推荐名单；⑥讨论《关于改革完善市县食品药品监督管理体制的实施方案》；⑦讨论《关于市县卫生和计生部门职能转变及机构改革的实施方案》；⑧讨论干部人事问题。

30日下午，韶关学院召开第四届董事会二次会议。会议通报韶关学院两年多来办学和董事会开展工作情况，表彰港澳校董、民营企业捐资办学代表。韶关学院第四届董事会董事长、市长艾学峰分别给新增和调整的董事会成员颁发聘书并讲话。市领导李飞、邹永松参加会议。

同日，韶关学院在校南区东湖举行始兴园落成剪彩仪式。官锦雄先生作为始兴籍的韶关市政协港澳委员，不仅关心支持始兴县的经济社会发展，而且热心于韶关的教育和扶贫开发等工作。此次始兴园的兴建，由官锦雄先生投资50万元进行建设。始兴园规划约3.45万平方米，位于韶关学院南区的重要地域。市委常委、宣传部部长许红，市政协委员、韶关荣誉市民、香港爱国企业家官锦雄等参加落成仪式。

12月

2日至3日，省纪委副书记毛荣楷到韶关调研依纪依法安全文明办案工作，参加市党政领导班子民主生活会。市领导郑振涛、艾学峰、陈向新等分段陪同调研。

3日，国家旅游局和国家环境保护部公示韶关市丹霞山景区为“国家生态旅游示范区”，成为全国首批39家“国家生态旅游示范区”之一，是广东省唯一入选单位。

同日下午，省人大常委会主任黄龙云参加韶关学院广东省地方立法研究评估与咨询服务基地揭牌仪式并讲话。省人大常委会秘书长陈逸葵、法制委员会主任金正佳、法工委副主任刘牧，市领导郑振涛、李石保、张平，及韶关学院党委书记曾峥、院长刘荣万陪同并参加揭牌仪式。

同日，以省农业厅党组成员、巡视员余俭娥为组长的省人口计生和医改考核组在韶关市进行考核与调查。2013年，韶关市已召开3次全市性人口计生工作专题会议，6次市委常委会、市政府常务会，研究部署人口计生工作。各级党政主要领导深入基层，履行职责，确保工作有效落实。在财政困难的情况下，全市共投入人口计生经费2.22亿元，同比增长24.67%，人均投入77.4元。在医改工作方面，全市基本医疗保障进一步健全，公共卫生服务有效加强，财政保障能力进一步提升。1—10月，政府卫生投入11.6亿多元，比上年增长11.25%，公共财政预算支出增长7.67%。市委副书记、市长艾学峰代表市委、市政府作工作汇报。市领导张志才、李安平参加汇报会。

4日上午，市委中心组理论学习（扩大）会议暨第九期韶关学习论坛在市委党校学术报告厅举行，省委宣讲团成员、省社会科学院副院长温宪元作学习贯彻中共十八届三中全会精神专题辅导报告。市领导郑振涛、艾学峰等市四套班子领导参加学习论坛。

同日，省林业厅厅长张育文到仁化县，就林火视频监控工程建设、生态景观林带、碳汇林工程和森林防火等工作进行调研。市领导张志才陪同调研。

5日，全国和省人大代表户春河、戴运龙、李石保、林平杰、杨小明、徐紫玲、王青西、许志新等集中视察南水水库供水工程建设等重点项目，了解有关部门落实代表议案情况。

同日，浈江区再次开展大规模拆除违法建筑行动，韶塘路两旁共11栋违法建筑被依法强制拆除。市领导艾学峰等到现场察看了解拆违情况。

6日上午，中央综治办主任陈训秋一行到韶关，到曲江区调研督导平安创建工作。省委政法委副书记、综治办主任叶明辉，市领导郑振涛、张志才、黄劲东、孔云龙分段陪同调研。

同日，省委批准，东莞市委常委王检养任东莞对口帮扶韶关指挥部总指挥，挂任韶关市委委员、常委。

7日，省委常委、统战部部长、省光彩事业促进会会长林雄率省光彩会理事赴粤北山区乳源瑶族自治县开展光彩事业民族地区乳源行活动，并到韶关市城市规划展示馆参观调研。省委统战部副部长、省工商联党组书记杨浩明，省民族宗教委副主任曾晓晖，市领导郑振涛、何伟青等陪同参加活动。

同日上午，创建“平安韶关”宣传日活动在武江区西河全民健身广场举行。举办“平安韶关”宣传日活动，目的就是通过深化平安建设宣传活动，进一步唱响“共创平安、共享和谐”的主题，引导社会舆论，争取社会支持，提高公众对平安建设的知晓率、参与率，在全社会形成平安建设人人参与、人人建设、人人共享的生动局面。省委政法委副书记、综治办主任叶明辉，市领导陈向新等参加活动。

8日，由市政府主办，诗人网和丹霞山管理委员会共同承办的癸巳（2013）中国丹霞山汉诗抡元大赛在韶阳楼开幕。本次活动旨在通过独具特色的汉诗抡元比赛，更好地展示丹霞山世界自然遗产的科学和文化价值，推动中华民族优秀传统文化继往开来。本次比赛共收到投稿诗作4830多首，参赛者年龄从18岁到96岁。参赛作品整体水平较高，30位入选作品的诗人包括2名来自美国，2名来自香港特别行政区，内地方面26位包括来自辽宁、上海、河南、重庆、四川等11个省市，其中广东各地市的选手10位。入选的前30位汉诗作者将于12月8日至10日参加广东韶关丹霞山汉诗抡元大赛，并将着汉服参与包括诗钟比赛、灵溪觞咏、韶台赏月等丰富多彩的大赛活动。市委常委、常务副市长陈波，著名诗人、学者雍平参加开幕式并致词。

8日晚，在市区举行“挥墨写真情行善助教育”募捐活动答谢晚会。为进一步推动韶关教育事业的科学发展，2013年2月，韶关市启动“挥墨写真情行善助教育”募捐活动，活动开展以来，得到省、市领导，老领导的鼎力支持，社会热心团体、热心人士慷慨解囊，有200多位知名艺术家无偿捐赠286件书画作品。全市募集认捐善款折合人民币已超过1亿元，活动取得圆满成功。省政协党组成员覃卫东，广东省关工委常务副主任、省人大常委会原副主任侣志广，市领导郑振涛等参加活动。

11日至12日，国家环保部环评司副司长崔书红到韶关调研大宝山矿330万吨铜硫采选项目及韶冶异地搬迁项目。市领导郑振涛、艾学峰等分段陪同。

11日上午，为解决芙蓉新区建设中遇到的难题，加快推进新区建设，市委副书记、市长艾学峰前往芙蓉新区调研，副市长王青西参加调研。

同日，市政府组织专家对韶关学院承担完成的《韶关市石斛产业发展规划（2014－2020年）》进行测评，该规划顺利通过专家组评审。市领导张志才参加评审会。

同日下午，市委书记郑振涛主持召开市委十一届第49次常委会议。议题是：①讨论《芙蓉新区起步区——芙蓉新城、甘棠片区重点工程项目及领导联系责任制方案》；②讨论《韶关市“创新人才引进培养”子计划及配套政策》；③听取韶关学院专题汇报学校发展情况；④《关于调整市十一届政协委员人选有关事项》；⑤讨论干部人事问题。

同日，香港道德会爱心捐赠教学仪器设备、膳食补助金和羊毛衫仪式在韶关学院医学院举行。仪式上，霍宗杰将3672件羊毛衫和2000张过冬棉被送到学生手中。2013年9月，香港道德会捐赠300万元用于韶关学院医学院购置教学仪器设备，以满足临床教学需要，改善办学条件、增强教学效果。11月，这批教学仪器设备已投入使用。香港道德会还先后两次拨出善款资助该院校1262名学生每人600元作为膳食补助，以解决贫困学生的实际困难。市政协主席李飞，市委常委、常务副市长陈波参加仪式。

17日至18日，省委副书记、政法委书记马兴瑞到韶关，先后到市强制戒毒所、旭日厂、京珠高速交警大队、乳源瑶族自治县法院、乳源乳城镇云门村、武江监狱等地调研了解韶关市有关社会管理、基层组织建设、社会治安综合治理、公安交警等方面工作情况。市领导郑振涛、陈向新、孔云龙、李安平等分段陪同调研。

17日，莞韶对口帮扶指挥部邀请由世界莞商联合会组织的莞商经贸考察团到韶关考察，共19名企业家参与商务考察。市领导郑振涛、王检养、许志新等分段陪同考察。

18日上午，市委中心组召开学习贯彻中共十八届三中全会精神专题学习讨论会。郑振涛主持会议，艾学峰、李飞等市委中心组成员参加会议，并结合前一段时间的学习调研情况和分管工作分别发言。

同日，省委宣传部讲师团莅韶开展中共十八届三中全会精神省、市、县三级联动宣讲活动。省委宣传部讲师团成员同时在市委党校、韶关学院、莞韶产业转移工业园、粤北医院、市检验检疫局、浈江区东河街道办、仁化县董塘镇、仁化中学、丹霞冶炼厂宣讲中共十八届三中全会精神。市委常委、宣传部部长许红和市直机关党员干部听取省委宣传部讲师团在市委党校举行的贯彻中共十八届三中全会精神辅导报告。

同日下午，市委副书记陈向新先后到始兴县顿岗派出所、东莞石龙（始兴）产业转移园塑料再生资源基地、墨江南岸开发建设现场和文化交流中心，就社会管理、城市建设和园区建设等工作进行调研。

22日，市长艾学峰先后到乐昌市、浈江区调研广乐高速公路乐昌段建设、乐昌市保障房建设、市区东环线建设及相关农民安置工程进行调研。副市长邹永松参加调研。

23日下午，东莞韶关对口帮扶第二次联席会议在韶关市召开，会议审议通过对口帮扶相关事宜。市领导郑振涛、艾学峰、等与东莞市领导徐建华、袁宝成、张科等，以及两市有关部门负责人、合作方代表参加会议。

同日，市委副书记、市长艾学峰、市政协副主席邓建华到市区瓶装液化气经营企业调研，督导市政协《关于解决瓶装液化气缺斤少两问题的建议》提案的办理工作。

24日上午，东莞、韶关两市党政主要领导徐建华、郑振涛、袁宝成、艾学峰共同为“东莞韶关对口帮扶工作指挥部”“广东省东韶实业投资开发有限公司”“韶关市东莞商会”揭牌。之后，市领导郑振涛、艾学峰陪同东莞市党政领导徐建华、袁宝成率领的对口帮扶考察团一行，前往宏大齿轮公司、武江区甘棠工业园、韶关城市规划展示馆及芙蓉新区韶关实验学校等地调研。

26日，市十三届人大常委会召开第十三次会议，决定任命王检养为韶关市人民政府副市长、邓小杰为市教育局局长、邓阳秋为市林业局局长、刘文程为市卫生和计划生育局局长；决定免去罗育平的市林业局局长职务。市委书记、市人大常委会主任郑振涛，市人大常委会常务副主任李石保和副主任林平杰等参加会议。市委常委、常务副市长陈波列席会议。

同日上午，武警韶关市支队新作战指挥中心正式启用。该支队新作战指挥中心位于韶关市芙蓉新区，新作战指挥中心内部信息网、视频会议网、数字监控网等信息化基础设施建设一应俱全，实现指挥、办公、教育、训练网络化，提高支队综合指挥效能。

市委书记郑振涛与省武警总队领导参观新作战指挥中心和军事设备展示。

27日上午，市委常委、秘书长孔云龙到乳源一六镇东粉村、乳城镇调研指导扶贫“双到”和村“两委”换届工作。

同日下午，省人大常委会副主任肖志恒在韶关主持召开座谈会，征求韶关、清远两市部分省人大代表对省人大常委会工作报告稿的意见。市人大常务副主任李石保、副主任林平杰，清远市人大常务副主任邓光荣，省人大办公厅相关负责人以及韶关、清远两市部分省人大代表参加座谈。

同日下午，召开市委十一届第50次常委会议。议题是：①传达学习贯彻《习近平同志在听取青岛黄岛经济开发区黄淮输油管线泄漏引发爆燃事故情况汇报时的讲话》精神；②通报东莞市7个镇（街）结对帮扶韶关市7个县（市）有关情况；③讨论市直机关和公益一类事业单位（含中小学校）提高津补贴水平有关事项；④讨论《2013年全市经济社会发展运行情况预测及2014年计划初步安排建议》；⑤讨论召开市委十一届五次全体会议及市十三届人大四次会议有关事项；⑥听取市工商联换届以来工作情况汇报；⑦通报2012年度市直单位正职年度考核结果。

30日上午，韶关、郴州两市在韶关市举行湖南省宜章黄沙经莽山至广东省乐昌长来高速公路（下称黄长高速）建设促进协议签订仪式。市领导艾学峰、邹永松与郴州市委常委、副市长张爱国等参加仪式。

同日下午，市委书记郑振涛到挂点帮扶村乳源桂头镇塘头村调研扶贫开发“双到”工作。

31日上午，市委副书记、市长艾学峰到南雄市调研指导村、社区“两委”换届选举工作，并到挂点联系贫困村湖口镇三水村和珠玑镇下坋村，走访慰问贫困户。

同日下午，市委、市政府召开2013年度财税金融年终结算汇报会，总结一年来财税金融工作，研究部署2014年财税金融工作任务。市领导郑振涛、艾学峰、李飞、陈波等参加会议。

全市概况

历史·地理·人文

【建置沿革】 韶关历史悠久、古老文明，是“马坝人”的故乡，石峡文化的发祥地。西汉元鼎六年（前111年）设曲江县，属桂阳郡，治所在今韶关市区东南莲花岭下。曲江县至今有2100多年的城市历史，三国吴甘露元年（265年）设始兴郡，曲江县为始兴郡治所。东晋时移治今韶关西南。隋开皇九年（589年）改设韶州府，因州北名胜韶石山得名。唐为韶州治。五代南汉移治今韶关市。此后元、明、清皆为韶州路、府治。民国时期先后设广东省南韶连绥靖区、南韶连道、岭南道、南韶连行政区、北区、西北绥靖区、第二行政督察区等。1943—1945年，设省辖韶关市，为广东省临时省会。1949年11月，广东省设北江临时行政委员会，在曲江城区设韶关市，辖曲江县等17个县市。1950年北江临时行政区委员会更名北江专区，1952年后改设粤北行政区、韶关专区、韶关地区。1966年，曲江县移治今址马坝镇。1975年，韶关市升格为地级市，辖曲江县。1983年，撤销韶关地区，所属县并入韶关市。1984年，起辖3个区、9个县、3个自治县。1988年起，辖3个区、8个县。2004年5月起，辖3个区、7个县（市）。

【自然·地理】 韶关位于广东省北部，北界湖南，东邻江西，东南面、南面和西面分别与本省河源、惠州、广州及清远等市接壤。介于北纬23°53′—25°31′，东经112°53′—114°45′之间，东起南雄市界址镇界址村，西至乐昌市三溪镇丫告岭村，全境直线距离东西跨长186.3公里；北自乐昌市白石镇三界圩村，南至新丰县马头镇路下村，南北为173.4公里。辖浈江区、武江区、曲江区、仁化县、始兴县、翁源县、新丰县和乳源瑶族自治县，代管乐昌市和南雄市，共10个街道办、4个办事处、93个镇、1个瑶族乡。全市土地面积1.85万平方公里，韶关市区面积3468平方公里。韶关地形以山地丘陵为主，河谷盆地分布其中，平原、台地面积约占20%。地势北高南低，海拔1902米的石坑崆为广东第一高峰。河流主要属珠江水系北江流域，北江以浈江为干流，主要支流有武江、墨江、锦江、翁江、南水。属中亚热带湿润型季风气候区，气候宜人。年平均温度为21℃，年平均降雨量为1700毫米，全年无霜冻期为310天左右，冬季北部有雪。韶关是全国重点林区，广东用材林、水源林和重点毛竹基地，被誉为华南生物基因库和珠江三角洲的生态屏障；截至2013年年底，全市已建林业类自然保护区22个，其中国家级2个，省级11个，市级3个，县级6个，总面积逾21.68公顷，约占全市国土面积的11.7%。全市已有森林公园26家。其中，国家级森林公园4家，国家级湿地公园2家，省级森林公园5家，市、县级森林公园15家。森林公园总面积达7.94公顷，占全市国土面积的4.3%。

2013年年底，林业用地面积142万公顷，森林覆盖率73.6%，活立木总蓄积量8569万立方米。韶关是“中国有色金属之乡”，有“中国锌都”称号，全市已探明储量的矿产有煤炭、铅、锌、铜等55种，保有储量位居全省第一的有23种。

【人口】 2013年年底，全市户籍人口328.00万人；常住人口289.27万人，其中城镇人口155.42万人。人口自然增长率9.38‰。市区常住人口101.36万人。（邓培雄）

【民族】 韶关是粤北重镇，历史上也是少数民族重要聚居地之一。唐代，已有瑶族先民聚居；明代，“民稀瑶夥”，形成“南岭无山不有瑶”的大分散、小聚居的分布局面 。2013年，全市有瑶族、畲族等43个少数民族成分，少数民族人口约5.5万人，占全市总人口的1.7%，主要分布在乳源瑶族自治县、始兴县、南雄市、曲江区、翁源县、仁化县、乐昌市、武江区等8个县（市、区）的53个乡镇、133个行政村、379个自然村。全市辖一个自治县——乳源瑶族自治县；一个民族乡——始兴县深渡水瑶族乡，世居少数民族主要是瑶族和畲族，其中瑶族3.2万人，畲族1.1万人。全市散居少数民族人口3.3万人，占全市少数民族总人口的60%。

【宗教】 2013年，全市有佛教、道教、天主教、基督教4个宗教，共53处宗教活动场所（其中佛教19处，道教4处，天主教7处，基督教23处）。全市有宗教教职人员901人（其中佛教僧尼838人，道教乾道、坤道15人，天主教神父、修女3人，基督教牧师、长老、传道23人），宗教教徒3万多人。

（林光民、龙　晖）

【历史文物】 韶关是中国优秀旅游城市、全国双拥模范城、全国卫生城市、国家园林城市、全国金融生态市和生态文明建设试点地区，是广东省历史文化名城、文明城市、卫生城市、园林城市和生态发展区，是广东省规划建设的区域性中心城市和韶关都市区的核心城市，是全国交通枢纽城市之一。2011年，获“全国文明城市提名资格”城市称号。

韶关历代名人辈出，陈朝重臣侯安都、唐代名相张九龄、宋代名臣余靖等杰出人物，唐宋诗人韩愈、苏东坡、杨万里等都曾留下歌颂韶关山水的名诗佳作。孙中山曾两度率国民革命军在韶关誓师北伐。举世闻名的中国工农红军二万五千里长征曾在韶关留下足迹。毛泽东、朱德、邓小平、彭德怀、陈毅等革命家都在韶关战斗过。全市有99个镇（街道）4796个自然村属革命老区。韶关是古代中原文化和南方百越文化交汇之地，客家民系的聚居地之一，保存有客家围楼300多座。韶关以粤方言和客家方言为主，瑶族、畲族等少数民族内部交流还保留着本民族语言。境内文物众多，拥有各类不可移动文物2760处，其中全国重点文物保护单位9处，广东省文物保护单位36处，市、县级文物保护单位238处。

【旅游资源】 韶关山川秀丽，名胜遍布，拥有世界级、国家级景区景点17处，省级及省级以下景区景点100多处，已开发的有34多处，截至2013年年底，全市已建成收费景点33个，其中国家AAAAA级旅游景区1个，国家AAAA级旅游景区7个，国家AAA级旅游景区3个，不收费景点和农家乐、乡村游等特色景点30多个，旅游景区、景点基本上覆盖生态、文化、民俗、宗教等各方面。形成“名山、温泉、风情、佛韵”的旅游特色。世界地质公园丹霞山，位于仁化县境内，面积290平方公里，是广东省面积最大、景色最美的风景区之一。“禅宗祖庭”南华禅寺有1500多年的历史，六祖慧能曾在此弘扬禅宗佛法长达37年。寺内供奉着六祖慧能的真身，保存着中国历史上第一部佛教经典《六祖坛经》和众多文物，在全国乃至东南亚佛教界都有重要地位。南雄珠玑巷是珠江三角洲居民的发祥地和千百万海外同胞的祖居地。乳源必背瑶寨是海外瑶胞的发祥地。始兴满堂客家大围是广东规模最大的砖瓦结构围楼，被誉为“岭南第一大围”。境内温泉众多，水质好，流量大，是中国地热水资源最丰富地带之一。

【交通设施】 韶关区位优越，交通便利。市区位于大珠三角与长三角、内陆腹地之间陆路运输主通道上，是国家规划发展的一级铁路枢纽和国家公路运输枢纽城市。京广铁路、武广高速铁路、京港澳高速公路、韶赣高速公路、106国道、323国道、北江航道和在建的韶赣高速铁路均经过市区。公路、铁路、航运紧密相连，构成方便快捷的交通网络。2013年年底，全市公路通车里程15273公里，比上年增加506公里，公路密度83公里/百平方公里，比上年增长3公里/百平方公里。按技术等级分，等级公路14852公里，比上年增加543公里，其中高速公路291公里、一级公路208公里、二级公路815公里、三级公路1308公里、四级公路12230公里，等外公路421公里，比上年减少8.1%。

（邓培雄）

【行政区划】 全市有乡镇94个（其中93个镇，1个瑶族乡），10个街道办，4个办事处。其中，曲江区新增1个松山街道办事处。各县（市、区）的乡镇（街道）名称如下表：

韶关市各县（市、区）乡镇（街道）概况表

表1

区分	镇（乡、街道办）名	镇乡数	街道办数	办事处数	村委会数	居委会数
乐昌	坪石、北乡、长来、廊田、九峰、三溪、黄圃、梅花、五山、大源、两江、白石、庆云、秀水、云岩、沙坪、乐城。坪石办事处、梅田办事处	16	1	2	195	20
南雄	乌径、黄坑、水口、湖口、珠玑、界址、百顺、澜河、古市、坪田、邓坊、主田、油山、南亩、江头、全安、帽子峰、雄州	17	1	—	208	24
仁化	董塘、长江、扶溪、石塘、红山、城口、闻韶、周田、黄坑、大桥、丹霞	10	1		109	15
始兴	马市、顿岗、司前、隘子、罗坝、澄江、沈所、城南、太平、深渡水	10	—	—	113	14
翁源	龙仙、翁城、新江、周陂、坝子、江尾、官渡	7	—	—	153	18
新丰	回龙、梅坑、沙田、遥田、马头、黄礤、丰城	6	1	—	141	16
乳源	乳城、桂头、大布、大桥、必背、一六、东坪、游溪、洛阳	9	—	—	102	13
武江	西联、西河、重阳、龙归、江湾、惠民、新华	5	2	—	51	32
浈江	新韶、乐园、花坪、犁市、十里亭、风采、车站、东河。曲仁办事处、田螺冲办事处	5	3	2	45	43
曲江	马坝、樟市、乌石、沙溪、大塘、枫湾、小坑、白土、罗坑、松山	9	1	—	85	22
合计		94	10	4	1202	217

经济社会发展

【概况】 2013年，全市生产总值1010.07亿元，万元生产总值能源消耗1.224吨标准煤，社会用电量109.69亿千瓦小时。年底，有从业人员143.78万人，城镇登记失业率2.35%。参加城镇职工基本养老保险61.86万人，二、三产业参保率80.24%；参加城镇职工基本医疗保险49.92万人，参加城镇居民基本医疗保险40.11万人；参加新型农村合作医疗196.1万人；城乡三项基本医疗保险覆盖率99.75%。城镇居民人均住房建筑面积36.2平方米，农村居民人均居住面积35.3平方米。固定电话用户55.5万户，移动电话用户272.2万户。城镇生活污水集中处理率82.34%，城镇生活垃圾无害化处理率80.18%。

【韶关经济迈上新台阶】 2013年，全市生产总值突破1000亿元、达1010亿元，同比增长12.1%；人均生产总值3.5万元，同比增长11.3%。来源于韶关的财政总收入突破200亿元、达244.9亿元，同比增长33.9%；地方公共财政预算收入71.7亿元，同比增长16.5%。

【产业转型稳步推进】 2013年，韶关市农业增产增收，工业较快发展，服务业稳步提升。东莞大岭山（南雄）产业园成功扩园。韶关市连续6年通过国家科技进步考核，连续2届被评为全国科技进步考核先进市，连续3年获得国家产学研结合工作奖，2013年获得国家技术发明二等奖，科技获奖创历史最好成绩。东阳光铝业公司技术中心被确认为国家级技术中心。交通银行、东亚银行在韶首家分支机构开业，汇丰银行新增1家支行。

【生态文明建设成效显著】 2013年，韶关市成为国家节能减排财政政策综合示范城市。封山育林80万公顷，春季造林2.86万公顷。丹霞山被列为国家生态旅游示范区。始兴县成为全省首批农村环境保护连片整治试点。市区更新投放89辆CNG出租车、50辆纯电动出租车。淘汰落后水泥产能248万吨、电池17.5万千伏安时。完成省下达的节能减排任务。

【民生福祉得到新改善】 2013年，全市城镇居民人均可支配收入、农村居民人均纯收入、城乡居民储蓄存款余额分别同比增长10.4%、11.7%和12.3%。完成教育创强工作。基本解决符合条件的异地务工人员子女完成义务教育后参加初中升学考试问题。市特殊教育学校完成搬迁新建并投入使用。省级高技能公共实训基地晋升为国家级。县级公立医院改革试点、平价医疗服务工作有序推进。粤北医院门急诊医技综合楼、市铁路医院中华健康快车白内障治疗中心、市残疾人康复中心以及4个县级医院业务大楼建成使用。完成国家和省文化惠民工程任务。国家卫生城市复审通过，全国文明城市创建有序推进。建成22个乡镇农民健身工程。

【百芒坳至转溪段公路改造动工】 省道248线韶关市百芒坳至转溪段一级公路改造工程于1月6日破土动工。该路段是韶关市南出口道路的重要组成部分，起点位于省道248线百芒坳（韶关冶炼厂）处，途经75230部队、曲江城区，下穿京广铁路、皇朝温泉，终点与国道106线转溪处相接，全长8.9公里，路基宽28米，沥青砼路面，按一级公路结合城市道路双向六车道标准建设，估算总投资约1.2亿元。建设工期18个月，要求于2014年“五一”前道路主体建成通车。

【市文化艺术展览中心落成】 1月17日，市文化艺术展览中心正式落成，成为今后全市文化艺术的重要展示平台和创作交流基地。市文化艺术展览中心的落成，是韶关人民文化生活中的一件大喜事，也是市委、市政府推动韶关文化艺术的繁荣发展，打造区域文化中心，建设文化强市，落实文化惠民政策的一项重要措施。该中心位于武江区惠民北路64号韶关学院黄田坝校区内，从2012年开始筹建，至年底已完成第一期工程建设，面积约600平方米。当天，韶关书画院的画师们在此进行“南岭风”系列首展活动。此后，韶关市每年都将组织举办统一主题的系列画展，致力于打造一个有个性、有特色、有定位的文化艺术交流中心。同时，组织艺术家走进社区、走进企业，让更多群众认识和了解本地书画艺术；走出韶关，到其他城市巡展，宣传粤北文化和交流经验。

【实施韶关市工业西内涝整治工程】 市政府把解决工业西路片区内涝问题作为2013年公开承诺办好的10件实事之一来抓，本次整治工程包括建设引流渠、调蓄池、水泵房和压力管道四部分。其中：从工业西沙湖路口到工业西大转盘建设1.3公里引流渠，在工业西大转盘附近择地建设容积为2万立方米的调蓄池和压力泵房，并沿新华南路方向建设2.5千米、直径2.8米的压力管道直出北江河。工程利用引流渠引导工业西片区雨水排出到调蓄池，当调蓄池调蓄容量达到一定量后，将启动水泵设备，利用压力管道将雨水直排进入北江河。由市财政全额投资对其实施整治改造，并于2013年5月8日发布《韶关市人民政府关于实施韶关市工业西路片区内涝整治工程的通告》。该工程总投资约2.42亿元，计划2014年完成建设，至2013年年底完成投资5000万元。

【粤北医院新门诊大楼启用】 3月29日上午，韶关市民心工程之一——粤北人民医院门急诊医技综合大楼举行简朴的启用仪式。郑振涛、李飞、陈波、李石保、兰茵、贝抗胜、林嘉等市四套班子领导，省卫生厅副厅长廖新波及相邻省、市医院同行嘉宾与数百名医务人员、患者朋友参加仪式。新门诊大楼建筑面积8.2万平方米，具备门诊、急诊、医技科室及住院病房的功能。1—5层为门急诊医技部分，设计日门诊量4000余人次；6—15层为住院部，设计床位1000张。

【韶关红茶获省质量竞赛特等金奖】 6月28日，由中国茶叶流通协会、广东省农业厅作为支持单位，英德市人民政府、广东省茶叶学会、广东省茶业行业协会、南方报业传媒集团主办，英德市茶业协会等单位承办的首届中国英德红茶文化节暨广东省第十届名优茶质量竞赛活动，在广东英德英红镇的广东省农业科学院茶叶研究所基地开幕。在名优茶质量竞赛活动中，韶关市参赛样品质量赢得专家教授等行业人士高度肯定，并获得6块奖牌。其中，新丰县茶峒高山茶农民专业合作社选送的“仙堂山牌”红茶获得特等金奖、“三叶粒”牌青心乌龙和金萱乌龙分别获得银奖，曲江区罗坑雪花岩茶选送样品分别获得特等金奖1个，金奖、银奖各1个。

【广东北江中学综合大楼奠基】 7月9日，由香港高银集团捐资建设的广东北江中学综合大楼举行开工奠基仪式。

广东北江中学综合楼规划总用地面积5569.13平方米，计划建设总建筑面积约19695.98平方米，总投资5584.69万元，融教室、图书馆、校史室、多功能室、学术报告厅等于一体，计划于2014年2月主体工程完工，10月竣工验收并交付使用。该大楼是由香港高银集团旗下的蝶峦地产有限公司全资捐建，这是韶关市教育有史以来最大数额的单笔捐建项目。

市委常委、市委秘书长陈波，市人大常委会副主任徐紫玲，市政府副市长邹永松，市政协副主席邓建华，香港高银集团副总经理谭新忠，市委教育工委书记、市教育局局长曾风保等领导出席仪式并为综合楼奠基培土。市政府副秘书长黄宣剑主持仪式。仪式上，广东北江中学校长黄叶亭、香港高银集团副总经理谭新忠、副市长邹永松先后讲话。

【交通银行韶关分行开业】 7月18日上午，交通银行韶关分行在武江区工业中路开业，韶关金融界又添一支重要的生力军，韶关市政府与交通银行广东省分行签署政银战略合作协议，交通银行广东省分行副行长陈蔚、副市长王青西参与揭牌和签约仪式。交通银行是具有百年历史的民族金融品牌，是首家全国性的国有股份制商业银行、首家“全牌照”商业银行。交通银行韶关分行自2012年3月起开始筹建，是交通银行在广东省的第13家省辖分行。交通银行入驻韶关，将发挥高成长性和区域适应能力强的优势，为韶关市提供贷款、结算、存款、电子银行、中间业务、直接债务融资工具、投资银行业务等金融服务，支持韶关市优势产业、重点领域和重大项目及具有特色和发展潜力的中小企业的发展，为优化韶关金融生态环境、建设和谐韶关贡献力量。王青西在致辞中表示，韶关市将一如既往地重视和支持金融业发展，为金融机构创造公平、有序的竞争环境。

【台风“潭美”致全市86个乡镇受灾】 8月16日至18日，受台风“潭美”影响，全市持续强降雨，10个县（市、区）86个乡镇受灾，受灾农作物面积1.93万公顷，受灾人口223531人，转移人口26546人，失踪3人，倒塌房屋904间，直接经济损失5.96亿元，其中水利设施直接经济损失1.47亿元。

【曹溪讲坛正式落成】 9月7日上午，南华禅寺曹溪讲坛正式落成。市领导黄劲东、兰茵为讲坛落成揭幕。当日10余万名来自中国、韩国、日本、缅甸、斯里兰卡、泰国等国家和包括在“中国”中地区的高僧、信众参加庆典仪式。曹溪讲坛于2011年7月奠基，占地面积约5.33公顷，建筑面积约3万平方米，为仿唐代建筑风格。从曹溪讲坛山门进入内庭，迎面是气势恢宏的《六祖坛经》主讲堂。主讲堂建筑分为上下两层，分别为书画室、会议厅、多功能厅、接待室等。在主讲堂的内墙上分布着9块巨大的精美浮雕。这些浮雕是用福建的青麻石经名工巧匠精雕细琢而成，浮雕呈现六祖惠能的生平及传道、说法、行善的故事。位于《六祖坛经》主讲堂身后的大殿为祖师殿，殿前竖立着泰国高僧赠送的佛像，大殿内供奉着六祖和神会、怀让、法海和行思4位侍者的金身像。曹溪讲坛内院的东西两边，还设有文化长廊，长廊中排列着132块石碑，石碑上刻写《六祖坛经》经文和自唐代以来各个朝代文化名流书写的六祖故事等。

【纪念六祖惠能圆寂1300周年大会在韶关召开】 9月7日上午，纪念六祖惠能圆寂1300周年大会在“禅宗祖庭”韶关南华禅寺召开。国家宗教事务局副局长蒋坚永，广东省委常委、统战部部长林雄，广东省副省长林少春，中国佛教协会副会长明生大和尚，郑振涛、艾学峰、李飞等市四套班子领导出席纪念大会。来自海内外的有关方面负责人、专家学者、高僧大德和佛教界、社会各界人士约2000人参加大会。纪念大会由南华禅寺监院法祇主持，蒋坚永、林雄及市长艾学峰、南华禅寺方丈传正法师分别致辞。中国佛教协会为本次纪念活动专门发来贺信，中国佛教协会副会长、广东省佛教协会会长明生大和尚宣读中国佛教协会会长传印长老的讲话稿，中国佛教协会咨议委员会副主席根通长老代表诸山长老讲话。大会还举行《南华寺》特种邮票首发启动仪式，中国邮政集团公司领导宣读邮票发行通告，有关领导共同触球启动邮票首发。

【恒大酒店举行奠基仪式】 9月26日上午，位于芙蓉新城的恒大酒店举行奠基仪式。市领导郑振涛、艾学峰、孔云龙、王青西，以及恒大集团领导出席开工庆典，并为奠基石培土。韶关恒大酒店由恒大地产开发建设，是芙蓉新城建设又一重大配套工程。该酒店位于韶关大道旁、武广高铁站场对面，规划建设43层高185米，将成为韶关市的又一重要建筑。在配套布置设计上，配有800间客房，同时集会议、餐饮、娱乐、购物、运动健身等多功能于一体。

【比亚迪纯电动出租车上路】 9月27日上午，韶关市举行纯电动出租车投放仪式，首批10辆比亚迪纯电动出租车从火车站广场出发，正式开始在韶关市上路营运。2010年起，韶关市开始推广新能源汽车，此次纯电动出租车的上路运营，是韶关市推广新能源汽车的又一成果。韶关市首批投放10辆比亚迪纯电动出租车，至11月底，陆续增至50台。市领导郑振涛、艾学峰、孔云龙、邹永松和比亚迪有限公司总裁王传福出席活动。

【东亚银行（中国）有限公司韶关支行开业】 10月16日，东亚银行（中国）有限公司韶关支行在市区正式开业。这是继汇丰银行（中国）有限公司韶关支行进驻韶关市后的第二家外资银行。东亚银行于1918年在香港成立，一直致力为香港、中国内地，及世界其他主要市场的客户，提供全面的零售及商业银行服务。东亚银行是香港最大的独立本地银行，2013年6月30日的综合资产总额达港币6974亿元（899亿美元）。东亚银行于香港联合交易所上市，为恒生指数成分股之一。在中国内地，东亚银行早于1920年已在上海开设分行为客户服务。目前，东亚银行集团为内地网络最庞大的外资银行之一，于全国各主要城市设有122个网点。产品和服务范围涵盖银团贷款、贸易融资、存款、外币储蓄、汇款、按揭贷款、私人贷款、信用卡、电子网络银行服务、零售投资和财富管理、外汇孖展交易、强制性公积金服务以及一般保险和人寿保险。东亚银行（中国）有限公司韶关支行的开业，将向韶关市重点建设项目、重点产业、城市建设、民生服务等领域提供金融服务，为优化韶关金融生态环境、建设和谐韶关贡献力量。

【市区东环线公路改线工程开建】 10月25日，省道248线韶关市区过境段黄金村大桥至韶关钢铁厂公路改线工程（黄金村大桥—大学路段）破土动工。该路段为韶关市东出口道路的重要组成部分，起点位于浈江区黄金村大桥，在黄金村大桥处与国道G323线相交，经黄金村、水口村、新张屋、莲花山油库东侧至东联与大学路相交，全长4.08公里，路基宽69米，双向八道加两侧辅道，按城市一级主干道标准建设，项目估算总投资5.7亿元，计划建设工期18个月，2015年建成通车。副市长邹永松等参加动工仪式。

【芙蓉新区管委会挂牌成立】 10月28日上午，韶关市芙蓉新区管委会在芙蓉新城韶关城投公司大院正式挂牌。为充实新区建设力量，加快新区发展步伐，2013年4月，经省人民政府批准，韶关市正式设立韶关芙蓉新区管理委员会，为市人民政府派出机构，由副市长王青西兼任管委会主任，市政府秘书长钟裕荣兼任管委会党组书记。根据市机构编制委员会印发的“三定”工作方案，管委会主要根据市委、市政府授权或委托依法行使芙蓉新区规划、建设和发展等职能，并根据授权，管理韶关市新鸿达城市投资经营有限公司及其下属公司，负责新区开发建设的效能监察工作。管委会下设党政办公室、规划建设局、招商发展局、社会工作局等4个副处级内设机构。新区管委会的挂牌成立，为加快新区建设注入生机和活力。芙蓉新区将建设成为国家老工业基地振兴发展与生态文明建设示范区、粤北地区中心城市核心区和粤湘赣现代商贸物流中心。

市领导郑振涛、艾学峰、李飞，韶关芙蓉新区规划建设工作协调领导小组成员单位负责人，相关县市区政府领导以及在新城已投资的重点项目负责人出席挂牌仪式。

【世界张氏总会第六届恳亲大会在韶关举行】 10月29日晚，世界张氏总会第六届恳亲大会在韶关市隆重举行。来自泰国、马来西亚、印尼、新加坡、菲律宾等5个国家和中国港澳台以及内地

18个省和地区的海内外张氏宗亲团体，世界张氏总会永久荣誉主席兼创会会长、丹斯里拿督张晓卿爵士，世界张氏总会永久荣誉主席兼创会人、拿督张仕国，世界张氏总会永久名誉主席张强开，世界张氏总会会长、拿督张贵芳，世界张氏总会名誉主席、拿督斯里太平局绅张庆信，马来西亚砂拉越拿督张泰卿等3000名海内外张氏宗亲参加。国侨办司长董传杰，省旅游局副局长张振林，市领导艾学峰、张志才、许红、张平、熊万鹏、张文铭等出席晚会。此次大会由韶关市人民政府、世界张氏总会主办，韶关市委宣传部、张九龄（韶关）研究会协办。大会共3天，活动召开主席团会议、会员大会和理事会，举行九龄纪念公园揭幕仪式、祭祖大典活动，并举办两场主题晚会。同时还推出书画展、农产品展销会、招商签约和韶关境内旅游项目等。

【九龄纪念公园举行揭幕仪式】 10月30日上午，九龄纪念公园举行揭幕仪式，来自海内外的3000名张氏宗亲参加公园揭幕仪式。九龄纪念公园在原武江区西河镇田心村张九龄家族墓地基础上修建，公园按照唐代建筑风格设计建造，由门楼牌坊、停车场、诗词碑廊、张九龄陈列馆和张氏源流馆等组成。门楼牌坊由中国书法家协会主席张海题字。诗词碑廊共34块碑刻，内容包括唐代大画家吴道子画的张九龄真像、唐德宗皇帝对张九龄的评价，杜甫、孟浩然、苏东坡等历代名人对张九龄的赞誉感怀，以及张九龄所撰21首名诗。诗碑由蒋士云、邹德濂、彭少清等韶关市32名本土书法家以楷、行、草、篆、隶等多种书体书写，较全面地展示韶关市书法艺术水平。张九龄陈列馆重点介绍张九龄的生平事迹和历史功绩；张氏源流馆将展现从张姓始祖挥公到张九龄一脉的传承过程，以及张九龄后裔迁徙、发展的情况，两个展馆将集中展现韶关市在九龄文化研究方面取得的成绩。

【首届韶关机械装备展览会开幕】 11月7日，首届韶关机械装备及零部件展览会开幕，展览会分重型机械、整机装备和零部件等3个展区，共有66家企业入场，涉及电动叉车等7个机械装备行业。本次展览得到园区企业的关注和参与，韶关机械行业协会过半数会员企业参展。韶关液压、宏大齿轮、恒华重工等一批企业纷纷展出最优质的产品，东莞南兴木业机械、巨冈和铭力数控等企业也带来“重量级”的智能整机产品参展。市领导郑振涛、孔云龙、许志新，中国入世首席谈判代表龙永图，省相关部门负责人以及来自各地的参展企业代表、嘉宾出席开幕仪式。市领导艾学峰、邹永松参观展览。

【省地方立法服务基地在韶关学院揭牌成立】 省十二届人大常委会第二批“广东省地方立法研究评估与咨询服务基地”12月3日在嘉应学院、韩山师范学院、广东海洋大学、韶关学院四所高校正式挂牌成立，标志着广东省地方立法研究评估与咨询服务基地已覆盖全省。12月3日下午，广东省人大常委会在韶关学院就韶关学院—广东省地方立法研究评估与咨询服务基地举行揭牌仪式。省市领导黄云龙、郑振涛及相关部门负责人、研究人员、部分师生参加揭牌仪式。与高校合作建立地方立法研究评估与咨询服务基地，是省人大常委会贯彻落实中共十八大和十八届三中全会精神的新举措，是完善立法工作机制、推进科学立法民主立法的制度创新。通过搭建平台、创新制度，开展地方立法调查、研究、评估与咨询服务，可以让高校专家学者为地方立法提供智力支持和专业咨询服务，发挥他们在立法工作中的作用，可以吸引社会各界更多地关注、参与和支持广东的地方立法和法治建设工作。这体现新一届广东省人大常委会为提高立法质量实践科学立法、民主立法的英明决策。基地的建立，是韶关学院专业学科建设发展中的一件大事，将会为韶关学院聚集优势学科、特别是法学学科带来极好的发展机遇，同时对进一步集聚政府、社会、学校的优势资源和人才力量，打造具有地方特色的法学学科协同创新中心具有重要的里程碑意义。

【韶关郴州推进黄长高速公路建设】 12月30日上午，广东韶关、湖南郴州两市在韶关市举行湖南省宜章县黄沙经莽山至广东省乐昌市长来高速公路（下称黄长高速）建设促进协议签订仪式，就加快推进项目前期等相关工作达成一致。2012年，韶关、郴州两市交通部门就湖南宜章黄沙经莽山至广东大桥高速公路规划探讨交流。为优化路网，韶关市规划将本项目延伸至乐昌长来镇，对接广东高速公路。黄长高速公路起点顺接京港澳高速公路与宜凤高速公路相交的黄沙互通，经宜章县的天塘镇、白沙圩以南，至圣公坛，穿过湘粤省界后，往东经广东乐昌沙坪，乳源大桥、必背，乐昌长来，对接广东高速公路。项目全长约75公里，其中湖南境内约29.5公里，广东境内长约45公里，总投资75亿元，拟采用双向四车道，设计时速80公里每小时。项目的启动实施，将完善京港澳高速公路、京港澳复线在湘粤境内的分流和对接，对完善两市路网结构有重大意义。市委副书记、市长艾学峰，副市长邹永松，郴州市委常委、副市长张爱国等两市领导共同参加仪式。（邓培雄）

中国共产党韶关市委员会

综　述

【市委十一届四次全会】 7月10日，中国共产党韶关市十一届委员会第四次全体会议召开。全会由市委常委会主持。全会深入学习贯彻中共十八大和省委十一届二次全会精神，贯彻落实胡春华在韶关调研时的重要讲话精神，研究部署加快推进新型工业化和新型城镇化工作，推动“两化”良性发展，为全面建成小康社会奠定坚实基础。市委书记郑振涛代表市委常委会作题为《加快推进新型工业化和新型城镇化，为全面建成小康社会奠定坚实基础》的报告和总结讲话。市委副书记、市长艾学峰作关于经济工作的讲话。全会审议通过市委、市政府《关于加快推进新型工业化的意见》和《关于加快推进新型城镇化的意见》，表决通过《中国共产党韶关市第十一届委员会第四次全体会议决议》。

【全市经济工作会议】 1月22日上午，全市经济工作会议召开，传达学习总书记习近平视察广东的重要讲话精神，贯彻落实书记胡春华在韶关、清远两市调研时的讲话精神，按照中央经济工作会议的要求和省委十一届二次全会的部署，全面总结2012年经济工作，深入分析当前经济形势，研究部署2013年经济工作任务。市委书记、市人大常委会主任郑振涛作重要讲话，市委副书记、市长艾学峰就全市经济工作作部署。市四套班子领导参加会议。

【市委中心组理论学习会议】 4月22日，市委中心组理论学习（扩大）会议暨第五期“韶关学习论坛”在市委党校举行。广东商学院旅游管理与规划研究所所长张伟强教授应邀作题为《生态文明与区域旅游发展》主题报告。市领导艾学峰等市委中心组成员参加论坛。5月15日，市委在市委党校召开中心组理论学习（扩大）会议暨第六期韶关学习论坛，广东智库促进会会长谢秉臻做“创建粤北生产性服务贸易基地和现代物流中心”主题报告。市领导艾学峰、陈向新等市委中心组成员参加学习论坛。6月18日，市委中心组理论学习（扩大）会议暨第七期韶关学习论坛在市委党校举行，国家宗教局副局长蒋坚永作题为《我国的宗教和宗教政策》专题辅导。市领导郑振涛等市委中心组成员，市直及中省驻韶关单位副处级以上干部，各县（市、区）分管宗教工作的副县（市、区）长、统战部部长及全市民族宗教系统干部参加学习论坛。11月6日，中共韶关市委中心组理论学习（扩大）会议暨第八期韶关学习论坛在市委党校礼堂举行。邀请省委宣传部讲师团团长曾凡光作《统一思想和推进工作的科学指南——学习习近平总书记一系列重要讲话精神》专题报告。郑振涛、艾学峰等市委中心组成员参加学习论坛。12月4日，市委中心组理论学习（扩大）会议暨第九期韶关学习论坛在市委党校学术报告厅举行，省委宣讲团成员、省社会科学院副院长温宪元作学习贯彻中共十八届三中全会精神专题辅导报告。市领导郑振涛、艾学峰等市委中心组成员参加学习论坛。

【“百项工程兴韶关”项目情况汇报会】 6月18日，市委、市政府召开“百项工程兴韶关”项目情况汇报会。市委书记、市人大常委会主任郑振涛主持会议，市领导艾学峰等参加会议。会上郑振涛、艾学峰在训话中对此项工作提出具体要求。

【市扶贫开发“双到”工作领导小组第一次全体成员会议】 7月17日，全市新一轮扶贫开发“双到”工作领导小组第一次全体成员会议在市委会议中心举行，会议研究部署全市新一轮扶贫开发“双到”工作。市委书记、市人大常委会主任郑振涛作动员讲话。市领导艾学峰、张志才、肖怀跃及市扶贫开发“双到”工作领导小组成员单位负责人参加会议。

【全市新一轮扶贫开发“双到”工作现场会】 9月26日，全市新一轮扶贫开发“双到”工作现场会在乐昌市召开。会议总结前一阶段全市扶贫开发“双到”工作情况，交流工作经验，部署下一阶段工作。上午，与会人员参观考察长来镇罗村村千亩沙糖橘基地，廊田镇白山村穗丰养兔专业合作社项目基地，北乡镇万亩马蹄、香芋规模化种植基地、黄坌村五星、松山幸福安居示范村，下茅坪村幸福安居示范村和粤宝农产品加工厂等扶贫项目建设和幸福安居示范村建设。下午，在乐昌市政府礼堂召开大会。市委副书记、市长艾学峰主持会议，市委书记、市人大常委会主任郑振涛总结讲话。市领导张志才、肖怀跃、黄劲东、孔云龙及各县（市、区）党政有关领导、各相关部门领导共250多人参加现场会。

【韶关市加快芙蓉新区建设动员大会】 10月28日，韶关市加快芙蓉新区建设动员大会在市委会议中心举行。市委书记、市人大常委会主任郑振涛作动员讲话，市委副书记、市长艾学峰主持会议，副市长王青西对《广东韶关芙蓉新区发展总体规划》（以下简称《总体规划》）编制情况进行说明。市领导李飞等四套班子领导，各县（市、区）党政主要负责人，市直及中省驻韶关各单位主要负责人，各县、区相关单位主要负责人参加动员大会。当天上午，韶关芙蓉新区管委会在市城投公司大院正式挂牌。市领导郑振涛、艾学峰等四套班子领导，芙蓉新区规划建设工作协调领导小组成员单位负责人，相关县市区政府负责人等参加挂牌仪式。

【村、社区“两委”换届选举工作会议】 11月28日，全市2014年村、社区“两委”换届选举工作会议在市委会议中心举行。市委书记、市人大常委会主任郑振涛主持会议并讲话，市领导肖怀跃、黄劲东、李安平等参加会议。郑振涛在会上强调，要从加强政权建设的高度，认识基层组织建设的重要性，重视做好此次换届选举工作。这次村级换届选举工作将从2014年1月开始，至2014年3月底结束，涉及全市1422个村、社区，6100多名村居干部，将有6.9万名党员、180万名选民参与选举。

【重要决策】 2013年，中共韶关市委作出重大决策有7项。

2013年韶关市委重大决策一览表

表2

时间	内　　容
1月23日	出台《中共韶关市委、韶关市人民政府关于促进绿色发展打造现代林业强市的意见》（韶发〔2013〕1号）
1月28日	《中共韶关市委关于印发〈韶关市贯彻《广东省从严治党五年行动计划》实施意见〉的通知》（韶发〔2013〕3号）
1月28日	《中共韶关市委关于印发〈韶关市加强村级基层组织建设五年行动计划实施意见〉的通知》（韶发〔2013〕4号）
2月4日	《中共韶关市委、韶关市人民政府关于全面加强农村扶贫开发的实施意见》（韶发〔2013〕5号）
8月19日	《中共韶关市委、韶关市人民政府关于加快推进新型工业化的意见》（韶发〔2013〕11号）
8月19日	《中共韶关市委、韶关市人民政府关于加快推进新型城镇化的意见》（韶发〔2013〕12号）
9月12日	《中共韶关市委、韶关市人民政府关于贯彻落实〈中共广东省委、广东省人民政府关于依靠科技创新推进专业镇转型升级的决定〉的实施意见》（韶发〔2013〕14号）

【胡春华到韶关清远两地调研】 1月4日至6日，中共中央政治局委员、广东省委书记胡春华到韶关市调研，省委常委、省委秘书长林木声，副省长肖志恒，在市委书记郑振涛、市长艾学峰、市委常委、秘书长陈波的陪同下，深入企业、园区、工地、农村、社区、学校，走访慰问困难群众和老党员，实地考察两市经济发展、城市建设、社会事业、民生工程、扶贫开发等方面情况。6日，省委书记胡春华在清远召开韶关、清远两市座谈会，要求粤北山区增强加快发展的紧迫感，加快建设区域中心城市，承接珠三角产业转移，把生态优势转化为发展优势。

【韶关市党政代表团赴东莞和阳江两地学习考察】 1月31日至2月1日，市委书记、市人大常委会主任郑振涛和市委副书记、市长艾学峰率领市党政代表团，赴东莞和江门两市开展走访交流活动。市领导张志才、李建华、陈波、李石保、林嘉，以及市直有关部门和有关县（市）主要负责人参加活动。

【宋秀岩到韶关调研】 3月23日至24日，国务院妇女儿童工作委员会副主任、全国妇联党组书记、副主席、书记处第一书记宋秀岩就筹备中国妇女第十一次全国代表大会带领调研组一行5人在省妇联常务副主席周丽琼的陪同下到韶关市调研。先后到武江区、始兴县、仁化县等地，重点了解妇女之家、妇女创业、参政议政等情况。市领导郑振涛、陈向新、兰茵等分段陪同调研。宋秀岩就妇联推进枢纽型组织建设、男女平等国策的落实、妇联工作经费来源等问题进行探讨，要求妇联组织发挥职能，加强宣传教育，引导和服务妇女群众，让更多妇女了解和参与妇联组织建设，把妇联建设成为党开展妇女工作的坚强阵地和深受广大妇女信赖和热爱的温暖之家，带领广大妇女姐妹们投身中国特色社会主义的“五个建设”当中去，为实现伟大的“中国梦”而奋斗。

【韶关市党政代表团赴清远学习考察】 4月9日至10日，市委书记、市人大常委会主任郑振涛，市委副书记、市长艾学峰率领韶关市党政考察团到清远市学习考察，召开两市工作交流座谈会。清远市委书记葛长伟、市长江凌等陪同考察并座谈。郑振涛在接受媒体采访时表示，改革开放以来，特别是近年来，清远在全省山区市中改革开放的程度比较高，经济社会发展比较快，干部群众开放创新争先创优的意识也比较强，非常值得韶关学习。谈到这次考察的感受，郑振涛说，一是“大”：清远城镇和产业园区框架大，显得大气；二是“新”：清远人的观念新、思路新，有创新精神；三是“快”：清远的发展速度快，增幅连续7年全省第一。

【韶关市党政代表团赴佛山学习考察】 4月10日下午至11日上午，市委书记、市人大常委会主任郑振涛及市委副书记、市长艾学峰率领韶关市党政考察团到佛山市学习考察，召开两市工作交流座谈会。佛山市委书记李贻伟等陪同考察并座谈。郑振涛表示，尽管两市经济社会发展程度不一样，但佛山这种坚持改革开放，发挥市场经济作用的精神，值得韶关借鉴。

【韶关市党政代表团赴阳江学习考察】 4月11日下午至12日上午，市委书记、市人大常委会主任郑振涛及市委副书记、市长艾学峰率韶关市党政考察团到阳江市学习考察，召开两市工作交流座谈会。阳江市委书记魏宏广等陪同考察并座谈。郑振涛表示，阳江和韶关都是中国优秀旅游城市，希望两市加强交流合作，形成“到阳江看海、到韶关看山”的旅游新格局。

【东莞市党政代表到韶关调研】 5月23日至24日，东莞市委书记徐建华率东莞市党政代表团到韶关考察扶贫开发及“双转移”工作。其间，举行两市扶贫开发工作交流座谈会。市领导郑振涛、艾学峰、陈向新、张志才、陈波等陪同考察并座谈。

【朱小丹到韶关调研】 6月28日，省长朱小丹到韶关市察看原曲仁矿棚户区改造工程，并在韶关城市规划展示馆调研中心城区扩容提质工作。市委书记、市人大常委会主任郑振涛，市委副书记、市长艾学峰陪同考察调研。朱小丹要求，芙蓉新城规划建设要利用好自然禀赋和生态环境优势，让新城显山露水，同时做好交通组织、林相改造和农田保护等工作。并强调，新城建设必须规划好功能区之间的生态间隔，“农田、山坡都可以成为生态间隔。不要破坏天然生态屏障，绝对不能削山”，真正形成城市组团式发展。

【胡春华到韶关市调研灾情】 8月21日至22日，中央政治局委员、省委书记胡春华先后深入武江区重阳镇水口村、万侯村，乳源县一六镇凌角碰村察看灾情，看望慰问受灾群众，检查指导防汛抗灾工作。22日中午，胡春华在韶州宾馆二楼会议室主持召开汇报会，听取省“三防”总指挥部、韶关市、省民政厅、省气象局、广铁集团等单位负责人汇报当前全省防汛抗灾救灾工作情况汇报及下一步工作打算。省领导林木声、黄善春、邓海光，武警广东省总队司令员许亚非等参加活动，市领导郑振涛、艾学峰、张志才、陈波等陪同察看灾区并参加汇报会。

【韶关市党政代表团赴东莞学习考察】 8月29日，市委书记、市人大常委会主任郑振涛、市委副书记、市长艾学峰率领韶关市党政代表团前往东莞市学习考察，东莞市委书记徐建华、市长袁宝成陪同考察并与韶关市党政代表团座谈交流。市领导李飞、张志才、陈波、李石保，东莞市领导李毓全、黄双福、邓志广、王检养等参加考察交流活动。

【瑶族“十月朝”暨乳源瑶族自治县成立50周年庆祝大会】 11月3日上午，2013年瑶族“十月朝”暨乳源瑶族自治县成立50周年庆祝大会在乳源民族广场举行。国家民委国际司司长倖兰率国家部委祝贺团，省委常委、统战部部长林雄，副省长林少春，省政协党组成员覃卫东，省人大常委员副秘书长姚泽源，省政府副秘书长江海燕，省委统战部副部长、省民宗委主任陈小山率省祝贺团，以及市领导郑振涛、艾学峰、李飞、陈向新、张志才、许红、孔云龙、李石保、何伟青、邓建华等参加庆祝活动。

【韶关代表团到美国旧金山访问】 11月14日至17日，应旧金山市政厅的邀请，市委书记、市人大常委会主任郑振涛率团到友好城市美国旧金山市访问。与旧金山市市长李孟贤会见，拜访旧金山韶关旅美乡亲联谊会并参加有关活动。

中共韶关市委领导成员名单

书　记：郑振涛

副书记：艾学峰　陈向新

市委常委、市政府党组副书记、市委政法委书记：张志才

市委常委、市纪委书记：赖日先

市委常委、组织部部长：肖怀跃

市委常委、副市长、东莞韶关对口帮扶指挥部总指挥：

王检养（2013.12—）

市委常委、韶关军分区政治委员：

李建华（—2013.8）

市委常委、宣传部部长：许　红

市委常委、秘书长：

陈　波（—2013.8）

市委常委、市政府常务副市长：

陈　波（2013.8—）

市委常委、曲江区委书记：

黄劲东

市委常委、韶关军分区司令员：

郑佳树（2013.8—）

市委常委、秘书长：

孔云龙（2013.8—）

市委副秘书长：

唐福楼（—2013.11）

周德霖

文火玉

谢祥腾（—2013.11）

王荣光（—2013.11）

蓝振云

李惠明（2013.6—）

沈河民（2013.11—）

市委办工作

【概况】 中共韶关市委办公室是协助市委领导处理市委日常工作的部门，现有行政编制49名，内设一秘科、二秘科、综合科、信息调研科、市委督查室（网络问政科）、值班室（市委指挥中心）、人事科、老干科、行政科、保卫科等10个职能科室和市委车队，并管理市信访局、市委机要局（市密码管理局）、市委保密办（市保密局）。下属事业单位机关第一幼儿园于2013年9月成建制划转市教育局管理。

2013年，办公室深入贯彻落实中共十八大、十八届三中全会精神，围绕市委中心工作，解放思想、与时俱进、开拓创新、扎实工作，较好地完成各项“三服务”工作任务。

【文稿起草精益求精】 把高质量起草市委、市委领导的各类文稿作为实现以文辅政的重要载体，强化精品意识，倡导优良文风，起草、修改好每一份文稿。撰写市委十一届四次、五次全会报告和全市经济工作会议上的讲话，以及书记胡春华到韶关调研时的情况汇报等重要文稿材料206篇，文稿质量得到市委领导的肯定。完成《韶关城镇化发展调研报告》《韶关工业化发展调研报告》等调研文稿，为市委科学决策提供有价值的参考。还较好的完成10期《韶办通报》编发、71篇市委新闻通稿的核稿任务。

【信息报送及时有效】 反馈全市经济社会发展情况和人民群众关心关注的热点、难点问题，实现信息报送“第一手情况”“第一道研判”“第一时间报送”的目标。编发《韶关信息》（普刊）30期、专报15期，《值班信息专报》72期，办理送阅件20件，

得到市领导批示10件15次。编发紧急信息72期，向省报送76期，得到市领导批示133条。向省委报送信息272篇，采用60多篇，其中韶关市贯彻落实《关于促进粤东西北山区跨越发展的指导意见》的情况等5条信息得到省领导批示。

【公文办理严谨规范】 严把公文起草、审核关，严格实行限时办结制度，共办理市直及各县（市、区）请示报告277份、领导批示件162份，编印领导批示件跟踪办理表12份，核发文稿315份，制发各类红头文件131份，OA系统收发各类电子公文3328份，办理中省文件246份，完成1187多份文件的归档工作，向省委办公厅报备党内规范性文件13份，没出现大的差错，树立市委、市委办公室文件的权威。

【会务活动精简高效】 贯彻落实中央“八项规定”，严格控制会议规格和数量，实行会议限时制度，把好削减“会海”第一关，提升会务服务质量，提高会议实效。以市委、市政府名义召开全市性会议45次，较上年下降28.5%；在市委会议中心召开各类会议共115场次，比上年下降25%。安排省委、省政府主要领导以及其他多位省领导到韶关调研、检查活动30多次，做到不安排警车引路，精减调研组人员，合并出行车辆，要求当地不安排悬挂横额、会标、欢迎标语等，提升活动的实际效果。

【综合协调统揽全局】 落实“四办联动”机制，做好全市重点工作、重要活动的统筹协调，形成各负其责、上下联动、左右互动、步调一致的良好工作格局。先后对市党政代表团赴清远、佛山、阳江三市考察、纪念六祖惠能圆寂1300周年系列活动、世界张氏总会第六届恳亲大会、2013年瑶族“十月朝”系列活动、第三届广东装备制造业国际高峰论坛等数十场全市重要活动进行周密组织，对市委领导出席的各项活动进行全程跟踪，及时发现、协调解决活动过程中出现的问题，保障各项活动顺利进行。

【督促检查有新成效】 围绕市委、市政府中心工作和群众反映的热点、难点问题，敢督敢查、善督会查、真督实查，确保事事有着落、件件有回音。开展督查活动38次（其中决策督办17次，专项督办21次），发出《督办通知书》71期，编发《督查情况》14期；受理、办理上级和本级党委、政府主要领导批示17件（次）；有10篇督查材料得到市委、市政府主要领导的批示。加强和改进网络问政平台的建设，通过开通在线访谈、围观台等栏目，丰富网民参与网络问政的方式和内容。全年受理网民留言8927条，按时回复率达99.8%，群众关注的热点难点问题在网络问政平台得到解决。

【后勤工作服务周到】 围绕“创建平安市委大院”主题，制定完善《加强市委大院安全防范和管理规定》《机关大院车辆管理规定》《机关大院安全保卫工作制度》等规定，提高大院综合治理工作制度化、规范化水平。严格对外来办事人员、车辆进行登记，快速应对非正常上访人员，及时处置各类突发事件，维护市委机关大院、家属区安全有序的办公环境和生活环境。组织老干部开展各种有益身心健康的活动，丰富他们的晚年生活。“多措并举丰富老干部精神文化生活”主题实践活动，被市委老干部局评为2013年全市老干部工作优秀品牌。加强对驾驶员的安全教育和车辆管理，全年预算内节省资金35万元，安全行车约50万公里，完成公务用车任务。

【保障工作安全可靠】 严格按照“确保密码使用优质高效，确保密码管理安全可靠”的总要求，接收、办理明、密电报2154份，做到保密、及时、准确，没发生压误电报和失泄密等工作责任事故。推进密码管理规范化建设，按要求做好信息化密码保障和党委系统信息化建设工作，提高密码通信保障能力和信息安全支撑能力。开展保密宣传教育和业务培训活动，深入机关单位举办保密法纪讲座20多场次，播放保密警示教育片100多场次，举办全市保密培训班3次。强化监督检查和行政审批，开展各类检查活动10次，查处保密违法行为3宗，追究党纪、政纪3人。完成全市保密工作绩效考评和全市年度考核拟评“优秀”处级领导干部保密工作“一票否决”核查任务。进一步畅通群众信访渠道，及时就地解决信访问题，抓好敏感时段信访维稳工作，做好信访工作督查协调，受理群众来信来访1437批（件）2328人次，同比下降4%，受理时间快、过程实、效果好，为群众解决大量困难和问题。

【加强队伍建设】 健全落实跟班学习制度。选送3名干部到省委办公厅跟班学习，10名干部参加市委党校主体班学习，鼓励干部继续学习深造，干部的综合素质和业务能力得到提升。加大培养、选拔年轻干部和交流轮岗力度，提拔中层干部11名，转任干部9名，轮岗干部4名。主动与组织、编制部门沟通，增加2名中层非领导职数，解决一些老同志历史遗留的政治待遇问题，较好地调动干部职工的工作性。

【开展“中国梦”主题教育系列活动】 4月20日至6月10日，组织开展“中国梦”主题教育系列活动，建立干部读书室，开展读书“漂流”活动、廉洁读书月活动、道德讲堂、保密知识讲座等。特别是在全市党委办公室系统举办“我的中国梦”主题征文活动，共收到70篇题材丰富、文体多样的参赛作品。办公室成立评选小组，采用匿名投票方式，经过初评、复评，评选出一等奖1名、二等奖3名、三等奖6名、优秀奖10名，部分获奖作品在《韶办简讯》刊发。

【扶贫开发工作取得新进展】 从2013年开始，市委办公室与中石化韶关分公司挂点乐昌市北乡镇黄坌村扶贫开发“双到”工作。全年投入资金317.6万元，用于村庄整治和村道、路灯、水渠等基础设施建设，村庄面貌焕然一新；组织种植技术培训3次、劳动技能培训1次，引导村民种植经济作物，村集体收入4.55万元，比上年增加194%，贫困户人均收入5267.7元，比上年增长68.9%，扶贫开发工作取得新进展。 （廖文龙 穆 青）

附：领导班子成员名单

主 任：蓝振云

副主任：凌海江 何运荣

叶洪番 李 勇

纪检组长：郑 健

组织工作

【概况】 中共韶关市委组织部是市委负责领导班子、干部队伍、人才队伍和党的基层组织建设的工作部门。2013年，市委组织部内设机构共13个，分别是办公室、调研科、干部一科、干部二科、干部三科、干部四科、组织科（加挂市党代表联络工作科、市党建工作领导小组办公室、市“两新”组织党工委办公室和市党建研究会牌子）、干部监督（信访）科、干部培训科、党员电化教育科（党员电教中心）、农村组织科、人才工作科、市公选办。截至2013年12月底，在职干部45名，领导设部长1名、副部长5名（其中兼职2名）。

2013年，全市组织系统贯彻落实中共十八大、十八届三中全会精神，按照全国、全省、全市组织工作会议的部署要求，坚持围绕中心、服务大局，履行职责，各方面工作都取得新的成效。市委组织部被省委办公厅、省政府办公厅评为全省扶贫开发“双到”工作优秀单位。

【“五好四有”领导班子建设】 围绕中共十八大关于加强领导班子建设的新要求，贯彻落实省委《关于加强市、县领导班子建设若干问题的决定》，深入推进“五好四有”（精神状态好、能力素质好、团结协作好、服务群众好、廉洁自律好；推动科学发展有新成效、促进社会和谐有新局面、惠民利民有新作为、抓班子带队伍有新气象）领导班子创建活动。一是强化务虚研讨，提高谋划发展能力。各级领导班子和领导干部落实“五个一”务虚研讨制度，结合本地本单位实际开展学习，并提高转化学习成果、谋划发展思路、推动科学发展的本领。市县两级党委（党组）理论中心组开展学习90次、分组研讨12次、举行辅导报告38场。同时，加强班子内部制度建设，推动各级党委完善议事决策、分工负责等制度体系，提高科学民主决策水平。二是强化考核评价，激发干事创业动力。完成2012年度县（市、区）经济社会科学发展考核工作，改进和完善2013年度县（市、区）经济社会科学发展考核办法。对2013年度各县（市、区）经济社会发展面临的形势任务和优势短板进行综合研判，并及时向各县（市、区）领导班子反馈，达到肯定成绩、找准问题、明确方向、激励鞭策的目的。三是开展届中考察，掌握班子运行状况。对全市10个县（市、区）和75个市直单位领导班子及其成员进行届中考察，根据考察掌握的情况，对部分班子成员进行谈话和调整，并发现和储备一批德才兼备、敢于担当、善于担当、实绩突出的好干部。四是强化监督管理，推动领导作风转变。组织10个县（市、区）和72个市直单位开展“一报告两评议”工作，存在问题得到整改，排名靠后的2个单位被预警提醒。对10个县（市、区）和20个市直单位干部选拔任用工作进行专项督导，一些地方和单位在干部选拔任用、管理监督方面存在的苗头性、倾向性问题得到及时纠正。注重发挥经济责任审计对领导干部的监督作用，全年共委托市审计局对23名离任或任期届满的市直单位主要领导干部进行经济责任审计，并对存在明显问题的单位主要领导及班子进行约谈提醒，责令限期整改。协助省委组织部落实省管干部报告个人有关事项工作，全面完成市管干部报告个人有关事项工作，建立对领导干部日常监督的重要台账。韶关市创建“五好四有”领导班子活动，被省委组织部评为全省组织系统2013年度特色工作。

【干部教育培训】 把学习领会中共十八大、十八届三中全会和总书记习近平系列讲话精神列为新一轮大规模培训干部和党员教育的重要内容，以各级党校为主阵地，采取党委（党组）理论中心组学习、举办培训班、网络宣讲等形式，开展教育培训活动。精心设置课程内容，重点开展转变经济发展方式、生态文明建设、社会建设和党的群众路线等专题培训。抓好市委党校中青班学习培训工作的经验，在全省干部教育培训工作会议上作书面交流。开展高端培训，举办领导干部赴新加坡生态文明与可持续发展专题研讨班，推广网络培训，抓好自主选学。全市共培训各级各类干部13.2万人次，促进干部知识结构转型升级。

【干部选拔任用】 坚持正确用人导向，坚持德才兼备、以德为先，做到选贤任能、用当其时，知人善任、人尽其才。改进选任工作，把加强党的领导和发扬民主结合起来，对在民主推荐中得票均超过1/3，且票数相近的人选实行差额考察、差额酝酿、差额讨论，改进市直单位处、科级领导干部选拔方式。坚持注重基层用人导向，从本地工农中选拔基层公务员、从优秀应届大学生中选拔乡镇选调生共67人，并统筹安排第二批24名缺乏2年以上基层工作经历的市、县党政领导班子成员参加驻点“补课”；注重选拔通过基层艰苦环境历练并做出实绩的干部充实到各级领导岗位，全年提拔的县处级领导干部中，有基层工作经历的占65.5%。

【干部监督】 贯彻《广东省从严治党五年行动计划》，前移监督关口，管早、管小、管及时。围绕干部工作中的热点问题，市委组织部派出专门工作组，对10个县（市、区）的党委书记、组织部长、组工干部等相关人员进行专题业务辅导，避免各地因不了解政策而出现违规用人问题，推动干部监督关口前移，这一经验做法在《广东组工通讯》上刊发。完成对“带病提拔”干部倒查和“一查三看”工作，落实干部预警监督“三提示三书”办法，初步建立“四个加法”监督体系。配合省委“条例”检查组对韶关市干部选拔任用工作检查。加大对“12380”举报平台的宣传力度，发挥信访、电话、互联网“三位一体”举报受理平台作用，形成对用人上不正之风的强大威慑。翁源县被列为全省创建加强干部日常监督管理示范点。

【创新人才引进培养工程】 以开展“基层人才工作促进年”活动为契机，加强人才发展环境和人才队伍建设。围绕落实市“十二五”人才发展规划，组织市直有关单位起草并出台《韶关市创新人才引进培养工程子计划》及其3个配套政策。首批启动13个人才子计划，分别由韶关学院和11个市直单位具体实施。

【省“扬帆计划”项目申报工作实现新的突破】 韶关市在省2013年“扬帆计划”项目申报工作中取得历史性突破，共获得省竞争性扶持资金1466万元，名列全省第二。其中，竞争性扶持市县重点人才工程项目入选市级项目1个、县级项目2个，获得310万元资助；引进创新创业团队项目入选1个，即乳源东阳光精箔有限公司申报的“日系整车配套的高端钎焊箔技术开发团队”项目，入选引进创新创业团队项目最高档次，获得800万元资助；引进紧缺拔尖人才项目入选2人，获得200万元资助；培养高层次人才项目入选5人，获得100万元资助；培养高技能人才项目入选56人，获得56万元资助。同时，做好2012年“扬帆计划”已入选项目的督促落实工作，对3个县级项目的实施进行全面指导，乳源、翁源等县得到省检查组好评。

【优化人才发展环境】 2013年，韶关市率先在粤东西北地区挂牌成立高层次人才服务专区，为高层次人才提供“一站式”服务。指导企事业单位建立高层次人才发展平台，分别增设院士专家企业工作站2个、博士后科研工作站和研究生工作站各1个。对粤北人民医院、韶关宏大齿轮有限公司的博士后创新实践基地，分别给予10万元的一次性科研启动经费，并对3名在站博士后人员分别给予2万元的科研经费资助。同时，举办第三届广东装备制造业国际高峰论坛暨中国机械博士大会，为高端人才搭建业绩展示、技术合作、信息交流、成果交易的平台。新建省市县联网的实名制人才信息库，采集录入26万多条各类人才信息。落实高层次人才聘期工资外津贴391人125万多元。对10个县（市、区）人才工作进行考核，提高县（市、区）抓人才工作的积极性。

【村级基层组织建设】 深入实施《加强村级基层组织建设五年行动计划》和基层党建“五大工程”，推动农村基层组织建设有序开展。以完善村级组织体系和规范村级组织运作为重点，选择7个乡镇作为省村级组织运作示范镇创建单位，并确定212个农村基层党建示范点开展创建活动。开展薄弱村整顿建设工作，对排查出的100个薄弱村（含省级55个后进村、6个问题突出村），共帮助查找和解决突出问题632件（个），为群众办实事好事2000多件，累计投入资金3120万元，全面实现薄弱村转化升级的目标。全面推广“三三制”基层工作法，加强农村服务型党组织建设，这一做法被列入省“书记项目”库，被省委组织部予以通报表扬。提前谋划并及时部署村、社区“两委”换届选举工作，创新开展村级班子换届考察，这一做法走在全省前列。市委组织部会同市扶贫办做好新一轮扶贫开发“双到”工作，举办驻村干部岗前培训班，全市各级选派552名驻村干部组成工作组进驻310个贫困村开展帮扶工作。

【“两新”组织党的建设】 开展“百日攻坚回头看”活动，韶关市社会组织、非公经济组织的党组织覆盖率在全省分别名列第四和第五。及时更新核定“两新”组织（新经济组织、新社会组织）党组织工作台账，加强对所属党员的管理。开展“两新”组织党建工作示范点创建活动，对全市1437名“两新”组织党组织书记进行轮训，组建由12名指导员、24名志愿者参与的“两新”组织党建指导员和志愿者队伍，建立以财政补贴为主、其他来源为辅的“两新”组织党建工作经费保障制度。

【党代表联络工作和工作室（站）建设】 在党代表工作室建设的基础上，重点拓展“一站双联三代”（全员建立党代表工作站；党代表联系党员、党员联系群众，党代表联系群众、重点联系困难群众；事务代办、惠民代理、诉求代言）延伸项目，发挥党代表和工作室（站）的作用。在全市开展“服务中心·共谋发展”万名党代表视察调研活动，广泛听取各方意见建议。组织全市2.15万余名“两代表一委员”以普通代表（委员）的身份，进驻145个党代表工作室和各工作站开展活动，实现“两代表一委员”进驻工作室（站）全覆盖、活动全参与、服务有实效。抓好党代表工作室（站）示范点创建，全市共建立40个工作室、44个工作站示范点。

【党员教育管理服务工作】 发动党员参与省委组织部组织的“双学”系列竞赛、网络平台手机短信编写、转发“红段子”和“红微博”活动，韶关市短信展播和编写数量名列全省第二。组织全市103387名党员参加“群众路线大家谈”活动，撰写体会文章459篇，到基层作辅导549次，查摆群众反映强烈的热点难点问题1403个。重视发挥基层党组织和党员在急难险重任务中的战斗堡垒和先锋模范作用，全市广大基层党组织和党员在抗击“5·16”“8·16”洪灾过程中，不畏困难，连续奋战，体现先进性。抓好发展党员和党员管理工作，选取35个基层单位作为市级发展党员工作监测联系单位，实行直接联系指导。组织全市100981名党员捐赠党员互助金415.46万元，其中，市本级党员互助金112万元，给予2164人次城乡困难老党员每月生活补贴

60.7 万元，77 名家庭生活特别困难的市直机关党员一次性困难补贴 17 万元。围绕创新创优创品牌，建立基层党建创新“书记项目”库，全市“书记项目”入选省库 4 个、市库 19 个，入选省库项目数量居全省之首，其中抓基层党建创新市委书记、副书记两个“书记项目”被评为省级示范“书记项目”。探索开展乡镇党代会年会制试点工作，拟定暂行办法和试点工作方案。机关党建一体化工作机制不断健全，市直机关工委加强对市直其他党（工）委的统筹协调和对县（市、区）直机关工委的业务指导，并首次对县（市、区）机关党建工作情况进行全面考核。

【党员干部现代远程教育】 韶关市终端站点全年开机率达 100%，在全省排名并列第一；《小溪村的“120”》被省委组织部定为全省八部选送中组部参评的电教片之一，并荣获 2013 年全国党员教育电视片观摩交流活动二等奖。

【组工调研信息网宣工作】 2013 年，编发《韶关组工通讯》12 期共 179 篇文章，《韶关组工信息》159 期共 162 篇文章，《韶关市村（社区）“两委”换届选举工作简报》31 期共 31 篇文章。加大向上级党刊报送稿件力度，全市组织部门共向市级以上党刊投稿 4100 多篇，其中被《党建研究》《广东组工通讯》《领导科学》《党建文汇》《南方》《广东党建》等省级以上党刊采用稿件 93 篇。在韶关市组工调研宣传工作历史上，首次实现市县两级组织部门同一年之内在《广东组工通讯》全面上稿。韶关市在《广东组工通讯》上的投稿用稿总分综合排名全省第二，被省委组织部评为 2013 年度《广东组工通讯》宣传报道先进集体。同时，韶关市共向中组部《组工信息》和《广东组工信息》分别报送信息 725 条和 996 条，其中被中组部《组工信息》综合采用 3 条；被《广东组工信息》单条采用 15 条、综合采用 4 条，投稿用稿总分综合排名全省第三，实现连续 7 年在全省排名前三位，市委组织部和浈江区委组织部被省委组织部评为 2013 年度全省组织系统信息工作先进单位。抓好组工网宣工作，在各类网站发表党建网评文章 256 篇、发帖 631 条、跟帖 2366 条，申报影响力文章 15 篇，上报网络舆情信息 255 条次，重点专题引导 5 个。市委组织部课题组撰写的《构建以为民务实清廉为主题的机关干部队伍作风建设常态机制问题研究》被省委组织部评为 2013 年度全省组织工作重点调研课题二等奖。（沈中伟　廖　愉）

附：领导班子成员名单

市委常委、组织部部长：肖怀跃

副部长、市委老干部局局长：

温必强（—2013.3）

副部长、市直属机关工委书记：

姚远通

常务副部长：

颜玉明（2013.8—）

副部长、市人力资源和社会保障局局长：温新才

副部长：李志斌

副部长、市“两新”组织党工委书记：钟　曦

宣传工作

【概况】 中共韶关市委宣传部是中共韶关市委主管全市意识形态方面工作的综合部门。2013 年，韶关市宣传思想文化工作坚持以邓小平理论、“三个代表”重要思想和科学发展观为指导，深入贯彻落实中共十八大、十八届三中全会、总书记习近平系列讲话和全国全省宣传思想工作会议精神，围绕市委、市政府中心工作，增强守土有责、守土负责、守土尽责意识，因势而谋、应势而动、顺势而为，为推动全市绿色转型、振兴发展、建设粤北区域中心城市做出积极努力。

【理论武装工作进一步加强】 根据当前领导干部思想建设及知识转型需要，围绕学习贯彻中共十八大精神，打造“韶关学习论坛”品牌，组织实施全市党委（党组）中心组理论学习活动。采用宣讲、演讲、征文、文艺演出等丰富多彩的形式，组织、指导全市举办各类形式的宣教活动 1500 多场次，同时利用现代网络信息平台，结合专家学者在线互动交流、微博、微信及论坛留言等形式，构筑新时期宣教活动的立体模式，扩大宣教活动的覆盖面和影响力。广泛开展信息收集、调研工作，将《韶关宣传》《粤北论丛》整合改版为《韶风》月刊，提升刊物质量。推进政研会工作，主办“市场营销理论与实践——市场营销十五论”、2013 年广东省营销创新暨第二届城市营销高峰论坛。精心谋划社科研究工作，全年社科规划立项

课题41项，组织出版《张九龄大传》《南禅宗海外传播史》《粤北采茶戏新编》等一批韶文化系列丛书,《韶文化漫谈》一书荣获全国优秀社科普及作品。

【正面宣传力度加大】 围绕市委、市政府中心工作，唱响主旋律，打好主动战，传播正能量。抓好重大主题宣传，先后在市直媒体组织策划扶贫开发“双到”“三打两建”“中国梦”等30多个专题栏目，组织策划“转型路振兴梦”全国资源枯竭型城市转型经验联合异地采访、“走基层探访九龄遗迹”联合采访、打造粤湘赣省际开放先行区专题报道等重大宣传活动。抓好对外宣传，重点以“加快绿色转型、振兴工业经济，加快建设粤北地区中心城市”、纪念六祖惠能圆寂1300周年暨2013年广东禅宗六祖文化节、世界张氏总会第六届恳亲大会、第二届青岛啤酒节等为节点，先后在中省及港澳媒体推出《韶关：争做广东对内开放“桥头堡”》《韶关：打造广东绿色生态第一市》《韶关举全市之力、集全市之智，加快粤北地区中心城市建设》《重走六祖路》等系列大型宣传报道；协助央视到韶关采拍《远方的家——百山百川行》大型纪实节目和台湾中视媒体开展的“魅力城市（韶关）”采访活动等。

【舆论引导能力提升】 加强热点引导和舆论监督，组织市属媒体对扶贫开发、违章建筑、食药品安全和大宝山区域污染等问题进行暗访，以内参和媒体曝光等形式，协助、督促相关部门改善和保障民生。抓好舆论阵地建设，指导推进市广播电视台频道制改革、《韶关日报》改版升级和韶关民声网改造建设，强化市级主流媒体服务大局、服务人民的功能；加强新闻发布平台建设，设立新闻发布厅，全年指导组织召开近30场新闻发布会；加强互联网建设管理，开通“韶关发布”政务微博平台。

【群众文化活动繁荣】 推进文化惠民工程，继续深化“文化下乡”活动，全市完成农村公益电影放映1.2万多场次，观众达60多万人次；广场文化、社区文化、企业文化、校园文化蓬勃发展，乳源县“十月朝”节庆活动、乐昌市“千人书法大赛”活动荣获省群众性文化活动优秀品牌项目称号。开展文艺精品创作，一大批文学、声乐、舞蹈、书画、摄影等作品在全国、全省各类比赛中获奖。其中，长篇纪实《潜流》获得韶关历史上第一个鲁迅文学奖，群舞《瑶山谣》获第十六届新加坡世界青少年“金狮奖”，少儿舞蹈《太阳瑶鼓》获广东省第九届少儿艺术花卉金奖，《盘王哥》获广东省五个一工程奖、鲁迅文艺音乐奖。

【公共文化服务能力增强】 基本完成2013年度7711户广播电视“户户通”工程建设任务；加快实施县镇数字影院全覆盖工程建设，南雄、乐昌、始兴完成多功能数字影院建设任务；全市县级图书馆达标率提升到51.7%，镇级文化站达标率提升到72%；芙蓉新城市民文化活动中心项目顺利推进。兴建张九龄纪念公园，该园占地面积2.67公顷，依唐代建筑风格设计建造，由门楼牌坊、停车场、诗词碑廊、张九龄陈列馆和张氏源流馆等组成，成为韶关市文物保护工作和文化设施建设的一大亮点。

【文化体制改革工作推进】 推进韶关市采茶剧团、韶关市歌舞剧团和非时政类期刊《南叶》杂志的改革工作。推进文化产业发展，研究制定“韶文化产业重点工程”方案，协调做好“金鸡岭生态文化创意产业园”“韶关花飞文化艺术产业园”“红旗电影城”“风度国际五星电影城”等文化产业园区的落地、规划建设工作。在世界张氏总会第六届恳亲大会期间，签约文化产业项目9个，投资总额56.6亿元；组团参加第九届中国（深圳）国际文化产业博览交易会，继上年之后再次获得优秀组织奖和优秀展示奖。

【干部队伍素质进一步优化】 根据工作需要和干部队伍可持续发展要求进行统筹考虑，按照组织程序对一批干部进行提拔或岗位调整。选派各级领导干部参加中、省各类业务培训班。将“每月一讲”与“道德讲堂”活动相结合，推进学习型党组织、学习型机关建设。开展全市新闻战线马克思主义新闻观全员培训和文化产业培训等，各县（市、区）委宣传部、韶关日报社、市广电台全额完成计划任务，全市举办宣传、文化各项培训班16期次，培训干部1200多人次，提高宣传文化干部队伍业务素质。开展宣传文化人才专项资金项目申报工作和“广东省宣传思想文化专家库人选”“广东省高级专业技术资格评委会评委库人选”的评选推荐工作，配合韶关市出台人才发展计划，部署市“百千万金凤引航工程”和“扬帆计划”“特支计划”等人才项目工作，完成提交《韶关市文化体育人才发展计划实施方案》。

附：领导班子成员名单

市委常委、宣传部长：
　许　红（2011．12—）
常务副部长：
　李晓林（2013.6—）
副部长兼文明办主任：
　何新文（2003.3—）
副部长：段志坚（2012.6—）
纪检组长:张桂先(2011.11—)
副部长兼市广电台台长：
　巫育明（2013.6—）
副部长兼文广新局局长：
　何正平（2008.4—2013.11）
副部长兼韶关日报社社长、总编辑：
　刘炎生（2012.6—2013.11）

精神文明建设

【概况】 2013年，韶关市精神文明建设工作贯彻落实科学发展观，以学习贯彻中共十八大、十八届三中全会精神为指引，以社会主义核心价值体系建设为根本，全面加强公民思想道德建设和群众性精神文明创建活动，精神文明建设工作不断深化拓展，并呈现出新亮点、新气象。

【公民道德建设】 不断创新公民思想道德教育的方式方法、平台阵地，以载体建设提升公民道德教育的实效性。搭建道德模范选树平台。开展韶关市第四届十佳道德模范暨2013年“韶关好人”评选活动，并承办省文明办“学雷锋·在行动”——全省道德模范和身边好人交流活动，始兴县开展第三届道德模范评选，翁源县开展“爱在滃江”道德模范学习宣讲活动。参评省级以上先进典型，胡明裕获广东省道德模范提名奖，新丰县潘志华入选“中国好人榜”，始兴县吴秀兰、华妃嫦入选2013年广东好人。深化“道德讲堂”建设，启动全民修身活动。深化讲堂建设，按照总堂带分堂、总分结合的模式，在市、区两级建起道德讲堂总堂，全市开展道德讲堂活动近600堂。启动“风度韶城·尚德修身”全民行动，建设机关、窗口、社区、学校等6类示范点，公民教育的阵地得到扩展。深化道德领域突出问题专项教育治理。下发全市活动方案，在食品药品安全、社会服务、公共秩序三大领域开展一系列教育和治理活动，道德讲堂活动在食品药品行业实现全覆盖。

【传播志愿服务理念】 加强学雷锋志愿服务队伍建设和管理，组织网络文明传播、文明交通、文明旅游等各类志愿者培训，深化以“关爱他人、关爱社会、关爱自然”为主题的志愿服务，在六祖禅宗文化节、世界张氏第六届恳亲大会等重大活动期间组织一千多名志愿者开展文明引导，向中外宾客展示韶关人民文明有礼的形象。突出生态人文关怀，在“4·22”世界地球日启动保护山川河流志愿服务活动，开展保护北江源头等及重点山川8个保护项目的志愿服务。

【公益广告宣传有声势】 刊播中央制作的“中国梦”系列公益广告，开展全市第二届公益广告评选宣传，优秀作品以广播电视、户外广告进行全方位宣传展示。精心设计，1万多块各具特色的遵德守礼提示牌遍布市区，为打造“厚德韶城”营造良好氛围。

【文明引导、文化引领活动持续开展】 建立一支由270人组成的网络文明传播志愿服务队，依托韶关文明网联盟网站传播文明风尚，启动文明旅游引导，推进文明餐桌、文明交通行动，引导市民形成文明行为习惯。坚持以文化人，除承办六祖禅宗文化节、世界张氏恳亲大会大型活动外，还先后举办“风采三江·书香韶关”全民阅读、“暑期读一本好书”、韶关教育精神征集评选等活动，翁源县依托新落成的、在全省山区县中首屈一指的涂志伟美术馆开展国际美术界沟通交流活动，始兴县依托按国家一级馆建设的图书馆、文化馆、档案馆及生态文化休闲广场、全民健身广场、3D数字影院等设施，打造“每月有演、每周有影、每晚有舞”的“最美小城”特色文化。

【文明创建活动】 完善精神文明创建评比机制，制定《韶关市精神文明创建活动管理实施意见》，推动各类基层创建活动规范进行、深入开展，创建活动由城及乡广泛延伸的新格局。市区继续推进创建全国文明城市工作，做好迎接文明城市测评和巩固国家卫生城市复审工作，开展“清洁家园、美丽韶城”活动和市容环境秩序专项整治。各县（市）如火如荼、全面推进文明城市（县城）创建工作，7个县（市）中仁化县全面启动创建全国文明县城工作，南雄、乳源进一步巩固省文明城市（县城创建）乐昌、始兴接受省文明城市（县城）验收，翁源、新丰接受创建省文明县城工作先进县城测评。在全市启动乡村文明行动，举办村镇道德讲堂、道德模范巡讲巡演，提升农村地区精神文明建设水平。严格按程序组织开展2012—2013年度各级文明单位推荐评选，全市推荐3个先进单位报省表彰；严格执行中央、省的有关规定，对文明典型的评选项目和指标作适当精简，评选命名50个市级文明单位、10个未成年人思想道德建设活动基地等各类先进集体。

【未成年人思想教育】 设计主题活动，丰富活动内涵，突出“中国梦”教育这一主题，以“做一个有道德的人”实践活动为载体，举行“美德少年”、“日行一善”、网上签名寄语等各类型的道德实践活动，特别是打造韶关特色的“童谣传唱”活动品牌，深入开展第二届韶关市童谣征集评选活动，征集参评作品800多首，评选优秀作品25首，向社会征集曲谱，制作优秀童谣作品影碟2500张，发放全市中小学校组织传唱；制作宣传韶关市丰富旅游资源、倡导文明旅游的《韶关迎客谣》童谣MTV播出后引发社会广泛好评，首届《弟子规》作品诵读比赛使未成年人在活动参与中受到传统文化教育。加强未成年人环境阵地建设，建成一批困境儿童“心灵加油站”示范点、留守儿童“心灵加油站”示范点，新建51所乡村（城市）学校少年宫，建立起市区两级的未成年人心理健康辅导中心，校园周边社会文化环境得到进一步净化。（刘立强）

统一战线

【概 况】 1952年9月，中共粤北区党委设立粤北区党委统战部。1956年2月，中共粤北区党委撤销，中共韶关地委建立，粤北区党委统战部改称韶关地委统战部。1956年9月，成立中共韶关市委（县级市）统战部。1977年1月，随着韶关市升格为地区一级市，中共韶关市委统战部也升格为处级建制。1983年6月，韶关地区与韶关市（县级市）合并，韶关地委统战部与韶关市委统战部合并为韶关市委统战部。2001年8月，设置中共韶关市委统一战线工作部。市委统战部现设5个职能科（室）：办公室，党派工作科，港澳、海外联络科，经济工作科，港澳社团联络工作办公室。核定行政编制16名，后勤服务人员4名。

2013年，市委统战部深入学习贯彻中共十八大和十八届三中全会精神、省委和市委全会精神、全国和全省统战部长会议精神，以强化统战队伍建设为抓手，改进作风、树立形象，发挥优势、服务大局，巩固基础、增进团结，破解难题、创新发展，全市统一战线呈现团结、奋进、活跃、和谐的良好局面，各领域统战工作成绩斐然，亮点纷呈。

【多党合作和政治协商】 注重强化党外代表人士队伍建设，推动多党合作事业有新发展。抓常规培训。与市委组织部共同举办党外中青年干部培训班，选送4名党外干部参加省党外中青班和县处级党外干部培训班，协助安排1名党外干部参加民盟中央骨干培训班，参与指导民主党派举办新成员培训班、参政议政培训班、各民主党派市委会议、对口联系部门座谈会等活动。抓基层锻炼。与市委组织部联合选送6名优秀年轻党外干部到县（市、区）乡镇挂职，首次实现真正意义上的基层挂职锻炼。抓重大契机。以“五一口号”发布65周年、中共十八届三中全会等为契机，通过座谈会、学习会、研讨会等形式强化思想政治教育，尤其是在《韶关日报》专版刊登活动情况成效明显。推进组织部和统战部联席会议制度有效落实。全年有8名党外干部获得提拔重用，其中政府部门实职1名，副处实职4名，调研员1名，副调研员2名。推荐6名党外人士担任首届韶关市人民政府特约教育督导员。做好市政协十一届二次会议政协委员增补工作。坚持落实党外干部任前谈话制度。坚持“三个为主”原则，推进各民主党派组织建设稳步发展。截至12月底，全市民主党派共有成员2141人，其中民革346人，民盟524人，民建315人，民进377人，农工党352人，九三学社227人。指导乳源瑶族自治县成立无党派知识分子联谊会，至年底，韶关市县级知联会发展数量已达3个（翁源、新丰、乳源）。通过组织知联会成员外出学习考察、加强与兄弟市互访交流、强化小组活动督导等方式，激发知联会活力。向市委争取增加30万元民主党派工作经费。推进“市委出题、党派调研”制度。各民主党派利用两会期间提交提案议案183件。引导党外人士参与社会服务，先后组织市知联会赴翁源、乳源等地开展捐资助学和送医送药等活动。协助民盟中央到韶关开展山区教育“烛光”行动。

【民族工作】 配合做好省人大检查组到乳源对市、县两级贯彻落实《广东省实施〈中华人民共和国民族区域自治法〉办法》执行情况开展检查。配合省政协第八视察团做好“民族乡少数民族干部队伍建设”和“禅宗文化保护与弘扬”专题调研。落实少数民族大学生学费资助政策，全市192名少数民族大学新生获得146万元资金资助。创新落实少数民族干部培养政策，会同组织部选派6名少数民族优秀干部赴东莞市挂职锻炼。组织申报少数民族发展资金项目30个，并做好资金安排使用和督促检查工作。落实全省佛教界支持少数民族聚居村发展资金，全市106个少数民族聚居村各获得1万元标准资助。指导乳源等民族地区和少数民族群众开展抗灾复产工作。筹措资金解决乳源、曲江、武江等地少数民族群众安居难和出行难等问题。加强城市少数民族流动人口服务管理工作，走访慰问在韶关经商务工少数民族群众，帮助他们解决子女入学难题。成功举办2013年瑶族“十月朝”暨乳源瑶族自治县成立50周年系列活动，“十月朝”节庆文化活动被评为全省群众性文化活动优秀品牌。组织编写瑶族刺绣应用书籍。择优上报11个少数民族特色村寨保护与发展项目，乳源瑶族自治县必背口村、“八一”瑶族新村和政研新村被评为市优秀少数民族特色村寨，并上报国家、省民族工作部门审批。推进“民族团结进步示范村”创建活动。圆满完成2013年民族团结进步宣传月活动。

【宗教工作】 2013年，联合省民宗委及云浮市共同举办纪念六祖圆寂1300周年暨第六届禅宗六祖文化节，打造禅宗六祖文化品牌。协助做好台湾佛光山星云大师广东行活动，促进优秀宗教文化对外交流交往。以“教风”为主题继续开展和谐寺观教堂创建活动，推荐南华寺、释明向参选第二届全国创建和谐寺观教堂先进集体和先进个人。“三个一”（即举办一场宗教法规专题培训班、组织一场宗教界政策法规知识竞答活动、举办一场民族宗教专题辅导报告会）开展宗教政策法规学习月活动成效显著。加强涉及宗教领域矛盾纠纷排查处置，维护宗教和谐稳定。发动宗教界参与乳源抗洪救灾、四川雅安抗震救灾以及“2013年广东省宗教界扶贫济困日”暨宗教慈善周等活动，共筹得捐款173万元。完成宗教教职人员社会保障工作，参加社会养老保险和医疗保险实现两个100%。

【非公有制经济领域统战工作】 创新开展实践活动助推非公经济转型发展。“五措”并举推进非公经济人士理想信念教育实践活动，一是举办时政专题座谈。邀请非公经济领域全国人大代表与工商联骨干会员开展“中国梦·企业梦”主题座谈会，增强发展“信念、信任、信心”。二是发挥典型示范作用。推荐3名非公经济人士当选“市劳动模范”或“市十大杰出青年”，推荐10家非公企业荣获市“诚信守法示范企业”称号。三是培育“敬廉崇洁”企业文化。开展“送法入企入商会”活动、组织非公经济人士参观廉政教育基地、走进监区听取服刑人员“现身说法”等活动。四是开展爱党爱国爱军教育。市工商联组织非公经济代表人士走进军营慰问子弟兵。五是联合市乒协、市个私协会举办首届韶关市民营企业乒乓球团体赛，激发企业活力。争取广东光彩事业民族地区行活动落户乳源瑶族自治县，引进帮扶资金1470万元，建设光彩示范点——广东光彩家园，捐建3个瑶族新村，扩大光彩事业影响力。韶关市的广东信达茧丝绸股份有限公司董事长罗展勇、广东金友集团有限公司总经理康小松荣获“广东省光彩事业奖”和广东省光彩事业典型案例优秀调研文章二等奖和三等奖。开展韶关光彩事业乐昌行活动，资助30名贫困大学生实现读书梦。

【港澳及海外联络】 2013年，广泛开展联谊，港澳及海外统战工作有新成效。做好第七届韶关海外联谊会换届工作，新一届理事会共有315人，其中港澳台及海外人士169人，内地人士146人。吸纳谭耀宗、李湞、涂志伟、欧豪年等一批具有较大影响力和较高知名度的代表人士加入海联会，市政协港澳委员中97%加入海联会，提升海联会会务层次和品牌价值。协助澳门韶关地区联谊会完成换届工作。广泛开展联谊活动，先后拜访香港中联办主任张晓明以及香港华夏中医药学会、香港新界社团首长联会、大埔乡事委员会等领导或港澳重要社团、代表人物共18批120人次。接待全国政协委员林光如、龙子明，澳门立法会议员陈美仪、麦瑞权，澳门善明会，香港青年促进会，韶港青年促进会，澳门江门青年会，香港青年交流促进会和粤港青年交流会等重要人物和社团20批600多人次。协助澳门青少年开展“阳光少年”体验式国情教育活动。继续推进“同心·医疗救护车惠基层行动”，筹资375万元向全市基层医疗机构捐赠救护车11台；支持始兴县实验小学教育创强资金40万元。

【扶贫开发】 全面完成对扶贫点仁化县扶溪镇扶中村扶贫开发工作双向对接、调查摸底和前期规划等工作。助推村集体经济收入实现提前达标，年收入超过8.5万元。发展柑橘主导产业，扶持成立农民专业合作社，对种植贫困户实施最高4500元化肥补助。投入8万元修缮村委办公楼。引进香港官子明慈善教育基金开展扶贫助学，确保不发生因贫困而辍学现象。联合农工党韶关市委开展“送医送药”义诊活动。

【统战信息和基层建设】 创建“韶关市统一战线”官方网站和官方微博，改版《韶关统战信息》《韶关海外联谊会会讯》，修订《韶关市统战信息宣传工作考评办法》，韶关市统战信息工作荣获全省统战信息工作先进单位二等奖，民建市委会报送的《用“三个自信”引领新时期民主党派核心价值观问题研究》荣获全省统战理论政策研究创新成果三等奖。推进同心艺术团蓬勃发展，先后赴湖南、新丰等地演出7个场次，重点打造一批文艺精品和艺术骨干。不断探索强化基层统战工作。曲江区向党委政府申请增加民主党派工作经费。南雄市、乐昌市、翁源县以镇级商会、行业协会建设为切入点，服务地方经济社会发展。始兴县争取民主党派组织、工商联机关搬进县行政大楼办公，改善办公条件。翁源、乳源、南雄等地多措并举强化统战信息宣传工作成效显著。 （王辉华、郭燕海）

附：领导成员名单

市政协副主席、市委统战部部长：何伟青

常务副部长：张联清

副部长：廖雨婷

政策研究

【概况】 2013年，市委政研室深入贯彻落实中共十八大特别是十八届三中全会精神，围绕市委中心工作，按照打造“阳光有为政研室”的要求，全体人员精诚团结、主动作为、求实创新，真抓实干，决策服务能力和服务水平有新的提高，较好地履行以文辅政的职能，发挥参谋助手作用，全年共完成各类文稿120多篇，其中重要课题文稿51篇；编印《韶关调研》10期，刊载各种调研文章110多编、照片160多幅，完成各项工作任务，为粤北经济社会的发展做出贡献。

【开展系列重大专题调研】 结合全市各阶段重大工作部署，找准着力点，突出抓住影响韶关经济社会发展问题如粤北区域中心城市的发展、城镇建设、新型工业化、产业园区的发展、农民专业合作社等重大课题，主动开展一系列重大专题调研，形成一批具有较大影响力的调研成果。全年共开展9个专题调研，形成相应调研报告，有些专题调研上报市委、市政府；有些重大调研课题刊载在《韶关调研》，以不同形式报送市领导决策参考。

【改版升级《韶关调研》】 《韶关调研》是由韶关市委主办的综合性月刊，与全省20多个地市的政研室、各省（市）自治区的政研室和全国部分地级市的党政研究部门主办的调研类刊物进行交流。刊物还发行到全市乡镇一级。2013年《韶关调研》实现改版升级。封面至封四实行彩印，内文纸由正16开改为大16开，纸质品位、刊物档次和影响力有较大提升；全年共编印发行《韶关调研》10期，刊载各种调研文章110多编、约40多万字、照片160多幅，多层面、宽领域地反映韶关市经济社会发展等重大问题、好的经验和做法，总结分析发展中存在的问题，提出对策建议，为领导从不同角度掌握上情、了解外情、知晓内情，做好决策，起到重要的作用。

（杨作旭）

附：领导班子成员名单

市委副秘书长、政研室主任：谢祥腾

副主任：杨应海　张桂胜

市委直属机关工委

【概况】 韶关市直属机关工委行政在编人员14名，工勤人员2名。其中，书记1名，副书记2名，纪工委书记1名，副调研员1名，正科长4名，主任科员2名，副科长1名，科员2名。本科以上学历8人，大专学历5人，高职1人。2013年，市直机关工委以“为民、务实、清廉，全面推进机关党建工作”为主题，宣传贯彻中共十八大精神，构建创先争优长效机制，开展整治“庸懒散奢”专项活动，推动机关党建标准化建设，不断加强党的思想建设、组织建设、作风建设、反腐倡廉建设和制度建设，为服务中心、服务基层、服务群众发挥应有的作用。

【思想理论建设有力推进】 中共十八大召开后，市直机关工委及时下发通知，对各单位党组织分阶段、分专题、分层次开展中共十八大精神的学习教育活动作具体部署；购买下发学习资料，利用“一刊一网”构建学习平台，宣传各单位学习动态；组织3000多名机关党员干部参与省委组织部举办的学习贯彻中共十八大精神“双学”知识竞赛及短信大赛活动；组队参加省直机关工委主办的省市县三级机关中共十八大知识邀请赛。邀请省委宣传部讲师团副团长李长青为韶关市500多名机关党员干部，作题为《认真学习贯彻十八届三中全会精神，奋力开创广东全面改革开放新局面》的专题辅导报告。在全市机关党组织开展以“学习新党章、展示新形象”为主题的学习教育活动，通过发放新党章、领导讲党课、召开专题组织生活会等形式，引导机关党员干部学习党章、遵守党章、贯彻党章，并在市委党校举办一期学习党章专题辅导报告会，市直500多名机关党员干部参加。

【基层组织基础夯实】 两年一次的机关党建目标管理责任制考核撤销后，市直机关工委及时转变工作理念和方法，更加注重平时、注重实绩、注重实效，发挥机关党建联系片区制度的纽带作用，采取“工委领导+中层干部”组团式联动工作格局，强化平时的经常性指导，建立动态工作档案，随时掌控机关各基层党组织日常性工作的进程和效果，严格按照“组织健全、制度完善、阵地规范、活动正常、效果明显”的标准开展标准化建设工作，以“硬件”带动“软件”，为市直机关党员建立较为完善的组织生活环境。针对个别机关党组织存在的设置不合理、多年不换届、委员不健全等问题，建立市直机关基层党组织换届选举时间统计表，每月及时提醒和督促到期应换届的单位党组织按时进行换届选举，对屡经提醒仍不换届的单位进行通报。实行选派指导员监督各单位换届选举工作的做法，并对班子人选、组织架构、换届程序提出具体的书面指导意见。全年共调整充实基层党组织及领导班子56个。同时，按照新一届中央政治局提出的“控制总量、优化结构、提高质量、发挥作用”的总要求，专门召开市直机关发展党员计划工作会议，建立发展党员工作定期分析和报告制度、逐级审核把关制度、民主评议和党性分析制度，严格落实“五榜公示制”，对市直机关各单位发展党员数量和结构进行调控。注重对发展党员的培养教育，全年市直机关新接收预备党员110名，其中35岁及以下94名，大专及以上学历103名。全年共举办2期入党积极分子和党员发展对象培训班，共有252名学员参加培训。

【党代表服务工作延伸】 在市直机关各级党组织中开展党员志愿者服务工作，制定学雷锋志愿服务活动联席会议制度，建立党员志愿者服务信息网络，完善党员志愿者服务工作体系，使党员志愿服务者队伍不断扩大，服务内容不断延伸。分期分批开展党代表接访活动。按照“五有六公开”的标准，创建市直机关“一站双联三代”党代表工作站，安排市直机关115名“两代表一委员”分期分批到站开展接访活动，并遴选出市地税局等4个单位作为工作站示范点。坚持和完善机关领导干部党代表到工作室集中开展活动的做法，安排市政协副主席林嘉等10名党代表到工委会议室，以“听民声、传民意、解民忧”为主题，采取“领导牵头，团队运作”的模式开展集中接待党员群众活动。开展党代表视察调研活动。根据市委开展“服务中心·共谋发展”万名党代表视察调研活动的部署安排，组织机关一团、二团党代表分别采取个人调研与组团集中调研的形式，先后到市公安局等多个单位，开展以“加强领导班子和领导干部作风建设”和“创新和加强机关基层党组织建设”为主题的视察调研活动。调研后，结合各党代表个人调研情况，起草两份调研报告呈交市委，发挥党代表解民意、参政议政、建言献策的作用。

【市直机关不良风气整治】 按照“八项规定”“六项禁令”的要求，对市直机关工作作风上存在的“庸、懒、散、奢”等不良风气进行“大扫除”。2013年，市直机关单位组织开展意见建议征集活动112场次，查摆出问题297个，向干部职工公开存在问题43个，在单位内网或党务公开栏作出整改承诺101个，整治“庸懒散奢”等不良风气工作取得较好的效果。开展以“严纪律、正作风、促廉洁”为主题的纪律教育学习月活动。采取“听、查、测、谈”等方式，对部分市直单位进行党风廉政建设责任制考核和机关绩效考核。完善对违纪党员干部案件查处机制。2013年，市直机关纪工委共处分违纪党员干部4人。同时，坚持以案施教、以惩促防，着力做好后半篇文章，发挥办案在治本功能方面的作用。推行受处分人员回访教育和违纪人员权利义务告知制度，对2名留党察看到期的人员进行考察，按程序恢复其党员权利。

【提高县（市、区）机关党建工作】 2013年初，市直机关工委组成2个考核组，采取听汇报、看资料、民主测评、召开座谈会等形式，对全市10个县（市、区）机关党建工作情况进行全面考核，评选出3个先进机关工委。同时，针对检查考核中发现的问题，对各县（市、区）机关工委提出整改意见。这是韶关市、县两级机关党建工作建立业务指导关系以来，首次组织开展的全面考核评比，对提高县级机关党建工作科学化水平起到推动作用。7月，对10个县（市、区）进行回访调研。对照年初发现的问题，了解整改落实情况，并与各县（市、区）委主要领导沟通协调，解决当地机关党建工作仍然存在的现实困难，逐步在机构设置、人员编制、管辖范围、工作职能、履职情况等方面进行统一规范。同时，探索尝试通过建立挂钩联系制度、健全联席会议制度、邀请参加重要会议、畅通信息报送渠道等方式，增进交流，加深了解，互相学习借鉴彼此好的经验和做法，不断拓展共建领域。 （章振强）

附：领导班子成员名单

书　记：姚远通

副书记：吴国强　蒲莱湘

纪工委书记：朱观洪

老干部工作

【概况】 中共韶关市委老干部局现有行政编制19个，在编公务员18人。内设机构包括办公室、生活待遇科、组织活动科、关心下一代工作科（市关工委办公室）、管理服务科等5个。直属单位韶关市老干部活动中心，在编工作人员10人。

2013年，韶关市委老干部局深入贯彻落实中共十八大、十八届三中全会精神，坚持围绕中心、服务大局，加强老干部思想政治建设和党支部建设、落实老干部政治和生活待遇、丰富老干部精神文化生活、组织引导老干部发挥作用，探索新形势下老干部工作的新途径、新方法，抓好内部自身建设，为韶关市加快建设粤北区域中心城市，推动经济社会跨越发展，建设幸福美好韶关作出新贡献。

【落实老干部政治待遇】 2013年，全市共有离退休干部39490人，其中党员22744人，占离退休干部总人数的57.59%，有离退休干部党支部407个，做到组织机构健全，离退休干部党员有归宿，学习教育有人抓。坚持和完善各项制度，在政治上尊重老干部，通过举办通报会、报告会、座谈会、组织参观等活动，使老干部开阔视野，提高政治理论素养。全年共举办市级报告会31场，辅导1845人次；各县（市、区）举办报告会28场，辅导3526人次。全市为离退休干部及党支部订阅《秋光》《老人报》《学习参考》等杂志书刊2

万多份，保证广大离退休干部的学习需要。深入学习贯彻中共十八届三中全会精神，邀请专家学者解读报告精神。各地各单位结合实际，通过举行春节茶话会、重阳祝寿会、座谈会、纪念活动，组织文艺演出等方式开展系列的节日庆祝活动，营造敬老爱老良好氛围。坚持组织老干部就近就地参观。完善信访接待制度。开展形式多样的党组织活动，抓好组织培训工作。全年市直单位共举办各类离退休干部党组织培训班 14 期，培训 91 人次；县（市、区）举办各类离退休干部党组织培训班 7 期，培训 232 人次。

【落实老干部生活待遇】 按照有关文件规定，督促落实市直参保离休干部养老金的增（补）发（2013 年 1 月起，市直参保离休人员增发养老金，其中正科 192.31 元、副处 207.74 元、正处 229.86 元、副厅 258.94 元）；生活不能自理离休干部护理费的增发；已故企业离休干部配偶生活困难补助的核拨等工作。就离休干部医疗保障机制多次深入市直单位（部门）、县（市、区）开展调查研究，并形成《关于确保市直企业离休干部医疗保障机制正常运作的请示》和《关于市直行政事业单位离休干部医疗保障机制运作情况的报告》报市委市政府。向省委老干部局反映韶关市企业离休干部医疗费拖欠情况，争取到省对企业离休干部医药费专项补助资金 490 万元（含省直拨“省直管县”南雄 23 万元），减轻韶关市、县两级财政支出负担。创新管理服务，开展“一对一结对服务离休干部”活动，定期上门家访和电话问候老干部，化解老干部矛盾纠纷多起，协调解决家庭病床，为离休干部遗属申请困难补助等等。还到清远、河源、梅州等地就粤民优〔2012〕5 号文件执行情况进行调查研究，并结合韶关实际抓好按照新标准发放一次性抚恤金的跟踪督促和落实工作，解决老干部的后顾之忧。建立离退休干部困难帮扶机制，为老干部办实事、解难题。2013 年，韶关市委老干部局帮扶离退休干部 22 人，发放帮扶资金 2 万多元。各县(市、区)也针对本地实际，争取当地党委政府支持，及时落实和提高老干部的生活待遇。各县(市、区)也建立离退休干部困难帮扶机制，全年帮扶离退休干部 118 人，发放帮扶资金 100 多万元。

【组织老干开展活动】 全市各级老干部工作部门和老干部活动组织围绕学习贯彻中共十八大和十八届三中全会精神、“同心共筑中国梦”、建党 92 周年等主题，组织丰富多彩的文体活动和比赛。市老干部活动中心举办韶关市老干部有奖征文、演讲比赛、书画诗词摄影展、专题座谈会、文艺演出等“同心共筑中国梦”系列活动；协助老干部花卉盆景协会编辑出版《养生心经》、协助老干部书画家协会编辑《刘德润书法集》；组织老干部艺术团参加 2013 年第二届中国（都江堰）老年国际文化旅游节展演活动，并荣获银奖；组织桥牌协会队员到北京参加全国桥牌邀请赛老年组比赛，荣获冠军。全年，市老干部活动中心共举办各类专场演出 8 场、书画展 10 次、各类比赛 40 场次。各县(市、区)也根据本地实际，广泛组织老干部开展有益身心健康的文体活动。

【拓展老年教育事业】 韶关老干部（老年）大学继续加大改革创新力度，千方百计拓宽发展空间，入学人数逐年增加，学校办学规模和教学水平不断提高。2013 年，韶关老干部（老年）大学新华南和环园西 2 个教学点共开设 35 个专业 87 个班，在校学员 3500 多人次。各县（市、区）老干部（老年）大学建设和教学也蓬勃发展。

【老干部活动阵地建设】 2013 年，韶关市委老干部局继续推进和完善老干部学习活动场地建设。对市老干部活动中心自行车棚、公共设施、院内道路和标志等进行改造和更新，改善老干部活动环境。各县（市、区）委老干部局也通过争取当地党委政府或上级部门支持，推进和改善当地老干部学习活动场所建设。浈江区争取省委老干部局的支持，增添一批电脑；争取区领导支持，投入 3 万元对区老干部活动中心地面进行硬底化。武江区老干部活动中心年初正式成立，落实人员编制、场地设施和工作经费。曲江区投入 20 万元用于活动中心装修和设备购置。乐昌市老干部活动中心大楼正在加紧室内装修，2014 年上半年将投入使用。始兴、仁化、乳源等地老干部局也及时添置和完善活动中心的各种设备、设施。各地依托老干部活动中心，开展“道德讲堂”、学雷锋及文明单位、“巾帼文明岗”创建等活动。3月，市老干部活动中心被授予“韶关市巾帼文明岗”荣誉称号。

【发挥余热】 各级老干部工作部门利用和发挥关工组织、老促会等平台，始终坚持引导和鼓励广大离退休老同志发挥政治智慧和经验优势，通过调查研究、交流咨询、建言献策、指导服务等多种形式，为推动韶关市经济社会发展、促进社会和谐稳定，特别是在扶贫帮困、教育青少年健康成长、革命老区建设、维护社会稳定等方面力所能及地开展工作、发挥作用，取得很好的社会效果。市关工委始终坚持依靠“五老”，围绕中心，服务大局，做好非公有制企业成立关工委工作；继续抓好扶贫帮困和农村创业青年培训，发挥关工组织的作用和老同志的聪明才智。市、县（市、区）两级关工委继续开展和巩固“五好”关工委创先争优活动，市关工委被中国关工委授予“创建‘五好’基层关工委优秀组织奖”，仁化县黄坑镇关工委、新丰县丰城街道南区关工小组被中国关工委授予“创建‘五好’基层关工委先进集体”荣誉称号。

【加强队伍建设】 2013年，根据韶关市市直事业单位分类改革方案和有关配套政策的精神和要求，撤销韶关市委老干部局下属事业单位韶关市老干部休养所和韶关市企业离休干部服务中心，人员分流到韶关市委老干部局机关。调整后，韶关市委老干部局设办公室、生活待遇科、组织活动科、关心下一代工作科（市关工委办公室）、管理服务科等5个内设机构，壮大市局机构和人员队伍。韶关市委老干部局领导带头转变机关工作作风，围绕“双高期”离休干部管理服务工作的热点、难点问题和年度调研课题等，多次深入市直单位和县（市、区）开展调查研究，形成一批有价值的调查成果。以《韶关老干》刊物和《韶关老干信息》简报为载体，加强老干部工作的宣传力度。对《韶关老干》进行改版，增加韶城动态、民风民俗等老干部想读、爱读的版块，提高刊物的可读性。

（温　舜）

附：领导班子成员名单

局　长：温必强（—2013.3）
　　　　陈　熙（2013.4—）
副局长：陈　熙（—2013.3）
　　　　陈国营　涂海平

对台工作

【概况】 2013年是全面贯彻落实中共十八大精神的开局之年，中共韶关市委台湾工作办公室、韶关市人民政府台湾事务局（下称市委台办）坚持以中共十八大、省委十一届二次全会、市委十一届四次全会精神为指导，围绕新形势下党中央、国务院一系列对台工作方针，牢牢把握两岸关系和平发展主题，开拓创新，履职尽责，为促进韶关市经济平稳较快发展做出应有的贡献。

【深化韶关台湾经贸合作】 2013年，市委台办围绕韶关的产业发展实际，主动发挥“牵线搭桥、服务协调、跟踪问效”的作用，多渠道、多形式、多层次地开展对台招商引资。利用台协会优势，“以台引台”进行招商，通过台协会牵线搭桥，邀请各地台商到韶关参观考察，投资置业。调动台商积极性，鼓励他们发挥桥梁纽带作用，主动在外宣传、推介韶关市优良的投资环境。全年新增台资企业2家，总投资额500万美元，投资项目涉及食品、商业、建材等；大润发（乐昌）店已顺利开业，康师傅项目的生产线已完工，台泥（曲江）项目已完成一期24.37公顷土地丈量和征收协议签订工作。

【推动韶关台湾经济文化交流】 2013年，市委台办围绕争取台湾民心这一目标，立足实际，发挥自身职能，推动韶台交流交往。承办市经贸考察团、宣传部、统战部、体育局、乳源县、韶关学院等各类赴台交流活动10余次，参与人数120多人，活动内容涉及工业、农业、旅游、教育、医疗卫生等多个领域。同时，主动邀请台湾新闻媒体参访团、旅台（韶关）同乡会参访团、台湾中时媒体采访团等5批台湾团体到韶关参访交流。11月7日，台湾佛光山星云大师到韶关拜谒六祖慧能，并在曹溪讲坛作“六祖慧能大师与人间佛教的专题讲座”，深受社会大众欢迎。11月25日至12月1日，受市委台办邀请，台湾中时媒体集团在韶关市进行魅力城市（韶关）宣传报道活动，这是韶关市近年来规模最大的外宣活动，推动韶关台湾两地在多层面的交流合作。

【提高涉台服务水平】 市委台办始终坚持服务台商、台胞和台属的宗旨，解决台商和台胞生产生活上的困难，营造良好的安商、稳商、惠商的和谐投资环境。2013 年，市委台办多次组织人员深入台资企业调研，帮助部分台资企业解决征地拆迁、供电供水、民事纠纷等问题，维护台商的合法权益，增强台商投资的信心。2013 年春节、中秋期间，走访慰问台商、台胞、台属，并为 10 人解决困难补助金。妥善处理涉台投诉。全年市委台办协调有关部门，妥善处理 3 宗涉台投诉案件，维护台商的合法权益，赢得广大台商的信任。加强对台协会管理和指导。市委台办帮助指导台协会健全工作制度，规范工作程序；指导台协会开展各种联谊活动；促进台协会与外地台协会联系与交流等等，使台协会桥梁纽带作用得以发挥。

（何 艳）

附：领导班子成员名单

主任、局长：

李卫全（—2013.6）

张中坚（2013.6—）

副主任、副局长：罗哲春

社会工作

【概况】 韶关市社会工作委员会成立于 2011 年 10 月，既是市委的工作机构，又是市政府的工作机构，主任、副主任由市委、市政府有关领导兼任，委机关工作由专职副主任负责。委机关行政编制 8 人，下设 3 个科室。2013 年，市社工委贯彻落实中央和省关于社会建设的决策部署，坚持以问题为导向，以保障和改善民生为重点，以创新社会管理为抓手，协调成员单位，稳步推进社会领域改革，社会建设迈上一个新台阶。

【协调推动民生事业发展】 加强公共就业服务体系建设，建立基层公共服务平台，为广大务工人员提供“一站式”公共就业服务。提高基本公共服务均等化水平，以“教育创强”为契机，推动城乡义务教育均衡发展；以城乡基层医疗卫生综合改革为抓手，健全农村三级医疗卫生服务和城市社区卫生服务体系；以满足广大群众精神需求为目的，加强文化基础设施建设；以增强人民体质为宗旨，加强体育场馆建设。推进社会保障体系建设，基本实现城乡社会养老保险制度全覆盖，贫困人群实现应保尽保。

【深化社会体制改革】 贯彻落实《广东省 2013—2014 年深化社会体制改革工作要点》，制定《市社工委深化社会体制改革实施方案》，明确改革任务，落实改革主体。深化行政审批制度改革，按照建设“小政府、大社会”的总体目标，继续压减规范行政审批事项。创新行政审批服务方式，推进网上办事大厅建设，提高行政审批效率。统筹推进事业单位改革，对事业单位的工作任务和运行状况进行全面梳理，重新制订机构编制方案，重点解决职能界定不清、政事不分、事企不分的问题。

【培育发展社会组织】 做好社会组织孵化基地建设的前期工作。加强社会组织的培育和管理，采取降低登记注册资金、减少登记会员人数、缩短登记审批时限、扩大异地商会登记范围等措施，降低社会组织的准入门槛。重视发挥工、青、妇等群团组织的特有优势，培育发展枢纽型社会组织。开展社会组织等级评估，引导社会组织完善内部治理结构，提高规范管理水平。2013 年，全市登记注册的社会组织已达 1345 家，比上年增加 158 家。建立“政府购买服务和社会组织承接服务”对接机制，出台政府购买服务的相关办法，确定第二批社会购买公共服务目录，推动社会管理服务方式转变。加强社工人才队伍建设，2013 年全市有 2115 人报名参加国家社工资格考试，比上年增加 1500 多人，通过考试 510 人，社工队伍得到充实壮大。

【创新基层社会治理机制】 推进社会创新观察项目，以点带面推进社会管理创新。2013 年，仁化县的“民忧档案”项目、翁源县的“流动人口计划生育协会建设”和“全面培育发展农村专业经济协会”项目先后通过省社工委评审，升级为“省社会创新试点项目”，确定为“省社会创新实验基地”。开展城市社区建设情况调研，探索建立新型社区管理机制，推动社区居委会“去行政化”进程。

【推进平安韶关建设】 加强治安布控，管好特殊人群，管好各种犯罪易发场所，从源头上防范各类违法犯罪活动。分析研究群众信访案件，找准引发群众集体上访的主要领域和重要因素，建立重大项目立项和重要决策制定前的社会稳定风险评估机制。落实韶关市《关于加强网络虚拟社会管理的实施办法》，建立网络舆情研判导控服务平台，加强正确舆论引导，完善网络信用体系，妥善处理网络突发事件。加强异地务工人员的管理服务，发挥各地驻韶商会联系服务异地务工人员的作用，促进异地务工人员更好地融入韶关。开展“平安镇街”“平安村居”“平安社区”“平安校园”等创建平安活动，维护全市社会的和谐稳定。

【举办第二届“南粤幸福活动周”】 加强活动的组织领导，成立韶关市“南粤幸福活动周”组委会，制定《2013年韶关市“南粤幸福活动周”工作方案》，全面部署，周密安排，统筹推进各项工作。第二届“南粤幸福活动周”秉承“和谐、文化、健康、幸福”的理念，在全市开展内容丰富、形式多样的群众活动。活动以共创文明、和谐发展为主题，共分为“幸福我来秀、幸福我健身、幸福手拉手、幸福大集市、幸福大家谈”五大板块，包括广场文艺表演、歌咏比赛、书画展览、电影下乡、登山活动、爱心助学等20多个文体活动项目。活动主要突出民间性、草根性、群众性和基层性特点，满足群众自我表现、自我服务和自我娱乐的需要，形成美好社会共同建设、幸福生活共同创造、发展成果共同分享的生动局面。

（潘思平）

附：领导班子成员名单

主　任：陈向新

副主任：张志才　孔云龙
　　　　李安平

专职副主任：
　赖佩养（主持机关全面工作）
　邓南炜　李先德

党校工作

【概况】 中共韶关市委党校是韶关市委直属的参照公务员管理的正处级事业单位，内设11个正科级部门，其中行政管理部门5个：办公室、纪检监察室、教务科、学员科、行政科；科研部门6个：科研办、信息管理中心、党建教研室、政治教研室、经济教研室、统战理论教研室。全校在岗在编工作人员69人。

【培训党员干部】 学校以中共十八大、十八届三中全会和总书记习近平系列重要讲话精神为指针，围绕市委、市政府中心任务，开展领导干部、党员骨干和专技人员的培训再教育工作，2013年举办各类培训班138个，培训学员达31543人次。其中，包括校内主体班11个，培训学员660人次；分校科级班10个班次，培训学员925人次；省委学校党性教育现场教学班9个班次，培训学员355人次；公务员培训班14个班次，培训4843人次；公务员专题培训班5个班次，培训学员1912人次；专业技术人员培训班12期，培训学员4719人次；社会主义学院培训班1个班次，学员44人；专题报告会7场次，培训学员2916人次；部门业务培训班、组织各类考试、其他组织办班，共计69个班次，培训学员15163人次。

学校主要培训班包括校内主体班、分校主体班、省委党校培训班、行政学院培训班、部门业务班及其他组织班等6类培训班。根据韶关市委、市政府以及上级相关部门的安排，班次性质则可分为韶关市处级干部进修班、省委党校中青班和处级班、各类公务员培训班、各分校科级班、专技人员业务培训班、有关部门业务培训班以及市委、市政府专项培训会议等7类培训班。培训学员包括部分省直机关处级干部、韶关市直处级干部和科级干部、韶关市各机关事业的专业技术人员和各县（市、区）科级干部。

【教学创新】 通过与各方协商筹措，打破校园界限，利用现有办学条件及社会各种资源，拓展外训工作，达到拓宽办学途径的目标。已构建一批包括反腐倡廉教育基地、粤北省委旧址、北伐纪念馆等红色文化在内的现场教学点，并先后组织主体班学员到莞韶工业园、芙蓉新城、花城社区、海邻社工服务中心、乐昌民政局、乳源东阳光、韶铸集团等开展现场教学，借助现实鲜活个案，丰富教学内容。为拓宽学员视野，深化学习体会，最大程度吸取其他地区的成功经验，中共韶关市委党校组织部分主题班学员远赴东莞、中山、江门等珠三角地区学习考察和培训。全体参训学员参加培训后借鉴考察过程中的新思想、新理念，提升自身综合素质和业务水平。拓展师资力量，拓宽学校的培训覆盖面和影响力。全年共派出50多名专兼职教师到省内外各级党校、行政学院和高等院校培训学习，强化自身学术研究能力，打造符合韶关发展需要的师资队伍；先后邀请广东省委党校、广东省社会主义学院、省外经贸厅投资促进局、中山大学、韶关学院等10余家单位的近30名专家教授和知名学者前来授课，同时鼓励和促进学校教师外出讲学，全年共应邀讲学100多场次，培训学员10000多人次。

【学员管理】 按照中组部《关于在干部教育培训中进一步加强学员管理的规定》的要求，强化责任意识，把从严管理落实到各个管理环节。实施班主任负责制，每个主体班配备正副两名班主任，实行跟班管理，全程跟踪学员在校内的学习状况，确保学校对学员的规章制度能够得到贯彻落实。贯彻考勤签到制度，班主任提前10—15分钟到课室，检查学员到位情况，核准学员签到情况。请假一律事先书面请假，请假超过规定天数的，按照劝退程序处理。建立良好学习氛围，选好班委和组长，强化学员自我管理意识，发挥骨干模范的带头作用，促进到课率的稳定，保证班级维持良好的学风。严把考核和作业关，严格要求学员自主撰写发言提纲、学习体会、调研报告，推行申论式考核、学员自评或互评等新型教育模式。

【科研成果】 2013年，学校干部教师在全国各级刊物上共发表文章47篇。其中，在公开刊物上发表论文34篇《中国人民大学报刊复印资料》全文转载2篇、三类期刊1篇、四类期刊3篇、五类期刊2篇、六类期刊17篇、七类期刊2篇、八类期刊1篇、《韶关日报》理论专题版6篇，在内部刊物上发表论文13篇；科研成果获奖6项：广东省哲学社会科学优秀成果三等奖1项，韶关市第六次全国人口普查资料开发优秀分析一等奖2项、二等奖1项、三等奖2项；课题结项2项：广东省委党校系统哲学社会科学规划2011年度课题2项；完成课题9项：广东省委党校系统哲学社会科学规划2012年度课题2项、2012—2013年度广东省社会主义学院系统课题2项、广东省社会主义学院2013年委托课题1项、韶关市哲学社会科学规划2012年度课题4项；课题立项11项：广东省社会主义学院委托课题1项、韶关市哲学社会科学规划2013年度课题6项、韶关市委党校系统哲学社会科学规划2013—2014年度课题4项。全年出版校刊《韶州论坛》4期，共刊登近60篇文章。

教研人员到基层一线参与实践活动，社科研究成果得到不断应用，党建教研室设计的“无领导小组讨论”模式被翁源县委组织部选为选拔副科级以上领导干部的面试方式，成为2013年学校理论成果实际应用的典型范例。与此同时，学校教师还接受广东电视台、韶关电视台、韶关广播台、韶关民生网等新闻媒体的专题采访，出席包括高层论坛在内的各类学术活动，拓宽党校在社会各界的科研和资政影响力。

【扶贫“双到”】 学校在新一轮扶贫“双到”工作中联同韶关市纪委、监察局帮扶乐昌市北乡镇上丛村。投入50万元入股乐昌市集体小水电项目，预计每年可带给村集体收入5万元；完成9户贫困户农房改造，与原定任务相比，超额150%完成实际指标；成立“胜发果蔬农业种植合作社”，为贫困户搭建增产增收的幸福平台；举办农业劳动技能培训班，共有60多名村民参加；为全村456户村民发放化肥补贴，缓解他们生产的燃眉之急。经过2013年的努力，已从各方争取到可供投入的帮扶项目资金近480万元。（陈孔堃）

附：领导班子成员名单：

校　长：肖怀跃

常务副校长：孔庆红

副校长：龚礼宁　杨　斌　胡韶斌

校委委员：欧阳建国　赵倩倩

信访工作

【概况】 韶关市信访局是市委、市政府负责群众来信、来访和综合督查工作的办事机构，正处级，挂靠市委办公室。市信访局现有行政编制11名，内设综合科、办信接访科（网上信访办理科）和督查科等3个职能科。

2013年，市信访局贯彻落实中央和省委、省政府和市委、市政府的决策部署，完成中共十八届三中全会、省委全会、省“两会”等重要时期“三个确保”的信访维稳工作任务，在省委全会、省“两会”期间实现“零”

上访，取得市、县两级信访总量下降、到省集体上访排位下降、进京非正常上访排位下降、信访积案存量下降的成绩，全市信访形势总体平稳可控。

【受理群众来访统计分析】 2013年市、县两级党政信访部门共受理群众来信来访5375批（件）9900人次，分别同比下降2.3%、3.6%。其中，集体访681批4392人次，分别同比下降1.5%、3.2%。群众到省上访470批1518人次，批次同比下降2.7%，人次同比上升23.4%，其中集体上访72批864人次批次，分别同比上升75.6%、104.3%。群众进京上访74批103人次，人次同比下降21.8%，其中非访15批17人次，人次同比下降29.1%。

【及时就地解决信访问题】 2013年，市、县（市、区）、镇（街）三级参与接访下访活动的领导共8751人次，接访群众10034批23767人次（其中市领导参与接访31人次，接访群众111批366人次）。市信访局立案交办案件126宗，办结126宗；国家信访局网上信访交办案件369宗，办结369宗，办结率100%；省信访局网上信访转送案件144宗，立案交办案件32宗，全部已经办结；中央和省立案交办案件23宗，办结23宗，办结率100%，一大批信访问题得到有效解决。

【重要时期信访秩序平稳】 全国和省"两会"、"八一"、国庆、中共十八届三中全会等重点时期，没有发生大规模进京非正常上访和到省集体上访，没有发生因信访问题引发的重大群体性事件，没有发生因工作不当引起的负面炒作等问题，全市信访秩序平稳可控。

【信访积案化解有效化解】 开展"信访积案化解年"活动，承办省交办信访积案58宗，已化解58宗，化解率100%，解决一批多年未解决的群众信访问题。承办中央巡视组转交群众投诉事项110宗，已按要求核查办理110宗。4批20位市直部门新提拔副处级领导干部到局挂任信访督查员，先后组织30多次专题信访督导活动，共办理群众来信218件，人均接访60多人次，包案126宗，任期内所包案件办结率超过90%。

【调研和办文办会工作】 开展信访系统大调研活动，形成调研报告24篇，有8篇被《南粤信访》和省协调办《简讯》选用。全年组织信访工作会议16次，撰写领导讲话稿和调研材料43篇，专题和综合汇报性材料96篇，通知、请示、通报函件类302篇，办理文件516份，统计报表24套263份。（刘城保）

附：领导班子成员名单

局　长：王荣光

副局长：叶国权　邬贤有

　　　　何　怡（女）

机构编制

【概况】 韶关市机构编制委员会办公室是市机构编制委员会常设办事机构，负责全市行政管理体制改革、事业单位管理体制改革和机构编制日常管理工作。1981年9月，韶关市成立编制委员会，编制委员会办公室设在韶关市人事局，由人事局领导和管理。1994年，韶关市编制委员会办公室更名为韶关市机构编制委员会办公室，名称沿用至今。1997年3月，市机构编制委员会办公室调整为正处级，挂靠在市人事局。2001年8月，市机构编制委员会办公室调整为与市人事局合署办公。2009年11月，韶关市机构编制委员会办公室调整为单独设置，既是市委的工作部门，又是市政府的工作部门，列市委机构序列。内设4个科：综合科、行政机构编制科、事业机构编制科、监督检查科。直属行政单位1个：市事业单位登记管理局（正科级）。2013年7月，增设1个内设科：行政审批制度改革办公室。

【行政审批制度改革】 全市10个县（市、区）完成第一批行政审批制度改革事项目录的出台，截至4月，市、县两级共调整行政审批事项1014项，其中市级取消113项、转移31项、下放61项、委托2项；县级取消584项、转移99项、下放122项、委托2项。市直54个部门开展行政审批事项第二轮清理，于12月26日颁布第112号市人民政府令公布市直第二批行政审批制度改革事项目录，共调整事项55项，其中取消26项，转移4项，下放23项，委托2项。

【推进食品药品监管体制改革和卫生计划生育部门机构改革】按照省委、省政府有关要求和部署，围绕构建集中监管体系、建立综合检验检测机构、健全基层管理体系、落实责任分工、强化基层服务等方面进行食药监体制改革和卫计改革。12月，市政府出台《韶关市人民政府印发关于改革完善市县食品药品监督管理体制的实施方案和关于市县卫生和计生部门职能转变及机构改革实施方案的通知》《韶关市人民政府办公室关于印发韶关市食品药品监督管理局主要职责内设机构和人员编制规定的通知》《韶关市人民政府办公室关于印发韶关市卫生和计划生育局主要职责内设机构和人员编制规定的通知》。

【市直事业单位分类改革】完善配套政策，推进市直事业单位分类改革，制定现有人员身份保持不变、财政供给渠道保持不变、退休养老待遇保持不变的“三个保持不变”配套政策，确定“按职能及发展方向定类别、按同等经费形式定整合、人员身份与职能整合灵活拆分”的分类方法。市直共撤销事业单位51个、整合事业单位111个，本轮改革共精简事业单位154个，精简率为45.43%，其中城管、公路、农业、林业、科技等系统的事业单位精简率超过50%。通过分类改革，市直事业单位共收回事业编制1000余名。

【机构编制监督管理】严格机构编制管理，根据《韶关市市直机关事业单位人员列编审批制度》规定，凡是没有办理列编的人员，组织、人社部门不得办理录（聘）用和调动手续，财政部门不得办理经费核拨手续。执行《韶关市机构编制管理工作制度》，强化机构编制工作纪律。开展机构编制核查工作，对机关事业单位机构编制进行全面清理规范，重点对各单位存在的在编不在岗、未按规定设置内设机构、混岗、借（抽）调人员、人员编制与工资关系不一致等突出问题进行整改。完善机构编制实名制系统功能，对机构编制实名制数据库的相关信息进行补充完善。探索推进机构编制责任考评机制建设，始兴县开展机构编制执行情况考核试点工作。

【事业单位登记管理】做好事业单位法人登记管理日常工作，完成全市313个符合条件的事业单位的证书换发工作。对4个没有按时报送年度报告的单位依法废止法人证书，并及时公告。全年共办理设立（备案）登记单位10个，注销登记单位11个，变更登记121项，刊登注销公告单位26个。完成24个省下放管理事业单位的档案整理工作。管理中注重提高服务意识和办事效率，设立、变更、注销、证书补领等事项全部实现网上办理。组织开展事业单位年度报告公开工作，共分两批将164个事业单位的年度报告书通过广东事业单位登记管理网、韶关市机构编制网向社会公开，公开率为54.3%。

【政务和公益中文域名注册】推进政务和公益中文域名的注册工作，截至12月，全市办理域名注册单位1513个，注册率48.2%。（冯碧群）

附：领导班子成员名单

主　任：潘　萌（女）

副主任：邱杨生　赵宏宇

保密工作

【概况】2013年，韶关市各级保密行政管理部门、保密组织围绕市委保密委2013年工作要点提出的目标和要求，完成各项工作任务。省委保密委对韶关市2013年开展的市委常委会学保密议保密、市领导带头开展保密工作调研、开展保密工作绩效考评、实行保密工作约谈整改制度、探索建立涉军保密工作联防协管机制、建立社会网站涉密信息实时删除机制等15项创新做法和取得的显著成效给予肯定。《广东保密》采用韶关市信息总量居全省首位。国家保密局《保密工作》2013年第3期以“先行先试在韶关”为题宣传报道韶关市保密工作“亮点”。

【保密会议】3月22日，韶关市保密局主要负责人在市委第35次常委会议上传达习近平、李克强、栗战书、胡春华、朱小丹、朱明国等中央和省领导对保密工作作出的重要指示和批示精神，通报全国、全省泄密情况，报告全市保密工作情况，提出贯彻落实全省保密工作会议精神的意见和建议。会议研究部署贯彻全省保密工作会议精神的措施。3月29日，召开市委保密委全体会议暨全市保密工作会议，会议传达学习全省保密工作会议精神和市委第35次常委会议主要精神，总结部署保密工作，通报全市保密工作2013年度完成项目评定情况，并为获得全省第二批保密工作荣誉纪念章代表颁发纪念章。省委保密委专职副主任、省保密局局长张宇应邀到会并讲话。市委保密委全体成员、各县（市、区）委保密委主任（副书记）、办公室分管保密工作副主任、保密局局长，市直、中省驻韶关各单位保密委主任（保密领导小组组长）共230多人参加会议。

【保密检查】 市保密局配合省保密局开展粤北片保密技术检查对韶关市17个机关单位的检查，并派出2名技术干部参加粤北片保密技术检查对肇庆市和清远市的检查；开展全市信息公开保密审查检查；会同市公安、国安、经信、信息中心等单位联合开展信息安全保密检查；分别会同档案、公安、国土资源等部门开展全市档案系统、公安系统（交警、技侦、出入境）和涉密测绘成果使用单位专项保密检查；对由韶关市主办的纪念六祖惠能圆寂1300周年暨2013年广东禅宗六祖文化节系列活动进行保密监督；结合各类保密检查对全市“十二五”保密事业发展规划实施情况（中期）和“六五”保密普法（中期）情况进行督导检查；对各类国家统一考试、中考试卷保密室和考点试卷临时存放点的保密管理情况进行监督检查；邀请省保密局对韶关市部分党政领导干部办公室进行防窃听、防窃照技术检测。

【保密行政审批】 市保密局全年审批涉密采购项目3宗；确定全市涉密设备定点维修维护企业3家；与市公安局联合颁发全市高考试卷保密室合格证和全市中考试卷保密室合格证；配合省保密局开展韶关市3家军工企业保密资格现场审查认证活动；完成保密行政审批时限提速50%和行政职能转变清理申报等工作。

【保密管理】 市保密局批准纳入备案管理的涉密计算机21台、撤销备案管理32台、变更备案信息4台；对2012年度考核拟评优秀的全市136名县处级领导干部进行保密工作“一票否决”审查；开展全市保密普查，为推动保密管理科学化提供依据；选择始兴县开展保密部门工作人员资格准入和“一把手”调整事前报备试点，并在南雄、武江等地试行；试行保密工作整改约谈制度；建立韶关家园网等社会网站涉密信息实时删除机制；筹建保密检查总队，探索保密检查新路子；探索建立涉军共建共享及协调配合工作机制；开展市政府办公大楼4G移动通信信号室内覆盖工程的保密审查。

【保密技术】 为部分重点涉密单位新换3G移动通信干扰器20台；参与、指导市直某单位涉密网的审查论证和申报测评工作，同时开展全市涉密网络及互联网接入情况调查统计；新装涉密计算机“三合一”防护系统90套；市涉密计算机违规外联监控平台完成升级改造，实现新旧监控平台24小时双轨运行；印发《关于实行涉密计算机、通信和办公自动化设备定点维修维护的通知》，全面实行涉密计算机、通信和办公自动化设备定点维修维护。

【保密考核评定】 组织力量会同市绩效考评验收工作组对纳入全市2012年绩效考评的84个市直和省垂管单位采用上门核查的方式开展2012年度保密工作绩效考评和年度完成项目评定活动；对未纳入全市绩效考评的82个机关单位采用分批集中查阅材料的方式评定年度完成项目情况；对10个县（市、区）委保密委完成年度项目情况进行现场核查，并以市委保密委名义向全市通报年度完成项目评定情况。全市166个市直、中省驻韶关单位年度完成项目获“优秀”等次的136个、“良好”等次的21个、“一般”等次的7个、“较差”等次的2个。仁化、翁源、曲江、乐昌、新丰、浈江、武江、乳源、始兴等9个县（市、区）保密委员会被评定为“优秀”等次，南雄市委保密委员会被评定为“良好”等次。同时对36个机关单位的保密工作绩效考评作出扣分处理，并向市纪委效能监察部门提交扣分单位名单。此外，还为全市获得广东省第二批保密工作荣誉纪念章的18位专兼职保密干部颁发纪念章。

【保密宣传教育】 将保密法纪宣传教育内容纳入全市纪律教育学习月活动工作方案。市委保密委与市纪委联合部署纪律教育学习月保密法纪宣传活动。市保密局统一征订《全国窃密泄密案例警示教育展》《经济数据泄密案》

《“密战”警示录》等保密警示教育片，组织机关单位轮流播放达上百场次，受教育面5000多人次。市保密局主要负责人深入17个机关单位主讲保密法纪讲座，受教育面达2000多人次。市保密宣传教育网全年登载信息500多条，手机短信平台发送宣传教育、业务工作短信上万条。向省保密局报送《韶关保密工作信息》43期，被《广东保密》刊物采用21篇（条），采用量位居全省第一；国家保密局《保密工作》登载宣传韶关市保密工作文章1篇；编撰2012年保密工作年鉴，提交《韶关年鉴》出版发行；组织动员全市保密干部参加“中国梦、保密情”全国保密系统书画摄影作品征集活动，选送书法、摄影、绘画类参赛作品46件；乐昌市保密局和核工业290研究所各有1篇论文入选全省保密技术论文集；全市征订《保密工作》杂志突破千份。

【泄密查处】 共查处泄密案件1宗、保密严重违法行为2宗，追究党纪政纪3人，诫勉谈话2人。发出全市泄密案件和保密严重违法行为查处情况通报1份、涉密计算机违规连接互联网整改通知书1份、保密检查整改通知书5份，约谈保密检查整改单位保密组织负责人6人。

【保密培训】 加强全市专兼职保密干部的业务能力建设。全年举办全市保密普查培训班1期、全市信息安全保密联合检查工作培训班1期、全市保密行政管理部门依法行政培训班1期、全市涉密设备定点维修维护企业从业人员上岗资格培训班。各县（市、区）保密局长、市直及中省驻韶单位计算机管理人员和保密员、定点维修维护企业从业人员共600多人次参加培训。此外，还组织市、县两级保密部门工作人员分批参加全省保密普查培训班、全省保密全员培训师资培训班、全省保密工作依法行政培训班、全省保密检查总队培训班、涉密网络安全管理人员培训班和涉密网络测评工作培训班。

（石云峰 郑小侠）

附：领导班子成员名单

主任、局长：石云峰

副主任、副局长：曾为荣

赖翠珍（女）

总工程师：郑小侠

韶关市人民代表大会及常务委员会

综　述

韶关市人大常委会的办事机构和工作机构为市人民代表大会、市人大常委会行使职权服务，并根据市人大常委会划定职能履行职责，办理市人民代表大会、市人大常委会和主任会议的有关事项和重要日常工作。年内，市人大常委会机关设办公室、研究室、市依法治市办公室和6个工作委员会，下设13个职能科室。根据市编制委员会核定，2013年市人大常委会机关（含依法治市办）的行政编制为55名，后勤服务人员编制为23名。实有行政人员53人，实有后勤服务人员25人。

重要会议

【市十三届人大三次会议】 市十三届人大三次会议于2013年2月26日至3月1日在韶关市区举行，344名人大代表出席会议（出席本次会议应有代表为357名）。会议听取和审议艾学峰市长代表市人民政府所作的《政府工作报告》，书面审查市发展和改革局局长胡书臣提交的《韶关市2012年国民经济和社会发展计划执行情况与2013年计划草案的报告》、市财政局局长孙江平提交的《韶关市2011年预算执行情况和2012年预算草案的报告》；听取和审议市人大常委会常务副主任李石保所作的《韶关市人民代表大会常务委员会工作报告》、市中级人民法院长院刘曙光所作的《韶关市中级人民法院工作报告》、市人民检察院检察长阙定胜所作的《韶关市人民检察院工作报告》。会议表决通过关于政府工作报告的决议、关于韶关市2012年国民经济和社会发展计划执行情况与2013年计划的决议、关于韶关市2012年预算执行情况和2013年预算的决议、关于韶关市人民代表大会常务委员会工作报告的决议、关于韶关市中级人民法院工作报告的决议、关于韶关市人民检察院工作报告的决议等6项决议。会议依法补选高振忠为市十三届人民代表大会常务委员会秘书长，增选马水源、伍福县为市十三届人民代表大会常务委员会委员。

【第七次常委会会议】 2013年2月5日，市十三届人大常委会举行第7次会议。出席本次会议应到常委会组成人员33名，出席本次会议的有副主任和委员共27人。会议审议通过《韶关市第十三届人民代表大会常务委员会代表资格审查委员会关于部分代表的代表资格的报告》。会议建议高振忠为市十三届人大三次会议副秘书长人选，提交市十三届人大三次会议主席团第一次会议通过。会议任命陈早霞为韶关人大常委会副秘书长，免去刘雪庚的韶关市人大常委会副秘书长的职务。会议还进行其他人事任免事项。副市长邹永松列席会议。

【第八次常委会会议】 4月26日，市十三届人大常委会举行第7次会议。出席本次会议应到常委会组成人员36名，出席本次会议的有副主任和委员共26人。4名市十三届人大代表应邀列席会议。会议听取和审议市政府关于市政府关于市十三届人大一次会议代表议案和代表建议办理工作整改情况的报告、关于芙蓉新城开发建设情况的报告。会议审议通过《韶关市人大常委会关于开展工作评议的暂行办法》。会议还进行人事任免事项。会议期间分组审议各项报告和召开各县（市、区）人大常委会副主任座谈会。副市长邹永松列席会议。

【第九次常委会会议】 5月16日，市十三届人大常委会举行第9次会议，出席本次会议的有主任、副主任和委员共34人。市人大常委会主任郑振涛主持会议。会议作出《关于接受王青西辞职请求的决定》，根据工作需要，接受王青西辞去韶关第十三届人民代表大会常务委员会副主任的请求，报韶关市第十三届人民代表大会第四次会议备案。会议决定任命王青西为韶关人民政府副市长，决定免去尚伟的韶关人民政府副市长职务。市长艾学峰列席会议。

【第十次常委会会议】 6 月 26 日，市十三届人大常委会举行第 10 次会议。出席本次会议应到常委会组成人员 35 名，出席本次会议的有副主任和委员共 27 人。5 名市十三届人大代表应邀列席了会议。会议听取和审议市政府关于市本级 2012 年预算超收入收入安排情况的报告、关于 2012 年市级决算草案的报告、关于 2012 年度市本级预算执行和其他财政收支的审计工作报告、关于韶关市餐饮服务食品安全监督工作情况的报告，以及市人大常委会执法检查组关于检查《中华人民共和国妇女权益保障法》实施情况的报告。会议作出了《关于批准韶关市 2012 年本级财政决算的决议》。会议决定免去段宇飞的韶关人民政府副市长职务，决定任命熊万鹏、许志新为韶关市人民政府副市长。会议还进行其他人事任免事项。会议期间，分组审议各项报告和召开各县（市、区）人大常委会副主任座谈会。副市长邹永松列席会议。

【第十一次常委会会议】 8 月 23 日，市十三届人大常委会举行第 11 次会议，出席本次会议的有主任、副主任、秘书长和委员共 31 人。5 名市十三届人大代表应邀列席会议。会议听取和审议市政府关于韶关市本级 2013 年上半年国民经济和社会发展计划执行情况的报告、关于韶关市 2013 年上半年预算执行情况的报告，以及市人大常委会执法检查组关于检查《中华人民共和国公路法》实施情况的报告。会议决定免去孔云龙的韶关人民政府副市长职务，决定任命陈波为韶关市人民政府副市长。会议还进行其他人事任免事项。会议期间分组审议各项报告和召开各县（市、区）人大常委会副主任座谈会。市长艾学峰，副市长熊万鹏、王青西列席会议。

8 月 23 日下午，市十三届人大常委会就国道 323 线良村公路 K 字路口交通拥堵问题在市财政局韶财会议中心举行专题询问会。专题询问会上，市人大常委会组成人员、人大代表围绕如何有效解决国道 323 线良村公路 K 字路口交通拥堵问题向有关部门提出询问。副市长王青西，市城市管理、交通、公安交警、国土、规划、财政等部门负责人现场应答询问询问。会议要求市政府要继续高度重视，进一步加大工作力度，尽快制订解决方案，同时各部门要树立大局意识，各司其职，加强协调与配合，全力推进建设，力争元旦前解决道路拥堵的问题，给人民群众交上一份满意的答卷。

【第十二次常委会会议】 10 月 28 日，市十三届人大常委会举行第 12 次会议，出席本次会议有主任、副主任、秘书长和委员共 33 人。4 名市十三届人大代表应邀列席会议。会议听取和审议市人民政府关于韶关市国民经济和社会发展“十二五”规划纲要实施情况的中期评估报告、关于提请授予石汉基等 15 人为韶关市荣誉市民称号的议案的说明、关于提请审议人事任免事项的议案的说明，市人大常委会关于补选省十二届人大代表的情况说明，市人大常委会关于接受何传国、郑佳树辞去委员职务请求情况的说明，市人民检察院关于开展民事检察工作情况的报告，市依法治市办公室关于韶关市在法治框架下解决基层矛盾试点工作情况的报告。会议决定接受何传国、郑佳树辞去韶关市第十三届人民代表大会常务委员会委员职务的请求，报市十三届人民代表大会第四次会议备案。会议作出《关于接受何传国、郑佳树辞职请求的决定》《关于韶关市国民经济和社会发展“十二五”规划纲要实施情况中期报告的决议》《关于授予石汉基等 15 人为韶关市荣誉市民称号的决定》等 3 项决议决定。会议补选戴运龙、李茂停为广东省第十二届人民代表大会代表。会议采取无记名投票方式对市行政服务中心的工作按“满意”“基本满意”“不满意”3 个等级进三行民主测评，测评结果为“基本满意”。会议还进行其他人事任免事项。会议期间，分组审议各项报告和召开各县（市、区）人大常委会副主任座谈会。副市长熊万鹏、王青西列席会议。

【第十三次常委会会议】 12 月 26 日，市十三届人大常委会举行第 13 次会议。出席本次会议应到常委会组成人员 33 名，出席本次会议有主任、副主任、秘书长和委员共 28 人。3 名市十三届人大代表应邀列席会议。会议听取和审议市人民政府关于市级2013年预算超收入安排情况的报告、关于办理切实加强封山育林工作议案情况的报告、关于办理市十三届人大三次会议代表建议工作的报告、2013年市政府为民办10件实事情况的报告，市十三届人大常委会代表资格审查委员会关于部分代表的代表资格的报告，市人大常委会选联任工委关于市十三届人大三次会议代表建议办理情况的报告，市人大常委会调研组关于2013年市政府10件民生实事办理情况的调研报告，市人大常委会办公室关于2013年《韶关市人民代表大会常务委员会工作报告》的说明，市人大常委会研究室关于《韶关市人大常委会关于开展专题询问的暂行办法（草案）》的说明、关于《韶关人大常委会关于开展专项工作报告满意度测评的暂行办法（草案）》的说明。会议审议召开市十三届人大四次会议有关事项。会议作出《关于批准市级2013年预算超收收入安排情况报告的决议》《关于召开韶关市第十三届人民代表大会第四次会议的决定》《关于列席和邀请列席市十三届人大四次会议人员的决定》等3项决议决定。会议对市政府办理10件民生实事情况的工作报告按“满意”“基本满意”“不满意”3个等级进行满意度测评，测评结果为“基本满意”。会议任命王检养为韶关市人民政府副市长。会议还进行其他人事任免事项。会议期间，分组审议各项报告和召开各县（市、区）人大常委会副主任座谈会。副市长陈波列席了会议。

【主任会议】 2013年，市十三届人大常委会共召开了13次主任会议。会议主要内容：听取市政府关于对2012年代表视察学前教育建议意见研究处理情况的报告、关于韶关市招商引资工作情况的报告、关于全市工业园区排污治污系统规划建设情况的报告；听取市中级法院人民法院关于民事审判工作整改情况的报告；听取市依法治市办公室关于韶关市开展法治广东建设五年规划中期检查评估的报告；市人大常委会城建工委关于韶关市区违法建筑管理与执法情况的调研报告；审议通过《韶关市人大常委会2013年工作计划安排》《2013年市人大代表和我市选出的省人大代表、驻韶的全国人大代表工作计划》《关于韶关市人大常委会及其机关制度的修编方案》《韶关市人大代表履经费管理办法》《韶关市人大常委会关于加强和改进人大宣传工作的实施意见》《关于开展对市政府10件民生实事办理情况的报告满意度测评办法》。会议还听取和讨论有关部分代表的代表资格、人事任免等事项27项。

重要活动和主要工作

【加强对国民经济发展计划的审查】 加强对宏观经济运行的监督，提前介入国民经济计划和部门预算编制工作。常委会分别听取和审议市政府关于韶关市级2013年上半年国民经济和社会发展计划执行情况的报告、关于韶关市国民经济和社会发展第十二个五年规划纲要中期评估报告等。督促和推动市政府及其部门紧紧围绕实现全年经济和财政增长目标，坚定加快发展的信心，克服经济发展的各种不利因素，抢抓省促进粤东西北地区振兴发展的战备机遇，开展“项目建设年”和“百项工程兴韶关”活动，加快芙蓉新区规划编制和基础设施建设，提高产业园区对韶关市经济增长的贡献率，壮大实体经济，培育新的经济增长点。着力培育发展“三上企业”，培植一批三产骨干企业，做大做强县域经济和民营经济，强化财政收入征管，挖掘地方税收增收潜力。继续优化财政支出结构，重点向社会保障和改善民生领域倾斜，加大公共服务和社会事业的投入，确保全年计划目标的完成。

【加强对财政预算的监督】 常委会依照监督法的规定，探索有效的监督程序，强化对财政预算的审查监督，取得明显成效。常委会听取和审议市政府关于市级2012年预算超收收入安排情况的报告、关于2012市级决算草案的报告、关于2012年度市本级预算执行和其他财政收支的审计工作报告、关于2013上半年财政预算执行情况的报告、关于市级2013年预算超收收入安排情况的报告。督促市政府及时组织有关单位研究，采取针对性措施确保年度预算任务的完成。针对存在问题，常委会建议市政府及财税部门维护预算的严肃性和权威性，发挥财政资金的杠杆和导向作用，巩固和壮大财源，加强对重点企业、重点行业和重点税源的监控与分析，抓好主体税收征收入库的同时着重加强地方税收的清理入库，严格控制一般性支出和预算追加，优化支出结构，确保重点支出，加强政府全口径预算决算管理，提高预算编制的完整性和准确性。同时，要把人大监督与审计监督结合起来，强化对预算的审查监督，推动韶关市加快财政体制改革，促进财政部门依法、科学、规范理财。

【开展专项监督】 一是开展专题询问。针对代表和群众强烈反映的国道323线良村K字路口交通拥堵严重、安全隐患突出的问题，8月23日，市十三届人大常委会召开专题询问会，副市长王青西，市城市管理、交通、公安交警、国土、规划、财政等部门负责人现场应答询问。会议建议市政府及有关部门加大工作的力度，尽快完善《碧桂园良村桥头交通整治工程道路规划》，力争元旦前解决交通拥堵问题。同时，要以K字路口交通拥堵整治为切入点，把城市交通拥堵问题纳入城市发展战略统筹考虑，以点带面、多管齐下进行综合治理，以确保城市安全运行。询问推动政府有关工作，得到人民群众和社会肯定。二是开展专项工作评议。针对企业和群众反映的韶关市行政效率不高、办事难等问题，市十三届人大常委会第12次会议听取和审议市行政服务中心的工作报告，并对市行政服务中心工作进行评议，评议结果为“基本满意”。会议在肯定成绩的基础上，要求市政府及有关部门要针对存在的突出问题，抓好整改，做到充分授权、配强工作人员、强化监督考核，提高行政效率，解决企业和群众办事难等问题。三是开展专项工作报告满意度测评。为推动市政府民生实事工程的顺利实施，常委会组织力量对实施情况进行调研，并于市十三届人大常委会第13次会议上对市政府关于办好10件民生实事工程的报告进行满意度测评，测评结果为“基本满意”。通过测评，推动政府工作。至年底，10件民生实事工程中有5件已全面完成目标任务，其余5件需要跨年度完成的民生实事工程正在抓紧推进。

【加强对执法与司法的监督】 常委会综合运用各种监督形式，强化对政府行政执法和法院、检察院司法的督促，推动“一府两院”依法行政、公正司法的有效落实。开展公路法执法检查，推动政府优化完善布局，提速扩容公路建设，强化路政管理。开展妇女权益保障法执法检查，督促政府采取更加有效措施，推动妇女权益保障法和《韶关市妇女发展规划（2011—2020年）纲要》的贯彻落实。对市区违法建筑和执法情况进行专题调研，提出遏制违法建筑的意见和建议，推动对违法建筑的查处工作。常委会听取和审议市人民检察院关于开展诉讼监督工作情况的报告，督促检察机关提升民事检察工作能力，维护社会公平正义。

【代表工作】 第一，增强代表工作的计划性。制定《2013年市人大代表和省人大代表、全国人大代表工作计划》，并以常委会办公室文件印发代表和各县（市、区）人大常委会。制定上报2013年省人大代表小组活动计划。第二，加强平台建设，为代表履职提供服务保障。出台《韶关市人大代表履职经费管理办法》，提高市代表履职经费标准并编入年度财政预算。支持人大代表联络室建设，全市105个乡镇（街道）设立比较规范的人大代表联络室。做好省人大常委会将韶关列为基层省人大代表与省人大常委会在线交流平台建设试点单位相关的推进工作，在全省率先开通基层省人大代表与省人大常委会在线交流平台。常委会继续坚持邀请代表列席常委会会议制度，定期为代表提供政情资料和工作信息。全年共组织代表20批70多人次参加各类座谈会、听证会、法院旁听庭审等有关活动，为代表知情知政、参政当政提供更多更好的服务平台。第三，深化培训工作。成功举办全市乡镇人大副主席培训班，指导和协助浈江区、武江区人大常委会做好区镇人大代表的履职培训工作，组织3批共20名驻韶省人大代表参加省人大常委会举办的培训班。第四，精心组织代表活动，增强代表活动的效果。围绕如何加快推进粤北地区城镇化建设及社区居民养老、医务保等民生热点问题，组织驻韶全国、省代表开展“进社区”活动，听取人民群众的意见与建议。听取市政府关于韶关市2013年1—10月国民经济和社会发展计划执行情况的汇报，组织驻韶省代表就加快推进南水水库供水工程建设、韶关市资源枯竭城市转型发展和节能减排工作情况等进行集中视察。组织代表开展加快推进南水水库供水工程建设、北江航道乌石至韶关段改造工程项目建设等专题调研活动。第五，深化代表履职情况和先进事迹的宣传。在《韶关人大》刊物和韶关人大网站每月刊发1—2条代表履行职务情况和立足本职岗位建功立业、社会生活中的模范带头作用和典型事例，展示代表风采。

【办理代表建议】 市十三届人大三次会议期间代表提出的议案和建议、批评和意见共74件（其中10人以上代表联名提出的议案5件，经大会主席团决定，全部转作建议处理）。对74件代表建议及时进行分类整理，将属于市政府职能部门办理的70件建议交给市政府办公室，其余4件交给党委工作部门及中省直属部门办理。

常委会及其工作部门注重加强与市政府及承办部门的沟通与联系，加强对承办人的指导培训，规范办理工作。办理过程中，一方面，加强与提建议代表的联系，了解代表的意愿和想法，并及时与承办单位沟通，对不满意的反馈意见，组织承办单位上门与代表面对面交谈，发挥中间联络人的作用。另一方面，加强对代表建议跟踪督办，重点是加强对事关民生的热点问题的建议、2013年承办的代表反馈表示不满意或基本满意的建议、2012年承办单位承诺办理的建议进行跟踪督办。经过承办单位的努力，74件代表建议办理的结果是：所提问题得到基本解决或部分解决的26件，占部总数的35.2%；所提问题列入计划逐步解决的39件，占总数的52.7%；所提问题因条件暂不具备需向代表作出解释的9件，占总数的12.1%。从代表反馈的情况看：收到书面反馈意见表46份，通过电话联系或当面征求代表意见28件；代表表示满意的69件，占总数的93.2%，与上年相比上升2.2%；基本满意的5件，占总数的6.8%。

【信访工作】 2013年，常委会信访部门做好日常的信访接待工作，化解社会矛盾，共受理群众来信来访467件次，其中来信217件，来访241批次，全年共接待来访群众（含集体访）1600多人次，其中全国人大转来要求我市处理的信访件6件、省人大直接转给韶关市处理的信访件128件，均按要求转办处理。另经办网络问政3件，并已在规定时间内回复网友。群众信访反映的问题主要集中在对法院判决不服或判决后执行难问题的申诉、城镇房屋拆迁及房屋产权纠纷、社保医保工资纠纷、农村征地问题及山林权属纠纷等方面。

【宣传信息工作】 围绕加强乡镇人大工作、建立代表联络室、专题询问国道交通整治、专项评议市行政服务中心工作、测评市政府办理10件实事调研、办理封山育林议案等进行重点策划和宣传，及时、全面、准确地报道和反映人大代表、常委会依法行使职权以及常委会机关建设等情况的风貌。一年来，在各类新闻媒体和宣传信息平台累计发表新闻稿信息稿700篇，人大网站累计完成采集、上传和管理维护文字、图片信息197条。编辑发行刊物《韶关人大》4期、《韶关人大信息》12期。举办市第22届人大新闻奖评选活动，参评作品46篇，其中29篇作品获奖。李军、杨珂、欧阳效敬撰写的通讯《网络问政问出好文章》荣获第23届“中国人大新闻奖”三等奖。陈建平撰写的《完善和强化机制提升人大新闻宣传工作实效》和《为民问政：整治国道“交通拥堵”》入选《中国人大年鉴（2013）》。韶关市推荐的电视作品《人大代表网络问政》荣获第22届“广东人大新闻奖”二等奖，广播作品《代表议案落实百万市民受惠》、通讯作品《网络问政问出好文章》荣获三等奖。靳林、赖国斌被评为《人民之声》优秀通讯员。

【韶关人大信息网站升级改版】 基本完成韶关人大信息网建设和网站升级改版工作，完成系统功能模块、技术支持管理系统和配套支撑网络的建立，构建互动平台和视频直播功能系统，初步实现代表在线系统、代表建议快速办理信息系统、代表履职综合管理和选举信息系统和电子政务管理系统的集成，招聘一名专业管理人员，为加强网络管理奠定基础，推进人大系统信息化建设。

【法制工委工作】 一是协助常委会做好监督工作。组织有人大代表、工委委员和专家学者参与的执法检查组，对韶关市贯彻实施妇女权益保障法进行全面深入检查，提出建立政府主导、多部门合作、全社会参与的工作机制，加大政府对保障妇女事业发展经费的投入，严格执行促进妇女参与决策和管理的各项法律法规，采取措施预防和制止家庭暴力，提高全社会对妇女权益保障法的贯彻执行力等建议。组织代表视察我市社会养老事业发展情况，形成视察报告交由市政府办理。对全市检察机关开展民事诉讼监督工作情况开展专题调研，充分听取检察机关、审判机关和律师的意见，形成书面报告提交常委会审议时作参考。跟踪督办上一年度开展的专项工作评议意见落实情况，提高监督的实效。二是组织有关法规和市人大机关制度修编工作。组织代表和专家学者对《丹霞山管理条例（草案）》进行调研论证和起草工作，向省人大常委会提交立法议案。起草本工委工作规则，提出关于废止《关于内务司法机关申诉、控告处理的办法（试行）》的议案和情况说明。对省人大常委会6部法律法规征求意见进行征集。三是协助和完成有关调研工作。完成5项省人大到韶关调研任务的组织服务工作和1项交办调研任务；完成市协调办交办的政策框架下信访工作的意见建议调研工作，起草《关于我市外嫁女经权益问题的情况综合及几点建议》，如期向市协调办（市信访局）报送。开展规范性文件备案审查工作调研，为推动该项工作预作准备。四是依法有序转办涉法涉诉信访案件。全年共收到上级人大和市人大信访部门转来的涉法涉诉信访案件5件，经研究后附上办理意见按要求转交有关单位办理。

【财经工委工作】 注重加强制度建设，强化业务学习，团结协作，密切对外交流，协助常委会开展人大财经工作，完成全年各项工作任务。围绕常委会的中心工作、常委会会议和主任会议的审议议题开展工作。依照有关法律法规对国民经济发展计划、财政预算等各项财经专项报告进行初审，形成意见提交常委会会议审议时作参考。依法开展对“十二五”规划中期评估，主动与市政府及发改局联系，听取发改局的专题汇报，提出审查意见和建议供常委会会议审议时参考。组织部分省市代表对韶关市百项工程兴韶关（重点项目）进行视察，针对视察中发现重点项目进展不平衡、开工率低等突出问题，提出树立“项目为先”理念、加强协调联动、破解瓶颈制约、提升管理水平、增强投资后劲、优化服务环境等意见和建议。继9月初组织部分代表开展百项工程兴韶关（重点项目）进展情况视察之后，于10月中旬又再次组织部分代表围绕部分重点项目开工率低问题进行专题调研，并形成调研报告转市政府及主管部门。协助常委会组织部分全国省市人大代表集中视察韶关市资源枯竭城市转型发展和节能减排工作情况，提出加大政策资金支持的力度，争取省对资源枯竭城市的配套资金的安排和加快调整优化产业结构等建议，对于节能减排工作则提出省应给予韶关节能减排财政综合示范配套资金和享受珠三角地区新能源汽车示范扶持政策等建议。开展招商引资工作调研，督促市政府加大招商引资的力度，并建议市政府要优化投资环境，突出招大引强、科学招商，切实抓好项目落地和跟踪服务工作。开展工作调研并初步完成加强预算审查监督的有关方案和《韶关市市级预算审查监督工作流程》，为今后加强对政府全口径预算决算的审查和监督打下良好的基础。发挥财经工委委员和人大代表的作用，组织45位省市人大代表参加专题视察和专题调研，推荐8名市人大代表列席常委会会议，发挥他们在专题审议、经济监督和调查研究中的主体作用。加强工委自身建设与对外交流合作，不断拓宽人大财经工作的新思路。做好法律法规征求修改意见并及时上报。

【城建环资工委工作】 以建设“有为人大、活力人大、和谐人大”为目标，以关注民生、关注经济发展为重点，积极有效依法开展工委各项工作。围绕常委会和主任会议审议议题开展工作调研。为推动芙蓉新城建设步伐，由市人大常委会副主任杨小明带领调研组深入碧桂园酒店、赤水安置新村和恒大城等建筑工地进行实地考察，较全面了解和掌握芙蓉新城建设的基本情况，提出加强组织领导、加大规划执行力度等多项有针对性的建议，这些意见得到市政府的充分重视，推动芙蓉新城建设。针对市区违法建筑比较严重的现状，组织部分市人大代表对韶关市市区违章建筑整治情况开展调研，在调研基础上向市政府相关部门提交本次调研形成的意见与建议，推动市政府先后出台《关于进一步做好整治农村违法用地建房工作的通知》（韶府〔2013〕30号）和《韶关市区违法建筑查处暂行规定（征求意见稿）》两个文件。

开展全市工业园区内排污治污系统规划建设、重点地区重金属污染综合防治问题专题调研，督促政府进一步加大综合治理力度，强化监管能力，保障人民群众身体健康和生命安全。组织代表视察工业西路片区内涝的治理情况，推动政府将内涝整治作为市政府2013年为民办实事之一，并斥资3亿元治理城市顽疾，治理工程于2013年12月开工。协助省人大环资委来我市开展《关于制定广东省绿色发展立法的议案》《关于尽快制定生态文明建设促进条例的议案》《关于尽快制定〈广东丹霞山保护条例〉的议案》建议案办理工作的有关调研，以及《广东省城乡垃圾分类与处理条例》的立法调研工作。加强工委自身建设，强化理论学习，提高业务能力，增强工作效果，不断保持工委工作的生机与活力，适应新时期人大工作发展的要求。

【农业工委工作】 按照常委会工作计划安排，发挥工委职能作用，协助常委会做好人大农村农业和民族宗教华侨工作，完成各项工作任务。围绕常委会会议议程开展一系列的调研工作，为推动市政府及其部门的工作提供决策依据。4月19日，对韶关市南水水库供水工程前期工作进展情况开展调研，调研过程中针对存在问题提出尽快明确各方具体职责、加快前期工作步伐、建立供水工程有机协调机制、解决经费问题等意见建议，并形成《关于南水供水工程前期工作进展情况的调研报告》，印发市政府及市南水水库供水工程领导小组办公室。6月18日，对全市高标准农田基本建设情况进行调研，督促市政府高度重视组织实施建设高标准农田工作难度大，必须加大工作力度，多形式筹措资金，强化市相关职能部门的协调与合作，做好群众的思想工作，确保工作目标如期实现。9月23日，对韶关市宗教活动场所管理情况开展调研，针对存在财产管理不够规范、宗教团体自身建设有待加强、部分宗教地产历史遗留问题尚未得到解决等问题，提出坚持依法治教，加强宗教活动场所财务管理，发挥宗教团体的桥梁纽带作用，进一步解决宗教房产历史遗留问题等建议。对上年度代表视察韶关市扶贫开发“双到”工作进行跟踪，对韶关市气象服务体系建设情况和曲江区枫湾镇茶园山瑶族村竹山机耕路建设情况进行跟踪，推动政府工作的开展。协助和配合省人大常委会做好视察、检查和调研工作。加强工委自身建设，健全工委委员制度，倾听工委委员意见，发挥工委委员作用。

【教科文卫工委工作】 围绕市委中心工作和常委会的工作计划安排的部署和要求，针对人民群众普遍关心的热点难点问题，积极开展调研，组织代表视察，协助常委会加强监督，推动政府及其部门工作，取得实效。一是围绕常委会、主任会议审议议题深入开展调研，提出有针对性意见与建议。为真实地反映韶关市餐饮服务食品安全监管工作的实际情况，组织力量先后深入浈江、武江、曲江三区和乐昌市等地，通过取得专题汇报、召开座谈会、查阅文件资料、实地走访等形式，对全市餐饮服务食品安全监管工作进展情况进行调研，掌握第一手材料。针对餐饮食品安全隐患大、监管执法力量薄弱、经费与技术装备缺等突出矛盾，提出要依法履行食品安全职责、抓紧解决执法机构和队伍建设问题、提升食品安全监管检测能力与水平、建立和完善食品安全社会监督体系等4点建议，得到市政府的高度重视。在深入调研的基础上，主任会议听取市政府关于对2012年代表视察学前教育意见建议研究处理情况的报告，提出抓好学前教育的布局调整、加强对民办幼儿园的管理与扶持等建议，同时跟踪落实市政府及教育主管部门推进韶关市学前教育三年行动计划。二是开展专题视察和专题调研。为迎接国家卫生城市复审和全国文明城市测评，组织部分省市代表对韶关市巩卫创文工作情况进行专题视察，视察过程中针对发现存在影响创文进程的问题，提出树立信心全力以赴实现巩卫创文目标、树立政府权威强化部门配合、突出工作重点攻坚克难、建立长效机制巩固巩卫创文成果等意见建议，推动巩卫创文问题的整改，为韶关市顺利通过国家卫生城市复审做出积极努力。开展对无偿献血工作的专题调研，针对韶关市无偿献血发展中发现的问题提出建议。三是配合省人大教科文卫委莅临韶关开展执法检查和工作调研。协助和配合省人大常委会教科文卫副主任梁万里率领的检查组在韶关开展的职业病防治法的执法检查和省人大常委会教科文卫副主任张宇航率领的调研组在韶对韶关档案馆工作情况进行调研，得到省人大的肯定。

【选联任工委工作】 围绕常委会中心工作，强化服务职能，主动协助常委会做好工作，完成各项任务。一是完成市十三届人大三次会议的组织和选举工作任务，依法补选市十三届人民代表大会常务委员会秘书长1名，增选市十三届人民代表大会常务委员会委员2名。二是完成各次常委会会议的选举和任免任务。依法增补省十二届人大代表2名。任免国家机关工作人员52名，其中决定任命12名，任命20名；批准任命1名；决定免职11名，免职8名，确保人事任免工作按照“德才兼备、注重实绩、群众公认”的选人用人标准，依照法定程序，严格把好人事任免关口。三是加强对县（市、区）人大常委会选举和两委换届工作的指导。组织各县（市、区）人大常委会分管领导和选联工委赴全国人大培训基地学习，加强对全市村（社区）两委换届工作的督导，确保各县（市、区）人代会的选举工作和村（社区）两委换届工作依法有序进行。四是加强与代表的联络，热情服务代表。全年共走访、接访全国省市代表60名，充分掌握代表情况，力所能及为代表排忧解难。做好驻韶关的全国、省人大代表赴京、赴穗出席人代会的组织服务工作。五是配合省人大和市人大各工委组织的执法检查、专项调研和视察活动，协助做好代表议案建议信息系统有关数据的基础工作和科学发展关于民主法治建设指数有关数据的收集、统计和上报工作。（黄远习）

市人大常委会主任、副主任和秘书长、副秘书长名单

主　　任：郑振涛

副 主 任：李石保　林平杰
杨小明　徐紫玲（女）
张　平
王青西（—2013.5）

秘 书 长：高振忠（2013.3—）

副秘书长：朱光华　曾庆根
陈　曦
刘雪庚（—2013.2）
陈早霞（2013.2—）

依法治市

【概况】 韶关市依法治市工作领导小组办公室成立于1996年，是韶关市委常设议事协调机构，委托韶关市人大常委会党组代管。2013年，韶关市依法治市工作领导小组办公室行政编制4人，现有主任1人（由市人大常委会副主任兼），副主任2人，副科长1人。2013年，韶关市以社会主义法治理念为引领，以规范和约束公共权力、保障和服务民生为主线，以迎接《法治广东建设五年规划（2011—2015年）》（以下简称《五年规划》）中期评估活动为抓手，统筹结合，创新举措，深入开展法治县（市、区）创建活动和按照法治框架化解基层矛盾试点工作，加强法治观察员队伍建设，为韶关市实现绿色转型和振兴发展提供坚实法治保障。

【全面实施《五年规划》】 市人大常委会把工作着力点放在依法行使监督权，增强监督实效的环节上，依法治市工作作为重要议题，3次安排进常委会议、主任会议听取汇报。市政府深入推进依法行政，深化行政审批制度改革，在全市范围开展行政审批事项清理，营造法治化营商环境。市政协围绕民生热点问题开展监督，促进相关民生问题的解决。市委各部门探索法治建设新路径，市纪委在南雄市、乳源县开展党委权力公开透明运行试点工作，加大行政效能监察工作力度；市委组织部把领导干部法治教育纳入干部教育培训规划统筹安排；市委宣传部在报刊、电视上开辟专栏宣传社会主义法治理念，构建法治文化的浓厚氛围。

【“阳光法治·法治惠民”主题实践活动】 继续实施法治惠民实事工程项目。加强行政效能监察，推进网上办事大厅和乡镇便民服务中心建设，探索政府向社会组织转移职能和购买服务等机制，稳妥推进事业单位改革。建立政府法律顾问制度，涉及群众切身利益的重大事项开展风险评估。全市公共资源交易统一管理，处分、拍卖的制度尝试取得效果，权力寻租得到有效遏制。政务公开、审计监督、网络问政、纠风工作力度加大，严肃查处一批违法违纪案件。推进始兴按照法治框架化解基层矛盾试点工作，解决基层群众信访不信法问题。始兴的试点工作经验受到省的肯定。依托司法公开和制度建设，提高司法公信力。以平台创新推进公开透明。市中级法院

注重制度建设，实行中院审委会委员列席基层法院审委会制度、“一案一评查”双向反馈制度、随案监督评价制度，提高案件办理质量。市人民检察院全面履行法律监督职能，推行侦查一体化办案机制，推进行政执法与刑事司法衔接机制建设。市公安局加强执法规范化建设。实施社会风险排查化解工程、治安防控工程、打击违法犯罪工程，治安形势总体稳定。

【法治城市、法治县（市、区）创建】 市监察局、曲江区检察院及南雄市人民政府法制局局长陈云英、韶关市人力资源社会保障局监察支队支队长朱永江、翁源县人大常委会副主任刘国富被评为广东省依法治省工作先进单位和个人。“民主法治村（社区）”建设由注重覆盖面向注重创建质量转变，全市被评为省“六好”（自治好、管理好、服务好、治安好、环境好、风尚好）平安和谐社区154个；29个“双强双促”（强基层、强服务、促发展、促稳定）示范村（居）和283个村（居）务公开民主管理示范创建工作通过省的考核验收。南雄市的村民“董事会”制度，翁源县的村民评议村官活动，武江区开展业主广场等方式，丰富基层民主法治建设内容。各类社会组织参与法治实践的作用日益呈现，工青妇等群团组织卓有成效的工作实效成为一大工作亮点。市总工会探索创新职工社会化法律维权新机制，市妇联在全省率先成立“妇干+志愿者”模式的村（社区）巾帼维权志愿服务队，市残联建立的残疾人法律工作站和残疾人信访维权室。

【法治文化建设】 创新法治文化建设载体，做好“六五”普法中期迎检工作，举办“12·4”全国法制宣传日和法治广东宣传周活动，建立无纸化学法考试系统和公务员学法用法档案制度。曲江、始兴、浈江等地打造广场、公园等法律文化长廊。仁化举办法治文化作品展、翁源开展法制文艺演出。市国税局、市供电局、新丰法院、韶铸集团等单位法治文化氛围浓厚。组织选手参加广东省家庭法治知识演艺大赛，荣获二等奖。

【特约法治观察员促民生问题解决】 组织部分市依法治市特约法治观察员到新丰法院、乳源看守所和市公共资源管理中心、始兴县马市镇安水村等地开展专项观察活动。法治观察员以法治惠民实践促进民生问题解决，重点关注林权纠纷、农村土地承包、民事纠纷等方面的案件，成为审判庭上的特殊旁听者。韶关市民起诉韶关市科科燃气有限公司供用气合同纠纷集团诉讼一案，在观察员的咨询服务下，二审胜诉，维护市民的合法权益，从而促使市区内瓶装液化气企业改善服务质量，提高服务水平。

（黄　艺）

附：领导班子成员名单

主　任：张　平

副主任：陈绍球

张穗生（—2013.8）

叶安强（2013.12—）

韶关市人民政府

综　述

【概况】 2013年，市政府抢抓省进一步促进粤东西北地区振兴发展的重大机遇，坚持发展这个硬道理，以科学发展观和总书记习近平视察广东省提出的“三个定位、两个率先”目标为指引，坚守“两条底线”，突出“三大抓手”，深入推进“百项工程兴韶关”活动，加快转变经济发展方式，以新型工业化和新型城镇化双轮驱动，推进信息化、农业现代化和基本公共服务均等化，着力深化改革开放，着力实施“双转移”战略，着力保障和改善民生，加快全市绿色转型振兴发展，经济社会发展和幸福美好韶关建设取得新进步。

【经济迈上新台阶】 主要经济指标增幅高于全省平均水平。全市生产总值突破1000亿元、达1010亿元，同比增长12.1%；人均生产总值3.5万元，同比增长11.3%。来源于韶关的财政总收入突破200亿元、达244.9亿元，同比增长33.9%；地方公共财政预算收入71.7亿元，同比增长16.5%。产业转型稳步推进。农业增产增收，工业较快发展，服务业稳步提升。东莞大岭山（南雄）产业园成功扩园。韶关市连续6年通过国家科技进步考核，连续2届被评为全国科技进步考核先进市，连续3年获得国家产学研结合工作奖，2013年获得国家技术发明二等奖，韶关市科技获奖创历史最好成绩。东阳光铝业公司技术中心被确认为国家级技术中心。交通银行、东亚银行在韶关首家分支机构开业，汇丰银行新增一家支行。基础设施和重点项目建设加快。固定资产投资增长21.2%。乐昌峡水利枢纽工程、韶能生物质能发电项目并网发电，韶赣铁路和广乐、大广高速公路加快建设，韶关电厂“上大压小”、新丰稀土分离项目获国家核准批复。县域经济和民营经济持续较快发展，占全市经济比重均提高到51.7%。

【城乡建设展现新面貌】 中心城市扩容提质有序开展。城建重点工程进展顺利，项目数量和投资额均创历史新高。芙蓉新区及其管委会获准成立，芙蓉新区发展总体规划获省政府批准；赤水安置区建成，芙蓉、西联安置区启动建设；43号路建成通车，道路建设工作全面铺开；武警作战指挥中心建成并投入使用，韶关实验中学、联通、恒大、碧桂园、保利等项目建设加快。老城区四大出口与工业西内涝整治等市政项目以及蝶峦酒店、金色江湾、万通城等一批“三旧”改造项目加快推进。全市依法拆除违法建筑面积20.7万平方米。新农村建设扎实推进。完成通自然村公路路面硬化582公里。新一轮扶贫开发开局良好。生态文明建设成效显著。韶关市成为国家节能减排财政政策综合示范城市。封山育林1200万亩，春季造林42.9万亩。丹霞山被列为国家生态旅游示范区。始兴县成为全省首批农村环境保护连片整治试点。市区更新投放89辆CNG出租车、50辆纯电动出租车。淘汰落后水泥产能248万吨、电池17.5万千伏安时。完成省下达的节能减排任务。

【民生福祉得到新改善】 人民生活水平不断提高。全市城镇居民人均可支配收入、农村居民人均纯收入、城乡居民储蓄存款余额分别同比增长10.4%、11.7%和12.3%。居民消费价格指数涨幅低于全国、全省平均水平。市政府公开承诺办好的10件民生实事当年投入3.2亿元，其中5件实事已经完成，另外5件实事因投资和征地拆迁量较大、需跨年实施，正按计划推进；市政府各部门（单位）承诺的54件实事基本完成。农村劳动力技能培训转移就业工作连续5年进入全省优秀行列。城镇登记失业率为2.35%。落实底线民生保障各项政策，社保、低保、五保待遇提高，住房保障力度加大。有效应对3次严重洪涝灾害，灾后复产重建家园工作全面完成。社会事业全面发展。完成教育创强工作。基本解决符合条件的异地务工人员子女完成义务教育后参加初中升学考试问题。市特殊教育学校完成搬迁新建并投入使用。省级高技能公共实训基地晋升为国家级。基层卫生医疗机构全面实行基本药物制度，县级公立医院改革试点、平价医疗服务工作有序推进。粤北医院门急诊医技综合楼、市铁路医院中华健康快车白内障治疗中心、市残疾人康复中心以及4个县级医院业务大楼建成使用。完成国家和省文化惠民工程任务。国家卫生城市复审通过，全国文明城市创建有序推进。建成22个乡镇农民健身工程。成功举办世界张氏总会第六届恳亲大会、纪念六祖惠能圆寂1300周年暨2013年广东禅宗六祖文化节（韶关）系列活动。乳源“瑶族十月朝”被评为全省群众性文化活动优秀品牌。社会治理不断加强。基层综合服务管理平台进一步健全。社工人才试点和购买社工服务试点工作进展顺利。安全生产总体平稳，完成省下达的控制目标。平安韶关创建和“两建”工作取得新进展。

【政府建设取得新成效】 注重发挥民主党派、工商联、无党派人士和人民团体的作用，办理人大代表建议、政协提案，健全完善科学民主依法决策机制，深入推进依法行政。政府职能转变和机构改革工作扎实推进。改革完善市县食品药品监督管理体制，推进市县卫生和计生部门职能转变。精减市直事业单位154个，精减率达45.4%。市级取消行政审批事项26项、下放23项、转移4项、委托2项。深化公共资源交易体制改革取得阶段性成效。市县两级网上办事大厅和电子政务办公业务系统建成运行。94个乡镇建成便民服务中心。落实中央“八项规定”，着力纠正“四风”问题。市级考核项目大幅减少。政务公开、行政监察、审计监督、网络问政、纠风工作力度加大，严肃查处一批违法违纪案件。

【市政府常务会议】 2013年，共召开市政府常务会议18次。

十三届17次会议　于2013年1月15日召开，讨论市十三届人大三次会议《政府工作报告》，《韶关市全面应用电子政务办公业务系统办文工作实施方案》。

十三届18次会议　于2013年2月5日召开，讨论韶关工具厂实施破产及财政借支安置职工问题、《韶关市2013年重点建设项目计划》，审议《韶关市电子政务建设项目管理办法》《韶关市控制政府投资项目“三超”管理措施》。

十三届19次会议　于2013年3月22日召开，审议《韶关市城市基础设施配套费征收管理办法》《韶关市区单位建筑参考造价》《关于加强煤矸石资源综合利用管理的通知》《韶关市中小企业贷款风险补偿基金管理暂行办法》，讨论凯旋华府项目历史遗留问题。

十三届20次会议　于2013年4月15日召开，传达全省加快重要基础设施建设工作会议、全省大型骨干企业座谈会精神，听取市城建工程项目前期工作情况汇报，审议《韶关市属国有困难企业认定及其社保费用缴交暂行办法》，就赣韶铁路腊石坝制梁场与广乐高速北连接线龙颈凹2号大桥相跨施工冲突问题约谈市铁办。

十三届21次会议　于2013年5月9日召开，讨论全市扶贫开发工作会议有关事项、韶关市2012年机关事业单位突出贡献奖评审结果、原华南师范大学韶关分院土地处置和华南师范大学附属中学韶关分校建设项目有关问题、《2013年市级财政性（专项）资金固定资产投资计划》、《韶关市（市区）2013年度国有建设用地供应计划》，审议《对发展较快的企业予以表彰奖励的办法》《2013年完成主要经济指标市级机关绩效考评普惠制奖励与相关部门及县市区发展指标完成情况挂钩办法》，听取市国土资源局关于农村违法用地建房整治工作情况汇报。

十三届22次会议　于2013年5月29日召开，讨论市直事业单位分类改革方案及有关配套政策要点、关于继续鼓励“三旧”改造发展工商业有关事宜及《韶关油泵油嘴厂、惠民北路兄弟汽车运输公司、广东省有色金属地质局九三二队小阳山项目“三旧”改造方案》《关于加强韶关市区国有建设用地供后监管的通知》《关于重点建设项目和政府投资项目行政审批管理有关事项的通知》。

十三届23次会议　于2013年6月7日召开，听取市信息中心关于网上办事大厅建设工作情况汇报，审议《韶关市公众移动通信基站管理办法》，研究保利集团芙蓉新城项目、浈江区北江文化广场项目土地运作有关问题。

十三届24次会议　于2013年6月26日召开，讨论《中共韶关市委韶关市人民政府关于加快推进新型城镇化进程的意见》《中共韶关市委韶关市人民政府关于加快推进新型工业化进程的若干意见》《关于进一步做好加强我市被征地农民养老保障工作的指导意见》，研究芙蓉新城滨江景观带项目规划设计招标模式问题。

十三届25次会议　于2013年7月16日召开，讨论《关于进一步壮大浈江和武江两区财力提高基本财力保障水平的意见》《韶关市区政府投资项目BT模式建设管理暂行办法》及《韶关市政府投资重点建设项目廉政保障工作实施意见》《韶关市区基础设施重点建设项目及BT项目招标文书会审制度》《韶关市区基础设施重点建设项目及BT项目招标文书审核细则》等配套文件，听取市交通运输局关于赴湖北省咸宁市调研高速公路建设投融资情况的汇报，研究韶关市交通投资建设有限公司组建问题、S248线韶关市区过境段黄金村大桥至韶关钢铁厂公路改线工程和工业西片区内涝整治工程项目招标模式问题。

十三届26次会议　于2013年7月31日召开，听取市编办关于市直事业单位分类改革情况汇报，部署推进事业单位分类改革工作；研究浈江区东环线美吉特物流城项目一级开发合作、浈江区韶塘片区养老服务业项目土地供应问题；讨论《中共韶关市委韶关市人民政府关于贯彻落实〈中共广东省委广东省人民政府关于依靠科技创新推进专业镇转型升级的决定〉的实施意见》《韶关市人口与计划生育目标管理责任制考评办法》。

十三届27次会议　于2013年8月14日召开，讨论《韶关市建设法治化国际化营商环境五年行动计划实施方案》《韶关市改善创新环境五年行动计划实施方案》《韶关市贯彻广东省推动率先基本实现粤港澳服务贸易自由化行动计划实施方案》《韶关市培育幸福导向型产业体系五年行动计划实施方案》《韶关市创建幸福村居五年行动计划实施方案》《关于实施“强师工程”建设高素质专业化教师队伍的意见》，审议《韶关市公共资源交易目录》《韶关市城市生活无着的流浪乞讨人员救助管理实施办法》《韶关市区生活饮用水二次供水管理规定》《韶关市区市政设施管理规定》。

十三届28次会议　于2013年8月26日召开，讨论《广东韶关芙蓉新区发展总体规划（2013—2030年）》，研究部署下一阶段市政府主要工作。

十三届29次会议　于2013年9月4日召开，审议《韶关市城乡居民基本医疗保险实施办法》，讨论《武江区工业西路原工具厂、浈江区南郊三公里原物资局汽修厂“三旧”改造方案》新一批韶关市荣誉市民人选，研究部署市政府近期工作。

十三届30次会议　于2013年9月17日召开，讨论《原东南轴承厂区和宿舍区修复再利用工作方案》，审议《韶关市涉重金属行业发展规划（2011—2020）》，研究打击市区“两违”、广东韶关实验中学教师配备、政府工作提速问题。

十三届31次会议　于2013年10月18日召开，审议《韶关市棚户区改造规划（2013—2017年）》《韶关市区违法建设查处暂行规定》《韶关市人民政府关于开展打击“两违”行动的通告》，讨论《韶关市区查控违法建设工作方案》《韶关市区对“两违”建筑不予提供水电等公共服务实施方案》，听取市教育局关于韶关市学生溺水事故情况的汇报。

十三届32次会议　于2013年10月30日召开，讨论《韶关市落实〈中共广东省委广东省人民政府关于进一步促进粤东西北地区振兴发展的决定〉实施方案》《韶关市构建和谐劳动关系实施方案》《韶关市整治“小金库”专项行动实施方案》《韶关市整治违规使用专项资金专项行动实施方案》《浈江区南郊四公里原食品公司冷冻厂地块“三旧”改造方案》《浈江区五里亭前进路21号琪富物业公司地块“三旧”改造方案》，审议《韶关市市级国有资本经营预算试行办法》。

十三届33次会议　于2013年11月14日召开，讨论《关于改革完善市县食品药品监督管理体制的实施方案》《关于市县卫生和计生部门职能转变及机构改革的实施方案》《韶关市食品药品监督管理局主要职责内设机构和人员编制规定》《韶关市卫生和计划生育局主要职责内设机构和人员编制规定》《韶关市培育发展大型骨干企业行动计划》

《韶关市巩固完善基本药物制度和基层运行新机制实施方案》，研究给予市公安消防支队记集体二等功事项，传达省政府学习贯彻总书记习近平及省委、省政府主要领导关于安全生产工作的重要讲话和批示精神，研究加强和改进韶关市安全生产工作的措施。

十三届34次会议　于2013年11月28日召开，专题学习打击“两违”（违法用地、违法建设）有关法律法规；听取韶关学院发展情况的汇报，研究支持韶关学院建设发展的措施；审议《韶关市体育场馆设施向社会开放实施办法》；讨论韶关市“百千万金凤引航工程”子计划及系列配套政策、《关于芙蓉新城土地出让成本支出管理的实施意见》。

【市政府工作会议】　2013年，共召开市政府工作会议175次。

市政府1月工作会议　研究南出口整治等市政项目前期工作，天然气汽车加气站建设，广东韶关烟叶复烤有限公司请求征用市广播转播站土地，广乐高速公路北连接线犁市互通黄岗至十里亭路段改（扩）建工程建设，在西河全民健身广场设置移动式采血屋，旭日农业观光园项目土地，上饶路等市政项目前期工作，韶关市中威有色金属资源再生发展有限公司恢复过渡性生产，广东省韶铸集团有限公司上市工作，韶关市曲江区盛兆矿业有限公司非法排污调查处置工作，广东北江中学综合楼、韶关市实验中学招投标，全市电动自行车管理工作，广乐高速公路北连接线犁市互通黄岗至十里亭路段改（扩）建工程沿线管线迁移，宝能韶关项目建设等有关问题。

市政府2月工作会议　研究广东韶关实验中学建设，解决广东北江实验学校国有土地使用证办证遗留问题，解决武广客运专线韶关段建设遗留问题，推进芙蓉新城三馆及农民安置房建设等有关问题。

市政府3月工作会议　研究市政府持有住房办理产权证和曲仁矿棚户区改造，解决韶关市中小微企业贷款问题，苗木基地等市政项目前期工作，百年东街工程竣工日期顺延及人工工资标准调整，市供销合作联社改革发展，解决市区范围（含武江、浈江区）缴交耕地占用税入库问题，百旺路扩建工程建设规模调整，浈江区犁市镇黑作坊危险化学物品处置工作，部署2013年科技工作等有关问题。

市政府4月工作会议　研究芙蓉大道（北）及十六号路项目建设，广东容声电器股份有限公司韶关整体橱柜项目，市政项目前期工作，解决莞韶产业园科技创业服务中心大楼项目建设单位变更问题，地下管线综合管廊等市政项目建设，市区北出口粤北大型商贸物流中心项目建设，曲江大南华规划建设，龙洲岛项目及公开出让项目要求建设商服设施，原曲仁矿棚户区改造试点工作，大宝山区域环境污染整治工作，国道323线市区过境路朝阳段拆迁及建设，推进赣韶铁路韶关段建设，广东中烟物流基地项目征地拆迁协调工作，加快推进有关项目，加快市政项目前期工作进度，莞韶园阳山片区及甘棠片区工程项目协调等有关问题。

市政府5月工作会议　研究韶关市矿业投资开发有限公司组建工作，中国移动广东公司韶关分公司生产调度中心项目建设，韶关工具厂，污水及垃圾处理等市政项目，促进利民制药厂进一步发展壮大，引进社会资本改造旧村庄试点，园林规划等市政项目建设，芙蓉东路原市中心血站及周边地块出让工作，市政项目前期工作、市区违建拆除及环卫管理等有关问题。

市政府6月工作会议　研究韶关市重点项目工作调度，韶关市属道路运输资源整合工作，东环线工程、原曲仁矿棚户区改造等项目建设，广东华欣环保科技有限公司在韶关投资建设20万吨/年废润滑油再生利用生产项目调度，韶关比亚迪电动叉车项目报建相关事宜的联审，芙蓉隧道工程建设，韶关市芙蓉新城“三馆”项目建设工作，理顺浈江武江两区人力资源社会保障服务所体制，市区污水处理厂等市政项目前期工作，金叶公司二期企业债券，推进塑料再生资源加工产业发展，韶关市正星车轮有限公司30万吨汽车配件项目等有关问题。

市政府7月工作会议　研究中金岭南韶关商储公司，韶赣铁路浈江段征拆工作，西气东输市区天然气门站和泵站公园项目，广东北江实验中学履约情况及调整收费标准，二代社保卡发放工作，解决太傅庙与百年东街之间道路修建问题，芙蓉新城部分重点项目工作调度，市重点项目工作调度，省道S248线韶关市区过境段黄金村大桥至韶关钢铁厂公路改线工程二期（大学路—韶关钢铁厂段）项目建设，移山路道路建设工程等项目前期工作，市辖三区道路及部分民生项目建设，解决武江区甘棠工业园46家企业拟入园问题，市属道路运输资源整合，原曲仁矿棚户区改造工作，乐昌峡水利枢纽工程被征地农民养老保障费用清理工作，推广运用LED照明产品工作，解决芙蓉新城市政道路工程实施和武广韶关站站前广场及进站通道（第一期）工程决算，市级粮油储备，芙蓉新城滨江景观带项目设计方案优化调整，“百项工程兴韶关”及重点涉旅工程项目建设进展情况，力士通、新宇公司对外合作和发展，消雪岭华侨茶场改革发展等有关问题。

市政府8月工作会议　研究解决原市直行政性总公司人员上访，解决武广高铁韶关段建设遗留问题，韶关污水处理厂等市政项目前期工作，卫生系统重点项目（百项工程）进展情况，市企业转制资金专户结余资金使用，原曲仁矿棚户区改造试点工作，芙蓉新城苗圃基地建设工作，市公路局代建市政道路工程建设，粤北人民医院门急诊医技综合楼工程调差，原曲仁矿棚户区改造项目建设，南出口等市政项目工程管线管网迁移，科技创新工作，《市区扩容提质五年行动计划》编制工作，市区天然气汽车加气站建设，大宝山矿区及周边地区环境综合整治，国家成品油储备基地和物流基地建设，市区城乡规划工作，碧桂园良村桥头交通整治工程等市政项目前期工作，移山路、上饶桥等市政项目前期工作等有关问题。

市政府9月工作会议　研究粤北亚太财富中心等部分重点项目调度工作，黄金村生态公墓山建设工程，新建韶关市农产品交易中心，原曲仁矿棚户区改造田螺冲安置点公共设施设置及上饶桥等市政项目前期工作，解决市属国有企业历史遗留问题，加快推进引进社会资本改造曲江区枫湾镇步村试点工作，市汽车驾驶考场扩建和智能化改造项目，比亚迪配套项目预留用地，韶关市公路局代建市政道路工程建设，南华纪念园改（扩）建工程等市政项目前期工作，原曲仁矿棚户区改造项目二期工程招标和资金运作，上饶桥建设工程等市政项目前期工作，市公路局代建市政道路工程建设等有关问题。

市政府10月工作会议　研究韶关市第四、第五污水处理厂及犁市镇污水处理厂项目前期工作，广乐高速公路韶关段建设和征地拆迁，大宝山矿区及周边地区环境综合整治工作现场督办，研究原市公共资产管理中心清算方案，市政道路、污水处理厂等项目前期工作，东环线项目及其周边城市建设用地涉及国有和民营单位土地征拆，韶关市灾后重建家园，原曲仁矿棚户区改造试点工作，加快推进韶关市农产品（链）物流园前期工作，城市园林苗圃基地征地拆迁安置工作，粤北典型山区大气环境预警监控工作，工业西内涝整治工程等重点项目调度工作，韶关木材厂“金色江湾”项目和706地质大队沐溪基地“三旧”改造项目，市区犬类管理工作，市戒毒所外联道路工程等市政项目前期工作。

市政府11月工作会议　研究抓紧做好韶钢医院移交地方管理后相关后续工作，研究市金财公司承办的19个工程项目资金来源问题，万通城“三旧”改造项目建设，武江河水源保护等市政工程，广东韶关实验中学新增教育用地，解决原市食品公司东郊养鸡场地块遗留问题，完成金融工作目标任务，做好旅游投资项目建设工作，市“茗苑花园”问题楼盘余下两宗疑难债权处理，芙蓉新区建设，东堤北路道路改造等市政工程项目前期工作，韶关市第四、第五污水处理厂及犁市镇污水处理厂项目前期工作，芙蓉新城专项规划问题，加快推进南水水库供水工程项目前期工作，韶关市金叶公司二期企业债券发债项目启动工作，武江北路排污管工程等市政工程项目和市区“六小建设”选址，棚户区改造等有关问题。

市政府12月工作会议　研究上饶桥建设工程等市政项目前期工作，解决万紫千红等3个“三旧”改造项目问题，推进市公共资源交易管理改革工作，解决美吉特项目建设问题，2014年迎春花市筹备工作，韶关口岸工作，韶关市工业西路片区内涝整治工程（工业西转盘排涝工程）施工交通疏导及维护方案，城市风景——斜拉步行桥与城市廊桥——九成台步行桥通航标准，韶关LNG物流集散中心项目，芙蓉新城综合客运枢纽站建设，启动引进环丹霞山自行车赛事有关前期工作，芙蓉新区建设，武江区甘棠工业园区开发建设，市戒毒所外联道路建设工程等市政项目前期工作，进一步加快推进原市中心血站及周边地块出让工作，解决武江区政府归还莞韶园管委会转贷款项问题，芙蓉新区开发建设，加大打击盗伐金韶关丰产林公司林木资源违法行为，市直企业、行政事业单位离休干部医疗费用问题等有关问题。

【全市经济形势分析会议】 2013年4月、7月和10月，市政府分别召开一季度、上半年和前三季度经济形势分析会议，总结前段全市经济工作情况，分析当前经济形势，研究部署下一步经济工作，确保全年经济发展预期目标实现。

【中国世界地质公园2012年度工作会议】 2013年1月9日至10日，中国世界地质公园2012年度工作会议在丹霞山召开，全国27个世界地质公园所在省（区、市）国土资源厅（局）和管委会的200余名代表参加会议。国土资源部地质环境司副司长陈小宁，广东省国土厅副巡视员张超群，市委常委、常务副市长段宇飞，市委常委、秘书长、丹霞山管委会书记、主任陈波出席会议。会议总结回顾中国世界地质公园2012年度工作，并对2013年工作进行部署。

【第三届广东装备制造业国际高峰论坛暨中国机械博士大会】 2013年11月7日至9日，由东莞（韶关）产业转移工业园管委会主导的第三届广东装备制造业国际高峰论坛暨中国机械博士大会在韶关市举办，多位国内外专家学者以及100名机械专业博士参会。大会采用“一会一展二论坛”的模式，吸引4个项目总额85亿元的投资。原外经贸部副部长龙永图、商务部国际贸易经济合作研究院院长霍建国等多位国内外重量级嘉宾在论坛上发表主题演讲，为参会人员带来思维盛宴。

【粤北硅谷项目专家调研座谈会】 2013年11月20日，国家发改委投资研究所专家罗云毅、信息产业教授级高级工程师方瑜等一行到韶关市调研粤北硅谷项目建设。市长艾学峰、市政协副主席张文铭等市领导出席调研座谈会。罗云毅等专家表示，粤北硅谷项目建设规划与发展思路可行，符合国家、省、市和企业发展战略，相信韶关市能把握网络化、平台化、服务化和智能化等大数据时代总体趋势，发挥优势，做好信息服务产业。市长艾学峰在座谈会上发表重要讲话。

【出台扶持企业改制上市试行办法】 2013年1月18日，市政府印发《韶关市扶持企业改制上市试行办法》，明确上市后备企业的认定条件、申报上市后备企业须提交资料、政策扶持等内容。

【出台市电子政务建设项目管理办法】 为提高电子政务应用实效，推进依法行政与政务公开，加快政府职能转变，促进政务信息资源共享，避免重复建设，市政府于2013年3月8日印发。《韶关市电子政务建设项目管理办法》，明确总则、管理职责、项目申报、项目论证，以及绩效评估、项目审批、资金安排和立项，项目建设和管理、项目竣工验收和运行管理、检查监督、附则等内容。

【出台“十二五”时期主要污染物总量减排考核办法】 为加强韶关市主要污染物总量减排工作，确保实现“十二五”时期污染减排目标，市政府于2013年3月26日印发《韶关市“十二五”主要污染物总量减排考核办法》，要求各地、各部门（单位）贯彻执行。

【全面应用电子政务办公业务系统】 为利用信息化手段，转变政务服务方式，创新工作方法，提高行政效率，中共韶关市委办公室、韶关市人民政府办公室于2013年2月21日、3月27日分别联合印发《韶关市全面应用电子政务办公业务系统办文工作实施方案》《关于全面启用OA系统办文的通知》，决定从2013年4月1日起，分两个阶段在全市全面启用OA系统办文。

【建立扶持中小企业融资机制】 为进一步帮助企业解决融资难题，2013年4月2日，韶关市发展和改革局、韶关市经济和信息化局、韶关市财政局、韶关市人民政府金融工作局联合出台《韶关市中小企业贷款风险补偿基金管理办法（暂行）》，市、县两级财政共拨付专项资金5986万元设立中小企业风险补偿基金，并与市建行、工行、中行、农行、广发行、农信社签订中小企业贷款风险补偿基金合作协议。截至2013年年底，全市发放风险补偿基金贷款共5.17亿元，其中市级贷款3.94亿元、县级贷款1.24亿元。

【制定实施挂点联系发展较快企业的制度】 市政府于2013年5月28日以韶关市经济运行领导小组办公室的名义印发《关于采取措施鼓励企业加快发展的实施方案的通知》，明确纳入挂点联系的企业、挂点联系分工、挂点联系人的确定、奖励条件和标准等内容。

【整治农村违法用地建房】 为维护法律法规的严肃性，市政府于2013年5月21日印发《韶关市人民政府关于进一步做好整治农村违法用地建房工作的通知》，要求各地、各有关部门（单位）特别是各县（市、区）人民政府要履行土地管理工作职责，加强耕地保护，坚决查处和严厉整治违法用地建房等违法违规行为，依法合理解决农村宅基地需求，维护广大农村的社会和谐稳定。

【实行市级机关绩效考评普惠制奖励与经济发展指标挂钩】 为增强市直机关干部关心和支持经济发展的自觉性，增强市主要经济部门和各县（市、区）加快经济发展的责任感和紧迫感，促进全年主要经济指标任务的完成，中共韶关市委办公室、韶关市人民政府办公室2013年6月27日联合印发《2013年完成主要经济指标市级机关绩效考评普惠制奖励与相关部门及县市区发展指标完成情况挂钩办法》，明确办法的奖励标准、奖励范围、奖励分配、组织实施等内容。

【加强重点建设项目和政府投资项目行政审批管理】 为贯彻《广东省企业投资体制改革方案》，进一步推进“项目建设年”活动，提高审批效率，加快项目建设，市政府2013年7月7日发布《关于重点建设项目和政府投资项目行政审批管理有关事项的通知》，明确适用范围、审批方式、建立行政审批服务制度、加强审批前期相关工作、审批流程、审批事项及办结时限、招标投标管理、项目社会稳定风险评估、保障措施等内容。

【加快推进新型工业化】 为加快推进新型工业化进程，市委、市政府于2013年8月19日印发《中共韶关市委韶关市人民政府关于加快推进新型工业化的意见》，进一步明确加快推进新型工业化的总体要求、发展目标、主要任务、保障措施等内容。

【加快推进新型城镇化】 为深入贯彻落实中共十八大和省委十一届二次全会精神，以及省委、省政府关于进一步促进粤东西北地区振兴发展的战略部署，加快推进新型城镇化建设，全面提升城镇发展速度和发展水平，市委、市政府于2013年8月19日印发《中共韶关市委韶关市人民政府关于加快推进新型城镇化的意见》，进一步明确加快推进新型城镇化进程的总体要求、以芙蓉新区为龙头加快中心城区扩容提质、以县城为重点加快中小城市发展、围绕提升综合承载能力加强城镇功能设施建设、坚持以人为本逐步推进基本公共服务均等化、按照城乡一体化要求统筹推进城乡经济社会发展、不断深化推动城镇化加快发展的体制改革、加强对推进新型城镇化工作的组织领导等方面的内容。

【出台BT模式建设管理暂行办法】 为完善政府投资体制，多渠道筹措建设资金，加快工程建设进度，同时缓解政府建设资金压力，对本市采用BT模式进行融资建设的政府投资项目（以下简称BT项目）进行规范管理，市政府办公室于2013年9月10日召印发《韶关市区政府投资项目BT模式建设管理暂行办法》及《韶关市政府投资重点建设项目廉政保障工作实施意见》《韶关市区基础设施重点建设项目及BT项目招标文书会审制度》《韶关市区基础设施重点建设项目及BT项目招标文书审核细则》等配套文件，明确总则、BT项目以及投融资实施方案的确定、BT项目投资人的确定、BT项目合同的签订、BT项目建设管理、BT项目的回购与移交、相关单位及部门工作职责、附则和附件等方面的内容。

【出台韶关市公共资源交易目录】 为进一步规范韶关市公共资源交易活动，扩大公共资源交易领域和范围，有效遏制招标投标过程中的违法违规行为，市政府于2013年9月17日印发《韶关市公共资源交易目录》，进一步明确适用地域范围、纳入公共资源交易项目标准及各相关部门（单位）职责。

【出台韶关市重大行政决策程序规定】 为规范政府重大行政决

策行为，推进决策科学化、民主化和法制化，保障公民、法人和其他组织合法权益，市政府于2013年9月24日印发《韶关市重大行政决策程序规定》，明确重大行政决策程序适用范围、程序、组织实施单位、遵循原则、具体内容等32条内容。

【开展打击“两违”行动】 为整顿和规范韶关市土地管理、城乡规划秩序，严厉打击违法用地、违法建设行为，市政府于2013年10月18日召开市政府常务会议第四季度印发《韶关市区违法建设查处暂行规定》《韶关市人民政府关于开展打击“两违”行动的通告》《韶关市区对“两违”建筑不予提供水电等公共服务实施方案》，并决定对全市城乡规划区范围内的各类违法用地、违法建设行为进行全面集中打击行动。

韶关市人民政府领导成员名单

市　长：艾学峰
党组副书记：张志才
党组副书记、常务副市长：
　　段宇飞（—2013.6）
　　陈　波（2013.8—）
党组副书记、副市长：
　　王检养（2013.12—）（挂职）
副市长：兰　茵（女、畲族）
　　尚　伟（—2013.6）
　　邹永松
　　孔云龙（—2013.8）
　　李安平
　　王青西（2013.5—）
　　熊万鹏（2013.6—）
　　许志新（2013.6—）
秘书长：刘卫东（—2013.3）
　　钟裕荣（2013.4—）
副厅级干部：许俊杰
副秘书长：吴生祥（—2013.12）
　　李　宏（—2013.12）
　　李熏杰
　　梁祖超
　　文清年（—2013.6）
　　沈河民（—2013.12）
　　潘　卫（2013.3—）
　　黄宣剑（2013.3—）
　　邓彩虹（2013.9—）
　　欧阳全（2013.9—）
　　李建军（2013.5—）
　　黄国锋（2013.5—）
　　洪家尧（—2013.12）
　　邓阳秋（—2013.12）
　　黄庆忠（—2013.12）
　　刘国昌（—2013.12）
　　刘文程（—2013.12）
　　彭裕殿（2013.8—2013.12）

市人民政府办公室

【概况】 2013年，市政府办公室以科学发展观为统领，正确履行职能，务实创新，攻坚克难，促进工作提速增效，完成各项任务，为全市改革发展稳定做出贡献。

【强化统筹协调】 着力加大对政府重大政务活动的组织、统筹和协调力度，促进活动顺利开展。先后组织或协助开展纪念六祖惠能圆寂1300周年暨2013年广东禅宗六祖文化节（韶关）系列活动、世界张氏第六届恳亲大会欢迎晚会、第三届广东装备制造业国际高峰论坛暨中国机械博士大会、“体彩杯”龙舟赛、第二届青岛啤酒节、粤北硅谷项目专家调研座谈会等全市性重大活动（会议），为确保活动（会议）取得成功做出努力。

【文稿质量提高】 全年共起草、核改向省政府领导和省人大代表来韶调研汇报材料，以及市政府主要领导在市委全会、纪念六祖惠能圆寂1300周年大会等重要活动的讲话材料310多篇、180多万字，《政府工作报告》、第二季度经济分析会上的讲话等不少文稿得到市政府领导的肯定。制定印发《2013年市政府部门和有关单位工作要点》《2013年市政府10件实事牵头责任单位和协办单位》《2013年韶关市部门（单位）公开承诺为民办实事项目》，编制《2013年市政府部门和有关单位工作要点完成情况汇报》，细化分解责任，促进政府工作落到实处。编辑、发行《韶关市人民政府公报》12期。完成2013年《中国城市年鉴》等重要刊物韶关篇以及《韶关年鉴（2013）》市政府、市政府办公室部分的撰稿、组稿工作，撰写文字10多万字。

【调研工作加强】 围绕市委、市政府部署，抓住全市经济社会发展的重大问题，着力加强对基层、企业的调查研究，掌握了解有关情况，服务市政府解决问题。提交《以芙蓉新城建设为引领 推动粤北地区中心城市建设》《关于提高我市工业发展质量和水平的思考》《以发展旅游产业

园区为抓手 全力推进韶关建设国家旅游产业集聚区》《关于赴粤西桂南三市学习考察的调研报告》《2013年市政府工作思路建议》等多篇质量较高的调研报告，参与市委、市政府《关于全面深化改革的实施意见》《关于加快推进新型工业化的意见》《关于加快推进新型城镇化的意见》等重要文件前期调研和起草工作，为市政府加强经济社会建设发挥参谋作用。

【办文质量和效率提高】 修订实施《韶关市人民政府办公室公文处理实施细则（试行）》，优化和规范办文流程，提高办文水平。全年共收文7598件，发文1191件；办理各类公文11183件，其中密件86件；共印发市政府编号文件634件，办公室编号文件229件，韶府办明电227件，会议纪要175件，不编号文件387件。推广使用省党政内网、OA办公系统，加大业务培训力度，组织开展2期电子政务办公系统业务培训班，新配备一批办公设备，促进无纸化办公的提速提效。从严控制发文数量、规格和篇幅，实行文件、文号总量控制，做到少发文、发短文。提高会议纪要制发及请示件办理效率，每月采取柱状图形式通报制发和办理情况，并在办公楼三楼大堂张贴公示。制定并严格实施退文等制度，倒逼提高文件质量。

【办会严谨规范】 修订实施《韶关市人民政府办公室会议（活动）办理工作规程（修订）》，加强会务管理，倡导开短会、开套会、开并会、开电视电话会议、开解决问题的会，对会议召开的形式、参会人员、会期、规模等进行严格审核把关，促进会议减量提质。全年召开全市性会议25个，同比2012年减少11个，压减率30%，电视电话会议率达到25%，同比提高10个百分点。全年共承办市政府全体会议、工作会议、常务会议、专题会议等各类会议527次，均按要求完成各项任务。创新会议形式，在全市经济形势分析会上采用计时发言、典型代表发言、着重对策措施发言的措施，促进提高会议质量。

【信息督办和建议提案工作】 全年编发《韶府信息》35期；《信息专报》110期，其中45期得到市领导批示；向省政府办公厅报送信息130条；主动公开政府信息378条；办理网络问政留言20条，较好地促进问题解决。强化对重大部署、重点工作、重要批示的跟踪督查，全年督办事项37项，报送《督办专报》17期。特别是年初对市区重点项目建设（39个会议纪要）未完成事项，及时将项目进展、存在问题及推进建议等情况，以表格的形式报送市政府，得到市长批示和表扬。加强对建议提案交办和跟踪督促，办理人大代表建议70件、政协提案191件，代表委员均表示满意或基本满意。

【信息化和土地收储工作】 市信息中心牵头市直有关部门建成开通市本级及10个县（市、区）网上办事分厅，实现省、市、县三级网上办事大厅互联互通和服务事项目录数据同步；电子政务办公业务系统在全市得到推广应用。市土地储备中心完成土地收储面积276.47公顷；出让土地208.8公顷，出让收益16.43亿元，超额完成全年土地出让收益16亿元目标任务。

【保障维稳得到强化】 按照上级要求配合做好武警撤勤工作，加大市政府大院及住宅区安保力量，有效整治东西两院宿舍区车辆乱停乱放以及卫生脏乱问题，确保环境良好和安全有序。加强综治信访维稳工作，全年接待上访群众200多批共3000多人次，较好地化解矛盾纠纷。外地驻韶关机构联络工作有新进步。

【应急管理得到提高】 加强应急值守和信息报送，编写3期《全市季度突发事件基本情况与隐患评估与防患会商分析报告》；接收、处理信息200多条，其中上报省应急办23条；落实省、市领导批示30多条；接听、答复群众来电500多次（市长热线），发送短信4500多条次。加强隐患检查，全市排查出各类存在突发事件风险隐患1895项，均已采取相应整改治理和应对防范措施，取得较好成效。健全应急管理体制，完成市应急办从市政府办公室划转到市人防办的相关工作。

【人事老干工作】 开展人事管理和离退休老干部服务工作。指导督促直属事业单位做好事业单位分类改革相关工作，核定工作任务、内设机构、领导职数等，重新编制“三定”方案。市机关二幼划转工作平稳有序开展，已做好资产清理、划转、移交工作。全年协助老干部办理水电维修、住院医疗理赔等实事31件,探望慰问住院的老干部108次,办理异地医药费理赔6人(次)等。

【新一轮扶贫“双到”工作任务得到落实】 联合市电大成立新一轮扶贫开发“双到”工作领导小组，选派3名工作人员组成驻村工作组长驻下坋村。制定印发《市人民政府办公室、市广播电视大学对口帮扶下坋村贫困户工作实施方案》，并结合贫困户的实际情况，对每一户贫困户制定三年帮扶规划。全年落实帮扶资金636.7万元，促进下坋村集体经济发展，提升贫困户脱贫致富能力。组织开展一期农业技能培训班和一期非农技能培训班，发放复合肥、尿素等生产资料一批；建设3个黄烟育苗大棚；动员贫困户进行农房改造；规划建设垃圾收集点。下坋村贫困户适龄儿童“普九”毛入学率、60周岁以上老人养老保险参保率、医疗保险参保率均达到100%的目标。

【加强干部学习提升】 推进学习型机关建设，全年选派干部参加各类培训或讲座活动155人次，选派4名副科长到省府办公厅跟班学习1个月，并及时与全办干部职工分享省府办公厅办文办会办事的先进经验做法，落实26名处级以上干部在线网络学习教育。严格按照“两推一评”程序，提拔正处级领导干部1名，副处级领导干部2名，正科长3名，副科长1名，副主任科员5名。（市政府调研科）

附：领导班子成员名单

主　　任：周新秀

纪检组长：刘　锋

副主任：覃茂来

罗国华(—2013.9)

赵　旬

凌福传(2013.9—)

法制办工作

【概况】 韶关市法制局是根据韶机编〔2010〕5号文设立的主管市人民政府法制工作的正处级行政单位。设5个科室：办公室、行政复议科、规范性文件审查科、法律事务科、行政执法监督科。行政编制15名，后勤服务人员4名。韶关仲裁委员会办公室为市法制局管理的公益二类事业单位，副处级。2013年，韶关市法制局按照《市法制局2013年工作要点》的总体目标，改革创新，真抓实干，履行政府法制工作职责，在推进政府规制建设、规范行政执法监督、提高行政复议办案质量、做好政府法律事务等方面取得重要进展和良好成效，为全市经济社会发展作出贡献。

【依法行政】 制定下发《韶关市法治政府建设指标体系（试行）》《韶关市依法行政考评办法》，将依法行政工作责任具体落实到各责任主体，并明确考核标准。2013年8月，对10个县（市、区）及40个市政府部门、直属机构2013年度依法行政工作进行评查，及时传达贯彻全省依法行政工作会议精神，通报全市依法行政工作评查情况，总结部署依法行政工作，推动依法行政工作深入开展。

【规制审查】 年初制定《韶关市人民政府2013年度规范性文件制定计划》。在23件政府规范性文件制订计划中，完成16件，另有7件起草部门未报送法制局进行合法性审核。对部门规范性文件合法性审查共14件；对县、区规范性文件备案共6件。均严格实行统一登记、统一编号、统一发布制度。

【行政复议】 2013年，共受理行政复议申请83宗，办结72宗。其中，维持57宗，撤销3宗，不予受理4宗，终止8宗，按时办结率100%；办理以韶关市政府为被申请人的行政复议案件3宗（维持1宗，2宗正在办理），行政复议胜诉率为100%；协助市林业局处理山林纠纷案件1宗。

【行政执法监督】 严把行政执法证的申领、审核、发放和管理关。全年办理行政执法证1185个，新开通办证用户1个，修改用户资料5个。抓好行政执法督察案件的办理，对违法执法行为严肃处理。对县（市、区）和市直执法机构进行执法案件评查，发现问题及时指导和帮助解决。指导各行政执法队伍工作，派人到市文化广电新闻出版局、交通综合行政执法局等单位上执法培训课。

【法律顾问工作】 履行政府法律顾问职责，当好市政府法律助手和参谋，为市政府在民事诉讼、重大合同审查、重大行政决策等方面做好法律服务工作。2013年，为市政府和有关部门共出具法律意见87件，代理市政府出庭应诉4次，参加调研2次，应邀授课2次。（李细春）

附：领导班子成员名单

局　长：罗国华

副局长：黄益东　陈雄标

　　　　刘剑军

金融管理

【概况】 韶关市人民政府金融工作局（前身为韶关市金融服务办公室）成立于2005年9月，为韶关市人民政府协调服务金融业的工作部门。2013年，韶关市人民政府金融工作局行政编制12名，设立局党组，局长1名、副局长2名。设办公室、银行保险市场科（地方金融市场科）、资本市场科3个内设机构。2013年，韶关市金融机构以“推动粤东西北地区金融跨越发展”为目标，以新型工业化、城镇化、产业园区扩容提升为抓手，深化金融改革，推动金融创新，扩大金融开放，激发金融活力，确保金融工作稳中求进。

【金融机构业绩稳增长】 全市共有银行业金融机构22家，其中国有商业银行4家，政策性银行1家，股份制商业银行3家，农信社法人机构10家，邮政储蓄银行1家，外资银行2家，村镇银行1家；证券业机构5家；保险业机构30家；融资性担保公司9家；小额贷款公司14家。全市金融机构网点598个，全市金融业从业人员11432人。金融业实现增加值23.7亿元，比上年增长11.5%；全市各项存款余额1256亿元，同比增长12.3%，增幅比上年多1.2个百分点；各项贷款余额581亿元，同比增长16.8%，高出全省增速近4个百分点；全年证券交易额1056亿元，比上年增长48.9%；保费收入24亿元，比上年增长10.1%。年底，小额贷款公司贷款余额4.6亿元，同比增长10.8%；融资性担保机构全年累计发生担保业务5.2亿元，在保余额5.1亿元。

【资本市场工作有新突破】 促进企业改制上市。2013年，鸿伟木业有限公司实现在香港H股上市，成为自1999年以来韶关市首家成功上市的企业，突破韶关市15年来没有企业上市的现状。建立上市后备资源库，挖掘和培育企业改制上市。对优质企业进行全面调查和摸底，按照企业发展状况和现有情况，将33家优质企业列入韶关市改制上市后备资源库。开拓中小企业场外挂牌融资。加强与广州、深圳股权交易中心的合作，为中小企业以股权、质押方式融资，全市共有12家中小企业分别成功在深圳前海股权交易中心和广州股权交易中心挂牌。

【金融保障民生成效显著】 推动保险市场健康发展。完成市政府2013年承诺10件为民办实事之一——自然灾害公众责任保险户籍人口投保工作，全市327.24万户籍人口均可享有保险条款约定的保障权益，韶关市在全省率先实现自然公众责任保险统保的目标，2013年因自然灾害共赔付130多万元；环境污染责任保险、电梯责任保险、校园方责任保险宣传推广工作稳步推进；政策性农村住房保险承保率基本达到100%。推动地方金融市场规范发展，严守小额贷款公司、融资性担保公司不发生系统性风险的底线。推动农村金融改革。开展农村金融督查考评工作，促进农村金融工作再上新台阶。

【金融对接“百项工程”、中小企业】 举办金融机构对接“百项工程”、中小企业融资活动，解决韶关市经济发展过程中企业融资问题，促使银行业金融机构加大信贷投放力度，支持韶关地方经济发展。活动共签约44.85亿元，其中百项工程、重点项目为39.97亿元，中小企业项目为3.08亿元，涉农项目1.8亿元。

【缓解融资难问题】 通过建设“韶关市中小微企业融资绿道”网络信息平台让金融机构发布金融产品和服务，推广中小企业贷款风险补偿基金项目（助保贷）等创新方式，优化信贷结构，有效缓解中小微企业和“三农”融资难问题。

【金融招商取得成效】 引入金融机构进驻发展，2013年共引入交通银行韶关分行、东莞银行韶关分行、东亚银行韶关支行、汇丰银行曲江支行进驻韶关市，为韶关市金融注入新鲜血液，激发全市金融市场发展活力。

【推动农信社改制农商行工作】 推动翁源农信联社改制为农商行

工作。翁源农信联社资产清核和整体资产评估工作已全面完成，监管部门全面完成对翁源联社组建农商行的验收工作，争取2014年实现农商行挂牌，使其成为韶关市第一家农村商业银行，为韶关市其他农信联社向农商行改制积累经验。（廖　政）

附：领导班子成员名单

局　长：汤满懿

副局长：潘光敏　周全满

接待工作

【概况】 韶关市接待办公室是参照公务员管理事业单位，编制23名，内设人秘科、接待一科、接待二科、财务科4个科室。主要负责市级四套班子及纪检、组织、宣传、政法等部门的公务接待任务；安排中央及省级领导在韶关进行公务活动的前期联络及后勤服务等事宜；负责韶关市党政领导及代表团外出公务活动的后勤联络和服务；配合有关部门完成各种大型会议、大型活动的接待安排。韶关市接待办公室下辖韶关市接待服务中心和3个接待基地，分别为韶关市人民政府招待所（韶关市北苑宾馆）、韶关市韶州宾馆、荷花园（粤海）酒店。配合市委组织部安置1名正团级军转干部为市接待办副主任，配合市委组织部做好2名班子成员试用期满转正任职工作，做好1名科长试用期转正任职工作，按程序提拔主任科员1名、接待服务中心副主任1名，从县调入干部3名，公开招考接待服务中心管理人员3名，续聘企业总经理、调整部分人员岗位分工。

【重要接待】 2013年，完成接待任务3308批次，71293人次。其中，一类客人（副国级以上首长）6批次，115人次；二类客人（省、部级领导）94批次，1596人次；三类客人［厅（司）级及以下领导］3208批次，69582人次。市接待办严格按照中央“八项规定”等新规，发扬“敏锐、热情、务实、廉洁、创新”十字风尚，坚持周密部署，做好接待服务工作。立足政治大局，完成各项重大政务接待。2013年，到韶关市考察调研的党政领导主要有：全国政协原副主席陈锦华，全国政协原副主席罗豪才，最高人民法院原院长肖扬，中共中央政治局委员、省委书记胡春华，以及全国人大、全国政协、人社部、国家气象局、国家旅游局、民政部、国家宗教事务局、中国银监会、国家税务总局、省组成部门等单位的领导。参与纪念六祖惠能圆寂1300周年暨2013年广东禅宗六组文化节（韶关）系列接待活动和世界张氏总会第六届垦亲大会、第二届中国机械博士大会高峰会议等大型活动的接待和后勤保障工作。围绕韶关经济建设，热情服务于各项商务接待，接待的重要企业和客商有：比亚迪股份有限公司、华远集团、省机场管理集团、省广晟资产经营有限公司、中金岭南公司、恒大集团、保利集团、国风集团、玉圭园集团、盛世立业公司、省南粤交投公司、广弘公司以及港澳台客商、日本客商团。利用资源优势，实现出访来访双满意。市接待办协助市委、市政府组织党政赴外学习考察团活动的沟通协调工作，做好市党政考察团赴清远、佛山、阳江学习考察，赴台湾开展农业、旅游经贸交流，赴广州、惠州、海南三亚、安徽黄山等地开展“八一”慰问等。做好到韶关市考察学习的客人接待服务，主要有东莞市党政代表团、珠海市代表团、河源市党政代表团、韩国荣州客人、内蒙古自治区政府代表团、黑龙江省政协领导等。

【接待基地营业成绩】 2013年，北苑宾馆经营收入1100万元，同比增长9.67%；上缴税金63.1万元，同比增长12.68%。韶州宾馆经营收入585.62万元，同比增长22%，上缴税金29.78万元，同比增长22%。荷花园（粤海）酒店经营收入1994.81万元，同比下降1.69%，上缴税金110.19万元，同比下降5.23%。

【创新接待规范】 市接待办结合韶关市公务接待实际，全面梳理《改进公务接待实施操作规程》《值班室工作规程》《档案工作规程》《接待工作实施脚本》《粤北特色菜制作》等8个方面的工作，形成8项工作任务的实施方案，作为新时期新形势的公务接待工作的指导规范。提高主动宣讲能力。通过详情解读具有地方特色的风景名胜、民情风俗、传统文化、城市风貌、优势项目等方式，丰富政务讲解内容，注重宣传城市重点。提高参谋助手能力。通过把服务韶关经济建设、推进社会文明、提高开放程度和实现跨越发展的要求主动融合到具体工作中，精心选择和安排具有地方特色以及民族特色的活动线路和考察项目，倾力挖掘进步典型。提高地方特色制作水平。搜集整理《韶关市县（市、区）特色菜品具体做法》，要求各下属宾馆研究挖掘韶关本地独特的饮食文化特色，制定出一套具有地方特色的政务接待食谱，体现韶关浓郁的地方风情。提高个性化服务水平。通过主动沟通了解来宾的习惯、爱好、性格、工作要求等情况，重点实施“一对一”管家管理服务，不断拓展接待服务职能。

【扶贫“双到”做出突出成绩】 由韶关市接待办公室与韶关市技师学院用3年时间共同帮扶仁化县丹霞街道办事处车湾村。经入户摸查，共有178户贫困户被列为帮扶对象，按照扶贫“双到”文件精神，双方精心组织，深入调研，按“一村一策、一户一法”多渠道多形式筹集资金，多途径拓展扶贫模式，组织成立“车湾水果种植专业合作社”。2013年，共筹集资金362.8543万元，对口帮扶项目有：一是投入20.364万元为淡庄村建设饮水工程，铺设水管2200米，解决该自然村220人饮水困难的问题；二是投入20万元入股锦江电站，解决村集体收益；三是投入2.71万元建设文体活动场所，购乒乓球桌2张及球拍等，修篮球架2个，购羽毛球器材一批及维修场地一个；四是投入10万元为贫困户进行种养培训5次，参训人员共198人次，劳动力就业转移培训1次，参训人员共300人次；五是投入5.8万元修建村委宣传栏，投入1.5万元，为村委新置办公设备一批；六是投入2.048万元为贫困户购买2013年度新农合新农保，全村参保率达100%；七是投入4万元，改造危房2户；八是投入3万元建垃圾池和购垃圾桶，修建上廖村、下廖村排污沟，美化村容村貌；九是为16户农户家庭办理五保和低保，共20人，并投入1万元购油80公斤，米80公斤，棉被16张开展送温暖活动；十是投入2.976万元，帮扶贫困户化肥162袋；十一是投入224.243万元修建水利、道路；十二是投入0.0356万元印制帮扶干部电话联络卡356份；十三是在村的党建工作中，实施“双培双带”工程，发展入党积极分子3名。

2013年，市接待办荣获韶关市扶贫开发“规划到户、责任到人”工作优秀单位称号。

（姚可华　钟电奇）

附：领导班子成员名单

主　任：唐福楼

副 主 任：冯宪青　韩丽华

纪检组长：张广生

副主任：罗江英

冯广照（2013.12—）

行政服务

【概况】 韶关市行政服务中心内设办公室、协调科、督查科、政务科，下辖市公共资源交易中心。2013年，办事大厅共受理各类办件493124件，同比上年增长36.7%，其中许可审批事项55974件，办理证照及年审303203件，咨询类133947件，即办件数量为285468件（不含咨询），占总办件数（除咨询）的79.48%，提前办结率为100%。各窗口收到锦旗65面，表扬信72封，群众满意率为98%。

【规范窗口管理】 2013年，中心采取多项措施规范窗口管理。开展评比考核，对窗口及工作人员各项工作进行标准化量化考核，开展“最佳标准化窗口”和“最佳标准化个人”和“文明窗口”评比活动；推行办件登记制度，定期对办件事项进行梳理、分析，跟踪督办，建立科学有序、合理流畅、廉洁高效的行政审批运行机制。设立餐饮业联审协调窗口受理市区餐饮行业联办代办业务。使用电子监控系统对窗口服务大厅工作情况进行监察。利用电子审批系统对窗口行政审批业务办理情况进行监察。

【行政审批制度改革】 根据《韶关市人民政府2012年行政审批制度改革事项目录（第一批）》，下发《关于加强行政审批清理后续管理工作的通知》，组织市相关部门对保留的行政审批事项优化审批流程、压缩审批时限、精简审批要件，并将各审批事项的审批流程、示范文本、办理期限等信息进行公示，接受社会监督。

【联办代办服务企业】 2013年，中心为韶冶异地搬迁升级、、韶关比亚迪等重点企业和项目实行主动服务、跟踪服务，并着力推进联办代办机制。全年开展百家企业帮扶等活动，为企业提供联办代办事项共152项，为企业解决行政审批方面的疑难杂症213个。

【行政服务体系建设】 2013年，中心全力推进韶关市、县、镇、村四级行政服务体系建设。开展工作交流，定期召开县（市、区）行政服务中心工作会议，交流工作经验及审批服务方面的有效做法，建立行政服务中心示范点；开展业务培训，到县（市、区）行政服务中心对工作人员进行业务培训，提高服务能力和水平；指导推进乡镇（街道）便民服务中心建设，全市各县（市、区）95个乡镇完成便民服务中心建设，村级服务站示范点建设得到有效推进，每个镇均有2个以上村级服务站示范点。全市市、县（市、区）、乡镇（街道）、村（居）四级便民服务体系不断完善，行政服务不断向基层延伸，覆盖面不断扩大，使越来越多的群众享受高效便捷的服务。

【政府信息公开】 2013年，中心以“三公”经费和财政预决算公开工作为重点和突破口，推进政府信息公开工作，解决政府信息公开领域的重点和社会关注的热点问题。同时，在全市设立8个政府信息公开示范点，创新政府信息公开工作举措，政府信息公开工作取得新成效，得到省政府办公厅的表扬。

【公共资源交易平台建设】 整合原建设工程交易中心、政府招标采购中心、国土资源交易中心和产权交易中心，组建市公共资源交易中心，并于2013年4月28日正式挂牌运行。全年，交易中心共有644项工程进场交易，交易金额达114.6亿元，节约资金（增值）6.97亿元（其中节约资金6.08亿元，节约率5.31%，增值资金0.89亿元），上缴市财政非税收入2236.54万元，比2012年4个中心总和超收1156.54万元。

【网上办事大厅建设】 按照市政府工作部署，牵头开展全市网上办事大厅建设，于2013年5月20日上线，6月21日正式运行。2013年，全市39个市直单位应进驻市网上办事大厅事项802项，已进驻795项，事项进驻率99.13%，其中能全程网上办理的事项有728项，全流程网上办理率90.78%；11个中省直单位应进驻网上办事大厅事项102项，已进驻100项，事项进驻率98.04%，其中能全程网上办理的事项有87项，全流程网上办理率85.29%，网上办事大厅达到一级办事深度行政审批事项比率达98.7%。为加大网上办事大厅的推广应用，中心还开展4期专题培训，开设网上办事大厅应用辅导站，引导办事群众通过网络办理业务。（张传生）

附：领导班子成员名单

主　任：吴生祥

副主任：李寿全　钟山红

纪检组长：姚世昌

外事侨务·港澳事务

【概况】 韶关市外事侨务局内设办公室、签证科、侨务科、宣传联络科、港澳事务科，同时挂韶关市人民对外友好协会和韶关市人民政府港澳事务办公室两套牌子。2013年，韶关市外事侨务局严格把好审批关，强化因公出国（境）审批和管理工作，制止公费因公出国（境）旅游现象。受理因公出国39批103人次，其中党政干部39批，103人次，同比减少43%。受理因公赴港澳806人次，批准785人次，其中香港699人次，同比持平；澳门86人次，同比减少0.8%。受理办理企业邀请外国人到韶关32批35人次。巩固和发展友城城市关系，拓展友城间的交流与合作。韶关市与韩国荣州市开展冬令营、互派公务员、联合招留学生等活动。美国旧金山中华总商会会长黄永乐一行访韶关。韶关市组团参加第七届世粤联会。加大归难侨扶持工作，向省政府、省侨办争取到360万元级补助资金。加大APEC商务卡推广力度，共受理上报申办APEC商务旅行卡3批12人次，开创APEC商务旅行卡零的突破。完成每年一度、于2月22日在香港举行的“韶关市人民政府香港新春座谈会”工作。利用《今日韶关》侨刊及“韶关外事侨务网”“广东侨网”“广东外事网”“广东港澳网”等多种渠道开展对外宣传工作。《今日韶关》2013年共出版12期，发行近2万册。

【与韩国荣州市开展中学生冬令营互派活动】 2月，韶关市中学生19人赴韩国荣州市开展为期5天的冬令营活动，受到荣州市市长金宙荣的亲切接见。代表团一行参观荣州市圣贤文化村，访问学生家庭，在学校吃、住，体验解韩国文化、家庭生活和校园生活。12月，韩国荣州市前市长、国际交流协会会长金晋荣率中学生代表团一行21人到韶关市开展冬令营活动。市委书记、市人大常委会主任郑振涛，市委常委、市委秘书长孔云龙会见考察团一行。代表团一行参观市第一中学、乳源高级中学、丹霞山、南华寺、马坝人遗址、南岭国家森林公园及韶关市博物馆。

【举办2013年韶关市人民政府香港新春座谈会】 2月22日，韶关市委、市政府在香港香格里拉酒店举行新春座谈会。市领导郑振涛、李飞、陈波、孔云龙等出席座谈会。中央驻港联络办公室副主任林武、外交部驻港特派员公署办公室副主任章陶平，韶关市荣誉市民、政协委员以及在韶关投资、为韶关经济社会事业作出贡献人士的代表、市直有关部门负责人等约200人出席座谈会。在香港召开新春座谈会期间，郑振涛、李飞、陈波、孔云龙等市领导还拜访中央驻港联络办公室、相关港资企业等。

【越南驻广州总领事苏国俊一行访问韶关】 3月15日至17日，为了解韶关市经济社会发展情况和经验，利用广东省与越南外交部合作机制，推动越南与韶关市的经贸、文化合作，越南驻广州总领事馆总领事苏国俊一行8人访问韶关市。代表团访韶关期间，与市外经局、旅游局、文广新局等部门负责人座谈，并参观考察珠玑古巷、丹霞山和南华寺。

【驻澳门特区政府领事团一行访问韶关】 5月28日至30日，驻澳门特区政府领事团一行41人到韶关市进行参观访问。澳门特区政府领事团主要由科威特等23个国家驻澳门总领事、代总领事、名誉领事、外交部驻澳特派员公署代表和澳门特区政府代表等组成。市委副书记陈向新、市政协副主席何伟青会见驻澳门特区政府领事团一行。驻澳门特区政府领事团先后参观和考察韶阳楼、韶关城市规划馆、南华寺、丹霞山、乳源瑶族自治县。

【澳洲新南威尔士州王国忠上议员一行访问韶关】 7月1日，澳洲新南威尔士州王国忠上议员一行8人到韶关进行访问，市委书记郑振涛、副市长孔云龙会见王国忠一行。并希望韶关市与宝活市进一步加强合作，增进相互交往，促进共同发展。宝活市是韶关市友好城市，此次王国忠议员一行到韶关作为友城回访，在经济社会各方面进行洽谈，加强双方的沟通与了解，将在经济、文化、教育等方面开展更广阔的合作。

【韩国荣州市议会议长朴南绪率团访问韶关】 11月6日至8日，韩国荣州市议会议长朴南绪等一行6人对韶关市进行友好访问。市委书记、市人大常委会主任郑振涛会见代表团一行，市人大常委会副主任徐紫玲陪同。双方表示，韶关市与荣州市之间的交流非常密切，双方今后在青少年文化以及经济方面的交往应该更加深入。朴南绪一行在韶关期间还参观考察韶关学院、丹霞山以及南华寺。

【组团参加第七届世界广东同乡联谊大会暨第一届世界广东华人华侨青年大会】 11月10日至12日，第七届世界广东同乡联谊大会暨第一届世界广东华人华侨青年大会在澳门威尼斯人度假村举行。副市长熊万鹏率韶关市代表团参加，进一步推进韶关市海外社团的发展，加强对外交流，争取侨心，凝聚侨力，以此契机促进韶关市的招商引资工作。

【郑振涛率团访问美国旧金山市】 11月14日至16日（旧金山时间），市委书记、市人大常委会主任郑振涛应旧金山市政厅的邀请，率市政府代表团一行5人访问友好城市美国旧金山市。旧金山市市长李孟贤会见代表团一行，双方就如何推动双方友好城市的合作和建设展开探讨。代表团一行随后拜访旧金山韶关旅美乡亲联谊会，与旧金山韶关旅美乡亲进行亲切交谈。结束对美国旧金山的访问后，代表团一行还赴墨西哥访问，了解墨西哥SKF公司和新雪域公司，就进一步开展经贸合作进行探讨，为韶关市企业走出去拓展新路子，寻求更多的合作。（李　莹）

附：领导班子成员名单

局　长：林　岚

副局长：陈其华　华　明

投资建设项目代建管理

【概况】 韶关市政府投资建设项目代建管理局（以下简称韶关市

代建管理局）于2010年12月23日批准成立，2012年8月8日正式揭牌，为市政府直属事业单位，公益一类，正处级，办公地址位于韶关市浈江区大学路195号。韶关市代建管理局内设办公室、计划财务科、项目规划科、合同预算科和项目建设管理科5个科室，辖1个下属事业单位市政建设工程管理处。核定事业编制21名，其中局长1名、副局长2名、纪检组长1名、总工程师1名、总经济师1名；正科级领导职数正职5名、副科级领导职数5名。其主要职责是项目建设期间受市政府委托行使业主职能，负责政府投资建设的非经营性工程项目的组织实施和管理工作。

2013年，围绕“目标管理、项目责任”服务宗旨，以制度建设为抓手，团结奋进，攻坚克难，勇于承担，推进代建项目安全、有序、高效建设。

【完善代建工作机制】 修改完善《韶关市政府投资非经营性项目代建管理办法》，结合项目代建运作实际以及借鉴广东省部分地市代建管理经验，不断完善代建管理办法，促使代建项目规范有序推进。组织制定《韶关市代建管理局代建工程项目组管理实施方案》《韶关市代建管理局工程项目接收管理办法》《韶关市代建管理局安全生产管理办法》等10多项规章制度，完成《韶关市代建管理局代建工程项目组管理制度》编制工作，建立代建项目管理领导小组及其项目组管理体系，有效提升代建项目管理水平。组织开展内部制度讨论学习活动，汇编印发局会务工作、公文处理、督办工作等8个方面内部管理制度，并在实践中不断完善，为代建项目管理提供优质、高效的后勤服务。

【推进项目建设】 2013年承担的代建工程共20多个，其中涵盖“为民办实事”项目5个，全年完成建安投资约3.4亿元。（1）推进原曲仁矿棚户区改造项目二期工程。田螺冲棚户区改造工程分A、B地块实施，A地块2013年年底，完成主体结构封顶113栋，封顶率93.3%，A地块小区道路、给排水等附属设施项目于12月正式启动建设；进场道路东田二路工程于11月进场施工；B地块于12月进场施工。和平八一队棚户区改造工程于11月正式启动建设。里群棚户区改造工程前期工作正在进行。（2）推进市民文化活动中心项目。原芙蓉新城“三馆”项目改为市民文化活动中心项目，8月确定设计方案，12月完成岩土勘察施工和土方平整施工招标工作。（3）推进市残疾人康复中心项目。年底工程完工，并交付使用。（4）推进市田家炳中学教学实验楼工程。年底主体工程基本完工，并移交业主二次装修。（5）推进市工业西片区内涝整治（工业西转盘排涝）工程。4月完成立项工作，12月正式启动建设。（6）推进公共资源交易中心装修项目。1月正式启动建设，4月完工并交付使用。（7）推进高铁韶关站贵宾候车室装修改造工程。6月正式启动建设，9月完工并交付使用。（8）推进江湾卫生院综合楼工程。年底工程基本完工。（9）推进S248线韶关市区过境段黄金村大桥至韶关钢铁厂改线工程（黄金村—大学路段）。10月正式启动建设，年底已进入工程主体施工。（10）推进S248线韶关市区过境段黄金村大桥至韶关钢铁厂改线工程（大学路—韶关钢铁厂段）。12月完成立项工作。（11）推进市农产品检测综合楼项目。11月完成监理、施工招标。（12）推进国道323线韶关市区过境路朝阳村段工程。6月进场施工，12月完成右幅道路的雨水管道、路基和垫层，防护挡土墙工程也已完成90%。（13）推进市一中运动场看台项目。年底完成监理、施工招标工作。（14）推进碧桂园良村桥头交通整治工程。年底开展施工（BT）招标工作。（15）推进沿江路滑坡抢险工程。完成一期抢险应急工程。

【安全生产形势稳定】 完善安全生产、质量控制、应急预案等一系列规章制度，成立局安全生产领导小组，逐级签订《安全生产责任书》，明确“一岗双责”职责，形成统一领导，各司其职，层层抓落实的工作格局。构建项目绩效考核评价机制和参建单位信用档案评价体系，激励和约束项目组及参建单位履职行为。着重加强在建项目薄弱环节和关键节点的安全质量监控，深入一线开展安全隐患排查以及季节性、节假日安全生产专项督查工作，全面消除安全隐患。组织开展“安全生产月”活动，加大安全生产教育培训力度，增强安全防范意识和应急处置能力，确保代建项目建设健康、有序推进。

【创新管理机制】 推进代建管理

工作信息化建设，推广启用项目信息管理平台，提升代建管理水平。结合项目建设重要节点，制定项目工作计划和项目形象进度，实行重要节点督办制度，确保代建项目按时推进。根据代建项目实体进度，分阶段对完成工程量的实际成本与计划成本进行动态对比核算，实时掌控生产资料、人工消耗及现场管理成本。成立技术专家库，组织技术专家开展工程设计、施工方案论证会议，协调配合各部门及参建单位，优化方案，降低成本。全年所有在建项目累计节约建安投资约9500万元。（叶森林）

附：领导班子成员名单

局　长：刘　波（—2013.3）
　　　　林国华（2013.3—）
副局长：邓永坚　孙　燕
纪检组长：秦叶培
总经济师：刘礼清
总工程师：梁万红（2013.3—）

信息化建设

【概况】 韶关市信息中心为副处级参公管理的事业单位，隶属韶关市政府办领导和管理，内设办公室、网络管理科、信息采编科。

【网上办事大厅建设】 韶关市严格按照省委、省政府网上办事大厅建设的统一部署和要求，提前2个月完成省下达的各项工作任务，建成开通市及10个县（市、区）网上办事分厅，实现省、市、县三级网上办事大厅互联互通和服务事项目录数据同步。2013年，韶关市网上办事分厅实际进驻部门50个，其中市直部门39个，中省驻韶关部门11个，部门进驻率为100%；实际进驻行政审批事项子项数895项，行政审批事项进驻率为99%。达到一级以上办事深度的行政审批事项子项数883项，一级网上办理率达98.66%；达到三级办事深度，能够实现全流程网上办理的行政审批事项子项数有813项，三级网上办理率达90.84%。韶关市10个县（市、区）已进驻上办事分厅单位共464个，共进驻网上办事分厅服务事项4922项，达到一级以上办事深度的事项有4733项，一级网上办理率达96.97%。

【办公业务系统建设】 2013年，中心根据《中共韶关市委办公室韶关市人民政府办公室关于印发〈韶关市全面应用电子政务办公业务系统办文工作实施方案〉的通知》（以下简称《通知》）要求，推进办公业务系统的推广应用，做好系统的管理维护工作。除武江区外，全市电子政务办公业务系统开通单位已达到1281个（其中韶关市级上线单位293个，9个县（市、区）上线单位988个）。截至12月31日，市级293个单位对外发文29631件，已办结29602件，收文236688件，办结226801件，发文、收文的办结率分别为99.90%、95.82%，市县（市、区）利用公文交换平台交换公文65046件。

【网络问政平台建设】 2013年，中心继续做好网络问政平台运行和维护工作，截至12月31日，网络问政平台累计点击率达2100万人次，日均访问人数超过8万人次。已受理问政贴18823条，已答复18820条，及时答复18639条，及时答复率99.1%。网络问政平台运行效果良好，社会效益明显，人民群众关心的热点难点问题通过公开、透明的网络问政平台得到解决。

【党风廉政信息公开平台建设】 2013年，中心采取各种措施，不断推进平台应用，通过通报和考核，各地各单位信息公开的主动性和积极性有明显提高。系统上线以来，已累计发布各类信息1091643条，其中党务公开信息5273条，政务公开信息100749条，厂务公开信息10471条，事务公开信息10396条，村务公开信息945874条，所站公开数据18880条。2013年，共发布信息338899条，其中党务公开信息2088条，政务公开信息24693条，厂务公开信息4012条，事务公开信息3725条，村务公开信息298294条，所站公开数据6087条。

【工程建设领域项目信息和信用信息公开平台建设】 根据中央、省、市的部署和要求，韶关市依托电子政务综合应用平台，建成开通全市统一的“工程建设领域项目信息和信用信息公开共享平台”。双信平台在市及10个县（市、区）154个单位应用，该平台运行稳定，效果良好。截至12月底，全市154个单位已发布信息3753条，其中项目信息3351条，信用信息402条。

【政府门户网站建设】 自“韶关市人民政府门户网”开通以来，发挥桥梁媒介作用，全面公开政务信息，配合做好全市各种大型活动的宣传工作。2013 年共采编、发布各类日常信息、资料 4010 多篇，另外发布文件（市属 81 篇，国家、省政策法规及政策解读 81 篇）。同时，为丰富网页版面，通过现场拍摄、各有关单位发稿支持等方式收集图片，共发布新闻配图 600 多张。

【做好政府信息公开工作】 根据《中华人民共和国政府信息公开条例》的规定，在《韶关市人民政府政府信息公开专栏》上发布政府信息公开年度报告、企业信用查询等 10 多篇，在《政府信息公开平台》录入 2013 年的市政府、市政府办公室政府信息公开内容 340 多条，为进一步扩大和深化政务公开，提高政府网站的社会认知度和满意度，做好单位的政府信息公开工作做出一定的成绩。 （李建联）

附：领导班子成员名单

主　任：陈其宏

副主任：欧阳立新

政协韶关市委员会

综　述

2013年，政协韶关市委员会共有政协韶关市委员会经济委、人口资源环境委、提案委、社会法制委、教科文卫体委、文史和学习委、民族和宗教委、港澳台侨联络委等8个专门委员会。2013年，市政协学习和贯彻中共十八大和十八届三中全会精神，把握团结、民主两大主题，围绕市委、市政府提出的工作目标和任务，发挥优势，履行政治协商、民主监督、参政议政职能，为促进经济社会跨越发展、建设幸福美好韶关做出应有的贡献。

重要会议

【市政协十一届二次会议】 2013年2月，政协韶关市委员会在市区召开第十一届委员会第二次全体委员会议。会议听取和审议市政协第十一届委员会一次会议以来常务委员会工作报告和提案工作情况的报告，听取和讨论市政府工作报告及有关报告，补选市政协第十一届委员会常务委员，审议通过会议决议。会议期间，组织安排委员大会发言，各民主党派、工商联及部分界别的委员围绕韶关市改革、发展、稳定等重要问题作发言；组织安排委员大会即席发言，委员们围绕韶关市经济、社会发展以及人民群众普遍关心、关注的热点、难点问题踊跃发表意见、建议，气氛热烈、效果良好；会议期间，还组织召开港澳委员政策咨询座谈会，为港澳委员在韶投资置业解惑释疑，听取港澳委员对加快韶关经济社会发展的意见、建议。会议补选张衡、钟沛东、陈祎3人为市政协第十一届委员会常务委员会委员。

【十一届政协常务委员会会议】 2013年，十一届政协常务委员会共召开会议四次，即十一届五次至八次会议，分别听取市政府、市纪委、市中级人民法院、市人民检察院通报政府工作、反腐倡廉、两院工作、政府部门办理政协提案等工作情况，讨论政府工作报告（征求意见稿）；分别讨论和审议政协常委会工作报告（送审稿）、提案工作情况报告（送审稿）以及政协重点调研专题报告，并就重点调研专题提出建议案，供市委、市政府及有关部门决策参考。

【市长与市政协委员座谈会】 2013年，市政协以推进城镇化建设专题，举办市长与政协委员座谈会。市政协筹备会议，组织各专委有关委员开展调研并形成书面材料。座谈会上，委员们各抒己见、畅所欲言，从不同的角度分析当前城镇化发展所取得的成就，所面临的困难和亟待解决的问题，就如何加快韶关市城镇化建设进程提出意见、建议，得到市长的肯定，认为委员的意见、建议，切合实际，对于加快韶关市城镇化建设进程具有重要的参考价值。

重要活动和主要工作

【调查研究和专题视察】 2013年，市政协围绕市委、市政府的中心工作组织开展“我市困难群体法律援助工作”“加快推进我市城镇化进程”“县级公立医院综合改革”“关于六祖禅宗文化发掘和利用情况”等4个专题调研。这4项专题调研都是由市政协与各民主党派合作、市直有关部门配合，在调查了解韶关市实际情况，并考察省内外先进地区工作经验基础上，进行讨论协商完成的，报告广泛反映民意，吸纳民智。这四项专题报告均经主席会议讨论和常委会议审议后形成建议案报送市委市政府，得到市委、市政府的重视和肯定。如市领导艾学峰、邹永松、王青西等先后在报送的《关于加快推进我市城镇化进程的建议案》上作出批示，要求有关部门研究办理，在市委市政府制订关于加快推进韶关市新型城镇化工作的意见过程中,吸纳建议案的意见、建议。

年内，市政协围绕市委、市政府的中心工作和人民群众普遍关注的热点问题组织委员视察。市政协8个专委先后组织委员就“韶赣铁路韶关段建设”“我市物流网络发展”“现代农业发展”“知识产权工作”“文化遗产的保护和利用”“外资企业发展情况”“农家乐与观光休闲农业发展”“宗教活动场所建设”等专题进行视察并形成视察报告，供市委、市政府及有关部门决策参考，有力地推动相关工作的落实和发展。

【提案工作】 提案工作是人民政协的一项基础性工作，也是委员履行民主监督职能的重要形式。2013年，市政协通过召开全市政协提案工作座谈会，探索提高提案工作质量的途径和措施，发挥委员的主体作用，加强培训引导，着力加强提案工作的制度化、规范化、程序化建设，强化质量意识，严把立案关，坚持采取党政主要领导和市政协班子领导领衔督办重点提案，加大督办力度，开展提案办理“回头看”，增强办理实效等措施，提案质量明显提高，提案办理取得实效。市政协全年共收到提案201件，立案办理135件。经过政协委员提出提案以及督办措施，推动相关工作的落实和加快发展，一些涉及人民群众切身利益的“老、大、难”问题已经得到解决或即将得到解决。

【团结各界和“三胞”联谊工作】 2013年，市政协继续高举爱国主义、社会主义旗帜，围绕团结和民主两大主题，广泛开展联谊活动，进一步巩固和发展最广泛的爱国统一战线。

密切与市各民主党派和市工商联以及社会各界、各人民团体的联系。市政协班子领导坚持走访各民主党派、工商联机关的制度。坚持和完善市政协与市各民主党派和工商联秘书长联席会议制度。坚持重大调研活动邀请民主党派、工商联负责人参加的制度。密切与港澳委员、知名人士和香港社团的联系，促进与港澳地区的经济文化交流与合作。分别在香港和澳门组织召开2013年韶关旅港澳同胞迎中秋、庆国庆联谊座谈会，巩固老朋友、结交新朋友。应邀参加香港广东社团总会等社团组织的庆典联谊活动。鼓励港澳委员维护“一国两制”制度，促进香港、澳门的稳定和繁荣。推介韶关投资环境，引导港澳同胞到韶关投资置业和开展公益活动。关心、支持港澳同胞在韶关企业的生产和发展。密切与省及各县（市、区）政协的联系。主动接受省政协的工作指导，参与配合省政协组织的各项调研、视察、检查及举办的各种文化、体育活动。2013年，市政协参与和配合省政协完成“促进广东省区域协调和加快发展”“我省民族乡少数民族干部队伍建设情况”等专题调研、视察；协助省政协督促在韶关市开展的第二批县（市、区）政协“委员之家”网络平台建设。

【参与中心工作】 市政协在履行三大职能工作的同时，还主动参与市委、市政府的中心工作。筹资135万元支持市政协扶贫“双到”挂扶点乳源县桂头镇大坝村的脱贫解困工作；落实政协班子成员挂点“百项工程兴韶关”项目工程、重点企业项目、计划生育以及薄弱村的联系工作；以实际行动支持市委、市政府开展创文巩卫工作；受市委委托，完成对各县（市、区）贯彻落实《中共韶关市委政治协商规程》情况的检查，并形成《检查情况报告》报市委。

【信息宣传和文史工作】 2013年，市政协把信息工作作为反映社情民意的重要工作来抓，发挥政协联系面广，位置超脱、渠道畅通的优势，支持委员深入基层、深入群众了解和掌握社情民意，采取激励措施，加强信息工作队伍建设，拓宽信息收集渠道，开辟信息来源；加大政协机关信息处理工作力度，指定专人负责信息工作等，通过这些举措，市政协的信息工作取得新的成效。全年编报《市政协反映社情民意信息专报》23期。加强与新闻媒体的联系，使政协全体会议、常委会议、主席会议、视察、调研、提案办理等重要工作都能在《韶关日报》、韶关电视、广播中作全面报道。发挥政协通讯员的作用，及时宣传报道市政协的重大活动和委员参政议政情况，特别是在《人民政协报》《广东政协》等省级以上报刊、杂志上发表的稿件数量明显增加。继续发挥《韶关政协》刊物在理论探讨、经验交流、信息传播的作用。做好文史资料征集出版工作。2013年，按照一年出一本文史书籍的目标要求，完成

《韶关历代名寺与名僧》一书的出版。

【加强履责】 常委会坚持解放思想、实事求是、与时俱进，不断加强自身建设。通过贯彻落实《中共韶关市委政治协商规程》，发挥各民主党派、工商联和无党派代表人士在政协工作中的重要作用。探索和创新发挥界别作用的方法和途径，坚持界别联组讨论形式，丰富界别活动内容，提高界别活动实效；发挥专委会的基础作用，调整充实专委会组成人员，坚持专委会向常委会报告工作的制度；发挥委员的主体作用，继续实行市政协正副主席、正副秘书长、各专委负责人（含兼职副主任）联系委员的工作制度，加强对委员的履职管理，密切同委员的经常性联系，拓宽委员参加政协活动的形式，进一步调动委员履行职责的积极性和主动性。（彭长伟）

政协韶关市委员会领导成员名单(副秘书长以上)

主　席：李　飞
副主席：王伟阳　贝抗胜
　　　　何伟青　刘大济
　　　　王乙未　邓建华
　　　　林　嘉　张文铭
秘书长：陶学权
副秘书长：黄颂华（2009.7—）
　　　　　成绍强（2009.10—）
　　　　　张　衡（2012.7—）

纪检·监察

综　述

2013年，韶关市成立市公共资源交易管理办公室，为市监察局管理的副处级事业单位。市纪委监察局机关现设有15个室，1个副处级事业单位。机关行政编制72人、工勤人员编制7人、事业编制6人,在职人员现有82人。

2013年，市纪委监察局以中共十八大精神为指导，全面贯彻落实十八届中央纪委二次全会、省纪委十一届二次全会和全市经济工作会议精神，坚持党要管党、从严治党，坚持标本兼治、综合治理、惩防并举、注重预防方针，继续解放思想、实事求是、改革创新、攻坚克难，以严明党的政治纪律为重点加强纪律建设，以保持党同人民群众血肉联系为重点加强作风建设，以完善惩治和预防腐败体系为重点加强反腐倡廉建设，以锻造过硬队伍为重点加强纪检监察机关自身建设，以反腐倡廉建设的新成效推进廉洁政治建设，为建设幸福美好韶关提供坚强有力保障。

纪　检

【市纪委十一届三次全会】 2月25日，中国共产党韶关市第十一届纪律检查委员会第三次全体会议在市委会议中心召开，市纪委委员35人，实到会34人。不是市纪委委员的市监察局副局长，各县（市、区）监察局局长，市纪委派驻市直机关纪检组长（纪工委书记），市直及中省驻韶关单位纪检组长（纪委书记），市纪委机关各室主任共140人列席会议。会议学习贯彻十八届中央纪委二次全会、省纪委十一届二次全会精神，总结2012年全市党风廉政建设和反腐败工作，部署2013年反腐倡廉各项任务。会议听取市委书记郑振涛重要讲话，审议通过纪委副书记于莉莉代市委常委、市纪委书记赖日先所作的工作报告和市纪委十一届二次全会决议。

【推进廉洁镇村创建】 4月25日，市纪委监察局在乐昌市廊田镇召开全市廉洁镇村创建工作经验交流现场会。会议由市纪委副书记王德义主持，市委副书记陈向新出席会议并作讲话，省纪委常委刘连生出席会议，并对韶关市廉洁镇村创建工作给予肯定。乐昌市廊田镇、曲江区大塘镇分别介绍试点工作经验。与会人员还实地观摩乐昌市廊田镇廉洁镇村创建工作开展情况。

【纪检监察干部工作会议】 6月25日，市纪委监察局组织召开全市纪检监察干部工作会议，委局领导，各室主任，各县（市、区）分管干部工作副书记、干部室主任，市直派驻机构负责人共70人参加会议。市纪委常委、监察局副局长黄光明传达省纪委书记黄先耀和省纪委副书记钟世坚在全省纪检监察干部工作会议上的讲话精神；市纪委副书记王德义总结近年来韶关市纪检监察干部工作，研究部署当前和今后一段时期全市纪检监察干部工作的主要任务。

【纪律教育学习月】 7月17日，市纪委监察局在市委会议中心召开全市纪律教育学习月活动暨领导干部“三纪”教育培训班动员大会，市委书记郑振涛作动员讲话，省纪委副书记王兴宁作专题辅导报告。整个纪律教育月历时3个月，至9月底结束，主题是“严纪律、正作风、促廉洁”，其间，开展理想信念教育、党纪教育、廉政教育、作风教育、政治品质和道德品行教育、保密宣传教育、计生宣传教育等各项教育学习活动，取得良好成效。

【推进作风建设】 市纪委监察局贯彻落实中央八项规定精神，坚决纠正“四风”，在全市党员领导干部中开展清退会员卡等“五个专项行动”，做到会员卡“零持有”和“零报告”。加强对贯彻执行严禁用公款购赠月饼、年货和贺年卡，严禁公款吃喝、公款旅游和铺张浪费规定情况的检查监督，整治“庸懒散奢浮软”等不良风气，开展明察暗访63次，制作专题暗访片12集，发现和查处不作为、乱作为、奢侈浪费等作风问题902个，责令57个单位作书面检查，诫勉谈话159人，问责67人，给予党纪政纪处分33人。开展考核检查评比项目专项清理，撤销市级考核检查项目40项、合并41项、保留9项，取消庆典、表彰活动6项，节约资金178.9万元。加强对公务用车监督管理，严肃纠正和处理违规行为。

【惩治腐败力度加大】 全市纪检监察机关共受理信访举报1448件（次），同比上升0.1%；初核线索463件，同比上升16.92%；立案303件，其中县处级干部19人、乡科级干部82人；结案307件（含上年结转），给予党纪政纪处分349人；通过办案挽回直接经济损失5197.41万元。基层纪检监察机关也查处一批案件，乡镇自办案件达100%。此外，全市共查处商业贿赂案件44宗，挖出“保护伞”8人，给予党纪处分8人、政纪处分1人，移送司法机关处理27人，涉案财物折合人民币3188.3万元、港币72万港元。

监　察

【韶关市公共资源交易管理办公室成立】 2月26日，韶关市公共资源交易管理办公室成立，为市监察局管理的副处级事业单位，公益一类。内设综合科和监管科，事业编制6名，其中主任1名，副主任1名，内设机构领导职数正职2名。经费按财政补助一类拨付。

【韶关市第二次廉政工作会议】 3月26日，韶关市政府组织召开市政府第二次廉政工作会议，在市区主会场参加会议的有市政府领导，武江区、浈江区政府领导，市政府各部门、各直属机构、市国资委监管企业的主要负责人、纪检组长。市纪委、市委办、市人大办、市政协办、中省驻韶关有关单位负责人列席会议。各县（市）、曲江区设分会场。会上，市委副书记、市长艾学峰对2012年全市政府系统的反腐倡廉工作情况进行总结，对2013年全市政府系统的廉政工作进行全面部署。

【重大项目督查督办】 围绕“加快转型升级，建设幸福美好韶关”开展监督检查，重点加强对“百项工程兴韶关”项目的督查督办，全市重点项目累计完成投资311.4亿元，占年度计划的119.8%，其中19个项目提前完成年度计划。对市直84个党政群机关开展绩效考评。组织全市突出贡献奖申报评审工作，符合申报标准的项目36个。受理行政效能投诉18件，办结18件，查办案件7宗，问责单位7个，处理责任人13人。发挥电子纪检监察综合平台作用，市级受理行政审批业务12003笔，办结11791笔。加强对棚户区改造项目、网上办事大厅建设等专项督查督办。

【纠正损害群众利益不正之风】 开展教育收费专项检查24次，发现乱收费问题13个，涉及金额123.97万元。重点查处仁化周田镇、武江龙归镇等中心小学乱收费问题，给予党纪政纪处分7人，行政问责6人。查处医药购销和医疗服务中的不正之风问题6个，涉案金额68.66万元，给予党纪政纪处分4人，诫勉谈话2人，移送司法机关处理2人。继续治理公路“三乱”问题，建立市、县、镇、村四级纠风网络。办好“行风热线”，共受理群众投诉、意见和建议1256个，办结1210个。

【源头治腐工作】 落实廉政谈话制度，开展任前谈话72人次，例行谈话25人次。畅通网络问政平台，共受理网络问政53件（次）。继续深化县委权力公开透明运行，制定出台《关于开展纪委全会述责述德述廉活动的意见》，强化对权力的监督制约。稳步推进始兴县领导干部重大事项报告公示制度试点工作，协调金融、房产、银监等部门，按比例随机抽查核实报告事项的真实性，在省纪检监察创新工作会议上介绍经验。探索开展非公有制经济组织防治腐败工作，并在乳源瑶族自治县开展试点。（钟　鸣）

附：领导班子成员名单

市委常委、市纪委书记：赖日先

市纪委副书记：于莉莉　王德义

市纪委副书记、市监察局局长、市预防腐败局长：张立江

市纪委常委：覃　峥

市纪委常委、市监察局副局长、市预防腐败局副局长：黄光明

市纪委常委：谢　斌　叶远军　陈天雄

市监察局副局长：陈忠旭　黄丽霞

民主党派·工商联

民革韶关市委员会

【概况】 中国国民党革命委员会（简称“民革”）是具有政治联盟性质的，致力于建设有中国特色社会主义和祖国统一事业的政党，是中国共产党领导的多党合作和政治协商制度中的参政党。民革是由继承孙中山爱国、革命和不断进步精神的原中国国民党民主派及其他爱国民主人士创建，于1948年1月1日在香港正式宣告成立。民革韶关市委员会成立于1959年9月。第十届委员会于2011年8月选举产生，委员11名，张文铭任主任委员。2013年，民革韶关市委团结带领基层组织和广大民革党员，深入学习贯彻中共十八大精神，坚持以邓小平理论、“三个代表”重要思想和科学发展观为指导，继承和发扬民革优良传统，围绕中心，服务大局，履行参政党地方组织职能，改革创新、锐意进取，牢记社会责任，投身各项工作，为推动韶关经济社会发展做出贡献，取得可喜成绩：全市民革党员共有40余人次荣获各种荣誉表彰，获得国家、省、市科研立项一批，获国家发明专利授权5件，发表重要论文9篇。

【思想建设】 民革韶关市委开展纪念中共中央“五一口号”发布65周年、“薪火相传”圆多党合作之梦学习教育活动。通过思想教育，使广大民革党员特别是干部队伍更加坚定中国特色社会主义道路自信、理论自信、制度自信，提高各级领导班子的整体素质，推动自身建设和履行政治协商、参政议政、民主监督职能等各项工作开展。

【组织建设】 2013年，成立民革韶关市监督委员会和民主监督工作委员会、促进经济发展与城乡建设工作委员会、促进社会建设与社会服务工作委员会、促进祖国统一工作委员会、关心妇女儿童工作委员会等5个专委会。开展支部班子民主测评，完善规章制度。制定《委员联系指导基层组织工作制度》《民革市委关于鼓励基层组织和党员干部创先争优意见》等制度办法，建立推进自身建设的长效机制，激发广大基层党员群众干事、创业的积极性和热情，增强民革组织的凝聚力。成立浈江区第四支部和武江区第五支部，成立民革乐昌市总支部及下属的乐昌市第一支部和第二支部。健全干部培养选拔任用机制，过半支部完成届中班子调整，补充一批年富力强的党员进入支部领导班子。推进党员发展工作，全年共发展新党员22人，本科以上15人，其中硕士研究生2人。截至12月底，全市共有1个总支，19个支部，民革党员346人，其中女党员114人，大学以上学历153人，约占50%。全市在职党员264人，大多数是所在单位的业务骨干，不少党员还担任领导职务。

【参政议政】 民革韶关市委领导班子成员参与政治协商活动，参加中共韶关市委、市政府及委托有关部门召开的各类有关重大决策或重要人事的民主协商、座谈会、情况通报会、征求意见会等，并建言献策，履行参政议政、民主监督职能。2013年，民革韶关市委向各级人大、政协提交提案、建议案82件，其中市委会向市政协提交集体提案3件，民革党员中的省政协委员提交提案1件，市政协委员提交提案22件（其中《关于对涉及公益的诉讼，法院应作为集团诉讼案件受理的建议》被确定为市政协重点提案），县（市、区）政协委员提交提案41件。年初市政协大会上，刘素云代表民革市委做题为《关于加强我市自主创新能力建设的建议》的大会发言，叶纬、詹三毛、张嘉异、王笑芳分别作《建议韶关尽快建设开通西气东输的市区门站》《关于对韶关市工业西路片区内涝整治详细规划》《关于加强我市绿道建设和管理的建议》《从十八大精神看学校素质教育》的即席发言，引起广泛关注。市委会组织完成《关于发展碳汇林业的建议》和《关于发展健身俱乐部产业的建议》的两个调研课题，基层组织也完成一批专题调研。

【社会服务】 开展“伸出博爱之手——民革基层组织牵手困难群众”系列活动，服务社会工作取得新成效。全年共组织看望、慰问生病住院、生活困难党员15人次。开展智力扶贫、捐资助学活动，捐款捐物近5万元，帮助困难学生近30名。开展“扶贫双到”、扶贫济困工作。民革韶关市委结对帮扶乳源县桂头大坝村2户贫困家庭，帮助农户建蔬菜大棚，提高产值，还清银行贷款。同时，市委会和民革党员共捐资5万多元，帮助解决2个自然村公路完成硬化改造。市委会向新华街道办“爱心超市”捐献米、油、面等食物一批。民革韶关市委组织粤北人民医院支部与乳源县支部携手，组建医疗工作组到乳源县一六镇开展送医送药活动，为200多人免费提供诊疗、健康咨询等服务，赠送价值4000多元的药品。南雄市支部与奇星药业联系，在南雄市开展“奇星博爱中风康复基金”关爱行动，为16名贫困中风患者赠送价值近8万元的药品。 （田秋菊）

附：领导班子成员和秘书长名单

主任委员：张文铭

副主任委员：刘素云（女）

叶　纬　刘国奇

秘书长：娄　平（女）

民盟韶关市委员会

【概况】 中国民主同盟韶关市委员会（以下简称盟市委）成立于1981年8月。2013年，民盟韶关市委团结带领全市各级盟组织和全体盟员，结合实际，加强自身建设，围绕市委、市政府的中心工作，开展调查研究，履行参政党职能，为建设幸福美好韶关，为创建全国文明城市做贡献。

【思想建设】 民盟韶关市委把握正确政治方向，团结带领各级盟组织和全体盟员，坚持用“同心”思想凝聚共识、汇聚力量，不断巩固共同的思想政治基础。全年召开4次市委（扩大）会议，把学习作为一项经常性的制度加以坚持。召开主委会议和盟员大会贯彻落实中共十八届三中全会精神。以纪念“五一口号”发布65周年活动为契机，把学习民盟前辈的精神风范和强化“同心”思想结合起来，组织全市盟员学习，用“同心”思想教育人，用民盟的优良传统和民盟前辈的人格魅力感化人，增强盟员的光荣感、自豪感、使命感。

【组织建设】 加强班子成员建设，年内增补曾敏青为市委委员。重视组织发展。是年，共吸收新盟员24名，截至2013年年底，全市共有盟员524名。重视基层组织建设。2013年，民盟韶关市委以“创建活力支部”为抓手，各基层组织以活动为载体，丰富活动内容，创新活动形式，拓展活动空间，增加活动次数，提升活动质量，增强活动参与性、趣味性，激发广大盟员的爱盟热情，强化政党意识，组织的凝聚力日益加强。加大后备干部队伍建设力度。年内推荐副主委林炜东参加中央社会主义学院学习；推荐聂树养参加广东省社会主义学院科级班学习；推荐左之滨到乐昌市长来镇挂职副镇长锻炼；推荐4名年青盟员参加市社会主义学院举办的党外中青年干部培训班学习。加强新盟员的教育，对入盟培养对象及新盟员，采取座谈方式，进行民盟历史知识培训。

【参政议政】 参与市政重大问题协商。民盟韶关市委领导、各级政协委员通过参加中共韶关市委、市政府、市政协的民主协商会、座谈会、情况通报会、征求意见会，从而增强与市委、市政府中心工作的关联度。发挥人大、政协两会成员的作用，用好议案和提案建言献策。2013年，主委林平杰当选广东省第十二届人民代表大会代表，副主委朱必凤当选广东省政协十一届委员会委员。在韶关市政协十一届二次会议上，副主委龙安生代表民盟韶关市委作题为《推进韶柳铁路立项工作以加快沿线地区科学发展》的发言。发言也得到艾学峰市长的肯定和批示，要求有关部门研究办理。提交《关于建设“中山大学抗战年代坪石办学纪念馆”的建议》和《关于加快我市社区养老体系的建议》两个集体提案。完成《关于加快推进我市城镇化进程的调查建议》《关于加快推进全市重点林业生态工程建设的建设》《关于进一步完善城乡社会保障统筹的建议》等专题调查报告。盟员陈伟主笔的政协信息《关于完善我市政务绩效考核工作的建议》获得市委书记郑振涛、市长艾学峰等多位领导的肯定批示。民盟韶关市委通过盟中央副主席龙庄伟联系全国名校——北京四中，获取北京四中“小学资源”、“合作学校平台”“教师卡”等项目价值共85.4万元网校资源资助，给龙仙三小、韶关一中等部分学校免费使用；与韶关市发展改革局就《如何进一步完善城乡社会保障统筹》开展联合调研。

【社会服务】 2013年，民盟韶关市委按照“出主意、想办法、做好事、做实事”的要求，开展“农村教育烛光行动”“服务于新农村建设”“送医送药送文化下乡”等多种社会服务活动。发挥传统优势，做好“农村教育烛光行动”工作。7月10日，民盟中央授予龙仙三小为“宝盛烛光学校”，全国人大常委、民盟中央副主席龙庄伟为该校进行揭牌，并捐赠120套由上海盟员徐方瞿教授研发的价值7.1万元的《几何王》教学软件。牵线引进爱心人士为仁化中小学贫困师生捐款8.5万元，捐赠画册730册，资助60名贫困学生和25名贫困教师。发动盟员为芦山地震救灾献爱心，共捐款16500元。组织开展“送医送药送文化”活动，义诊病患200人次，发放1500元的药品；书写对联150幅。参与扶贫开发工作，扶贫济困日广大盟员捐款，共捐款4万多元。2013年，盟员在各自的岗位立足本职，扎实工作，盟员获地市级以上奖项30多项，受到相关单位的表彰。表现突出的盟员有：王化定被韶关市委、市政府授予2013年“韶关市劳动模范”荣誉称号；左之滨指导的课例《常用的安全技术》被中央电化教育馆评为全国二等奖；张海滔的教学论文《新课程背景下农村高中生物教学中存在问题及对策》获广东省教育学会颁发的二等奖；邹海涛的论文《于无声处听惊雷》获广东省基础教育协会颁发的二等奖；董来星的教学论文《历史教学方式变革之我见》获广东省教育学会颁发的三等奖。（赵桂林）

附：领导班子成员名单

主　委：林平杰

副主委：朱必凤　龙安生　范雪珊（女）　林炜东　包玉兰（女）

民建韶关市委员会

【概况】 中国民主建国会（简称民建）是主要由经济界人士组成的、具有政治联盟特点的、致力于建设中国特色社会主义的参政党。民建韶关市委员会成立于1957年3月6日。2013年，民建韶关市委团结带领全市会员，以邓小平理论、“三个代表”重要思想、科学发展观为指导，加强自身建设，认真履职，取得新的工作成绩。民建市委荣获民建省委理论研究优秀组织奖、参政议政工作先进集体三等奖和全市统战信息工作先进单位三等奖；王伟阳、胡湘泉获评民建省委参政议政工作优秀个人，林友财参与完成的两项科学技术成果荣获韶关市科学技术进步奖三等奖，肖华茂获评韶关市第七期专业技术拔尖人才，李秀珍获评全市住房保障工作先进个人，吴碧霞获评“韶关好人”，黄联锋获评乳源瑶族自治县优秀政协委员。

【思想建设】 贯彻落实民建中央专职副主席宋海，民建省委副主委曾涛、陈海、陈彦伯等领导在韶调研期间的指示精神，增强会员的政治思想素质，提升会务工作水平。注重理论研究，《用“三个自信”引领民主党派核心价值观问题研究》被省委统战部授予“2013年全省统战理论研究创新成果三等奖”，《非公经济人士新生代培育机制研究》等3篇论文获民建省委表彰。重视宣传信息工作，通过向媒体投稿、编印《会务简讯》和加强网站建设等形式，强化舆论宣传，展现民建良好的参政党形象。

【组织建设】 注重领导班子建设，补选肖华茂、钟爱明为市委委员，优化班子的年龄梯次和知识结构。重视基层组织建设，支持基层组织举办金融知识讲座、羽毛球比赛等活动和到湖南韶山、阳江等地开展联谊、交流，不断增强组织活力和凝聚力；曲江支部作为先进代表，被推荐参加全国基层组织建设经验研讨会。重视干部队伍建设，举办新会员学习班、参政议政工作培训班，选派6名骨干会员参加党外中青年干部培训班学习，选拔推荐林开华到始兴县太平镇挂职副镇长。加强专委会建设，增补参政议政工作委员会和企业工作委员会两个专委会的委员，发挥人才优势，突出平台作用，参政议政工作委员会完成“市委出题，党派调研”课题《关于推进我市现代农业园区建设问题的探讨》，企业工作委员会组织开展主题活动、开通微信群，促进会员企业家沟通交流。做好会员发展工作，全年发展会员18人，平均年龄37.1岁，具有大专以上学历17人；至年底，有总支1个，支部17个，会员315人，平均年龄49.3岁，其中大专以上学历249人，占79.0%，中级以上职称149人，占47.3%。

【参政议政】 参加韶关市重大问题和重要决策的讨论协商，就韶关市加快推进新型工业化、新型城镇化和生态文明建设等重要决策提出许多建设性意见和建议。在市长与市政协委员座谈会上，胡湘泉作题为《积极推进“城中村”改造，提升城市化水平》的发言，为韶关城市发展建言献策。开展“一人一议”活动和落实参政议政表彰奖励办法，动员全会以政协大会发言、建议案、提案、课题申报等方式建言献策。2013年，韶关民建向市政协大会提交大会发言1件、即席发言1件，向曲江区和乳源瑶族自治县政协提交大会发言各1件；向各级人大、政协提交建议案、提案共43件。多件建言献策材料获得重视，如王伟阳提交的《关于尽快解决湘南—粤北跨省饮用水源地安全问题的建议》被评为省政协优秀提案，《关于推动我市餐厨垃圾无害化处理资源化利用的建议》被列为市政协重点督办提案；胡湘泉代表民建市委所作的大会发言《关于加快我市现代农业发展的建议》，受到相关部门的重视；周岚所作的即席发言《改善企业家生存环境，源头激活活力，促进我市中小微企业发展》，受到关注；严志全执笔的市政协社情民意信息《关于在中央电视台投放广告宣传韶关城市形象的建议》得到市委书记郑振涛的批示。

【社会服务】 开展社会公益活动，组织会员及企业为扶贫开发、捐资助学等公益事业捐款捐物100多万元。例如，在“广东扶贫济困日”活动中，会员及其企业捐款46万多元，以实际行动支持韶关市新一轮扶贫开发；李军前、吴国营、陈冰坚等深入开展“爱心结对”活动，连续第五年资助乐昌贫困学子上学，资助款项超过7万元；黄海棠资助始兴县太平镇3名贫困初三学生，从2013年开始到读完大学，每年资助1.2万元，整个活动预计资助近10万元；参与做好对乳源瑶族自治县桂头镇大坝村的对口帮扶工作，做好入户调查，明确帮扶措施，李军前还为该村定向捐款1万元。

【对外联络】 继续推动与市财政局、经信局的对口联系工作，完善工作沟通和信息交流制度，参加对方组织的重要活动，增进彼此间的了解；强化与会员所在单位联系，及时掌握会员在单位的思想工作表现，促进会员的全面发展；加强与各地民建组织的交流与联系，与到韶关调研的民建广州市委、民建广东外语外贸大学支部等民建组织座谈交流，学习他们的先进经验和做法，推进各项工作的开展。 （于方娟）

附：领导班子成员名单

主任委员：王伟阳

副主任委员：陈　曦　李军前

王敏雯（女）

秘书长：胡湘泉

民进韶关市委员会

【概况】 中国民主促进会（简称民进）是以从事教育文化出版工作的高中级知识分子为主的、具有政治联盟性质的、致力于建设中国特色社会主义事业的政党，是同中国共产党通力合作的参政党。民进韶关市委员会于1983年1月8日成立。2013年，民进韶关市委坚持树立社会主义核心价值体系，践行“三个认同”，为建设中国特色社会主义参政党凝心聚力。

【思想建设】 深入开展主题教育活动。参与“五一口号”发布65周年纪念活动和深入开展“广东民进有突出贡献会员”李亚威先进事迹的学习活动。加强思想宣传工作。对韶关民进网站进行全面扩容改版，并建立“民进家园”QQ群，利用网络平台宣传会务工作最新动态，开展统战知识教育，韶关民进荣获“民进全国思想宣传工作先进集体”称号，这是民进韶关市委第一次获得中央的奖项。

【组织建设】 民进韶关市委不断加强领导班子建设、人才队伍建设、基层组织建设和后备干部队伍建设。加强基层组织建设，调整部分民营企业家的组织关系，促使他们发挥自身优势，为基层支部开展组织生活提供支持；成立民进韶关市委监督委员会，有序推进会内民主。注重培养骨干会员，推荐市委委员潘小坤到曲江区马坝镇挂职副镇长；选派乐昌支部主任温桂华参加由中央社会主义学院举办的2013年民进企业家培训班；推荐李德新、闫世鹏等会员参加在市委党校开办的党外中青年干部培训班的学习；派市委委员邓海清、张雪挺、潘小坤、邱小华等4人参加“广东民进新任市委委员培训班”；派副秘书长邓华参加中共韶关市委组织部主办的中青年干部培训班。做好会员发展工作。韶关民进现有支部（总支）15个，截至12月底，共有会员377人，2013年总计发展新会员19名，平均年龄35岁，其中70%以上具有大学本科学历。

【参政议政】 2013年，韶关民进向各级人大、政协提交建议和提案62件，其中提交省政协提案4件，市政协提案16件，内容涉及城市管理、交通、教育、卫生、环保、社保等多个领域。集体提案《关于进一步规范出租车营运服务的建议》被列为全市五大重点督办提案之一，由市政协主席李飞领衔督办。

议政调研方面，2013年，韶关民进向民进广东省委报送议政调研课题6项，向中共韶关市委报送调研课题3项，其中《关于大力推进粤东西北地区城镇化发展的建议》获得省民进重点立项，并作为广东省政协大会十一届二次会议的发言材料。议政调研课题《关于进一步加强乡风文明建设的建议》被民进中央以提案形式报送全国政协。2012年提交的议政调研课题中，有2项于2013年被评为“民进广东省委员会优秀提案奖”，成为民进全省各地方市委会中唯一有两件提案荣获优秀提案奖的单位。

2013年，韶关民进向韶关市政协提交8条参政议政信息，内容涉及交通管理、社区工作、绿道建设、防洪体系建设、交通标志牌等，市委副书记陈向新就《关于改善我市社区居委会工作人员待遇的建议》作批示。向民进广东省委和各级统战部提交10余条参政议政信息，其中《关于严厉督查义务教育阶段学校开设重点校、重点班和特色班确保义务教育的公平性、公正性、合理性的建议》被民进中央采用。

【社会服务】 民进韶关市委坚持“发挥优势、找准角度、热心参与、量力而行”，开展社会服务工作。韶关民进赴武江区惠民街道办慰问困难群众，总计向20户困难群众发放1万多元慰问金和慰问品一批。武江区小教支部前往西河敬老院和西联敬老院慰问孤寡老人，赠送棉衣及食品；市委委员、社会服务工委主任温荣华发动五中学生家长、港澳政协委员及社会热心人士，建立爱心基金，资助近百名五中贫困学生；乐昌支部主任温桂华热心捐资助学，在韶关市“挥墨写真情 行善助教育”募捐活动中捐赠现金300万元，用于助推教育创强工作，还长期资助30名困难学生就学；始兴总支为帮助地中海贫血儿童等捐款近7000元；曲江支部开办青少年心理健康成长讲座，创办“同心致远”家庭教育工作室。（雷　检）

附：领导班子成员名单

主任委员：刘大济

副主任委员：宋良锋　杨松柏　李步德

副秘书长：邓　华

农工党韶关市委员会

【概况】 中国农工民主党（简称农工党）是以医药卫生、人口资源和生态环境领域高中级知识分子为主、具有政治联盟特点、致力于建设中国特色社会主义事业的政党，是同中国共产党通力合作的参政党。2013年，农工党韶关市委围绕市委、市政府中心任务与工作大局，履行参政党职能，加强自身建设，为推动韶关市科学发展、促进社会和谐、着力改善民生做出贡献。

【思想建设】 2013年，农工党韶关市委坚持以科学理论武装头脑，以中共中央的决策部署统一思想和行动。为加强思想建设的针对性，配合农工党中央在全市党员中开展思想状况问卷调查。结合纪念中共中央发布“五一口号”65周年活动，总结农工党与中国共产党团结合作的历史和经验，宣传多党合作事业取得的伟大成就，继承和发扬农工党的优良传统，增强走中国特色社会主义政治发展道路的自觉性和坚定性。全年向农工党广东省委、市政协、市委统战部、韶关日报社等报送信息48条，编辑出版2期

《韶关农工》。年底，开通韶关农工网站。

【组织建设】 2013年，农工党韶关市委坚持把提高领导水平和参政能力作为班子建设的重点，按照政治坚定、作风民主、团结合作、工作有力的要求，加强学习，提高班子成员的政治把握能力、参政议政能力、合作共事能力和组织协调能力，主委贝抗胜参加农工党中央在杭州干部培训基地举办的农工党市级组织主委研讨班。不断推进后备干部队伍建设，举办信息员培训班、新党员培训班，加强对新党员和骨干党员的培训。推荐一名党员参加省社会主义学院“2013年党外县（处）级干部培训班”学习，一名党员挂任乳源瑶族自治县乳城镇副镇长。加强组织发展，推进基层组织建设，全年发展新党员19人，新成立韶关学院支部、粤北人民医院总支以及粤北人民医院三支部，恢复广东铝厂小组（隶属浈江支部）。截至2013年年底，共有总支2个，支部12个，党员352人，平均年龄52.1岁，其中医药卫生界占64.2%，中高级职称以上党员占81.5%。担任各级人大代表、政协委员的党员有54人，各级特约“四员”9人。

【参政议政】 农工党韶关市委围绕市委、市政府中心工作，履行政治协商、民主监督、参政议政职能。市委会领导参与韶关市重大事项的政治协商，参加韶关市重要活动，并就加强经济建设、文化建设、社会建设、生态建设，加快推进新型工业化和新型城镇化等方面提出很多具有建设性的意见和建议。市委会整合党内人才智力优势，新成立医疗卫生、人口资源环境、参政议政、社会联络、教科文、妇女等6个专门工作委员会，并制定相关工作机制，推进参政议政能力建设。为提高党员的参政议政能力和水平，举办一期参政议政培训班，邀请省、市专业人士对担任各级人大代表、政协委员的党员和各基层组织正副主委、信息员共50多人就如何撰写提案、反映社情民意信息进行培训。2013年，向各级人大、政协提交提案和建议23件（其中，市委会集体提案2件，大会发言1篇，委员即席发言3篇）。市委会集体提案《关于加强我市餐厨垃圾管理，保障食品安全的建议》得到市长艾学峰的重要批示，被列为市政协十一届二次会议重点提案之一，由市委副书记陈向新、市政协副主席刘大济跟踪督办。在2013年的市长与市政协委员座谈会上，委员邱韶东代表农工党韶关市委作的《用行政体制改革红利，释放城镇化发展潜力》发言，副主委朱兰高作《积极拓宽融资渠道，加快推进城镇化建设》书面发言，围绕“加快推进我市城镇化进程”的中心议题，提出许多意见和建议。开展调查研究，提高参政议政水平，在组织党内专家深入考察调研的基础上，向市委、市政协和市委统战部报送《关于完善我市校企合作人才培养模式及机制，促进产业转型升级》《加强人身自救与医学急救教育，保障韶关市中小学生校内网安全》《关于利用枢纽型社会组织开展广东省社会统战工作的思考》3个调研报告，为韶关市经济社会发展建言献策。继续开展“一人一议”“一支部一建议”活动，调动广大党员参政议政的积极性。全年向市政协报送社情民意信息10件，其中委员熊奇斌的《关于设置“中流塔影”观景台及在周边建设配套旅游夜市的建议》、秘书长吴蔚的《关于规范我市药店中医坐堂行医的建议》被市政协信息专报采用。

【社会服务】 农工党韶关市委发挥农工党医药卫生界别特色优势，联合农工党广东省委、中山大学基层委员会，继续深入开展对乐昌市廊田卫生院和乐城社区卫生服务中心的远程医疗培训，每月选派经验丰富、知识渊博的医学专家和教授进行授课，使广大基层医务人员足不出户即可接受高水平的医疗技术培训。同时，还邀请中山大学附属第一医院具有心肺复苏专项培训资质的专家对基层医务人员进行心肺复苏的现场面授和培训，普及和规范急救知识，增强基层医院的急救能力。2013年6月开始，扩大服务范围，将远程医疗培训拓展到仁化县人民医院。至年底，已举办培训23期，累计培训学员2700多人次。帮扶基层卫生院，捐赠5.8万元资助乐昌市三溪镇卫生院购买全自动生化分析仪，继续开展定点帮扶廊田卫生院活动，坚持派出党内医学专家对廊田卫生院进行技术帮扶。经市委会领导牵线搭桥，韶关浙江商会及商会会长向廊田卫生院捐赠价值15万元的电子胃镜。开展扶贫义诊送医送药活动，市委会联合市委统战部、市代建局，带领由市属各大医院农工党员医疗专家组成的服务队，分成两组深入仁化县扶溪镇扶中村、长江镇浒松村开展扶贫义诊送医送药活动，免费发放药品价值1万多元，受益群众600多人。配合农工党广东省委、省贸促会、农工党广州市委在南雄市主田镇举办“走进南雄，情系百姓——扶贫义诊、送医送药、捐资助学”大型活动。结合“中国环境与健康宣传周”“国际科学与和平周”等主题，先后组织7批医疗队，分别前往乐昌市坪石镇三星坪村、曲江区大塘镇丈古岭村、武江区江湾镇、始兴县马市镇上李村等地送医送药，发放健康宣传资料3000多份，受益群众1800多人次，免费赠送药品价值3.7万元。为促进全市生猪生产健康稳定发展，提高农民养猪专业知识水平，市委会联合韶关学院等单位在曲江举办粤北地区健康养猪论坛。组织广大党员为四川雅安地震和“广东扶贫日”捐款。2013年，浈江支部被农工党中央评为“2010—2012年度社会服务工作先进基层组织”，主委贝抗胜被农工党中央评为“2010—2012年度社会服务工作先进个人”。

（陈勇胜）

附：领导班子成员名单

主任委员：贝抗胜

副主任委员：卢春燕（女）

朱兰高

秘书长：吴蔚（女）

九三学社韶关市委员会

【概况】 九三学社是以科学技术界高、中级知识分子为主的具有政治联盟特点的政党，是接受中国共产党领导、同中国共产党通力合作的亲密友党，是进步性与广泛性相统一、致力于中国特色社会主义事业的参政党。九三学社韶关市委员会成立于1988年9月3日。第六届委员会于2011年8月成立，兰茵任主委。2013年，社市委团结带领广大社员，坚定政治信念，坚持走中国特色社会主义政治道路，继承和发扬九三学社的优良传统，围绕市委、市政府中心工作履行参政党职能，为促进韶关市经济社会较快发展作出新贡献。2013年，社市委被市委统战部评为“全市统战信息工作二等奖”。社韶关机关在全省社机关工作会议上作《切实加强机关建设，努力提升服务水平》的典型发言。马美珍荣获“全国五一巾帼标兵”称号；陈洁怡被社中央表彰为“先进组工干部”先进个人；尹新春作曲的原创歌曲《清风轻拂我的面》获得第二届全国高校廉政文化作品大赛一等奖；马美珍荣获社省委2013年度建功立业奖；罗元月、叶章良荣获“韶关市第七期专业技术拔尖人才”称号；有8名社员喜获2012年度韶关市科学技术进步奖。

【思想建设】 社市委坚持把政治思想建设作为自身建设的首要任务来抓。2013年，社市委结合纪念中共中央发布“五一口号”65周年，主委兰茵主持召开庆祝社市委成立25周年座谈会，在社员中开展重温多党合作历程、进一步继承和发扬九三优良传统活动，号召广大社员坚定走中国特色社会主义政治发展道路的理想和信念。4月，成绍强、谢勇参加全市纪念中共中央发布“五一口号”65周年座谈会，成绍强代表社市委作《秉承九三学社光荣传统，共创多党合作美好明天》的发言。

2013年，社市委向《广东九三》《韶关日报》《韶关政协》等刊物投稿53篇，出版《韶关九三》2期，“韶关九三”网站一年共发布各类报道300余篇（条）。向社中央、社省委、市政协和市委统战部等提交信息39件，被中共广东省委统战部采用1条，被社省委采用9条，被市政协采用5条，被市委统战部采用12条。组织社员撰写统战工作调研理论文章8篇进行理论交流。4月，社市委召开2013年宣传信息工作会议，会上邀请市委统战部办公室副主任郭燕海为社员们作信息撰写的专题辅导报告。

【参政议政】 社市委领导兰茵等参加市委、市人大、市政府、市政协及市委统战部组织召开的各种协商会、情况通报会和征求意见会。6月，罗元月、成绍强、陈昉参加在市政协举办的市长与市政协委员见面座谈会。7月，罗元月、成绍强参加韶关市政协组织的韶关市政协工作座谈会。8月，罗元月、成绍强、姜向东参加2013年市各民主党派负责人暑期座谈会，成绍强代表社市委在座谈会上作《切实加强自身建设，做“实现伟大中国梦”的参与者、实践者和推动者》的发言。10月，姜向东参加“2013年度韶关市党政领导班子民主生活会征求意见座谈会”。在市两会上，社员们提出议案、提案、意见和建议20件，集体提案2件，提交市人大议案2件。在市政协十一届二次会议上，社市委副主委、市政协常委罗元月接受韶关日报记者采访，呼吁加快新城区建设，多为园区企业解决实际问题；谢勇代表社市委作《建设绿色健康城市，促进经济增长方式转型》的大会发言。社市委先后召开参政议政专委专题会议5次，组织开展各类调研活动9次，参与社员160人次。4月，市政府副市长、社市委主委兰茵参加社中央在深圳召开的“全国医疗卫生体制改革相关问题研讨会”。会上，兰茵作《医改三年回头看，找不足；大胆创新往前走，求突破》的发言。完成中共韶关市委的《如何培育发展健康卫生，智慧生活，绿色环保休闲旅游等导向性产业，加快把生态优势转化为发展优势》的研究课题。11月，社市委联合市科技局就韶关市的“科技创新”专题进行实地调研和座谈。

【组织建设】 2013年，发展15名新社员，共有社员总数227人，平均年龄45.4岁。其中，高中级职称210人，女社员70人。社市委严格按照民主集中制度开展工作，重大事项和重要决策由领导班子集体讨论并形成决议。市委会班子成员职责明确，各项社务工作均有副主委负责。全年共召开9次主委会议和全委（扩大）会议，领导班子深入基层组织调研15次，了解掌握成员的思想动态，协助和解决他们的具体问题和困难。

2013年，九三学社南雄市支社在南雄成立。7月，社市委有6名社员参加由市委组织部、市委统战部在市社会主义学院举办的党外中青年干部培训班，并顺利结业。全年，社市委及各基层组织走访慰问历届社内老领导、患病社员、生活艰苦的社员共42人次。

【社会服务】 2013年，社市委开展社会服务活动10次，其中开展义诊活动5次，服务群众1000多人，发放资料3000多册，赠送药品价值12000多元；独立或联合开展专题讲座3次；开展各类扶贫捐款6万多元。3月，社市委联合市工商局和市消委会等单位，在全民健身广场开展医学咨询、义诊救护、免费送药等社会服务活动。11月，社市委开展“百名专家入学堂活动”，黄红英副教授为曲江中学高一级近350名女学生举办“女生青春期教育”讲座；社韶关市委在浈江区黎市镇五四村委举行“第二十五届国际科学与和平周暨妇女健康义诊活动”；社市委围绕市委、市政府当前的“创文巩卫”和创建森林生态市工作，在莲花山开展认种认养“九三生态林”揭牌活动，出资1.5万元作为种植树木的前期抚育费用；12月，社韶关市委参与由韶关市科学技术协会、韶关市关心下一代工作委员会、韶关市全民科学素质工作领导小组办公室主办，韶关市科技馆承办开展的关心留守儿童暨“放飞心愿、励志成才”系列活动。（成志军）

附：领导班子成员名单

主任委员：兰　茵（女）

副主任委员：罗元月　成绍强　姜向东（女）

秘书长：谢　勇

韶关市工商业联合会

【概况】 2013年，韶关市工商联学习贯彻中共十八大精神和总书记习近平视察广东时的重要讲话精神，按照市委十一届三次全会“加快绿色转型，实现振兴发展”的要求，分析把握自身优势，准确定位工作目标，发挥参政议政、民主协商、发现培养、团结凝聚、经济服务、组织活动、协调关系、联谊交友各类功能。做好引导民营企业健康发展，引导民营企业家健康成长，为韶关市非公有制经济发展做出贡献。

【开展理想信念教育实践活动】 韶关市工商联按照中央和广东开展非公经济人士理想信念教育实践活动的动员部署，开展主题明确的教育实践活动。以“中国梦·企业梦”为主题，组织邀请全国人大代表、韶关市工商联副主席张红伟与工商联骨干交流坚定“信念、信任、信心”的体会和经验；在工商联信息中宣传民营企业家的“中国梦·企业梦”；支持会员开展“九龄大讲坛”活动，宣讲企业家的创业故事，激发企业家创业敬业的热情。

【树立先进典型】 2013年，推荐一批优秀民营企业家参加各类评选，韶关市工商联副主席顾光荣和宏基电源的罗兴群当选2013年韶关市劳动模范；韶关市工商联副主席李灿东被评为第七届“韶关市十大杰出青年”。乳源瑶族自治县东阳光实业发展有限公司、广东省韶关烟草机械配件厂有限公司、韶关娃哈哈饮料有限公司、广东广前阀门有限公司、韶关液压件厂有限公司、韶关市顺昌布厂有限公司、韶关市志诚房地产开发有限公司、韶关市中衎房地产开发有限公司、广东鸿源众力发电设备有限公司、广东金友集团有限公司等10家会员企业荣获韶关市“诚信守法示范企业”称号。

【廉政文化进企业】 2013年，组织一批民营企业负责人参观韶关市廉政教育基地，并走进监狱听服刑犯人“现身说法”。将廉政文化建设推向全市民营企业，把廉政文化融入到企业的生产经营和企业文化建设之中，让“敬廉崇洁”的清新之风吹进韶关的民营企业。开展“送法入企入商会”活动，增强非公有制企业、商会协会法律意识，维护企业和谐，促进社会稳定。开展走进军营慰问子弟兵活动。组织企业家接受爱国爱党爱军的教育，支持部队建设，增进民营企业家与部队“同呼吸、共命运、心连心”的鱼水深情。举办首届民营企业乒乓球大赛。与市乒乓球协会、市个私协会联合举办首届韶关市民营企业乒乓球团体赛，活跃民营企业文化，增强民营企业活力，促进企业健身事业蓬勃发展。

【韶关市工商联关工委成立】 5月29日，韶关市工商联关工委在十三届三次执委会上正式挂牌成立，为非公经济人士提供更好地开展关爱和援助活动的平台。韶关市工商联开展民营企业关工委试点工作，指导韶关市有一定规模的民营企业如东阳光、宏基电源、烟草机械、广前阀门等成立关工委，不断拓展关工委的阵地建设，带动更多企业为下一代健康成长做出应有的贡献。东阳光等企业关工委在青年职工中开展思想道德、革命传统、爱厂敬业、遵纪守法、家庭美德等教育，同时为青年职工以及职工子女的健康成长提供服务，让他们感受到更多的温暖和爱心，在企业里有归属感，推动和谐企业的构建工作。

【开展千企大调研】 韶关市工商联在全市民营企业中进行“劳动关系和谐”及“税费缴交”两个方面的千户企业调研，组成3个调研小组，调研历时3个多月，在县级工商联的支持配合下，深入企业、召开座谈会、开展问卷调查，较全面掌握韶关市民营企业税负现状和遇到的困难、问题，形成调研报告并报送上级部门，为市委、市政府决策，为促进全市民营企业发展提供依据，为民营经济健康发展建言谋策。

【引导民营企业参与扶贫济困】 韶关市工商联与市工商局动员和组织民营企业参加“广东扶贫济困日”活动民营企业家代表座谈会，号召韶关市私营企业、个体工商户经营者踊跃参与到“扶贫济困”专项活动中，为韶关市扶贫开发“双到”工作做贡献。2013年“广东扶贫济困日”韶关市捐款达千万元，其中大部分是来自民营企业和非公经济人士的捐款。2013年，韶关市工商联与市委统战部在仁化县扶溪镇扶中村进行对口帮扶，先后共投入扶贫资金108万元，为扶中村建设一个文化广场、修葺村委办公楼、在村道安装路灯、修整机耕道，并扶持发展一个柑橘产业园。

【发挥优势争取上级支持】 8月27日，市工商联主要领导陪同副市长熊万鹏前往北京拜会全国工商联，报告韶关市基本情况和工商联发展情况，受到全国政协副主席、全国工商联主席王钦敏的接见。接见会上，韶关市工商联还向全国工商联介绍韶关市的经济发展情况，并向全国工商联请求对韶关市招商引资工作和扶贫开发工作的支持。

按照赴京后的工作要求，韶关市工商联专程赴广东省工商联汇报相关工作，并争取支持。广东省工商联联合广东省委统战部组织企业家于12月到韶关市乳源瑶族自治县开展“光彩事业乳源行“活动”，参观考察乳源的投资环境，并向乳源捐赠1000多万元，用于新农村建设。

【加强商会交流合作】 韶关市工商联根据形势任务要求，注重拓宽会员发展渠道，在发展会员时既坚持数量的增长，又注重质量的提高，吸收政治素质好、经济实力强的企业，优化会员结构，2013年吸收新成立的韶关浙江商会为团体会员，共有会员4665个。加强商会间交流合作。先后接待肇庆市、湖南郴州市工商联、湘潭市工商联、江西萍乡市工商联等多个兄弟地区工商联和商会组织到韶关市考察和开展商会联谊，并共同签订友好商会协议，推介韶关市营商环境，促进全市招商引资工作。

【履行参政议政职责】 韶关市工商联注重调动会员中人大代表和政协委员参政议政的积极性，帮助他们提高参政议政的能力和水平，引导他们撰写提议案。韶关市“两会”期间向韶关市人大、市政协提交20多项提议案，在市政协大会上的专题发言，受到韶关市委、市政府和有关部门的高度关注，部分意见和建议已被韶关市委市政府所采纳。在2013年3月召开的全国人大第十二次会议上，韶关市工商联副主席张红伟和乐昌工商联常委刘志强当选全国人大代表。在1月召开的广东省“两会”上，韶关市工商联常委李根才、郑锦源等5名会员当选广东省人大代表，市工商联主席陈达豪和副主席张济民被推荐为广东省政协委员。（赵伯佬）

附：领导班子成员名单

党组书记：吴树达

党组成员：莫志强　刘铁松

　　　　　范光辉

主　席：陈达豪

专职副主席：吴树达　骆海斌

　　　　　　莫志强

副主席：张向阳　李灿东

　　　　揭英拔　黄爱平

　　　　邹志军　周仁亮

　　　　陈韶华　林年昌

　　　　张红伟　顾光荣

　　　　许明昆　林友财

　　　　孙妙青　杨文杰

　　　　张济民　唐慧群

　　　　何育强　陈　军

秘书长：刘铁松

群团组织

韶关市总工会

【概况】 韶关市总工会是中共韶关市委领导下负责全市工会工作的群众团体。韶关市总工会成立于1950年9月9日，时称曲江县总工会。1951年年底，韶关市和曲江县分家，原曲江县总工会更名为韶关市总工会。1983年，韶关地区和韶关市合并后，原广东省总工会韶关地区办事处与原韶关市总工会合并为现今的韶关市总工会。市总工会共设置办公室、组织部、宣传教育部、保障工作部、生产保护部、女职工部、财务部、审计室等8个部室、下辖市工人文化宫、市职工技术协作办公室、市职工服务中心等3个直管事业单位。2013年，各级工会围绕市委市政府工作大局，找准工会的切入点和着力点，开展建功立业活动，深化帮扶工作，维护职工合法权益，推进落实“两个普遍”，不断加强自身建设，在经济社会发展中发挥作用，韶关市工会工作继续走在全省的前列。

【开展宣讲活动】 与职工关心的热点问题相结合。组织开展以“中国梦·劳动美”为主题的系列宣传活动，通过征文、演讲比赛和“工人伟大、劳动光荣”专题宣传，及时反映职工群众和基层工会的进展和经验，关注和掌握职工的思想动态，帮助职工解答学习的难点、疑点问题，真正使有关精神深入人心。

【开展劳动竞赛活动】 围绕市委提出的“加快绿色转型，实现振兴发展”工作部署，市总牵头各县（市、区）总工会开展劳动竞赛活动，推动经济发展。仁化举办第四届全县劳动技能大赛。曲江全年举办23场劳动竞赛。始兴评选出26名“全县技术能手”。乐昌在10个行业开展小发明小创造、技术革新活动。南雄组织职工提合理化建议。乳源、翁源、新丰等县也纷纷开展技术比武活动。同时，各企业工会围绕生产经营实际，开展以优质、高效、安全、节能减排为主要内容的劳动竞赛。韶钢工会全年开展各级劳动竞赛91项，1万多人参赛，促进企业实现扭亏为盈。凡口矿工会在选矿厂开展“提高高铁硫精矿品位和回收率”劳动竞赛，使企业增加效益约5000万元。发电厂工会组织人员参加省煤质检验人员技能竞赛，获得团体第一名。市供电局工会举办配网运维人员技能竞赛和安全生产领域“两册”应用竞赛，并在全省变电检修工和继电保护工技能竞赛中获得团体第三名。韶关移动公司工会组织开展卓越100劳动竞赛。2013年，全市开展各类劳动竞赛的企业520家，参赛职工约20万人，开展岗位练兵技能竞赛的企业395家，参赛职工达9.6万人次，职工技术革新成果1000多项。

【弘扬劳模精神】 2013年，市劳模评选工作得到市委市政府的高度重视支持，评选人数由60人增加至80人，奖励标准也由5000元/人增加至8000元/人。“五一”劳动节前夕，市委市政府召开大会，对各级劳模进行隆重表彰。同时，通过座谈会、报告会以及新闻媒体宣传等形式，宣传劳模事迹，激励广大职工争当时代先锋和劳动楷模。继续加强对劳模的管理服务工作。全年发放97人次的全国劳模“三金”127万元，并安排47名全国劳模免费体检；发放745人次的省部级劳模“三金”130万元，并筹措15.7万元为315名省部级劳模安排免费体检；在春节送温暖过程中，市领导亲自带队走访慰问112名市劳模。

【为职工群众办好十件实事】 按照“为困难职工解难，为党委政府分忧”的要求，针对困难职工的困难程度、致困原因、帮扶需求，采取多种措施开展帮扶，实现困难职工走访慰问全覆盖。一是牵头协助党委政府开展春节送温暖活动，共走访慰问困难企业100多家，慰问困难职工3200多人，发放慰问金160多万元。二是筹措60万元救灾资金，帮助全市各地遭受洪涝灾害的企业和职工灾后重建、复工复产。三是筹集6万元为广乐高速和韶冶厂等重点工程的生产一线员工开展送清凉活动，并督促全市企业按要求发放高温补贴，各地也纷纷筹措资金开展送清凉活动。四是筹集240万元开展第六届百万帮扶暖千家活动暨金秋助学活动，帮扶困难职工、异地务工人员子女2100人。五是配合市人社局开展多场招聘活动，提供就业岗位5000多个，市职工服务中心推荐就业100多人次。六是开展员工专项培训工作。邀请专家在科艺公司等企业开展员工管理和心理咨询等方面培训，并在市委党校举办一期100多人参加的心理援助专项职业能力培训班。七是推进职工医疗互助保障工作，累计参保22万人，当年新增职工、女职工医疗安康保险5000多份，赔付100多人，赔付金额200多万元。八是通过开展“六五”普法、送法上门等活动，深入基层进行法律宣传，增强职工法制意识。九是加大法律援助服务。为持特困职工证或市总介绍函的困难职工、异地务工人员免费提供市司法局法援处的法律服务。全年为数名职工提供免费法律援助，帮助追讨欠薪2万多元。十是加大扶贫双到工作力度，市总为扶贫点新丰县丰城街道文长村落实帮扶资金31万多元，为文长村顺利脱贫打下坚实基础。在第一轮扶贫开发双到工作中，市总工会获得省委、省政府扶贫开发双到工作先进集体荣誉称号。

【维权工作】 一是加大源头参与力度，发挥政府与工会联席会议和劳动关系三方协商机制的作用。市总工会参与医疗卫生改革、工资集体协商等涉及职工权益的法规政策的起草制定，提出工会主张，反映职工的心声。二是协调帮助困难职工和异地务工人员解决劳动关系纠纷及有关劳动权益、民主管理和工伤保险等方面的问题。反复多次与教育、卫生、住建、交通、公安等部门沟通协调，帮助解决职工反映的一批关于读书难、看病难、住房难和交通治安管理等问题。市总工会共处理职工来信来电来访130件次，处理率100%。三是安康杯竞赛活动的蓬勃发展。全年共有370多家企业，20余万职工参赛，举办各类培训班98期，演讲比赛36场，征集合理化建议4000多条。四是注重利用职代会和集体合同等工作机制，把劳动安全、工作时间、休息休假和工伤保险等事项作为重点协商谈判内容，从机制上维护职工的劳动健康权利。五是维护女职工健康权益。邀请专家到企业开展60多场女性健康知识讲座，4000多名女职工参加学习，并免费为300多名女职工提供“两癌”检查。六是组织全市职工服务类社团组织，为职工提供多方面的公益服务。6月，牵头成立韶关市职工服务类社会组织联合会，共50个社会团体和热心人士成为首批会员。12月，牵头成立韶关市社会组织工会工作委员会。

【工会组建工作】 市、县两级总工会严格按照三年规划目标任务和各项工作要求，围绕非公企业建会和会员发展这个重点，对非公企业法人数据库内的未建会企业逐一排查摸底，共成立79个建会筹备组，多次深入企业调研和分类指导，确保任务完成。曲江经济开发区及其工会联合会高度重视组建工作，领导亲自上门做工作，采取各种有力措施，使开发区企业建会率达到100%，成为全市第一个工会组织全覆盖的园区。截至2013年9月底，全市基层工会6979家，基层工会涵盖单位30848家，工会会员665536人，农民工会员133181人，其中全市企业工会4710家，企业工会涵盖单位16853家，企业工会会员489917人，企业农民工会员113467人，完成省总下达的三年规划组建任务。在抓建会“数量”的基础上，更加注重建会“质量”。各级工会围绕推动企业发展、促进企业稳定、维护职工权益，通过开展“双亮工程”“职工之家”和厂务公开民主管理等活动，发挥工会参与、服务、建设作用。乳源三协电子公司、翁源金悦通公司、始兴万达公司等非公企业工会加强规范化建设，开展关爱帮扶员工活动，作用发挥明显。全年，完成厂务公开民主管理贯标认证单位35家，受到全国总工会表彰全国模范职工之家3个、全国模范职工小家3个、全国双爱双评先进企业1个。

【工资集体协商工作】 各级工会因地制宜，争取地方党政重视支持，深入园区与企业宣传动员，不断完善相关制度，规范协商工作流程，取得明显成效。主要措施有：参照省的做法，把协商工作列入对下一级政府科学发展观考核和社会建设考核的内容，列入三方协商会议的内容。采取派发宣传资料、召开各类人员会议、举办培训班、开展宣传活动周等各种形式，向企业和职工双方广泛宣传建立协商制度的重要意义，解答有关政策措施。组建1000多人的协商指导员队伍，通过集中培训、交流经验、典型示范等措施，使其掌握协商的原则、方法、程序和技巧，提高协商水平。利用各种资源，巧借外力，形成推进合力。经与人社、司法、工商、税务等部门的协商，将是否开展协商列入和谐企业评选、诚信守法企业评选、劳动年审、综合工时工作制或不定时工作制申请的条件，形成工作合力，推进工作有序开展。至年底，工资集体协商覆盖企业12523家，覆盖率为82.3%，其中1000人以上非公企业7家，区域性集体合同63份，行业性集体合同56份，覆盖职工40多万人，顺利完成三年规划任务。

【工会其他工作取得新成绩】 工会经费税务代收扎实推进，覆盖面和收缴率稳步增长，加大对基层经费支持力度，市总工会全年对各级基层工会的补助经费达801万元，比上年增加112万元，在一定程度上解决基层工会工作经费不足的问题。宣教工作有新发展，在各类新闻媒体广泛宣传工会工作，扩大工会的影响。女职工工作不断深化，粤北女职工文明岗、粤北建功立业女能手活动不断发展。经审工作规范，促进工会经费的合理使用，市总工会经审会获得2013年度全国工会经审工作先进集体荣誉称号。

（吴柳亭）

附：领导班子成员名单

主　席：杨小明

副主席：张　莉（女）

谢广明（—2013.2病逝）

林贵贱

纪检组长：傅　勇（—2013.12）

高　照（2013.12—）

共青团韶关市委员会

【概况】 中国共产主义青年团韶关市委员会（简称团市委）前身为中国共产主义青年团韶关地方委员会，1983年6月，地、市团委合并后改为现名。共青团韶关市委是全市共青团组织的领导机关，内设办公室、组宣部、城乡部、学校部、联络部，以及韶关市青年联合会、韶关市杰出青年协会、韶关青年商会秘书处，下辖韶关市青少年文化宫。截至2013年年底，全市有基层团委402个，基层团（总）支部5842个，基层团工委36个，“两新”组织（新经济组织和新社会组织）团建总数152个，专兼职团干6931名，团员161280名。

【加强青少年教育工作】 加强理想信念教育，增强广大团员政治素养，鼓励青少年追寻“中国梦”。全市各级团组织坚持用马克思主义最新理论武装广大团员青年，坚定党的领导和中国特色社会主义的理想信念。坚持用社会主义核心价值体系教育引导青年，通过团刊、网站、论坛、微博等载体，加强青少年思想道德建设。各行各业的“十大杰出青年”“青年岗位能手”“农村青年致富带头人”为青年成长注入“正能量”，为全市广大青少年树立先进典型，使他们赶有目标、学有榜样。2013年，广泛开展“红领巾相约中国梦”主题教育实践活动、“与人生对话”主题团日活动，引导学生牢固树立“三观”“三热爱”；以学雷锋月、成人礼活动为契机，深化中学志愿服务活动，探索建立长效的活动机制。

【促进青年就业创业】 加大见习基地建设和管理力度，开展“见习助就业，牵手毕业生”对接活动，组织400多名青年到企业见习；实施“展翅计划”韶关大学生就业创业能力提升行动，募集包括省属单位、实现党政机关、乡镇（街道）、企业、事业单位、社会团体（含群团组织）、其他社会组织等七大类1500多个可供对接见（实）习岗位，引导帮助大学生通过参与社会实践和置业体验端正就业观念，为增强就业创业能力奠定基础；深化就青年创业小额贷款工作，团市委与市人社局、市人民银行、市农信社等单位形成联动机制，主动帮助农村创业青年、青农会会员申请小额贷款和贴息贷款，为创业青年贷款共计81笔，贷款额达380.2万元，深化青年就业创业技能培训工作，以进城青年农民工、城市失业青年、农村青年为重点，开展以就业和创业为导向的技能培训工作。团市委联合市工商局、市供销社等部门，开展“第六届广东农村青年科技文化活动月”，以产品展销会、推介会等形式，推广农产品，促进农业人力资源就业，帮助农村青年转移就业，农业致富带头人对接市场，并联合当地文化站，深度挖掘民间文化艺术资源，挖掘一批农村青年文化能人，营造浓厚文化氛围，推动农村社会管理创新。

【服务青少年健康成长】 发展希望工程事业，举办“幸福广东·第六届希望工程南粤会亲—韶城会亲”活动，共筹集16万元，160名学生得到资助；依托全市40多所留守儿童希望家园，深化“城乡少年手拉手”“爱心汇聚小鸟巢”等关爱困难少年儿童品牌活动；“青春有爱·心系雅安”，团市委向社会各界募集37万元善款，用于重建重灾卷桥小学；整合资源，筹集资金55万元，新建15所省级希望家园示范点，开展第三届留守儿童福彩夏令营活动和2013—2014年度福彩公益育苗班，以及突发事件和重大疾病的困难留守儿童及困难家庭的青少年提供关爱、构筑健康成长环境；开展“加多宝·学子情”爱心助学行动和“国酒茅台·国之栋梁——2013年希望工程圆梦行动”大型公益助学活动，每名受助生一次性资助5000元，共资助33名优秀贫困学生；根据团省委要求，团市委共筹集资金20万元，与华南师范大学网络学院开办2013年韶关华师圆梦班，在生产一线培养有理想、有追求、有责任感、有影响力的“四有”新生代产业工人，择优录取100名学员继续教育；加强普法宣传，曾强青少年法律意识，加大《中华人民共和国未成年保护法》《广东省预防青少年违法犯罪条例》《广东省未成年人保护条例》等法律法规的宣传教育力度，开展“12355”青少年热线服务，每天安排志愿者利用晚上等课余时间值守“12355”热线，全年接受来访来电1200多人次，累计服务时间650小时，服务人数1500人次，共发放各类宣传单4000多份。

【深化志愿者服务行动】 围绕市委、市政府的中心工作，团结引导全市广大团员青年和志愿者弘扬“奉献、友爱、互助、进步”志愿精神，组织28名优秀铁路春运志愿者开展“幸福韶关·青春情暖”志愿服务活动，维护铁路春运期间秩序、服务广大旅客；“3·5”志愿者日前后，团市委、市青年志愿者协会组织各级团组织、志愿者，深入开展以“志愿创造新生活·你我共建幸福美好韶关”为主题的学雷锋志愿服务行动月活动，各行各业3000多名志愿者在多地开展清洁卫生、医疗保健、法律援助、信息咨询、电气维修、无偿献血等各种学雷锋志愿服务活动，共建和谐韶关。8月中旬，受强台风“尤特”影响，韶关出现持续性强降雨，多地受灾严重，团市委迅速组织近千名有经验志愿者参与救灾复产工作；为深入推进创建全国文明城市工作，志愿队伍响应，开展以秩序维护和倡导排队候车、文明礼让、文明出行、友爱互助等志愿服务活动，从公共交通秩序及市民文明素养、文明习惯等多方面提升韶关城市文明形象；采取“青年志愿者（团队）+农民工子女（学校）+项目”的方式，建立志愿者、家庭、学校、社会“多位一体”帮扶网络，开展爱心陪护、亲情沟通、课业辅导、课外活动、家庭照顾、资助文体用品等内容之志愿服务活动，通过精神和物质的关爱行动，使得农民工子女切身感受来自团组织、志愿者以及社会大家庭的关怀和温暖。

【加强团建工作】 以突出服务为重点，以团的活动为载体，坚持党建带团建、建活并举的原则，巩固“两新”组织青年群众基础，开展共青团与企业相关的重点品牌活动，发挥团组织在企业中的作用，参与创建青年文明号、青年志愿者、青春暖流、圆梦计划等共青团品牌活动和丰富多彩的主题活动，扩大“两新”组织团建工作的覆盖面，增强工作的渗透力，扩大团组织覆盖面。迅速启动、推进乡镇实体化“大团委”建设工作，探索适合韶关发展实际的乡镇“大团委”建设路径，2013年，共建设乡镇直属团组织2040个，完成率108.51%，其中2002个为新建团组织，38个为梳理原有改建，团组织类别中机关团组织503个、企业团组织188个、商业市场建团55个、工业园区建团9个、农业产业化基地26个、农村专业合作组织236个、居住社区团组织134个、社会组织建团254个、文体兴趣组织497个、大学生村官团组织29个，其他各类团组织109个，实现各类组织齐抓共建，形成团组织的全面覆盖，为全市94个乡镇团委落实每年2万元的工作经费。坚持“以竞争求市场，以转型促活力，以服务铸形象”的理念，培育、创建具备社会功能的青年社会组织，打造枢纽型社会组织，引导广大青年有组织有秩序地参与到社会管理和公共服务中，团市委依托青少年宫、社区服务中心、义工服务站等平台建立社会组织培育孵化基地，推进“亲青家园”建设，筹备成立韶关市青年社会组织联合会，制定联合会的章程，联系包括韶关乐善义工会、韶关红十字会、韶关市青年志愿者协会等37个青年社会组织加入，打造韶关市青年社会组织的培育孵化平台，将培育韶关市青年社会组织发展壮大，发挥共青团的桥梁纽带作用，打造枢纽型组织，为韶关共青团工作的开展丰富载体、拓展阵地。同时，成立韶关市青年社会组织团工委，加强团组织对青年的吸引力、凝聚力和对青年社会组织的聚合引领能力；400多人次的团干部走进基层、走进青年，与青年的联系更加紧密，在党组织的关心下，优秀的团干部顺利转岗交流，热爱团的事业、素质全面、作风过硬的年轻同志充实到各级团的岗位。

【增强交流与交往】 2013年，韶关市青联接待到韶关交流的中国与澳大利亚文化交流协会、香港青年协进会、韶澳青年协会、澳门教育暨青年局、澳门中华新青年协会等青年团体。同时，也组织人员到澳门出席韶澳青年协会成立仪式和第七届世界广东同乡联谊大会暨第一届世界广东华人华侨青年大会；组织市青联、市杰青协会、青商会分别赴韩国、西藏林芝学习交流，加强韶关市青年与外地青年组织的交流与合作，学习外地青年社团先进工作经验，真正实施“走出去”战略。（陈来胜　谭　思）

附：领导班子成员名单

书　记：梁丽芳

副书记：陈　祎　凌雪峰

党组成员、青少年宫主任：谭祥红

韶关市妇女联合会

【概况】 韶关市妇女联合会是负责妇女儿童工作的群众团体，是党和政府联系妇女群众的桥梁和纽带。韶关市妇女联合会组织结构：现设主席1名，副主席2名；内设办公室、儿童部、宣传部、权益部，及市妇女儿童工作委员会办公室。现有在职干部15名，100%本科以上学历。

2013年，市妇联围绕中心、服务大局，在统筹城乡妇女发展、推进妇女儿童工作项目、优化妇女儿童发展环境、探索参与社会管理创新等方面不断深化拓展，在服务大局、服务妇女、服务基层、自身建设等方面取得不俗成绩，为建设幸福美好韶关做出应有贡献。先后获得全国舆论宣传工作先进集体、全国宣传舆论阵地建设先进单位、广东省妇女报刊宣传推广工作一等奖、广东省妇女报刊宣传推广工作进步奖、市文明单位、市人口与计划生育综合治理工作先进单位、市社会管理综合治理工作优秀单位、市直单位例行节约先进单位、市人力资源管理协会优秀会员单位等荣誉称号。

【推荐巾帼典型表彰先进】 2013年，韶关市公安局出入境管理科等4个单位部门荣获“全国巾帼文明岗”称号，2人荣获“全国巾帼建功标兵”称号，乐昌市山歧洞蔬菜种植专业合作社荣获“全国农村妇女岗位建功先进集体”称号，新丰县丰城街道南区社区居委会等2个集体获“广东省三八红旗集体”称号，市公安局户政科等22个集体荣获“广东省巾帼文明岗”称号，武江区新华街工委书记钟真等4人荣获“广东省三八红旗手”称号；“三八”节期间，先后授予韶关市老干部活动中心等39个岗位“韶关市巾帼文明岗”称号，授予浈江区明宏生态沙田柚基地等14个基地“韶关市巾帼种养示范基地”称号，授予仁化县妇联等4个集体“韶关市妇联系统先进集体”称号，授予伍梅华等94人“韶关市城乡巾帼建功先进个人”称号，授予王心钢家庭等23户家庭“韶关市优秀书香之家”称号。

【争取项目支持推进巾帼建功】 全年共申报创建17个市级巾帼种养示范基地；5个基地申报省级巾帼示范基地，其中新丰县康绿霸王花专业合作社获评，翁源县农家乐蔬菜专业合作社获得“全国巾帼现代农业科技示范基地”称号；有5个单位申报广东省“巾帼林”，其中仁化县大桥镇大桥村乡土阔叶林巾帼林项目获评；9个女性专业合作社申报中央女性农民专业合作组织扶持资金项目，其中6个项目获得此扶持资金；1个巾帼联兴造林基地申报全国“三八绿色工程”项目。全年获得各类项目资金共计125万元。

【妇女小额贷款实现突破】 健全“政府主导、妇联配合、多方协作”的工作机制，共同搭建为妇女创业就业服务的平台。组织召开市财政局、市农信社等部门联席会议和县（市、区）妇联主席会议，传达省妇联“清远会议”精神，各单位进行讨论研究并作具体工作部署；学习传达省妇女小额担保贷款工作会议精神，并通过印发宣传小册子、制作宣传展板以及各村委“妇女之家”进行广泛宣传；在《韶关日报》“图说新闻”专版上，宣传介绍赖翠琴、何雪娃、吴秀兰等妇女致富典型；组织女性创业能手进高校，与女大学生面对面地交流。2013年，共发放妇女小额贷款532笔，金额2563.3万元，累计发放贷款突破4000万元，贷款回收率100%。仁化县农村信用合作联社还荣获“全国妇女小额担保财政贴息贷款工作先进集体”称号，始兴县东利昆虫专业合作社理事长吴秀兰荣获“全国农村科技致富女能手”“广东好人”称号。

【开展妇女技能培训】 坚持“按需服务、两业并举”原则，推进妇女大培训工作。利用农村妇女学校，开展“妇女直通车”、“送科技、送法律、送文化”下乡等活动；开展留守妇女儿童维权服务需求调研，引导和鼓励留守妇女就地就近就业或创业；引导困难妇女参加心悦家政服务培训职业学校的月嫂、家政等免费培训班学习，解决就业难问题；开展“爱心同在”支持小组，引导和帮助留守妇女增强自信，提高就业创业技能，促进留守家庭和谐；主动联合教育部门和职业技术学校以联合办学、委托办学等形式开办妇女低学历培训班，解决就业问题，通过培训为贫困家庭“造血”脱贫；选送100多名妇女参加全国、省妇联举办的各类培训班。

【开展精神文明主题活动】 组织“书香之家”“绿色家庭”“好邻里”申报工作，2013年共有17户家庭申报省“书香之家”，其中市残联推荐的潘志沐家庭获得“广东省十大优秀书香之家”称号。至2013年，韶关市推荐家庭已连续4年入选“广东省十大优秀书香之家”，共推荐省绿色家庭13个，好邻里21组，好邻里正能量案例4件；评选表彰市级五好文明家庭160户；举办第二届“妈妈，我爱您!”网络有奖征文活动，共收到来自全国各地和省、市内参赛作品900多篇，并从中评出一、二、三等奖以及优秀奖作品47篇并举行隆重的颁奖典礼；开展禁毒宣传月及“6·26”国际禁毒日法制宣传咨询活动，全市各地共组织宣传咨询活动39场，发放宣传资料35791册，制作宣传栏40个，宣传横幅122个，举办讲座11场，受益群众4388人，播放禁毒知识光碟32场次。

【推进“儿童友好社区”建设】 继续在全市村（社区）创建10个市级“儿童友好社区”，累计投入11.55万元为20个社区配备桌椅、书柜、图书一批，并专门印制“儿童友好社区”宣传海报、折页一批，为13个社区量身定做户外宣传栏。韶关市各地共有128个儿童工作活动阵地，其中社区内关爱儿童的群众自助、互助组织28个。武江惠民西社区被评为省级“儿童友好社区示范点”。深入校园开展“阳光陪伴快乐成长”关爱留守女童教育小组、青春期健康知识讲座，开展“关爱留守儿童”防拐宣传咨询活动。起草《关于在全市开展留守儿童调研的意见》，选派2名家教骨干参加省举办的家庭教育指导培训班。全年，韶关市各地共举办家庭教育骨干培训班25场，共培训家教骨干625人，邀请省家教专家或组织市、县（区）家教讲师团成员到社区开展专题报告会及讲座近128场，发放宣传资料64800份，受益人数近5万余人。

【深化未成年人思想道德建设】 开展“学雷锋、树新风”活动，号召未成年人缅怀先烈英勇事迹，弘扬爱国精神，树立正确的世界观和价值观；“六一”国际儿童节期间，以“学习雷锋、做美德少年”为主题，韶关市各级妇联组织组织3万多名未成年人参与网上签名寄语活动；“十一”国庆节期间，将“向国旗敬礼，做一个有道德的人”网上签名活动和妇联开展的家庭道德实践月结合起来，全市各地开展“精彩寄语”评比、优秀网上寄语表扬鼓励、“孝敬父母、体验亲情”等多种形式的主题活动。

【开设“巾帼风采”系列专题栏目】 联合韶关电视台、电台开设“巾帼风采”系列专题栏目，宣传报道各行业妇女先进集体和个人事迹，并在党报上同步专题报道；联合韶关日报社，做4个专题的版面宣传；并与韶关电视台联合拍摄“巾帼风采”系列专题片——农村妇女健身队、妇女创业就业典型及妇女小额担保贷款力助农村妇女发展等，在《三江视线》栏目播放。

【发挥妇女维权与信息服务站功能】 依托市妇女维权与信息服务网站在全市范围内开展“‘知心’相伴 幸福同行”——妇女心理健康知识网络竞赛活动，参与竞赛活动人数近5000名，共抽出一等奖10名，二等奖20名，三等奖30名，鼓励奖350名；通过网站开辟专题论坛或进社区组织论坛等形式，结合婚姻家庭法律、婚恋心理、家庭教育等3个主题，引导广大网民群众参与平安幸福家庭的讨论；举办“幸福来敲门 家和万事兴”系列论坛活动，发动广大群众共同探讨法律维权、女性卫生健康等问题；不断发展志愿服务队伍，服务站已发展法律、医疗、家教、社工等有关专业志愿者共100多人，各项咨询、培训、个案等服务活动正常开展，社会影响力不断扩大。

【开展妇女热线“主席接听日”活动】 3月8日，省妇联副主席徐春莲在市妇联主席邢丽的陪同下到省妇女维权与信息服务站（韶关站）亲自接听妇女热线，回答群众问题，同时还邀请专业律师、心理咨询师、家庭教育专家志愿者参与此次活动，增强投诉妇女依法维权的信心和勇气。“三八”期间全市妇女热线共接听来电86宗。

【建设综合性社会公益服务平台】 市妇联争取市民政局支持，将妇联部分工作职能与韶关首家社工机构——海邻社会工作服务中心工作对接，提供妇联丰富的社会资源，采取“妇工+社工+志愿者”的模式，根据社区居民的特点和需求，采用个案、小组和社区工作的专业手法，通过电话咨询、家访、社区活动、工作坊、培训讲座的服务形式，为妇女儿童和家庭提供婚姻调适、家庭调解、亲子教育、妇女维权、青少年成长、志愿者队伍组建等多元化多层次的一站式服务，做到优势互补，合作双赢。海邻社会工作服务中心活动场所近1000平方米，现有专职社工3人，兼职社工7人，志愿者队伍5支共120人，覆盖服务人群已达4万人，直接接收服务达3000多人次。

【推进枢纽型组织建设】 继续开展“爱心父母大联盟”关爱儿童行动，发动全市193个社会组织加入“广东省关爱妇女儿童大联盟”；扶持和培育城乡巾帼志愿者队伍，全市共创建巾帼维权队、巾帼志愿服务队、巾帼健身队等队伍273个，共有巾帼志愿者7300多人；指导县市区重心下移，将妇联组织向“两新”组织、行业协会等延伸，实现纵向逐渐巩固、横向不断拓展的格局；组织召开市女知联第五届会员大会及理事会一次会议，顺利完成女知联换届工作；成功举办“火红的七月——女知联、女企协联欢会”及女知联体育运动会，提高妇女组织的凝聚力。

【推进“妇女之家”建设】 指导管理“妇女之家”，重点抓好第二批省级示范点工作，年中组织对全市第二批省级“妇女之家”示范点进行一次全面调研，年底组织全面考核评估工作并迎接省妇联检查评估；协调社科联及韶关大学完成“妇女之家”理论课题申报及基础调研工作，做好全市13个第三批省“妇女之家”示范点的申报；组织各基层“妇女之家”面向妇女群众开展中共十八大精神及“中国梦”宣传教育；印制下发主题宣传折页、折扇、塑料杯等，扩大宣传面；省妇联常务副主席阎静萍一行到韶关市南雄、始兴等地“妇女之家”开展调研；全国妇联副主席宋秀岩到韶关调研时对韶关市“妇女之家”的建设和工作成效给予高度评价。

【开展女干部培训】 在市委党校联合举办镇（街道）妇联主席培训班，来自全市各乡镇（街道）妇联主席、各县（市、区）妇联带队副主席共113人参加培训；做好女性教育试点工作，撰写工作实施方案，组织试点单位韶关市第四中学、新丰梅坑中学做好相关工作，做好主题论文的撰写及上报工作。

【开展妇女维权普法宣传教育】 开展以“关爱妇孺 幸福同行”为主题的“三八”维权周活动。市妇联联合公、检、法、司等相关职能部门在中山公园文化广场举行宣传咨询活动，邀请一批律师、家教、心理专家和大学生志愿者到场为群众提供法律、心理、家庭教育等方面的咨询服务。全市各级妇联维权周活动期间，共开展法律宣传咨询62场、普法文艺宣传10场，举办健康心理知识讲座3场、宣传禁毒活动6场，向群众发放妇女权益保障法等宣传资料5万余册，悬挂创建“平安家庭”、两纲规划等图片展板100多幅，受益群众达2万余人；深入城乡企业、社区、学校、村居组织举办“家家学法共促和谐”妇女法制惠民行动，全年举办活动74场，受益群众达14084人；广泛开展平安家庭创建活动宣传，在全市建立乡镇（街道）、村（社区）平安家庭宣传栏40个，广泛宣传“六防六无”、家庭美德，编印发放《创平安家庭 共享美好生活》等平安家庭宣传资料5万份；组织举办“反对家暴倡文明 创建平安促和谐”知识竞赛，2万多名群众参与活动，评选平安家庭创建活动先进集体30个，平安家庭示范户100户；利用电视、报刊、网络等媒体进行妇女维权宣传报道300多篇次，编印《妇女劳动权益知识》折页、宣传杯、环保袋等宣传资料近10万份；韶关市选送的黄钧锋家庭在全省“家庭法治知识演艺大赛”中荣获二等奖和广东省“法治文化进家庭宣传使者”称号；市妇联连续两届被评为“社会管理综合治理优秀单位”。

【做好妇联信访维稳工作】 以推动落实妇女权益保障法、婚姻法等法律法规为重点，抓住妇女信访中反映的热点、难点问题，协调有关部门，促进重难点个案的调处，维护妇女儿童合法权益。一年来，全市妇联系统人民陪审员参加陪审案件161宗，来信、来访、来电734宗，结案率达100%。全市有6宗妇女维权案例荣获2013年度省优秀案例奖，其中二等奖1个、三等奖3个、鼓励奖2个。同时，依托各级综治信访维稳中心，推进基层妇女维权工作。全市共建镇（街道）综治信访维稳中心105个，社区妇女维权服务站190个，100%镇（街道）兼管妇联工作的委员或妇联主席任综治信访维稳中心成员，参与综治维稳协调工作。市妇联还参与市人大执法检查组对韶关市贯彻实施妇女权益保障法、《广东省实施〈中华人民共和国妇女权益保障法〉办法》情况的执法检查。

【普及“两癌”筛查工作】 已争取800多万元为贫困妇女开展“两癌”免费筛查及救助，新丰、乳源作为全国项目点、南雄作为省项目点该项工作走在全市前列。韶关市申报省“两癌”援助30人，其中包括“两癌”（试点县）10人，“粉红春天”救助20人。现获得省“粉红春天”援助17人。截至年底，全市筛查人数达6万多人。对全市查出患病的28名贫困妇女进行及时的援助救治。乐昌市妇幼保健院邹巧玲荣获全国“农村妇女‘两癌’免费检查工作先进个人”称号。

【实施“关爱留守儿童护航行动”】 继续开展“爱心大联盟”结对帮扶行动，香港励贤会帮扶韶关市265名困境儿童，广州边防总队、中山大学帮扶韶关市53名困境儿童。已有近6012名“爱心父母”个人或者集体与韶关市7439名困境儿童结对，帮扶资金累计达到371.95万元；完成25名先天性心脏病患儿资料上报；加大“困境儿童心灵加油站”创建力度，争取省妇女儿童基金会帮扶翁源县50名孤儿，2013年下半年的生活援助款每人500元共2.5万元已经在9月初下拨到该县妇联，并已经及时地转发到孤儿手中；指导各地开展形式多样的“六一”关爱留守儿童系列活动。市委副书记陈向新带领四套班子领导前往受洪涝灾害影响严重的武江区龙归中心小学慰问少年儿童。市妇联主席邢丽带领慰问组分别前往乐昌市廊田中心小学、市机关第一幼儿园开展“六一”慰问活动。“六一”期间，市妇联累计发放13.5万元的慰问金及慰问品。

【推进“四援助”民生项目】 2013年，韶关市共争取援助资金45.5万元为35户单亲特困母亲援建母亲安居房，均已在春节前入住新房；争取省妇女儿童基金会与广州医药集团有限公司共同开展的“母亲爱心包”项目，韶关市共争取800个名额并通过邮政渠道送达到母亲手中；与市邮政局做好“母亲邮包”工作联合发文，并在各地各单位募集“母亲邮包”捐助人，现共募集近3万元，300个“母亲邮包”；争取省妇联捐赠价值5万元的“母亲邮包”500个并及时发放到受强台风“尤特”“潭美”影响受灾的妇女手中。省妇联副主席丘瑞清一行还走访慰问月坵村单亲特困母亲丘顺娣家庭，并给她送上“母亲邮包”和慰问金。

【实施妇女儿童新规划】 做好2013年监测评估工作，全面启动新妇女儿童发展规划的实施，完成“两个规划”目标责任分解，形成《韶关市妇女儿童发展规划（2011—2020年）目标责任分解书》并下发至各成员单位。要求市各妇儿工委成员单位做好各自发展规划并报市妇儿工委办；调整充实市妇儿工委成员单位成员和联络员，指导完成县级新规划的编制颁布实施工作；在电视上播放市领导讲话，在《韶关日报》、韶关政府公共信息网、韶关妇女网、广东省妇女维权信息服务站（韶关站）网站上专刊刊登新规划内容；“三八”节期间，组织相关领域专家学者开展大型咨询活动，印制数千份规划宣传小册子、宣传手册、宣传折扇、环保袋等分发到各基层妇儿工委；配合省妇儿工委完成“童心共筑中国梦”在韶关市浈江、武江、仁化、始兴四地的4场演出活动。

【推动村（居）换届选举女性进“两委”】 为做好2014年村（居）“两委”换届工作，市妇联提前介入，下发《关于做好2014年村、社区换届选举女性进“两委”前期工作的通知》，向组织部门推荐优秀年轻女干部，要求各基层妇联未雨绸缪，为村、社区换届选举女性进“两委”做好前期工作。（刘秋兰）

附：领导班子成员名单

主　席：邢　丽

副主席：吕志玲　马小青

韶关市科学技术协会

【概况】 韶关市科学技术协会是中国共产党领导下的人民团体。成立于1958年12月。市科协机关人员编制共12名，辖下正科级事业单位韶关市科技馆1个，人员编制25名；全市共有县（市、区）科协10个，市级学会（协会、研究会）31个，驻韶关中省、市属企业科协18个。

【学术交流】 以增强自主创新能力为导向，围绕韶关市经济社会发展等主题，全市各级科协、学会共举办全市性学术会议25场次，各类学术交流活动100多场次，评选交流430余篇优秀论文，参加活动的科技人员3500多人次，进一步活跃科技学术氛围，为韶关市产业转型升级和创新发展提供有力的科技支撑。

【科技服务】 搭建技术创新服务等平台，开展科技服务“进企业”活动，开展“讲理想、比贡献”群众性科技创新活动。把开展“讲、比”活动与加强社会主义核心价值体系学习教育结合，与实现企业发展目标结合，与推进院士（专家）工作站建设结合，与提高企业科技人员科技创新水平结合。韶关市华南虎繁育研究基地、新丰县广晟稀土开发有限公司和广东（南雄）邦固化学科技有限公司等单位建立广东省院士（专家）工作站。

【科普惠农】 围绕服务社会主义新农村建设，实施“科普惠农兴村计划”。在2013年的基层科普行动计划评比中，乐昌市梅花镇蔬菜专业技术协会被评为全国专业技术协会，获全国奖补资金20万元；韶关市武江区龙归镇后坪村宋道玉（女）、韶关市仁化县大桥镇长坝廖子坑村王慧香（女）被评为全国致富带头人，各获国家奖补资金5万元；韶关市南雄市果业协会被评为2013年广东省专业技术协会，获省奖补资金15万元。深入实施“科普惠农兴村计划”，引领和帮助农村基层科普组织较好地发挥示范引导、辐射带动、技术交流和科普宣传等作用。建立科普惠农长效机制，完善农村科普服务体系建设，加强对“科普惠农服务站”单位的工作指导。仁化县金果农业生态园有限公司科普示范基地被广东省科协命名为第五批广东省“科普惠农服务站”。

【科普益民计划】 5月，市科协制定实施《关于实施社区科普益民计划提升行动的意见》，明确2013年社区科普益民计划实施在上年基础上，提出“四个提升”的新要求，即提升社区科普惠民服务站建设管理水平、提升社区科普场馆设施建设服务水平、提升社区科普志愿者队伍组织管理水平、提升社区科普活动策划组织水平，明确全市新建各级社区科普惠民服务站20家以上；新增各类小型专题科普场馆、社区科学活动室、青少年科学工作室20家以上；全市新增科普志愿者5000名以上；每个科普惠民服务站全年开展科普活动不少于2次，参与活动居民不少于辖区内居民总数的20%的工作目标，全力打造“社区科普益民计划提升年”。2013年，韶关市新华街惠民西社区和乐昌乐城街道城北社区被评为全国科普示范社区，各获国家奖补资金20万元；曲江区马坝镇城东社区居委会、武江区新华街惠民西社区居民委员会、仁化县丹霞街道新城社区居民委员会、乐昌市廊田镇廊田街社区居民委员会、始兴县太平镇城郊社区居民委员会、南雄市雄州街道八一社区居民委员会、仁化县丹霞街道水南社区居民委员会、浈江区车站街南韶村社区居民委员会、乳源县乳城镇云峰社区居民委员会被命名为2013年第四批广东省科普示范社区。

【青少年科技活动】 1月，举办韶关市第28届青少年科技创新大赛，共有市一等奖33项送省参加省28届青少年科技创新大赛。4月，在中山市举办的广东省28届青少年科技创新大赛上，韶关市获省一等奖1项，二等奖3项，三等奖10项。5月，组织学生参加广东省中学生生物学竞赛，分高、初中组进行，全市60余所学校近千人参加角逐，韶关市共53人获省一等奖、106人获省二等奖、210人获省三等奖。6月，组织学生参加全国中学生生物学竞赛韶关市学生获全国一等奖1名，全国二等奖7名，全国三等奖7名。2013年，第30届韶关市青少年信息学竞赛4—5月在广东北江中学举行，韶关市16所学校150人参加，广东北江中学获市团体第一，同时选出10名学生代表参加6月的广东省青少年信息学竞赛决赛，韶关市获市团体第五名，获个人一等奖1名，二等奖1名，三等奖8名。11月组织学生参加在广州第21中学举办的首届青少年虚拟机器人竞赛，韶关市北江中学学生获第一名好成绩。

【“科技馆进百校”活动】 为提升青少年科学素养，市科协举办“科技馆进百校”活动，分别到乳源、浈江区、曲江区、乐昌市、仁化县等共14所学校开展活动，受众学生16200名，其中为农村留守学生开专场，参加人数近5000人次。此项活动内容丰富，有趣味科普秀表演、有奖知识问答、“放飞心愿、励志成才”励志课、智能机器人表演、益智玩具体验、科普图片展览等项目。这种把“科技馆”送进校园的做法，激发广大中小学生学科学、用科学的求知欲望和善于动脑、勤于动手、敢于创造的潜能，深受学校师生的欢迎。

【“三下乡”暨“千会服务千村”活动】 4月1日至3日由广东省科协联合省委宣传部、省科技厅、省农业厅、省卫生厅、省妇联、团省委、省地震局、省气象局、省农科院和韶关市人民政府等12个单位共同举办，由韶关市科协、乐昌市人民政府承办的2013年广东省文化科技卫生“三下乡”暨“千会服务千村”行动启动仪式在乐昌市举办。现场农业生产技术咨询、科普展教、卫生诊疗等活动丰富多彩，吸引当地8000多名群众参与。韶关市科技专家直通车在现场带来的仿生鱼展示、智能机器人表演、益智玩具体验等成为活动现场的亮点，新颖、高科技的展品展示，以及现场派发“公共安全与应急避险手册”“养猪小知识问答”等农业科普资料，开拓老百姓的视野，激发人民群众和青少年对科学科技的向往与热情。

（胡元强）

附：领导班子成员名单

主　席：郑　适

副主席：罗金锋　周　平

兼职副主席：张永生　王羽梅

韶关市文学艺术联合会

【概况】 韶关市文联是党和政府联系文艺界的桥梁和纽带。市文联现有在职干部职工5人，内设办公室和组联部，联系17个文学艺术团体，分别是美术家协会、书法家协会、摄影家协会、民间文艺家协会、作家协会、文学批评家协会、戏剧家协会、曲艺家协会、文联艺术团、音乐家协会、舞蹈家协会、电视艺术家协会、诗社、赏石协会、兰花协会、盆景协会、九龄书画院，共有会员3200多人，其中国家级会员87人、省级会员559人。文联的机关刊物《南叶》文学杂志在全国公开出版发行。2013年，韶关市文联履行“联络、协调、指导、服务”的职能，发挥群团组织优势，围绕市委市政府的中心工作，组织精品创作，打造活动品牌，加强理论研究，深入服务群众，完善组织建设。各县（市、区）文联也开展多种活动，活跃群众文化生活。

【组织建设】 2013年，开展市级

9个文艺家协会的换届工作，通过制定《韶关市市级文艺家协会2013年换届工作办法》，做好协会换届的引导和组织工作，按照民主程序，把一批政治素质高，思想品德好，文艺业务精，经营管理强，并具有广泛代表性、号召力的各文艺领军人才充实到协会领导班子。部分协会也以此次换届为契机，在县以下的基层设立文艺分会。同时，根据市财政局的相关要求，帮助协会建立健全一系列管理制度，特别是财务管理制度。

【开展文艺志愿服务】 配合市委市政府“挥墨写真情，行善助教育”活动，组织书法、美术、九龄书画院等文艺家捐献作品共56幅；组织3家协会开展送春联下乡活动，为群众写春联500余幅，赠送书法美术作品80余幅。组织曲艺家到革命老区仁化县石塘镇双峰寨和浈江区敬老院开展献爱心慰问演出。为筹建韶关市文化艺术展览中心，美协向热心捐款人士捐赠美术作品3件，并向广东慈善总会捐赠美术作品6件(此6件作品拍卖所得32万元)。为配合中国舞协的“新农村少儿舞蹈课室工程”的开展，舞协组织5名志愿者前往5个贫困学校开展为期一年的艺术支教活动。

【组织文艺惠民活动】 各文艺协会发挥各艺术门类的专业优势，举办一系列活动。其中，美协举办关山雪美术作品珠海展、黄一建美术作品（韶关、顺德）展，举办“南岭风”“北江源·韶韵风”系列主题写生、展览活动；书协举办3次有影响力的会员个人作品展；举办“韶关—衡阳书法作品展”“韶关、黄石、云浮纪念南宗六祖书画联展”。音协组织参与“世界张氏恳亲大会”的文艺演出。舞协组织“第二届百姓艺术健康舞展演”的推广活动，编排节目韵律操《青春飞扬》参加韶关市党政军民迎新春联欢晚会。摄协在丹霞山博物馆举办“张沛然丹霞山风光摄影作品展”、在风度名城举办“韶关·香港迎春摄影作品联展”、在广州举办“走进仁化、感悟丹霞——谢锦树丹霞山风光摄影作品展”。曲协组织开展“开心广场·百姓舞台”—第二届广东省粤曲私伙局大赛韶关赛区选拔赛，并继续配合市政协组织参加“四洲杯”粤曲演唱大赛。九龄书画院组织第二届“张九龄杯”篆刻赛、临帖书画赛。批协组织本土作家作品研讨会3次，举办“粤北文学创作研讨会”，为韶关市有关文艺活动撰写研讨评论，编辑《粤北当代文学巡礼》。赏石协会举办市第五届奇石文化节，组织参加江西赣州首届红三角奇石文化博览会，组织参加湖南江华2013年瑶族盘王节首届神州瑶都奇石精品大赛。盆协举办会员盆景艺术展览。

【承接政府购买服务】 2013年，围绕“和谐韶关·舞动全城”和“北江源·韶韵风”两大主题，组织6个协会承担政府8项文化购买服务：书协承办“韶关—盐田美术作品展”“2014年元旦春节书法作品展”和“道德春联进万家”活动；美协承办“2014年迎新春美术作品展”；音协承办“‘一起唱’2014年新童谣歌曲新年演唱会”；舞协承办“第二届百姓艺术健康舞创作展演”；民协承办“韶关市第三届民间工艺作品（藏）展”；曲协承办的《韶关礼赞》粤曲创作演出，分别在韶关、澳门和清远3个场地进行展演。

【创作成果】 2013年，市属各协会选送作品参加国家及省市的各项评比活动，取得丰硕的成果。由作协王心钢、荣笑雨、李迅创作的长篇纪实文学《潜流—南方地下党血火纪录》和音协由盘桂清、潘建中老师作词曲的《盘王歌》均获得广东省第九届鲁迅文学艺术奖，实现韶关历史上此奖项零的突破。书协会员陈景锋作品获首届“西狭颂”全国书法展优秀奖。舞协由古建明周小毛编导的群舞《瑶山谣》，在新加坡第十六届世界青少年“金狮奖”音乐、舞蹈、器乐艺术大赛中，获大赛表演类和编演类的最高金狮奖及组织金奖；由杨镳铭指导的少儿舞蹈《太阳瑶鼓》获北京市西城区少年宫比赛一等奖、广东省第九届少儿艺术花卉金奖。音协做好韶关市童谣歌曲的创作评选推荐工作，参与编印《童心飞扬——韶关市新编童谣歌曲获奖作品选》；会员赖勇在全国职业院校技能大赛高职组声乐比赛中获得一等奖，邵志伟在北京国际歌剧音乐节邀请赛中成功进入决赛并获得优秀奖。摄协刘松胜作品喜获第十五届全国艺术摄影大赛艺术摄影类银奖，何坚强、庄东平作品入选国际摄影展。曲协开展《韶关礼赞》创作、排练、录音等系列创作和推广工作，并获第四届广东音乐大赛暨年度优秀团队展演民乐邀请赛荣获合奏金奖。

【协会交流活动】 2013年，摄协在香港展出“高山峡谷瑶家寨”摄影作品；舞协组织会员参加香港元朗庆祝中华人民共和国成立64周年国庆演出；曲协组织会员到澳门参加“梨园之春粤曲晚会”。8月，李奎忠带队的投资考察组对在仁化县兴建“中国刺绣文化产业园”进行实地考察。11月，中国民协书记、副主席罗杨，省文联副主席李萍及中国民协一行9人到韶关市考察南雄珠玑巷、梅关古道、乌迳镇新田村古村落、丹霞山、涂氏仿古农具工坊、九龄园、曹溪度假村、南华寺等地。12月，文联组队参加粤湘桂南岭三省五市文联联谊会，开展与清远、贺州、郴州、永州等市文联的学习交流，并组织参与“粤湘桂三省五市青少年文艺奖”大赛，1人获二等奖，2人获三等奖。韶关市各文艺家协会如美术家协会、书法家协会、赏石协会、盆景协会、兰花协会等也都与外界相关协会开展交流活动。 （黄文华）

附：领导班子成员名单

主　席：刘照丁

韶关市社会科学联合会

【概况】 韶关市社会科学联合会（简称市社科联），是韶关市社科类学会（协会、研究会）和各县（市、区）社科联组成的群众性社会科学学术团体。市社科联是市委、市政府联系广大社科工作者的桥梁和纽带。韶关市社科联现有在编人员4人，内设办公室，与市哲学社会科学规划领导小组办公室合署办公。市社科联现有党建研究会、纪检监察学会、财政学会、税务学会、地方税收研究会、审计学会、张九龄（韶关）研究会、图书情报学会、韶关国学研究会、黄峭公研究会、五月诗社研究会等20多个学术团体。

2013年，市社科联围绕韶关市中心工作大局，落实科学发展观，引导广大社科工作者，为韶关市经济建设和社会发展提供智力支持。市社科联按照“拓宽思路、夯实基础、突出重点、力求突破”的社科工作方针和新形势对社科工作的要求，团结广大社科工作者和社科界专家、学者开展社科理论研究和社科普及工作。紧跟形势，做好韶关哲学、社会科学规划，及时反映韶关市哲学社会科学研究状况、发展趋势和发展规律。评选韶关市哲学社会科学优秀成果，围绕实现伟大中国梦的理想，开展对新观点、新方法、新成果、新动态进行采集、遴选、判断，集中体现韶关社会科学界开拓创新、实事求是、与时俱进的精神面貌。

【《韶风》杂志创刊】 2013年6月，《粤北论丛》与市委宣传部的《韶关宣传》进行合并，改名《韶风》，由市委宣传部和市社科联共同主办。《韶风》杂志以全新面貌出版，是一本内容丰富，可读性强的综合性社科、文化刊物，其宗旨是坚持党性原则、强化理论指导、弘扬韶文化、注重社科理论研究、解读热点新闻，集理论性、新闻性、社科性、文化性和历史性为一体，适应新形势，反映新观点，展现新风尚。《韶风》杂志新设板块栏目有：“粤北风采”“韶州视点”“北江论坛”“理论动态”“韶文化研究”“韶州史话”“韶阳文萃”“名人古迹”“收藏天地”“艺苑奇葩”等。

【韶关市社科联第四届代表大会】 4月26日，韶关市社会科学联合会在市区召开第四届代表大会，进行换届选举工作，对今后社科工作进行部署。参会代表84人，由各县（市、区）社科联和市级社科学会（协会、研究会）负责人组成，市委常委、宣传部部长许红出席会议。自2001年12月，韶关市社科联组成第三届委员会以来，全市社科界深入贯彻落实科学发展观，坚持“两为”方向和“双百”方针，围绕全市经济、政治、社会、文化建设和生态文明建设，着力拓展社科工作架构，建立完善工作机制，开展一系列社科研究活动和社科普及工作，推出一批具有鲜明时代特征的社科研究成果，培养一批理论功底扎实，富有创新精神的专家、学者，推动韶关市哲学社会科学事业快速发展。会议选举韶关市社会科学联合会新一届领导机构，巫育明当选为韶关市社科联主席，黄明奇当选为专职副主席，李春城、杨应海、陈树川、胡少平、龚礼宁当选为兼职副主席，罗信波当选为秘书长。会议还修订审议《韶关市社会科学联合会章程》。

【完善社科研究扶持激励机制】 6月28日，韶关市社科联召开市哲学社会科学规划领导小组第四次全体会议，在总结近年来全市社科规划课题管理工作基础上，对《韶关市哲学社会科学规划课题管理办法》进行修订完善，并正式通过实施。同时，为建立高效的社科文艺精品创作机制，与市委宣传部共同制定《韶关市社科文艺精品创作工作实施方案》，形成开展社科研究的激励力度。

【实施年度社科规划课题】 2013年4月，由韶关学院、市委党校的专家组成专家组，对2012年度12项社科规划结项课题进行结项评审，其中2项课题未能达标通过，延期结项，这是韶关市首次组织专家组对社科规划课题进行结项评审，保证课题的研究质量，对课题管理、成果转化起到作用。5月，组织省、市专家联合组成专家评审组，对2013年的85项申报课题进行立项评审，经过评审、核准、公示等环节，最终确定年度社科规划立项课题41项，其中资助课题20项，共建课题19项，委托课题2项。

【出版韶文化研究丛书】 韶文化研究丛书是岭南文化系列丛书之一，是2011年韶关市社科联申报的文艺、社科精品立项资助项目，2012年广东省社科联正式批准立项，全套丛书共15册，至2013年12月该系列丛书已由暨南大学出版社正式出版，首先印制出版的有《张九龄大传》《南禅宗海外传播史》《粤北采茶戏》《惠能韶州弘法行迹考》4册，其他丛书将陆续出版。《张九龄大传》由韶关学院文学院教授熊飞著，熊飞教授曾先后出版《张九龄年谱新编》《张九龄集校注》，是韶关市研究张九龄专家。此次出版《张九龄大传》，较全面撰写张九龄作为唐代开元盛世的政治家、思想家、文学家、诗人、宰相的政绩和文学的贡献，对张九龄为官一生的历史和九龄风度作高度评说。《南禅宗海外传播史》由韶关学院编审，研究员王焰安、曹溪佛学院法师慧贤编著。该书分为6章，重点介绍六祖禅宗文化南传越南，北传朝鲜半岛、东传日本、南传亚洲诸国、西传美洲、西传欧洲等禅宗文化向海外全面传法的过程，是禅宗文化研究的专著。《粤北采茶戏》由韶关学院音乐学院教授黄莉丽编著，该书分为8个章节，较全面地介绍粤北采茶戏的剧种、客家特色、音乐特点、传统剧目、表演特色、歌舞特色、唱段精选、演出团体等概况，是记载、反映、研究粤北采茶戏发史的专著。《惠能韶州弘法行迹考》由韶关学院学报编辑部编审、常务副主编李明山编著，该书主要介绍六祖惠能大师在韶州传法37年的行迹考，以“惠能与韶州结缘”“惠能南禅宗思想形成”“惠能的重要人事关系”“惠能禅宗文化的影响”“附录”等五部分内容，收集大量史料及本地部分学者的研究专稿，是一部研究六祖惠能在韶州弘法较全面的禅宗文化专著。

【社科研究基地建设】 韶关市现有韶文化研究基地、人与自然和谐发展研究基地两个省级社科研究基地。韶文化研究基地在课题策划和兼职研究员组建上不断加强力量和管理，体现出新时期、新观点、新进展的特点。人与自然和谐发展研究基地，能结合韶关生态、经济发展特色，深入研究，制定规划，逐步走向正常研究轨道。

【社科普及工作】 韶关市现有浈江区南韶村社区、南雄市河南村和始兴县淋头村3个省级社科普及基地。其中，浈江区南韶村社区社科普及基地依靠自身组织的社科普及队伍，打造出一批与基层社区紧密相连，群众喜闻乐见的惠民服务品牌，包括经常性开展社科普及服务讲座，创建阅览室、组织“岭南大讲坛”“道德讲堂”等科普和传统文化相结合的社科活动，将社科普及与社区文化、健康教育紧密结合。为配合2013年广东社科普及周活动，韶关市社科联组织申报省优秀社科普及专家和优秀社科普及作品，韶关学院熊飞教授荣获省优秀社科普及专家称号，韶关社科联组织编写的《韶文化漫谈》一书被评为全国优秀社科普及读物。2013年10月9日，广东省社科联主席田丰率领省社科普及工作调研组到韶关进行考察调研，参观考察韶关市浈江区南韶村社区社科普及基地，听取该基地对社科普及工作的介绍和建议。主席田丰肯定南韶村社科普及基地所取得的成绩，并提出韶关市社科普及工作在服务地方党委、政府决策、弘扬地方特色文化等方面能够凝聚专家学者力量参与韶关各项建设，为韶关经济、文化、社科发展献计献策，贡献力量，希望继续围绕中心，服务大局，搭建平台，发挥好社科普及基地和社科研究基地的作用，加强基地建设和人才队伍的培养，更好将社科工作服务于社会。

【韶关市国学馆开馆】 5月8日，韶关市国学研究会国学馆正式开馆，市委常委、宣传部部长许红出席开馆仪式。韶关市国学馆坐落在武江区沙洲尾福彩路84号，建筑面积500多平方米，是韶关市首家国学馆。馆内开设有国学讲堂、书画院、展览厅、国学研究培训中心等，为韶关市民提供琴棋书画、禅茶文化、儒释道学说等传统国学教育基地。国学馆定期邀请专家学者开展公益讲座，授课内容包括《道德经》《孙子兵法》《论语》《史记》等国学精萃，并传授中国书画、中国象棋、围棋、茶道等方面知识。韶关国学馆还为6岁至15岁少年儿童开设国学经典文化课，弘扬传统文化，培养青少年的国学文化素养，推动韶关文化事业发展，促进社会文化思想道德教育。（李振林）

附：领导班子成员名单

主　席：李晓林

专职副主席：黄明奇

韶关市残疾人联合会

【概况】 韶关市残联共有1室2科（办公室、教就科和康复科），在职人员10人。2013年，市残联围绕全市中心工作，进一步加强残疾人“两个体系”建设，完成既定的年度目标和任务。在2012年全市绩效考评中，市残联获得优秀，并获得特殊贡献奖。

【加快残疾人康复中心和省残疾人粤北就业培训中心重点项目建设】 2月9日，省委常委、常务副省长徐少华在市领导郑振涛、张志才等陪同下，到韶关市调研残疾人工作，并与韶关市残疾人欢度除夕。市残联加快市残疾人康复中心和广东省残疾人粤北就业培训中心两大项目建设，其中，市残疾人康复中心在12月10日竣工。省残疾人粤北就业培训中心完成主体工程。曲江区残疾人康复中心全面建成。新丰县、南雄市残疾人康复中心完成主体工程并进入装修安装阶段。仁化、翁源新建残疾人康复中心开始动工建设。乐昌新建项目成功争取省的300万元项目资金。

【完成市、县残联换届】 4月，举行全市第六次残联代表大会，推选出新一届市残联领导班子，其中张志才为市残联主席团主席，沈河民等6人为副主席，冯伟星、梁燕、王心钢为新一届理事会领导班子成员。此前，各县（市、区）残联也圆满完成换届工作。9月26日至27日，韶关市率先在全省举办全市新任残联领导干部、专门协会主席培训班，参培参训人员65人。

【推动残疾人康复工作】 开展“社区康园中心”的建设。全市共建有23个社区康园中心。开展居家康复服务和居家无障碍改造工作。根据省的任务分配，市残联完成100户居家康复和100户居家无障碍任务，工作进度位于全省前列。做好残疾儿童康复救助项目。组织专家在全市范围内对2013年1月1日起至5月底的初筛对象进行复筛，筛查出305名残疾儿童。全市共有康复机构16间，共有57名聋儿、150名肢体残疾儿童、83名智障儿童及74名孤独症儿童在康复机构进行免费康复训练，康复效果明显。推进白内障无障碍市创建工作。市残联将创建任务交给浈江、南雄、新丰、仁化4个县（市、区），参加筛选的人员达2000多人次，其中筛选1800多名白内障患者。其中浈江、南雄、新丰通过验收，被评为全国白内障无障碍先进单位。

【残疾人就业及培训】 开展残疾人就业年审和征收残疾人就业保障金工作。按市的要求，将市直、武江区和浈江区就业机构整合，统一将就业年审平台入驻市行政服务中心，截至12月31日，全市已年审用人单位4617家，收缴残疾人就业保障金2076万元，突破2000万元大关，对比上年同期增幅达32.4%。采取多种措施加大就业和培训。新推荐就业残疾人448名；先后举办盲人按摩、盲人电脑、网店营运专才、烹饪技术、家政服务和农村残疾人种养殖等技术培训班，全市参加培训的残疾人642人。完成全省残疾人就业和职业培训状况实名制数据录入工作，已录入31958条。通过专项扶持和落实福利企业优惠政策，建立阳光巧家园等残疾人就业培训基地，鼓励集体就业。将开办盲人保健按摩机构资格行政审批手续下放到县级残联。

【残疾人教育及扶持】 做好组织适龄残疾儿童少年入学和残疾人考生参加普通高考的申报和录取

工作，其中参加24人，录取21人，做好省培英中专的报名和招生工作，其中报名13人，录取11人；完成全省残疾人就业指导员远程教育培训、残疾人自学考试和单考单招工作，全市参加人数30人。做好扶贫双到工作，开展扶残助学工程，扶助中、高等残疾学生150人（不含南雄23人）。为残疾人实施康复扶贫贷款，贴息额度94万元，贴息6.55万元。开展资金扶贫，扶持残疾人创业扶贫基地12户，资金40万元。实施“阳光家园计划”，完成任务数为608人。

【残疾人社会保障】 实施最低生活保障制度，实现应保尽保。开展城乡残疾人参加居民养老保险和医疗保险工作，重度残疾人免费参保，其个人缴费部分由财政负担。其中，免费参加居民养老保险的重度残疾人有7016名，免费参加医疗保险的残疾人28430名。实施残疾人生活津贴制度和重度残疾人护理补贴制度，发放残疾人生活津贴20022名（其中农村16376名、城镇3646名）；发放重度残疾人护理补贴12638名。

【残疾人文体育活动】 举办全市第三届残疾人文化节，在“学雷锋活动日”“全国助残日”“爱眼日”期间，市残联组织干部职工和100名志愿者走进残疾人家庭，进行慰问和走访活动；组织人员参加省残联第八届艺术汇演和全省残疾人作品艺术大赛，其中小品《借钱》获得三等奖，另一舞蹈节目获优秀奖。王心钢等创作的《潜流——南方地下党血火纪录》获得广东省最高文学大奖——第九届广东省鲁迅文学艺术奖。加强残疾人运动员集训，举办首届全市残联系统象棋和乒乓球赛，其中乐昌队、始兴队分获象棋、乒乓球团体第一名。组队参加省残联各种赛事。在惠州举行的省第六届肢残人交流会中，市肢残人协会组织的代表队分别获得团体总分第一名，坐式排球第一名，乒乓球第二名，羽毛球第三名的好成绩。

【信访维权工作】 在每周五上午，坚持由市残联聘任的专职律师作为法律顾问在市残联一楼的信访维权室接访，向来访者提供免费法律咨询服务。全市处理残疾人各类信访案件65件，接待残疾人来信来访455人次，为多名残疾人提供法律援助，协调解决涉及残疾人康复、教育、就业信访案件。做好机动三轮车燃油补贴工作，及时将燃油补贴全额发放到残疾人手中。（王心钢）

附：领导班子成员名单

理事长：冯伟星

副理事长：梁　燕

王心钢（2013.4—）

韶关市归国华侨联合会

【概况】 归国华侨联合会是党和政府联系归侨侨眷的桥梁和纽带。维护侨益、参政议政、群众工作、海外联谊是侨联的四大职能。韶关市侨联成立于1958年11月，是全省最早成立的地级市侨联之一，现已历经十届。1983年6月韶关地、市合并后，市侨联归政府口管辖，与市侨务办同属一个党组。2003年4月，韶关市侨联成立党组，从外事侨务局完全独立出来，为正处级参照公务员管理群团单位，配备事业编制5个。韶关市侨联主管的侨界组织社团有5个，分别是南方大学归侨韶关校友会、暨南大学韶关校友会、韶关市潮人海外联谊会、韶关市侨界青年联合会与韶关市侨联法律顾问委员会。

2013年，市侨联履行职能，围绕中心，服务大局，全年工作取得显著成绩，在第九次全国归侨侨眷代表大会上荣获“全国侨联系统先进组织”称号。

【为侨服务】 开展春节慰问活动。陪同省侨联领导率领的慰问组一行赴浈江、消雪岭华侨农场慰问困难归侨。班子成员到新丰、翁源、南雄、始兴、仁化、乐昌等地走访慰问，共发放慰问金5.25万元。进行重阳节慰问活动。重阳前夕，市侨联领导走访慰问市区部分老归侨。通过浈江区、武江区侨联，为市区199位70岁以上老归侨发放慰问金2.62万元。做好爱心慈善项目。春节前，市侨联将荣誉主席麦可君捐赠的500张防寒棉被发放到各县（市、区）和华侨农场的困难群众手中。2013年5月，市侨联从龚立强资助的“爱心助老”项目资金中拿出1.92万元发放给8位困难老归侨。

【交流联谊】 加强与兄弟市侨联的交流。与来访的潮州市侨联签订《缔结友好侨联协议书》，赴潮州、揭阳、梅州、深圳等市侨联开展学习交流。加强与海内外友好社团的交流联谊。先后接待到韶关参观考察、交流联谊的印尼华商访问团及中国的香港杨蔡慧娴基金会、香港侨友社等友好社团。11月中旬，首次组织各县（市、区）侨联主席赴香港，拜访广州侨联香港联谊会、金轮集团、香港侨友社、香港侨媛会、香港韶关同乡会等社团。市侨联领导先后赴香港参加新春座谈会、韶关旅港澳同胞庆祝中华人民共和国成立64周年联谊座谈会、香港侨媛会成立暨第一届董事会就职典礼和香港基层妇女联会庆祝“三八”节活动。10月下旬，前往中山坦洲参加著名慈善家林东88岁大寿暨澳门东井圆佛会16周年庆典活动。

【参政议政】 组织侨界政协委员参加视察活动。7月中旬，组织侨界政协委员参加市政协港澳台侨联络委员会开展的“韶关市外资企业发展情况”视察活动。撰写建议提案建言献策。2013年，侨界市级政协委员独立或牵头提交提案5件。市政协委员廖凤英通过省政协委员提交的《关于进一步开发利用韶关市侨力资源的建议》被广东省政协十一届一次会议列为第20130764号提案。向市人才工作协调小组建议在韶关市“百千万金凤引航工程”子计划中增加《韶关市海外人才引进发展计划》，通过调研，提交该计划建议稿并被采纳。

【招商引资】 邀请中国奥园地产集团到韶关考察投资。7月3日，经省侨联牵线，市侨联邀请中国奥园集团投资发展中心到韶关考察投资项目。经市侨联跟踪服务，9月23日至24日，中国奥园地产集团总裁郭梓宁一行专程就塘湾项目到韶关与市政府主要领导和有关部门负责人座谈，达成初步投资意向。举办2013年韶关市投资环境推介会。市侨联争取市委、市政府和省侨联的重视支持，主动联系市外经贸局联合举办“2013年韶关市投资环境推介会”。11月21日，省侨联主席王荣宝率领以广东国际华商会会长郭泽伟为团长的经贸考察团一行50余人参加推介会。市长艾学峰、市委副书记陈向新分别接见考察团成员，常务副市长陈波、副市长熊万鹏等领导和有关部门负责人参加推介会。

【侨界联欢活动】 9月21日，在市区西河全民健身广场举办韶关市侨界群众“贺中秋·迎国庆”文艺晚会，市委宣传部长、分管侨务工作的市领导与现场1000多名各界群众一起观看演出。12月19日，应邀到韶关访问的香港侨友社一行120多人与韶关市侨界群众举办联欢晚会，市政协副主席、市委统战部部长何伟青出席并讲话。（滕永生　管　慧）

附：领导班子成员名单

主　席：廖凤英（女）

副主席：曾　园（女）

秘书长兼办公室主任：滕永生

韶关市贸易促进会

【概况】 中国国际贸易促进委员会韶关市委员会（简称韶关市贸促会）成立于1986年8月，同时使用中国国际商会韶关商会名称。韶关市贸促会是韶关市政府下属正处级单位，其宗旨是遵循政府的政策法规，促进国际贸易和利用外资、促进企业国际化经营和经济合作，增进韶关市人民和工商企业界与世界各国、各地区人民和经济贸易界的相互了解和友谊。

【对接上级考察调研活动】 2013年，市贸促会协助做好各级到韶关考察调研活动。3月13日至15日，香港贸发局中国华南区首席代表何建荣、香港贸发局驻粤办主任练卓文和省贸促会会长陈秋彦、秘书长乔海曙等一行9人，对韶关市进行经贸调研考察。考察组先后前往浈江产业转移工业园、东莞（韶关）产业转移工业园和韶关市科艺创意工业有限公司（港资）、建溢集团（港资）、韶关市西格玛技术有限公司、韶关市液压件厂有限公司等企业进行调研、交流座谈，深入了解韶关市产业转移园区的规划、发展情况和韶关市企业的生产建设状况。11月27日至28日，省贸促会会长陈秋彦率领广东国际商会企业家代表团一行34人，先后到乐昌市工业园、莞韶浈江产业园和翁源华彩工业园进行考察和交流座谈。促进广东国际商会企业与韶关园区的对接，推进韶关市园区的招商工作。

【推动经贸交流合作】 2013年，市贸促会先后协调组织3批次共20多个企业和单位参加国内外经贸交流活动。6月14日至16日，组织广东雪印商贸实业有限公司，以及部分有着韶关资源优势的土特产企业：始兴县古塘实业有限公司、南雄市良晨食品有限公司、韶关市五马寨菌业有限公司、翁源县（香港）金利达发展有限公司、翁源县邦农金银花专业合作社、源秀养蜂场、韶关市绿鲜冠总代理（吉顺百货）等单位参加在广州琶洲保利世贸博览中心举办的第二届广州国际食品食材展览会。6月18日，组织和协调市直、武江区有关部门到广州镇泰实业有限公司进行实地考察，与企业管理层进行座谈，促进企业在地区之间的交流和联系。11月22日，组织广东磊蒙机械制造有限公司、韶关宏联矿机设备有限公司、广东汉鸿木业有限公司3家企业和浈江产业园，参加由广东省贸促会（广东国际商会）与马来西亚广东商会、马来西亚广东投资促进总商会在广州富力君悦大酒店共同举办的“2013年广东—马来西亚双边企业家理事会会议”，提升韶关企业的知名度，促进韶关企业与马来西亚企业界的合作交流。

【为企业开展国际化经营服务】 作为国家授权的原产地证出证机构，市贸促会热情为企业服务，坚持按章办事，做好出证认证签证工作。2013年，贸促会在会注册的企业共91家，共签发原产地证682份，出口货物总值4563.1万美元，出口61个国家和地区。同时，依据中国法律、有关规定和国际惯例，并根据注册企业的申请，代办出具国际商事证明书和领事认证及认证涉外商业单据，共办理国际商事证明书43份，单据认证6份，领事认证35份，认证国别涉及阿根廷、埃及、巴西、土耳其、印度尼西亚、卡塔尔等6个国家。为提升服务质量，市贸促会还利用EDI系统平台，为办证企业进行网上签证，并配合中国贸促会推行使用ECO系统，在会员企业中全面推广企业端“CA数字证书”，6月，建立和开通单位门户网站，为企业提供网上签证、信息咨询、商事法律服务和其他方面的服务，解答企业提出有关涉外经营或国际经营等方面的问题，为企业提供优质、高效的服务。

【对会员企业调查研究】 4月，韶关贸促会按计划先后3次对会员企业进行调查走访。一是组织到曲江经济开发区顺昌布厂进行走访，与公司负责人进行座谈，并参观公司的部分生产车间。二是协同韶关市政协、市农业局、市质量技术监督局、市侨联的领导和韶关市食品加工协会、韶关市旅游产业促进会等单位的有关人员，对仁化竹稻源农业科技有限公司进行走访和座谈。三是协同韶关市食品加工协会、韶关市土特产行业协会对九地行和位于浈江区黄金村在建招商的南岭土特产专业商场进行走访和座谈。通过座谈走访，详细了解各企业的状况和生产发展形势，及时向有关部门反馈企业诉求，力所能及的为企业排忧解难。

【参与省会调研推广】 为深入了解中国企业在“走出去”背景下对外投资的情况以及影响因素，总结企业对外投资的经验和教训，为各级政府、企业实施“走出去”战略服务，4月，配合省贸促会组织的“关于对中国企业对外投资现状和意向”活动，对多家“走出去”企业进行走访，挑选具有代表性的顺昌布厂和韶关拓海贸易公司的情况调查资料上报。为发挥贸促会代言工商、为国家立法建言、为企业“走出去”服务的职能，加强涉外商事法律服务的针对性和有效性，帮助企业维护产业安全和企业权益，5月，韶关贸促会推荐韶关市裕森科技发展有限公司、乳源冠丽制衣有限公司、韶关市韶瑞重工有限公司等3家企业参加省促会组织的“企业走出去法律服务调研”。为全力促进外经贸转型升级和稳定发展，更好地服务外经贸企业，提高贸促会会员单位的市场竞争力，促进广东省的外贸出口，广东国际商会组织编辑《广东供应商》杂志。8月至9月，动员选送广东康绿宝科技实业有限公司、韶关市北江纺织有限公司、广东雪印商贸实业有限公司、广东省韶关市正星车轮有限公司、韶关市土特产行业协会、韶关荷花园（粤海）酒店、乳源丽宫国际酒店等7家企业编入《广东供应商》，利用省贸促会资源，为企业提供立体、多维、多形式、多手段的宣传推广。（李荣臻）

附：领导班子成员名单

会　长：马　军

副会长：李英明

秘书长兼办公室主任：陈丽滨

韶关市老区建设促进会

【概况】 2013年，市老促会通过换届选举产生新一届理事会，组织力量，开展对市委〔2009〕1号文件的贯彻落实情况进行全面检查和调研，进一步摸清革命老区在经济发展中存在的主要问题和困难。学习总书记习近平、总理李克强关于加强革命老区建设的重要讲话精神，联系韶关实际，扩大老区宣传，增强做好老区工作的自觉性、主动性。加强对老区工作的领导，增加资金投入，支持民生工程建设，不断把韶关老区建设发展推上新台阶。

【做好第六届老促会换届选举工作】 市老促会根据市委对新一届老促会组成人员的批复，按照章程规定，于7月上旬召开第五届全体理事会议，进行换届选举，产生第六届理事会组成人员共58人，其中会长、第一副会长、副会长、秘书长、副秘书长11人，常务理事35人，理事12人。聘任名誉会长2人、顾问2人。

【对市委〔2009〕1号文的贯彻情况开展全面检查】 2013年9月，市老促会新当选的会长、副会长和各县（市、区）老促会一起，在当地党委、政府统一领导下，共组织56人，分成8个检查（调研）组，对市委、市政府〔2009〕1号文的贯彻情况开展全面检查调研活动，历时7天。检查组分别深入基层7个乡镇、26个行政村和县机关有关部门召开座谈会，广泛了解1号文的贯彻落实情况，听取老区干部群众意见。就目前韶关老区的状况，提出老区的建设发展仍然存在扶持老区政策不到位、投入资金偏少、交通、农业等基础设施滞后、集体经济比较薄弱等8个方面比较突出的问题，加快老区经济发展存在困难，并就今后老区发展规划、目标、明确具体扶持政策、加大资金投入等向省、市、县各级党委、政府提出12条建议意见。市老促会以书面报告上送市委、市政府和广东省老促会。

【扶持贫困老区民生工程建设】 2013年，全市纳入广东省第二批扶贫“双到”的老区贫困村156个（占全市纳入扶贫村总数50%左右），2013年共投入扶持资金1.19亿元，其中：中央专项资金1794万元（南雄中央苏区1100万元）；省、市挂扶单位投入2836万元；省财政专项补助资金3335万元；市级财政专项资金1652万元；珠三角地区财政和企业支持资金2083万元；省、市、县老促会系统安排专项资金180万元。

专项资金主要投入老区乡村公路建设、群众饮水、小型农田水利设施、镇、村文化室配套和革命历史遗址修复等项目。同时，省、市、县（区）老促会为革命烈士后裔贫困学生发放助学金33.4万元。享受助学金的学生共153人（其中大专以上学生130人，中专学生23人）人均2200元。

【加大老区宣传力度】 2013年，市老促会在市史志办的支持下，收集革命老区大量历史资料，经过半年多时间整理编辑，印制《韶关市革命历史遗址、遗物选编》书画册750本，分发全省各地老促会和市及县（市、区）机关、乡镇、行政村各级领导。书画册图文并茂，记录韶关革命老区的光辉战斗历程和历史贡献，给读者留下难忘的回忆。2013年，全市向省、市媒体和老区杂志发送刊登的老区新闻稿件98篇，市老促会发放奖励稿酬4500多元。《韶关日报》、市电视台的记者专题采访市老促会会长胡灵光，刊登播发市老促会“全心全意为老区谋事立业”的纪实新闻。

在老区宣传工作中，市老促会还发动市直机关和各县（市、区）老促会订阅广东省老促会主办的老区杂志《源流》1800多份，中国老促会主办的《中国老区建设》杂志2100份。2013年10月，中国老促会在北京召开的全国老区宣传工作会议上，韶关市老促会荣获2013年老区宣传工作特等奖，有9个县（市、区）被评为三等奖。中国老促会还授予韶关市老促会为“支持和促进革命老区建设发展”先进单位。

【贯彻省老促会精神】 2013年11月，广东省老促会在惠州市召开省、市老促会会长座谈会，总结交流全省老区工作经验。市老促会第一副会长梁聪在会上发言，介绍韶关老促会为老区做好“四服务”的经验。11月下旬，市老促会召开各县（市、区）老促会会长、秘书长参加的老区宣传工作会议，传达惠州座谈会精神，并按照省老促会陈开枝会长的总结讲话，结合韶关老区实际，部署2014年老区工作要点：一是做好全市重点老区县、镇、村的审核确认工作，为省委、省政府制定老区"统筹优先，倾斜扶持"政策提供依据，打好基础；二是搞好2014年老区通过改革，转变农业经济发展方式等专题调研，推动老区经济加快发展；三是动员社会力量，贯彻中央农村工作会议提出的"工业反哺农业、城市支持农村"的方针，多方筹集资金，扶持重点老区建设；四是加大力度，扩大老区宣传。（谢顺衡）

附：领导班子成员名单

会　长：胡灵光

第一副会长：梁　聪

副会长：许建设　甘义娣

谢顺衡　李国华

甘　雷　夏忠礼

何新云

秘书长：谢顺衡（兼）

副秘书长：张钰廷

聘任名誉会长：刘　创　梁灼林

顾　问：李振兴　张国新

韶关市红十字会

【概况】　韶关市红十字会成立于1987年，是从事人道主义工作的社会救助团体。2008年5月，理顺市本级管理体制，成立党支部，隶属韶关市政府直管，为副处级参照公务员法管理群团机关，定编4人，理事、常务理事80人，志愿者逾2.08万人。韶关市下辖10个县（市、区）红十字会全部理顺管理体制（以编办下文为准）。

2013年，各级红十字会履行《中华人民共和红十字会法》赋予的职责，开展救灾、救助、救护等工作，全年累计接收捐赠款物1749.12万元（其中资金1103.63万元、物资价值645.49万元）。

【组织建设】　3月15日，召开市红十字会六届五次理事会，聘请市长艾学峰为名誉会长，调整、增补部分理事、常务理事，研究部署红十字工作。举办应急救援及灾害管理工作培训班，对基层红十字会专（兼）职干部进行培训。制定完善党风廉政建设、创建平安韶关、安全生产、来信来访等各项制度并责任到人。

【备灾救灾】　投身抗灾复产，成绩显著。一是救援雅安地震灾区。灾害发生后，市红十字会通过媒体向社会发出募捐呼吁，公布捐款账号和电话，共募集捐款127.89万元，及时上缴省红十字会支援雅安地震灾区。二是救助韶关市洪灾受灾群众。韶关市遭受"5·16""8·15"特大洪涝灾害侵袭，红十字会向省及兄弟市红十字会争取家庭应急包、棉被、帐篷等救灾物资，累计发放救助款物589.51万元，帮助群众开展救灾救助工作。款物分配发放严格执行"两公开""两透明"（捐款物公开、财务管理透明、招标采购公开、分配使用透明）。三是参与灾后援建工作。全市红十字系统发挥自身独特优势，抢抓机遇、广拓渠道，争取省及兄弟市红十字会援助。在省红十字会的大力支持下，红十字博爱新村、博爱楼、福利院及救护车等民生项目在韶关落地实施。四是推动全民防灾减灾。第五个"防灾减灾日"期间，红十字会联合市民政局等多家单位，在中山公园举行2013年"5·12"国家防灾减灾日地震应急疏散演练及防灾减灾知识宣传活动，发放宣传资料一万余份，接受群众咨询千余人次。

【人道救助】　实施民生项目，服务困难群众。一是开展红十字博爱送万家活动，发放慰问款物37.53万元，700户困难家庭受益。二是开展扶贫救心活动，通过省红十字会及爱心企业支持，为40名贫困先心儿"救心"并获得健康。三是开展常态化的助医活动，救助白血病等患者95人，发放救助金22.3万元；与广东省红十字会、广州奇星药业联合开展救助贫困脑中风患者活动，设立粤北医院、南雄市人民医院、乳源县中医院3家定点救治医院。四是开展爱心助学活动，省红会拨付160万元款物支持韶关市"挥墨写真情—行善助教育"活动；资助贫困学生42人，发放助学金4.2万元。

【救护培训】　一是依托学校面向青少年开展应急救护知识培训。我会与市教育局联合发文《关于开展学校应急救护培训工作的通知》，在全市大中专院校开展救护培训，提高师生防灾避险和自救互救技能，培训师生达2.33万人。二是结合创建平安韶关工作，在企业、社区开展应急救护培训。通过举办应急救护培训班、张贴宣传画、发放《应急手册》等形式，共培训厂矿职工、社区居民1000多人，其中救护员100余人。

【三献工作】　一是参与宣传、推

动无偿献血。9 月，市红十字会、团市委、市中心血站联合举办韶关市第四届成人礼活动，号召 18 岁青年励志成才、奉献爱心、服务社会。12 月，与市卫生局、市中心血站联合对年度优秀和星级志愿者进行表彰。二是组织、动员造血干细胞捐献工作。4—6 月，省、市红会在韶关学院、医学院联合举办“点燃生命的希望—加入中华造血干细胞库”的大型活动。成立始兴、乳源两个县级造血干细胞捐献工作分站。全市全年招募造血干细胞志愿者 317 人，累计招募 923 人、成功捐献造血干细胞 1 人。三是开展人体器官、遗体志愿捐献宣传活动，志愿捐献登记 7 例，完成 1 例器官捐献工作。（华永锋）

附：领导班子成员名单

会　长：兰　茵（女）

常务副会长：卓　雨（女）

秘书长：温福靠

地方军事

韶关军分区

【概况】 韶关军分区前身为北江军分区，于1949年11月成立，1952年10月扩编为粤北军区（副军级），1956年3月改为韶关军分区。下辖10个县（市、区）人武部、2个干休所（惠民、新华），代管广东省民兵装备仓库。

2013年，军分区坚持以中共十八大精神为指引，围绕省军区党委提出的“争当贯彻落实国防和军队主题主线排头兵”要求，坚持稳中求进，着力在铸军魂、强能力、促安全、建队伍上下功夫，较好地完成各项工作任务，部队全面建设呈现不断进步的良好势头。

【思想政治建设】 2013年，军分区坚持以学习贯彻中共十八大精神为红线，组织党委中心组四个专题理论学习，注重紧跟学习形势，丰富组织形式，提高学习效果。开展“学习贯彻党章、弘扬优良作风”“坚定信念、铸牢军魂”等专题教育，经常性政治教育有效落实，官兵职工和民兵预备役人员思想政治基础不断牢固。抓好隐蔽战线斗争和“四反”工作落实，军地联合筹建市民兵心理战分队，突出加强网络的管理监控，确保部队和驻军高度集中统一和纯洁巩固。

【战备训练】 2013年，进一步修订完善军分区本级、人武部作战方案和非战争军事行动预案，进行战备方案对接，先后投入30余万元，补充配齐军分区首长机关（含勤务排）和人武部个人携（运）行物资，组织全区战备拉动，促进部队经常性战备工作落实。10月，组织全市民兵专业技能比武竞赛，培养一批民兵训练尖子，锻炼民兵队伍思想作风和战斗精神，提升全市民兵训练质量和应急应战能力。11月，坚持以考促训，组织全区干部进行武装越野和手枪射击连贯训练、想定作业、军事理论针对性训练和考核，军分区首长机关带3个人武部的主官到广州接受省军区考核，总评成绩优秀，在省军区21个单位中排名第四。12月，组织代号“粤联—13·韶关”军地联合实兵演习，使各级指挥员进一步熟悉作战指挥程序，强化市县两级党政领导干部的国防观念。全年，完善升级军分区综合指挥系统，进一步巩固各县（市、区）人武部战备值班系统综合整治成果，投入140余万元，建成非战争军事行动指挥系统，提升“动中通”指挥效能。军分区司令部被广州军区司令部评定为“合格等级司令部”。

【国防动员】 根据上级赋予的国防动员任务，进一步修订完善国防动员各类方案计划，逐步实现国防动员体制与地方应急管理体制的有效对接。在省国动委的指导下，协调地方政府推进军区《关于完善国防动员体制机制若干意见》的贯彻落实，做好迎接上级检查验收的准备。第三季度召开市武委会暨国动委全会，学习贯彻上级国动委全会精神。2013年，仁化县委书记、县国动委第一主任刘锋被广东省推荐为广州军区第6届“国防之星”候选人。

【双拥共建工作】 2013年，协调2012年度60名驻军随军干部家属就业工作，解决15名干部子女入学入托。先后组织官兵和民兵预备役人员1400余人次参与支援地方“5·16”和“8·16”抗洪救灾，首次完成跨区机动抢险救灾任务，受到地方党委政府和人民群众的好评。配合地方党委政府处理涉军维稳问题，成功处理9起63人涉军上访，没有发生大规模赴省进京上访事件。组织军分区机关和各人武部参与新一轮扶贫“双到”工作，进一步巩固韶关军政军民团结的良好局面。

【信息化建设】 完善升级综合指挥系统，做好建设市“动中通”应急指挥系统前期准备工作，巩固各县级人武部战备值班系统综合整治成果，协调将辖区内气象、水文、三防、道路监控等信息引接至各人武部指挥所。

【装备保障】 年内，按照两级军区的部署，开展民兵武器装备仓库安全隐患整治，严格落实干部值班住库、“三铁一器”和“双人双锁”等制度，完善武器弹药使用手续，确保民兵武器仓库不发生任何问题

【正规化管理】 2013年，贯彻落实军区“衡阳集训”精神，按照作风纪律教育整顿的要求，结合所属单位点多、面广、线长的特点和安全管理工作难度大的实际，注重落实制度、突出重点、依法抓建，开展“条令月”活动，注重强化官兵条令意识和法纪观念。每天视频、电话抽查各单位作战值班、仓库值班，定期通报情况，每周坚持大交班，严格落实车辆使用派遣、早操、军官留营住宿等制度，各项秩序比较正规。定期分析安全工作形势，研究加强部队安全管理的措施，始终做到把人车枪弹密、小散远直弱、节假课余外作为重点，加强部队管理，落实各项制度，使军分区部队正规化建设和安全管理工作取得良好效果，保持部队的安全稳定。

【警备工作】 2013年，结合更换新式军车号牌时机，加强城市警备工作力度，严厉打击假冒军人军车。成立由司令员郑佳树、政委郭伟建负总责，参谋长李汉超任组长，机关各办公室主任参加的领导小组，分区机关有关业务部门按照职能分工，对口负责专项整顿的组织实施。2013年，共派出执勤兵力441人次，车辆86台次，检查过往军人52人次、车辆36台次，纠正外出违纪军人8人，纠察外出违章车辆6台次，协调处理军警民纠纷2起、涉军交通事故1起、维护军人权益1起、帮助过往军人解决困难5人次。没有查扣豪华军车。维护军队良好形象和官兵合法权益。

【士官选改和退役工作】 为加强对士官选改和选退工作的检查、督促和指导，制定《军分区机关选改退工作分工及完成时限》《士官选取工作实施计划》《老兵退伍工作计划》，下发《关于做好2013年冬季选改退工作的通知》，安排《士官制度改革的意义》《正确对待士官制度改革中的利益关系调整》《士官的基本待遇》等教育课程。进行《服从组织需要，正确对待走留》《退伍安置政策介绍》《法制教育》《站好最后一班岗》等教育。邀请韶关市民政局复退办领导到军分区给大家上课，介绍国家退伍安置基本政策，解决老兵们的后顾之忧，确保老兵“走得顺心，留得安心”。

【后备力量组织整顿】 3—6月，组织开展全市民兵组织整顿工作，重点抓基干民兵组织调整，将基干民兵由原来的作战队伍、应急队伍、勤务保障队伍、其他队伍4类，调整为应急队伍、支援队伍、储备队伍3类 。

【征兵工作】 8月1日，韶关各级政府、兵役机关通过广播、图片展、流动宣传车、散发传单、现场解答的方式，在人员集中的街头、厂矿进行征兵宣传报名活动，宣讲征兵政策、进行国防教育，鼓动适龄青年报名，真正做到征兵工作家喻户晓。充分利用电信、移动、联通等高科技通信手段，向全市260多万手机用户开通征兵宣传信息网，通过短信息宣传征兵政策，公布报名时间、地点、方法，开通征兵咨询热线。征兵期间，全市共印发布告29200多张、宣传提纲21600余份、张贴宣传标语22860多张、悬挂横幅2120条、出墙（板）报290期、出动宣传车150台次。为督促外出青年返乡报名应征，全市各乡镇、村委和企事业单位共打电话5130次、发送短信11200条，动员3110余名外出务工青年返乡。由于宣传发动工作到位，适应青年报名踊跃，全市有7000多名符合基本条件的适龄应征公民报名。

【营院管理】 根据广州军区和广东省军区统一部署，年内，完成违规住房、超标准用房两项清理工作，并对军队基本建设项目和军队房地产资源两项工作进行普查，结合实际制定《军分区机关营院管理规定》，将内治与外控相结合，规范工作生活秩序，加强营门哨兵执勤训练，规范言行举止，树立“窗口”形象，确保营院管理正规有序。

【党委班子和干部队伍建设】 4月中旬专门组织联合工作组对13个团营级单位党委建设进行调研，查找问题、听取意见建议，6月初召开军分区党委全会，讲评各级班子建设，施行《韶关军

分区党委机关加强和改进作风建设措施》《县（市、区）人武部全面建设考核评价办法（试行）》，坚决反“四风”转作风，促进各级党委班子建设。针对干部调整面大的特点，组织新任团职干部参加省军区集训，组织新进团级单位党委委员和近2年交流进人武部干部集训，不断提高干部履职尽责能力。

【宣传报道】 2013年，新闻宣传工作取得一定的成绩，特别是中央级媒体上稿数量和质量都有较大的突破。在解放军报、中央电视台、中央人民广播电台、战士报和民兵杂志上稿110余篇（条、幅）。中央级媒体上稿35篇（幅、条），统计得分7512分。在省军区23个师级单位中排第5名，军分区政治部被广州军区政治部表彰为“新闻宣传工作先进单位”、被省军区政治部表彰为“新闻宣传工作标兵单位”。

【安全管理】 健全和完善安全工作制度。上半年，修改完善24项加强各类人员、物资经费、车辆使用、营院仓库的管理规定，并在实践中不断完善和狠抓落实，增强管理效益。在人员管理方面，通过采取“全员额管理、全时制落实、全过程跟踪”的措施，强化每个官兵从严治军、依法管理的意识。对于无视纪律和制度的人和事，敢于“碰硬”，决不姑息迁就。在车辆管理方面，2—3月，按照两级军区的部署开展司机队伍教育整训，在严格车辆派遣使用、严禁干部开军车、严禁违章行车等方面进行全面规范。在管理上立足于全过程，严格执行“报、批、派、行、管、带”6个环节的管理。在武器装备仓库管理方面，按照两级军区的部署，开展民兵武器装备仓库安全隐患整治，完善武器弹药使用手续，确保民兵武器仓库不发生任何问题。

【后勤保障】 注重加强军事行动后勤保障问题研究，细化完善各类作战保障方案，组织卫勤专业民兵比武竞赛，综合保障能力得到提高。在乐昌市人武部开展全面建设现代后勤试点工作，物资集中采购得到落实，节约资金约73.52万元，节支率约为8%，分区后勤部被广州军区联勤部表彰为“财务工作先进单位”。实现军人保障卡与各相关业务的信息共享，确保个人后勤信息唯一性和统一性。年内，分区部队在抓好饮食保障、营区物业管理、医疗保障等社会化保障改革基础上，在全区分类别、分步骤推行“十化一改”项目。分区机关、各县、市区人武部、2个干休所共计13个单位饭堂，有3个单位通过引进社会力量，基本实现社会化保障。（李晓升）

附：领导班子成员名单

司令员：郑佳树

政治委员：郭伟健

副司令员：杨　克

参谋长：李汉超

政治部主任：吴楚峰

后勤部部长：谭柏伟

武警韶关市支队

【概况】 中国人民武装警察部队广东省总队韶关市支队（简称韶关市支队）于2005年6月17日重新组建，由原广东省总队第三支队和原韶关市支队两个团级支队合编而成旅级支队。部队驻守在韶关市3个区7个县，主要担负看押、看守、守卫、守护、警卫、城市武装巡逻和处置突发事件等任务。支队机关设在韶关市武江区西联镇百旺路1号。2013年，韶关支队全面贯彻落实总队党委“五抓”思路，围绕建设全面过硬先进旅级支队目标，抓作风、强素质、谋发展，各项建设扎实推进、稳中有升，任务完成圆满、稳妥高效，部队基础稳固、持续安全稳定，高标准实现“两个确保”。

【思想政治建设成效显著】 突出抓好中共十八大、十八届三中全会以及习近平系列讲话精神学习贯彻；主题教育、经常性思想工作扎实有效，官兵思想稳定，支队被总队评为“先进支队”，1人被武警部队表彰为“优秀四会政治教员”；关注“四反”复杂形势，无任何政治性问题；任务中政治工作跟进有力，政战作用明显；宣传报道传递正能量，助推建设，被总队评为“新闻报道先进单位”；政治工作11项经验做法被转发，量化排名总队第一，政治部被评为“先进政治部。支队被中央军委、总政、军委纪委树为“全军廉政勤政先进典型”，全国新闻媒体多次集中报道支队党风廉政建设先进事迹；被武警部队表彰为“学雷锋先进单位”。

【遂行任务能力明显提升】 开展大练兵活动，每季度集中组织市区片部队进行5公里武装越野考核，所属27个基层中队成绩优秀率同比上升50%；定期组织干部军事技能考核，70%达到良好以上水平；先后开展各类集训6批次，培养训练人才100余人，4人分别被总队评为“军事训练明白人”“优秀教练员”“优秀狙击手”；投入51万多元配齐特勤排和县（市、区）应急班反恐基本型装备，加大人装结合训练，已初步形成战斗力；依托遂行任务能力评估、“卫士—13”演习等载体，突出实战化训练演练，提升遂行任务能力。司令部被总队评为“先进司令部”。

【中心任务完成圆满】 全年，高效处置有碍目标安全事件11起，固定目标连续19年安全无事故；顺利撤收市委、市政府警卫勤务；累计动用兵力8060人次，出色完成临时住地警卫、武装押解、春运执勤等94起重大临时勤务和8批次抢险救灾任务，得到总部、总队首长和地方党委政府的充分肯定。

【基层建设稳步发展】 完善抓基层领导小组职责制度，创新争先创优评比激励机制，抓建导向更加鲜明；季度“过中队”“三帮一提高”“蹲连当兵”等活动成效明显，争先创优氛围持续高涨；严密组织纲要培训，党支部岗位练兵、干部“大练基本功”载体运用扎实，按纲建队能力有提升。乳源中队被总队评为“基层建设标兵中队”，五、六、十一、新丰、翁源、南雄、韶关、二十中队被评为“基层建设先进中队”，韶关市中队“脱帽创先”，六大队被评为“先进大队”。基层24个单位、55名个人分别被武警部队、总队和支队表彰奖励。

【部队持续安全稳定】 贯彻依法从严治警方针，紧盯关键环节、重点部位、重要时段、重大活动，加强检查督导，严格奖惩机制，开展安全风险评估、教育训练、隐患排查等工作，严密组织条令法规学习、正规化回头看、安全大检查、百日创安等活动，科学指导十三、十五、十九中队安全避险，保持整体稳定，被武警部队表彰为“连续5年预防事故案件工作先进单位”，被总队评为“保密工作先进单位”。

【保障能力稳步提升】 贯彻落实总队“阳江会议”精神，投入1540万元用于基层基础设施建设，改善官兵生活条件，作战指挥中心落成启用，“卫士—13”演习跨区拉动、长途押解和抗洪抢险等重大任务保障有力。疫情防控、新式车辆号牌发放、军人保障卡推广等工作扎实有效，后勤规范化管理成效明显，行政消耗性支出和公务接待开支明显下降。后勤部被总队评为“先进后勤部”，军械仓库被总队评为“红旗军械仓库”，1人被武警部队表彰为“农副业生产先进个人”。

【部队党的建设有新加强】 党委班子核心领导能力在实践中优势突显，善谋大事、善解难题、善聚人心，决策无偏差失误，支队党委被总队表彰为“先进党委”。“学习贯彻党章、弘扬优良作风”学习教育、“树立正确理念、明辨是非界限”讨论持久深入，部队风清气正，连续接受全军、武警部队、总队党风廉政建设专项考察，廉政勤政好票率达到98%以上。党委机关加强改进作风“八项措施”落实坚决，为基层办好“八件实事”全力兑现，全面推行基层队务公开，敏感问题清澈见底，官兵普遍认同。建强党委（支部），配好主官，部队党的建设有力推进，6个基层党支部，20名党员分别被总队、支队党委通报表彰。

【完成春运执勤任务】 1月26日至2月28日，支队共派出60名兵力，累计用兵1360人次，动用车辆32台次，完成韶关东和坪石两个火车站春运执勤任务。协助春运部门发送旅客628000人次，救助乘客8人次，处置旅客冲闯警戒围栏等情况3起，制止打架斗殴和民众纠纷8起，协助公安机关抓获偷窃、抢劫、诈骗、炒票等犯罪嫌疑人10名，收缴违禁物品110余件，拒收旅客钱物6万余元，拾获旅客财物30余件，为车站、旅客做好事110余件。

【完成武装押解任务】 3月28日，支队派出45名兵力、出动车辆4台，配合坪石监狱将第二、三、八监区350名犯人分别押解至乐昌监狱和北江监狱关押，圆满完成任务。4月28日，支队派出26名兵力、出动车辆2台，配合北江监狱将第十一监区416名犯人分流转移至北江监狱黄岗点关押。

6月12日至28日，配合省监狱管理局先后担负2批次长途武装押解和驻地监狱外调罪犯的短途武装押解以及专列停靠驻地火车站地面警戒任务。共动用兵力1770人次，车辆42台次，押犯2200名，历时17天，累计行程约6500余公里，配合省监狱管理局担负“1301”和“1305”专列向新疆库尔勒和湖南岳阳等地区的长途武装押解任务。同时，还出动450人次担负乐昌、韶关、武江、北江4所监狱共500名外调罪犯的短途押解和专列停靠黄岗、乐昌火车站的地面警戒任务。执勤官兵共协助监狱干警妥善处置犯人顶撞事件4起，制止犯人打架斗殴3起、绝食2起，挑衅3起，帮助干警搬运物资1.5吨，协助列车工作人员帮厨、打扫卫生等共计122人次。

【完成抗洪抢险任务】 5月15日至16日，韶关地区普降大到暴雨，局部大暴雨，翁源县、新丰县和曲江区遭受较为严重的洪涝灾害。16日上午，翁江干流出现超十年一遇的洪水，超过警戒水位，造成直接经济损失达3144.55万元。根据市委市政府指示和市三防指挥部请求，5月16日，派出翁源县中队10名兵力，全力投入翁源县翁城镇胜利村抢险救灾，官兵连续奋战6小时，营救被困群众30人，运送救灾物资一批，转移物资近5吨，挽回经济损失近80余万元，参战官兵无一伤亡。

【完成“粤联—2013·韶关”军地联合演习】 12月24日至25日，支队参加由韶关市军分区牵头，韶关市国防动员委员会各成员单位参与的“粤联—2013·韶关”军地联合实兵演习。此次演习以遂行抢险救灾、维护社会稳定等非战争军事行动为背景，主要开展指挥所演习和抗洪抢险、扑救森林火灾、地面防卫作战等课目演练，支队高标准完成地面防卫作战反袭扰课目演练任务。

【作战指挥中心落成】 12月26日，武警韶关市支队作战指挥中心举落成仪式。支队作战指挥中心位于韶关市芙蓉新城，经总队、市政府批准立项，并报总参谋部、公安部备案。占地面积104414平方米（约10.4公顷），建筑总面积27900平方米，投资概算9900万元。2012年8月1日正式动工兴建，办公综合楼2012年12月3日封顶，2013年12月26日搬入使用。

（方　胜　赵　亮）

附：领导班子成员名单

支队长：郑　烨

第一政治委员：

李安平（韶关市副市长、公安局局长兼）

政治委员：侯德祺（—2013.8）

徐　东（2013.8—）

副支队长：苏建成　柳朝阳

副政治委员：陈荫洲

参谋长：曹文平

政治部主任：李进平（—2013.3）

江中发（2013.3—）

后勤部部长：杨　舒

武警韶关市消防支队

【概况】 武警韶关市消防支队，又称韶关市公安消防支队，成立于1987年1月1日，位于韶关市武江区工业东路23号，1992年9月加称韶关市公安消防局，下设司令部、政治处、后勤处、防火处4个部门，辖1个培训基地、10个大队、14个中队。全市还有政府专职消防队4个、企业专职消防队10个，承担着韶关市防火、灭火和应急救援任务。

2013年，全市消防部队共接警出动3457次，抢救遇险群众1229人，保护财产价值11.5亿元，成功处置“6·3”京港澳高速保险粉货车灭火救援、“5·16”和“8·17”抗击洪水台风灾害救援等“急难险重”任务，受到地方政府和人民群众的一致好评。支队被公安部消防局评为“先进支队党委”，被省总队评为“先进支队级党委”、“五无”先进支队等荣誉，市政府给予支队记集体二等功。1个中队被公安部消防局评为“抗洪抢险救灾先进单位”，3个中队荣立集体二等功，4个中队荣立集体三等功，7人荣立二等功，62人荣立个人三等功。

【班子队伍建设】 深入开展“五型”（学习型、团结型、务实型、廉洁型、创新型）党委班子创建活动，支队班子团结协作、敢想会干，带动各级班子风正心齐，务实创新，创先争优氛围浓厚，全市消防工作和部队建设整体推进、全面开花，重点工作全部完成，党委核心作用凸显，支队被公安部消防局评为“先进支队党委”，被省直工委评为“精神文明先进单位”。支队连续第3年获得总队“先进支队级党委”、“五无”先进支队等荣誉，省公安厅副厅长郑东高度赞誉韶关支队“党委班子强、队伍风气正、工作业绩好、社会评价高”。举旗铸魂，巩固思想政治工作生命线地位，开展“坚定信念、铸牢警魂”、党的群众路线教育等主题实践教育活动；升级改版“粤北红门教育网”，实现全市网上“大课堂”，单位局域“小课堂”教育新模式；加强从优待警，出台《干部激励、关怀和帮扶工作制度》；推出《祯英雄·战鼓队》《红门快板》《队列踢踏舞》等一批文艺精品，在全省第九届“南粤消防卫士杯”篮球赛中喜获第六名，在全市公安系统第一届运动会上荣获团体总分第四名和“体育道德风尚”奖，队伍呈现安全稳定、和谐有序的良好态势。

【火灾防控工作】 重拳出击，依法治理火患，建立健全政府监察、效能追责、科学考核的消防责任体系，推动市政府出台《韶关市消防工作考核办法》；不断深化“网格化”“户籍化”管理和社会单位“四个能力”建设，50%街道、乡镇网格化管理达标，实现“户籍化”管理的重点单位781家；推动政府挂牌整改重大火灾隐患10处，10个省、市两级政府挂牌督办的火灾隐患重点地区全部通过验收，消除、整改一大批火灾隐患和违法行为。2013年，全市共发生火灾215起、无死亡，受伤5人、直接财产损1534.64万元，连续3年未发生较大以上火灾，持续保持火灾四项指标在全省的低位状态，社会消防安全环境不断优化。支队先后荣获“拥政爱民模范单位”“行风评议满意单位”“文明服务窗口”“全省消防监督执法示范单位”。

【后勤综合保障】 抓住各种有利契机，坚持超前统筹谋划，用足用活政策规定，强化请示报告和沟通协调，争取党委政府重视、支持，建立政府重点投入的消防经费保障长效机制。争取到市政府批复落实4.25公顷新消防指挥中心建设用地，完成工业园区消防站建设前期准备工作；新增执勤消防车4辆（18米高喷车、53米云梯车、18吨大功率水罐车、多功能城市主战车）、行政业务用车2辆、消防装备3465件（套）。配备60米高喷消防车、53米云梯消防车等一批“高精尖”器材装备，实现13个执勤中队主战消防车全部配齐，抢险救援器材配齐配强。

【打造现代消防铁军】 铸造铁军，提升灭火救援的战斗力，全面部署星级铁军中队创建活动，6个铁军创建中队顺利通过验收考核；改进“六熟悉”训练，对全市高层地下建筑、石油化工等高危场所进行全方位、不间断调研体检，提升“六熟悉”训练成效；全面推行日常实战化训练，进一步规范灭火救援组织程序、灭火编队基本操法训练模式，在首届全省消防部队日常实战化会操中荣获“团体一等奖”“精神文明奖”，2名指挥员被评为“优秀指挥员”，创比武竞赛历史最好成绩。组建高速公路应急救援、山岳救助、抗洪抢险3支特色专业队伍，完善接处警子系统功能升级，规范作战指挥中心建设，部队灭火救援整体实力显著提升，成功处置“6·3”京港澳高速保险粉货车灭火救援、“5·16”和“8·17”抗击洪水台风灾害救援等“急难险重”任务。1个中队被公安部消防局评为“抗洪抢险救灾先进单位”，3个中队荣立集体二等功，4个中队荣立集体三等功，7人荣立二等功，62人荣立个人三等功，立功规模和层次创历年新高。

【完成“6·3”京港澳高速保险粉货车灭火救援任务】 6月3日21时36分，一辆满载34吨保险粉的大货车在行经京港澳高速南行1923路段兰山大桥附近时，因轮胎起火导致保险粉燃烧，并有大量有毒难闻气体扩散，情况万分危急。韶关支队接警后，先后调动辖区乳源大中队、战勤保障大队、武江大中队、特勤中队70余名消防官兵，10辆消防车前往现场救援。经过8个多小时的连续奋战，此起危险化学品火灾被成功扑灭，未造成人员伤亡，保护人民群众的生命和财产安全。省、市各级新闻媒体和门户网站大篇幅报道韶关消防官兵的英勇事迹。

【完成“5·16”“8·17”抗击洪水台风灾害救援任务】 5月16日，受强暖湿气流影响，韶关多地连续遭受暴雨洪涝袭击，最大降雨站点翁源县达到336.8毫米。境内部分河段甚至出现超20年一遇洪水，导致9个县（区）54个乡镇受灾，受灾人口达37万人，经济损失严重。灾情发生后，韶关公安消防部队火速行动、全警投入，昼夜奋战在抗洪抢险救灾一线。全市共接警出动66起

（洪涝61起、山体滑坡3起、火灾2起），出动车辆82辆（440辆次），出动警力356人（1780人次），抢救群众164人（其中4人遇难），转移疏散群众7620人，转运物资3427件，抢救财产价值859万元。2013年8月15日至17日，受超强台风“尤特”影响，韶关多地连续遭受暴雨洪涝袭击，导致10个县（区）90个乡镇受灾，受灾人口33.28万人。灾情发生后，韶关公安消防部队火速行动、全警投入，昼夜奋战在抗洪抢险救灾一线，8月15日至17日全市共接警出动68起，出动车辆48辆（480辆次），出动警力185人（510人次），抢救群众412人，转移疏散群众2056人，转运物资2447件，抢救财产价值380万元，最大限度地保护人民群众生命财产安全。因工作成效显著，支队被公安部消防局评为“先进支队党委”，1个中队被公安部消防局评为“抗洪抢险救灾先进单位”。

（邓高华　焦　江）

附：领导班子成员名单

支队长：袁奕之

政治委员：袁群庆

副支队长：曹明飞　彭河东

副政治委员：何焕青

参谋长：邹勇群

政治处主任：贺　勇

后勤处长：李代友

防火处长：罗民军

人民防空

【概况】 韶关市人民防空办公室（韶关市人民政府应急管理办公室）是市国防动员委员会的常设机构，也是市政府人民防空工作主管部门，内设综合科、工程与法规科、指挥通信科、应急管理科，下设人防信息指挥保障中心。2013年9月，韶关市人民防空办公室所属的韶关市人防工程开发服务中心和韶关市地下商场管理处整体划入韶关市政府物业管理中心；韶关市人民政府应急管理办公室正式合并到韶关市人民防空办公室，更名为韶关市人民防空办公室（韶关市人民政府应急管理办公室）。

2013年，韶关市人防办（市政府应急办）以切实维护国家安全为使命，把握“加快转型升级、建设幸福广东”的核心任务，推进人防科学发展“六个率先突破”，围绕市委市政府“加快推进新型工业化和新型城镇化，为全面建成小康社会奠定坚实基础”的决策部署，以建设“有为人防”为目标，突出做到“三个注重”（注重学习、注重能力、注重形象），推进全市人民防空和应急管理建设融合发展，不断提升服务全市经济社会发展大局的能力，为加快建设粤北区域中心城市做出贡献。在2013年全省人防建设目标管理考核中，被评为“达标先进单位”。

【信息指挥保障建设】 完成人防电子地图应急指挥系统建设和重要经济目标防护方案数据库建设，人防应急数字集群通信系统建设、多媒体多动能防空警报报知系统建设稳步推进；组织全市人防系统干部职工参加全国人防训练比武竞赛，成绩显著，1人夺得广州军区综合业务类个人总分第一名，3人被省人防办评为“六通”型、“六会”型干部，1人被省人防办评为优秀组织者；9月18日，完成2013年市区防空警报试鸣暨人口紧急疏散演练；先后前往清远市、佛山市和部分县（市、区）开展行程1000多公里的人防机动指挥所野外训练，参加市政府和军分区组织的军地联合实兵演习；人防专业队伍建设逐步完善，对人防志愿者专业队伍进行扩编。

【人民防空工程】 坚持“应建尽建、应收尽收、以建为主、以收促建”的原则，落实行政审批和防空地下室建设工作。完成市本级应急指挥中心和人防机动指挥所建设，启动人防基本指挥所的续建工作和县级人防工程建设规划编制工作；深化人防行政审批改革工作，按照省、市的要求完成网上办事大厅建设，实现人防行政审批报建程序、办理期限、办理结果、监督检查制度“四个公开”，2013年，市人防办“窗口”4次被市行政服务中心评为“文明窗口”；加强对人防工程的质量管理，推行人防工程挂牌管理制度，落实人防工程设计专业要求和人防工程施工图专业审查制度，加强对在建防空地下室进行工程质量监督检查，人防工程建设质量有效提高；深入推进人防法治建设，组织专项执法监督，重点对各县（市、区）的人防工程报建审批、人防易地建设费的收缴使用情况进行检查。

【人防宣传教育】 加强人防法规政策宣传，编印《人民防空法规政策摘编》，下发给各县（市、区）政府和有关教育部门。深化人防知识教育进学校工作，与市教育局联合发文，组织对市区24间中学和各县（市、区）城区中学初中二年级学生开展人防知识教育，人防知识受教育率达到100%；结合“12·4”全国法制宣传日，与曲江区人防办在曲江公园开展人防宣传进社区活动，向市民派发宣传资料。利用各种电视、广播、报纸、网站等媒体开展人防宣传，与韶关电台、电视台、韶关日报社3家新闻单位共同做好全市人防工作会议、防空警报试鸣活动等人防新闻报道，自编出版5期《韶关人防信息》，制作5期人防宣传栏，《中国人民防空》杂志用稿1篇，市级以上媒体用稿18篇，营造全社会关心人防、支持人防的良好氛围。

【应急管理】 完成《韶关市突发事件应急总体预案》修订工作，编制、修订各类专项预案60多件、临时性预案50多件，全市共开展防洪、校园安全、社会治安、安全生产、地质（地震）灾害等各类演练100多场次，加强全市应急救援队伍的建设管理工作；完善全市各类应急管理预警体系建设，共发布各类预警信息1800万多条（次），为科学预防和有效应对突发事件发挥重要作用；开展全市突发事件风险隐患排查工作，共排查和整改各类风险隐患2437项，并落实整改和防范措施；做好应急宣传工作，在各县（市、区）乡镇、农村、社区组织开展广东省第四届“百人百场”应急知识宣讲活动；有效应对处置超强台风“尤特”“潭美”及“8·17”京广线韶关段列车旅客滞留等突发事件；强化应急值守和信息报送工作，各县（市、区）和市有关单位报送各类信息1000多条；接收、处理各类信息1000多条次，落实省、市领导批示40多条。加强人防业务知识培训，举办全市人防、应急管理系统干部综合业务培训班。

【机关“准军事化”建设】 按照“准军事化”标准和省人防办制定的“人防工作目标管理考核标准”，以创建“六型”（学习型、法治型、创新型、体系型、融合型、服务型）人防机关为目标，全面加强人防机关思想政治、战备训练、业务素质、作风纪律、办公秩序建设，推进“准军事化”建设纵深发展。加强思想政治建设，坚持落实党组中心组学习制度，构建学习型领导班子；规范和完善主任办公会制度。

（郑　婵）

附：领导班子成员名单

主　任：黄庆忠

副主任：赖顺桃　刘再辉　李志雄

纪检组长：张力军

法 治

政法委

【概况】 2013年，全市政法工作以中共十八大、十八届三中全会和总书记习近平系列讲话精神为指导，围绕创建“平安韶关”这一目标，完成各项工作任务，维护全市社会政治和谐稳定，人民群众安全感得到增强，满意度进一步提升，均位列全省第四位，在创建平安广东暨综治工作考评中得分97.032分，被评为优秀等次。为韶关经济社会发展营造良好的社会环境。2013年，市委政法委机关行政编制25名，后勤服务人员3名，机关总编制28名。内设机构：市委政法委员会、市社会管理综合治理委员会办公室、市委防落处理邪教问题办公室、市禁毒委员会办公室合署办公；下设7个职能处、科、室：政治处、办公室、执法督查室、维稳工作科、市综治办综合治理科、市委防范办调研指导科和综合业务科。

【推进“平安细胞”建设】 着力创建平安村（居）。武江区新华街道办事处惠民西社区被国家民政部授予“全国平安和谐社区建设示范社区”。全市有67个社区被评为“广东省六好平安和谐社区”。着力创建平安边界。乐昌、仁化、南雄、始兴、翁源与边界跨省有关县建立联席会议制度，成功实现11年“边界无战事”。着力创建平安铁路。2009年，京广线韶关路段连续3年被评为全国示范路段；2013年，韶关市被中央综治委铁路护路联防工作领导小组命名为2009—2011年度“全国平安铁路示范市”。着力创建平安单位。不断深化平安校园、平安医院、平安园区的创建。以实现“无毒品、无赌博、无纠纷、无邪教、无暴力、无犯罪”为内容，着力创建平安家庭。韶关市各级获全国“平安家庭”创建先进集体1个，全国“平安家庭”创建示范社区1个，全国“平安家庭”创建示范家庭3个，省“平安家庭”创建示范社区（村）、示范镇街9个，市平安家庭创建示范社区（村）、示范镇街90个。

【开展专项治理】 加强流动人口管理，全市流动人口和出租屋登记办证率均达100%。加强安置帮教人员管理，全市在册的刑释解教人员思想稳定，无重新犯罪，无脱管、漏管，在册社区矫正服刑人员全部依法按程序管理。加强校园安全管理，开展“护校安园”行动，化解涉校纠纷47起，整改校园安全隐患246处，整治校园周边治安乱点105处。强化交通安全管理，全年共发生交通事故386起，同比上升3.5%；死亡198人，同比下降4.4%。深化消防安全网格化、户籍化管理，全市50%的街道、乡镇网格化管理达标，实现户籍化管理的重点单位781家。全年共发生火灾302起，受伤5人，死亡0人。深入开展缉枪治爆专项行动，查控非法枪爆物品，共收缴枪支93支、仿真枪178支、子弹2426发、炸药2441.8公斤。

【推进立体化社会治安防控体系建设】 加快推进社会治安视频监控系统建设。2013年，全市落实建设一类点2019个，完成率67.3%；已建二类视频点9348个，完成率34.6%；落实建设治安卡口71个，已建成投入使用的卡口26个。完善网络信息平台，网上涉警舆情发现率、处置率达到100%，涉网重点人员管控率达到100%，公共上网场所管控达到98%。实行网格化管理，全市144个派出所，共划分为154个社区网格和1159个行政村网格，共设立城市社区警务室64个，配备社区民警116人，驻村警务室66个，配备驻村民警73人。

【主动研判预防不稳定因素】 建立维稳联席研判制度，落实矛盾纠纷排查机制。2013年，全市排查不稳定因素266起，比2012年上升16%。先后8次组织专题调研，形成8份调研报告。其中，《韶关市影响社会稳定的重大问题排查工作情况汇报》得到市委高度重视，提交市委常委会讨论，落实化解责任单位和责任人。加强社会稳定风险评估机制建设，抽调人员组建韶关市重大事项社会稳定评估工作专班。2013年，全市27个正式项目和14个预备项目，除省属单位投资的2个正式项目和3个预备项目外，其余25个正式项目和11个预备项目，都进行社会稳定风险评估。

【化解社会矛盾纠纷】 完善人民调解、行政调解、司法调解衔接配合机制和“以块为主、条块结合，全覆盖、无疏漏”的经常性化解与集中化解机制。全市建立各级人民调解委员会1609个。其中，乡镇调解委员会108个，村（居）调解委员会1421个，企业调解委员会51个，“交调委”5个，“医调委”7个，物业调解组织15个，个体工商协会调解委员会1个，民间“董事会”1个。2013年，全市各级人民调解组织调处矛盾纠纷17083件，成功化解16869件，成功率98.75%。市区“交调委”受理道路交通事故纠纷442宗，调解成功率100%。市区“医调委”受理医患纠纷21宗，调处成功14宗，成功率66.67%。全市建成42个诉前联调工作室，全年共参与诉前联调案件610件，达成调解协议606件，调解成功率99.34%，司法确认308件，并全部履行完毕。

【推进反邪教育阵地建设】 各地发挥自身优势，稳步推进反邪教阵地建设，学校和企业“一墙一窗”阵地建设基本完成。全市341间中小学共张贴图片582张、出板报78期；规模以上企业法制教育阵地有162个，张贴宣传挂图1000多套，举办知识讲座66场次、在局域网开展宣传24次。

【狠抓禁毒戒毒工作】 开展“雷霆扫毒”专项行动，强化禁种铲毒和易制毒化学品管理，加强涉毒情报研判，开展零包贩毒围歼战，遏制毒品违法犯罪上升势头。全年共破获毒品案件424宗，抓获犯罪嫌疑人408人，缴获毒品总量510.85千克、查获枪支3支、收缴子弹5发；查处管控吸毒人员2813人，收戒587人；清查涉毒娱乐场所123家次，责令停业整顿4家，取缔无证照涉毒娱乐场所8家，吊销有执照涉毒娱乐场所3间。开展禁毒宣传和毒品预防教育活动，形成浓厚的“履行禁毒义务，参与禁毒斗争”社会氛围。强化社区戒毒管理，各地社区戒毒中心陆续成立，进入全面运作阶段。

【加强党委政法委执法监督】 开展全市监管场所执法工作专项检查活动，在组织检察机关审查减刑、假释、保外就医案件中，暂予监外执行32件，对8件提请不当案件提出纠正意见，全部被采纳；严肃查办监管人员职务犯罪案件，共立案侦查受贿案7件7人。组织开展涉法涉诉案件评查工作，各地党委政法委组织评查案件97宗，市委政法委组织评查案件4宗。督促清理党政机关执行人民法院生效裁判积案工作，省交办28宗积案执结26宗，清理率92.86%。开展清理久押不决案件专项活动“回头看”活动，主要清查犯罪嫌疑人、被告人2010年5月1日前羁押至今尚未审结的久押不决案件。制定印发两法衔接工作联席会议制度，组织协调市检察院起草《韶关市行政执法与刑事司法衔接工作实施意见》。

【开展涉法涉诉信访改革】 组织各地各部门参加涉法涉诉信访工作改革培训，起草《关于成立韶关市涉法涉诉信访工作改革领导小组的通知》《涉法涉诉信访工作改革联席会议制度》《涉法涉诉信访工作改革实施意见》，建立健全依法处理涉法涉诉信访问题的工作机制，着力加强执法司法公信力建设，加强对涉法涉诉信访工作改革的组织推动，确保工作改革取得实效。督促全市10个县（市、区）全部建立起本级司法救助制度。2013年，市委政法委救助涉法涉诉信访当事人9人，化解涉法涉诉信访矛盾纠纷9宗，支付救助金28.5万元。

【推进政法网二期工程建设】 抓住三四级网络建设的契机，加大建设力度，邀请具备资质的专业公司无偿帮助制定涉密机房建设和预算方案，争取落实配套资金。编写可行性报告，争取通过立项审查。3月，《韶关政法信息网（二期）工程建设可行性报告》完成初稿；9月，完善修改定稿，通过省政法网办审核。制订《韶关政法信息网共享平台建设方案》，对政法各部门的共享数据资源进行整合，共享平台项目建设进入实质性阶段，已完成设备安装。加强政法网（二期）工程立项和网络项目建设工作。完善各地党委政法委视频会议室建设项目，年内，除仁化县因新建办公楼未完成外，其他县（市、区）已完成政法视频会议室建设项目。

【法治队伍建设】　围绕过硬队伍建设的目标，打造一支听党指挥、服务人民、能打硬仗、不怕牺牲的政法队伍。组织开展警车、粤O牌车、武警牌车集中整治行动，查究各类违规问题8起，收回外借粤O牌车9辆。深入推进反腐败惩防体系建设，严格执行领导干部“一岗双责”制，通过动态管理推进廉政风险防控，建立廉政风险点评估预警机制。严肃查处政法干警违法违纪问题，公安机关查处违法违纪民警10起13名；检察机关立案查处检察人员违纪违法案件1件3人，给予党纪政纪处分3人。

（罗　平）

附：领导班子成员名单

书　记：张志才

副书记：赖佩养（2013.8—）

副书记、市综治办主任：

梁　锋（—2013.8）

副书记、市委防邪办主任：

黄东太（—2013.1）

副书记兼纪检组组长、市禁毒办主任：霍志武

副书记、市综治办主任：曾　洪

市委防邪办主任：吴文丽

市综治办副主任：肖建鸿

政治处主任：李江南

公　安

【概况】　韶关市公安局位于武江区西联百旺大道1号，是市政府主管全市公安工作的职能机构。2013年，全市共有10个县级公安机关，1个行业分局（森林分局），公安民警4447名，约占全市总人口的13.6/万人。市公安局下设二级部门33个（含浈江、武江分局），共有民警1947名。

2013年，全市公安机关贯彻落实中共十八大、十八届三中全会精神，围绕创建“平安韶关”的总目标，加强队伍能力建设，做好各项治安维稳工作，保稳定、保平安，为全市经济社会发展、人民群众安居乐业创造和谐稳定的社会环境，公安工作和队伍建设都取得可喜的成绩。2013年度全市群众安全感在全省排名第4位。

【维稳处突】　开展社会稳定风险预警评估和矛盾纠纷排查化解工作，各类不稳定因素预警率达100%。强化反恐应急处突工作，完善应急物资储备仓库和装备建设，开展防暴、反劫持专项训练和跨区域应急演练，妥善处置各类突发事件。做好中共十八届三中全会期间的安全保卫工作，全市社会治安大局保持稳定。加强虚拟社会管理，打击网络违法犯罪，取得较好效果。强化公安信访工作，开展“信访积案化解年”和“抓源头、打基础、强机制、促规范”专项活动，推进公安信访基础建设，妥善排查化解各类涉警信访案件。

【打击违法犯罪】　开展“粤安13”、“打盗抢保民安”、夏秋社会治安整治和打击高速公路犯罪、命案侦破、打黑除恶等专项行动，对突出违法犯罪进行坚决打击，做到“快破大案，多破小案”，成功破获一批大案要案。严厉打击群众关注的“两抢一盗”等多发性侵财犯罪，共侦破“两抢一盗”案件4497宗。开展打假、打击传销、打击整治发票违法犯罪和打击银行卡犯罪四大专项行动，共破获经济犯罪案件103宗，破获传销案件11宗，打传行动绩效排名全省第四，成功破获“亮碧思”传销案，获得公安部和省公安厅表扬。深入开展“雷霆扫毒”专项行动，强化禁种铲毒和易制毒化学品管理，开展零包贩毒围歼战，加大对娱乐服务场所涉毒问题的整治力度，有效遏制毒品违法犯罪上升势头。共破获毒品案件424宗。开展“平安细胞”建设，深入推进“平安边界”创建工作，参加粤湘十一县（市）治安联防协作会议，与广州市公安局签订《广韶警务合作框架协议》，加强区域间警务合作。

【社会治安防控】　织密治安防控“七张网”（社会面巡控网、城乡防控网、单位和行业防控网、区域协作网、视频监控网、虚拟社会防控网、公共安全防控网），推进立体化社会治安防控体系建设，促进刑事和治安警情数下降。加快推进治安视频监控系统建设，全市建成一类点2019个、二类点9348个。加强对辖区治安复杂、案件多发、重点部位的巡逻防控，提高街面见警率。继续

实行“网格化”巡逻防控模式，扩大“红袖章”群防群治队伍。完善内部单位安全保卫，重新确定一批市级治安保卫重点单位，开展党政首脑机关、水电油气、通讯设施等要害单位的安全检查，堵塞安全管理漏洞。深入开展“护校安园”专项行动，严防发生各类涉校案件以及重大治安灾害事故，维护师生人身和财产安全。以新丰县为重点开展治安重点地区整治，治安秩序明显好转。深入开展“打四黑除四害”行动，维护食品安全，共破“四黑四害”刑事案件339宗。从严整治涉黄涉赌违法犯罪，深入开展扫黄扫赌“无声风暴”行动，及时破获一批涉黄涉赌案件。强化大型活动的安保措施，完成六祖惠能圆寂1300周年暨禅宗文化节系列纪念活动、世界张氏恳亲大会等重大活动的安保任务和各类警卫任务。

【公共安全管理】 根据巩卫创文部署，狠抓市区道路交通秩序整治，开展“大排查、大教育、大整治”货车违法行为、道路交通安全大检查等专项整治，严查、严罚无证驾驶、酒后驾驶、严重超速、客车超员等交通违法行为，预防交通事故发生。全市交通事故死亡人数同比下降4.4%。改进车驾管服务工作，启动交通事故快处快赔工作机制，成立市区道路交通事故快处快赔中心，严把机动车注册登记查验关，严把驾驶人考试、审验关，共办理机动车注册登记13615辆、驾驶证初学28000余人。深入开展缉枪治爆专项行动，查控非法枪爆物品，全面清理网络涉枪涉爆违法有害信息，粤湘赣边界涉爆违法犯罪。加强监管场所安全整治，推进新丰县看守所治理，完成南雄市看守所、乐昌市拘留所建设，完善突击检查、视频查勤和风险评估分级管理制度，实现监管工作安全、规范、文明的目标。

【公共服务管理】 推进户籍制度改革，拟定《韶关市户籍管理及操作规定》并组织听证。全面推广使用流动人口互联网自助申报系统，继续推行网上申请、电话申请、短信申请、邮政速递申请、双向速递等电子政务申请方式，完善公安政务网站建设和管理，开设出入境网上预约受理，为群众提供便利服务。共受理各类出入境申请296727人次，入户申请53733份，发放居住证27730张。围绕各项中心工作，开展公安宣传、舆论引导、文化建设等各项工作，构建和谐警民关系,共向媒体发稿63428篇。继续推进网络宣传阵地建设,开通“平安韶关”腾讯微博和微信,继续开展局领导上线微博活动,主动接受群众对公安工作的评议。

【执法规范化建设】 建立健全执法标准体系，建立和完善涉案财物管理、法制员、执法质量考评等一批执法制度。开展执法场所改造，县级公安机关全部建立办案中心和涉案财物保管中心。严格案件审核把关，市公安局行政复议、行政诉讼连续8年“零变更、零撤销、零败诉”，国家赔偿“零发生”。做好执法指导服务工作，组织1600多名民警参加初、中、高级执法资格考试，提供法律咨询2800多次。

【专项工作】 推进创文巩卫工作，圆满完成创文“两测”迎检工作。做好扶贫开发“双到”工作，圆满完成乐昌市坪石镇吴塘村的3年帮扶任务，市公安局被省委、省政府评为“广东省扶贫开发‘规划到户、责任到人’工作优秀单位”。做好网络问政工作，网民留言受理率、回复率均为100%。推进“百项工程兴韶关”项目，完成市区城市道路标识设置，在市区30条主干道施划自行车道。

【思想政治教育】 加强民警的政治思想教育，增强民警的公仆意识和群众观念，打牢“立警为公、执法为民”的感情基础。认真开展“庸懒散奢”等不良风气集中整治活动，通过狠抓正反典型的学习教育，筑牢队伍反腐倡廉的思想防线。加强明察暗访，开展警车、粤O牌车集中整治，及时发现和解决问题。完善制度建设，深入推进反腐败惩防体系建设，严格执行领导干部“一岗双责”制。开展廉政风险点评估预警。建立健全干部选拔任用机制和监督管理机制，完善竞争上岗、公开遴选、两推一评并举的选人用人方式，树立风清气正的选人用人导向。

【队伍教育管理】 推进人才强警，全面推进“实战化、职业化、现代化警察培训基地”建设，制定《韶关市公安局参加在职研究生学历（学位）教育管理办法（暂行）》，不断优化队伍知识结构和学历层次。选树、深度挖掘先进典型，评选第二届“韶关十佳卫士”；江晖荣获“感动韶关十佳道德模范”；钟水容荣获第七届“韶关市十大杰出青年”称号；胡明裕获得“感动广东十大人物”和第八届全国“人民满意的公务员”称号。全年有18个集体和159名个人立功受奖，有6个单位被评为全国、全省优秀单位，15名个人荣获全国、全省优秀称号。

【警营文化建设】 进一步完善前卫体育协会的组织机构和相关制度，成功举办2013年“警韵飞扬”迎春音乐会暨警官乐团汇报演出和韶关市第一届公安系统运动会等文体活动，参加全省公安机关“禁毒杯”手枪射击比赛、第七届“市长杯”篮球赛等体育竞赛活动，丰富民警的业余生活。加强从优待警工作，继续落实民警体检、医疗、休假等制度，加大民警优抚力度，较好地解决民警后顾之忧。（郭文滔）

附：领导班子成员名单

党委书记、局长：李安平

党委副书记、副局长：

康志坚　赵　峰

党委委员、副局长：

鲁粤关　刘国强

黄海林　谢玉田

刘奕舜（挂职）

党委委员、纪委书记：吴梓章

党委委员、政治处主任：张韶梅

党委委员、消防局局长：袁奕之

检　察

【概况】 韶关市人民检察院现管辖武江、浈江、曲江、乐昌、南雄、乳源、新丰、翁源、仁化、始兴10个县（市、区）检察院，及广东省乐昌市中山地区、广东省韶关市黄岗地区2个派出检察院。市检察院现有政治处、纪检监察室、办公室、反贪局、反渎局、侦查监督科、公诉科、案件管理中心等19个机构，共有检察干警120人，其中市院领导班子成员8人。检察干警全部具有大专以上学历，其中，研究生学历7人，占干警总数的5.83%；本科学历93人，占干警总数的77.5%；检察员77人，占干警总数的64.2%；助理检察员14人，占干警总数的11.7%。2013年，全市检察机关围绕中共十八大关于全面推进依法治国、加快建设社会主义法治国家的战略部署，顺应人民群众对公共安全、司法公正、权益保障和反腐倡廉的期待，立足检察职能，坚持严格公正执法，服务经济社会发展大局，各项检察工作取得新的成绩。

【打击“两违”】 围绕市委市政府关于打击“两违”专项工作部署，深入查办“两违”背后职务犯罪案件，严厉打击集体土地非法买卖行为。配合当地党委政府，查办浈江区新韶镇府管村委会主任黄顺田等6人受贿窝案、五里亭村小产权房系列案、韶关城市管理行政执法局曲江分局副局长邝金权等5人玩忽职守和受贿案、马坝镇马坝村委东华围村小组徐神坤等10人受贿案、乳源县乳城镇国土所所长侯辉玩忽职守案等；同时提前介入，依法监督公安、法院惩治严重非法买卖土地的行为，所有这些行动产生强烈的震慑作用，得到市委市政府的充分肯定。

【保护生态环境】 落实市人大关于封山育林决议和省检察院部署的查办与预防危害生态环境职务犯罪专项行动，重点查办非法盗伐滥伐森林资源、非法开采矿产资源等背后的职务犯罪，共立案38件41人。如立案7件7人，查办始兴县原森林公安分局局长郭万年等徇私枉法、受贿案；立案3件3人，查办曲江区盛兆矿业公司非法排污背后环保部门工作人员渎职犯罪案。

【维护市场秩序】 严格依法惩治严重破坏社会主义市场经济秩序的犯罪，共批准逮捕此类案件42件68人，起诉40件58人。查处国家工作人员在招标投标、物资购销、资源开发过程中受贿案43件，如查处市公共资源交易中心副主任何文等10人在政府采购中的受贿案。再如，在省检察院的支持下，查办韶关、梅州、河源、肇庆等四地9名基层法官的新型职务犯罪案件，该案犯罪嫌疑人滥用职权对虚假诉讼进行裁判，帮助深圳房屋交易的当事人规避国家房地产调控政策，以达到强行过户，少缴税款的目的。案件的总体情况引起最高人民检察院曹建明检察长高度重视，并向最高人民法院通报案情，从而推动全国法院系统在49个限购城市开展自查自纠。推进社会诚信体系的建设，实行行贿犯罪档案查询制度，共为工程建设等单位提供查询15642次。

【刑事检察】 始终坚持把依法防

范和惩治违法犯罪活动、保障人民生命财产安全放在突出位置。适应平安建设的新要求，突出打击危害群众安全感、危害公共安全以及食品安全的犯罪活动，共批准逮捕各类刑事犯罪案件1321件2101人，提起公诉1293件1890人。坚持把严重暴力犯罪和危害人民群众生命财产安全的犯罪作为打击重点，依法快捕快诉，共计批准逮捕故意杀人、绑架、抢劫、抢夺等严重暴力犯罪615人，起诉527人。对新丰县“7·13”犯罪团伙聚众驾驶多辆汽车互撞、故意伤害致死案等重大恶性案件，及时介入侦查、引导依法取证，依法从重打击，有力震慑犯罪。对情节轻微的未成年人犯罪、初犯、偶犯、过失犯等从宽处理，依法决定不批准逮捕348人，不起诉120人。

【社会治理】 参与“创平”活动，制定《韶关市检察机关开展创建平安韶关及综治工作考评实施方案》和《“创平”及综治维稳工作考核细则》，加强对基层检察院平安创建和综合治理重点工作的协调指导。充分利用办案成果，针对办案中发现的制度和监管漏洞，向有关单位发出检察建议226件。投入人力物力，广泛开展未成年人犯罪预防。针对近3年审查起诉涉嫌犯罪的未成年人达784人，占同期人数14%的严峻形势，组织发动干警编辑整理40多起未成年人犯罪典型案例，投入近30万元，采用动画动漫制作巡展图片、读本、光碟、网络视频和公益广告，由市政法委牵头，联合市委宣传部、市教育局、团市委等多家单位推动活动进行，全市50多所初高中学校、3万多人参观巡展，400多所学校40多万学生观看电视公益广告、动漫光碟、浏览网络视频、学习教育读本；同步开展法制讲座、观后感征文评比等形式多样的法制宣传活动。

【查办和预防职务犯罪】 坚决贯彻中央、省、市和上级检察机关关于反腐倡廉的总体部署，围绕促进解决人民群众关心、关注的热点、难点问题，持续加大职务犯罪查办力度。共立案侦查贪污贿赂犯罪案件110件126人，其中大案99件，要案1件；渎职侵权犯罪案件37件40人，其中重特大案件15件；为国家挽回经济损失8479万元。

【坚持“老虎”“苍蝇”一起打】 围绕上级检察机关部署的查办工程建设领域贪污贿赂犯罪、商业贿赂犯罪及发生在群众身边损害群众利益的贪污贿赂犯罪等专项工作，集中力量依法查办乐昌、仁化、南雄等地涉及土地交易、房地产开发、工程建设等权力集中的重点热点领域的职务犯罪，如查处乐昌市副市长向昭晖及城市综合管理局等7个单位一把手的系列案，该案的集中查办，产生强烈的震慑效果，高度净化当地的社会风气。坚决查办发生在群众身边、级别不高，但严重损害群众利益的职务犯罪案件，如查处翁源县自来水有限公司总经理刘玉云在企业非法转制中的贪污犯罪案。

【坚持文化预防、制度预防一并抓】 构建大预防网络，打造具有韶关品牌特色的预防文化氛围。一是基地预防。进一步丰富韶关警示教育基地内容，组织“三新人员”、干部家属、私营企业管理人员接受教育，共接待省内外99个单位3978人次参观学习。2013年，基地被评为全国检察机关“百优”预防职务犯罪警示教育基地。二是社会化预防。联合市委组织部、党校建立长效合作机制，创新开展“举报宣传周”、宣讲团进校园、“廉政少年行”书画作品比赛、检察官入户宣传等活动，营造社会化预防的良好氛围。三是互动预防。联合多家单位举办第二届“扬三江正气、树六岸清风”反腐倡廉辩论赛活动，各县市区党委及相关单位共组织24支辩论队参赛，6600多名党员干部到场观赛互动。四是个案预防。结合办案，针对有领导班子成员案发的11个单位，推进“五个一”工作制度，监督发案单位整改制度缺陷，杜绝新的职务犯罪发生。五是专项预防。与韶关发电厂、市代建局等单位加强协作，共同开展重点工程预防，促进从源头上遏制腐败。

【法律监督】 不断加大对执法不严、司法不公问题的监督力度，维护法制的统一、尊严和权威。依法监督侦查机关立案102件129人，追捕漏犯167人，追诉漏犯158人；监督不应当立案而立案的59件。对认为确有错误的刑事判决、裁定提出抗诉20件。推行减刑假释案件公开庭审制度，参与开庭审理711件，依法监督纠正减刑、假释、暂予监外执行案件10件，清查监外执行罪犯脱管漏管24人。严格执行修改后的民诉法，对认为确有错误的民事、行政裁判，提出抗诉7件，发出再审检察建议38件，发出执行监督检察建议5件，督促起诉侵害国有资产和公共利益的案件10件。坚持细化审查与主动监督相结合、动态监督与专项检查相结合、强化内部协作与畅通外部渠道相结合、办案数量与案件质量相结合等“四个结合”，延伸监督触角，强化监督合力，提升监督效果。与市公安局会签《关于建立刑事案件侦查监督和执法监督常规工作机制的意见》，将案件提前介入和执法信息通报等纳入常规工作机制，加强执法情况的动态监督。纠正监管安全隐患和执法问题29次。立案查办监管人员职务犯罪案件6件7人。市检察院启动查办的原广东健力宝集团董事长张海的减刑案件，引起最高人民检察院监所检察厅的高度重视，并在河北、湖南多省部署关联案件的查办。开展全市看守所规范执法教育整顿专项活动，针对韶关市看守所多名干警在监管、执法等方面存在违法违纪事实，影响监管场所公正执法的严重问题，提出检察建议，得到市公安局的高度重视，并进行整改。

落实新刑事诉讼法，细化新增监督职责操作规程，开展羁押必要性审查、社会危险性证明、刑讯逼供等非法证据排除工作，落实批捕、公诉环节讯问犯罪嫌疑人、听取辩护人意见建议制度，强化二审上诉案件审查等，提出变更犯罪嫌疑人强制措施6人次，被采纳3人次，对简易程序案件实现100%出庭支持公诉，防止冤假错案。进一步落实省“两法衔接”和市“两建”工作部署，完善相关工作机制，市县两级“两法衔接”信息共享平台已全部完成建设,联网查询、线索移送、案件协查等衔接机制逐一落实,216个行政执法机关实现信息共享联网,录入行政处罚案件528件,移送司法机关立案54件。

【司法惠民】 坚持把依法办案和维护群众权益有机结合起来，加大依法受理、依法纠错、依法赔偿、依法救助力度。坚持首办责任制，健全检察长接访制度。共依法受理控告案件78件，刑事申诉案件59件，民事行政申诉案件114件，对111件民事申诉案件做好释法说理息诉工作，办理刑事被害人救助案20件，支付刑事救助金11.75万元。

根据最高检、省检察院部署开展查办和预防发生在群众身边、损害群众利益职务犯罪专项工作，严肃查办征地拆迁、社会保障、医疗卫生、抢险救灾等民生领域职务犯罪，立案140件157人，市检察院反渎职侵权局荣获“全国检察机关严肃查办危害民生民利渎职侵权犯罪专项工作先进集体”。开展危害民生刑事犯罪专项立案监督活动，共排查案件238件，依法监督立案68件，其中危害民生刑事犯罪案件16件。如通过监督查处两起拒不支付劳动报酬案，帮助54名外来务工人员追讨欠薪。依法惩治食品、药品、农资产品等重点领域的违法犯罪，共批准逮捕18件21人，起诉15件21人。

【强化自觉接受监督机制】 完善自觉接受监督机制。一是自觉接受人大监督和政协民主监督，坚决贯彻执行人大决议，健全汇报联系机制，配合人大常委会开展专题调研和执法检查，向市十三届人大常委会专题报告韶关市检察机关开展民事检察工作的情况。坚持走访人大代表和政协委员，虚心听取对检察工作的意见建议。二是深入推进阳光检务。邀请人大代表、政协委员、人民监督员观摩公诉出庭，参加“检察开放日”活动，视察办案区，参观阳光检务厅，了解检察工作。严格实行职务犯罪拟撤案、不起诉案件提交人民监督员监督制度，全部21件案件提交人民监督员进行监督。三是主动接受舆论监督，应对舆情，及时处置包括因查处原始兴县水利局局长张远周受贿案及查处原南方日报社记者胡亚柱受贿案引发的重大舆情在内的4起涉检舆情。

【规范执法办案机制】 一是职务犯罪案件全部实现讯问犯罪嫌疑人全面全程同步录音录像制度。二是案件管理中心、侦查监督、公诉、纪检监察部门细致审查，严防刑讯逼供和违反办案程序等非法取证行为，充分保障犯罪嫌疑人的合法权益。三是加强案件回访监督工作，重点对已办结的46件职务犯罪案件，走访发案单位和犯罪嫌疑人家属，开展全程跟踪回访监督。四是作为全国检察机关统一业务应用软件的试点单位，强力推进网上办案、网上流转、网上审批、网上监督，强化案件动态监管，受理案件1293件，实行全流程跟踪1293件。

（王　粤　白志华）

附：领导班子成员名单

党组书记、检察长：阙定胜
党组副书记（分管常务工作）、
副检察长：温洁麟
副检察长：冯应昌　李再丰
傅泽熙
罗一平（挂职—
2013.12）
纪检组长：沈明河
政治处主任：吕文清

法　院

【概况】 韶关市中级人民法院成立于1950年，是国家审判机关，依法独立行使审判权。2013年，韶关市中级人民法院共有干警153人，其中政法编制128人，机关后勤服务人员19人，临时聘用人员6人。现设副处级建制单位1个，即政治处；直属机构1个，即司法警察支队；设正科级建制单位15个，即监察室、培训科、刑事审判第一庭、刑事审判第二庭、民事审判第一庭、民事审判第二庭、民事审判第三庭、行政审判庭、审判监督庭、立案庭、信访科、执行局、研究室、办公室、司法行政科。辖10个基层人民法院，即浈江区法院、武江区法院、曲江区法院、乐昌市法院、南雄市法院、仁化县法院、始兴县法院、翁源县法院、新丰县法院、乳源瑶族自治县法院。基层法院派出人民法庭21个。基层法院共有干警755人，其中政法编制608人，事业编制21人，机关后勤服务人员39人，临时聘用人员87人。

2013年，韶关市两级法院学习贯彻中共十八大、十八届三中全会精神，围绕全市工作大局，发挥审判职能，开展“司法公正水平提高年”“司法作风明显改进年”活动，推动“平安韶关”建设。全市法院共受理各类案件31697件，办结31189件，法定（正常）审限内结案率为99.68%，与上年同期持平。

【刑事审判】 全市法院共审结各类刑事案件1577件，判处1879人，其中判处五年以上有期徒刑、无期徒刑和死刑373人，占19.85%。依法严惩严重刑事犯罪，一审审结故意杀人、绑架、抢劫等暴力犯罪和毒品犯罪案件879件，增强人民群众的安全感；严惩职务犯罪，审结贪污贿赂、渎职等一审案件85件，判处98人；加强对未成年罪犯的教育和挽救，推行少年审判合适成年人、犯罪记录封存、社会调查报告等工作制度，未成年罪犯的非监禁刑适用率达41.22%。

【民事审判】 全市法院共审结各类民商事案件12519件，标的金额17.7亿元。审结涉及民生的一审婚姻家庭、继承、侵权、劳动争议、交通事故、物业服务等民事案件6655件；平等保护市场主体合法权益，审结金融、合同、企业破产等商事案件4328件，保障人民群众的生产生活，促进社会的安定团结和经济发展。

【行政审判】 全市法院依法履行司法审查职责，加强行政争议协调化解工作，共审结各类行政案件264件。已审结的207件一审行政案件中，维持具体行政行为的56件，撤销具体行政行为、判决履行法定职责、确认具体行政行为违法或无效的47件，经做协调工作后撤诉的55件，其他方式结案的49件。

【执行工作】 相继开展反规避执行、清理党政机关执行法院生效裁判积案、清理金融债权案件等一系列专项活动，采取悬赏执行、曝光“老赖”等措施，执行力度不断加强。全市法院共执结案件5044件，执结标的额4.19亿元，实际执行率、执行标的到位率分别为80.37%、59.38%。

【服务大局】 注重通过妥善审理执行一批重大、重点案件，为党委、政府分忧解难。如市中院推进韶关印染总厂系列破产案件的审理进程，明确资产处置方案，推动“万通城”城市综合体的开发建设；在办理韶关市北江技工学校作为被执行人的系列案件中，市中院沟通协调，妥善解决150余名教职员工的劳资纠纷问题，减少社会不稳定因素。

【社会管理创新】 注重延伸审判职能，从个案中捕捉问题，从类案中总结规律，及时提出司法建议，帮助有关部门堵塞漏洞、完善制度。同时，健全沟通反馈机制，着力提高建议的实效性和采纳率。全市法院共发出司法建议292份，采纳率达75%，高出省法院考核标准25个百分点。

【推行中院审委会委员列席基层法院审委会工作新机制】 市中院审委会委员不定期列席基层法院审委会案件讨论，协助基层法院健全审委会工作制度，完善工作规程，提高对案件质量的把关能力。同时，各基层法院审委会讨论重大、疑难案件时，可邀请市中院审委会委员列席，市中院审核后，根据案件类型和性质安排相关审委会委员列席，列席委员可就案件的事实、证据和法律适用发表自己的看法，但对案件处理没有表决权，不干预基层法院独立行使审判权。2013年，市中院审委会委员列席基层法院审委会共20人次。

【创新案件评查工作机制】 市中院改变以往法院内部“圈内”评查案件的方式，邀请7名律师界人大代表、政协委员随机抽取76宗案件进行评查。全市法院还对4866宗案件和2082份裁判文书进行常规质量评查。进一步完善“一案一评查”双向反馈制度。市中院在二审案件结案时，将一审案件存在的问题随卷反馈给基层法院，基层法院及时将整改意见反馈给市中院，使案件评查常态化。

【健全完善诉讼工作机制】 建立公民代理审查机制。市中院出台《办案指导》，规范公民代理秩序；新丰法院建立公民代理人信息库，实行一案一登记制度。推行少年审判合适成年人制度。为解决当前未成年人刑事案件审理过程中存在的无法通知法定代理人、法定代理人不愿到场等问题，在市中院的指导帮助下，浈江法院在全市率先建立合适成年人资源库，确定选任条件与程序，明确权利义务。至年底该资源库已有10人，参与诉讼60余次。建立“涉老”审判机制。始兴法院开辟老年人诉讼专用通道，主动到案发地和案件多发区就近审理，并不定期进行回访，较好地维护老年人的合法权益。

【完善司法救助】 全市各法院均建立起特困群体执行救助制度，并筹集相应的救助基金。全市法院共对44件案件65名特困申请执行人发放71.32万元执行救助款，使一批特困申请执行人得到及时救助；共为342件案件确有困难的当事人及特困企业免交、减交、缓交诉讼费242.59万元，确保经济确有困难的群众打得起官司。

【加强“窗口”建设】 优化“门诊式”诉讼服务中心，健全诉讼引导区、窗口服务区、信访接待区、纠纷化解区等区域功能。各法院门户网站提供诉讼指引帮助，公开法院各类信息；立案大厅安装导诉服务触摸屏，向群众提供诉讼咨询服务；增设银行“POS”机，为当事人节约缴费时间。

【健全调处机制】 完善诉前联调，与交警、劳动、卫生等部门建立诉调对接机制，有效化解交通事故、消费维权、劳动争议等多发纠纷。全市法院共参与诉前联调案件610件，达成调解协议606件，调解成功率达99.34%，司法确认308件，并全部履行完毕。强化诉讼调解，贯彻能调则调、当判则判、调判结合、案结事了的原则，民事一审调撤率达64.4%。推动执行和解，促进当事人协商处理执行纠纷，执行和解率为17.64%。

【自觉接受人大政协监督】 配合市人大常委会专题调研和专项评议工作，通过多种形式主动通报法院工作。加强与人大代表、政协委员的联络沟通，全市法院共邀请人大代表、政协委员见证参与司法活动965人次。2013年8月，市中院正副院长率队分赴10个县（市、区），广泛征询140位市级以上人大代表的意见和建议，对代表们提出的50余条意见和建议逐项加以整改落实，同时将整改方案及时反馈给各与会代表及各县（市、区）人大常委会。市中院办理市政协委员的3个提案，其中办理的重点政协提案《关于对涉及公益的诉讼，法院应作为集团诉讼案件受理的建议》，受到领衔督办领导市委书记郑振涛的充分肯定。

【广泛接受各界监督】 拓宽接受法律监督渠道。市中院在审理疑难复杂、社会影响大的刑事案件时，邀请市检察院检察长列席审委会，进一步增强审委会工作透明度。构建法官与律师互动交流平台。市中院与市律师协会共同召开全市各律师事务所均派代表参加的座谈会，对律师们提出的80余条意见和建议进行分析研究，对确实存在的问题整改，进一步促进法官与律师良性互动。实行随案监督制度。全市法院相继实行随案向当事人发放廉政和审判作风监督卡、执行工作联系卡等制度，方便当事人对审判、执行活动的事前、事中和事后监督，促进司法廉洁规范。

【依托信息化手段推进司法公开】 健全审判流程公开机制，推进数字法庭建设，推行全程公开从立案到结案的所有信息。以公开为原则、不公开为例外，依法推动生效裁判文书上网，自觉接受群众监督。全市两级法院均已实现“一院一网站”，共将860份模糊处理个人信息后的生效裁判文书上网公开；共建成15个数字法庭，有5个法院开设法院官方微博，新丰法院已尝试通过微博直播庭审。

【司法公开与司法宣传有机结合】宣传报道频上中央、省级媒体，相继与韶关日报社、电视台建立合作共建机制，案例普法、工作宣传、人物报道全面上线，构建起平面、电视、新媒体全方位、立体化宣传平台。2013年，全市法院共被各级、各类媒体采用新闻稿件1958篇次，在省法院宣传工作量化考核中取得全省第3名的好成绩。

【大力转变司法作风】贯彻落实中央“八项规定”、最高法院“六项措施”，开展审务督察、窗口服务满意度测评工作，集中开展会员卡专项清退、违规配置公务（警务）用车和违规经营营利等问题专项治理活动。市中院统一公车管理，严控住宿用餐标准，公务接待费用同比大幅下降58%，简报印刷数量同比下降27%。

【加大执法干警的业务培训力度】全市法院以一线法官、工作人员为对象，以补齐能力短板、强化业务弱项为目的，举办各类培训班98期，培训干警3050人次。开展业务研讨，全市法院组织召开业务研讨会、案例分析会等600余场次，组织干警撰写学术论文、调研报告、案例分析等280余篇，其中有30余篇被各级刊物采用。市中院刑一庭被评为全国法院刑事审判先进集体、乐昌市人民法院坪石人民法庭被评为全国法院先进集体等。

（陈东阳　李琼宇）

附：领导班子成员名单

党组书记、院长：刘曙光

党组副书记（分管常务工作）、副院长：张海力

党组成员、副院长：黄秋雄

党组成员、纪检组组长：张旗胜

副院长：宋良锋

党组成员、副院长：刘　斌

党组成员、政治处主任：谢庆文

党组成员、执行局副处级局长：谭伟才（2013.12—）

司法行政

【概况】韶关市司法局是主管司法行政工作的人民政府工作部门。现有行政编制41个，在职公务员36人。内设机构包括政治处、纪检监察室、办公室、计财装备科、宣传教育科、基层工作管理科、公证律师管理科、司法鉴定管理科、劳教工作管理科和社区矫正科等10个。直属单位有韶关市劳教（强制隔离戒毒）所、韶关市法律援助处、韶关市公职所和韶州公证处，分别有干警和工作人员64人、9人、4人和12人。

2013年，韶关市司法局以创建平安韶关、推进民生幸福为目标，以构建覆盖城乡的公共法律服务体系为着力点，全面推进法制宣传法律服务进村居、专业性行业性人民调解组织建设、社区服刑人员和戒毒人员管理等重点工作，发挥司法行政职能作用，服务和保障经济发展，促进民生改善，维护社会和谐稳定，促进公平正义，各项工作取得新成效。

【法律援助】2013年，全市共有法律援助机构11家、专职法援律师23名。全面建成由市县（区）法律援助处、镇（街）工作站、村（居）联络点，以及工青妇残、学校、部队等部门工作站构成的法律援助服务网络，基本实现哪里有困难群众，哪里就有法律援助服务；全市法律援助机构不断完善各项法律援助便民服务措施，推进受援人联系回访等制度落实，使法律援助工作进一步深入民心；市司法局加强法律援助办案情况监管，3、4月间组织开展对各县（市、区）法律援助案件质量和法律援助档案管理的监督检查工作，指导各县（市、区）提高法律援助案件的办案质量；通过安排法律援助律师参加韶关电台“普法加油站”节目、举办法律援助宣传咨询活动、公交车LED显示屏公益广告等方式加大法律援助工作宣传。全年办理的法律援助案件1655件，其中市法援处办理的415件。

【人民调解】2013年，全市建立各类人民调解委员会（以下简称调委会）1619个，其中镇（街）调委会108个，村居（社区）调委会1433个，企事业单位调委会45个，交通事故调委会7个，医

疗纠纷调委会7个，劳动争议调委会1个，物业纠纷调委会16个，其他调委会2个。全市司法行政机关结合建设平安细胞工程要求，着重推进企业人民调解组织和行业性专业性人民调解组织建设，加大社会矛盾纠纷排查调处的广度和深度，使大量的矛盾纠纷得到有效化解，同时加强基层社会矛盾纠纷的分析研判，形成分析研判报告，分别报送省司法厅、市委、市政府和市政法委，为领导提供维稳工作决策依据。全年各级调解组织共调处各类矛盾纠纷13554件，调处成功13375件，调解率为100％，调解成功率达98.7%；防止民间纠纷引起自杀案件6件，涉及16人，防止民间纠纷转化为刑事案件62件，涉及218人；防止群体性上访173件，涉及3393人，防止群体性械斗36件，涉及992人。

【基层法律服务】 2013年，全市通过年检考核的基层法律服务所共有60所，基层法律服务工作者110名。基层法律服务工作者全年担任法律顾问515家，办理诉讼代理案件242件，非诉讼代理案件395件，调解矛盾纠纷1195件，办理法律援助案件235件，有效满足基层和低收入群体的部分法律服务需求。

【社区矫正和安置帮教】 2013年，全市司法行政机关严格按照全国和广东省的相关规范性文件规定开展社区矫正和安置帮教工作，并加强工作的指导检查监督，确保执法工作公正、公平、公开，做到廉洁执法；强化业务工作流程，落实监控管理服务措施，全市社区矫正小组1064个，组织集中教育1222人次，个别谈话教育1731人次，组织社区服务498人次，落实责任田200人次，指导就业224人次，开展适用社区矫正前调查评估367件次；立足现有条件推进社区矫正和安置帮教对象的信息化管理，做好相关信息的系统录入工作，对部分社区矫正对象实现手机定位系统管理，全市启用650台定位监控手机；推进社区矫正和安置帮教工作基地建设，全市社区矫正人员教育基地有2个（武江、南雄各1个），就业基地有2个（翁源2个），社区服务基地有5个（翁源1个、南雄4个）。全市在册社区矫正对象1100人，刑释解教人员3509人，社区矫正人员思想稳定，安心服刑，遵纪守法，没有重新犯罪现象。

【劳教（戒毒）工作】 市劳教（戒毒）所狠抓安全教育，强化安全首位意识、防范意识、责任意识，严格现场管理，加强安全形势分析研判工作，推进安全隐患排查治理，连续11年实现场所安全稳定；通过完善工作流程、规范强戒人员日常行为，增强强戒人员遵规守纪的自觉性，增强自我管理、自我约束的意识，“三期一体验”戒毒管理模式进一步深化；严格落实周课堂教育日制度，做好心理矫治和康复诊断评估工作，加强院区文化建设，组织开展跟踪调查活动，教育矫治质量不断提高；完善疾病防控体制，提高疾病防控工作水平，全年未出现强戒人员死亡事件；场所整体搬迁项目进展顺利，新所建设主体工程已经完成，全年共争取国家计划投资到位资金1122万元（国家投资资金已全部到位），立项投资范围内的项目没有超出经财政部门核定的投资概算。

【律师队伍建设】 2013年，全市有律师所44家（其中国资所13家，合伙所13家；个人所7家，公职所11家），法援处11家，执业律师253人；有律师党支部6个，党员律师43人。以创建“两新”组织党建工作示范点活动为契机深化律师行业党建工作，召开市律协党员代表大会，选举产生中共韶关市律师协会总支部第三届委员会；在抓好律师所及律师年审考核工作的同时深入推进律师进村居工作，全市1421个村居均拥有挂钩开展公益性法律服务的律师，具体明确进村居律师开展村居委干部法律培训、举行法律服务接待日活动等工作内容，全市律师开展进村居活动累计达700多人次，为政府提供服务累计达327次；政府法律顾问工作有新发展，在省内开创检察院、公安局等政法机关聘请法律顾问的先河；完成2013年国家司法考试组织工作；推进律师文体、学术交流活动，市律协成立各文体兴趣小组，组织推荐11名律师参加粤港澳律师运动会，举办首届韶关律师论坛，来自全市190多位执业律师和130多名韶关学院法学院的师生参加题为“如何做律师”的交流研讨。

【公证服务】 2013年全市有公证机构11家，公证员25名。各级公证机构加大公证工作宣传，组织开展公证法实施7周年宣传活动，现场还免费为60周岁以上的居民办理遗嘱公证登记，提供免费办理遗嘱公证服务，韶州公证处还举办公证开放日活动，邀请市民代表参观公证工作场所；各工作机构推出设置老年人公证服务专窗、免费受理部分60岁以上老人遗嘱公证等新的公证便民服务措施，全市全年共办理公证数10956件；市司法局推进公证工作服务社会民生，组织开展关于公证介入农村村委会选举的调查活动，完成相关的调研报告。

【司法鉴定】 2013年，全市共有6家司法鉴定所，共办理鉴定业务2093件。加强司法鉴定质量监管，组织开展司法鉴定能力验证、司法鉴定人员业务培训等工作，协助完成司法部、省司法厅对韶关市首次进行的血液中乙醇含量测定项目能力验证活动，司法鉴定公信力进一步提高。

【法制宣传】 围绕创建平安韶关，进一步推进领导干部、公职人员、青少年学生等重点普法对象的法制宣传教育工作，参与广东省地级以上市党政一把手撰写学法、用法体会文章活动，市委书记、市人大常委会主任郑振涛和市长艾学锋分别撰写《用法治思维推动韶关振兴发展》《善于运用法治思维和法治方式谋划韶关改革发展稳定大计》的学法用法体会文章；开展“诚信守法示范企业”创建评比、“百名法学家百场报告会”法治宣讲等活动，组织参加广东省“家庭法治知识演艺大赛”，韶关市选送的参赛家庭荣获大赛二等奖和广东省“法治文化进家庭宣传使者”荣誉称号；稳步推进领导干部、公职人员学法用法及学法考试无纸化工作，相关系统平台已开始使用；指导协调相关专业法主管部门开展妇女维权、消费者权益保护、禁毒宣传、安全生产、道路交通安全、消防安全等主题法制宣传活动，重点开展创建平安韶关专项法制宣传活动；完成全省“六五”普法中期检查督导的迎检工作，组织开展全市《法治广东建设五年规划（2011—2015年）》《“六五”普法规划》实施情况中期评估检查。

【司法考试】 国家司法考试于9月14日、15日在市田家炳中学举行，828名考生报名参加考试，创历史新高。市司法局协调有关部门成立工作领导机构，制定工作方案和突发事件应急预案，编印考务工作手册，举办考务人员培训班。还邀请市纪委、市政法委、市人大法工委、市公安局、市人民检察院、市中级人民法院等有关部门领导亲临现场督考，考试考务组织工作严谨有序，考生应试状态良好。其间，市委常委、政法委书记张志才，市人大常委会副主任张平，副市长、公安局局长李安平，省司法厅副巡视员李新建等领导亲临市田家炳中学考点巡视，了解和指导考试组织工作。（彭继维）

附：领导班子成员名单

党组书记、局长：周正祥

党组成员、副局长：胡　强

曾房兰

副局长：林柱育（2013年8月起）

党组成员、纪检组长：蒋林龙

党组成员、政治处主任：王世新

仲　裁

【概况】 2013年，共受理仲裁案件343件，其中通过调解化解纠纷284件。案件主要包括房屋装饰、租赁、商品房买卖、保险、建设工程施工、承揽、商标、交通事故损害赔偿等10多种类型。受理案件的范围比往年宽广，新类型案件不断增多，这说明社会了解仲裁的范围更广，也说明仲裁宣传产生一定的效果。年内，仲裁案件被人民法院撤销、不予执行的案件是0件。案件质量得到人民法院和当事人的肯定与好评。韶关仲裁委员会现有仲裁员102名。

【深入企业宣传推广仲裁法律制度】 按照2013年的工作要求，深入企业开展活动，全年共走访200多家企业，查看合同300余份，其中帮助企业规范合同300余份，从而了解企业的合同签订情况及仲裁约定情况。在这些企业中精选20余家重点单位加强联系，各大房地产开发公司、建筑集团、金融部门、保险行业等均被列为重点联络单位，为仲裁业务的开展打下良好的基础。同时，参加由市消费者委员会组织的“3·15”大型咨询活动，设立咨询台，发放宣传资料，耐心解答法律知识，接待咨询人数200余人次。在市消费者委员会的提议下，开展探索研究设立“韶关仲裁委员会消费争议仲裁中心”的事宜，目的是通过中心的设立为当事人化解矛盾，解决问题提供方便，也维护当事人的合法权益。

【拓展仲裁发展领域】 加强与各大行业的仲裁工作力度。通过各行业在其整个所属领域内推广仲裁制度,做到点面结合、重点突破,在保险行业、金融行业等企业中率先落实仲裁条款的适用问题。加强与行业协会的密切联系,开展法律知识讲座,提高法律意识。加强与律师事务所的联系,在仲裁员座谈会中,将仲裁法律制度作为重点内容,共同探讨法律专业知识这一形式,增强律师对仲裁法律制度的重视。利用律师工作的特殊性,尽量让顾问单位在民商事合同中落实仲裁条款。

【稳定交通事故损害赔偿仲裁】 交通事故损害赔偿仲裁中心成立以来,工作稳定发展,全部案件均在当天以调解方式结案,顺利解决损害赔偿纠纷,使赔偿问题真正得到落实,赢得当事人的一致好评,并且减轻交通部门的工作压力,取得仲裁的法律效果和社会效果的统一。2013 年,司法调解进入共同工作场所,仲裁中心工作并没有受太大影响,仍然平稳发展,说明用仲裁方式解决交通事故损害赔偿制度已得到社会的普遍认可和自动选择。因此,仲裁为创建平安交通、和谐韶关做出应有的贡献。

【加强仲裁工作管理】 2013 年,注重对仲裁员办案的管理,在保障仲裁员办案独立性的同时,从程序上着手,对仲裁员进行监督,促进办案的规范化。为保证仲裁委的社会形象和权威性,严格按照仲裁员守则,完善监督体系,年内,没有发现仲裁员违反相关规定的情况。加强业务交流和学习,开展仲裁员办案技能、办案经验及应当注意的问题进行交流。针对出现的保险合同纠纷、承包合同纠纷等与以往不同的纠纷情况,组织案件研讨会,邀请资深律师、行业专家和大学教授进行研讨。通过研究,相互交流,听取不同意见,减少判案失识,提高办案水平。同时加强办案监督,对办案文书和庭审笔录经常进行抽查,实行奖优罚劣,规范文书制作,提高仲裁文书的质量,保证仲裁文书能够全面、准确地反映审理情况。

【提升审理质量和效率】 注重提升仲裁案件的质量。从办案质量、作风等方面完善对仲裁员的考核监督机制,对仲裁员实行科学化、规范化管理。不定期组织专家进行咨询,力求做到公正、公平,坚决杜绝错案发生。注重提高仲裁案件的效率。严格执行案件审理的相关规定。坚决杜绝案件超期情况的发生。注重提高仲裁秘书的自身素质。树立仲裁秘书的服务意识和服务理念,加强对仲裁秘书工作的规范化培训,提高仲裁秘书队伍的法律水平、业务水平和职业道德。保证案件从立案到结案归档都统一规范、无程序瑕疵。提高办案秘书协助仲裁庭调解的能力。

【促进纠纷和谐解决】 坚持“调解优先”,发挥仲裁独特的调解优势。推动建立和完善各方面参与的调解工作格局,自觉主动地运用调解方式处理矛盾纠纷,贯穿于立案、送达、审理、调解、结案的各个环节。对于在立案当时就发现当事人之间争议不大、权利义务关系清楚的案件,立案后及时进行调解。能够达成调解协议的,迅速组成仲裁庭,及时制作调解书送达给当事人。在审理过程中发现有调解可能的,动员各方力量,耐心做好说服工作,并在审限上予以适当处理,促使矛盾纠纷顺利解决。对于依法不能调解、案情不适合调解、当事人不同意调解的案件,及时作出裁决,防止久调不结、久拖不决。　　　　(郑颖仪)

附:领导班子成员名单

主　任:邹永松(兼)

副主任:冯政文(兼)、宋良锋(兼)、黄益东(兼办公室主任)

监　狱

【韶关监狱】 2013 年,韶关监狱围绕中心工作,以党的群众路线教育实践活动和大部制机构改革为契机,抓班子带队伍,带领全监警察职工,夯实基础建设,狠抓工作落实,强化工作措施,创新工作方法,凝聚力量、振奋精神,实现连续第 19 年监管安全。借大部制机构调整实现部门和警力的有效整合,纯化职能,并狠抓“六大块”队伍培训建设,形成日监督、周抽查、月点评等多层面考核管理模式。

狱政管理　监狱以确保监管安全为第一责任,重点强化“四个力度”,一是强化基础设施建设力度,加装蛇腹型刀刺网、建立隔离会见通道、对监门管理系统进行优化升级,不断加强狱内物防、技防设施建设。二是强化管理制度建设力度，制定实施《韶关监狱短刑犯管理办法》等多项制度，加大罪犯日常改造行为的综合考核奖罚力度和违规违纪行为的惩治力度。三是强化狱情排查处置力度，成功排查、处置多起三级以上异常狱情，完成全国“两会”特别防护期维稳工作。四是强化医疗卫生管理力度，与社会多家医院联合设立狱内医疗合作点，确保全年无重大疫情发生，监狱医院顺利通过规范化验收，被省局评为医院规范化建设优秀单位。

教育改造　监狱着力打造“五种文化”，营造狱园文化育人浓厚气氛，进一步提高罪犯教育改造质量。一是打造狱园修身主题文化，把“狱园修身讲坛”作为提升罪犯思想道德修养的重要阵地，发挥国学修身育人的作用。二是打造罪犯自考品牌文化，引导罪犯把刑期当学期，2013年自考人数占韶关市的21.66%，三科（含）以上合格人数372人，同比增长65.33%，10人获得韶关市单科状元，极大发挥考学育人作用。三是打造监区活动育人文化，建设灯光音响齐全的文艺汇演舞台，各新监舍配备标准的篮球场、功能活动厅，主推“文艺下监区”活动，深化“三声”文化活动，营造浓厚的监区文化活动氛围。四是打造情绪调控心理文化，深化心理咨询师人才培养力度、心理健康教育力度，实行心理晴雨表制度，帮助罪犯缓解心理压力。五是打造公正透明执法文化，严格依法办理罪犯减刑、假释、保外就医案件，体现依法、公正的执法程序，监狱“社会开放日”活动邀请市政法委、市人大、政协的代表、委员和社会各界人士以及罪犯亲属参加，进一步拉近与社会的距离。

后勤保障　年内，监狱完善行政后勤“四项建设”，进一步提升行政后勤服务质量。一是完善基础设施建设，“十一五”增容扩建工程顺利完成，是17个检查单位中唯一满分的单位，获得国家发改委稽查组和省局的高度评价。二是完善内通外联建设，与省厅局、当地政府部门、社会媒体及附近群众的联系更加紧密，进一步扩大监狱知名度和影响力。三是完善财务规范建设，在配齐配强财务管理人员队伍的同时，进一步提高资金使用效率和透明度，三公经费减幅达50%以上。四是完善警务保障建设，强化职工食堂管理力度，治安巡查管理力度，卫生环境清洁力度，为警察职工打造园林式的生活空间，被韶关市爱国卫生运动委员会授予“卫生标兵”单位。

（梁瑞龙）

附：领导班子成员名单

监狱党委书记、监狱长：朱健平

监狱党委副书记、调研员：

黄福平

监狱党委委员、总经理：何珍雄

监狱党委委员、调研员：李明生

监狱党委委员、副监狱长：

梁建中　张惠明　钟楚权

何海军

监狱党委委员、纪委书记：陈业群监狱党委委员、政治处主任：

陈文星

【北江监狱】　北江监狱位于韶关市北郊黄岗，始建于1952年，是粤北唯一一所省级现代化文明监狱。2013年，北江监狱围绕“务实、创新、规范、保障、服务、考核、风险”十四字目标，以绩效考核为抓手，以各种活动为动力，加强基层基础建设，统一工作规范和标准，提高监狱规范化工作水平，继续打造“平安北江、法治北江、文化北江、和谐北江”的品牌，实现监狱整体工作的健康、协调、持续发展，推动监狱工作的转型升级。

确保实现15个监管安全年　安全稳定是监狱工作的重中之重。监狱始终牢固树立安全首位意识，完善安全防控机制。2013年，协调地方公安、交警、武警等部门，多部门协作，将山蕉关押点整建制搬迁到黄岗关押点，结束建监以来设有单独关押点的历史。做好新犯入监体检工作，从源头上狠抓肺结核等传染性疾病的传播，确保新犯艾滋病初筛率、胸透率达到100%。严格执行警察巡诊制度，完善疾病发现、追踪、病情告知和资料收集归档等工作，全年狱内病亡率控制在1‰以内。加强狱情研判与处置，以党委会形式召开狱情分析会，健全监狱安全风险评估机制，完善与地方党委政府联防工作机制，深化与武警部队的“三共”建设，提高监狱的应急联动处置能力，将狱内恶性事故消灭于萌芽状态。

打造教育改造新亮点　坚持落实“首要标准”，以教育质量年活动为契机，打造教育改造新亮点。为及时总结经验，北江监狱抽调业务骨干，全面搜集个别教育理论研究的11篇优秀论文及

19篇转化成功个案，编印成书，提供给全监警察学习交流。创新心理健康教育手段，引入心理剧汇演，以艺术的手法真实再现罪犯改造生活和心理转变，提高犯群心理健康意识。针对新刑事政策的实施，在犯群中做好宣传和解释工作，逐步消除罪犯的抗拒心理和抵触情绪。同时，办理减刑、假释、保外就医案件，着力提高刑务办案水平，全年共呈报减刑、假释案3041宗，实现错案、漏案率为零。

全面推进班子和队伍建设水平　高效率推进整改落实、建章立制，对发现的问题迅速整改，已经整改23项，正在整改10项，中长期整改3项，长期整改8项，新建23个制度，修订完善8条制度。稳妥推进机构改革，实现平稳过渡。推进机关科室大部制改革和监区升格工作，对科室大部制改革、监区合并升格、分监区设置、人员岗位设置、警察竞争上岗、运行机制建设等做出统筹安排。霍麟胤荣获“全国司法行政系统先进工作者”称号。

构筑新形势下惩防体系　加大警务督察力度，加强对监区、科室和警察履职情况的检查力度，整治“庸、懒、散”等现象，共实施督察活动219次，开展专项督察7次，联合督察1次，发出警务督察通知书2份，发出警务督察通报12份。（李卫国）

附：领导班子成员名单

监狱长：王南华
政　委：刘胜桂
总经理：陈于东
副监狱长：唐爱民　王昌山
　　　　　叶长明　刘东阳
政治处主任：黄岳钢
纪委书记：梁海斌

【武江监狱】 2013年，武江监狱贯彻全省司法行政工作会议和全省监狱工作会议精神，深入开展群众路线教育实践活动，完成机构改革，队伍建设和党风廉政建设明显提高，教育质量年活动扎实显效，监狱发展建设有序推进，连续15年实现监管安全、连续19年实现生产安全，推进“十一五”时期监狱布局调整建设项目。

增强安全稳定意识　随着国家刑事政策调整，3个月以上短余刑犯、老病残犯、经济案犯大幅增加，监狱落实省局对短余刑罪犯管理工作意见，实行相对集中关押。强化安全措施，加装狱内蛇形刺网，增加监控视点，完善电网断电报警装置，建立监管设施定期维修制度。加强与武警部队的“三共”活动，加强应急演练，全年开展有针对性的应急演练2次。

强化日常管理　落实警察直接管理责任制，严格执行省局“二十二条”刚性规定。加强狱政管理业务建设，完善两个系统的录入管理，删减、合并台账12个。规范监区考核标准，推行新的罪犯考核规定，组织对新规定的宣传和学习。加强专项工种罪犯的管理和教育培训，继续实行遴选制度和轮仓工作。加强罪犯身份管理，推行罪犯一日行为规范。开展“防脱逃、防自杀”专项整治活动，开展清查专项行动，加强狱内货物装卸管理，增加车辆封条和装卸罪犯的审查、标识管理。

强化狱内侦查　加大狱情排查力度，开展日常各项安全隐患排查，做好每周狱情的收集汇总；重点抓好新入监罪犯和“四个重点”的排查、认定工作。推进耳目建设和管理工作，提高预知力。强化狱侦量化考核、培训工作，发挥综合信箱作用，做好罪犯检举、投诉信件工作。

抓好生活卫生防疫　执行省监狱管理局“两个标准”，规范罪犯生活物资采购和零库存管理工作。抓好食品安全，强化饮用水水源管理，狠抓内务卫生，增强设备维护和保养工作，确保狱内生活设施正常运转。开展医院规范化建设工作，做好新入监罪犯和伙房人员的健康体检、狱内传染病防治和卫生知识宣传工作，完善医院“四部”组织架构。

武江监狱成为全国高等教育自学考试定点考场　2013年，武江监狱成为全国高等教育自学考试定点考场。监狱立足实际、排除万难，做好考点的备案和授权挂牌、安装监控系统、定制考试桌椅、组织报名和购买教材工作，妥善组织服刑人员考生在考前集中脱产学习7天。首年高等教育自学考试成绩喜人。4月、10月两场考试中，共有298名服刑人员参加39个专业479个科目的考试，有144人取得一科以上结业，其中有48人取得3科以上结业，按规定将获得年度记功奖励。自学考试开创武江监狱教育改造罪犯的先河，让服刑人员学到更多文化知识、增强回归就业能力。

心理团体辅导和矫治个案工作显效　探索心理矫治与改造罪

犯工作的结合，一是在新入监罪犯中开展团体心理辅导活动，通过各种互动游戏，让新犯卸下心灵包袱，更好地投入改造中。二是主动实施紧急心理危机干预，矫治个案工作显效。全年发生多例因抑郁、人格障碍引发的失眠、绝食、打架、伤人等事件，在狱政部门处理同时，心理咨询师也赶赴现场，运用心理学理论和方法实施紧急心理危机干预和心理咨询跟踪，帮助3名罪犯构建正确认知，成功消除因情绪失控而可能引发过激行为的监管安全隐患。

狱警队伍建设　以机构改革为契机，推进大部制的部门整合和队伍建设。11月1日，召开机构改革部门设置暨职务任免宣布大会，宣布《武江监狱机构职责、机构设置和人员编制方案》，原22个科室设置为七室一中心，整合106个科级岗位，选拔11名正科、41名副科级领导，制定部门业务流程和监区工作规范。

监狱规划建设　2013年是“十一五”时期项目建设进入实施阶段的一年。基建办抓好重点工作进度，实行责任分解到人，攻克一系列难题。完成电线杆的迁移、青苗及构建物补偿，完成勘察设计、施工及监理机构、施工图预算编制等项目的招标工作。7月5日，省建设厅通过初步设计方案，7月23日，副厅长刘芳、副局长张新达等前来督导工程建设进度，8月2日“三通一平”工程动工。为配套规划，年内修筑江岸关押点外围墙，已开工建设一栋干警备勤楼，启动狱政管理用房建设进入施工图设计阶段，完成一系列零星修缮。

（张育明）

附：领导班子成员名单

党委书记、监狱长：潘　浩
党委副书记、政委：苏劲松
党委副书记、纪委书记：刘瑞平
副监狱长：梁俊德（调研员）
　　　　　夏云飞
　　　　　钟裕广（总经理）
　　　　　陈中平　刘功才
政治处主任：郭振明

经济管理

发展与改革

【概况】 韶关市发展和改革局是负责研究提出全市国民经济和社会发展战略、发展规划和政策、进行总量平衡、结构调整，指导总体经济体制改革、宏观经济管理的市人民政府工作部门。原为韶关市计划委员会，2001年更名为韶关市发展计划局，2004年再更名为韶关市发展和改革局，位于韶关市浈江区风度北路125号政府大楼五楼。下设办公室、综合规划科、投资科、社会发展科等13个内设科室，管理韶关市政府重点建设项目办公室、能源局、粮食局、铁路投资公司（2013年12月30日并入市交通投资建设有限公司），设市高速公路建设协调办、铁路建设协调办、核电办、医改办（2013年12月13日并入市卫生计生局）4个临时机构。核定局机关行政编制35名，其中局长1名、副局长4名、纪检组长1名、总经济师1名；正科级领导职数13名、副科级领导职数8名；后勤服务人员数5名。市政府重点建设项目办公室（副处级单位）核定行政编制3名，其中主任1名，副主任2名；市能源局（副处级单位）核定行政编制4名，其中局长1名，副局长1名，科员2名；韶关市粮食局（副处级单位）核定参公事业编制23名，其中局长1名（由市发展改革局领导兼任，正处级），副局长4名（副处级），正科级领导职数5名，副科级领导职数5名，后勤服务人员数2名。

2013年，市发展和改革工作坚持以科学发展观为统领，围绕省委、省政府关于进一步促进粤东西北地区振兴发展的重大决策，结合韶关市绿色转型振兴发展的具体要求，发挥职能作用，有序推进重大问题研究和规划编制，推进投资增长和重点项目建设，加快资源枯竭城市转型步伐，继续深化重点领域改革，加强生态文明建设，进一步改善民生事业，为推动经济社会加快发展作出贡献。

【做好规划编制和评估】 组织编制《广东韶关芙蓉新区发展总体规划》《韶关市资源枯竭城市转型发展规划》，已先后经省政府常务会议审议并原则通过；编制完成市“十二五”规划纲要中期评估和省委、省政府《关于促进粤北山区跨越发展的指导意见》落实情况的评估报告，提出进一步加快发展的对策建议。

【做好重大问题研究】 编制《韶关市工业西路片区老工业区搬迁改造实施方案（2013—2022年）》，已上报国家发改委，争取列为国家老工业区搬迁改造试点；组织开展南雄中央苏区县政策研究，争取中央对苏区县经济社会发展的支持；组织制定《韶关市中小企业贷款风险补偿基金管理办法（暂行）》《融资绿道与风险补偿基金贷款业务活动对接工作方案》，有效缓解中小企业融资难问题；制定《韶关市人民政府关于加强煤矸石资源综合利用管理的通知》，并启动煤矸石综合利用试点工作；会同有关部门制定实施《市级机关绩效考评普惠制奖励与经济发展指标挂钩办法》；制定《关于促进总部经济发展的实施意见》。

【固定资产投资再上新台阶】 以产业园区扩能增效、中心城区扩容提质、基础设施建设“三大抓手”为重点，推进重点项目建设，促进投资实现较快增长，全市固定资产投资突破600亿元，同比增长21.2%。

重点项目建设进展顺利　推进重点项目建设，全年重点建设项目完成投资突破300亿元，完成年度计划的119.8%。

重点预备项目前期工作取得新突破　新丰稀土分离、韶关电厂“上大压小”项目先后获得国家发改委核准。韶关机场项目正加紧推进前期工作，南水水库引水工程完成项目可行性研究报告编制并报省水利厅审核。对“韶关市重点建设项目库”进行更新，建立重点项目建设信息网，初步打造成推进重点项目建设和培育重点项目的重要平台。

鼓励和促进民间投资　做好省重大项目面向民间投资招标工作，列入省面向民间投资招投标的7项重大项目已开工建设。

投资管理取得新进展　组织开展全市政府性楼堂馆所清理自查工作，配合国家和省对韶关市中央投资项目和企业债券使用等工作开展专项稽察。出台《韶关市控制政府投资项目“三超”管理措施》，进一步加强市级政府投资项目的管理。

争取上级资金成效显著　全年共争取中央和省专项资金16.5亿元，其中非专项中央预算内投资5.4亿元，占全省争取中央资金的15.5%。

【转型发展取得新成效】　以重大产业项目建设为抓手，推动产业结构调整。

推进现代产业500强项目建设　韶关市列入省现代产业500强的24个项目，累计完成投资174.7亿元，占总投资的69.6%，推进产业结构调整。韶关液压件厂高端液压油缸制造基地、中机重工电站用超临界管件及动车机车齿轮坯生产基地、韶关钢铁基地等现代产业项目已初步建成。

培育战略性新兴产业　比亚迪电动叉车、韶能集团生物质发电项目建成投产，乳源东阳光药业、东阳光新型环保制冷剂等项目顺利推进，稀土产业园项目前期工作如期开展，始兴羊角山风电项目核准支持性文件已上报省发改委。

推动商贸物流业加快发展　华南大宗农产品物流交易中心、义乌国际小商品城等商贸物流项目建设进展顺利，粤北国际物流中心、中烟物流等项目前期工作加快推进。

【重点领域改革有效推进】　会同市有关单位研究起草《韶关市2013年深化经济体制改革工作要点》《中共韶关市委关于全面深化改革的实施意见》，推进重点领域和关键环节体制改革。

推动投资管理体制改革　出台《韶关市企业投资管理体制改革实施办法》，对企业投资鼓励类、允许类项目实行备案制管理。制定《关于重点建设项目和政府投资项目行政审批管理有关事项的通知》，推行并联审批。推进公共资源交易体制改革，市公共资源交易中心正式运行。

推进社会信用体系建设和医药卫生体制改革　起草《韶关市社会信用体系建设规划（2014—2020年）》，制定《韶关市社会信用体系建设工作方案》和11个专责小组的工作方案。制定《韶关市城乡居民大病保险实施细则》，特大疾病保险水平显著提高，实现医疗救助“一站式”即时结算，县级公立医院一类改革试点工作加快推进，平价医疗服务成功试点。

【生态文明建设进程加快】　坚持生态文明建设理念，推动韶关绿色发展。

推动主体功能区建设　组织编制《韶关市主体功能区实施规划（初稿）》，指导全市主体功能区规划的组织实施，推动全市生态文明建设。

成功列入国家第二批节能减排财政政策综合示范城市　从2014年起，中央财政将按照3年示范期约12亿元的综合奖励资金，支持韶关推进节能减排工作，已下达韶关市2亿元中央资金。

推进资源有偿使用的试点工作　完成电力、钢铁、水泥等3个行业共17家企业有偿碳排放权配额发放工作，与省同步实现碳排放权配额在线交易。

加快推动重金属污染防治　编制《韶关市重金属污染综合防治规划》，争取4400万元中央投资支持沙溪镇民采历史遗留矿山尾矿重金属污染综合治理工程建设。

【民生福祉进一步改善】　做好社会民生工作，促进社会和谐稳定。

推动民生事业发展　争取上级资金支持社会民生事业发展，争取到棚户区改造资金2.95亿元、水利项目建设资金1.3亿元。

加强社会事业政策引导　组织编制《韶关市2013年社会发展计划》《韶关市2013年市直中小学招生计划》《韶关市卫生相关建设规划（方案）备选项目（2012—2016年）》《韶关市“十二五”人口和计划生育服务体系建设方案》，开展城镇公共服务体系建设专题调研，推动社会事业发展。

做好国民经济动员工作　抓好国家成品油储备基地和物流基地项目建设，成立韶关国储石化有限公司。着手开展军民通用装备动员中心建设前期工作，已完成动员企业遴选、可行性研究等工作。

【赣韶铁路韶关段进展情况】 赣韶铁路韶关境内117公里，总投资46.93亿元。截至年底，完成投资39.7亿元，计划于2014年建成通车。

【国电粤华韶关煤矸石发电项目进展情况】 国电粤华煤矸石综合利用发电项目已于2012年12月20日获得国家能源局批准开展前期工作。年底前，项目一期建设用地已全部交付，协调浈江区政府进一步加快征地拆迁工作，支持项目获得国家发改委核准。

【韶关电厂“上大压小”项目进展情况】 韶关电厂“上大压小”项目核准工作取得突破性进展，并已于12月6日获得国家发改委核准，年底前在加快建设施工。

【华电韶关（南雄）热电联产项目进展情况】 协调落实“压小”容量等各项手续，省发改委已将该项目再次上报国家能源局，等待批准开展项目前期工作。

【韶能生物质发电项目进展情况】 2011年3月6日，广东省发改委以《关于韶关市韶能生物质发电项目核准的批复》，核准韶能集团股份有限公司2×30兆瓦生物质发电项目。该项目总投资5.1亿元，建设规模60兆瓦，截至2013年年底累计完成投资4.6亿元，首台机组已并网发电。

【国电集团始兴羊角山风电场项目进展情况】 省发改委已批准国电集团始兴羊角山风电场项目同意开展前期工作，已完成可研报告预审，广东省发展与改革委员会于11月15日至21日进行核准前公示。

【南水水库供水工程项目进展情况】 已与粤电集团签署南水水库供水工程的合作框架协议，组建项目法人机构，优化水厂选址方案，完成可行性研究报告书及15个专题报告的编制和审查工作。

【国家成品油储备基地和物流基地项目进展情况】 国家发改委批准同意成品油储备基地二期项目扩建20万立方米。5月27日，市政府与广东储备物资省管理局签订《国家成品油储备基地和物流基地战略合作协议》。10月11日，完成韶关国储石化有限公司的组建工作。年底，韶关国储石化有限公司上报申请商务部颁发成品油批发许可证和仓储企业经营资格证书。

【韶关机场项目进展情况】 召开韶关机场选址专家论证会，商定进一步论证确定机场选址的工作方案，并与广州空军勘察设计院签订《广东韶关机场军民合用项目建议书》的委托合同。计划于2014年签订合作协议，成立机场公司，开展项目可研报告编制和报批工作。

【韶关冶炼厂搬迁项目进展情况】 项目环评所需的《韶关市铅锌行业发展规划（2011—2020）》《韶关市涉重金属行业发展规划（2011—2020）》已通过市政府常务会议审议并印发实施，正推进韶冶新厂项目环评报告审批工作。

【广乐高速公路韶关段进展情况】 广乐高速公路韶关段总投资188亿元，截至2013年年底，累计完成投资161.8亿元。计划于2014年建成通车。 （李剑虹）

附：领导班子成员名单

局　长：胡书臣

副局长：钟沛东

　　　　阮龙德（—2013.11）

　　　　刘剑城　阳火成

纪检组长：谭春雨

总经济师：巫锦国

统　计

【概况】 韶关市统计局是市人民政府工作部门，是负责全市统计工作规划，组织实施统计调查，提供统计资料，实行统计监督的职能机构。2013年，内设办公室、法制科、综合核算科、工业统计科、能源统计科、农村统计科、社会和服务业统计科、投资统计科等8个职能科室。有局长1名，副局长3名（含纪检组长），科长7名，副科长4名。管理隶属正科级事业单位——韶关市统计普查中心（加挂韶关市社情民意调查中心、韶关市统计数据管理中心牌子）。市统计局行政编制30名，实有27人，其中工勤人员2人。统计普查中心事业编制10名，实有9人。

2013年，全市统计工作以科学发展观为指导，以提高统计能力、提高统计数据质量、提高统计公信力为主线，贯彻落实市委市政府和省统计局工作部署，发挥职能，创新进取，在统计监测、统计服务、经济普查、部门统计、队伍建设等方面取得新成效。

【统计预警监测】 围绕实现经济增长12%的工作目标，综合相关部门对经济增长的建议，撰写《如何掌握更多的经济增长主动权》统计分析报政府，得到充分肯定；代政府起草《韶关市第三产业提速实施方案》，参与制定《关于采取措施鼓励企业加快发展的实施方案》；配合经信、住建、旅游等部门建立全市300户挂点联系企业制度，密切与企业的联系，提高经济运行监测水平。完善《经济运行监测台账》，及时向市县两级政府提供，方便政府把握经济增长点发展动态；加强月度GDP测算，针对经济运行存在的突出问题及时向领导汇报和向部门反馈；加强对重点企业统计问题的深入调研，促进企业全面准确统计。

【统计服务】 加强统计预警分析，当好参谋。撰写的《查找差距采取措施，完成全年经济增长目标》等22篇统计分析、统计信息得到市主要领导的肯定性批示，促进相关工作的落实。加强对县（市、区）的统计服务。每月监测并及时通报各地GDP增长情况，及时与当地主要领导沟通，研讨解决重点难点问题，提出完成全年目标要抓的关键点等建议。加强统计知识普及宣传。优化《统计月报》，编印《统计应知应会》《韶关统计摘要》读本，发送市、县（市、区）领导和有关部门，受到欢迎和肯定。

【统计联网直报】 年内，统计联网直报领域进一步延伸，实施范围已覆盖工业、商贸流通业、建筑业、服务业和房地产业等行业单位，进一步提高统计工作的时效性。针对单位名录库维护更新频率由季度改为月度的变化，加强部门联动，开展“四上”（是指规模以上工业企业、规模以上服务业企业、限额以上批发零售住宿餐饮业企业、资质等级建筑业企业。）企业单位名录库核查，进一步搞准单位名录库；做好“四上”企业报批工作，全年新增纳入联网直报统计的“四上”企业共315家，不仅拉动当年经济增长4个百分点，还增强了下一年度的经济发展后劲。

【统计法制】 坚持依法统计，加强对企业联网直报工作的监管，严守国家统计局有关反对弄虚作假、确保数据质量的“四条红线”（1. 严格执行“先进库（基本单位名录库）再有数、不在库不出数”原则；2. 坚持由企业独立报送真实的原始数据；3. 坚持由企业自己上报联网直报数据；4. 坚持由企业修改差错或补填不完整报表。），有效防范统计数据风险。对117个企业进行统计执法检查，查处统计违法案件6宗，不断净化统计工作环境。

【经济普查】 组织实施全市第三次全国经济普查。顺利完成市县两级经济普查机构组建、普查经费筹措、普查方案制定、普查员队伍组建培训、普查区电子地图绘制、普查试点、单位核查、PDA采购与发放等各项工作，并开展多层面的普查宣传动员，为2014年1月正式普查登记奠定较好基础。 （卓悦灵）

附：领导班子成员名单

局长、党组书记：杨水养

副局长、党组成员：

谭　军

翁文生（兼纪检组长）

李春城

审　计

【概况】 韶关市审计局为韶关市人民政府工作部门，其职责为对经济责任、预算执行、财政决算和财政资金使用效益、关系国计民生的社会保障、医疗卫生、教育、政府重大投资、农业等重点资金的审计。内设办公室（计算机审计室）、法规审理科、经济责任审计办公室、财税金融审计科、行政事业审计科、农业与资源环保审计科、经贸外资审计科、固定资产投资审计科等8个科室。机关行政编制42名，其中：局长1名、副局长3名，总审计师1名，纪检组长1名；正副科级领导职数18名，后勤服务人员数5名。

2013年，围绕党委政府的各项决策部署，践行科学审计理念，全面准确地融入韶关经济社会发展大局，重点开展财政项目资金绩效审计，政府工程、政府采购、公共资源处置招标审计和弱势群体享受国家优惠政策落实情况审计等，营造公平、竞争、规范的政府资源配置秩序。扩大对事业单位、重点国企等单位的审计。采取加强内部管理，引进激励机制、强化审计人员培训、引进审计急需人才、拓展外购服务等举措，继续强化“大局意识”“创新意识”“审计研究意识”，强化对重点领域、重点部门、重点资金的审计力度和财政性资金使用的绩效审计，更加注重从机制、制度层面揭示、分析和反映问题，并提出建议，为党委政府决策服务。

2013年，全面完成政府工作要点规定的41个项目。在此基础上，超额完成40个审计项目，共完成审计项目81个，是市审计局成立以来完成审计任务最多的一年。审计查出主要问题金额101383万元。提出审计建议145条，被采纳审计建议132条；提交专题或综合性报告和信息简报82篇，被批示采用27篇。审计工作得到党委、政府及人大的充分肯定，市十三届人大常委会第十次会议对审计工作报告给予充分肯定，市委副书记、市长艾学峰先后27次对审计报告作出重要批示。市审计局成绩显著，荣获国家审计署“全国政府性债务审计公务员集体嘉奖”“2012—2013年度韶关市精神文明建设先进单位”等荣誉称号。

【财政预算执行审计】 对财政部门管理的政府预算，市人口和计生局、民政局、住建局、教育局、代建局等20个单位2012年部门预算执行及项目资金绩效，政府基金、非税收入和财政专户资金等财政收支情况进行审计，重点关注财政专项经费的预算、管理、使用和绩效。通过审计提出加强财政管理，进一步细化支出预算编制，不断提高预算管理的精细化水平；加强财政专项资金的规范管理等意见。代政府向市人大常委会作《关于2012年度市本级预算执行和其他财政收支的审计工作报告》，市人大常委会对审计工作给予充分肯定。

【政府性债务审计】 关注经济社会发展中的突出矛盾和潜在风险，维护县域经济安全。抽调全市104名审计业务骨干对10个县（市、区）和104个乡镇开展审计，为各地加强本地区政府性债务管理提供基础数据和情况，建立健全规范的地方举债融资机制，有效防范和化解地方政府性债务风险，维护各地财政和金融安全，促进可持续发展。同时，对市本级使用2011年广东省政府试点自行发债的2098万元地方政府债券资金的管理、分配、使用及其投向项目的建设情况进行跟踪审计。

【财政资金绩效审计】 对市金融服务中心、市招商办、市防洪建设管理处等24家预算单位407项财政项目经费29415.49万元支出绩效情况进行审计调查，并在全市市直单位进行通报。市领导对市防洪建设管理处、市招商办、市人社局创业带动就业活动经费等审计作出批示，要求作为审计案例上市政府常务会，发挥警示作用，促使相关部门健全完善财政项目经费支出绩效管理制度，确保财政项目经费预算编制科学合理，促进提高财政资金的使用效益。

【财政决算审计】 以推动完善公共财政和政府预算体系、促进依法民主科学理财和提高预算执行绩效、维护财政安全为目标，开展浈江区2012年度财政决算、武江区2012年度财政决算审计，关注县域经济发展，审计财政收支的真实性、合法性和非税收入征收、管理使用情况。

【地税审计】 从税收收入的真实性和合法性出发，审计税收政策执行、税款征收入库、税源管理等方面内容，重点关注车船税征管情况。通过审计发现车船税征管存在漏洞，部分车型的车船税应征未征，综合治税体系有待完善等问题。从完善税收征管角度提出进一步加强税收征收管理，提高税收征管质量和纳税服务水平；充分发挥地税、交警、保险三方作用，提高车船税征管水平；加强对广告业、娱乐业企业及个体工商户的纳税跟踪；加强与涉税单位信息交换，搭建和完善税源信息共享平台，强化重点部门之间沟通协调，提高涉税信息综合利用水平等意见和建议。同时，开展地税系统文化事业建设费收入征管情况审计，摸清韶关市地税系统2012年组织文化事业建设费收入情况。审计发现文化事业建设费征管方面存在需改进的问题，提出加强文化事业建设费征管工作，完善文化事业建设费税源管理工作等审计意见。

【民生资金和民生项目审计】 加强对民生资金和项目的审计监督，摸清教育、住房、医疗卫生、扶贫济困、低保等民生资金规模、使用、管理和效益情况，注重从体制、机制、制度和政策层面分析和反映审计发现的问题，揭示存在的困难和问题，有针对性地提出完善制度、规范管理等审计建议，受到政府领导的重视，并要求有关部门根据审计发现的问题和审计建议，加强整改，完善制度，确保党和政府的惠民政策真正落到实处。重点开展对韶关市区2012年各类城镇保障性安居工程跟踪审计，中小学校舍安全工程跟踪审计，曲仁棚户区改造跟踪审计，韶关市“5·16”“8·15”救灾复产重建家园专项款物进行跟踪监督检查，2013年广东扶贫济困日活动捐赠款物募集和使用管理情况审计，全市新型农村合作医疗基金管理使用情况审计，并从为民办实事，关注民生问题着眼，以健全完善城市低保制度为目标，组织开展对韶关市区2012年最低生活保障家庭享受国家优惠政策落实情况的审计调查，反映主要成效，深入分析问题形成的原因，并提出审计意见和建议。真正发挥人民利益守护者的作用。

【党政交办重要审计事项】 围绕党政工作中心，强化监督，根据市政府工作安排，完成对韶关市广建拆迁遗留处理工作协调小组办公室2001年9月至2013年1月财务收支情况；2007年3月至2013年2月启明北、浈江中旧城改造项目拆迁资金收支情况，拆迁工作经费收支情况；浈江区赣韶铁路启明路段征收补偿资金财务收支情况；市直90个事业单位财政财务收支情况；11所中等职业学校财务收支、免学费政策执行等相关问题专项；2012年7月至2013年4月浈江区、武江区环卫资金，新鸿达城市投资管理公司2011年、2012年贷款资金、财政拨入资金使用情况，经费开支、公司管理费用情况；市政府招待所资产负债损益情况；市人社局2012年创业带动就业系列活动经费；原韶关市国土资源储备交易中心收取保证金情况；市金融局、金融服务中心，市地方公路管理站、韶钢三所学校教育经费；加强对政府工程、公共资源处置过程中公平、公开、竞争制度的执行情况及河砂开采权等审计或审计调查，为党委政府决策提供依据。

【经济责任审计】 加强对权力的制约和监督，重点加强对党委和政府部门掌握重要经济决策权、执行权、管理权和监督权等关键岗位，以及管理重点项目、分配及使用重点资金的部门和单位领导干部的经济责任审计。2013年，完成经济责任审计项目23个，共审计经济责任人23人，通过审计，共查出主要金额34520万元，其中管理不规范金额34511万元，审计发现侵害人民群众利益86万元，针对财经制度执行不到位以及管理不规范等问题，依法提出合理化审计建议52条，被采纳52条。

【市属国有企业审计】 围绕国有企业改革，对韶关市公共汽车公司2011年度和2012年度的经营情况，以及截至2012年12月31日资产、负债情况进行审计；对韶铸集团有限公司2012年度财务收支情况进行审计；对韶运集团2012年度的经营情况，及资产、负债、损益情况进行审计。对韶关市广播电视网络股份有限公司2011年和2012上半年财务收支和经营管理情况进行审计。通过审计为政府加强国有企业管理、进行企业改革提供依据，维护国有资产安全，提升企业效益。

【审计整改】 加大审计整改跟踪检查和联合督查力度，防止屡查屡犯，促进各单位的整改落实到位，对2012年市领导对审计报告作重要批示的审计结果整改落实情况进行跟踪检查。经检查核实，大部分部门、单位较好地贯彻执行市领导的批示和要求，并对审计报告所提出的意见和建议进行整改。在工业园区、旅游产业、基建投资、企业改革和财政管理等领域，有效地促进改革和制度完善。审计报告共提出52条建议，被采纳41条，相关单位建立和完善制度26项。但也有少数单位未采取整改措施。

【审计工作创新】 创新审计工作思路和方法，加强对审计情况的研究分析，从体制机制制度上研究提出解决的办法，为党委、政府的决策服务。创新审计人力资源的利用途径，加强领导班子建设，抓好人才培养，加强教育培训，做到“深挖潜力”和“巧借外力”，引入竞争激励机制，试行审计组长竞选；试行部分审计项目整体外包，聘请25人次参与23个项目的审计工作，其中韶铸集团、韶运集团、公汽公司等实行审计整体外包。加强党风廉政建设，严格执行中央加强作风建设的“八项规定”，对市本级政府部门预算单位2012年度会议活动经费使用情况进行审计调查。加强审计机关规范化建设，严格执行审计准则，规范审计行为，强化内部管理，提高审计工作质量和水平，防范审计风险。加强审计信息化建设，深入推进计算机审计，提升审计人员运用计算机审计和管理的水平。（徐望雄）

附：领导班子成员名单

局　长：凌振伟

副局长：李贵堂　李秋月
　　　　陈大川

纪检组长：徐进平

总审计师：钟定鸿

工商行政管理

【概况】 韶关市工商行政管理局下辖浈江、武江和曲江等3个区局，乐昌和南雄等2个县级市局，仁化、始兴、翁源、新丰和乳源等5个县局，58个基层工商所，市局机关设办公室、人事教育科（加挂信息中心牌子）、财务科、监察室（与机关党委办公室合署办公）、法规科、经济检查科（与消费者权益保护科合署办公，并加挂打击传销办公室牌子）、登记注册科、外商投资企业登记管理科、企业监督管理科、市场合同管理科、商标广告管理科等11个科室，经济检查支队和粤北开发区分局等2个直属行政单位，机关服务中心和消费者权益保护委员会（加挂“12315”投诉举报中心牌子）等2个事业单位。

2013年，全市工商系统以营造法治化、国际化营商环境为目标，以“两建”为契机，以改革为动力，依法加强市场监管，服务韶关绿色转型发展，各项工作有效推进，市局被评为2011—2012年度韶关市“卫生标兵、卫生先进单位”、韶关市2012年度人口与计划生育综合治理工作先进单位、扶贫开发双到工作优秀迎检责任单位，2013年度全国工商行政管理系统政务信息工作先进单位；参加全省工商系统“红盾诗韵”原创诗歌朗诵比赛荣获一等奖；市局扶贫工作组被评为市优秀帮扶单位；市局驻行政服务中心窗口荣获“韶关市巾帼文明岗”和“最佳标准化窗口”称号。始兴县局被当地评为卷烟打假先进集体和扶贫开发工作优秀单位，连续3年获得计生工作先进集体；仁化县局参加当地文明礼仪大赛荣获二等奖。市个私协会肖海英荣获“全国个私协会系统先进工作者”荣誉称号。

【开展两建工作】 履行“两建”协调承办职责，及时调整“两建”领导成员，组织召开全市“两建”工作会议，督促各牵头部门和地方政府全面落实年度工作任务。全面履行市场监管体系建设牵头协调职责，推动各专责小组在市政府印发实施《韶关市建设法制化国际营商环境五年行动计划实施方案》的基础上制定各子体系实施方案。深入研究新形势下的工商职能定位，推进市场准入体系建设工作，探索工商登记注册制度改革，参照东莞市、清远市等地市经验牵头起草《韶关市商事登记制度改革实施方案（送审稿）》呈市政府审批。

【工商企业登记管理】 创新窗口服务方式，完善“网上登记注册大厅”功能和“网上登记、双向快递”服务，实行公司股东转让登记面签制度，将办理小微企业登记由15个工作日缩短到3个工作日，对产业转移企业和“百项工程兴韶关”重点建设项目实行引导服务、跟踪服务、延时服务、预约服务、上门服务，使全市的各类市场主体有较快发展，服务地方经济。2013年，全市内资企业5150户，注册资金275.12亿元，分别同比下降0.31%、增长20.17%；私营企业10579户，注册资金249.17亿元，分别同比增长10.57%、14.7%；个体工商户95403户，资金数额44.52亿元，分别同比增长7.51%、10.21%；农民专业合作社2025户，同比增长86.12%。全市产业转移园内企业918家，注册资本91.93亿元，分别同比下降34.37%和76.96%。产业园新设立企业70家，减免工商登记费191.86万多元。协助47家企业成功冠省名，支持187户个体工商户升级为企业。完成54个商品交易市场的企业化登记注册。登记小额贷款公司1家，股权出质登记149宗，帮助企业融资22.55亿元。为广东韶钢松山股份公司等7户企业提供直通车服务，受到企业好评。

【市场主体监督管理】 全系统强化职能到位，提高监管水平，加大执法力度，维护市场经济秩序。一是加强网上年检验照工作。全市应检企业15071户，通过企业年检11999户，年检率79.62%；给予网检预审数11771

户，网检率为98.10%；应验照个体户85137户，通过个体户验照46342户，验照率为54.43%；给予网验预审通过31884户，网验率68.80%。二是查处取缔无证无照经营行为。2013年，各级工商系统开展专项行动共出动执法人员39672人次，出动车辆6544车次，立案查处案件659件，案件总值385.97万元，没收非法所得金额8.82万元，罚款金额213万元，引导办照1782户，全市亮照经营率基本达到100%。三是加强安全生产监管。全年出动执法人员5259人次，出动执法车辆1314台次，检查从业单位17972户。四是加强农资市场监管。组织开展"红盾护农进村入户"活动，配合省局组织抽检肥料商品105种，发现不合格商品6种，立案查处农资商品违法经营行为141宗，案值28.98万元，罚没51.36万元，为农民挽回经济损失9.86万元。五是加强网络市场监管。全系统查处网络违法案件2宗，网络交易监管实现零的突破。六是完善合同监管长效机制。2013年，查处合同违法案件23宗，罚没5.8万元；公示2012年度"守合同重信用"企业145户,其中连续10年以上"守合同重信用"企业39户,新申报"守合同重信用"企业21户。4户企业被公示为国家工商总局2010—2011年度"守合同重信用"企业。

【外商投资企业登记管理】 2013年，全市实有外商投资企业532户，投资总额31.86亿美元，注册资本21.57亿美元，分别同比下降0.19%、3.47%、4.25%，其中外方认缴注册资本18.92亿美元，占注册资本87.71%。新登记外商投资企业64户，投资总额1.52亿美元，注册资本1.319亿美元，分别同比增长6.55%、19.68%、48.31%（其中外方认缴注册资本1.308亿美元，占注册资本的99.16%）。实有外商投资企业分支机构124户。新登记企业呈现以下特点：一是户数增多，投资规模缩小。户均投资额234万美元，注册资本额203万美元。二是行业分布合理，第三产业有所提高。第一产业农林牧渔新增21户，占32.3%；第二产业制造业新增6户，占9.23%，同比下降60%。三是外商独资企业发展比例较高。2013年外商独资企业占新登记60户，占外商投资企业的92.31%；亚洲国家（地区）一直是韶关市投资的重要来源地，尤以中国港澳台地区居多，占96.92%。

【商标管理】 2013年，全市工商系统继续组织开展"双打"专项行动，深入开展保护注册商标专用权行动。查处各类商标违法案件134件，案值114.88万元，罚款98.93万元。加大商标宣传力度，参与开展"4·26"知识产权日联合执法专项行动，向社会广泛宣传普及商标法律知识，促进全社会的商标法律意识。开展新商标法宣传工作。强化服务理念，开展商标品牌培育工作。与企业、农民合作社加强沟通联系，为企业规范商标使用行为出谋划策，帮助企业解决商标申报工作中的困难。

【广告管理】 落实广告监管联席会议制度，牵头联合韶关广告监管联席会议其他成员单位制定《韶关市工商行政管理局等8个单位关于实施违法广告公告制度的规定》。召开2013年广告监管联席会议，审议表决通过《2013年上半年违法广告公告》。深入开展整治虚假违法医药广告专项行动，进一步加大广告监测和查处违法广告力度。全市工商系统查处各类违法广告案件96件，罚没金额37.91万元。规范户外广告管理工作，制定并在韶关红盾信息网公布《户外广告登记办理指南》。加强指导广告行业协会，规范广告行业健康发展。

【加强流通环节食品安全监管】 全市各级工商部门严格按照食品安全法的规定，全年共审核发放食品流通许可证、食品经营户共4926户，截至2013年年底，全市工商部门共核发食品流通许可证16656份，注销865户，撤销12户，其中批发117户，零售14101户，批发兼零售2438户。开展食品质量抽检工作，共抽检380批次，合格351批次，不合格29批次，合格率为92%。其中针对"问题大米"事件，组织抽检大米13批次，发现不合格2批次，及时对不合格大米经营者依法处理。

【开展专项检查】 2013年，全市工商系统查处案件1659宗，罚没入库800.37万元。开展食品安全专项执法行动，检查食品经营户42103户次，开展打击流通环节食品经营违法行为，查处流通环节食品案件216宗，案值31.19万元，罚没入库115.39万元。开展打击假冒伪劣商品专项工作。

组织各级工商部门集中时间、集中力量，有重点、有目的地对全市流通环节的乳制品、酒类、肉制品、蔬菜、月饼、饮料、儿童食品等各类食品及“五一”、中秋、国庆节热销商品进行专项整治行动。共出动执法人员3580多人次，督促16户经营户对临期食品的清查退市，检查集贸市场30个，重点检查生产和销售点360多家，查获销售假冒伪劣商品案38宗，涉案货值共计56.35万元，罚没共计71.52万元。加强不正当竞争执法工作。查办不正当竞争执法案件53宗，案值179.82万元，罚没入库55.85万元。

【打击传销违法组织】 根据市政府要求制定下发《韶关市人民政府办公室关于建立韶关市打击传销工作联席会议制度的通知》，建立完善韶关市打击传销联席会议制度，将打传工作纳入社会治安综合治理的考核范畴。一方面，及时通过红盾网、韶关家园网予以披露、更新虚假招聘提示信息30条，在公共场所张贴打传宣传海报200多份，发放传单3000余份，提醒求职人员避免上当受骗。另一方面，加强打击传销违法活动，组织执法部门开展专项整治行动。8月14日，市公安、工商等部门开展联合收网行动，成功打掉盘踞韶关市的香港“亮碧思”跨境传销组织，查获78名参与传销人员，依法对传销团伙骨干成员采取强制措施14人（其中刑事拘留11人）；10月，武江区公安分局联合武江区工商局查获一宗冒用“天津天狮生物发展有限公司”的传销组织案，抓获58名参与传销人员。

【开展“扫黄打非”专项整治工作】 重点对政治性非法出版物、淫秽色情出版物、非法报纸期刊、走私盗版光盘和盗版出版物等进行检查。全市工商系统开展“扫黄打非”专项整治行动16次，参加市“扫黄打非”办组织的联合执法“清源”行动3次。联合查处“黑网吧”共计6间，扣缴电脑设备46套；查处擅自销售卫星设施的门店（商户）6户，没收卫星电视地面接收设施79套；联合检查出版物市场5次。

【开展“禁毒”专项整治工作】 各级工商部门贯彻落实省、市禁毒委要求，开展禁毒专项打击行动。共出动执法人员850人次，检查场所共计570户次，配合禁毒、公安、文化等部门清查娱乐场所27间、公共服务场所40间，查处涉毒场所6间，停业整顿涉毒娱乐场所1家，依法吊销营业执照的涉毒娱乐场所1家。组织召开相关座谈会2场次，向娱乐场所的业主和从业人员派发宣传资料200多份，签订禁毒承诺书46份。

【消费者权益保护】 贯彻执行消费者权益保护相关法律法规和“12315”消费者申诉举报指挥中心（以下简称“12315”）工作规定，依法受理辖区内消费者申诉举报，调解消费权益争议，转办、交办和督办有关申诉、举报、投诉案件，提供相关法律和消费信息咨询服务。“12315”共受理咨询、申诉、举报9191件，其中：咨询8738件，占总数的95.07%；申诉294件，占总数的3.2%；举报159件，占总数的1.73%，为消费者挽回经济损失97.11万元。继续开展“12315”消费维权服务站建站工作，统一建站规范、标识标志牌、建立和完善工作职责和相关制度，现已建立“消费维权服务站”共63个，方便消费者就近咨询、投诉，减少消费维权成本。重点关注消费者反映的热点问题，实现消费维权由事后处理为主向事前调控和防范为主转变，2013年在《韶关日报》上发布消费提示6篇；在韶关红盾信息网“12315”执法维权专栏上发布消费提示20篇，及时更新红盾信息网上虚假招聘提示信息143条，提醒广大消费者提防消费陷阱、应聘者谨防误入传销窝点。

【工商内部建设管理】 深化廉政文化建设，创新廉政教育形式，组队参加韶关市反腐倡廉辩论赛，进入半决赛；在全市系统举办“为民、务实、清廉”主题廉政诗歌朗诵赛，工商局选送的诗歌作品《我见过你》（创作者：胡海英；表演者：陈楠、张斌）荣获全省工商系统廉政诗歌比赛一等奖。加强法治工商建设，修订2013年《韶关市工商行政管理系统法治工商建设考评标准》。加强行政执法和刑事司法的衔接，将重大行政执法案件录入检察院建立的两法衔接系统。支持食品药品安全监管体制改革，组织开展机构改革调研，向上级部门提出建设性的意见和建议。健全工商所的激励机制，推进新一轮工商所规范化建设达标创建工作。（胡海英）

附：领导班子成员名单
局　长：欧新全
调研员：熊运长
副局长：张向阳　容　江
　　　　雷能福　黄少洲
纪检组长：陈邦建
经检支队长：杨炳祥

质量技术监督

【概况】 韶关市质量技术监督局内设办公室、党办、监察室、人事教育科、计划财务科、政策法规科、质量科、计量科、标准化科、食品监管科、锅炉压力容器安全监察科（加挂“特种机电设备质量监督与安全监察科”牌子）、稽查分局12个职能科（室），下辖曲江、乐昌、南雄、始兴、仁化、新丰、翁源、乳源8个县（市、区）级质监局以及市质量计量监督检测所、市特种设备检测所2个直属事业单位。同时，市局加挂“韶关市人民政府打击生产和销售假冒伪劣商品违法行为办公室”牌子。

2013年，全市质监系统履行质监职能，推进质量强市建设，公共检测服务平台建设取得重大进展，名牌带动和技术标准战略进一步深化，生产加工环节食品安全、特种设备安全和重要消费品安全保持零事故，行政执法工作扎实有效，维护企业和群众的合法权益。为民办实事项目落实到位，集贸市场和农村医疗卫生单位常用强制检定计量器具免费检定工作顺利完成。1月，市局派驻行政服务中心窗口获评全市“最佳标准化窗口”；2月，2个县级质监局获评市“三打”专项行动先进集体，8名工作人员获评先进个人；3月，3个代码机构获评全省组织机构代码工作先进集体、3个代码机构获单项奖、7名工作人员获评先进个人，1名工作人员获评全省物品编码工作先进个人；12月，1名执法人员被省质监局授予全省质监系统执法打假“办案能手”称号。

【质量强市与名牌带动战略】 推进质量强市建设。落实《韶关市市县级党政领导班子和领导干部落实科学发展观评价指标体系及考核办法（试行）》要求，完善质量强市相关考核方案，圆满完成上一年度各县（市、区）质量竞争力指数考核工作。组织召开全市质量竞争力指数研讨班，深入研究质量竞争力指数的内涵、构成和考核细则，使该指数能更加科学、准确反映全市质量工作实际情况。指导乳源东阳光精箔有限公司申报第三届广东省政府质量奖，成为全市首家获得广东省政府质量奖的企业。开展中小微企业培训，共为全市405家企业的423名管理人员进行免费培训。

推进名牌带动战略。搜集、梳理全市品牌资源，掌握现有特色、自主知识产权等产品实际情况，做好省名牌产品的推荐及组织上报工作。全市共有7家企业的8个产品被列入省名牌产品（工业类）评价目录及评价体系，最终有5家企业的6个产品（新增2家企业2个产品）获评省名牌产品。

【公共检测服务平台建设】 国检中心建设取得重要进展。7月13日，韶关申报筹建的“国家铅锌产品质量监督检验中心”顺利通过国家质检总局委派的专家组现场审查论证。9月11日，国家质检总局正式批准筹建“国家铅锌及建筑钢材产品质量监督检验中心（广东）”，标志着首家“国字号”检验中心正式落户韶关。该中心依托在建的韶关市质量技术监督检测大楼，总投资预算4000万元，规划使用面积4200平方米，已完成主体工程建设和首批1000万元检验设备的政府采购。

省级授权检验站建设进展顺利。粮油及制品省级检验站已完成筹建任务，经过一年的整改完善通过省质监局组织的验收并获批准成立正式投入运行。日用精细化工产品省级检验站已完成土建工程、室内装修工程以及部分检验设备采购。铅锌及建筑钢材产品省级检验站与“国家铅锌及建筑钢材产品质量监督检验中心（广东）”建设同步，已进入实验室装修和检验设备购置阶段。

【质量管理与监督】 推进质量监管体系建设。履行质量监管体系建设专责领导小组职责，整合资源，突出顶层设计，将“两建”工作重点统一到工作制度、机制的完善和整合上，将质量监管体系建设贯穿于质量基础工作，提高工作有效性。

加强生产许可证管理　做好全市生产许可证申请受理及证后监管工作，共受理17家企业提出的17个产品省级发证申请，新增获证企业5家，全市获证企业达53家（共57张证书）。完成35家获证企业的证后监管和实地检查工作。对45家获证企业按条件进行分类，试行分类监管。

加强重点消费品质量监管 落实定期监督抽查工作，共完成定期监督检验468批次，合格455批次，批次合格率97.2%；发放黄牌整改通知13份，产品监督检验不合格后处理到位率100%。制定并实施《韶关市质监局开展8类重点产品质量提升行动方案》，提升电线电缆、儿童用品等产品质量水平。

【技术标准战略】 指导企业实施技术标准战略。推动韶关液压元件厂完成伺服液压缸两项广东省地方标准的制定工作，两项标准均已发布实施。为韶关市2家企业争取到广东省技术标准战略资助资金各6万元。推动韶关市企业采用国际标准与国外先进标准30项。

推进旅游标准化工作。推进和指导韶关市被列为省先进标准体系建设试点单位的南岭国家森林公园开展旅游标准化先进体系建设试点工作。沟通协调，推动广东省标准化研究院为南岭国家森林公园旅游标准化先进体系试点工作提供全程服务。

推进农业标准化工作。指导相关县级质监局做好在建的农业标准化示范区的验收准备工作。全市有1个国家级、2个省级农业标准化示范区高质量通过验收，有3个省级农业标准化示范区已做好相关准备等待验收。继续抓好项目申报工作，新申报国家级农业标准化示范区1个、省级农业标准化示范区2个。

【生产加工环节食品安全监管】 加强日常监管。对全市229家获证企业和417户小作坊加强巡查监督和产品抽样检验。全年共出动巡查人员6372人次，巡查食品生产加工点2570家次；抽样检验2233批次，合格1987批次，批次合格率88.98%。强化对获证企业的年度监督审查工作，督促其规范各项生产记录、落实产品出厂强制检验工作。强化对食品小作坊的日常监管，做好豆腐、河粉、烧腊等重点产品的普查建档工作。常态化开展夜间巡查，共出动夜间巡查496人次、检查食品生产加工点198家次。

开展专项整治。深入开展元旦、春节、中秋、国庆期间应节食品专项检查，排查风险隐患17处。开展大米、熟肉制品、预包装食品标签等专项整治活动11次。

督促企业落实食品安全主体责任。落实生产企业法人座谈和约谈制度，推动食品生产加工环节监管体系建设，完善食品企业诚信不良记录收集、管理、通报制度和行业退出机制，强化对食品生产加工单位的法制宣传和警示教育，加大对食品生产加工单位不法行为的曝光力度，推动企业食品安全主体责任落实。

【特种设备安全监察】 加强特种设备安全检查和督查工作。全年共出动检查人员3385人次，检查特种设备4244台（套）；排查一般安全隐患设备880台、严重安全隐患设备316台并全部完成整改。结合特种设备突发事件风险隐患排查治理和“打非治违”专项行动深入开展安全检查督查工作。开展气瓶安全、电梯维保单位专项整治和工程建设领域起重机械、液氨使用单位安全检查，确保全市特种设备安全形势保持稳定的态势。

推进电梯安全监管改革工作。明确电梯使用管理责任单位的首负责任，全市3538台在用电梯中有3462台已确定使用管理责任单位并完成备案，比例达97.85%；有2198台经定期检验合格后核发《电梯使用标志》，电梯使用各环节权责关系进一步明确。鼓励各电梯使用管理责任单位、电梯维保单位投保电梯事故责任保险，逐步形成以保险公司为主体的社会救助和监督系统，全市已有926台电梯投保电梯事故责任保险。

【计量监督管理】 落实为民办实事项目。完成集贸市场和农村医疗卫生单位常用强制检定计量器具免费检定工作，共为全市176家集贸市场和218个医疗卫生单位的22596台（件）强制检定计量器具实行免费检定，免收检定费用221万余元。

强化民生计量监管。组织对集贸市场、商场超市、瓶装液化气充装站开展定量包装商品计量监督检查，严厉打击计量弄虚作假、欺诈消费者的不法行为。妥善处理10宗涉及民生计量的举报投诉。完成8个县级法定技术机构的电能计量标准建设，全市电能表检定工作顺利进行。

夯实计量技术基础。办理社会公用计量标准建设的行政许可12项、计量检定员资格核准27宗。扶持6家企业通过二级计量保证体系确认，受理发放三级计量保证体系确认证书36份。

强化机动车安全检验机构监

管。做好日常巡查和监督检查，全面整顿安检机构违规行为，推动机动车安检机构规范化运作。

【组织专项执法行动】 做好2012年打击制假售假专项行动的收尾工作，完成打假专项办272册档案资料的移交、专项办8名抽调人员的评定等工作。开展农资产品、肉制品、儿童用品、电梯和气瓶等专项整治行动。全年共出动执法人员8126人次，立案查处案件263宗，向公安机关移送涉嫌犯罪案件1宗，查获各类假冒伪劣产品货值2089万元。

【维护消费者合法权益】 质监"12365"举报投诉中心共接听群众电话244个，其中咨询197宗，投诉35宗，举报12宗，全部得到及时有效办理。网络问政平台共受理网民问政贴文18件，全部在规定时限内办结回复。

【做好两法衔接和部门联动】 与司法部门就质监行政执法与刑事司法衔接方面存在的问题进行研讨并达成共识，促进两法衔接工作。与市公安局召开联席会议，建立"联合打击质量技术监督监管领域违法犯罪活动工作机制"。联合公安、工商、食药监、知识产权等部门开展多次联合执法行动，取得良好效果。

【落实打假职责】 发挥市打假办的组织协调作用，进一步推动各级政府、各打假职能部门落实打假责任制、开展各项打假活动。全市各打假职能部门全年共出动执法人员76074人次，查处制假售假案件827宗，涉案货值52101.5万元，捣毁制假窝点11个，刑事拘留23人，逮捕18人，判刑10人，打击制假售假违法行为，全市打假工作取得明显成效。 （陈焕生）

附：领导班子成员名单

党组书记、局长：车万里
党组成员、调研员：洪楚衡
党组成员、副局长：何天池
黄善智
蔡美华
党组成员、纪检组长：王武生

海　关

【概况】 韶关海关于1987年9月经国务院批准成立，并依照《中华人民共和国海关法》和其他有关法律、行政法规，监管进出境运输工具、货物和其他物品，征收关税和其他税、费，查缉走私，编制海关统计和办理其他海关业务。为正处级单位，人员编制48人，现有在编干部职工41人，关内设办公室、人事政工科、综合业务科、车场监管科、加工贸易监管科、稽查科6个科室。韶关海关缉私分局（正处级）于1999年6月成立，局内设办公室、侦查科、法制科3个科室，人员编制为25人，现有干警7人。

韶关海关关区面积1.65万平方公里，包括韶关市区和乐昌市、南雄市、乳源县、仁化县、始兴县、翁源县，辖下企业318家，现有南郊港澳进出境货运车辆检查场、码头监管点和铁路口岸装卸点等3个监管现场。由于辖下的企业不多且分散，同时因地处内陆，与边境口岸间交通运输路程较远，形成转关路线长的特点，业务主要集中在陆路、铁路转关运输货物监管和加工贸易监管，而税源商品则主要是铁矿砂。

【税收征管】 韶关海关贯彻落实广州海关综合税收工作会议精神，深刻认识税收工作的重要性和严峻性，坚持从源头抓起，加强接单审核、归类、原产地的审定；对关区税收形势分析和预测，及时跟进税收动态，协调解决企业通关过程中遇到的难题；培育和服务好重点税源企业，稳定、涵养税源，确保税收应收尽收。2013年，税款入库11.2亿元，比上年增长4.94%，创历史新高。

【通关监管】 为加强正面监管，韶关海关加强舱单数据核对、及时跟进舱单核销、做好舱单的归档管理；加大对运输工具与驾驶人员的数据核对，强化对集装箱号合法性的查验，防范代驾情事及非法集装箱运载海关监管货物情事的发生；利用视频监控设备加强对监管场所的管理，加大对监管场所及转运点的巡查力度，及时调整"两率"监控系统，强化对进出口货物的风险分析，增强一线监管人员的风险研判和处置能力，不断提高查验的针对性和有效性，实现有效监管和高效运作的有机统一。结合"眼镜蛇"专项行动的开展，加强对"铁港联运"货物风险分析和查验力度，规范"铁港联运"运输方式运输清单、报表的报送要求，加强对转运点的常规巡查，加强正面打击。2013 年，共监管进出境货物 775 万吨，同比增长 15%，监管进出境货物总值 14.6 亿美元，同比增长 5.7%；监管进出口集装箱 11151 个，同比增长 3.4%；3 项指标均创该关历史新高；查验率为 4.02%，查获率为 16.9 %，均达到上级标准要求，查获案件及线索 5 宗，实质性查获水平不断上升。

【加工贸易】 深化贯彻广州海关加工贸易转型升级 15 项措施，突出坚持产业、产业链、企业、区域协调、守法便利“五个导向”，一是实施关区保税物流调研和“两个三”企业调研，顺利完成上级下达的加工贸易工艺课题工作任务；二是探索适合韶关地区保税物流模式，成功运作关区首家自用型保税仓库，取得韶关海关保税物流创新的突破；三是全面推广应用深加工结转系统，使关区内深加工企业结转申请实现无纸化审核作业，提高企业通关效率。

2013 年，在执行手册数 166 份，其中电子化手册 142 份，电子账册 2 份，不作价设备手册 22 份；手册备案 121 份，同比增长 15.24%；核销电子化手册 116 份，同比下降 9%；手册报核及核销及时率均为 100%。内销征收税款 1375 万元，同比增长 6.92%。

【缉私工作】 韶关海关坚持以打击走私作为中心工作，以打促税，始终保持打击走私的高压态势，先后组织打击加工贸易渠道、一般贸易的走私及其他走私违法行为的专项整治行动。运用刑事执法和行政执法两种手段，对涉税领域的加工贸易和固体废物走私案件进行打击。在缉私执法活动中，坚持打击与教育并重，惩处违法与引导守法并重，维护关区正常的进出口秩序。优化海关监管和服务，建立海关与企业的互信合作关系，鼓励固体废物加工利用企业合法进出、守法经营，共创诚信、守法、自律的进出口环境；全面落实“由企及物”管理理念，进一步完善风险管理运行机制，完善企业风险分类管理，实施差别化处置措施，着力推进综合业务改革落到实处；对辖区内的企业实施动态管理，引导企业守法诚信经营，有效防控企业风险和执法风险。

【服务地方经济】 2013 年，韶关海关围绕地方党委、政府经济发展思路，将海关工作融入到地方经济发展大局，为地方外向型经济发展做出应有的贡献。主动参与韶关市重大经济项目的建设，发挥海关在地方经济建设中的职能作用，深入地方政府有关部门、重点项目、园区、大型企业调研。发挥海关统计分析作用，每月于海关总署（统计司）发布全国月度数据的第 2 个工作日报送韶关市外贸快报，5 个工作日内报送韶关市月度外贸运行形势分析报告，为地方党政领导提供决策参考。深化海关业务改革，向 B 类企业试点通关作业无纸化，全面推行通关无纸化；将“属地申报、口岸验放”通关模式进一步推广，推行“属地申报，属地放行”新通关模式，在“管得住”的基础上，切实实现“通得快”，为企业减负增效。11 月 1 日，广州海关首份暨全国首份“属地申报、属地放行”报关单在该关放行，实现历史性突破。主动宣讲海关各类通关政策，深入企业调研，帮助企业了解和用好国家优惠政策；深入洪水灾区企业，了解灾情，采取特事特办的政策，帮助企业早日恢复生产。支持韶关市再生资源产业发展。多次对本市再生资源产业进行实地调研和考察分析，主动与政府沟通、协助政府实行综合管理，并结合海关监管实际提出若干合理化建议。推进韶关新港码头监管场所办理废旧塑料进口业务，及时跟进新港码头硬件设施的建设情况，做好信息反馈，争取职能部门的技术支持，主动配合上级职能部门做好进口废塑业务码头监管场所的验收工作，同时做好人员的调配和业务学习，为开办废塑料进口业务做好前期准备工作。力促韶关市成立“加快推进韶关口岸建设工作领导小组”，对促进韶关市口岸工作建设有序开展发挥作用。降低通关成本为企业减负增效，落实国家税收优惠政策，全面加强减免税管理，坚持依法减免和便利减免并举，促进辖区企业用好用足国家进出口税收优惠政策，2013 年，审批减免税货值 2996 万美元，减免税款 1271 万元。开启海关与县域合作发展的新篇章，与乳源瑶族自治县人民政府签订关县合作备忘录，有效提升关县战略合作水平。 （高　华）

附：领导班子成员名单

关　长：林　武

副关长、缉私分局局长：何国星

副关长：陈宇琛　蓝　燊

出入境检验检疫

【概况】 韶关出入境检验检疫局组建于1999年11月，为中央驻韶关单位，隶属于广东出入境检验检疫局，内设10个科室和1个事业单位，在编干部职工42人，承担韶关辖区的进出口商品检验、鉴定、认证和监督管理，进出境动植物检疫，出入境卫生检疫和进出口食品安全监管等职能。拥有通过国家计量认证和认可委员会认可的综合检测实验室，内设粤北玩具检测中心、化学检测实验室、食品检验实验室、临床检验实验室、植物检验实验室、动物检验实验室等6个专业实验室。

2013年，韶关检验检疫局学习贯彻落实中共十八大精神，以国家质检总局“抓质量、保安全、促发展、强质检”十二字方针为导向；以确保产品质量安全为核心；以落实广东局的工作部署为重点；以队伍、行风、廉政等建设为抓手；以提升履职能力和服务水平，推进业务模式改革，创新服务措施为举措；以主动融入地方经济建设中心工作，促进转变经济发展方式和外贸经济持续发展为落脚点；以上级满意、政府满意、企业满意为工作目标，较好地发挥检验检疫部门的职能作用。

【检验检疫把关取得新成绩】 全年共检验出入境货物3.18万批、6.15亿美元，同比分别增长14.90%和4.56%。从10批进境木质包装中检出11种有害生物18种次。传染病监测体检119人次，检出梅毒、丙肝各1例。开展社会体检1156人次。签发各类出入境检验检疫证单34293份；签发各类产地证3091份，金额1.17亿美元。2013年8月1日至12月31日，免收出口商品规费185.5万元。

【推进业务模式改革】 成立业务改革领导小组。简化办事流程，改进服务措施。试行“一单制”报检、“快速核放”业务新模式。在试点的基础上，又扩大至辖区出口工业产品一、二类分类监管企业及获得“绿色通道”企业。提高企业通关效率，节约企业的人力物力成本。

全面贯彻落实国家法检目录调整和各项减免费政策，降低企业运营成本，促进检验检疫通关便利化。免收出入境检验检疫费132.22万元。

【加强出口商品质量管理】 贯彻落实国务院发布的《质量发展纲要》，开展“质量月”活动。制作宣传横幅张贴，并在政务网上对“质量月”进行宣传。深入开展“两建”及打私打假工作。成立韶关局市场监管体系工作小组，做好有关“两建”工作，打击走私联合行动。

强化认证监管，严把准入要求。一是全力抓好出口商品质量许可和出口食品备案工作；二是抓好出口商品质量许可证获证企业的后续监管工作；三是抓好出口食品备案企业监督检查工作。

【促进外贸经济稳健发展】 进一步完善质量监管和优化通关环境。完善集中查验监管模式，实行集中申报、集中查验、统一放行，不断完善监管区域和设施建设，提高监管效能和通关。

服务“三农”，促进农产品出口。帮扶辖区内农产品种植、养殖、饲料生产等企业建立和完善质量管理制度，规范管理。9月，韶关市三雄农业科技发展有限公司生产加工的首批1795公斤芹菜种子顺利出口至日本，使韶关辖区内的种子首次冲出国门。全力促进韶关外贸持续健康发展和转型升级。一是继续落实总局和广东局已出台各项帮扶政策的措施，促进韶关加工贸易加快转型升级；完成出口玩具企业的“玩具欧盟新玩具安全指令”培训会。二是扩大出口一类企业数量，向广东局推荐1—2家企业为一类企业，向国家质检总局推荐1家企业免验备选名单；三是加强原产地证业务管理和政策落实，帮扶企业利用区域性原产地关税优惠政策开拓国际新兴市场。

【强化执法把关职能作用】 加强风险排查和防控，防范和化解质量安全事故。全面开展辖区一次性筷子（与食品接触材料）的风险排查工作；对辖区蔬菜基地、养殖企业使用的农兽药开展全面清查；应对国外技术壁垒，完成对辖区内外贸企业的“国外技术法规标准对我国外贸企业影响度”调查工作；提前做好香港《食物内除害剂残余规例》实施前的应对工作，对辖区供港澳菜场农药残留风险进行全面排查；加强信息收集和报送工作；做好禽流感疫情防控和应急物资储备工作。

加强高风险和大宗敏感商品检验检疫监管。完成对相关企业的年审工作。对供港澳活动物及加工用动物养殖场，蔬菜备案基地，食用菌栽培基地进行年审，取消一家加工用动物养殖场的备案资格和2家出口水果果园的注册资格。

加强对进口食品安全检验监管和服务工作。严格按要求做好进口食品收货人备案；做好进口食品标签审核工作；主动做好宣传培训工作；及时做好检验监管工作。

做好口岸疫情的防控工作。启动韶关口岸联防联控人感染H7N9禽流感疫情防控工作并达成启动口岸人感染H7N9禽流感疫情联防联控机制的一致性意见，确保疫情可防可控。

进一步完善分类管理制度，全面推进电子监管合格评定电子化。辖区内的出口工业产品企业已全部实施分类管理，年初向国家质检总局推荐万达（始兴）工业有限公司出口合金车模产品实施免检管理，企业申请通过总局检管司审查，列入2013年免检计划。（邬　伟）

附：领导班子成员名单

局　长：褚观洪

副局长：魏大波　钱先锋

纪检组长：陈伟隆

物　价

【概况】 韶关市物价局为市政府工作部门。局机关行政编制30名，其中局长1名、副局长3名，正科级领导职数7名、副科级领导职数7名。后勤服务人员数3名。内设有办公室、综合法制科、收费管理科、价格管理科、价格调控基金管理科、市场价格监管科、价格检查局等7个科室。下属有韶关市价格成本调查队、韶关市价格监测中心、韶关市价格政务服务中心、韶关市价格认证中心等4个正科级事业单位社团组织有韶关市价格协会。

2013年，围绕市委、市政府的工作中心，按照省物价局的工作部署，充分发挥价格杠杆作用，依法治价管费，保持价格总水平的基本稳定，促进韶关经济社会发展。2013年，局被国家发展改革委授予“全国收费统计工作先进集体”，被市委、市政府授予“省扶贫开发‘规划到户、责任到人’工作优秀单位”；李孟良被国家发展改革委授予“全国收费统计工作先进个人”。

【实现市政府CPI调控目标】 2013年，围绕市政府确定年度CPI涨幅在4%左右的调控目标，贯彻落实各项稳定物价的政策，采取有效措施，把握政策出台的时机和节奏，保持价格总水平的基本稳定。全市2013年CPI涨幅累计上涨1.9%，低于全国2.6%和全省2.5%的涨幅水平，实现市政府年度调控目标。

【运用价格政策促进经济发展】 落实涉农价格。一是将2013年早籼三等稻谷最低收购价由每50公斤120元提高到132元；晚籼三等稻谷由125元提高到135元，同比提幅8%—10%。二是将2013年烤烟收购价格同比平均提高10%。三是制定韶关市2013—2014年榨季甘蔗收购价格（糖蔗二类田头收购价445元/吨），并实行两次结算。促进农业发展、农民增收。

争取电价政策。一是提高小水电上网电价。经省物价局同意，从2013年4月1日起，小水电上网最低保护电价由0.4282元/千瓦时（不含增值税，下同）提高到0.4382元/千瓦时，并可由电站一次性选择最低保护价或丰枯水期的峰谷电价政策，企业年增收5000多万元。二是提高韶能集团湾头等6座多功能电站的上网电价，年增收1500多万元。三是配合省局核定韶能生物质发电厂的上网电价0.7500元/千瓦时（含税）政策，并从发电之日起执行。四是争取乳源县东阳光公司大工业直供用电价格政策，促进企业和地方经济发展。

【下放管理事权】 根据市政府第99号令，从2013年1月1日起，市物价局将“林业伐区作业设计费的制定与调整、木材检验费的制定与调整、非营利性民办社会福利机构以及县级政府部门主办的社会福利机构服务价格的制定与调整”等3项行政审批事项下放给县（市、区）政府管理；将住宅小区（含商住小区）车辆停放保管服务收费和物业服务收费的制定与调整”等2项行政审批事项下放给浈江区、武江区政府。同时，年内制定韶关市生猪、菜牛定点屠宰加工服务费基准价标准和浮动幅度。并可由县（市、区）结合本地实际在市局规定的最高限价内制定具体收费标准。

【取消行政审批事项】 经省和市政府同意，从1月1日起取消“市区瓶装液化气销售价格的制定与调整，新建房屋白蚁防治费收费标准的制定与调整，宾馆、饭店和招待所代办电信服务费标准的制定与调整，违章车辆拖车费的制定与调整，机动车强制保养及服务收费的制定与调整，出租车挂靠综合服务费收费标准的制定与调整”等6项行政审批事项，进一步简政放权提高行政效能。

【完成所属事业单位改革】 根据市政府对整合改革事业单位的工作安排，经市政府同意，2013年8月撤销“韶关市价格监测中心”和“韶关市价格政务中心”，人员由市政府安排。撤销“韶关市价格成本调查队”，其工作职能和人员归并韶关市物价局，日常工作由韶关市价格认证中心承担。经编委同意，“韶关市物价局价格认证中心”改名为“韶关市价格认证中心”。

【减免行政事业型收费】 落实国家和省的价格政策。从1月1日起，降低全市车辆通行费年票收费标准，私家车降幅达10%。取消城市房屋安全鉴定费、收费票据工本费等10项行政事业性收费；免征使用流动人员调配费、企业注册登记费、个体工商户注册登记费等8项行政事业性收费。对省级产业转移园内企业减免机动车安全技术检验费、白蚁防治费、工业产品生产许可证收费（含审查费）等31项行政事业性收费；缓征防空地下室易地建设费。从5月1日起，暂停部分教育收费项目；取消门（楼）牌费等3项行政事业性收费项目。自6月15日起，各级综合档案馆免收除复制费以外的利用档案费，包括档案保护费、咨询服务费、证明费。从8月1日起，降低部分人才交流和职业介绍中介服务收费标准。从9月1日起，降低部分涉及通关环节经营服务收费标准。从10月1日起，农业部门收取的农机产品测试检验费，在现行收费标准基础上下调20%。从11月1日起，停征“商品房预售款监督管理服务费”，取消“治安联防费”和“技工学校招生录取费”。有效减轻企业和群众负担。

【规范价格和收费行为】 一是配合市政府做好乳源、仁化、始兴、南雄等4个县级医改综合试点县的医改工作，及时审定乳源等4个医改综合试点县取消药品加成后的调整服务价费工作。二是制定全市村级卫生站一般诊疗费项目和5元/次的收费标准。三是配合省局核准全市12家国控企业的氮氧化物和氨氮排污费征收标准。四是按照市政府要求，把握政策的出台时机和节奏，年内分别召开调整广东北江实验学校收费标准听证会和调整丹霞门票价格听证会，经市政府同意已顺利实施。五是开展2012年度行政事业性收费年审工作。六是按照政策核发、取消、更换广东省收费许可证。七是首次启动市区出租汽车运价与成品油价格联动机制。八是正式制定丹霞山巴寨景区等线路门票价格。九是在省规定的标准范围内制定韶关市保安服务收费标准等工作。

【价调金的征收总量上台阶】 2013年，全市共征收价格调节基金8351万元，比上年增加1900万元，增幅29.5%。其中，市级征收5673万元，县级2678万元。乳源县物价局征收437万元、仁化县物价局征收391万元，征收总量在全市县级物价部门前列。

【实施价格政策惠民】 一是经市政府同意，年内先后2次运用市级价调基金共183.36万元对市区低保户、五保户、优抚对象实施春节、中秋和国庆节临时价格补贴，每次每户100元。二是先后3次运用市级价调基金共计342.25万元扶持在2013年“3·20”冰雹和风灾、“5·16”洪灾受损的蔬菜基地以及3家市级商品猪储备养殖基地和在“8·16”洪灾中915户全倒户恢复生产生活补助。三是落实政府物价部门为民办实事工作。2013年市物价局为市本级福利院的孤寡老人、残疾儿童免费提供价值12万多元的猪肉、蔬菜，超额完成任务。

【争取省级价调基金促进韶关发展】 2013年，先后7次争取到省级价调基金4291.07万元，分别用于春节期间市低收入群体临时价格补贴、开展政策性蔬菜种植保险试点工作、扶持韶关市“3·20”冰雹和风灾、“5·16”“8·16”洪灾后蔬菜基地复产和扶持蔬菜大棚、冷藏设施、平价商店“三项建设”等。

【开展政策性蔬菜种植保险试点工作得到上级的肯定】 2013年，全市共有24家蔬菜基地参保，参保面积21482亩，参保时间一年。

并对15家受灾参保蔬菜基地进行理赔，赔付金额105.48万元，对受灾的蔬菜基地复产和保供稳价起到作用。这项工作首先得到国家发改委的肯定，国家发改委于2013年9月在韶关市召开开展政策性蔬菜种植保险试点工作座谈会。其次，在3月19日全省价格工作会议上，省物价局将《大胆探索 先行先试 开展政策性蔬菜种植保险试点》文章汇编成册，并作为经验交流材料刊登。

【推进平价商店建设】 韶关市物价部门指导超市、商场、购物中心等商贸零售企业建设平价商店，全市已建成234家平价商店，全市年度建成平价商店70家，累计234家，超额完成省局年度60家任务。其中，广东东明股份有限公司明乐鸿州分店、韶关市惠福连锁超市有限公司南郊分店、南雄粤客隆超市在1月初省政府召开的全省物价工作会议上，被广东省物价局授予"平价商店示范店"。商店销售的农副产品价格，比农贸市场同类商品价格低5%—15%，对稳价惠民起到积极的作用。

【价格监督检查维护市场价格正常秩序】 先后开展节日市场价格巡查和客运票价检查；开展涉农收费、旅游价格、医疗服务价格、教育收费等价费专项检查。配合省局查处河砂价格的垄断行为，并受到省物价局的通报表扬；配合市交通运输部门开展出租小汽车行业检查，制止出租小汽车不打表等行为。全年共查处价格违法案件30宗，实行经济制裁259.54万元。处罚脱硫电价违规金额86.42万元。翁源、新丰、乳源、武江区等物价局还配合市局开展抗洪救灾稳定物价工作，有效地维护灾区市场价格秩序。

【做好价格成本调查、成本监审、价格监测和价格认证工作】 一是曲江、浈江、南雄、乐昌、始兴等物价局配合市局做好常规农产品价格调查和日常成本监审工作；完成北江实验学校收费和丹霞山门票的成本监审工作。二是武江、浈江、曲江等物价局配合市局对18个大类339个品种商品和服务价格实施监测。三是接受委托和受理刑事案件价格认证、市直公务用车定点维修价格认证、涉税二手房价格认证等业务工作，维护国家和当事人的合法权益。

【做好"民声热线"上线和"网络访谈"工作】 2013年，先后2次参加"民声热线"和"网络在线访谈"节目，接受和解答群众对价费政策的咨询，受理群众的价格投诉。在韶关市2013年度"民声热线"工作考核中，获得100分满分的好成绩，得到市监察局、市纠风办联合通报表扬。

（罗哲月　郭从彬）

附：领导班子成员名单

局　长：刘伟聪

副局长：何国开　罗伟强　朱保良

纪检组长：吴海岩

国土资源

【概况】 2013年8月，经韶关市机构编制委员会批准，内设机构调整为：测绘管理科更名为测绘地理信息科；规划科、土地利用信息科整合为规划用地科；人事科、监察室整合为人事监察科；增设土地市场管理科、法规与综合协调科、行政审批科；同时，撤销财务科、法规科，其职能分别划入办公室、法规与综合协调科。有2个下属事业单位，分别是：国土资源技术中心、矿产资源与地质环境监测中心。

2013年，全市国土资源系统围绕"保发展、保资源、保权益"为中心，服务保障韶关经济社会发展，取得较好成绩。先后获得全国土地市场动态监测与监管工作先进单位、全国矿产资源利用现状调查工作先进集体、全国土地利用和管理形势观测分析工作成效突出观测点、广东省耕地保护责任目标考核综合二等奖、广东省2012年度市县土地执法监察考核三等奖、韶关市"文明窗口"等一系列荣誉，并顺利通过国家和省对韶关市土地矿产卫片执法检查验收。

【保障发展用地】 完成国道323线韶关段路面改造、翁源县青龙灌区改造等项目的用地选址和规划审查，完成东阳光制药、南水水库引水工程、中烟物流基地、南雄韶赣铁路等项目的规划修改，开展芙蓉新城133.33公顷、韶钢40公顷用地规模分配方案编制。全年共争取省下达新增建设用地指标935.33公顷，突破历史记录，其中专项奖励指标100公顷、城区扩容提质66.67公顷、灾后重建33.33公顷，超过市政府给局下达争取用地指标533.33

公顷的任务。同时，利用省扩容提质政策，争取173.33公顷新增用地规模，有效地解决芙蓉新城和韶钢环保搬迁用地规模不足问题。上报省厅49宗批次用地，2宗单独选址项目，获得45宗（含2012年上报2013年批复的批次）批次用地批复。

【土地市场】 市本级完成供地636.93公顷，成交金额49.83亿元，其中工业用地供地93.9122公顷，商住用地供地200.3359公顷。重点加大保障性住房的土地供应力度，完成保障房供地62.8948公顷，进一步改善人民群众的居住条件，促进房地产市场健康发展，有效抑制房价的非理性上涨。起草并经市政府批准下发《韶关市人民政府办公室关于加强韶关市区国有建设用地供后监管的通知》，从设置公开出让条件、强化履约监管和违约处理、加强闲置地监管等方面，强化土地供后监管措施，提高土地利用和管理水平。

【增减挂钩试点】 采取“先拆旧后建新”模式加快城乡用地增减挂钩试点工作，进度走在全省前列。全年上报省厅申请拆旧区复垦面积共334.85公顷，已批复291.50公顷。上级要求韶关市2013年归还周转指标262.48公顷，按期归还周转指标400.082公顷，超出省要求归还的指标数。省国土资源厅为此还在南雄市召开全省增减挂钩现场会推广市国土局经验。同时，完成工矿废弃地及农村低效用地复垦资源调查，浈江、曲江、乳源作为全市争取国家低丘缓坡未利用地试点上报国土资源部。

【“三旧”改造】 完成“三旧”改造地块标图建库动态调整，至2015年，全市改造项目3152个。上报8个。“三旧”改造涉及旧村庄用地报批项目，已获批复3宗；完善历史用地项目4个，取得批复1个。完成《韶关市“三旧”改造出让金补缴估价系统》项目并已投入使用。重点改造项目进度加快，百年东街项目、配件厂项目基本完成；木材厂项目第一期基本完成，第二期在建设中；“万通城”项目已完成投资近2亿元；完成十里亭油泵油嘴厂项目等9个项目审批和出让工作，为政府创造出让收益及保障性住房配建收益预计达5亿元；二棉厂项目、油泵油嘴厂、福苑大酒店项目加紧建设。冶金机械厂、宏大齿轮厂、织布厂项目改造正加快推进。

【耕地保护和高标准基本农田建设】 实施补充耕地开垦工作，全市共开发补充耕地面积2400公顷，获得补充耕地省级补助资金7293万元。完成市政府下达年度耕地储备指标转让收入6000万元和一次性上缴1000万元的目标任务。做好耕地指标转让欠款追缴，共追缴欠款4442万元。做好“5·16”和“8·15”灾后救灾复产工作，争取灾毁基本农田垦复省级补助资金2581万元。加快推进高标准基本农田建设，进度居广东省前列。2012年，项目已完成年度建设任务70%的工程量，部分县（市、区）已完成90%，4月底前完成市级验收工作。2013年度，项目已全部完成项目规划设计及评审，通过招投标确定工程施工单位，有3个县（市、区）部分项目已进场施工。

【国土资源执法监察】 顺利通过国家、省政府对韶关市土地矿产卫片执法检查工作验收。2013年度全市违法用地216宗，面积77.29公顷，其中耕地12.64公顷，违法占用耕地面积占新增建设用地占用耕地面积比例为4.91%。全市20个非法勘查开采图斑，均已予以打击取缔。提请市政府下发《韶关市人民政府关于进一步做好整治农村违法用地建房工作的通知》，推进农村违法用地建房整治。全市立案查处农村违法用地建房422宗，依法共拆除违法建筑面积20.67万平方米。加快农村宅基地的登记造册、新村规划和红线划定工作，全市已规划新村建设点220多个。

【矿产资源管理】 编制完成《韶关市矿产资源总体规划（2008—2015）》并获得省政府批复同意，《韶关市矿业权设置方案（2011～2015）》获部、省审核通过。已争取将《韶关市稀土矿业权设置方案》的部分内容纳入《广东省稀土重点规划区专项规划暨矿业权设置方案（2011－2015年）》，并获国土资源部批准。印发《大宝山周边民营矿山监管工作方案》，加强对大宝山周边民营矿山的监管，组织开展全市采石场的清理工作。完成对92家矿山企业2012年度《矿山储量年报》的审查，完成对2012年度全市矿山企业的矿产资源储量占用和开发利用情况的统计汇审、报批工作，完成全市重要矿产资源“三率”调查评价工作，完成采矿权审批、登记发证、报告审查备案、压覆矿产查询、上级采矿权受理调查等各类业务47件。

【地质灾害防治】 开展地质灾害防治。加强日常地质灾害预警预报，全年发生地质灾害预警预报信息218次，发送预警短信25817条，语音673条，成功避免地质灾害28起，避免3000余人伤亡，避免经济损失5000多万元。通过治理及避让等措施，全年共消除地质灾害隐患点169个。主动指导各县（市、区）申报地质灾害防治、矿山地质环境恢复治理和地质遗迹保护等方面的专项资金。共获得上级资金3910万元，其中地质灾害治理项目7个，资金1630万元；矿山地质环境恢复治理和地质遗迹保护项目6个，资金1950万元；“5·16”和“8·15”尤特、潭美省级地质灾害应急补助资金270万元，地质灾害防治“十有县”建设补助60万。

【测绘信息化建设】 加快数字韶关地理空间框架的推广应用，数字仁化、曲江已完成，乐昌、南雄、翁源等正加快实施，已完成主要数据和系统建设，开始试运行。深化国土资源“一张图”、电子政务和综合监管平台应用。先后与市公安局、市人防办、市土地储备中心等签署共建共享协议，并开展系统对接等工作；并与市城管局、市环保局、丹霞山管委会等部门沟通联系，已达成数据共享利用共识。国土资源“一张图”已有市公安局等10个市级单位正式应用。完成基本农田数据库、耕地储备指标数据库建设以及国家2000坐标系转换工作。

【地籍管理】 完成农村集体土地确权及两区宅基地调查试点。其中，确权登记发证工作在全省排名第五，评定为“良好”等级，获得全省通报表扬，并获得奖励用地指标40公顷。市辖两区宅基地调查已全面完成，并建立数据库。按时完成土地变更调查工作，成果已基本通过国家的确认。做好日常土地登记发证工作，共完成土地登记1001宗，其中完成国有土地使用权登记580宗，集体土地使用权登记10宗，土地使用权抵押登记170宗，土地使用权注销登记126宗，土地使用权抵押注销登记85宗，更正登记30宗。

【人才队伍建设】 创新竞争性选拔领导干部机制。市直机关提拔副处级干部3名，正科级干部4名，副科级干部7名，并对外交流干部3名。采取公开招录、基层遴选等方式吸纳人才，全年共选调青年干部6名、招聘局属中心专业技术人员2名，招录协管员4名。调配市县两级国土资源主管部门领导班子29名，县局局长交流面达80%，局机关轮岗交流30余人，科长轮岗交流幅度达90%，增强职位匹配度，激活队伍的积极性和活力。

【国土资源行政服务标准化建设】 下发《韶关市国土资源系统行政服务标准化建设工作方案》，构建形成具有韶关特色的市、县（区）、镇（乡）三级国土资源服务标准化体系。同时结合机构改革组建行政审批科，出台《韶关市国土资源局行政审批流程运行规程》《电子政务平台行政审批各环节操作流程》等文件，国土资源行政审批提速超过法定时限50.41%，办事效率提高。

（莫新生）

附：领导班子成员名单

局　长：王碧安

副局长：曾如清（—2013.2）

宋卫红（—2013.9）

叶富明

张东灵（2013.6—）

杨锦华（2013.6—）

纪检组长：文武宏

执法监察支队长：杨淑华

食品药品监管

【概况】 韶关市食品药品监督管理局为市人民政府工作部门，设9个内设机构，即办公室、食品安全监管科、保健食品化妆品监管科、药品安全监管科、药品流通监管科、医疗器械监管科、人事教育科、监察室、稽查科（稽查分局），下辖市食品药品检验所（参公管理事业单位）。市食品药品监督管理局机关行政编制26名，行政专项执法编制22名，后勤服务人员数6名。

2013年，韶关市食品药品监督管理局围绕省、市各项工作部署，坚持以科学发展观为统领，深入学习贯彻中共十八大精神，坚决执行八项规定，围绕“保增长、保民生、保稳定”的工作大局，坚持一手抓机构改革稳定队伍，一手抓强化监管促进发展，不断提升食品药品安全保障水平和服务发展能力，保障公众饮食用药安全。

【机构改革工作稳步推进】 成立以市长艾学峰为组长的市食品药品监管机构改革领导小组，多次召开改革专题座谈会，听取意见和建议，组织相关单位对改革涉及的重点问题进行专题研究。12月10日，市政府印发《关于改革完善市县食品药品监管体制的实施方案》，全市食药监管体制改革稳步推进。市政府办于12月13日印发市食品药品监督管理局“三定”规定。确定职能移交分批、分辖区逐步推进等事项，明确食药监与卫生、工商、质监、经信等部门之间的职能交接时间表，力争工作无缝对接。市食品药品监管局严格按照“权责一致”原则，落实改革精神，简政放权，加快转变监管方式，全面清理和整合行政审批项目，共下放3个大项16个小项行政审批事项到浈江、武江两区，为加快转变政府职能和理顺行政审批事项奠定基础。

【示范创建取得新进展】 按照“分类指导、示范带动、分级实施、社会参与”原则和国家级餐饮服务食品安全示范建设标准，开展餐饮服务食品安全创建工作，曲江区成功创建“国家餐饮服务食品安全示范县”、南雄市顺利通过“省餐饮服务食品安全示范县”考评验收、曲江马坝沿堤二路美食街和南雄雄州维新路美食街被评为“2013年第二批广东省餐饮服务食品安全示范街”、全市创建餐饮服务示范单位163家；仁化县被授予“广东省药品安全示范县”，南雄、始兴、曲江、乐昌等4个县（市、区）创建药品安全示范县先后获得省局批准，首批25家药品零售企业成功创建为“文明诚信药店”。同时，开展保健食品诚信经营示范店活动，评选出全市首批10家“保健食品诚信经营示范店”并授牌。

【食品药品“两建”工作进一步深化】 印发《韶关市药品安全“黑名单”管理制度（试行）》，已对4家销售假药的药品零售企业和相关责任人员的信息在市局网站公布。全面推进餐饮服务量化分级管理制度，对不同信用等级的企业施行分类监督管理，全市餐饮服务量化分级管理率达80.5%，其中市区95.3%。

【药品监管信息化建设覆盖延伸】 依托国家互联网药品市场监测及公共服务应用平台，完成36家“三品一械”企业主体信息注册备案。推进药品电子监管向零售药店和医疗机构延伸，全市药品批发、零售连锁企业已实现全范围、全品种电子监管，816家药品零售企业已实施电子监管，覆盖率达74.5%，位于全省前列。

【“四品一械”整治效果明显】 坚持整顿和规范并重，治标更要治本的原则，开展一系列专项整治和专项行动，检查餐饮服务、药品、保健食品、化妆品、医疗器械生产经营企业7700余家次、诊所1780家次，发出责令整改通知书2560份，吊销药品经营许可证和GSP证书1家，查处案件75宗，取得较好的整治效果。

【开展餐饮药品专项整治】 以创文巩卫为契机，开展餐饮服务环节整治。在市区范围内开展3次以小餐饮业为重点的集中整治，市区小餐饮业经营管理水平得到提高，小餐饮服务单位持证率达90%，“三防”设施完善达标率、环境卫生达标率、餐具消毒制度执行率达80%以上。开展常态化“三打”。联合市创平办印发《韶关市2013年药品领域“三打”工作方案》，重点打击侵权假冒的药品、保健食品、化妆品、医疗器械和涉嫌非法添加或冒充药品销售产品以及掺杂掺假、染色增重中药材的行为。

【开展打击保健食品“四非”专项行动】 6月，开展打击保健食品“四非”（非法生产、非法经营、非法添加、非法宣传）专项整治行动以来，韶关市食药监管理部门组成四路检查组，深入城乡各药店及相关店铺，对保健食品“四非”进行清查整顿。截至7月，仅市区浈江、武江两区共出动执法人员288人次，检查企业140家，发出责令改正通知书52份，对3家未取得保健食品流通许可的企业进行立案查处。

【深入开展药品“两打两建”行动】 制定《韶关市药品“两打两建”专项行动工作方案》，分别召开全市监管系统和涉药单位动员会，组织全市1112家药品经营企业开展自查自纠，利用《韶关日报》、韶关电视台、韶关政府网站等主流媒体及时曝光药品违法违规行为和典型案件。加大违法广告跟踪监测力度，向工商部门移交违法广告11宗，与往年相比，违法广告有明显减少。

【应急能力不断提升】 根据人感染H7N9禽流感疫情动向，及时制定餐饮服务食品和药品安全领域人感染H7N9禽流感联防联控工作方案，发送提示短信14300条、出动执法人员980人次、检查各类企业730家，有效保障全市餐饮服务食品安全和禽流感防控药械市场供应及产品质量；妥善处理大米微量元素超标事件，在市食安办的统一协调下，对全市餐饮服务单位经营的大米进行抽样检验，共抽取25批大米样品送相关部门检验；加强对受灾严重地区的食品药品监管。5月、8月，韶关市部分地区遭受洪灾，市食品药品监督管理局迅速启动应急预案，市、县联动，监督销毁被洪水浸泡过的大米、面粉、变质猪肉约5吨和价值25万余元药品一批，确保灾区群众饮食用药安全。

【监管效能不断提升】 加强技术监督体系建设，开展全方位培训，注重宣传教育，全市系统监管效能不断提升。技术监督水平不断提高。市食品药品检验所取得全省地市级首家司法鉴定机构许可证及微量鉴定和法医毒物鉴定资质，11人获得司法鉴定人执业证书。率先配置液质联用色谱仪和气质联用色谱仪两台大型高端精密仪器。药械不良报告数量稳步增长、质量不断提高。干部队伍素质不断提升。不断加强学习型队伍建设，与浙江大学联合举办全市食品安全监管能力培训班，组织参加国家、省各类专业技术培训班，干部队伍的综合素质和业务能力进一步提升。

【食品药品监管宣传普及率提高】 食品药品监管工作在群众中的知晓率和认可度进一步提升。开展食品药品科普知识进社区、学校、农村等活动，宣传食品药品相关法律法规、安全食用保健食品的知识、伪劣保健食品的鉴别，发放宣传资料5万余份、科普读物2800余册，2013年韶关市首个保健食品科普宣传基地在乐昌落成启用并向市民免费开放。 （侯大伟）

附：领导班子成员名单

党组副书记 副局长：胡德宁

副局长：叶新年 江金兰

陈海明 李丽冰

纪检组长：廖卫华

安全生产监督管理

【概况】 韶关市安全生产监督管理局为市政府主管全市安全生产的职能部门。内设10个职能科（室），分别是：办公室、综合法规科、规划科技科、监管一科、监管二科、监管三科、职业健康监督管理科、人事监察科、执法监察科（执法监察支队）、安全生产应急救援指挥中心办公室。机关行政编制22名，行政执法专项编制19名。

2013年，全市安全生产形势总体平稳，1—12月共发生各类生产安全事故693起，死亡215人，受伤448人，直接经济损失3510.88万元。事故起数、受伤人数和直接经济损失与上年同期相比分别上升52.31%、6.41%和44.30%，死亡人数与上年同期相比下降8.12%。其中：道路交通事故386起，死亡198人，受伤442人，直接经济损失604.40万元。事故起数、受伤人数与上年同期相比分别上升3.49%和7.80%，死亡人数、直接经济损失与上年同期相比分别下降4.35%和11.38%。各类消防火灾事故293起、无伤亡事故，直接经济损失1653.48万元，事故起数、直接经济损失与上年同期相比上升337.31%和600.33%。工矿商贸事故14起，死亡17人，受伤1人，经济损失约1253万元，事故起数、死亡人数、受伤人数和直接经济损失四项指标与上年同期相比分别下降6.67%、32%、90.91%和17.29%。一次死亡3人以上的事故5起，死亡20人，死亡人数与上年同期相比下降45.95%。铁路路外事故死亡4人。亿元国内生产总值生产安全事故死亡率为0.237人。工矿商贸企业就业人员10万人生产安全事故死亡率为2.03人。道路交通万车死亡率为3.5人。特种设备万台死亡率为0人。

【非煤矿山及尾矿库安全整治】 一是开展非煤矿山安全生产检查督查活动。在检查督查行动过程中，全市非煤矿山共发现各类安全隐患137处，发出整改指令书25份，强制措施决定书2份。二是做好行政许可工作。根据《非煤矿矿山企业安全生产许可证实施办法》（国家安全生产监督管理总局第20号令）的规定，做好非煤矿山安全生产许可证的行政许可工作。对安全生产许可证到期或新办安全生产许可证的非煤矿矿山企业严格按有关要求予以办理安全生产许可证的延期或发证。三是开展尾矿库治理工作，督促企业落实安全生产主体责任，做好尾矿库的安全生产管理和隐患治理。凡口铅锌矿“三库合一”工程和红岭矿业有限公司尾矿库隐患治理已完成；仁化县安监局已经于5月进行验收，红岭矿业有限公司尾矿库已经取得安全生产许可证；闭库治理的也有2座完成闭库治理。四是督促地下矿山企业做好安全避险“六大系统”建设工作。全市持证的19家地下矿山中，安全避险“六大系统”已经全部完成。五是做好矿山整顿关闭工作。印发《韶关市金属非金属矿山整顿关闭工作方案（2012—2015年）》，各县（市、区）正按照该方案对2013年决定关闭的12家非煤矿山及尾矿库进行关闭。

【推进标准化达标工作任务的全面完成】 截至11月20日，全市应达标企业共153家（其中，中石油加油站、中石化加油站、中油碧辟加油站分别以一个主体申请达标），实际达标企业139家。其中，危险化学品生产企业42家，已达标39家；带固定储存设施的经营企业应达标102家，实际达标91家，9座油站、2座油库在改造中；烟花爆竹批发企业9家，已达标9家。其余未达标企业因正在改建、扩建中。

【开展安全生产大检查】 深入开展隐患排查整治。共组织各项安全检查共15次，检查企业281家，发现安全隐患433项，下达整改8份。根据《2013年韶关市安全生产监督管理局危险化学品生产企业督查工作计划》，2013年对广宝化工有限公司等全市42家生产企业进行78次日常监督检查。

【把好化工园区危险化学品生产企业准入关】 进一步强化安全生产源头监管。全市已建成较有规模的化工园区有：南雄市精细化工园区、翁源县华彩涂料城、乳源县氯碱生产基地。严格按照国家安监总局45号令要求，坚持标准，严格条件，做好危险化学品建设项目安全条件审查、安全设施设计审查、试生产（使用）备案、安全设施竣工验收，把好危险化学品生产企业准入关。前三季度，共完成24家企业安全条件审查，18家企业安全设施设计审查，9家企业试生产备案，12家企业竣工验收。

【安全生产许可工作得到有序开展】 按照工作程序，通过聘请专家现场核查把关等手段，依法审查，严格把关，依法核发许可证件。全年共完成加油站换证42座，经营单位15家，生产企业延期换证9家，烟花爆竹企业换证8家，非药品类易制毒备案5家。

【督促企业完成整改隐患】 省政府及省安监局共组织4次对韶关市多家企业进行安全督查工作，查出石油库、生产企业、加油站、烟花爆竹等企业安全隐患问题共22项，并在全省通报整改。为全面完成整改工作，市安监局及时督促相关县（市、区）安监局下达整改指令书，督促企业立即整改，并做到整改责任落实到人，整改资金到位，整改时限落实，确保按时完成整改任务。

【促进企业开展危险工艺安全自动化改造】 对涉及危险工艺的化工生产企业，按照国家总局的要求，实现生产过程中危险环节关键操作的自动化控制、工艺指标的超限报警、生产装置的安全联锁停车。对新建设的项目，要求企业必须装备自动化控制系统，选用安全可靠的仪表、联锁控制系统，配备必要的有毒有害、易燃易爆气体泄漏检测报警系统和火灾报警系统，提高装置安全可靠性。同时，充分利用企业延期换证的契机，稳妥引导化工企业危险工艺生产装置安装安全自动控制或安全连锁报警装置，逐步提升企业危险工艺自动化水平。至年底，全市已发证企业已全面完成自动化改造工作。

【建设项目申报】 紧抓辖区内新、改、扩和技术改造建设项目的申报及变更申报工作。截至2013年年底，全市已完成职业病危害项目申报的用人单位680家。

【组织开展省职业卫生执法监察联合行动】 市安委办组织市卫生局、人社局、工商局、质监局、安监局、总工会等成员单位，对全市用人单位职业卫生领域进行联合执法行动。联合执法行动共检查企业75家，发现的问题85项，责令当场改正52项，责令限期改正33项，警告8家。下达责令限期整改指令书11份，用人单位职业卫生管理工作告知书34份，建设项目职业卫生“三同时”有关事项告知书2份。

【推进职业病危害防控示范企业创建工程】 以专项治理为抓手，结合全市职业病危害现状，将重金属行业、地下金属矿山作为市职业病危害专项治理的重点行业领域，以职业病危害防治防控为抓手，推进“211”工程，即职业病危害防控示范企业创建活动。全市将深圳市中金岭南有色金属股份有限公司、广东省大宝山矿业有限公司、韶关巨英之星电源科技有限公司、乐昌市铅锌矿业有限责任公司作为“211”工程的样板企业，有序、逐步地规范以上企业的职业卫生管理工作。

【工贸行业安全生产标准化】 开展安全生产标准化创建工作。一是制定并下发《韶关市全面推进工贸行业企业安全生产标准化建设的方案的通知》，将目标任务层层下达到各县（市、区），落实责任，推进工作。截至年底，115家企业通过三级以上安全生产标准化评审验收。另有92家企业以与中介机构签订技术指导合同。二是分层次组织开展标准化业务培训班。分20期组织全市10个县（市、区）的安监局的局长、分管局长、业务监管人员，全市108个镇（街道）安监站（办）人员，全市冶金等八大行业规模以上企业的主要负责人、安全生产管理人员近1000人次，进行安全生产标准化建设业务培训。三是以点带面重点突破。5月底省政府在对省级产业转移工业园区考核中，要求入园企业100%实现安全生产标准化三级达标。市安监局以此为契机，在全力配合莞韶园、东莞东坑（乐昌）产业转移工业园、东莞石龙（始兴）产业转移工业园做好迎接省考核的同时，要求3个园区管委会督促园区企业务必开展标准化创建工作，20多家入园企业率先申请开展标准化工作，实现零的突破，带动周边其他企业，也推进其他县（市、区）的工作。

【完善应急救援预案体系】 2013年，全市《韶关市生产安全事故总体应急预案》和《韶关市安全生产监督管理局生产安全事故应急预案》已编制完成并发布，重点行业企业安全生产应急预案编制、评审、备案工作进展顺利。截至年底，全市非煤矿山100家，备案100家，备案率100%；危化品生产企业34家，备案34家，备案率100%；危险化学品经营（油气站、库）企业213家，备案213家，备案率100%；烟花爆竹批发企业9家，备案9家，备案率100%。

【开展危险化学品重大危险源监控管理】 截至年底，全市已确认纳入重点监督管理的存在重大危险源单位18家，总数21个，其中一级3个，二级1个，三级9个，四级8个。对现有的18家重大危险源单位建立台账，详细记录单位情况、周边环境、设备状况等信息，并要求企业按规定对重大危险源进行定期评估。确定每季度对18家重大危险源企业至少检查一次，并详细记录检查情况，及时发现并整改安全隐患。与此同时，要求企业编制生产安全事故应急预案并对预案进行演练、评审、备案，制定各项安全规章制度，落实各项防范措施，做到居安思危，防微杜渐。

【提高安全生产应急能力】 按照省局要求，2013年，安全生产应急指挥平台与省安全生产应急指挥平台实现互联互通，达到应急信息资源共享。截至年底，全市累计有680家进入平台系统管理，初步形成全市规模以上企业安全生产信息资源库，为安全生产决策提供准确有效的依据。强化应急救援队伍管理，提高应急救援队伍战斗力。和矿山救护队签订救援协议的有181家，对签订协议的矿山进行预防性安全检查95家，出动检查人员288人次，查出安全隐患164个，提出整改建议208条；对矿山进行应急救援知识培训1次，参加培训人数101人；协助矿山企业开展应急救援演练2次，参与演练人数18人，观摩演练约240人。

（冯　媛）

附：领导班子成员名单

局　长：吴建文

副局长：洪益林　郭　葳

　　　　许立夫

纪检组长：尹恒春

执法支队支队长：毛亦全

国有资产管理

【概况】 韶关市人民政府国有资产监督管理委员会（以下简称市国资委），于2006年6月13日经市编委批准设立，早期与韶关市经贸局合署办公。2007年3月19日，韶关市委批准设立韶关市国资委党委和纪律检查委员会，履行市委和市纪委规定的职责。2007年5月18日，市国资委单独设置为市政府特设机构，列入市政府工作部门序列。2007年8月31日，韶关市机构编制委员会正式下文确定市国资委的职能配置、内设机构和人员编制规定（即“三定方案”）。根据“三定方案”，市政府授权市国资委代表市政府履行出资人职责，实行管资产与管人、管事（不包括公共管理职能所涉及的事）相结合。

市国资委的监管范围是：市政府指定的市属经营性国有资产（含股权）所涉及的企业和市政府持有的其他企业（含中省属企业）的股权及权益。接收划入的原由政府其他部门承担的指导政府指定范围内的国有企业改革、国有资产监管等职能。市国资委所监管的企业涉及行业覆盖电力、机械、运输、商贸等。

2013年，市国资委机关行政编制20名，后勤服务人员数3名，设办公室、改革发展科、产权管理科、考核统评科（审计与监事会办公室）和人事科（监察室）5个内设机构。

年内，市国资委监管企业完成利润总额34036万元，同比增长55.1%；完成增加值169539万元，同比增长22.5%；可完成上缴国资收益1100万元，各项主要指标达到预期增长目标。

全省公开招聘1名韶铸集团副总经理。2013年5月，在委机关选拔一名中层干部到工贸任副总经理。

【公交资源优化整合工作】 2013年，开展韶运集团、公汽公司、资产评估及清产核资等中介机构的协调工作。5月9日，与意向合作方签订《合作意向书》，制定初步工作安排时间表。通过邀标的形式，聘请国富浩华会计师事务所、广东联信评估公司对韶运集团、韶关公汽分别进行清产核资与资产评估。韶运集团的净资产评估值约为2.94亿元。开展界定资产范围与资产剥离工作。对韶运集团账内资产划出、账外资产划入、托管的国有资产以及公汽公司进入改制评估范围的资产、剥离资产进行现场勘查。确定韶运集团、公汽公司进入转让评估范围的资产范围以及由工贸公司接管的资产清单，并将清单提交给中介机构。指导协调公汽公司改制工作，协助其起草改制方案、职工安置方案以及召开职代会的相关材料等。起草《韶关市属国有道路运输企业改革方案》，方案包括改革方式、合作资产范围、股权设置方案、职工安置方案、改革后的企业发展规划以及股权转让收益情况等内容。

【国有产权登记管理】 2013年，组织市属企业和辖区各县级相关工作归口管理部门完成全市329户国家出资企业（市属企业196户、县（区）所属企业133户）的产权登记信息系统填报工作。严格按照省国资委《关于开展产权登记初始化工作总结和产权登记数据深度分析工作的通知》要求，组织专人对系统信息进行反复检查、审核，并结合地方国有经济实际情况，对本地区国资数量、国资构成、产权结构、行业及主辅业分布等情况进行综合分析，按时完成分析报告。

【国有企业监事会工作】 根据《韶关市国资委监管企业监事会工作规则（试行）》要求企业监事会加强企业的监督力度，提高监事会在企业经营中的作用。聘请一名专职监事，并在企业换届时，以股东身份将监事派驻到企业任职，更好地发挥监事会监督作用，拟定《韶关市国资委监事会报告编报工作规制（试行）》。

【国有企业改革重组】 通过引进战略投资者等方式，推动国有企业改革重组，促进企业完善发展的体制机制，着力解决力士通、新宇等企业的发展问题。在市政府成立的引进柳州正菱集团项目工作领导小组的指导下开展各项工作，8月18日市政府与对方签订合作框架协议，新宇公司的清产核资工作已基本完成，相关股权转让协议稿也已初步商定。

【韶能集团生物质发电试运行】 韶能集团生物质发电项目为市重点建设项目，年内完成土建工程建设及1#机组、2#机组建设并进入试运行阶段，初步建立以农民经纪人为采购主体的燃料采购体系。下一步将继续抓好机电设备的消缺、燃料收储运及加工体系完善等工作，计划于2014年1月实现两台机组商业动运。

【推进明珠公司新住宅区房屋清退工作】 通过成立推进明珠公

司新住宅区结余房屋清退移交工作领导小组，召集市城投公司、市东南轴承公司和明珠公司清算组等相关单位沟通协调，签订《明珠花园公产房权属分割确认书》，明确市政府由于多投入原因应持有明珠公司新住宅区94套房屋（面积约为4805.42平方米）的具体房源，拟定94套房屋清退移交工作时间表，并接受市政府督办科监督。年内，已完成66套约3300平方米房屋的清退移交工作，尚有28套约1500平方米房屋在清退中。

【国资系统内部审计督查整改】 年内，对商贸资产经营有限公司、韶关市第一建筑工程公司、韶关市工业资产经营有限公司、韶关市建设开发总公司等公司进行内部审计调查，审计发现一些财务管理方面存在的问题，并针对存在问题提出整改意见，通过调查督促企业加强管理，防范风险，确保国有资产保值增值。

（郭小明）

附：领导班子成员名单

党委书记、主任：刘德泉

党委副书记：张新安

党委委员、副主任：柳　刚

李春雷

党委委员、纪委书记：王若丹

工　业

综　述

【**概况**】 2013年，全市经信系统贯彻落实国家和省、市经济工作部署，坚持发展这个硬道理，千方百计稳增长，锐意进取，扎实工作，推进新型工业化进程，着力提高经济发展质量和效益，全市经济和信息化保持平稳健康发展。

【**工业效益提升**】 全市实现工业增加值360.3亿元，同比增长16.1%，超额完成市下达指标任务。其中，规模以上工业增加值达306.77亿元，同比增长17.8%，分别超出全国、全省同期水平8.1个和9.1个百分点，在全省21个地级市中排名第6位。工业效益明显提高，全市工业实现利润总额62.98亿元，同比增长145%。

【**消费品零售　批发零业提速**】 全市实现社会消费品零售总额471.11亿元，同比增长15%，分别超出全国、全省同期平均水平1.9个和2.8个百分点，圆满完成市下达指标任务。全市批发零售业增长提速，实现增加值84.89亿元，同比增长10.8%，超额完成市下达指标任务1个百分点。

【**工业结构优化**】 全市产业转移工业园实现规模以上工业增加值68.81亿元，同比增长27.9%，园区工业增加值占全市比重达22.43%，较上年提升1.9个百分点，工业初步实现集聚发展。市及县属工业实现规模以上工业增加值168.28亿元，总量首次超越中省属工业，占全市规模以上工业总量的54.86%，全市工业正逐步摆脱往年过于倚重中省属工业的不利局面，工业结构进一步优化。

【**民营GDP占全市GDP总量的一半**】 民营经济增长发力，实现增加值522.3亿元，同比增长13.9%，占全市GDP总量的51.8%，比重较2012年又提升1个百分点。民营经济完成固定资产投资379.82亿元，同比增长32.1%，占全市固定资产投资总额的57.6%。规模以上民营工业实现增加值109.54亿元，同比增加33.4%，高出全市规模以上工业增速15.6个百分点。

【**节能降耗各项指标超额完成**】 全市单位GDP能耗下降4.3%，超额完成省下达3.68%的节能减排指标任务。全年淘汰落后水泥产能248万吨、落后电池产能17.5万千伏安时，超额完成省下达指标任务，当年成功申报国家节能减排综合示范城市。

【**新增规模以上、限额以上企业数再创历史新高**】 全市新增规模以上工业企业97户，年底规模以上工业企业达546户；新增限额以上批发零售和住宿餐饮企业197户，年底限额以上商贸企业达454户，目标完成率分别为194%、657%，当年新增规模以上、限额以上企业数再创历史新高。

（郑湘琳）

钢铁、有色金属、机械工业

【**钢铁工业**】 2013年，韶关市钢铁工业实现工业增加值42.01亿元，同比增长11.5%，钢铁工业增加值占全市支柱工业增加值总额的21.5%，是全市经济发展的重点支柱产业之一。钢铁工业主要产品——成品钢材当年产量达662.21万吨，同比增长13.8%。钢铁龙头企业——宝钢集团广东韶关钢铁有限公司是国内船板强度、质量等级较齐全，并通过九国船级社认证的钢厂之一。该公司2013年生产成品钢材591万吨，资产总额达242亿元，实现主营业务收入206亿元，年纳税7.49亿元。韶钢年产钢能力650万吨，并集钢铁制造、物流、工贸为一体，是广东省重要的钢铁生产基地、国家高新技术企业和中国重要的船板钢生产基地。韶钢合金钢、优质钢棒材轧机改建工程在2012年开始动工，项目进展顺利，预计于2015年竣工，项目内容主要为新建直径20—80毫米汽车用合金钢棒材生产线，直径70—180毫米优质钢棒材生产线各1套，可年产合金钢棒材53万吨、优质钢棒材62万吨，这是中国钢铁史上采用长流程工艺生产低成本、高质量汽车长型材的重要建设项目，将有效改变珠三角地区合金钢、优质钢棒材使用量大，但缺乏生产企业的历史格局，对促进广东省乃至中国南方地区汽车工业发展具有重大意义。2013年，韶钢完成工业总产值221.34亿元，同比增长10.1%；完成工业增加值30.1亿元，同比增长10.1%。

【有色金属工业】 有色金属工业是韶关经济发展的七大支柱工业之一。2013年，完成规模以上工业增加值30.51亿元，同比增长12.4%，该产业工业增加值占支柱工业增加值总额的15.6%。受污染事件以及“血铅事件”影响，一些重点企业生产一度停产。2013年，全市十种有色金属产量达32.06万吨，同比增长96.3%。韶关冶炼厂、丹霞冶炼厂和凡口铅锌矿是韶关市有色金属工业重点企业。其中，韶关冶炼厂是国内首家采用英国帝国熔炼公司密闭鼓风炉炼铅锌专利技术（简称ISP工艺）的大型铅锌冶炼厂，该企业正抓紧实施异地搬迁升级改造工程。2013年，韶关冶炼厂完成工业产值23.21亿元，同比增长96.6%。丹霞冶炼厂拥有国内首条10万吨大规模锌氧压浸出工艺生产线，被誉为世界铅锌“单打冠军”。丹霞冶炼厂将落实省火炬计划，推进二期、三期项目建设，完成丹霞冶炼厂锌氧压浸出新工艺综合回收镓锗技改的二期工程，使丹霞冶炼厂年处理能力达到50万吨。2013年，丹霞冶炼厂完成工业产值15.63亿元，同比增长48.1%。

【机械工业】 2013年，全市机械工业实现工业增加值22.12亿元，同比增长28.1%，是韶关经济发展的七大支柱工业之一，工业增加值占支柱工业的11.3%。机械生产企业中，韶铸集团作为中南区域最大的铸锻件专业生产企业，具备生产单重80吨以下的各种铸钢件的生产加工能力，国内铸钢件市场占有率约为5%。2013年，韶铸集团完成工业产值5.98亿元，同比增长1.4%。韶关宏大齿轮有限公司是广东最大的齿轮专业生产企业，企业技术与制造水平居国内同行领先地位，2012年企业搬迁至莞韶产业园，生产能力大幅提升，企业产品出口、内销各占一半，产品主要出口美国、巴西、日本和波兰等欧美国家；2013年，企业完成工业产值3.48亿元，同比增长36.3%。韶关液压件厂有限公司是液压缸专业制造厂家，产品涉及冶金、工程机械、港口机械、军事工程等多个领域，在国内占有较重市场份额，产品远销美国等10多个国家；2013年，企业完成工业产值2.9亿元，同比增长17.6%。

【为重点监测工业企业服务】 2013年，全市继续实施市领导班子和市直部门挂点联系工业企业制度，落实好省“重点企业直通车”服务制度，跟踪落实市直部门挂点联系30户工业企业工作。以韶关经信动态向市委、政府报告工作动态和企业的经济运行情况，采取措施为企业解决存在的实际困难和问题。加强经济运行协调服务，落实局领导对重点企业和重点项目的“挂点联系”和“直通车服务”制度，着力解决影响工业运行的突出矛盾和问题。建立与韶钢、韶关烟厂等重点企业定期沟通联系机制，适时采取“一企一策”对应措施，分门别类帮助企业协调解决突出困难和问题。

【监测工业规模】 30户重点工业监测企业2013年累计完成工业增加值164.8亿元，同比增长7.6%，总量占全市工业增加值的45.7%，占全市规模以上工业增加值的53.7%。全市重点企业（指2012年年报增加值达1亿元以上的工业企业）工业增加值178.84亿元，同比增长9.4%，超亿元的企业有186户，超10亿元的重点企业有11户。30户重点工业监测企业产值超10亿元的企业（集团）11户，分别是韶钢、韶烟、凡口矿、韶关电厂、丹冶、东阳光（集团）、韶能（集团）、坪B、韶铸（含子公司）、旭日、韶关供电局，其中韶烟、东阳光和韶关供电局产值均突破50亿元，韶钢产值超200亿元。

【监测工业名单】 韶关市30户重点监测工业企业：宝钢集团广东韶关钢铁有限公司、中金岭南集团韶关冶炼厂、中金岭南集团凡口铅锌矿、中金岭南丹霞冶炼厂、广东省韶铸集团有限公司、华粤煤矸石电力有限公司、韶关卷烟厂、中健行集团有限公司、韶关市坪石发电厂有限公司（B厂）、乐昌市铅锌矿有限责任公司、韶关新宇建设机械有限公司、乳源东阳光实业有限公司、曲江县娃哈哈饮料有限公司、至卓飞高线路板有限公司、韶关市众力发电设备有限公司、韶关旭日国际有限公司、韶能集团、始兴建溢集团、丽珠集团利民制药厂、广东金亿合金制品有限公司、韶关市兴亚洗涤用品有限责任公司、广东省大宝山矿业有限公司、韶关市液压件厂、韶关发电厂、始兴建滔集团、仁化银海有色金属综合回收有限公司、始兴县万达有限公司、广东省明华机械有限公司韶关分公司、韶关市正星车轮有限公司、广东电网公司韶关供电局。

（钟全球 谭桃华）

电力工业

【概况】 2013年，韶关供电系统未发生人身事故事件，未发生三级及以上电力安全事故事件和设备事故事件，实现年度安全生产目标。全口径用户年平均停电时间4.52小时，同比下降9.69小时；全口径综合电压合格率99.32%，同比上升5.1个百分点。全局完成供电量97.98亿千瓦时，同比增长14.88%；售电量91.96亿千瓦时，同比上升12.42%，供、售电量增长率位列广东电网第3位。当年电费回收率99.98%。全口径线损率6.14%。完成电网投资3.78亿元，新增35千伏及以上变电容量18万千伏安、输电线路92.68千米。全口径第三方满意度得分为82分，同比提高8分；直供直管第三方满意度得分为88分，同比提高5分，供电服务获韶关市十大类公共服务领域满意度评价第一名。韶关市供电局在韶关市2012年度中省驻韶关单位党风廉政建设责任制考核中，获第一名。被评为韶关市扶贫“双到”工作先进单位。

全年共调整科级干部27人次，其中新提拔干部16人。

截至年底，全局直属管理变电站共119座，其中500千伏站1座，220千伏站11座，110千伏站64座，35千伏站43座，主变容量9258.15兆伏安。35千伏及以上输电线路总长4461.545千米。

【战略实施步伐不断加快】 按照广东电网公司深化创先总体部署，结合本局发展特点，编制具有韶关供电局特色的深化创先工作实施方案和13个重点领域行动计划书，推进创先深入开展。开展“三基”工程建设，8个子公司通过省公司的评估验收，基础管理、基层班组、基本技能得到全面提升。统筹兼顾指标和管理提升，选取同梯队的肇庆局、清远局开展月度对标工作。鼓励基层首创，开展PSGC活动，评选出18份优秀成果进行推广。全面实施组织绩效动态管理，以创先实绩评价工作成效。组织绩效管理模式，被韶关市绩效办借鉴用于完善政府组织绩效考核办法，获得市领导的认可。

【县级子公司科学发展上台阶】 全面落实广东电网公司促进农电发展实施方案，成立各单端电压合格率达97.66%，同比上升14.42个百分点。全面开展县级供电企业规范化建设，曲江供电局获授予“规范化县级供电企业”称号。进一步推进主网业务专业化管理延伸，一体化管理水平持续提升。合理调整供电所机构，在各县级子公司建立城区运维中心，进一步优化人力资源，提高配网运维能力。在各巡维中心建立配电实操基地，通过实战演练提升员工技能水平。进一步规范县级子公司劳动用工，与171位接管范围内农村电工签订劳动合同。稳妥推进位一把手为组长的组织保障机构，制订实施计划，各项工作得到有效落实。加快农网升级改造，完成农网基建投资1.85亿元。突出抓好农网台区过载和低电压问题改造，农村居民南雄市百顺等5个趸售镇的农电体制改革。

【安全生产】 推进安全风险体系建设，实现体系的高效运转。协同推进安全生产标准化工作，以93.8%的得分率顺利达标，成为全国首批通过一级认证的电网供电企业。强化电网风险管控，实行“一风险一预案”，实现电网运行风险量化评估。全年共发布电网风险预警41次，风险管控效果良好。完善设备风险评估机制，形成以风险为核心的输变电设备运维策略。开展设备运维，设备重大紧急消缺率100%。开展安全大检查，累计排查并整改隐患1571项。加强督查计划管理，创新督查方式，安全监督管理迈向精益化。全年开展日常督查12326次，发现问题823项，整改率100%，有效降低作业风险。

推进“两册”应用，建立“班组作业表单库”，规范移动作业的实现方式，提高作业标准化和信息化水平，实现“计划＋表单”的工作模式有效落地。着力提高设备运行质量，有序推进设备防冰、防雷、防汛改造。深化应急体系建设，试点开展与政府应急平台互联互通，防灾抗灾水平明显提高。及早落实防冰、防汛及防外力破坏措施，有效应对年初冰雪凝冻、“5·16”洪灾及“尤特”“潭美”等自然灾害对电网的影响，得到市委市政府的表扬。顺利完成支援汕尾抗击台风“天兔”的抢修复电工作，获广东电网公司嘉奖。

【供电服务】　2013年，韶关地区经济形势明显好转，负荷、电量均有较大幅度增长，最高负荷达151.3万千瓦，同比增长20.75%。通过提升负荷预测水平，优化电网运行方式，完善有序用电方案，不断提高电力供应保障能力，全年未实施强制错峰。主动服务“三重”、大客户等项目，提前3个月完成市重点工程宏德热轧钢有限公司220千伏客户受电工程。深化可靠性管理，突出抓好主配网联动的综合停电、转供电管理和快速复电机制的推广，用户平均停电时间、平均停电次数实现大幅下降。提升电压质量，落实防范配变过载运维措施，完善电压质量管理手段，综合电压合格率持续提升。

推进全方位客户服务体系建设，打造多元化、分层次、立体式的服务渠道。启动“我们在您身边”服务形象宣传，重点推广短信营业厅、在线客服、微信客服等便民服务，并为398户大客户配置一对一的客户经理。完成全市16家大型骨干企业电力需求调查和“一企一案”编制。客户停电应急体系运作良好，为重要客户建立“一户一册”的应急手册和应急包。开展电力需求侧管理考核工作，全年电力需求侧节约电量4303万千瓦时，超额完成省公司节能考核指标。

【电网规划】　初步建立电网规划、综合计划、投资计划三位一体的投资决策平台，提升资源科学有效配置。完成省公司综合计划项目库规划试点工作，试点成果在全省推广。完善韶关市中长期电力负荷规划研究、电力专项规划修编工作，启动“十三五”电网规划。市政府出台《韶关市关于促进电网建设的若干规定》，为电网发展创造良好环境。全面开展中低压配网“一镇一册”分析，实现规划工作向“以我为主”的转变。建立中低压配电网基建项目可研立项联合审批工作机制，提高配网项目立项的有效性。

【优秀工程项目建设】　开展样板工程建设和“挑战宁海”专题活动，打造优秀工程项目，全部参评项目均达90分以上，四项工程获评样板工程称号，其中南雄配网工程被授予金质工程称号，始兴罗坝供电所小型基建工程被授予省公司示范工程称号。开展工程建设规范管理，进一步提升业主项目部、项目招标、合同管理和工程分包的规范化水平。强化执行施工现场安全“四步法”，将安风体系要求在施工现场落地，关山公司安风体系外审达到“二钻”目标。落实承包商考核扣分办法，开出考核扣分罚单276张，列全省第一，电网建设第三方安全督查考评排名全省第一。加强造价控制，做好标准设计及典型造价推广应用，提高综合效益。

【供电物资仓库管理】　物资需求计划准确率、合同签约及时率、准时供、收货率均为100%。推广应用资产全生命周期管理分析系统，合同履约管理实现红绿灯管控。落实抽检、监造、见证三位一体的品控管理，严把物资到货质量关。推广“一级仓库＋急救包”管理模式，试点探索县级子公司二级物资仓库逐步退运工作。严控闲置物资新产生，库存周转率138.84%，闲置物资库存30.24万元，超额完成省公司下达的指标任务。优化应急物资保障机制，为抢险救灾工作提供坚实的物资保障，获广东电网公司表扬。

【供电经营管理】　实施效能监察，开展专项审计15项，堵塞管理漏洞，挽回经济损失51.67万元，促进增收节支9.96万元。规范电费业务操作行为，推进电费核算一体化管理。加大反偷查漏和稽查力度，全年共追补电费61.99万元和违约使用电费188.38万元。强化合同法律风险防控，对重大合同定期进行风险识别，对存在履行风险的合同定期跟踪整改。妥善解决“曲江劳动争议系列案件”等历史遗留问题。

落实开源节流增收节支方案，重点压缩可控供电成本，挖掘利润增长潜力。通过三年项目库的建设，促进本局价值创造能力的持续提升。严格控制执行峰谷电价的小水电数量，有效控制购电成本的二次增长。开展农网维护费免税工作，减免1275万元的增值税支出。协助县级子公司拓宽融资渠道，融资提款总额3.85亿元，全部为集团内部融资，节约财务费用226.35万元。线损率总体保持下降趋势，线生省公司考核的信息安全事件。

【供电业务信息化】 完成营配现场作业平台应用推广，优化八大主营业务系统的功能模块，主营业务系统得到深化应用与升级。推进信息系统数据质量及实用化提升，全面完成数据同源及数据核查工作，数据同源一致性比对率和数据核查完成率达100%。营配信息集成各功能模块的应用稳步推进，实现配网单线图单轨运行。采取“一对一，专人专管”的方式，指导县级子公司开展信息化登高工作。信息安全总体运行平稳。

【企业文化宣传】 以南网企业文化为统领，持续完善“幸福驿站”，深化“道德讲堂”建设。持续开展员工辅导计划，119名辅导员获认证。开展表扬立功相关工作，对全局60个先进个人和15个先进集体进行表扬。推进新闻宣传，营造企业内和外顺氛围，中央和省市主流媒体采用市供电局新闻稿件121篇次。强化危机公关，主动加强与地方主流媒体的沟通联系，全年处理舆情信息16条，网络问政15条。

（黎韵姗）

附：领导班子成员名单

局　长：刘伟辉

党委书记：叶秋云

副局长：邓永保　潘　斌

　　　　黄　滔

纪检书记、工会主席：吴文光

莞韶产业园

【概况】 2008年，按照省委、省政府“双转移”战略，东莞、韶关两地政府联手，共建东莞（韶关）产业转移工业园。园区位于韶关中心区近郊，自北向南包括浈江、沐溪—阳山、甘棠和曲江等四个片区，园区为莞韶产业园、韶关工业园区和韶关高新区管委会“三块牌子一套人马”。园区统一以莞韶产业园为平台争取有关政策、融资和提供有关服务等。园区管委会内设8个局室、1个事业单位，行政、事业单位编制共49名，其中公务员编制28名人，事业编21名；另有直属集团公司1个。

园区首期开发建设面积9.37平方公里，中期规划面积增加到50平方公里。生态型森林化是莞韶园的重要特点，优美的生态环境，为园区承接高端产业转移创造良好条件。

园区落户项目300多个，其中：投产企业205家，在建项目112家。规模以上工业企业76家，从业人员3.8万人。园区以装备制造为特色，形成以比亚迪、宏大齿轮、东南轴承等企业为龙头的汽车零部件产业；以力士通、韶瑞重工等企业为龙头的工程机械产业；以韶液、伟光液压为龙头的液压缸产业；以中机重工为龙头的高端锻造产业等等。建立粤北玩具科研检测中心，以旭日、康瑞、科艺等企业为龙头的先进玩具制造业也得到较快发展。以丹霞制药为龙头的生物制药，以欧莱、西格玛、金亿合金等企业为龙头的新材料，以深华龙为龙头的LED光电产业等新兴产业如雨后春笋，进入发展的快车道。

2013年，莞韶产业园贯彻市委、市政府的决策部署，坚持长着眼、近着手，坚持抓方向、打基础，保持园区经济的平稳发展和各项工作的有效推进。全年，完成工业总产值161.52亿元，工业增加值38.29亿元，固定资产投资43.47亿元。2009年和2010年，连续获得全省产业转移园目标责任年度考核优秀等次；先后竞得省产业转移竞争性扶持资金5亿元和省专业性扶持资金1亿元。

【实现经济平稳较快发展】 面对复杂的经济环境，莞韶产业园坚持从实际出发，狠抓主导产业，出台《扶持10家重点企业转型升级》《引进10家整机装备企业》《生产性企业扶持奖励办法》等政策措施，深入解决企业发展中的问题和困难，通过扶持重点企业，带动一般企业发展，促进产业结构调整优化，园区工业经济总量上规模，质量上水平，凸显以装备制造为重点主导产业，电子信息、医药、玩具为一般主导产业的产业格局，经济发展后劲增强。2013年，莞韶产业园累计完成工业总产值161.52亿元，同比增长19.9%，其中韶关工业园区完成73.98亿元，同比增长12.2%。完成工业增加值38.29亿元，同比增长19.6%，其中韶关工业园区完成18.68亿元，同比增长11.2%。主导行业工业增加值累计完成21.2亿元，同比增长16%，占园区工业增加值的55.4%。其中：装备制造业为11.59亿元，同比增长20.51%；玩具行业为9.61亿元，同比增长10.7%。韶关工业园区完成税收4.52亿元，同比增长21%。

【做好园区产业发展规划和经济运行监控工作】 全年申报省科技项目12个，中小企业发展专项资金贷款贴息项目2个，自主创新转型升级补助项目1个，重点产业贷款贴息项目21个。做好第一届机械装备及零部件展览会工作，推进园区企业技术改造和科技创新，开展企业和博士对接工作。申报各项资金，获得省各种项目扶持资金共1824万元；申报省产业园区奖励扶持资金三项，其中获得基础设施奖励扶持资金1.5亿元；同时将智能装备科技孵化园、龙归稀土产业园区、云计算平台建设、国际装备技术转移中心等项目上报国家发改委。

【抓好重点产业和项目】 比亚迪电动叉车项目于8月下线生产，2014年计划生产2.5吨电动叉车1500台；芬兰美卓矿机与韶瑞重工正式交割，一个全新的中外合资企业“韶关市韶瑞重工有限公司”正式成立，全年实现产值2.64亿元，同比增长71.6%；中机重工二期4000吨锻造液压机项目投产，成为华南地区最具研发能力的大型锻造厂；韶关液压件厂、宏大齿轮、东南轴承、磊信机械等企业成功搬迁新厂，分别实现产值2.9亿元、3.48亿元、1.29亿元、0.24亿元，同比分别增长15.1%、32.2%、36.5%、20.2%；磊蒙机械、天源重机、宏德轧钢等企业均实现大幅度的增长。重点企业旭日集团，实现产值31.33亿元，同比增长11.9%；医药产业中，丹霞生物制药正式投产，完成资金投入17.85亿元。另外，广东汉鸿木业、五联木业分别实现产值3.02亿元和8.97亿元，同比增长36.9%和71.9%。

【招商引资采取良好举措】 注重结交装备业界内外的新老朋友。与广东机械行业协会、东莞机械行业协会、深圳机械行业协会结成战略合作伙伴关系，与沈阳机床、三一重工等大型企业建立密切联系。注重搜集机械装备行业的企业、商会、行业协会信息，全面了解目标企业的产业结构、行业地位、发展战略及企业高层管理人员等情况，建立客商资源信息库和招商引资项目储备库，结合园区产业招商规划，找准结合点。注重利用各类大型展会、经贸活动，开展招商引资工作 借助第14届深圳国际机械制造工业展览会，粤港投资环境推介与项目对接交流会，粤港经贸交流会，第十届中国国际中小企业博览会等国内外知名展会和推介会，专注目标客户招商。发挥莞韶产业园驻深圳联络处的作用，重点做好龙头企业拜访工作，策划组织“韶深莞机械装备企业家联谊交流会暨莞韶产业园商机推介会”，与5家机械装备企业签订投资意向书，引导深圳机械协会“投资与慈善同行”，促成60万元捐资助学项目落户仁化黄坑中学。

【招商引资成果丰硕】 全年共接洽珠三角及全国各地有近150批次企业及团队到园区实地考察，考察总人数达700多人次。截止2013年12月，莞韶园区共签订合同及协议25个，其中正式合同17个，合同及协议利用资金45.95亿元，同比增长32.7%。其中韶关工业园区招商引资合同及协议12个，利用资金达18.85亿元，同比增长106%，正式签约项目7家，其中2家为整机项目。在当前可用土地缺乏的情况下，另签订6个机械装备项目投资意向书，计划总投资额达14.4亿元。医药信息物联网、数控刀具、数控机床等一批项目待正式签约。韶关工业园区实际到位资金8.35亿元，同比增长17.3%；实际到位外资1183万美元，同比增长33.2%；合同利用外资3183万美元，同比增长191%；外贸出口1.85亿美元，同比增长13.5%。

【基础设施建设稳步推进】 推出主题工业园概念。实施专业化、特色化园区规划设计，先后完成《智能装备产业规划》等5个专业规划。根据莞韶园的实际情况，定位装备制造作为重点主导产业，实施“3+4”战略，即集中力量发展工程装备、轻工装备、金属加工装备等3个整机行业，同时巩固和发展机械基础零部件、汽车零部件、模具和特种装备零部件等4个零部件配套行业。

首次提出“五个主题工业园”的概念，明确由莞韶公司、景园公司和骐骥公司三大项目公司作为项目的实施单位，推进建设前期工作。

韶关智能制造科技孵化园（莞韶城）项目，已完成可研报告编制及项目立项备案，已完成47公顷的征地拆迁工作；已通过第一次专家讨论安置点规划设计方案，完成安置点地勘工作，并正在做调整后的施工图设计。

工程装备科技园基建项目，已完成比亚迪边坡治理工程的施工招投标工作，完成土建竣工验收；完成比亚迪配套基础设施建设项目主干道工程的招标工作；开展比亚迪项目（一期）边坡、排水改建、土方工程的结算；解决比亚迪配套预留用地、比亚迪项目（一期）征地结算和土地报批费等问题。

精密机械科技园（45.33公顷）建设项目，已委托省国际咨询公司、市水利勘测设计院、中冶京诚公司分别开展该项目的可研和防洪规划、道路施工设计等前期工作，防洪规划的初步设计已经完成并报市水务规划行政部门审批，地质灾害评估审核和备案工作已完成。同时，解决该项目在控制性详细规划审批、土地权属重叠、资金来源等方面的问题，推动项目建设。

数控机床工业园和模具工业园计划推出净地，由东莞市主导招商引资工作和专业园建设运营工作，2014年将全面实施建设。

推进基础设施建设。园区保障房建设项目已完成项目立项备案工作，土地出让方案已完成网上交易工作。

国际物流中心正在进行控制性详细规划和可行性研究。

甘棠污水主管及给水主管工程已完工，阳山污水泵站已完成泵房主体工程的建设和污水管道铺设工程，12月底前完成工程竣工验收工作。

国道新323线道路已于7月中旬恢复爆破工程施工，在12月底前完成该路段的水泥砼路面的浇筑工作。黄沙坪村道与主干道新323线连接线（临时便道）目前临时便道已经铺设好路基，12月上旬交付阳山村委使用。上述两个工程正在紧张地建设。

【拓宽融资渠道】 近年来，莞韶产业园共向银行贷款18.58亿元，年内，尚欠银行贷款14.48亿元，其中韶关工业园区贷款10.2亿元。为解决建设发展资金问题，一方面，筹款偿还债务。全年累计偿还各家银行贷款9937万元。另一方面，筹集建设资金。完成新增项目10亿元融资借款的前期手续。完成阳山片区土地出让10宗，出让面积为27.6公顷，实现土地出让成交额8276万元。年底，将完成园区保障房项目4.13公顷土地的摘牌工作。全年共支付基础设施建设资金1.79亿元，其中：征地拆迁费3935万元，工程建设费7352万元，其他费用6603万元。融资担保业务方面，全年担保总收入886万元，通过审批项目58个，担保总额为3.4亿元。在保余额为3.1亿元，在保66户，累计担保总额为8.89亿元，累计担保188户。实现担保代偿率、损失率为零的目标。小额贷款公司通过省金融办的审批。

【注重土地储备保障园区项目建设用地】 做好扩园申报工作，27.9平方公里的扩园申请已通过省环保厅的专题会议，将汇集各部门意见报省政府批准。做好重点项目用地的征地拆迁工作。推进阳山二期及科技孵化园项目建设，完成B1、B2、B3、B4地块征地任务。完成兴泰门业二期2.39公顷项目用地的征地。处理好C地块与水产良种场权属重叠问题。完成消防农场征地约7亩，保障国道新323线的贯通。大、细村整体拆迁已完成对184户拆迁户拆迁协议签订工作，占任务的84%，补偿资金1770万元。微波站用地对涉及新323线道路施工用地的拆迁，已完成对房屋面积、附着物及青苗进行清点、丈量和登记，并进行核算。

加快规划编制工作。完成智能科技孵化园、高端装备制造生产基地、精密机械科技园等项目的控制性详细规划编制工作；加快推进北部工业园的规划选址、总体规划编制工作；完成园区拟出让地块的控制性详细规划12宗；协助做好扩园申报工作，完成扩园27平方公里的方案规划编制，为扩园环评做好基础工作。

推动土地挂牌出让工作。共出让11宗地块（其中10宗工业用地，1宗居住用地），总面积31.72万平方米，土地出让总价1.76亿元。做好土地报批工作，争取市级年度计划指标124.27公顷，为比亚迪项目、阳山安置地项目等提供用地保障。已完成3个批次共约66.67公顷用地的报批材料。

【在韶关举办高峰论坛取得经济效益】 由东莞—韶关产业转移园主导的第三届广东装备制造业国际高峰论坛暨中国机械博士大会于11月7—9日在韶关举办，此次论坛首次开启“会展合一”模式，将同期举办“首届韶关装备及零部件展览会”，此次展会参照厚街会展服务的高标准进行，首次将厚街会展模式“移植”到粤北。参展的企业中，来自莞韶园的机械装备企业占相当比重，而东莞的一批机械制造龙头企业也将参展。共有560名嘉宾参加会议，其中138名机械博士、36名媒体记者。来自行业内的权威人士、机械博士和各地机械装备界的企业老总、行业领袖的高端碰撞，使会议收获丰硕成果，为广东装备论坛迈入品牌化道路奠定坚实的基础。原外经贸部副部长龙永图等7位国内外重量级嘉宾的主题演讲，为参会人员带来国际国内经济形势和装备制造业发展的前沿信息。现场签约4个项目，投资额达85亿元。而第二届中国机械博士大会，则为装备制造业高层次人才搭建一个良好的平台。有160多机械博士和企业家参加，其中既有享受国务院津贴的学者，又有国家千人计划的专家，还有88位带来自己的科研成果。在大会过程中，产学研对接达成初步合作意向的有58个项目，其中2个项目达成正式协议。本届论坛，进一步推进与东莞、深圳、佛山、台湾等重点区域的交流与合作，与参会企业家和机械博士加强沟通，互通信息，为韶机械装备业的发展和招商引资工作奠定坚实的基础。

【首届韶关装备及零部件展览会】 作为配套活动的第一届韶关机械装备及零部件展览会让许多企业找到新的客户，创造新的商业机会。3000平方米的展区设有标准展位102个、特装展位21个。整个展区分为零部件馆、液压件馆等5个展馆。由专业的展览公司厚街广东现代展览有限公司负责具体操盘运作。韶关机械行业协会有过半数会员企业踊跃报名参展，共有66家各地企业参展，东莞南兴木业机械、巨冈和铭力数控等3家企业带来“重量级”的智能整机产品参展。首日进场观众人数3500多人次，其中70%为专业观众。省和东莞、韶关两市领导300多人次参观展览会。由于第一届韶关装备展展会特色鲜明、效果明显、服务到位、运作管理规范、有较大影响力，被中国会展业品牌评委会评选为“2013年度中国品牌会展项目”。

（史志办整理）

附：领导班子成员名单

主　任：陈仲球

常务副主任：李敦华

副主任：吴岳朋　熊菁华

　　　　赖香全

副调研员：欧韶芳

农·林·水·气象

农 业

【机构设置】 根据《中共韶关市委、韶关市人民政府关于印发〈韶关市人民政府机构改革方案〉的通知》，设立韶关市农业局，加挂中共韶关市委农村工作办公室牌子，为市人民政府工作部门，核定机关行政编制69名。根据上述职责，市农业局设17个内设机构，即办公室、综合协调科、政策法规科、新农村建设指导科、农村经济体制与经营管理科（市农村集体资产管理办公室）、市场与经济信息科、科技教育科、种植业管理科、农业机械化管理办公室（农业机械安全监督管理办公室）、农业应急管理办公室（市农业应急指挥中心）、农产品质量安全监管科、财务与审计科（发展计划科）、农业综合开发办公室、人事科（监察室）、市扶贫开发领导小组办公室（市老区建设办公室）、市畜牧兽医局（市防制重大动物疫病指挥部办公室），管理畜牧科（市饲料工业办公室）、兽医科2个科室。

【下属机构改革】 农业局局下属单位现共有9个，广东省渔政总队韶关支队为副处级执法单位。2013年，由于事业单位分类改革，根据《中共韶关市委、韶关市人民政府关于印发〈韶关市市直事业单位分类改革方案和有关配套政策〉的通知》，局下属事业单位由原来的22个精简为8个：韶关市水产管理局保留为公益一类的副处级单位；韶关市动物卫生监督所保留为行政类的正科级单位；韶关市农产品质量安全监督检验测试中心保留为公益一类的正科级单位。这3个单位为参公管理事业单位。

整合韶关市种子管理站、韶关市植物保护站（韶关市植物检疫站、韶关市农作物病虫预测预报站），组建韶关市植保植检与种子管理站，为市农业局管理的公益一类事业单位，正科级。

整合韶关市农业信息中心、韶关市农民科技教育培训工作站（韶关市农业干部学校），组建韶关市农业教育与信息中心，加挂韶关市农民科技教育培训工作站牌子，为市农业局管理的公益二类事业单位，正科级。

整合市农业科学研究所（市农业科学研究中心、广东省（韶关）区域性农业试验中心）、市农机推广站、市农业机械研究所、市农业机械学校、市经济作物研究所，组建韶关市农业科技推广中心，加挂广东省（韶关）区域性农业试验中心、韶关市农业科学研究所、韶关市农业机械化技术推广站牌子，为市农业局管理的公益二类事业单位，正科级。

整合韶关市水产研究所［广东省（韶关）区域性水产试验中心、韶关市水产研究培训中心］、韶关市渔业资源增殖站、韶关市水产良种场，组建韶关市水产研究所，加挂广东省（韶关）区域性水产试验中心、韶关市水生动物救护和良种推广中心、韶关市渔业资源增殖站牌子，为市农业局管理的公益二类事业单位，正科级。

韶关市畜牧研究所加挂韶关市畜禽良种繁殖场、广东省（韶关）区域性农业试验中心畜牧业分中心牌子，为市农业局管理的公益二类事业单位，正科级。

撤销韶关市畜牧技术培训中心、市农村干部培训中心（中共韶关韶关市委农村工作部、市农业委员会招待所）、市农村财务管理办公室、市水产良种场、市渔业资源增殖站。搁置市果树研究所（市果场）、市乡镇企业培训中心、市农业发展总公司。

【获得2013年全省先进单位和个人】 全省先进单位：市农业局获得广东省委办公厅、省人民政府办公厅授予的广东省扶贫开发“规划到户、责任到人”工作优秀单位；扶贫办获得广东省扶贫开发领导小组授予的“广东省扶贫开发工作优秀集体”。全省先进个人：骆少明和刘志强分别获得广东省扶贫开发领导小组“广东省扶贫系统扶贫开发工作优秀个人”；黄文年获得广东省委组织部和广东省扶贫开发办公室授予的“优秀驻村干部”。（人事科）

【农业概况】 市农业系统按照年初的工作部署，以转变农业发展方式为主线，以实现农业现代化为目标，以促进农民收入持续快速增长和加快社会主义新农村建设为主要任务，克服“5·15”“8·16”洪灾等自然灾害的困难，开展“三农”工作，全市农业农村经济持续健康发展。2013年，全市农业增加值131.3亿元，同比增长4.8%，农民人均纯收入9584元，同比增长11.7%。

【强农惠农政策】 韶关市农业部门落实国家农业补贴政策。2013年全市落实各类种粮补贴资金2.3亿元，其中中央农作物良种补贴资金3528.71万元，农资综合直补资金1.76亿元，种粮直补资金1901.8万元。2013年，全市共有181839头母猪参保，7年累计能繁母猪的参保量达881818头次。

【农业基础设施建设】 2013年，建成高产稳产农田面积6326.67公顷，完成投资11652万元，分别完成计划任务的160%、151%。其中，农业综合开发整治土地项目建成高产稳产农田面积5166.67公顷、完成投资9166万元，均超额完成计划任务。

【农业园区建设】 全市共有14个省级现代农业园和11个省级农业标准化示范区。仁化县国家现代农业示范区全面启动，制定仁化县国家现代农业示范区建设工作要点及建设任务分工方案；粤北现代农业示范园区加快发展，园区内涉农企业46家，完成投资4.3亿元，预计年产值达21.7亿元，带动农户1.5万户，户均年收入5.5万元；粤台农业合作试验区翁源核心区已完成固定资产投资1.3亿元，完成农业招商7家，建设现代化温控大棚80000平方米，流转土地166.67公顷，完成园区其他配套工作。

【现代农业】 农业基地建设不断壮大。建立11个省级农业标准化示范区；建设500亩以上蔬菜基地48个、1万头以上生猪养殖场20家、规模肉鸡养殖场4家、鸡蛋生产基地3家；建设水产良种基地。登记成立家庭农场22家。休闲观光等新兴农业产业日渐显现。全市已经形成各种类型的休闲观光农业：以依托各类农业基地和景区景点的生态休闲旅游农业；以饮食服务为依托，让人们贴近产地，直接品尝美味的水产品佳肴的生态休闲渔业；以金果生态园、旭日观光葡萄园、农作物奇观园、油茶博览园、石斛园、花卉产业（观赏）园等为代表的粤北现代农业示范园区的生态休闲农业产业带。2013年，引进27个现代农业生产项目，计划投资总额139104万元，已实际到位资金22927万元。在工作中，做好已引进项目的跟踪服务，做到以商引商；建立好拟招商项目库，做好推介工作，做到以项目引项目。（综合科）

【粮食生产】 2013年，韶关市继续按照粮食稳定增产行动意见有关要求，落实各项重点措施，推动粮食生产稳定发展。在历经“5·16”“8·17”“8·22”等多次严重洪涝灾害的情况下，全市粮食播种面积157080公顷，总产86.06万吨，分别比上年减少1853.33公顷和5.6万吨，超额完成省下达市156733.33公顷和85.73万吨的粮食考评指标。韶关市大宗粮食作物主要包括水稻、薯类、玉米和大豆。2013年，水稻种植面积124173.33公顷，总产73.43万吨，分别比上年减少2066.67公顷和5.72万吨；玉米面积11080公顷，总产4.72万吨，分别比上年增加313.33公顷和0.13万吨；薯类111966.67公顷，总产5.00万吨，分别比上年减少613.33公顷和0.18万吨；大豆面积8800公顷，总产2.65万吨，分别比上年减少193.33公顷和增加0.12万吨。

【经济作物生产】 韶关市大宗经济作物主要有蔬菜、烟叶、花生、油菜籽、果用瓜、甘蔗等。蔬菜：蔬菜种植面积仅次于水稻，而产值则居各种农作物产值之首。2013年，全市蔬菜种植面积85053.33公顷，产量192.76万吨，产值679134.07万元，分别比2012年增加4473.33公顷、11.67万吨和108673.22万元，增幅为5.55%、6.44%和19.05%。烟叶：是韶关市种植历史悠久，经济效益较高的农作物之一。现有南雄、始兴、乐昌、乳源4个县（市）约30个乡镇种植黄烟。2013年，全市烟叶种植面积13886.67公顷、亩产163

公斤、总产3.40万吨，产值80014.22万元，分别比上年减少60公顷、增加2公斤、0.03万吨和5682.44万元。油料作物：韶关市油料作物包括花生、油菜籽和芝麻。2013年，油料作物面积和产量持续增加，实现“六连增”。2013年，全市油料种植面积44820公顷，产量13.39万吨，比上年面积增加1466.67公顷，产量增加0.52万吨。其中，花生种植面积38793.33公顷，产量12.69万吨，比上年面积增加1306.67公顷，产量增加0.62万吨。2013年，在南雄市雄州镇和仁化县董塘镇分别开展花生万亩高产创建活动，示范面积超过0.13万公顷，主要示范推广种植仲恺花1号和仲恺花10号，两个示范片均取得预期效果，其中南雄万亩高产创建示范片平均产量305.7公斤（干果），比非示范片平均亩产增产85千克。甘蔗：甘蔗是韶关市传统的经济作物，种植历史悠久。其中翁源县种植面积最大，是甘蔗主产区。韶关市甘蔗种植品种主要包括果蔗和糖蔗。2013年，甘蔗面积5373.33公顷，产量55.44万吨，分别比上年增加40公顷和0.168万吨。其中，糖蔗2740公顷，产量21.32万吨；果蔗2633.33公顷，产量34.12万吨。果用瓜：韶关市果用瓜种植品种主要有西瓜、甜瓜、草莓和小西红柿等，品种较少。近几年果用瓜种植面积和产量稳步增加，品质有所提高，是发展较快的经济作物之一。2013年，果用瓜种植面积6300公顷，总产18.66万吨，分别比上年增加193.33公顷、0.65万吨。

【园艺作物生产】 韶关市主要园艺作物包括蔬菜、水果、茶叶和花卉。其中，蔬菜、水果、茶叶是传统栽培作物，花卉是近几年发展较快的园艺作物。水果：韶关市水果栽培历史悠久，品种资源丰富。品种包括李、柑、橘、橙、柚子、柿子、梨、白果、杨桃、板栗、葡萄、大果枇杷、青梅、黑奈李、杨梅等。其中，翁源三华李、九仙桃、始兴枇杷、南雄白果、乐昌九峰奈李、仁化金果沙田柚等水果是驰名省内外的名优水果。2013年，全市水果种植面积33040公顷，产量43.05万吨，比上年增加1000公顷和3.58万吨。其中柑、李子、橘、柚子种植面积较大，分别为9560公顷、9013.33公顷、4033.33公顷和2226.67公顷，产量分别为13.31万吨、10.82万吨、5.42万吨和3.27万吨。花卉：韶关市花卉生产以盆栽植物、鲜切花、苗木为主，品种主要是兰花、凤梨类、菊花等。2013年，花卉种植面积893.33公顷，面积比上年增加153.33公顷。全年生产盆栽观赏植物1629.15万盆，鲜切花25351万枝，观赏苗木30.57万株，产值50818.54万元。茶叶：2013年茶叶种植面积3273.33公顷，产量0.36万吨，比上年增加253.33公顷和0.05万吨。全市茶叶生产以绿茶为主，另有少量青茶和红茶，2013年绿茶产量为0.26万吨。其中乐昌、仁化白毛茶，曲江罗坑红茶、翁源珠江源红茶等品质优异，色、香、味俱佳，驰名省内外。

【科技推广应用】 韶关市推广保护性栽培技术，提高种植业的科技含量。2013年，水稻薄膜育秧49260公顷，地膜花生、地膜黄烟等地膜覆盖21333.33公顷。同时，推进抛秧、规范化栽培，病虫害综合防治，测土配方施肥等实用技术。其中：水稻抛秧111260公顷，秸秆覆盖15420公顷，秸秆还田78106.67公顷，测土配方施肥117800公顷次。良种的使用也更加普及，除优质稻保持在96666.67公顷，优质专用玉米9000公顷、“双低”油菜籽4426.67公顷、脱毒薯类2980公顷，比上年同期分别增加33.33公顷、366.67公顷和400公顷。通过推广应用农业高效实用技术，促进农作物的增产增效，提高农作物种植效益。

【农作物病虫害防治】 全市农作物病虫草害发生面积2033333.33公顷次，防治面积达2113333.33公顷次，总损失率控制在4.5%以下。其中，全市水稻病虫发生面积90万公顷次，防治面积90万公顷次，防治效果总体达到95%以上，为害损失率降到4%以下，实际损失稻谷3.7万吨，经防治挽回稻谷损失38.8万吨；蔬菜病虫总体偏重发生，发生面积40.67万公顷次；花生病虫总体中等发生，局部偏重发生，发生面积12万公顷次；果树病虫偏重发生，发生面积17.33万公顷次；玉米病虫中等发生，发生面积2.13万公顷次；农田鼠害中等发生，发生面积9.33万公顷次，均得到有效防治。（种植业科）

【农产品品牌发展】 2013年，韶关市继续发挥产业优势、区域优势和特色优势，推进标准化生产、规模化经营和产业化发展，加快发展绿色食品、有机农产品，鼓励农产品商标注册，名牌农产品不断增多。2013 年，韶关市七里香粮油实业有限公司的国粤天香牌象牙粘、韶关市詹氏养蜂场蜂业有限公司詹氏牌槐花蜜、始兴县古塘实业开发有限公司古印牌古塘板鸭等 3 个农产品新获评选广东省名牌产品（农业类），生产企业受到广东省农业厅的表彰。韶关市获省评选为广东名牌产品（农业类）的产品已增至 16 个。

【农业标准化建设】 2013 年，韶关市运用农业标准化的手段，加快先进适用农业技术的推广应用，探索应用标准化促进农业和农村经济发展的新思路和新经验。发展无公害农产品、绿色食品、有机农产品，引领农业标准化实施，培育一批标准化实施主体；结合农业现代化示范基地和农业龙头企业、高科技园区建设，开展乳源无公害蔬菜、曲江沙田柚、新丰佛手瓜、乐昌马蹄、翁源三华李、南雄金友米、乐昌无公害蔬菜、武江区龙安淮山、翁源有机茶、仁化茶叶等 11 个省级农业标准化示范区建设，实施农业产前、产中、产后综合标准化管理，并发挥示范区的示范、带动和辐射作用，普及农业标准化生产，标准实施能力不断提高。

【农产品认证】 2013 年，启动始兴县澄江镇有机农产品示范镇建设，初步开展有机蔬菜、有机水稻、有机竹笋认证 366.67 公顷。韶关各地继续发挥资源优势、生态优势，以丰富的名优特农产品为依托，以提高农产品质量安全水平和市场竞争力为目标，围绕提升产业素质和增强农产品市场竞争力，结合推进优势传统产业发展和农业生产经营专业化、标准化、品牌化，按照无公害农产品、绿色食品和有机农产品“三位一体、整体推进”的发展思路，开展无公害农产品、绿色食品和有机农产品生产基地建设。全市累计通过产地认定和产品认证的生产企业（单位）共 234 家、认证产品 523 个，其中无公害农产品认证 117 家、产品 201 个；绿色食品认证 27 家、产品 67 个；有机农产品认证 78 家、认证产品 255 个。（市场信息科）

【农产品质量安全】 2013 年，全市各级农业部门加快推进食用农产品种植养殖环节监管体系建设，开展农产品质量安全专项整治，强化农业龙头企业、农产品质量安全示范点及“三品一标一名牌”生产单位农产品质量安全监管，全市农产品质量安全稳定在较高水平。全年无发生重大农产品质量安全事件，无发生重大动物疫情流行。全年全市共开展种植产品农药残留定性检测 19468 个样品，总体合格率 98.6%，农药残留定量检测 431 个样品，合格率 98.9%；开展猪尿盐酸克伦特罗和莱克多巴胺兽药残留定性检测 22232 个样品，未检出违禁使用兽药的样品，合格率 100%；抽取畜禽类样品（鸡、猪肝）116 个，其中 30 个鸡肉样品进行氟喹诺酮类兽药残留定量检测，86 个猪肝样品进行β－受体激动剂（克伦特罗、莱克多巴胺）兽药残留定量检测，未检出违禁使用兽药的样品，合格率 100%；抽取水产品类样品 166 个进行孔雀石绿、结晶紫定量检测，未检出违禁使用渔药的样品，合格率 100%。2013 年，省级农产品质量安全例行监测，抽检全市蔬菜样品 240 个，合格率 94.6%，抽检畜禽样品 240 个，合格率 100%。全市 99 个涉农乡镇中，89 个依托乡镇农技推广机构加挂乡镇农产品质量安全监管公共服务机构牌子，乡镇农产品质量安全监管机构覆盖率达 89.9%，其中南雄珠玑、乐昌坪石、曲江大塘、仁化周田、翁源坝仔和乳源桂头在省级资金支持下建立乡镇农产品质检站。全市 8 个县级农产品质检站（因武江浈江无检测机构除外）先后进行国家重点县级检测站项目建设。2013 年，按照上级的部署和要求，全市开展农产品产地土壤重金属污染防治普查，并已完成土壤采样任务。

（农产品质量安全监管科）

【农业执法工作】 2013 年度，全市各级农业部门开展农资打假工作，全年共出动农业行政执法人员 18677 人次，检查涉农企业 7449 个次，共查获假冒伪劣的农药、化肥、兽药、饲料等农资产品 14265 公斤（605 台件），总货值 20.29 万元，其中立案查处 151 宗，罚没款达 36.01 万元。组织“放心农资下乡”现场咨询宣传 125 多场次，接待群众咨询服务 11 万多人次，印发宣传资料 6.39 万份。（法规科）

【农业产业化组织】 至2013年年底，全市共有各类农业产业化组织2270家。按组织类型划分，农业龙头企业带动型110家，中介组织带动型2143家，其中规模以上的专业合作经济组织268家；按产业类型划分，种植业1606家，畜牧业303家，水产类55家，林业150家，其他156家。这些组织拥有固定资产总值304502万元，其中龙头企业固定资产263857万元，带动农户数70744万户，其中订单带动农户数19990万户，经济组织种植生产基地面积为85333.33公顷，牲畜饲养量为174万头，禽类饲养量为1734万只，养殖水面面积为4000公顷。

【农业龙头企业】 2013年，各级党委政府和农业部门始终把加强龙头企业建设作为促进农业产业化升级的有效途径，以兴办农产品加工企业为纽带，使产业化与工业化有机结合，配套推进，促进农村经济快速发展。2013年，市政府认定的市级农业龙头企业90家（新增14家），其中国家扶贫农业龙头企业1家、省级重点农业龙头企业17家（新增3家）、省级扶贫农业龙头企业8家；以种养业为主营业务的企业53家，以农、林产品加工为主的企业29家，以农产品生产流通为主营业务的企业7家，冷链物流企业1家，覆盖范围包括粮食、蚕桑、糖业、养殖业、茶叶、兰花、烟草等领域。90家龙头企业年销售收入达73.97亿元，其中年销售收入超4亿元的企业有5家，占5.6%；年销售收入1亿—4亿元的企业12家，占13.3%；年销售收入5000万—10000万元的企业17家，比上年增6家，占18.9%；年销售收入3000万—5000万元的11家，比上年增1家，占12.2%；年销售收入1000万—3000万元的44家，比上年增加3家，占48.9%；年销售收入1000万元以下的有1家，与上年持平，占1.1%。90家龙头企业上缴税金4.6亿元，带动农户22.3万户，带动农户户均增收5260元。

【农民专业合作社】 2013年，各级农业部门按照“民办、民管、民受益”的发展原则和“建一个合作社、兴一项产业、活一方经济、富一批农民”的工作思路，贯彻落实有关法律法规，并通过指导、扶持和服务，鼓励农民专业合作社组建和发展，全市农民专业合作社进入数量增、质量提、经营好、管理优的快速发展阶段，呈现出蓬勃发展的良好态势，提升全市农业产业化水平。至2013年年底，全市依法在工商部门登记注册的农民专业合作社2155家（新增1084家），成员69523人，出资总额18.02亿元，统一组织销售农产品总量58.34万吨，产值达13.6亿元，其中通过“农超对接”销售的金额达29312万元，通过“农校对接”销售的金额达2438万元。成员通过本组织生产经营获得的户均纯收入1.28万元，辐射带动非成员农户17.25万户，占全市农户总数的40%。 （经管科）

【农民培训】 2013年，做好科技人员、新型农民培训、阳光工程培训等工作，提高科技人员和农民科技意识，促进农业科技的推广普及。全市全年共举办农业培训班863期，开展现场培训和指导2322场次，发放技术资料44.93余万份，咨询服务9.666万人次，培训农民26.5317万人次。

【农业科技成果】 2013年，农业科技成果突出，共有17项成果获得市科技进步奖。其中“丹霞1号茶树新品种选育及其从业化关键技术研究应用”等6项科技成果获得一等奖；“高雄性率奥尼罗非鱼种生产技术研究与应用”等6项科技成果获得二等奖；“南雄浓香型风格特色烟叶生产技术开发及示范推广”等5项科技成果获得三等奖。

三雄农业科技发展有限公司繁育加工的鸭儿芹菜种子，经检疫合格后，顺利出口到日本，打破韶关地区农业生产种子“只进不出”的历史纪录；始兴县旺满堂食品有限公司参加第十一届中国国际农产品交易会获得交易会“金奖”的荣誉称号；茶叶品牌在一系列活动中屡获殊荣，第十届“中茶杯”全国名优茶评比活动中广东仁化县红丹舒牌红花香红茶荣获红茶类特等奖，红丹舒牌红蜜香红茶获红茶类一等奖，雪芽白茶获白茶类一等奖。天雄牌丹霞岩红、丹霞玉芽分别获得红茶类、白茶类的一等奖等众多殊荣。2013年，全市共引进水稻、蔬菜、花生、玉米、果树、家禽等新品种125个，推广新品种39个，应用新技术14项。

【“两个覆盖”建设】 2013年是基层农技推广体系改革与建设补

助项目全面铺开实施的第二年，共争取到1020万元项目资金，聘请605名技术指导员，遴选4918户科技示范户、31个示范试验基地，通过技术指导员深入示范户，采取集中培训、分户指导、实地考察、观摩交流等方式，指导科技示范户应用、推广新品种、新技术，通过辐射带动农户，促使农民增产、增收。争取到基层农技推广服务体系条件建设项目资金374万元。按照统一规划、统一标准、统一风貌、统一标识、统一配置设备“五统一”的要求，对全市34个乡镇农技站办公场所进行修缮，每个基层农技站统一配备电脑、办公桌椅、虫情测报灯、生化培养箱等办公设施设备和交通工具，办公条件得到明显改善。基层农技人员队伍不断充实，制定完善相关管理制度，并上墙公示，确保基层农技推广工作的有序开展。

（科教科）

【农村综合改革】 2013年，全市乐昌、南雄、始兴、仁化、乳源、翁源、新丰7个山区县（市）以主体功能区规划为引领，以深化富县强镇、简政强镇事权改革为突破，以基本公共服务延伸到村为着力点，以完善财力激励机制为保障，不断深化农村综合改革，取得可喜进展。三大主体功能区建设实现新飞跃，初步形成“功能互补、错位发展、有序竞合”的县域发展新格局；社会综合服务网络平台建设跃上新台阶，80个乡镇的便民服务中心全部建成，村级便民服务站完成490个；农村集体“三资”监管体系不断完善，建成镇级农村集体资产管理交易平台50个，占总镇数62%；农村金融保险服务平台建设取得可喜进展，建成村级便民金融服务点832个，占总村数81%；农村综合改革体制机制基本完善，乡镇领导班子科学政绩考评全面实施，村干部补贴、离任村干部生活补助、村级办公经费补助等运转经费保障均按省要求发放。（新农村建设指导科）

【农机建设】 2013年，全市农机化投入16327.23万元，其中争取中央财政购机补贴资金3055.58万元，地方配套资金1310.44万元，拉动集体、农民个人等投入11961.83万元，促进农机新机具、新技术的推广应用，全市农业机械化水平得到稳步提升。截至2013年年底，全市农业机械总动力达1460604.9千瓦，同比2012年增长6.14%；农作物耕种收综合机械化水平41.21%，同比增长0.42%，农机化经营效益90435.3万元。2013年，7个省级设施农业项目——节水灌溉完成全部建设任务，已投入试运行。仁化县完成农业机械化示范县中期建设任务，第三期建设已启动实施。全市农机户137381个，农机维修点467个，成员880人，经工商登记注册的农机合作社49个，成员1528人。

【农机管理】 2013年初，市与省农厅、各县（市、区）分别签订“2013年农业机械安全生产责任书”，在全市范围内开展以活动促经常性安全检查工作的落实，实现全年农机安全生产无事故。市、县两级按照分级分类培训的方法，组织对农机管理人员、技术人员、监理人员、操作人员共4534人进行培训。市本级于11月12日至13日组织两期共39人参加的“广东省农业机械数据统计管理系统”和购机补贴档案管理培训。12月24日，召开韶关市丘陵山地农业机械化推广现场会，重点演示冬季利用无人机植保作业。（农机办）

畜牧业

【概况】 2013年，全市结合韶关实际，因地制宜，转变观念，推进和发展生态健康养殖模式，全面保障畜禽产品质量安全，加快推进畜禽规模养殖标准化建设，与环保部门配合，共同推进全市规模畜禽养殖场污染减排工作。全市没有出现重大动物疫病的暴发与流行，没有出现重大畜禽产品质量安全事件，保障畜牧业健康稳步发展和人民群众的生命安全。

2013年，全市生猪饲养量268.07万头，其中出栏161.09万头，存栏106.98万头，分别比2012年增长1.32%、0.54%和2.53%；家禽饲养量2583.92万只，其中出栏1921.68万只，存栏662.24万只，分别同比减少8.33%、7.73%和10.04%；山羊饲养量54743头，其中出栏26430头，存栏28313头，分别同比减少0.23%、增长2.53%和减少2.67%；禽蛋产量9705吨，同比增长1.11%；肉类总产量150649吨，同比减少0.68%。全市畜牧业生产整体运行良好。全市饲料工业产量达57万吨，总产值17.7亿元，与2012年相比分别有 12.4% 和 11.3% 的增幅。

【畜禽饲养和标准化养殖】 2013 年，全市规模养殖场数量达 2763 个，其中：生猪规模养殖户 1894 户，生猪出栏量占总量的 69.2%；肉禽养殖户 593 户，家禽出栏量占总量的 69%；山羊养殖户 196 户，占出栏总量的 73.4%；肉牛养殖户 80 户。全市畜牧业产业化、规模化持续发展。

全市拥有“省级重点养猪场”16 个；被农业部授予“国家级畜禽养殖标准化示范场”9 个（其中猪场 8 个、肉鸡场 1 个）；省级生猪原（保）种场 2 家，父母代种鸡场 2 家。每头经产母猪年供商品肉猪在 20 头以上的优秀级养殖企业增加到 8 个。规模化、标准化的生态健康养殖方式已深入人心，持续发展。

2013 年，全市共申报生猪标准化规模场（小区）建设项目 18 个、中央资金共投入 820 万元。从 2007 年至 2013 年，全市标准化规模养殖场建设项目总量达 155 个。

【养殖污染减排】 2013 年，全市共启动和完成 160 个规模化养殖企业的养殖污染减排工程项目。2013 年，全市共有 95 家养殖企业（共计：生猪年出栏量 30.7 万头、肉鸡 680.5 万只）通过减排核算认定；同时，加上 2012 年通过认定的 9 个规模化畜禽养殖场（年出栏生猪共 6.64 万头）的化学需氧量（即 COD）和氨氮的减排总量，全市农业源污染减排工作已经提前并超额完成“十二五”期间省下达给全市的农业源养殖污染减排任务（分别为 2100 吨和 300 吨的减排总量）。

（畜牧科）

【动物疫病防治及兽药管理】 全市统一实施的春、秋季重大动物疫病强制免疫注射工作，共免疫生猪口蹄疫 343.9 万头次，猪瘟 343.9 万头次，猪蓝耳病 337.1 万头次，禽流感 2912 万羽次，鸡新城疫 2514.1 万羽次，牛口蹄疫 20.7 万头次，羊口蹄疫 8.1 万头次。全市检查兽药经营企业及养殖场 1628 个，查处 4 起假劣兽药案件，数量 37.17 公斤，货值 0.297 万元，罚没金额 0.27 万元。

【防控 H7N9 禽流感】 2013 年 3 月，长三角地区发生人感染 H7N9 禽流感疫情后，韶关市农牧部门采取措施。召开防控专题会议，成立防控工作领导小组和专家组；制定《韶关市动物 H7N9 禽流感应急处置指南》和《韶关市动物 H7N9 禽流感紧急监测方案》，落实疫情排查、监测、检疫、消毒和病死禽无害化处理等工作，共排查家禽 3760 万只次，监督无害化处理病死家禽 4.2 万只；宣传科学预防禽流感的知识。全市未发生禽类 H7N9 禽流感疫情。

【动物防疫体系建设疫情监测】 全市开展血清学检测口蹄疫（猪牛羊）3976 份，猪瘟 3252 份，猪高致病性蓝耳病 2118 份，禽流感（H5N1）8733 份，鸡新城疫 5292 份，猪布鲁氏病 1027 份，均为阴性；病原学监测禽流感（H5N1）1556 份，新城疫 878 份，猪瘟 511 份，均为阴性。省财政投入动物防疫体系建设资金共 300 万元（每县 30 万元），用于县级兽医实验室建设。年底，该项目已完成，并通过省考核验收。

（兽医科）

水产业

【概况】 2013 年，韶关市水产品产量 77352 吨，同比增长 3.52%；渔业总产值 79734 万元，同比增长 6.04%；水产养殖面积 20396 公顷；渔业专业从业人员 23607 人，人年均纯收入 7445 元。

【渔业生产】 苗种繁育：2013 年，全市共繁殖鱼苗 14.5 亿尾，其中罗非鱼苗 17820 万尾，各类鱼种 7542 吨。成鱼养殖：池塘养殖，主要以四大家鱼为主，池塘养殖面积 8357 公顷，产量 51705 吨，平均单产 412.5 公斤/亩。水库养殖，养殖面积 11975 公顷，产量 22362 吨，平均单产 124.5 公斤/亩；水库银鱼捕捞产量 140 吨。江河捕捞：2013 年，全市捕捞机动渔船 773 艘，主机总功率 9169 千瓦；江河捕捞产量 2658 吨，占全市水产品总产量的 3.44%。

【渔业科技推广应用】 推广名特优水产养殖：推进龟类养殖业发展，养殖户增至 250 户，养殖品种增至金钱龟、黑颈龟、平胸龟等 6 个品种。推广江河名优鱼类增养殖，2013 年全市江河鱼类增养殖面积达 3666.67 公顷。推广草鱼免疫技术：2013 年全市草鱼免疫注射率达到65%以上,经注射的草鱼成活率达85%以上(其中翁源、新丰、曲江注射面积66.67公顷以上,注射养殖户达83%),草鱼的发病率大幅度下降。

（水产管理局）

【渔政管理】 2013年，韶关渔政部门加强渔场管理，共出动渔政船256天次，出动船艇588艘次，车辆1412车次，出动执法人员3713人次，检查渔船2909艘次，查处各类案件278宗，罚款66.45万元。开展水产品质量安全利剑行动，出动执法人员152人次，检查种苗繁育场、水产养殖场107次，抽检样品70个，未发现违规经营，违法用药情况。严抓渔业安全生产管理，实现渔业安全生产零事故目标。2013年，渔政部门分两批次对全市渔船发放渔业柴油补助资金，合计发放柴油补贴金额264万元。

【渔业增值放流】 2013年4月，由市创文办、市文明办联合有关部门在休渔放生平台举行韶关市保护山川河流志愿服务活动暨“生态韶关”全民公益放生活动启动仪式。其中，“生态韶关”全民公益放生活动由韶关市农业局、宣传部、文明办、旅游局、环保局、教育局、文广新局、物价局、民宗局、民政局、林业局、经信局、团委、残疾人联合会等14个部门联合主办，广东省渔政总队韶关支队、韶关北江特有珍稀鱼类省级自然保护区、韶关市渔业资源增殖站、韶关市渔业资源监测站、韶关民声网具体承办。此活动共放流鱼苗80余万尾。渔政部门与市放生协会共举办承办大型主题放生活动22场次，受理网络委托210宗，进行网络委托集中放生12场次，市民、游客自发开展的放生活动62场次，累计参与放流人数达到3000多人次，放生各种优质鱼苗700万尾。

【珠江禁渔】 2013年是珠江禁渔期制度实施的第三年，全市共出动渔政执法船艇73艘次，执法车辆1105车次，执法人员1626人次，巡航里程279公里，巡航航时203小时，检查渔船651艘次，派发禁渔宣传资料2819多份。绝大部分渔民都能遵守禁渔期制度，休渔停捕，基本达到“网封存、证集中、船靠岸”的目标。

（市渔政支队）

扶贫开发

【扶贫开发“双到”工作】 2013年是新一轮扶贫开发“双到”工作开启之年。根据省委、省政府的统一部署和新的扶贫标准，省认定全市新丰县、乐昌市、南雄市、乳源瑶族自治县等4个县（市）为重点县（市）；310个相对贫困村为重点帮扶村，村内有劳动能力的相对贫困户19009户、75667人为重点帮扶贫困户。其中，省直和中直驻粤单位帮扶45个村、东莞市帮扶80个村、本地帮扶185个村。全市各级、各部门围绕贫困户稳定脱贫和贫困村面貌明显改变两大目标，突出工作重点，采取措施，推进扶贫开发“双到”工作，为完成新一轮扶贫开发“双到”工作目标任务打下基础。2013年，全市310个重点帮扶村共落实帮扶资金6.57亿元，平均每村212万元，启动帮扶项目3955个，村农民年人均纯收入7144元，比帮扶前增长32.4%；贫困户年人均纯收入4774元，比帮扶前增长74.2%，其中有劳动能力的贫困户年人均纯收入5056元，比帮扶前增长70.2%；村集体经济收入平均达4.1万元，比帮扶前增长1.5倍。

【驻村扶贫双到工作措施】 落实省委省政府工作部署，高标准完成各项规定动作。全市坚持规划在先、有序推进的原则，在总结上一轮扶贫开发“双到”工作成功经验和做法的基础上，采取措施，推进扶贫开发“双到”工作。先后召开市、县、镇、村扶贫干部座谈会，开展一系列调查研究，制定印发实施方案、驻村干部选派管理、指导意见等一系列文件，及早谋划新一轮扶贫开发“双到”工作；选派驻村干部，开展岗前培训，进村入户实行对接，做到“全天候”驻村开展工作；全面落实党政“一把手”负责制，组织协调畅顺，工作推进有力有序；坚持把扶贫开发“双到”工作列入各级、各部门班子考核内容和全市重点督办项目，定期跟踪检查，严把考核关，严格奖罚制，

【扶贫工作机制创新】 韶关市在坚持行之有效的工作机制的基础上，着力创新领导、资源整合、责任监督、考核等四大机制，落实工作。创新领导机制，建立联席会议制度和现场工作交流制度，加强沟通、联系、交流，加大工作统筹力度；创新资源整合

机制，加大资金投入力度。2013年全市整合资金达3.29亿元；创新责任监督机制，把帮扶项目、措施、年度目标、责任人等“一户一法”信息，以门牌形式钉挂在贫困户的门前，实行扶贫开发“双到”工作透明化，接受社会监督，加大工作执行力度；创新考核机制，增加对乡镇党委政府的考核内容，加大乡镇党委政府责任力度。

【扶贫工作方法创新】 韶关市坚持以“破解难题”为导向，在总结推广上一轮扶贫开发工作经验的同时，结合新一轮扶贫开发的新情况、新特点，创新工作方法，探索扶贫开发新路子。针对连片开发、规模发展的新要求，创新示范带动的新方法。全市310个贫困村均建立一批各具特色的农业生产基地，打造多条像乐昌、乳源、翁源、新丰等点线结合、特色鲜明的扶贫产业带，大部分贫困村已形成各自的主导产业，并建立农民专业合作社，带动有劳动能力的贫困户参与产业化经营，促进家庭经济收入保持稳定增长。针对农户和单个专业合作社单打独斗的传统经营方式，创新专业合作社“抱团发展”新方法。如，乐昌市梅花镇原有22家蔬菜种植合作社，整合成立梅花镇蔬菜专业合作联社；北乡镇以镇马蹄（香芋）专业合作社统领各村马蹄（香芋）专业合作社，以镇为平台，“抱团”应对市场，该镇联合粤宝农副产品加工厂，以“龙头企业+合作社+基地+农户”模式发展马蹄、香芋种植1000公顷，成为名副其实的“马蹄（香芋）之乡”。针对不同区域和不同气候、土壤条件，创新小连片开发的新方法。如，南雄市成立“南雄市联生药业有限公司”，创建中药材（桔梗）基地，并初具规模。新丰县成立“新丰县民联凉粉草专业合作社”，并就近设立凉粉草收购点和加工厂，辐射带动255户农户种植凉粉草133.3公顷，仅此一项有的农户收入就达3万元。针对贫困村贫困户发展生产缺资金的问题，创新金融扶贫方法。如，仁化县在全县28个贫困村中推进金融扶贫工作，并取得很好的效果；针对贫困村、贫困户农产品销售信息不灵、渠道不畅的情况，与东莞市合作，在该市设立长期性的展示展销中心，创新市场对接新方法。针对农村有新房无新村的情况，坚持把低收入住房困难户住房改建和“两不具备”贫困村庄搬迁与城镇化建设结合起来，创新新农村建设新办法。如，乳源瑶族自治县投入1.7亿多元，打造乳城镇至桂头镇30公里范围内的16个新村、涉及1194户5410人的乳桂线幸福安居示范区，成为韶关市农村低收入住房困难户住房改建和“两不具备”贫困村庄搬迁安置的一大特色与亮点。

【“两项工程”建设】 农村低收入住房困难户住房改造建设和不具备生产生活条件贫困村庄搬迁安置（简称“两项工程”）工作，作为2013年全省十件民生实事中改善农村生产生活条件的重要内容。2013年，省下达韶关市农村低收入住房困难户住房改造建设任务3230户，不具备生产生活条件贫困村庄搬迁安置32条村庄、936户。截至2013年12月底，农村低收入住房困难户动工建设3230户，已竣工3230户，完成任务率100%；不具备生产生活条件贫困村庄搬迁安置工作全面启动，936户搬迁农户已全部竣工，竣工率达到100%。完善工作机制，强化责任落实。一是建立市、县、镇、村四级责任体系，市与县、县与镇签订目标责任书，将责任落实到县、镇，将目标任务分解到镇、村，构建起政府、社会、农民上下联动机制。二是建立健全监督检查机制，实行领导“问责制”，把“两项工程”建设纳入各级党政领导干部年度考核内容。韶关市各地坚持政府引导、村民自治，做到政府引导不包办，协调服务抓民生，通过村民自愿、自建、自治的“三自”的建设模式，引导村民主动参与到“两项工程”建设中来，构建和谐建设氛围。市采取多渠道、多方式筹措和整合各类资金的融资办法，把筹措的资金重点投入幸福安居示范村和集中安置村的建设。各县（市区）成立以县（市区）长为组长的整合资金领导小组，将整合的相关资金重点投入贫困村“两项工程”基础设施的建设；将市、县扶贫“双到”专项资金和社会捐赠资金重点用于“两项工程”。2013年，全市各级财政投入“两项工程”建设资金达1.02亿元。

【革命老区建设】 韶关市各地坚持把老区建设作为一项重要的政治任务来抓，以扶贫开发“双到”工作为契机，不断加强基础设施建设，改善革命老区群众的生产生活条件，促进革命老区社会主义新农村建设。韶关市新一轮扶贫开发“双到”重点帮扶村310个，其中老区村156个，占半数以上。2013年，全市投入扶持资金达3.05亿元，主要用于老区直接受益的道路交通、群众安全饮水、农田水利设施、文化室配套和部分革命历史遗址修复等项目。主要工作如下：完成市老促会第五届理事会换届工作；组成8个调研组开展全市老区建设工作督促检查；为革命烈士后裔发放助学金334050元，其中省下拨67800元，市财政配套150200元，各县（市、区）政府配套116050元，享受助学金的烈士后裔学生153人（其中大专以上130人，中专学生23人）；做好重点老区镇、村核查和确认工作。（市扶贫办）

附：领导班子成员名单

局　长：李卫忠（兼市委农工办主任）

副局长：刘志福（兼市扶贫办主任）　陈南方（兼市委农工办副主任）

陈少梦

肖盛华（兼畜牧兽医局局长、总畜牧兽医师）

刘世冬

纪检组长：彭德才

林　业

【概况】 2013年，韶关林业工作以全面推进新一轮绿化广东大行动为契机，解放思想、开拓创新，完成《2013年市政府部门和有关单位工作要点》确定的有关林业建设任务。至2013年年底，全市林业用地面积142万公顷，活立木蓄积量8008.7万立方米，森林覆盖率达73.63%，森林资源数量和质量位居全省首位。2012年，中央、省和市财政投入林业建设资金4.35亿元，其中：中央财政8400万元，省级财政2.93亿元，市级财政0.58亿元。在全省森林资源保护和发展目标责任制年度考核中，韶关市位列全省第13名。在林业系统开展“爱岗敬业标兵”评选活动，通过单位推荐、网络投票等形式，评选张梅兰、许汝山、游先标、梁锦彬、成翠珍等5位为全市林业系统“爱岗敬业标兵”。

【启动绿色生态第一市建设】 10月10日，韶关市召开电视电话会议贯彻落实新一轮绿化广东大行动，表明韶关市建设广东绿色生态第一市的决心。市领导郑振涛、艾学峰、李飞、张志才、孔云龙、李石保等参加会议。会议要求各地、各部门要不断深化思想认识，从跨越发展、转型发展、绿色发展的高度，紧抓新一轮绿化广东大行动的战略机遇，细化目标任务，编制落实预算，推进“广东绿色生态第一市”建设。要求各县（市、区）以党委、政府的名义，出台一个贯彻实施方案，落实省下达建设项目和各年度的建设任务。

【政策性森林保险】 政策性森林保险是党中央、国务院部署的一项重要惠民政策，也是艾学峰市长在市十三届人大三次会议上郑重承诺年内要办好的10件民生实事之一。这项工作开展以来，林业部门站在政治高度和民生角度，将其作为重点中心工作全力推进，取得成效。截至6月28日，全市生态公益林投保55.424万公顷，投保率达到100%；商品林投保45.76万公顷，占计划任务41.80万公顷的109%，10个县（市、区）均全面完成投保任务。

【春季造林】 完成春季造林2.864万公顷，占计划任务117%，其中人工造林1.21万公顷，迹地更新1.17万公顷，低产林改造0.49万公顷。按照“以绿为主、美化为辅”的原则，建设生态景观林带里程68.9公里，占任务的101%，并已普遍进行两次以上抚育，苗木成活率90%以上。完成省下达碳汇造林1.65万公顷，韶关城区门户造林513.33公顷，建设万村绿示范点160个，任务完成率均100%。

【全民义务植树】 2月7日，市林业局及下属单位100多人参加“新春植树”活动。市绿委督促各县（市、区）做好义务植树活动现场和苗木的准备工作。3月7日，市委书记郑振涛、市委常委政法委书记张志才等领导带领市委办、市人大办、市政府办、市政协办的机关干部职工以及军分区、武警韶关支队官兵参加义务植树活动。3月8日，市直机关57个单位，2000多人也参加植树活动。两天完成义务植树8公顷，种植1.2万株樟树、灰木莲、山杜英等乡土阔叶树。3月20日，郑振涛、艾学峰、陈向新等市四套班子领导在曲江区乐村坪参加义务植树活动，种下樟树4000多株。2013年，全市适龄公民参加义务植树达143.86万人次，累计植树580万株。

【生态公益林】 至2013年年底，全市共划省级以上生态公益林面积56.07万公顷，占林业用地面积从25.7%提高到39.46%。一、二类生态公益林面积比例达82%，省级以上生态公益林损失性补偿金至12月15日，已发放损失性补偿金10659.84万元，发放率达93.9%。同时，按照统一规划、分类指导、科学经营、严格管理的方针，加强领导、组织，加大管理力度，为全市逐步建立生态公益林管理体系，建设“广东绿色生态第一市”打下基础。市成立生态公益林管理办公室，各县（市、区）也相应成立生态林管理机构（管理中心或总站），乡镇一级也成立管护站或管护中心，其中县级管理人员有45人，乡镇级管理人员有425人，保证管理工作的落实。各地还按照每200—333.3公顷配备一名护林人员，全市共有生态公益林管护人员2163人，管护人员落实率为100%。

【封山育林】 全市实施封山育林面积80万公顷。其中，全封53.07万公顷，半封21.07万公顷，轮封5.87万公顷。选聘到位封山育林护林员4264人，其中集体山林按1.5人/村配备护林员2152人，国家、省、市（县）级自然保护区、森林公园、风景名胜区、国有林场配备护林员1390人，非公有制林场、造林大户配备护林员722人，基本建立起覆盖全市的封山护林网络，工作成效明显。

【林木采伐管理】 加强对各县（市、区）木材生产计划执行的检查监督工作，对各地的采伐证办理情况进行网上实时监督。2013年，全市共核发采伐证5701份，采伐面积18632.7公顷，采伐蓄积130.94万立方米，出材量83.78万立方米。同时，加大对全市采伐伐区的监督检查工作力度，抽调有关技术人员组成2个工作组对随机抽中的2个县和1个市属场的2012年采伐伐区执行情况进行全面核查，对检查中发现的问题要求进行整改，并进行专题会议通报，确保全市各项采伐源头管理制度的落实。

【林地保护管理】 全市10个县（市、区）完成县级林地保护利用规划（2010—2020年）编制工作，通过省林业厅审核验收，并经当地政府批准实施。通过国家林业局对乳源县林地征占用工作监督检查。贯彻落实《广东省占用征收林地定额管理暂行办法》，加强与发改、国土、交通、规划等部门的沟通协调，严把征占用林地审核关，优先安排交通、能源、水利、双转移等重点工程和民生工程的需要，确保建设项目依法占用征收林地，控制房地产、采石取土采矿、公墓等项目使用林地。2013年，全市共审核上报使用林地项目79宗，面积344.59公顷，共缴纳森林植被恢复费2265万元。

【木材经营加工及运输管理】 加强对木材经营加工单位检查，重点审核木材运输证办证情况，确保韶关市木材经营加工市场健康有序发展。根据省林业厅工作部署，各县（市、区）完成本辖区的木材经营加工产业规划工作。推进流动巡查，经省政府批准，韶关市全部县（市、区）均可在本辖区的县、乡公路和林区道路开展木材运输流动巡查执法工作，将木材运输监管工作重心前移至伐区和县、乡道路，有针对性布控检查，依法对木材经营加工单位进行驻厂监控，提高森林资源监管力度，逐步建立“以固定检查为主、流动检查为辅”的木材运输检查新机制。全市共办理木材运输证93.3万立方米，其中原木66.5万立方米、锯材8.2万立方米、其他18.6万立方米，竹材2105万根。

【林业产业】 开展乡土珍贵树种和林业产业项目示范基地建设工作。通过人工造林、定向改造和农村四旁植树等方式，新增乡土珍贵树1.39万公顷、良种油茶0.68万公顷、竹林1.34万公顷。发展林下经济。以市委、市政府名义出台《大力推进林下经济发展的实施意见》，引导林企、林农发展林下经济，实现生态和经济“双赢”。拟制《韶关市林权抵押贷款管理办法》上报市政府，推进林权抵押贷款工作的开展，着力解决林业发展资金不足的问题。

【森林防火】 执行行政首长负责制，狠抓森林防火不放松，着力构建“政府主导，全民防火，齐抓共管”的长效机制。着重加强春节、清明、中秋等重大节日的宣传工作。在9月宣传月期间，全市各地出动4000辆次宣传车、张贴50000条标语、悬挂1350条横幅，集中开展宣传活动。加强造林炼山的管理和火灾隐患的排查，强化火源控制。加快推进韶关片重点火险区综合治理二期工程建设，完成森林防火无线通信系统建设，全市森林防火视频会议系统安装已过半。2013年，全市发生森林火灾75起，受害面积228公顷，受害率为0.18‰，远远低于省下达的0.5‰控制指标，未发生重大森林火灾和人员伤亡事故。

【林权争议调处】 2013年，韶关市林权争议调处工作以构建稳定和谐林区为主题，以化解重大山林纠纷案件为主线，以“化解矛盾，定纷止争，案结事了”为目标，采取措施，解决一批久拖不决的山林纠纷调处难题。全市共调处解决林权争议案件237宗，面积8万多亩，处理山林纠纷信访案件158宗，1933人次，涉及林地面积7万多亩，劝阻群众集体上访和化解群体性苗头事件69起653人次，挽回经济损失800多万元，维护林区秩序的和谐稳定。

【韶关国家森林公园8公里健身步道建成】 韶关国家森林公园莲花山步道设计起点在森林公园内的猪公岭，终点到细荷树山，全长10公里。其中，8公里为2013年新建，投资约104万元，配套有3座6—10米长的木桥及沿途排水沟、休息座椅及避雨亭等基础设施。项目从10月开始动工，至12月4日，韶关国家森林公园8公里健身步道已经建成，面向市民开放。建设森林公园8公里健身步道是2013年韶关市政府为民办实事之一，路面宽1.5米。环着莲花山一圈，步行约两个小时。该步道是一条林间小道，不铺水泥，采用沙、石、木头等原生态材料建设，可以减少对环境的破坏，在晚间人能看清路面，能保护山上的动物。这条步道的路灯、卫生间、垃圾桶等附属设施正在完善中。

【市区森林公园建设】 莲花山二期绿道建设。该项目由市政府投资约120万元，总长2公里，9月开始动工建设，包括泥砂石路面（4.5米宽）、排水沟、安全护栏等工程，建成后与莲花山一期绿道连成一体，为市民增添健身休闲的好去处。

【林区秩序整治】 森林公安部署开展“粤安13”“天网行动”“护林2013行动”“风雷行动”等一系列专项行动，打击各类破坏森林资源的违法犯罪活动。2013年，全市各级林业主管部门和森林公安机关共查处各类林业行政案件2817起，依法处理各类违法人员3367人（次），收缴木材12393立方米，为国家挽回直接经济损失1300多万元。

【林业行政执法】 8月，在市区举办2013年广东省林业行政执法资格考试（第三期）培训班，全市林业系统共111人参加培训并通过考试。10月，全省林业法制工作暨行政复议培训会在韶关市召开，全省各地级市及部分县级林业主管部门法制机构的负责同志共51人参加会议。11月，韶关市组织各县（市、区）林业法制机构及执法骨干参加省林业厅举办的“林业行政执法文书制作培训班”。市林业局相继出台《韶关市林业行政执法管理制度》《韶关市林业局行政复议和应诉工作制度》《韶关市林业局重大复杂林业行政处罚案件集体讨论制度》，林业系统法制机构对林业具体行政行为的审核率达100%。

【林业下属事业单位分类改革】 2013年，根据市委市政府有关文件精神，推进直属事业单位分类改革，由17个单位精简为10个单位。撤销林业部韶关林业综合开发试验区管理委员会办公室和韶关市林业局种苗站2个单位。整合市国有林场管理处、市国有林场管理处林业调查规划设计队、市森林病虫害防治检疫站和市林业公路管理站4个单位，新组建韶关市国有林场管理处，加挂韶关市林业有害生物防治检疫站、韶关市林业公路管理站和韶关市林业调查规划设计队牌子，为市林业局管理的公益三类事业单位，副处级。整合韶关市林业科学研究所、韶关市第二林业科学研究所和韶关市林业干部学校3个单位，新组建韶关市林业科学研究所，加挂广东省（韶关）区域性林业试验中心、韶关市中心苗圃、韶关市林业干部学校牌子，为市林业局管理的公益二类事业单位，正科级。保留韶关国家森林公园管理处、韶关市野生动植物和自然保护区管理办公室（参公管理）、韶关市林业勘察设计室（拟转企，暂挂经营服务类）以及5个国有林场。市属5个国有林场分别更名为韶关市国有曲江林场、韶关市国有九曲水林场、韶关市国有河口林场、韶关市国有仁化林场、韶关市国有华溪林场。

【野生动物保护管理】 在全市范围内开展为期4个月的野生动物保护专项行动，按照“执法宣传并重，打击教育结合”的原则，利用广播、报纸、网络进行宣传，并先后制作各种宣传横幅500多条、宣传画800多幅，发放宣传材料4000余份，出动宣传车辆500多次。在全市开展专项执法行动20多次，出动检查人员200多人次，清理整顿大型市场50多家，收缴野生动物200多只，查处违法行为50多起，大案1起，移交司法部门案件1宗。

【林业科技下乡】 6月，科教科、林科所、森防站联合到乐昌市廊田镇开展“送科技下乡活动”，向广大林农发放科研成果《乡土珍贵树种栽培实用技术》以及油茶、毛竹等实用技术手册、资料5000多份，并组织专家到现场接受咨询。

【市珍贵树种繁育基地建设】 按照市委、市政府的统一部署，韶关市林科所珍贵树种繁育基地建设项目被列入“百项工程兴韶关”涉林重点项目之一。该基地选址曲江林场山子背工区，初步规划面积67.07公顷，培育伯乐树、樱花、黄花梨、金叶含笑等60多个名贵树种。同时，该基地也是韶关市义务植树重要育苗基地，每年可提供100多万株树苗，节省韶关市绿化成本。3月20日上午，在参加完义务植树活动后，郑振涛、艾学峰、张志才等市领导前往该基地调研，要求市林业部门要进一步扩大乡土珍贵树种繁育规模，尤其是一些本土珍贵树种，将基地发展成为集科研、生产、科普教学和观光休闲于一体的珍贵树种繁育中心，发挥乡土树种生态效益和经济效益。

【林业有害生物预测防治】 全市建有测报点82个，其中国家级中心测报点2个，一般测报点80个，有专（兼）职测报人员100人，全年发布预报75次，监测面积173.79万公顷次，预测发生面积为2.788万公顷，实际发生面积为2.936万公顷，预测预报准确率95.0%。森林病虫害成灾面积40.0公顷，成灾率0.03‰，实施防治面积1.601万公顷，防治率为65.1%；无公害防治面积1.554万公顷，无公害防治率98.8%。全市有森林植物检疫专（兼）职检疫员73人，其中专职检疫员53人。2013年，调运检疫各类种苗103.54万株，竹材604.2万根、木材59.72万立方米，完成检疫收费63.73万元，实施种苗产地检疫面积358.6公顷，种苗产地检疫率为100%。全年投入专项资金344.15万元，实施项目包括松材线虫病、萧氏松茎象、食叶害虫等3个大项。

（龚志海）

附：领导班子成员名单

局　　长：罗育平（—2013.12）
　　　　　邓阳秋（2013.12—）
副局长：李秋祥　赵东灿
　　　　赵克生
纪检组长：李　军
总工程师：黄继丰
党组成员：邹文军

森林资源主要数据统计表

表 3

统计单位	总面积（公顷）	林业用地						有林地				未成林地（公顷）	疏林地（公顷）	灌木林地（公顷）	无林地（公顷）	活立木总蓄积量（立方米）	林木总生长量（立方米）	林木总消耗量（立方米）	森林覆盖率（%）	林木绿化率（%）
		合计（公顷）	生态公益林（公顷）	商品林				合计（公顷）	乔木林（公顷）	竹林（公顷）	红树林（公顷）									
				小计（公顷）	短周期工业原料林（立方米）	速生丰产林（立方米）	一般用材林（立方米）													
1	2	3	4	5	6	7	8	9	10	11	12	13	14	15	16	17	18	19	20	21
韶关市	1807602.5	1420100.3	563537.2	856563.1	54860.5	25516.2	738042.7	1250811.3	1164272.5	86538.8	—	40496.9	2710.4	96067.0	29706.7	80586954	3466549	1318132	73.63	75.89
浈江区	50160.6	31702.1	10201.6	21500.5	5656.6	1166.4	13360.1	28413.7	26878.3	1535.4	—	1176.9	—	1526.0	581.3	1894069	83474	75454	59.38	59.81
武江区	69573.6	52814.6	13473.8	39340.8	4367.0	4267.0	28518.5	48647.6	47517.9	1129.7	—	83.8	2.3	3490.2	590.7	3703823	156362	37743	70.99	75.52
仁化县	210828.9	173581.6	66999.5	106582.1	1471.7	2059.5	100719.4	160982.0	140232.6	20749.4	—	1061.4	329.3	6089.9	5111.2	10779334	497821	99700	77.41	80.06
南雄市	233001.0	159438.7	56286.7	103152.0	86.4	230.9	99319.1	147602.7	121261.3	26341.4	—	2045.0	879.9	4135.7	4773.9	8235555	349386	73141	64.98	65.33
始兴县	209560.1	172850.4	52161.9	120688.5	1926.1	370.3	114625.5	154720.0	143148.6	11571.4	—	9040.6	323.8	4719.5	4019.6	12489177	466491	114705	75.98	76.58
翁源县	216585.4	163528.9	55333.9	108195.0	13162.2	1595.3	90515.9	148206.1	143499.1	4707.0	—	5083.1	436.1	5960.4	3638.4	9077298	418367	250138	70.50	71.80
新丰县	194845.1	168267.3	62687.9	105579.4	11975.3	4580.1	85281.2	151835.1	149978.3	1856.8	—	6198.4	570.8	4811.4	4849.7	9632739	416234	186776	79.64	81.03
曲江区	160331.6	123807.6	52792.8	71014.8	8966.0	4360.6	53709.7	114246.3	107733.8	6512.5	—	103.9	—	8572.4	885.0	6848691	295575	96300	73.63	77.08
乳源县	193015.0	159568.2	82778.2	76790.0	3855.6	—	67064.8	128516.6	126889.6	1627.0	—	4815.3	153.1	24846.7	1222.7	7110632	296349	148362	77.18	81.38
乐昌市	237255.6	183913.5	105277.4	78636.1	6.6	394.6	70275.3	140527.8	130242.0	10285.8	—	9973.2	—	31059.2	2342.7	8420416	357776	127634	73.84	77.52
韶关林场	2490.8	2440.3	962.0	1478.3	151.2	118.4	1179.5	2167.0	2162.9	4.1	—	33.5	—	29.5	197.6	220396	9054	8866	88.18	90.99
曲江林场	8099.3	7743.5	765.5	6978.0	548.4	2947.8	3353.5	6722.7	6685.9	36.8	—	295.8	15.1	199.3	503.8	592446	37591	29392	85.24	92.21
仁化林场	11457.2	10625.5	2587.6	8037.9	2182.6	519.7	5145.7	9605.9	9553.2	52.7	—	304.5	—	227.6	470.5	834688	45178	35628	85.27	91.83
河口林场	5374.9	4980.5	560.7	4419.8	273.3	1992.9	2003.6	4276.5	4149.6	126.9	—	168.5	—	358.9	176.6	462504	20234	17443	84.38	91.56
九曲水林场	3724.1	3587.0	630.1	2956.9	177.1	689.7	2049.8	3179.2	3177.3	1.9	—	59.7	—	40.3	307.8	226210	12506	13074	86.39	90.13
华溪林场	1299.3	1250.6	37.6	1213.0	54.4	223.0	921.1	1162.1	1162.1	—	—	53.3	—	—	35.2	58976	4151	3776	89.44	92.98

韶关市已建自然保护区一览表

表4

序号	已建自然保护区名称	级别	面积（平方公里）	主要保护对象	建立时间	备注
1	广东南岭国家级自然保护区	国家级	40494.4	中亚热带常绿阔叶林	1994	跨韶关、清远
2	广东车八岭国家级自然保护区	国家级	7545	中亚热带常绿阔叶林	1982	
3	广东粤北华南虎省级自然保护区	省级	16360.8	华南虎及其栖息环境	1990	2008年调整仁化:11065.1公顷;乐昌:5295.7公顷
4	广东新丰云髻山省级自然保护区	省级	2727	中亚热带常绿阔叶林、珍稀动植物	1990	
5	广东曲江罗坑省级自然保护区	省级	18813.6	中亚热带常绿阔叶林、珍稀动植物	1998	
6	广东乐昌杨东山十二度水省级自然保护区	省级	11651	中亚热带常绿阔叶林、珍稀动植物	1998	
7	广东乳源大峡谷省级自然保护区	省级	3673	中亚热带常绿阔叶林	2001	
8	广东仁化红山高坪省级自然保护区	省级	3585.5	中亚热带常绿阔叶林、珍稀动植物	2001	
9	广东乐昌大瑶山省级自然保护区	省级	7913.9	中亚热带常绿阔叶林	2000	
10	广东始兴南山省级自然保护区	省级	7113	中亚热带常绿阔叶林	2001	
11	广东曲江沙溪省级自然保护区	省级	9333.3	中亚热带常绿阔叶林	1996	
12	广东南雄小流坑－青嶂山省级自然保护区	省级	7874	中亚热带常绿阔叶林	2001	
13	广东翁源青云山省级自然保护区	省级	7359	中亚热带常绿阔叶林	2002	2009年升省级
14	广东乳源泉水市级自然保护区	市级	22098.5	中亚热带常绿阔叶林	2002	
15	广东新丰鲁古河市级自然保护区	市级	10653	中亚热带常绿阔叶林	2000	
16	广东翁源半溪市级自然保护区	市级	3630	中亚热带常绿阔叶林	2001	
17	广东乳源青溪洞省级自然保护区	县级	3133	珍稀动物苏门羚	1976	
18	广东乳源大潭河县级自然保护区	县级	3853	中亚热带常绿阔叶林	2002	
19	广东乳源红豆杉县级自然保护区	县级	10190	红豆杉	2004	
20	广东南雄孔江水源林县级自然保护区	县级	3850	中亚热带常绿阔叶林	2009	
21	广东始兴将军栋县级自然保护区	县级	6225.4	中亚热带常绿阔叶林	2009	
22	广东仁化斯鸡山县级自然保护区	县级	2448.3	中亚热带常绿阔叶林	2009	

表5　韶关市已建湿地公园一览表

序号	已建湿地公园名称	级别	面积（平方公里）	批准文号	建立时间	备注
1	乳源南水湖国家湿地公园	国家级	6283.7	林湿发〔2009〕297号	2009	广东省一级饮用水源保护区、乳源县饮用水源地和韶关市备用水源地
2	孔江国家湿地公园	国家级	1667.9	林湿发〔2011〕61号	2011	
3	广东仁化浉溪湖省级湿地公园	省级	438.27	粤林复函〔2011〕186号	2011	

水　利

【概况】 2013年是实施“十二五”水利规划的关键一年，全市水利事业平稳发展，全年完成水利水电建设投资8.1亿元，争取省级以上补助资金5.3亿元。防御5月、8月两次大的洪涝灾害，乐昌峡水利枢纽3台机组全部并网发电，南水供水工程项目取得新进展，水利建设、管理和改革等各项工作取得新突破。

【防汛救灾减灾】 2013年全市平均降雨量1696.4毫米，接近多年同期平均降雨量1666.3毫米。全年降雨量时空分布不均，1月、2月、7月严重偏少，5月、8月严重偏多，出现2次洪涝灾害。其中，5月15日8时至16日8时，全市平均降雨量为94.6毫米，其中最大降雨有翁源翁城288.5毫米、曲江蒙浬209.5毫米 、乳源大潭河260毫米，罗坑水库超汛限水位2.05米。受强降雨影响，全市共有10个县（市、区）81个乡镇受灾，受灾人口459555人，死亡人口17人（其中武江区江湾镇泉兴林场造成8人死亡），失踪人口1人，转移人口59371人，倒塌房屋5357间，直接经济损失12.8亿元。8月15—18日，全市普降大雨到暴雨、局部大暴雨，造成武江水位上涨。18日0时，乐昌市区出现89.34米洪峰水位，18日7时韶关市区出现54.11米、6760立方米/秒的洪峰。受强降雨影响，全市10个县（市、区）92个乡镇受强降雨侵袭，农作物受灾面积25.19千公顷，受灾人口321645人，转移人口54935人，死亡6人，失踪2人，倒塌房屋2879间，直接经济损失11.58亿元，水利设施直接经济损失4.15亿元。全市水利系统干部职工奋勇抗灾，市水利局3次共派出15个防汛抢险督导组，全市共出动防汛抢险轻舟队伍12批/次、260人/次、冲锋舟（橡皮艇）68艘，转移群众2万多人。全市小（二）型以上水库及众多的山塘无一溃坝，经受住洪灾考验，全市水利工程发挥蓄洪错峰作用，最大限度地减轻灾害损失。

【乐昌峡水利枢纽工程】 乐昌峡水利枢纽工程是广东水利建设重点工程，是以防洪为主，结合发电，改善下游灌溉、航运、供水等综合利用的水利枢纽。乐昌峡位于北江一级支流武江乐昌境内，武江发源于湖南省临武县三峰岭，纵贯乐昌南北，在乐昌境内长达196公里。该水利枢纽工程位于韶关市的乐昌市境内、下距乐昌市区约14公里，北江支流武江乐昌峡河段旧塘角火车站附近，是北江上游关键性防洪控制工程。工程主要由拦河大坝、地下厂房及引水系统、坝区公路等组成。水库正常蓄水位154.5米，总库容3. 44亿立方米，防洪库容2.119亿立方米；拦河大坝坝高84.2米。工程总投资约34.1亿元。乐昌峡水利枢纽最主要的、最直接的防洪对象是乐昌市和韶关市，工程建成后，可将乐昌市区防洪标准由10年一遇提高到50年一遇；与浈江湾头水利枢纽联合调度，可将韶关市区防洪标准由20年一遇提高到100年一遇。同时，乐昌峡水利枢纽还可在一定程度上减少北江大堤的防洪压力，对珠江三角洲防洪安全也有积极作用。重点项目乐昌峡水利枢纽工程，2013年1月29日首台机组发电，6月14日、26日其余两台机组发电运行，这标志着乐昌峡水利枢纽工程建设任务已经完成，进入收尾阶段。刚刚建成的乐昌峡水利枢纽工程在防御“8·15”洪水的关键时期，共拦蓄洪水近2亿立方米，使韶关市区洪峰水位下降0.39米、市区洪峰过境时间滞后5小时，发挥了重要作用。

【水库加固项目建设】 乐昌市东洛水库除险加固工程，是全国专项规划的中型病险水库除险加固项目，工程批复建设内容包括：大坝加固、溢洪道加固和输水隧洞加固和帷幕灌浆工程，批复概算总投资3441万元，工程于2011年12月动工，2013年12月完工，并通过竣工验收自查。重点小（2）型水库除险加固工程共13宗，批复概算投资1919万元，13宗工程于2012年9月开工，2013年年底基本完工，8宗完成竣工验收自查。一般小（2）型水库除险加固工程，韶关市列入规划共有40宗，上报总投资约11019万元，2013年有25宗开工。

【中小河流治理】 中小河流治理列入“百项工程兴韶关”项目，全市规划实施38条中小河流治理工程，首批实施的4宗工程已完成竣工验收自查或竣工验收。其余34宗有15宗项目已完成初设批复，其中仁化县董塘河、乐昌市九峰水、南雄市凌江、曲江区马坝河治理工程、翁源县周陂水治理工程已开工。

【灌区改造工程建设】 2011年度韶关市有2宗中型（乐昌市廊北灌区、南雄市横江灌区）和13宗小型灌区列入改造计划，计划总投资21282万元，其中省补助14497万元。截至2013年年底，15宗灌区均已开工建设，13宗小型灌区完工，乐昌市廊北灌区形象进度40%、南雄市横江灌区形象进度30%，共完成投资8780万元。2012年度韶关市有4宗中型（翁源县岩庄灌区、曲江区小坑灌区、南雄市瀑布灌区、始兴县凉口灌区）和50宗小型灌区列入改造计划，计划总投资48042万元，其中省补助28841万元（已下达11886万元）。截至2013年年底，翁源县岩庄灌区准备开工，始兴县凉口灌区开展施工招投标，南雄市瀑布灌区编制工程初步设计报告，曲江区小坑灌区进行初设招投标工作；37宗（仁化县、始兴县、乐昌市、乳源县、翁源县）小型灌区已完成施工招标工作，准备开工建设，其余13宗（南雄市、新丰县、曲江区）工程准备开展招投标工作。

【小农水重点县项目建设】 全市正在实施的4个小农水重点县分别是乳源县、南雄市、始兴县和乐昌市，工程建设进展顺利。2013年9月12日，韶关市浈江区、曲江区、仁化县和翁源县参加由省财政厅和省水利厅组织的2013年度小农水重点县竞争性评审。最终，翁源县、浈江区被列入中央小农水重点县，曲江区被列入农村河塘清淤整治重点县，仁化县被列入1万—5万亩灌区配套改造试点县，年内，各地开展项目的前期工作。

【民生水利项目】 南水水库供水工程是韶关市最大的水利民生项目，项目估算投资约19亿元，可解决市区和周边农村100多万人口饮水问题。为加快项目进展，市水务局协助市南水办开展前期工作，多次到省水利厅进行沟通协商，2013年11月7日省水利厅组织召开项目可行性研究报告评审会，12月底省水利厅水利水电技术中心完成技术审查并出具技术审查意见。完成新增农村饮水安全工程建设任务，2013年，上级下达韶关市新增98宗中央和省级补助的饮水安全工程，解决新增9.0437万农村群众的饮水不安全问题（包括林场1.7737万人），计划总投资5422万元，工程于2013年年底全部完成，完成投资5329.9万元。水库移民生产生活条件进一步改善，2013年共完成50宗大中型水库移民文化与信息工程建议。农村水电进一步发展，水电站增效扩容工作加快推进，中央已批复120宗、总投资3.9亿元，已下达中央和省补助资金3848万元，10宗已完成招投标准备开工。

【基层水利服务体系建设】 基层水利服务体系建设是2013年全省水利管理与改革工作的重点任务。2013年1月，经市政府批准，市水务局与市编办、市财政局、市民政局联合印发《关于建立健全基层水利服务体系的实施方案》。根据该实施方案的精神，各地结合当地实际，相继制定《建立健全基层水利服务体系实施方案》，明确目标和任务。6月，市水务局转发《广东省基层水利服务体系建设验收办法》，明确要求2013年年底前各地务必完成基层水利服务体系建设验收工作，实现“宗宗工程有人管、镇镇都有水管所、村村都有水管员”的目标。截至10月底，全市99个涉农乡镇已建立乡镇基层水管所，其中乡镇水管所78个、并入乡镇农业综合服务中心21个，全市基层水利服务体系建设取得初步成效。年底，市水务局组织并完成基层水利服务体系建设市级验收。

【水务直属事业单位分类改革】 根据市委、市政府的统一部署，2013年市水务局组织开展事业单位分类改革工作，经过反复多次的调研、征求意见，上报市委、市政府，并下发市水务局分类改革方案，市局原有韶关市水政监察支队、韶关市区防洪建设管理处、韶关市水利水电工程质量安全监督站、韶关市水利水电工程质量检测站、韶关（粤北）三防物资仓库、韶关市防汛抢险民兵轻舟机动大队办公室、韶关市水土保持监测站等7个下属事业单位，整合为韶关市水政监察支队、韶关市防洪管理中心、韶关市水利水电工程技术中心等3个事业单位，原7个单位的职能按相近的原则进行整合，原有人员按经费形成进行整合。分类改革的各项工作已经在年底完成，整合后的3个单位正常运转，各项职能顺畅执行。

【河道采砂管理与执法】 河道采砂管理是当前韶关市水行政管理工作的重中之重。2013年，根据市领导的指示，市水利局牵头开展河道采砂管理工作调研，在总结借鉴其他地市经验教训的基础上，提出优化河砂管理工作初步方案，正进一步修改完善。为加强河道采砂管理，注重加强日常巡查，强化对重要河段、采砂标段、砂石堆放场的管理，加大对非法采砂整治力度。2013年，市水政监察支队共出动执法人员1296人次，出动执法车辆432台次，共制止违法采砂行为9宗。

【水土保持、水资源监督执法】 加大对全市范围内的采矿、房地产、工业园等开发建设项目落实水土保持措施的检查力度，对违反水土保持规定的开发建设项目，责令限期改正和补办有关手续，全年共向各类开发建设单位发出要求落实水土保持措施等各类通知14份。水政支队派执法人员每周不少于3次要对水源保护区进行巡查和监管，并组织人员对市区取水口和排污口进行仔细排查，防范水源污染事件的发生，确保市区人民饮用水安全。

【水法宣传】 在“世界水日”“中国水周”活动开展期间，市、县两级组织开展形式多样的宣传活动，有挂横幅、电视广播、宣传车巡回宣传，在墟镇、社区开展现场水法规宣传和咨询活动，派发宣传资料等。其间，全市共出动宣传车72台，悬挂横幅119条，出版墙报6期，张贴标语和宣传画11836张，发送手机短信27.49万条次，举办现场宣传和咨询服务活动3场，派送传单27700份、法规小册子3800本，举办培训班1期，组织水利干部职工观看《人水法》487人次，在电视台播放《人水法》7集次，电视台播放水法宣传广告142条次。通过开展水法律法规宣传，提高全社会遵守水法律法规的自觉性，提高全民的水忧患意识，减少水事违法案件和水事纠纷的发生，为依法治水管水营造良好的法治氛围。

【水资源管理监督考核】 2013年，韶关市采取措施实施最严格水资源管理制度工作。按照水资源开发利用控制、用水效率控制、水功能区限制纳污3条红线控制目标，抓好取水许可监管和水资源论证工作，加强水资源保护和提升用水效率水平，建设节水型社会。加强对全市的水资源管理工作监督，在各县（市、区）2012年度实施最严格水资源管理制度进行自查的基础上，完成对各县（市、区）政府2012年度实施最严格水资源管理制度情况考核工作。做好迎接省检查考核工作，2013年省对韶关市2012年度实施最严格水资源管理制度工作进行考核，最终韶关市考评等次良好，全省排名第七。

【全市水资源情况】 韶关市位于广东省北部、北江流域中上游，属亚热带季风气候区，国土面积18385平方公里。韶关市按照行政分区包括浈江、武江、曲江3个市辖区，乐昌、南雄两县级市，始兴、仁化、乳源、翁源、新丰5个县，水资源分区划分为浈江、武江（中下游）、北江上游、滃江、连江（连江中游支流黄洞河、大潭河）、新丰江（上游）、桃江和章江（长江流域）等8个四级水资源分区。韶关市境内主要江河有浈江、武江、墨江、锦江、南花溪、南水、滃江、北江干流及新丰江，北江由北向南贯穿韶关市，两侧大小支流密布，各大小支流都源于高、中级山地，且切割很强，两岸壁立的峡谷甚多，水流湍急，河道比降陡，流量大，水力资源丰富。全市多年平均年降水量1682.3毫米，折合年降水总量309.29亿立方米；多年平均水资源量179.93亿立方米，多年平均地下水资源量44.05亿立方米。2013年全市年降水量为1888.9毫米，折合年降水总量为347.28亿立方米，比上年少10.7%，比多年均值多12.3%，属平水偏丰年。

【地表水资源】 2013年全市地表水资源量为206.33亿立方米，折合年径流深为1122.3毫米，比上年偏少9.0%，比多年均值多14.7 %。在各县（市、区）中（详见2013年韶关市行政分区地表水资源量表），地表水资源量乳源县最多为33.41亿立方米，占全市总量的16.2%；新丰县第二30.59亿立方米，占全市总量的14.8%；浈江区最少5.92亿立方米，仅占全市总量的2.9%。与多年均值比较，除南雄市偏少6.0%、仁化县偏少5.3%外，其余各行政分区均偏多，其中新丰县偏多45.1%，乳源县偏多22.4%，其余各县（市、区）与多年均值比较偏多值为8.8%—19.9%。单位面积地表水资源量新丰县最多153.95万立方米/平方千米，乳源县次之150.02万立方米/平方千米，南雄市最少为74.59万立方米/平方千米。

【地下水资源】 2013年全市地下水资源量49.31亿立方米（不含中深层地下水），比上年偏少8.8%，比多年均值偏多11.9%。在各县（市、区）中（详见表6 2013年韶关市行政分区地下水资源量表），新丰县地下水资源量为7.38亿立方米，居全市首位，占全市总量的15.0%；乳源县地下水资源量7.33亿立方米，居第二位，占全市总量的14.9%；浈江区最少，只有1.34亿立方米，仅占全市总量的2.7%。与多年均值比较，除仁化县偏少13.8%外，其余各行政分区均偏多，其中乳源县偏多42.6%，翁源县偏多30.4%，新丰县偏多15.7%，其余各县（市、区）与多年均值比较偏多值为2.0%—12.9%。从单位面积地下水资源量看，新丰县最大37.14万立方米/千米，乳源县次之32.91万立方米/千米，南雄市最小为19.53万立方米/千米。2013年全市蓄水动态，共统计35宗大中型水库，全市大、中型水库年末蓄水量为15.616亿立方米。其中，大型水库年末蓄水量为10.581亿立方米，占67.8%；中型水库年末蓄水量为5.035亿立方米，占32.2%。

【全市供水量】 2013年，韶关市供用水量21.579亿立方米，其中地表水源占93.2%，地下水源占4.3%，其他水源占2.5%。在各县（市、区）中，按供水量大小排列，前三位是南雄、乐昌、仁化，供水量分别占全市总供水量的16.1%、13.4%、12.6%，其余各县（市、区）供水量占全市总供水量的比例均低于11.4%。从各县（市、区）的水源结构显示：始兴、曲江和翁源地下水源供水量占总供水量的比重分别为8.6%、8.1%、7.6%，比其他县（市、区）大得多；各县（市、区）其他水源（雨水利用）供水量占总供水量的比重仅为2.6%，各县（市、区）仍然以地表水供水为主，除乳源、始兴、新丰地表水供水占总供水量比例分别为85.7%、88.6%、89.6%外，其余县（市、区）地表水供水比例均超过90%。

【全市用水量】 2013年全市总用水量21.579亿立方米，比上年略有增加。用水结构是：生产用水占总用水量的91.7%，居民生活用水占7.4%，生态环境用水占0.9%。全市用水消耗量为9.59亿立方米。其中农田灌溉用水、林渔牧畜用水、工业用水、城镇公共用水分别占生产用水量的65.6%、6.7%、24.9%、2.7%，本年农田灌溉及工业用水比上年略有增加，其余各行业用水量均比上年有所减少。其中，林渔牧畜用水减少最多，较上年减少0.003亿立方米，城镇公用用水减少0.013亿立方米。在各县（市、区）中，用水量前三位的是南雄、乐昌、仁化，其用水量分别占全市总用水量的16.1%、13.4%和12.6%。工业用水量中，曲江区占全市工业总用水量的18.0%，其余县（市、区）占82.0%；农田灌溉用水中，南雄是大户，其农田灌溉用水量达24570万立方米，占全市农田灌溉总用水量的18.9%。2013年，全市人均综合用水量746立方米，万元国内生产总值用水量214立方米，万元工业增加值用水量137立方米（含火电），农田实灌亩均用水量718立方米，城镇居民生活人均生活用水量179升/日，农村居民生活人均用水量120升/日。除城镇居民人均用水量低于全省均值外，其余用水指标均高于全省均值，说明韶关市用水水平低于全省平均水平，用水效益不高。在各县（市、区）中，人均综合用水量仁化最大1332立方米，南雄次之1069立方米，浈江区最小321立方米，其余县（市、区）人均综合用水量为483—949立方米。万元GDP用水量南雄最大398立方米，浈江区最小73立方米，其余县（市、区）为79—347立方米。

【水库水质达标评价】 依据国家《地表水环境质量标准》（GB3838—2002）、《地表水资源质量评价技术规程》（SL395—2007）对韶关市境内江河湖库水体水质进行评价达标分析。从2013年全年来看河流水质总体情况较好，水库水质总体状况一般。根据《广东省水功能区划》，本年度共对17个（对有二级区的一级区只计二级区个数）河流水功能区进行评价，其中水质达标的功能区有15个，达标率为88.2%；对11个水库水功能区进行评价，9个水库达标，2个水库不达标，达标率为81.8%。

（周贤宝　李华峰）

附：领导班子成员名单

党组书记、局长：曾宪波

党组成员、副局长：袁辅星

彭爱华

欧智贤

党组成员、纪检组长：李国荣

党组成员、总工程师：肖向坚

2013年韶关市行政分区地表水资源量

表6

名称	计算面积（平方公里立方米）	地表水资源量（亿立方米）	占全市比例（%）	多年平均地表水资源量（亿立方米）	与多年平均值比较（%）	单位面积地表水资源量（万立方米/平方公里）
曲江区	1618	16.89	8.2	15.37	9.9	104.39
武江区	689	7.19	3.5	6.61	8.8	104.35
浈江区	567	5.92	2.9	5.22	13.4	104.41
乐　昌	2421	26.50	12.8	22.10	19.9	109.46
南　雄	2361	17.61	8.5	18.73	-6.0	74.59
始　兴	2152	21.06	10.2	19.14	10.0	97.86
仁　化	2205	20.64	10.0	21.80	-5.3	93.61
乳　源	2227	33.41	16.2	27.29	22.4	150.02
翁　源	2158	26.52	12.9	22.60	17.3	122.89
新　丰	1987	30.59	14.8	21.08	45.1	153.95
全　市	18385	206.33	100.0	179.93	14.7	112.23

2013年韶关市行政分区地下水资源量

表7

名称	计算面积（平方公里立方米）	地下水资源量（亿立方米）	占全市比例（%）	多年平均地下水资源量（亿立方米）	与多年平均比较（%）	单位面积地下水资源量（万立方米/平方公里）
曲江区	1618	3.82	7.7	3.65	4.7	23.61
武江区	689	1.63	3.3	1.56	4.5	23.66
浈江区	567	1.34	2.7	1.30	3.1	23.63
乐　昌	2421	6.13	12.4	5.43	12.9	25.32
南　雄	2361	4.61	9.3	4.52	2.0	19.53
始　兴	2152	4.75	9.6	4.29	10.7	22.07
仁　化	2205	5.93	12.0	6.88	-13.8	26.89
乳　源	2227	7.33	14.9	5.14	42.6	32.91
翁　源	2158	6.39	13.0	4.90	30.4	29.61
新　丰	1987	7.38	15.0	6.38	15.7	37.14
全　市	18385	49.31	100.0	44.05	11.9	26.82

2013年韶关市行政分区水库蓄水动态

表8　　单位：万立方米

行政分区	水库宗数		大型水库蓄水量		大型水库年蓄水变量	中型水库蓄水量		中型水库年蓄水变量	合计	
	大型	中型	上年末	当年末		上年末	当年末		年末蓄水量	年蓄水变量
曲江区	2	2	10984	10900	-84	7293	7487	194	18387	110
武江区	1	1	4977	5131	154	526	365	-161	5496	-7
浈江区		3				7252	6996	-256	6996	-256
乐昌		2				1219	1306	87	1306	87
南雄		6				10508	8122	-2386	8122	-2386
始兴		3				2981	3743	762	3743	762
仁化	1	3	13710	13546	-164	6829	6511	-318	20057	-482
乳源	1	4	72335	76237	3902	14266	11047	-3219	87284	683
翁源		5				3114	4044	930	4044	930
新丰		1				905	727	-178	727	-178
全市	5	30	102006	105814	3808	54893	50348	-4545	156162	-737

2013年韶关市行政分区供水量

表9　　单位：万立方米

行政分区	总供水量	占全市比例（%）	地表水量				地下水量	占总供水量比例（%）	其他供水量	占总供水量比例（%）
			蓄水量	引水量	提水量	占总供水量比例（%）				
曲江区	24500	11.4	12120	4930	5470	91.9	1980	8.1	0	0.0
武江区	14620	6.8	2340	2110	9360	94.5	810	5.5	0	0.0
浈江区	12830	5.9	5720	910	5850	97.3	340	2.7	10	0.1
乐　昌	28840	13.4	20500	1070	5050	92.3	920	3.2	1300	4.5
南　雄	34850	16.1	21500	8480	4470	98.9	300	0.9	100	0.3
始　兴	19860	9.2	5450	4910	7240	88.6	1710	8.6	550	2.8
仁　化	27150	12.6	13410	8390	4150	95.6	600	2.2	600	2.2
乳　源	15390	7.1	5490	4090	3610	85.7	300	1.9	1900	12.3
翁　源	22320	10.3	11590	6670	2360	92.4	1700	7.6	0	0.0
新　丰	15430	7.2	7260	4620	1950	89.6	600	3.9	1000	6.5
全　市	215790	100.0	105380	46180	49510	93.2	9260	4.3	5460	2.5

2013年韶关市行政分区用水量

表10　　单位：万立方米

行政分区	生产用水量					居民生活	占总用水量比例（%）	生态环境	占总用水量比例（%）	总用水量	占全市比例（%）
	农田灌溉	林牧渔畜	工业	城镇公用	占总用水量比例（%）						
曲江区	11920	1080	8890	670	92.1	1740	7.1	200	0.8	24500	11.4
武江区	3520	660	7610	670	85.2	1880	12.9	280	1.9	14620	6.8
浈江区	5260	1370	2530	810	77.7	2430	18.9	430	3.4	12830	5.9
乐　昌	20540	1600	4160	330	92.3	2080	7.2	130	0.5	28840	13.4
南　雄	24570	3030	4730	520	94.3	1770	5.1	230	0.7	34850	16.1
始　兴	13980	740	3360	480	93.5	1170	5.9	130	0.7	19860	9.2
仁　化	16580	1830	6730	610	94.8	1150	4.2	250	0.9	27150	12.6
乳　源	10510	750	2470	510	92.5	960	6.2	190	1.2	15390	7.1
翁　源	15300	710	4250	330	92.2	1640	7.3	90	0.4	22320	10.3
新　丰	7660	1510	4620	400	92.0	1200	7.8	40	0.3	15430	7.2
全　市	129840	13280	49350	5330	91.7	16020	7.4	1970	0.9	215790	100.0

2013 年韶关市各行政分区主要用水指标

表 11

行政分区	人均 GDP（元）	人均综合用水量（立方米）	万元 GDP 用水量（立方米）	万元工业增加值用水量（立方米）		农田实灌亩均用水量（立方米）	居民生活人均用水量（升/日）	
				含火电	不含火电		城镇	农村
曲江区	44881	790	176	123	116	858	180	119
武江区	60905	481	79	91	91	667	180	122
浈江区	43992	321	73	93	93	744	178	111
乐　昌	22885	709	310	167	173	617	172	110
南　雄	30163	1069	354	168	168	786	181	123
始　兴	27278	947	347	164	164	688	181	135
仁　化	40375	1322	327	191	193	952	182	136
乳　源	31383	848	270	98	98	670	176	121
翁　源	20572	659	320	195	195	586	175	112
新　丰	24571	732	298	211	211	729	188	124
全　市	34918	746	214	137	136	718	179	120

水文监测

【概况】 广东省水文局韶关水文分局是广东省水文局的派出机构，正处级行政类事业单位。内设办公室、计财审计科、技术科、水情科和水质科 5 个职能科室，下辖韶关水文测报中心、连县水文站、英德水文站、坪石水文站、新韶水文站，负责辖区内的水量水质监测、水情预报等方面业务。管辖韶关和清远两个行政区域内的 27 个水文站（含 14 个巡测站），其中 5 个国家级水文站、5 个省级水文站；4 个水位站（含 1 个巡测站）；366 个雨量站，其中基本站 234 个，中小河流水文监测站 120 个，专用站 12 个；6 个蒸发站；47 个大中型水库水雨情监测站；17 个冰冻灾害站；8 个土壤墒情站；43 个水质常规监测断面。其中，雨量、水位、冰冻灾害、土壤墒情观测站点已基本实现自动测报。目前，坪石（二）站、凤凰山站、高道站、乐昌（二）站、英德（二）站、西河桥站、东河桥站及韶关站已安装在线测流设备 H－ADP，实现在线自动测流。同时还配备雷达测速枪、水文测船、冲锋舟、RTD（RTK）型 GPS、全站仪、数字水准仪、水深测量仪等辅助测量设备，使生产效率得到很大提高。站网建设覆盖辖区大江大河、城乡防洪重点区域和主要供水水源地的监测网络，能够满足地方政府以及各涉水部门解决“洪、涝、旱、污”等水问题对水文技术服务支撑能力的需求。

【水情预报】 2013 年，韶关市洪涝灾害次数多、洪峰量级大、持续时间长。其中，连江流域于 8 月出现超百年一遇的特大洪水，滃江、武江也分别于 5 月、8 月出现超三十年一遇的大洪水，造成武江中下游、北江干流中下游、连江全流域洪涝灾害，直接威胁沿江人民群众生命财产安全。在洪水肆虐的关键时刻，韶关水文分局立即启动防风防汛应急响应预案，按照省防总“精、准、细、长”的要求，全面开展水文监测、水雨情报汛和预报工作，每小时向市三防指挥部以及沿岸各县市三防办报送水雨情报，共报送水情简报 65 期；水情预报 51 份，接受灾区公众电话咨询不计其数。在抗击 2013 年 8 月特大洪水中，为市三防指挥部三江联合调度决策提供 15 份乐昌峡、湾头两大水利枢纽入库流量和水库调度出库流量的预报信息。为市政府抗洪救灾决策和人民群众自救提供支撑。

【水环境监测】 韶关水质监测分中心建筑面积 1300 平方米，设有化学分析室、生化室、样品室、监测业务室等。至年底，有常规监测断面43个，监测项目32个，认证项目51个。中心配备先进仪器设备，如ICP（电感耦合等离子体发射光谱仪）、原子荧光仪、电子天平、紫外分光光度计、纯水器、哈希多参数仪、连续流动分析仪、戴安离子色谱仪。中心具有国家级计量认证合格证书，并于2012年通过计量认证复查换证。省政府赋予水文机构的职能工作是水文机构的监测数据和分析评价结果作为县级以上人民政府进行水资源管理责任考核的依据。2013年，韶关水文分局履行职责，完成辖区水功能区水文水环境监测任务，监测数据和分析。评价结果准确、可靠、客观、公正，为韶关市在全省最严格水资源管理制度实施工作的考核中取得好成绩发挥应有的作用。

【服务水资源管理工作】 韶关水文发挥水文技术优势，服务水资源管理需求。2013年完成《韶关市2012年水资源公报》《韶关市2012年地下水通报》《2013年韶关市水务信息季报》《2013年韶关市水资源质量月报》等编制工作；协助市水务局完成韶关市辖区取水户台账录入及校核工作。为流域水资源管理以及当地政府和相关部门提供信息资料，指导地方工农业用水、节水，对促进韶关市水资源的统一管理、优化配置和有效保护具有重要的现实意义。

【服务地方经济建设】 韶关水文分局2013年承担完成的服务项目有：《南雄市油山山泉自来水厂饮水工程》《仁化县扬子坑水库供水工程》《翁源县黄竹坪水电站》《翁源县龙华水电站》《曲江区祥和精细化工厂》《翁源县新江镇供水工程》《仁化县红锦湾温泉漂流度假村建设项目》《曲江区小坑自来水厂》《乐昌市银峰水电站取水项目》《翁源县冷泉滩农业生态旅游园取水工程》10个取水项目的水资源论证工作；开展乳源县自来水厂水平衡测试工作；完成武江区龙归水、武江区南水柴桑桥至龙归电站河段、南水广乐高速大桥至郑屋河段、乳源县县管11个河段共6公里河道、辽思水乐昌市河段、翁源县滃江干流及其支流南浦河河道等河段砂石查勘测量评估工作；为浈江区与曲江区交界处枫湾河河段及黄浪水的河道清淤，进行水下地形测量工作；完成《韶关海事局应急（工作船）码头及配套设施工程项目》防洪评价工作、上饶桥桥址及韶关市东堤北路道路改造工程二期设计洪水位推求工作；为韶关市芙蓉新城规划、市区内涝治理、市区城市综合治理提供水文技术服务。

【水文工程建设】 《广东省中小河流水文监测系统建设》是水利部下达的中小河流治理国家级水文监测系统的重点建设项目，分两期实施。2011年，实施工程项目中韶关水文分局辖区新建16个水文站，120个雨量站，改造升级“韶关水文遥测系统信息查询系统”和“韶关市降水分析系统”等项目，建设资金由中央财政和省级财政配套共投入1461万元；2012—2013年，实施工程项目中辖区新建33个水文站，项目概算为5494万元，其中土建工程概算为3258万元；信息化系统升级改造775万元，由中央和省两级财政投资。已完成2011年工程项目建设任务，进入验收阶段；2012—2013年，工程项目已进入立项阶段，预计2014年实施。《广东省中小河流水文监测系统建设》工程项目完成后，韶关水文分局辖区内站点纳入国家、省级管理的水文站将达到138站（含大中型水库47站），站网密度为243平方公里/站，雨量站354站，站网密度为95平方公里/站，将进一步提高中小河流水文监测能力。继续开展国家地下水监测工程项目韶关分局辖区15个站点的前期准备工作。

【提升科技创新能力】 继2011年、2012年连续两年获得韶关市科技成果进步奖后，2013年申报的科技成果《粤北山区中小流域精细化洪水预报方案研究与应用》获得二等奖。在韶关水利学会2013年表彰优秀论文中，韶关水文分局囊括一、二等奖，有一篇论文获得三等奖。为更好地做好韶关市区的洪水预报工作，组织技术人员开展《韶关市区三江六岸精细化洪水预报方法研究与应用》的课题研究，该项工作的开展是韶关水情预报工作实现点一线一面，更好地服务地方防汛抗旱工作的历史跨越。

（刘　静）

韶关水文分局领导班子成员名单

局　长：谢建强

副局长：周　艏　杨创鹏

总工程师：韩学军

韶关水文分局管辖的水文站一览表

表12

水系	河名	站名	站别	断面地点
北江	浈江	小古菉	水文站	广东省韶关市始兴县马市镇都塘村委会小古菉村
北江	罗坝水	结龙湾	水文站	广东省韶关市始兴县顿岗镇大村村委会结龙湾村
北江	武江	坪石（二）	水文站	广东省乐昌市坪石镇灵石坝村
北江	滃江	滃江	水文站	广东省韶关市翁源县官渡镇利龙村河唇刘屋
北江	连江	高道	水文站	广东省英德市西牛镇高道村
东江	新丰江	岳城	水文站	广东省新丰县丰城镇岳城村
北江	浈江	新韶	水文站	广东省韶关市浈江区新韶镇黄金村
北江	武江	犁市（二）	水文站	广东省韶关市浈江区犁市镇五四村河边厂
北江	洞冠水	黄麖塘（二）	水文站	广东省清远市阳山县黎埠镇凤山村
北江	滃江	长湖水库（坝下二）	水文站	广东省英德市大站镇樟滩村潭风角
北江	田头水	赤溪（四）	水文站	广东省乐昌市庆云镇湾雷村委会赤溪村
北江	星子河	凤凰山	水文站	广东省连州市保安镇水口村
北江	浈江	南雄（一）	巡测站	广东省南雄市雄州街道水南村沿江路水务局新大楼前
北江	墨江	始兴	巡测站	广东省韶关市始兴县太平镇东升居委会低坝村
北江	浈江	大坝	巡测站	广东省韶关市仁化县黄坑镇高塘村委会大坝村下游桥下
北江	北江	韶关（二）	巡测站	广东省韶关市武江区西河镇红星村沿江路
北江	北江	英德（二）	巡测站	广东省英德市英城镇
北江	北江	连江口（二）	巡测站	广东省英德市连江口镇城樟社区
北江	武江	乐昌（二）	巡测站	广东省乐昌市乐城街道榴村村委会大莱园村
北江	滃江	红桥（二）	巡测站	广东省英德市桥头镇红桥村
北江	连江	连县（城南桥）	巡测站	广东省连州市连州镇高堆村委会城南桥
北江	连江	青莲（四）	巡测站	广东省清远市阳山县青莲镇中心村
北江	连江	阳山（一）	巡测站	广东省清远市阳山县阳城镇南门街关屋巷41号
北江	七拱水	七拱	巡测站	广东省清远市阳山县七拱镇七拱村七拱桥
北江	青莲水	鱼良头	巡测站	广东省清远市阳山县青莲镇深塘村委会鱼良头村
北江	北江	乌石	巡测站	广东省韶关市曲江区乌石镇濛浬村韶关电厂家属区
北江	锦江	仁化（二）	水文站	广东省仁化县仁化镇水南村

韶关水文分局管辖的水位站一览表

表13

水系	河名	站名	站别	断面地点
北江	北江	沙口	水位站	广东省英德市沙口镇沙口村
北江	连江	连县（三）	水位站	广东省连州市连州镇湟村南路116号
北江	马坝水	马坝	水位巡测站	广东省韶关市曲江区城区沿河路9号对面
北江	北江	英德（五）	水位站	广东省英德市英城镇楼船路（人民大桥西岸）

韶关水文分局管辖的蒸发量站一览表

表14

水系	河名	站名	测站地址
北江	浈江	小古菉	广东省韶关市始兴县马市镇都塘村委会小古菉村
北江	浈江	长坝	广东省仁化县大桥镇长坝村
北江	武江	坪石	广东省乐昌市坪石镇灵石坝村
北江	滃江	滃江	广东省韶关市翁源县官渡镇利龙村河唇刘屋
北江	连江	高道	广东省英德市西牛镇高道村
北江	洞冠水	黄麖塘	广东省清远市阳山县黎埠镇凤山村

韶关水文分局管辖的基本降水量站一览表

表 15

所属流域	河名	站名	所属流域	河名	站名	所属流域	河名	站名
连江	连江	青莲	南水	南水	南水水库（大坝）	武江	西坑水	前洞
连江	连江	阳山	南水	南水	白竹	武江	梅花水	云岩水库
连江	连 江	高道	南水	龙溪洞水	梯下	武江	新街水	游溪
连江	连 江	连县	南水	龙归水	围坪	武江	重阳水	一六（乳源）
连江	潭源洞水	潭岭水库	南水	南水	龙归	武江	梅花水	梅花
连江	黄洞河	锦潭水库	南水	南水	坪溪	武江	杨溪河	大桥
连江	月坪水	坝美水库	南水	南水	泉水水库	武江	杨溪河	五指山
连江	大潭河	大潭河水库	绥江	凤头水	板洞水库	武江	杨溪河	杨溪
连江	黄桥水	上兰靛水库	滃江	滃江	滃江	武江	田头水	河门口
连江	岭背河	曹田坑水库	滃江	滃江	长湖水库（坝下）	西江	大滩河	福堂
连江	庙公坑	茶坑水库	滃江	滃江	红桥	西江	上草水	上草
连江	钟鼓水	沙坝水库	滃江	涂屋水	长潭水库	西江	吉田水	吉田
连江	水边河	双鱼潭水库	滃江	大坪水	桂竹水库	西江	大滩河	三水（连山）
连江	星子河	顺头岭	滃江	滃江	岩庄水库	西江	大滩河	永丰
连江	长家水	清江	滃江	龙仙水	跃进水库	西江	盘石水	盘石
连江	朝天水	朝天桥	滃江	横石水	泉坑水库	西江	读楼水	天鹅水库
连江	长合水	田心	滃江	横石水	上空水库	新丰江	新丰江	岳城
连江	东陂河	云雾	滃江	滃江	长湖水库	新丰江	新丰江	小镇
连江	东陂河	梁家	滃江	滃江	小石示	新丰江	梅坑水	长坪
连江	洞冠水	白芒	滃江	九仙水	松塘	新丰江	梅坑水	梅坑
连江	洞冠水	沙坪（连南）	滃江	贵东水	贵东	新丰江	双良河	潭公洞
连江	秤架河	高界	滃江	贵东水	高陂	新丰江	新丰江	板岭
连江	秤架河	新寨	滃江	龙仙水	翁源	新丰江	姜坑水	黄石示
连江	洞冠水	寨岗	滃江	滃江	三华	新丰江	层坑水	石角
连江	保安河	洛阳（连县）	滃江	周陂水	石示头	浈江	浈江	小古菉
连江	扶村洞水	扶村	滃江	横石水	太平（翁源）	浈江	罗坝水	结龙湾
连江	连江	小江	滃江	矾洞水	凉桥	浈江	浈江	新韶
连江	渔沙坑水	隔水	滃江	大镇水	金山	浈江	浈江	南雄
连江	七拱河	杜步	滃江	烟岭河	太平（英德）	浈江	墨江	始兴
连江	青莲水	上洞	滃江	青塘水	下河洞	浈江	锦江	仁化
连江	青莲水	大陂	滃江	青塘水	回龙	浈江	浈江	湾头（坝上）
连江	月坪水	石街	滃江	白沙水	茶江	浈江	锦江	锦江水库
连江	黄洞河	岭下	滃江	周陂水	周陂	浈江	枫湾河	小坑水库
连江	水边河	明迳	滃江	滃江	陂头	浈江	浈江	孔江水库
连江	东陂河	小水坪	滃江	滃江	翁城	浈江	南山水	横江水库
连江	青莲水	岭背	滃江	涂屋水	牛屎坜	浈江	新龙水	中坪水库
连江	青莲水	秤架（阳山）	滃江	滃江	鲁溪	浈江	宝江水	宝江水库
连江	连 江	大布	滃江	大镇水	空子水库	浈江	瀑布水	瀑布水库

续表 15

所属流域	河名	站名	所属流域	河名	站名	所属流域	河名	站名
连江	大潭河	古道径	武江	武江	坪石	浈江	远迳水	尖背水库
连江	青松水	大洞	武江	武江	犁市	浈江	都安水	山口三级
连江	长合水	瑶安	武江	田头水	赤溪	浈江	沈所水	花山水库
连江	星子河	麻步	武江	武江	乐昌	浈江	浙溪河	浙溪河水库
连江	金坑水	金坑	武江	廊田水	东洛水库	浈江	董塘水	赤石迳水库
连江	三江河	连南	武江	龙山水	龙山水库	浈江	大坪水	苍石水库
连江	三江河	马头	武江	下陂水	西牛潭水库	浈江	大源水	大源
连江	大潭河	波罗	武江	杨溪河	横溪水库	浈江	岚头水	南埔
连江	竹田河	石灰铺	武江	武江	三溪	浈江	浈江	南雄
连江	星子河	星子	武江	辽思水	沙坪（乐昌）	浈江	凌江	澜河
连江	黄桥水	西江	武江	九峰河	九峰	浈江	清化河	隘子
连江	冲口水	蓝管	武江	田头水	土龙湾	浈江	罗坝水	车扒岭
连江	连 江	九陂	武江	田头水	幸福水库	浈江	罗坝水	都亨
连江	七拱河	太平	武江	田头水	富村	浈江	罗坝水	黄腾径
连江	连 江	东坑坪	武江	田头水	歧下岭	浈江	罗坝水	梅子窝
连江	扶村洞水	九龙坪	武江	田头水	下黄沙	浈江	罗坝水	小安
连江	洞冠水	黄麖塘	武江	田头水	甘棠镇	浈江	罗坝水	小铁寨
连江	星子河	凤凰山	武江	九峰河	上曹洞	浈江	灵溪水	大围
北江	北江	韶关	武江	九峰河	两江口	浈江	扶溪水	扶溪
北江	马坝水	马坝	武江	武江	墩子	浈江	城口水	兰洞
北江	北江	沙口	武江	廊田水	杉木洞	浈江	黎屋水	五渡村
北江	北江	英德	武江	廊田水	麻坑	浈江	黎屋水	厚坑
北江	北江	连江口	武江	武江	桂头	浈江	董塘水	石塘
北江	北江	白石窑（坝上）	武江	武江	五里亭	浈江	浈江	鹅坑桥
北江	北江	沙梨园	武江	武江	黄田坝	浈江	闻韶水	闻韶
北江	北江	大转盘	武江	武江	新华南	浈江	沿溪河	北山
北江	北江	农科所	武江	永乐河	莽山	浈江	百顺水	黄坑
北江	北江	西联	武江	永乐河	天塘	浈江	清化河	深渡水
北江	寺前水	寺前	武江	永乐河	白沙圩	浈江	枫湾河	枫湾
北江	马坝水	马坝	武江	永乐河	一六（宜章）	浈江	大坝水	大塘
北江	沙溪水	郭屋	武江	人民河	南强	浈江	清化河	中心桃
北江	北江	英德硫矿山	武江	永乐河	欧联	浈江	浈江	水口（南雄）
北江	樟市水	罗坑	武江	武江	武源	浈江	浈江	周田
北江	樟市水	罗坑水库	武江	大湾河	铺下	浈江	浈江	乌迳
北江	沐溪河	沐溪水库	武江	白沙水	车湾	浈江	都安水	澄江
北江	北 江	孟洲坝水库	武江	宜章水	新田	浈江	清化河	司前
北江	马坝水	苍村水库	武江	金江	沙田	浈江	百顺水	百顺
北江	北江	濛浬电厂	武江	白沙水	黄泥塘	浈江	锦江	长江
北江	仙桥水	秀才山东水库	武江	白沙水	廖家湾	浈江	城口水	城口
北江	枫树坪河	枫树坪水库	武江	武江	水源	浈江	墨江	始兴

韶关水文分局管辖的土壤墒情监测站一览表

表16

墒情站名	地点	土壤	经济作物
竹园	曲江区	红壤土	荒地
柴塘	始兴县	红壤土	烟叶
董塘	仁化县	红壤土	荒地
新尧	翁源县	红壤土	三华李
红云	乳源县	红壤土	桑树、红薯、玉米
回龙	新丰县	红壤土	龙眼
洪莲	乐昌市	红壤土	花生
黄坑	南雄市	红壤土	烟叶

韶关水文分局管辖的大中型水库监测站一览表

表17

水系	河名	站名	水系	河名	站名
北江	浈江	湾头水库（坝上）	北江	马坝水	苍村水库
北江	南水	南水水库（大坝）	北江	北江	濛浬电厂
北江	北江	白石窑水库（坝上）	北江	杨溪河	横溪水库
北江	锦江	锦江水库	北江	南水	泉水水库
北江	涂屋水	长潭水库	北江	月坪水	坝美水库
北江	潭源洞水	潭岭水库	北江	大潭河	大潭河水库
北江	枫湾河	小坑水库	北江	大坪水	桂竹水库
北江	樟市水	罗坑水库	北江	滃江	岩庄水库
北江	浈江	孔江水库	北江	龙仙水	跃进水库
北江	黄洞河	锦潭水库	北江	横石水	泉坑水库
北江	南山水	横江水库	西江	读楼水	天鹅水库
北江	新龙水	中坪水库	西江	风头水	板洞水库
北江	宝江水	宝江水库	北江	黄桥水	上兰靛水库
北江	瀑布水	瀑布水库	北江	岭背河	曹田坑水库
北江	远迳水	尖背水库	北江	庙公坑	茶坑水库
北江	都安水	山口三级	北江	钟鼓水	沙坝水库
北江	沈所水	花山水库	北江	仙桥水	秀才山东水库
北江	廊田水	东洛水库	北江	大镇水	空子水库
北江	廊田水	龙山水库	北江	横石水	上空水库
北江	浙溪河	浙溪河水库	北江	枫树坪河	枫树坪水库
北江	董塘水	赤石迳水库	北江	滃江	长湖水库
北江	下陂水	西牛潭水库	北江	水边河	双鱼潭水库
北江	沐溪河	沐溪水库	北江	大坪水	苍石水库
北江	北江	孟洲坝水库			

韶关水文分局管辖的冰冻灾害站一览表

表18

水系	河名	站名	类型
北江	武江	坪石	风向、风力、温湿度
北江	武江	梅花	风向、风力、温湿度
北江	杨溪河	大桥	风向、风力、温湿度
北江	杨溪河	红云	风向、风力、温湿度
北江	锦江	城口	风向、风力、温湿度
北江	田头水	赤溪	风向、风力、温湿度
北江	九峰河	九峰	风向、风力、温湿度
北江	九峰河	两江口	风向、风力、温湿度
北江	南山水	横江	风向、风力、温湿度
北江	南花溪	一六（宜章）	风向、风力、温湿度
北江	星子河	星子	风向、风力、温湿度
北江	城口水	兰洞	风向、风力、温湿度
北江	潭源洞水	潭岭水库	温湿度、雨量
北江	长家水	清江	温湿度、雨量
北江	东陂河	梁家	温湿度、雨量
北江	青莲水	上洞	温湿度、雨量
北江	大潭河	古道径	温湿度、雨量

韶关水环境监测分中心水质监测站点一览表

表 19

监测站点	分布地址	监测频次（次）	监测项目
小古菉	始兴县马市镇小古菉村	6	pH、电导率、六价铬、总氮、铜、铅、镉、硫化物、砷、硒、汞、粪大肠菌群、氨氮、高锰酸盐指数、阴离子表面活性剂、溶解性总固体、总硬度、挥发酚、总磷、氰化物、五日生化需氧量、溶解氧、叶绿素、硫酸盐、氟化物、硝酸盐氮、氯化物、锌、铁、锰、透明度、水温
新韶水文站	韶关市浈江区新韶镇黄金村	6	
沙　口	英德市沙口镇	4	
英　德	清远市英德市英城镇观洲坝	6	
仁　化	仁化县丹霞镇水南村	4	
坪　石	乐昌市坪石镇灵石坝村	6	
乐　昌	乐昌市乐城镇张滩村	6	
龙　归	韶关市武江区龙归镇	4	
滃　江	翁源县官渡镇河唇刘屋村	4	
连　州	连州市连州镇	4	
阳　山	阳山县阳城镇	4	
高　道	英德市西牛镇高道	6	
长江镇	仁化县长江镇	2	
周　田	仁化县周田镇司土坝村	4	
百家洞	乐昌市坪石镇百家洞村	2	
马　芫	南雄市界址镇马芫村	2	
十里亭	韶关市十里亭	12	
九公里	韶关市市区九公里	4	
白　土	曲江县白土镇白土北江大桥下游 3 公里	4	
大坑口	韶关市曲江区大坑口镇	6	
下榕角	韶关市翁源县官渡镇下榕角村	2	
南　雄	韶关市南雄市三洲桥	6	
三　溪	韶关市乐昌市三溪镇	6	
古　市	韶关市南雄市古市镇浈江大桥	6	
金牛农庄人行桥	韶关市丹霞镇夏富管理区牛鼻组	6	
锦江水库	韶关市仁化县锦江水库	4	
南水水库水文班码头	乳源县城	4	
长湖水库大坝	英德市大站镇	4	
瀑布水库	南雄市主田镇	4	
小坑水库	韶关市曲江区小坑镇	6	
苍村水库	韶关市曲江区苍村水库	4	
花山水库	始兴县沈所镇	4	
赤石迳水库	仁化县董塘镇	4	
跃进水库	翁源县跃进水库	4	
白水礤水库	新丰县白水礤水库	4	
茶坑水库	清远市阳山县大莨镇茶坑村	4	
孟州坝水库	韶关市曲江区白土镇	4	
白石窑水库	英德市白石窑水库	4	
潭岭水库	清远市连州市潭岭镇	4	
大宝山	韶关曲江区沙溪镇坝心蕉子河船肚	2	
望　埠	清远市英德市望埠镇公园路	2	
韶关钢铁厂	韶关钢铁厂排污口	2	
韶关冶炼厂	韶关冶炼厂排污口	2	

气　象

【概况】 韶关市气象局始建于1950年9月1日，为中央直属事业单位。负责韶关行政区域内的气象监测、天气预报、气象信息发布、防雷减灾、人工影响天气等管理工作。内设办公室（人事科、监察审计科与党组纪检组合署）、财务科、业务科、行政执法办公室（政策法规科）4个正科级职能机构；直属气象台（市气象预警信号发布中心）、气象服务中心、市防雷设施检测所、财务核算中心（后勤服务中心）、韶关气象雷达站5个正科级事业单位；代管韶关市防雷减灾管理中心（韶关市人工影响天气管理中心、韶关市专业气象预报服务中心合署）1个正科级地方气象事业机构；下辖8个县（市、区）气象局（台）。2013年，全市在职气象职工191人，其中研究生6人，本科生118人；有高级工程师6人，工程师53人。

2013年，韶关气象部门立足气象防灾减灾，重点围绕重大灾害性天气，加强公共气象服务和预警信息发布工作，着力提升气象预报、预测、预警和服务能力，保障公众生命财产安全。年内，韶关市气象局各项工作任务完成出色，在全省气象系统年度目标管理综合考评中获得“优秀单位”表彰，并获得中国气象局授予的“全国气象部门文明台站标兵”称号和韶关市行政服务中心“文明窗口”荣誉称号。

【全年气候特点】 2013年，韶关市气候特点：气温、降水和日照均正常；年内主要的天气过程有强冷空气、低温阴雨、冰雹、强降水等。全市年平均气温20.2℃，偏高0.1℃，年内极端最高气温为38℃—39℃，极端最低气温为－2.7℃—0.8℃。全市平均降水量1792毫米，偏多1成，降水时空分布极不均匀，第一季度偏少近4成，第二季度（前汛期）基本持平，第三、四季度分别偏多4成。全市各地总日照时数为1499小时，与常年基本持平。2013年，韶关市气象灾害属于中等偏重年景。年内发生“5·16”“8·16”两次全市性特大洪涝灾害，人民生命和财产经济受到严重危害。

【“3·20”强对流天气】 受西南暖湿气流和弱冷空气共同影响，3月20日05时至07时，韶关市大部分地区先后出现短时雷雨大风天气，其中乐昌、仁化出现冰雹（最大直径达到4厘米左右）。全市有35个自动站录得最大风速超过17米/秒（8级风力），其中乐昌狮子山和仁化县城录得瞬时极大风速达到41.5米/秒（14级）。乐昌市有山溪、乐城、长来等镇，乳源有一六镇、桂头镇、游溪镇、大桥镇等4个镇，仁化有6个乡镇（城口、扶溪、石塘、红山、黄坑、董塘）25个村委会，210个村小组受损。全市共造成直接经济损失约2020万元。

【“3·24”强对流天气】 3月24日凌晨0时至02时，受高空槽和弱冷空气影响，全市大部分地区先后出现短时雷雨大风、冰雹等强对流天气。其中，仁化、翁源、南雄等地出现冰雹（冰雹一般如黄豆大小）。乐昌狮子山镇录得瞬时极大风速达到31.9米/秒（11级）。受强对流天气影响，仁化、翁源县出现较严重的气象灾害。仁化县有7个镇（董塘、丹霞、长江、城口、闻韶、黄坑、周田）21个村委会受灾；翁源县主要受灾乡镇是周陂镇。全市共造成直接经济损失约623.5万元。

【“5·16”强降水】 5月14日20时到16日20时，全市普降暴雨到大暴雨、部分地区出现特大暴雨。大暴雨降水区域集中在乳源县南部、武江区南部、曲江区南部、始兴县南部、翁源、新丰县等地，翁源县礤下镇录得最大过程降水量412.6毫米，其中16日，24小时降水量达255.7毫米。全市这次强降水过程主要有以下几个特点：一是累计雨量大。全市大于200毫米以上降水的自动站有29个站，大于300毫米以上降水的有12个站，大于400毫米以上降水的有1个站。二是短时降水强度大。翁源县六里镇14日20时至15日20时的累计雨量达190.5毫米，尤以08：45分至9：45分的1小时降水，累计达到93.5毫米。三是降水区域分布“南多北少”。此次降水主要集中在乳源、韶关市区中南部，始兴南部，翁源、新丰等地，大暴雨集中在曲江西南部，翁源、新丰大部分地区，整体呈现“南多北少”。全市有10个县（市、区），81个乡（镇）受灾。

【强台风“尤特”和“潭美”】 从8月15日开始，全市先后受强台风“尤特”和台风“潭美”的影响，出现两次强降水过程：“尤特”的“8·15”特大暴雨和“潭美”的“8·22”暴雨。“尤特”强降水过程特点：降水持续时间长，过程累积雨量超过2006年“碧利斯”降水。从15日起至17日连续3天，全市除东北部外，其余地区持续出现暴雨到大暴雨、局部特大暴雨，持续时间与2006年强热带风暴“碧利斯”造成的降水过程相当，过程总雨量更超过“碧利斯”（“碧利斯”降水过程中最大为乐昌白石镇470毫米）。15日08时至18日20时，韶关市全市累积平均降水量为256.6毫米，其中累积雨量大于200毫米的自动气象站有99个（占总测站64%），大于300毫米的自动气象站有52个（占总测站34%），大于400毫米的自动气象站有22个（占总测站14%），大于500毫米的自动气象站有8个。最大为是乳源县溪一镇690.7毫米。降水范围广。全市除南雄外，这次强降水过程普降暴雨到大暴雨，局部大暴雨，累计雨量大于200毫米以上的自动气象站在各县（市、区）的分布大都在5个以上，最多翁源20个，其次新丰13个。降水时间分布首先出现在中南部，然后扩展到西北部。15日，强降水主要集中在全市的翁源、新丰、曲江、武江、浈江、乳源南部，16日至17日强降水才扩展到西北部的乐昌市和乳源北部，造成武江河水位上涨。灾害严重。全市直接经济损失5.95711亿元。

【气象服务社会】 围绕气象防灾减灾需要以及社会公众需求做好气象服务工作。年内全市气象部门发布暴雨等各类预警信息1045条，发送手机短信超过1.8亿条；市气象台发布决策服务材料87份，发布气象微博3408条，韶关天气微信公众号9月正式上线。在2013年“5·16”特大暴雨洪涝灾害、“8·16”台风“尤特”洪灾等重大天气过程中，全市气象部门加强内外联动，及时发布预警信息，主动做好跟踪服务，及时到位的精细服务，为各级政府组织抗灾救灾工作提供决策依据，得到各级党政领导的肯定。其中5月14日至17日，通过手机发送预报、预警短信240万人次；通过微博对外发布信息142条；通过全市电子显示屏及大喇叭播发各类天气信息3814站次。

【地方气象机构完善】 贯彻落实《关于进一步做好突发事件预警信息发布工作的意见》精神，推进市、县两级突发预警信息发布中心等机构的建设工作。年内，全市气象部门共增加地方气象机构4个，增加公益一类人员编制54人。其中，新增地方气象机构包括仁化县突发事件预警信息发布中心、仁化县南岭生态气象中心、曲江区突发事件预警信息发布中心、南雄市气象服务中心，核定公益一类事业编制分别是12名、18名、1名、3名。翁源县编办为翁源县气象服务中心增加事业编制20名，增编后该机构人员编制达到28名。

【气象现代化考核评价推进气象现代化】 贯彻落实《韶关市人民政府办公室关于印发韶关市率先基本实现气象现代化考核评价办法的通知》，完成市本级气象现代化自评工作以及对各县（市、区）气象现代化年度考核工作，促成各县（市、区）政府对气象现代化存在问题进行整改。其中，始兴县政府办公室专门针对此次考核下发推进该县气象现代化工作相关文件。翁源、南雄等政府专门召开气象现代化建设座谈会，并印发专题纪要，承诺在机构、编制、地财支持等方面加大支持力度，推动气象现代化工作。

【做好防雷社会管理工作】 加大防雷安全社会管理工作，开展防雷安全综合检查和气象科普工作。4月和5月，先后对全市民爆企业和危化场所进行防雷安全检查工作，对炸药库等易燃易爆场所和危化企业的防雷设施安装、使用、维护等情况进行全面检查。6月起，启动“防雷安全生产检查督查专项行动”，加大对气象部门的防雷技术服务、行政许可的规范化管理以及全市危险化学品和烟花爆竹、建筑施工、民爆器材、矿产资源勘查开采等生产行业的防雷安全情况的检查督查力度，提高社会防雷安全管理水平。

【韶关“平安山区”气象保障工程项目建设】 做好韶关“平安山区”气象保障工程建设项目与中国气象局、广东省气象局各类建设项目的衔接，加快推进平安山区工程。始兴和乐昌分别获得60万元和50万元“三农专项”资金支持，两县气象为农服务体系不断完善。省气象局分别投入330万和770万元用于乳源县气象探测基地和新丰县突发事件预警信息发布中心建设，乳源新探测基地投入使用，新丰突发事件预警信息发布中心主体建设工程已完成。年内建成全市38个山洪地质灾害防治自动站以及8套气象监测预警和信息共享平台；建成韶赣高速交通气象服务站；完成南雄、仁化、乳源、新丰新型自动站建设；启动乐昌探测基地建设工作；完成南岭生态气象中心观测区域规划设计方案。

【气象科普宣传提升公众灾害防御意识和能力】 年内先后通过组织"共青团学雷锋集中服务"、"纪念世界气象日自行车环城游"、"3·23"气象日开放和省科技厅在乐昌举办的"科技三下乡"的等大型专题活动和参与"5·12"防灾减灾日、"安全生产月"等宣传活动，集中开展气象常识、雷电防御以及灾害天气防灾减灾知识的科普宣传活动，引导市民关注天气变化，学会利用气象信息，保护自身生命和财产安全。（吴在明）

附：领导班子成员名单

党组书记、局长：

林杰荣（—2013.6）

党组副书记、副局长：

李国毅（主持全面工作）

（2013.6—）

党组成员、纪检组组长：谢力罗

党组成员、副局长：饶纲伟

戴　润（—2013.3）

商业·贸易

商贸管理

【概况】 2013年，全市商贸流通业继续保持平稳较快增长态势。进一步提高商贸流通业现代化水平，推进连锁经营向深层次发展；完善市场体系，发展特色专业和综合市场，开拓城乡市场，全面提高商贸流通业的服务水平和辐射力。全市实现社会消费品零售总额471亿元，同比增长15%，其中城镇社会消费品零售总额438亿元，同比增长14.9%。商贸流通业的持续、快速、健康发展，城乡市场繁荣活跃，消费持续旺盛，商工贸旅互促联动发展更趋明显，并成为助推全市经济增长的重要力量。

【生猪定点屠宰资格审核】 根据2012年省经信委等8个部门联合下发的《关于印发广东省生猪定点屠宰资格审核清理工作方案的通知》及相关文件要求，做好企业整改督查工作，确保审核清理工作的顺利完成。其中，市7家生猪定点屠宰厂、25家小型屠宰场（点）基本完成整改工作；2家生猪定点屠宰厂、4家小型屠宰场（点）的异地重建工作抓紧进行；对市区3家生猪定点屠宰厂已按照省有关规划要求实施关闭、整合。

【屠宰质量安全监督管理】 2013年以来，市经信局先后制定并下发《韶关市2013年生猪（牛、羊）屠宰专项整治方案》《韶关市打击私屠滥宰强化肉品卫生安全专项整治行动方案》等工作方案，制定全市生猪定点屠宰管理工作中切实可行的工作制度、工作措施和目标要求，从生猪定点屠宰企业落实制度入手，逐步实现生猪定点屠宰厂肉品质量安全可追溯。全市各级经信部门履行屠宰行业监管职责，加强对屠宰企业巡查力度，严格按照《生猪屠宰管理条例》《广东省生猪屠宰管理规定》有关要求，督促各屠宰企业落实肉食品质量安全的各项防控措施和制度，完善生猪进厂（场）检查登记制度、生猪产品出厂（场）登记制度和生猪产品召回制度，对企业的登记报表进行抽查，杜绝任何违法行为。督促辖区内生猪定点屠宰屠宰企业配合当地畜牧兽医主管部门，严格落实生猪进场登记和检验检疫、静养观察、屠宰过程中的同步检验检疫、生猪屠宰“两证一章”等制度，严禁未经动检部门检疫合格的生猪入场屠宰，严禁检验检疫不合格的生猪产品出厂。对进厂生猪做好“瘦肉精”自检，一旦发现涉嫌违禁药物生猪要第一时间报告畜牧兽医主管部门做进一步处理。

【打击私屠滥宰】 全市经信系统全年累计出动执法人员6500余人次，车辆1700余台次，检查屠宰企业、农贸市场、猪肉个体经营户875家（户），查获私屠滥宰生猪、销售私宰生猪产品4545公斤，打击韶关市的私宰行为，保障广大消费者的身体健康。（万兴民）

【批发零售业】 2013年，全市新增限上批发零售企业共计132家，限上批发零售企业增加是拉动全市消费品市场快速增长的主要因素。全市批发业实现商品销售额277.28亿元，同比增长20.5%；零售业实现商品销售额441.05亿元，同比增长17.8%。

2013年批发业商品销售额排名靠前的有：中石化韶关石油分公司销售额52.80亿元，同比增长5.1%；广东烟草韶关市有限公司销售额33.07亿元，同比增长4.8%；广东烟草南雄市有限公司销售额17.57亿元，同比增长38.1%。

2013年零售业商品销售额排名靠前的有：韶关市大润发商业有限公司销售额3.57亿元，同比增长2.5%；广东东明股份有限公司销售额3.43亿元，同比增长12%；韶关市苏宁电器有限公司销售额2.60亿元，同比增长69.3%。

2013年，按照市政府关于第三产业提速发展工作的部署要求，全市批发零售业企业采取有效措施，开拓市场、挖掘消费潜力，促进商贸经济提速发展。2013年，韶关市新增批发企业——乳源瑞丰贸易有限公司，当年完成销售额11.48亿元，为完成全市社会消费品零售总额增长15%的目标任务做出积极贡献。

（李珍霞）

【推进现代物流园区（项目）建设】 围绕建设粤北区域物流商贸中心，坚持以市场为导向，以产业集聚为依托，以物流企业为主体，以先进技术为支撑，推动全市现代物流业发展，推进重点物流园区（项目）建设，培育扶持重点物流企业。以《韶关市现代物流发展规划》为引导，加快推进粤湘仓储物流中心、南雄精细化工基地物流园区、广东翁源华彩化工涂料城等重点物流园重点物流园区建设和雪印农副产品冷链物流中心、韶关钢材期货交割仓库、韶钢北江物流基地及货运码头等重点物流项目建设。引进培育物流龙头企业，在仓储和综合物流服务领域，形成起点高，竞争力、带动力强，效益好的骨干龙头企业，当年韶钢松山物流开始本地法人化经营。支持生产性物流服务企业加强与制造企业深度合作，建立战略联盟，促进制造业与物流业有机融合、互动发展。

【连锁经营行业】 提高连锁经营的规模化和规范化水平、扩大连锁经营的范围和领域，推动连锁经营向更大范围更深层次发展，实现规模化和规范化经营，逐步提高连锁经营在流通业的比重，引导和鼓励企业向乡镇连锁延伸。在继续巩固餐饮、百货连锁超市成果的基础上，向石油、烟草、金属、燃料、住宿等多种行业拓展，提高连锁经营的总体规模和水平。连锁企业以规范化管理、规模化经营和标准化服务为核心，提高连锁企业经营管理水平及核心竞争力；探索连锁经营与电子商务相结合的模式，降低成本、提高效率、拓展市场和创新经营模式，转变经济发展方式，提高市场竞争力。2013年，以韶关市大润发商业有限公司、韶关益华百货有限公司、广东东明股份有限公司、韶关市苏宁电器有限公司、国美电器有限公司韶关分公司为龙头的连锁企业，继续成为推动商贸流通业发展的主要力量，为韶关市消费品市场的繁荣注入动力，不仅带动全市消费品市场的繁荣和经济的发展，而且对周边的赣南、湘南产生很大的吸引力。

【拍卖行】 2013年，共有拍卖企业10家，拍卖企业员工102人，其中具有拍卖行业从业人员证书61人，注册拍卖师23人。全年举行拍卖会166场次，拍卖成交额2.78亿元。本年度进入本地区公共资源拍卖中心交易18场次，成交额4067.6万元。全市拍卖行业保持平稳增长，但拍卖企业总体规模偏小，货源渠道狭窄，综合竞争力不强。拍卖标的物主要以法院、政府部门、金融资产机构委托为主，拍卖额为2.32亿元，占拍卖总额的83%；债权股权、无形资产的拍卖有所突破，拍卖额为2700万元。拍卖业务规范公有财物和罚没品的处置，盘活资产，防止国有资产流失，增加财政收入，在地方经济发展中发挥积极的作用。 （陈 芬）

【煤炭经营】 2013年，全市持有煤炭经营许可证的煤炭经营企业77家，均为民营企业。主要用煤单位有坪石发电厂有限公司B厂、广东省韶关粤江发电有限责任公司、仁化县华粤煤矸石电力有限公司、宝钢集团广东韶关钢铁有限公司等，煤炭消耗量占全市总消耗量一半以上。2013年度，全市煤炭消耗量约1200万吨，比上年增长9.1%。进口煤炭仍然是韶关市煤炭市场的重要供给来源，占全市煤炭消耗量的40%，近年来，各用煤大企业均通过自营渠道调运煤炭，煤炭经营企业日趋艰难。2013年6月29日新修改的《中华人民共和国煤炭法》删除煤炭生产和经营资格证的相关内容，自此，煤炭生产及经营无需办理许可证，让更多具备生产经营资质的企业进入市场，加快全行业的市场化进程。

【成品油经营】 全市现有成品油零售经营企业223家，均为陆上加油站，其中中石化经营的加油站100座，中石油经营的加油站34座，中油碧B经营的加油站8座，其余为民营油站共81座。加油站按地理位置分类，有高速公路15座、中心城区83座、国（省、县、乡）道125座。全市共有批发企业5家；有油库2座，库容分别为4.9万立方米和0.55万立方米，分布在韶关市区和乐昌市梅花镇。批发企业及油库均隶属中石化韶关分公司。中石化、中石油在韶关经营成品油零售企业数量占全市的60%，成品油经营量占80%以上。2013年，全市成品油销量77.4万吨，同比增长8.5%，其中：柴油53万吨，同比增长7.7%；汽油24.5万吨，同比增长10.4%。

（王彩丽）

【产业转移】 2013年，进一步加快承接产业转移步伐，着力完善政策体系，提升配套服务，优化投资环境，产业园区围绕主导产业和特色产业进一步加大招商引资力度；促进一批新增项目早开工、早投资，早达产，优势企业增资扩产和提高产能；东莞大岭山（南雄）产业转移工业园成功扩园，扩展未来的发展空间；继续加大与东莞市合作共建力度，推动产业园区扩能增效；承接产业转移工作取得明显成绩，促进城乡经济社会发展，为推动粤东西北振兴发展夯实基础。

至年底，全市累计承接产业转移项目2224个，合同投资1097.8亿元，到位资金610.7亿元。其中，投资5000万元以上的项目490个，投资1亿元以上的项目235个，投资10亿元以上的项目24个，承接产业转移大项目逐年增多，带动效应逐步显现。产业转移工业园园区建设发展速度加快，产业承载能力持续增强；产业规模不断扩大，聚集效应基本形成，招商引资势头持续向好，项目质量进一步提升。2013年，全市4个省级产业转移工业园共签订入园协议项目482个，投资额567.08亿元，入园建设项目359个，已经建成项目245个，投资额295.67亿元，其中规模以上工业企业186个，全市产业转移工业园完成工业增加值68.81亿元，同比增长27.9%，产业转移园区工业增加值占全市规模以上工业增加值比重从2008年的5%提高到22.43%。

附：领导班子成员名单

局　长：钟裕荣（—2013.3）
　　　　朱裕华（2013.9—）
副局长：王保全　张世揆
　　　　黄　玉
　　　　欧阳全（—2013.9）
纪检组长：黄镇伟

粮　食

【概况】 韶关市粮食局是2012年11月由市政府直属的正处级参照公务员管理的事业单位调整为韶关市发展和改革局管理的副处级公益一类事业单位。机关有4科1室共5个内设机构，下辖韶关市直属粮食储备库、韶关市军粮供应中心和韶关市粤北粮食批发市场办公室3个独立法人代表资格的企、事业单位。

2013年，韶关市粮食工作坚持为耕者谋利，为食者造福的理念，围绕确保粮食安全这一中心任务，以加强粮食储备基础设施建设为突破口，以深化粮食流通体制改革为动力，以粮食收购、储备、轮换、军粮供应为重点，转变职能，搞活购销，完善储备，强化管理，确保全市粮食总量平衡和粮食流通秩序稳定。

【粮油保供稳价】 2013年，加强对粮油市场供求和价格变动情况的监测和分析，研究制定保障市场粮油供应工作方案，组织货源，丰富供应品种，加强产销、配送衔接，确保节日期间粮油市场供应不断档、不脱销，保障供应平稳有序。夏收前分析全市夏粮生产形势、市场走向和收购价格等情况，提出夏粮收购工作的建议，并深入基层收购网点进行指导和协调。年内，全市国有粮食企业累计收购稻谷87477吨，为各级储备粮的轮换补库和企业的经营发展打下坚实的基础。针对2013年早籼稻最低收购价预案启动可能性较大的情况，与当地新闻媒体加强沟通协调，加大正面宣传报道力度，为促进粮油市场价格基本稳定创造良好的社会环境。

【粮油应急保障】 重新修订《韶关市粮食应急预案》，督促各县（市、区）、局直属有关部门细化粮油应急动用方案，备足应急粮源库存，通过及时投放地方储备或提前安排地方储备轮出，平抑市场粮价波动，增强市场供应保障能力。拟定《粮食应急演练实施方案》，组织有关企业、人员开展应急演练，完成演练任务。加强粮食应急网络建设，认定并跟踪服务应急定点加工、供应、运输企业，年内全市新增粮食应急供应企业77个。现共有应急供应企业107家、粮食应急加工企业21家、应急运输企业14家，粮食应急配送中心2家，为满足粮食应急需要奠定基础。

【粮食流通基础设施建设】 加快粮食流通基础设施建设步伐，建设、改造一批粮库，加强粮食安全保障能力。南雄市新建粮库第一期工程全面完成并投入使用，新建仓库5座，仓容3万吨，配备环流熏蒸系统、粮情测控系统等配套设施；翁源县投资5200万元，新建仓容为3.6万吨的县直属粮油应急储备物流基地，8月底完成征地、规划、拆迁、补偿、项目招标等工作，9月4日进入开工建设阶段；曲江区军粮供应站及储备粮库新建项目已经完工，新粮库于12月已投入试用；始兴县新粮库建设已完成征地、规划、环评、工程项目备案、项目资金申请、工程钻探等前期工作；乐昌市将投资2500万元新建坪石直属粮库，前期工作已开展。

【粮食市场监管】 针对粮食流通体制改革的新形势、新要求，加强对粮食收购和粮食收购资格准入、加工、储存、销售等环节政策性用粮、粮食流通统计等工作的监督检查。开展粮食流通秩序专项检查，成立4个夏粮收购政策落实情况专项检查工作组，对全市几十个粮食收购点进行全面检查，有效规范粮食收购企业的收购行为，保障种粮农民利益，维护全市粮食收购市场秩序。南雄市粮食局被国家粮食局评为“全国粮食流通监督检查示范单位”。

【落实完成粮油考核指标】 市粮食局做好届中粮食安全责任4项考核指标完成情况的申报工作，完成对各县（市、区）政府落实情况的考评。其中：全市粮食播种面积实际完成235.6万亩，完成省下达指标的100.21%；粮食总产量实际完成86.06万吨，完成省下达指标的100.38%；粮食储备量（原粮）达8.69万吨，完成指标111.47%；食用植物油储备达1108吨，完成指标123.10%；粮食风险基金实际到位4584万元，完成指标的143.25%，全面完成省下达韶关市的考评指标。

【粮食统计】 为维护和提高统计数据的准确性和真实性，市粮食局开展社会粮食、食用植物油及油料供需平衡调查，完成各类粮食流通统计报表数据汇总和分析报告，编制2013年度粮食供需平衡计划。对管辖区域内粮食经营企业和转化用粮企业实行统计监督。

【粮食普法宣传】 全市各级粮食行政管理部门利用《粮食流通管理条例》《广东省粮食安全保障条例》颁布实施纪念日，组织开展形式多样的宣传活动，提高粮食经营者依法经营意识。在《粮食流通管理条例》颁布实施9周年纪念日之际，市粮食局在主要街道和局办公大楼悬挂、张贴宣传横幅、标语，办宣传专栏；印发有关粮食方面的生活小常识派发给社区居民；开展送条例进企业活动，宣传粮食经营者享有的权利和应履行的义务。在《广东省粮食安全保障条例》颁布实施4周年纪念日，市粮食局利用网站等媒体宣传韶关市粮食工作的保障供应、稳定价格、稳定市场秩序等方面的措施，正面报导韶关市粮食情况，引导群众理性消费。

【开展粮食仓库存检查和粮油仓储企业规范代管评价】 结合全市春季储粮安全检查工作，在全市范围内开展粮食库存检查工作。经抽样检验，各项质量指标均符合国家规定标准，储粮质量安全，宜存率100%，完成省下达韶关市的储备任务。

开展“粮油仓储企业规范化管理”评比活动。全市现有粮油仓储企业9家，有效仓容近38万吨，库存各级储备粮18.2万吨。按照省粮食局印发《广东省粮油仓储企业规范化管理评价办法》进行评价，得分在80—89分的有8家，分别是南雄、始兴、仁化、乐昌、曲江、乳源、翁源、新丰县（市、区）粮食购销公司，得分90分以上的只有1家，为韶关市直属粮食储备库。经评价小组讨论评定，推荐韶关市直属粮食储备库为省级粮油仓储规范化管理优秀企业。

【粮食安全生产大检查】 开展粮食行业安全生产“百日行动”大检查工作，成立领导小组，制定《韶关市粮食行业安全生产大检查“百日行动”工作方案》。开展为期3个月的安全生产大检查，全市粮食行业广大干部职工的安全防范和责任意识加强，安全生产责任制得到落实，安全隐患得到及时的排查和整改，全市粮食行业安全生产零事故的良好势头得到巩固和加强。

【军粮供应】 为保证全市争当军供管理排头兵各项工作按拟定目标分步实施，市粮食局加强对各县（市、区）的指导，经全市军供人员的共同努力，完成争当军粮供应管理排头兵的工作目标。经省评定，市粮食局被评为“优秀军粮供应管理部门”，下属有5个军供站（点）被评为“优秀军粮供应站（点）”。开展“粮油服务进军营 餐桌节约促强军”活动，组织粮油科技专家服务队，深入驻韶关部队机关和基层部队开展粮油知识讲座、发放粮油科技知识资料、传授主副食制作方法等活动，为部队官兵提供科学储粮、科学膳食、爱粮节粮等科技服务。深入贯彻落实《国家粮食局关于进一步推进主食产业化发展规划》，完成年度军地军粮质量联合抽检专项工作，严防不及格食品流入军营。　（黄　敏）

附：领导班子成员名单

局　长：胡书臣

副局长：王忠建　曾玉丰

林伟新

纪检组长：朱必聪

供销合作经济

【概况】 2013年年底，韶关市供销合作社系统有1个地级社——韶关市供销合作联社，有8个县级社——曲江、仁化、始兴、南雄、乳源、乐昌、翁源、新丰县（市、区）供销合作社。年内，全市供销社系统实现销售总额11.15亿元，同比增长9.97%，其中农资销售4.97亿元，同比增长9.33%；日用消费品销售3.01亿元，同比增长34.62%；农产品加工与销售1.57亿元，同比增长12.05%；再生资源回收与利用0.46亿元，同比增长10.32%。社会贡献总额1600万元，同比增长10.34%。在全省供销合作社系统综合业绩考评中，韶关市供销合作联社获得全省地级市供销合作联社综合业绩评价二等奖；南雄和乐昌市供销合作社分别获得县（市）级供销合作社综合业绩评价的一等奖和二等奖。

【市供销社机关和直属企业改革】 贯彻落实市政府《关于市供销合作联社改革发展有关问题的会议纪要》精神，推进改革。

做好市社机关的“三定”工作。经市编办批准，对内设职能科室进行更名和职能调整，明确功能定位。把内设机构的企业监督科更名为财务审计科，再生资源管理科更名为资产管理科，合作指导科更名为合作发展科。对部分干部职工进行岗位调整。

理顺机制，深化直属企业改革，加快建立现代企业制度。实行市社理事会直接管理社有直属企业。社有直属企业按照社有全资、社有控股、社有参股企业进行分类管理，实行一企一策的管理措施。

探索“四大平台”（韶关市区农业生产资料批发市场、日用消费品批发市场、农产品批发市场和再生资源回收利用集散交易市场）建设。

【基层供销社组织建设】 2013年，翁源县供销社“一县一社”管理模式的试点工作取得进展，于9月建立“一县一社”管理模式。加快中心社和农民专业合作社发展，年内，全市供销系统组建中心社8家，新建农民专业合作社8家。

【平价商店建设】 2013年，全市供销社系统新开设平价商店26家，利用“农超对接”渠道销售农产品437万元、平价商店销售2799万元。至2013年年底，全市供销社系统平价商店达到41家。

【农资供应、农化服务】 年内，全市供销系统农资销售23.64万吨。其中，化肥22.98万吨，农药0.52万吨，农膜0.07万吨。销售优质水稻种子73吨。较好地满足全市农业生产需求。依托直属企业广东天禾农资韶关配送有限公司及各县（市、区）供销社农资公司开展测土配方施肥、技术服务、信息咨询、购销加工等农业社会化服务。

【供销行业管理】 配合工商、公安、安监、农业等部门，加强农资、烟花爆竹、再生资源等行业管理，规范市场经营秩序，维护消费者权益；抓好全市系统烟花爆竹流向管理信息系统建设；组织实施全市供销社系统“防火患，保平安”冬春专项行动；强化仓库的安全管理建设，仁化和始兴县供销社的新仓库通过安全评审并投入使用。全市共收缴和销毁非法烟花爆竹13000多箱，价值100多万元。　（赵受义）

附：领导班子成员名单

党委书记、理事会主任：王　刚

党委副书记、理事会副主任：

朱熹华

党委委员、理事会副主任：

龚荣洲　梁镜华

张　剑

监事会主任、纪委书记：朱超前

烟草专卖

【概况】 韶关市烟草专卖局与广东烟草韶关市有限公司合署办公，实行两块牌子、一套人马的管理体制，是韶关市对全市烟草市场实行专卖专营集中统一管理和烟叶生产经营、卷烟经营的机构。下辖曲江、乐昌、始兴、乳源、仁化、翁源、新丰、南雄8个县（市、区）烟草专卖局（分公司），有在岗员工1352人。2013年，全市烟草商业系统（不含南雄）共完成销售收入26.02亿元，同比增长4.72%；实现税利5.74亿元，同比增长1.64%。2013年，韶关烟草被评为2012年度市模范纳税户、卷烟打假先进集体、拥军模范单位和2011—2012年度卫生标兵单位，荣获2012年度全省系统精神文明建设优秀单位、全省烟叶工商交接等级质量监督检查工作先进单位等荣誉称号。挂点帮扶南雄古市镇三角岭村，协调统筹到村帮扶资金390多万元，启动首批帮扶项目10多个。做好完善理顺南雄市公司管理体制工作，2013年底南雄市分公司正式挂牌成立。

【烟叶工作稳步有效推进】 以现代烟草农业为统领，把稳定规模摆在首要位置，把优化结构作为关键环节，依靠政府和广大烟农，促进烟叶各项工作有序开展。2013年，全市共种植烟叶5.9万亩，收购烟叶15.71万担，全面落实收购提价和生产补贴等配套扶持政策，维护烟农利益。全市完成新建烟叶生产基础设施项目962项，申请行业补贴资金7435万元，包括烟水配套工程77项、机耕路10条、密集烤房775座、烟草农机具99套，开展土地整理工作。2013年，全省系统现代烟草农业建设推进会在始兴顺利召开，韶关市现代烟草农业建设成果获得国家局和省、市各级领导的肯定。马市烟农专业合作社建设与管理逐步完善，工商共建基地单元建设水平不断提升，基层烟站建设与管理稳步开展。

【卷烟经济运行平稳有序】 围绕“卷烟上水平”总体目标，加强卷烟购销存管理，维护卷烟市场经营秩序，培育卷烟知名品牌，深化网上订货和“135”工作法推广，卷烟经济运行总体保持稳定的发展态势。2013年，全市共销售卷烟10.17万箱，同比增长0.07%；实现含税卷烟销售收入25.85亿元，同比增加1.11亿元，增幅为4.5%。适时组织工商协议调整，提升货源适销度。重点品牌与“双喜”品牌培育工作稳步开展，网络建设不断加强。探索开展现代零售终端建设，2013年年底实现各市县区市场“全覆盖”。持续推进精益物流，运行水平持续提升。

【卷烟市场秩序更加规范稳定】 进一步加强“协、打、管、督”，强化与政府职能部门的联合打假，突出专项整治，加强大要案侦破，有效遏制卷烟制售假活动，守好广东“北大门”。进一步深化联合监管机制，加强内外联动，卷烟市场规范经营秩序不断改善。集中力量加强非烟整治，深入推进内管委派制建设，专卖依法行政水平进一步提升。2013年，全市共出动专卖执法人员41963人次，检查卷烟经营户26.6万户次，查处案件1133宗，查获涉案卷烟1333.55万支（其中假烟41.43万支），查获涉案烟叶、烟丝11.77吨，案件总值为808.78万元；破获“9·6”涉嫌非法经营卷烟国标销售网络案件，逮捕3人。（赖晓媛）

附：领导班子成员名单

党组书记、局长、总经理：杨伟平
党组成员、副总经理：李茂军
赵天顺
党组成员、副局长：彭志忠
赵明夫
党组成员、南雄市局局长：肖少明

盐业

【概况】 广东省盐业集团韶关有限公司（广东省韶关市盐务局）隶属于广东省盐业集团有限公司（广东省盐务局），是广东省国资委监管的有限责任公司（国有独资）。公司（盐务局）既是全市食盐专营的经营主体，又是依法行使盐业行政管理职能的部门，担负着国有资产保值增值的经济责任和供应合格加碘食盐、消除碘缺乏病的社会责任。年内，在岗员工82人，公司下辖市区、马坝、翁源、新丰、乐昌、乳源、南雄、始兴、仁化9个分公司和碘盐配送中心。盐务局下辖曲江、翁源、新丰、乳源、南雄、始兴、仁化分局和乐昌市盐务局。销售网络覆盖全市三区七县（市），负责1.86万平方公里，300多万人口的食用盐、生产用盐、农牧盐供应任务和国家储备盐管理。2013年，盐产品的总销量为33491吨，同比增加4002吨，增幅达13.57%（其中：小包装食盐10328吨，食品加工用盐3869吨，小工业盐19294吨）。实现营业收入6249.1万元，同比增688.5万元，增幅达11.02%。实现利润总额700万元，较2012年560万元增加140万元，增幅25%。净利润511万元，较2012年406万元增加105万元，增幅25.86%。总销量、营业收入和利润再创历史新高，企业经营保持良好的发展态势。投资399万元购置始兴、乳源和仁化3个分公司的办公经营场所，逐步改善企业经营条件。

【企业改制】 根据省国资委《关于广东省盐业运销(企业)集团公司等28家全民所有制企业改制为公司制的批复》(粤国资函〔2012〕453号),原广东省韶关盐业总公司于2012年12月29日改制为广东省盐业集团韶关有限公司。

【食盐专营管理】 由市盐务局承担盐业行政管理和执法职能，贯彻执行国家有关盐业法规、规章、政策及盐业九项行政管理职能，依法治盐，巩固“三打两建”成果。坚持食盐专营，加强食盐计划管理，严格执行食盐价格政策。2013年，省政府明确将食盐单列为广东省打假重点产品之一，盐务局贯彻落实《广东省食盐市场监管体系实施方案》，会同市政府有关职能部门开展协同执法，共同管好食盐市场。加强盐政队伍建设，继续开展区域联防、片区联防和三省联防机制，严厉打击各类涉盐违法活动，确保食盐的安全供应。2013年，共出动执法人员4938人次，检查宾馆、酒楼、早餐店、大排档、集体食堂、便利店共20624家，查案6宗，没收盐产品1.184吨，进一步净化盐业市场环境。开展“一证两书”工作，共发放零售许可证2810个，同时签订食用盐安全责任书和食用盐供应协议，建立客户档案，逐步杜绝无证经营现象。做好“两法”衔接和网上办事行政审批有关工作，确保落实到位。

【食盐安全宣传】 根据国家卫生、计划生育委员会和国家发展改革委等11个部门联合印发《关于开展2013年防治碘缺乏病日活动的通知》，成立“5·15”防治碘缺乏病宣传日活动领导小组，盐务局以及直属各分局主动与当地政府和有关职能部门联系，开展第二十个以“科学补碘，保护智力、成就梦想“为主题的防治碘缺乏病日宣传活动。还利用“3·15”消费者权益日、全民健康生活方式日、全国高血压日和联合国糖尿病日等各类公益宣传活动平台,在市、县(区)、学校,深入乡镇农村等公共场所,以“减盐行动”为核心,通过悬挂横幅、展示图片、发放资料、真假碘盐识别和现场咨询等形式，开展内容丰富的宣传活动，提高广大群众对食盐安全的认识和食用合格碘盐的自觉性。并以开展各类宣传活动为契机，推广澳洲湖盐、低钠盐、南方海盐等健康、绿色低碳食盐，为全市人民群众提供放心合格食盐，树立广东盐业准公共性企业形象。

【碘盐质量监管监测】 公司始终将“让消费者吃上放心食盐”作为质量管理工作重点，结合国家食用盐碘含量新标准的贯彻实施，开展“质量管理年”活动，强化产品质量管理，进一步巩固食盐安全保障。加大碘盐设备投入，更新全自动包装机和配套设备，提高碘盐生产工艺水平。全面构建质量监管体系，建立食盐安全责任制，层层签订食盐安全责任书，落实一把手负总责、分管领导亲自抓、专门机构具体实施的责任制，把人民群众吃上合格碘盐作为政治任务来抓，把社会责任落到实处。向社会公众郑重承诺，确保产品质量稳定，给市民提供安全、绿色的放心盐，切实保障食盐市场安全供应。韶关市碘盐覆盖率99.94%，碘盐合格率97.11%，合格碘盐食用率97.05%。保持较高水平。

【推广食用低钠盐】 2012年，韶关市政府已批准把“推广食用低钠盐”列为政府部门为民办实事项目之一，并作为政府文件下发，明确要求食用低钠盐的市场占有率达到20%以上。公司（盐务局）根据文件要求协同市经信局、卫生局、疾控中心做好这项民生工程。2013年，结合市政府对推广低钠盐的倡导和支持的推动作用，在确保普通碘盐正常供应的基础上，借“广东省减盐行动”的时机，倡导“少吃盐，吃好盐，健康用盐”理念，开展多次多形式“推广食用低钠盐，预防控制高血压，保护心脑血管”为主题的现场公益宣传活动，稳步推广食用低钠盐，低钠盐已得到消费者的接受和认可，2013年销售低钠盐4173吨，实现政府的预期目标。

【粤盐品牌体系建设】 按照省集团公司《首批缘味馆连锁店建设与管理工作指导意见》的标准要求，韶关首家“缘味馆”乳源县华景路分店建成营业，有效地传播韶关盐业营销信息和“粤盐”品牌的宣传推广。加大食盐专柜在市、县（区）各大超市、经销商和各分公司营业厅推广。辅以中高端食盐新产品宣传资料、海报在“3·15”“5·15”等各类公益宣传活动期间的大量投放。借助省集团公司制作的澳洲湖盐电视广告片、广东盐业公益形象广告，进一步提升韶关盐业和“粤盐”产品品牌影响力。荣获韶关市“3·15市民信任品牌”荣誉称号。

【实施盐业客户经理制】 根据省集团公司制定《关于实施客户经理制的指导意见》和《客户服务管理考评办法》，印发《客户经理制工作手册》的要求，成立韶关盐业客户服务体系建设领导小组，铺开实施客户经理制。通过完善客户档案资料管理，建立健全销售管理制度，实行客户分类管理。按照区域指定专门客户经理管理跟踪不同类型客户，加强重要客户服务。加大一线市场情况摸查，开拓潜在市场，进一步提升食盐零售终端服务水平与掌控能力。

【非盐经济】 为应对盐业体制改革，根据省国资委和省集团公司的战略部署，以转变经济发展方式为主线，解放思想，开拓进取，加强与各有关单位的合作，稳妥地拓展非盐产业，在市场竞争中探索国企经营机制的转变方式。2013年，以酒类业务为突破口，动员广大员工参与，开展全员营销，发展分销商。利用主营网络，在全市范围内有酒类经营权的食盐经销商迅速上架销售沱牌舍得系列产品，扩大市场占有份额。召开新品推介暨迎春订货会，采取多种形式做好产品宣传。根据市场变化和不同的销售季节及时调整市场策略，制定营销方案。以酒类业务为切入点的非盐商品贸易取得较好的开端，实现开门红，突破348.12万元的销售大关，取得全省盐业第三名的好成绩。 （吴四新）

附：领导班子成员名单

书记、局长、总经理：谭红卫

副局长、副总经理：欧志辉

副局长、副总经理：黄锦瑜

对外及港、澳、台贸易

【概况】 2013年，全市对外及港澳台贸易保持平稳较快增长，呈现良好发展势头。全年实现外贸进出口总值23.17亿美元，比上年同期（下同）增长13.92%，增幅排在全省第8位。其中，进口13.97亿美元，同比增长20.07%；出口9.2亿美元，同比增长5.7%。

【进出口贸易方式结构】 一般贸易出口3.58亿美元，同比下降2.12%，占全市出口总值的38.91%；加工贸易出口5.62亿美元，同比增长11.38%，占全市出口总值的61.06%。一般贸易进口11.73亿美元，同比增长17.59%，占全市进口总值的83.97%；加工贸易进口1.81亿美元，同比增长12.95%，占全市进口总值的12.96%。

【进出口主体结构】 “三资”企业、私营企业、集体企业出口均保持增长，国有企业出口有所下降。全市“三资”企业出口6.14亿美元，同比增长6.87%，占全市出口总值的66.74%；私营企业出口1.93亿美元，同比增长3.2%，占全市出口总值的20.98%；国有企业出口7847万美元，同比下降4.78%，占全市出口总值的8.48%；集体企业出口2050万美元，同比增长2.3%，占全市出口总值的2.23%。进口以国有企业为主，国有企业、“三资”企业进口增势迅猛，私营企业进口下滑。2013年，国有企业进口11.31亿美元，同比增长24.82%，占全市进口总值的80.96%；“三资”企业进口1.91亿美元，同比增长25.7%，占全市进口总值的13.67%；私营企业进口7148万美元，同比下降26%，占全市进口总值的5.08%。

【进出口商品结构】 出口产品以机电产品为主，传统劳动密集型产品出口大幅增长，机电产品和高新技术产品出口下降。其中，机电产品出口3.78亿美元，同比下降5%，占全市出口总值的41.09%；玩具出口2.36亿美元，同比增长24.5%，占全市出口总值的25.65%；高新技术产品出口8521万美元，同比下降

27.33%，占全市出口总值的9.24%；服装出口3236万美元，同比增长17.25%，占全市出口总值的3.48%；塑料制品出口1863万美元，同比增长55.64%，占全市出口总值的2.07%。进口商品以铁矿砂为主，铁矿砂、煤和初级形状的塑料进口增长势头强劲。2013年，铁矿砂进口10亿美元，同比增长27.45%，占全市进口总值的71.58%；煤进口1.27亿美元，同比增长18.16%，占全市进口总值的9.09%；初级形状的塑料进口4235万美元，同比增长49.38%，占全市进口总值的3.01%。

【贸易市场结构】 输出市场以中国香港地区为主，对美国出口保持较快增长，对中国香港地区、日本输出略有增长，对欧盟出口下滑。2013年，全市对中国香港地区输出3.76亿美元，同比增长1.93%，占全市出口总值的40.87%；对美国出口1.88亿美元，同比增长23.26%，占全市出口总值的20.43%；对欧盟出口1.1亿美元，同比下降3.64%，占全市出口总值的11.96%；对日本出口2948万美元，同比增长7.91%，占全市出口总值的3.15%。进口以国有企业为主，国有企业、“三资”企业进口增势迅猛，私营企业进口下滑。2013年，国有企业进口11.31亿美元，同比增长24.82%，占全市进口总值的80.96%；“三资”企业进口1.91亿美元，同比增长25.7%，占全市进口总值的13.67%；私营企业进口7148万美元，同比下降26%，占全市进口总值的5.08%。

【优化外贸结构促进进出口平稳增长】 2013年，抓住国家和省稳定对外贸易、扩大进口有利时机，引导企业充分利用进口贴息资金扩大进口，2013年累计争取进口贴息资金1287.5万元，同比增长38.7%，推动全市外贸进口的增长。发挥省级产业转移园外贸发展专项资金的政策导向作用，扩大园区外贸出口，2013年，全市有25家企业争取省级产业转移园外贸发展专项资金870多万元，推动产业转移园外贸出口的增长。联合中信保广东分公司和商业银行举办出口信用保险和业务培训，向外贸企业推介出口信用保险业务。全年全市外贸企业累计投保出口信用保险总额1.5亿美元，推动银行为出口企业配套实现无抵押、无担保贸易融资4.5亿元。利用广交会、省厅组织的境外展览会、博览会、展销会等，帮助企业宣传韶关产品，结识新客户，抢抓订单。2013年，共组织全市外贸企业参加境外各类经贸活动22场，参与企业60多家。在第113和114届广交会上，韶关市交易分团出口成交意向累计1.6亿美元，同比增长6%，约占全市出口总额的17.39%。

2013年韶关市外贸进出口情况表

表20

指标	累计（万美元）	比上年同期±%
进出口总额	231656	13.92
一、出口总额	91987	5.7
按主要贸易方式分		
一般贸易	35820	-2.12

续表20

指标	累计（万美元）	比上年同期±%
来料加工	9958	9.55
进料加工	46209	11.79
按主要经济类型分		
国有企业	7847	-4.78
“三资”企业	61416	6.87
集体企业	2050	2.3
私营企业	19279	3.2
按主要国家和地区分		
日　本	2948	7.91
美　国	18831	23.26
欧　盟	10951	-3.64
按主要商品分		
机电产品	37790	-5
高新技术产品	8521	-27.33
服　装	3236	17.25
塑料制品	1863	55.64
玩　具	23634	24.5
二、进口总额	139669	20.07
按主要贸易方式分		
一般贸易	117296	17.59
来料加工	6852	26.56
进料加工	11203	5.98
按主要经济类型分		
国有企业	113052	24.82
“三资”企业	19136	25.7
集体企业	4	-98.33
私营企业	7148	-26
按主要国家和地区分		
日　本	1592	-13.24
美　国	2948	-38.53
欧　盟	14419	-4.38
按主要商品分		
机电产品	10612	-13.45
高新技术产品	3390	-29.97

吸收港澳台及外商投资

【概况】 2013年，全市外经贸保持平稳健康发展势头，合同吸收港澳台及外资与实际吸收外资均超额完成年度目标任务。2013年，全市新批设立港澳台及外商直接投资项目69个，同比与上年持平；合同吸收港澳台及外商资金额3.57亿美元，同比增长12.47%，增速位居全省第四名，高于全省平均增幅8.7个百分点，在全省5个山区市排第二位。实际吸收港澳台及外商资金额1.89亿美元，同比增长10.29%，增速位居全省第八名，高于全省平均增幅4.33个百分点，位居全省五个山区市第二名。韶关市港澳台及外商经济投资42.6亿元，同比增长46.2%。

【完善招商引资政策】 2013年，印发《韶关市2013年招商引资行动计划》，对各县（市、区）及13个产业牵头单位的年度招商引资任务进行明确和细化。全面清理2012年以前的招商引资政策文件，学习赣州、郴州、清远、梅州、河源等地的先进经验，结合目前韶关实际，组织修订和完善一系列招商引资政策，起草《关于进一步加强招商引资工作的意见（征求意见稿）》《韶关市招商引资奖惩办法（征求意见稿）》《韶关市进一步优化投资营商环境的实施意见（征求意见稿）》等招商政策措施。

【创新招商引资方式】 利用省外经贸厅招商平台，与日本驻广州总领事馆合作，7月在广州举行对日资企业投资推介会，8月省外经贸厅及日本驻广州总领事馆联合组织在粤日资企业负责人近20人到韶关市实地考察投资环境。2013年，韶关市与广东大晋对接信息科技有限公司签订委托招商协议，利用该公司“FDI世界园”网上招商平台推介韶关投资环境、重点招商项目以及介绍投资商等。做好主题招商，组团参加粤港投资环境推介会、粤港经济技术贸易合作交流会等招商推介会，其中在2013年粤港经济技术贸易合作交流会上，韶关市新签订项目6个，总投资金额2.2亿美元。通过推进乡贤反哺工程，吸引外出乡贤回韶投资兴业，在世张总会第六届恳亲大会韶关招商推介会上，现场签约9个项目，总投资金额达56.6亿元。推进产业链招商，对13个主要招商产业分别由1名市党政领导联系、1个部门具体负责、1套实施方案推进。年内，13个产业园招商办共引进项目55个，投资总额50.36亿元，实际到位资金6.51亿元。

【着力引进大项目】 在引进外商投资项目中，2013年新项目平均投资额近550万美元，比2012年增加近1倍。其中，投资额超1000万美元的外资项目（含增资项目）12个，超3000万美元的项目有4个。9月，完成芬兰美卓集团并购韶瑞重工项目的审批，并于9月27日，正式举行交割仪式，芬兰美卓以2.6亿元并购韶瑞重工；引进投资总额30亿元的深圳新雪域冷链项目。

2013年韶关市吸收外商直接投资情况表

表21

序号	地方名称	新批项目个数		合同吸收外资		实际吸收外资	
		本年数	同比±（%）	本年数（万美元）	同比±（%）	本年数（万美元）	同比±（%）
	韶关市	69	0.00	35695	12.47	18935	10.29
1	浈江区	2	-66.67	3183	22.99	1720	26.56
2	武江区	2	100.00	3198	18.97	1723	22.55
3	曲江区	4	33.33	3196	-17.84	2221	100.81
4	乐昌市	10	-41.18	3192	6.76	1720	-15.40
5	南雄市	16	166.67	3200	-18.45	2220	-3.73
6	仁化县	7	40.00	3193	8.13	1721	12.93
7	始兴县	14	40.00	3186	29.62	1376	-32.22

续表21

序号	地方名称	新批项目个数		合同吸收外资		实际吸收外资	
		本年数	同比±（%）	本年数（万美元）	同比±（%）	本年数（万美元）	同比±（%）
8	翁源县	5	-44.44	3190	-11.14	1720	-25.09
9	新丰县	3	50.00	3190	164.07	1108	0.64
10	乳源瑶族自治县	4	-50.00	3205	-26.32	2223	98.48
11	广东韶关工业园	2	0.00	3183	190.15	1183	33.22

对外及港、澳、台经济合作

【概况】 2013年，市外经贸局组织企业参加省外经贸厅举办的"'走出去'"业务座谈会及"中国—白俄罗斯工业园推介会""德国投资推广会""第十届中国—东盟博览会""'投资智利'研讨会"等多场活动。市外经局深入企业调研走访所有境外投资企业及有意向在境外投资的企业，掌握了解"走出去"企业的现状，做好相关政策辅导工作，引导企业利用好国内、国外两个市场。组织企业参加省外经贸厅举办的2013年企业"走出去"贷款贴息、以奖代补资金使用申报工作说明会；协助省外经贸厅组织韶关地区对外投资合作业务专场说明会。及时把国家鼓励企业"走出去"的优惠政策向企业宣传，为基层、企业用好用活国家及省的优惠政策提供有效的工作指导，并得到企业的好评。

【拓展对境外劳务输出】 8月，市外经贸局领导拜访澳门中联办及南粤集团有限公司，与澳门中联办分管劳务输出的官员彭海、南粤集团有限公司党委书记龙秋霞、总经理朱艳进行座谈。12月初，广东南粤集团人力资源有限公司韶关办事处在韶关正式挂牌成立，成为韶关市第一家专业的承办对境外劳务输出服务窗口，标志着韶关市开展对外劳务输出工作成为现实。

对外及港澳台、市外招商

【考察顺德区杏坛镇再生塑料产业】 3月6日，副市长孔云龙率市外经贸局、环保局、韶关海关及始兴县政府等单位负责人前往顺德区杏坛镇，对再生塑料产业进行考察调研。在杏坛镇政府，考察组与顺德区、杏坛镇相关部门负责人及杏坛塑料商会会长、副会长等企业家代表进行座谈，详细了解顺德杏坛再生塑料产业的发展历程、现状、管理政策以及产业转移趋势等，共同探讨再生塑料产业的存在问题及发展方向。

【赴江西赣州考察学习招商引资工作】 4月20日，市外经贸局局长郭先桂率领学习考察小组赴江西省赣州市就招商引资及优化营商环境进行学习取经。考察组与赣州市商务局、招商局、开发区管委会及招商服务中心等部门负责人进行座谈。

【参加粤港投资环境推介会】 5月9日，粤港两地政府首次联合在香港举办面向外国驻香港领事机构、驻香港商协会、知名跨国公司和世界500强企业的"粤港投资环境推介与项目对接交流会"。副市长孔云龙率韶关代表团赴香港参加此次专场经贸交流活动，利用这一机会宣传推介韶关良好的投资环境和重点发展产业，开展经贸洽谈和投资签约活动，进一步扩大招商引资渠道和效果。

【组团参加2013年粤港经贸交流会】 7月10日，副市长孔云龙率代表团到香港参加由广东省人民政府和香港特别行政区政府联合主办的"2013年粤港经济技术贸易合作交流会"。韶关市由芬兰美卓公司并购韶瑞重工项目在大会现场签约。在本次经贸交流会活动期间，代表团利用客商云集的机会，市、县各级领导带领招商小分队主动出击，登门拜访客商，跟踪洽谈项目，开展产业招商和商贸对接洽谈活动，取得良好的效果。共新签订项目6个，总投资22143万美元，其中外商出资19130万美元，合同签约金额8130万美元；签订贸易货单4500万美元，其中出口2800万美元，进口1700万美元，双双超额完成省下达的目标任务。

【参加广东投资环境说明会（对日专场）】 8月8日，由广东省外经贸厅主办，日本驻穗总领馆、日本贸易振兴机构广州代表处、广州日本商工会协办的“广东投资环境说明会”在广州花园酒店举行，市外经贸局向日本客商推介韶关投资环境。韶关优美的生态环境、便捷的区位交通、丰富的人力资源、低廉的商务成本及优良的投资环境，引起众日本客商的兴趣，近30名机构或企业代表与韶关市外经贸局人员进行咨询和洽谈。

【韶莞两地外经贸部门开展合作对接】 12月17日，市外经贸局主要领导及有关科室负责人前往东莞市，开展与东莞市外经贸局的对接活动，加强双方合作交流。韶关市外经贸局一行先后到大同机械有限公司、东莞徐福记食品有限公司，了解企业生产经营状况，听取企业负责人对企业发展及产品的详细介绍，并参观企业生产线。其间，考察组就企业发展战略、加强与韶关产业对接等内容与企业负责人进行广泛交流。随后，韶关市外经贸局一行与东莞市外经贸局局长黄冠球及其他局领导、有关科室负责人进行座谈。

【参加广东外经贸及旅游重点项目对接会】 12月17日，市外经局参加由省外经贸厅、省外事办、省旅游局联合举办的“广东外经贸及旅游重点项目对接会”。在对接会上，来自日本、科威特、以色列、泰国、巴基斯坦等国近30名领事馆人员到韶关市展位了解韶关市招商项目、投资营商环境、重点发展产业等情况。其间，市外经贸局工作人员主动与各国领事馆人员交流，借助对接会平台，推介韶关市的投资环境。

口　岸

【概况】 2013年，韶关市口岸物流通关总量为665万吨，同比增长15.05%，交通工具为12.9万辆，同比增长8.4%；进出口集装箱1.36万个，其中“铁海联运”班列进出口标箱8201个。

【开展共建文明口岸】 2013年，韶关市按照国家、省口岸办的有关要求，结合韶关市口岸单位的特点和实际，以创建“安全、高效、廉洁、和谐”的口岸为目标，以“优化通关环境、优化口岸服务、优化协作配合、深化廉政共建”为主线，围绕服务经济社会发展，贯彻落实党的群众路线，继续推动大通关建设，深入开展共建文明口岸活动。通过创建“文明示范窗口”活动达到提高服务水平，提高通关效率，强化口岸管理，优化工作环境的目标，提高创建水平。同时，坚持开展年度共建文明口岸的监督、检查活动，严格执行文明口岸建设的监督制度。于10月，组织部分特邀监督员、县（区）外经部门、口岸组成单位的办公室主任等，到口岸通关现场、对外办事窗口进行监督检查，特邀监督员们观看通关查验流程，进行现场提问，最后通过自评和互评，4个参检单位并列第一。

【做强做优“铁海联运”班列】 加大与广铁集团、广深铁路股份有限公司、盐田国际集装箱码头有限公司的协调、沟通力度，推进铁海联运相关工作。全年班列准点率大幅提升，客户对铁路运输的信心和满意度也得到较大提高，客户数量较原来增加25%。“铁海联运”基础设施建设改造工程于5月全面完工，改造项目包括场地硬化、照明设施、监管设施、集装箱堆场、吊机等，总投资达1600多万元。改造后增加铁路货七道，运营能力可达到每天运送100个标准箱，货七道监管场地满足“内陆港”所需250个标准集装箱的存放周转。2013年，市政府还拿出部分资金补贴在淡季走“铁海联运”的企业，鼓励更多的企业参与“铁海联运”，推动“铁海联运”做大做强。

【推进粤北国际物流中心建设】 推进黄岗火车站改造规划的编制工作。为使“粤北国际物流中心”规划与铁路发展规划相协调，使项目落户布局更合理，委托广深铁路股份有限公司开展对黄岗火车站改造升级设计和预可研工作。协调相关单位，凝聚合力，共同推动项目有序推进。为统一信息、资源、资金、人力等要素，市外经贸局会同韶关市交通局、莞韶产业园管委会、浈江区政府等职能部门，多次召开协调会，进一步探讨、优化水源保护，道路布局，监管区域，重点项目等布局设计。并结合省政府批复的芙蓉新区建设及韶关工业园区的扩区和区位调整，要求把粤北国际物流中心项目，打造成粤北第三产业及国际物流行业标杆，将原规划地西北方向扩展150公顷的土地纳入调规建设范围，进一步扩大和完善粤北国际物流中心范围和功能。推进粤北国际物流中心项目总体规划调整。为加快粤北国际物流中心总体规划进度，6月，委托具有专业资质的地质测绘公司和规划设计公司进行“粤北国际物流中心”总体规划调整工作，并于12月底通过专家评审。（陈晟平）

附：领导班子成员名单

党组书记、局长：郭先桂

党组副书记、副局长：

朱裕华（—2013.9）

党组成员、副局长：

李英明（—2013.9）

李季平

刘志宏（—2013.12）

党组成员、纪检组长：

王卫军（2013.8—）

财政·金融·保险

财　政

【概况】 2013年，韶关市财政局机关行政编制90名，局领导7名，内设科室19个，分别为：办公室、法规税政科、预算科（地方债务管理科）、国库科、综合科、行政政法科（市统发公资办公室）、教科文科、工贸发展科、农业科、经济建设科、社会保障科、外经金融科（市世界银行贷款业务办公室）、会计科、绩效评价科、监督检查办公室、人事科、监察室、行政事业资产管理科、政府采购监督管理科。下属单位8个，分别为：工业园区财政分局、非税收入征收管理局、国库支付中心、票据监管中心、财政数据中心、投资评审中心、会计人员考试教育中心、政府物业管理中心等。优化内部机构设置，配合做好事业单位分类改革。撤销市政府采购管理办公室，增设政府采购监督管理科，预算科、地方债务管理科整合为预算科，挂地方债务管理科牌子。撤销下属事业单位韶财服务中心和注册会计师管理办公室，完成会计辅导站的更名工作。

年内，韶关市财政工作牢牢把握科学发展主题和转变经济发展方式主线，全面贯彻落实中央、省和市各项决策部署，不断实施积极的财政政策，抓收入、稳增长、调结构、惠民生，财政发展改革深入推进，预算收支完成良好，为加快韶关市建设粤北地区中心城市提供有力的财政支持。推进网上办事大厅建设，切实方便人民群众办事。深入开展调查研究，全年完成专题调研材料40多篇。全年安排2名干部到区财政局挂职，安排4名选调生和9名县区财政干部到市财政局机关跟班学习。

【预算收支完成良好】 2013年，来源于韶关市的财政总收入完成244.9亿元，同比增长33.95%。其中上划中央收入完成65.22亿元，同比增长6.8%。省市共享“四税”收入完成15.43亿元，同比增长16.78%。全市地方公共财政预算收入71.65亿元，同比增长16.54%，完成年初代编预算的104.65%。其中，税收收入46.76亿元，同比增长13.24%；非税收入完成24.89亿元，同比增长23.31%。全市公共财政预算支出完成166.81亿元，同比增长12.9%，完成年初代编预算的146.94%。其中，一般公共服务支出33.71亿元，同比增长27.71%。全年全市财政总收入完成198.86亿元，财政总支出170.09亿元，收支相抵，滚存结余28.77亿元，净结余7653万元。全市公共财政预算实现收支平衡，略有结余。市级公共财政预算收入完成29.37亿元，同比增长12.15%，完成年初预算的101.95%。市级公共财政预算收入加上上级补助收入、下级上解收入和2012年结余收入等，市级财政总收入完成69.9亿元。市级公共财政预算支出完成48.2亿元,加上补助下级支出、上解上级支出等，市级财政总支出完成57.28亿元,收支相抵,滚存结余12.62亿元,净结余2000万元,全年实现收支平衡,略有结余。

【财政预算运行平稳】 2013年，市财政预算执行呈现收支稳步增长，进度均衡合理，突出民生保障，科学统筹安排的特点。主要体现在四个方面：一是财政收入增幅平稳。2013年以来，受国家一系列稳增长、调结构的宏观经济政策等因素的利好影响，全市经济发展向好，工业增长持续加快，固定资产投资稳步增长，国内外贸易保持平稳，消费价格稳定，为财政平稳运行夯实基础。全年财政收入在2012年基数逐渐提高的影响下，虽呈持续小幅回落态势，但总体平稳，保持两位数增长。二是财政收入质量有效改善。2013年，全市税收收入增长13.24%，增幅比2012年提高2.38个百分点，其中增值税、营业税、企业所得税、个人所得税等与实体经济密切相关的主体税种收入增长11.03%，比2012年提高4.19个百分点。全市财政收入增量的53.75%来源于税收，比2012年提高0.28个百分点。三是县级财政实力得到增强。韶关市实施“双转移”战略，加大对县域经济扶持力度，落实各项激励型财政政策，促进县级财政的发展，各县（市、区）财政实力不断增强，地方公共财政预算收入完成422765万元，占全市总量的59.01%，比2012年提高1.60个百分点。县级公共财政预算收入平均增长19.80%，高于全市3.26个百分点，2013年有8个县（市、区）跨越新台阶，其中曲江超过6亿元，仁化、乐昌超过5亿元，乳源超过4亿元，浈江、武江、始兴、翁源超过3亿元。四是支出结构更趋合理。科学调度资金，有效保障重点支出。民生支出逐年加大，全年全市用于保障和改善民生事业资金达1150042万元，同比增长11.82%，民生支出占财政支出的比重达68.94%。11类民生支出中，教育、社会保障和就业、医疗卫生、节能环保、粮油物资储备事务等支出增幅均高于全市支出平均水平，解决基本民生问题。

【支持加快转型升级】 一是科学研判形势、主动出台措施，落实领导分片抓收入工作机制，狠抓收入征管。强化收入运行监测，密切关注宏观经济和税源变化情况，加强同税务部门的沟通配合，切实做好协税护税工作，挖掘增收潜力。二是厉行节约，强化预算约束和支出管理，科学安排各类项目资金，坚决控制一般性支出，严格按照党政机关厉行节约有关要求，切实压缩公务购车用车、公务接待费、出国（境）经费等支出，降低行政成本。三是支持产业发展，投入1亿元支持产业升级，加快承接产业转移和新兴产业发展，支持外贸企业扩大出口和转型升级。全市产业转移园实现工业增加值68.8亿元，同比增长27.9%。四是着力发挥财政杠杆作用，完善扶持中小企业融资机制，筹集资金6000万元支持“助保贷”，撬动银行贷款放大10倍以上的贷款额度，破解中小企业融资难题。投入8.1亿元，支持“百项工程兴韶关”项目。加快芙蓉新城开发、“三旧”改造、园区扩能增效、城区基础设施和四大出口等重大工程建设，完成芙蓉新城建设项目投资21.3亿元，促进城市扩容提质。五是落实各项惠民政策，拨付1.3亿元支持扩大内需，落实油价、家电补贴等惠民消费政策。投入丹霞山等景区建设贷款贴息资金9300万元，做大做强旅游产业，促进第三产业发展。六是发展循环经济，落实中央和省生态补偿政策，投入节能减排和生态环境保护资金3.4亿元，推动绿色发展，成功争取韶关列入全国2013年节能减排财政政策综合示范城市。

【推进民生事业建设】 一是坚持把保障和改善民生作为公共财政的优先方向，稳步推进全市基本公共服务均等化。投入资金19.7亿元推动省十件民生实事落实，完成年度预算的110.6%。二是扎实推进教育创强工作，教育创强任务基本完成，学前教育三年行动计划各项目标任务基本实现。义务教育规范化学校覆盖率达90.5%，乳源瑶族自治县成为全省首个成功创建省教育强县的民族自治县。三是加快推进文化设施建设。以创建全国文明城市和国家历史文化名城为契机，加强文化公共设施建设，不断提高城乡公共文化服务均等化水平。四是推进城乡居民基本医疗保险统筹。全市参加城镇职工基本养老保险人数、城镇职工基本医疗保险人数分别达到61.9万人、90万人。启动第四批新型农村社会养老保险试点工作，稳妥推进公立医院改革。五是支持“三农”事业发展，投入农林水事务资金19.3亿元，促进城乡协调发展。支持现代农业园和省级农业标准化示范区建设，全面完成全市农村低收入住房困难户住房改建任务3230户和“两不具备”贫困村庄32个、936户搬迁安置任务，落实帮扶资金5.04亿元，其中市、县财政投入4000多万元，完成通自然村公路路面硬化582公里。落实“5·16”等抗洪救灾各项资金1.79亿元，支持灾后复产重建家园。加大各类弱势群体扶持力度，筹集6.1亿元支持城乡低保、农村“五保”、城乡医疗救助、城乡居民养老等保障工作，提高底线民生保障水平。六是争取上级资金和政策支持，加强财政保障能力。全年争取资金75亿元，其中生态保护补偿资金3.5亿元，同比增长60%，资源枯竭转移支付资金3.76亿元，同比增长10.6%。支持“平安韶关”建设、创建全国文明城市和巩固国家卫生城市等专项工作，抓好韶关市财政局对口帮扶村乳源县一六镇东粉村的扶贫开发工作，投入200万资金改善公开承诺为民办实事项目曲江区白土中学的办学条件，做好挂点联系南雄市百顺镇社会管理综合治理工作。七是实施更加积极的财政扶持就业政策，改善公共就业服务，健全公共就业服务体系，提高社会就业水平。发挥财政资金导向作用，建立完善财政支持创业就业政策绩效评估体系，落实税费优惠政策，做好创业促就业活动，推进基本公共就业服务均等化。

【深化财政改革】 一是深化部门预算改革，严格预算执行管理，加强待安排项目经费使用管理，完善预算执行动态监控机制。进一步完善部门预算编制方法，举办部门预算编制系统操作培训班，对市直预算单位预算编制人员进行培训。二是深化非税收入管理，成立韶关市非税收入征收管理局，制定“三定”方案，申请并批准参照公务员管理。出台《关于进一步加强政府非税收入管理若干措施的通知》，扩大非税收入范围，提高非税征管水平。接管并完善政府物业管理中心，制定有关政府物业管理等制度，提高政府物业效益。三是加强专项资金清理，盘活各项沉淀资金，提高资金使用效益。深化国库集中支付改革，市本级实现国库集中支付制度对所有财政性资金全覆盖。四是联系和配合地税部门，健全跨部门联动协调的协税护税长效机制，做好营业税改征增值税试点改革工作，印发《关于进一步壮大浈江区、武江区财力提高基本财力保障水平的意见》，促进县级财力增长。五是加强财政规范管理，出台《韶关市加强财政资金管理的若干规定》和《韶关市基本建设项目财政性资金支付相关规定》等规章，进一步明确工作职责，提高工作效率，增加完善支付流程等方面的内容。

【强化监督考核】 一是深化财政支出绩效评价工作，召开财政支出绩效评价现场评议会，探索支出绩效考评与部门预算编制相结合的有效机制。二是全面梳理财政性和财政监管资金的存款情况，提出用好存款杠杆服务全市发展大局的方案。三是健全完善财政投资评审工作机制，引入第三方中介机构参与评审，完善国有资产转让、出让、拍卖、租赁等规范资产处置办法，整合政府经营性资产和提高资产收益，探索政府公共服务外包工作。四是推进整治“小金库”、违规使用专项资金专项行动，通过政府投资评审、政府采购等环节，全年节约财政资金1.5亿元。开展会计信息质量检查，落实支农专项资金检查整改工作，确保资金安全。（杨文乐　张力文）

附：领导班子成员名单

党组书记、局长：孙江平

党组成员、副局长：

胡敏倩　陈树川

谢运洪　胡列峰

党组成员、纪检组长：张　毅

党组成员、总会计师：肖少康

国　税

【概况】 韶关市国家税务局成立于1994年9月28日，是韶关市主管国家税收工作的职能部门，主要职能是贯彻执行国家各项税收法律法规，结合本地实际拟定具体的实施办法，组织各项国家税收收入，并对税收政策执行情况进行监督检查，促进本地经济发展。截至2013年年底，全系统现有干部职工1035人，其中全系统大专以上学历在职人员达到93.04%。2013年，市国税局贯彻市委、市政府和省国税局的工作部署，按照“补短板、强基础”的工作目标，较好地完成省局和市委、政府下达的各项工作任务。选派干部参加韶关市第二届“扬三江正气，树六岸清风”反腐倡廉辩论赛，夺得冠军。开展“廉政文化教育基地”建设，建成全省国税系统廉政文化建设示范点——韶关国税廉政文化教育基地，成为韶关市国税系统廉政文化教育的重要平台。

【税收收入总量以及国内税收实现平稳增长】 从总体完成情况看，全市国税税收总量达到87.28亿元，同比增长8.3%，国内税收收入突破70亿元大关，达到76.13亿元，同比增长8.8%。两项收入连续多年不断刷新韶关国税成立以来的历史新高。详见图1　1995—2013年韶关国税税收收入及国内税收收入趋势。

【国内税收各主要税种普遍增长】 全市国税5个主要税种的收入，除个人所得税外，其他各税种均保持平稳增长，企业所得税增收贡献最大。其中：国内增值税入库41.46亿元，同比增长6.1%，增收2.38亿元；国内消费税入库

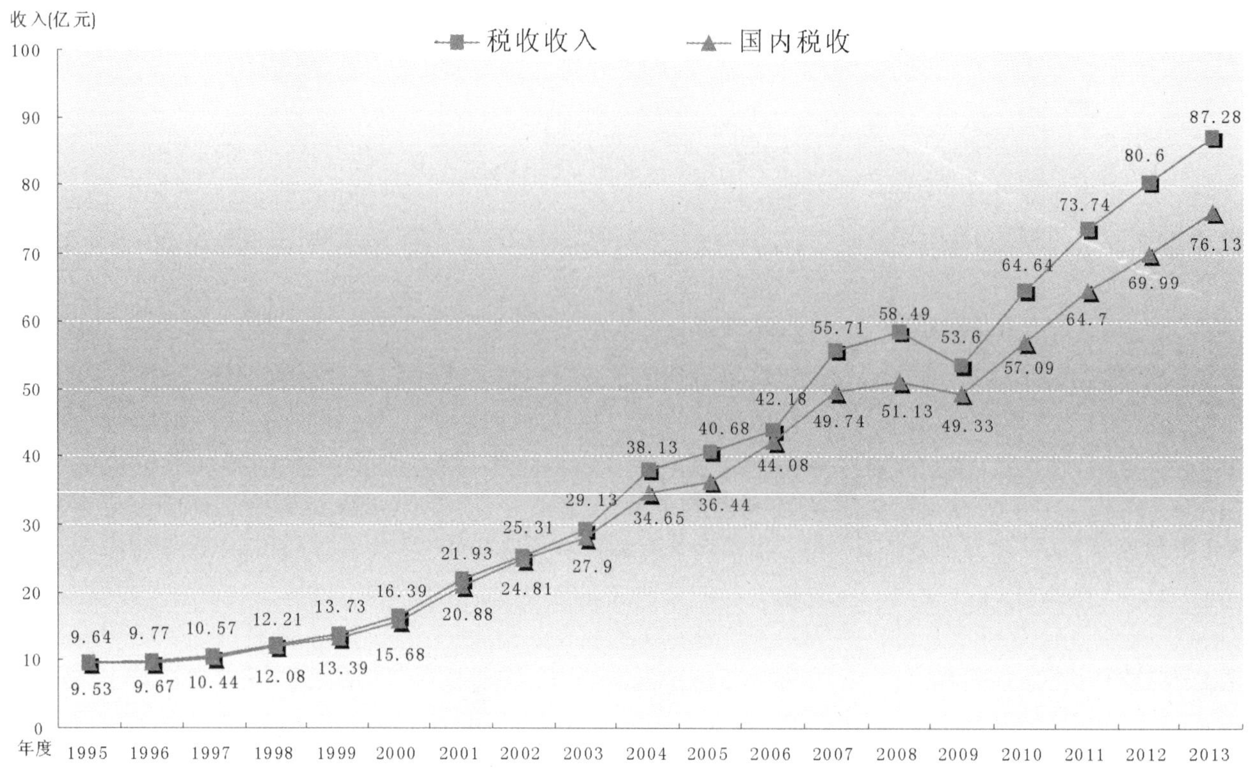

图1　1995—2013年韶关国税税收收入及国内税收收入趋势

23.71 亿元，同比增长 3.1%，增收 7052 万元；企业所得税在各税种之中增幅最高，实现入库 8.3 亿元，同比增长 43.2%，增收 2.5 亿元，对国内税收的增收贡献达到 40.7%；车辆购置税实现入库 2.65 亿元，同比增长 26.7%，增收 5583 万元；个人存款利息所得入库仅 50 万元，减收 44 万元。

【地方级收入高速增长、中央级收入增速放缓】 全市地方级收入在企业所得税和改征增值税大幅增长拉动下，保持双位数增长，其中：省级收入 2.55 亿元，同比增长 82.0%，增收 1.15 亿元；市县级收入 12.18 亿元，同比增长 12.9%，增收 1.39 亿元。其中：市本级收入 4.73 亿元，同比增长 9.6%，增收 4157 万元，超额完成市政府下达的 4.7 亿元收入任务。受海关代征、国内消费税增长缓慢的影响，中央级收入 72.56 亿元，同比增长 6.1%，增收 4.15 亿元（如果剔除进口环节海关代征税收，则比上年同期增长 6.2%）。

【第三产业税收增长较快】 在部分行业营业税改征增值税的税收政策调整带动下，全市国税来源于第三产业的税收达 13.05 亿元，同比增长 30.6%，增收 3.76 亿元，对税收收入的增收贡献率为 61.1%；而来源于第二产业税收收入的同比增幅仅为 4.3%，增收额为 2.9 亿元，对税收收入的增收贡献率为 47.2%，均被第三产业大幅超越。

【重点行业税收增收情况有所分化】 从增收绝对额来看：传统的烟草制品业税收继续领跑、电力行业税收则位于第三，黑色金属冶炼和压延加工业（钢铁）和有色金属矿采选业税收排名跌出前十，房地产、“交通运输仓储和邮政”和金融等行业税收进入前五位，分别居于第二、第四和第五位，增收额分别为 12407 万元、7599 万元和 5818 万元。从增收幅度来看：在“营改增”效应影响下，科学研究和技术服务业、“租赁和商务服务业”和“交通运输仓储和邮政业”税收分别大幅增长 410.5%、362.0% 和 330.1%；另外，房地产业税收同比增长 128.7%，金融业税收同比增长 77.5%，有色金属矿采选业税收则同比下降 14.2%。

【征管水平显著提高】 推进新一轮税收征管改革，选定3个县（市、区）局进行试点，在税源专业化管理、加强纳税评估、分局职能部门化、优化业务流程等方面进行探索，积累经验。制定进一步深化税收征管改革方案，从市局和县（市、区）局两个层面确定征管改革任务。完成筹建大企业税收管理局的准备工作，制定大企业税收集约化管理工作实施方案、大企业税收管理人才库管理办法，选定68人为全市大企业税收管理人才库成员。做好消费税涉税信息采集和应用管理系统平台上线工作，及时完成烟、酒、车、油企业涉税信息录入工作，推广摩托车经销企业车购税二维码申报。开展金税三期工程试点相关准备和试运行工作，进一步提高信息管税能力。分阶段对增值税专用发票存根联滞留票开展核查工作。制定并下发加强代开普通发票管理有关问题的通知，加强代开普通发票风险管理。

【纳税服务持续优化】 加强税收宣传，开展第22个税收宣传月活动。举办税收宣传月暨自助办税终端启动仪式和评选模范纳税户等活动，为40余名女企业家进行税法培训，为500多户纳税人进行小企业会计准则培训，其中，两个项目被省国税局评为2013年全省国税系统优秀税宣项目。在市、县11个城区办税服务厅启用18台自助办税终端，其中，浈江区局、武江区局、曲江区局、乐昌市局还建立24小时自助办税服务区，为纳税人提供24小时自助办税服务。进一步加大标准化、规范化办税服务厅建设，在浈江区局试点基础上，基本完成武江区局、曲江区局省级标准化办税服务厅建设工作。制定“12366”服务热线管理办法，提升纳税服务热线管理水平。加强税收政策宣传、舆情应对、信息公开等工作，做到税收政策透明化，国税工作公开化。试点涉税事宜同城通办，进一步优化涉税审批流程，简化审批程序，前移受理端口，为纳税人提供更优质、更便捷的服务。

【税收优惠服务经济发展】 做好“营改增”试点及扩围工作，每个季度开展一次“营改增”运行情况分析，并形成分析报告上报市政府。定期通过总局综合征管软件和“营改增”辅助平台收集、分析征管数据，协助市营改增办公室（市财政）做好试点企业申请财政扶持资金审核工作。试点一年以来，全市共纳入试点纳税人1893户，新增695户，平均每月新开户57户，累计减轻纳税人负担5381.3万元。严格出口退税审核，进一步优化服务，加快退税进度，全年共办理出口退税3.6亿元，同比增长13.92%，比全省出口退（免）税增长率高出6.4个百分点。落实小微企业优惠政策，全年累计免征增值税170万元。落实免收发票工本费优惠政策，全年免收发票工本费154万元。引导出口企业和代工企业由来料加工转向进料加工，促进企业的长远发展，增加免抵调收入。做好税收服务经济转型升级调研，完成《资源枯竭型城市构建现代产业体系的税收政策研究》获得省局三等奖，得到市长艾学峰的批示。

【加强国税干部业务培训】 提高干部队伍素质，完成省局部署的全员会计业务达标培训、金税三期工程试点、税务综合办公信息系统推广等培训工作，2013年全市国税系统共举办各类培训班199期，培训9567人次，培训量达24730人天，同时安排人员参加省局组织的培训班，培训191人次，进一步提高干部队伍的综合素质。按时完成省局推广应用税收执法风险防御系统的推广上线工作。该系统运行稳定，拦截风险点1557次，实现业务操作和风险防控同步，规范税收执法行为，降低税收执法风险。

【行政管理进一步规范】 深入开展依法行政示范单位创建活动，制定重大税收执法（决策）事项集体审理办法，重新修订重大税务案件审理工作办法，健全税收执法监督制约机制，防范税收执法风险。强化执法督察和内部审计，对乳源、翁源、新丰县局开展巡视检查和督察内审工作。做好税收执法信息管理系统的运行保障及督促检查，及时发现执法过错，及时督促整改，把执法风险消除于萌芽状态，促进税收执法水平的提高，执法正确率达99.89%。全面落实政府采购，全年节约采购资金55.6万元，资金节约率为3.04%。（司德宝）

附：领导班子组成人员名单

党组书记、局长：

陈佳发（2013.7—）

党组副书记、副局长：

林振龙（—2013.7）

副 局 长：郭俊明（2013.8—）
朱戴伟
高 海（2013.8—）
纪检组长：郭俊明（—2013.8）
总经济师：高 海（—2013.8）
总会计师：张锦标（2013.10—）

地 税

【概况】 韶关市地方税务局局机关内设13个部门，分别是办公室、法规科、税政科、规费管理科、征收管理科、计划财务科、信息管理科、人事教育科、机关党委办公室（加挂基层工作科牌子）、监察室（与纪检组合署办公）、纳税服务科、工会、地方税收研究会；下设直属行政单位4个，分别是稽查局（副处级）、武江区地方税务局、浈江区地方税务局、韶钢税务分局。其中，稽查局内设科室6个，武江、浈江区地方税务局各下设1个副科级税务分局。市局机关设事业单位2个，即机关后勤服务中心、规费服务中心。曲江区及7个县（市）局局机关内设股室共48个，直属行政单位（稽查局）共8个，基层税务分局36个，事业单位8个。

2013年，全市地税系统组织税费总收入105.57亿元，首次突破百亿元大关，同比增收9.62亿元，增长10%，税费收入占总收入比例为54%和46%。其中，来源地税收收入是57.04亿元，占总收入54%，同比增收6.06亿元，增长11.9%，完成年度计划106%；全年共组织规费收入48.5亿元，占税费收入的45.97%。其中，社会保险费40.63亿元，同比增收2.67亿元，增长7.02%；教育费附加2.6亿元，同比增收0.18亿元，增长7.73%；文化事业建设费0.02亿元，同比减少0.03亿元，下降62.87%；堤围费1.93亿元，同比增收0.25亿元，增长15.18%；残疾人就业保障金0.21亿元，同比增收0.05亿元，增长33.61%；工会经费0.65亿元，同比增收0.13亿元，增长23.97%；地方教育附加1.7亿元，同比增收0.13亿元，增长8.45%；价格调节基金0.84亿元，同比增收0.19亿元，增长29.45%。

【超额完成各级税收收入】 在收入级次方面，省级共享收入13.08亿元，同比增收1.11亿元，增长9.3%（剔除“营改增”可比口径增长16.4%），完成年度计划109.9%，完成省局追加计划的102.5%；市县级收入34.6亿元，同比增长13.3%，增收4.1亿元；市本级收入14.74亿元，同比增收0.87亿元，增长6.3%，若按可比口径剔除“营改增”部分（地税转国税市本级税收0.1亿元）以及耕地占用税（2012年入库市本级税收1.91亿元，2013年入库0.03亿元，同比减少市本级税收1.88亿元），市本级收入实际同比大幅增长23.9%，远高于同期市本级一般预算收入（12.1%）增长。

【经济的发展带动税收增长】 1月至12月，全市规模以上工业增加值306亿元，同比增长17.8%，民营经济同比增长33.4%，固定资产投资完成664.5亿元，同比增长21.2%；房地产开发投资同比增长35.4%，重点项目投资同比增长13%。2013年，全市深入开展“项目建设年”活动，全市列入省重点的27个项目，共完成投资201.09亿元，完成年度计划的125.8%。市委市政府“百项工程”项目中106个项目，已完成全部建设任务的项目有12个，已完成年度投资计划的工程类项目49个，非工程类6个，百项工程的推进带动全市税收的大幅增长。

【房地产市场交易活跃带来税收增长】 2013年，全市税收增长主要靠支柱行业——房地产业的税收增长，税收比重不断加大，全年税收收入16.71亿元，占全市税收29.3%，同比增收4.95亿元，增长42%，对总税收的增长贡献率为81.6%。1月至12月，全市商品房销售面积347万平方米，同比增长33.7%，商品房销售额153亿元，同比增长32.2%。

【组织措施有力保障税收增长】 加强与公安交警联动管理，1月1日车船税税警监管和代收代缴一体化系统在市区率先上线。该系统在市区成功运行以来，解决车船税征管难题，提高征管质效，优化纳税服务，取得明显成效，车船税快速增长18.1%。加强和金融机构涉税信息交换与共享，市局在2012年31个部门协税护税职责的基础上，8月与中、农、工、建四大分行签订协税护税协议。1月至12月全局取得的涉税信息数量累计205317条；全年清缴各税2.47亿元，协税护税取得显著成效。制定《韶关市地方税务局关于继续推进房地产开发企业土地增值税清算工作的补充实施方案》，并成立全市土地增值税清算审核专业队伍，全年土地增值税清算收入0.5亿元。

【各种税源收入增减分析】 从税种看，营业税收入尽管2013年“营改增”直接减收营业税超过1.48亿元，但因有房地产营业税收大幅增长补救，保证营业税继续增长，年内营业税收入19.58亿元，同比增收1.05亿元，增长5.8%。其中，房地产营业税收入6.56亿元，同比增长33.5%，增收1.65亿元；建筑安装营业税收入7.21亿元，同比增收0.29亿元，增长4.2%；除交通营业税外其余的变化不大，电信同比增长9.7%，服务业同比下降7.3%，交通运输因“营改增”原因导致大幅下降达94%。个人所得税收入6.22亿元，同比增收0.94亿元，增长17.8%，其中工资薪金部分同比增收0.36亿元，财产转让所得部分增收0.27亿元，增收原因：一是全市居民可支配收入稳步增长；二是2011年个人所得税政策性因素已经消化，工资薪金所得税恢复正增长；三是二手房交易活跃，房屋转让个人所得税较快增长。企业所得税收入5.94亿元，同比增收0.81亿元，增长15.8%，主要是全市企业效益逐步好转，全年全市工业利润总额同比增长1.24倍。土地增值税收入4.04亿元，同比增收0.3亿元，增长8.1%，主要是全市加强土地增值税清算以及上调土地增值税预征率。契税收入4.91亿元，同比增收2.06亿元，增长72.1%，主要是全市商品房成交活跃，房地产销售好转以及土地转让增加等所致。耕地占用税收入1.61亿元，同比减收1.61亿元，增长-50%，主要是市本级耕地占用税同比减收1.88亿元。车船税收入0.64亿元，同比增收0.1亿元，增长18.1%，主要是2013年1月1日车船税税警监管和代收代缴一体化系统在市区率先上线带来增长。

【加强重点税源管理】 突出抓好建安业、房地产业的税收管理，紧盯重点投资项目，强化税收跟踪管理。全年组织房地产业营业税6.2亿元，建安业营业税7.1亿元，占营业税总收入的37%，全市100万元以上的重点税源户共有529户，实现税收收入32.2亿元，占全市税收总量的69%。

【行业税收清现整顿】 落实省局部署严厉打击“虚假”网络发票，开展行业税收清查，将检查对象的范围从重点行业、重点纳税人扩展到所有网络发票自开票纳税人和部分查账征收的其他纳税人；开展经营性房屋租赁税收专项清理整顿工作，尝试建立“乡镇街道办、社区、居委会”为主体的三级网格化管理监控体系，全市入库经营性房屋租赁税款1700多万元；开展非金融企业从事金融业务税收专项检查和股权交易税收专项清理。

【规范各项税种管理】 组织开展企业所得税汇算清缴，对61户企业实施企业所得税重点核查，规范企业申报缴纳行为；狠抓土地增值税管理，开展土地增值税清算，1月至12月入库土地增值税4亿元，同比增长8.05%；开展医院、高校行业个人所得税核查工作，强化股权转让个人所得税征管。

【地税信息应用与管税】 深化涉税信息共享与应用，在政府主导和各职能部门配合下，全市第三方涉税信息交换单位超过40个，并在全省开创地税部门与银行协税护税合作的先河，1月至12月，全市共采集应用涉税数据205317条，清缴入库税款2.47亿元。推进信息管税，稳步推进税源管理平台上线和电子办税服务厅推广，实现征管资源的优化组合，车船税税警监管一体化系统在全市推广应用，1月至12月车船税同比增长18%；开展金税三期工程上线，全市适应性测试通过率70%以上；着手研发出租屋计税租金收入评估及管理系统，堵塞出租屋税收征管漏洞。继续推进纳税评估，应用发票在线应用、两业税源控管等系统以及部门信息共享机制所提供的数据，强化涉税数据综合应用，选择部分重点企业，利用第三方信息开展行业专项评估，全年全市累计评估收入1.29亿元，占已完成税收收入的2.26%。

【依法行政和依法治税】 强化税收执法监督和制约，制定出台符合韶关地税实际的依法行政指南——《韶关市地方税务局全面加强依法行政工作的意见》；组织完成全市地税系统各级执法人员的执法责任书签订工作，坚持做好执法责任制考核每季一通报工作，在全市系统开展税收执法督察，对检查发现的薄弱环节及时整改，堵塞漏洞。执行重大税务案件审理制度，健全重大减免税、税务行政审批项目等的集体审议制度，健全对政策性个案批复的制约机制；推进税务行政审批制度改革，按照“能取消的尽量取消，应减必减、该放就放”的原则，清理压减行政审批事项，市一级的行政许可项目已经全部取消，行政审批项目清理减少至6项，下放审批权限10项，对保留和下放的审批权限，规范和优化审批流程，提高审批效率和透明度，加强对已取消项目的后续监管。

【税收优惠政策落实】 落实各项税收优惠政策，完善减免税审批流程，加大优惠政策宣教力度，对15户企业进行土地使用税减免审核，市局审核通过8户，计32万多元。做好小型微利企业所得税税收优惠政策落实工作，强化宣传辅导和督导检查，优化办税流程，初步核实符合优惠条件户数逾700户，组织政策辅导班，对300多户小型微利企业进行税法宣传和辅导。

【推进纳税服务平台建设】 稳步推进办税服务厅规范化建设和信息化管理，成功上线“办税服务厅信息整合及绩效管理系统”，并将全市11个一类办税服务厅纳入管理范围，对各项纳税服务指标进行量化统计和考核，全年全市办税服务厅满意度达99%以上；不断深化“12366”热线管理，健全“12366”热线管理制度，加强对话务人员的业务培训，全年话务量累计17933宗，平均每月1494宗，办结率100%，人工服务接通率也在5月首次达到100%，位列全省第一；优化门户网站建设，全年网站浏览量累计达904081人次。

【深化纳税辅导和税费宣传】 组织开展一系列税收宣传月活动，开辟税收宣传教育基地、韶关新闻网、开通“韶州通”税宣公交卡等税宣新阵地；开展税费咨询、提供税收法律援助等志愿服务。完善纳税辅导机制，将日常纳税辅导与集中纳税辅导相结合，推动涉税辅导常态化，全年全市共举办各类纳税人培训班63期，市局纳税服务志愿队共接待市民860人次，现场发放各类税宣手册6000份。

【推广自助办税服务】 推广自助办税服务，全市投入使用自助办税终端36台，覆盖全市三区七县主要城区，受理业务超过6万项，在乐昌城区建成全市首个国、地税24小时联合自助办税厅；成功研发“金税通”移动纳税服务信息平台，开启“处处可办税、时时可查询、纳服随身走”的“掌上办税”新模式。

【优化征管业务流程】 简化涉及表证单书和办理环节，配合政府网上办事大厅建设，将涉税查询、资源税困难性减免、城镇土地使用税困难性减免等8项业务迁移到网上办事大厅，方便群众“一站式”办理业务。

（李阳才　黄德明）

附：领导班子组成人员名单

党组书记、局长：王中高

副局长：陈红光　苏韶娟

欧阳坚

纪检组组长：

周卫平（—2013.10.10）

总经济师：赖燕华

中国人民银行韶关市中心支行

【概况】 2013年，中国人民银行韶关市中心支行树立“大金融、大服务”理念，围绕“严管理、促规范，抓内控、防风险，强队伍、保廉洁，求创新、上台阶”的工作目标，以“抓重点带一般”和“抓两头带中间”的工作方法，传达落实稳健货币政策，支持韶关实体经济发展，维护辖区金融稳定，改善金融发展环境，探索新的金融服务产品、方式、方法，牢固金融基础，增加金融科技含量，进一步提升金融服务水平，各项业务工作取得新成效，注重基础设施的建设，金融服务水平得到进一步提高；注重加强与政府、银行、证券、保险、企业的密切联系，“大金融”工作理念得到进一步确立；注重走群众路线，金融惠民生的工作思路得到进一步体现；注重发挥协调配合参谋作用，基层央行对地方政府的影响进一步加大。2013年年底，韶关市各项贷款余额581.4亿元，比年初增长16.8%，比全省增速高4.5个百分点。全辖发生跨境人民币结算业务63.5亿元，完成广州分行下达全年目标任务的192.5%。全年获得19个分行级以上集体和个人荣誉称号。

【支持实体经济发展】 主动宣传和解读货币政策，争取地方党政的理解、支持。加强对金融机构的指导，明确金融支持地方经济发展的工作重点和工作措施。拓展跨境人民币结算业务，提高利用外资水平，落实资本项下简政放权外汇管理政策，推进服务贸易外汇管理制度改革，促进投资便利化，促进外向型经济健康发展。向上级反映“三农”信贷需求和中小金融机构资金需求，争取支农再贷款和再贴现额度。推动住房公积金存款归集银行范围放宽至中资银行业金融机构，进一步调动中小银行的积极性，鼓励县域法人机构将新增存款用于当地。组织汇编《韶关金融贯彻稳增长调结构惠民生典型案例》，展示金融服务地方经济成果，获市政府领导肯定。2013 年年底，韶关市各项贷款余额 581.4 亿元，比年初增长 16.8%，比全省增速高 4.5 个百分点。

【缓解中小微企业融资难】 加强政银企合作，推广“韶关市中小微企业融资绿道”网络信息平台，以“平台+政策”模式助推企业增信融资，缓解中小微企业融资难局面。推动市政府部门出台《韶关市中小企业贷款风险补偿基金管理办法》，设立风险补偿基金。南雄、仁化、乳源、始兴、翁源先后出台办法分别设立风险补偿基金，将中小企业贷款风险补偿基金项目（助保贷）与融资绿道对接，解决企业抵押物不足问题。促成市政府与分行签署《金融支持“新型工业化与新型城镇化”建设合作框架协议》，组织举办金融机构支持“百项工程兴韶关”中小企业融资对接活动。探索以“行县共建”模式，推进仁化国家农业示范区建设。下辖各支行不断完善政银企合作机制，引导金融机构支持中小微企业发展，开展支持妇女创业、扶贫等民生金融工作。2013 年年底，全市中小微企业贷款余额 257.5 亿元，比年初增长 26.9%，比全省增速高 12.7 个百分点；仁化县贷款余额 25.1 亿元，比年初增长 41.0%，比全市增速高 24.2 个百分点，其中涉农贷款 19.8 亿元，比年初增长 38.8%，比全市增速高 9.1 个百分点。

【维护辖区金融稳定】 推动出台《韶关市金融稳定与监管协调合作机制》，夯实金融稳定工作制度基础。率先出台《韶关市银行业机构综合评估结果应用实施方案（暂行）》，加强对银行业机构的差别化管理，促进银行业机构稳健经营。创新开展跨地区金融监管合作，密切关注辖区突出的风险事件，与乌海市中心支行签署合作框架协议，稳步推进韶关市金融系统社会管理综合治理工作，推动韶关辖区平安金融建设。践行风险为本理念，以非现场监测分析和预警为支撑，以与市公安局签订《反洗钱合作备忘录》为契机，完善案件线索联动分析机制，配合公安部门开展“天网”行动，成功阻止 2 宗跨国资金诈骗案件发生，协助公安部门破获 3 宗贩毒洗钱案件和 1 宗非法经营案。推动农信社改革，开辟新进驻金融机构绿色服务通道，加大对金融机构的引进力度。2013 年，交通、东亚和东莞银行先后入驻韶关。

【牢固金融服务基础】 推动改善农村支付服务环境工作纳入 2013 年度韶关市部门（单位）公开承诺为民办实事项目，以农村地区手机支付业务试点和助农取款服务可持续发展为抓手，增强农村支付服务的便民、惠农功能。惠农手机支付业务在南雄市全面铺开，韶关成为广东省惠农手机支付业务的先行地区。丰富服务点金融知识宣传、残损币回收等金融服务功能，银行卡助农取款服务业务步入健康、可持续发展轨道。第二代支付系统安全平稳上线运行，支付结算工作水平提升。完成国库会计数据集中系统（TCBS）上线切换工作，率先推出工会经费地税代收、国库汇缴业务，推广移动支付缴税业务，实现科技强库的目标。推进以提升整洁度为核心的人民币“净化工程”，加大打击假币犯罪力度，维护人民币流通秩序。成立韶关市金融消费权益保护协会和各县（市）金融协会，发挥协会作用。成功调处“接力投资保值储蓄”等社会热点纠纷，保护金融消费者权益。与韶关学院签订高校战略合作框架协议，加强与高校在金融消费权益保护研究领域的交流与合作。开展金融知识进高校、进乡村、进社区、进企业活动，不断提升公众金融维权意识和维权能力。

【推动社会信用体系建设】 培育信用服务市场需求，按照“一县一策”的工作思路推动政府部门在社会管理和公共服务领域使用信用产品，加强信用服务市场建设。始兴县和新丰县先后成立征信中心；乐昌、新丰支行推动地方政府出台《农村信用体系建设担保基金管理办法》，分别投入担保基金200万元和50万元；仁化县在“民信档案”试点成功的基础上，以28个贫困村的金融扶贫为突破口，加快农村信用体系建设步伐；南雄支行将广州分行农户征信信息采集系统与南雄综合联合征信中心网站对接，通过乡镇七站八所与金融机构评定信用户及信用村，搭建农村征信平台；乳源、曲江、翁源等支行推动县（区）政府组织开展以农村专业户、合作社为主的信用村（镇）评选工作，金融支农成效明显。

【助力“智慧城市”建设】 加大金融科技投入，推进金融IC卡多行业应用，进一步改善受理环境，扩大金融IC卡发卡规模。研发和推广“金税通”移动支付系统，为纳税人提供方便、快捷、安全的税务服务。在全国率先打造金融IC卡综合服务平台，在乳源、南雄、乐昌推出景区景点二维码管理，推动“旅游数字化”工作。至2013年年底，共发放各类金融IC卡177万张。韶关市金融IC卡多行业应用在辖区全面铺开，覆盖交通、教育、医疗、购物、旅游、税务、娱乐等领域，获“2013年度国家金卡工程金蚂蚁奖”。（邝辉）

附：领导班子成员名单：

党委书记、行长、局长：万里滨

副行长：关艳芬

刘卫东（兼副局长）

吴敏强

纪委书记：翟小新

工会主任：李　青

银行监管

【概况】 截至2013年年底，韶关银监分局保持8个科室和4个监管办事处的架构，在职干部员工61人。

2013年，韶关银监分局以中共十八大精神为统领，贯彻落实银监会、广东银监局年初监管工作会议和全市经济工作会议精神，围绕全年工作任务部署，以维护辖区经济金融稳定运行为核心，以提高监管绩效为目标，开展好各项工作。至年底，辖内银行业金融机构各项存款（含财政性存款）余额1255.76亿元，比2012年年底（下同）增加137.96亿元，增长12.34%；各项贷款余额581.26亿元，增加83.49亿元，增长16.77%。商业性存贷款比例48.35%，上升2.23个百分点。五级分类合计不良贷款5亿元，减少0.26亿元；不良贷款率0.86%，下降0.2个百分点。累计实现净利润16.63亿元，增长32.56%。年内，分局全体干部员工齐心协力、团结进取，各项工作均继续取得进步，并获得2012—2013年度银监会和广东银监局系统文明单位称号。

【加强对实体经济的信贷支持】 分局针对韶关经济发展的特点，引导辖内银行深化信贷结构调整，优先支持小微企业、农业企业，助推保障性安居工程建设和消费升级。截至2013年年底，辖内银行业小微企业贷款余额225.09亿元，增长28.41%，高出各项贷款增速11.64个百分点；涉农贷款余额33.18亿元，同比增长24.46%，高出各项贷款增速7.69个百分点，均实现“两个不低于”的增长目标。

【加强对消费者权益的保护】 督促银行业机构严格执行“七不准”“四公开”规定，合理确定服务价格，规范信用卡、代销保险、理财等业务的营销行为，保护金融消费者权益。妥善处理信访和网络问政投诉，营造和谐的金融消费环境。2013年以来，分局共受理并妥善处置网络问政34件、信访18件、民声热线投诉及业务咨询6件。

【加强对银行完善金融服务的督导】 督导辖内银行机构为“老、弱、病、残”等提供人性化的金融服务；督导银行机构简化二代社保卡换发流程，推进全市二代社保卡换发工作；督导邮储银行完善新农保金融服务，成功推动全国首个邮储代理营业机构跨区迁址试点开业，有效填补偏远山区金融服务空白。加强对金融知识的宣传。深入开展“金融知识进万家”“送金融知识下乡”等活动，持续提升辖区金融知识的普及度，对加强社会公众对银行风险的认知和对自身权益的保护意识发挥积极作用。

【支持新型银行机构进驻】 促进辖区金融增容扩量。2013年，分局履行监管职责，协助省局做好交行、东亚银行、东莞银行在韶设立分支机构的行政许可工作，确保上述机构顺利开业。截至2013年年底，辖内银行业资产总额1309.26亿元，比年初增长8.92%；负债总额1260.65亿元，比年初增长8.48%。

【推动金融改革】 支持法人机构转型发展。以实施新资本管理办法为契机，推动辖内法人机构完善公司治理，提高内部管理水平，增强其转型发展的内生动力；支持农村中小金融机构增资扩股，增强资本实力，为辖区农村金融服务体系的充实完善奠定良好基础；稳妥推进翁源联社改制农商行，截至2013年年底，有关申请材料已报银监会，待批复后即可筹建开业。

【紧盯各类风险防范】 紧盯不良贷款，严守辖区风险底线。密切跟踪全辖特别是法人机构不良贷款指标，针对反弹苗头及时查找原因化解风险，确保辖内不良贷款继续实现“双降”。截至2013年年底，韶关辖区不良贷款余额5亿元，比年初减少0.26亿元，不良贷款率0.86%，比年初下降0.20%。紧盯重点领域，有效缓释风险隐患。分局通过加强监管窗口指导、开展专项现场检查、风险提示等措施，缓释融资平台贷款和集团客户等重点领域风险。截至2013年年底，平台贷款余额36.67亿元，比年初减少2189万元（户数为42户，较上年末增加3户）；法人机构单一客户贷款集中度全面压降至银监会规定的10%以内。紧盯案件防控，防止外部风险转移渗透。分局落实省局案防“三二一”要求，建立案防工作走访制、列席制、报告制、台账制和联络制，加强案防督导，辖内银行业连续8年保持零案件。 （古 婷）

附：领导班子成员名单

党委书记、局　长：朱立奋

党委委员、副局长：何明亮

党委委员、副局长：周海鹏

党委委员、纪委书记：王晓红

副调研员：刘卫中

主要银行简介

【中国工商银行韶关分行】 2013年，中国工商银行股份有限公司韶关分行在职干部员工795人、下辖14个一级支行（含分行营业部）、45个营业网点、13个自助银行和149台自助设备（含离行式）。2013年年底，各项存款余额235.64亿，比年初增20.87亿；本外币贷款余额达到116.28亿，净增13.82亿。其中，公司贷款净增7.32亿元，四大商业银行占比52.38%；中间业务收入1.83亿元；国际结算量16.44亿美元，同比增长3.28亿美元，增幅24.92%，获“2013年度韶关市跨境人民币结算工作先进单位”称号，不良贷款余额和不良贷款率实现双下降，全年实现安全运营无事故。

资金投放　响应市委、市政府提出的发展规划、“百项工程兴韶关”战略部署，支持地方经济和中小企业的快速发展。全年新增贷款13.82亿元，贷款余额116.28亿元，获得市政府“2013年度信贷投放考评先进单位”称号表彰。在资金投向上，优先支持先进制造业、现代服务业、战略性新兴产业、文化产业等“新四大行业”的发展，支持市委、市政府战略部署，助力基础设施现代化、新型工业化、产业园区扩能增效、芙蓉新区建设等。

支持中小企业和个人贷款　小微企业客户数达到278户，较年初新增50户，全年小企业贷款新增6.69亿元，贷款余额19.17亿元，扶持中小企业的发展方面。针对中小企业抵押物不足、甚至没有抵押物等问题，通过金融产品创新，如开设小企业工商物业贷、小额信用贷款、小企业网络循环贷、小微商户逸贷公司逸贷卡、小企业林业贷款等新型融资品种。同时，发展个人贷款业务，年底，个人贷款余额34.86亿元，其中非住房贷款13亿元。

履行社会责任　通过开展金融知识进园区、厂区和专业市场等活动，了解企业的需求，解决企业融资问题，实现银企双赢的经营目标。针对企业融资成本高的问题，以支持实体经济为根本，在人行、银监等部门的指导下，梳理整改收费项目，履行社会责任，减轻企业的负担。开展“金融知识进万家”、防范电信诈骗活动，保障群众财富安全。倡导全行干部员工参与定向扶贫、济贫捐款、无偿献血等各项社会活动，承担应尽的社会责任和义务。

服务品质提升　以开展服务品质提升年、党的群众路线教育实践活动和民主评议行风“回头查”为契机，专门成立服务品质提升办公室，推进“从心开始”网点提升项目、“整理、整顿、清扫、清洁、素养”5S管理运动，严抓网点“首问负责制”“服务承诺制”“限时办结制”的落实，优化个人金融业务“特事特办”服务工作流程，提升金融服务水平，压缩客户排队等候时间，打造群众满意的银行。通过优化网点布局，完善渠道建设，为企业和市民提供更加舒适、方便、快捷的优质文明服务。同时，通过强化投诉问责机制、加强客户服务评价考核，完善客户监督，进一步提升窗口服务水平。（邓文强）

附：领导班子成员名单

行长、党委书记：王　海

纪委书记：刘志县

副行长：邓付全　朱丽娜

钟　明　梁公侠

韩德龙

【中国银行韶关分行】 中国银行股份有限公司韶关分行是中国银行股份有限公司在广东省境内设立的二级分行。拥有在职员工506人。设立机构网点27家，其中市区20家，曲江区3家，仁化县2家，南雄、乐昌市各1家。分行内设部室11个，即办公室、财会部、运营部、营业部、个人金融部、结算业务部、公司业务部、风险与执行部、监察部、人力资源部、工会办公室。拥有ATM、自助通等自助设备150余台。

经营效益持续增长　全年实现营业净收入3.8亿元，增幅16%，其中净利息收入2.8亿元，增幅13%，非利息收入1.13亿元，增幅33%。本外币各项存款余额112亿元，新增4亿元，增幅3.7%；本外币各项贷款余额68亿元，与年初持平。获得中国银行广东省分行“2013年度绩效优秀机构”奖。

保证重点行业支持　累计向钢铁、交通、有色金属、电力、烟草等大型行业投放授信折合人民币57亿元，其中向广乐高速投放授信支持3.9亿元；联合深圳中行支持东阳光氟化工和药业项目2.4亿元；结合企业经营模式调整，为韶钢集团引入7亿元低成本资金支持。

创新中小微企业融资服务　成立中小企业业务中心，设立中小微企业受理柜台27个，配备专职客户经理47名，全面受理中小微企业融资服务需求。围绕中小微企业推出的融资产品多达14种，如“林权通宝”、林权抵押贷款、养殖贷款、“中银风险补偿基金通宝”等。其中，通过“中银风险补偿基金通宝”产品扶持韶关市中小企业项目43个，金额2.8亿元。

发挥国结和跨境业务优势　拓宽融资渠道，通过融易达、国内商贴、信用证议付、跨境人民币结算产品为客户提供融资、验资落户、资金划转服务，降低融资成本。国际结算业务量达12亿美元，同比增加1.1亿美元，增长9%，人民币跨境业务量23亿元，同比增加11亿元，增长96%，均保持市场领先地位。

提升客户服务水平　加大人员投入，充实网点人员50人，营业网点人员占比69%，营业网点营销人员占比为44%，业务一线人员占比45%，三项人员占比均达到总行优秀水平。创新金融服务，搭建园区企业IC卡、社保卡、银医互联、缴税一户通、校园一卡通、非税业务等服务平台，方便市民使用金融服务，其中发放市民二代社保卡17万张。规范服务礼仪、服务行为、办公秩序，开展文优服务竞赛活动和行风评议回头查工作，获得2013年度行风评议回头查评比得分第一名，被评为2012—2013年度韶关市文明单位。（李　蔚）

附：领导班子成员名单

党委书记、行长：彭佐宇

党委委员、纪委书记：胡家骥

党委委员、副行长：刘　凯

申建国

【中国农业银行韶关分行】 2013年，中国农业银行股份有限公司韶关分行在岗员工996人，内设16个部门，下辖15个一级支行、46个营业网点，县区覆盖率达100%，是韶关四大国有银行中服务人员、网点数量最多且覆盖面最广的银行。该行响应市委、市政府“绿色转型、振兴发展”要求，围绕“加快有效发展、严守风险底线”主线，实现各项业务稳健较快发展。2013年年底，本外币各项存款余额突破200亿元大关，达到207.8亿元，比年初增加14.6亿元；本外币各项贷款余额达到98亿元，比年初增加9.2亿元；不良贷款保持“双降。实现全年运营安全无事故、无案件的“双零”目标，连续4年内控综合评价为一类行，连续13年安全运营。荣获“全省农行文明单位”“保密工作优秀单位”等荣誉称号。

支持“百项工程兴韶关”　加大基础设施建设信贷投放力

度，近3年，在园区、交通运输、钢铁和电力行业等基础设施建设方面累放贷款110多亿元。专设小企业金融服务中心，扶持中小微企业发展，年末，中小企业信贷客户145户，占对公信贷客户总数的93%；小微企业贷款余额6.75亿元，比年初增加2.41亿元，增幅达55.44%。发展国际业务，创新信贷产品，为客户提供跨境参融通、国内发票融资、福费廷二级市场等一揽子的本外币产品融资服务，2013年累计办理跨境参融通、国内发票融资、福费廷二级市场买卖15.1亿元。

服务“三农” 专门成立“三农”金融事业部，扶持“三农”发展。相继推出20多种“三农”信贷产品，提高农村金融服务的实用性和便利性。组织推进“千百工程”和“惠农通”工程，支持本地企业，着力扩展县域服务渠道。近3年累放“三农”县域贷款44亿元。2013年年底，全行“三农”县域存款、贷款余额分别为76.38亿元、35.57亿元，分别比年初增加7.08亿元、10.47亿元，增速均高于全行平均水平。累计发放10多万张金穗惠农卡，已铺设“惠农通”助农取款点293个。

服务民生 组建专业团队，服务社保基金代理业务、二代社保卡等政府民生工程项目，每年代理发放保险人数达到90多万户，至2013年底，二代社保卡申请人数达到20万人。参与全市住房公积金业务、县域物业维修基金业务和各级财政代理业务，为市民提供便利金融服务。加大自助设备投入和网点建设力度，自助服务终端和网银自助体验机增加到115台，新安装投产ATM83台，新增自助银行21个，累计对30个二级支行实施改造。实行网点标准化服务和管理，在全辖网点开展“整理、整顿、清扫、清洁、素养、安全”等6S管理，以“三大集中”推进柜面流程和系统的优化，在全行配置70台IPAD及49台预处理机，提升服务品质和效率。围绕韶关市“宜居城乡”建设，专门成立个人贷款和汽车金融业务经营中心，圆老百姓的“住房梦”和“汽车梦”，并推出个人综合授信贷款、随薪贷、房抵贷、旺铺贷等八大系列产品，至2013年年底个人贷款规模达到43亿元，个人贷款存量和增量均居四大行第1位，个人住房按揭贷款存量和增量均居所有金融机构第1位。

企业文化 推进人才强行战略，提升员工素质。落实员工关怀措施，建成分行职工之家和2个基层网点职工小家，开展覆盖面达100%的家访活动，坚持慰问帮扶制度，丰富文娱生活。切实履行社会责任，帮扶仁化黄坑镇小溪村，组织开展捐款、金融知识普及宣传等活动，2013年员工捐款达15.5万元。

（办公室供稿）

附：领导班子成员名单

党委书记、行长：

涂政达（—2013.9）

朱和东（2013.9—）

党委副书记、纪委书记、副行长：

钟 杰（2013.4—）

纪委书记、副行长：

李子平（—2013.4）

副行长：黄雄飞 廖晓云

陈垂富

工会主席：林常青（2013.5—）

【中国建设银行韶关市分行】 中国建设银行股份有限公司韶关市分行的前身中国人民建设银行韶关市分行，成立于1954年10月，1996年3月26日，中国人民建设银行韶关市分行正式更名为中国建设银行韶关市分行。作为中国第一批股份制改革试点的国有商业银行，中国建设银行股份有限公司于2004年9月17日正式成立，中国建设银行韶关市分行也随即更名为中国建设银行股份有限公司韶关市分行。截至2013年年底，拥有营业网点31个，自助银行9个，内设部门8个，员工总人数677人。

业务发展 贯彻落实人民银行、银监会的各项方针政策，结合韶关市政府加快转变经济发展方式、保持经济较快增长的思路，坚持科学发展观，在防范风险的前提下，服务中小企业，推行绿色信贷，投身公益事业，参与和支持地方经济建设，经营管理取得良好的成效。实现税前利润3.76亿元，实现中间业务净收入1.37亿元，一般性存款余额突破200亿元，企业存款和个人存款双双突破100亿元。全年累计投放对公类贷款67.88亿元。

创新转型 创新产品“助保贷优化”获得省分行2012—2013年度创效评比产品类二等奖，成为韶关市和广东建行首个与政府携手推出“助保贷”业务的金融机构。主推的“速贷通”“成长之路”“助保贷”“平台贷”等产品全年累计投放小企业贷款13

亿元，其中“助保贷”4.12亿元。创新推出以黄金为载体，纪念六祖惠能佛法宏大、普度众生之善行的“六祖金”产品。将禅宗思想和区域历史文化元素巧妙融合一起，广受客户欢迎，全年销售约43公斤。渠道建设方面，完成乳源、仁化、南雄、乐昌、曲江个人贷款中心建设，初步形成县域支行个贷专业化经营渠道网络，改变县域支行不能经办消费经营类贷款的窘况。进一步优化自助渠道建设，提升便民服务，全年新增7个自助银行，净投放、更新41台自助设备；5月28日，分行财富管理中心暨凤凰城支行开业，标志着建行韶关市分行在私人银行金融服务领域又迈上一个新的台阶。

履行社会责任　成立由56人组成的韶关建行银行业青年志愿者服务队，以“学习雷锋精神、争当志愿标兵”为宗旨，与韶关银监分局、分行工会共同开展“学雷锋义务献血”活动。组织青年员工到战友养老院慰问孤寡老人，成立网络文明志愿服务小组定期在博客上发布文明信息等，以实际行动践行青年志愿服务的宗旨。参与韶关银监分局举办的以“多一份金融了解 多一份财富保障”为主题的“金融知识进万家”银行业金融知识宣传服务月活动，在韶关医学院、韶关松山职业技术学院等地进行户外金融知识宣传。在韶关市风度名城南门广场隆重举行“快乐报童，公益小明星”暖冬献爱心公益活动，并借此向福利院捐赠“多媒体互动电子白板”、文具、书籍等物品，助阵公益事业，传递正能量。开展“广东扶贫济困日”活动，全行员工累计捐款12.17万元，全部用于扶贫挂钩点的扶贫帮困工作。

合规经营　开展“安全年”活动，加强检查监督，坚持抓合规强内控不动摇，完成对理财业务风险防控自查和考评机构建设方面的评估。进一步强化反洗钱工作，履行反洗钱义务，协助人民银行联合公安局系统，成功阻止2起异常跨境资金诈骗案的发生，并将涉嫌跨境洗钱犯罪嫌疑人驱逐出境，维护辖区金融稳定，2013年12月5日，收到人民银行韶关市中心支行发来的表扬信。配合银行业协会、广东银监局和国家发改委开展服务收费专项检查工作，对照服务收费各项政策，逐项落实，确保服务收费工作合法合规。加强员工风险意识教育，完善案防机制建设，2013年共成功堵截各类诈骗案件110起，堵截金额约50万元。

（何敏嘉）

附：领导班子成员名单

行　长：程劲松

副行长：李国荣、郑卫东

风险主管：王飞舟

纪委书记、工会主席、副行长：刘超良

【广发银行韶关分行】　2013年，广发银行股份有限公司韶关分行以调结构、促转型、增效益为主线，推动对公、对私银行条线改革，提升公司银行核心竞争力，促进“两卡一中心”（信用卡、生意人卡、小企业金融中心）加快发展。加强内控制度建设和资产质量控制，强化执行力与合规性检查，完善考核激励机制，稳步推进人力资源改革，各项业务平稳健康发展。截至2013年年底，在职干部员工79人，内设六部一室，分别是办公室、信贷管理部、运营部（兼计划财务部）、个人银行部、公司银行部、营业部，下辖曲江支行。实现净利润同比增长48.02%。

发展“两卡一中心”　在费用、激励政策和队伍建设等方面予以重点倾斜，开展多种形式的宣传和优惠促销活动，积极拓展目标市场，全年信用卡激活卡7200张，其中白金卡530张，新增优惠商户116户，信用卡总收入2725万元，信用卡实现中间业务收入1486万元。9月5日，广发银行生意人卡在韶关首次亮相发布，短时间内在韶关商圈形成品牌影响，发卡和出账金额快速增长，从9月开始发卡截至年底，累计发卡200张，出账金额8000万元，贷款余额5600万元。加大对本地中小企业支持力度，在营业部设立小企业金融中心，建立和完善以业务发展、客户培育、队伍建设、风险控制等一体化、流程化、专业化的约束管理体制和激励机制，持续加强专营化管理力度，全年新增小企业客户48户，新增贷款额3.82亿元，小微企业贷款占比为41.72%。

加强大中型和核心客户的服务　以公司银行业务经营管理模式改革为抓手，完善客户经理KPI考核激励机制和新客户营销激励机制，聚焦核心客户，深入分析客户的贡献和潜力，一户一策制定客户年度效益增长目标和措施，通过综合授信、供应链融资、债券融资、结算与咨询服务

等方式加强银企合作，以专业化、个性化服务提高核心客户服务水平。做大票据池业务，全年办理银承汇票1355笔14.45亿元、贴现122笔3.40亿元、再贴现39笔1.45亿元，信贷和利润结构不断优化，综合效益进一步提高。

推进人力资源改革 职位体系改革和建立新的薪酬制度是分行2013年人力资源管理改革工作的重点。为减少改革阻力，分行周密部署，自上而下，逐层宣导，确保人力资源改革稳步、有序推进。在职位设置改革中，分行将副总及高级经理、主管及中级经理的全部22个职位拿出来公开竞聘，共举办3场竞聘会，通过竞聘、选聘，一批业务骨干和优秀青年员工走上管理岗位。

（张昊天）

附：领导班子成员名单

行　长、党委书记：苏　阳

副行长、党委委员：陈涵明

　　　　　　　　　黄伟渊

【中国农业发展银行韶关市分行】 中国农业发展银行是直属国务院领导的政策性金融机构，成立于1994年4月，总行设在北京。中国农业发展银行韶关市分行（以下简称农发行韶关市分行）是中国农业发展银行的二级分行，成立于1996年10月。其主要任务是：按照国家的法律、法规和方针、政策，以国家信用为基础，筹集农业政策性信贷资金，承担国家规定的农业政策性金融业务，代理财政性支农资金的拨付，为农业和农村经济发展服务。

组织机构 农发行韶关市分行内设办公室、计划信息部、客户服务部、信贷与风险管理部、财务会计部、人力资源管理部、监察审计部等7个内设机构。下辖曲江、乐昌2个支行。至2013年年底，全辖在职干部职工68人。

业务范围 农发行主要的业务范围是中央储备粮贷款、地方储备粮贷款、粮食流转调销贷款、粮食加工企业贷款、粮食调控贷款粮食仓储设施贷款等与粮食有关的贷款品种；农业产业化龙头企业贷款、农业科技贷款、粮食加工企业贷款、粮食仓储设施贷款、其他粮食企业贷款、粮油种子贷款、化肥、糖、肉等地方储备贷款、农村基础设施建设贷款、农业综合开发贷款、农业生产资料贷款、农业小企业贷款等信贷业务品种。

随着社会主义新农村建设的不断推进，农村土地整治、农民集中住房建设已经成为统筹城乡发展、推进城镇化进程和开拓农村市场的重要途径。为贯彻落实中共十八届三中全会决定、2013年中央1号文件等一系列强农惠农政策精神，进一步加大对农村土地整治、农民集中住房建设的支持力度，缓解工业化城镇化“缺地”、新农村建设“缺钱”、耕地保护“缺动力”、统筹城乡“缺抓手”等矛盾，农发行决定推出“新农村建设贷款”产品，支持统筹城乡发展，加快推进社会主义新农村建设，将新农村建设贷款逐步打造成为集政策性、专业性、品牌性于一体的主打产品，更加彰显“建设新农村银行”的品牌效应，发挥农业政策性银行的支农作用。

农发行韶关市分行开办保险代理业务，与多家保险公司签订保险代理协议，代理上述保险公司的财产和人寿保险业务。

经营情况 2013年，农发行韶关市分行认真贯彻宏观调控政策，稳步增加支农信贷投入，促进国家强农惠农政策的落实，进一步发挥农业政策性银行在支持新农村建设中的骨干和支柱作用。一是支持全市粮油储备体系建设和市场安全。全年累计发放粮油收储贷款2.7亿元，支持企业收储粮食10.5万吨、食用油储备1000吨，确保储备粮油增储、轮换的顺利实施，为韶关粮食安全和粮价稳定发挥积极作用。二是支持县域基础设施建设。在土地储备、环境设施和供水基础设施建设等加大信贷投放力度，累计发放贷款3.1亿元，支持韶关地方经济建设和社会事业。三是重点支持产业转移园区建设。争取上级行对莞韶产业转移园浈江片区、武江甘棠片区、曲江白土片区基础设施建设的支持，获得授信额度11.2亿元。四是开展政策指导性信贷业务。按照“购得进、销得出、有效益”的原则，择优审慎支持企业开展粮食自主经营收购，支持企业自主收购，取得良好经济效益。五是做好职责内支农资金的监管。全年累计划拨中央和省支农资金3.8亿元，配合政府全额消化政府粮食政策性挂账，协助财政管好用好市县两级粮食风险基金。2013年年底，农发行韶关市分行各项贷款余额14.1亿元，实现账面盈利近2000万元，人均利润达30万元，缴纳各类税费506万元。同时，农发行韶关市分行资产质量不断提高，不良贷款实现“双降”目标。

（林忠亮）

附：领导班子成员名单

党委书记、行长：朱伟民

党委委员、副行长、纪委书记：陈伟雄

党委委员、副行长：古小芳

【韶关市农村信用社】 2013年，韶关市农村信用合作社联合社（以下简称韶关农信社）下辖内9个县级联社，共有机构网点166个，在职职工约2000人。

存贷业务稳步、快速发展　截至2013年年底，韶关农信社各项存款余额260多亿元，各项贷款余额160多亿元，各项存款、贷款余额继续位居全市金融机构首位。

提升服务水平　2013年，韶关农信社一是扩大自助设备覆盖面。继续加大自助设备的布放力度，扩大覆盖面，为客户办理业务提供便捷服务。已累计安装ATM162台，发行银行卡90万张，布放POS1762台、自助服务终端177台。二是为特殊客户提供上门服务。辖内韶关市区、仁化、南雄、始兴、曲江等联社派员上门为重病、瘫痪在床或腿脚残疾的客户办理存折（卡）挂失（解挂）等业务。

加快信贷创新　2013年，韶关农信社一是创新信贷服务模式。新丰联社“三农”贷款专营中心，韶关市区、曲江联社小企业贷款专营中心运作良好，始兴联社设立小企业专营中心、“三农”服务中心、按揭中心和贷款服务中心，仁化联社“三农”贷款专营中心于11月挂牌成立，同时在董塘、周田、长江信用社成立“三农”贷款专营分中心，为当地“三农”经济和小、微企业提供专业的信贷服务。二是创新信贷产品。推广农户小额信用贷款、农户联保贷款、农民专业合作社贷款、订单农业贷款，创新推广“红色创业”贷款、银行卡自助循环贷、林权抵押贷款、下岗失业工人再就业贷款、农村妇女创业贷款、住房公积金按揭贷款等信贷产品；南雄联社创新推出“精英时代”“金叶宝”贷款，曲江联社推出“速贷宝”贷款，创新担保方式和方法，淡化抵押物，满足小微企业资金需求“快、急、短、频”的特点。三是推行“阳光信贷工程”。各联社推行“阳光信贷工程”，主动公示贷款品种、贷款条件、贷款流程、收费项目、廉洁办贷承诺和投诉电话等信息，坚决执行贷款“费用公开”制度、限时办结制度，保障客户贷款不跑冤枉路，不花冤枉钱。四是支持“三农”和中小企业发展。按“区别对待、有扶有控”的原则，加大对现代农业、绿色生态旅游、节能减排等领域的信贷支持力度。支持地方水果、甘蔗、兰花、黄烟、茶叶、蚕桑、贡柑、长坝沙田柚等乡镇特色农业发展，为中小企业及个体工商户提供信贷支持，对信用等级较高的企业实行综合授信，在规定期限及授信额度内允许其循环使用，减少审批环节，缩短审批时间，完善小微企业利率定价机制，对项目贷款以社团贷款的方式给予支持，有效解决企业生产资金需求。仁化联社开办推广妇女创业贷款、下岗失业工人贷款、红色创业贷款等8项小额贷款业务，累计投放4000多万元小额贷款，带动5000多户农户发展农业和增收致富。妇女创业贷款的开办和带动，有效引导全县200多名妇女围绕当地特色农业进行创业，培育一批成功创业典型，2013年被中华全国妇女联合会授予“全国妇女小额担保财政贴息先进集体”荣誉称号。

发展新兴业务　一是成功发行“二代社保卡”。3月启动该项目，至8月底成功实现对外发卡，成为广东省首家真正发行“二代社保卡”的农合机构。截至12月底，全市农信社累计完成社保卡数据采集14万份，累计开卡6万多张。二是完成代理非税业务上线投产工作。韶关市联社从6月起组织辖内联社完成市、县级非税业务的接口升级开发工作。截至12月底，辖内9家联社非税业务均按期投产上线并稳定运行。三是成功拓展“三项”住房业务。2013年，各联社已成功开办住房公积金按揭贷款业务、住房公积金归集业务、住房维修基金业务。四是拓展电子银行业务。拓展银行卡支持的网上银行、电话银行、手机银行、卡贷保、支付宝、银联无卡支付、财付通、三方存管等业务,2013年仁化联社已顺利开办财政统一集中支付业务。五是加快金融IC卡发行工作。2013年,韶关农信社辖内9家联社均已完成金融IC卡发卡资格报备工作,已有7家联社正式对外发行金融IC卡。

廉洁从业教育基地正式投入使用　11月，占地200平方米的韶关农信社廉洁从业教育基地在南雄联社建成并正式投入使用，作为全市农信社干部员工接受廉洁从业教育，筑牢党员干部拒腐防变思想防线的全新教育阵地。2013年，韶关农信社共投入2008万元改造网点安全防范设施。

推进农商行转制工作　翁源联社成为韶关农信社首家筹建农村商业银行的县级联社。2013年，翁源联社改善各项准入指标，推进清产核资和资产评估、监管部门验收、净资产确认分配、原股金处置、确定发起人、农商行名称变更预登记等各环节工作，于12月中旬正式向银监会提交审核筹建申请材料，力争在2014年6月底前完成农商行挂牌开业工作。韶关农信社辖内韶关市区、翁源、始兴联社在完成流程化管理改革后，继续推进标杆网点建设等后续改造工作。南雄联社实现扁平化管理、机关部室初步从职能管理向业务流程管理转变、用人和激励考核机制进一步完善、营销机制初步建立。新丰联社流程化银行管理模式已处于试运行阶段。

履行社会责任　2013年，韶关农信社践行群众路线，在元旦、中秋、春节等重大节日共慰问离退休及病患职工1252人次，慰问金额达787677元。开展结对扶贫活动26次，慰问扶贫269人次，捐送财物440438元。2013年，韶关农信社参与四川雅安抗震救灾、“广东扶贫济困日”、慰问捐助孤残儿童等各类募捐活动共25次，捐款金额84.4万元。　　（陈倩华）

附：领导班子成员名单

理长事：邱爱昌

主　任：何宗志

副主任：颜云天

【中国邮政储蓄银行韶关市分行】中国邮政储蓄银行韶关市分行成立于2007年11月，内设11个部门。下辖1个直属营业部及曲江、南雄、乐昌、乳源、始兴、翁源、新丰、仁化8个县（市、区）一级支行，共有94个全国联网营业网点。拥有包含本外币存款、国内国际汇兑、银行卡、理财、基金、小额贷款、小企业贷款、商务贷款、公司授信、票据贴现、网上银行等在内的全功能产品和服务体系。为城乡居民、“三农”和中小企业客户搭建便捷优质的服务平台。

机构设置　2013年，邮储银行韶关分行对现有的机构及下辖各分支机构进行全面的改革设置，分行行长由原杨永华行长变更为林海，高级管理层下设2个委员会：授信审议委员会、风险与内控委员会；设置11个内设部门，5个二级部，包括：个人金融部（含二级部电子银行部）、零售信贷部/“三农”金融部、公司业务部（含二级部小企业金融部、票据中心）、风险管理部（含二级部资产保全部）、授信管理部（含二级部审查审批中心）、会计与营运部、法律与合规部、办公室（党委办公室）/安全保卫部、计划财务部、人力资源部（党委组织部）、纪检监察部/党群工作部（党委宣传部）/工会）。

服务“三农”　截至年底，邮储银行韶关分行在韶关三区七县共铺设382个助农取款服务点，辐射256个行政村，服务农村人口约50万。全年实现查询交易3946笔，取现交易1738笔，取现金额658920元，有效填补偏远山区的金融服务空白。

业务发展　截至年底，邮储韶关分行全行累计开办手机银行客户11707户，手机银行账务类交易18256笔，交易金额3060万元。公司业务收入完成6250万元，时点余额达11.86亿元，年增长2.35亿元，年日均余额达11.38亿元。贷款结余10.73亿元。截至12月底，共贴票8.53亿元，转卖票据7.03亿元。

支持中小企业、个人贷款　2013年，邮储银行韶关分行重视并抓好零售信贷工作，全行贯彻“信贷立行”政策，以“强发展、创效益，控额度、调结构”为主题，以“降不良、提质量，守合规、防案件”为核心，以“严管理、增效益，抓队伍、凝士气”为重点，以各项信贷制度的落实为基础，发展零售信贷业务，截至12月31日，本年零售信贷规模净增2897万元，结余64445万元。

一直以来邮储银行响应政府及人民银行的号召，解决广大农村地区金融需求问题，持续做好填补金融空白乡镇的工作。面对市场竞争加剧，利率市场化、资产质量下滑等复杂形势，分行因地制宜，主动求变，围绕“深化改革，加快转型”的中心任务，更加注重从追求规模、速度向追求质量、效益转变，全面提升合规经营意识，稳步推进内控案防工作，各项业务发展稳中有进。

（林敏怡）

附：领导班子成员名单
行　长：林　海
副行长：赵宏春　奚琼霞

【汇丰银行韶关支行】 2013年，汇丰银行（中国）有限公司韶关支行在做好韶关业务的同时，在曲江新设立支行，这是汇丰在韶关市设立的第二家支行，位于韶关市曲江区马坝镇源河汇景首层75－77号商铺，于2013年12月26日正式开始营业。

汇丰银行（中国）有限公司韶关曲江支行在下列范围内经营外汇业务及人民币业务：吸收公众存款；发放短期、中期和长期贷款；办理票据承兑与贴现；买卖政府债券、金融债券，买卖股票以外的其他外币有价证券；提供信用证服务及担保；办理国内外结算；买卖、代理买卖外汇；从事同业拆借；从事银行卡业务；提供保管箱服务；提供资信调查和咨询服务；经中国银行业监督员管理委员会批准的其他业务。

【东亚银行（中国）有限公司韶关支行】 东亚银行（中国）有限公司韶关支行是东亚银行（中国）有限公司广州分行下设的异地支行。总行东亚银行有限公司（简称“东亚银行”）于1918年在香港成立，是香港最大的独立本地银行。在海外地区，东亚银行在东南亚、英国和美国设有据点。东亚银行于香港联合交易所上市，为恒生指数成分股之一。东亚银行（中国）有限公司（简称“东亚中国”）是东亚银行的全资子公司，于2007年4月2日在上海正式对外营业，致力于在中国内地为客户提供个人、企业及其他银行服务。

东亚中国的使命宣言是将以最高之专业和诚信为准则，为客户提供全方位的优质金融服务；以审慎经营为前提，开拓内地市场，促进业务的不断发展，为社会、客户、股东和员工创造更大的价值。公司致力于成为持续稳健发展的最佳在华外资银行。

履行企业社会责任是银行经营理念中的重要部分。银行一直致力于推动社会发展与环境保护，同时兼顾各利益相关者的利益。银行成立上海宋庆龄基金会，每年会通过多种公益活动为内地贫困儿童及青年提供更多接受教育的机会和改善教育质素。

东亚银行（中国）有限公司韶关支行位于韶关市浈江区站南路63号信德·万汇广场A幢1层1－8、10、12号铺，于2013年10月16日正式对外营业。经营范围包括：吸收公众存款；发放短期、中期和长期贷款；办理票据承兑与贴现；买卖政府债券、金融债券，买卖股票以外的其他外币有价证券；提供信用证服务及担保；办理国内外结算；买卖、代理买卖外汇；代理保险；从事同业拆借；从事银行卡业务；提供保管箱业务；提供资信调查和咨询服务。个人银行服务产品包括私人银行、显卓理财、优惠理财、个人贷款、两地通。其中，个人贷款根据贷款用途分为住房按揭、装修贷、个人汽车消费贷、投资经营贷、个人日常消费贷。两地通服务包括商旅通、留学通、投资通，为港澳个人客户提供跨地域的金融服务及增值服务。企业银行服务产品包括公司贷款、贸易融资、供应链金融、中小企业服务。

2013年度，韶关支行贯彻落实国家的有关法律、法规及监管部门的意见，强化“人人合规、主动合规”的文化和理念，向员工发布电子合规刊物和合规手册，深入开展合规宣传与培训，加强对新业务的合规支持，加大合规考核力度，进一步深化合规风险管理工作，确保本行的合规与稳健经营。（刘　蕊）

附：领导班子成员名单
支行行长：原嘉斌

【交通银行韶关分行】 交通银行韶关分行于2012年3月开始筹建，2013年7月18日正式对外开业，银行位于韶关市武江区工业中路27号，截至2013年年底，共有在职正式员工46人。韶关分行内设综合管理部（含行政、人事、监察、保卫）、营运管理部、授信与风险管理部、公司业务部、零售业务部、营业部等6个部门。

业务成果　交通银行韶关分行在个人金融业务上，能够提供“私人银行”“沃德财富”“交通理财”等不同品牌的专属个人金融服务产品；在公司业务发展上，能够通过“蕴通财富”“领汇财富”为企业提供专项财富管理方案；在电子业务方面，以“e动交行”为品牌的网上银行、手机银行、电话银行、网上商城等系列产品，能够满足居民和企业全面的电子金融服务需求。

截至2013年年底，交通银行韶关分行共有人民币各项存款

9.7亿元，各项贷款4.5亿元，成功搭建公积金归集、非税收入代缴、工商验资通、缴税通、缴费通、药品交易等业务发展平台。

经营管理　成立至今，分行坚持“诚信永恒、稳健致远”的经营理念，在经营管理上坚持做到一手抓发展、一手抓风险，始终将风险把控工作放在首位。2013年，分行成立全面风险管理委员会、纪律检查委员会、反洗钱工作领导小组、贷款“三查”工作领导小组、集中采购领导小组等组织，定期开展案件防控、反洗钱自查、涉企收费自查、会计业务自查等风险检查活动，全方位把控业务发展风险。2013年，韶关分行共召开党委会10次、行长办公会议24次，贯彻落实民主集中制原则，集中讨论分行重要物资采购、人事变动、资金使用等各重大事项，确保分行稳健发展。

社会责任　坚持践行“责任立业、创新超越”的企业精神，履行社会责任，通过开展“金融知识进万家”“远离洗钱、保护自己”“金融维权知识进校园”等社会公益性宣讲活动，以己之力帮助提高社会金融知识水平，营造和谐金融环境。7月18日，交通银行广东省分行与韶关市人民政府签订政银战略合作协议，未来3年内将给予100亿元的综合授信额度，支持韶关市重点建设项目、重点产业、民生服务、城市基础设施建设等项目发展，支持韶关市经济建设。（谢　茵）

附：领导班子成员名单

党委书记、行长：高　延

党委委员、副行长：莫雪云

党委委员、行长助理：陈君华

市场总监：高健鹏

保　险

【中国人民财产保险股份有限公司韶关市分公司】　中国人民财产保险股份有限公司韶关市分公司是韶关市最大的财产保险机构，韶关市政府战略合作单位。在三区七县下设12个经营单位，分公司本部内设8个部门。2013年，分公司围绕韶关市政府与上级公司签署制定的战略合作协议，紧贴民生需求，发挥保险机制的独特功能和国有控股保险公司的主渠道作用，在服务韶关经济社会发展大局中实现快速发展。

业务保持较快发展　2013年，韶关市分公司取得较好的发展业绩，实现保费收入4.33亿元，同比增长23.4%。其中，车险保费2.97亿元，同比增长15.59%；非车险保费1.35亿元，同比增长45.10%。市场份额为55.07%，继续保持市场主导地位。全年支付各类赔款合计2.36亿元。经营效益也取得多年来较好的成绩。

完成政府交办为民办实事　2013年，政策性森林保险和自然灾害公众责任险写入市长工作报告，纳入2013年市政府10件为民办实事前两项。按照市委、市政府的要求，分公司作为承办机构，落实好这两件为民办实事，按时完成任务。森林保险方面，实现“生态公益林承保面100%，商品林承保面超50%”的目标，为全市广大林农提供风险保障。自然灾害公众责任险实现全市统保，为全市327万户籍人口提供风险保障，是全省首个统保地级市。

服务民生大局　分公司贯彻落实国家支农惠农政策，在继续做好政策性农房保险、政策性能繁母猪保险等原有政策性保险承保理赔服务工作基础上，开展政策性森林保险、蔬菜保险、水稻保险等，为三农发展构建立体保障。主动服务社会管理，开展系列惠民保险项目。开展好教职员工校园方责任保险、学平险等系列教育系列保险，贡献和谐平安校园建设；针对日益严重的污染问题，推动环境污染责任保险开展；针对电梯事故危及群众安全的问题，推动电梯事故责任保险开展；促进韶关市出口贸易稳步增长，推进短期出口贸易信用保险。

持续提升服务水平　加强客户服务工作管理，客户满意度持续提升。超常规做好2013年“5·16”“8·16”和“天兔”等超强台风、暴雨灾害的理赔救灾工作。坚持“早查勘、准定损、快赔付”原则，高质量地完成大灾理赔工作，尤其是在农房保险、蔬菜保险、林险等方面的大灾理赔，摸索建立大灾理赔方式，得到群众和政府的认可。

（刘　斌）

附：领导班子成员名单

总经理、党委书记：李劲松

副总经理、工会主席：佘文峰

总经理助理、纪委书记：黄文健

调研员：朱新平

【中国人寿保险股份有限公司韶关分公司】 2013年，中国人寿韶关分公司坚持“攻坚克难，稳中求进，奋力拓展”的总基调，确保完成“稳增长、调结构、转方式、防风险”的总任务，有计划地开展业务开拓、客户服务、风险防范等方面的工作，取得较为明显的成绩。

业务发展新突破 2013年，面对复杂的内外部市场环境，公司实现总保费收入8.69亿元，在韶关地区16家寿险公司中保费占比52.90%，排名第一；全年综合给付支出26821.70万元，同比增长17.97%。

提升客户服务水平 2013年，客户服务中心将确保客户信息准确作为一项重点工作来抓，客户信息核对批改准确度达到99.85%。继续深化“托付国寿、理赔无忧”的理赔服务品牌，帮助客户及时理赔，真正做到急客户所急，想客户所想。客户服务中心举办多场客户服务活动和特约商家活动。如举办“健康养生国寿大讲堂活动”“感谢母亲、感恩母爱之电影鉴赏活动”“联合特约商家之现场少儿绘画比赛”、“‘6·16’庆祝客户生日活动”“‘6·16’客户柜面体验活动”等一系列活动，感恩回馈多年来支持公司的客户，同时提升客户对中国人寿附加值服务的满意度。

加强公司队伍建设 公司现有近1600多名保险营销员、团体保险和银行保险客户经理，使中国人寿保险股份有限公司韶关分公司成为客户身边最近的寿险服务商。分公司围绕省公司“销售为荣、个险为重、队伍为本”的工作方针，紧扣“组织发展一把手工程”的工作主轴，重点开展“搭建基层培训工作体系”和“打造增育留三位一体组织发展体系”工作。

强化风险防范工作 分公司党委与下属八家综合性支公司签订党风廉政建设责任状，并组织实施检查考核。通过加强教育监管，开展集资诈骗专项治理及反洗钱等工作，合理防范风险，营造良好的公司经营环境。

履行社会责任 公司秉承“以人为本,关爱生命,创造价值,服务社会”的崇高使命,履行社会责任。开展为芦山地震捐款活动、“广东扶贫济困日”募捐活动，组织员工参加无偿献血等。

（郭彧玭）

附：领导班子成员名单

总经理：喻荣清

副总经理：张　辉　黄国维

【阳光财产保险股份有限公司韶关中心支公司】 阳光保险集团股份有限公司是国内七大保险集团之一、中国500强企业，由中国石油化工集团公司、中国南方航空集团公司、中国铝业公司、中国外运长航集团有限公司、广东电力发展股份有限公司等大型企业集团于2005年发起组建，注册资本金66.5亿元，集团总资产700多亿元。公司股东实力强大，涉及行业广泛，股权结构合理，符合现代企业制度。拥有阳光财产保险股份有限公司、阳光人寿保险股份有限公司、阳光资产管理股份有限公司（筹）等多家专业子公司。

阳光财产保险股份有限公司韶关中心支公司是阳光财产保险股份有限公司下设的地市中心支公司，经中国保监会正式批准后于2008年8月19日在韶关开业。

2013年，阳光财产保险股份有限公司韶关中心支公司共实现保费收入1090万元，其中机动车辆险保费收入1015万元，企业财产险保费收入54万元，意健险保费收入21万元，综合赔付率为57.12%。保费占比在韶关地区财产保险主体排行第九位。先后推出“快赔”“闪赔”服务标准，不断刷新理赔周期。“快赔”指对凡单车损事故在5000元以下（非人伤）的案件，均可享受免单证，报案后24小时内赔付的服务。第一次将理赔主动权由保险公司转交至客户手中。“闪赔”服务是“阳光e车险”客户专享，5000元以下（非人伤）案件免单证，报案24小时内赔付，如有延时，执行实际赔款金额的100倍罚息。车主可以先拿到赔款，后由阳光产险理赔人员协助车主补办相应理赔资料。不仅提升现有车险理赔服务标准，还推动车险从拼销售走向拼服务的良性轨道，树立起车险服务的新标杆，已成为车险行业新一轮服务升级的重要推手。为兑现“闪赔”服务承诺，阳光产险还在中国消费者协会专门设立100万元的阳光“闪赔”专项服务承诺保证金，作为“阳光闪赔专项服务”的罚息保证金，并邀请中国消费者协会作为“闪赔”服务监督单位。（陈丽琼）

附：领导班子成员名单

副总经理（主持工作）：庞强旭

【信诚人寿保险有限公司韶关营销服务部】 信诚人寿保险有限公司韶关营销服务部于2012年1月5日正式挂牌营业，成为信诚在全国第47个城市的运营机构。2013年，总体实现保费收入242.31万，同比增长1.26%。其中，银保渠道实现保费收入155.81万，构成两个稳定的区域经理团队，业务人员15人；营销渠道实现保费收入83.49万元，同比增长24.92%，营销员50人。

渠道发展求变创新　在机遇和挑战并存的2013年，外部经济持续低迷。公司在困难中奋力前行，通过调整产品策略、增加资源供给等措施加以应对，并取得一定成效。公司着眼长线发展，采取多种营销策略、全面布局市场；通过培养一批高绩效、高素质的营销人员队伍，为客户定制专属保险理财规划；坚持客户细分原则，以客户需求为导向，不断研发和推出适应市场需求的产品，同时不断提升综合服务能力。

优化保险服务　延续2012年改革服务的精神，2013年公司全面落实八大服务推广。八大服务支持功能涵盖新单保全、电话服务、销售展业多个方面，通过更便捷高速的服务流程和展业工具，提升客户和业务伙伴的服务体验，助力公司业绩全速发展。

造就品牌价值　从信诚人寿成立之日起，经过13年的历练和发展，“聆听所至，信诚所在”的品牌理念早已渗透客户的心中。2013年，创新性向客户传达“悦”生活理念，“悦”生活来自于安全感，更离不开完善的人生保障，想客户所想，思客户所忧，做客户所需，不断沉淀出信诚人寿独有的品牌价值与理念。

开拓合作新渠道　信诚人寿保险有限公司韶关营销服务部在原有稳定合作渠道的基础下，一直开拓新渠道。2013年，开拓广发银行这一新渠道，并视实际注入新的业务方案；同时，在工行、建行渠道也一同树立起合作共赢的品牌。

培养销售精英　通过一系列极具信诚特色的培训活动（如营销技能培训班、福连销售环培训、“1860”荣誉表彰会等），为广发银行、工行和建行培养一大批精准掌握保险理财技能的销售精英。

取得新荣誉　南方都市报全媒体发起“金砖奖——2013年金融行业年度评鉴”，信诚人寿秉承创新、以客户为本的服务理念，荣膺“金砖奖——年度客服大奖”。信息时报社举办的第二届珠三角金融行业“金狮奖”评选活动，经过激烈角逐后，信诚人寿荣获“金狮奖——年度珠三角最受客户信赖保险公司”。

（陈　亮）

附：领导班子成员名单

负责人：朱　丽

营保部业务发展主管：高永红

营销部业务发展主管：苟高寒

证　券

【广发证券韶关营业部】 广发证券（股票代码：000776.sz）前身是1991年成立的广东发展银行证券部，是国内首批综合类证券公司。2004年12月获得创新试点资格，2010年2月在深圳证券交易所成功上市，2011年、2012年、2013年均被评为A类AA级券商。

广发证券韶关营业部创立20年来，始终伴随在韶关人民左右，专注聆听社会各界的投融资需求，帮助韶关人民实现心中财富梦想。随着券商行业创新政策陆续兑现，多项改革齐头并进，韶关营业部将用更丰富的专业知识和更专注的态度为韶关人民提供更好的服务，跨越股票、债券、基金、期货、股权投资、另类投资领域，提供全方位多维度的投资理财渠道。

截至12月31日，公司注册资本59.19亿元，合并报表资产总额1173.49亿元，归属于母公司股东的所有者权益346.50亿元，2013年合并报表实现营业收入82.07亿元，实现利润总额34.77亿元。资本实力及盈利能力在国内证券行业持续领先，总市值居国内上市证券公司前列。

经营范围　包括证券经纪、证券投资咨询、财务顾问、证券承销与保荐、证券自营、证券资产管理、融资融券、证券投资基金代销及期货IB业务，与代销金融产品等。先后获得许多荣誉，2013年被《中国证券时报》评为“中国区最具影响力投行（华南区域）”“中国区最佳债券融资承销团队”“中国区最佳全能投行”“中国区股转系统最佳主办券商”；此外，还包括“主办诚信50强”、2013年中金在线财经排行榜“最具创新性证券公司”、“2013年度证券保险业好公司”、和讯网第11届中国财经风云榜“最佳品牌券商”等荣誉称号。2013 年是公司收获的一年，各项业务开展欣欣向荣，业务开展成果得到同业及社会各界的支持和肯定。

营业部设置　广发证券韶关地区共有 4 家营业部，分别位于浈江区解放路、武江区怡华路路、曲江区府前中路及南雄市新城区。其中，浈江区的韶关解放路营业部作为一级营业部，统一管理协调韶关地区证券业务发展。公司在韶开办营业部至今已有 20 年之久，经纪业务涵盖国内证券市场所有品种，是粤北地区开业时间最早、规模最大、业务最齐全、最具竞争力的区域性证券经营机构。

经营理念　多年以来，韶关地区营业部全体员工围绕公司“以客户为中心，以市场为导向”的经营方针和理念，统一思想，加速转型。在开源节流、业务拓展、管理与效率提升、风险控制与防范方面等取得良好的成绩，在社会上树立良好的社会形象，赢得社会各界的好评和信赖，投资者开户数量迅速增加，成交量节节上升，在韶关地区市场份额稳居第一。

抓住券商经纪业务转型的契机，加强自身人才队伍建设和储备，率先转变经纪业务同质化、被动式的服务模式，树立以客户中心，通过提供差异化的投资顾问服务，让客户资产在专业、贴心服务下实现保值增值。营业部已组建成一支高素质的、极具进取心和专业精神的投资顾问团队，具有强大的研究分析能力，善于抓住市场的脉搏，为投资者的投资理财提供及时贴心的服务。

业务项目　面对日益激烈的市场竞争，营业部秉承“知识图强、求实奉献”的广发精神，不断挖掘潜力、锐意创新，开发一项又一项适合不同层次、不同风险偏好类型投资者要求的业务品种与服务项目。

主要交易品种：

1. 深圳、上海交易所 A 股、B 股、权证交易；2. 股份转让市场（三板）开户、确权、交易；3. 证券投资基金开户、认（申）购、赎回；4. 企业债券、国债现货和国债回购交易。

创新类业务：

1. 现金管理类产品：“多添利”和“多添富”集合资产管理计划、金快线现金管理，“现金增利”集合计划；2. 资产管理类业务：集合资产管理、定向资产管理业务及集合信托计划；3. 融资类业务：融资融券业务、“融易通”股票质押式回购融资网上申购新股业务、约定购回式证券交易业务、股权质押融资业务；4. 期货（包含股指期货）中间介绍业务（IB）。

特色服务项目：

1. 专职客户经理服务：营业部配备专职客户经理，为客户提供投资咨询服务；2. 信息资讯服务：广发网资讯分析服务、场内 IPTV 实时股评服务、VIP 资讯短信、实时行情点评；3. 金管家服务体系：将客户服务、信息资讯服务与投资活动、咨询活动结合，由专职分析师、财富顾问组建的服务团队直接管理服务，为客户量身打造的专业管理平台。4. 金管家“睿组合”投资资讯服务。（张　磊）

附：领导班子成员名单

总经理：钟国文

副总经理：江家良

【海通证券韶关文化街营业部】

海通证券股份有限公司韶关文化街证券营业部于 2011 年 11 月正式入驻韶关，位于浈江区文化街大哥大楼。营业部地处市区繁华的商业步行街，周边银行等配套设施成熟，交通便利。营业部面积超 1000 平方米，一楼设有业务办理专区、投资咨询专区，投资者教育专区，为客户提供快捷的资讯信息与优质的专业服务；二楼设有多间 VIP 客户交易室、业务洽谈室，通讯及网络设备齐全，为客户与合作伙伴创造舒适的投资环境。

传统经纪业务　为客户提供 A 股开户，证券投资基金开户、认（申）购、赎回，三板开户、确权、交易等。2013 年 4 月起，境内港、澳、台居民在提交所需资料后可开立 A 股账户。

创新类业务　海通证券创新业务始终走在市场前列，首批获得融资融券、约定购回式证券交易、合伙企业独立托管、期货资产管理等创新业务资格。2013 年 1 月，海通证券成为业内首家上线柜台交易（OTC）业务的券商。有多种证券资产管理业务，适合不同投资需求的客户，包括定向资产管理业务、集合资产管理业务（赢财鑫升系列等产品）、资产证券化业务、QDII 业务等。

专业团队　营业部自成立以来就致力于打造一支高效、专业、团结实干的金融行业精英团队。管理层有 10 多年金融机构的从业经历，在金融投资和团队管理方面具有丰富的经验。全体员工拥有大专及以上学历，大多毕业于知名院校的金融或经济类专业，具有良好的知识储备和丰富的从业经验。团队成员配合默契、沟通顺畅、支持有力，形成高效、务实、开拓、进取的工作风格，为客户的投资理财提供及时贴心的服务。

特色服务　作为国内最早成立的知名券商之一，海通证券在历经20余年的市场历练后，已经形成专业、稳健的服务特色。营业部有优秀的投资顾问每日进行资讯汇总，为客户发送最及时的行情资讯和市场热点信息；客户还可享受到专业营销经理一对一的服务；营业部不定期举办各类投资讲座，方便客户了解最新业务资讯及投资策略。感恩于客户的信任与支持，海通证券顺应投资者多元化需求，推出综合服务产品“海通证券彩虹俱乐部”，为客户提供一个专业财富管理中心和贴心服务平台。

综合实力　海通证券股份有限公司成立于1988年，是国内成立最早、综合实力最强的大型券商之一，业务范围涵盖经纪、投行、并购、资产管理、融资融券、基金、期货和PE投资等全方位金融服务。海通证券于2007年在上海证券交易所挂牌上市（600837）并完成定向增发，总资产和净资产位居行业第二位，2011年年底净资产达450亿元。公司拥有遍布全国的220家营业部，拥有400万零售客户和超过1万个机构客户及高端客户，客户资产规模近万亿元。公司于2012年4月27日在香港联合交易所成功上市。在2013年度，海通证券先后获得“中国最佳证券经纪商”“中国最佳投资服务品牌—海通证券彩虹投资服务”“2013年度中国最佳证券公司”“中国最佳创新证券公司”“最具品牌价值上市公司”等20多项荣誉称号。　（杨慧萍）

附：领导班子成员名单

总经理：邓紫薇

营运总监：蔡金锋

【联讯证券韶关营业部】　联讯证券韶关营业部成立于2011年，是联讯证券有限责任公司在韶关设立的唯一一家营业部，营业部设在韶关市武江区新华北路香槟小城1幢商铺二层，内设综合部，财务部，电脑部，客服中心，营销中心5个部门，现有在职员工32人。支持经纪业务，证券投资基金代销，证券投资咨询，与证券交易、证券投资活动有关的财务顾问，证券资产管理、证券自营、代销金融产品、融资融券和证券承销等业务经营。

内部管理　营业部各部门设置权责分明、相互牵制；前台业务运作与后台管理支持适当分离；树立合法合规经营理念和风险控制优先的意识，健全营销部门行为准则和员工道德规范，营造合规经营的制度文化环境。采取切实有效的措施杜绝挪用客户交易结算资金、客户委托管理的资产及客户托管的证券等行为，确保客户资产的安全完整。不断完善业务、财务、人力资源等综合信息管理系统，根据自身实际加强业务运作的后台管理，完善集中清算、集中核算、客户资料集中管理等制度；提高实时预警、监控、防范风险的能力。建立业务风险识别、评估和控制的完整体系，运用包括敏感性分析在内的多种手段，对信用风险、市场风险、流动性风险、操作风险、技术风险、政策法规风险和道德风险等进行持续监控，明确风险管理流程和风险化解方法。建立健全包括授权管理、岗位职责、监督检查、考核奖惩等在内的各项内部管理制度；对经纪、自营、投资银行、受托投资管理、研究咨询以及创新业务等制订统一的业务流程和操作规范，针对业务的主要风险点和风险性质，制定明确的控制措施。

服务客户　2013年的经营实践中，韶关营业部贯彻落实公司倡导“诚信、规范、创新、和谐”企业文化，坚守“四个诚信”的企业原则（企业对客户的诚信，企业对股东的诚信，企业对员工的诚信，员工对企业的诚信），以规范经营为前提，致力于在传统业务中创新，推行“营销、咨询、客服、IT”四位一体的服务模式，组建专业化的投资顾问团队和营销团队，为客户提供差异化、个性化的专业服务，实现财富增值，加强与客户之间的交流联系，让客户感受“财富联讯，服务贴心”。　（陈文婷）

附：领导班子成员名单

总经济：孔凡军

旅游·服务业

旅游管理

【概况】 2013年，市旅游系统重点围绕建设环丹霞山旅游产业园，加大涉旅项目的推进力度；发展乡村旅游，着力打造有竞争力的旅游产品；不断创新宣传营销手段，旅游经济持续有效增长，为全市的经济社会发展提供支撑。2013年，全市共接待游客2437万人次，同比增长15%；实现旅游总收入187亿元，同比增长20%；旅游业增加值85亿元，占GDP8.4%、占第三产业增加值18.9%，完成各项工作任务，旅游业保持平稳较快发展的态势。截至2013年底，全市旅游景区达60多处，全市共有旅行社60家。其中，市区旅行社（含曲江区）有35家，各县（市、区）有25家。全市共有星级饭店56家（5星1家，4星6家，3星42家，2星5家，1星2家）。其中，市区（含曲江）星级21家，5星1家，4星3家，3星16家，2星1家。

【广清韶旅游联盟联席会议】 2013年1月25日，广州市旅游局、清远市旅游局、韶关市旅游局在清远举行广清韶旅游联盟成立签约仪式暨第一次联席会议。会上，3市旅游局代表共同签订《广（州）清（远）韶（关）旅游联盟合作框架协议》，推选清远市旅游局为广清韶旅游联盟2013年联席会议轮值主席单位。

【联合参加广州国际旅游展】 3月7日至9日，韶关市首次与广州、清远两地一起以“广清韶旅游联盟”的形象统一参展。旅游局率领包括景区、旅行社、酒店及新闻媒体共近60人组成的代表团共同参加2013年广州国际旅游展。

【组织旅游踩线活动】 4月1日，市旅游局组织全市16家旅行社负责人，前往翁源进行踩线活动。踩线团先后到翁源兰花博物馆、粤台农业基地、东华寺、挑战者赛车特技表演场以及笔架山庄进行实地考察。各旅行社负责人，就翁源旅游景点如何串线，形成线路产品提出宝贵意见，并指出当前翁源旅游所要改善的问题。

【举办旅游日活动】 5月19日，市旅游局与丹霞山管委会联合举办2013年中国旅游日登巴寨赏美景秀微博活动，此次活动共组织200多人登巴寨。采取随手拍，发微博等方式宣传丹霞山巴寨，扩大中国旅游日影响力。

【组团参加韩国国际旅游展】 5月30日，市旅游局组织丹霞山、曲江区旅游局、韶关丽宫国际旅游度假区、曹溪温泉度假村、南岭国家森林公园等企业参加在韩国首尔举办的韩国国际旅游展。同时，在首尔、荣州、釜山分别举办韶关旅游专场旅游推介会，3市当地有关领导及主要开展旅游出境游业务的旅行社负责人参加会议。

【组团参加香港国际旅游展】 6月13日至16日，韶关市旅游局率领丹霞山经营公司、丹霞山博士生态园、南岭国家森林公园、新丰江源温泉、樱花峪景区、莱斯大酒店、华美达酒店、碧桂园酒店、丽宫国际酒店等企业共同组团参加第27届香港国际旅游展。市共派发各种宣传单张、画册、光碟以及纪念品、旅游手信等3万多份。

【旅游名博博主到韶关参观】 6月20日至23日，由韶关市旅游局、丹霞山管委会和南方卫视联合策划的中华旅游名博丹霞行活动正式启动，市邀请的20位中华旅游名博的博主到韶关，开启他们的神奇丹霞微发现之旅。20位中华旅游名博在南岭、丹霞山、仁化石塘古村等景区进行为期5天的神奇丹霞微发现之旅，与南方卫视随行媒体记者一道，品读韶关的景色，亲身感受丹霞的魅力。并通过旅游名博的视角，通过他们的感受和评述，掀起一轮

"微游韶关"热潮。

【举办旅游文化产业推介会】 6月23日，市旅游局、工行韶关市分行合作举办2013年韶关旅游文化产业推介会，向近百名客商推介韶关旅游产业和项目开发情况，并有6个意向项目现场举行签约仪式。市领导林平杰、兰茵、邓建华等参加会议。举办这次推介会是旅游文化产业与金融业合作推动韶关发展的一个新尝试，旨在吸引更多的企业到韶关投资旅游产业。推介会上，韶关旅游产业良好的发展前景吸引众多企业的目光，得到许多投资者的信任和支持。市旅游局与工行韶关分行签订战略合作协议；丹霞山景区文化艺术博物园投资项目、韶关市怡康健康养护中心项目、始兴影视城投资开发项目等6个意向项目现场签订合作协议。

【南华寺特种邮票发行推介会】 8月22日、23日，"韶关行·好心情"禅宗祖庭游暨南华寺特种邮票发行推介会分别在香港、广州举办，韶关市委常委、宣传部部长许红，韶关市副市长兰茵，广东省旅游局副巡视员林上福，广东省邮政邮票局副局长杨城，韶关市旅游局局长文清年等相关部门负责人和新闻媒体记者出席推介会。

【举办旅游培训班】 8月30日，韶关市旅游局举行韶关市旅游法培训班暨第二届政务导游颁证仪式。培训班邀请市公职律师事务所主任冯水清律师对旅游法做全面解读，并为新评选出的19名第二政务导游进行颁证。全市旅游部门，旅行社、景区（点）、星级酒店等相关旅游企业负责人等，近300人参加培训。

【旅游消费诚信单位授牌】 9月6日，在2013年中国（韶关）素食文化艺术节现场，韶关市旅游局为2013年评选出来的韶关市九地行土特产有限公司、韶关市山宝土特产商贸有限公司、乳源瑶族自治县大南岭民族工艺贸易有限公司等10家旅游企业，授予"韶关市旅游消费诚信单位"荣誉称号的牌匾。

【召开国庆黄金周旅游工作会议】 9月26日，韶关市召开2013年国庆黄金周旅游工作电视电话会议，提前部署2013年国庆黄金周旅游工作。会议由市政府副秘书长潘卫主持。会议上，市旅游局江仁瑞副局长首先通报节前旅游安全检查情况。文清年局长就如何做好假日旅游安全、接待和统计工作提出具体工作要求。会议最后，副市长兰茵针对2013年黄金周假日旅游将呈现的态势，就如何做好假日旅游相关工作做全面部署。

【举办第三届南岭登山节】 10月13日重阳节，由韶关市旅游局、韶关南岭国家森林公园景区主办，韶关旅游资讯网、韶关民声网承办的"挑战广东极地——第三届南岭登山节"在南岭国家森林公园景区举行。来自全国的500多名网友齐聚南岭国家森林公园登高，并有100多名网友成功挑战广东最高峰——海拔1902米的南岭石坑崆。

【召开旅游法颁布实施研讨会】 10月14日，韶关市"十一"黄金周旅游工作总结暨旅游法颁布实施研讨会在市区莱斯大酒店举行。市委常委、常务副市长陈波，市旅游局主要负责人，各县（市、区）政府分管领导及旅游局相关领导，旅游企业负责人及市直有关新闻单位记者等，共计100多人出席会议。

【参加广清韶联合推介活动】 11月19日和21日，韶关市联合广州、清远两市在山西太原市和河北石家庄市举办"品花城春韵·享温泉逸趣·观丹霞世遗"——2013年广清韶旅游推介会，推广广清韶地区的主要旅游资源及特色线路。本次宣传推广活动主要突出宣传适合北方市场的冬季、春节旅游产品，韶关以"丹霞世遗"为重点，推出观丹霞地貌、朝南华古寺旅游线路。此次推介会，韶关市10余家旅游企业的代表参加此次推介活动，与太原及石家庄两地的主要旅行社的负责人近150人、媒体代表约50人进行面对面的交流。

【召开2013年韶关旅游专家问策会】 11月20日，韶关市召开2013年韶关旅游专家问策会，来自全国各地的13位专家学者就韶关市如何建设成为"国家旅游产业发展集聚区"献言献策。国家旅游局综合协调司司长、驻香港特派员张坚钟，中国旅游报社社长高舜礼等领导专家，以及市领导艾学峰、陈波、林平杰、林嘉等参加会议。会上，市委副书记、市长艾学峰向与会专家学者介绍韶关市旅游、交通等情况。

与会过程中，13位专家围绕韶关如何建设“国家旅游产业集聚区”进行献策发言，提出建议和意见。中国营销学会会长丁一还为韶关颁发“南岭旅游营销联盟”“南岭旅游营销学院”“南岭自驾游基地”3个牌匾，以支持韶关市拓展旅游区域合作空间，提升旅游知名度和影响力。

【联合开办客运从业人员培训】 12月3日，由韶关市旅游局与市交通运输局联合举办的韶关市客运从业人员培训班在市中等职业学校开课。来自全市客运企业200多名客运从业人员代表参加培训。此次系列培训活动，采取集中培训和企业自训相结合，由市中职学校教师担任培训师，对全市近2000名客运从业人员进行培训，增强韶关市客运从业人员对韶关历史文化和旅游概况的认识，提高职业道德和文明修养，提高韶关市旅游服务质量和接待服务水平。

【召开全市农家乐旅游现场会】 12月18日，全市农家乐旅游现场会在仁化县召开。市旅游局、农业局及全市各县（市、区）农家乐经营单位等80多人参加会议。与会人员实地参观仁化县喜洋洋农庄和山水湾农庄两家特色休闲农庄。仁化县、翁源县、新丰县，以及全市农家乐旅游示范点经营户代表分别代表全市农家乐旅游业发展作典型发言。现场会上，市旅游局、农业局领导为全市30家农家乐示范户授牌。仁化县山水湾农庄等30余家农家乐经营企业被评为市级首批农家乐旅游示范点和综合示范项目。会议还进行全市旅游商品集散中心揭牌仪式。

【举行帮扶产业签约仪式】 12月26日，帮扶始兴县深渡水瑶族自治乡养蜂产业签约仪式在浈江区黄金村南岭土特产市场举行，韶关市旅游局局长文清年、韶关市农业局副局长兼市扶贫办主任刘志福、市旅游局副局长卢东华及始兴县扶贫办、深渡水瑶族自治乡、坪田村相关领导干部，广东君强市场服务有限公司董事长，韶关市土特产协会会员等参加活动。韶关市旅游局利用行业优势，邀请韶关市土特产行业协会部分会员和一些养蜂专业人员考察深渡水环境和农民养蜂情况，最终促成广东君强市场服务有限公司和坪田养蜂专业合作社合作，确定“公司+专业合作社+农户”的产、供、销一条龙的发展新路子，促帮扶工作迈上新台阶。

景区建设和开发情况

【概况】 2013年，按照市委、市政府关于旅游工作的决策部署，围绕韶关市旅游产业招商项目，与投资集团进行沟通洽谈，全市一批新的旅游产业项目签约、立项和开工建设，景区景点开发建设取得新成效。截至2013年年底，全市已建成收费景点33个，其中国家AAAAA级旅游景区1个（丹霞山），国家AAAA级旅游景区7个（曹溪温泉度假村、广东大峡谷、丽宫国际旅游度假区、古佛洞天景区、云门寺佛教文化生态保护区、南岭国家森林公园、珠玑巷—梅关古道景区、），国家AAA级旅游景区6个，不收费景点和农家乐、乡村游等特色景点30多个，旅游景区、景点基本上覆盖生态、文化、民俗、宗教等各方面。

【环丹霞山生态旅游产业园】 2013年4月，环丹霞山产业园管委会正式成立，与丹霞山管委会合署办公，统一管理占地面积近600平方千米的环丹霞山生态旅游产业园。2013年6月，韶关市政府正式批准实施《环丹霞山生态旅游产业园发展规划（2012—2025）》，园区将依托丹霞山品牌优势和资源优势，以生态休闲度假为主体，推动旅游与相关产业的集聚融合。2013年，环丹霞山旅游产业园已签订合作意向框架协议三宗，协议投资金额160亿元。截至12月31日，入驻环丹霞山旅游产业园共5家企业8个项目，协议总投资540亿元，其中已动工项目3个。

【广东丹霞山博士生态园】 该项目位于丹霞山风景区内阳元码头，是丹霞山唯一的绿色、环保、自然生态园，是一个优美的绿色度假基地。广东丹霞山博士生态园拥有办公及游客休闲场所近3500平方米，总投资人民币3亿元。2013年，该公司主要致力开发新项目“丹霞山博士生态农业示范园”，项目位于丹霞山风景区内锦江下游车头村，总投资1.2亿元，征地范围约5.52公顷，建设项目主要包括水上丹霞码头、生态茶园、度假酒店、名俗养生休闲区等。2013年，该项目的各项报建批文均已完成，项目中的水上丹霞码头已建设完毕,生态茶园已育有茶苗100万株,并种植各种观赏绿化树木樱花、橄榄、水杉、银杏、枫树等植物2000余株。

【曲江区小坑锦绣南华城·大森林温泉世界旅游度假区】 小坑锦绣南华城·大森林温泉世界旅游度假区是曲江区旅游重点项目。该项目以温泉为核心，休闲养生为目的，整合小坑森林、泉溪、峡谷、禅乐、田园、动植物等资源，建成具有国际品质、中国温泉文化生态休闲养生度假旅游目的地，形成“礼佛南华寺、奇观丹霞山、休闲大森林”的韶关三雄。截至2013年年底，一期工程建设已完成90%以上；二期工程正在进行征地拆迁工作，已完成固定资产投资2.8亿元。

【曲江区“库区人家”曹角湾旅游项目】 曹角湾属于典型的客家山村，与小坑水库相连，因此，该项目被命名为“库区人家”曹角湾旅游项目。项目总面积为20公顷左右，主要由韶关市曲江区曹角湾生态旅游专业合作社具体实施，总投资4900万元，项目资金由合作社自筹解决。项目前期已投入2000多万元。2013年，该项目立项、土地使用和环评通过政府职能部门审批，曹角湾村历史文化保护规划和旅游发展规划也已编制完成，并且完成通水、通电、道路等基础设施建设，溪流治理、观光栈道、景观优化等工作也正加紧推进。

【乐昌市白水寨生态园景区】 该生态园是乐昌市新建旅游景区，也是乐昌市重点旅游开发项目。景内拥有300米高的瀑布群落，是岭南地区罕见的瀑布群落景观，自然风光秀丽。该景区规划第二期将投资800万元，开发瀑布群景点、游客服务中心、建设游览栈道、休闲农庄、洗手间、农户经营土特产摊档等项目。截至2013年年底，该景区在山顶修建1间三星级标准的游客卫生间，新建观光水车等新景观，提升景区游览品质，并且自筹资金100多万元，在景区源头动工修建净水池。

【云门山旅游度假区】 云门山旅游度假区位于世界过山瑶之乡——广东省韶关乳源县境内，是国家AAAA级旅游景区，距离乳源县城仅6公里，离京港澳高速乳源出口约8分钟车程、广东高速乳源桂头出口约10分钟车程、离武广高铁韶关站约20分钟车程。景区毗邻禅宗文化圣地“云门寺”，占地面积约200多公顷，计划总投资超8亿元，以云门寺“农禅文化”为核心特色，融入当地客家、瑶族文化元素，是集农业休闲、文化体验、生态休闲、运动娱乐、主题度假等功能于一体的生态文化旅游度假区。

【乳源县东阳光一六旅游休闲项目】 东阳光一六旅游休闲项目2013年计划投入1.5亿元，截至2013年12月底，具体进展情况如下：东阳光南岭酒店已全部建好，会议中心于10月建成使用；一六酒店项目已报省政府，等待土地调规后方可办理立项手续，但酒店基础已经打好。球场会所完成主体工程，完成土地调规，待批复后，再报建，预计还需半年时间可以完成装修。

【乳源县古母水山水人家旅游开发项目】 古母水山水人家旅游开发项目2013年计划投入5000万元，建设内容为完善相关手续、规划设计启动建设。截至2013年年底，已经完成“古母水”生态牌坊1座、“大围”至“细围”小河桥1座，拆迁危房14间380多平方；开挖人湖两处约1000平方米，改造仿生态游道约800米，改造旧泥坏房20多间；“古母水”古村落改造工程已完成。二期工程至大潭河水上旅游项目，在进行协调和规划实施中，此项目的进展情况顺利；田园游道的建设也已经完工。

【仁化“万时山草原”项目】 万时山，位于湘粤赣3省的“仁化、崇义、汝城”三地交界之处。万时山草原绵延3省，春夏秋冬景区各异，是红三角新开发的旅游景点，是韶关赏雪、露营、溯溪的胜地。2013年，该项目主要完成跨省旅游通道，汝城热水东江水村委会到仁化长江陈欧村委会的对接工作，规划好7米旅游公路和内洞到鹰嘴石7米旅游公路的对接，争取2014年8月底挖通汝城境内7米公路路基和内洞公路的对接，形成仁化县境内韶关旅游新线路：“韶关北线：丹霞山—丹霞山性文化博物馆—丹霞山温泉—万时山草原”。

【仁化“丰竹源农业生态园”项目】 “丰竹源农业生态园”项目分为“丹霞山温泉”和“丰竹源生态农庄”两部分。生态园把

"温泉保健""农业生态旅游""农业旅游产品"三块跨界整合于一体，形成"丹霞仁家·山里人家"特色农业旅游产品。该项目位于扶溪镇斜周瑶前村，占地28.33公顷，距丹霞山景区35公里。2013年，已经完成整体园区规划、项目立项、村民青苗补偿、林地占用手续、农业用地申请、县规委会讨论通过，基地道路、鱼塘开发、山地绿化、道路绿化、矿权勘探割让、钻探、停车场建设、接待大楼建设等工程和工作。

【始兴县车八岭旅游综合开发项目】 该项目总投资3亿元，建设内容主要有车八岭森林酒店、蝴蝶谷、漂流区、天然负离子通道、石斛基地、温泉中心等旅游项目。2013年6月21日，车八岭项目总规划获得国家林业局、省林业厅审批通过；11月20日，始兴县举行车八岭颐心园世界生态旅游养生人文基地开工仪式。全年该项目共完成固定资产投资1.44亿元。其中，石斛基地项目完成种植大棚建设12公顷，种植铁皮石斛8公顷。

【始兴县深渡水生态旅游开发项目】 该项目总投资6亿元，建设内容主要有万景樱花谷公园、米椎王森林公园、古樟树林公园、瀑布栈道、万景国际温泉度假酒店、游客服务中心等。2013年，该项目完成固定资产投资1.9亿元。建设有樱花谷公园、樱花栈道、游步道路网、景观桥停车场、清化河景区段河堤和羊坑溪溪堤等。开征客服中心、客栈用地及酸枣林、生态林租赁工程；做好跨项目范围的南方电网高压线和电信、移动、联通、广电台通讯光纤线网搬迁工作；完成项目总体规划编纂评审和羊坑山顶水库及清化河桥梁建设前期勘测设计工作。同时，该项目涉及的建设用地指标调配、仁新高速公路选线调规、政府生态功能资金补助实施办法、筹建山顶水库项目申请报批等都在协调推进中。

【新丰县云髻山景区】 云髻山旅游总体开发项目是新丰县最具有特色的旅游龙头项目，已列入省重点项目和市"百项工程兴韶关"项目。按照新丰县云髻山旭日旅游开发有限公司的计划，项目总体开发总投资额为30亿元，至2016年投入10亿元，项目开发完成后将建成国家AAAA级或者AAAA级以上景区、国家五星级饭店观光休闲养生度假区，形成集奇石公园、直升机观光、登高探险、森林度假、温泉健身、酒店服务、山泉水的生产及销售于一体的精品旅游度假景区。2013年，项目已完成投入2.3亿元，已完成10栋古建筑主体及外装修，正在进行内装修工作，另外第11栋古建筑也在建筑中，占地800多平方米的将军楼古建筑已经完成木料主体建设。

【新丰县樱花峪景区】 位于新丰县黄礤镇偏北5公里处，总面积53.33公顷，是以樱花为特色，集旅游观光、休闲度假、农家乐、购物于一体的广东省第一个以樱花为主题的旅游区。景区地形如七星伴月，3万多株20多个品种的樱花，分布于各个小山头。以台湾地区的寒绯樱和日本八重樱为主，另植五叶松、桃花、茶花、月季、金针花、菊花、孤顶花、莲花等。寒绯樱花色鲜红，春节前盛开，花期达25天以上，一串串的花簇犹如铃铛悬于枝头。2013年2月2日，由新丰县人民政府主办、县旅游局和黄礤镇政府成功承办的"新丰县第六届樱花节"，景区接待游客总量、门票收入，都比上年有大幅度的增长。 （张建明）

附：领导班子成员名单

局长、党组书记：文清年

副局长、党组成员：陈仲耀

副局长、纪检组长、党组成员：江仁瑞

副局长、党组成员：卢东华

丹霞山

【概况】 韶关市丹霞山管理委员会（韶关市环丹霞山旅游产业园管理委员会），与广东韶关丹霞山国家级自然保护区管理局合署办公，为市政府直属事业单位，正处级，公益一类。负责丹霞山的保护、开发、利用和管理工作，内设党政办公室、国土规划建设环保科、文物宗教旅游发展科、农林与社会事业管理局、综合执法局、自然保护区与地质公园科技管理科6个部门。机构人员编制35人，2009年8月被批准为参照公务员管理事业单位。受市政府委托，管理韶关市丹霞山旅游投资经营有限公司，2013年，丹霞山管委会围绕"大旅游、大丹霞"的发展目标，通过创新思路，加大宣传推介力度，提升服务质量等，完成各项工作。全年景区接待游客300万人次，实现旅游总收入6.25亿元，实现“安全、秩序、质量、效益”四统一目标，创建首批国家生态旅游示范区。

【体制机制改革】 为健全完善丹霞山管理体制和经营机制，促进丹霞山规范管理和加快发展，市委、市政府对丹霞山进行体制机制改革。2013年4月，市编委下发《韶关市丹霞山管理委员会机构编制方案》，将管委会内设机构从原来的8个科室调整为6个科（室、局），分别为党政办公室、国土规划建设环保科、文物宗教旅游发展科、农林与社会事业管理局、综合执法局、自然保护区与地质公园科技管理科。同时，设立韶关市国土资源局丹霞山执法监察大队和韶关市城市管理行政执法局丹霞山分局，分别负责丹霞山景区内的国土资源行政执法监察工作和景区内的建设、规划、市容环境卫生等领域的综合行政执法工作。丹霞山旅游投资经营有限公司也开展以减负增效为目的的机构改革，从16个部门精简为12个部门，人员从2012年5月的616人精简至485人。

【环丹霞山旅游产业园建设】 编制完成《环丹霞山生态旅游产业园总体规划》，并经韶关市政府审批同意，于2013年6月23日正式颁布实施。2013年，环丹霞山旅游产业园已签订合作意向框架协议3宗，协议投资金额达160亿元。加上之前仁化县政府签订的项目，入驻环丹产业园共有5家企业8个大项目，协议总投资540亿元，其中已动工项目3个。同时，建立规划建设项目库，启动重点项目前期研究工作。

【丹霞山宣传促销】 2013年，丹霞山景区通过采取多种宣传促销方式，进一步加大宣传促销的力度，拓展旅游市场。组建统一的宣传营销队伍。成立丹霞山宣传营销中心，统筹景区宣传经费、人员。开展联合营销。2013年，分别与韶关丽宫温泉酒店、丹霞山锦江游船公司、丹霞山索道公司、韶关市中旅社等旅游企业签订合约，联合开展丹霞山形象宣传。整合线路。联合乳源丽宫国际温泉酒店，在湖南推出“游世界名山丹霞山，住五星级酒店丽宫温泉”旅游直通车专线产品；联合开平碉楼和香港“广东旅游”旅行社在香港推广“广东线，双世遗”的专题产品；联合韶关市中旅，策划“韶关美食之旅”共同开拓香港市场。创造性策划主题活动，提升景区知名度和吸引力。主要策划组织情人节“爱在丹霞山”活动、姐妹乐游“三八旬”、“猴哥带你游丹霞”散客套餐、漠河环保骑行、游学夏令营活动、红豆文化宣传周、中华旅游名博丹霞山行等活动。推进丹霞山电子商务平台建设。

【景区基础设施建设】 完成阴元石区域步道改造，基本形成长老峰步道环线、翔龙湖黄沙坑步道环线、阳元山步道环线的丹霞山特色步道立体环线。继续推进森林防火通道二期工程（仁化段瑶山至牛鼻）3.3公里路基路面建设。完善景区标志标牌等标识系统，增设及更新提示牌、指引牌等30余块。建成外山门、长老峰、游客中心及巴寨等4个公交候车廊，完善景区公交配套设施。

【景区规划设计】 2013年，丹霞山管委会发挥规划引领作用，加快推进丹霞山发展。委托中山大学编制《环丹霞山生态旅游产业园发展规划（2012—2025）》，并经韶关市政府批准实施。组织编制《广东省韶关市丹霞山世界地质公园地质遗迹保护规划（2013—2025）》，并经韶关市政府批准实施。委托中山大学编制《丹霞山国家地质公园总体规划》，截至2013年年底，该规划已完成文本初稿和广东省专家评审，报至广东省国土厅审批。编制控制性详规。调整完善古洋南门服务基地控规和编制丹霞山北门景区控制性规划。推进村庄整治规划修编工作。组织完成景区8个村委会76个村小组的村庄整治规划的现场调研和文本编制工作。做好景区内建设项目的规划审核工作。完成和景酒店客房综合楼建设、中石化天然气管道景区内路径工程选线、宝能集团华南大宗物流中心、一和公司梦幻丹霞小镇和市供电局110千伏横江线路等项目的规划审核。

【景区旅游安全生产管理】 每天派出巡逻队对景区各主干道及景点旅游步道定人、定位、定责全面巡查，维持景区良好旅游秩序。并在危险区域设置警示牌和安排专门工作人员指挥，保障游客的安全。落实各项安全防范措施。及时对景区内消防设施进行检查和更新，进一步完善应急工作预案，坚持安全隐患报告制度。利用视频实时监控系统，实现对景区各个票站及游客、车辆与渡船密集区域、游览关键部位的24小时实时监控，及时指挥疏导游客，处理应急突发事件，确保游客的安全及游览秩序。做好各种咨询和投诉处理工作。2013年，共出动应急救援30余次，接听咨询电话约3000个。做好景区森林防火工作。与景区内企业、单位签订森林防火责任书，加大值班巡山力度和宣传力度，严格火源管理。2013年，丹霞山全年未发生一起安全责任事故。

【遗产地资源保护和管理】 2013年，按照遗产地保护规划的要求，丹霞山景区加强遗产地资源保护和管理。加强对遗产地的保护巡查工作。对发现的破坏自然资源和生态环境的行为，及时劝阻、上报，有效保护遗产地资源和环境。加强景区遗产地监测工作，开展文物监测、环境监测、气象监测、旅游监测、社区监测、地质监测、动植物监测等工作。做好生态公益林界定工作，协调市、县区林业部门做好丹霞山生态公益林界定及补偿金发放工作。推进环境整治工作。开展打击乱摆乱卖、拉客、逃票等行为专项整治行动，联合丹霞山派出所对外山门区域无牌无证、乱停乱放不规范行为进行专项整治管理。

【丹霞山摩崖石刻列为全国重点文物保护单位】 丹霞山摩崖石刻遍布全山，自宋以来，僧人、香客、政要人士、文人墨客纷纷赴丹霞山探古寻幽，留下摩崖石刻200多题，书法有楷、行、草等，刻有题字、题名、题记、题诗、碑文、游记等，是丹霞山历史文化发展的重要见证。景区的摩崖石刻分为三大部分，分别为锦石岩篇、别传寺篇和山外篇。申报为全国重点文物保护单位的丹霞山摩崖石刻特指长老峰景区长老峰、海螺峰、宝珠峰3座绵延相连的崖壁上镌刻的北宋至民国期间的摩崖石刻。丹霞山摩崖石刻1989年6月经仁化县人民政府公布为县级文物保护单位；2008年11月，经广东省人民政府公布为省级文物保护单位；2010年5月，第七批全国重点文物保护单位申报文本《丹霞山摩崖石刻》由广东省文化厅上报国家文物局，2013年完成对景区内摩崖石刻的拓片、维护、修缮，制作《丹霞山摩崖石刻保护规划编制》等，2013年5月被批准为第七批全国重点文物保护单位。丹霞山摩崖石刻主要分布于山脚至山顶的长老峰主景区，集中分布在锦石岩寺和别传寺老山门前，以及梦觉关、通天峡、洪岩、半寨、海螺峰、宝珠峰等区域。以宋刻8题、元刻9题最具代表，明清时期数量居多。其中，位于金龟岩景区的北宋大中祥符六年（1013年）的“舍街记”，是丹霞山目前发现的最早石刻；锦石岩寺北宋熙宁四年（公元1071年）“募缘纪事”，是长老峰景区目前发现最早石刻；别传寺老山门前明朝礼部主事李充茂所撰的“丹霞山记”，字大如拳，共1344字，是字数最多的摩崖石刻；字体最大的当属丹梯铁索附近“别有天”摩崖，幅高宽3.56米×10.9米，落款为“康熙甲子（1684）长至日天都吴壂题”。丹霞山拥有极为丰富的文化遗产。摩崖石刻是文化遗产的重要组成部分，丹霞山摩崖石刻数量之多，遍布之广，蕴含着丰富的历史文化价值，是研究韶关历史、政治、经济、文化发展的重要实物资料。丹霞山摩崖石刻列为全国重点文物保护单位，对于保护和利用好文物，继承和发扬优秀文化传统，提升丹霞山风景区的旅游资源品位，推动丹霞山旅游事业进一步发展，都具有重要而深远的意义。

【科普科研活动】 开展科普宣传活动。先后成功举办“中国丹霞进校园”“丹霞山第44个世界地球日科普宣传周”“‘6·5’世界环境日”“全国地学科普宣传”等科普宣传活动。同时，通过举办讲座，发放宣传小手册，挂拉横幅、展板、易拉宝，播放视频影音，举办博物馆展览、知识小问答等形式，对“中国丹霞”地质地貌知识、地质灾害防治、环境保护等进行宣传普及，总参与人数2000余人。完善和推介丹霞山科考线路。完善6条科考线路，协助建立宝珠峰—卧龙岗新科考森林步道。与高校和科研机构合作开展科学研究。深化与中山大学、韶关学院等省内高校的合作，开展地质遗迹普查和规划，周边社区经济与环境调查。推出学生科普修学方案。鼓励内地和港澳台学生到丹霞山修学旅游，在优惠门票的同时，设置专门的科普讲座，普及丹霞山地学知识。2013年，共接待港澳台以及珠三角地区学生数千人，举办讲座20多场。

【承办2012年度中国世界地质公园工作会议】 2013年1月9日至10日，2012年度中国世界地质公园工作会议在韶关丹霞山召开，全国17个省（市、自治区）及香港特别行政区的27个世界地质公园所在省（区、市）国土资源厅（局）和管委会的200余名代表聚首丹霞山共商发展大计。国土资源部地质环境司副司长陈小宁、省国土厅副巡视员张超群及市领导段宇飞、陈波出席会议。一年来，中国世界地质公园国内活动趋于规范，地质公园理念日益清晰，更加深入人心。韶关丹霞山作为本次会议的承办单位，在2004年就成为全球首批世界地质公园。多年来，丹霞山发掘地质遗产科学价值，推动丹霞地貌全球广泛性的研究。作为丹霞地貌旅游开发研究会秘书处所在地，连续举办2届国际学术讨论会，通过《丹霞宣言》，推进丹霞地貌全球广泛性的研究。开展国内外科研交流活动，与中山大学、中国地质大学等数十家高校签订共建协议，与美国泽恩公园、韩国济州岛等数十家世界地质公园缔结友好公园。同时，精心设计6条适合不同年龄、不同需求的科考旅游活动人群，编制专业展板600余块、编印《丹霞日记》科普小册子、建设丹霞科普网、开展“中国丹霞”进校园和“世界地球日”等科普活动，推广普及丹霞地质地貌科学知识，实现科研、科普、科学成果推广应用与丹霞山风景资源开发利用的良性互动，成为韶关社会经济快速发展助推器。会议回顾2012年中国世界地质公园在申报与评估、交流与合作、GGN网站以及国际会议方面开展的主要工作，并对2013年主要工作进行部署。围绕“强化科学解说，普及地学知识”的会议主题，来自河南地质调查院、中国地质大学的代表和泰山、香港、阿拉善、石林、丹霞山世界地质公园代表的6位代表结合工作实践，就如何加强和构建完整的地质公园科学解说系统及科普工作体系进行探讨和交流。其间，世界地质公园网络新成员三清山地质公园还介绍地质公园建设、发展与管理基本情况。广东丹霞山作为本次会议的承办单位，在会上对公园的科研科普工作进行题为“科学丹霞红满山”的工作汇报。

【成功创建国家生态旅游示范区】 2013年初，丹霞山启动创建“国家生态旅游示范区”工作，组建创建办，组织力量，抽调相关人员组成工作技术小组，在时间紧、任务重的情况下，抢抓机遇，快速申报，完成创建申请报告、创建技术报告、评估工作报告等工作。2013年12月31日，国家旅游局、国家环保部联合公布2013年国家生态旅游示范区名单，丹霞山榜上有名，成为广东唯一一个国家生态旅游示范区。

（刘美玲）

附：领导班子成员名单

党委书记、管委会主任、管理局局长：陈　波

党委副书记、管委会副主任：邱代胜

党委委员、管委会副主任、管理局副局长：王明志

管委会副主任：侯荣丰

党委委员、管委会副主任：邓勇成

党委委员、纪委书记：黄德贵

餐饮业

【概况】 2013年，市餐旅烹饪协会学习贯彻中共十八大和十八届二中、三中全会精神，经过全体会员共同努力，取得可喜的成绩，受到省、市有关部门的肯定，得到社会认可。2013年，被广东省烹饪协会评为优秀行业协会。

【参加第七届全国烹饪技能竞赛】 联合利华饮食策划杯”第七届全国烹饪技能竞赛广东赛区的比赛于10月24日在江门市隆重举行。来自广东省内的201名选手进行中餐热菜、中式面点、中餐服务3项比赛，粤菜的精髓在选手们的技术中得到演绎，让现场观众赞不绝口。经过角逐，韶关团队获2个银奖3个铜奖。

【参加全国海峡客家烹饪大赛】 10月26日，第二届全国海峡客家烹饪大赛在福建连城拉开帷幕，来自台湾、广东、浙江、福建等地的28支代表队的160位厨师同台竞技，交流美食烹饪厨艺，展示客家饮食文化的精髓。客家菜是中华民间美食文化中的闪耀明珠，海峡两岸厨艺高手烹饪的160多道客家菜肴，口感上体现“原汁原味、香醇浓郁”的客家菜系特点，色形方面则体现出艺术美感。韶关派出马坝食为先酒楼、在水一方食府参加比

赛，获得1个客家十大金牌奖、1个特金奖、3个金奖的好成绩，为韶关争得荣誉。

【参加广东省饮食行业职业技能大赛特色粤菜竞赛】 2013年6月23日，2013年广东省饮食行业职业技能大赛特色粤菜竞赛总决赛在顺德区梁銶琚职业技术学校举行，全省15个地级市116名选手同场竞技，广深8名选手获省人社厅颁发的“广东省技术能手”荣誉称号。韶关市乐昌迎宾大酒店行政总厨陈锦洪获银奖。

【2013年韶关市旅游饭店服务技能大赛】 为全面提升饭店员工业务素质和饭店服务水平。6月26日，市旅游局在莱斯大酒店举行韶关市旅游饭店服务技能大赛。本次大赛由韶关市旅游局主办，韶关市旅游协会饭店分会承办，莱斯大酒店协办。本次大赛共设中式铺床、中餐宴会摆台、西餐宴会摆台、鸡尾酒调制等4个项目。共有51名旅游饭店服务员参加比赛，来自碧桂园凤凰酒店的朱定花 荣获中式铺床一等奖、乳源小岛饭店雷文雯荣获中餐宴会摆台一等奖、碧桂园凤凰酒店许珍珍荣获西餐宴会摆台一等奖、韶关风度华美达广场酒店农运耀荣获鸡尾酒调制一等奖。

【2013韶关美食竞赛】 由韶关市旅游局和市旅游协会联合主办，广东全游通电信服务发展有限公司和韶关市餐旅烹饪协会承办的“2013年韶关市美食评比活动”于9月2日在风度华美达酒店举行，这是全市餐饮业的一件大事。韶关具有独特的生态区位优势和丰富的食材资源，传统美食源远流长，举办本次韶关美食评比，其目的是进一步弘扬韶关饮食文化，加强本地餐饮业的技术交流，弘扬厨师职业，促进菜品创新，增进旅游企业友情，推动企业进步和行业发展，适应市场竞争，联合营销，扩大美食影响都具有重要意义。

通过评定小组的评选，评定出金凤凰食府、好煮意酒家、韶关小岛饭店、迎宾大酒店、新丰惠民食府、风度华美达广场酒店、东之味餐厅、莱斯大酒店、南雄食为先酒楼、南雄和胜酒店农家乐获“韶关十大精品菜肴”称号；好煮意酒家、在水一方食府、风度华美达酒店、潮州菜馆、乐昌迎宾大酒店、新丰雪山林苑、始兴贤相宴语酒楼、东江饭店、南雄食为先酒楼、韶关小岛饭店获“韶关十大传统美食”称号；韶关小岛饭店、风度华美达广场酒店、莱斯大酒店、本岛餐饮有限公司、乳源云瑶宫山庄、西河流花宾馆、新丰大丰观光休闲农场、南雄和胜酒店农家乐、曹溪温泉度假村、在水一方食府获“韶关十大特色名点”称号。组委会对获奖产品给予颁发荣誉证书和奖牌，并给予一定的物质奖励。同时，利用韶关旅游资讯网、韶关民声网、省“12301”诚信旅游网等媒体进行宣传推广，并在韶关市旅游宣传画册里体现，大篇宣传，让更多的市民、游客了解韶关美食，热爱韶关美食；让更多的韶关美食走出韶关，名扬四海，真正实现“韶关行，好心情”的旅游发展、推广和体验理念。

【湘粤两地厨艺和食材交流活动】 湖南省衡阳市餐饮协会应邀组织部分知名餐企赴广东韶关“传经送宝”，使“衡阳经验”在粤北餐饮界广为传颂。7月9日至10日，在韶关在水一方食府，衡阳、韶关两地厨师同场竞技，展开厨艺交流活动。近年来，衡阳市餐协团结率领广大餐企致力改革，先后创造出一系列“衡阳经验”，如发起成立郴州、浏阳、株洲、常德、湘西、衡阳等六地联盟，引导“绿草地餐饮”推广“六常法”、进行“现场直播”，整合重点餐企“抱团采购”降低成本等，这些经验广为传播，全国不少餐饮企业前去学习。交流考察团一行约20人先后到韶关市知名餐企“潮州菜馆”“在水一方”“莱斯大酒店”“湖心宾馆”等实地参观考察。其中，在“在水一方食府”，随行的餐厨人员烹制一桌衡阳风味的大餐，现场展示湘菜的魅力。此次厨艺交流，韶关市餐旅协会非常重视，专门召开常务副会长会议部署此项工作，派出多次参加省、市烹饪大赛的都是该企业的总厨厨师，菜品一出，衡阳餐饮同行对韶关色香味形俱全的粤菜赞不绝口。交流考察团还参观韶关九地行的土特产。通过此次交流活动，可以挖掘两地菜品特色，实现两地间厨艺互补融合，进一步加速两地餐饮业发展。

【莞韶两地厨艺实战交流活动】 10月8日至9日，韶关市餐旅烹饪协会厨艺交流团一行36人赴东莞，和当地优秀的餐饮企业名厨同场竞技，展开厨艺实战交流活动。东莞电视台和韶关生活网对此进行报道，引起两地市民的热烈关注。8日下午5点多交流团到达东莞，韶关市餐旅协会副会长贾少华在东莞新开的东莞山庄举行欢迎晚宴，欢迎交流团、东莞烹饪协会的领导和餐饮同行。9日，在东莞的海霸酒店，韶关、东莞各派出10个企业的厨师代表分别参赛。上午先由韶关派出厨师代表现场烹饪10道菜肴，现场展示；下午东莞派出他们的厨师代表烹饪10道菜肴，两地同行分别品尝。通过品比，东莞厨师的厨艺高出韶关厨师的厨艺。通过两地厨师近距离的现场厨艺展示，专家品尝比较，评定厨艺高低，韶关尚属首次。11月，东莞烹饪协会回访组团到韶关进行厨艺交流。本次活动受到两地厨师的好评，

【热心公益事业】 在协会的组织下，韶关餐饮企业把支持社会公益事业作为己任，承担社会责任。企业发展到哪里，爱心就传递到哪里。在企业发展的同时，承担社会责任，支持社会公益事业，参与捐资助学、扶贫济困、新农村建设等各项社会公益事业，赢得社会广泛赞誉。协会得知市武江区科技局局长张思建的家乡地震灾区四川广元苍溪云峰插花村需塘堰治理，但当地政府补不到资金，需要10万元。协会决定给予帮助，会长亲自带队去灾区实地查看，了解情况，随后召开会议，发动会员捐款13万多元，市武江区科技局局长张思建向捐款会员颁发纪念品。会员单位旺角渔村老板陈小玲无意中在电视上看到在始兴县有一特困家庭一家三口，父亲前几年去世，母亲脑残疾不能自理，小女孩才8岁，还要照顾母亲的后，她特别同情这一户人家，并专程到始兴了解情况，从2012年起她开始资助这一户家庭。每逢过节她都去看望并带去慰问品，她的行动也带动其他的爱心人士帮助该困难户。常务副会长陈汉忠几年来资助乐昌坪石罗家渡小学的30多名贫困学生。常务副会长单位倚山商务酒店资助市五中考大学的5名高中生；还资助武江区所属某小学的6名小学生。副会长单位市口福隆连锁店在龙总的带领下，每年中秋都带上现金、月饼、水果，前往韶关市社会福利院慰问残障老人和孤、残儿童，为他们献出爱心。

【助推行业转型升级】 2013年，是餐饮企业进入冰冻期的一年，也是韶关市烹饪事业和酒店行业进入新一轮发展的关键时期。在“三公消费”缩减及“反铺张浪费”的大环境下，餐饮企业尤其是高端餐饮开始举步维艰。在这种形式下，协会及时召开会长办公会议，商讨共同应对市场变化，协会秘书处与相关副会长及时深入企业实地调查了解，摸清市场情况，掌握第一手资料。在餐饮企业的转型期，协会为会员反映诉求，为行业争取宽松的经营环境，让餐饮业更加健康、平稳、有序地发展。以前公务消费占到总消费的约六七成，近来其数量和占比下降非常明显。面对这种局面，华美达广场酒店转换思维，适应市场变化，把公款消费大幅萎缩的严峻挑战视为自身的发展机遇，提出“世界的丹霞山，老百姓的华美达”。酒店将目标消费人群调整为普通消费者，主打家常菜，吸引家庭和亲朋聚餐，推出经济型套餐、自助餐、个性化宴席等定制服务。协会一些会员企业，选择推出半份菜、热菜拼盘、打包和外卖服务，以此吸引人数少的顾客前来消费并有效避免浪费现象产生。

（李　勇）

附：领导班子成员名单

会长：陈树源

常务副会长：

陈汉忠　罗乐天　李　琦
李辉祥　黄志华　胡向阳
范朝林　蓝建新　姚建东
肖勇生　何祝东　周楚雄
邓　武　筐　林　程　军
李桃旺　宋天平

交 通

交通管理

【概况】 至2013年年底，全市公路通车里程15273公里，公路密度83公里/百平方公里，通车里程比上年增加506公里。按技术等级分，等级公路14852公里，其中高速公路291公里、一级公路208公里、二级公路815公里、三级公路1308公里、四级公路12230公里，等外公路421公里，比上年减少8.1%。按行政等级分，高速公路291公里，国道440公里，省道1222公里，县道1842公里，农村公路11442公里；公路桥梁2177座/102325延米（含高速公路）。全市内河航道维护里程386公里（其中等级航道256公里），泊位23个，泊位年通过能力530万吨。全市营运车辆10829辆，其中营运客车1144辆，营运货车9685辆。全市等级道路客运站20个，其中二级客运站8个。通镇农村客运班线165条，902个行政村开通农村客运班车。全市出租汽车拥有量为1029辆，全市公交车辆482辆（其中2013年投放新能源LNG公交车2辆），市区公交线路48条。全市营运船舶806艘，载货量60.2万吨。 （王志威）

【交通机构沿革】 韶关市交通运输局为市人民政府工作部门，位于中山路23栋。1988年年初，韶关市交通局系行政职能，使用事业编制，按行政性管理的机关单位，正处级建制，行政关系隶属韶关市经济委员会，人事组织关系隶属中共韶关市委经济工作部，业务隶属广东省交通厅。1991年4月，韶关市交通局更名为韶关市交通委员会，列入市政府机构序列，负责交通行业的统筹、规划、监督、协调、服务和涉外运输管理。1997年，机构改革中保留市交通委员会。2001年8月，韶关市交通委员会更名为韶关市交通局，划入城市公共管理的职能，接触与所属企业的行政隶属关系。2007年9月，市编委对市交通局职能配置、内设机构和人员编制进行调整，局机关行政编制38名。2010年3月，政府机构改革，组建韶关市交通运输局，将韶关市交通局的职责划入韶关市交通运输局，局设11个内设机构，行政编制38名。直属单位3个，分别是：韶关市交通运输管理中心（韶关市交通工程质量检测中心）、韶关市交通工程质量监督站、韶关市公路管理总站。

【交通基础设施投资建设】 全市公路、水路交通基础设施建设投资达68.2亿元，比上年增长16.6%。其中，公路建设投资68亿元（高速公路65亿元，国省道1.66亿元，地方公路1.5亿元）。广乐高速公路建设全面推进，全年完成投资50亿元。大广高速公路新丰段完成投资15亿元。自然村公路路面硬化完成500公里，投资约1.5亿元。国省道路面中修65公里，县道路面大修120公里。更新改造市区公交候车亭20座。渡口码头改造3座，渡改桥1座。

【运输生产增长】 2013年，公路客运量1.7亿人次（含春运368.3万人次），客运周转量70.7亿人公里，同比增长12.8%；公路货运量8498万吨，货运周转量161.35亿吨公里，同比增长35%。市区公交客运量6135.7万人次，与上年基本持平。水路货运量3686万吨，货运周转量93.6亿吨公里，同比增长7%。港口吞吐量约52.8万吨，同比下降36%。 （廖声星）

【交通运输综合行政执法】 加强运输市场监管，组织开展打击非法营运、出租车服务质量提升年、驾培市场整治、维修市场“两建”等专项行动。开展全市治超专项行动，继续采取固定治超与流动治超、源头治超同步推进的治超模式。试点开展广韶高速公路交通综合执法工作。完成“8·18”洪灾旅客应急转运、2013广东禅宗六祖文化节（韶关)、世界张氏第六届恳亲大会等重要活动的交通保障任务。2013年，全市共出动执法人员71489人次，执法车辆14526辆次，检查车辆21.63万辆次，检查船舶139艘次，查处违章车辆7599辆，查处违章案件7723宗。执法队伍建设全面加强，在全省交通综合行政执法技能竞赛中，交通运输局两支代表队分别获得团体第二名和第六名的好成绩，其中张弘为全省个人第一名。被省厅执法局、广东省交通法制研究会评为《广东交通执法》“先进组稿集体”。

【出租车服务质量提升年活动】开展全市出租车服务质量提升年活动，从加强宣传教育、优化经营环境、加大监管力度、开展文明创建、增加科技含量、引导健康发展等6个方面着力，全面提升服务质量。实行从业资格注册制度，出台行业自律公约，组建多部门联合执法队伍，形成管理合力。新投放10辆纯电动出租车、90台CNG（压缩天然气）出租车。优化出租车候客条件。对1000多名驾驶员进行文明礼仪培训，组织高考期间的“爱心送考”活动，1家出租车企业、2辆出租车、3名驾驶员被授予2012年度省级文明称号。全年查处出租车违章833起，其中行政处罚242宗，现场教育纠正591起，停班学习73人次。

（刘永刚）

【安全生产管理】2013年，韶关市交通运输部门以“平安交通”建设为着力点，强化源头监管，突出重点领域，开展安全隐患排查、“道路客运安全年”、“防坍塌和防高空坠落”、“打非治违”、企业安全生产标准化建设、“安全生产月”及安全生产大检查等活动，建立完善安全生产和应急管理专家库，发挥专家在安全生产监督检查中的作用。强化应急管理，抓好“5·15”“8·15”洪灾应急抢险，抢通127条水毁地方公路，首次在地方公路桥梁水毁抢修复中搭建“贝雷”桥；疏导转运铁路滞留旅客7500余人，无人伤亡。2013年，全市共发生道路运输事故16起，死亡24人；较大以上事故1起，死亡4人；水路运输和交通工程建设未发生事故。

（钟　敏）

【推进交通运输信息化建设】建成交通电子商务服务平台、交通运输综合监控平台、道路运输从业人员资格无纸化考试系统、驾驶员培训IC卡计时管理系统、交通信息平台多媒体大屏幕拼接显示系统、交通综合行政执法信息系统（全省联网）、韶关公交网。启用全省通用的岭南通·韶州通公交IC卡。

（傅悦舟）

城市公共交通

【概况】至2013年年底，全市共有出租汽车企业15家，出租汽车1029辆（含纯电动出租车10台），其中：市区有出租汽车750辆（含曲江区出租汽车100辆）；全市公交车辆482辆，线路66条（含城乡公交）。主城区公交车368辆，线路48条，其中：韶关市公共汽车公司有公交线路36条，公交车314辆；韶运集团有3条公交线路，公交车32辆，韶关市汽车运输有限公司4条线路，公交车辆22辆；2013年，市区公交客运量6135.7万人次，与2012年基本持平；南雄市公共汽车有限公司2条公交线路，公交车辆6台。

（傅悦舟）

【市区公交运输改造】投放新能源公交车2辆，4辆LNG公交车投入37路车运营。完成工业中路、工业西路、沙洲路和韶关大道等路段20座公交候车亭的更新改造并全部投入使用；修复大学路农村候车亭3座，翻新候车亭2座，迁移并新建候车亭1座。推进市辖三区公交同城化，11月22日，开通韶关火车东站开往社主六矿37路公交线。

（潘伟飞　傅悦舟）

【推广应用全省公交一卡通】按照省交通运输厅的统一部署，继续建设可全省联网使用的岭南通·韶州通公交IC卡收费系统。截止至2013年年底，共发行岭南通·韶州通公交IC卡227796张,2013年使用岭南通·韶州通公交IC卡乘车1070.6万人次。

（傅悦舟）

公路交通运输

【概况】截至2013年年底，全市共有道路运输营运客车（不含公交车和出租车）1144辆、37691客位，分别比上年增长13.71%、16.25%，营运货车9685辆、108579吨位，分别比上年减少0.73%、增加37.92%。道路客货运输业户9802户，从业人员50817人，汽车维修业户2113户，汽车综合性能检测站9个，机动车驾驶员培训业户13户。道路客运线路314条，道路客运等级站20个，其中二级站8个，三级站2个。

【道路客运】 全市道路客运业户25户，其中班车业户21户，拥有100辆客车的业户2户。客运班车883辆，旅游客车123辆；高级车420辆，中级车463辆。客运从业人员6388人。客运站日均发3332班次，日均客运量37776人次。跨省客运线路105条，跨市线路108条，跨县线路71条，县内线路30条，全市道路客运线路日均发送3591班次。完成全市经营期满县际班线的续期审批工作，开展市际、省际班线续期工作。

【农村客运】 至2013年年底，全市99个乡镇全部通客运班车，通镇客运线路165条;902个行政村中开通班车,农村客运车辆501辆,客位11756个;乡镇客运站220座(其中等级客运站13座)。

【道路货运】 道路货运业户9802户，其中危险品运输13户，普通货物运输9793户，从业人员12584人。营运载货车辆9549辆（个体车5874辆）、108443吨位（个体31920吨位），其中普通载货汽车7146辆，危险货物运输车310辆；栏板货车2996辆，厢式车4347辆，罐车113辆；大型车4189辆（重型车3636辆），中型车331辆，小型车3952辆。

（傅悦舟）

【申请龙归物流中心项目】 2013年年底，省交通运输厅《关于韶关龙归物流园区可行性研究报告的意见》出具工可审查意见；市发改局《关于韶关龙归物流中心可行性研究报告的批复》批复立项；委托交通部编制完成《龙归物流中心建设项目资金申请报告》，省交通厅已上报至交通运输部争取列入2014年部的资金补助计划。

（廖声星）

【机动车维修与检测】 全市有一类汽车维修业户26户，二类汽车维修业户180户，三类汽车维修业户935户，摩托车维修业户605户。全年完成维修量314968辆次，其中整车修理18736辆次，总成修理36335辆次，二级维护258323辆次，专项修理256250辆次，维修救援122619辆次。汽车综合性能检测站9个，全年检测车辆31859辆次，其中维修竣工检测15102辆次，等级评定检测10918辆次，维修质量监督检测3辆次。

【机动车驾驶员培训】 全市机动车驾驶员培训机构共13家，其中一级机动车驾驶员培训机构4家，二级机动车培训机构9家，机动车驾驶培训教学备案车辆共897辆，教练员1334人。全年共完成机动车驾驶员培训共57506人。继续推广应用驾驶员培训计时IC卡系统，全市897台教练车全部安装IC卡计时系统。

【道路运输管理】 开展道路运输企业、机动车维修企业（一、二类）、驾驶员培训机构、出租小汽车企业质量信誉考核工作，全市共考核客货运输企业43家、驾培企业13家，机动车维修企业150家，出租汽车企业9家。发放2012年公交车、出租汽车和农村客运、水路客运燃油补贴7191万元。

【推进道路运输从业资格考试】 2013年，参加道路运输从业资格培训并考试合格2319人。其中，道路货物运输从业人员1777人，道路危险货物运输从业人员184人，道路危险货物运输装卸管理人员34人，道路危险货物运输押运人员141人，道路旅客运输从业人员183人。

（傅悦舟）

【治理超限超载】 从2013年7月起，开展为期2年半的全市治超专项行动。实行固定治超和流动治超并重，源头布控和流动巡查同步，对重点路段和重点货运源头企业进行全力监管。全市治超活动共检查车辆17.05万辆次，查处超限超载车辆5563辆次，卸载转运货物4.87万吨。其中，梅花治超站检查车辆124517辆，查处超限车辆3860辆，卸载转运货物10940.69吨，超限违章率3.1%；在10个流动巡查路段开展流动治超，共检查车辆46027辆，查处超限车辆1703辆，卸载转运货物37748.22吨，超限违章率3.7%。源头治超取得重大进展，强制切割或自行恢复原状的改装车辆达1000多台。梅花治超站投入60多万元对检测设施设备进行维修改造，组织卸货转运企业的更换入驻工作。

【广韶高速交通综合执法】 试点广韶高速公路交通综合执法，广韶中队于8月8日挂牌成立。至年底，共检查车辆202辆次，打击各类运输违法行为83宗，其中超限超载56宗，非法改装10宗，协助处理车辆逃费事件17宗；勘察违章建筑（广告标牌）21处，维护高速公路经营管理秩序。

（刘永刚）

【韶运集团】 2013年，广东省韶关市汽运集团有限公司全年完成客运量3173万人次，同比增长5.66%；客运周转量153489万人公里，同比增长3.70%；客运收入35431万元，同比增长15.03%；交纳税金2925万元，同比增长－6.07%；职工年人均收入44000元，同比增长10.13%；2013年，投资1324万元改造和建设客运站场；投资3361万元，更新和新增营运客车112辆，更新出租小汽车30辆；投入资金158.8万元，安装车载视频监控、站场监控及GPS行车记录仪。截至2013年年底，拥有营运客车807辆，出租小汽车340辆，教练车165辆。强化安全生产管理，实现安全生产，每百万车公里责任事故频率0.03宗，伤人率0.01人，死亡率0.03人，经济损失率2183元/百万车公里，全部优于考核指标。

（余丽芳）

【韶关市汽车运输有限公司】 2013年，韶关市汽车运输有限公司加强生产经营管理，加大安全生产管理力度，提升服务质量，实现经济效益稳步发展。全年完成客运量605.29万人次，同比增长1.2%；客运周转量28719.21万人公里，同比增长1.5%；营运收入3767.62万元，同比增长1.3%；交纳税金185万元；全年更新和新增营运客车16辆。截至2013年年底，拥有营运客车185辆，出租车180辆，所有营运车辆均安装GPS行车记录仪和车载视频监控。2013年，每百万公里责任事故频率0.001，伤人率0.0003，死亡率0.0001，经济损失率125元/百万车公里。全部考核指标均低于考核标准。

（林智彛）

【新丰县汽车运输有限公司】 2013年，新丰县汽车运输有限公司以抓好安全行车和驾驶员信誉考核为重点，加大从业人员培训力度，规范客运行业操作流程，不断提升服务质量，企业质量信誉考核连续7年获得AAA的好成绩。至2013年年底，该公司有营运客车84辆，其中跨市和市际54辆，县内30辆，合计座位3017个。安全行车1009.8万公里，与上年同期对比下降0.9%；完成客运量118.2万人次，同比增长1%；完成客运周转量14814万人公里，同比增长0.9%。四项考核指标均低于考核标准。

（陈敏锐）

水路交通运输

【港口概况】 韶关港岸线2079米，已建成泊位61个，其中正常使用泊位数23个，堆场102519平方米，堆场容积445000吨，年货物通过能力570万吨。2013年，韶关港年吞吐量为52.8万吨，由于2013年煤炭供应有所下降，因此吞吐量同比下降36%。向省厅申请《韶关港总体规划》评审工作，韶关嘉羊码头已完成前期工作。

（杨 娟）

【港航基础设施建设】 2013年，全市渡口渡船更新改造计划共有12项（韶交规函〔2102〕479号），其中渡船船更新2艘、渡口改造9个、渡改桥1座。截至2013年12月，除渡改桥项目外，其他项目均已完成，完成率达92%。

（李刚毅）

【港口企业】 港口企业6家，无危险品港口经营。其中中港合资企业1家，其余均为民营港口企业。共有港口从业职工407人，其中港口管理人员86人，专业技术人员190人，安全生产管理人员98人，后勤人员33人。港口装卸设备：吊机6台、铲车9台、输送机4台，吊机最大起重能力40吨。

【航运能力】 2013年，韶关市共有航运企业15家。招商引资4441.6万元，建造船舶23艘、34255载重吨。全市营运船舶共计758艘、48.1万载重吨、690客位、17.4万千瓦，其中货运船舶720艘、48.1万载重吨、17.3万千瓦。同比上年，船舶数量和载重吨分别增长3%、13.7%。

（杨 娟）

附：领导班子成员名单

党组书记、局长：谢天友
副局长：童志跃 唐明强
谭建强
何志奇（—2013.9）
副局长兼邮政管理局长：肖 军
纪检组长：王 镒
总工程师：罗缵锦

公路建设与管理

【概况】 公路建设投资68亿元，其中高速公路65亿元，国省道1.67亿元，地方公路1.5亿元。广乐高速公路建设全面推进；大广高速公路新丰段全线开工建设，截至2013年年底完成投资19亿元；自然村公路路面硬化完成500公里；完成国省道路面中修65公里，县道路面大修120公里。至2013年年底，全市公路通车里程15273公里，公路密度83公里/百平方公里。2013年，市公路局全力推进公路建设，着力改善路面状况，全面提升公路服务水平，为韶关市经济社会快速发展提供重要支撑。年底，全局拥有公路总里程1572公里，其中国道421.58公里，省道1121.48公里，县乡道29.05公里；一级路167.12公里，二级路672.67公里，三级及以下732.31公里。

（廖声星　马德才）

【国省道公路改造工程】 1. 省道248线韶关市百芒坳至转溪段一级公路升级改造工程，全长8.9公里，估算总投资约11900万元。2013年，征地拆迁工作大部分已经完成，路基工程完成7公里，路面工程完成7公里的沥青层，桥梁控制性工程已完成一座（车河甫桥）的半边，转溪1号2号桥梁基础已完成下部结构，已完成建安费的80%工程量。2. 省道246线河塘至刬鸡坑段改建项目二期工程，2013年12月底已通车。3. 省道253线曲江社主至水打赖段路面改造工程建设，全长37.8公里，二级公路路面大修，概算总投资9600万元，2013年10月开工，已完成单边10公里路基工程和单边8公里路面工程。4. 省道246线仁化县长江镇至县城段大修路面主体工程，全长43公里，概算总投资6420万元，2013年已经铺筑水泥砼路面20公里。5. 省道345线乐昌市乐昌坳至廊田段大修路面主体工程，全长12.687公里，概算总投资2030万元。至年底，路基、涵洞工程已全部完成，完成水泥砼路面9公里，完成路面工程量70%。6. 省道244线始兴县陆源至马市段路面大修工程，全长7.31公里，概算总投资为1050万元，2013年完工。7. 国道106线曲江大宝山隧道维修加固工程，项目总投资278万元，2013年完工。8. 省道248线乐昌市坪石段（K0+000—K41+455）灾害防治工程，该项目批复投资1401万元，2013年5月15日开工，2013年已全部完成。9. 韶关市曲江至南雄高速公路大塘连接线项目，全长4.755公里，二级公路，路基宽10米，2013年9月完工。

【代建工程项目】 1. 韶南大道延长线——百旺大桥至韶关冶炼厂段改造工程，长2.4公里，2013年12月25日开工建设。2. 韶关市芙蓉新城三十二号路（二期）工程全长950米，芙蓉新城四十三号路建设工程全长444米，该两工程合并进行招标，并于2013年8月完成招标工作并开工建设。3. 芙蓉新城南华路工程，该项目全长2.557公里，已于2013年12月完成施工和监理招标工作，并于2013年12月30日开工建设。4. 芙蓉新城滨江路工程，该工程全长2.865公里，分为第一和第二两个标段实施，第一标段于2011年开工，但因需增设景观桥而于当年停工；第二标段已完成初步设计，后因规划调整原因，该工程实施工作暂停。因规划部门进行污水泵站和道路规划标高的调整，待调整方案批复后将继续实施。5. 芙蓉新城百旺路扩建工程，该工程全长4.59公里，已完成施工图设计。因规划部门提出调整道路横断面和排水系统布设，待完成规划调整并修编施工图后，将进行施工和监理招标。

（马德才）

【广乐高速建设】 2013年，完成投资50.25亿元，为年计划（50亿）的100.5%。现广乐高速公路建设已进入最后冲刺阶段，大瑶山隧道群、武江特大桥、白土特大桥、濛里特大桥等全线主要控制性工程已接近收尾工作，路面工程已完成40%，房建、机电、绿化、管道、交安等单位工程已进入施工阶段，项目总体进展顺利。其中：广乐高速公路北连接线犁市互通黄岗至十里亭路段改（扩）建工程，主线长3.76公里，路基宽30米，路面宽22米，双向6车道。该项目以BT加提前回购方式建设。2013年8月5日正式动工，路基、涵洞已经基本完成，2013年完成的工程量占全部设计工程量的52.4%。

（罗秋尧　易　俐　马德才）

【大广高速建设】 大广高速在韶关市新丰县境内全长38千米，总投资约为45亿元。2013年全年完成投资15.2亿元，占年度计划投资（10 亿元）152%，项目自开工建设至今累计完成投资19.72 亿元，占总投资的 44%。需征地约 299.2 公顷，房屋拆迁总面积约 9000 多平方米，2013年年底已全面完成，项目建设进展顺利。（梁伟云）

【路政执法管理】 落实市委市政府有关巩卫创文工作要求，2013年局组织路政执法人员对市区四大出口路段及公路两侧的违法广告标牌、乱堆乱放、摆摊设点等进行联合整治行动，清拆标牌118 块、横幅 15 条，清理违章堆放摆卖 42 处。在“纪念六祖惠能圆寂 1300 周年暨 2013 年广东禅宗六祖文化节”活动中，出动执法人员 58 人次，对 G106 线南华路段和沙溪、马坝 2 个高速出口路段的违法建（构）筑物、乱设广告标牌、摆摊设点等违法行为进行专项整治，展开拉网式清理整顿，清理违法广告标牌 32 块，卖香摊点 7 处（劝离 15 档），拆除违法建围墙 1 处长120 米。

【路桥通行费年票征收】 为规范年票收费管理，方便车主缴费，公路局制定《韶关市公路局车辆年票收费工作暂行管理规定》，明确业务流程及办理车辆年票所需提供资料，在收费大厅上墙公示；新开办耕进商贸城车辆检测站年票收费业务；贯彻落实春节、清明节、国庆节期间小客车免费通行政策，保障节假日国省道公路安全畅通。截至 2013 年 12 月 25日，全市完成收费额 1.75 亿元，其中年票统收 1.2 亿元，次票收费800.42 万元，高速代收次票收费4491.82 万元。（马德才）

【通自然村公路硬底化建设】 2013 年完成通自然村公路路面硬化 582.09 公里，投资约 1.746 亿元，其中：浈江区、武江区 16.1公里、曲江区 43.27 公里、乳源县 31.22 公里、乐昌市 138.6 公里、仁化县 60.62 公里、南雄市89.5 公里、始兴县 33.91 公里、翁源县 108.52 公里、新丰县60.35 公里。（陈青香）

【公路桥梁改造与新建】 2013年，全市地方公路桥梁建设（含危桥改造）项目共 20 座（其中续建 4 座），计划完成 13 座。各建设单位重视危桥改造工作，筹措资金，加快危桥改造工作的推进，至年底，已完成 856.7 延米/19 座桥梁建设，在建 77.6 延米/1 座，完成投资约 1660 万元。2013 年，公路局全面开展桥梁的定期检查与加固维修工作，完成G106 线锦江大桥等 34 座桥梁的水下深基础检测工作；完成 G105线碗窑下桥等 11 座桥梁定期检查；完成 16 座桥梁改造工程。（陈青香　马德才）

【县道路面大修】 2013 年，县道（部分乡道）路面大修计划项目18 个，计划完成 70 公里。全年完成 115.52 公里，完成投资9242 万元。各建设单位加强对施工现场管理力度，争创路面优良项目，从现场检查、检测情况来看，路面外观质量总体有所提高，路面平整度也有提高。

【农村公路建设项目规范化管理】 为提高韶关市农村公路项目规范化管理水平，增强创优工程意识，2013 年在全市选出 13 个试点项目作为重点检查、指导的“规范化管理项目”，以点带面，通过抓重点项目规范化管理，提高县级公路管理部门的业务和管理水平。各试点项目均能按规范化管理的要求实施，达到预期目标。南雄市 X342 线，乐昌市X328 线、X331 线试点效果较好。

【地方公路养护】 2013 年，以开展农村公路管养年活动为抓手，加大对县、乡、村道的养护力度，列养率 100%。大部分县道公路路况基本稳定，路面整洁，路肩平整、密实，边坡稳定、平顺，水沟清理干净，路面无明显病害，公路里程碑、防护设施基本齐全，并设置安全、指示标志。各县站结合地方公路实际，创建示范镇 22 个，完成示范路创建 867.498 公里；完成县道接缝养护 115 公里，完成投资 80 万元；完成安保工程建设 60 公里，完成投资 100 多万元；年底，县道优良路面率 91%，年平均优良路面率 88.5%；乡道年底良好路面率为 83%，年平均良好路面率 82%。

【地方公路创好创优劳动竞赛】 全市地方公路劳动竞赛继续开展，成效显著。年终评比出先进县公路站 3 个：南雄市地方公路管理站、仁化县地方公路管理站、乐昌市地方公路管理站。工程管理工作先进单位 3 个：南雄市地方公路管理站、曲江区地方公路管理站、始兴县地方公路管理站。路政管理工作先进单位 3个：仁化县地方公路管理站路政所、新丰县地方公路管理站路政所、韶关市地方公路管理站路政所。农村公路养护管理工作先进单位3个：乐昌市地方公路管理站、乳源县地方公路管理站、翁源县地方公路管理站。标兵道班3个：南雄站江头道班、南雄站新龙道班、始兴站顿岗养护中心。先进道班22个，先进个人12人，养护之星12人。

（陈青香）

【地方公路水毁抢修】 受多次强降水的袭击，特别是遭受“5·16”和“8·15”特大暴雨袭击，2013年全市地方公路共有127条线路先后交通中断，累计塌方99.73万立方米/5800处，水毁路面29.89万平方米/107.19公里，水毁路基54.96万立方米/57.4公里，水毁挡土墙25.41万立方米/1768处，水毁桥梁68座，水毁涵洞523道，护坡5659立方米，累计水毁损失2.6亿元。灾情发生后，交通运输部门领导和工程技术人员立即赶赴受灾严重的乳源、乐昌、新丰、翁源等地指导抢险和水毁公路抢修复工作，中断交通的线路在最短时间内恢复交通。争取上级支持，市公路局共争取省水毁补助资金1300多万元。至年底，完成桥梁重建8座、县道修复14条，乡村道公路已恢复交通。

（陈青香　马德才）

【农村公路指路牌设置】 进一步推进韶关市县、乡、村公路附属设施建设，2013年主要完成通300人以上自然村乡村公路指路牌设置工作。全市地方公路共需设置指路牌1805块，根据调查结果，制订并下达资金补助计划，督促各单位严格按有关规定完善农村公路指路牌建设各项程序，狠抓工程质量与进度。至12月底，全市共完成1874块指路牌的安装工作，方便沿线群众和车主的出行。

（陈青香）

【交通工程质量监督】 2013年，共完成交通工程交、竣工检测1791个项目，累计里程2232.5公里。其中：国省道建设项目1个，里程7.0公里；县道大修建设项目27个，里程355.7公里；大桥3座，389米；中桥6座，428米；小桥新建和加固维修31座；重点水毁修复工程1批；农村公路1723个，里程共1869.84千米。组织开展原材料专项大检查，共抽查7个在建的工程项目，完成《关于我市在建项目重要原材料专项检查的情况分析报告》，对韶关市原材料存在问题提出整改意见。继续开展混凝土质量通病专项治理活动，加强对国省道、大中型桥梁的检查，韶关市国省道、大中型桥梁外观质量有较明显提升，混凝土结构物质量通病得到遏制。

【交通工程安全监督】 2013年，全年共开展日常安全监督检查26次，专项监督检查2次，完成专项检查报告2份，排查安全隐患136多处。推进平安工地考核评价工作，制定平安工地实施方案，明确“平安工地”实施范围及有关要求。对各参建单位开展“平安工地”的宣贯工作，并在网站上发布“平安工地”有关要求及考核表格。组织有关单位参加省厅开展的“平安工地”宣贯培训活动，加深对“平安工地”认识和理解，为韶关市下一步“平安工地”考核评价奠定基础。

【公路工程审查造价材料管理】 2013年，交通局共审查项目17个，其中工可、预算审查3项，竣工决算14个，审查总金额9108.51万元，调整核减不合理金额46.19万元。对22个在建项目进行造价监督检查，参与4个项目的工程变更确定会议，及时有效纠正不规范的造价行为。落实韶关市交通运输局《关于加快我市2012年前已完工农村公路竣工验收工作的通知》要求，采取有效措施解决建设单位的实际困难，确保每个项目能如期完成竣工验收工作。全面更新和完善2009年制作的全省第一张韶关市公路地方材料分布图，并按月在单位网站上发布，社会各界可通过网站直接查询到料场的地理位置、联系方式和价格信息。这一做法得到省造价站肯定并在全省推广。创新信息员考核管理机制，在全省率先制定信息员工作量化指标考核办法。

【公路工程试验检测】 全年完成砼芯样劈裂试验2400个，砼芯样抗压试验74个，原材料试验一批。外业检测，全年累计完成检测隧道12座24洞，桥梁交工检测95座，涵洞交工验收112座，路基检测完成广乐高速乐昌段32.6公里、韶关段38.9公里的交验工作，桩基检测完成超声波透射法86条、低应变法1条，路基路面交工检测完成76个项目。为质量监督工作提供准确的检测数据和有力的技术支撑。参加

2013年省水泥检验技术大对比活动及省交通运输工程质量监督站组织的水泥和钢筋比对试验。组织韶关市5家检测机构开展水泥和钢筋比对试验工作，及时提交比对试验报告和见证报告。检测中心于10月25日至26日顺利通过由广东省交通运输工程质量监督站组织的专家评审组的公路综合乙级换证复核现场评审工作。

（熊 霞）

附：领导班子组成人员名单

党委书记、局长：黄锋

党委副书记：

林宏达（—2013.12）

副局长：吉永雄（—2013.9）

李在杭（—2013.12）

谭宝龙 胡道元

彭必泉 温领鸣

纪委书记：林卫东

总工程师：夏建广

航 道

【概况】 2013年，广东省韶关航道局开展航道疏浚量39760立方米，航标维护工程量达到89183座·天，航标维护正常率、航道标准水深保证率符合上级要求，航道通航能力不断提高；执行航道管理法规，履行航道行政管理职能，抓好航政执法各项工作，保护辖区航道资源，保障航道安全畅通。全年全市航道安全畅通，没有发生堵塞船事件。

【航道基础建设得到加强】 投入维护建设及专项资金246万元，加强对重点航段及洪水过后或遇有碍航浅滩的维护，组织对武江溢洲电站下游以及浈江湾头电站下游等航段进行维护性疏浚，对武江踏脚赞等航段进行石坝维修，对武江龟头石上赞航段进行抛坝。完成乐昌峡库区航道测量任务。全年新建航标6座，完成石坝维修工程量1970立方米，航道的通航条件进一步得到改善。

【北江千吨级改造项目取得新进展】 加强与地方政府领导及各级部门的沟通请示。2013年7月，韶关市副市长邹永松携同在韶的部分全国人大代表、省人大代表和市人大代表一行19人在韶关航道局和韶关市交通运输局主要领导的陪同下视察北江（韶关段）航道，就北江千吨级航道改造项目进行调研；市委书记郑振涛两次亲自带队前往省交通、财政、发改等部门，协商北江航道（韶关段）的千吨级航道建设事宜，推进航道等级提升进程。通过多方努力，北江（乌石—韶关）千吨级航道改造项目由广东省综合交通勘察设计院有限公司开展项目预可研编制工作，已完成内审，完成工可招标并开展工可工作；北江（三水河口—乌石）千吨级航道改造项目正处于工可修编和初步设计招标阶段，各专题报告报送相关部门审批，工可审批等各项工作任务已经基本完成。

【航道行政审批和现场监管力度加大】 严格执行有关航道行政审批的规定和要求，提高对外窗口服务质量和效率。按照上级有关标准、规范和要求，实现航道行政执法形象的“四个统一”（统一执法标志、统一执法证件、统一执法工作服装、统一执法场所外观），通过加强执法形象建设，韶关市航道局执法标志、执法证件和执法场所外观等已基本完成，进一步提高航道行政执法的严肃性和权威性，促进航道行政执法队伍的正规化、规范化、专业化和标准化建设，强化航道行政执法人员对自身岗位的认同感、归属感和荣誉感，增强航道部门的凝聚力和公信力。全年航道行政巡查4405公里，完成审批1宗，施工许可2宗，现场监管施工项目115宗次；函复各类咨询26起。审批工作规范、有序，未发生违章审批或超期限审批现象，实现零投诉。

【平安航道管理】 全年投入安全生产经费41万元，改善安全生产环境，保障安全生产，实现安全生产无事故。以落实“平安航道”建设为主线，开展联合“排非治违”行动，抓好安全生产月、安全生产大检查、安全隐患综合治理等专项活动，举办全员安全生产培训教育及新职工岗前培训、安全应急应变技能竞赛，加强浈江业务用房基建工程安全监管，对乌石航道站用电线路及消防安全隐患进行整改。“一岗双责”管理责任制和安全生产分级负责制得到落实。班组安全管理标准化建设、应急管理、基层基础安全管理和安全生产宣传培训、应急演练、隐患排查治理等工作稳步推进，实现全年安全生产无事故。

【防御和灾后抢通】 采取防御措施，做好“尤特”“潭美”等台风及“5·16”“8·15”“8·22”

等洪水的抗洪防台工作，及时组织开展灾后抢通工作，疏浚航道2.8万立方米，恢复移位的浮标100座，恢复流失的浮标15座，抢修5座岸标护坡及基础，重建混凝土塔标1座，清理碍航物8处重约329吨。（潘文辉）

附：领导班子成员名单

党组书记：张发柱

局　长：季　强

副局长：杨向东

副局长兼纪检组组长、工会主席：魏学升

海　事

【概况】 韶关海事局成立于2000年11月，为广东海事局驻韶的分支机构，是韶关市水上交通安全监督管理主管机关，依法履行通航管理、船舶登记、防止船舶污染、船员考试、评估、发证、水上事故调查处理、水上搜寻救助等职责，依授权开展船舶及水上设施检验等工作。

2013年4月，经批准，机构性质由事业单位转为公务员单位，内设机构调整至6个，处室办事机构增加至2个，派出机构2个保持不变。核定行政编制53名，在编职工49名。2013年，局政务中心获评2012年度广东省“青年文明号”，办公室、船检处获评2011—2012年度市级“青年文明号”。

【通航巡航管理】 2013年，辖区未发生水上交通事故。全年共审核水上水下活动12宗，为广乐高速、韶赣铁路、龙舟赛、烟花晚会等涉水活动提供通航安全保障。全年组织涉水单位开展应急演练7次，提高应急反应能力。开展“百日安全大检查”“渡口渡船安全专项整治回头看”“河道采砂作业安全管理专项联合检查行动”“救生衣行动”等专项活动，促进水上交通安全形势稳定。全年巡航7369海里，巡逻29217公里，发送预警信息3700余条。在节假日及寒潮大风、枯水期、台风等季节性灾害天气加强对景区旅游船、乡镇客渡船等现场监管，促进水上交通安全。

【船舶船检管理】 全年实施船舶所有权登记84次、新设立抵押权59次、核定船名91艘次、审查船舶识别号60次。进行船舶航次签证和短期定期签证6906艘次，实施船舶安全检查500艘次。全年共检验船舶929艘次，其中建造检验45艘次，营运检验727艘次，客渡船87艘次，总吨411701，额定功率177512.79千瓦；检验船用产品55批次，审查图纸36批次。全年组织2期船厂焊工考试培训班，80人参加考试。全年签发《船舶油污应急计划》59份、《船舶垃圾管理计划》59份、油类记录簿56份、垃圾记录簿56份。

【公司船员管理】 结合“航运公司管理系统”的运用，开展航运公司安全与防污染监督现场检查28次。2013年，韶关海事局获得内河一类船员考试和发证机构资质，辖区船员培训机构获得内河一类船员适任培训资质。全年共实施船员培训监督检查25次，船员服务机构监督检查3次；组织船员考试25场次，参加考试640人；全年共签发适任证书、服务簿、基本安全培训合格证等各类船员证书520本，进行最低安全配员登记202次。

【绿色业务品牌创建】 深化“绿色渡运通道”建设，以渡口码头设施改造升级、四季七节渡船安全检查、优先船舶检验、登记和船员培训考试发证等载体，保持辖区渡运安全；深化“绿色造船品牌”建设，建立“船厂·船检沟通会”定期沟通机制，提高检验发证速度，提升辖区造船品质；深化“丹霞绿色文明航区”建设，出台《丹霞山景区竹筏检验暂行办法》，解决丹霞山旅游竹筏检验发证难题。（刘　黎）

附：领导班子成员名单

局　长：胡小忠

副局长：神小龙　赖少流

韶关火车东站

【概况】 韶关东站全称是广深铁路股份有限公司韶关东站，是广深铁路股份有限公司广州车务段管内唯一的一等区段站，车站站型为双向纵列式1站2场，韶关东场中心里程为京广线K2048+816米，韶关直通场的中心里程K2051+630米。南与马坝站，北与黄岗站相接，主要办理粤北地区、赣南地区大部分的客运业务；列车中转技术作业（机车换挂、列检、商检作业等）；部分直通、区段、摘挂货物列车的解编；广州铁路集团管内乘务作业。韶关东站现有职工670人，设运转、乘务、客运 3 个车间和 1 个综合后勤班组。

【站场和信号设备】 韶关东站现有韶关东和韶关直通场两个信号楼，信号联锁设备均采用 TYJL－II 型微机联锁设备，接发列车作业采用 TDCS 调度信息管理系统。韶关东调车场驼峰区采用 TW－2 进路控制系统和 TDJ 可控顶调速系统。现在车管理和货运管理均采用 TMIS 系统；到发场 2 个，其中韶关东到发场有 11 股道，韶关直通场到发场有 8 股道；调车场 2 个，其中韶关东调车场有 7 股道，韶关直通场调车场有 5 股道，两场间设有场间联络线 1 条，走行距离为 923 米。

【管理模式和机构改革】 3 月，韶关东站进行管理模式和机构改革，原来按班组级管理的运转、乘务、客运、货运、装卸、综合后勤 6 个车间级班组，改为按二等中间站管理的运转、乘务、客运、货运 4 个车间和 1 个综合后勤组。4 个车间按独立单元接受上级车务段的直接管理，各自负责本车间的安全、运输生产组织、职工教育、班组管理等工作，同时接受车站的运输生产协调和安全检查监督。车站方面主要负责站区内运输生产协调、安全检查监督，工作督查督办、对外联络协调、后勤保障等工作。

为适应新的管理模式，车站进行整章建制，以生产协调、检查监督、后勤保障为主要工作内容，制定《韶关东站督查督办工作管理考核办法》《会议制度》《调度命令管理办法》《汽车管理办法》等 10 多个制度性基础文件，各车间也相应地建立本部门的规章制度，为日常的管理工作奠定基础。经过这次管理模式和机构改革，理顺管理层次，明确各级的管理职责。

2013 年 6 月，全路进行货运组织改革，货运车间的人员、设备、资产划归广州货运中心韶关物流车间管理。

【运输效益】 韶关东站办理营业的旅客列车共 59 对 118 列，其中直通营业旅客列车 44 对 88 列，管内营业旅客列车 15 对 30 列。2013 年，全年各项任务指标完成为：发送旅客 335.4 万人，比 2012 年增加 3.5 万人；客运进款完成 2.895 亿元，比 2012 年增加 0.333 亿元。

【候车大楼改造】 从 7 月到年底，广铁集团投入 2500 多万元对韶关火车东站候车大楼进行更新改造，历时 180 多天，对售票大厅和候车室近 5800 平方米的面积进行改造，更新旅客电子引导系统和广播系统，更换大楼的外墙和造型。改造后，扩大售票大厅和候车室的面积，增加 4 个售票窗口，增设 3 台自动取票机，增加候车面积近 500 多平方米，更加方便旅客购票和候车。改造后的候车大楼成为韶关新的标志性建筑，韶关的“窗口”变得更加现代和靓丽。

【标准化车站建设】 按照“内实外美”的标准，对作业标准及日常安全管理进行修订，站场设施设备和生产办公环境进行改造。围绕推进职工作业行为标准化目标，建立各工种岗位的作业标准体系，针对近年来技术规章和设备变化的特点，分工种制定岗位作业标准手册，让职工有标可依。围绕实现干部管理行为规范化目标，对应岗位职责和管理标准，逐一明确各管理岗位要做什么、做到什么程度，形成工作量化流程图，确保做到人人有事管，事事有人干，防止工作脱节和管理真空。通过推行标准化车站建设，推动干部落责、职工落标，环境美化，达到“内实外美”。

【成功处置“8・16”事件】 8 月 16 日，受强台风尤特影响，京广线韶关段遭受水害中断行车，造成列车大面积晚点和停运，共计 94 趟旅客列车先后滞留韶关东站，滞留旅客最高峰时达 16000 余人，其中站内滞留旅客达 6500 人。为及时做好滞留列车的疏解和滞留旅客的安抚和疏散工作，确保旅客安全和车站秩序稳定，韶关东站全站干部职工全力以赴，做好滞留旅客安抚、退票、分流疏散和后勤保障等各方面工作。及时启动分流安置方案，启用铁路体育馆、韶关市二中、韶关市浈江区体育馆 3 个站外分流，分流安置滞留的 3300 名旅客。同时，及时购买食品和饮用水，运送到各滞留旅客安置点。18 日上午，市政府协调交通部门安排调配 26 台大巴转运 2000 多名滞留旅客运往湖南方向，调配 12 台公交车转运 1300 多名滞留旅客前往高铁韶关站转乘高铁旅行。经过紧急抢修，京广线韶关段于 18 日 16 时 36 分抢通恢复运行，18 日 18 点，韶关东站滞留列车和滞留旅客全部疏散完毕，取得抗击水

害保安全的胜利。（罗春辉）

附：领导班子成员名单
站　长：邓惠林
党总支书记：罗源兴
工会主席：陈智慧

武广韶关站

【概况】 武广韶关站位于韶关市武江区芙蓉新城，距离韶关中心城区约16公里。车站毗邻韶关大道，背倚芙蓉山，东临北江水，站房外形设计取自古代关驿的城门形象，采用石材墙体与玻璃幕墙相结合。2009年，韶关站在成立之初，以建立高铁示范站为目标，确立“和谐、精细、阳光”的车站核心理念，同时引入“6S”管理模式，带动车站各项工作的全面推进。2011年广州南站独立建制后，韶关站作为广南的直管车间，实行大站带小站，下辖广州北、清远、英德西、乐昌东4个班组站，并在原有管理模式的基础上，推陈出新、锐意进取，6+1，将“6S”（整理、整顿、清扫、安全、清洁、素养）管理模式在车间管内沿线各站予以推广，规范作业标准，营造和谐氛围，树立起车间“一盘棋”的大局观念。车间全体干部员工不断把自身的热情投入到高铁车站的运营工作当中，干部职工们团结一致，尽心工作，把车间保安全的“九个一”工程活动深化发展成为独具特色的安全管理长效机制。

【车站列车运营】 韶关高铁站的建成，标志着韶关市进入广州1小时经济圈，使得城市与城市之间的文化、经济、科技等方面都有更大的交流、联系、发展。韶关站办理营业列车达95列/日，其中上行46趟，下行49趟，另有备有列车11趟，日均输送旅客达4700多人次。至2013年11月，韶关站共发送旅客371.49万人，同比2012年增长215.6%。

【车站安全生产】 韶关站自建站以来，结合本站站场、站房特色探索，优化旅客乘降流程，研判安全风险源，熟知卡控措施，强化安全风险管理，营造安全生产标准化氛围。车站开展保安全活动，带领全站干部职工做标准人、上标准岗、做标准事、干标准活，将日常运输生产中好的做法予以延续发扬，并通过形成制度、标准及建立相应的考核评比办法，促使全员保安全的意识和能力不断提升。4年以来，韶关站不仅实现持续安全稳定，还涌现出车站值班员舍身救人、及时发现解救坠落股道的小孩、防止因注水盖板打开可能引发的行车事故等先进事迹。

【车站阳光服务】 为塑造高铁客运窗口新形象，提高服务效率和质量，韶关站在服务旅客全过程中，践行“以服务为宗旨，待旅客如亲人”标准，成立起“阳光服务队”，做到对旅客待以亲善之礼，持以亲友之情，乐为旅客分忧，满足广大旅客对高铁运输行业更高一级的需求，实现旅客满意度、高铁社会形象的显著提升。一是做到“帮一帮、扶一把”。对携带大件行李及有随行儿童的旅客，车站要求工作人员做到自觉主动给予帮助，为旅客的出行提供便利。二是开设“绿色”通道。车站除设有无障碍购票窗口、无障碍电梯、无障碍厕所外，还给予特殊旅客提供更为贴心的服务，如提供轮椅、担架，提前进站候车，护送上站台乘车等。三是提供旅途便利物品。在车站候车室服务台，设有便民箱，箱内放置有针线盒、充电器、创可贴、风油精、封箱胶、剪刀、记事本及圆珠笔等，方便旅客使用。

【“三保一促”活动中获得荣誉】 韶关站作为武广线上一个普通的中间站，坚持把发展作为第一要务，按照党中央、国务院确定的“十二五”时期铁路改革发展目标，在“保安全、保质量、保稳定、促发展”（简称“三保一促”）活动中，强基础、抓落实，在众多高铁车站中脱颖而出，成为全国铁路为之瞩目的高铁示范车站，并被全国铁路总工会授以火车头奖杯的最高荣誉，受到前铁道部和广州铁路集团公司领导的肯定和赞誉，荣获“2012年铁道部‘三保一促’创先争优先进集体”荣誉称号。（唐　维）

附：领导班子成员名单
站长：江建强
党总支书记：林贵源
副站长：钟志斌　袁志明

邮政·电信

邮政管理

【概况】 2012年1月，国务院办公厅下发《国务院办公厅关于完善省级以下邮政监管体制的通知》，对完善省级以下邮政监管体制工作进行部署。中央编办印发《关于省级以下邮政监管机构设置人员编制的通知》，广东省设立21个地市邮政管理局。2012年9月14日，广东省邮政管理局正式发文批准成立韶关市邮政管理局，2012年10月23日上午，韶关市邮政管理局揭牌，广东省邮政管理局局长罗建青、韶关市副市长邹永松出席揭牌仪式。该局是广东省邮政管理局和韶关市人民政府双重管理的中央国家行政机关直属机构，设立办公室、普遍服务科（机要通信科）、市场监管科，编制为10名。其主要职责是研究拟订本地区邮政发展规划，监督管理本地区邮政市场以及邮政普遍服务和机要通信等特殊服务的实施，负责行业安全生产监管、统计等，保障邮政通信与信息安全。2013年，韶关市邮政行业发展进一步提速。邮政行业业务总量累计完成2.89亿元，同比增长17.4%；业务收入累计完成3.15亿元（不包括邮政储蓄银行直营收入），同比增长18.35%。其中：快递业务量累计完成523.69万件，同比增长65.88%；快递业务收入累计完成7421.1万元，同比增长67.37%。

【邮局所新建及完善】 2013年，基本完成韶关地区空白乡镇邮政局所补建工作，其中5个已建成投入使用，4个将在2014年上半年建成。完成资金投入532.32万元，补建数量和投入金额均为全省最高。通过自办或代办的形式，补建的空白乡镇邮政局所均已开办函件、包裹、报刊发行、汇兑4项邮政法定业务。2013年，投入中央、省级资金222万元，补建信报箱1.1万个，整治完成农村邮政普遍服务网点13个。完成辖区内全部邮政普遍服务营业场所基础信息实地核查工作。全市共有邮政普遍服务营业场所128个，邮政投递处理场所104个，邮筒总数469个，带有邮政专用标志的生产用车112辆（包含邮政速递物流公司41辆）。完善社会监督员队伍。韶关市共有国家邮政局邮政特邀社会监督员10人，县级监督员覆盖率为100%。

【邮政市场监管】 2013年，韶关市成立韶关市邮政行业寄递渠道治安管理协调小组，与公安、国安、工商、文广新、安监等多部门建立工作联系机制，联合开展安全生产、信息保护、行业行风建设、危爆涉毒寄递专项整治等多项工作。组织做好重大活动期间寄递渠道安全保障工作，行业秩序得到治理和规范。全年出动邮政市场检查和安全生产检查386人次，检查企业共140家次，对63件企业违法违规行为做出口头或书面的责令整改通知。“双十一”电商狂欢节期间，全市快递处理量达51.98万件，日高峰处理量超过10万件，是日常处理量的3倍以上，全行业完成“重要运营节点不爆仓、全网运营不瘫痪”的目标任务。2013年，韶关市邮政管理局加强市场监管常态化管理，全省率先开展全市快递企业备案工作，完成13家主要品牌快递企业及45个分支机构的信息备案工作，协同工商部门对无证照、超范围经营快递业务行为进行排查。

【韶关市快递行业协会成立】 2013年5月8日上午，韶关市快递行业协会成立大会暨第一届第一次会员大会举行。省邮政管理局副局长何青及市邮政管理局、民政局、交通运输局、消委会等单位领导出席大会，全市63家会员单位参加会议。会议审议通过《韶关市快递行业协会章程（草案）》及《韶关市快递行业协会选举办法（草案）》；选举产生韶关市快递行业协会第一届会长、副会长、理事、监事；通过会费标准。截至2013年12月底，韶关市快递公司（含分支机构）共56家，其中取得经营许可证的法人企业有15家，备案分支机构41家，快递从业人员达2000人。

【《南华寺》特种邮票获审批发行】 2013年8月7日，《南华寺》特种邮票全套4枚审批通过，此套邮票是广东省第一套寺庙题材邮票，以南华寺曹溪门、大雄宝殿、灵照塔、祖殿为主图，采用手绘画风格，一套4枚，每枚1.2元，是继《丹霞山》邮票发行后韶关市对外宣传的又一张靓丽的国家名片，也是弥足珍贵的旅游文化珍藏品。该套邮票在2013年9月7日举行的“纪念六祖惠能圆寂1300周年暨2013年广东禅宗六祖文化节”系列活动上进行首发。

【提升邮政行业服务质量专项整治活动】 为提高全市邮政业服务质量，维护行业市场秩序，促进公平竞争，保护经营者和消费者的合法权益，自2013年3月起，市邮政管理局启动提升邮政行业服务质量专项整治活动。市邮政管理局与邮政公司和各快递企业签订服务质量责任书，行业内部发动参与，《韶关日报》、电视台等主要宣传媒体对活动开展主题跟踪报道。活动开展以来，快递企业野蛮作业、场地脏乱差、存在安全隐患、快件延误等突出问题得到明显改善。

【邮政宣传活动】 2013年10月9日是第44届世界邮政日，“情系万家，信达天下”是中国世界邮政日的主题宣传口号。市邮政管理局、市邮政公司、快递企业等通过在网点张贴宣传海报、开展咨询活动等形式开展纪念宣传活动。2013年12月4日，韶关市邮政管理局按照法制宣传日暨法治广东宣传教育周活动的主题“人人学法用法、共建法治社会”，在全市开展为期一周的“法治广东宣传教育周”活动。活动主要以派发宣传手册为主，根据2013年新出台的《快递市场管理办法》对市民关注的维权热点进行解读，宣传申诉途径。

【安全生产及收寄验视专项整治活动】 为落实邮政行业收寄验视制度，确保行业安全生产，2013年12月30日起，韶关市邮政管理局联合韶关市公安局、市国家安全局在全市范围内开展“邮政行业安全生产及落实收寄验视专项整治活动”，重点检查企业收寄验视情况、作业场地安全情况、实时监控情况、信息安全保护情况。

【邮政营业场所基础信息实地核查】 为全面了解韶关市邮政设施现状，提升邮政管理部门的监管能力和信息化监管水平，韶关市邮政管理局自2013年5月起开展邮政基础设施普查工作。该普查对全市邮政普遍服务营业场所进行实地核查，重点对营业场所名称、地址、经营方式、法定邮政普遍服务业务开办情况等信息，收寄验视制度执行情况、防火防盗设施等安全情况以及机要通信终端保密安全服务能力等方面开展实地检查监督。（王　丹）

附：领导班子成员名单

局长、党组书记、市交通运输局副局长：肖　军

副局长、党组成员、纪检组长：张和荣

邮政服务

【概况】 韶关市邮政局位于韶关市浈江区风采路3号，是一家肩负着全市邮政通信建设、运营与管理的现代服务企业，下辖市营业局、曲江、乐昌、南雄、仁化、始兴、乳源、翁源和新丰9个县（市、区）邮政局及商函广告局（下挂名址信息中心）、集邮公司、电子商务局、报刊发行局、机要通信局、邮区中心局、投递局等7个直属单位。先后成立“邮政储蓄银行韶关分行”和“邮政物流服务有限公司韶关分公司”，提高整个邮政服务的专业化水平。近年来，韶关邮政致力打造服务民生平台，在履行邮政普遍服务义务的同时，邮政金融、邮务和速递物流为群众的日常工作和生活提供着方便快捷的多元化服务。2013年，韶关邮政业务收入同比增长10.85%，服务满意度达到91.3分（超过省邮政公司考核标准）。

【创新邮政服务种类】 除开办收寄邮件包裹、订阅报刊、机要通信等传统服务，还推出邮政广告、数据库商函、直邮媒体、文化收藏、网上邮购、个性化邮品、企业贺卡、企业年册和“11185”电子票务等服务；增设EMS“次晨达”、专送机票、法律文书、驾驶证、消费账单、大学录取通知书，以及为客户代办第二代身份证、交通违法罚款、

港澳二次签证等快递服务；并开办存款、代收电话费、移动话费、代办保险、代理国债销售等金融类服务。不断丰富业务品种，完善服务功能，为广大群众提供转账服务、银行卡和信用卡服务、基金以及债券投资、大额协议存款、贷款、小额信贷等资产业务；并开办对公存款和对公结算业务，更加满足社会需求。做好EMS快递服务，并增设E邮宝、普通货运、销售预包装食品、邮购、运输咨询以及货物装卸、包装、装配、信息处理等服务，其中EMS特快专递不断提速，价格下调，深受群众欢迎；E邮宝以优惠的价格服务于韶关市“创业园”的广大网商，为他们提供方便快捷的货物收寄、运输和投递“一条龙”服务。

【南华寺特种邮票成功发行】 2013年9月7日，《南华寺》邮票首发仪式在六祖讲坛举办，成为整个广东六祖文化节活动的重头戏，受到市委市政府和省公司的好评。首发日当天，销售各类邮品和函件产品近100万元，为宣传韶关历史文化和城市名片献出一份力量。邮票发行的整个过程中，在邮票发行方案的定稿，做好宣传推广，创新营销工作等多个环节，韶关邮政全心投入，实现社会、经济效益双丰收。

【实现全国代理金融网点跨区域迁址试点】 2013年12月，成功将仁化格顶支行和新丰石角营业所分别搬迁至乐昌梅花镇和九峰镇，标志着跨区域迁址工作圆满完成。进一步优化邮政服务网络，为市民提供更方便快捷和多功能的综合邮政服务。

【代发服务出新成效】 一年来，全市新增一次性代发项目共2.08亿元，实现新增代发工资户数超过1万户。其中，乐昌烟农种植款代发服务项目体现邮政金融周到、细致的服务质量。随后，陆续和乳源、曲江等6个县级烟草公司合作工资代发服务，合作双方实现共赢。

【本地电子商务网站“韶乐购”带来商机】 打造韶关大型网上超市“韶乐购”（shaolego.com），注册会员约2000个，日均浏览量达到4000次，商品上架数将突破1万个，产品覆盖面广，为市民提供一个便捷、实惠的购物平台。韶乐购的开通吸引本地不少商家前来合作，为商家提供全新的宣传平台，为邮政电商业务带来更多商机。韶乐购同步开通韶乐论坛，引进南粤公益爱心团体进驻，该合作得到政府高度认可，提升邮政形象。

【邮政服务网点整治建设】 全年共筹集建设资金2963万元，集中财力持续推进生产场地整治、网点硬件升级和安防达标。其中，安防改造、车辆和设备更新资金投入达到历史最高水平。空白乡镇网点补建顺利推进。仁化石塘等4个空白乡镇局所补建基本完成。南雄全安等4个点补建工作正在抓紧实施。网点硬件水平不断升级。完成曲江三村等5个金融网点的升级改造工程，新增自助设备、现金清分机等重要设施，全市网点整治率达86%以上，自助设备替代率提升至49.04%，同比提升4.3%。均等化工程基本完成。南雄百顺、始兴石人嶂等13个均等化网点整治基本完成；投入110万元资金，完成1.1万户信报箱群补建。政府“三农”工程合规推进。先后完成南雄等3个县域农资配送中心，曲江樟市、仁化董塘2个农资直营（仓储）店建设。落实乳源邮政生活馆、部分县域食堂、培训中心、网点宿舍等整治工程。安防设施建设能力得到提升。业务库达标率为94.87%；全区39个网点加装异地值守系统；完成运钞车反劫持系统建设；完成自助设备区紧急对讲系统安装；完成全区网点二道门等改造。

【深化和谐企业建设】 工会组织慰问先进、病困员工91人，发放慰问金13.9万元。创新开展职工之家与投递员之家“合并”建设，解决员工就餐难题。浈江、北江投递部被评为省邮政模范“城市投递员之家”。2013年夏天，韶关遭遇洪涝灾害，部分支局网点和员工房屋被淹。局党组、工会做好慰问工作；新丰局投递员赖仁尚舍小家为大家的精神受到当地政府和省公司高度评价，省邮政工会下拨困难补助金5万元帮助他重建家园。初步形成具有韶关邮政特色的企业文化理念；坚持创建“青年文明号”“青年岗位能手”“星级营业窗口”“星级投递部”，开展“用户是亲人”“打造不排队银行”等活动，促进服务水平不断提升；举办多项岗位技能比赛，提升工作质量；选树典型，涌现出一批先进集体和个人；完成3年扶贫工作，韶关市邮政局被市委评为扶贫工作“优秀单位”。

（庄维薇）

附件：领导班子成员名单

党组书记、局长：

陈大灿（—2013.7）

党组副书记、副局长：

何建军（主持工作）

（2013.7—）

行长：杨永华

副局长、工会主席：黄海斌

总经理：黄韶山

电　信

【概况】 中国电信股份有限公司韶关分公司（以下简称韶关电信）隶属于中国电信集团公司，是中央直属的特大型通信骨干企业，拥有完整的固定网、移动网、基础网、数字网和数据网，主要经营移动通信、互联网接入及应用、固定电话等综合信息服务。下辖城区、曲江、乐昌、南雄、翁源、新丰、仁化、始兴、乳源9个级分公司，108个营销服务中心，服务网点遍布全市乡镇，是全市最大的基础网络运营商和综合信息服务提供商。2013年，韶关电信贯彻落实集团公司“一去两化新三者”的总体要求，加快企业战略转型和规模效益双提升，创新机制体制，提升运营效率，各项工作取得新成效。

【企业运营发展】 2013年，韶关电信紧抓规模效益双提升，强化精确管理，全面完成省公司下达的收入任务，收入完成进度在全省排名第五，收入增长率列全省第九位。收入结构持续优化，传统业务风险进一步释放。用户规模持续扩大，总用户到达120万户。移动竞争实力不断加强，3G规模保持同城第一，3G户均流量完成率全省第一。宽带实现全面提质提速，“光网城市”建设成果惠及广大市民。宽带市场地位保持领先，宽带净增份额全省排名第一，获广东公司天翼宽带先锋奖金奖。

【智慧韶关建设】 2013年，韶关电信坚持城乡统筹，加大投资力度，推进“光网城市”建设，加快向“全光网络”迈进，实现网络升级换代。移动网络进一步扩容提质，实现武广铁路的3G网络覆盖，在实现行政村100%通3G的基础上，3G网络向自然村一级覆盖发展。“智慧农村”取得初步成效，完成87个中心乡镇信息化网络建设，为7.6万户农村家庭普及互联网提供信息化服务。实施信息惠农政策，使15万户农村用户享受到“天翼3G网”带来的实惠。

【信息化服务地方经济发展】 2013年，韶关电信坚持以信息化服务，促进地方经济社会发展。配合市委、市政府推动移动OA办公应用，投资建设市政府移动办公系统，实现政府办公OA移动化。配合韶关市社会治安视频监控系统建设三年规划，加大“全球眼”发展力度，为平安城市建设提供信息化保障。助推中小企业信息行业化应用，为多家企业建设综合信息化办公系统，助力企业提高管理水平。推进教育信息化，通过建设教育视频网，为全市中小学提供教育视频接入，推进韶关市农村中小学现代化远程教育，促进数字化优质教育资源普及共享。

【网络安全维护保障】 2013年，韶关电信持续优化通信网络，强化通信安全保障。加强基础传统网络的维护，优化网络结构，实行“1+1”保护或成环保护，进一步提高重要局点、基站和重要党政军企客户的网络安全与畅通。开展线路达标整治，宽带故障率由2012年的3.36%下降到2.6%，网络服务能力得到增加。加强应急通信保障建设，修订完善各项通信应急保障预案，提升快速响应能力。在应对“5·16”“8·16”等特大洪水灾害期间发挥重要作用，未发生一起乡镇固网、移动网络通信同时全阻中断情况，保障地方抢险救灾工作。完成纪念六祖惠能圆寂1300周年暨2013年广东禅宗六祖文化节（韶关）系列活动的通信保障工作。

【网络信息安全管理、防控】 加强网络信息安全管理，落实网络信息安全各项规章制度。修订完善《互联网突发事件应急处置预案》，满足应对重大突发维稳事件的要求。按照《木马僵尸网络监控与处置机制》要求，完成公共互联网环境的治理工作。针对互联网通信的特殊性，落实移动日志留存系统的运维和使用配合，确保系统安全可靠，符合标准要求。加强线路安全防范，护线工作可防、可控，破获通信案件11宗，案发率同比下降43.55%，直接经济损失同比下降

44.25%，实现两降一升目标。

【电信服务质量提升】 2013年，韶关电信深入开展“服务提升年”活动，针对服务短板，以为民务实为宗旨，结合党的群众路线教育实践活动，通过纠风行动，集中整治群众抱怨的热点、难点问题，取得实效，TOP5问题抱怨量同期对比下降25%。夯实基础工作，提高装维服务水平，通过规范装维行为、装维标准化、末梢达标建设等基础工作，为群众提供“好网络、好服务”，实现服务水平提升。宽带故障申告率从年初4.21%下降到年底的2.64%，宽带24小时修复及时率超过83%，同比提升超过36%。

【机制体制创新】 2013年，韶关电信引入市场机制，创新激励机制与岗位晋升相结合，全面推进划小经营。在营服中心、商客团队、城区商圈、营业厅、重要政企客户等领域开展公开竞标，激发基层单元经营活力。在城区试行装维划小，服务质量、网络质量提升明显。夯实人力资源划小，绩效分配试行增量收入提成、计件考核、岗位激励。优化前端组织机构调整，撤销公众客户部和社会渠道运营中心，成立渠道运营中心，提升前端集约运营能力和运营效率。撤销全市所有客服中心，调整后新成立108个营销服务中心，实现扁平化管理。

不断优化成本结构，提高成本使用效益。优化绩效管理，修订员工绩效管理办法和实施细则。优化分配机制，让员工共享企业发展成果。关注员工职业发展，建立后备人才信息库。通过轮岗历练、承包经营、技术攻坚、重点项目拓展等，为员工搭建多渠道职业发展平台。加强员工培训，提升员工整体素质，全年共培训8019人次。 （白三军）

附：领导班子成员名单

总经理：

刘　峰（2013.1—2013.4）

郭益平（2013.4—）

副总经理：

丁兆鹏

李学军（2013.1—2013.4）

常文卓（2013.1—2013.4）

高　骞

王　辉（2013.4—）

中国移动韶关分公司

【概况】 中国移动通信集团广东有限公司韶关分公司（以下简称韶关移动）是中国移动通信集团广东有限公司驻韶关分支机构，现有职能部门7个，中心6个，下辖市区、曲江、乐昌、翁源、南雄、仁化、乳源、始兴、新丰9个分公司。2013年，韶关移动着力提升核心价值能力，推进企业持续健康发展，坚持“客户为根、服务为本”的理念，从市场、网络和管理入手，转变发展思路，固格局、稳客户、保收入，为实现企业的转型发展奠定基础。2013年，韶关移动荣获省公司以上荣誉共87项。其中，《提高全量客户综合满意度》获全国优秀QC成果，MM百万青年创业计划获集团公司优胜奖，荣获“广东省诚信守法示范企业”“广东省质量管理小组活动优秀企业”“广东省扶贫双到优秀单位”，有4个服务厅获广东省“巾帼文明岗”荣誉称号。

【持续巩固传统市场优势】 面对增长放缓、竞争加剧的市场环境，韶关移动调整市场策略，持续巩固传统市场优势。开展专项突破捆绑工程，推进校园秋季营销，持续激发渠道产能，开展集群经营，遏制市场份额下滑趋势。推行低资费常态化优惠和融合营销包，加大长途/漫游等语音话务包推广，延缓语音收入下滑趋势；通过开展套餐进阶营销，激发客户流量需求，整体移动流量规模增长148%，流量收入同比增长40.7%。定期开展终端订购会、落实本地分销模式等，激发全渠道终端销售产能，全年终端销量为2012年的2.8倍。建立集团健康度运营监控模型，形成“两套系统+七大模块”的业务支撑体系；开展首席客户经理拜访工作，实施分层分级看管和预警闭环管理，实现重要集团保有率99.64%。

【“心服务　新价值”年度主题服务活动开展】 2013年是实现4G大发展、城市信息化的关键之年，韶关移动秉持“客户为根，服务为本”的理念，旨在用心为广大用户营造一个精彩、优质、便捷、安全的消费环境，拓宽服务渠道、创新服务模式、提升服务水平，推出“心服务，新价值”五大服务承诺和十项服务举措，相继开展的10分好服务评选活动和立体化的客户关系修复，接触客户比例达到99.01%，修复客户近2万名；公司经理人员开展20场“六个一”流程穿越活动，诊断出62个流程问题并开展专项改进，输出“提高自助终端充值缴费客户感知服务质量”“探索潜在不满意客户监控的方法”“客户投诉问题解决率提升”“流量客户满意度提升”4项攻关成果。通过开展社会监督员项目、“最美移动人”评选、服务质量座谈会、“民生热线”等服务提升活动，致力为用户提供便利、实惠的服务，让用户的移动互联新生活更多彩多姿。

【助力地方信息化建设】 韶关移动协助本地政务网建设、公安视频监控系统建设、教育信息化建设、农村信用合作社视频监控系统建设等信息化建设项目的开展，提速地方信息化建设。金融行业以集团专线、集团WLAN为推手，形成立体的网络覆盖商圈；教育行业引入同步课堂、成长帮手等新业务，以不断完善和创新的内容，为教育信息化注入新的生命力；重要集团方面实现ICT项目新突破，签约韶关监狱并逐步辐射拓展北江、武江等监狱，全省首创“一呼百应”“亲情电话”产品，实现一键群呼、狱警管理、实时集结、通信管理等功能。借助强大的资源优势和对新技术在当地的融合，助力地方信息化建设。

【网络价值提升工程推进】 韶关移动结合本地实情，推进网络价值提升工程。推进TD－LTE网络建设。4月28日，韶关分公司在丹霞山旅游景区开通两个LTE体验站（观日亭、韶音亭），下载速度达到70米/秋，标志着4G网络正式在韶关开启。开展网络感知质量价值提升子工程。从网络干扰整治、数据业务高拥塞整治和高掉话整治等方面着手，实现“双网双优”目标，G网通话质量达98%以上，T网覆盖率达99%以上。开展网络资源价值提升工程。通过强化指标进度管控、加强专业联动、及时预警等，公司资本开支进度靠前。与分公司签订军令状、合作单位黑点难点攻关摘牌、领导挂帅攻关等，累计完成500多个TD站点的建设，G网流量承载能力同比提升64%。实施网络运营价值提升工程。通过开展TD退服时长整治，TD小区完好性从2月初的99.93%提升至10月的99.975%。实施网络技术人才价值提升工作。与市总工会联合举办韶关市2013年“卓越100”网络技能竞赛活动，并开展13项以防洪和抗冰灾为主的应急演练，员工技能和公司的应急维护水平都得到提升。

【抗洪抢修通信保障工作完成】 2013年，受较强暖湿气流影响和台风影响，韶关多次引发特大洪灾。面对“5·16”特大洪灾和“尤特”台风袭击，迅速组织人力、物力、财力抗洪抢险，抢通主干通道，及时恢复退服基站。“5·16”洪灾造成通信设施受损涉及韶关5个县、25个乡镇，由于局部持续强降雨，造成大面积停电、传输密集中断，面对故障和抢修的“点多、面广、时间紧、抢修难”的特点，韶关移动迅速行动，省市联动制定并开展“五项应急抢修方案”。例如，开通卫星应急通信车、抢通传输保护路由等，将网络故障的影响面降至最低。洪灾期间，累计出动抢修人员1183人次，抢险车辆304台次，动用油机326台。为持续优化应急通信保障体系建设，韶关移动通过四种形式，提升网络保障的效果，主要为：完成全区8个“超级基站”（基站采用卫星传输，具有较高抵御自然灾害的能力，可提供灾时的通信保障）的调测工作；争取省公司资金和物资支持；建设第三传输应急保护路由，建设“新丰—河源”县级第三路由应急方案；针对目前天气及新环境特点，修订及更新应急通信保障方案，完成冰灾洪灾应急预案、机楼损毁应急预案多项应急预案的编制和更新。

【践行社会责任】 韶关移动连续6年承办“智慧广东·创享移动希望工程南粤会亲——韶城会亲活动”，累计募集资金130多万元，资助贫困学生2100多名。贯彻落实省、市关于扶贫开发“规划到户，责任到人”工作部署，开展“双到”工作，在扶贫工作中，投入到第二批的帮扶点始兴县顿岗镇宝溪村，借助积累的经验，助力帮扶村早日脱贫。以宣传“低碳出行”为目的，举办“骑游韶关最美乡村”主题系列活动，全面覆盖三区七县，历时半载，累计参与人数近800人，用行动践行低碳环保的重要性。开展“关爱留守儿童”慰问活动，“洪灾无情，移动有爱”慰问活动，无偿献血等社会公益活动，并完成注册志愿者达359人，志愿工作时长达1012.5小时。

（包振华）

附：领导班子成员名单

总经理：周忠坤

副总经理：欧勇健　邱芬娣

林　纲

工会主席：欧勇健

中国联通韶关分公司

【概况】 2013年，中国联通全面进入3G发展快车道，经历企业发展历程上的机遇与挑战。站在新的时代节点，秉承“创新改变世界”的理念，中国联通韶关分公司在发展中调整结构，在创新中增强活力，提升整体综合实力，推进跨越式的新发展。

【超卓网络“提速”创造幸福】 围绕客户需求，通过名单制管理，夯实基础，完善工程建设管理规范，持续推进工程建设变革管理。2013年新建开通入网W站点96个，G网站点60个，W室分29个，进一步改善各县区3G网络的覆盖及G网补强网络覆盖。宽带圈地项目竣工交维64个，建设新增FTTH端口近9500个。在网络优化方面，重点开展2/3G协同优化、天馈系统专项整治、3G极速优化等一系列专项网络优化工作，第三方评测网络由良提升至优，网络各项指标均大幅提升；宽带修障满意度优于全省平均水平。为提升国际漫游服务能力，中国联通和国际运营商展开漫游合作，中国联通已与246个国家和地区的548个运营商开通GSM/WCDMA话音漫游业务，与其中178个国家和地区的403个运营商开通GPRS/WCDMA数据漫游业务。借助这张遍布全球的庞大网络，实现联通通信网络全球覆盖。

【提升服务品质】 随着新业务、新应用层出不穷，服务需求正从“传统语音”服务转向“移动数据”服务、“通信+终端+应用”的一揽子服务转变。服务工作聚焦于重点客户、重点渠道、重点短板，全面提升用户满意度。通过开展网络投诉热点名单制解决机制、宽带名单制管理、宽带“沃更宽”宽带网络质量提升等活动，各项指标得到一定的提升。通过深入学习领会上级领导的有关指示精神，树立“以客户为中心的”服务意识，不断提高服务品质。通过每月召开用户满意度联席会议，手机售后使用系统开发，用户满意度提升10PP、电话营销投诉环比下降39%。通过建立全流程服务体系，强化售前、售中、售后各服务环节管控，创新服务模式，拓宽服务销售渠道，做好真实用户的全流程服务，提高用户感知及满意度，形成客户与企业的双赢。始终坚持对优质服务工作常抓不懈，注重强化科室员工的服务意识，以客户的满意度为衡量标准，激励全体员工精益求精，永远追求更好、更完善的服务。

【举办第六届“丹霞有WO更精彩”徒步穿越丹霞活动】 为进一步传播丹霞山世界遗产品牌，树立韶关生态休闲旅游城市形象，韶关联通在成功协办第三、四、五届徒步穿越丹霞活动的基础上，2013年又再次协办第六届“丹霞有WO更精彩”徒步穿越丹霞活动。在穿越丹霞活动过程中，韶关联通贯穿使用先进的3G技术，开展视频看丹霞、神眼看丹霞、微博看丹霞、彩信丹霞等“WO穿越WO幸运”系列活动。先进的3G通信技术的支撑，徒步穿越大丹霞活动变得更丰富、更立体，同时也让省内外、国内外的参与者切身感受韶关通信信息建设新变化。

（郑菲菲）

附：领导班子成员名单

总经理：王　柱

副总经理：陈灵军　罗晓良

张后明

无线电管理

【概况】 市经信局是主管全市无线电工作的职能部门。2013年全市无线电管理，树立“管理就是服务”的理念，履行政府管理职能，为地方重点产业项目和重点城建工程提供服务，做好频率台站审批、监督检查、无线电监测及重点设台单位服务工作，保证通信安全与畅通。

【无线电安全保障服务】 2013年，韶关市经信局做好全市重要业务无线电安全保障工作。市经信局加强重要时期、重点地段无线电监测，在春运期间对京广航线、武广高铁等重要业务开展保护性监测，确保民航、高铁等频段重要业务的无线电安全畅通。加强对地面无线广播电视、卫星电视接收频率的监测保护力度，严密防范和打击不法分子在“两会”期间的干扰破坏活动，及时稳妥处理突发事件，保障群众能正常收听收看电视广播节目。

【完成重大考试安全保障】 参与重大考试保障，打击考试作弊行为。市经信局全年完成多次重大考试保障任务，派出人员70多（人次），派出车辆26（车次）参与重大考试无线电安全保障，及时发现、阻断作弊信号3起，防范和打击利用无线电设备进行考试作弊的非法活动，完成各项全国性重要考试的无线电安全保障任务。

【加大无线电管理宣传管理】 结合《广东省无线电管理条例》、“世界无线电日”纪念日和“民生热线”上线等契机，市经信局利用经信网络和政府门户网站宣传无线电科普知识，开展绿色和谐空中电磁环境共建行动，营造良好社会氛围。

【全市无线电管理工作会议暨韶关市无线电协会第一次会员大会召开】 2013年5月，全市无线电管理工作会议暨韶关市无线电协会第一次会员大会顺利召开。无线电管理、电信运营、广播电视、科研、无线电设备制造业等48家会员代表60多人参加本次大会，市经信局副局长黄玉、市民间组织管理局局长黄远周莅临会议指导工作。会议首先由黄远周宣读同意筹备成立韶关市无线电协会的批复，协会筹备组负责人李丹汇报韶关市无线电协会筹备工作情况。随后，黄玉传达2013年全省无线电管理工作会议精神，安排部署2013年全市无线电管理工作。最后，黄玉强调市无线电协会的要求和成立的作用和意义。会议以无记名投票选举方式一致通过《韶关市无线电协会章程》和第一次会员大会选举办法，推选出第一届理事会组成机构和理事会负责人。黄玉当选市无线电协会名誉理事长，秦卫平当选协会理事长，李丹当选协会秘书长。

【创建电磁频谱管理韶关监测站】 市经信局争取省无线电管理办公室支持，开展韶关站建设各项前期工作。2013年12月31日，广东预备役电磁频谱管理大队韶关监测站正式挂牌成立，按照平时服务、急时应急、战时应战的要求，运用先进无线电技术手段，践行“大无线”理念，当好“空中卫士”。市经信局还完成《韶关市公众移动通信基站设置管理办法》的起草工作，经市政府第十三届23次政府常务会议通过，于2013年6月13日印发实施。

【开展无线电台站规范化管理专项行动】 市经信局贯彻落实全省无线电台站规范化管理专项活动通知精神，从2013年6月开始在全市开展无线电台站B库清理工作。全年共完成B库台站清理近8000个，按时完成无线电发射设备专项检测、核对工作。

（郑湘琳）

2013年7月，副省长陈云贤在省政府副秘书长江海燕、省教育厅厅长罗伟其、市政府副市长邹永松、时任市教育局局长曾风保的陪同下视察韶关教育工作

2013年12月，市委教育工委书记、市教育局局长邓小杰到学校指导教育创强工作

韶关市教育局

SHAOGUANSHIJIAOYUJU

2013年，韶关市教育工作在市委、市政府的正确领导和省教育厅的关心指导下，广大教育工作者认真学习贯彻党的十八大精神，牢记使命，开拓进取，扎实工作，圆满完成了年度各项工作任务,为全市经济社会发展提供有力的人才支撑和智力支持。

一是扎实推进教育创强工作，截至2013年底，全市有75个省教育强镇（街道），8个省教育强县（市、区），2013年10月，韶关市正式向省政府申报省教育强市督导验收。二是切实加强学校管理，加强学生德育工作，抓好人防、物防、技防建设，扎实推进平实校园建设。三是扎实抓好师资队伍建设，通过强化师德建设、加强业务培训、优化队伍结构、提升教师待遇等举措，全面提升教师队伍素质。四是抓好各级各类教育，全面提升教育质量。加快推进学前教育；义务教育规范化学校建设全面推进，覆盖率达97.76%；完成市特殊教育学校整体搬迁；全市共有19291名考生被各类高校录取，占实考总人数的88.6%，位居全省欠发达地区前列。学生参加各类竞赛均获佳绩，参加省体育传统项目学校田径锦标赛，取得全省团体总分第一名，被国家体育总局授予“2009-2012年度全国群众体育先进单位”荣誉称号。五是抓好助学工作，努力促进教育公平。全年累计落实资助资金超过1亿元，受惠学生累计达13.3万人；韶关市“挥墨写真情——行善助教育”募捐活动累计募集善款物资超过1.3亿元。

2013年，韶关市开展“挥墨写真情——行善助教育”系列募捐活动，图为募捐答谢晚会现场

创建省教育强市,极大地改善了幼儿园的办园条件，图为开心上园的山区孩子们

韶关市住房和城乡建设局

2013年6月28日，省长朱小丹（左三）在市委书记郑振涛、市长艾学峰的陪同下到曲仁矿棚户区改造试点一期工程视察

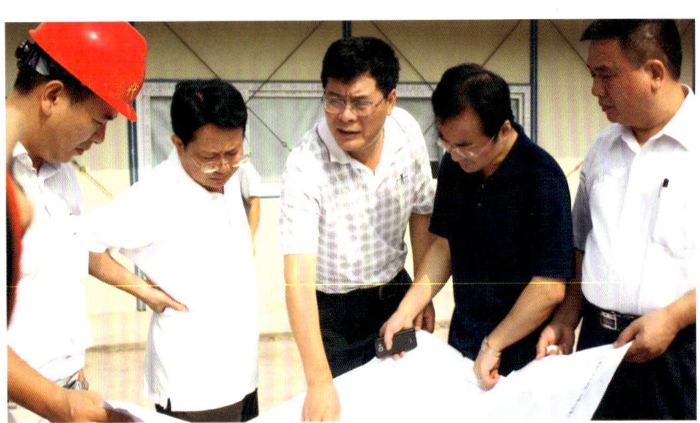

2013年8月，市委书记郑振涛（左二）视察原曲仁矿棚户区二期工程，图为市住建局局长梁留灵（中）对施工进度进行现场讲解

2013年，市住房和城乡建设局根据党中央、国务院和省委、省政府领导的批示精神，紧紧围绕全市、全局中心工作，以重点工作为落脚点，着力做好党中央、国务院和省、市党委、政府高度关注的民心工程、德政工程——原曲仁矿棚户区改造。为科学谋划全市棚户区改造工作，积极开展调查摸底，全面摸清原曲仁矿棚户区约12750户的底数，并依据住户需求和城市规划要求确定安置点的规划选址；2013年11月，出台《韶关市棚户区改造规划（2013-2017年）》经市十三届31次市政府常务会议讨论通过并正式下发。同时，韶关市棚户区改造五年规划由省住建厅转发至各地级以上市，供各地参考借鉴；加快推进棚户区改造试点工程，以田螺冲、丝茅坪、红尾坑（含社主）及两个移民队旧址作为安置点，积极推进原曲仁矿棚户区改造试点工程；为有效减轻购房压力，最大限度满足困难职工的购房需求，针对市属“退出”企业的未房改棚户区住房，制定出台《韶关市区市属“退出”企业棚户区改造实施总体方案》；制订出台了《原坪石矿棚户区改造建设实施计划》、《原坪石矿棚户区改造方案》等一系列文件，积极做好省属工矿棚户区改造工作；省属仁化十六冶棚改造项目充分利用市场运作，1250套棚改安置房已动工兴建；推广绿色建筑，加快绿色建筑体系建设，下发《关于加快推进全市绿色建筑发展工作的通知》，在新区内逐步强制推行绿色建筑，引导芙蓉新区建成绿色生态城区，推进绿色建筑规模化发展。

2013年7月30日，市住建局局长梁留灵带队做客民声网，开展在线网络问政

2013年6月8日，韶关市住房和城乡建设局牵头组织市区各街道办居委以及物业企业开展物业培训

2013年，原曲仁矿棚户区改造试点二期工程全面铺开，图为8月份施工现场

建设中的仁化县黄屋新村

韶关市国土资源局 SHAOGUANSHI GUOTUZIYUANJU

3月12日，省国土资源厅厅长陈耀光到韶关调研

12月23日，召开全国地理国情普查会议

韶关市国土资源局内设办公室、人事监察科、法规与综合协调科、行政审批科、规划用地科、耕保科、土地市场管理科、地籍科、矿产资源管理科、地质斟查与环境科、测绘地理信息科、执法监察支队等12个内设机构。派出机构有韶关市国土资源局武江分局和浈江分局，下属事业单位有韶关市国土资源技术中心（韶关市土地整治管理中心、韶关市国土资源档案馆）、韶关市矿产资源与地质环境监测中心。市辖乐昌市、南雄市、仁化县、翁源县、始兴县、乳源瑶族自治县、新丰县、曲江县等8个国土资源局。

2013年，韶关市国土资源局系统紧紧围绕“保发展、保资源、保权益”为中心，积极主动服务韶关经济社会发展，扎实做好国土资源服务和管理，着力抓好重点项目用地保障、城乡用地增减挂钩、“三旧”改造、耕地保护和土地矿产卫片执法检查、地质灾害防治等各项工作，并取得了较好成绩。先后被国土资源部授予“全国矿产资源利用现状调查工作先进集体”、“全国土地市场动态监测与监管工作先进单位”；被国家土地督察总局授予“土地利用和管理形势观测分析工作成效突出观测点”先进单位；被广东省人民政府授予“广东省耕地保护责任目标考核综合二等奖”；被省国土资源厅授予“国土资源信息化建设先进单位”；被中国测绘学会授予“优秀测绘工程奖铜奖”；被韶关市委、市政府授予“绩效考评优秀单位”、韶关市“文明窗口”等一系列荣誉，并顺利通过了国家和省对韶关市土地矿产卫片执法检查验收。

8月27日，全省首次城乡建设增减挂钩现场会在韶关南雄召开

2013年11月21日，韶关市国土资源局局长王碧安、韶关市民族宗教局局长赵卫东到深洞村调研扶贫开发工作

局干部职工参加“元旦环城跑”

市委书记郑振涛（左一）到广播电视台调研

敢于担当　锐意改革 全面推动广电工作上新台阶

韶关广播电视台

SHAOGUANGUANGBODIANSHITAI

党委议事

韶关广播电视台建台31周年，由原市广播电视局及所属的韶关人民广播电台、韶关电视台、韶关有线广播电视网络中心、广播电视微波中心站、广东省韶关722台等单位合并组建。目前全台有新闻中心、电视中心、广播中心等14个机构，共有编制240人，在册总人数511人，在职人数407人，退休人员104人。在市委、市政府的正确领导和市委宣传部的大力支持下，该台认真贯彻落实《中共韶关市委关于全面深化改革的实施意见》和《韶关市2014年若干重要改革任务要点》，从2013年9月起，大力推进各项改革工作，取得了初步成效。

广电改革进展情况。

按照“政治家办台、企业化管理，市场化运作，产业化发展”的思路，该台加快内部运行机制改革，重点实行了频道频率制改革，中心负责制改革和经营创收方式的改革。

一、大力推行频道频率制改革。实行电视频道、广播频率总监负责制。在电视中心设立新闻综合频道、经济生活频道，在广播中心设立综合广播和交通旅游广播。频道频率完成台下达的收听收视率考核和经营创收任务。人、财、物由台单列核定、动态监管和实施绩效考核。通过这一项改革，两个频道的自办栏目时长都超过了100分钟，电视自办栏目的数量和时长都是广电台改革前的3倍，自办栏目全天平均收视率达到1.5。广播两个频率的自办节目数量由20多个增加到40多个，平均收听率和市场份额稳居我市所有落地电台的前两位。

二、打造信息统一发布的广电新闻中心。新闻中心由原广播中心、电视中心、民声网和电视周报四大部门精干力量组成，解决了原来一个新闻事件多头采访，重复采访，浪费人财物的问题，有效节省了人力资源和经费成本，实现了一条新闻由新闻中心一个部门集中采访，广播、电视、网站、报纸各个部门后期制作发布，一个口子进来多条渠道发布的良性互动局面，确保严把导向关的目的。

三、打破体制束缚，实现网络、报纸联合运营。《韶关民声网》和报纸《韶城一周》首次联合运营，组建成网报中心，实行企业化管理运转，由社会资本负责运营。这一改革，网络和报纸实现全面改版，总体运作逐步走向新媒体融合的态势，并不断开拓新媒体业务，经营创收较往年同期有了好转。

四、扭转困局，产业实行自主经营。由于广告代理商拖欠我台经营收入资金，欠该台债务高达1700多万元，广告代理商突然退出。该台在这样不利的局面下，对广告经营创收工作进行了重大改革，由对外发包改为自主经营，4A品牌广告经过PK竞选优化组合由专业公司专营，并通过与企业、县（市、区）合办栏目、跨地区合作等形式扩大创收途径。

经过近一年的探索，基本达到改革总体方案设计的目标，服务中心大局的能力得到进一步增强。广播、电视内容更加充实，更具可听、可视性。文化产业和广告经营逐步向好。安全播出保障能力进一步提高，上半年实现了零停播、零插播、零错播、零安全事故、零投诉、零问政。积极履行社会责任有了新提高，为推动韶关市经济社会发展作出了应有贡献。

改革动员

中心组学习

扶贫

参观湖南卫视

参观廉政基地

韶关日报 SHAOGUANRIBAO

本报班子成员合影。（从左至右）副社长张波，副社长、纪委书记李宇强，副总编辑赖玉平，社长、总编辑刘炎生，副社长周国庆，副总编辑曾明娟，副总编辑李仲超。

《韶关日报》是中共韶关市委机关报，自1984年1月1日创刊以来，不断创新发展，始终坚持政治家办报原则，围绕中心，服务大局，关注民生，成为粤北地区最权威的综合性日报。近年来，韶关日报以“有品位、有特色、有看头”为办报理念，以“本土化、民生化、精品化”为实现目标，针对报刊发展的新特点和读者阅读需求的新变化，通过改版创新，扩容提质，赢得广大读者的信赖，受到了韶关市委、市政府的肯定。

韶关日报社坚持机制体制创新，逐年推进各项改革，基本实现了由粗放型向精细型，由经验型向制度型，由安排型向规范型的“三个转变”。通过利用市场资源，转换经营模式，2013年起，在广东地市报率先尝试推行整体广告代理制，进一步拓展多元化经营之路。按照构建现代传播体系的思路，韶关日报社目前已建成以《韶关日报》为主体，以《韶关日报·数字报》、《韶关日报·大周末》、《韶风》杂志和韶关新闻网、韶关文明网为拓展平台的多方位传播体系，并在市区打造100多个户外阅报栏，形成了采编与经营“两分离”，优势互补，互相促进，共同发展的新格局。在日益激烈的市场竞争中实现报业逆势发展，2013年，报社经营收入比2012年增长30%，各项事业迈上了新的台阶。社长、部编辑刘炎生荣获中国报协“2013年度中国报业经营管理奖”称号。

创刊30年来，韶关日报有12人次先后获得副高以上的职称，3人荣获广东省新闻类最高奖项——金梭奖。韶关日报新闻作品先后获得中国新闻奖、全国地市报新闻奖、全国报纸副刊奖、广东新闻奖等共计400多项；由国家正式出版社出版的新闻、文艺著作20多部；一些新闻论文刊登在《新闻战线》、《中国记者》、《岭南传媒探索》等新闻理论刊物上。

韶关日报社是广东省较早实行自办发行的报社之一。《韶关日报》全年发行量基本稳定在5万份，有一支成熟的发行投递队伍，形成了覆盖全市七县（市）三区的发行网络。

目前，韶关日报采编系列设有新闻采访中心、新闻编辑中心、副刊中心、县区新闻中心、新媒体发展中心、编委办等部门。综合系列设有办公室（党委办）、财务部、监察室、经营办、广告部、发行部等部门。有在职员工100人，班子成员7人，现任社长、总编辑：刘炎生。

承办了《韶风》杂志，出版了新闻作品丛书，韶关日报社在不断改革中发展壮大

本报记者采访人大代表

本报员工参加元旦环城跑

高档的阅报栏

市委书记郑振涛（左三）到乳源县灾区视察灾情

市委副书记、市长艾学峰（左）慰问贫困老人

韶关市民政局是韶关市人民政府管理有关社会行政事务的职能部门，主要负责全市的城乡低保、救灾救济、社会福利、基层政权和社区建设、双拥和优抚工作、军队离退休干部和退役士兵安置，行政区划和地名管理、社会组织管理、婚姻、殡葬、儿童收养等社会行政事务工作。

2013年，市民政局坚持“以民为本、为民解困、为民服务”的工作宗旨，进一步解放思想，开拓创新，民生保障、社会管理创新、专项公共服务等工作成效明显：顺利完成了省政府民生实事之一的低保、五保提标工作，全市低保、五保供养标准大幅提高；在省政府2011－2012年度殡葬事业发展目标执行情况考核中，韶关市位列“粤东西北地区”第三名；完成了市政府10件民生实事之一，为全市97间敬老院安装了太阳能热水器，五保对象生活条件明显改善；双拥优抚安置、社区和基层民主政治建设、社会组织管理、社会福利、行政区划、老龄工作明显加强，得到了市委、市政府和省民政厅的充分肯定。

2013年，市民政局先后获得了“广东省扶贫开发双到优秀单位”、“全省福利彩票销售工作综合考评组织领导奖一等奖”、“全省民政统计工作优秀奖”等光荣称号。

副市长李安平（右二）检查敬老院太阳能热水器安装情况

市民政局局长龙勇文（右三）到新丰梅坑调研扶贫双到工作

2011年，韶关学院党委书记曾峥、副市长李安平为受助学生颁发福彩助学金合影

市民政局局长龙勇文、调研员杨伟亮视察福彩投注站

韶关市福利彩票发行中心成立于1987年，主要职责是负责韶关市福利彩票发行销售管理工作，下辖投注站250个，视频彩票销售厅3个。中心成立至今27年来，始终围绕构建社会主义和谐社会大局，以实际行动践行“扶老、助残、救孤、济困”的公益宗旨，累计销售福利彩票23亿元，筹集公益金8亿多元，为市本级筹集2.7亿元，资助福利项目近2000个，为推动社会福利和社会保障事业发展作出了积极的贡献。

跨入二十一世纪，韶关福彩事业呈现出突飞猛进的发展态势，2005年成为广东首个福彩销售额突破亿元的山区市；2009年福利彩票销量成功突破1.5亿元，2010年突破2亿元，排名广东第11。特别是步入“十二五”时期，韶关福彩以崭新的姿态立足于本土，大刀阔斧进行管理改革和战略调整，2013年全市福利彩票销售一举突破3亿元，达到3.3亿元，仅用了短短的四年时间，就实行了销量翻一番的目标。

27年来，韶关福彩始终以弘扬“公益、慈善”内涵为出发点和落脚点，以实际行动践行“扶老、助残、救孤、济困”的公益宗旨，将所筹集的公益金用于全市福利院、敬老院、社区、公益性墓园、残疾人事业、基本医疗救助、老龄事业等公益项目建设。特别是2007年以来还开展了“福彩爱心助学”公益项目，成为福彩工作的品牌和亮点，7年累计投入公益金483万元，资助粤北贫困学生2700名，帮助他们顺利完成了学业，实实在在为贫困家庭解决了燃眉之急，为构建幸福美好韶关作出了重大的贡献。

市民政局局长龙勇文（左二）为优秀投注站颁发奖牌

市民政局局长龙勇文（中）莅临投注站指导彩票销售工作

2009年，翁源县贫困学生领取到福彩助学金

韶关福彩公益金资建敬老院新貌

韶关福彩公益金资建市福利院二号楼

韶关市首批纯电动车投放运营

2013年1月初，韶关客运南站落成启用

韶关市交通运输局

SHAOGUANSHIJIAOTONGYUNSHUJU

12月18日，韶关市首座斜拉桥——广乐高速控制性工程乌石北江特大桥主桥顺利合龙

农村公路路面硬化施工现场

建设中的广乐高速公路

2013年6月26日，韶关机场选址踏勘论证会

2013年5月27日，成品油库合作建设签约仪式

韶关市发展和改革局 SHAOGUANSHIFAZHAN HEGAIGEJU

2013年3月8日，召开全市发改工作会议

2013年6月8日，局领导带队到花坪村开展扶贫工作

韶关市发展和改革局是负责研究提出全市国民经济和社会发展战略、发展规划和政策、进行总量平衡、结构调整，指导总体经济体制改革、宏观经济管理的市人民政府工作部门。下设办公室、综合规划科、投资科、社会发展科等13个内设科室，管理韶关市政府重点建设项目办公室、能源局、粮食局、良种试验示范场（2013年8月16日撤销，人员分流到系统外单位）、信息中心（2013年8月16日撤销，人员分流到系统外单位）、铁投公司（2013年12月30日并入市交通投资建设有限公司），设市高速办、铁办、核电办、医改办（2013年12月13日并入市卫生计生局）4个临时机构。

2013年，该局深入开展党的群众路线教育实践活动，弘扬“前瞻、创新、务实、高效”的发改人精神，出色完成了各项工作任务，为推动全市经济社会较快发展作出了应有的贡献。

2013年，全市生产总值突破1000亿元，达1010亿元，比上年增长12.1%；人均生产总值3.51万元，增长11.3%。全市固定资产投资突破600亿元，达664.5亿元，增长21.2%。全年重点建设项目完成投资突破300亿元，达311.4亿元，完成年度计划的119.0%。重点预备项目前期工作取得新突破。新丰稀土分离、韶关电厂“上大压小”项目先后获得国家发改委核准。韶关机场项目正加紧推进前期工作，南水水库引水工程完成项目可行性研究报告编制并报省水利厅审核。

出台了一系列振兴发展的规划和政策。组织编制了《广东韶关芙蓉新区发展总体规划》、《韶关市资源枯竭城市转型发展规划》。组织制定了《韶关市中小企业贷款风险补偿基金管理办法（暂行）》、《融资绿道与风险补偿基金贷款业务活动对接工作方案》，有效缓解了中小企业融资难问题。

投资管理进一步完善。制定并实施了《韶关市重点建设项目调度工作实施办法》。组织开展了全市政府性楼堂馆所清理自查工作，配合国家和省对韶关市中央投资项目和企业债券使用等工作开展专项稽察。出台了《韶关市控制政府投资“三超”管理措施》。

生态文明建设进程加快。成功列入国家第二批节能减排财政政策综合示范城市，从2014年起，中央财政将按照3年示范期约12亿元的综合奖励资金，支持韶关推进节能减排工作，目前，已下达韶关市2亿元中央资金。开展了碳排放权交易工作。

民生福祉进一步改善。国家成品油储备基地和物流基地项目建设顺利推进。粮食安全保障能力不断提升。市粮食局被省评为“优秀军粮供应管理部门”，下属有5个军供站（点）被省评为“优秀军粮供应站（点）”。

争取上级资金成效显著。全年共争取中央和省财政资金16.5亿元，其中非专项中央预算内投资5.4亿元（全省共34.95亿元）。

2013年1月1日，发改局全体人员参加全市元旦环城跑

打造广东绿色生态第一市

韶关市林业局

SHAOGUANSHILINYEJU

2013年10月10日，韶关市召开会议贯彻落实新一轮绿化广东大行动，动员部署韶关市建设“广东绿色生态第一市”各项工作。市领导郑振涛、艾学峰、李飞、张志才、孔云龙、李石保等参加会议

2013年，韶关林业工作在市委、市政府的正确领导和省林业厅的关心支持下，以全面推进新一轮绿化广东大行动为契机，进一步解放思想、开拓创新，全力打造广东绿色生态第一市。至2013年末，全市林业用地面积142万公倾，活立木蓄积量8008.7万立方米，森林覆盖率达73.63%，森林资源数量和质量位居全省首位，林业生态建设成效显著。

市领导郑振涛、艾学峰、陈向新等市四套班子带领干部群众在曲江区马坝镇乐村坪开展义务植树活动

市林业局局长邓阳秋（左一）到始兴县调研森林公园建设及森林资源保护情况

全年完成造林2.86万公顷，其中生态景观林带68.9公里，碳汇造林1.65万公顷

加快推进新型工业化进程 促进经济转型升级

韶关市经济和信息化局

SHAOGUANSHIJINGJIHEXINXIHUAJU

深入民爆物品销售企业指导安全生产工作

组织专家研究论证信息化建设项目

组织开展节能宣传周活动

2013年，韶关市经济和信息化局认真贯彻落实市委、市政府决策部署，坚持稳增长、扩内需、调结构、促转型，大力推进新型工业化和信息化，着力推动绿色转型、振兴发展，全市工业商贸经济和信息化发展呈现出稳中有进的良好态势，为全市经济社会持续平稳健康发展提供了有力支撑。

——速度逐步加快。全市工业增加值360.3亿元，增长16.1%；规模以上工业增加值306.77亿元，增长17.8%，高出全省平均水平9个百分点，排名全省第六，其中先进制造业增加值98.08亿元，增长25.5%。社会消费品零售总额471.1亿元，增长15%，高出全省平均水平2.8个百分点；批发零售贸易业增加值增长10.8%。

——效益明显提升。全年规模以上工业企业利税总额136.11亿元，增长44.5%，其中利润总额62.98亿元，增长144.7%；亏损企业亏损额9.07亿元，下降67%。转型升级步伐加快，绿色发展成效明显，全市单位地区生产总值能耗下降4.31%，淘汰落后水泥产能248万吨、电池17.5万千伏安时，超额完成省下达韶关市的淘汰落后产能任务。

——结构不断优化。一是民营经济增长友力。全市民营经济增加值523.3亿元，增长13.9%，占全市地区生产总值的51.8%，稳占全市经济的半壁江山。二是县域工业和园区工业迅猛发展。全市县域规上工业增加值增长23.3%，产业转移园规上工业增加值68.81亿元，增长27.9%。三是企业规模结构加快优化，全年净增规模以上工业企业72户，净增限额以上批发零售和住宿餐饮企业176户。

——实现多项突破。一是工业增速有新突破。全市工业增加值和规上工业增加值增速分别创下2008年和2009年以来的历史新高。二是企业技术平台建设有新突破。东阳光铝业股份有限公司技术中心通过国家企业技术中心认定，实现韶关市国家级企业技术中心“零”的突破。三是争取上级资金支持实现新突破。全年成功争取中央和省级支持工业商贸和信息化发展的各类专项资金1.02亿元。

2013年7月1日，市委常委、市委政法委书记、市政府党组副书记张志才到市工商局视察指导“两建”工作

2013年6月14日，市委常委、宣传部部长许红参加全市广告监管第十三次联席会议

2013年5月8-9日，省工商局局长卢炳辉（右二）带领省工商局处室领导深入南雄基层工商所调研

韶关市工商行政管理局

SHAOGUANSHIGONGSHANGXINGZHENGGUANLIJU

韶关市工商行政管理局下辖粤北工业开发区、浈江、武江、曲江、乐昌、南雄、仁化、始兴、翁源、新丰、乳源等11个县（市、区）局（分局），58个工商所。近几年来，韶关市工商系统以“两建”为契机，以改革为动力，积极推进工商登记制度改革，依法加强市场监管，全力服务韶关经济社会发展。市工商局被评为“韶关市‘三打’专项行动先进集体”、“韶关市扶贫开发‘规划到户、责任到人’工作优秀迎检责任单位”、“韶关市2011-2012年度社会管理综合治理工作优秀单位”、“韶关市2011-2012年度卫生标兵单位”、“2013年度全国工商行政管理系统政务信息工作先进单位”、“全省工商系统‘红盾诗韵’原创诗歌朗诵比赛一等奖”，南雄珠玑工商所被评为全国工商系统先进工商所。

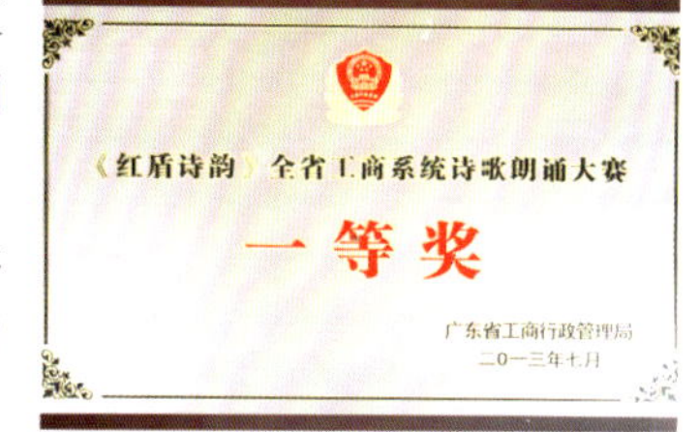

2013年7月17日，召开全市工商系统工作会议，研究部署落实省工商局和市委、市政府关于促进经济社会加快发展的具体措施

市工商局新班子全体成员参加全市工商行政管理工作会议，总结2013年工作情况，研究部署2014年工作任务

2013年3月15日，联合举行“3·15”宣传咨询活动

韶关市工商行政管理局驻行政服务中心窗口为企业提供优质服务

2013年3月，新丰县梅坑工商所被广东省妇女联合会授予省“巾帼文明岗”

市委书记郑振涛（中）视察食品药品监管工作，图为郑振涛查看查扣的假劣药品并听取执法人员汇报

市长艾学峰（左二）调研食品药品监管工作，图为艾学峰到市食品药品检验所调研

省食品药品监管局局长段宇飞（中）到韶关调研食品药品监管工作，图为段宇飞在市食品药品检验所调研

韶关市食品药品监督管理局

Shaoguan Food and Drug Administration

市人大常委会副主任徐紫玲带队进行餐饮服务食品安全专项调研

副市长兰茵（右二）带队调研食品药品监管体制改革，图为兰茵与乳源县副县长陈耀宇交流

韶关市食品药品监督管理局为市人民政府工作部门，内设机构12个：办公室、政策法规科（行政审批科）、综合协调科（应急管理办公室）、食品生产安全监管科、食品流通安全监管科、食品餐饮安全监管科、药品安全监管科、药品流通监管科、医疗器械安全监管科、保健食品化妆品监管科、监察室（人事科）、稽查局，下辖市食品药品检验所（参公管理事业单位）。市食品药品监督管理局机关行政编制31名，行政专项执法编制22名，后勤服务人员数6名。

近年来，该局在市委、市政府的坚强领导下，在省食品药品监管局的正确指导下，一手抓整治，一手促发展，有效保障了韶城百姓的饮食用药安全，同时促进了全市食品医药产业高速发展，为韶关市经济社会跨越发展、建设幸福美好韶关作出了应有的贡献。

主要职责：

（一）贯彻执行国家和省有关食品（含食品添加剂、保健食品、酒类食品，下同）安全、药品（含中药、民族药，下同）、医疗器械、化妆品监督管理的方针政策和法律法规，负责拟订有关规范性文件，推动建立落实食品药品安全企业主体责任、县级人民政府负总责的机制，执行食品药品重大信息直报制度，并组织实施和监督检查，着力防范区域性、系统性食品药品安全风险。

（二）负责食品的行政许可和监督管理。建立食品安全隐患排查治理机制，贯彻落实国家和省食品安全检查年度计划、重大整顿治理方案。指导并组织开展食品安全宣传和有关信息发布工作；组织开展食品安全重大专项治理和综合检查。根据食品安全风险监测计划开展食品安全风险监测工作。

（三）监督实施国家药典等药品和医疗器械标准、分类管理制度。监督实施药品和医疗器械研制、生产、经营、使用质量管理规范。指导和监督药品不良反应、医疗器械不良事件监测和处置工作。负责药品、医疗器械、化妆品的行政许可和监督管理，组织实施相关质量管理规范。配合有关部门实施国家基本药物制度。负责药品零售企业经营质量管理规范（GSP）认证。

（四）组织并指导食品、药品、医疗器械、化妆品稽查制度的实施；组织查处跨区域或重大违法行为；监督实施问题产品召回和处置制度。

（五）负责食品药品安全事故应急体系的建设，组织和指导食品药品安全事故应急处置和调查处理工作，监督事故查处落实情况。

（六）组织实施食品、药品、医疗器械、化妆品监督抽检工作。

（七）负责开展食品药品安全宣传、教育培训、对外交流与合作，推进诚信体系建设。

（八）负责药品、医疗器械、保健食品广告监测工作。

（九）指导各县（市、区）食品药品监督管理工作，规范行政执法行为，完善行政执法与刑事司法衔接机制。

（十）承担市食品安全委员会日常工作，负责食品安全监督管理综合协调，推动健全协调联动机制。督促检查市有关部门和县级人民政府履行食品药品安全监督管理职责并负责考核评价。

（十一）承办市人民政府、省食品药品监督管理局以及市食品安全委员会交办的其他事项。

该局在中环广场举办食品药品安全知识进社区大型宣传活动

取缔无证经营餐饮，图为执法人员查封生产设备

韶关市卫生和计划生育局

SHAOGUANSHIWEISHENGHEJIHUASHENGYUJU

省卫生计生委主任陈元胜（左三）深入曲江区樟市镇五星村调研卫计工作，与当地村委干部、村计生专干进行深入交谈

韶关市卫生和计划生育局成立于2013年12月9日，由原韶关市卫生局和原韶关市人口和计划生育局撤并而成。机构合并，人员编制不变，卫生计生职能进行了有效的整合。内设15个科室，分别是办公室、医政科、基层指导科、妇幼健康服务科、政策法规科（市医改办）、中医科、监察室（人事科）、科技宣教科、规划财务科、信息统计与考核评价科、计划生育家庭发展科、干部健康服务科、疾病控制科、综合监督科、流动人口服务管理科。承担全市计划生育、医疗卫生系统、疾病控制、公共卫生、妇幼健康、基层指导、流动人口管理、卫生计生监督执法、医药卫生体制改革等部门工作职能。

2013年8月14日，在市委会议中心四楼召开2013年韶关市人口和计划生育工作形势分析会议

2014年2月19日，市卫计系统深入开展党的群众路线教育活动动员大会

韶关市卫生和计划生育局办公大楼

市委书记、市人大常委会主任郑振涛（左五）到中心调研指导工作

市长艾学峰（左二）到中心调研指导工作

韶关市行政服务中心

SHAOGUANSHIXINGZHENGFUWUZHONGXIN

韶关市行政服务中心成立于2003年10月，为市政府直属的综合政务服务管理协调指导监督部门，内设办公室、协调科、督查科、政务科，其主要职责是对各行政事业单位集中进驻的办事窗口，以及各类行政许可、证照办理和其他社会管理事项实施管理；承办市政府信息公开工作领导小组办公室的日常事务；承办全市网上办事大厅建设管理工作。

中心办公地址位于市区复兴路24号鑫辉大厦四楼，办公面积5400平方米，进驻中心窗口单位39个，窗口工作人员162人；进驻办事大厅行政审批事项444项，便民服务事项60项。中心秉承“高效、廉洁、服务、发展”的服务宗旨，为韶关市企业和市民提供高效便捷的服务。中心成立以来，共受理各类办件260万件，办事窗口群众满意率达99.9%，先后荣获“广东省文明窗口”和“韶关市文明单位”称号，为韶关市经济社会跨越发展、建设幸福美好韶关作出了应有的贡献。

市纪委书记黎增丰到中心调研指导工作

副市长王青西到中心调研指导工作

中心办事大厅群众正在办事

2013年8月6日，市委书记、市人大常委会主任郑振涛（前一）调研原曲仁矿棚户区改造项目二期工程

2013年10月15日，市长艾学峰（左二）调研G323线韶关市区过境路改线（朝阳段）工程

2013年11月15日，市委常委、宣传部部长许红在市代建管理局主持召开市民文化活动中心项目领导小组工作会议

韶关市政府投资建设项目代建管理局

SHAOGUANSHIZHENGFUTOUZIJIANSHEXIANGMUDAIJIANGUANLIJU

2013年，在市委、市政府的正确领导下，韶关市政府投资建设项目代建管理局紧紧围绕“目标管理、项目责任”服务宗旨，以制度建设为抓手，团结奋进，攻坚克难，勇于承担，全力推进代建项目安全、有序、高效建设，为建设幸福美好韶关做出努力。

2013年12月2日，副市长邹永松在韶关市电信大厦会议室主持召开韶关市工业西片区内涝整治工程（工业西转盘排涝工程）建设推进会议，会议宣布工程正式动工

一是重点项目加速推进。2013年共代建项目20多个，其中涵盖了“为民办实事”项目5个，全年累计完成建安投资约3.4亿元。原曲仁矿棚户区改造项目二期工程全面启建设。S248线韶关市区过境段黄金村大桥至韶关钢铁厂改线工程（黄金村·大学路段）于10月正式动工。市工业西片区内涝整治（工业西转盘排涝）工程于12月正式动工。市残疾人康复中心项目和市田家炳中学教学实验楼工程于年底完成主体工程。其它项目按计划推进。

二是代建管理水平逐渐提高。以制度建设为抓手，建立健全了一系列规章制度，并在实践中不断完善，规范了代建管理工作。同时，成立技术专家委员会，积极组织专家论证，切实加强成本核算，有效控制建设投资成本。

三是安全生产和质量监管工作进一步加强。专门成立局安全生产领导小组，完善了安全生产、质量控制等工作机制，明确了“一岗双责”职责，努力构建项目绩效考核评价机制和参建单位信用档案评价体系，着重加强在建项目薄弱环节和关键节点的安全质量监控，确保代建项目建设健康、有序推进。

四是党风廉政建设有效落实。全面落实中央“八项规定”和党风廉政建设责任制，努力从源头上治理腐败现象，增强党员干部廉洁自律意识，确保工程安全、干部廉洁。

韶关市工业西片区内涝整治工程（工业西转盘排涝工程）围蔽施工现场

原曲仁矿棚户区改造二期工程田螺冲安置区（A-F标）全貌

市旅游局局长文清年为韶关市旅游诚信购物单位颁牌

2013年11月20日，韶关旅游专家问策会为韶关建设国家旅游产业集聚区献计献策

韶关市旅游局

SHAOGUANSHILVYOUJU

2013年，在市委、市政府的正确领导下，全市旅游行业以市场需求为导向，以项目建设为抓手，强力开展宣传营销，不断强化行业管理，较好地推动了全市旅游业发展。2013年全市共接待游客2437.12万人次，实现旅游总收入187.2亿元，分别比上年同期增长15.07%和20.09%以上。旅游业增加值85亿元，占全市GDP8.4%。

大力开展招商引资，在项目建设上有新突破。丹霞山风景名胜区被列为国家生态旅游示范区，《环丹霞山生态旅游产业园发展规划》通过专家评审，环丹霞山旅游产业园签订合作意向框架协议3宗，协议投资金额160亿元。编制了《韶关市重点旅游项目招商手册》，成功举办了“韶关市旅游文化产业推介会”，会上近10个项目正式签约。召开了2013年韶关旅游专家问策会，加快韶关建设成为“国家旅游产业集聚区”。评定出全市首批30家农家乐旅游示范点、1家农家乐旅游综合示范项目、1家旅游商品集散中心。

持续开展宣传营销，在市场拓展上有新进展。首次以新成立的“广清韶旅游联盟”形象参加展会。创新营销模式，利用微信、微博等新兴媒体组织网友开展各类旅游活动。参加了香港、澳门国际旅游展、韩国国际旅游展，并召开专场推介会，积极开拓境外客源市场。积极协助办好禅宗文化节系列活动，设计包装和推出禅修游产品。

不断强化行业管理，使旅游市场秩序有新改善。全年新批准设立了5家旅行社。经过公开招标，确定了韶关市中国旅行社等8家旅行社为市政府采购旅行社服务定点单位。认真开展了旅游市场安全检查工作，及时处理旅游投诉，全年共处理投诉案件19宗。韶关市旅游协会与市消费者委员会联合评定了10家“韶关市旅游诚信购物单位”。

以队伍建设为着力点，使服务质量有新提高。认真做好全国导游人员资格考试工作。选拔了15名第二届政务导游。开展了4场《旅游法》培训班。与省旅游局共同完成旅游产业人员农村劳动力双转移免费培训，并推荐就业。与市交通运输局联合举办全市客运从业人员旅游知识培训。

韶关市组团参加2013年韩国旅游展，图为向韩国市民介绍丹霞山

广清韶联盟参加2013年广州旅游展

2013年6月23日，韶关市旅游文化产业推介会成功举行

市委书记郑振涛（左二）调研司法行政工作时到市强制隔离戒毒所新所建设工地视察

韶关市司法局

SHAOGUANSHISIFAJU

维护社会和谐　促进公平正义

韶关市司法局肩负着全市法制宣传教育、人民调解、公证律师、司法鉴定、基层法律服务的工作管理指导，强制隔离戒毒人员和社区矫正人员的矫治服务，刑释人员的安置帮教等工作职能。2013年，市司法局紧紧围绕创建平安韶关的目标要求，深入开展政风行风建设，努力创建司法行政优秀团队，以构建覆盖城乡的公共法律服务体系为着力点，全面推进司法行政体制机制改革，法制宣传和法律服务进村居、专业性行业性人民调解组织建设、社区服刑人员和强制隔离戒毒人员服务管理等重点工作均取得了新的成效，有效发挥了职能作用，在服务和保障全市经济发展、民生改善，维护社会和谐稳定、促进公平正义等方面做出了应有的贡献。2013年全市共办理法律援助案件1655件，办理公证10956件，调处矛盾纠纷17083件，调解成功率达99%。市司法局先后获得了“全国第四届法律援助先进集体”“广东省扶贫开发‘双到’工作考核优秀单位”“韶关市综治工作优秀单位”“全国六五普法中期先进集体”等荣誉。

市司法局局长周正祥（右一）到新丰县遥田镇调研基层司法行政工作

韶关市医疗纠纷人民调解委员会挂牌运作

召开动员大会部署开展“行评”暨整治庸懒散奢不良风气工作

举办基层司法行政工作业务培训班

开展法律宣传咨询活动，现场免费办理遗嘱公证

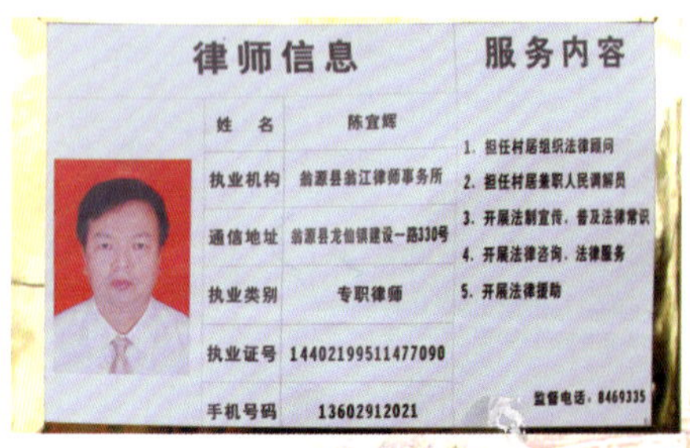

进村居律师公示牌匾

广东省韶关监狱

GUANGDONGSHENGSHAOGUANJIANYU

广东省韶关监狱为原广东省第二监狱，始建于1951年，是广东省特大型监狱，俗称“二监”。多年来，韶关监狱始终坚持贯彻“惩罚与改造相结合，以改造人为宗旨”的监狱工作方针，成功地完成了改造各种犯罪分子的任务，曾获“全国五一劳动奖状”、“全国模范职工之家”、“全国司法行政系统政治工作先进集体”、“全国高等教育自学考试先进单位”和集体二等功等殊荣。

罪犯亲情帮教

2013年，韶关监狱瞄准现代化文明监狱目标，以大部制机构改革为契机，深入开展党的群众路线教育实践活动，监狱警察职工振奋精神，凝心聚力，不断夯实基层基础，创新工作方法，全力推进作风建设、队伍文化建设、执法规范化建设、现代警务机制建设和产业结构优化，积极打造平安监狱、文化监狱，实现了连续19年监管安全，“十一五”增容扩建工程被国家发改委稽查组盛赞为广东省政法系统中最好的两个项目之一，罪犯自学考试工作和阳元牌米酒成为当地乃至全省系统内远近闻名的特色招牌。

2014年监狱迎春晚会

米酒窖藏间

阳元牌米酒系列产品

爱国卫生工作成效显著 国家卫生城市复查顺利通过

韶关市爱国卫生运动委员会办公室

SHAOGUANSHI AIGUOWEISHENGYUNDONGWEIYUANHUIBANGONGSHI

市委书记郑振涛（右二）深入基层调研指导巩固国家卫生城市工作

5月30日，韶关市巩卫复查通过省级考核，市长艾学峰（右一）接过考评意见书

2013年是韶关市国家卫生城市满三年的复查年。市委、市政度高度重视巩卫迎检工作，成立了由市委书记、市长任总指挥的巩固国家卫生城市工作指挥部，下设办公室，市爱卫办与市创文办合署办公，全面负责统筹组织协调巩卫迎检各项工作。2月25日，召开了全市动员大会，市委书记、市人大常委会主任郑振涛亲自动员部署，明确巩卫工作实行“一把手”负责制。市辖三区政府及重点责任单位与市政府签订了责任书，并先后在市直三家新闻媒体向全市人民公开承诺，做巩卫工作的表率。为全面推进巩卫迎检工作，韶关市开展了“清洁家园，美丽韶关”卫生整治行动，各机关企事业单位积极参与。市人大、市政协重视巩卫工作，先后在7月至9月中旬对巩卫创文工作进行专题视察。9月11日，市委书记、市人大常委会主任郑振涛、市长艾学峰、市政协主席李飞分别率队对巩卫工作进行现场督导。9月24日，在市委十一届第45次常委会议对巩卫创文工作进行专题研究部署。在省级考核中，韶关市巩卫建档资得到检查组充分肯定和赞扬。12月29日，全国爱卫会重新确认韶关市为“国家卫生城市”。

病媒生物防制工作扎实开展。坚持以环境治理为主的综合预防控制原则，坚持政府组织与全社会参与相结合，鼓励个人和家庭搞好居家卫生的方针，落实单位责任制。通过印发宣传资料、召开会议、举办培训班等形式，广泛宣传发动，普及除害防病知识；加大资金投入，在新建城区的主次干道、绿化带等场所安装“灭鼠屋”设施；通过组织开展群众性爱国卫生运动，大搞环境卫生，清除卫生死角，清除“四害”孳生地；科学组织集中消杀行动，确保“四害”密度控制在国家标准范围之内，并顺利通过省的复查考核。

农村改厕和创建卫生村镇工作有效推进。韶关市争取国家、省专项资金，在农村实施国家重大公共卫生农村改厕项目，新增建造无害化卫生厕所10500户。截至2013年12月，全市农村卫生厕所普及率为91.75%，无害化卫生厕所普及率为82.01%，自来水收益率为88.76%。仁化国家卫生县城顺利通过国家复查，重新确认为“国家卫生县城”称号；始兴县重新确认为“广东省卫生县城”。全市新增省卫生村18个，市卫生村49个。

省检查组对韶关市创建省卫生村进行考核验收

9月11日，市政协主席李飞、市委副书记陈向新检查指导巩卫复查迎检工作

市委副书记陈向新、副市长兰茵检查指导巩卫复查建档资料

定期组织消杀队对市区广场、主要街道下水道以及公园、绿化带等场所投药灭鼠及烟熏灭蚊

GUANGDONGSHENGSHAOGUANSHI YANCAOZHUANMAIJU(GONGSI)

广东省韶关市烟草专卖局（公司）

全省现代烟草农业建设推进现场会暨生产技术研讨会在韶关召开。图为工作人员向与会领导讲解优质烟叶生产技术

随着“改进作风年”和第二批党的群众路线教育实践活动的推进，韶关市局（公司）领导干部积极转变作风，深入基层一线客户倾听意见，帮助解决实际问题

广东省韶关市烟草专卖局（公司）是韶关市对全市烟草市场实行专卖专营集中统一管理和烟叶生产经营、卷烟经营的机构。2013年深化体制改革，现下辖曲江、乐昌、始兴、乳源、仁化、翁源、新丰、南雄8个县（市、区）烟草专卖局（分公司），南雄烟科所行政关系隶属局（公司）。

近年来，局（公司）狠抓烟叶生产、卷烟经营、专卖执法、现代管理和文化建设，积极改革创新，强化内部管理，经济运行平稳，被评为全省先进集体、文明单位和韶关市模范纳税户。

2013年，全市（不含南雄）共完成销售收入26.02亿元，同比增长4.72%；实现税利5.74亿元，同比增长1.64%。现代烟草农业建设深入推进，全市投入7435.27万元补贴烟叶生产基础设施建设，新建项目962项、受益面积3240公顷；积极完善烟农合作社建设，开展土地整理，维护烟农利益。专卖打假富有成效，全年共查处案件951宗，案件总值776.99万元。做好新一轮扶贫开发“双到”工作，挂点帮扶南雄古市镇三角岭村，协调统筹到村帮扶资金390多万元，启动了首批帮扶项目10多个。

韶关市局（公司）积极推进现代卷烟零售终端建设，图为韶关第一家现代卷烟零售终端形象店

韶关市烟草专卖局新一轮扶贫“双到”工作实现良好开局。图为市局领导及帮扶干部代表、驻村工作组为19名享受“普九”教育的贫困户子女送上慰问金并合影

近年来，韶关邮政致力打造服务民生平台，在履行邮政普遍服务义务的同时，邮政金融、邮务和速递物流融合资源，充分发挥邮政具有遍布城乡的服务网络的优势，以及村邮站、便民服务站、邮政生活馆等民生平台，贴近民生+创新服务，使邮政在金融服务、电子商务、集邮文化和物流配送等方面，为客户提供更方便快捷的服务，为宣传韶关旅游资源出力，为建设幸福韶关添砖加瓦。

一、主题邮政，持续提升邮政企业形象。2013年9月7日，《南华寺》邮票首发仪式在六祖讲坛隆重举办，成为了整个广东六祖文化节活动的重头戏，受到市委市政府和省邮政公司的好评，大大提升了韶关邮政在韶关市的企业形象，实现社会、经济效益双丰收。这是韶关邮政将服务工作与节日结合在一起的侧影：围绕主题与节日，创新活动形式与活动产品，致力为客户提供更便捷、惠民的邮政金融、邮务产品。

二、创新邮政，不断创新服务模式。韶关邮政坚持与时俱进，用新的思想思维，开发新市场与新产品。2013年，韶关邮政打造了韶关大型网上超市“韶乐购”（shaolego.com），利用电子商务的优势，开启“线上+线下”运营模式，推出更多韶关本土特色产品。让客户不出门，尽享一站式的网购体验。

三、便利邮政，进一步优化邮政服务网络。2013年12月，成功将仁化格顶支行和新丰石角营业所分别搬迁至乐昌梅花镇和九峰镇，顺利实现全国代理金融网点跨区域迁址试点工作。进一步优化了邮政服务网络，为市民提供更方便快捷和多功能的综合邮政服务。

四、贴心邮政，努力践行客户至上服务理念。通过打造“邮政便民服务站”、“不排队银行”等民生平台，举办集邮盛会，收藏鉴赏等活动，在带动销售的同时，践行了“您的一份信任，我的百分动力”的服务理念，用心为用户创造满意的服务体验，赢得客户信任。

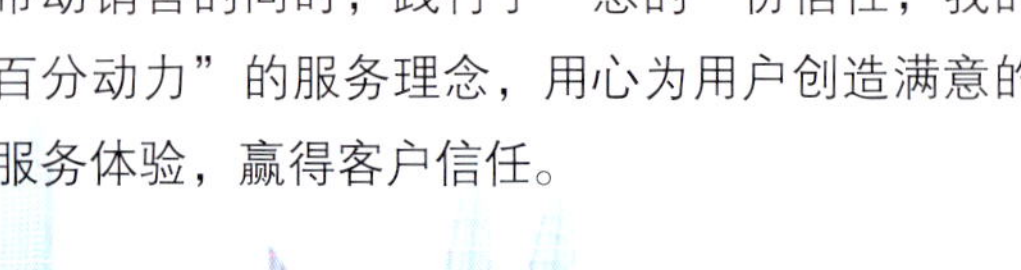

韶关市第四中学

SHAOGUANSHIDISIZHONGXUE

团结向上的领导班子

韶关市第四中学创办于1967年，2010年被评为广东省规范化学校，教育教学设施设备完善，校园环境秀丽玲珑。现有3个年级24个教学班，教职工90人，专职教师79人，教师学历达本科以上61人，学历达标率为100%；中学高级职称29人，中学一级职称以上97.47%。

学校坚持“依法治校，以德立校，质量强校，科研兴校，特色彰校”的办学思路和“让学生快乐地学习、让教师幸福地工作、让学校和谐地发展”的办学理念，全力打造学校品牌,提升教育教学质量，先后被评为“韶关市教育科研先进单位”、“韶关市德育示范校”等称号。

学校体艺双馨，20多年来连续参加全国、省、市、区毽球赛，30多次夺冠，被授予“广东省传统体育项目（毽球）学校”称号。历年参加各级各类艺术、书画大赛硕果累累。

四中的特色之一：毽球

图书阅览室

文艺活动

校园新貌

以献身地质事业为荣 以找矿立功为荣 以艰苦奋斗为荣

广东省地质局第三地质大队
广东省韶关地质灾害应急抢险技术中心

8月30日，韶关市委常委、宣传部部长许红、广东省地质局副局长陈周平为地质三队揭牌

6月27日，国土资源部专家组到地质三队项目组调研指导找矿工作

广东省地质局第三地质大队（广东省韶关地质灾害应急抢险技术中心）于2013年3月由原广东省地质局七〇五地质大队和七〇六地质大队整合组建而成，曾探明了大宝山多金属矿、凡口铅锌矿、201、211铀矿等一批大型、特大型矿床，为我国第一颗原子弹提供了原料。现有职工315人，各类专业技术人员181人，其中中高级专业技术人员77人。

地质三队是一支集矿产勘查、地质调查、水文地质、工程地质、环境地质、遥感地质、工程勘察施工、地质灾害评估、治理、勘查、设计为一体的综合性地质队伍。拥有固体矿产勘查、区域地质调查、地质灾害危险性评估、工程勘察专业类岩土工程等甲级资质证书，地基与基础工程专业承包壹级资质证书，液体矿产勘查、水工环地质调查、遥感地质调查、地球物理勘查、地球化学勘查、坑探、钻探等乙级资质证书和地质灾害治理、勘查、设计和施工、工程检测等各类资质证书。通过了ISO 9001质量、ISO 14001环境和OHSAS18000职业健康安全三标一体化管理体系认证。

2013年，地质三队整合后，设有11个科室和韶关市地质工程公司、韶关地质工程勘察院等二级单位。召开了第一次党代会，选举产生了新一届党委班子。在新一届领导班子的带领下，大队经济发展、文化建设、党政工团等各项工作迈上了新台阶，呈现出蓬勃发展的新态势。

12月18日，地质三队党代会选举产生新的党委班子

1：5万区调项目野外工作现场

4月20日，地质三队参加韶关市第44个世界地球日科普宣传周活动

1月18日，韶关国土资源系统迎春联欢会在地质三队综合场馆举办

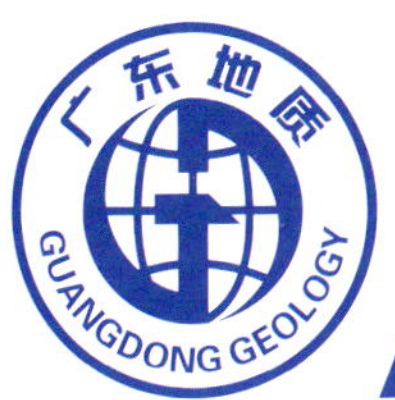

广东省有色金属地质局九三二队

GUANGDONGSHENGYOUSEJINSHUDIZHIJUJIUERSANDUI

广东省有色金属地质局九三二队隶属于广东省有色金属地质局，为正处级事业单位，是一支为国家矿产资源勘查开发和地方经济社会发展服务的地质勘查队伍。2013年，拥有在职职工268人，各类专业技术人员227人，其中高级技术人员63人。队机关管理科室8个，下属二级单位11个。在韶关市新华北路、西联小阳山、工业西路、广州、珠海、新疆等地设有基地和办事处。

九三二队在公益性、商业性矿产资源勘查、工程地质勘察、灾害评估（治理）、水工环地质调查研究等方面开展多方位服务工作。持有固体矿产地质勘查、液体矿产地质勘查、水工环地质调查、地球物理勘查、地球化学勘查、地质钻（坑）探、地质灾害危险性评估、地质灾害治理工程设计8个地质勘查类、地灾类甲级资质证书以及地质灾害治理工程勘查乙级证书和测绘丙级证书。通过了ISO9001：2008国际质量运行体系认证。

建队50多年来，先后探明各种大、中、小型矿床80余处，探明的矿产资源潜在价值1300多亿元。长期为矿山企业提供矿山地质调查、开采储量核实、矿山储量评估、矿山外围、深部找矿等全方位服务，为矿山的长远规划与生产提供了资源保障。先后获中国有色金属工业总公司“‘八五’重大找矿成果奖”、地矿部“科研成果奖”、“科技成果奖”、“地质找矿奖”。

近年来，九三二队承担和组织开展农业地质、城市地质、地质灾害防治等一大批国家、省级公益性地质任务。完成京珠高速公路勘察、广州地铁线路勘察、赣韶铁路勘察等一批重点工程勘察项目，为国家的经济建设提供大量工程技术服务。2013年，九三二队大力推进广东省尤其是粤北地区的地质灾害监测预警和防治体系建设，主动承担韶关市地质灾害高易发区1:5万隐患详细地质调查任务，积极为原曲仁棚户区改造项目、韶关市矿山应急救援基地等多项重点民生项目进行地质灾害勘查，是广东省地质灾害勘查治理和工程勘察施工的主力军。

九三二队围绕科学发展大局，主动融入经济社会发展，拓宽地质工作服务领域，服务地方经济建设，树立了较好的社会形象，获得“韶关市先进基层党组织”、“韶关市创先争优先进基层党组织”、“韶关市五四红旗团委标兵”、“广东省地质局优秀班组”等荣誉称号，2013年涌现出“全国优秀工会积极分子”、“广东省优秀共青团干部”、“广东省地质局优秀党员”等一批先进个人。

引进HXY-8B全液压岩芯钻机完成凡口铅锌矿接替资源勘查项目2276米超深孔钻探，刷新广东省小口径岩芯钻探单孔进尺新记录

引进长螺旋桩机为海南省房产开发项目提供工程勘察技术服务

九三二队承担的凡口危机矿山接替资源勘查2500米深孔钻探项目现场

对韶关市曲江区马鞍山危岩崩塌地质灾害进行应急抢险，为群众撑起“保护伞”

为韶关市曲江区矿山尾矿重金属污染综合治理提供测量技术服务

服务 先行 求实 奉献

廣東省第五建築工程有限公司

GuangDong Fifths Constructional Engineering Co.,Ltd

广东省第五建筑工程有限公司始建于1951年8月，具有国家房屋建筑工程施工总承包一级、市政公用工程施工总承包一级、钢结构工程专业承包一级、建筑装修装饰工程专业承包一级资质，通过ISO 9001质量管理体系、ISO 14001环境管理体系和GB/T28001职业健康安全管理体系等三大管理体系认证。企业重视智力投资，引进和培养了大批专业人才，造就一支既有理论知识又有实践经验的施工队伍。

企业不断强化施工管理，进一步确立“责任、监督、考核”三位一体的施工管理需求，通过抓好责任的落实，把建筑规范和操作规程落实到施工生产的每个角落。2013年所有项目安全生产达标率100%，重伤与死亡率为零，轻伤11‰，低于国家与企业目标。注重科技创新，加强科技进步的力量，落实新技术应用计划，加强技术的研发及推广应用。

企业先后通过“全国水利建设市场信用AAA企业”评审，被广东省工商行政管理局授予“连续二十六年守合同重信用企业”称号。韶关矿山救援基地工程获得“韶关市建设工程优质奖”和“广东省建设工程优质奖”称号；韶关市曲江区林业局安置楼B座工程分别获得“广东省房屋市政工程安全生产、文明施工示范工地”称号。

乳源体育馆

公共场所量化分级管理工作会议

2013年12月6日，突发公共场所危害健康事故应急演练（乳源）

韶关市卫生监督所是韶关市卫生和计划生育局下属的行政执法机构，是依照公务员法管理的副处级公益一类事业单位。主要工作职责涵盖公共场所卫生、学校卫生、生活饮用水卫生、医疗机构、采供血机构监督和传染病防制、职业卫生和放射诊疗机构监督，实施卫生许可、预防性卫生监督、重大活动公共卫生保障等涉及到人民群众公共健康安全的各项卫生监督工作。2012年，韶关市卫生监督所内部调整为以专业类型为主的管理模式，使卫生监督工作向精细化方向发展，二次供水、学校卫生监督工作取得突破性的进展，大力进行“三打两建”工作及“创文”、“巩卫”工作，全年共出动卫生监督员1.6万人次，共检查各类监管对象6185户次，查处无证经营单位29户，引导办证户数328户，作出行政处罚51宗，共开出行政罚款数20.12万元。各专业卫生监督工作得到深入开展，卫生监督工作迈上一个新的台阶。2013年，韶关卫生监督工作取得了较大的成绩，先后获得市委卫生工委“五好示范党支部”，2013年度广东卫生监督信息报告工作先进单位等荣誉，2013年度卫生系统绩效考评取得了公卫第一名的好成绩。优异的成绩充分展现了卫生监督队伍是一支团结优秀的队伍，是保障全市人民群众健康的坚强盾牌。

2013年7月18日，游泳场所水质检测

2013年7月18日，打击非法行医（医疗科+稽查科）——游北雄诊所

爱民女子医院——放射无证

2013年8月19日，韶关市卫生监督所灾后及时加强生活饮用水监管确保居民用水安全

监督与和谐同在　健康与文明同存

韶关市中医院

精诚仁和

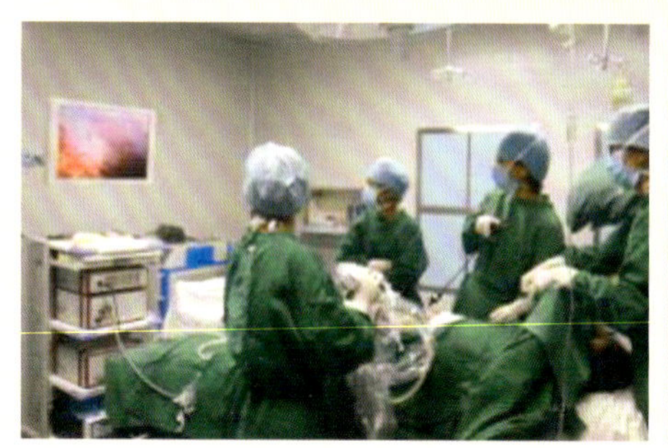

开展妇科特色项目——微创腹腔镜手术，可行不孕症、宫外孕、卵巢肿瘤、盆腔炎症、子宫肌瘤等常见病诊疗。

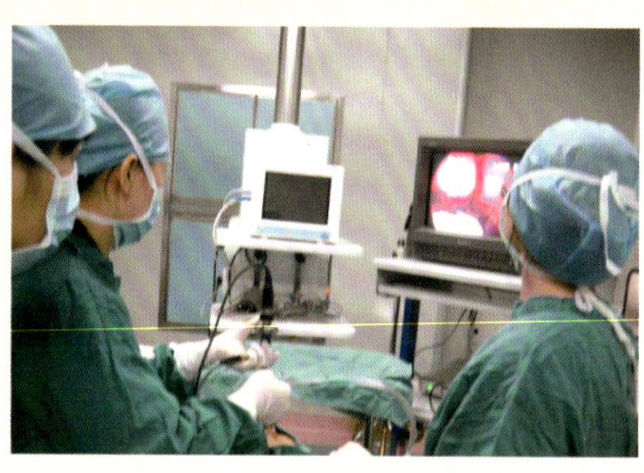

引进鼻内窥镜图像处理系统，对所有病变可进行图像摄影和处理，并用其进行鼻腔的微创手术，极大的减轻了患者手术的痛苦，提高疗效。

韶关市中医院始建于1964年，是韶关市唯一一所地市级中医医院，服务范围涵盖韶关市七县三区，服务人口超300万。总占地面积28403平方米，业务用房总建筑面积26567.87平方米，编制病床489张，开放病床520张，由院本部、和平分院、十里亭分院和中药加工场组成，在职员工647人，卫生技术人员523人，高级职称57人，中级职称156人，省名中医2名，市名中医5名。2013年门诊人数20万人次，出院病人数11854人次，业务总收入1亿元。医院设内科、外科、妇产科、儿科、骨伤科、康复科、针灸科、推拿科、肛肠科、耳鼻喉科、眼科、皮肤科、老年病科、麻醉科、急诊科、重症医学科、预防保健科、感染性疾病科等18个临床科室，门诊部设有30多个专科、专病门诊，并设置“治未病中心”。辅助科室配置有药剂科、检验科、放射科、功能检查科、手术室、病理科、输血科、营养科，配套设施健全，是一所集医疗、教学、科研、康复、预防保健功能于一体，各临床学科较为齐全，具有鲜明中医药特色优势的现代化综合性中医医院，是广州中医药大学的教学医院和非直属附属医院创建单位，广东省中医名院创建单位。

医院设备先进，拥有螺旋CT机、DR、移动式X射线机、麻醉机、彩超、全自动生化分析仪、关节镜、腹腔镜、宫腔镜、钬激光、射频机、呼吸机、体检车、系列康复设备等一批现代仪器设备，并配置齐备的中医诊疗设备。围绕医院发展的总体规划，按照“三甲”中医医院的建设标准要求，医院正不断完善基础设施建设和科室配置建设，努力促进医院的科学发展，为后续医院业务的健康持续发展提供有力的保障。

市中医院的骨伤科、康复科、肛肠科、老年病科、针灸科是省重点中医专科，技术力量较强，在中医手法正骨、骨关节疾病、椎间盘突出症、各种痛症的诊治方面独树一帜，2012年开展射频热凝靶点消融术治疗颈、腰椎间盘突出症。2013年开展钬激光治疗泌尿系结石，是粤北地区首家开展此类技术的医院。在市民中建立了良好声誉，返聘有一批退休中医专家及省、市名中医坐诊，在社会上有较强的影响力。

该院设置和平分院和十里亭分院，方便民众就近诊治，设有内科、外科、骨伤科、康复科、妇产科、老年病科、针灸科、推拿科住院部，并开设各类专科门诊。通过不断加强医院管理，使医院医疗质量和服务水平稳步提高，两个文明建设效益显著。2014年3月，已通过国家三级中医医院等级评审。医院在努力传承中医药文化，立足于发挥中医特色的基础上，充分发挥中医“简、廉、验”的优势。不断提高医院的竞争力和影响力，促进医院的可持续发展。

广东省中医名院创建单位
广东省文明中医医院
广州中医药大学教学医院
广东省中医名科（康复科）
广州军区总医院军民共建医院
广东省青年文明号
韶关市十佳医院

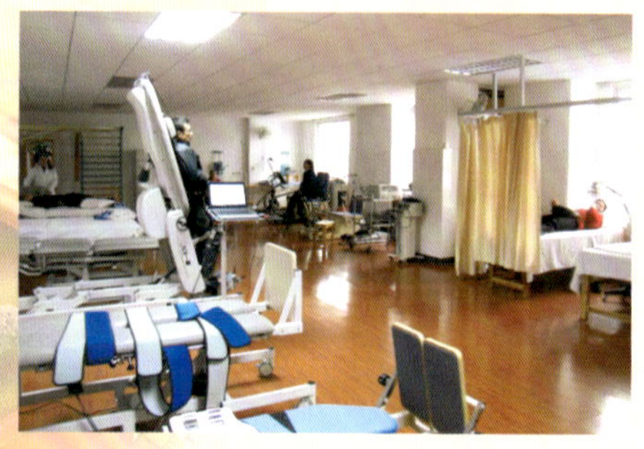

各科设置中医综合治疗区（室）

新改造的门诊就医环境舒适

韶关市妇幼保健院

SHAOGUANSHIFUYOUBAOJIANYUAN

您满意就是我们的追求

韶关市妇幼保健院建于1952年。1994年成为市首家爱婴医院。2000年通过"二级甲等妇幼保健院"评审。1995年、2004年市编办批准挂牌"韶关市妇女儿童医院"、"韶关市新生儿急救中心"，是三块牌子一套人马。经过60年的建设，尤其是近10年的快速发展，医院成为集保健、医疗、科研、教学为一体，专科特色彰显、具有一定规模的保健院，承担着韶关地区七县市妇女儿童的保健、医疗任务，是全市妇幼保健业务指导中心。目前正在创建三级甲等妇幼保健院。

医院在职职工469人，其中卫技人员占85%，正高职称10人，副高级职称60人，正式开放病床270张。医院分临床与保健两部分，临床部分设生殖医学中心、新生儿急救中心、遗传与产前诊断中心、新生儿疾病筛查中心、乳腺病防治中心、儿童脑康复科、妇科、产科、儿（内）科、五官科、检验科、病理科、功能科、放射科、麻醉科、药剂科等科室，保健部分设儿童保健、妇女保健及体检中心等专科。医院设备先进，拥有现代化信息系统、层流手术室、宫腔镜、腹腔镜、四维彩超、高频乳腺钼靶X光机及DR、CR系统、全自动生化分析仪、时间分辨仪、乳腺微创手术系统、低温射频微创手术系统、多套新生儿抢救监护、眼科广域成像系统、眼科手术显微镜、全数字胃肠机等一批现代医疗仪器设备。2013年全年门诊量43万余人次，业务发展较同期相比增16.58%；药品占比为20.29%。

专科特色突出有：生殖医学中心是全市医学重点专科，是粤北地区唯一通过国家卫生部准入评审允许开展"试管婴儿"技术的医院，2013年试管婴儿取卵周期：707周期，较上年上升36.3%，临床妊娠率50%。人工授精周期：232周期，同期上升34.9%，临床妊娠率10.78%。遗传产前诊断中心是市内唯一经省卫生厅批准筹建的产前诊断中心；新生儿疾病筛查中心负责全市所有医院分娩的新生儿疾病筛查、诊断和免费治疗工作,减轻了家庭和社会的负担, 2012以来为70对韶关市户籍的夫妇（夫妇双方或一方为韶关市户籍）发放了地中海贫血项目的产前诊断补助，总补助经费达12.5万余元，开展地贫干预项目可大大减轻家庭和社会负担，是具有极其重要的经济和社会效益。

韶关市妇幼保健院重视医院质量管理，持续开展基础医疗与护理质量工作，广泛收集病人意见，落实医疗服务整改措施。同时，强化医院急诊急救管理，急危重症病人抢救成功率达96.1%以上；医院重视科技兴院工作，2013年开展新技术新项目共有19项，有7项科研获市局立项，1项推荐省立项，1项科技进步奖。

医德高尚，医术精湛的生殖医学中心团队

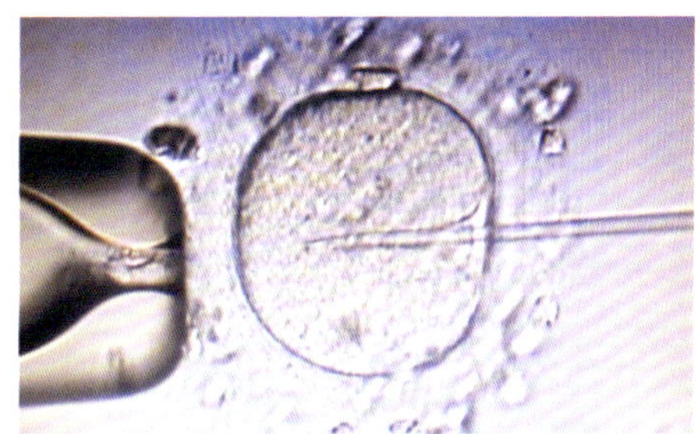
体外受精——胚胎移植及其衍生技术

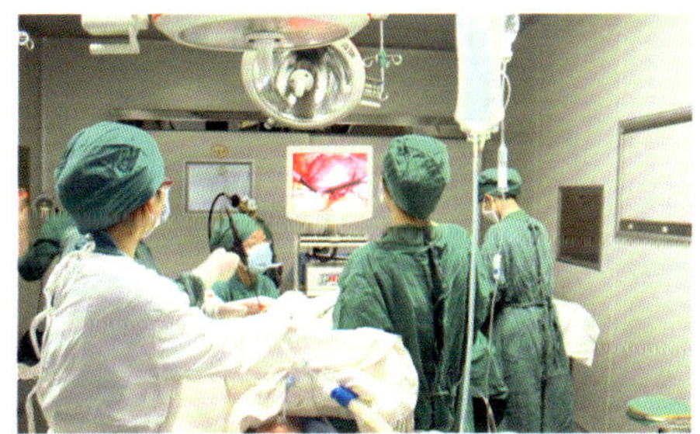
市妇幼保健院妇科拥有腹腔镜、宫腔镜、阴道镜，实行三镜合一。图为妇科在进行腹腔镜手术

遗传与产前诊断中心、新生儿疾病筛查中心团队

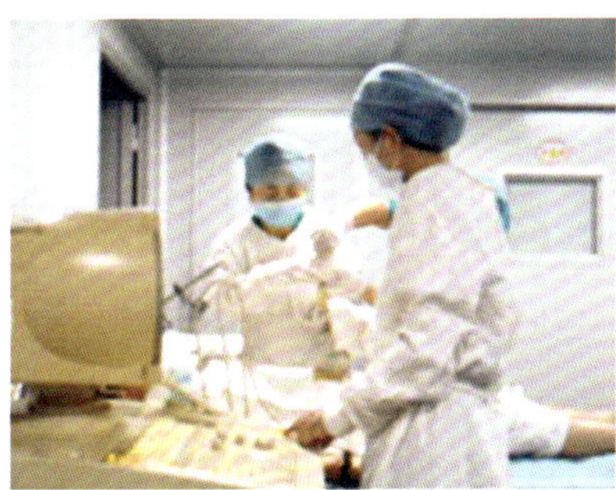
羊水穿刺产前诊断

新生儿游泳SPR馆

院网址：www.sgbjy.com 地址：韶关市惠民北路12号 邮政编码：512026 传真：0751-8746051

广东省韶关复退军人医院

GUANGDONGSHENGSHAOGUANSHIFUTUIJUNRENYIYUAN

韶关市委书记、市人大常委会主任郑振涛（前排中）率领市委、市政府慰问团到该院进行春节慰问

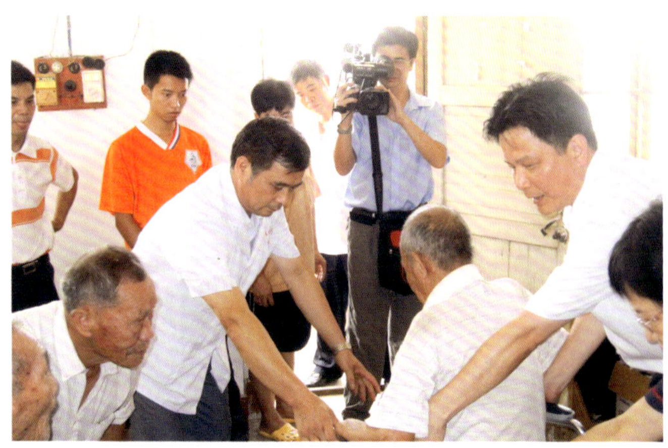

该院在开展“情系功臣，送医送药”活动中，韶关市民政局局长龙勇文（右一）为优抚对象赠送轮椅

广东省韶关复退军人医院是韶关市民政局直属的优抚医疗机构，位于乐昌市乐棉路22号，创建于1958年，1987年实行对社会全面开放，主要承担韶关、清远两地各县（市）区复员退伍军人、三无人员、低保对象、流浪乞讨人员及突发事件等精神病患者的收治任务。2005年以来，医院开展“情系功臣，送医送药”活动，主要为韶关、清远两市军烈属和伤残军人、在乡老复员军人、带病回乡退伍军人等重点优抚对象免费检查身体,免费送医送药。

韶关复退军人医院是一间集医疗、康复、疗养及社工介入为一体的精神病二级专科医疗机构。医院科室齐全，床位编制200张，人员编制85人，在职人员94人，其中，高级职称2人，中级职称10人，卫生技术人员占在职人员总数的72%。近年来，医院不断引进和配备先进专业医疗设备，先后购置了生物反馈治疗仪、电脑心理测评仪、经颅磁刺激仪、脑电地形图仪等精神科专业诊疗仪器和心电图仪、全自动生化分析仪、彩B、X光等常规医疗检验设备，为精神疾病的诊断和治疗提供了重要的技术保障。

多年来，医院坚持“上为政府分忧，下为百姓解难”的办院宗旨，坚持突出“优抚医院特色，完善综合服务”的发展方向，以“把病人当亲人、把满意送到家”为服务理念，创新管理模式，加强内涵建设，塑造了良好的社会形象，竭诚为广大患者提供优质、快捷、周到的服务，为人民群众的医疗保健事业做出了积极的贡献。

医院历年来坚持每年召开职工代表大会，为科学民主谋划医院发展提供重要依据

医护人员为住院患者举办生日会

社工人员指导住院患者开展手工制作康复训练活动

广东爱心大药房连锁有限公司
GUANGDONG AIXIN PHARMACY CHAIN CO., LTD

广东爱心大药房连锁有限公司成立于2006年，是一家主要经营：中西成药、中药配方、参茸补品、进口药品、医疗器械及保健食品等10000多种医药产品的省级药品零售连锁企业。公司现有员工将近2000人，旗下直营分店达120多家，遍布韶关市三区七县、广州、惠州、清远等地区，是粤北地区规模最大的医药零售连锁企业。为适应时势的变化，公司于2013年成功开通韶关地区首家网上药店：广东爱心大药房网上药店（wwww.gdaxdyf.com）。近年来，企业以集团化发展为目标，制订了“多元化”的发展战略，打造以爱心大药房作为主导产业，集实业投资、商业物业、酒店、农业开发、药品批发、中药饮片生产为一体的综合性企业集团。

公司成立至今，先后荣获“诚信单位”、“先进私营企业”、“广东省守合同重信用企业”、“维护消费者权益示范单位”、“先进职工之家”、“明星企业”、“优秀民营企业”、“爱心奉献奖”、“维护消费者权益事业贡献奖”等多项荣誉。

广东爱心大药房连锁有限公司旗下公司

综合办公大楼地址：韶关市武江区惠民北路朝阳综合大厦(五里亭大桥旁)

广州江韵大酒店

地址：广州市天河区棠安路121号（中山大道西与科韵北路交界处）

江韵大厦商业办公大楼（广州棠睿物业管理有限公司）

地址：广州市天河区棠安路

广东爱心药业有限公司

地址：广州市大观中路670-692号

韶关市武江区乐居酒店

地址：韶关市新华南路11号（新津加油站侧）

韶关市爱心（宏旭）中药饮片有限公司

地址：十里亭谭进士岭

爱心大药房部分分店图片

序号	公司名称	序号	公司名称	序号	公司名称	序号	公司名称
1	广东爱心大药房连锁有限公司	3	广州江韵大酒店有限公司	5	韶关市乐居酒店有限公司	7	韶关市爱心农业开发有限公司
2	广东爱心药业有限公司	4	广州棠睿物业管理有限公司	6	韶关市粤港投资有限公司	8	韶关市爱心（宏旭）中药饮片有限公司

香港旭日实业有限公司
韶关旭日国际有限公司

韶关旭日鸟瞰图

广东省韶关市西郊六公里旭日玩具城

韶关旭日国际有限公司隶属香港旭日国际集团旗下，香港旭日国际集团拥有雄厚的经济实力，在香港、深圳和韶关等地设有分公司。深圳分公司创立于1985年，位于深圳龙岗区平湖镇。因业务拓展需要，旭日国际集团选址韶关创建韶关旭日国际有限公司，此公司的建立为旭日集团的发展谱写下新的宏伟篇章。旭日集团计划在韶关逐步向多元化发展，除将建设成国内最大的玩具工业城外，还在仁化地区建造大型的果园、葡萄园及葡萄酒厂。

韶关旭日国际有限公司筹建于2004年7月，基建正式动工于2005年9月13日，是韶关市政府招商引资的重点项目之一，目前也是粤北地区规模最大的外商独资企业，地处韶关市西郊六公里，总投资12亿元，占地面积200公顷，建筑面积100万平方米。

公司正式投产于2007年2月5日，工程分两期建设完成，计划总用工量达5-6万人。预计年总产值将达50亿元以上，主要生产各类玩具、手袋、旅行箱、旅行袋、制衣、五金电子、食品等产品，产品全部出口远销欧美等国家和地区。

公司设有人力资源部、行政部、生产部、会计部、质量管理部、研发部、工程部、手办部、工模部、制造工程部、PPC部、保安/消防部、货仓部、维修部、报关部等，开设的车间包括装配、喷油、电子、啤机、静电、车衣、丝印、移印、搪胶等等。公司管理制度完善，做到经营国际化、设备先进化、生产规模化、管理科学化。在生产经营中，一直在“质量、信誉、服务”上下功夫，本着务实进取、开拓创新的精神，力求使企业的管理水平及产质量量都深受好评。

公司坚持以人为本的管理方式，除提供良好的食宿环境外，还建有医务室为员工的身体健康“保驾护航”，公司内各种娱乐设施齐全，建有图书阅览室、娱乐室、歌舞厅、投影厅、篮球场、羽毛球场、乒乓球场以及健身器材等，娱乐室内设有桌球、瑜伽、拉丁舞、卡拉OK等娱乐活动。公司还会不定期组织各类文体活动，如篮球赛、元旦晚会、中秋游园会、乒乓球赛、卡拉OK赛等，这些活动不仅丰富员工的业余生活，陶冶员工的情操，增强企业的凝聚力，同时也使员工在企业倍感家的温暖。

韶关旭日国际有限公司能够得以快速持续的稳步发展，正是由于每一位旭日人都具有勇于挑战、勇于克服、知难而进的企业精神。旭日公司的每一员都将团结协作，同心协力，与旭日共成长，为旭日的鸿图伟业作出竭力贡献！

车间大楼

生产区

宿舍休闲区

广东省大宝山矿业有限公司（原名大宝山矿）位于广东省韶关市曲江区沙溪镇境内，占地面积9.49平方公里，毗邻106国道、京珠高速公路沙溪出口，是一家具备生产能力成品铁矿石60万吨/年、铜精矿3600吨/年（金属量）、硫精矿35万吨/年的国有独资多金属矿采选企业，现为广东省广晟资产经营有限公司旗下一级企业集团，于2012年8月被列入全国首批40家、广东省唯一一家“矿产资源综合利用示范基地”。拥有产销PC铜10000吨/年全资子公司广东省南方特种铜材有限公司和产销普通硫酸100000吨/年、高纯酸30000吨/年控股子公司韶关关市广宝化工有限公司。公司本部在岗职工1958多人，其中大学本科及以上学历人员218人，中高级以上技术职称人员256人；矿山居民10000多人。

2013年10月建成投产的低品位铁矿综合利用选矿一期工程厂况

激活资源　提升价值

韶关市坪石发电厂有限公司（B厂）

办公区域

韶关市坪石发电厂有限公司（B厂）（以下简称公司）位于广东省韶关市乐昌坪石镇，原是港资民营企业，1992年11月成立。2010年5月21日，正式移交华电国际电力股份有限公司（简称华电国际）管理，成为华电国际全资子公司，是华电国际在广东省投资运营的第一个火电项目。

公司现总装机容量72.5万kW。一期工程2台6万kW机组于2000年正式投产发电，2009年4月响应国家节能减排要求全部关停；二期工程1台12.5万kW机组于2003年11月正式投产发电；三期工程2台30万kW循环流化床机组分别于2009年11月、2010年11月正式投产发电。

截至2013年底，公司在职员工446人，其中专工及以上人员48人，大专以上学历212人。下设总经理工作部、计划营销部、人力资源部、财务资产部、安全监察部、生产技术部、党群工作部、物资部、燃料部、运行分场、检修分场、燃料分场共12个部室。

2013年，公司累计实现发电量37.7亿kW·h，累计完成利用小时5200h，综合供电标准煤耗347.13g/（kW·h），累计实现利润16449万元，实现连续安全生产1321天。

公司高度重视环保工作，2013年全年顺利通过广东省环境监测中心和省环保厅4个季度的监督性监测与烟气在线监控有效性审核，各项污染物均达标排放。2013年，公司被广东省环保厅评为“环保诚信企业”。

2013年，公司工业总产值完成17亿元，工业增加值完成7.22亿元，上缴各项税费1.48亿元，为地方经济发展做出了突出贡献。

厂区一角

省国资委副主任周兴挺到该厂调研

广晟资产经营有限公司董事长党委书记朱伟视察该厂

Nonfemet

中金岭南丹霞冶炼厂

ZHONG JIN LING NAN DAN XIA YE LIAN CHANG

工厂“三标一体”管理体系通过认证

工厂举办宣贯“鹰文化”及安全生产知识竞赛

2013年是全厂生产经营等各项工作异常繁重的一年。在全体员工的共同努力下，提前完成年度生产任务，主要产品产量创历史新高，为年计划的100.92%。各主要技术经济指标也不断改善的同时降低了能耗。紧紧依靠科技进步，强化完善系统配置，提高经济效益。主要开展了回转窑氧化锌烟气脱硫项目、硫化物滤饼处理项目等科研技改项目。使其中硫化物滤饼项目增量效益约3500万元/年。实现销售总收入约17亿元。

年底经专家组的验收，顺利通过贯标认证。33项标杆管理课题的实施初步取得成效。通过3年的技能人才评价工作，技能人才评价体系逐步完善，人才队伍建设不断加强，技能人才素质不断提升，员工队伍结构趋于合理。

为提升安全环保管理水平，采取了一系列的工程措施改善了工厂的生存环境，降低了环保风险。全力做好职业病防治并对生产一线员工进行职业健康体检，确保了员工的职业健康。

深入开展党的群众路线教育实践活动，严格落实中央八项规定，切实转变工作作风，增强了党员领导干部的责任意识。广泛开展“鹰文化”宣传贯彻活动，发挥了企业文化引领风气、凝聚力量、推动发展的激励作用。大力开展以“产能提升、减亏增效”为主题的劳动竞赛和合理化建议活动，调动了广大员工参与生产经营的积极性。

城乡建设·环保

住房和城乡建设

【概况】 2013年，韶关市住建系统贯彻落实科学发展观，以学习中共十八大精神为契机，进一步解放思想，以省政府促进粤东西北地级市城区扩容提质为契机，推动芙蓉新城建设，以保障性住房建设和原曲仁矿棚户区改造试点项目为抓手，把脉粤北中心城市城镇化，开展违章违建整治行动，开展各项制度改革，为韶关市城乡建设工作保驾护航。

【保障性安居工程建设】 2013年，全市新开工各类保障性住房、棚户区改造住房1889套（户），竣工（基本建成）2998套（户）的建设任务分解下达至各县（市、区）。全年开工2377套，已建成（含竣工）3234套，超额完成省下达的任务。

在政策建设方面，起草制定《韶关市区保障性住房动态管理制度》《韶关市区保障性住房档案管理制度》，出台《韶关市区公共配租轮候配租实施细则》。加快公积金转贷保障房建设试点申报工作。争取上级同意，韶关市已被列为住房公积金贷款支持保障性住房建设试点城市。编制《韶关市利用住房公积金贷款支持保障性住房建设试点城市工作实施方案》及《试点项目情况表》，组织相关单位与省对口单位联系，争取支持。

【棚户区改造试点】 加快推进已开工项目的工程进度。是年，首期工程龙归社主、丝茅坪安置点和二期工程A地块建设进展顺利，其中龙归社主安置点主体含装修在内已完工10栋共324套，4栋94套年底前已进行室内外装修装饰施工；丝茅坪安置点10栋主体已完工，11栋在进行主体施工；二期工程A地块100多栋4078套进入全面主体施工，有超过一半已封顶并进入室内外装修装饰阶段。

加快首期工程红尾坑安置点、田螺冲B地块和和平八一移民队项目的前期工作。但是用地范围内大宗构筑物或经济林木的补偿难以达成一致，根据市政府要求，为妥善做好和平八一移民队安置点施工招标前期工作，该项目将以BT形式招标，并已发布预公告。

【公房管理】 全年市房地产管理所租金（含廉租房）收入4340.76万元，租金收缴率99.42%（北江片3132.18万元，武江片1208.58万元）；北江片5间公房商铺，由市财政局资产管理科处置拍卖，处置面积969.23平方米，年减少租金134.26万元；办理租赁合同7802户（北江片3811户，武江片3991户）；完成维修工程183宗，维修费279.95万元，其中：大中修25宗，维修费159.6万元（北江片24宗，维修费90万元，武江片1宗共17幢，维修费69.6万元），小修1058宗（北江片635宗，维修费60万元，武江片423宗，维修费60.35万元）；执行《市住建局2013年公房租金收支计划》，上交租金4784.58万元（北江片3466.37万元，武江片1318.21万元）；签订白蚁防治合同21宗，面积74万平方米，合同金额约80万元，完成灭治工程35万元（其中：直管公房30万元，社会工程5万元）。

【工程造价管理】 是年，市建设工程造价管理站落实《建设工程合同价款与预（结）算备案制度》，规范建筑市场秩序。完成合同价款登记备案的项目69个，其中招标项目44个（建筑面积104.53万平方米，造价21.73亿元），非招标项目25个（建筑面积49.67万平方米）；合计登记备案建筑面积约154.207万平方米），工程造价约30.77亿元；落实2013工程量清单计价规范宣贯工作及计价依据的日常解释工作；参与省建设厅组织的《广东省住房和城乡建设厅关于建设工程定额人工动态单价管理的通知》《2013计价规范工程量清单指引》编制工作；开展“全国建设工程造价员资格考试”及全国建设工程造价员执证人员继续教育和验证工作；举办“国家2013年计价规范、标准技术宣讲会”。

【建筑市场建设】 探索改进对外地企业监管模式。制定下发《关于加强外来建筑企业诚信登记和备案登记工作的通知》，登记委托市建筑协会办理，采取行业自律管理的模式，建立企业诚信档案，省外企业办理诚信登记，省内外市企业办理备案登记。对登记企业施行日常动态监管，宽进严出。全年有41家企业因一次未能签到通报批评，有7家企业自愿退出韶关建筑市场。从2013年9月1日起，全面实施劳务分包制度，项目承包企业必须将工程的建筑劳务作业分包给具有相应资质等级的建筑劳务分包企业，明确总承包、专业承包和劳务分包企业之间的责任和权利关系，规范建筑劳务市场。为企业走出去开辟绿色通道，全年累计开出外出承接工程诚信证明185份。依法行政管理。市住建局行政服务窗口全年共办理业务6506宗。

【工程质量管理】 规范工程质量监管，开展建材质量检查。建立建筑用砂备案制度，出台《关于加强全市房屋和市政工程用砂备案管理的通知》，要求企业（项目）禁止使用未取得有资质的检测部门检测合格的尾矿砂产品，不得使用未办理备案登记的砂源。出台《关于加强预应力混凝土管桩质量监督管理的通知》，对管桩企业资质、提供的质量证明资料进行规范，明确提出管桩进入施工现场应进行进场验收，施工前进行技术交底的要求。2013年，全市共有在建项目总面积约1042.05万平方米，均已办理质量监督注册手续，受监率达100%。通过工程实体质量的监督检查、监督检测，及时发现质量通病，消除质量隐患，使工程的结构安全、使用功能及环境质量都得到保证。全年工程实体质量监督检查74项单位工程，回弹检测砼强度498个构件，合格率达100%。钢筋保护层厚度检测砼构件214个，单位工程原材料监督抽查38项工程，其中钢筋原材监督抽查86组，水泥、砂、石原材监督抽查12组。对预拌商品混凝土质量进行抽查。2013年6月和12月，两次组织商品混凝土专项检查，共抽查6家预拌混凝土企业和6个在建项目，重点抽查各项目和预拌混凝土生产企业建立建筑用砂进场检验、使用台账、送检以及砂氯离子含量情况。从检查情况看，商品混凝土生产单位和建筑工程的施工、监理企业重视工程用砂质量，建立用砂台账和抽样送检制度，所抽检的建筑用砂氯离子含量均小于0.06%，符合行业标准要求。

【施工安全管理】 全市在建工程350项，全部办理安全质量监督手续，受监率为100%，在监工程总面积为1042.05万平方米，造价为136.5亿元，实现连续6年零事故。2013年，市区发放建筑工程施工许可证67宗，建筑面积277.32万平方米，工程总造价43.49亿元，同比分别增长43.4%和70.1%；房屋建筑工程和市政工程竣工验收备案51宗，建筑面积125.56万平方米，工程造价15.42亿元，同比分别增长89.50%和45.75%。

【建设领域节能减排】 市区全年征收新型墙体材料专项基金建筑工程项目58个，征收金额2288.78万元；散装水泥专项资金建设工程征收项目67个，征收金额213.72万元，两项基金征收率达到100%。市区建筑工程办理新墙材专项基金返退项目38个，返退金额1492万元。市区办理建筑节能设计审查备案工程项目66个，建筑面积285万平方米，新开工项目全部通过节能设计专项审查，节能备案率100%，设计阶段建筑节能标准执行率达到100%；全市新墙材应用比例达到81%，其中市区新墙材应用比例达到99%，施工阶段建筑节能强制性标准执行率达到99%；全市全年完成散装水泥供应量259.24万吨，超额完成12.71%，同比增长85.1%；完成预拌混凝土使用量361.96万立方米，超额完成6.45%，同比增长22.7%；完成预拌砂浆使用量1.02万吨。

【加装电梯管理】 2月出台《韶关市区既有住宅增设电梯经费筹集和财政补助的实施意见》，每台补助标准为：2013年5万元，2014年4万元，2015年3万元，对原有电梯井的补助金额减半。通过局网、韶关电视台等对财政补助进行宣传。做好需要加装电梯的业主前来咨询、来电咨询以及网民答复工作，为电梯加装作好指引。全年完成电梯加装44台，超额完成20台的工作目标。

【住房公积金管理】 2013年，加大归集扩面和住房贷款工作力度，健全制度，完善管理，规范操作，推进扩面征缴工作。全市新增缴存单位144个，新增12704人；全市归集住房公积金21.5亿元（其中市级10.2亿元），比上年19.9亿元增加1.6亿元，同比增长8%；全市累计缴存住房公积金134.4亿元（其中市级65.4亿元）；发放住房公积金委托贷款9.4亿元（其中市级4.7亿元），比上年5.1亿元增加4.3亿元，同比增长84%；全市累计发放住房公积金委托贷款39.9亿元（其中市级25.4亿元），同比增长30.8%，贷款余额为27亿元；累计为全市36866户职工提供购房贷款（其中市级19500户）；全市职工支取公积金16.9亿元（其中市级8.5亿元），比上年13.7亿元增加3.2亿元，同比增长23%，主要用于个人购房；全市累计支取住房公积金77.5亿元（其中市级39.6亿元），同比增长27%。

【房地产市场监管】 加强房地产市场调控，新建商品住房价格，引导房地产市场平稳健康发展。建立韶关市商品住房价格调控联席会议制度，结合2012年市区房地产市场交易的实际情况，会同财政部门对市区普通住房单价标准进行调整，市区普通住房单价标准为5100元。2013年，全市商品房销售面积347.21万平方米，同比增长33.7%，完成25%的增长目标。市区房地产交易与权属登记36247宗，面积626万平方米，金额144亿元，分别比上年同期增长28.54%、22.45%和37.18%；商品房网上签约10021宗，二手房成交收件5576宗，抵押注销登记4014宗；司法查封登记521宗；各类查档62888宗；预售合同登记备案8481份，面积96万平方米，预售款审批660宗，金额53亿元，在建工程11宗，面积35万平方米；全年累计行政性、事业性收费共3635万元，代征土地出让金292.3万元，协助市财税征收约1.3亿元。

【规范物业管理】 提高行业自律，指导市物协开展示范项目评比活动，组织县区物业项目经理参观示范项目，推广先进管理经验、做法，促进行业共同发展。指导各区基层单位协调和处理小区物业纠纷，办理网络问政和民生热线等投诉。通过及时化解矛盾纠纷和不断规范物业企业的经营行为，维护小区和谐稳定。

【房屋测绘管理】 全年共完成各项测绘业务8000多宗，测绘房屋建筑面积约300万平方米，实现收入400多万元，上缴财政支出80多万元，实现利税近30万元。制订更新办事公开公示栏，明确服务范围、申办条件、业务流程、承诺时限、提交资料、收费标准、依据以及咨询电话。制定《聘用职工绩效工资实施方案》。

【房地产交易与权属登记规范化管理】 强化产权产籍管理工作，加强指导房地产交易中心，按照一站式管理，限时办结的要求，强化责任，履行承诺，做到后台围绕前台转，改变工作思路，主动联系企业，服务上门，延时工作。全面提升三区八县房地产交易与权属登记管理规范化。定期检查，定期跟踪，进一步提高自身管理和服务水平，发挥示范作用。以服从、服务于房地产健康发展、维护群众合法利益为根本要求，在现有规范化管理水平的基础上，不断提高，适应新形势下房地产交易与权属工作的发展需要。

【建设工程招投标管理】 是年，全市进入各公共资源交易中心交易工程共576项，累计成交金额总计达到76.56亿元，同比增长91.74%。其中，房屋建筑和市政基础设施工程项目有374项，成交金额合计64.86亿元，同比增长110.82%。建设工程招标投标监管科负责监管的房屋建筑和市政基础设施工程建设项目，进入市公共资源交易中心进场交易共180项，合计成交金额54.75亿元。其中：公开招标工程共133项，中标金额31.89亿元；邀请招标工程共33项，中标金额19.48亿元；进场竞争性发包工程共14项，发包金额3.36亿元。

【招投标制度改革】 结合全市建设工程招标投标管理实际，加强招标代理机构的管理，出台《韶关市住房和城乡建设局工程招标代理机构管理办法（试行）》和《关于加强韶关市工程招标代理机构诚信登记管理工作的通知》两项管理制度；制定下发《关于规范办理招标文件备案等相关事宜的通知》；组织起草《韶关市政府投资重点建设项目廉政保障工作实施意见》《韶关市区政府投资项目BT模式建设管理暂行办法的通知》《韶关市住房和城乡建设局工程招标代理机构管理办法（试行）》《关于加强韶关市工程招标代理机构诚信登记管理工作的通知》两项管理制度。

【燃气安全管理】 贯彻落实中共十八大及国务院安委会全体会议精神，加强餐饮企业安全生产基础建设，遏制重特大事故发生。全年共出动30人（次），对韶关市武江、浈江两区餐饮场所开展燃气安全专项治理活动，组成检查组对流花宾馆、国林宾馆、韶关市社会福利院、沐溪蚝庄等餐饮企业进行现场检查，重点检查液化气使用安全情况、安全管理人员配备情况，安全生产责任制的落实情况。检查中对存在问题发出2份《韶关市餐饮行业燃气执法检查建议书》，及时消除隐患。

【宜居城乡、名镇建设】 加强政策引导和技术指导，推动宜居城镇和宜居村庄创建工作，推进宜居社区、名镇名村建设。1月，省住房和城乡建设厅公布第二批广东省宜居示范城镇、宜居示范村庄的名单。全省共有79个镇被授予“广东省宜居示范城镇”称号，218个村被授予“广东省宜居示范村庄”称号。韶关市浈江区犁市镇、始兴县深渡水瑶族乡、始兴县沈所镇3个镇荣获“省宜居示范城镇”称号，曲江区马坝镇圳背村、乐昌廊田泉塘村等7个村荣获“省宜居示范村庄”称号。2013年，组织4个社区申报并获得广东省宜居社区称号。组织全市共2个镇1个村申报全国特色景观旅游名镇；协助曲江区罗坑镇申报2013年广东省宜居环境范例奖。引导各县申报全国重点镇增补调整工作，共有11个镇向国家申报全国重点镇。组织全市第三批韶关市宜居示范城镇和宜居示范村庄申报工作。组织乳源县必背镇、南雄市珠矶镇申报广东省岭南名镇工作。组织全市共2个镇14个村申报广东省岭南名镇名村。

【扩容提质】 牵头组织市有关部门和单位，经多次调研后草拟上报并经市委市政府下发《中共韶关市委、韶关市人民政府关于加快推进新型城镇化的意见》，为全市城镇化进程草拟出纲领性文件。

【生活垃圾处理】 组织指导全市各地开展农村生活垃圾处理设施建设。组织第一季度检查并迎接广东省住建厅专项检查组的抽查工作，对检查中发现的存在问题进行通报，对目标进度完成情况不理想的地区专项督办，收到一定的效果；组织全市负责农村生活垃圾处理的县（区）、镇二级共120人参加在党校举办的全省农村生活垃圾处理技术巡回讲座，通过专家讲课、学员提问的方式，对垃圾中转站的设备、运行方式有深入了解，为下一步指导各乡、镇如期完成农村生活垃圾处理工作打下基础。

【事业单位机构改革】 完成直属事业单位分类改革工作。组建韶关市房地产管理所（撤销市白蚁防治所，整合武江、北江房地产管理所）、韶关市房地产交易登记中心（整合市房地产交易登记中心、房屋租赁管理所、建设与房地产信息中心）。移交原市建工幼儿园（现机关第三幼儿园）至市教育局管理。 （章程）

附：领导班子成员名单

局　　长：梁韶灵（2009.12—）
副 局 长：何平良　郭春元
　　　　　何光明
　　　　　张　蘋（2013.12—）
总工程师：陈志新
纪检组长：张　蘋（—2013.12）
　　　　　曾光明（2013.12—）

城乡规划工作

【概况】 2013年5月，韶关市城乡规划局经编委会议批复同意，增设规划编制科，增设正、副科长各1名；将韶关市浈江分局、韶关市武江分局撤并入韶关市城乡规划局，将两分局原有的6名行政编制人员和5名在编人员一并划转入韶关市城乡规划局局机关。调整后的韶关市城乡规划局内设机构增至7个，分别为：办公室（监察室）、规划编制科、综合审批科、用地规划管理科、建设工程管理科、村镇规划管理科、规划监察科。局机关行政编制为28名，正科级领导职数7名，副科级领导职数6名。围绕依法行政，贯彻落实《中华人民共和国城乡规划法》和《广东省城乡规划条例》，严格城乡规划管理，维护城乡规划的权威性和严肃性。规划编制、重大项目建设规划、规划信息化建设、规划管理、城镇测绘、村镇规划等各项工作进展顺利，完成2013年工作任务。

【规划编制与研究】 围绕韶关中心城市“扩容提质”，以规划韶关芙蓉新区、推进韶关芙蓉新城建设和旧城区改造升级为重点，科学编制规划项目年度计划，加快规划编制与研究，不断完善城乡规划编制体系。完成《促进韶关市城区扩容提质五年行动纲要》和《韶关市中心城区扩容提质五年行动计划》初步成果。完成《韶关芙蓉新区发展总体规划》编制相关工作，该规划已由省政府常务会议审议通过。完成《韶关芙蓉新城发展战略与控制性详细规划整合》；组织编制《韶关芙蓉新城市政专项规划》《韶关芙蓉新城绿地规划及水系专项规划》《曲江城区融入韶关主城区规划研究》《韶关芙蓉新城——曲江片区发展规划及重点地区控规》《韶关芙蓉新城滨江景观带规划设计》。完成《韶关市中心城区近期建设规划(2011—2015)》。完成《韶关市“三江口”地区城市设计》方案竞赛。完成韶关市区四大交通出口（东环线、韶南大道韶冶段、芙蓉北路、省道246黄岗段）及上饶路沿线地区控规初步成果；对韶关市区交通节点进行梳理，完成韶关市区2个交通节点整治规划。《韶关主城区旧城改造规划及改造重点地区控规整合》和《环丹霞山生态旅游产业园发展规划》通过专家评审。《韶关城市规划编制单元规划》《广乐高速公路韶关市区段桥隧预留及互通地区控规》《韶关市区慢行系统规划》《韶关主城区停车专项规划》《韶关公共服务设施配套规划检讨》等13个规划已形成阶段性成果。完成《韶关市广富新街及升平路历史文化街区保护规划》初步成果。《韶关历史文化名城保护规划》和《韶关市区三年城建计划（2013—2015）》形成中间成果。正组织《韶关旧城区交通节点第二批整治规划》编制工作。将城市规划研究运用到禅宗文化，组织申报的《乳源正觉寺佛教禅宗文化保护与开发对策研究》获市社科联批准立项。

【市政重点项目规划】 围绕韶关市委、市政府中心工作，落实“专人负责，跟踪服务，跟踪督办”，狠抓重点项目规划工作。完成芙蓉北路改扩建工程集中安置地、消防局办公楼和西气东输门站及管网项目选址。出具广东中烟韶关物流基地项目、韶关实验中学项目、西气东输韶关门站及管网项目和原曲仁矿棚户区改造工程项目给水、排污和道路规划设计条件。组织编制韶关芙蓉新城石背窝项目概念规划。完成韶关南华纪念园改（扩）建工程初步规划方案。完成韶关市工业西片区内涝整治工程和韶关市区“四大”出口改造工程规划设计。组织韶关芙蓉新城“文化三馆”方案创意征集竞赛活动以及规划设计工作。

【地方性法规制度建设】《韶关市城市基础设施配套费征收管理办法》《韶关市区单位建筑面积参考造价》《韶关市建设工程规划批后监督管理办法》以韶关市人民政府名义颁布实施。组织起草《韶关市规划项目编制组织操作细则和规程》《韶关市城乡规划编制项目招标采购与委托管理规定》《韶关市城乡规划技术管理规定》，均已形成征求意见稿。10月，组织开展《中华人民共和国城乡规划法》颁布实施五周年普法宣传月活动。

【“三证一书”核发管理】“三证一书”是指建设用地规划许可证、建设工程规划许可证、乡村建设规划许可证和建设项目选址意见书。“三证一书”是中国城市实施规划管理的基本工具。1月至11月，受理审批业务656宗，办结633宗，提前办结632宗，提前办结率96.1%。

【土地基础测绘】 完成新丰县横江区域约7平方公里1：1000数字化地形图测绘，获广东省优秀测绘地理信息工程三等奖。为莞韶产业园甘棠片区基础设施供水管网工程建设提供地形图测量及地下管线探测1.5公里。完成新丰县产业转移园工业管理委员会（温泉小镇）约33.33公顷区域的土方测量。完成龙归镇中心福利院新大楼和龙归镇中心卫生院业务综合楼维修改建的地形图测量约15000平方米。完成韶关市福利院综合服务大楼的测量工作。完成犁市镇韶关监狱监管区约7.2万平方米的面积测量工作。完成北江监狱面积约8.1万平方米的地形图测绘。完成芙蓉大道北段的管线测量，完成十六号路约3.13万平方米的地形图测绘、长约2公里的排污管线探测及780米的规划道路定桩。完成规划建筑物放线397栋、验线108栋、竣工506栋。完成7.5公里的管线放线工作。完成地下管线约30公里的探测工作。完成20

公里的水准测量。完成1：500地形图修测约15平方公里，1：500地理信息数据更新6平方公里，竣工补图14.3幅。完成GPS E级控制点测量17个。

【城建档案管理】 完成50个建设工程项目1482卷纸质档案的预验收工作，审核接收建设工程档案92个项目，其中纸质档案3489卷（与2012年2753卷同比增长26.73%）、电子档案29个共62张光盘。核发建设工程竣工档案验收认可证45份。向库房移交纸质档案3306卷、电子档案光盘48张。审核、接收、登记入库建设工程声像档案45个项目、照片档案89卷（4563张）、光盘135张。接待档案查阅利用人员507人次。为社会服务提供档案869卷、工作查档96卷和档案照片137张的档案利用工作。完成25万页档案文字资料和2万张图纸的数据分割、关联、转换、录入和系统挂接等数字化扫描工作。

【城乡规划信息化建设】 开发建设韶关市城乡规划电子报批系统，完成历史审批修规、建筑方案、规划设计条件、控制性详细规划及相关规划成果资料的搜集并安排资料规整入库。完成韶关市城乡规划电子报批系统试用培训，完成韶关市城乡规划信息网的改版和韶关规划信息中心门户网站建设。承建开发的“韶关市城市规划三维辅助决策系统”项目一期获2013年度广东省优秀城乡规划设计奖规划信息类三等奖。

【城乡规划监察】 强化城乡规划批后监管，办理工程项目规划、环境验收51宗、建筑面积1276910.48平方米，放验线42次。做好违法建筑协查工作，对涉嫌违法建筑报建认定287次，作出违法建筑鉴定176宗，移交执法单位查处违法建筑10次。举办韶关市城乡规划监察法规培训班，全市130多名建设单位和城管执法相关人员参加培训学习。参与并做好韶关市打击“两违”专项行动相关工作，联合市城管局制定《关于协助查处违法建设办法》，作出违法建筑鉴定156宗。

【“阳光规划”推进】 组织召开韶关市区规范规划指标变更联席会议2次、规划听证会2次、规划专家评审会41次、新闻发布会1次和规划技术审查会35次。接待省、兄弟市领导和澳门特区领事团等党政团队116批、群众3028人次到韶关城市规划展示馆参观、了解韶关城市规划。及时主动公开政府信息177条，向群众提供咨询服务1771宗。

【村镇规划】 围绕宜居城乡建设，组织编制村庄整治规划，试点推进镇总规、控规编制，引导城乡统筹一体化发展。组织开展名镇、名村示范村规划编制工作，完成296个名镇（村）的规划编制和评审。编制完成100个试点村的村庄整治规划，完成市第五批中心镇控规编制试点镇（仁化董塘镇）控制详细规划初步成果。组织开展始兴县沈所镇石下村、新丰县马头镇潭石村古村落保护规划编制工作。开展市区镇村协调发展与规划研究。至2013年年底，全市镇总规覆盖率达83%，村庄规划覆盖率达8%。

（李冬辉）

附：领导班子成员名单

局　　长：许险峰

副 局 长：邱代胜（2007.4.26—2013.6.20）

纪检组长：徐建华

副 局 长：冯建国

吕　泱（2013.10.15—）

郑大彬（2013.4.8挂职—）

城市综合管理

【概况】 韶关市城市综合管理局2010年2月8日正式挂牌，内设8个科（室），分别是：办公室、法规科、安全技术科、市政科、园林科、市容环卫科、计划财务科、人事科（监察室）。行政编制30名，其中局长1名，副局长3名，总工程师1名，后勤服务人员数4名。生活垃圾无害化处理率达标。建设苗木基地 。提出环卫机械作业与社会化试点工作方案，完成北江桥大修工程，完成数字化城管平台一期建设的试运行及验收工作，启动二期项目的软件开发建设，做好城市道路LED路灯的推广前期工作，完成工程项目的前期工作，加快市区市政基础设施扩容提质工程建设。市区城市综合服务社会化改革试点。启动城市管理行政执法机构改革。针对市区国有土地征收与补偿管理机制提出方案，经批准后实施。本部门参与负责调研起草或修订的市政府文件，市城管局公开承诺为民办实事项目（建设一批街心小花园）。已完成工业西转盘排涝工程的前期工作，6月13日，韶关市房屋征收管理中心挂牌成立，负责房屋征收和补偿的具体工作。为提高韶关市道路保洁机械化水平，提升环卫作业质量，拟订《韶关市区道路机械化保洁方案》。

【生活垃圾收运中转站改造试点选址】 根据《韶关市生活垃圾收运系统改造方案》方案的要求，拟在小岛片区试点改造，关闭升平路和九曲巷现有2座垃圾中转站，同时在小岛片新建一座环保型垃圾压缩站。根据市领导的批示，已重新选址在原木材厂“三旧”改造F地块内，计划建设占地面积2000平方米的金色江湾小区环卫服务中心，垃圾中转站与绿化小游园一同建设。该项目已完成选址。

【城管规范性文件】 《韶关市区市政设施管理规定》和《韶关市区生活饮用水二次供水管理规定》两个规范性文件通过市政府常务会议审议颁布实施。《韶关市园林绿化管理规定》的修订工作经过3次内容完善和部分结构调整，已报送至市法制局进行审核。《韶关市国有土地上房屋征收与补偿实施暂行办法》自报送至市法制局后，至年底仍在法制部门的审核中。在市政府2013年规范性文件制订计划中，该暂行办法是被列在第四季度会上审议。

【开工建设民心工程】 市城管局公开承诺为民办实事项目，即建设一批街心小花园。该项目计划把武江北路绿地和西桥公园北侧原市民政局对面绿地改造为林荫小花园，把林桥坑二期覆盖渠面十四中路段和沙湖市场旁吉祥路小三角带建设成街心小花园。工程已陆续开工建设。

【城市管理行政执法】 组织县市区行政执法人员大培训，全面提升执法队员素质；继续举办“城管开放日”活动，与社会各界特别是网民建立畅通的沟通渠道，取得良好的社会效果；治理占道经营、乱摆卖等违章行为3万多宗，拆除乱拉挂900多宗，拆除无手续、违章设置的广告牌209块，面积共计5139.8平方米。依法强拆市辖三区各类违法建筑298宗、面积263514平方米。拟定《启动我市城市管理行政执法体制调整的建议》上报市政府，待批准后组织实施，进一步分清市、区两级行政执法职能。

【市政设施管养】 在维护好市区176条、总长159公里、面积412万平方米主次干道的同时，全年维修道路沥青路面4.6万平方米，水泥路面2.4万平方米，人行道1.5万平方米；沥青灌缝125千米；清疏下水道渠（含林桥坑）779千米，清疏雨水井、污水井1.38万座，维修更换井环井盖、雨水格栅约523件/套，更换“四防”装置近3007个，冲洗“四防”装置3.77万个。

【园林绿化】 在做好市区7个公园（含河滨公园）总面积345万平方米、120万平方米公共绿地（不含公园面积）以及5.9万棵行道树管养的同时，完成武江南路、韶南大道、滨江路等路段共计约1300棵的行道树修剪工作，处理危树70棵。用万寿菊、石竹、矮牵牛等25种花卉品种，共计约46万盆，完成市区春节、国庆等节日摆花和常态摆花装饰工程。根据市政府的工作部署，将银山高尔夫球场进场路路旁面积约6.73公顷土地作为苗木基地，4月下旬已完成初期建设工作，共种植约2.27万棵苗木。

【城市照明和景观灯管理】 在维护好市区4.3万盏路灯、23千米景观灯的同时，全年共修复路灯线路合计3.2万米，更换各类灯泡9300多个、镇流器近1900只，改造彩虹管、数码管及霓虹管5835米，更换各类景观灯饰共1603个，灯饰亮灯率和设施安全率分别达到98%和99%，超过国家住建部颁发的道路照明各项标准。局组织市公共照明示范工程LED路灯项目改造工作。市政府已形成会议纪要，确定改造的运作模式。下一步将进行立项和招投标工作，全面铺开该项工作。

【安全供水管理】 在维护好956千米DN80以上供水主管的同时，全年实现优质安全供水5745万立方米，新敷设管径DN80以上的供水主管13.44千米，“一户一表”改造工程完成工程施工11332多户，累计共完成改造67157万户。抢修不同管径管道1000多次，确保市区供水管网的安全。

【污水、垃圾处理】 处理污水461万立方米、处理生活垃圾18

万吨，代收污水处理费3498万元、垃圾处理费1129万元。市城镇生活垃圾无害化处理率达到80%以上，达到省经济社会科学发展评价指标体系中的“城乡宜居水平”的指标要求。

【管道燃气】 在做好348千米地下管网的管养工作同时，全年投入近5013万元，完成旧管网改造17千米，新敷设地下管网29千米；发展各类用户1.2万多户，现有各类用户近7万户，实现销气量2331万立方米，减少二氧化碳排放近9万吨，减少二氧化硫排放近1000吨，减少废渣排放9100多吨；入户安全检查4.7万次，消除安全隐患3769个，全年实现平稳、安全供气。用户投诉处理满意度达到100%，在全市组织的行风评议活动中取得89.7分的好成绩。同时，西气东输二线市区管网已与上游连头，已具有接气条件。

【打击违法用地、违法建设】 2013年10月，市政府常务会议审议通过《韶关市市区拆除违法建筑工作试行方案》《韶关市违法建筑管理暂行规定》《关于开展打击“两违”行动的通告》《韶关市对“两违”建筑不予提供水电等公共服务实施方案》等4个规范性文件并颁布实施。11月22日，市区拆除违法建筑联席会议办公室挂牌成立。随即组织在市区开展声势浩大的拆除“两违”建筑物行动。2013年，依法强拆市辖三区各类违法建筑298宗、面积26.35万平方米，遏制市区违法建筑蔓延的趋势，维护城市规划的严肃性。

【市政项目前期工作推进】 截至2013年11月中旬，已完成前期工作并移交代建单位立项代建共19项、合计近20亿元投资的项目，如：工业西片区内涝整治工程（工业西转盘排涝工程）、南出口整治（韶南大道延长段—百旺大桥至韶冶段）、芙蓉北路（西出口）改扩建工程、群康路道路建设工程、上饶路新建工程、芙蓉北一路道路建设工程、碧桂园良村桥头交通整治工程、新华北路道路交通改造工程、移山路道路建设工程、西岸村道路改造的前期工作、皇岗山舜帝森林公园景观一期工程、芙蓉新城滨江景观带建设工程等项目。正在稳步推进前期工作的项目共有上饶桥建设工程等27项。其中，市政府承诺为民办实事工程工业西路片区内涝整治工程已完成项目的前期工作，于2013年4月11日移交市代建局组织实施。一并实施的芙蓉北路分流方案与芙蓉北路改扩建工程项目，已完成此项目前期工作，并于2013年4月15日移交市公路局组织实施。

【完成北江桥大修工程】 该项目在2013年春运前完成桥面的伸缩缝更换、人行道改造（含更换栏杆）、摊铺沥青等桥面维修工序，并恢复桥面双向通车。其余的桥墩加固等施工任务也已于8月30日全部完成。

【完成“数字城管”平台一期建设】 “数字城管”指挥平台自2013年5月完成首期建设并投入试运行以来，在韶关市巩卫创文工作中发挥作用，提高城市管理的效率。随着应用的深入，“数字城管”在城市管理的各项工作中发挥重要的作用，正朝着建立“沟通快捷、分工明确、责任到位、反应快速、处置及时、运转高效”的城市管理新模式的方向稳步前进。

【做好“8·16”洪灾等应急抢险工作】 8月16日凌晨，受强台风“尤特”影响，市区遭受洪峰袭击，武江源水浊度历史上首次达1万度以上，超出水厂处理能力。市城管局迅速组织合理调加净水剂，仅7小时就恢复市区自来水供应，保障市区安全供水。同时受台风影响，市区多处路段出现内涝及塌方险情，组织局属各单位迅速启动应急预案，及时处置，保障市政设施的安全运行。

（高涛）

附：领导班子成员名单

党工委书记、局长：周伟源

副局长：肖润良　潘国忠

　　　　龚水石　王灯红

　　　　范韶旭　葛晓起

纪工委书记：张广礼

芙蓉新城建设

【概况】 2013年9月，韶关市印发芙蓉新区管委会“三定”工作方案，10月28日，正式挂牌成立韶关芙蓉新区管理委员会。2013年，芙蓉新区管委会抓住省进一步促进粤东西北地区振兴发展的政策机遇，推进新区起步区——芙蓉新城建设各项工作，新城路网建设全面铺开，学校、医院、文体场馆等公共服务设施逐步完善，碧桂园、恒大、保利等大型居住社区正在兴建，商贸、金融、总部经济等片区加快推进。全年芙蓉新城新增开工项目12个，累计完成投资约21.3亿元，同比增长208.7%；协调完成重点项目交地约246.67公顷；出让土地约53.33公顷，获取土地出让金约10.5亿元；获得国开行和农发行贷款授信共17.7亿元。

【芙蓉新区管理委员会成立】 2013年4月，广东省人民政府同意设立韶关芙蓉新区管理委员会。于2013年10月28日正式挂牌成立，为市政府的派出机构。主要职责是根据市委、市政府授权或委托依法行使芙蓉新区规划、建设和发展等职能，并根据授权，管理韶关市新鸿达城市投资经营有限公司及其下属公司和负责新区开发建设的效能监察工作。核定行政编制20名，内设4个副处级工作机构。配备管委会干部队伍，完善内部管理制度，初步建立项目协调服务机制和问题解决机制，制定并印发芙蓉新区起步区重点工程项目市领导挂钩联系责任制方案。

【芙蓉新区发展总体规划通过省政府常务会议审议】 2013年10月24日，省政府常务会议审议并原则通过《广东韶关芙蓉新区发展总体规划（2013—2030）》（以下简称《总体规划》），对新区的战略定位、发展目标、空间布局、产业发展、起步区建设等进行综合性规划。6月，市成立由市委、市政府主要领导亲自挂帅的规划编制工作领导小组，市委书记郑振涛、市长艾学峰多次召开专题会议进行研究部署，《总体规划》将芙蓉新区定位为国家老工业基地振兴发展及生态文明建设示范区、粤北地区中心城市核心区、粤湘赣现代商贸物流中心。

【韶关市加快芙蓉新区建设动员大会召开】 10月28日上午，韶关市召开加快芙蓉新区建设动员大会，号召全市上下推进芙蓉新区建设。会议要求重点抓新区建设五个方面工作：一是坚持规划先导，以科学规划引领新区建设；二是坚持“快”字当头，以完善功能带动新区建设，重点要全面推进新区基础设施和公共服务配套设施建设；三是要坚持产城融合，以产业集聚支撑新区建设，形成工业为主、多业并举的发展格局；四是坚持民生为重，以和谐善治保障新区建设；五是坚持内外结合，以机制创新助推新区建设。

【加快完善规划体系】 芙蓉新区发展总体规划于2013年10月获省政府常务会议审议通过，新区基础设施建设、环境保护、产业发展等专项规划和芙蓉新城市政、水系、绿地等专项规划形成初步成果。邀请省内外知名策划团队完成大小石背窝、下胡古村、韶关高铁站前片区、金融街、新城中心公园等项目发展策划。科学完备、切实可行的新区规划体系基本构建，为新区大发展、划定大蓝图提供保障。

【推进芙蓉新区产业建设】 规划建设的三大居住片区初具规模。碧桂园太阳城和恒大城逐步建成开盘，保利地产、信德地产启动建设。高端五星级酒店相继入驻新城。恒大酒店于9月奠基动工，碧桂园太阳城酒店完成主体建设。商贸项目加速推进。粤北亚太财富中心项目启动建设，宝马4S店成功落户新城，高铁站前商贸城、金融街项目招商工作进展顺利。

【逐步完善新城公共设施】 内通外联的新城交通体系加快布局。客运枢纽站、芙蓉隧道项目前期工作加快；43号路建成通车，32号路（二期）、南华路、35号路动工建设，新城主次干道建设前期工作相继启动。新城区医疗、教育、文化资源优势逐步显现。韶关实验学校一期工程建设按计划推进，市民文化活动中心项目基本完成前期工作，华师附中、三甲医院项目合作进入实质性洽谈推进阶段，新城污水处理厂开展前期工作。

【推进新城征拆安置】 安置房建设取得新进展。赤水新村安置房主体完工；芙蓉、西联新村安置房建设开展土石方施工；车头、下胡两村前期确认工作加快，具备2014年内开工建设条件。首个农民经济发展用地合作开发项目开工建设，并已向农民支付租金4000余万元。项目用地有效保障，征地范围稳步扩大，新城整村拆迁工作启动，2013年共交地约246.67公顷。

【开展新区融资工作】 着力做强做大市城投公司，发挥其融资平台作用，分别获得农发行贷款授信2.7亿元、国开行贷款授信15

亿元，合计17.7亿元。保障新区开发建设资金需求。其中，国开行贷款项目融资成本低、效率高、规模大，在广东省11个地级市参与的第一批粤东西北扩容提质融资合作共22个贷款项目中位列第一。（邓联军）

附：领导班子成员名单

主　　任：王青西（兼）
党组书记：钟裕荣（兼）
常务副主任：李　宏
副主任：阮龙德　宋卫红
　　　　冯建国（兼）
纪检组长：陈荣中

环境保护

【概况】 韶关市环境保护局成立于1983年，为韶关市人民政府主管环境保护的工作部门。2013年，韶关市环境保护局行政编制24名、行政执法专项编制20名。设办公室、环境综合管理科（核与辐射管理科）、综合审批科、污染物排放总量控制科、宣传教育科、法规与科技科、人事科（监察室）、环境监察分局、环境应急管理办公室（环境应急指挥中心）9个职能科（室）以及韶关市环境保护局浈江分局（韶关市环境保护局浈江环境监察分局）、韶关市环境保护局武江分局（韶关市环境保护局武江环境监察分局）2个派出机构。下设韶关市环境监测中心站、韶关市环境保护科学技术研究所（韶关市环境技术中心）、韶关市环境信息中心、韶关市城镇污水处理管理中心等4个直属事业单位。2013年，以科学发展观为指导，坚持绿色发展，推进主要污染物减排，开展环境综合治理和生态文明建设，强化环保执法监督，保护生态环境，解决关系群众切身利益的环境问题，改善城乡环境质量，促进经济社会与环境协调发展。经省核定，韶关市2013年度环境保护责任考核分数为81.09分，考核等次为良好。

【环境质量】 全市环境质量总体保持稳定。空气环境质量达到国家二级标准（优良）；饮用水水源地水质达标率、主要江河水质达标率、跨市河流交界断面水质达标率均为100%，交通和区域噪声控制在标准范围内。

【主要污染物减排】 通过采取编制年度计划、签署责任书、开展跟踪督办、及时通报情况、约谈地方政府领导等一系列措施，推进2013年污染减排工作。2013年需要完成的4个国家责任书项目中，宝钢韶关钢铁集团有限公司5#、6#烧结烟气脱硫工程已于7月完成验收并投入运行；宝钢韶关钢铁集团有限公司中水回用工程项目已于年底正式投运；韶关市天益农业科技发展公司的规模化畜禽养殖场（小区）污染治理项目已通过国家核查核算；韶关市温氏集团有限公司种猪场和合作户基本完成综合整治，并通过国家2013年核查核算。通过将各县（市、区）及中心镇污水处理厂（设施）建设任务层层分解落实到辖区政府及相关部门责任人，签订工程建设进度任务表，落实《韶关市“十二五”城镇污水处理设施建设工作方案》，推进污水处理厂（设施）的建设。印发《关于进一步加强我市农业源养殖污染减排工作的通知》，通过将农业源污染减排项目落实到人，实现一场一册，分类指导，定期检查等措施促进畜禽养殖场污染治理工程全面开展，共有91家通过国家2013年核查核算。粤电集团韶关发电厂两台30万千瓦机组已提前半年完成脱硫烟气旁路取消工作，提高现有火力发电机组综合脱硫效率。全市（含各县、市、区）共有788家企业单位缴纳排污费，缴交总额为4732万元。

【建设项目环境管理】 严格环保准入，落实总量指标环保前置审批，严格执行环境影响评价制度。坚持把环保审批与推进现代产业体系建设结合起来，完善建设项目环境保护综合管理系统。对市重点建设项目和推动韶关市经济发展方式转变的项目开辟“绿色通道”，对“两高一资”、产能过剩行业项目严格把关。审批重大项目和环境敏感项目时，通过听证会等形式听取公众意见。2013年，共审批（包括初审）各类建设项目497个，（其中报告书85个、报告表248个、登记表164个），总投资达251.94亿元，报告书否决5个项目，报告表否决2个项目；办理建设项目环保设施竣工“三同时”验收（包括初审）98个，否决8个；办理排污许可证86份（含医疗废物经营许可证1份）、建筑噪声排污许可证70份、危险废物转移审核133份、辐射安全许可证25份、辐射安全许可75份、汽车环保标志22773份。经审批的项目全部落实污染防治措施，控制新污染的产生。

【环保执法】 为确保环境安全，惩治环境违法企业，2013年全市环保系统共出动10747人次，检查各类企业3100家次。其中，组织全市执法检查人员2943人次，开展电镀企业专项调查、尾矿库、危险化学品、放射源等安全隐患问题进行的环境安全大检查等14项环保专项行动检查，共检查相关企业1001家次。根据企业废水、废气、噪声等违法情况，环保部门共立案54宗，下达责令改正70份，发出处罚决定书52份，罚款金额为152万元。对3家拒不履行行政处罚决定的企业予以强制执行。根据“两高”司法解释等，将2家涉及环境污染犯罪的企业移送至公安机关。

【环境突发事件处理处置】 2013年，发生突发环境事件6起，分别是：浈江区乐园镇六合村附近京珠高速出现因交通事故导致一辆运载柴油的槽罐车柴油泄漏事件、京珠高速公路坪石出口匝道处因交通事故导致一运载40余吨废旧轮胎提炼油的车辆发生漏油事件、京珠高速公路乳源收费站往南200米交通事故导致液化石油气泄漏事件、乳源县城桂头路口交通事故导致浓硫酸泄漏事件、京珠高速公路乳源大桥站往南10公里处交通事故导致液碱泄漏事件、仁化境内韶赣高速大桥镇榕树下村路段交通事故导致油墨涂料连结料泄漏事件。上述事件均已及时妥善处理。

【重金属污染防治】 按照重金属污染综合防治工作要求，市政府编制印发《韶关市2013年重金属污染综合防治实施方案》。持续推进仁化县扶溪镇重金属污染环境综合治理规划项目、乐昌铅锌矿尾矿砂资源化利用技术示范一期工程、典型农田重金属污染综合防治技术工程示范、粤北危险废物处理处置中心建设等工作。按照省环保厅印发的《大宝山矿区及周边地区环境综合整治工作方案》，韶关市推进大宝山矿区及周边地区环境综合整治工作，并取得一定进展。列入规划的17家重点涉重金属企业，9家完成清洁生产审核，3家已关闭，5家未通过清洁生产审核。编制完成《广东韶关典型区域土壤污染综合治理实施方案》。

【生态创建】 2013年，全市共有7个乡镇被命名为“国家级生态乡镇”。1个乡镇、2个行政村和6个自然村以及4个生态园被命名为“省级生态示范镇（村、园）”，22个行政村、55个自然村被命名为“市级生态示范村”。

【环境信访维稳】 2013年通过对重点信访案件落实领导包案，化解纠纷，维护社会和谐稳定。全年共接到群众反映各类环境问题信访案741件，比上年同期下降7.2%。其中，电话投诉316件，网络问政169件（不包括转公安、城管等部门办理的157件），来访56批共96人，来信200件。办理省转办案131件，办结129件，办结率98.5%；办理市有关部门转办案26件，办结25件。各类环境问题案件处理率100%，按时办结率100%，未出现群体性恶性事件和到省进京越级上访事件，维护社会稳定。

【环境宣传教育】 围绕生态文明建设、治污减排、总量控制等环保中心工作，加大环保宣传教育力度。组织开展“6·5”世界环境日宣传纪念活动。6月2日，在丹霞山举办以“美丽韶关，从低碳环保做起”为主题的宣传纪念活动。其间，还举办韶关市生态文明成果展、韶关市水环境综合整治摄影比赛精品展、丹霞山生态环境和生物多样性展，展览活动在丹霞山游客中心持续一个月。6月5日，召开新闻发布会，通报韶关市2012年环境质量状况、环保执法情况及污染减排工作情况，韶关日报、韶关电视台、韶关电台、韶关广播电视周报、韶关民声网以及驻韶关的中国新闻社、羊城晚报、广州日报等新闻媒体出席新闻发布会。举办环保图片展。根据省环保厅的统一部署，在市区中山公园举办“绿色出行我行动，保护环境齐努力，共建美好新家园”的公益环保图片展。2013年，在《珠江环境报》《韶关日报》等新闻媒体发表新闻稿件近20篇，在环保公众网上发布新闻稿件25篇。根据省环保厅关于建设环境文化宣传橱窗的要求，开展环境文化宣传橱窗的建设工作，2013年在市区主要街道、社区、学校建设10个环境文化宣传橱窗，完成省下达的建设任务。开展绿色创建活动。2013年，韶关市共创建省级绿色学校2所，省级绿色社区2个。省级环境教育基地1个。

【环境监测】 2013年，主要开展饮用水源地109项地表水以及废水、废气、噪声、辐射等监测工作，共出具监测数据105936个。加强环境空气、江河水质自动监测系统的运行管理。按时发布环境空气质量日报和水质周报，环境质量季报，国、省控重点源监督性监测季报以及减排监测、重金属等专项监测的编报任务。编写《2012年韶关市环境质量报告书》和《2012年韶关市环境监测年鉴》。（何秋懿）

环境质量

【水环境质量】 2013年，主要江河水系水质状况总体良好，水环境质量与上年相比无明显变化，均为Ⅱ类水质（水温、总氮、粪大肠菌群不参与评价），全市17个市控断面水质均达到所属功能类别水质标准，达标率为100%。市区饮用水源地水质达标率为100%，与上年持平，其中十里亭断面水质为Ⅱ类，达标水量6894.0万立方米、苍村水库断面水质为Ⅱ类，达标水量1438.6万立方米，苍村水库水呈贫营养状态，属于达标。

2013年韶关市区饮用水源水质状况

表22

监测断面	监测年份	年取水量（万立方米）	年达标水量（万立方米）	水质达标率（%）	水质类别	年均值超标项目	年均值超标项目浓度（毫克/升）	污染指数
十里亭	2013	6894.0	6894.0	100	Ⅱ	—	—	0.13
苍村水库		1438.6	1438.6	100	Ⅱ	—	—	0.13

2013年韶关市区省控以上河流水质变化趋势分析结果

表23

河流名称	断面名称（功能类别）	水质类别	定性描述	是否达标	上年同期水质类别	变化趋势
北江	孟洲坝电站（Ⅳ）	Ⅱ	优	是	Ⅱ	持平
	白沙（Ⅲ）	Ⅱ	优	是	Ⅱ	持平
	高桥（Ⅲ）	Ⅱ	优	是	Ⅱ	持平
浈江	长坝（Ⅲ）	Ⅱ	优	是	Ⅱ	持平
	曲江桥（Ⅲ）	Ⅱ	优	是	Ⅱ	持平
武江	坪石（Ⅲ）	Ⅱ	优	是	Ⅱ	持平
	武江桥（Ⅲ）	Ⅱ	优	是	Ⅱ	持平

【大气环境质量】 2013年，韶关市区城市空气中二氧化硫、二氧化氮、可吸入颗粒物年均浓度分别为0.035毫克/立方米、0.034毫克/立方米、0.067毫克/立方米，均优于国家二级标准，全年空气污染指数优、良天数为357天，优良率97.8%。市区降尘年均浓度为2.40吨/（平方公里·月），与上年相比上升5.7%。全年降水pH年平均值为4.70，酸雨频率为57.1%，与上年相比下降18.4个百分点，降水质量整体比上年有所好转。

【声环境质量】 2013年，市区道路交通噪声年均值为67.2分贝，其声环境质量处于好等级；市区区域环境噪声年均值为55.5分贝，其声环境质量处于一般等级；各功能区域噪声基本符合标准要求。

表 24　　2012 年、2013 年韶关市区大气监测结果统计

市县名称	监测项目	测点名称	年平均		超标率（%）	
			2012 年	2013 年	2012 年	2013 年
韶关市区	二氧化硫（毫克/立方米）	市八中	0.028	0.042	0	0
		碧湖山庄	0.024	0.028	0	0
		园林处	0.029	0.037	0	0.6
		韶关学院	0.028	0.030	0	0
		曲江监测站	0.036	0.037	0	0
		市区统计	0.029	0.035	0	0.1
	二氧化氮（毫克/立方米）	市八中	0.029	0.045	0	0
		碧湖山庄	0.023	0.026	0	0
		园林处	0.028	0.036	0	0
		韶关学院	0.021	0.022	0	0
		曲江监测站	0.039	0.041	0	0
		市区统计	0.028	0.034	0	0
	可吸入颗粒物（毫克/立方米）	市八中	0.049	0.063	0	5.5
		碧湖山庄	0.059	0.076	2.2	5.3
		园林处	0.051	0.065	0	4.9
		韶关学院	0.059	0.060	1.1	1.7
		曲江监测站	0.067	0.070	1.6	3.4
		市区统计	0.057	0.067	1.0	4.1
	降尘（吨/平方公里·月）	市八中	2.48	2.64	0	0
		碧湖山庄	2.26	2.46	0	0
		园林处	2.41	2.61	0	0
		韶关学院	2.16	2.36	0	0
		曲江监测站	2.03	1.91	0	0
		市区统计	2.27	2.40	0	0

表 25　　2012、2013 年韶关市区降水质量统计

监测站名称	2012 年				2013 年			
	样品个数	酸雨频率（%）	降水 pH 值		样品个数	酸雨频率（%）	降水 pH 值	
			范围	平均			范围	平均
韶关市	106	75.5	3.38—7.47	4.47	84	57.1	3.72—7.58	4.70

表 26　　韶关市区道路交通噪声监测统计

行政区	测点数（个）	总路长（公里）	平均路宽（米）	平均车流量（辆/小时）	等效声级	达标率%	>70dB 路段		声级范围（分贝）
							路长（公里）	（%）	
韶关市区	55	74.2	20.8	2060	67.2	93.7	4.70	6.3	61.2 ~ 71.7

表 27　　韶关市区区域环境噪声功能区统计

功能区	网格大小（米）	网格数（个）	覆盖面积（平方公里）	等效声级（分贝）	超标率（%）
1 类区	500×500	42	10.50	52.1	2.4
2 类区	500×500	136	34.00	54.5	0
3 类区	500×500	69	17.25	59.6	0
韶关市区	500×500	247	61.75	55.5	0.4

附：领导班子成员名单

局　　长：张中坚（—2013.6）
　　　　　高冬瑞（2013.7—）

副局长：谭启源　张　彬
　　　　魏　宁

纪检组组长：方贵平

总工程师：招文锐

教　育

教育管理

【概况】 韶关市教育局为市人民政府工作部门。市教育局机关行政编制30名。其中：局长1名、副局长3名；正科级领导职数8名、副科级领导职数7名。后勤服务人员数5名。根据上述职责，市教育局设8个内设机构：办公室、基础教育科、职业与成人教育科、德育体育卫生艺术教育科、教育督导室（韶关市人民政府教育督导室）、基建财务科、人事科和监察室。

2013年，全市教育工作学习贯彻中共十八大精神和十八届三中全会精神，牢记使命，开拓进取，扎实工作，完成年度各项工作任务，取得可喜成绩，得到上级领导和社会各界的充分肯定和高度评价。抓好师资队伍建设，出台《关于实施“强师工程”建设高素质专业化教师队伍的意见》，抓好教师培训工作。公办幼儿园的覆盖率达30.2%，市一级以上的优质幼儿园比例达26.7%。教育质量稳步提高，第一批本科上线人数占实考人数的比例为5.95%，上线人数占实考人数的比例为36.87%，专科以上上线人数占实考人数的比例为86.2%，录取率为88.6%。参加省体育传统项目学校田径锦标赛，取得全省团体总分第一名，市教育局获“全国群众体育工作先进单位”。抓好学生资助管理工作，全年累计落实资助资金超过1亿元，受惠学生累计达13.3万人。全市363个教学点的数字教育资源全覆盖项目实施。着力加强作风建设，坚持依法治教工作。2013年，12万人次的学生参加5个学科（数学、物理、化学、生物、信息学）的13项次竞赛，有481人次和684人次分别获国家和省级奖励。　（卢升）

【教育投入】 教育经费收支情况。2013年，全市教育经费总收入为45.24亿元，比上年39.91亿元增长13.36%，其中教育部门各级各类学校教育经费收入39.01亿元，比上年33.90亿元增长15.07%；总支出为44.82亿元，比上年39.43亿元增长13.67%，其中教育部门各级各类学校教育经费支出38.73亿元，比上年33.61亿元增长15.23%。教育经费总收入中，其中公共财政预算教育经费33.73亿元、教育税费3.85亿元、事业收入6.35亿元，分别比上年增长14.96%、14.58%、4.27%。基本建设投入。2013年，全市中小学校基建计划投资6.62亿元，实际完成投资6.47亿元，其中建安工程4.51亿元、设备购置0.92亿元、其他1.04亿元。本年新增校舍建筑面积39万平方米，新增固定资产价值6.47亿元。

（胡定安）

【教师激励政策】 出台《韶关市人民政府关于实施“强师工程”建设高素质专业化教师队伍的意见》和《韶关市人民政府办公室关于印发韶关市创新人才引进培养工程子计划及配套政策的通知》。实施“强师工程”，为建设一支适应全市教育发展的高素质专业化教师队伍提供政策保障。落实省对山区义务教育学校教师津贴政策，共有13610名乡村教师享受这一政策。市直教育系统共有19名教师和行政干部取得在职研究生学历，共发放奖励金11.45万元。组织全市949名在职幼儿园教师参加幼儿园学历提高和幼教资格班，每人免学费500元。

【教师培训】 组织开展“免学费、免食宿费、免差旅费、发培训补贴”的“三免一补”的“511”乡村教师培训，共培训乡村教师1000名；组织全市12447名义务教育学校、幼儿园、中等职业技术学校教师开展专业课培训，组织全市4149名高中教师参加普通高中教师职务培训；400名班主任、17名“名班主任”、3000名心理健康教育教师参加相应的项目培训；组织1500多名教师分别参加省小学全科骨干教师培训、省山村优秀教师跟岗学习、新教师培训、欠发达地区幼儿园骨干教师省级培训、英特尔未来教育项目等培训；举办初中、小学校长和幼儿园园长任职培训，培训校长180人；选送70名校长（园长）参加省级各类培训；开展市直学校百名中层干部培训。400多人参加香港烛光基金会的培训。继续实施“教师成长伙伴计划”，开展“送教下乡”活动，到名校跟岗学习。

【教师人才引进和培养】 全市面向全国公开招聘教师536名，其中到农村任教326名。有275名中学教师晋升高级职称，10名小学教师晋升小学副高职称，470名中小学教师晋升中级职称；认定中小学教师资格4262人。开展新一轮省“三区”人才支持计划工作，共派出教师35人支教乳源、新丰两县。评选出10名市级最美乡村教师。出台《韶关市名校长工作室和名教师工作室建设与管理办法》，遴选出4名校长为首批韶关市中小学校长工作室主持人，8名教师为首批韶关市中小学教师工作室主持人。实施“名班主任”培养工程，有30位教师成为首批韶关市中小学“名班主任”培养对象。启动培养周期3年的新一轮韶关市中小学“百千万人才培养工程”，选出50名培养对象。评选出59位市中小学优秀学科带头人。（朱俊英）

【德育创新取得成效】 各地各校尤其是市首批“厚德弘善 感恩励志”学校德育创新实验县（区）、实验学校及省市级德育示范学校继续以“厚德弘善 感恩励志”德育创新为统领，开展学校德育创新探索，不断完善德育机制，加强校园特色文化建设，组织感恩励志主题活动，学校德育创新工作取得初步成效。举办未成年人犯罪治理与预防图片巡展，采用图片、动漫形式，以鲜活案例，生动剖析未成年人犯罪成因、宣传预防犯罪途径，共发放主题读本1万册，动漫光盘2000张，全市60多万中小学生通过观看图展、动漫，阅读主题读物，撰写观后感等方式参与活动，增强未成年人法制观念和自我保护意识。举行鼓号操评比活动。全市中小学校以鼓号操评比活动为契机，不断健全学校团队机构，落实活动经费，完善团队阵地设施设备，常态化开展鼓号训练，学校团队工作做到“三有”：有鼓乐队、有经费保障、有训练制度。全市100多所中小学参与鼓号操评比初赛，展现韶关市学校广大团员、少先队员精神风貌和学校团队组织建设成果。强化德育干部培训。继续深入实施德育干部提素强基工程，加强对中小学班主任、少先队辅导员、心理健康教育专（兼）职教师、法制副校长等不同层次的培训力度。全年共组织德育干部培训20多场次，有2000人次德育干部参加培训；举办家庭教育大讲堂活动，共6000多位家长接受家庭教育知识专题培训。加强德育科研。全市共评选中小学德育论文一等奖17篇，二等奖25篇，三等奖35篇；全市中小学德育科研立项课题113个，其中重点课题20个，一般课题93个；省级德育（心理健康教育）科研立项课题17个，其中重点课题2个，一般课题15个。全市未成年人思想道德建设工作完成较好，成绩名列全国受测评城市第65名，在广东省8个地级市排名第三，得到市委市政府的肯定。（张烽艺）

【校园阳光体育一小时】 抓好学生校园阳光体育一小时活动和“体育艺术2+1”项目落实。组织开展中小学体育大课间评比活动，全市33所中小学校参加评比。开展校园阳光体育一小时专项督导活动，以“我运动、我阳光”为主题的学生校园每天阳光体育锻炼一小时活动在每所中小学校得到开展。全市有16所学校被全国亿万学生阳光体育运动领导小组办公室授予“2007—2012全国亿万学生阳光体育冬季长跑活动优秀学校”。

【学校文体比赛获好成绩】 举办中小学（幼儿园）“英东杯”文体竞赛。继续以举办中小学（幼儿园）“英东杯”文体竞赛活动为载体，广泛开展校园体育、艺术活动，扩大“英东杯”文体竞赛学生参与面，在项目设置、内容和形式以及组织工作上有所突破创新。全市参与活动的师生达40万人，体育竞赛决出团体奖97个，单项奖372个；文艺类共评出获奖节目655个，其中一等奖148个、二等奖232个、三等奖275个。翁源中学女子篮球队取得高中联赛亚军。翁源中学女子篮球队在广东省第三届高中篮球联赛中，荣获全省第二名的成绩，继续保持全市学生篮球代表队在全省排名靠前的优势。广东北江中学田径队成绩喜人。举办2013年广东省体育传统项目学校田径锦标赛，来自全省各地49支代表队、536名队员参加比赛。广东北江中学代表队摘取4枚金牌、3枚银牌，取得全省团体总分第一名。全市5所新农村少儿舞蹈教室学校参加省汇演获好评。仁化县大桥省善希望小学、始兴县深渡水中心小学、黄磜中心小学、武江区白芒小学、浈江区东联小学等学校参加省新农村少儿舞蹈教室汇演获一致好评，市教育局获“优秀组织奖”。市教育局获国家体育总局授予“2009—2012年度全国群众体育先进单位”荣誉称号。（张烽艺）

【教育教学科研】 2013年颁布《关于印发〈韶关市中小学教育科研成果奖励办法（试行）〉的通知》《关于做好2013年韶关市中学教育教学成果奖申报工作的通知》《关于对〈韶关市中小学教育科研管理办法〉修订的通知》等文件，加强对全市教育科研工作管理，进一步规范教育科研行为，提高教育科研效率。12月，召开全市教育科研工作会议。2013年，全市市级立项课题304项，其中市规划课题27项、结题235项。广东教育学会小课题研究立项282项。按照省教育厅科研处部署，组织教师申报省2013年度教育科研课题，上送12项立项材料。根据省教育厅《关于加强少数民族双语教育科研工作的意见》，加强对全市少数民族地区学校教育科研工作的指导。（钟华）

【教育信息化应用提高】 贯彻省教育厅《关于实施广东省教育资源下乡行动计划（2009—2015）》《关于切实加强优质教育资源建设与应用全面推进“广东省教育资源下乡行动计划”的通知》等文件精神，全年分别下发新增资源通知共8期，其中有CNKI中小学数字图书馆资源专业期刊2000种，3000多部教学工具书，中小学电子期刊（电子阅览室用）130种。全年拍摄制作完成名师课堂实录共47节课。市教育OA平台用户数达21710户，单位用户数663个，公文流转10927次，发布通知公告30446条，平台内发送短信592813条，为实现无纸化办公打下基础。组织全市30多名优秀骨干教师到佛山、肇庆等地考察学习。举办11期信息化应用培训班。

【参加教育信息赛事获佳绩】 组织全市师生参加全国和全省举办的各项教育信息化评比活动取得佳绩，第十七届全国、全省教师多媒体教育软件比赛中，获全国一等奖1件，全国三等奖1件，省一等奖8件，省二等奖12件，省三等奖14件，韶关市教育局获组织工作表扬单位奖；在第十四届全国、全省中小学电脑制作活动中，韶关市成绩再创辉煌，其中获全国二等奖5名、全国三等奖5名，获省一等奖13名、省二等奖21名、省三等奖28名、省优秀奖18名，韶关市教育局获组织工作先进表扬单位，名列东莞、广州之后，在全省欠发达地区独占鳌头；在由省教育厅主办的广东省第十届中小学电脑虚拟机器人竞赛项目中，获一等奖2个、二等奖4个、三等奖8个、优秀奖7个，总成绩位列全省第三；在省教育厅举办的“中国移动同步课堂杯”远程资源征集应用与评比活动中，韶关市总成绩位居全省第二名，市教育局获得省教育厅最佳组织奖；2013年广东省青少年信息学（计算机）奥林匹克竞赛决赛：获一等奖1名，二等奖2名，三等奖8名；2013年第十九届全国青少年信息学奥林匹克联赛：获一等奖6名，二等奖4名，三等奖5名。（谭军）

【教育技术装备提升】 全市各级教育装备部门借助创建教育强县（区、镇）的契机，以规范化学校建设为切入点，深入农村学校，调查研究，制定建设方案，加强检查监管，争当“创强”勤务兵。2013年，全市中小学校装备和教育信息化工程建设全年投入资金达到6945多万元，全市新增或在建（或已完成招标程序）计算机室50间，语音室9间，计算机3859台，校园网络15套。实现“班班通”班数1271个（新增684个），电子白板1260块（新增868个），多媒体专用教室956间（新增250个），其他功能场室1329间（新增114个），常规教学仪器364.96万元。全市接入专网（或通过VPN方式）学校数达到284间，接入率达到97.3%，全市363个教学点实现优质资源全覆盖。实施教学点数字教育资源全覆盖项目，在年内，为全市363个教学点配备数字教育资源接收和播放设备，配送优质数字教育资源，并组织教学点应用数字教育资源开展教学，利用信息技术帮助各教学点开好国家规定课程，提高教育质量，基本满足农村边远地区适龄儿童就近接受良好教育的要求。（谭军）

【广东省农村义务教育学生营养改善计划试点】 2012年秋季学期起，广东省在韶关市乳源瑶族自治县试点实施农村义务教育学生营养改善计划工作。截至2013年12月，乳源县应实施农村义务教育营养改善计划学校数为小学58所，初中8所；已实施完成率100%。其中，食堂供餐学校为小学9所，初中5所；企业供餐学校为小学49所，初中3所。全县应实施“营养改善计划”小学学生9383人，初中学生5151人，已实施“营养改善计划”小学学生、初中学生人数完成率达100%，全县受惠学生共14534人。用于乳源县农村义务教育学生营养膳食补助省级资金达872.04万元。

【学前资助及义务教育困难学生补助】 实施学前教育资助工作。2013年，全市学前教育资助工作稳步推进，根据省财政厅《关于安排2013年学前教育资助制度补助资金的通知》文件精神，共发放学前教育幼儿助学资金达303万元，受惠学前儿童达10130人。义务教育阶段农村家庭经济困难学生生活费补助工作。为做好“两免一补”惠民工作，全市共下达义务教育阶段农村家庭经济困难学生生活费补助资金达1939万元，受惠学生达70589人。少数民族地区义务教育阶段寄宿制民族班生活费补助工作。全市乳源和始兴县共有1251名少数民族义务教育阶段寄宿制民族班学生，下达补助资金达113万元。

【中等职业教育及培训助学优惠】 中等职业学校国家助学金和免学费管理工作。自2013年春季开学以来，为确保中职生能及时收到国家助学金，市财政和教育部门配合，及时将省下达的助学金和本级财政配套资金拨付至全市中职学校学生。年底，全市向4150名中职生发放国家助学资金达623万元。韶关市财政和教育行政部门重视国家中职免学费资金的管理与发放工作。对全市符合免学费条件的中职学生免除学费达4841万元，免费人数达23000人。退役士兵参加中等职业教育和技能培训补助工作。全市2013年对退役士兵参加中等职业教育和技能培训统计人数为190人，按照补助标准落实补助资金共计133万元。

【非义务教育阶段贫苦家庭子女学生资助】 普通高中家庭经济困难学生国家资助工作。每人每年获1500元国家助学金，受资助学生达10819人，享受国家助学金达1582万元。少数民族聚居区少数民族大学生资助工作在2013年正式开始实施，全市共有157名大学一年级新生享受资助，资助标准为每位学生每学年1万元。

（陆智南）

【推进教育创强工作】 由韶关市与省文史馆、省红十字会、广州市文史馆、广州市文联等5家单位共同主办的韶关市“挥墨写真情——行善助教育”募捐活动历时10个月，取得显著成效，全市累计募集善款物资超过1.3亿元，为教育创强工作提供资金支持。全年目标任务基本完成。2013年4月28日，市委、市政府召开申报省教育强市工作动员会，市政府给予新近创建成为省教育强县（区）的始兴、曲江、仁化、浈江等4个县（区）各400万元奖励，并给予新近获评的韶关市33个省教育强镇（街）各20万元奖励。全市各地继续重视教育创强工作，加强组织领导，落实工作责任，推进教育创强工作，基本完成创建省教育强镇12个、教育强县（市、区）2个的全年目标任务。截至2013年12月31日，全市有75个省教育强镇（街道），占应接受督导验收96个镇（街道）的78%。武江、乳源、曲江、始兴、浈江、仁化、乐昌、南雄等8个县（市、区）已先后建成省教育强县（市、区），新丰、翁源已申报省教育强县并挂网公示，武江、仁化两县（区）实现省教育强镇（街道）100%覆盖。2013年10月，韶关市已正式向省政府申报省教育强市督导验收。

【开展责任督学挂牌督导】 贯彻落实国务院教育督导委员会、省教育厅关于实施督学责任区制度及责任督学挂牌督导制度的有关要求。2013年5月，韶关市成立韶关市人民政府教育督导委员会，该委员会主任由分管教育工作的副市长邹永松担任。8月、12月，韶关市分别召开督学责任区建设及责任督学挂牌督导工作动员暨培训会议。截至12月底，全市共划分督导责任区60个，市级及各县（市、区）共聘请352名专兼职督学（含特约教育督导员），累计开展责任督学培训次数和人次分别为26次、679人次，已全面实行责任督学挂牌督导制度的学校（含教学点）和幼儿园（含民办）为1163所。

（欧永辉）

【招生考试】 2013年，韶关市组织实施共十大类，17场考试，考生人数达15.6万多人次，参与考试管理的工作人员1.5万多人次。2013年，韶关市普通高考实考考生21769人，其中普通高考实考考生20601人，“3+证书”高职类实考考生1168人。全市共有19291名考生被各类高校录取，占实考总人数的88.6%，比上年提高1.6个百分点。其中，普通类录取韶关市考生18402人，占实考考生人数的89.3%，比上年的87.55%提高1.75个百分点；“3+证书”高职类录取889人，占实考考生人数的76.1%，比上年的73.1%提高3个百分点。第一批本科院校录取1345人，录取人数占上线人数108%；第二批共录取6383人，占实考人数的30.95%。其中，A线录取3270人、B线录取3113人；第三批共录取10674人，占实考人数的51.81%，其中A线录取5297人，B线录取5377人。2013年韶关市成人高考共6580人，比上年增加1482人，增幅29%，其中报考专科升本科的有1178人，高中起点本17人，高中起点专科的有5385人。2013年，全市参加自学考试9229人次，报考18287科次，报名人数比上年增加2247人，同比增加32.2%，报考科次比上年增加4160科，同比增加29.4%。上半年毕业考生有217人，其中本科192人，专科25人；下半年毕业考生有158人，其中本科140人，专科18人。2013年，全市九年级报名参加中考人数为31671人，比2012年减少2672人，报考率为80.3%，比2012年提高2.0%。2013年全市毕业生39460人，比2012年减少4413人。八年级报名参加中考人数为35465人，比2012年减少4704人。2013年硕士研究生入学考试全市共有958名考生参加考试，比上年增加159人，报考人数创历年新高。2013年全国计算机等级考试上半年考生人数2700人，下半年考生人数2086人。全国英语等级考试上半年考生人数463人，下半年考生人数564人。2013年，韶关市各类考试都确保试卷安全保密万无一失、考务操作规范统一、考风考纪保持良好，完成各项任务，实现“平安考试”的目标。招生录取工作贯彻“阳光工程”要求，维护公平公正，提升服务质量和水平，人民群众满意度提高。

（罗威）

【教育工会】 组织各级教育工会开展践行“韶关教育精神”和“爱生、爱教、爱校”系列教育活动以及“巾帼示范岗”创建活动：本会被中国教科文卫工会评为“全国教科文卫体系统先进工会组织”，是广东省唯一获此殊荣的地级市教育工会；市中等职业技术学校政史教研组、旅游地理教研组分别荣获韶关市、广东省“巾帼建功先进集体”；韶州师范分院教师邱云兰、市一中教师侯巨青、始兴县中职学校教师罗树海均被评为“韶关市劳动模范”，始兴县中职学校教师罗树海还被评为“韶关市第四届职业道德楷模”称号；全市150名教师荣获“学习教师职业道德规范积极分子”称号。举办市直学校教工（男子）篮球赛（第一中学获冠军）；乐昌市教育工会组织教工参加广东省“排舞”竞赛活动，获得金奖。

（梁茂发）

基础教育

【概况】 2013年，韶关市基础教育工作贯彻落实省、市教育改革与发展规划纲要，围绕创建广东省教育强市的目标，从实际出发，以推进城乡义务教育均衡发展、推进学前教育三年行动计划落实、巩固高中阶段教育普及成果为重点，不断加大工作力度，加强学校建设和管理工作，提高基础教育的质量和水平。2013年，全市小学适龄人口入学率为100%，小学适龄儿童毛入学率为105.9%；初中学龄人口入学率为99.8%，初中阶段毛入学率为122.26%；小学辍学率为0.06%，初中辍学率为0.43%；2013年，全市高中阶段教育成果得到巩固和提高，全市户籍人口高中阶段教育毛入学率为95.08%，比2012年提高2.36个百分点，全市高中阶段教育进入全面普及阶段后继续稳步向前发展。

学前教育

【概况】 2013年，全市有幼儿园431所，其中公办园129所，比上年增加19所；乡镇中心幼儿园88所，比上年增加9所，覆盖率达92.6%。全市有省一级幼儿园9所，市一级幼儿园98所，规范化幼儿园253所。全市入园人数104774人，3—5周岁学前三年毛入园率为92.9%，比上年提高2.1个百分点；全市农村3—5周岁学前三年毛入园率为85.8%，比上年提高2个百分点。2013年全市继续以“巩固全市学前教育三年普及成果，提高农村学前教育普及水平”为总目标，以“大力推进乡镇中心幼儿园建设”为重点，推进学前教育加快发展，学前教育综合改革项目推进取得更实质性的进展。

【学前教育宣传管理】 4月起，省“幼儿园建设与管理”月报制度实施，韶关市总体情况良好。全市利用第二个“全国学前教育宣传活动月”，开展活动组织、宣传工作（5月20—6月20日），筹集经费印发《3—6岁儿童学习与发展指南》《3—6岁儿童学习与发展指南家长宣传册》各3000册，免费发放给市区部分幼儿园；5月30日，韶关市在曲江区罗坑镇召开市学前教育三年行动计划推进工作现场会，进一步统一思想、取长补短、相互促进、共谋发展，确保2013年如期实现韶关市学前三年行动计划的目标。

【幼儿园机构调整】 8月23日，根据国家和省、市《学前教育三年行动计划（2011—2013年）》等有关学前教育发展的工作要求，结合企业发展需要，宝钢集团广东韶关钢铁有限公司将其社区管理委员会办公室旗下的幼教管理科和下属的3所幼儿园重新整合，成立“广东韶钢现代产业发展有限公司韶钢幼儿园”，下设机关幼儿园、东区幼儿园、二村幼儿园3所分园，相关管理岗位全部按照竞聘要求严格考核后聘任上岗，并对经费投入作出明确的规定，此举标志着韶关市第一家国企集团化办园正式设立，对韶关市办园模式的改革进行探索。9月18日，原分属市委、市政府以及住建局管理的机关第一幼儿园、机关第二幼儿园以及建工幼儿园正式调整归口教育局管理。9月，市政府就2012年人大视察学前教育所提出的建议落实情况及全市学前教育综合改革试点情况再次向市人大常委会作专题汇报。

【优质幼儿园创建】 为进一步提高办园水平，增强各幼儿园办优质园的积极性，各地纷纷出台政策，对上等级的幼儿园予以奖励。韶关市也设立100万元的幼儿园建设专项资金，对创建优质园的幼儿园予以倾斜，调动幼儿园争优质的积极性。继续开展学前教育论文评选、课件制作评选等工作，2013年韶关市组织2013年学前教育论文评选活动，共有117人获奖，其中一等奖20人，二等奖30人，三等奖32人，优秀奖35人。从中推选一批优秀论文上省参评，共有66人在2013年省学前教育论文评比获奖；另有26人在省幼儿教师优秀课例评选中获奖。

义务教育

【概况】 2013年，韶关市义务教育学校由317所调整为313所，比上年减少4所。全市有义务教育规范化学校306所，比上一年新增9所，覆盖率达97.76%。为进一步巩固和提高义务教育发展水平，全市各地实施义务教育均衡发展战略，做好“防流控辍”工作，解决外来务工人员子女入学问题，继续调整优化学校布局，实施农村义务教育学校校舍安全工程、规范化学校建设和教育信息化工程，开展“教育资源下乡服务”活动，继续推进城乡学校互助共同体建设等工作，进一步缩小城乡教育差距，义务教育发展水平提高。

【义务教育规范化管理】 根据教育部的指示及省政府的要求，韶关市进一步审慎做好农村学校布局调整工作，指导各县（市、区）做好《农村义务教育学校布局专项规划（2013—2015年）》制定，并于5月17日及时上报。加强民办义务教育学校的监管，规范管理，制发《关于进一步规范义务教育阶段民办学校招生办学行为的通知》，规范韶关市义务教育阶段民办学校招生办学行为，在11月下旬结合督学责任区工作对市区三所民办初中办学情况进行专项督查，及时指出存在问题并督促其整改。为实现韶关市义务教育规范化学校覆盖率的规划目标，教育局在2013年初下达全年的规范化学校覆盖率（96.8%）的任务，并继续按照计划进一步推进新一轮“城乡学校互助共同体”建设工作。2013年全市共构建互助共同体79个，参与学校156所，其中支援学校76所，受援学校80所。

【解决外来务工人员及随军子女义务教育难题】 2013年秋季，韶关市安排进城务工人员随迁子女4.9518万人（含本市各县区农民进城务工人员子女1.5339万人及外省市进城务工人员随迁子女3.4179万人）就读，其中0.2208万人（占全市义务教育阶段进城务工人员随迁子女总数的4.46%）自主选择民办学校就读外，其余的4.731万人（占全市义务教育阶段进城务工人员随迁子女总数的95.54%）全部安排进入公办学校免费就读（其中，小学安排学位3.5885万个，初中安排学位1.1425万个）。虽然学位紧张，但仍然发挥全日制公办中小学的接收主渠道作用，解决入读问题。2013年，韶关市争取进城务工农民工随迁子女接受义务教育中央财政奖励资金1175万元。落实双拥政策，2013年韶关市共安排随军子女376人入学，其中入读幼儿园131人，入读义务教育学校214人，入读高中阶段学校31人。

普通高中教育

【概况】 2013年，韶关市各地进一步加大力度，通过加强学校软硬件建设、招生改革等举措，创新办学理念，强化特色建设，促进学生个性发展，提升教育教学质量，促进学校的内涵提升，从而使普及高中阶段教育成果得到进一步巩固和提高。全市有普通高中24所（含独立高中17所），其中省一级普通高中学校22所（含国家级示范性普通高中学校12所），普通高中优质学位率达100%。2013年，全市普通高中招生22010人，初中升普高率为52.4%。全市普通高中在校生64056人，比上一年增加658人。2013年户籍人口毛入学率为95.08%，比2012年提高2.36个百分点。

【外来务工子女享受平等中考权】 根据省的要求，由市教育局与市发改局、市人力资源和社会保障局、市公安局等部门联合制定《关于进城务工人员随迁子女接受义务教育后在韶参加初中升学考试工作方案》，并在4月23日由韶关市人民政府办公室转发（韶府办〔2013〕48号），对非本市户籍进城务工人员随迁子女在韶参加初中升学考试做出明确的规定："进城务工人员及其他非本市户籍就业人员符合韶关市进城务工人员有关管理制度规定的基本要求〔即经县（市、区）人民政府主管部门认定的在我市具有合法稳定职业、合法稳定住所并连续3年以上持有我市居住证、按国家规定在我市参加社会保险累计3年以上〕，且其随迁子女在韶关市初中有3年完整初中学籍的，不论何地户籍，其随迁子女从2013年起均可报考我市普通高中学校，并与本地户籍考生同等录取。"即符合条件的外市外省户籍进城务工人员随迁子女初中应届毕业生可与本市户籍初中应届毕业生享受同等报考权。这项政策在韶关市是首次施行，是初中升学政策的一项重要的改变，是继韶关市解决非户人员子女在当地接受义务教育问题后的又一惠及民生的政策。

【中考招生改革政策】 根据省下达的招生任务，制发《关于2013年市区普通高中招生工作意见》，并与市招考委、市人力资源和社会保障局共同制发《关于做好2013年全市高中阶段学校招生工作的通知》，及时与有关部门一起召开2013年全市高中学校招生考试工作会议，对有关政策变化，如进城务工人员随迁子女中考问题、推荐生及择校生比例的变化等进行详细的说明，并将新的变化用新闻发布会的方式通过媒体向社会进行公布。坚持按国家和省的有关政策对烈士子女、少数民族子女等五类考生给予政策性照顾加分10—20分。2013年，初中升高中政策性加分、符合条件的考生共有2409名获得审核通过，其中烈士子女1人，加20分；农村纯二女结扎户女孩1016人，各加10分；农村独生子女1034人，各加10分；少数民族考生358人，各加10分。全市省一级公办普通高中学校以学校为单位将招收"择校生"占当年招收高中学生计划数（不包括择校生数）的比例降到15%；公办国家级示范性普通高中和省一级普通高中2013年继续安排不低于30%的公费招生名额，按初中学校在校生数和实施素质教育的情况，直接分配到区域内各初中（含民办）学校，进一步增加农村学生入读国家级示范性普通高中机会，对义务教育阶段的择校现象起到遏制作用。

【田家炳中学首次尝试初中免试升高中】 为进一步推进中考制度改革，逐步淡化考试，推进素质教育的实施，为适应普通高中学校特色发展的需要，2013年韶关市普通高中招生工作有新尝试。市田中首次实行初三毕业生免试直升高中的探索实验。通过3年的实践，市田家炳中学2013年首次在本校初中部免试招收直升高中的试验生54人。此举打破多年来以一次考试作为学生主要升学依据的做法，而改为更加侧重学生初中3年的整体表现和综合素质，对推进韶关市中考制度改革，推进素质教育的实施具有重大意义，是推行多样化高中学校招生录取办法新举措的深入延续。

特殊教育

【特殊教育】 2013年，全市有特殊教育学校7所，分别为曲江区启智学校、仁化县特殊教育学校、翁源县特殊教育学校、乳源县特殊教育学校、乐昌市启智学校、韶关市特殊教育学校、南雄市特殊教育学校；专任教师84人，义务教育阶段残疾儿童少年在校生731人，其中：普通学校随班就读409人，特殊教育学校288人，特教班34人。残疾儿童少年入学率为99.2%，“三残”儿童入学率为99.3%。为加快特殊教育学校建设步伐，2013年韶关市继续推进市特殊教育学校的异地搬迁工作。6月9日上午，乳源县举办韶关市首个普通学校随班就读专题讲座。参加培训的有该县各个学校的随班就读教师和部分特殊儿童家长代表、以及教育局相关部门领导共60多人。此次活动邀请广东省特教专业委员会的邱举标副秘书长做专题讲座。通过培训，帮助教师和特殊儿童家长了解残疾儿童少年的生理特点和心理变化，有利于今后解决特殊儿童在教学中和实际生活上所遇到的问题，受训者均表示受益匪浅。 （苏才念）

职业教育

【概况】 2013年，全市有中等职业学校（含韶关学院韶州师范分院中职部和韶关学院医学院中职部）21所，其中公办14所，民办7所。有国家级重点中等职业学校3所，省级重点中等职业学校4所，市级重点民办中等职业学校3所，省级实训中心5个，省级中等职业学校重点建设专业（点）6个。2013年，韶关市中等职业学校争取中央和省财政专项经费支持，深化教育教学和招生制度改革，举办全市中等职业学校学生技能竞赛，参加全省中等职业学校技能大赛，取得好成绩。

【争取中央、省财政专项经费】 组织4所中职学校申报省中等职业教育竞争性分配资金，通过省的评审、答辩，共获得省专项资金800万元；组织2所国家重点中职学校申报中央财政专项补助资金，共获得中央财政680万元的专项补助；指导和帮助乳源县申报创建国家级农村职业教育和成人教育示范县，可获得中央财政专项补助资金500万元；支持和鼓励民办学校申报省民办教育专项补助资金，经省评审，全市有6所民办幼儿园和2所民办义务教育学校获得省民办教育专项补助资金共160万元；争取省财政厅的支持，下拨中职教育发展资金440万元，用于乐昌中职等12所中职学校改善办学条件，为进一步提高学校办学水平和教育教学质量提供经费保障。

【中等职业教育招生、培养】 为引导初中毕业生有效分流，坚持春秋两季招生制度。2013年，全市中职教育招生共10045人，超额完成省下达的招生任务。全面改革人才培养模式，创新办学模式，探索联合办学、校企合作、工学交替、半工半读模式以及“零学费入学、零距离上岗”的“双零”培养模式，让更多农村的孩子接受中职教育。进一步重视学生技能培养培训，连续第18年举办全市中等职业学校学生技能竞赛，有14所学校选派代表队参加竞赛。2013年，全市组织19个学生代表队和4个教师代表队参加省举办中等职业学校技能大赛，学生组获得一等奖2个，二等奖4个，三等奖12个，优秀奖23个；教师组获得三等奖4个，优秀奖3个。有13个竞赛项目的指导教师分别获得一、二、三等奖和优秀奖。 （柯艳君）

成人教育

【示范性乡镇成人文化技术学校】 根据教育部《面向21世纪教育振兴行动计划》的要求，韶关市结合自身的实际，发展农家书屋，着力抓好乡镇成人文化技术学校基础能力建设，提高乡镇成人培训的数量和质量。2013年，根据《广东省乡镇成人文化技术学校评估方案》有关要求，经过组织评估验收并按规定公示，始兴县隘子镇、南雄市雄州街道办和邓坊镇等3所乡镇成人文化技术学校通过市级示范性乡镇成人文化技术学校的评估验收，使全市省、市级示范性乡镇成人文化技术学校达到73所，占全市乡镇成人文化技术学校总数的75.25%。

【**成人技术培训**】 为推广农业先进生产技术，普及农科知识、婚育政策以及宣传国家的惠民惠农政策，为构建学习型社会发挥积极作用。2013年，全市乡镇成人文化技术学校加强实用技术培训工作，有124703人次接受培训。市中等职业技术学校、乳源县中职学校、仁化县中职学校、浈江中职学校、振华中职学校等中等职业学校开展农村劳动力技能培训转移就业工作，共培训学员4426人；参加鉴定并获证3618人，获证率为81.7%；就业2975人，就业率为67%。 （柯艳君）

民办教育

【**概况**】 全市现有民办教育机构412个，其中民办幼儿园313所，民办中小学7所，民办中职学校7所。民办教育已经成为韶关市教育事业的重要组成部分。有全市民办中等职业学校7所，总资产8255万元，教学设备总值2285万元，专任教师315人，在校生11356人。2012年4月，市、县两级教育行政部门依法对民办教育管理机构开展年度检查，韶关市民办中等职业学校均通过年度检查。有民办教育义务学校7所，总资产30364万元，教学设备总值3362万元，专任教师674人，在校生8919人。有民办幼儿园313所，总资产122950万元，教学设备总值10339万元，专任教师3112人，在校生61774人。有非学历教育机构85个，总资产3184万元，教学设备价值68018万元，专任教师662人，2013年，有101128人次参加培训。

【**民办教育机构检查、整顿**】 2013年，教育局按照“谁审批、谁管理”的原则，根据民办教育促进法的有关规定，依法对民办教育机构进行年度检查，敦促学校及时修订学校章程，规范学校管理。对检查中发现的、群众反映的、个别民办学校存在办学行为不规范的问题，及时调查、处理、纠正，促进民办教育健康发展。2013年，根据省的统一部署，教育局开展清理整顿民办学前教育机构工作。经清查，全市共有54所无证幼儿园，已依法取缔28所，其余的正在整改当中。通过全面的清理整顿，进一步净化全市民办教育的发展环境，为创建广东省教育强市做出贡献。

（柯艳君）

高等教育

【**概况**】 2013年，高等学校办学规模进一步巩固，全市普通高等教育招生11205人，在校生33675人，毕业生8547人。教职工2131人，专任教师1801人，其中教授108人，副高以上职称579人。学校占地面积223.2公顷，仪器设备总值20400万元。全市有高等院校（含有教学资质学校数）5所，其中全日制高等教育院校2所，分别为韶关学院、广东松山职业技术学院，其他院校3所（含高等教育资质学校），分别为韶关广播电视大学、职工大学（与二高技合署）、技师学院（高级技工学校内设）。

【**普通高等教育**】 2013年，韶关市全日制高等院校共2所，分别为韶关学院、广东松山职业技术学院。2013年，韶关学院实际录取8705人（含专升本335人），创历史新高，其中本科生6402人、专科生2303人，港澳台联招生6人，香港免试生4人。校本部全日制在校生2.11万人（全校2.81万人）。在编在岗教职工1216人，其中专任教师882人，正高级职称人员97人、副高级300人、博士113人、硕士596人。有享受国务院特殊津贴专家1人，省级教学名师3人，广东省高校“千百十工程”省级培养对象59人，校级培养对象45人，韶关市专业技术拔尖人才40人，全国优秀教师1人，南粤优秀教师6人，南粤优秀教育工作者2人。广东松山职业技术学院现有教职员工518人。2013年，全日制在校大专学生8461人。现有研究生学历或硕士学位以上的教师107人，副高以上职称的专任教师99人，广东省“千百十”工程培养对象8人，馆藏图书64万册。高等院校加强科学管理，师资队伍优化；教学成果丰硕，推行精品课程、优秀视频课件；申报国家、省课题，成功争取研究项目经费，科研成果获奖；加强与外校沟通交流，加大人才引进和国家（地区）交流，办全校性大型出国（境）留学教育展；推究毕业生就业，就业率居省内同类院校前列；大学生参赛获奖。学校教学规模及资质提升。争取2013年韶关学院成立申硕工作机构，正式启动专业硕士点申报工程。　（柯艳君）

【成人高等教育】　成人高等教育办学规模稳中有升，成人高考第一志愿报考学院校考生6339人，实际录取5403人，同比上年增加974人。不断拓展继续教育空间，新增省内2个新教学点。开展教师继续教育培训、非学历培训和职业技术培训，参加培训人数近5000人。韶关学院成人教育处贯彻“巩固粤北教学点，发展珠三角，拓展东西两翼”发展策略，开拓广州市、珠三角和东面地区的成人教育生源市场，新增广州市现代信息工程职业技术学院等3个教学点。2013年，学校成教录取4260人，成教在校生12557人，成人教育继续保持万人左右规模。发挥中学教师培训基地的功能作用，开展教师继续教育培训和各类职业技术培训，开展普通高中教师职务培训、农村中学英语教师置换培训、初中校长任职资格班、韶关市中行中层干部培训、增城市国税系统干部培训、公务员考前培训等非学历培训活动，参加培训人数近3200人。韶关市广播电视大学学校教职工41人，其中高级职称有9人，中级职称有24人，初级职称有4人。设有37个大专、本科专业。招生对象以在职干部、职工为主，兼招部分社会青年和应届高中毕业生。2013年招生1391人，其中本科512人，专科879人。在校生达3114人。毕业生1257人，其中专科821，本科436人。同时，举办各类培训班，培训学生达1000多人次。

（柯艳君）

附：领导班子成员名单

工委书记、局长：邓小杰

工委副书记、副局长：王淑辉

副局长：朱伙新

纪工委书记：叶　文

副局长：林炜东

副局长：曾楚清

大专院校选介

【韶关学院】　位于韶关市浈江区大学路，是省属公办全日制综合性普通本科大学。学校前身是创办于1958年的省属韶关师范专科学校，先后与韶关大学、韶关教育学院合并，2000年3月升格为本科院校。校本部有大塘（主校区）、韩家山、黄田坝3个校区，另有校外独立法人二级学院——韶州师范分院、医学院2个校区，校园占地面积167.4公顷（全校179.6公顷）。校本部校舍总建筑面积64.14万平方米，固定资产总值10.57亿元，教学科研仪器设备资产总值1.29亿元，有广东省级实验教学示范中心7个，馆藏纸质图书174.79万册，数字资源7796.61GB，其中电子图书5094 GB。设有17个二级学院，2个教学部（中心），2个校外二级学院。设有韶文化研究院、动物疫病诊断中心联合实验室、广东省地方立法研究评估与咨询服务基地、英东动物疫病研究所等科研机构35个。开设本科专业61个，专科专业22个，涵盖11大学科门类，形成多学科综合发展的办学格局，有省级特色重点学科1个，省级扶持学科1个，校级重点学科6个、重点扶持学科6个、扶持学科7个，有国家级特色专业1个，省级特色专业4个，学校被列为全省专业结构调整和人才培养方案改革20所试点院校之一。面向全国21个省（市、区）和港澳地区招生。校本部全日制本、专科在校生21156人（全校2.81万人），在编在岗教职工1216人，其中专任教师882人，正高级职称人员101人、副高级315人、博士113人、硕士596人。有享受国务院特殊津贴专家1人，省级教学名师3人，广东省高校“千百十工程”省级培养对象7人，校级培养对象64人，韶关市专业技术拔尖人才29人，全国优秀教师1人，南粤优秀教师6人，南粤优秀教育工作者2人。近年来，教师主持国家级科研项目42项，其中国家自然科学基金项目33项，国家社会科学基金项目9项；主持省部级科研项目164项，市厅级科研项目432项，与地方经济社会发展密切相关的横向课题199项。获得包括国家科技进步二等奖在内的国家、省、市科技奖26项；获得中国发明专利博览会金奖2项，国家专利66项；主持国家级教改课题7项，广东省教育教学改革项目18项，获得省级以上教学成果奖11项；出版专著、主（参）编教材300多部。办学55年来，为社会培养各类人才13万余人。近年学校获得“全国文明单位”“全国精神文明建设工作先进单位”“全国绿化模范单位”“全国高校毕业生就业工作先进集体”“全国‘五四’红旗团委创建单位”“全国高校后勤社会化改革十周年先进院校”“广东省依法治校示范校”等国家级、省级集体荣誉30多项。

招生与办学规模不断扩大 2013年，广东省下达全校招生计划7200人，其中本科5600人，专科1800人。实际录取8705人，创历史新高，其中本科生6402人、专科生2303人，港澳台联招生6人，香港免试生4人。文、理科录取分数线首次高于全省二A类本科院校录取分数线，本、专科普通文、理、音乐类等专业第一志愿完成招生计划，招生录取形势创历年最好。新生实际报到8207人，报到率94.28%，其中本科报到率96.67%。校本部全日制在校生2.11万人。成人高等教育办学规模稳中有升，成人高考，实际录取5403人，同比上年增加974人，校本部成人教育在校生1.28万人。不断拓展继续教育空间，新增2个省内教学点。开展教师继续教育培训、非学历培训和职业技术培训，参加培训人数近5000人。

人才培养模式改革成效显著 倡导、主办广东省普通本科应用型高校教务处长联盟成立大会暨应用型本科人才协同培养研讨会。召开教学工作会议，总结交流办学经验，强化协同育人理念，明确应用型人才培养工作方向。创新校地、校企、校校协同育人模式，与华美达广场酒店等企业开展校企联合办学，与广州城市职业学院开展高级技术技能型人才协同培养试点合作，与本地公检法系统联合实施卓越法律人才培养计划。加强实践教学基地建设，新建实习基地24个，获国家级大学生校外实践基地立项1项，省级大学生实践教学基地立项2项，确定校级创新创业训练计划立项项目232个。

教学质量工程建设成效突出 推进教学质量工程，获得国家级质量工程项目1项、省级14项，国家级大学生创新创业训练计划立项建设项目20项、省级50项，确立校级第十四批教育教学改革研究项目84项，第三批网络课程建设项目23项，第二批精品视频公开课1门，第一批精品资源共享课程6门，教学管理与建设项目3项。推进教学成果培育，获得省高等教育教学成果二等奖2项。评建督导和教学质量体系不断完善，完成2012—2013学年度本科教学工作自评，发布学校2011年、2012年本科教学质量报告，制定学士学位工作细则等制度，加大课堂教学和质量的监控力度，教学秩序有序运转。

教育国际化不断拓展 新增姐妹学校8所，与9个国家（地区）建立28个交流项目，招收留学生94人，出国学习交流生68人，在校港澳生30人。与英国、澳大利亚高校合作的办学项目深入推进，招收新生92人。与澳大利亚联邦大学合作办学在澳方的学术审核中取得优异成绩。成功举办全校性大型出国（境）留学教育展，接待海峡两岸教师韶关交流团等23个交流团体1000人次到学校开展交流活动，与港澳台地区的交流合作不断深化，扩大学校在海外的影响。

育人体系不断完善 按照“立德树人”的总要求，实施“青年马克思主义者培养工程”，组织开展“我的中国梦”等主题教育实践活动，坚持用社会主义核心价值体系引领学生健康成长。团组织建设不断加强，学校团委荣获广东省五四红旗团委标兵单位，3个二级团委分别荣获“广东省五四红旗团委”“韶关市五四红旗团委标兵”荣誉称号。青年志愿服务工作有新成效，学校荣获“广东省红十字志愿服务先进集体”“广东省捐献造血干细胞先进志愿服务组”等荣誉称号，西部计划志愿服务工作获得全国表彰，学校连续3年中标全国大中专学生暑期“三下乡”社会实践活动重点团队。丰富育人体系，学生素质拓展工程、“13500特色品牌工程”扎实推进。助学管理体系进一步健全，学生奖助贷工作、医保工作扎实有效。推进校园文化育人，校园文化成果获教育部第七届高校校园文化建设优秀成果三等奖1项，省一等奖1项、二等奖1项、优秀奖2项，学校荣获第八届广东大中专学生校园文化艺术节优秀组织奖。

人才培养质量不断提升 应届毕业生考研上线271人，录取195人，考研录取人数同比增加47人，录取率达到4.12%。有196人到党政机关就业，2304人到事业单位就业，2013届毕业生初次就业率达98.09%，毕业生就业质量和就业率均居省内同类院校前列。学生在全国、省级各类专业技能竞赛中取得好成绩，获得省级以上奖励近百项，其中全国一等奖14项。

顶层设计逐步加强 组织开

展“中央财政专项”“创新强校工程”“‘四重’建设”“协同机制创新改革研究”工作，出台学校中央财政支持地方高校发展专项资金项目2013—2015年建设规划、“四重”建设规划（2013—2018年）、协同机制创新改革研究与实践工作方案，并组织实施。获得省创新强校工程专项资金907万元，获得中央财政支持地方高校发展专项资金项目5项，建设经费400万元。成立学校“2011计划”领导小组，确定校级协同创新中心5个，“粤北生猪生产及疫病防控协同创新中心”成功申报为广东省首批协同创新发展中心。

重点学科建设稳步推进 完成第3轮校级重点学科中期检查，19个重点学科、重点扶持学科、扶持学科获科研课题158项，经费913.5万元，发表学术论文538篇，出版学术专著9部，获市厅级以上科研成果奖21项，获国家专利授权16件。成立申硕工作机构，正式启动专业硕士点申报工程。

重点人才工作稳步实施 推进重点岗位计划，引进教授6人，博士7人，硕士45人，6人晋升正高职称，13人晋升副高职称，师资队伍结构进一步优化。有4人被列入省委组织部2013年扬帆计划“引进紧缺拔尖人才”和“培养高层次人才”，获得资助经费240万元，3人入选第七批“千百十工程”省级培养对象，13人入选为第七批“千百十工程”校级培养对象。

重大科研项目和科研工作有新成效 获各级纵向课题72项，经费447万元（理工科类362万元，社科类85万元），其中国家级4项，省部级9项，市厅级等55项。获广东省科学技术进步奖三等奖2项，广东省哲学社会科学成果三等奖1项，韶关市科学技术进步奖一等奖、二等奖、三等奖各1项。

重点平台建设和校地校企合作不断加强 与中国农业科学院哈尔滨兽医研究所（国家级）共建动物疫病诊断中心联合实验室。推进8个中央财政专项资金平台项目建设。“大学艺术实验教学中心”项目获得省级实验教学示范中心建设立项。构建地方合作平台，成立地方合作处及新兴产业研究院，与莞韶产业园、中国人民银行韶关市分行等单位建立战略合作关系，在专业共建、人才培养、科技服务、科研成果转化、“双师型”师资建设、毕业生就业等方面协同合作，以及与近50家企业、政府部门建立科研攻关、科技服务、决策咨询服务合作关系。获得横向应用研究（技术咨询及服务）项目49项，到位经费444.27万元（协议经费达647万元，个别项目经费按分年度拨付）。加强韶文化研究基地建设，推进地方特色文化研究，《韶文化研究丛书》首批4部专著《张九龄大传》等正式出版。完成市委、市政府交办的世界张氏总会第六届恳亲大会各项工作任务。争取广东省人大常委会在学校设立省地方立法研究评估与咨询服务基地，获专项建设资金100万元。

学术氛围日趋浓厚 承办多场省、市学术研讨会，受到政府和社会各界的肯定。学报办刊水平不断提高，被推选为广东省高校学报研究会副会长单位，获广东省科技期刊计划项目1项，广东省高校学报研究会2013年学术年会一等奖2项、二等奖1项、三等奖3项。

校园基础及办学条件建设改善 投资近1500万元完成学校公寓第四期附属工程、化工学院实验室改造工程、南区新学生公寓周边环境绿化工程等15项主要工程，争取社会资金完成樱花园、东南园、始兴园等环境育人工程，改造教学行政用房3000多平方米，新增绿化面积2.15万平方米，校舍条件和校园环境不断优化。安排1096.75万元开展中央、省级、校级项目的设备购置以及维修工作，实验室条件和仪器设备进一步改善。完成学校公寓第四期网络布线工程、网络中心机房地网改造工程，校园网总出口带宽由2.1G扩容到3.6G。投资300多万元购入图书和电子文献，馆藏资源进一步丰富，图书馆被广东图书馆学会评为“广东十大最美图书馆”。新增教学仪器设备固定资产（单价≥500元）2016台件、金额863.80万元，新增房屋及构筑物和土地固定资产13件、金额15659.11万元。档案建设、管理不断加强，收集整理、归档案卷1935卷（册），建立电子档案目录40342条。

内部改革全面推进 出台二级学院目标管理办法，全面实施二级学院目标管理。积极推进岗位设置、人员定编和绩效工资改革，教职工人均年收入同比去年增长1.4万元，增幅13.3%。完成首个聘期内的第二次、第三次岗位竞聘工作，初步建立高效运行机制和绩效管理体系。启动后

勤目标管理改革，有效增强后勤保障能力，学校被评为“全国伙食物资农校对接先进院校”“全国学生公寓管理先进单位”。

综合保障工作扎实有效　召开第二届双代会第一次会议，选举产生第二届工会委员会。全面梳理、修订规章制度，推进现代大学制度建设。积极开展内审工作，较好地完成广东省教育厅组织的学校领导经济责任审计工作。扎实开展各类审计、招标工作，涉及金额8000多万元。财务保障能力持续增强，学校总负债减至3.6亿元，被省教育厅评选为财务决算工作部门（含固定资产投资）决算报表优秀单位。武装、综治工作扎实开展，投入40多万元加强科技创安工程建设，校园秩序安全稳定。深入推进水电定额管理，全年水电费用支出同比去年下降7%，学校被确立为国家首批节约型公共机构示范单位创建单位，并以良好成绩通过国家、省、市验收评估。成功举办55周年校庆活动和第四届董事会第二次会议，增聘2位名誉董事长和10位董事，调整了一批董事会成员，统战、董事会、校友工作不断巩固加强。

党建工作务实创新　学校领导班子思想政治建设和党的群众路线教育实践活动取得明显成效。学校党委结合中共十八大和十八届三中全会精神、习近平系列重要讲话精神的学习活动，坚持高标准、严要求，重实效、有特色地开展第一批党的群众路线教育实践活动，取得阶段性成果。党建工作水平不断提高。扎实推进基层组织建设，加强党员发展工作，累计发展党员715人。党建创新“书记项目”再次获得省委教育工委立项。建立党代表工作室，抓好党代表驻室接待党员群众工作。干部队伍建设进一步加强。党风廉政建设深入推进，结合教育实践活动深入开展纪律教育学习月活动，配合市检察院开展职务犯罪预防“五个一”活动，深入推进反腐倡廉教育。扎实推进校园廉政文化建设，原创歌曲《清风轻拂我的面》获第二届全国高校廉政文化作品大赛一等奖。宣传和精神文明建设工作巩固加强。充分利用新闻媒介宣传报道学校发展成就，在校园网发布新闻1500多篇，省教育厅网站刊发学校新闻170多篇，在省市媒体发稿210多篇。《韶关学院报》获得第三届广东省高校优秀校报展示三等奖，选送作品获得2012年高校校报好新闻评比全国一等奖1项、三等奖3项，省级一等奖2项、二等奖6项、三等奖3项。第一轮扶贫开发“双到”工作获得省级考评优秀等级，学校被评为广东省扶贫开发“双到”工作优秀单位。第二轮扶贫开发“双到”工作开局良好，已投入资金430多万元用于扶贫开发工作。

办学实力进一步提升　在“武书连2013年中国千所大学综合实力等级排行榜”中，学校排名第417名，名列广东高校第22名。中共广东省委政策研究室专刊发表题为《欠发达地区如何办好大学——韶关学院攻坚克难的特色办学之路》的文章，重点介绍学校的办学经验和建设成效；广东省教育厅领导莅校专题调研学校发展情况，韶关市政府常务会议和市委常委会议专门听取学校办学情况汇报，研究支持学校建设发展的措施，决定每年继续给予学校财政贴息并减免每年的援建资金。学校的办学成绩得到省、市政府和主管部门的肯定。

（陈家奇 戚鹏宇 王丽 蓝永常）

附：领导班子成员名单

党委书记：曾　峥

党委副书记、校长：刘荣万

党委副书记、纪委书记：林添海

党委副书记：胡少平

党委委员、副校长：徐　剑

王羽梅

【韶关学院韶州师范分院】　是韶关学院的校外二级学院，其前身是广东省重点师范学校——广东韶州师范学校，始建于1903年，2000年年底升格为普通高等学校。学校占地面积48072平方米，校舍建筑总面积54274平方米，运动场地面积11100平方米，固定资产6913万元，教学仪器设备产值1839万元，学校图书馆新增电子图书25万册。学校以全日制大专教育为主，面向全省招生，另设有中职部。是粤北地区唯一一所既承担大专层次小学、幼儿教师培养任务，又承担小学、幼儿园教师继续教育培训任务的普通高等师范专科院校。

师资队伍　2013年，学校有教职工147人，其中专任教师130人，正高职称1人，副高职称50人，硕士研究生36人。主讲教师全部取得高校教师资格，学校还定期选派教师开展专业考察、培训和进修，以调整、更新、完善教师的知识结构。

办学规模　学院设有6个职能部门和9个学系，开设本科专业1个，大专专业12个。全日制在校学生3485人；成人函授学生1318人。2013年，全日制大中专毕业生1016人。学校办学形式有全日制本科、大专教育，中职教育，本专科函授，小学幼儿教师继续教育，小学校长、幼儿园园长培训等各种培训，形成中职、大专、本科一体化的办学模式。2012年年底，学院被批准为广东省市级幼儿园园长培训基地。

庆祝建校110周年　2013年11月16日举行建校110周年庆典大会。出席庆典活动的有：广东省人民政府副秘书长江海燕，广东省教育厅副巡视员胡振敏，市领导艾学峰、李飞、陈波、林平杰、徐紫玲、邹永松、刘大济，以及各届校友3000多人。韶师风范，源远流长，韶师历史经历从北江高等中学堂、韶州中学堂到省立韶州中学、省立第二中学；从省三师到广东省立韶州师范学校；从“文化大革命”时期坚持办学到连创辉煌成为省重点师范学校的广东省韶州师范学校；从韶关市教师进修学校并入韶州师范学校到2001年升格为普通高等学校，更名为“韶关学院韶州师范分院”，再到2012年开设学前教育本科，形成本科与大专教育一体化的办学模式，构建起师范教育与非师范教育相结合、全日制高等教育与成人教育相补充、教师职前培养与职后培训相衔接的多层次、多形式的办学结构体系，实现历史性的跨越。至2013年，学校创办整整110年。在这100多年中为粤北乃至全省培养一批批优秀人才，声名远播，被誉为“粤北革命的熔炉、岭南教师的摇篮”“南粤师范的明珠”。　（谭章骏）

附：领导班子成员名单

党委书记、院长：吴奇峰

党委副书记、纪委书记：许晓梅

党委委员、副院长：张　萍

王泽胜

叶逢福

【韶关学院医学院】　是韶关学院的校外二级学院，是韶关市市卫生与计划生育局直属管理的正处级事业单位，是一所公办的全日制普通高等院校，前身是国家级重点中专学校——韶关卫生学校，2002年11月升格为医学院，并保留中专部。

医学院现开设有临床医学、护理学、医学检验技术3个本科专业；临床医学、护理学、助产、医学检验技术、药学、口腔医学、中医学、中医骨伤等8个专科专业。中专部开设护理、药剂、农村医学、护理（美容护理）、助产、医学检验技术和医学影像技术等7个专业。在校全日制学生9300多人，其中本、专科生3800多人，中专生5500多人。百年来，学院已为粤北乃至全省各地培养5万多名各类医学人才。省卫生厅设置“广东省农村卫生人才培训中心”，挂靠在医学院，负责全省农村卫生人才培训工作，已培训农村卫生人才2万余人次，为全省基层特别是粤北地区医疗卫生事业协调发展提供人才支撑。

医学院现有新华南和西郊两个校区，占地面积7.8万平方米，建筑面积12.3万平方米，教学、科研、生活、文体等各种设施较为齐全，图书馆藏书20余万册。拥有1所直属附属医院，2所非直属附属医院，112所教学、实习医院。现有在职教职工273人，其中专职教师183人，教授、副教授等高级职称92人，占教师总数的50.27%；具有博士学位的教师3名，硕士学位教师55名，占教师总数的31.69%。近年来，学院教师主持广东省卫生厅、广东省中医药管理局、韶关市科技局和韶关市卫生局等各级科研立项共158项；发表学术论文共144篇，其中被SCI收录4篇，在国内核心期刊发表论文55篇；出版教材或专著31本；荣获各级科技成果奖励16项，其中获得韶关市科技进步奖二等奖3项、三等奖11项。

从2002年升格为医学院以来，学院紧跟医学教育发展趋势，更新教育教学理念，对教学内容和教学方法等方面进行改革，逐步确立“以学生为本、以教学为中心、人才强校、质量立校”的办学理念，在全省经济欠发达地区以培养“下得去、用得上、留得住”具有较强诊疗能力与良好服务意识的基层医务工作者为己任，为粤北地区乃至全省医疗卫生事业可持续发展，构建和谐社会发挥作用。近年来，学院加强实验实训中心建设，改善教学条件，提升学院服务学生、服务地方、服务社会的能力。紧抓实训、实习环节，开展专业技能竞赛活动，提高学生实践能力。近5年来，医学院多次获得广东省卫生职业教育协会组织的护理技能操作比赛特等奖、一等奖；4次获得全国高等医学院校大学生临床技能竞赛（华南赛区）三等奖。

医学院重视毕业生的就业工作，每年举办毕业生供需见面会。2013 年，学院本专科毕业生总体就业率达 99.2%，中专毕业生总体就业率超过 98%。

医学院注重对外及港澳地区交流与合作，与加拿大、美国、韩国、新加坡及中国香港、澳门等多个国家（地区）的院校和学术文化团体建立起友好合作关系，促进教学、科研工作的发展和教育国际化水平的提高。在 2013 年 6 月，学院与韩国庆北专门大学签订美容护理专业“3 + 2”合作办学协议，培养美容护理高端人才。

为促进学生勤工助学活动的健康发展，增强学生成才的保障力度，学院不断健全助学体系，争取社会资源支持。近年来，学院先后争取到香港道德会、中国香港医疗卫生协会、香港春晖慈善基金会、香港爱建慈善基金会和香港福惠奖（助）学基金、英德市薪火服务中心助学基金、李汉魂奖（助）学基金、韶关军分区奖（助）学基金以及霍宗杰先生等爱心人士的热心资助，为学生提供奖（助）学、膳食补助、温暖棉被、爱心羊毛衫等，帮助学院贫困学生健康成长，完成学业。学院的办学得到社会赞誉，被授予“全国乡村医生培训先进集体”“广东省文明单位”“广东省文明校园”“白求恩式先进集体”“韶关市职业教育先进集体”等荣誉称号。（胡健文）

附：领导班子成员名单

党委书记、院长：李祥福

党委副书记、纪委书记：林伟成

党委委员、副院长：钟初森

王江桥

邱锦辉

【韶关广播电视大学】 位于韶关市西河松山山麓，武江河畔，创办于 1980 年，是韶关市政府所属的一所采用现代化教育手段进行多媒体远程教学的新型开放大学。1997 年，被省高教厅评定为广东省电大系统“先进学校”。学校实行党委领导下的校长负责制，下设学校办公室、党委办公室、教务处、教学处、信息处、总务处、招生办公室、培训处。学校下辖 8 个县（市、区）电大分校。学校创建以来，始终坚持正确的办学方向，面向韶关，面向粤北山区，实行多层次、多形式办学。

学校特色　电大是没有围墙的学校，其教学信息通过网络平台和国家提供的卫星电视系统覆盖全国，学校采用系统运作的教学管理模式，以适合从业人员学习需求的专业和课程为内容，以整合优化的学习资源为基础，以天网、地网、人网合一的学习环境为支撑，以学习者自主学习为主要方式，以严格而有弹性的过程管理为保障，培养留得住、用得上的应用型高等专门人才。电大采用“宽进严出”的招生政策，即：根据教育部规定，中央电大本科教育招生对象为具有国民教育系列高等专科毕业及以上学历者；专科教育招生对象为普通高中、技工学校和中等专业学校毕业者。符合以上条件的学生均可到当地电大试点电大报名，经资格审查合格后即可免试入学和注册学习有关课程。学生注册后必须严格按照各专业培养方案完成各教学环节的学习任务，通过中央电大统一组织的形成性考核和课程考试，取得规定的学分，达到毕业要求后，方可取得毕业证。电大的办学灵活方便，也使得广播电视大学能够把高等教育延伸到基层和边远落后地区，为这些地方就地培养留得住的、用得上的各类专门人才。

专业设置　2013 年，学校设置的专科专业有：会计学、旅游学、物业管理、物流管理、工商管理、行政管理、广告学、法学、金融学、电子商务、汉语言文学、英语、小学教育、学前教育、数控技术、建筑施工与管理、工程造价管理、汽车（营销方向）、计算机网络技术、社会工作、室内设计；开设的本科专业有：法学、金融学、会计学、工商管理、行政管理、物流管理、广告学、汉语言文学、小学教育、社会工作、机械设计制造及其自动化、计算机科学与技术、水利水电工程和管理、土木工程、商务英语。2013 年，学校共开设有 36 个大专、本科专业。科类较为齐全，学制二年。

师资建设　2013 年，学校共有教职工 40 人。其中，高级职称有 7 人，中级职称有 20 人，初级职称有 8 人。学校拥有一批具有高、中级职称、政治思想、业务素质较好的专、兼职教师队伍，学校的专职教师有较丰富的教学经验并开展教研活动。

招生与就业　专科招收具有高中或中专及同等学力的人员，本科招收国民教育专科以上学历的人员。2013 年，在校生已达 3719 多人。同时，举办各类培训班，培训学生达 3000 多人次，为全市各行各业培养输送一大批实用型大专人才。他们当中有不少人被提拔到各级领导岗位，或成各条战线的业务或技术骨干。

教学基础设施建设　学校校园占地面积131630平方米，其中绿化用地面积4230平方米，运动场地面积1350平方米。校舍建筑面积12000平方米，园林小区，办公楼、教学楼、电教楼、实验楼。学校拥有较为先进的多媒体教学设施和教学实验手段。计有主干网速110Mbps、接入主机280余台的计算机校园网，闭路电视播放系统，卫星和VBI、IP接收装置，演播室、录制室各1个，语音、理工和财会模拟等实验室6个，多媒体计算机房4个，多媒体阅览室1个，多功能电教学室10个。为学生提供电话、电子邮件、电子公告板、触摸屏信息查询服务。电教、实验器材总值近400万元。学校固定资产达1275万元，其中教学、科研仪器设备资产值556万元，信息化设备资产值1.5万元。初具规模的各项设施不仅可以满足本校教学的需要，而且已经作为“韶关市成人高等、中专教育实验中心”向全市大、中专学校开放。

（何玲）

附：领导班子成员名单

党委书记、校长：

曾宪宽（—2013.12）

副校长：张吉初

张朝平（2013.12—）

纪委书记：张水旺

【广东松山职业技术学院】 广东松山职业技术学院（简称“松山职院”）前身为创办于1976年的韶钢职工大学，2000年6月经广东省人民政府批准转制为省属全日制普通高等职业技术院校，是韶关地区唯一一所高等职业技术学院。学院地处韶关市南郊，邻近京珠高速公路，紧靠广韶公路，毗邻粤北名胜南华寺，占地面积43.7万平方米。馆藏纸质图书52.76万册，电子图书530GB；自行设计的校园网布有9000多个有线信息点，数据中心数字资源最大存储容量30T。

学院现有机械工程系、电气工程系、经济管理系、计算机系、外语系、基础教学部、思想政治教学部及实习工厂8个教学系部。开设专业32个，其中两年制数控技术与应用为教育部批准的国家高等职业教育技能紧缺人才培养试点专业，电气自动化技术为广东省高职高专教育示范性专业，机电设备维修与管理、营销与策划两个专业为教育部、财政部支持的重点建设专业，数控技术、软件技术两个专业为第一批省级高职院校重点培育建设专业。

全日制在校大专学生8461人。教职员工518人，其中副高以上职称专任教师90人，研究生学历或硕士学位以上126人，广东省技术能手3人，广东省高校“千百十工程”校级培养对象9人，并聘请以全国人大代表、全国技术专家、能工巧匠罗东元为代表的一批企业优秀技术人才为客座教授。

实验实训设备精良，校内实训基地初具规模。学院现有实训基地9个，下属实验室、实训室、计算机室共68个，实验、实训场所建筑面积69244平方米，实验、实训等教学设备总值4588多万元，校内实训基地初具规模。其中，电工电子与自动化为中央财政扶持的职业教育实训基地，机电设备维修与管理、电子信息工程实训基地为省级职业教育实训基地，数控技术应用、计算机IT、经济管理类专业模拟及仿真实训基地及外语多功能技能实训中心为广东省高等职业教育专项补助支持的职业教育实训基地。学院校内实训基地初步形成国家、省级、院级三级实训基地体系，实验实训教学基地设施先进、功能齐全，满足不同专业实践性教学的要求，实验实训课程开出率一直保持在百分之百。在建设校内实训基地的同时，不断开拓校外实训基地建设。已在韶关和珠三角地区设有74个实训基地。其中，在学校主办单位宝钢集团韶关钢铁有限公司设有30个实习实训教学点。学院设有职业技能鉴定所和全国计算机高新技术考试站等5个职业技能鉴定机构，可进行49个工种的技能鉴定，是韶钢职工专业理论和专业技能培训的重要基地。

实习实训基地建设　加强实习实训基地建设，发挥背靠韶钢的大优势，探索建立“厂中校”“校中厂”实习实训基地，建成一批融教学、培训、技能鉴定于一体的校内外实训基地。同时，充实实验、实训硬件资源，以省专项扶持资金项目的建设为牵引，推动学院的实习实训基地建设。2013年，依托数控技术专业申报的先进制造技术实训基地，正式立项成为中央财政支持实训基地建设项目，同时顺利通过省财数控技术高技能人才培养基地项目申报，获得立项；高技能人才培养基地建设项目获得省高等职业教育专项资金支持；学院电气工程系电子电工实训基地和电子信息工程技术顺利通过省教育厅检查验收。

师资队伍建设　完善职称评审工作，制定学院职称评审委员会章程，从制度上进一步规范学院职称评审工作。2013 年，学院 7 人取得副高以上职称，10 人取得中级职称。重视师资培训工作，举办现代教育技术等培训班，选派教师外出培训学习先进的职业教育理论与实践，2 名教师成为国内中青年教师访问学者。注重师德师风建设，开展师德师风建设月活动，弘扬“无私奉献、为人师表、敬业爱生、严谨治学”的高尚师德风范。

教学与科研工作　加强专业、课程和实训基地建设，以教育部、财政部支持的重点建设专业为抓手，通过省高职高专专项资金实训基地建设，推动学院专业优化和结构调整，争创新的省级教育示范性专业；在学院精品课程建设的基础上，开展开放课程、网络课程、视频资源共享课程，打造学院专业及课程品牌，增强学院办学软实力。完善教学质量监控体系。开展教学督导、学生评教、教师评教和教师评学等活动，加强系部和教研室的管理职责，加强对课堂教学、实践教学、毕业论文等主要教学环节的质量管理和监控作用。推进教科研工作，健全教科研管理体制，建立激励机制，规范管理制度，加大教科研经费支持力度，加强高素质科研管理人员的培养，加大科研团队建设，培育朝气蓬勃的教科研氛围，形成良好的运行体系。推进“校企合作、工学结合”教学模式改革，开拓产学结合、订单式人才培养新途径，提高毕业生适应就业的能力，更好地为经济社会发展培养有用人才。

2013 年，学院机电设备维修与管理专业和营销与策划专业顺利通过国家高等职业学校提升专业服务产业发展能力项目验收；数控技术省重点培育专业建设、电子信息工程技术省实训基地建设分别获得 150 万元经费支持，一项教改项目获得 3 万元经费支持；4 个项目获省级以上教科研项目立项，3 个省职业技术教育综合改革推进计划项目通过结题验收，1 个项目获宝钢集团韶关钢铁 2013 年技术创新项目立项，有 19 个教研教改项目在校内立项；1 项行业标准正式发布，于 2013 年 6 月 1 日实施；教师主编、参编教材 11 部，其中一部教材获省高职商业教指委优秀教材评审一等奖；教师公开发表论文 179 多篇，其中中文核心论文 10 篇，五大检索论文 1 篇；21 名教师在各类教学、职业技能等比赛中获得省市厅级奖励。

学生职业能力培养　加强实践教育，提高人才质量。优化调整校内实习、实训环境，拓展实习、实训功能；继续实行“双证书”制度，努力探索“多证书”模式。2013 年，技能鉴定所共完成 22 次职业技能鉴定考试（不包含高新技术考试），共 1513 人次的技能鉴定工作，其中 1381 人取得中高级职业资格证书，通过率为 91.28%。英语、计算机两门统考科目均取得好成绩，6 月的广东省高校计算机水平考试以合格率 94.9%，平均分 80.1 分的优异成绩排在全省前三名；英语应用能力 A 级考试以合格率 64.1%，平均分 61.2 分排在全省靠前。13 名学生在省市厅级职业技能大赛中获奖。

2 个基层党组织被评为韶钢先进基层党组织；1 个基层党建创新项目被评为 2013 年省委教育工委“书记项目”优秀奖；1 篇论文获广东省高校党建研究会高职高专分会 2013 年论文一等奖。

招生　生源质量进一步提高，文、理科最高分均超二 B 分数线。录取人数、新生报到人数、在校生人数均创历史新高。2013 年，学院新生报到人数 3040 人，在校生人数达到 8461 人，创造学院新生人数和办学规模的双新高。

就业　就业工作继续保持良好态势。加强内部管理，健全就业机制；加强就业创业指导队伍建设，选派教师参加就业指导培训及比赛活动，2 名教师在首届广东省高校创业指导课程教学暨指导学生创业实训教学竞赛中均获得三等奖；加强校企合作，签订校企合作协议 25 个，与宝钢湛江钢铁有限公司达成订单式人才培养合作项目意向，130 多名学生成为湛钢的预招生，并完成集中培训工作；举办就业沙龙系列活动，包括第四届模拟面试大赛、企业精英进校园、优秀校友面对面、优秀企业展示、校企交流、2014 届毕业生供需见面会等。学院 2013 年共有 22 个毕业专业，2072 名毕业生，毕业生初次就业率为 98.22%，整体就业率截至年底已达到 99.71%。

2013年，1项成果荣获2013年广东高校校园文化建设优秀成果奖；青年志愿者暑期“三下乡”服务队荣获“广东省大中专学生志愿者‘三下乡’社会实践活动优秀团队”称号；学院大学生“我的中国梦·生态环保”实践服务团被评为省级重点团队；14名教师在省高校校报“好新闻”评选中分获奖；20余名学生省市厅级文艺活动中获奖。

（郑春玲　刘　静）

附：领导班子成员名单

党委书记：陈坚中

院　　长：曾向昌

副 院 长：廖彩志

副院长、工会主席：龚洪强

重点中学简介

【广东北江中学】 广东北江中学前身为抗日爱国名将张发奎将军创办的志锐中学，创办于1939年，1953年经国务院批准由省教育厅确定为广东省首批七所重点中学之一，1978年再次被教育厅确定为重点中学，2008年4月被广东省教育厅批准为第一批“广东省国家级示范性普通高中”。

学校占地面积约17万平方米，建筑面积5.9万平方米，校园绿化率达99%。图书馆面积1640平方米，藏书16.3万册，电子图书13.6万册，阅览室5间，近500个座位；田径运动场总面积达1.76万平方米。2013年7月9日，综合楼奠基动工，工程规划总用地面积约5569.13平方米，计划建设总建筑面积约19695.98平方米，总投资5500多万元。

学校有60个高中教学班，在职在编教职工281人，专任教师212人，2013年教师获省级表彰1人，获市级表彰10人次。

2013年，在校生3293人，其中高一年级招生1080人，高三年级1062人（理科及体育742人，文科及艺术320人）参加高考并取得好成绩，高分段人数、各批次上线率以及各学科平均分均居韶关市第一。汤永健以投档分683分获韶关市理科第一名，在全省理科排90名；谢雨以投档分664分获韶关市文科第1名，在全省文科排52名。第一批本科上线人数447人，上线率42.09%，第二批本科及以上上线人数959人，上线率90.3%，第三批专科及以上上线人数1055人，上线率99.34%。在学科竞赛中，荣获国家级特等奖3人次、一等奖41人次、二等奖71人次、三等奖74人次，省级一等奖39人次、二等奖49人次、三等奖79人次。在体育竞赛中，学校田径队在广东省体育传统项目学校田径锦标赛中获团体总分第一名的成绩。

学校做好困难家庭学生的帮扶工作，2013年全校获得资助的贫困家庭学生共861人次，资助总金额为776350元；政策性减免84人次，减免总金额为84350元。

（梁建国）

【韶关市第一中学】 韶关市第一中学是一所办学历史悠久、文化积淀深厚的百年名校。创建于1905年，前身为范家祠学堂，后为曲江意大利天主教教办学校，解放后，晋升为公立学校，1966年正式定名韶关市第一中学。

韶关市一中是广东省人民政府确认的16所省重点中学之一，首批广东省一级学校，2008年被评为广东省国家级示范性普通高中学校。学校曾荣获全国实践教育活动先进单位、全国体育卫生先进集体、全国科技活动先进单位、全国少先队红旗大队、全国信息学年赛优秀参赛学校、全国青少年信息学奥林匹克竞赛优秀参赛单位等诸多荣誉称号。先后被评为广东省绿色学校、广东省文明单位、广东省师德建设先进集体、广东省青少年科技活动先进集体、广东省安全文明校园、广东省依法治校示范校、广东省先进集体、广东省德育示范学校。是韶关市高考优胜学校、韶关市教育科研先进单位、韶关市绿色生态校园。

现状　学校新校区占地21.6公顷，校舍建筑面积92250平方米，绿化面积13.41万平方米，植被覆盖率62%。学校现有60个教学班，在校学生人数3338多人。现有教职员235人，专任教师205人，其中硕士27人，高级教师81人，高级教师占专任教师人数的39.5%。学校有广东省基础教育系统首届名校长1人，国家级骨干教师培养对象4人，省级名教师培养对象及学科骨干教师5人，全国优秀教师6人，省级优秀教师12人，现有3位在职广东省特级教师。

办学理念　学校坚持“文化育人、和谐发展”的办学理念，以“严谨、博学、团结、进取”为校训；以“依法管校、以德治校、科研促教、科研兴校”为治校方略；学校的核心价值是：

“开拓进取的改革精神、自强不息的奋斗精神、团结协作的集体主义精神、讲求实效的实干精神”。2008年迁入新校，逐渐形成自己的办学特色。

管理特色　学校实行全寄宿封闭式管理。教师白天弹性坐班，晚上坚持值夜制度。学校对住校学生的学习、生活、安全高度重视，聘用15名具有本科学历、持有心理教育C证以上的生活老师对学生住宿生活进行指导和管理，班主任、科任教师、校医、司机实行24小时轮流值班制，及时处理突发事件，11名保安在校园内不间断巡逻。学生宿舍热天有空调，冬天有热水，而且配有饮水机和电话，学校做到教师尽心、学生安心、家长放心。学生在封闭式管理中不仅学会学习、也学会生活、更学会交往和做人，这种管理模式得到学生、家长的认同和赞许。

文化特色　每学年的体育节、艺术节、科技节、才艺节等四大节日是校园文化品牌，成为学生喜闻乐见的活动形式。

改革教学方式，推行学案制教学。通过学案制教学，改变传统教学模式，打造高效课堂；搭建校本教研平台，促进教师专业发展；深入推进素质教育，把学生培养成具有实践能力、创新能力、分析问题和解决问题能力的现代社会所需要的高素质人才。2013届高三的教学实践证明，导学案教学在推动学风、教风的改进，提高教学质量中发挥巨大作用。

探索以年级组为实体的学校管理新模式。扩大各年级管理自主权，学校德育管理有“三位一体”——学校、家庭、社会齐抓共管的管理网络；提倡“四自管理”，即自教、自治、自律、自评。2005年起，实行以年级为实体的德育管理新模式，推行年级主任负责制，扩大年级组责、权、利，提高德育管理效率，增强德育实效，以调动年级教师的积极性，激活各年级在教育教学管理上的创造力。

学校教学管理崇尚“乐教、勤教、善教”。在教师队伍中实行“三分一总”的多点评价制度。新课程标准下的教师评价制度改革，坚持以人为本，尊重劳动、尊重创造，理解个性、尊重差异，推进学校合作文化建设与校园和谐，维护教师队伍稳定，激发教师的工作热情。

学校干部队伍管理倡导“团结、廉洁、开拓、实干”。实行中层干部竞聘上岗和年度述职考核制度，为管理人才一展才华搭建平台，也有效提高学校管理队伍的服务质量和水平。建立新课程标准下的教师工作评价新机制。一方面完善以高考、竞赛奖励为核心的教师激励机制；另一方面面向全体，全面考核，将绩效工资改革、岗位设置改革和学校实际结合起来，将考核细化到各个工作环节，激活教职工队伍。

办学成果　学校全面贯彻党的教育方针，推行素质教育，开展新课程改革，落实“以全面育人为本，为学生终身发展奠基”的办学宗旨，办学成果丰硕。近年，在全国信息学奥林匹克竞赛中，有4位同学获全国一等奖，4人均免试进入清华大学计算机系，学校连续11年位居全国信息学联赛广东赛区十强学校之列，并连续5年位居广东省团体总分四强之一，中国计算机学会授予学校“全国信息学年赛优秀参赛学校”“全国青少年信息学奥林匹克竞赛优秀参赛单位”称号。学科竞赛中学校培养出全国数学竞赛的第三名，广东省第一名，高中毕业后直接公派留学法国。学校学生参加中央电视台CCTV第七届希望之星英语风采大赛，获韶关市特等奖、广东赛区一等奖，应邀做客中央电视台。另一名学生参加中央电视台英语风采大赛获一等奖，列全国第五名。作为广东省篮球传统项目学校，在省篮球传统项目的比赛中，篮球队分别获得过第三、第四、第五、第七名的好成绩；在韶关市举办的近八届“英东杯”篮球比赛中，学校男队获得6次冠军，女队获得4次冠军，并为高等院校输送大批篮球项目的拔尖人才。歌唱、舞蹈、艺术展演多次在省市获奖。学校文学社学员在省委宣传部、团省委、省教育学会组织的首届南国书香作文大赛获一等奖。学生高考取得优异成绩，通过高考向高校输送大批优秀人才。2013年高考摘取全市文理总分状元，两位同学被清华大学录取，胡耀良以满分150分喜获全省数学单科状元，江汉林以691分（含政策性加分）的成绩列全省空军招飞考生的第4名，学校在韶关市A类学校中综合得分排名第1，是韶关市高考优胜学校。

【韶关市田家炳中学】　创建于1992年，是由香港著名实业家田家炳捐资，政府兴办的市直公办重点完全中学，1998年被评为市一级学校，2000年晋升为广东省一级学校，2012年荣膺“广东省国家级示范性普通高中”。学校分为校本部（高中部）、初中部两个校区，共有72个教学班（高中39个，初中33个），学生总数为3534人（高中1967人，初中1567人），毕业生人数为1182人（高中毕业生为654人，初中毕业生为528人）。

为贯彻落实《国家中长期教育改革和发展规划纲要》，实现学校的可持续发展，办人民满意的教育，学校制定五年（2010—2015年）发展规划，提炼出“克己奉公、仁者爱人”的办学理念系统（“克己奉公、仁者爱人”为校训，“儒雅、慈爱、严谨、睿智”为师训，“立志、尚德、笃学、强身”为生训），发掘田家炳的思想品质和人格魅力，构建独具田家炳风貌的精神、行为文化，执行“强师兴校”“质量强校”“人才壮校”的发展策略，实施素质教育，把学校打造全国田家炳中学品牌学校和粤北高质量、有特色的精品学校。

建校短短21年，学校教育教学硕果累累，从高考“一炮打响”到“一榜六状元”的辉煌，实现跨越式发展。学校先后荣获省“文明单位”、省“安全文明校园”、省“普通高中教学水平优秀学校”、省“依法治校示范校”、省“书香校园”、省“体育特色学校”、省“青少年科学教育特色学校”、省“学陶师陶先进集体”、省“教育系统关心下一代工作先进单位”等称号，还被田家炳誉为“全国160余所田家炳中学中最突出的龙头中学”。

韶关市田家炳中学能实现跨越式发展，得益于有一支“学者型”的教师队伍。学校坚持以教师发展为本，促进教师的专业发展，致力于建设一支优质的教师队伍。学校有专任教师236人，其中中学特级教师、高级教师132人（占专任教师比例达56%），市名校长1人，市十佳校长1人，市高层次人才2人，市名教师3人，市首席教师、教学能手、拔尖人才各1人，市学科带头人20人，市党代表1人，市政协委员、武江区人大代表各1人，武江区政协委员2人，具有研究生学历（含研究生课程班）教师41人。有全国师德先进个人，全国“三八”红旗手，国家英语、化学“园丁奖”，省市党代表，省优秀班主任，南粤优秀教师，南粤优秀教育工作者，南粤教坛新秀，省市级教育专家，名教师培养对象等一大批先进称号获得者。

学校坚持“以生为本，师生共同成长”的教学理念，开展课堂教学模式改革，探索最适合自己的教学模式。初中部开展“导学—展示—反馈”教改实验，高中部开展“生本教育”课堂模式改革实验，着力研究“以生为本”的课堂教学模式，学生学习的积极性有所提高，课堂教学质量和效率提升。中考、高考成绩在保持稳中有进的基础上，实现历史性的突破。2013年，初中升高中上省重点分数线以上73人，上市重点分数线的有106人，列市公办学校第一。高考本科上线人数312人，上线率达49%，专科以上上线618人，上线率高达97%。

学校争取上级支持，不断改善办学条件。校本部教学实验楼建设主体工程如期完成，记述完成情况进行连廊、地下车道、室内装修等附属工程建设。初中部在市教育局教仪站支持下，已建成全市设备较先进的多功能智慧室，并投入使用，承接5次市级教学研讨课。初中部“全国首批百所数字校园示范校建设项目”已于2013年11月正式启动，项目促进学校教育信息化教育的发展。

学校的办学特色进一步彰显，竞赛成果再创佳绩。在2013年举行的第十四届全国暨广东省中小学电脑制作活动中小学电脑制作活动中，学校获国家二、三等奖各3项，实现韶关市在该项全国赛事上高中组最高奖项零的突破；同时，还获得32个省奖，198个市奖的好成绩。因成绩突出，学校荣获广东省电脑制作活动组织工作先进单位称号（全省仅11个）。指导该项活动开展的朱静萍工作室也已升格为首批市级名师工作室。

【韶关市中等职业技术学校】 韶关市中等职业技术学校于2008年9月由韶关市职业高级中学、铁一中、经贸学校、艺校、体校合并而成，是直属韶关市教育局的一所国家级重点中等职业技术学校，广东省示范性中等职业技术学校，“国家中等职业教育改革发展示范校”建设学校，也是韶关市职业与成人教育师资培训中心和国家职业技能鉴定所，韶关市旅游行业岗位培训基地。

学校占地面积21.33公顷，校舍建筑面积10.5万平方米，设东西两个校区，东校区以职业教育发展为主，西校区以高考升学为主。主要开设机电类、信息类、经贸类、旅游类、艺术类五大板块教育课程，有计算机应用、数控、汽修、旅游服务与管理、会计等20多个专业，其中电子与信息技术专业于2003年2月被评定为省重点建设专业；计算机网络技术于2011年被评定为省重点建设专业；电子与信息技术、计算机网络技术和旅游服务与管理3个重点建设专业分别在2009年、2011年被批准为广东省中等职业学校课程改革试点专业。

学校现有学生2476人，教职员工266人，其中专任教师216人，高级教师84人，双师型教师94人。

学校确立“以就业为导向，以能力为本位，面向社会，面向市场，多元化办学，构建特色职业教育”的办学理念，走集团化办学道路，实行校企联合、校校联合、工学结合，深化学校教育改革和管理创新，以创办特色鲜明的国家级示范中职学校为目标，树立“培养有一技之长、有较扎实的专业理论和文化基础知识、有健康的体魄、有良好的职业素养的中、高级技能型人才”的培养目标。通过5年的努力实现学校的3个层次定位：发挥合作办学优势，将学校建设成为在省内外具有一定影响的同类职校中起示范性作用，在全国交流中起窗口作用的全省一流职业技术学校；发挥职教特色，将学校建设成为融学历教育与技能培训为一体的现代化培训基地；创设条件，将学校建设成为多种职业技能（资格）考核基地。

2011年，学校经评估批准成为粤北地区唯一一所省示范性中等职业学校；2013年4月，学校获批正式成为“国家中等职业教育改革发展示范学校”第三批立项建设学校，是粤北地区唯一一所进入“国家中职示范校”建设队伍的中职院校。

2010—2012年（2013年成绩未最终公布），学校在学生技能竞赛中屡获佳绩：在省技能竞赛中，学校共获得个人一等奖1名，二等奖8名，三等奖15名；在市技能竞赛中，共获得团体一等奖2项和二等奖6项，个人一等奖18个，二等奖22个，三等奖20个。尤其在2010年的广东省“省长杯”导游职业技能大赛总决赛中，学生徐梦璇勇夺院校学生组冠军，教师徐燕获得广东省优秀导游员称号。

学校在集团化办学方面作一些有益的尝试，2010年以学校为主体组建韶关职业教育集团，学校基本构筑起“以校为本、校办企业、校企结合、教产联合、校校联办”的规模化、集团化、连锁化的办学模式：建立起汽车驾驶培训基地；深化“校企合作”的办学模式改革，与韶关市力维金属构件有限公司、新丰云天海温泉森林度假村、东莞农村商业银行成功达成合作协议，对学生实行“订单式”“双元制”教学；试行工学结合，走“教厂结合”的新路子，与加工企业合作，为学生的实训创造条件；利用国家级重点职中的品牌资源，与多间学校进行联合办学，并在翁源、新丰、始兴和甘肃康乐县设立分校区，实现优质资源共享。

【韶关市特殊教育学校】 创办于1959年，原名韶关市聋哑学校、韶关市启智学校，是一所以听障、智障两类残障少年儿童为教育对象，集思想道德熏陶、文化知识教育、康复训练、职业技能培训于一体的全寄宿九年一贯制特殊教育学校。学校隶属韶关市教育局。

学校占地面积14753平方米、建筑面积达20607平方米。校内环境优美。并在全市率先配备现代化先进的教育教学、办公设备：安装校园安全闭路监控、校园网、广播系统；每间课室设有电子白板一体机；设有电教室、图书阅览室、美术室、律动室、无线聆听教室、电视室、职业技能（计算机、缝纫、瑶绣、工艺美术）培训室，以及200米运动场、篮球场、羽毛球场、乒乓球场、食堂和学生公寓等运动、生活设施。

学校现有教职员47人，41名专任教师中，高级教师5人，中级教师25人，初级教师11人。教师中具有本科学历33人，专科学历7人，大专以上学历占97.6%。优秀教师中荣获国家级奖2人、省级奖16人、市级奖53人。现有教学班9个，在校聋生108名。

学校秉承“立足学生的今天，着眼学生的明天”的办学思想，以“育人为本，敬业为乐，成才为志”为办学宗旨，以“德育为首，教学为基，潜能发挥为重”为办学特色，以“自尊自爱、自立自强、自信自律、自学自理”为培养目标，以学生发展为本，让学生在循序渐进的训练中“知行”，在生动活泼的课堂上“学知”，在平等和谐的交流中“明理”，在丰富多彩的活动中发展“特长”，培养学生德智体美全面和谐发展。学校在按照国家教育部的要求开齐、开足文化课程的基础上，开设段段绣、丝网花、串珠、舞蹈、篮球、虚拟机器人、书法等13个兴趣班，并以电脑、缝纫、瑶绣、美术工艺职业技能教学为教育特色，引导学生“学会做人、学会学习、学会生存、学会健体”，在社会上享有良好的声誉。

学校坚持以“思想道德教育为核心，基础文明养成教育为重点，爱国主义教育为主线，抓好基础性教育，促进发展性教育”的思路开展德育工作。以聋生良好的道德行为习惯的养成教育为出发点，以培养聋生的能力为目标，夯实学生的日常行为规范和基础文明教育，加强心理健康辅导及对后进生教育引导。坚持在活动中育人，在推进“阳光体育”“体育文化节”“校园艺术节”等活动的基础上，经常组织学生开展外出参观、郊游、联谊活动，开阔视野，加强与社会沟通，学会与人交往，为残障学生融入社会、为国家做贡献打好基础。

学校始终牢固树立质量第一的观点，坚持以教学为中心、教学以课堂为中心、课堂以效益为中心，将教学质量作为管理的核心，加强教学常规的精细化管理。每年的毕业生都以优异的成绩争取到高一级学府的学位和获得在企事业单位工作的职位。学校的办学质量与水平享有良好的声誉。近年来先后被评为“全国三八红旗集体”“广东省师德建设先进单位”“广东省特殊教育先进单位”“广东省教育系统先进基层党组织”、“韶关市文明单位”“韶关市教育科研先进单位”“韶关市‘十佳’机关事业单位党组织”“韶关市师德群体创优先进集体”“韶关市五四红旗团总支”、“韶关市先进团（总）支部”等荣誉称号。学校被授予“广东省安全文明校园”“广东省行为规范化学校”“韶关市德育示范学校”“韶关市安全文明校园”“韶关市首批毒品预防教育示范学校”等称号。

表28　　其他中等专业学校、职业技术学校一览表

序号	学校名称	属性	学校等级	隶属情况
1	韶关市中等职业技术学校	公办	国重	市属
2	韶关市曲江职业技术学校	公办	国重	区属
3	乐昌市中等职业技术学校	公办	国重	县属
4	仁化县中等职业学校	公办	省重	县属
5	南雄市中等职业学校	公办	省重	县属
6	始兴县中等职业学校	公办	省重	县属
7	广东省翁源县中等职业技术学校	公办		县属
8	乳源瑶族自治县中等职业技术学校	公办	省重	县属
9	新丰县中等职业技术学校	公办		县属
10	韶关市北江中等职业学校	民办		市属
11	韶关市科技中等职业技术学校	民办		市属
12	韶关市女子中等职业学校	民办		市属
13	韶关市振华中等职业学校	民办		市属
14	韶关市粤北中等职业技术学校	民办		市属
15	韶关市育威中等职业学校	民办		市属
16	韶关市浈江中等职业学校	民办		市属
17	韶关学院医学院	公办		市属
18	韶关学院韶州师范分院	公办		市属
19	韶关市建筑成人中等专业学校	公办		市属
20	韶关市贸易中等专业学校	公办		市属
21	广东省韶关农业学校	公办		市属

（柯艳君）

科　技

科技管理

【概况】 韶关市科学技术局的前称是韶关市科技信息局（韶关市知识产权局），2009年更名为韶关市科学技术局（韶关市知识产权局）。2007年，经韶关市编委批准，加挂韶关市国防动员委员会科技装备动员办公室牌子。2010年12月，经广东省编办批准，加挂韶关市地震局牌子。办公地点在新华北路32号。机关行政编制28名，设办公室、高新技术发展及产业化科、农村科技科、科技服务与管理科、产学研结合科、知识产权管理科、防震减灾管理科、人事科（监察室）等8个内设机构。2013年，事业单位改革后，原来下设的10个下属单位合并为4个，分别是韶关市光栅测量控制技术研究所、韶关市工业科学研究所、韶关市生产力促进中心（韶关市科韶开发中心、韶关市科技情报研究所、韶关市科技企业创业服务中心）、韶关市科学技术开发中心（韶关市金科信息网络中心）。2013年，市科技局通过项目引导、技术支撑和平台建设，推动科技创新与企业、产业深度融合，科技对经济社会发展的支撑引领作用进一步增强。年内，市科技局绩效考核成绩在全市排名第7。市科技局的“扶贫双到”工作被省委、省政府评为“优秀帮扶单位”。

【科技计划项目申报】 2013年，共组织全市申报省级以上科技计划项目129个，同比增长18.3%，项目涵盖机械制造、新材料、节能环保等特色产业。其中，组织骨干企业申报到“宽温低损耗锰锌铁氧体”等5项国家科技项目，组织“新型节能数控反击式制砂机的研发及产业化”等14个项目申报国家科技型中小企业技术创新基金。

【产学研合作】 年内，组织企业、高校联合申报2013年省部、省院产学研合作专项27个。组织韶关学院专家以“韶关市工程矿山机械发展现状及产业化升级”为课题进行研究，谋划组建广东省工程矿山机械产学研创新联盟。协调湖北高校武汉科技大学到韶关市共建“武汉科技大学、韶关液压件厂有限公司研究生工作站”和“高品质液压技术与装备研究所”。

【韶关市产学研结合工作获中国产学研合作创新奖】 2013年12月15日，第七届中国产学研合作创新大会在成都召开。广东金友集团有限公司荣获中国产学研合作创新奖，广东东阳光铝业股份有限公司获得中国产学研合作创新示范企业称号。该奖项经科技部、国家科技奖励办公室批准，由中国产学研合作促进会组织评审表彰。韶关市产学研结合工作连续3年获得此类国家奖项。2011年，乳源东阳光磁性材料有限公司的“宽温低损耗高叠加锰锌铁氧体及其生产技术的集成研究与应用”项目，获得中国产学研合作创新成果奖；2012年，韶关市科学技术局被授予中国产学研合作促进奖。

【科技成果应用转化】 韶关液压件厂参与完成的“冶金高频液压控制伺服元件关键技术及应用”荣获2013年度国家技术发明二等奖。该获奖项目在韶关市实现产业化，已获发明专利10项，取得2项控制测试软件著作权，承担国家标准的制定，项目完成后直接经济效益可达7.6亿元。韶钢实施的“高性能矿渣粉高效制备与应用技术”项目成果矿渣微粉产品已成功应用于广州新电视塔和台山核电站等国家重点建设工程。年内，韶关市荣获2012年度广东省科学技术奖有9项，其中一等奖1项，二等奖3项，三等奖5项，是近8年来全市获省科技进步奖数量最多的一年。年内，评选出韶关市科学技术进步奖76项，达国际先进水平和国内领先水平的项目有9个，国内先进水平的有42个，获奖项目成果转化率高达98%，仅获奖的工农业项目就新增产值28亿元，新增税利6亿元，节支3亿元。

【专业镇科技服务】 年内，组织韶关市省级专业镇与广东村村通科技有限公司达成合作意向，共同建设专业镇服务平台，推广特色产品网络订销渠道。组织申请认定57个省级农村科技特派员工作站和66个农村科技特派员，为现代农业生产提供科技支撑。组织申报1项国家农业科技成果转化资金项目，2项国家科技富民强县专项，1项生物农业专题的广东省战略性新兴产业核心技术攻关项目。推动南雄精细化工产业、西联机械制造业成为省级工业类专业镇，实现全市工业专业镇零的突破。依托“广东农业科技园”，加快完善配套设施建设，建成集“农业科技创新、科技成果孵化、现代农业示范、科技培训、科普教育”于一体的科技创新服务平台，推动全市农业生产走上规模化和产业化发展之路。

【LED推广应用】 自2012年全省召开LED照明产品推广应用工作会议以来，韶关市组织开展全市的LED照明产品推广应用工作。完成《韶关市推广应用LED照明产品工作总体方案》的制定，并指导各县（市、区）、各有关部门制定LED推广应用工作方案。成立全市及各县（市、区）推广工作机构，争取到省财政资金1500万元的支持。通过电视、电台、报纸、互联网、举办培训班等多种方式组织进行宣传和培训。指导、督促各县（市、区）按照推广方案开展LED照明产品的改造工作。全市推广应用LED照明产品工作取得显著的成果，推广工作按照方案的要求完成阶段目标，通过由省科技厅联合省政协科教文卫委等单位组织的实地考核。截至2013年12月底，全市已完成约10200盏LED路灯的试验、示范性安装或改造，48000多盏LED室内照明灯具的安装改造。

【通过国家科技进步考核】 2013年韶关市通过国家科技进步考核。至此，韶关市已连续6年通过国家科技进步考核，连续两届荣获“全国科技进步考核先进市”。通过考核，各县（市、区）对科技工作的领导和管理、政策环境、发展水平以及科技推动经济与社会发展的成效等方面都有较大的进步，提升基础科技能力，促进县域经济社会的发展。

【科技人才】 乳源东阳光精箔有限公司引进“日系整车配套工程的高端钎焊箔技术”开发团队。该团队入选2013年广东省“扬帆计划”引进创新创业团队项目资助范围，并且是唯一一个获得全省800万元资助的团队。

（夏敬华）

知识产权

【概况】 2013年，韶关市知识产权工作贯彻落实，中共十八大精神，结合韶关自主创新和经济社会发展的实际，抓好知识产权宣传培训、执法保护等方面工作，全社会知识产权意识明显增强，企业专利工作面貌焕然一新，全市专利申请的数量和质量明显提升，结构进一步优化，专利制度激励和保护创新作用进一步发挥，支撑韶关创新驱动发展。2013年，全市专利资助共2批1743件，资助金额达208.84万元。

【激励机制和奖励政策】 制定韶关市贯彻《2013年实施广东省知识产权战略纲要工作方案》，营造良好的知识产权法治环境、市场环境、文化环境，推动韶关市知识产权事业的加快发展。年初，对2012年专利工作取得优异成绩及超额完成专利申请建议指标的武江区，浈江区等10个县（市、区）知识产权局予以表彰奖励，奖励金额17万元；对为专利申请做出重大贡献的企业和个人予以表彰奖励，奖励金额22万元。

【专利申请和授权量居山区第一】 2013年，全市专利申请量2266件，同比增长24.92%，其中发明和实用新型专利申请1423件，占62.8%；专利授权量1438件，同比增长0.49%。全市专利申请量和授权量连续9年稳居山区市首位。

【专利技术项目获评等级】 韶关市力冉农业科技有限公司的“高密度水产养殖方法”项目获得省专利技术实施计划重点项目。韶关金苹果饲料有限公司的“具有抗腹泻的中草药添加剂在乳猪料中的应用”项目、丽珠集团利民制药厂的“药液软包装及其包装方法应用与产业化”项目、广东富然农科有限公司的“浓香山茶籽油的制作方法专利实施”项目获得市专利技术实施计划重点项目。

【知识产权试点单位获评】 2013年，曲江区被列入2013年“国家知识产权强县工程试点区”，是全国99个县（区）、广东省7个试点县（区）之一，韶关市力冉农业科技有限公司被列为广东省知识产权优势企业。截止2013年年底，全市拥有国家级知识产权试点县（区）1个、省级知识产权试点县（区）4个、省级知识产权优势企业10家、省级知识产权试点事业单位2个、省级中小学知识产权教育试点（示范）学校10所、省知识产权战略试点企业1家，广东东阳光铝业股份有限公司被列为广东省知识产权示范企业及全国企事业知识产权试点单位。

【知识产权宣传培训】 2013年，市知识产权局共举办3期知识产权管理及实务等内容的培训班，为全市企事业单位、各县（市、区）知识产权管理部门等培训560多人。培训班邀请省有关知识产权专家授课，结合案例讲解专利申请、企业专利运用、企业应对知识产权纠纷等方面的知识，深受大家的欢迎。4月20日，市知识产权局与文广新局联合在市区中山公园、大润发商业广场、风度路步行街开展“4·26”知识产权周宣传活动。活动中，免费向市民派发知识产权宣传单张近3000份。4月22日，市知识产权局联合市文广新局在市区共同举办知识产权法律法规培训班，全市印刷企业、出版物发行企业以及网吧等负责人共200多人参加培训班。

【知识产权执法】 2013年知识产权执法主要围绕“双打”和知识产权系统“两建”展开。4月26日，开展“4·26”知识产权联合执法行动，市知识产权局联合工商局、文广新局、公安局、质监局、药监局等部门组成10多人的联合执法组对市区商场、书店多家经营单位进行执法检查，现场查处专利标识不规范、假冒商标等知识产权违法行为，并对经营者进行知识产权法律法规宣传教育。同日，在市体育馆召开集中销毁非法音像制品现场会，近3万多张非法音像制品被销毁，在校学生、各新闻媒体及音像发行单位等有关行业的负责人共400多人参加现场会。现场会还举行“保护知识产权，打击侵权盗版，从我做起”签名活动。8月28日，市知识产权局联合市公安局组成联合执法组开展查处“肤立修凝胶”假冒专利的执法行动。 （夏敬华）

高新技术产业

【概况】 2013年，全市高新技术产业主要依靠科技进步和创新，引进和吸收先进科技资源、资金和管理手段，通过实施研发税前抵扣政策等各项优惠措施，实现传统产业高新化和高新技术产业化，把科技成果转化为现实生产力，高新技术产业呈现出良好的发展势头。全年新增省级高新技术产品25个，新增认定高新技术企业4家，通过复审的高新技术企业5家。截至2013年年底，全市高新技术企业累计达32家。

【高新技术产品】 2013年，高新技术产品新增25件，同比增长10%。液压油缸、铝箔、有色金属材料等三大特色产业基地产值达111.3亿元。2013年，韶关市依靠科技进步，研发出“冷烫全息防伪信息层涂料”“GD包装机铝合金型材烟包输送道”“血栓通注射液”“环保型塑料表印耐黄变油墨”“用于临床诊断的高性能血清分离胶”“新型高强耐蚀汽车钎焊铝合金板带箔”等高新技术产品，HEC铝箔获得中国驰名商标，“HFF”铝板带获得中国名牌产品，参芪扶正注射液、IB牌轴承获得广东省名牌产品称号。全市累计高新技术产品207个。

【工程技术研究开发中心建设】 年内，依托奥达胶合板公司组建“韶关市竹纤维胶合板工程技术研究开发中心”，研发出竹胶合板新生代产品，比传统木胶合板在曲静强度上高出4—5倍，用于飞机、船舶、火车、汽车等领域。依托安捷铁路轨枕公司组建“广东省高性能混凝土工程技术研究中心”，申请发明专利2项，获得实用新型专利10项，转化科研成果10项。依托金苹果饲料公司组建“韶关市猪饲料工程技术研究开发中心”，依托韶关市曲江宏基电源科技有限公司组建“韶关市环保型铅酸蓄电池工程技术研究开发中心”。截止2013年年底，全市共有省市工程技术研发中心39家，其中省级12家。

【技术攻关】 依托重点产业和骨

干企业开展“瓶装输液车间智能监控管理系统关键技术”“CS系列高效圆锥破碎机参数化设计与研发”“新型植物纤维功能装饰材料的关键制造技术”“铁皮石斛树表附生技术”“汽车轮毂轴承精密成形技术”等多项关键共性技术的攻关、示范和应用，并取得显著成效。丽珠集团利民制药厂的“现代中药参芪扶正注射液的研究与产业化”项目取得突破。

（夏敬华）

地震监测

【概况】 2013年，市防震减灾工作学习贯彻《广东省防震减灾条例》，及时修订地震应急预案，开展应急演练，推动示范社区创建工作，全市防震减灾能力提升。截至2013年，全市有6个地震台（站），5个地震宏观观测点，4个地震应急避难场所，7个地震安全示范村，1个地震应急物资储备中心。

【地震台站升级改造】 2013年10月15日至20日，省地震局监测中心高级工程师林伟率专业技术队，分别对韶关市各地震台（站）的地震监测仪进行升级改造。升级改造后，地震数据结果更精确，定位更准确，地震速报更快捷。

【瑶坑地震安全农居示范村进行验收】 2013年12月25日，在市地震局副局长刘光浩陪同下，省地震局副局长梁干带领省专家验收组对南雄市雄州街道荆岗村瑶坑地震安全农居示范村进行验收。经验收，瑶坑地震安全农居示范村成为南雄市第一个统一规划，按抗烈度VI度设防的地震安全农居示范村。

【地震应急演练与宣传教育】 2013年5月9日，韶关市地震局联合市民政局、市科协、市文广新局、市红十字会、浈江区人民政府等单位，在中山公园文化广场举办“识别灾害风险，掌握减灾技能”为主题的韶关市2013年“5·12”国家防灾减灾日地震应急疏散演练及防灾减灾知识大型宣传活动，约千名学生和市民参加此次活动。此次活动邀请省地震局专家杨浩分别在和平路小学与建国小学作地震应急知识讲座。2013年11月11日，广东省地震局及地震应急与信息中心，韶关市地震局，新丰县教育局和地震局在新丰县第一、第三中学开展防震减灾科普知识讲座及防震减灾知识宣传活动，约1000多名师生参加讲座。

【防震减灾业务培训】 2013年12月11日至12日，韶关市地震局举办全市防震减灾系统干部业务培训班。此次培训旨在推进全市建设工程的抗震设防要求审核和地震安全示范社区创建工作，不断提高全市防震减灾系统干部的业务知识水平。市地震局机关、10个县（市、区）地震系统的干部和部分申报地震安全示范社区创建工作的社区工作人员约30余人参加培训。培训中，广东省地震局办公室主任何晓灵作《怎样做好防震减灾宣传工作》专题讲座，广东省地震局应急救援和市县工作处副处长王维亮作《如何开展地震安全示范社区创建工作》专题讲解，广东省地震局震害防御处主任科员金涛作《建设工程的抗震设防要求审核》专题辅导。省、市、县三级就如何有效开展好防震减灾工作进行深入细致的探讨交流。

【第十三届粤闽赣湘交界区地震联防协作会议】 2013年12月27日，第十三届粤闽赣湘交界区地震联防协作会议在江西省赣州市召开。广东、福建、江西、湖南四省地震局领导及广东韶关、梅州、河源，江西赣州，福建龙岩，湖南郴州等市政府领导、地震部门负责人和专家共50人出席会议。市政府副秘书长邓彩虹、市地震局局长张才明参加会议。会上，广东、福建、江西、湖南省地震预报中心专家对交界区地震活动形势作分析报告，交界区六市代表作防震减灾工作经验交流，并就加强地震监测预报、灾害防御和应急救援能力建设及社会服务等问题进行深入探讨。

（夏敬华）

附：领导班子成员名单

局　长：张才明

副局长：刘光浩　唐国驹

　　　　翟成洪

纪检组长：杨晓红

科学技术研究

【核工业二九〇研究所】 核工业二九〇研究所（以下简称“二九〇所”）隶属于中国核工业集团公司，是一所集地质科研、地质调查、水文地质调查、环境地质调查、遥感地质调查、地球物理勘查、地球化学勘查、地质灾害治理、环境评价与监测、分析测试、测绘、信息技术应用为一体的多学科地质调查与科研机构，是承担国家放射性矿产资源勘查任务的重点单位之一。2003年，通过ISO 9001质量体系认证，拥有地质勘查资格证书、地质灾害评估资格证书、测绘资格证书、计量认证证书、建设工程质量检测机构资质证书、清洁生产技术服务单位证书、建设项目环境监理等14个相关资质证书，是国家二级档案管理单位和国家二级保密资格认证单位，具备承担相应等级科研生产项目能力。现有在职人员168人，办公地位于韶关市武江区科技工业园广前路。

科研能力及成果　2013年研究所共承担地质、生产中科研项目16项，研究所取得较好的科研生产成果。由集团地矿事业部组织验收的10个项目，均评为优秀项目，完成上级下达的各项任务。

设备及能力　近几年投入资金1000多万元对科研设备和生产设备进行更新改造，拥有地质雷达、等离子发射光谱仪（ICP）、高性能卫星定位仪（GPS）、高性能地震仪等一批进口的先进技术装备。利用科技人才和技术装备方面的优势，开展技术开发和技术服务，加强与地方有关部门的合作，主动参与地方经济建设。在遥感信息开发利用、国土资源调查、矿产开发、地质灾害评估、环境评价和监测、各类样品分析测试、工程勘察、工程物探等方面承接大量的项目，取得较好的经济效益和社会效益。

改革与管理　为适应新形势的发展要求，根据国务院国资委《关于开展管理提升活动的指导意见》和集团《关于开展管理提升活动的方案及意见》，结合本所的实际情况，开展管理提升活动，开展管理诊断，找出短板问题，并及时纠正和解决。通过管理提升活动，进一步建立和完善科研生产责任体系、经营责任体系、安全环保责任人体系及考核体系；强化资金的预算管理，以成本管理为重点，强化预算的执行监控，提高资金的利用率，规避资金风险和经营风险；加大政务公开的力度，对重大事项、重要的人事任免及群众关心的热点问题予以公开、公示，提高办事的透明度。

生产经营　按照“三条主线、三大突破”的“十二五”时期改革发展总体思路，抢抓机遇，积极进取，加强技术创新与市场开拓，创新发展，取得良好的经营业绩，进一步提升研究所的综合实力。（罗媛媛　沈荣福）

附：领导班子成员名单

所　　长：朱　捌

党委书记：王树忠

纪委书记、副所长：陈中华

总工程师：黄国龙

【光栅测量控制技术研究】　韶关市光栅测量控制技术研究所成立于1983年12月2日，位于韶关市武江北路248号，占地面积约5000平方米，人员编制23人，所内设机构4个，分别为办公室、精密测试研究室、光电系统研究室、自动控制研究室。是一所长期专业从事研究开发光、机、电一体化的光栅光学精密系统，数显技术，微电脑光栅测控系统等高新科技产品事业研究机构，隶属于韶关市科技局，研究所拥有一批长期在科研第一线从事科研开发工作，由国家级专家、高级工程师、工程师组成的科学研究技术队伍。

科研项目　1983年以来，韶关市光栅测量控制技术研究所承担汽车安全技术性能自动检测系统、摩托车安全技术性能自动检测系统、汽车综合技术性能自动检测系统的检测；获得汽车底盘测功机、汽车转向轮转角仪、汽车灯光检测仪、声级数字显示仪、烟度数字显示仪、HC/CO数字显示仪、汽车制动试验台、汽车侧滑试验台、汽车车速表试验台、汽车轴重试验台、摩托车轮偏试验台、摩托车前照灯检测仪、摩托车制动试验台、摩托车轮重试验台、摩托车车速表试验台、平板制动试验台等15项计量器具制造许可证；拥有专业生产系列机动车检测设备、RFID射频自动控制浅坑式动态重量检测管理系统、动态失重称控制系统、旋转蒸发仪XZ60－56、轴环光栅控制系统切纸机、耐久测试台系统、滑台式紧密同步自动冲剪系统等科研产品及成果。拥有计量认证合格证书，是国家二级保密科研资格认证单位。

设施装备　拥有属于自己的科研基地，实验大楼以及机械加工车间等科研开发和批量生产的研究设备和设施。

研发创新　2013年研究所开发“多通道机动车检测系统”研究项目，该系统是研究所开发的一套全新机动车安全技术性能检测系统。系统具有可根据国家最新标准中机动车的安全技术要求对废气、车速、灯光、声级、侧滑、轴重、制动等项目进行全自动检测，以及对测量数据存档、调档、检索、删除、打印报表等一系列技术检测和数据管理功能。

本系统设有多通道检测数据传输通道，各数据通道互不干扰，可容许多台车同时在线检测，提高检测线工作效率。

本系统与主控微机之间的数据传输，采用数字量传输方式进行数据通信。使系统具有抗干扰能力强、数据一致性好的检测数据与主机接收到的检测结果绝对一致。

检测系统采用高亮度 LED 数码管和 LED 点阵指示灯箱，引导检测人员进行操作。并在检测现场实时显示测量结果，使检测过程具有高透明度。

本系统可以在车辆登陆时输入不同车型的测量标准，系统根据标准自动判别检测结果合格是否。使系统可适应所有车型的检测与判别。 （唐谭荣）

附：领导班子成员名单

副 所 长：潘启军

支部书记：唐谭荣

【农业科学研究】 2013 年，韶关市农业科学研究所以力促韶关现代农业发展为己任，开展农业优良品种、先进技术的试验研究和示范推广活动。以承接实施国家、省、市科技项目和研企合作、自主研发等多种途径，加强产、学、研结合，重点围绕水稻、蔬菜、花生、果树、珍稀食（药）用菌、名贵中药材铁皮石斛等多种农作物，进行优良品种、先进技术的试验研究和示范推广。全年承接实施国家、省、市科技项目 16 项，研、企合作项目 6 个，自主研发项目 3 个。共试验鉴定农业优良品种 431 个，示范推广农业优良品种 22 个，示范推广作物高产栽培、设施栽培、测土配方施肥、水肥一体化等农业先进技术 5 项，生产受益面积达 20 万亩。为加速韶关农业良种良法，促进韶关农业科技进步，增加韶关农业经济总量做出贡献。由于研究所重视农业科技创新与推广工作，2013 年获得科技成果二项，分别为“雪莲果引种与配套高产栽培技术研究”项目和“农业综合开发科技推广技术集成与应用”项目，其中“雪莲果引种与配套高产栽培技术研究”获得韶关市科技进步三等奖励，“农业综合开发科技推广技术集成与应用”已通过韶关市科学技术局的技术鉴定，申报 2013 年韶关市科技进步奖项。

2013 年 9 月 18 日，《韶关市农业科技推广中心机构编制方案》通过韶关市机构编制委员会办公室批准。方案根据《中共韶关市委办公室、韶关市人民政府办公室〈关于引发韶关市市直事业单位分类改革方案和有关配套政策〉的通知》文件精神，整合市农业科学研究所（市农业科学研究中心、广东省（韶关）区域农业试验中心）、市农机推广站、市农业机械研究所、市农业机械学校、市经济作物研究所，组建韶关市农业科技推广中心，加挂广东省（韶关）区域农业试验中心、韶关市农业科学研究所、韶关市农业机械化技术推广站牌子，为市农业局管理的公益二类事业单位，正科级。韶关市农业科技推广中心地址：韶关市芙蓉北路 99 号。新成立的韶关市农业科技推广中心主要的工作职责和任务是：承担农作物品种区域性试验、表证、示范和推广科研任务；开展农作物良种培育与繁育研究工作；开展农业先进技术的研究试验、示范推广、服务指导，以及农作物种质资源的收集和保存；开展农机产品和技术的引进、示范推广，以及农机技术培训、服务指导、安全监理等工作。

（市农业科技推广中心）

【林业科学研究】 韶关市林业科学研究所于 1962 年成立，位于韶关市沐溪大道 8 号，是广东省认定的第一批非营利性的科研机构，2013 年 9 月 18 日，根据市编办有关精神（韶机编办〔2013〕103 号）将市林科所、市林科二所、市林业干部学校整合为 1 个机构，统称韶关市林业科学研究所。全所在职人员 75 人，行政职数 1 正 4 副，林业专业人员 39 人，其中：高级职称 1 人，中级职称 20 人，林业技术力量雄厚。主要承担林业科研项目试验示范、林业技术推广、珍贵良种苗木引种繁育等林业技术活动。

2013 年，韶关市林科所主要围绕山子背珍贵树种繁育中心建设、良种油茶繁育基地建设及优良乡土阔叶树种良种选育和高效栽培技术研究、示范等重点项目进行技术推广、实施工作。

林业科研 2013 年，韶关市

林科所共承担的科研项目13项。主要以发展良种油茶项目和优良乡土阔叶树种选育、示范推广，以及山子背珍贵树种繁育中心建设为重点。其中，《油茶优良无性系采穗圃营建及芽苗砧嫁接技术示范推广》项目获韶关市科技进步一等奖，已在《韶关日报》公示完毕。

林业技术推广　为促进科技成果转化为社会生产力，市林科所科技特派员配合省、市林业部门深入基层，到龙归、南雄等基层乡镇开展科技下乡活动，通过派发技术资料和现场咨询解答等形式，为基层林业工作者和广大林业开展林业知识讲座及苗木栽培技术指导等工作，不断提高广大林农和基层林业工作者的业务水平。同时，在乳源县基地营建66.67公顷良种油茶示范林，为韶关市市良种油茶推广起到示范、表证作用。在市林科所乳源基地营建13.3公顷香樟、黎蒴、木荷、枫香等各个家系的优良乡土阔叶树子代试验林，为本市乡土阔叶树建设推广起到促进作用。

珍贵树种繁育中心建设　按照市委、市政府、市发改委的整体规划和市林业局的统一部署，韶关市林科所在韶关市山子背建设集科研、生产、科普、教学、观光为一体的韶关市珍贵树种繁育中心。与韶关市中心苗圃合并兴建，进一步扩大苗圃建设规模，总体规划66.67公顷。其中，珍贵树种标本园20公顷，优良乡土阔叶树示范林20公顷，中心苗圃基地8公顷。已种植伯乐树、樱花、黄花梨、腊肠树、浙江润楠、花榈木、蓝果树、铁冬青等40多个品种的珍贵树种苗木，种植大规格苗木约20万株，其中伯乐树、花榈木等为国家级保护树种，近几年来，每年出圃良种苗木160万株，每年提供义务植树使用的大袋壮苗和各县区造林绿化苗木，为韶关创建森林生态市提供优质的苗木保障。得到省、市林业主管部门及有关领导的一致好评和认可。

巩固发展　为进一步巩固韶关市造林绿化有利发展，市林科所利用林业技术力量雄厚的优势，成立具有资质资格的造林规划设计、监理等部门，对韶关市“三山”绿化造林、乐昌县石灰岩地区“石漠化”治理造林绿化，以及各市、县、区的绿化造林进行严格的质量监理工作，经过监理后的苗木成活率达到95%以上，造林质量有显著的提高，对韶关市创建生态旅游城市的全面建设起到促进作用。（姚为锋）

附：领导班子成员名单

所　长：黄立军

党总支书记：赖书文

副所长：刘介东　钟灼坤

　　　　胡友生

【水产研究】　2013年市水产研究所共进行10个科研项目研究（2个为新开课题），其中“倒刺鲃”项目进行人工繁殖补充、重复试验，规模化繁育技术基本成熟，全年繁育倒刺鲃鱼苗150万尾，为广东省倒刺鲃养殖的发展和资源增殖保护提供种苗技术基础和技术支撑。“桂华鲮”项目继续进行人工繁殖和亲本收集工作，繁育技术进一步提高，年产种苗突破历史最高孵化量，达到4万尾，人工繁殖水平处于国内领先。这一技术为桂华鲮这一珍稀物种的开发保护提供种苗技术基础。“高雄性率奥尼罗非鱼良种培育技术”项目获得2013年度韶关市科技进步奖二等奖。该项目从2008年起，摸索出切合韶关市实际的高雄性率奥尼罗非鱼鱼苗生产技术、简易大棚罗非鱼越冬技术、罗非鱼常见病害防治技术等，并形成奥尼罗非鱼苗种生产基地，推动韶关市水产主养品种罗非鱼养殖的发展。全年繁育生产各类鱼苗共950万尾，选育“更新亲本”用良种三角鲂近1万尾，并推广养殖，促进广东省（市）特色渔业的发展。

（市水产研究所）

【畜牧研究】　韶关市畜牧研究所成立于1978年，是隶属于韶关市农业局领导的畜牧科研事业单位，是粤农〔2001〕233号文批准设立的16个广东省区域性农业试验中心之一。2013年，核定编制人员为33人，实有在册人员28人，其中高中级职称4人。单位主要负责畜禽品种改良、繁殖、选育的研究及有关技术的引进、试验、示范、推广、培训；承担畜牧业区域性试验、表证、示范的研究工作；负责地方畜禽遗传资源的调查与保护。

地方猪种保护　研究所于2008年在浈江区杉木湾建立梅花猪保种场，并抢救性地从乐昌等地购回10多头梅花种猪，开始对韶关地方猪品种——梅花猪进行保护。通过近几年的不懈努力，保种场梅花种猪群数量增多，基因逐步纯化，正朝目标靠近。

基地建设　韶关市畜牧研究

所杉木湾科研基地是粤北现代农业示范园区畜牧养殖基地，于2013年初扩建一条年出栏10000头种猪、肉猪的生产线和新建1000立方米沼气工程，并于2013年底引进新丹系种猪开始生产。科研基地现已达到年出栏15000头种猪、肉猪生产规模，已形成设备先进、品种优良、防疫体系健全、产品质量安全、生态环境良好的现代化示范园区。

课题研究　2013年，开展《新丹系种猪的培育技术研究》《梅花猪保种场建设与品种资源的保护开发》《畜牧产业化关键技术开发及推广应用》等省市级科研课题的试验与研究，其中《畜牧产业化关键技术开发及推广应用》已通过省级鉴定，正申报2013年度广东省科技进步奖。

良种良法推广　成立技术推广室，技术人员定期或不定期对全市养猪户进行技术传授、生产情况随访等工作，并提供栏舍设计、种源、营养、技术人员培训等方面的扶持。通过把改良后的优良种猪、先进技术推广到社会生产中去，促进韶关现代养猪业的发展。（钟澜）

【矿产应用研究】　广东省矿产应用研究所（国土资源部放射性矿产资源监督检测中心），原名地质部第九实验室，始建于1964年，是全国地矿系统唯一从事放射性矿产综合利用评价和放射性检测的专业实验室，现隶属于广东省地质局，正处级事业单位。单位原址在乐昌黄埔，占地5.93公顷；韶关现址分设科研区（芙蓉东路108号）和职工生活区（新华南路19号），两区分隔2公里，占地5.33公顷。2013年，在职职工75人，其中各类专业技术人员60人，高级专业技术职称人员10人，中级专业技术职称人员22人。

业务范围及资质　业务范围为矿产的可选性评价、矿产资源综合利用研究、选矿工艺试验、冶金工艺试验、岩矿测试、岩矿鉴定、岩土试验、放射性检测、放射性环境地质调查与研究、水工环地质调查、地质灾害危险性评估与治理、工程勘查、环境影响评价、工程物探、微量物证鉴定等多个领域，具有国家级计量认证资质以及地质实验测试甲级证书。

选矿测试　开展国土资源公益性行业科研专项《微细粒钼矿利用新技术研究》以及社会委托项目《甘肃省瓜州县国宝山铷等稀有金属矿选冶实验研究》《广东省河源市龙川县天堂山铜多金属矿选矿试验》《广东省连平县隆街镇牛栏长垠矿区矿石可选性试验》《江西全南县大水坑林场高岭土矿选矿试验》等10项。其中，《微细粒钼矿利用新技术研究》通过中期评审，完成自然样品的工艺矿物学研究、从自然样品中提取钼单矿物、钼单矿物浮选技术攻关等工作，并探索出一种新型捕收剂（发明专利正在申请中）。

冶金测试　开展稀散金属镓的科技研究和扩大试验以及粗铟的加工项目，全年共完成金属粗镓生产277公斤，总回收率达到97%，品位达到99%以上；完成粗铟生产400多公斤，总回收率达96%以上，品位达到99%以上，实现产研一体化。承接甘肃地调院委托的从云母及钾长石中综合回收铷等多金属的科研研究，取得阶段性进展。

放射性测试　完成《广东1：5万厚街圩、小榄镇、容奇镇、太平镇幅区调土壤氡浓度测量》《肇庆市中心城区城市地质调查项目土壤氡浓度测量》等放射性地质调查项目，完成韶关多个建筑工程场地土壤氡检测和室内环境污染物检测。

实验测试　完成实验测试工作9475批次，完成测试样品72950个。开展省财政资金地质勘查项目《广东省韶关市梅子冲铅锌多金属矿区详查》，开展厦门轨道交通1号线一期工程详勘、合肥市轨道交通2号线工程详勘、广东省惠州市浅层地温能调查等重点工程的热物理检测指标检测任务。被省地质局评为“2012年度实验测试工作先进集体”。《广东省广宁县黄泥坑金多金属矿实验室选矿流程试验》获广东地质科学技术成果奖二等奖。

学术研讨　2013年1月，召开部重点实验室第一届学术委员会第一次会议，省地质局总工程师杜海燕、韶关市科技局局长张才明、中国地质调查局研究员金永铎等领导和专家出席会议。会议重点讨论部重点实验室的五年发展规划及管理制度，对实验室2013年预申请的科研项目进行研讨，并进行学术交流。11月，中国工程院院士赵文津在全国地质矿产标准化委员会岩矿测试标样和方法标准化委员会秘书长周金生的陪同下，到矿研所考察指导工作。此次是赵文津第三次考察矿研所。赵文津一行参观矿研所的新办公场所和实验室，并召开研讨会。韶关市委常委、常务副市长陈波和韶关市国土资源局、科技局主要领导出席研讨会。与会人员就韶关的发展、矿产资源综合利用与环境的关系、国土资源部重点实验室的建设等问题展开研讨。

重点实验室建设　研究所获得地质勘查（地质实验测试）甲级资质证书；“广东省矿产应用研究所微量司法鉴定所”获准成立，有6名技术专家被省司法厅认证为“司法鉴定人”。化学检测室于5月完成搬迁、大型仪器的重新检定；选矿研究室完善选矿试验规模从小型实验到扩大试验再到工业试验的建设，升级改造选矿大厅、中试车间的供电系统和工作场地；冶金、物理等专业室也对实验场所进行规划。购置电感耦合等离子质谱仪、双道分光光度计等仪器设备31台/套。加强质量管理，完成对第九版《质量手册》和《程序文件》修订及作业指导书的改版及宣贯等。

获得的荣誉　第三党支部被省地质局党委评为“先进基层党组织”，何平被评为“优秀共产党员”、林杜莲被评为“2012年度局宣传报道、信息简报优秀工作者”；李亚平被韶关市评为“韶关市第七期专业技术拔尖人才”，解原、王恒然、武明丽荣获2011—2012年度“韶关市青年岗位能手”称号；舞蹈《奋进地质人》《天地喜洋洋》荣获2013年韶关国土资源系统“大地之光”迎春联欢会三等奖；陈国祥的作品《素心》在省地质局“廉洁读书月”活动中获“清风倡廉奖，并入选活动征文优秀作品集；陈国祥的论文《立足服务成就梦想》、解原的论文《做活工会工作 促实现中国梦想》荣获2013年全国国土资源系统“中国梦·劳动美”学习与实践教育活动论文征集评比优秀奖。

（林杜莲）

附：领导班子成员名单

所　　长：何　平
党委书记：梁冠杰
副 所 长：许正繁
纪委书记、工会主席：陈国祥
总工程师：李亚平

文 化

综 述

【概况】 韶关市文化广电新闻出版局成立于2005年3月，是根据《中共广东省委办公厅、广东省政府办公厅转发〈省委宣传部、省编办、省财政厅、省文化厅、省广电局、省新闻出版局、省政府法制办关于在全省建立文化市综合执法机构的实施方案〉的通知》和《关于韶关市组建市文化广电新闻出版局等问题的批复》文件精神，将原市文化局、广播电视局、新闻出版办3个行政管理部门调整归并组建而成，加挂市版权局牌子，并于2005年3月31日正式挂牌。韶关市文化广电新闻出版局是韶关市人民政府主管文化、广播电视、新闻出版、版权等方面的职能部门。内设机构有：办公室、人事科（监察室）、社会文化科、艺术科、文化市场与产业科、文物科、广播电视管理科、新闻出版管理科、非物质文化遗产科。直属机构有：韶关市文化市场综合执法大队。下属单位有：韶关市文化馆、韶关市图书馆、韶关市博物馆、韶关市采茶剧团、韶关市歌舞剧团。2013年，该局扎实推进文化建设，各项工作取得明显成效：一是加大投入，文化硬件建设水平不断提升；二是贴近群众，文化惠民活动成效显著；三是打造品牌，群众文化活动丰富多彩；四是服务大局，配合中心工作成绩明显；五是狠抓落实，文化遗产保护不断加强；六是加大力度，文化行业管理规范有序；七是加强文化交流与合作，提升韶关文化美誉度。

文化惠民活动

【概况】 根据中央、省的有关工作要求，韶关市以文化信息资源共享工程、广播电视“户户通”工程、农村电影放映工程、农家书屋工程作为重要抓手，集中人力、物力加快建设，带动公共文化服务体系建设整体加快发展。一是全市完成农村公益电影放映任务；二是如期完成7711户广播电视“户户通”工程建设任务；三是始兴县、乐昌市完成多厅数字影院建设任务，进一步提升公共文化服务水平；四是农家书屋建设工程覆盖全市所有行政村；五是各项文化信息资源共享服务工作开展顺利，共享工程系统运行良好。

【农家书屋全覆盖】 农家书屋建设工程覆盖全市所有行政村，全市建成农家书屋1205个，依托书屋开展的文化服务进一步深入推进。

【广播电视“户户通”工程建设】 2013年4月至8月，韶关市按照国家广电总局和省广电局的统一部署和要求，组织全市实施“户户通”广播电视工程建设。全市工程建设任务7711户，涉及43个乡镇，124个行政村，680个自然村。工程建设中，各级党委政府，各地文广新局、广播电视台等有关责任部门高度重视、组织落实。通过全市上下的共同艰苦努力，按时保质完成任务，使韶关市公共文化服务体系建设得到进一步完善，公共文化服务均等化水平得到进一步提升，让边远山区广大农民群众收听收看到57套电视节目、44套广播节目以及农科信息资讯等，使老百姓真正享受到更多更好的文化发展成果，深受当地干部群众的欢迎。

【农村电影放映工程】 组织实施韶关市2013年度农村电影放映工作。全市完成农村公益电影放映场次14436场，观众达近100万人次，全面实现“一村用一场电影”的目标。

【县镇数字影院全覆盖工程建设】 始兴县、乐昌市完成多厅数字影院建设任务，提升文化服务水平。始兴县数字影院投资1000多万元，拥有5个影厅、300多个座位。乐昌影城数字影院总投资1100万元，拥有4个影厅、400

多个座位。

【市、县、镇三级公共文化设施达标建设】 推进市、县、镇三级公共文化设施达标建设。2013年，围绕文化设施达标建设任务，各级文化部门通过采取抓点示范、检查督促、组织评估定级、争取上级资金扶持、实施考核等措施，推进市、县、镇三级公共文化设施达标建设。“三馆”达标率由2012年的44.8%上升到51.7%；完成35个乡镇文化站达标任务，达标率由2012年的39.6%上升到72%；为122个村文化室争取资金配备相关的文化设备。

【培训业余文艺骨干】 2013年，市文化广电新闻出版局推进社区文化建设，深入开展社区文化辅导培训工作，推动社区文艺活动的开展，为创建和谐社区，幸福韶关做出贡献。2013年，市文化广电新闻出版局在武江区红星社区、浈江区园前社区、韶冶社区等8个社区设立文化辅导点。根据不同社区的文化需求，派出专门的老师进行对口文化辅导。举办“韶关市文化馆2013年社区文化辅导培训”“2013社区文化骨干培训班”“2013社区文化骨干（排舞）培训班”等4期社区文化骨干培训班，开展非物质文化遗产的表演、排舞等项目的培训辅导，免费培训文艺骨干1500人次，是历年来培训社区文艺骨干人数最多的一年。通过在基层社区建立文化活动辅导点和开展排舞等项目的培训辅导，推动排舞等文艺活动的推广普及，进一步提高业余文化骨干的公共文化服务技能，为全市社区文化、广场文化活动的开展注入新的活力。

文化管理

【概况】 加大文化市场监管力度，推进“扫黄打非”专项行动的深入开展，组织开展教辅教材及印刷企业专项检查、“净网”行动等专项行动，集中销毁一批非法音像制品及盗版书刊，进一步规范文化市场经营秩序，净化社会文化环境。指导各地扎实做好广播电视安全播出工作，完成韶关市“元旦”“春节”“两会”“五一”“国庆”等重要安全播出保障期广播电视的安全播出。指导各县（市、区）开展县级政府机关正版软件安装工作，安装工作于6月底完成。

【春节期间文化经营场所消防安全检查】 为防患于未然，市文广新局于2013年春节前开展为期3天的文化经营场所治安、消防安全大检查。重点对歌舞娱乐场所、网吧等文化经营场所进行全面检查，及时消除治安、消防安全隐患，共检查歌舞娱乐场所21家，网吧32家，确保春节期间文化经营场所无重大治安案件和消防事故。

【集中整治销售非法出版物的游商地摊】 春节后至“两会”期间，市文化行政执法部门开展打击音像制品、书报刊游商地摊集中整治行动。采用暗访、拉网式检查、节假日突击巡查、联合执法等手段，对市区的音像及出版物经营场所，以及街边销售侵权盗版、淫秽书刊和音像制品的游商地摊进行集中清理。严查非法烫码、更换包装的非法音像制品，切断游商地摊的进货渠道。执法人员在开展集中整治过程中，针对一些游商摊档选择公休时间出摊设点，与执法人员“打游击，捉迷藏”的特点，利用下班时间及周六日，突击清查，有效地遏止非法经营行为。

【开展教辅教材及印刷企业专项检查】 2月18日至28日，对印刷复制企业及出物版经营单位开展为期一周的专项检查。重点是印刷企业是否按法律法规要求将印刷业经营的有关制度上墙、办理相关出版物的准印及备案手续，以及出版物经营场所是否存在违规经营教辅材料和经营非法教辅教材的行为。对一些涉嫌超范围经营的书店进行取证，并依法予以处理。专项检查期间，共出动执法人员81人次，检查印刷复制企业12家（次），学校周边教辅教材经营单位29家（次）。

【组织开展“净网”行动】 根据省“扫黄打非”工作小组办公室的通知精神，从3月中旬开始在全市范围内开展网络淫秽色情信息专项治理“净网”行动。一是会同公安、工商等有关部门对电脑软硬件集中销售市场进行全面排查，清理利用电脑、网络电视棒、网络存储器、手机存储卡等设备预装、复制、传播淫秽色情信息的电子产品销售商、维修店；二是对大型音像、图书批发零售店铺，以及人行天桥、车站广场等地方的游商地摊进行清理，查缴侵权盗版、淫秽色情书刊、光盘；三是安排专人对本地的网站、论坛进行定期浏览巡查，要求网站清理有害信息；四是加强对网吧的监管，要求各网吧经营场所加强网管日常巡查，及时纠正顾客通过网络发布、转发有害信息的行为。

【集中销毁非法音像制品及盗版书刊】 结合“4·26”知识产权保护宣传活动的开展，组织开展非法音像制品及盗版书刊集中销毁行动。市委常委、宣传部部长许红在销毁非法音像制品现场会上作重要讲话，动员广大市民积极参与保护知识产权、远离非法出版物。现场会上，市文广新局、市公安局、市工商局、市城管局等“扫黄打非”领导小组成员单位、出版物发行企业代表以及学生代表等200多人现场签名支持拒绝盗版活动。行动中，集中销毁文化、公安等部门收缴的2万余张违法音像制品和3万余本盗版书刊。

【参加全省文化行政执法大比武活动】 按照文化部、省文化厅开展文化行政执法大比武活动的通知精神和部署要求，由市文化市场综合执法大队3名执法人员以及从县区2名执法骨干组成的队伍加强法律法规、执法程序和规范的学习，积极备战全省文化行政执法大比武活动，于8月底参加省决赛，取得较好的成绩。

【全市文化市场综合执法人员法律法规班暨行政执法大比武活动】 8月中旬，组织开展全市文化市场综合执法人员法律法规班暨行政执法大比武活动，各县（市、区）文化行政执法力量组成的10支代表队及市执法大队共11支队伍参与了活动。培训比武活动包括业务知识考试、文化部新文书制作、互评执法案卷、专家点评案卷、文化行政执法规范学习等方面内容。比武培训活动过程中，各参赛队伍积极交流探讨，互相取长补短，市、县执法人员均获益良多，活动的开展取得良好的效果。

【开展歌舞娱乐场所联合检查】 中秋、国庆期间，会同市、区公安及工商部门开展歌舞娱乐场所联合检查行动，对市辖三区的歌舞娱乐场所进行重点检查，各部门依职权对歌舞娱乐场所的经营内容、治安、消防、禁毒等方面情况进行全面排查。联合执法行动中，文化执法人员发现部分经营场所存在未按规定悬挂经营许可证、曲库含违禁内容歌曲、包房无核定人数标示牌、包房门透明窗口过小过高、未设置未成年人禁入标识及“12318”文化市场投诉举报标识等问题。文化执法人员依法要求经营单位限期作出整改，并对整改情况进行复查。

【加强广播电视管理】 及时传达、贯彻国家广电总局、省广电局关于切实加强“元旦”“春节”“两会”等重要播出保障期间广播电视安全播出管理工作的一系列工作部署和要求，结合韶关市广电实际，组织、部署全市广播电视管理部门和播出机构的广播电视安全播出工作。通过全市上下共同努力，完成韶关市“元旦”“春节”“两会”“五一”“国庆”期间广播电视安全播出（传输）。

文学艺术创作

【概况】 2013年，韶关市推进文艺精品工程，一批优秀作品、节目脱颖而出，5件作品在广东省群众业余文艺作品评选中分获二、三获奖。舞蹈《鹤蚌舞》获“2013年全省非物质文化遗产传统舞蹈汇演”银奖。瑶族少儿舞蹈《太阳·瑶鼓》等4个节目分获广东省第九届少儿艺术花会铜奖。《琴剑知音》等3个节目分获“开心广场·百姓舞台”——第二届广东省粤曲私伙局大赛铜奖。

【5件作品在省群众业余文艺作品评选中获奖】 根据省文化厅公布的2012年度广东省群众文艺作品评选结果，韶关市共有5件作品获奖。为推动全省群众文艺创作的繁荣，省文化厅组织2012年度全省群众文艺作品评选，本次评选，分为小戏、小品、曲艺、音乐4类，全省共收到各市推荐的参评作品545件，经专家评审，共评出获奖作品212件，其中一等奖40件，二等奖65件，三等奖107件。韶关市选送的作品共获得二等奖2个，三等奖3个，其中，翁源县文化馆林红娟创作的小品《死去活来》、曲江区文化馆赖香添创作的表演唱《大榕树下的“众议院”》获二等奖，翁源县文化馆许全武创作的小戏《山乡春之曲》、曲江区文化馆赖香添创作的小戏《一波三折》和

南雄市纪委李光利创作的小品《送锦旗》获三等奖。

【舞蹈《鹤蚌舞》获“2013年全省非物质文化遗产传统舞蹈汇演”银奖】 为进一步加强非物质文化遗产的活态传承，调动地方的传统舞蹈类非物质文化遗产代表性传承人的积极性，2013年7月，广东省文化厅组织2013年全省非物质文化遗产传统舞蹈汇演活动，来自全省17个少儿组、20个成人组节目分获金银奖，韶关市推荐的翁源县周陂镇礤下村农民演出的传统舞蹈《鹤蚌舞》获得银奖。

【4个节目获广东省第九届少儿艺术花会铜奖】 2013年8月13日至17日，由广东省文化厅、省教育厅、省妇联、佛山市人民政府主办，南海区人民政府承办的广东省第九届少儿艺术花会开幕仪式暨南海专场比赛在南海影剧院举行。来自全省24支代表队的166节目，1800多名14周岁以下的少年儿童演员参加少儿舞蹈、幼儿舞蹈、音乐、语言艺术4个类别共10场比赛和展演。韶关市青少年宫选送的瑶族少儿舞蹈《太阳·瑶鼓》、韶关市机关第一幼儿园选送的幼儿舞蹈《我要飞》、翁源县文化馆选送的古筝独奏《丰收锣鼓》和二胡独奏《赛马》分别获得铜奖。

【3个节目获“开心广场·百姓舞台”——第二届广东省粤曲私伙局大赛铜奖】 2013年11月，由广东省委宣传部、广东省文化厅、广州市委宣传部、番禺区委、区政府联合主办的第二届广东省粤曲私伙局大赛总决赛在番禺区举行，此次广东省粤曲私伙局大赛总决赛是全省组织开展“开心广场·百姓舞台”——全省群众性文化系列活动之一，自9月开始以来，从68支队伍中择优选定48支队伍参加总决赛。韶关市推荐的《琴剑知音》等3个节目参加比赛并分别获得铜奖，韶关市文化广电新闻出版局荣获优秀组织奖。

【2012年度全市群众文艺作品评选】 2013年1月，2012年度全市群众文艺作品评选结果揭晓，共有35件作品分获一、二、三等奖。获奖的35件作品是经各县（市、区）初评之后选送市参评的。其中，韶关市文化馆吴达明的小戏《四婆婆》、翁源县林红娟的小品《死去活来》、曲江区赖香添的曲艺《大榕树下的“众议院”》和新丰县马志明的歌曲《弯弯的新丰江》等4件作品获一等奖。南雄市李光利的小品《送锦旗》等12件作品获二等奖。始兴县李正中、杨英的小戏《红围、红嫂》等19件作品获三等奖。全市群众文艺作品评选活动每年举办一次，其中的部分优秀作品还将选送参加全省群众文艺作品评选活动。多年来，通过举办评选活动，培养一批业余文艺作者，涌现出一批优秀的文艺作品。

文化遗产保护

【概况】 全面启动辖区内第一次全国可移动文物普查工作，完成风采楼外部修缮工程。各级博物馆不断提升展览服务水平，开展“国际博物馆日”宣传活动。乐昌渔鼓等3个项目入选广东省第五批省级非物质文化遗产名录。举办韶关市非物质文化遗产宣传展示活动。

【启动辖区内第一次全国可移动文物普查工作】 全面启动辖区内第一次全国可移动文物普查工作，成立领导小组和普查办公室并制订实施方案，举办市级普查培训班。市普查办统一印制并发放国有单位文物收藏情况调查登记表，组织开展普查调查表的填报工作。

【韶关市又添三处全国重点文物保护单位】 2013年5月，国务院核定公布第七批全国重点文物保护单位，共有1943处不可移动文物，另有47处项目与现有全国重点文物保护单位合并，其中韶关市有3处入选。入选项目分别是：南粤雄关与古道、长围村围屋和丹霞山摩崖石刻。南粤雄关与古道位于南雄市珠玑镇梅岭，古道始建于唐代，宋嘉祐年间梅岭立关，名“梅关”，现存梅关关楼建于明代万历年间。长围村围屋位于始兴县罗坝镇燎原村村民委员会长围自然村，始建于清咸丰五年（公元1855年），是客家典型的民居建筑。丹霞山摩崖石刻位于丹霞山风景名胜区长老峰片区，2008年11月经广东省人民政府公布为省级文物保护单位。

【文物工作表彰】 为表彰先进、树立典型，推动全省文物事业科学发展，省人力资源和社会保障厅、省文化厅联合表彰一批文物系统先进集体和先进工作者，25个单位荣获全省文物系统先进集体光荣称号，40名个人荣获全省文物系统先进个人光荣称号。其中，韶关市有1个单位，2名个人受到表彰。受表彰的单位和个人是：南雄市文化广电新闻出版局荣获全省文物系统先进集体光荣称号，曲江区文化广电新闻出版局副局长禤细贤、翁源县博物馆馆长罗胜奇荣获全省文物系统先进个人光荣称号。

【第四批市级非物质文化遗产名录公布】 2013年5月，市政府公布第四批市级非物质文化遗产代表性项目名录，韶关市又新增2项市级非物质文化遗产名录，乐昌市的传统曲艺《乐昌渔鼓》和浈江区的传统医药《传统中药丹参膏》两个项目入选。为建立健全韶关市非物质文化遗产名录体系，推动韶关市非物质文化遗产保护工作深入开展，从2013年3月开始，韶关市在全市范围内开展第四批市级非物质文化遗产名录的申报工作。经各地申报，专家评审委员会评审，社会公示和复审，确定进入第四批市非物质文化遗产名录项目共2项，乐昌渔鼓又称“道情”，源于唐代的九真、承天等道曲。在乐昌，则起源于乐昌民间圈地作场而演唱的灯彩歌舞——“踩矮台唱调子”，所唱的曲子名曰“渔鼓调”是从传统戏剧“乐昌花鼓戏”唱段里逐渐独立出来的曲艺形式。解放后，先后成立县专业剧团和80多个业余演出团队，乐昌渔鼓成为地方文艺团体和业余演出团队主要戏曲表演形式。近年来，文艺工作者和业余爱好者不断收集、整理、移植、改编和创作，丰富乐昌渔鼓曲目的表现内容，促进这一地方曲艺的发展。《传统中药丹参膏》最先源于清朝，清朝末年老中医吴正汉根据古医书籍中对丹参药用功效的记载，参照书中的药方煎汤，治愈当地乡村众多患有妇科疾病的患者，后在原只有丹参汤剂药方的基础上，又研究创新出流膏状的丹参膏（现称煎膏剂）。

【三个非遗项目入选非物质文化遗产名录】 2013年11月，广东省人民政府下发关于批准并公布广东省第五批省级非物质文化遗产名录的通知。此次新入选项目39项，扩展项目28项。韶关市有3个项目入选。市入选的3个项目分别是：南雄市民间文学“珠玑巷人南迁传说”、乐昌市曲艺“乐昌渔鼓”、乳源县民俗“乳源瑶族服饰”。

【韶关市非物质文化遗产宣传展示活动】 6月8日上午，由韶关市文化广电新闻出版局主办，市非物质文化遗产保护中心、市文化馆承办的“韶关市非物质文化遗产宣传展示活动”在市区中山公园文化广场举行。此次活动，以舞台演出、图文展示的方式为广大群众展示韶关市现有的国家级、省级及市级非物质文化遗产名录《拜盘王》《香火龙》《粤北采花戏》《舞春牛》《十点梅花》等项目。来自全市各地参加演出的演员近300人。通过这次展示活动，让参与演出的演员和观看演出的市民深入了解韶关市非物质文化遗产，感受到人人都是文化遗产主人的氛围。

【博物馆服务公众】 2013年，全市各级公共博物馆加大免费开放力度，充实完善馆内展览陈列和改善基础设施，不断提升各级博物馆展览服务水平。全市9个公共博物馆免费开放300多天，接待群众83.5万人次，其中青少年观众36万人次。

【市博物馆年接待观众】 韶关市博物馆现为国家二级博物馆、韶关市爱国主义教育基地，韶关市著名旅游景点，2013年全年市博物馆共举办各陈列展览合计12场次，共接待观众46万人次，免费讲解2200多场次，为市民鉴定文物1100件套，馆征集文物200多件，接收、整理、登录文物1000多件套。

【市博物馆举办展览】 2013年，市博物馆充分发挥爱国主义和历史文化宣传的作用。通过引进、联办、送展、自办等多种手段，与社会各界合作，积极创新，开阔思路，举办形式内容丰富多样的陈列展览，全年推出“城市的记忆”图片展、“韶阳楼书画展”“最美韶关行——名家字画精品展”“韶关老照片展”“物华天宝——玉器展”“丹霞山艺术风光摄影展”“蝴蝶标本展”“恐龙科普展览”“抗日战争胜利图片展”等临时展览12个，丰富市民的文化生活，推动韶关文博事业的对外交流和传播，受到广大观众的好评。

【国际博物馆日主题活动】 全市各级公共博物馆紧紧围绕“博物

馆（记忆 + 创造力）= 社会变革”的国际博物馆日主题，充分发挥爱国主义教育基地和科普教育基地的作用，举办丰富多彩的活动，其中市博物馆创造性地开展与小观众互动的平台，举办“我眼中的博物馆”为主题的少年儿童现场绘画活动，50 多名小朋友充分发挥自己丰富的想象力和创造力描绘他们心目中的博物馆。活动得到学校和社会的欢迎及好评。

【2 家博物馆分别评定为国家二、三级博物馆】 根据国家文物局公布的第二批国家二、三级博物馆名单，韶关市有 2 家博物馆分别评定为国家二、三级博物馆。根据《全国博物馆评估办法》，国家文物局于 2012 年 12 月至 2013 年 4 月组织开展第二批国家二、三级博物馆评估定级工作。经过博物馆自评申报，省级博物馆评估委员会提出评定意见，全国博物馆评估委员会组织专家备案复核等程序，最终国家文物局评定 52 家博物馆为国家二级博物馆，144 家博物馆为国家三级博物馆，其中韶关市晋级的 2 家博物馆分别为：韶关市博物馆被评定为国家二级博物馆、南雄市博物馆被评定为国家三级博物馆。

图　书

【市图书馆进馆人数及书刊文献外借册次增加】 2013 年，市图书馆全年共接待读者 21.5 万人次。书刊文献外借册次 15.3 万册次。

【韶关市古籍保护工作会议暨古籍人员培训班】 10 月 19 日至 20 日，举办“韶关市古籍保护工作会议暨古籍人员培训班”，来自市直、县（市）图书馆、博物馆、档案馆以及高校、寺院等 33 个古籍工作单位，共 64 名学员参加了这次会议培训，本次培训收到了良好的效果。

【文化资源共享工程】 市图书馆继续加强我市地方旅游文化网上资源建设，在“丹霞山”“南华禅寺”两个专题数字资源网上，增加加工专题数据库数字资源近数百兆，另为推动韶关市古籍普查工作的网络平台化建设，9 月开通“粤北古籍网”，提供包括开展古籍普查工作的服务平台。支中心网上资源访问量近 5000 人次。全年共组织文化共享工程少儿影视活动 32 场次；开展文化共享视频讲座 12 场次，参加读者 3880 人次。

【专题图书阅读推介活动】 阅读是人类社会中的一种重要活动，图书馆作为为广大读者提供读物，提供读书的场所及形成读书的氛围的场所，是推动全民阅读的主要阵地。2013 年，市图书馆积极开展专题图书阅读推介活动，通过网站和宣传栏开展专题图书推介，开展“网络安全知多少”专题图书推介、“世界地球日专题图书推介”、“4·23”世界读书日：阅读·悦读（新书上架）”、“图书馆服务周：绘本图书专柜、邓小平生平等专题图书推介”、“中国梦”专题图书、韶关市教育基金会赠送梁羽生作品等 12 个专题图书推介，共宣传图书 1300 多册次，为读者提供更多的阅读盛宴，受到读者欢迎，形成良好的阅读氛围。

【信息刊物《决策参考》】《决策参考》是以“开发信息资源，服务社会经济”为宗旨，对馆藏报刊信息源进行有重点的深层次开发，由市图书馆信息部编辑的以宏观经济政治信息为主的一份信息刊物，为各级领导和决策机关提供高质量、高水平的信息服务。2013 年，共完成 12 期的编撰任务，刊物采集信息量超过 56 万字。

【公益文化展览活动】 2013 年，市图书馆开展多场公益文化展览活动，有“‘神奇丹霞 美丽仁化’——谢锦树丹霞山风光摄影作品展”“岭南民俗摄影大赛作品展”“聂馥和边关万里行采风画展”“黄创坤银杏风光油画展”等，展览丰富了图书馆的服务内涵，发挥图书馆公共文化设施的作用。

【2013 年度图书馆服务宣传周活动】 2013 年 5 月 27 日至 6 月 2 日，为积极开展全民阅读活动，进一步深化公共图书馆免费开放工作，市图书馆根据《全国“知识工程”领导小组办公室关于在全国开展 2013 年度图书馆服务宣传周活动的通知》精神，结合“书香中国—阅读引领未来”主题活动，开展“2013 年度图书馆服务宣传周”活动，活动内容包括：利用共享工程开展“观看优秀视频，共享知识快乐”活动、开展“粤读越精彩”活动和“让书回家”过期还书刊免收滞纳金

等活动。整个宣传周活动期间，开展读者活动7场次，接待读者800多人次。

【市图书馆在军营和社区建立图书流动分馆和流动点】 为纪念“4·23”世界读书日，市图书馆分别在武警韶关市支队流动分馆、碧桂园社区流动服务点和花城海邻社工站流动服务点。新建立的3个图书流动服务点，分别由市图书馆提供800—2000册图书，并根据阅读需求，不定期更换图书。流动分馆和流动服务点的建立，进一步延伸公共图书馆公益文化服务的渠道，使公共文化资源惠及广大市民。韶关市图书馆已经在学校、部队、工业园区等建立近20家流动分馆和流动服务点。

【韶关9家公共图书馆达到三级以上图书馆标准】 根据文化部公布的第五次公共图书馆评估定级上等级图书馆名单。韶关市共有9家图书馆达到三级以上图书馆标准。其中，韶关市图书馆、曲江区图书馆、乳源县图书馆、乐昌市图书馆、南雄市图书馆被命名为国家二级公共图书馆。始兴县图书馆、仁化县图书馆、翁源县图书馆、新丰县图书馆被命名为国家三级公共图书馆。全国的图书馆评估定级工作每4年进行一次，依据第五次公共图书馆评估标准和定级必备条件，经审查和公示，确定全国2230个图书馆达到三级以上图书馆标准。近年来，全市各级公共图书馆不断创新发展思路，以“读者第一，服务至上”为基本宗旨，夯实基础，不断改善服务环境和服务质量，提升服务能力和水平，取得明显成效。

群众文化活动

【概况】 各级文化部门充分发挥现有文化阵地的作用，通过实施免费开放，开展丰富多彩的群众性文化活动，着力推进以社会公德、职业道德、家庭美德、个人品德、诚实守信为主要内容的公民道德建设工程。会同有关部门组织策划2013年新年音乐会、2013年韶关首届婚庆文化产业博览会、“我们的节日——欢庆春节”文化活动、市党政军民迎春联欢晚会、韶关市道德讲堂总堂文化系统专题讲堂、韶关市第十一个“公民道德宣传日”宣传教育暨“我们的节目”文艺演出活动等一系列文化活动，丰富群众文化生活。做好世界张氏总会第六届恳亲大会相关筹备工作。完成张九龄家族墓地附属工程建设任务。“韶关欢迎您”和“世张之夜”两台晚会演出圆满成功。配合市政府做好纪念六祖惠能圆寂1300周年暨2013年广东禅宗六祖文化节（韶关）活动相关筹备工作，为活动的顺利举行做出贡献。

【2013年韶关首届婚庆文化产业博览会】 2013年元旦期间，由市委宣传部、市文明办联合主办，市民政局和市文化广电新闻出版局协办的“2013年韶关首届婚庆文化产业博览会”在中山公园文化广场举行，活动时间从2012年12月31日至2013年1月4日，5天时间共举办5台以瑶族婚庆服饰为主要展示内容，兼顾其他文艺节目的文艺展演，近百名企业员工、社区业余文艺志愿者参加表演，吸引5万多人观看。

【新年文化活动】 2013年1月1日晚，建行之夜韶关新年音乐会在韶关剧院举行，欧洲著名乐团施特劳斯圆舞曲交响乐团为韶城观众献上一场音乐视听盛宴。2013年春节期间，在中山公园文化广场举办以“我们的节日——欢度春节”为主题的春节系列文化活动，活动形式多样化。活动内容包括：“我们的节日——欢度春节”文化广场演出、广场趣味游园、迎新春贺新年有奖猜谜、迎新春·贺新年电影放映等活动。活动丰富市民节日文化生活，为节日增添欢乐、祥和的气氛。

【韶关市2013年党政军民迎春联欢晚会】 2013年2月4日，逐梦2013”韶关市2013年党政军民迎春联欢晚会举行，郑振涛、李飞、陈向新等市四套班子领导，与韶关市军民各界及网友代表一同到场观看演出。晚会由序、美丽礼赞、幸福颂歌、逐梦2013、尾声等五个篇章组成。整台晚会以欢乐喜庆、热烈祥和为基调，通过多元化的艺术表现手法，来展示在韶关这片热土上一派“政治稳定、经济发展、文化繁荣、社会和谐、幸福美丽”生机盎然蓬勃向上的繁荣景象，表达出韶关人民热爱生活、赞美幸福、憧憬富庶文明幸福新韶关的喜悦心情。

【韶关市道德讲堂总堂文化系统

专题讲堂】 2013年8月9日晚，“韶关市道德讲堂总堂文化系统专题讲堂”活动在市区中山公园文化广场举行。本次讲堂围绕“我为人人，人人为我”的主题，以创建文明城市为背景，以宣传市直属文化系统先进工作者和道德启蒙为内容，以艺术的形式把社会公德、职业道德、家庭美德、个人品德等道德理念表现出来。本次道德讲堂跟以往相比有以下特点：一是形式创新。道德讲堂不仅可以讲，还可以唱，可以演，可以跳，可以舞。一反枯燥的说教，采用人民群众容易接受的文艺形式，可以起到意想不到的效果。二是内容创新。借助丰富的艺术形式，把社会公德、职业道德、个人品德、爱国情操等内容包括进去，形成“我为人人，人人为我”的大主题，丰富讲堂内容，提高效率。三是场所创新。由封闭到开放，既可以吸引更多的市民参与，增加受众面，达到事半功倍的效果，同时，又把讲堂置于群众的监督之下，有利于与群众结合，有利于讲堂内容的丰富和改进。

【韶关市第十一个“公民道德宣传日”宣传教育暨“我们的节日”文艺演出活动】 国庆节前夕，举办“我们的节日”为主题的“韶关市第十一个‘公民道德宣传日’宣传教育暨‘我们的节日’文艺演出活动”演出活动，营造公民道德宣传日的浓厚氛围。

【瑶族“十月朝”节庆文化活动被评为全省群众性文化活动优秀品牌】 2013年4月，由省委宣传部、省文化厅和省文艺联合会联合举办的全省群众性文化活动优秀品牌和先进个人评选结果出炉，30个优秀品牌和46名先进个人获表彰，由乳源瑶族自治县委宣传部、乳源瑶族自治县文体旅游局牵头举办的瑶族“十月朝”节庆文化活动被广东省委宣传部、省文化厅、省文学艺术界联合会联合评为全省群众性文化活动优秀品牌。乳源瑶族“十月朝”节庆文化活动自2007年举办以来，先后推出瑶绣艺术节、群众文艺展演、瑶区农民运动会、瑶族长桌宴、瑶族山歌会、群众免费电影放映活动、旅游文化宣传推介活动、环南水湖自行车公开赛、穿越大峡谷、南岭登山节等一系列特色文化活动，成为富有地方文化特征和最具民族文化代表性的节庆群众文化活动品牌。

【乐昌市千人书画大赛获评省“特色文化品牌”】 2013年4月，广东省文化厅公布广东省“特色文化品牌”和“群文之星”评选结果，韶关市的1个群众文化活动项目获评省“特色文化品牌”称号，2名文艺工作者获得省“群文之星”称号。其中，乐昌市千人书画大赛获评省“特色文化品牌”称号，翁源县江尾镇文化站站长蓝俊才、韶关市文化馆副馆长李晓清获得省“群文之星”称号。乐昌千人书画大赛是乐昌市具有地方特色的一项文化活动，该项活动从1999年举办至今已有15年，主题多样，群众参与面广，社会效果好，已成为乐昌的传统文化活动项目。

【做好世界张氏总会第六届垦亲大会相关筹备工作】 完成张九龄家族墓地附属工程建设任务，新建门楼、碑廊、九龄馆、张氏源流馆和广场、停车场等配套设施。“韶关欢迎你”和“世张之夜”两台晚会演出成功，受到社会各界一致好评。

【配合市政府做好纪念六祖惠能圆寂1300周年暨2013年广东禅宗六祖文化节（韶关）活动相关筹备工作】 抽调人员参加组委会办公室工作。协调六祖慧能为题材的大型油画作品《心动》的创作，并如期在活动中展出。完成“慧海禅灯”大型书画展的讲解和对口接待任务，为活动的顺利举行做出贡献。

【2013年广东省优秀舞台艺术精品韶关巡演——《卖火柴的小女孩》】 9月6日晚，由市委宣传部、市文化广电新闻出版局和中国移动韶关分公司联合举办的2013年广东省优秀舞台艺术精品韶关巡演——《卖火柴的小女孩》在韶关剧院上演，吸引韶关市众多家长和小朋友观看。童话音乐剧《卖火柴的小女孩》取材于世界童话大师安徒生的童话著作，在灯光、背景音乐恰到好处的渲染下，将安徒生原著中那些感人的场景再现在舞台上，用音乐剧的形式表现这个脍炙人口的故事。

莞韶文化交流合作

【概况】 2013年，韶关市加大与东莞市的文化交流合作，两市文化部门建立友好合作关系，整项工作起步早、工作实、效果好。双方签订莞韶文化交流合作意向书。建立起工作联动、常态交流、信息通报等多个有效的工作机制。举办莞韶美术创作交流画展等文化交流合作活动，取得好的效果。

【签订莞韶文化交流合作意向书】 2013年8月，副市长兰茵率市文广新局及文艺界代表等一行到东莞市开展莞韶文化交流合作活动，韶关、东莞两地文化广电新闻出版局在东莞市签订莞韶文化交流合作意向书。双方在公共文化服务、文化遗产保护项目、文艺创作、文化人才交流、文化产业合作等方面商定一系列合作项目。

【东莞·韶关美术创作交流展】 2013年8月13日，由韶关市委宣传部、韶关市文化广电新闻出版局和东莞市文化广电新闻出版局主办，韶关书画院和岭南画院承办的“东莞·韶关美术创作交流展”在东莞岭南美术馆开幕。本次展览展出的60幅作品以国画、油画为主，是东莞、韶关两市美术家近年来所创作的艺术精品，是两市美术创作成果的集中体现。本次活动旨在利用两市的资源优势，搭建艺术交流平台。

【东莞市文广新局到韶关开展莞韶文化交流】 2013年11月19日，东莞市文广新局局长陈志伟率领局机关、直属单位和印刷业协会代表一行20余人，到韶关开展莞韶文化交流合作活动。韶关市文化广电新闻出版局和东莞市文化广电新闻出版局召开座谈会，就双方文化交流合作事宜进行进一步商讨。

【“韶关历代碑刻拓片展”在东莞市博物馆展出】 2013年12月，韶关市博物馆和东莞市博物馆共同举办的“韶关历代碑刻拓片展”在东莞市博物馆展出。展出韶关市博物馆馆藏的45幅碑刻拓片，内容涵括唐、宋、明、清及民国时期关于韶关的历史文化、经济、军事、名人史迹等。活动进一步加强两地文博资源共享合作，共同推进两地文化遗产保护与利用平台的建设。（张　健）

附：领导班子成员名单

党组书记、局长：何正平

党组副书记、副局长：

许永吉（—2013.12）

党组成员、副局长兼文化市场综合执法大队大队长：

刘　军（—2013.9）

党组成员、纪检组长：梁韶春

党组成员、副局长：黎阳升

党组成员、副局长：温军燕

党组成员、文化市场综合执法大队大队长：包其华（2013.11—）

广播影视

【概况】 韶关广播电视台内设有办公室、总编室、人事监察科、财务科、新闻中心、电视中心、广播中心等14个机构。韶关市广播电视周报及韶关民声网报网合一，整合媒体资源，传统媒体和新兴媒体融合发展。2013年，广播电视台新一届台党委班子团结带领全台干部职工，学习贯彻落实中共十八大精神和十八届三中全会精神，坚持“以学习助台、以创新兴台、以产业旺台、以能力办台、以廉正立台”发展思路，聚集发展正能量，着力推进现阶段改革，提升广电主流媒体的传播力、公信力、影响力，确保安全播出，完成全年的各项工作任务。2013年年初，电视台与市文广新局完成对南雄市油山镇延村村的帮扶工作，通过省、市的考核，被评为先进单位。从6月起，投入新一轮扶贫工作，对口帮扶翁源县周陂镇双青村。

【宣传服务地方事业】 2013年，电视台把学习宣传贯彻落实中共十八大精神作为重要的宣传工作，精心组织策划，在各自办新闻栏目开设《贯彻落实十八大精神》专栏，采写“继续助推我市旅游产业加快发展”“发展中医药事业，解决看病难问题”等260多篇报道，宣传韶关市各地各部门在学习贯彻中共十八大精神过程中解决实际问题的新成效、新进展。围绕韶关市“打造粤湘赣省际开放先行区，建设岭南门户城市”的新定位，电视台发挥在新闻宣传上的策划优势，在《科学发展加快发展》专栏中报道“百项工程兴韶关”建设进展情况、广东省安排资金改造韶关机场、韶关港口规划改造、广东制造业基地建设等核心内容，采写《建设岭南门户城市》《韶关如何走城镇化发展道路》等深度报道30多篇。围绕“中国梦·我的梦”的主题，电视台采访报道各行各业领军人物、领军团队和基层一线“筑梦人”“追梦人”的先进事迹和可贵精神。

【合力举办全市性大型主题活动】 电视台以新媒体民声网为平台，整合广播、电视、周报等传统媒体的内容优势、人才优势、品牌优势，与韶关市多个部门联动，举办韶关首届潮流文化周暨百年东街潮流文化展、2013年韶关市“3·15”国际消费者权益日宣传纪念活动暨2013年“3·15”诚信产品和诚信企业（韶关）博览会、韶关供电杯“妈妈，我爱您”第二届母亲节有奖征文大赛颁奖典礼等10多场全市性大型主题活动，宣传推介韶关，提高电视台的传播力、影响力和公信力。

【信息供稿及作品受表扬】 2013年，中央台、省电台、广东电视台、南方电视台采用韶关市广播电视台稿件数量继续保持全省市级台前列；《丹丹日记》《阳光巧家园》等广播电视作品获省级以上奖励，广播中心少儿节目《蒲公英》获2012年度广东省广播电视十佳优秀栏目奖。电视中心《民生关注》栏目从全国数百个民生新闻栏目中脱颖而出，荣获由中国电视艺术委员会颁发的“2012年度城市台电视民生栏目品牌20强”大奖。

【改革工作取得成效】 近年，电视台遭遇国家政策调整、广电网络划出、广告严管的困境，广电事业面临挑战。2013年7月起，新一届台领导班子高度重视，应对当前困境。11月19日，电视台在电视中心演播大厅召开改革动员大会，举全台之力落实现阶段各项改革，以具体行动贯彻落实中共十八届三中全会精神。电视台整合广播电视的新闻资源、人力资源，组建新闻中心。联合浈江区委办、武江区委办的推出新栏目《浈武聚焦》正式开播，成为电视台落实各改革后的第一个新办栏目。

【采编播设备改造】 为配合新闻中心组建和频道制改革，电视台投入100多万元更新摄像机、非编设备、非编制作网、新闻素材传输网、高清转播车等采编播的设施设备，进一步提高韶关市广播电视台广播电视制播质量和传播覆盖效果，夯实广电事业基础。

【实现安全播出】 电视台落实安全播出责任制，制定完善各项规章制度和应急预案，做好各项技术维护，组织开展应急预案演练和技能竞赛，通过省广电局组织的安全播出大检查。“8·15”洪灾，722台处置外电突然中断的险情，及时启动应急预案，在外电中断10多天情况下，确保安全播出工作。 （彭雯娟）

附：台领导班子成员名单

台　长：巫育明

副台长：胡韶贤　佟　虎

　　　　张维平

纪委书记：刘习专

韶关日报

【概况】《韶关日报》是中共韶关市委机关报，自1984年1月1日创刊以来，不断创新发展，始终坚持政治家办报原则，围绕中心，服务大局，关注民生，成为粤北地区最权威的综合性日报。韶关日报社现设编委办、新闻采访中心、新闻编辑中心、副刊中心、县区域新闻中心、新媒体发展中心等6个采编部门和办公室、财务部、监察室、发行部、经营部5个行政后勤和经营管理部门，有在职职工102人。按照构建现代传播体系的思路，韶关日报社已建成以《韶关日报》为主体，以《韶关日报·数字报》、《韶关日报·大周末》、《韶风》杂志和韶关新闻网、韶关文明网为拓展平台的多方位传播体系，并在市区打造100多个户外阅报栏，形成采编与经营“两分离”，优势互补，互相促进，共同发展的新格局。2013年，在日益激烈的市场竞争中实现报业逆势发展，经营收入比2012年增长30%，各项事业迈上新的台阶。报社还根据读者的阅读需求和意愿，加大《韶关日报·内部参考》的报道力度，升级《韶关日报·数字报》，丰富“韶关新闻网”的报道功能，增强韶关新闻网的辐射力和影响力。

【时政新闻报道服务党委政府】 始终把服务市委、市政府中心工作，促进全市经济社会发展作为办报立足点，围绕市委、市政府的战略部署，针对不同时期的工作重点开辟不同的栏目，不断强化新闻报道力度和影响力。先后策划“共同见证韶关30年非凡历程”“中国梦·韶关新发展”“推进工业化、城镇化进程”“禅宗六祖文化节”“世界张氏总会第六届恳亲大会”“巩卫创文”

等专题报道。时政版面格调高雅，报道规范，党报特色鲜明。

【社会新闻报道贴近民生】 坚持从民生的角度去挖掘，报道与百姓、民生密切相关的新闻事件，实现“本土化，民生化，精品化”的要求，重点报道生态环境、医疗卫生、入学就业、食品药品安全等热点问题。记者下基层，深入实际、深入生活、深入群众，倾听群众的呼声，反映群众的切身感受，运用群众鲜活的语言，写出一大批社会关注度较高的新闻报道，引起读者强烈反响。社会版民生问题报道及时，群众关注度高，晚报特色初步形成。

【经济新闻报道实现双赢】 着力透过宏观经济政策和国际、国内经济动态，挖掘与本地经济工作相关的新闻线索，实现宏观经济新闻微观化、财经新闻区域化、消费新闻民生化、企业新闻商机化。经济版有《家居》《汽车》《房产》《理财》《家电》《美食》等栏目。各栏目既有服务读者的经济资讯传播和专业知识介绍，也有服务商家的产品推介和广告宣传；既赢得广大读者的认同，也为商家扩大广告效应，同时还为商家与读者搭建一个交流的平台，受到各方的好评。经济版服务意识好，针对性强，商报味日益浓厚。

【文化报道突出地方特色】 着重对粤北历史、地方民俗、现代文明和群众休闲娱乐的报道。《周末》设有《粤北文化》《丹霞》《读书》、《视觉艺术》等版面。副刊版厚重而清丽，乡土味浓郁，地方特色明显。

【广告经营增效益】 按照中央政策和上级有关要求，实现采编与经营“两分开”。2013 年，韶关日报社通过“市场化、专业化”的形式，借用“外脑”“外力”“外资”，实现经营机制转换和经营工作的新飞跃，取得良好的经济效益。

【报纸发行稳增长】 推广“私订公助、集订分送”的订报模式，继续推动《韶关日报》上售报亭，进酒店客房，进医院病房，进农村进农户的工作，使《韶关日报》全年日均发行量基本稳定在 5 万份左右。 （姚彦珊）

附：领导班子成员名单

社长、总编辑：刘炎生

副社长：周国庆　李宇强

　　　　张　波

副总编辑：赖玉平　曾明娟

　　　　　李仲超

档　案

【概况】 韶关市档案局与市档案馆实行局馆合一体制，一套人马两块牌子，于 1983 年 6 月由原韶关地区档案处（馆）和原韶关市档案处（馆）合并而成。1997 年 8 月，韶关市档案局（馆）由市委工作系统划归市人民政府工作系统，隶属于市人民政府领导和管理，是韶关市政府直属正处级事业单位。市档案局主要履行档案行政管理职能，市档案馆是韶关市综合性国家档案馆，集中统一管理全市档案的文化事业机构，是永久保管韶关市有关政治、经济、文化、科技等档案的重要基地，是全市经济建设、文化建设和科学研究等各方面工作利用档案资料的中心。韶关市档案局（馆）内设机构 6 个，即办公室、监督指导科、技术培训科、编辑出版科、档案管理科、政府信息公开查阅中心。现有在职在编人员 22 名，其中局（馆）长 1 名、副局（馆）长 3 名、副调研员 1 人、正科级干部 7 人、副科级干部 7 人。全市设有档案行政管理部门 11 个、国家综合档案馆 11 个、专门档案馆 1 个。

2013 年，全市各级档案部门贯彻落实中共十八大和十八届三中全会精神，围绕中心，服务大局，以档案事业科学发展为主题，以档案资源体系、档案利用体系和档案安全体系“三大体系”建设为主线，履行职责，开展工作，完成各项任务，为全市经济社会发展做出贡献。增强大局意识，档案服务经济社会发展能力明显提高；优化馆藏结构，档案资源建设有新进展；强化安全管理，档案安全保障能力明显增强；优化服务环境，档案开发利用工作上新水平。

【重要领导公务活动存档】 2013 年，韶关市档案局按照市委市政府的要求，做好中央和省级领导在韶考察工作时的声像档案收集整理工作，同时做好市主要领导重大公务活动的摄录、整理、归档工作，为档案资政服务提供便利，并获得好评。配合习仲勋百年诞辰纪念活动，收集档案资料和珍贵照片，编辑制作《习仲勋在韶关》的相册，存馆珍藏；收集李长春在韶关视察工作时的100多张珍贵照片，整理归档；收集中央政治局委员、省委书记胡春华莅临韶关调研等重要政务活动照片共3180多张。做好市委书记郑振涛重要公务活动的摄录、编辑、归档工作。全年参与市委领导重要公务活动150多批次，拍摄照片3640多张，整理归档24卷、1093张相片。

【重点项目档案】 按照国家、省档案局的部署要求，加强对全市重点建设项目档案的行政监管和技术咨询服务。对11个市重点项目进行档案检查91次，并对仁化县高坪水库安全加固工程项目档案、市区旧堤加固与排污管网结合第一阶段工程、市区武江左岸五里亭坍塌段加固及市防洪堤险段加固工程等4个市重大建设项目档案进行业务指导和专项验收。参与验收省重大建设项目仁化湾头水利枢纽项目的移民档案专项验收。

【新农村建设档案】 自2012年开展创建新农村建设档案工作以来，市档案局协助始兴县做好创建全国社会主义新农村建设档案工作示范县工作。2013年9月25日，经国家档案局组织专家组验收，始兴县各项指标达到国家标准和要求，成为全国新农村建设档案工作示范县，为全市农村档案工作的规范开展提供有益借鉴。在全市建立社会主义新农村工作示范镇14个、示范村（居）委会50个。始兴县以新农村档案为凭证，成功化解民事纠纷1000多宗。

【民生档案建设管理】 自开展“建立民生幸福档案 促进幸福广东建设”主题实践活动以来，市、县两级档案部门结合实际，围绕“建设幸福韶关”主题活动，全市民生档案工作有序推进。民生档案规范化工作开展收到成效，受到社会好评。一是加强对市“三旧”改造和棚户区改造项目档案的监督指导工作。二是加强社保、环保、食品药品安全、社会诚信等档案的业务指导和规范管理。三是参与全市水利普查档案的专项验收。四是按照国家和省民政、档案部门的要求，主动做好农村五保供养档案管理工作，出台《韶关市农村五保供养档案管理办法》。五是加强对民生档案利用的管理。乐昌市、南雄市利用林改档案化解一批林地权属纠纷。乳源县加强原始档案管理，让档案造假者无处遁形。仁化县在建立民忧、居民电子健康档案的同时，建立企忧档案和诚信档案。

【国有企业档案】 市属国有企业档案推进顺利。一是按照国家档案局10号令要求出台《关于加强市属国有企业档案工作的意见》，对市属国有企业和工业园区企业档案进行业务指导和规范管理。二是开展市属国有破产企业档案调查摸底。市档案局会同市国资委和市工贸资产经营公司，对全市266家破产企业25万多卷档案存放情况进行实地调研，向市政府写出专题报告，提出处置方案。三是做好馆存行政性总公司遗留档案的整理归档工作。全年共整理23家行政性总公司遗留档案3087卷，超额完成市政府下达的1000卷的档案整理任务。四是指导辖区内2个高新技术企业开展档案整理归档工作。

【依法治档】 加强依法治档工作。3月20日至21日，省档案局对韶关市档案行政执法情况进行专项检查，肯定韶关市在贯彻落实档案法、推进依法治档工作和档案事业科学发展等方面所做的工作及取得的成绩。5月，市档案局联合市保密局对乐昌市馆、南雄市馆、仁化县馆、浈江区馆、武江区馆进行档案保密执法检查，并将检查结果情况在全市进行通报。通过档案执法检查和档案保密检查，为依法治档工作奠定基础。乳源县档案局也对乡镇档案工作进行执法检查。

【档案馆舍建设】 2013年，档案馆舍建设取得新进展。市档案新馆已纳入市文化场馆建设范围，已完成奠基、立项工作。曲江区档案新馆、始兴县档案新馆已开馆使用。乐昌市档案馆扩建工程已批准立项，2014年可望动工。

【档案资源优化】 全市馆藏档案数量不断增多，馆藏结构优化，档案资源建设有新进展。2013年，全市新接收档案46788卷，20152件。接收光盘声像档案526盘、照片档案6557张，接收实物档案6783件。同时，市档案馆接收《人民日报》《中国档案报》《韶关日报》等报刊资料1000多份，整理入库资料560册。为加强馆藏档案规范化管理，建立较完整的馆藏档案台账，并对馆藏档案清点核对，完善库房指引。档案保密审查和开放鉴定从严把关。全年完成1300多卷馆藏档案的保密审查和开放鉴定，至今已向社会提供开放档案10万多件。

【档案安全保障】 2013年，全市各级档案部门加强对档案实体和馆库的安全管理。在馆库安全方面，遵守库房的各项规章制度，坚持“以防为主、防治结合”的原则，按照“十一防”要求，做好库房温湿度的测量、登记、调节与控制工作，确保库房达到恒温恒湿的要求。落实库房定期巡查和馆藏档案的翻检工作，发现问题及时解决。完善档案安全保管责任制，重大节假日前夕坚持领导现场巡查制度，注重库房的卫生和安全检查工作。及时做好库房修缮，确保档案实体和库房的安全。对本单位全体人员进行消防安全知识教育培训，完善消防应急预案和安全责任措施，确保消防安全工作落到实处，不出问题。在电子文件数据保密方面，加强对电子文件数据中心的管理。

【电子文件管理】 修订完善《关于进一步规范电子文件移交工作的通知》《关于加强网络信息公开的审批监管工作的通知》《韶关市档案局网络信息发布审核登记制度》《韶关市档案局网络信息公开呈批表》《电子文件数据中心数据上挂呈批表》《接收电子文件入库审核管理规定》《涉密电子文件保密管理规定》等规章制度，进一步规范电子文件及涉密文件的移交、接收登记工作。全年共接收非涉密电子文件4203份，累计已接收非涉密电子文件36361份。馆藏目录数据库快速推进。全年新录入档案条目数据10多万条，累计录入馆藏档案条目90多万条；完成馆藏重点全宗档案数字化扫描3万多页，累计完成档案数字化12万多页。做好对进馆条目数据的校对，确保目录跟档案实体一致。

【档案查阅利用】 全市各级档案部门注重优化服务环境，档案开发利用工作上新水平，档案查阅利用平台更加完善。市档案局修订《韶关市档案馆档案利用制度》《韶关市档案馆开放档案查阅利用办法》《韶关市档案馆未开放档案查阅利用办法》《韶关市档案馆图书资料借阅须知》，制定《韶关市档案局档案公开保密审查制度》，档案管理制度逐步得到健全和完善。利用馆藏档案资源，为机关、团体及人民群众提供查档利用服务。全年，市档案馆共接待来人查阅档案资料520人次，调阅档案资料906卷，复印1376张，接待来电、来函、网站查档200多人次。其中，接待境外来人查档11人，调阅档案11卷，为外籍人士复印出证80多页。开放中华人民共和国成立前档案5069卷，建国后档案19054卷，开放档案条目14万条。

【政府档案信息公开服务】 市档案馆信息网站经改版和维护后，馆藏档案电子目录中心更趋完善，档案利用服务环境更加优化。全市各级档案馆贯彻落实政府信息公开条例，做好政府信息和其他政务资料的接收、整理、保管、数字化处理及公开等工作，为公众及时了解相关政策、解决各种实际问题提供便利。按照行政许可的要求，主动做好档案相关工作，降低门槛，优化服务。市档案局政府信息公开查阅中心全年共接收60个单位，内容涉及财政预决算、“三公”经费和行政经费、保障性住房、食品安全、环境保护、招投标、生产安全事故、征地拆迁、价格和收费等9个方面的政府信息公开文件4500份，累计接收22371份政府信息公开文件，并全部录入电脑，挂上市政府信息网供公众查阅利用。及时向市政府信息公开领导小组提供市政府各部门移交已公开文件、信息的情况统计数据报表。全年提供调阅文件信息327件，接待咨询查阅文件信息76人次。政府信息公开平台网站全年在线查阅访问量6310人次，累计总访问量282084人次，得到社会的好评。

【档案编研】 2013年，全市档案局（馆）利用馆藏档案资料，分专题有计划地开展编研工作。市档案局（馆）编辑出版《韶关历届政府工作报告汇编（1954—2012）》，完成《市委书记郑振涛公务活动实录》的编辑出版任务；《韶关历代名人传》已进入排版审稿阶段、《韶关市档案利用事例选编》进入审稿阶段；完成《2013年韶关大事记》整理存档和2013年《韶关档案》杂志编辑、出版工作。乳源档案局（馆）编辑出版《乳源瑶族自治县历届政府工作报告汇编》。

【档案宣传】 全市档案行政管理部门坚持主动与电视台、报纸、杂志、网络等传媒联系，利用馆藏档案资料，推进档案文化建设，宣传韶关档案工作。全年在《中国档案报》《粤档信息》《广东档案》《韶关档案》《中国档案信息网》共发表文章157篇。《苏东坡与苏拱村的传说》入选由市委宣传部主编的《韶文化漫谈》一书。《仁化县企忧档案为企业排忧解难》《“粤北红豆”耀兰台》等文章刊登在《中国档案报》重要版面上。各级档案部门以“6·9”国际档案日宣传活动为契机，加大宣传力度，开展“我的档案情结”征文活动和档案普法宣传活动。通过档案宣传，扩大档案工作的覆盖面，增强社会档案意识，提高档案部门的知名度和影响力。曲江区以新闻摄影图片展、馆藏档案照片展览长廊、现场派发档案宣传手册等方式，开展“国际档案日”宣传活动。（黄　政）

附：领导班子成员名单

局（馆）长：卢中强

副局（馆）长：张福志　申爱平

黄　平

党史·地方志

【概况】 韶关市史志办公室是2001年4月，在市机关机构改革中由市委党史研究室和市政府地方志编纂委员会办公室两个正处级单位合并而成，为市委参照公务员法管理的直属事业单位，负责中共韶关地方史的研究，组织编写、出版和开发利用党的地方史；依法行使地方志综合志书和综合年鉴的组织编纂、管理、开发利用工作。定编14人，其中领导职数3人，非领导职数1人，正副科级8人，科员和工勤各1人；内设4个科，分别为综合科、党史科、方志科、年鉴科。

2013年，市史志办以中共十八大和十八届三中全会精神为指导，围绕市委、市政府的中心工作，按照年度工作计划，开展史志工作，全面完成党史、方志、年鉴等工作任务，各项工作取得新的成绩。

【做好市县两级中共历史第二卷的收尾工作】 继续做好曲江、新丰、翁源、乳源等县的中共地方历史二卷终审稿的审核工作，完成对新丰、乳源中共地方历史二卷二次稿的修改和审核工作。《中共南雄市历史》第二卷已完成第一轮的编写，正加紧修改完善。

【完成中共历史专项督查调研】 9月初，按照中史办发〔2013〕33号《关于开展对各省区市党史工作进行专项督查调研的通知》的精神，下发《关于开展对我市党史工作进行专项督查调研的通知》，在全市范围内进行一次全面的党史工作调研。按照中央的通知精神和要求，市、县（市、区）对本级的党史工作进行逐一对照检查，在自查和分析的基础上形成书面材料，等待中央和省的检查。

【部署《改革开放实录》课题研究的编写】 为客观记述中共十一届三中全会以来各系统、各行业改革开放的重大事件和重大成就，科学总结历史经验，为党委和政府决策提供参考，同时，也为《中国共产党韶关历史（第三卷）》做好资料准备，9月中旬，按照省委党史研究室《关于开展〈改革开放实录〉课题研究编写工作的通知》要求，部署全市《改革开放实录》课题研究的编写工作。10月，乐昌、始兴等县（市）已上报第一批专题题目。

【做好省党史教育基地的推荐工作】 为进一步加强中共党史教育基地建设，更好的发挥党史资政育人作用，按照省委党史研究室的评选要求，经过市、县（市、区）两级的筛选，推荐曲江区博物馆、中国工农红军长征经过乐昌纪念地、仁化董劝书院、南雄市博物馆4个中共党史教育点参与评选省委党史研究室承办的广东省党史教育基地。

【做好地方志资源开发利用项目的选报】 2013年4月，广东省人民政府地方志办公室印发《广东省地方志资源开发利用项目管理办法（试行）》的通知，开展地方志资源开发利用项目的申报工作。经过市、县（市、区）两级的调查研究，并反复论证，确定仁化县董劝书院、《张九龄志》、朱德部队（犁市当铺）旧址、仁化地情室等12个项目为韶关市2013年地方志资源开发利用推荐项目，上报省地方志办审批。经省志地方办审定，批准仁化古塔古祠古堡、宣传开发曲江罗坑茶资源和南雄名胜古迹资源开发利用3个项目立项。

【启动全市地方志资料年报工作】 2007年，广东省地方志资料年报制度被列入省政府规章《广东省地方志工作规定》，2012年12月，省政府印发《广东省地方志资料年报制度》（以下简称《年报制度》），2013年4月，省地方志办印发《广东省地方志资料年报制度实施办法》（以下简称《实施办法》）。按照省的要求，5月15日，韶关市政府办印发《关于印发韶关市地方志资料年报工作实施方案的通知》，正式启动韶关市的地方志资料年报工作。6月25日，举办市直机关单位地方志资料年报编辑人员培训班。年内，对已上报的年报资料审查，并按照档案管理要求进行整理、装订，归档、上架。

【编纂出版《韶关年鉴（2013）》】《韶关年鉴·2013》于2013年10月由方志出版社出版发行，全书共计990千字，32个类目、234个分目和1763个条目。《韶关年鉴（2013）》是由中共韶关市委领导、市人民政府主持、市史志办公室组织实施、各承编单位共同参与编纂的综合年鉴，为全市资料性文献，收集2012年韶关辖区各项事业发展的基本资料。《韶关年鉴（2013）》分彩页和正文两大部分，彩页主要反映2012年内全市政务活动、行业成就、城乡新貌；正文内容由特载、大事记、行业专文、县（市、区）概况、人物、社会经济统计资料、附录、索引等组成。

【编辑出版《韶关地情手册》】由市史志办编辑的《韶关地情手册》于5月出版发行，全书180千字。该书概要记述韶关市地理·建置、宗教·语言、自然环境、资源、自然灾害、经济发展、主要学校、主要医院、旅游景点·酒店·旅行社·商场、主要名人、重要历史事件、交通、乡镇墟日、主要土特产等基本情况。该书内容丰富，资料简明翔实，是一本综合性的地情资料读本，此手册为各级领导、机关、企事业单位和社会各界人士了解韶关提供较丰富的地情资讯。同时也为韶关区内各宾馆、酒店、流放景点、旅行社等服务行业提供综合性的服务指南。

【《韶关革命人物》出版发行】由市史志办编辑的《韶关革命人物》于12月由花城出版社出版发行，全书共520千字。该书以对韶关革命事业做出重要贡献并具有较大影响的人物为收录标准，收录辛亥革命至2005年期间牺牲或病故的各类革命人物285人，人物照片56幅。该书的出版发行，为广大读者继承革命先烈遗志，学习和传承革命先烈精神提供教材。

【地情网站逐步完善】 2013年，韶关市本级地情网新上传《韶关年鉴·（2013）》等内容，更新上传时政要闻。指导始兴、乳源、曲江等县（市、区）地情网站的建设。各县（市、区）网站也逐步完善。翁源、乐昌、武江等地情网站建设有较大的发展，各栏目设置科学合理，首页展示图文并茂，页面编排合理，年鉴、地方志书及时、完整地上传，乐昌市、新丰县、翁源县、武江区、仁化县地情网站与当地政务网站链接，增加社会知晓度、社会影响面，扩大宣传范围，增强网站服务社会的功能。

（殷南光　朱彩云）

附：领导班子成员名单

主　任：丁伟志

副主任：殷南光　杨维国

卫生·体育

卫生管理

【概况】 2013年11月，韶关市启动卫生计生机构改革。市政府印发《关于市县卫生和计生部门职能转变及机构改革的实施方案》。12月9日，市委、市政府召开市卫生、计生机构改革动员大会，宣布成立市委卫计工委和市卫生和计划生育局（以下简称卫计局）。新成立的韶关市卫生和计划生育局内设15个科室，分别是办公室、医政科、基层指导科、妇幼健康服务科、政策法规科（市医改办）、中医科、监察室（人事科）、科技宣教科、规划财务科、信息统计与考核评价科、计划生育家庭发展科、干部健康服务科、疾病控制科、综合监督科、流动人口服务管理科。市医改办从市发改局移交至卫计局。合并后机构运行基本良好，各项工作开展有条不紊。

2013年，韶关市有医疗卫生机构657家，其中医院61家，卫生院103家，门诊部22家。固定资产28.20亿元，业务用房面积120.89万平方米。医疗机构床位数14730张，比上年增加1220张，增长9.03%，每千常住人口拥有病床5.13张。卫生人员总数20603人，比上年增长5.24%，其中卫生技术人员16835人，占人员总数的81.71%，比上年增长4.03%。中级以上职称人员4634人、大专以上学历人员10043人。执业（助理）医师6229人，注册护士6777人。每千常住人口卫技人员5.86人，执业（助理）医师2.17人，注册护士2.36人。2013年，韶关市拥有村卫生站1549个，其中村办1423个，占91.87%；私人办53个，占3.42%；乡镇卫生院下设65个，占4.19%；其他8个，占0.52%。村卫生站拥有执业（助理）医师254人，注册护士39人，乡村医生和卫生员1633人，其中乡村医生1542人。

【基层设施建设】 争取基础设施建设项目。2013年，共争取到中央、省支持项目22个。其中，21个覆盖农村应急救护、重大疾病防控、食品安全风险监控、儿童医疗服务，城乡医疗机构基础建设六大方面，已落实到位中央投资1940万元。争取省基层医疗卫生机构管理信息系统建设试点，落实投资2929.3万元。促进“百项工程兴韶关”项目建设。全市卫生系统百项工程预算总投资42630万元，其中中央投资5500万元，占预算总投资12.90%。本年度计划投资14143万元，实际投资完成年度计划投资100%。粤北人民医院门急诊医技综合楼已完工投入使用；铁路医院中华健康快车白内障治疗中心主体工程已完工并部分投入使用；市职业病防治院残疾人康复中心主体工程完工投入使用；4个县级医院业务大楼建设项目将相继完工投入使用。

【区域医疗服务中心建设】 区域医疗服务中心建设取得进展。完成建设粤北区域医疗服务中心规划编制工作，部分建设项目已经竣工。落实“百千万金凤引航工程·医疗卫生人才计划”，2013年引进高层次人才59名。推进重点学科和特色专科建设，已建成16个省级重点专科和省重点扶持专科。2013年，市科研立项219项（较上年增加55项），省立项9项。积极推进区域信息化平台建设，配合省厅推进基层医疗卫生机构管理信息系统建设任务，推进整合韶关市“12320”卫生热线服务平台，促进区域医疗服务信息现代化。

【突发公共卫生事件应对】 2013年全市的卫生应急工作主要是加强卫生应急组织体系建设，健全卫生应急机制，应对各类突发公共卫生事件，进一步提高卫生应急工作水平。2013年3月，及时调整韶关市突发公共卫生事件应急处置领导小组成员，下发《2013年韶关市卫生应急工作要点》，全面部署全市卫生应急管理工作，落实责任，明确工作要求。为加强全市疾控系统应对突发公共卫生事件的快速反应及处置能力，建立一支高素质的应急专业队伍，应对各类突发公共卫生事件，会同市疾控中心于10月举办一次突发食品安全事故应急演练。组织医疗卫生、疾病控制、卫生监督机构等相关人员186人参加省卫生厅举办的卫生应急网络培训。

做好对突发公共卫生事件的研判评估工作。每个季度书面报告《突发公共卫生事件隐患分析与防范对策》供市领导决策和部门工作参考。以突发急性传染病防控为重点，有效应对各类公共卫生突发事件。2013年1月和11月，分别下发关于做好今冬明春突发急性呼吸道传染病防控工作的通知，部署2013年春和2013年冬明春开展人禽流感、SARS、新型冠状病毒等突发急性呼吸道传染病与应急处置工作和防范措施。做好防控人感染H7N9禽流感疫情工作。2013年，全市无不明原因肺炎病例、无人感染H7N9禽流感监测病例、无人感染H7N9禽流感疑似和确诊报告病例。

【食品安全综合协调】 完成食品安全监管体制机制改革，协助市政府出台“三定”工程方案，将食品安全综合协调、生产和流通职责划转至食药监局。继续健全食品安全监管体系，先后出台食品安全专项资金分配方案、举报奖励办法、落实省食品安全指数实绩考核工作责任的实施意见、探索建立食品安全各监管环节“黑名单”管理制度的意见（试行）等重要文件。加大案件查办力度，组织全市开展食品领域“三打”、安全隐患排查、道德领域突出问题专项教育和治理活动及问题鱼翅、肉制品、乳制品等专项打击行动，并牵头做好全市镉大米、灾后食品安全应对工作，全年全市共查处食品安全案件数量660宗，涉及总货值金额126.4万元，移送公安1宗，逮捕2人。强化食品安全风险技术支持体系建设，依次完成调整专家名册、召开专家研讨会、开展应急演练、举办流行病学调查培训班、落实省市食品安全风险监测等工作。举办为期10日的食品安全宣传周活动，组织媒体对每日的主题宣传活动进行跟踪报道。组织各部门做好重大节日和活动的食品安全保障工作，2013年韶关市未发生重大食品安全事故。

【创文巩卫工作】 以创文为载体，不断巩固国家卫生城市创建成果，多次召开全系统的创文巩卫部署会议，通过组织内部督导检查，加大公共场所卫生管理、除四害、健康教育、吸烟劝导、诊疗秩序、路段保洁、环境卫生整治、食品安全、宣传氛围、资料建档、应急值班、道德讲堂、志愿者服务、文明引导、尚德修身等巩卫创文专项工作的督导力度，落实市政府的创文巩卫工作要求。举市卫监所全所之力按照“创文巩卫”的高标准，完成市辖区1236户公共场所、233间医疗机构、63间二次供水单位、103间学校、52间放射诊疗机构的人员培训、现场整改、监督抽检、资料整理归档上报、迎检组织工作。顺利通过国家卫生城市3年一次的复审。

【韶钢医院转地方管理】 7月30日市卫生局代表市政府与韶钢集团签订的韶钢医院移交协议，根据协议，卫生局联合市人社局、市编办完成对韶钢医院217名移交人员的移交资格核查工作，市编委下达《关于韶钢医院归我市管理后有关机构编制问题的批复》，10月31日韶关钢铁公司与韶钢医院职工解除劳动合同，11月1日起市第三人民医院（市韶钢医院）正式成立归韶关市管理，为卫生局直属副处级公益二类事业单位。

【中华健康快车进韶关活动】 按照在市委、市政府的指示，市卫生局制定下发6个配套方案，配套医院市铁路医院全院动员，制定《韶关市铁路医院“中华健康快车”工作实施方案和技术支持方案的通知》细化6个应急预案和12个工作流程，开设24小时服务热线，抽调42名医护人员组成10个工作小组。8月22日，中华健康快车开进韶关。截至项目结束，完成157个筛查点共3978人次的筛查任务，健康快车韶关站共转运病人2508例，上车手术1504例，配套医院市铁路医院完成手术702例，共为韶关市2206名贫困白内障患者免费实施复明手术，很多重见光明的白内障老人，把锦旗、感谢信送到健康快车、配套医院和当地卫生局和县政府，取得显著的社会效益。

医药卫生体制改革

【基本药物制度实施】 以市政府

办公室名义印发《韶关市村卫生站实施基本药物制度方案的通知》。各县村卫生站已完成前期药品清算盘点工作，大部分村卫生站已进入查漏补缺阶段。已有8个县（市、区）在全部村卫生室实施基本药物制度。制定市村卫生站一般诊疗费项目和标准。市物价、卫生、人社部门联合制定韶关市的村卫生站一般诊疗费项目和标准。对实施基本药物制度、且纳入城乡居民医保门诊统筹的村卫生站，收费统一为5元/次。

【基本公共卫生服务】 加强重点传染病的监测、预测和预警和处置工作，重点传染病得到有效控制。2013年1月至12月全市无甲类传染病报告，乙丙类传染病下降2.32%。没有发生人感染H7N9禽流感疫情。以乡镇为单位适龄儿童国家免疫规划疫苗接种率均达到95%以上，疫苗针对传染病控制在较低发病水平。2013年，重性精神疾病管理治疗网络覆盖率达到100%。截至9月30日24时，韶关市录入系统的重性精神病人数达17408人，患者检出率为6.16‰，检出率达到国家标准，并将病人纳入管理。韶关市35岁以上居民高血压、糖尿病管理率分别为72.10%、92.35%；规范管理率分别为82.41%、84.26%。全市建立居民健康档案247万多份，建档率82.11%，其中电子档案220万多份，电子建档率73.22%。

【妇女儿童保健】 完成2012年韶关市妇女儿童发展规划监测评估工作。对照《广东省妇女儿童发展规划（2011—2020年）》卫生指标，韶关市卫生主要指标达标率86.21%，总体情况完成较好。2013年8月，组织开展纪念世界母乳喂养周宣传咨询活动。全市组织免费义诊等宣传咨询活动近20场，发放宣传资料1万多张（册），参与活动的医护人员和群众2000多人次。农村孕产妇住院分娩率保持在95%以上。9月，举办一期广东省农村妇女增补叶酸预防神经管缺陷项目宣传教育培训，课程由广东省优生优育协会专家授课，明确全年叶酸补服工作任务和补服流程，并要求各地、各单位做好信息收集、录入工作。加强艾滋病母婴传播阻断项目实施情况，9月，举办一期韶关市出生医学证明管理信息系统暨艾滋病、梅毒和乙肝母婴传播项目信息直报系统等妇幼信息管理系统培训班，全市各级卫生行政部门和助产机构近200人参会。

【中医“治未病”健康工程】 加快农村中医工作建设步伐。乳源用3年的时间开展农村中医药先进县创建工作。2013年，翁源县申报全国中医药工作先进县。加强乡镇卫生院中医科建设，在卫生院全面铺开中医科建设工作，推广中医适宜技术。加强对村卫生站的中医药业务管理和指导，推进镇村一体化管理，培养能中会西的乡村医生。开展中医进社区活动。制定《韶关市社区卫生服务发展实施方案》，提出社区卫生服务中心要应用中医理论指导社区居民养生健、康复。

【公立医院改革试点工作】 指导乳源县完成各项改革基础工作，包括县级医院基本情况的调查摸底，《县级公立医院综合改革试点实施方案》的制定印发，试点的3家县级医院法人治理结构的建立，县级医院人员编制的确定，人事分配改革制度和财政补助办法的制定，医疗服务价格调整的测算等工作。医药价格调整方案、补偿机制方案、基药实施方案、编制方案也将在11月底前出台。按照省的要求，从12月1日开始全面启动试点工作。南雄市拟定《南雄市公立医院改革工作试点实施方案》，仁化、始兴明确公立医院改革单位，正在调研摸底。

【“三平”医疗惠民便民服务】 以乐昌试点为基础，在全市推广平价医院、平价诊室和平价药包。截至11月，全市建成1家“平价医院”，门诊优惠8万多人次、住院优惠5733人次，总计减免38万多元；开设平价诊室12个，优惠5万多人次，病人减少支出23万多元；10个县（市、区）已公示使用平价药包，32个政府办乡镇卫生院、社区卫生服务中心提供平价药包，已使用“平价药包”2198个。全市平价医疗服务总诊疗人次数8万多人次。

【镇村卫生服务一体化管理】 在全面完成省卫生厅要求的基本镇村一体化管理基础上，市积极探索相对紧密型镇村卫生服务一体化管理模式，并选定始兴县作为试点。7月，始兴制定《始兴县人民政府办公室关于推进镇村卫生服务一体化管理的实施意见》，通过“五统一两独立”及相关配套措施的落实，积极推进相对紧密型镇村卫生服务一体化管理试点工作。9月，始兴经验和做法全市推广。

【全市区域卫生信息化建设】 与韶关学院计算机科学院合作撰写的《区域卫生信息化规划》已上报市政府审定。2013年3月，卫计局争取到省卫生厅支持，将韶关市列入全省基层医疗卫生机构管理信息系统建设试点市之一。全市10个县市区共108个基层医疗卫生机构将由中央、省级财政安排专项资金2929.3万元，由省厅统一招标、统一软硬件、统一配发。市卫生局配合省卫生厅做好调研、测评等工作。正式开通“12320”卫生热线。

农村卫生工作

【新农合职能移交全面完成】 2013年1月中旬，新农合参合宣传发动工作结束，确认全市共有1961013名农民参合，各地参合率达到100%。2013年2月，按市政府相关要求，原卫生局顺利将新农合管理职能移交给市人力资源和社会保障局。2013年2月至3月，配合市审计局完成新农合基金管理使用审计工作，至此，新农合职能移交正式全面完成。

【完成基层医疗机构人员信息登记】 2013年3月，开展全市乡镇卫生院和乡村医生资料信息登记工作。乡村医生信息登记包含性别、年龄、学历等个人基本信息，同时包括村卫生站面积、房屋结构、诊疗人次等相关内容。统计和上报全市2012年乡镇卫生院和村卫生站名册，确定韶关市包括91个建制镇卫生院在内的113个乡镇卫生院名单和1561个村卫生站名单，为制定合理的卫生政策和决策提供依据。

【推进村卫生站法人代表变更】 根据韶关市实际情况，市卫计局于2013年3月初下发《关于变更村卫生站法定代表人的通知》，要求各县（市、区）结合镇村卫生服务一体化管理工作进程，适时调整村卫生站的举办形式，将个人举办的村卫生站法定代表人变更为乡村医生本人。80%的村卫生站法人代表完成变更。

【推进镇村卫生服务一体化管理】 在全面完成省卫生厅要求的基本镇村一体化管理基础上，韶关市探索相对紧密型镇村卫生服务一体化管理模式，并选定始兴县作为试点。5月，通过征求各县（市、区）卫生局和相关单位意见，拟定《韶关市村卫生站基本药物制度实施方案》，报市政府审核印发。10月，组织全县（市、区）卫生局分管领导进行参观学习。各项试点工作已完成。

【开展全市中心卫生院交叉检查】 为进一步加强乡镇卫生院建设，促进乡镇卫生院长远发展，发挥中心卫生院基本医疗保障和基本公共卫生服务能力，根据《广东省乡镇卫生院和村卫生站绩效考核实施意见》考核标准，2013年5月13日至18日，卫计局组织全市各中心卫生院院长开展为期一周的中心卫生院交叉检查。采取听汇报、现场查看等方式，对中心卫生院的综合管理、公共卫生服务、基本医疗服务、基本药物保障、群众满意度测评等方面工作进行综合检查。撰写《关于中心卫生院交叉检查情况报告》，对存在的问题，尤其是基层综改后阻碍卫生院发展的问题，进行综合分析，为促进地方基层医疗卫生机构综合改革，提升乡镇卫生院医疗服务和业务能力提供建议和对策。

【做好基层离岗赤脚医生和接生员困难生活补助】 为做好已离岗赤脚医生和接生员困难生活补助工作，经请示市政府同意，局联合市财政局、人力资源和社会保障局于2013年6月初正式印发《关于做好我市已离岗接生员和赤脚医生生活困难补助发放工作的通知》，全面开展已离岗赤脚医生和接生员困难生活补助审核认定工作。经各县（市、区）卫生局汇总、初步审核、公示和市卫生局局审核，初步确定3353名离岗接生员和赤脚医生符合条件，报省卫计委核定。

【加强农村医疗队伍建设】 为加强农村医疗队伍建设，局经过下基层调研、征求意见和开会讨论，拟定《韶关市关于进一步加强乡村医生队伍建设的实施方案》，并分别征求市财政局、人力资源和社会保障局、医改办、物价局和食品药品监督管理局的意见后，进一步修订完善方案报市政府。5月31日至8月3日，对全市50岁以下具有中专以上学历共830名的乡村医生，分4期进行培训，每期培训10天，委托韶关学院医学院承担教学任务。此次培训采取免费全脱产集中培训方式进行。培训内容主要包括基础临床知识、相关法律法规，急救常识等。

计划生育

【概况】 2013年，韶关市计划生育工作加强领导，推进改革创新，促进工作抓落实，全市人口计生工作总体水平呈稳步发展态势。2013年，全市户籍总人口3375921人，出生人口43362人，出生率为12.75‰，自然增长率为7.53‰，政策生育率为89.73%，其中一孩出生26282人，一孩率为60.61%；二孩出生15643人，二孩率为36.08%；政策外多孩出生760人，政策外多孩率为1.75%。比省下达的人口计划控制指标分别低3.15和1.97个千分点。完成省下达的计划任务目标。

【挂钩帮扶成效显著】 2013年，挂钩帮扶程序显著。市、县机关单位部门落实计划生育帮扶职责，加强对挂钩联系单位的督促检查，落实挂钩帮扶制度，全市挂钩帮扶单位投入252.42万元，支持挂点单位改善计划生育服务管理设施，使帮扶的乡镇（街道）计划生育服务和管理水平得到提升。2013年度，22个帮扶的乡镇（街道）均考核达标，乐昌市九峰镇成绩显著，受市政府通报表彰；南雄市坪田镇，乐昌市长来镇、沙坪镇，武江区龙归镇，新丰县丰城街道等5个乡镇（街道）进步较大，受市政府通报表扬，其中坪田镇、长来镇等2个镇从二类地区升为一类地区管理。

【优质服务工作落实】 “三查”率有新提高。实行计划生育随访制度，落实“查环、查孕、查病”工作，2013年度查环查孕率为71.27%，比2012年提高14.12个百分点。免费孕前优生健康项目，目标人群覆盖率达到100%。2013年，全市投入764万元，有27087人享受免费的孕前优生健康检查，根据广东省人口计生委办公室关于免费孕前优生项目临床检验室间质量评价结果的通报，韶关市检验质量评价合格率超过80%，完成省的目标任务。优质服务先进县创建工作有新进步，南雄市争创国家级计划生育优质服务单位，全市已有5个全国计划生育优质服务县（市、区）。

【综合治理工作有新成效】 建立流动人口计划生育“市内一盘棋”管理服务机制，全年开展流动人口计划生育服务管理专项活动，加强对外出对象长效措施落实和查环查孕工作的检查，查验流动人口计划生育证明36558人次，为22131人发放流动人口计划生育证明。同时，加强信息互通工作，提交国家、省平台通报信息10497条，接收查询信息16288条，反馈率达到99.94%。打击“两非”专项活动成效良好，相关部门紧密配合卫计部门开展严打“两非”行动，2013年，全市开展打击“两非”专项行动130次，已查处“两非”案件13宗，处理违法人员15人，2013年度全市出生人口性别比为104.84，同比上年下降12.88个百分点。加大社会抚养费征收力度，社会抚养费征收额达历年之最。

【依法行政】 做好社会抚养费征收的指导和督查工作。7月至8月，计划生育局与市财政局组成联合督查组，到各地督查社会抚养费的征、管、用情况并将问题通报全市。通过督查和通报，各地进一步重视社会抚养费征收工作。7月和10月，计划生育局2次召开依法行政工作培训班，参加培训的人员290多人次，进一步提高市人口计生干部的依法行政工作能力和水平。

【计划生育奖励】 做好农村部分计划生育家庭奖励、“节育奖”、计划生育家庭特别扶助和城镇独生子女父母计划生育奖励工作。2013年全市共有7485人领取80元/人·月的农村部分计划生育家庭奖励，兑现奖励金705万元；共有34748人领取50元/人·月的农村“节育奖”，兑现奖励金2076万元；共有710人领取120元或150元/人·月的计划生育家庭特别扶助金，兑现扶助金110万元；共有15478人领取80元/人·月或一次性的城镇独生子女父母计划生育奖励金，兑现奖励金1585.3万元。上述4项奖励，全市合计奖励58421人，2013年合计投入奖励金4476.3万元。同时，2013年还有2050人享受农村独生子女和纯二女结扎户子女初中毕业升学加分优惠，真正让实行计划生育的家庭得实惠。

【综合治理兼职单位人口计生】 2013年9月，计划生育局对照省人口计生兼职单位考核方案的有关指标对市兼职单位的考核内容进行调整，在征求各兼职单位的意见和经市主要领导审批后，下发兼职单位考核方案。方案下发后，及时举办市计生兼职单位联络员培训班进行培训和组织开展2013年的兼职单位考核工作。通过培训和考核，各级各部门不断完善和强化人口与计划生育“齐抓共管、综合治理”机制，市人口和计划生育综合治理工作力度得到进一步加强。

【解决计生矛盾纠纷】 受理群众的咨询、建议、举报、投诉等，信访渠道畅通，依法、及时解决群众诉求。2013年，市本级共受理群众各类信访744件，其中来信40件，来访192人次，电话访403人次，电子访（含网络问政）109件。全市人口计生系统2013年共受理各类信访6340件，其中来信295件，来访2637人次，电话访2827人次，电子访581件。及时处置各类矛盾和纠纷，全市全年没有发生影响恶劣的案件，信访维稳形势保持稳定。2013年，共有1宗行政处罚和3宗行政复议，分别均按要求严格执法和回复。

【人口计生信息化建设】 2013年，在地市级以上刊播人口计生宣传报道稿件450篇次，其中在党报《韶关日报》刊登人口计生方面的宣传稿件70多篇，编发人口计生和健康宣传相关版面45期；韶关人民广播电台播出人口计生新闻通讯类83条，开设人口计生宣传专栏22期；韶关电视台播放人口计生新闻宣传音像36条，开设人口计生宣传专栏目22期。计划生育局自2009年开设韶关市人口计生网站以来，刊登人口新闻100多篇，县（市、区）工作动态200多篇。该网站开设人口计生宣传栏目10多个，网民点击该网站人数目前已超过30万人次。

【计生专题宣传活动】 2013年，计划生育局组织开展大型人口计生专题宣传活动3次。3月6日，在市区中山公园，计划生育局与市妇联等10多个部门单位共同参加，联合开展“关爱妇孺幸福同行”暨纪念“三八”国际劳动妇女节集中宣传服务活动。5月29日，为庆祝中国计生协会成立33周年，计划生育局和市计生协会联合主办，浈江区计生协会协办，在市区森林公园门口，联合开展“5·29”会员活动日集中宣传服务活动，吸引1200多个市民前来参与。7月10日，由计划生育局和市计划生育协会主办，南雄市人口计生局协办，在南雄市乌迳镇开展“生育关怀·创建幸福家庭—防治寄生虫，促进健康行动”暨“7·11”世界人口日大型宣传服务活动。

【集中整治“两非”专项行动】 2013年8月至11月中旬，市各地开展集中整治“两非”专项行动。各级党政领导高度重视，有关部门支持，各地人口计生部门积极牵头，相关部门紧密配合；多次召开会议，研究部署任务，解决存在问题；采取有效措施，制发文件规定，建立运作机制；组织专案组和督查组，深入各地医疗卫生窗口，开展查案、督导双向行动，全市严打“两非”工作取得突破性进展。在市本级，局主动牵头，市公安局、市卫生局、市药监局参与，开展专项行动2次，直接查处“两非”案件2宗。2013年，各地以乡镇（街道）为主阵地，开展专项行动130次，查处孕情消失案例21宗，处理31人。对涉嫌“两非”立案14宗，已查处结案13宗，其中查处非法鉴定胎儿性别案件6宗，查处非法终止妊娠案件6宗，查处非法出售药物案件1宗。处理违法人员15人，其中处理执业医师12人（公办机构医师4人，民办机构医师8人），处理非法行医1人，处理组织介绍行为1人，处理非法出售药物1人。全市行政处罚13人，罚款138200元。

【举报“两非”有奖制度落实】 建立《韶关市集中整治“两非”专项行动工作日志》，有经常性工作备忘录。建立“举报两非重奖”制度以来，局两次分别印发3000多块广告牌到各医疗卫生窗口、村（居）民委员会等地张贴。印发《韶关市举报“两非”奖励办法》，重申“举报两非奖励1万元”规定。如，南雄市、始兴县等地，将举报“两非”每件奖励标准提高到2万元。9月至10月，卫计局印发《韶关市举报“两非”奖励办法》单张，在大型宣传活动上发放。计划生育局争取市财政专项经费5万元，在主流媒体《韶关日报》、韶关市广播中心、韶关市电视中心刊播《韶关市举报“两非”奖励办法》。全年登记举报“两非”嫌疑案件51件次，立案查处26件，核实并兑现奖励举报人7人，兑现奖励金额7万元。历年全市兑现奖励举报人20多人，兑现奖励金额20多万元，全部由县级财政负担。

【计生舆情监测与应对】 市、县两级建立人口计生舆情监测与应对机制，卫计局成立韶关市人口计生局舆情监测与应对机制工作领导小组，全市其配备舆情监测员有15人。建立人口计生新闻发言人制度。舆情监测与应对机制渐趋完善，全市举办舆情监测培训班11期次，实施每日舆情监测手段，并纳入年度考核，年内即时监测到翁源县和乳源县等地发生的人口计生舆情共8宗，及时处理8宗，办结率达100%。本局舆情监测与应对工作领导小组按部就班、对号入座，各科室通过相互配合，齐抓共管，对下悉心指导和监督，使全市各地实现“三无”，即无重大舆情事件发生，无遗留舆情案件存在，无全省通报的舆情案件名单。

（黄　琼）

附：领导班子成员名单

韶关市计生局领导班子名单位（—2013.12）：

党组书记、局长：邓阳秋

副书记、副局长：

何高期（—2013.8）

石卫芳（2013.08—）

副局长、纪检组长：

李高龙（—2013.8）

副局长：刘建军

韶关市卫生局领导班子名单（—2013.12）：

党组书记、局长：邓小杰

副书记、副局长：郭伟强

纪检书记：叶东生

副局长：朱立英　李四根

合并后卫计局工委书记、局长：

刘文程（2013.12—）

工委副书记、副局长：郭伟强

石卫芳

纪工委书记：叶东生

副局长：李高龙　刘建军

李四根

市属医疗机构简介

【粤北人民医院】 创建于1886年，是一间有着深厚历史底蕴的百年老院，是粤北地区规模最大、综合实力最强的三级甲等医院。医院占地90200平方米，建筑面积215548.9平方米。

医院是“国家全科医生临床培养基地”“卫生部电子病历试点医院”“卫生部脑卒中防治筛查基地”“国家药物临床试验机构”。先后荣获“全国百姓放心示范医院”“全国综合医院中医药工作示范单位”“全国药事管理优秀奖”“中国医院信息化先进单位”“医院信息化创新医疗服务模式十佳医院”等称号，并获得“全国改革创新医院”被省卫生厅评为“广东省群众满意的医疗卫生机构”“广东省联合培养研究生示范基地”“广东省优质护理服务示范医院”。2013年，医院获得全国敬老文明号”“全国模范职工之家”等荣誉称号，被省卫计委评为“广东省群众满意的医疗卫生机构”，被市委推荐为“广东省文明单位”。

2013年，全院在职职工2415人，其中专业技术人员1942人，占全院人员的80.4%。专业技术人员中主任医师等高级职称299人，主治医师等中级职称531人，初级职称1112人；博士研究生学历人员31名，硕士研究生学历人员230名。医院有博士研究生导师1名，硕士研究生导师10名，韶关市专业技术拔尖人才5名。

医院编制床位2300张，开放床位2500张。2013年，门诊病人970519人次，较上年850256人次增长14.1%，是近10年来门诊病人增长率最高的一年；出院病人86515人次，较2012年75442人次增长14.7%，出院人数占全市直属医疗机构总数的51.3%；手术量4.3万人次，较上年36693人次增长18.5%。医院规模与医疗业务量居全省山区医院领先、三甲医院前列。

医院综合实力及各专科诊疗技术在粤北地区居领先地位。2013年，新增设风湿免疫内科、疼痛科等2个二级专科，肾内科、消化内科、胸外科、烧伤整形科等4个专科被评为广东省临床重点专科，产科、新生儿科被评为广东省临床重点扶持专科，医院省级临床重点专科增至19个，占全院临床医技科室总数的42%，另拥有14个韶关市重点专科和特色专科，专科建设水平迈进省内同级医院先进前列，形成强大的规模与技术优势。

医院固定资产8.8亿元。2013年2月，投资3亿元的新门诊医技住院综合大楼全面投入使用，医院就诊服务环境焕然一新。医院信息化立足于“以病人为中心”，覆盖诊疗全过程，实现医疗流程信息化和决策管理信息化。96台自助服务机分布于各楼层，凭银联卡或医院就诊卡通过自助服务机可完成预约、发卡、挂号、缴费、验单打印等流程，服务更加方便快捷和流畅。2013年，投入2890万元购置医疗设备，医疗设备总值3.2亿元，整体配置水平省内先进，肿瘤诊治设备配置省内领先，是大粤北及红三角地区唯一拥有PET－CT的医院，是广东省第二家同时拥有“直加、中子刀、伽玛刀、PET－CT”的医院。

2013年，医院开展新技术新项目54项。共有109项科研获各级立项，资助金额达63.8万元。其中国家863计划课题子课题1项，资助经费30万元；全国临床医药研究专项基金1项，资助经费5万元；获广东省自然基金项目3项，广东省卫生厅和省中医药局立项4项；获广东省卫生经济学会科研课题1项、韶关市科技项目29项、市医药卫生科研立项69项、市哲学社会科学规划课题1项。全院共有15项科研成果获韶关市科学技术进步奖，获奖数量创近13年来新高，第20次遥居韶关市各行业各单位之首。全院发表论文271篇，其中SCI发表论文4篇。

医院是汕头大学医学院附属医院，汕头大学医学院博士后科研流动站，继汕头大学、广东医学院后，2013年又成为广州医科大学研究生培养基地。是中山大学、中南大学等9所大学教学医院，有兼职教授、副教授112人。完成各医学院校537人的临床带教任务，接纳27名实习硕士研究生来院实习和开展科研工作。作为国家全科医生培训基地，2013年通过省卫生计生委的评审认定，成为广东省第一批全科医生规范化培训基地。接受全市医生转岗培训20人，进修医生112人。

医院是韶关市政府指定的唯一的手足口病危重症救治定点医院。较好完成卫生部脑卒中筛查防治任务。参与各类大型活动医疗保障、义诊咨询及送医送药活动23次，对4个县（市、区）基层医院开展对口支援工作。做好创文巩卫和扶贫双到工作，被市委、市政府评为“韶关市扶贫工作先进单位”。（朱伟红）

附：领导班子成员名单

院长、党委副书记：徐　新

党委书记：梁光明

副院长：许红雁　贝抗胜

　　　　马绍椿　孟志华

纪委书记：高凌俊

【韶关市第一人民医院】 韶关市第一人民医院是一所集医疗、教学、科研、预防保健、指导基层等任务于一体的三级甲等综合医院。是广东医学院附属医院，广东省高等医学院校教学医院，广东医学院硕士研究生联合培养基地，广东医学院、南方医科大学等7所高等医学院校教学基地，第二军医大学长海医院骨科博士协作培养工作点，台北医学大学附属双和医院友好合作医院。医院内设机构68个，其中临床医技科室54个，职能科室14个。床位定编820张。

截至2013年年底，医院职工总人数为1371人，其中离退休职工324人，在职在编职工692人，聘用人员355人（其中卫生专技人员305人，行政工勤人员50人），返聘专家21人。卫技人员900人，其中正高职称36人，副高职称125人，中级职称258人，初级职称481人。市专业技术拔尖人才2人，享受国务院政府特殊津贴专家1人。

骨科、临床护理、呼吸内科、病理科是广东省重点专科；重症医学科、妇科是广东省重点扶持专科；普通外科、神经内科是韶关市重点专科；泌尿外科、神经外科、耳鼻喉科是医院的优势学科并列入市重点特色专科发展。

骨科专家、硕士、博士研究生导师李文锐，呼吸内科专家王小平等学科带头人，为医院培养一大批中青年技术骨干，医院具备良好的技术人才梯队结构。医院骨科、呼吸内科、神经内科、普通外科、神经外科、心胸外科、耳鼻喉科、妇产科、重症医学科、病理科等学科以及临床护理的技术水平及学术水平均处于全市领先地位。

2013年，医院应用新技术、开展新项目21项。其中，医疗新技术12项：氩氦刀冷冻消融治疗晚期肿瘤、人工肘关节置换术、产后大出血等疾病的介入治疗、无创产前诊断技术、无痛分娩、无痛胃肠镜检查、超声清创联合负压吸引治疗糖尿病足、等离子低温射频消融微创切除腺样体、床边血清β－羟丁酸快速检测在糖尿病急性酮症酸中毒救治中的应用、封闭式负压引流门诊治疗慢性难愈创面的应用、韶关糖尿病关怀公众微信平台的建立和应用、重复电刺激诊断重症肌无力；护理新技术6项：加压冷疗系统治疗骨、关节、软组织损伤，新生儿脐静脉置换，PICC穿刺置管，纽扣洞式穿刺法，难愈伤口VSD治疗，氩氦刀超冷冻治疗肿瘤病人的护理；病理新技术1项：免疫组化标准化应用。检验新技术2项：特殊荧光分析（时间分辨法）定量检测两对半、全血超敏CRP。

2013年，投入资金1311.85万元，购置万元以上医疗设备68台（其中5万以上设备38台套），万元以下医疗设备94台（件）。

2013年，接收10所院校6个专业共239名学生到院实习。完成广东医成人本科2013级护理班43人第一学期的教学任务，2014年新招收27人。有2名研究生到院进行毕业课题研究和临床实习；李文锐教授指导的1名硕士研究生学习期满，顺利通过论文答辩获得硕士学位。举办一期社区全科医师培训，共培训全科医师骨干20人；接收26名基层医院医技人员到院进修培训。2013年完成省级继续教育项目20项、市级继续教育项目15项、院内学术活动8项，分别授予Ⅰ类学分76.5分，Ⅱ类学分36分，共有20806人参加学习培训。

2013年，获得韶关市科技进步二等奖2项，三等奖7项。获市卫生局科研立项38项，市科技局科研立项15项，获得科研基金6万元。护理科研取得重要成果，“湿感应器预警内瘘穿刺针滑脱的临床应用研究”获得韶关市科技进步二等奖，并获得国家专利技术。

2013年，医务人员在全国各类核心期刊发表学术论文共116篇。

2013年，门诊诊疗总人数469872人次，同比增长11.64%；出院总人数30594人次，同比增长9.6%；业务总收入3.3亿元，同比增长9.31%。

2013年获得主要荣誉：邓国宝被评为“韶关市十大杰出青年”；刘永红荣获2013年韶关市劳动模范荣誉称号；邓玉婷被评为韶关市优秀团干；医院被市爱委会评为“卫生标兵、卫生先进单位”；麻醉科、骨科、急诊科党支部被市卫生局评为“五好示范基层党支部”。

医院青年志愿者服务队被评为市志愿服务先进集体。麻醉科团支部荣获市“五四”红旗团支部称号。（黄慧）

附：领导班子成员名单

院长、党委副书记：李文锐

党委书记：张建波

副院长：邱卫东　张莉玲

　　　　李文虎　王永东

纪委书记：毛彤灵

【韶关市铁路医院】 韶关市铁路医院位于浈江区南韶路8－1号，火车东站旁（火车东站往北400米），地处浈江河畔，医院占地面积2.2万平方米，是国家二级甲等综合医院、卫生局直属医院、韶关市“120”网络急救医院、长沙医学院临床实习医院、卫生部国际紧急救援中心网络医院、国家级爱婴医院，广铁集团医疗保险、韶关市城乡居民医疗保险、中国人寿保险、中国泰康人寿保险、中国平安保险定点医院。是省医学会理事单位、市医学会常务理事单位。2004年8月前隶属广州铁路集团公司羊城铁路总公司。

医院设备先进，拥有日立全身螺旋CT、美国通用DR、数字胃肠机、GE四维彩超、美国飞利普彩超、贝克曼全自动生化仪、中心监护系统、胶囊内镜、电子胃肠镜、电子阴道镜、腹腔镜、支气管镜、椎间盘镜、西德牙科高频铸造机、血液透析机、碎石机、呼吸机、高压氧等先进医疗仪器设备，其中胶囊内镜检查是国际先进消化道检查，DR为美国通用公司生产的新飞天—6000，是目前最先进、功能最全的数字影像产品。

医院综合实力雄厚，科室齐备，设有24个科室，编制床位260张，专科特色突出，消化内科、糖尿病专科为韶关市特色专科，已建立的卫生部健康快车白内障治疗中心为韶关市五大医疗中心之一，医院眼科列入韶关市“十二五”规划粤北区域医疗服务中心重点专科，胸外科、创伤科、骨科、泌尿外科、心血管内科、妇产科形成较强的规模优势，其中妇产科由于价格优、技术精、服务好、环境舒适多年来出生人数居粤北之首，在韶关享有较高声誉。

2013年，医院专科建设出现齐头并进的良好局面。眼科完成健康快车配套医院工作任务，在9月至11月3个月时间里，在全市各县、镇、乡设置眼科疾病筛查点45个，为4000多人做眼科疾病筛查，发放健康宣传小册子6000多份，共配合健康快车完成复明手术1504例。眼科还分别开展“一天一人重见光明”“哎呀呀韶关光明行”“广东狮子会韶关光明行”等活动，为市广大贫困白内障患者实施免费复明手术，收到较好的社会效益，受到政府、人民群众和慈善团体的称赞。产科安全分娩人数继续位居粤北前列；糖尿病专科坚持开设“糖尿病学校”和开展糖尿病防治社区工作，2013年被中华医学会糖尿病分会授予“中华医学会糖尿病学分会糖尿病教育管理认证单位”称号，在全国获此称号的99家医疗单位中，广东仅有7家，韶关市铁路医院是全国唯一获此殊荣的二级医院；口腔科合作开展的新技术《微种植钉支抗的临床应用研究》获韶关市科学技术进步三等奖，科室采用即拔即种、植骨术、上颌窦内提术3项高新技术完成植牙，获得好评。医院选派急诊科选手参加“中国太平杯”第二届广东省急救技能竞赛获得团体三等奖，医院急诊应急工作在市“120”应急救护指挥中心年度考评中连续4年蝉联第一；消化内科特色专科开展的胃镜下醋酸联合靛胭脂注射诊断早期胃癌检查术、内镜下各种治疗、胶囊内镜检查已达到韶关市领先水平，取得较好的经济效益及社会效益。

2013年，医院被中国人口福利基金会授予“爱心单位”荣誉称号；在“中国太平杯”第二届广东省急救技能竞赛中，医院获得团体三等奖；在全市院前急救工作评比中获得第一名，在韶关市卫生系统职工运动会上，获得团体总分第四名，其中9个单项比赛都获得较好名次；同时，医院还分别被评选为“人口与计划生育工作先进集体”和“韶关市五四红旗团支部”。（李毅玲）

附：领导班子成员名单

党委书记：姚广飞

院　　长：全　红

副 院 长：钟义春　钟　军　廖清华

【粤北第二人民医院】 粤北第二人民医院是一所集医、教、研为一体的非营利性以传染病防治为主要特色的综合医疗单位，是国家指定的地市级结核病控制中心，重点专科技术达省内先进水平。医院位于武江区沐溪大道13号，单位占地18.8万平方米，建筑面积3.6万平方米（其中医疗用房面积2.7万平方米）。医院编制病床412张，设有内科、内儿科、外科、感染科、肺科、呼吸内科、中医康复（痛症）科等7个住院科室，其中感染科（肝病专科）是韶关市医学重点专科，肺科（肺病专科）是韶关市医学特色专科。医院设有风度分院门诊、院部门诊、西河门诊、结防门诊等4个门诊部。医院目前开设诊疗科目主要有预防保健科／内科／外科；普通外科专业；神经外科专业；骨科专业；泌尿外科专业；胸外科专业／妇产科；妇科专业／妇女保健科／儿科／眼科／耳鼻咽喉科／口腔科／皮肤科；性传播疾病专业／传染科／结核病科／麻醉科／医学检验科／医学影像科；X线诊断专业；CT诊断专业；超声诊断专业；心电诊断专业；脑电及脑血流图诊断专业／中医科。

根据韶机编〔2013〕59号文件，市卫生局所属部分事业单位分类改革：整合粤北第二人民医院、韶关市结核病防治所（韶关市呼吸系统疾病防治院），组建粤北第二人民医院（韶关市结核病防治所），为公益二类事业单位，副处级。核定事业编制280名，其中院长1名、副院长4名。经费按财政补助二类拨付。

2013年，医院有职工581人，其中离退休职工162人。在职在编职工247人，聘用人员172人，卫技人员中正高职称6人，副高职称37人，中级职称76人，初级职称147人。

2013年医院购置设备主要有荧光定量PCR仪1台、网络动脉硬化检测装置1台、神经肌肉刺激治疗仪1台、DASH2500型心电监护仪1台、多功能治疗仪1台、熏蒸牵引床1台。完成配电房至院部门诊电缆工程、400千伏安变压器及安装工程、院部LED灯节能亮化工程。安装院部门诊三层电梯1台、肝科五匹空气能1台、肺科十匹空气能1台。

2013年，全市免费检查可疑肺结核9644人，发现活动性肺结核1531例，其中初治涂阳肺结核病人1036例，完成全年任务的102.07%。所有纳入登记的病人都得到免费治疗和督导管理，初、复治涂阳肺结核病人治愈率分别达到97.4%、85.42%，超过结防规划指标要求。

2013年，医院门诊诊疗123334人次，同比增加6975人次，增长率为6%。出院人数8325人次，同比增加952人次，增长率为12.29%。

2013年，医院被评为韶关市卫生标兵单位、韶关市结核病防

治规划工作先进单位，肺科省级“青年文明号”由省级二星级晋升为省级三星级。（彭裕强）

附：领导班子成员名单

党总支书记、院长：麦力强

副院长：周伟华　梁小文

李德昌　陈红玲

【粤北第三人民医院】 粤北第三人民医院位于乐昌市武江江畔，始建于1958年，是隶属于韶关市卫生局的精神卫生专科医院，负责全市精神疾病住院治疗、重性精神病管治、老年病和心身疾病康复治疗、心理障碍的心理咨询和心理治疗、法医精神病司法鉴定以及美沙酮维持治疗门诊等工作任务，是全市精神病社区防治网点的技术指导中心。医院定编床位400张，占地总面积3万平方米，建筑总面积3.35万平方米，业务用房面积2.11万平方米，是一所具有规模、专科设备完善，有一定技术力量，集医疗、防治、康复、科研、教学功能为一体的二级甲等精神专科医院。

2013年，医院在职人员216人，其中专技人员166人，含正高职称3人、副高职称20人、中级职称60人，医技人员占职工总人数的76%。2013年，医院入院病人同比增长7.5%；总住院床日同比增长10.9%；病床使用率为167%；门诊量同比增长13.5%。

2013年8月8日，市委、市政府、市卫生工委通过民主推荐、组织考察对医院领导班子进行届满任期考核，续聘邝乐平、杨炳金、梁军林、张程桢为新一届医院领导班子。11月，根据《中国共产党章程》和《中国共产党基层组织选举工作暂行条例》的规定，进行医院党总支委、党支部换届选举，选举产生以邝乐平为党总支书记，杨炳金为组织监察委员、梁军林为安全委员、张程桢任青妇委员、李俊华任宣传委员的医院第五届党总支委员会。11月，医院领导班子参照韶组通〔2009〕69号《关于采取“两推一评”方式选拔任用市直单位中层领导干部的暂行办法》文件精神，按照“因需设岗、因岗定人、择优聘任、优胜劣汰、竞争上岗”的原则，制定医院《粤北第三人民医院选拔聘用医院中层领导干部实施方案》，通过中层干部竞聘上岗，在职工队伍中营造了积极向上的氛围，建立能上能下的用人机制，进一步增强医院内部活力，优化了医院干部队伍结构，提高干部的管理能力和服务水平。

贯彻执行卫生部《重性精神疾病管理治疗工作规范》《国家重性精神疾病基本数据收集分析系统》《韶关市重性精神疾病防治项目实施方案》等文件精神，在各级地方政府的支持下，在社区精神卫生工作全覆盖的基础上（共设立的精防网点115个），不断提高网点建设质量，加强对各县（市、区）社区精神卫生工作的业务建设和技术指导。与市卫生局联合举办一期社区医生培训班，培训人次58人。定期组织专业技术人员，到各级精防网点进行检查督导，加强督促在管重性精神病人的管治、随访管理，现韶关市各县（市、区）录入系统的重性精神病人数达18020人，患者检出率为6.23‰，此检出率达到国家标准，在全省22个地市中排名第二。韶关市重性精神疾病管理工作的成绩突出，得到上级主管部门的肯定。（李俊华）

附：领导班子成员名单

院长、党总支副书记：邝乐平

党总支书记：邓顺古

副院长：杨炳金　梁军林

张程桢

【韶关市妇幼保健院】 韶关市妇幼保健院建于1952年，是集医疗、保健、科研、教学、全市妇幼保健工作指导于一体，技术力量雄厚，设备先进，全市最大的妇女儿童专科医院，是韶关市新生儿急救中心。医院在职职工469人，其中卫技人员占85%，正高职称9人，副高级职称60人，开放病床270张。医院分临床与保健两部分，临床部分设生殖医学中心、新生儿急救中心、遗传与产前诊断中心、新生儿疾病筛查中心、乳腺病防治中心、儿童脑康复科、妇科、产科、儿（内）科、五官科、检验科、病理科、功能科、放射科、麻醉科、药剂科等10多个科室，保健部分设儿童保健、妇女保健及体检中心等专科。2013年，全年业务总收入1.12亿元，同期相比增16.58%；药品收入占业务收入比仅为20.29%。

医院占地面积5228平方米，建筑面积22700平方米，业务用房16566平方米，其中租用业务用房有2200平方米。全院开放床位350张，整体布局合理。医院设备先进，现有固定资产6378万元。拥有现代化信息系统、层流手术室、宫腔镜、腹腔镜、四维彩超、高频乳腺钼靶X光机、DR和CR系统、全自动生化分析仪、时间分辨仪、乳腺微创手术系统、低温射频微创手术系统、多套新生儿抢救监护、眼科广域成像系统、眼科手术显微镜、全数字胃肠机等一批现代医疗仪器设备。拥有5万元以上设备94台(件)。

韶关市妇幼保健院专科特色突出。生殖医学中心是全市医学重点专科，是粤北地区唯一通过国家卫生部准入评审允许开展“试管婴儿”技术的医院，2013年试管婴儿取卵周期：707周期，较上年上升36.3%，临床妊娠率48.52%。人工授精周期：232周期，同期上升34.9%，临床妊娠率10.78%。遗传产前诊断中心是市内唯一经省卫生厅批准筹建的产前诊断中心；新生儿疾病筛查中心负责全市所有医院分娩的新生儿疾病筛查、诊断和免费治疗工作，减轻了家庭和社会的负担，2013年经基因分型确诊中、重型地贫胎儿的病例数比以往10年间的病例数还多。确诊中、重型地贫胎儿14例，按1例重型地贫儿治疗需要花费100万元的医疗费用计算，14例患儿就可以节约上千万元的医疗费用，2012以来为70对韶关市户籍的夫妇(夫妇双方或一方为韶关市户籍)发放地中海贫血项目的产前诊断补助，总补助经费达12.5万余元，开展地贫干预项目可减轻家庭和社会负担，是具有极其重要的经济和社会效益。新生儿急救中心是新生儿的“120”，负责全市急危重症新生儿的转运和救治，多年来成功转运和救治大量急危重症新生儿，开展的多项技术填补韶关市空白；乳腺病防治中心是省妇幼安康工程乳腺癌防治定点单位，有无创检查的钼靶X机及粤北地区首创的麦默通乳腺微创手术系统；妇科具备开展各类妇科疾病治疗手术，实现三镜合一；产科、儿科业务功能齐全、富有特色，广受欢迎，在全市及周边市县享有盛誉；儿童脑康复科是全市规模最大、康复项目最多、康复设备最全的科室，开展脑损伤儿童语言及肢体综合康复训练项目。

韶关市妇幼保健院发挥全市妇幼保健工作业务技术指导中心作用，加强全市妇幼保健工作的指导，做好妇女、儿童防病治病、健康保健，妇幼两个系统管理始终保持在95%以上。做好“两癌”筛查网络建立和筛查知识普及工作，把检查与治疗密切结合。医院加强婚前医学检查工作，全年(“3+1”报表)浈江、武江的婚检率维持在50.20%，全市19项保健指标处于全省中上水平。

韶关市妇幼保健院重视医院质量管理，持续开展基础医疗与护理质量工作，收集病人意见，落实医疗服务整改措施。同时，强化医院急诊急救管理，急危重症病人抢救成功率达96.1%以上；医院重视科技兴院工作，2013年开展新技术新项目共有19项，有7项科研获市局立项，1项推荐省立项，有3项科研项目正在进行课题结题，一项科技进步奖。(李锦昌)

附：领导班子成员名单

院长、党委书记：龚小倩

副院长：饶世萍　邹王葵

　　　　林祥副

【韶关市职业病防治院】 韶关市职业病防治院是一所全民所有制的以防为主防治结合的专科医院，成立于1986年2月，现拥有4个院区：建设路11号院总部、西堤中路18号分院、工业中路83号分院和五祖路3号分院。其中，工业中路83号和五祖路3号分别为惠民、新华社区卫生服务中心。全院总占地面积近120亩，建筑面积2.5万平方米，其中医用建筑面积近1.8万平方米。开放床位350张；全院在职职工293人，卫生技术人员223人。2013年，医院增置固定资产320万元，其中医疗设备有彩色多普勒超声诊断仪、GC-MS气相色谱质谱联用仪、原子吸收光谱仪等。医院业务主要分为职业卫生、临床医疗、社区卫生。

2013年，医院业务收入6135万元，较上年同期增长12%，全年住院人数为6548人次，较上年同期增长18%，其中职业工伤康复住院治疗1608人次，产妇分娩量1237人次，外科住院489人次，惠民内科住院1047人次。门诊量达91990人次，较上年同期增长30%。全年药品收入1533万元，药品比例为34%，每门诊人次费用为146.27元；每住院人均费用为5293元。

2013年，完成职业健康体检2万余人次，阅读尘肺片4556人次，新诊断尘肺66例(含晋级42人)；完成肺泡灌洗治疗110人次；职业性铅、汞超标治疗128人次。

加强职业病防治法宣传力

度，做好 CNAS 实验室的各项管理工作；强化业务流程管理，建立评价报告内审制度，严把质量关，树立职业卫生品牌。继续开拓建设项目职业病危害评价市场，业务辐射广州及珠三角地区，为当地的经济发展做出贡献。完成韶关地区预评价报告 5 份；完成佛山地区预评价报告 100 份，控制效果（含现状）评价报告 24 份。完成工矿企业生产环境监测 133 家，

举办市放射工作人员培训班，开展全市放射工作人员个人剂量检测及职业性健康体检工作。完成全市放射工作人员培训 373 人次。高质量完成各项评审检查工作。

做好职业病防治宣传工作，加强对各县（市）的职业卫生业务指导，帮助基层职业卫生监测解决技术疑难问题，严把职业病危害源头控制关。加强突发事件应对，配合政府参与血铅中毒事件的处理工作。

社区卫生服务工作开展有序。做好武江区惠民、新华两个社区卫生服务中心的托管工作。完善居民健康档案质量，开展慢病管理、社区医疗、计划免疫、计划生育、健康教育、妇幼保健等各项工作。建立健康档案 17 万余份，免费发放各类疾病宣传资料 3 万余份；对高血压、糖尿病等慢性病人档案分类管理；做好宣教工作，在用药、饮食、运动、心理健康等方面进行指导。将预防保健作为社区卫生服务的重点，科学开展计划免疫和儿童保健系统管理，对新生儿父母进行母乳喂养和新生儿护理等宣传指导，访视率达 100%，建立儿童保健手册，全年为辖区各年龄人员接种疫苗约 4 万余人次。为辖区居民提供方便快捷的基本医疗服务，实行国家基本药物制度，药品零差价销售。建立家庭病床，设立全科诊室，提供中医基本诊疗服务，对口支援乡镇卫生院建设工作，使广大市民享受到社区卫生服务带来的实惠。

临床医疗服务水平不断提升。制定《医疗安全管理制度》和《医疗事故责任追究制度》，保障医疗质量和医疗安全。定期组织院医疗质量管理委员会和病案管理委员会联合进行医疗质量检查；继续创优质护理服务及开展星级护士评选活动，严格执行国家药品、医用耗材集中阳光挂网采购和价格政策，严格执行医疗服务收费标准，主动接受社会和病人对医疗费用的监督。妇产科开展无痛分娩、无痛人流等技术；外科开展微创尿路取石手术和鼻内镜微创手术，并在韶关市率先成功开展经尿道前列腺等离子剜除术，剜除术式是目前疗效最佳的微创术式，在市内处于领先水平。医院在西堤中路 18 号开设中医特色门诊，提供精品中药、传统中医疗法、特色养生保健等，开展治未病系列项目，扶阳疗法、中药熏蒸、针灸、药烫、艾灸、拔火罐、经络按摩等，疗效显著。配合市残联搞好残疾人康复中心的建设，现残疾人康复中心大楼建于医院区内（韶关市建设路 11 号），即将投入使用。医院在中心大楼拟设立康复门诊部、儿童康复科、康复医学科 3 个科室，计划增加 150 张康复病床。将给韶关所有残疾患者特别是残疾儿童提供一个康复与治疗为一体的优质医疗服务场所。（邓有生）

附：领导班子成员名单

党总支书记、院长：曹光誉

副院长：郭　锐　冯　青

　　　　刘荣军

【韶关市中心血站】 市中心血站始建于 1966 年，前身为广东省血液中心，是经市机构编制委员会批准，直属韶关市卫生局领导的不以营利为目的的全额核拨公益一类事业单位（副处级），担负着全市三区七县（市）无偿献血和所有医疗机构的临床供血任务。2013 年，市中心血站全年采集无偿献血达 32276 人（以每人次 200 毫升计共 45358 人次），采血量达 907.15 万毫升，同比增长 11.7%；成分献血 1922 单位，折算成采血量 76.88 万毫升，同比增长 19%；年总献血量首次突破 9 吨大关。无偿献血工作基本保障全市临床用血需要，血液质量得到保证。

市中心血站本部位于市芙蓉北路四路 6 号，总用地面积是 10179 平方米，建筑面积 8902 平方米。2013 年，本单位在岗职工数 64 人，其中卫技人员数 44 人，医生 11 人，护士 16 人，医护比为0.69：1；中级以上职称数 25 人，大学专科以上人数 52 人；设有办公室、财务科、宣教科、质控科、献血服务科、成分科、检验科、供血服务科等 8 个科室。2013 年，市中心血站固定总资产数 3101 万元，拥有全自动酶免分析系统、全自动样本处理系统等万元以上设备 118 台，设备总价值达 2177 万元。

市中心血站已在市区设立 3

个固定献血屋和3处流动采血点，各县（市、区）也分别设立采血站，构建较为完善的献血管理网络。

1998年《中华人民共和国献血法》实施至今，全市临床用血一直保持100%来源于无偿献血。市中心血站严格按照卫生部“一法两规”的要求，建立和运行血站质量管理体系，严把质量关，从未发生因血液质量而引发的医疗事故和纠纷，最大限度地保证市医疗临床用血需求和安全。由于无偿献血工作成效显著，韶关市连续五次被国家、省授予“无偿献血先进城市”称号。

（郭健生）

附：领导班子成员名单

站长兼党总支书记：张天弼

副站长兼市献血办主任：邓光辉

副站长：杨绍明　刘智敏

【韶关市中医院】 韶关市中医院始建于1964年，是韶关市唯一一所地市级中医医院，服务范围涵盖韶关市七县三区，服务人口超300万。总占地面积28403平方米，业务用房总建筑面积26567.87平方米，编制病床489张，开放病床520张，由院本部、和平分院、十里亭分院和中药加工场组成，在职员工647人，卫生技术人员523人，高级职称57人，中级职称156人，省名中医2名，市名中医5名。2013年，门诊人数20万人次，出院病人数11854人次，业务总收入1亿元。医院设内科、外科、妇产科、儿科、骨伤科、康复科、针灸科、推拿科、肛肠科、耳鼻喉科、眼科、皮肤科、老年病科、麻醉科、急诊科、重症医学科、预防保健科、感染性疾病科等18个临床科室，门诊部设有30多个专科、专病门诊，并设置“治未病中心”。辅助科室配置有药剂科、检验科、放射科、功能检查科、手术室、病理科、输血科、营养科，配套设施健全，是一所集医疗、教学、科研、康复、预防保健功能于一体，各临床学科较为齐全，具有鲜明中医药特色优势的现代化综合性中医医院，是广州中医药大学的教学医院和非直属附属医院创建单位，广东省中医名院创建单位。

医院设备先进，拥有螺旋CT机、DR、移动式X射线机、麻醉机、彩超、全自动生化分析仪、关节镜、腹腔镜、宫腔镜、钬激光、射频机、呼吸机、体检车、系列康复设备等一批现代仪器设备，并配置齐备的中医诊疗设备。围绕医院发展的总体规划，按照“三甲”中医医院的建设标准要求，医院正不断完善基础设施建设和科室配置建设，努力促进医院的科学发展，为后续医院业务的健康持续发展提供有力的保障。

医院的骨伤科、康复科、肛肠科、老年病科、针灸科是省重点中医专科，技术力量较强，在中医手法正骨、骨关节疾病、椎间盘突出症、各种痛症的诊治方面独树一帜，2012年开展射频热凝靶点消融术治疗颈、腰椎间盘突出症。2013年，开展钬激光治疗泌尿系结石，是粤北地区首家开展此类技术的医院。在市民中建立良好声誉，返聘有一批退休中医专家及省、市名中医坐诊，在社会上有较强的影响力。

医院设置和平分院和十里亭分院，方便民众就近诊治，设有内科、外科、妇产科、老年病科、针灸科、推拿科住院部，并开设各类专科门诊。通过不断加强医院管理，使医院医疗质量和服务水平稳步提高，“两个文明”建设效益显著。医院在2011年起全面开展创建“三甲”中医医院工作，加强医院内涵建设。医院在努力传承中医药文化，立足于发挥中医特色的基础上，充分发挥中医“简、廉、验”的优势。不断提高医院的竞争力和影响力，促进医院的可持续发展。

（容兆宇）

附：领导班子成员名单

院　长：陈　龙

副院长：黄　荣　黄献民　李　胜　周　峰

【韶关市第三人民医院】 韶关市第三人民医院位于韶关市曲江区马坝韶钢东区，前身为韶钢医院（隶属宝钢集团广东韶关钢铁有限公司），始建于1966年。是一所专科齐全、设备先进、技术精良、服务优质，融医疗、教学、科研、预防、保健、康复、养老为一体的二级甲等综合性医院。是广东省高等医学院校教学医院，同时也是全国多家高等院校的教学基地。2013年7月29日，移交韶关市政府管理，由企业医院转制为韶关市卫生局直属医院，更名为韶关市第三人民医院，加挂韶关市韶钢医院，医院卫生事业的发展迎来一座全新里程碑。

医院占地面积8万平方米，建筑面积3.1万平方米。开放床位536张。学科设置齐全，共设有29个临床医技科室。现有职工340人，专业技术人员261人，其中高级职称25人，中级职称72人。拥有荷兰飞利浦数字减影血管造影机（DSA）、磁共振成像系统、GE螺旋CT、加拿大数字X线摄影机（DR）、飞利浦IU22三维立体彩超、日本富士能电子胃肠镜、胶囊内镜、高压氧治疗舱等万元以上的诊疗设备240余台（套），医院总资产近1亿。2013年，门诊量13.3万人次、出院病人9337人次、手术4831台次，组织完成各类体检2万人次。

医院重视自身内涵建设，骨科和泌尿外科是韶关市特色专科。医院已形成心血管介入、骨科、泌尿外科、恶性肿瘤微创治疗、重症监护、精神科等专业品牌。近2年来，开展心脏疾病的血管内介入诊疗（心脏造影、心脏支架置入、起搏器安装等）和肿瘤血管内介入诊疗手术1600多例次；骨科已开展高位颈椎手术、胸腰椎手术、全髋关节和膝关节置换术、膝关节镜检查治疗技术。2013年7月建成并投入运行的老年保健中心，以"医养结合"的养老模式，为老人提供集生活照料、诊疗保健、精神慰藉和紧急救护为一体的养老服务，开创粤北地区养老新模式。

医院倡导"以病人为中心"的服务理念，为患者提供温馨的人文关怀，打造人性化服务品牌，为广大患者提供优质、高效、低廉、便捷的医疗服务。医院先后获得省、市"先进集体""文明单位""十佳医院"等荣誉称号。（袁志坚）

附：领导班子成员名单

院　长：汤达鹏

副院长：袁志坚　罗永明

　　　　余　钜

【韶关市慢性病防治院】 原韶关市皮肤病医院成立于1957年，已有人员95人，床位编制170张（其中皮肤科30张，性病科20张，麻风病120张）。占地面积2305平方米，建筑面积5505.46平方米。医院集疾病防治、医疗、科研和教学等多功能为一体的韶关市卫生局直属事业单位，担负着全市皮肤病、麻风病、性病预防治疗及教学科研任务。

医院坚持"两手抓，两手都要硬"的方针，开展诚实、信用建设，倡导"以病人为中心"的人性化理念，以为病人提供优质服务为主线，在各项活动中做到"五有"（有计划、有落实、有检查、有监督、有总结），服务患者，塑造专科医院的良好形象，赢得上级领导、病人及家属的好评。是韶关市城镇职工基本医疗保险，农村合作医疗保险定点医疗机构。

2013年，医院共有在职职工82人，卫技人员66人，其中具有高级职称的有11人，医生15人，注册护士26人，医护人员比为1：1.73；大专学历以上45人。具有研究生学历或硕士以上学位的有3人，中级职称28人，卫生技术人员占在职职工总数的81.7%，其中中级以上职称的占在职职工总数的36.8%。

至2013年年底，医院万元以上设备有40台，拥有德国百康生物共振过敏检测治疗仪，全自动生化仪，紫外线UV801BL治疗仪，百康生物共振治疗系统，飞顿治疗仪，红，蓝光治疗仪，痤疮治疗仪，法国ABX五分类血球仪，美国力全自动生化仪，日本尼康荧光显微镜，法国进口二氧化碳培养仪，高清晰度日本奥林巴氏显微镜以及中草药浸浴等设备。医院加大资金投入，购置世界最先进的过敏疾病诊断治疗设备——摩拉生物物理治疗仪，飞顿I治疗仪，是一台功能全面的皮肤美容工作站，应用激光、光子领域前沿的技术和科学成果及模块转化技术、聚成激光技术和高效能量光子技术和窄带紫外技术。2013年，医院固定资产达1899.39万元，较上年增长12.42%。门诊、住院、医学美容、激光治疗和无创伤过敏原检测等临床和医技工作取得较好成绩。

性病防治工作：已建立健全韶关市性病防治网络系统，全市性病防治网络运转正常，性病诊疗行为得到规范，性病质量、疫情管理逐步走向科学、规范化麻风病人管理工作。麻风病疫情概况：2013年全市新发病例1例，较去年下降66.7%（2011年3例），发现率为0.035/10万；全市共有现症病例6例，与上年同期持平，患率为0.21/10万，除南雄超标外（1.27/10万），其他各县（市、区）都已达到卫生部规定基本消灭麻风病指标。

医院通过团结拼搏，实施规范管理，科技兴院，实现和谐发展。2013年，医院1月至10月业务收入1399万元，同比增长21.93%，其中药品总收入768万元，同比增长17.20%。

医院实行"职业文明用语"、

病人选择医生和住院一日清单等制度，执行医疗收费标准，让群众明明白白地消费，杜绝“红包现象”。医院从未发生过医疗纠纷，多次收到病人以及家属的表杨信和锦旗。通过社会调查，群众对医院服务质量的满意程度均达到98%以上。（何　炜）

附：领导班子成员名单

院　长：欧阳烈

副院长：刘昱君　梅册芳

【韶关市口腔医院】 韶关市口腔医院是韶关市卫生局直属口腔医疗专科医院。位于武江区惠民北路33号，工作用房占地面积166.45平方米，建筑面积1375.83平方米，。医院有专业技术人员57人，其中70%以上医生拥有硕士或学士学位，有高级职称4人、中级职称19人。共有牙科综合治疗台42张，配有牙科CT、口腔全景X光机、X光数字牙片成像系统、口腔激光治疗机、口腔电脑微波治疗仪、超声根管治疗仪、热牙胶三维根管充填仪、超声波洁牙机、口腔种植机、无痛麻醉仪、高频电刀等一大批先进口腔医疗设备。院内设有口腔内外科、牙周黏膜病科、正畸科、修复科、口腔综合科、种植室、特诊室、X光照片室、技工室、消毒供应室等。在武江、浈江区设有2个口腔门诊部。开展的业务有：补牙，拔牙，种植牙，牙髓病、根尖周病、牙周黏膜病、口腔颌面疾病及外伤、颞颌关节病、牙槽外科和颌面部手术治疗，活动义齿、隐形义齿、高频铸造、玻璃瓷牙、烤瓷牙的修复，活动、固定正畸等医疗服务项目。承担着韶关市口腔疾病的预防、治疗、教学及科研任务，为韶关学院医学院口腔专业的教学实习基地。

2013年，门诊人次达65885人次，医疗质量和医疗水平不断提高，全年未发生医疗事故、医疗差错和医疗纠纷。

医院将全面落实科学发展观，始终坚持全心全意为人民健康服务的办院宗旨，树立以病人为中心的观念，坚持“病人第一、服务第一、质量第一”的医疗服务原则，抓好医疗服务质量，强化管理，以良好的服务态度、优质的医疗质量和舒适的治疗环境，竭诚为广大患者服务。

（叶隆住）

附：领导班子成员名单

院长、党支部副书记：张　泳

党支部书记：谭维中

党支部支委、副院长：阳冬青

【韶关市应急救护指挥中心】 2013年，韶关市应急救护指挥中心进一步完善调度业务工作制度和流程，每月多次组织调度员学习调度业务知识，做到及时、准确、公平、合理派车，全年未出现因调度失误病家投诉的现象、未出现误派车。“120”接到报警呼救电话72239次，其中有效受理23763次，派车9605次，救治病人11848人，院前死亡630人；参与指挥抢救、现场处置并按时上报重大突发事件25起。调度员平均派车时间47.67秒，平均调度时间33.78秒，平均摘机时间1.00秒；10家急救站平均院内响应时间2分10秒，院前急救工作时间管理卓有成效，处于一个崭新的较高水平。

12月初，组织培训韶关队参加广东省第二届急救技能大赛，在全省24个队中获得团体第八名的好成绩，荣获三等奖。12月24日至27日，制定详细方案，模拟各种外伤的医疗救援工作，开展10场实地外伤应急救治演练，提升各急救站急救服务能力。全年参与指挥抢救、现场处置并按时上报重大突发事件25起，完成突发事件的紧急救援及大型活动的医疗保障。（奉振辉）

附：领导班子成员名单

主　任：奉振辉

副主任：蒋　源

【韶关市健康教育所】 2013年，韶关市健康教育工作紧紧抓住创建全国文明城市和巩固国家卫生城市历史机遇，深入开展多形式、多层次的健康教育活动。一是主动配合，认真做好重大疾病的防控宣传。以卫生节庆日为契机开展疾病防控宣传，发放有关疾病防治及控烟等宣传资料20多万份。做好H7N9禽流感防控宣传工作，印制宣传折页8万份分发到各医院、社区。受尤特强台风影响，韶关市乐昌、新丰、翁源、乳源、武江区等遭受洪涝灾害，市健康教育所积极做好灾后防病预防宣传工作，制作灾后疾病预防宣传栏6个，印制灾后疾病预防宣传资料50000份发放到受灾群众。二是加大健康教育宣传力度。定期更新市区公共场所健康教育宣传栏300多期。在《韶关日报》每周开设“卫生与健康”卫生科普征文。韶关广播电台每周一至周五开设《健康人生》科普栏目，定期播放有关健康科普知识。三是抓好基层健教队伍业务培训，提高队伍整体素质。举办了“全市健康教育骨干培训班”“医院控烟能力培训班”，累计培训学员达130多人次。举办各类健康知识讲座6场，共520人参加，在街道市场及学校、人口聚集地进行健康教育宣传咨询活动6次。四是全力以赴做好巩卫工作。认真做好台账资料，完善资料建档工作，广泛开展健康教育“五进”（进学校、进机关、进社区、进医院、进厂矿企业），加强公共场所控烟宣传和督导，为韶关市成功巩固国卫城市称号做出了贡献。五是保质保量做好2013年中央补助地方健康素养行动项目监测工作。韶关市有乐昌、浈江、武江3个监测点进行青少年烟草流行及居民健康素养项目监测。学校发放调查问卷1216份，至11月8日，已全部完成12所学校36个班级的问卷调查，回收有效问卷1216份。居民健康素养监测3个监测点共调查居民1020户，收回有效调查问卷822份。截至12月23日，全面完成省分配给韶关市的居民健康素养和青少年烟草流行监测任务。六是积极开展“无烟单位”创建活动。乐昌市卫生局、乐昌市疾病预防控制中心、乐昌市人民医院、乐昌市妇幼保健院、乐昌市中医院和乐昌市卫生监督所等6家单位开展创建无烟医疗卫生系统培训指导基地工作，并于2013年5月15日至16日通过省考核验收。（冼家乐）

附：领导班子成员名单

所　长：冼家乐

疾病控制与公共卫生

【概况】 韶关市疾病预防控制中心是在原来韶关市卫生防疫站基础上，撤并原武江、浈江、北江3个区防疫站，于2001年8月组建的直属韶关市卫生局的副处级卫生事业单位，加挂韶关市卫生检验中心牌子，是全市疾病预防控制、卫生监测检验和卫生学评价的技术中心。2009年4月起，被列入参照公务员法管理单位，成为全省第一个正式参照公务员管理的地市级疾控中心。中心编制93人，现有正式职工83人。其中，硕士4人、本科46人、大专15人、中专17人；高级技术职称17人（其中正高3人），中级技术职称27人；设置办公室、人事科、财务科、供应综合科、质量管理科、科教信息科6个职能科室，流行病防治科、艾滋病防制科、慢性非传染性疾病防治科、免疫规划管理科、市区疾控科、食品监测科、公共卫生监测科、寄生虫病防治科、消毒与病媒生物控制科、防治门诊部、微生物检验科、理化检验科共12个业务科室。中心综合大楼位于市区工业西路中心已通过CMA计量认证、CNAS国家实验室认可和省卫生监督检验检测机构资格认定，能开展各类卫生防病检验检测项目257项，是全市卫生检验检测的权威机构；建立全市唯一的艾滋病抗体检测确证实验室；被省疾控中心授予“广东省病原微生物监测和应急检测合作实验室”和“广东省食品污染物监测检测合作实验室”。韶关市疾控中心以创建“技术一流、服务一流、管理一流、业绩一流”疾控中心为目标，贯彻执行“科学、公正、准确、优质”的质量方针，弘扬“求真、务实、开拓、进取”的疾控精神，履行工作职能。2013年，韶关市疾病预防控制中心完成急性传染病、慢性病、免疫规划、地方病、消毒与病媒生物、食品安全、公共场所的监测和疾病预防控制工作。完成处置各类突发公共卫生事件。

【传染病报告】 全市无甲类传染病报告。乙、丙类传染病共报告传染病22种，报告发病17516例，死亡53例（乙类51例，丙类2例）。其中，乙类传染病报告15种7325例，报告死亡51例；丙类传染病报告7种10191例，报告死亡2例，均为手足口病病例。与上年同期比：乙、丙类传染病下降2.25%（607.67/10万），其中乙类传染病上升8.22%（254.12/10万），丙类传染病下降8.61%（353.55/10万）。

【流感、发热肺炎病例监测】 对全市的3家哨点医院、学校分别报告流感样病例12156例和174例病例进行监测；在哨点医院采集咽拭子963份，检测率达100.00%。在省级哨点医院监测门诊病例总数185925人（次），其中流感样病例总数为436人（次），占门诊病例总数的0.23%；发热肺炎病例总数476人（次），占门诊病例总数的0.26%；在住院病例中监测34605人（次），因发热肺炎入院的有84例，占0.24%，无发热肺炎查因病例。

【动物伤人情况监测】 2013年，全市犬伤数27240人。发生犬伤数较多的地区前5位分别为浈江区（5172人）、乐昌市（3443人）、曲江区（3043人）、南雄市（2788人）、翁源县（2759人），共发生17205人，占总犬伤人数的63.16%。伤人的各种动物数由多到少依次是家犬19681条、猫2780只、宠物犬2372条、鼠1542只、其他动物478只、流浪犬368条，以家犬最多，占伤人动物总数的72.25%。

【霍乱等重点感染性腹泻监测】将粤北人民医院、乐昌市人民医院、始兴县顿岗镇卫生院列为省级症状监测哨点医院。并开展霍乱等重点感染性腹泻症状监测，3家医院门诊就诊总数410267例，登记腹泻病例数1883例，占门诊就诊总数的0.46%。将粤北人民医院、乐昌市人民医院列为省级细菌性腹泻病及病毒性腹泻病的病原学监测点，共采集腹泻病例粪便标本718份，占腹泻病例登记数的38.13%。所有样品经实验室检测，未检测出霍乱弧菌，其中有3份标本检出志贺氏菌。

【人感染H7N9禽流感监测】 根据省卫生厅《关于印发广东省家禽鸟类市场环境样品禽流感病毒污染监测方案的通知》的文件精神，4月18日起，中心分别对1所活禽及鸟类批发市场、1所居民区肉菜市场开展环境样品禽流感病毒污染应急监测。共采集鸡、鸭、鹌鹑、白鸽、鹅、野鸭等6种禽类环境样品140份。其中，外地禽类环境样品17份（湖南、广州、清远、英德），本地禽类环境样品123份。在140份样品中，A型流感病毒核酸阳性的有30份，占21.43%。30份A型流感病毒核酸阳性样品中，H9亚型核酸阳性的14份，占阳性样品的46.67%；其他亚型核酸阳性的16份，占53.33%。无H5、H7亚型核酸阳性标本。

【艾滋病监测】 中心对3个国家级监测哨点单位进行HIV监测，这3个单位和监测结果分别是：韶关市公安强制戒毒所，HIV抗体阳性率0.2%（1/403）；韶关市妇幼保健院，未检出HIV抗体阳性（0/408）；韶关市皮肤病医院，HIV抗体阳性率为0.7%（3/410）。中心对10个公安司法羁押监管场所1753位羁押人员进行HIV抗体检测，检出1例羁押人员的HIV抗体呈阳性。全市医疗机构初筛实验室共对195647人次进行HIV抗体初筛检测，检出HIV抗体阳性者381例，检出率0.19%。

【突发公共卫生事件】 2013年，全市在“突发公共卫生事件管理信息系统”上报告突发公共卫生事件（不含未分级）1起，为职业中毒（已结案），该起事件波及6人，发病6人，死亡3人。突发公共卫生事件起数与上年持平。报告未分级事件7起（已结案3起），均为传染病暴发疫情，其中丙类传染病4起（流行性感冒2起、流行性腮腺炎2起），波及7207人，发病204人，无死亡病例；其他传染病3起（均为水痘），波及3435人，发病82人，无死亡病例。未分级事件起数较上年减少11起，下降61.11%。

【高血压、糖尿病管理】 2013年，全市35岁以上居民首诊测血压人数达259092人，已管理高血压、糖尿病人数分别为207026人、57379人，管理率分别为72.40%、92.41%；规范管理高血压、糖尿病人数分别为165096人、47183人，规范管理率分别为79.75%、82.23%；血压、血糖达标分别为138688人、39869人，控制率分别为66.99%、69.48%。

【死因监测工作】 2013年全市10个县（市、区）均有死亡病例报告，共计上报10637例，其中以南雄市最高3078例，其次为武江区为2214例，翁源县1844例，仁化县最低158例。开展全人群死因监测的县（市、区）有南雄市、武江区、始兴县，翁源县，报告死亡率分别为7.52‰、6.48‰、4.62‰、3.37‰，3个县（市、区）中所有乡镇、社区医疗机构均有死亡病例报告，翁源县2013年10月纳入全人群死因和肿瘤监测。

【全民健康生活方式示范创建活动】 全市由武江区、浈江区、曲江区分别建成1个示范社区、1个示范单位、1个示范食堂。全市共建成8个示范社区、8个示范单位、8个示范食堂、5个示范餐厅。

【全市基础免疫】 卡介苗接种率为99.75%，乙肝疫苗接种率为99.66%，首针乙肝疫苗及时率为96.82%，脊灰疫苗接种率为99.70%，百白破疫苗接种率为99.70%，麻疹疫苗接种率为99.75%，乙脑疫苗接种率为99.70%，流脑A群疫苗接种率为99.66%，甲肝疫苗接种率为99.62%。

【全市加强免疫情况】 脊灰疫苗接种率为99.51%，百白破疫苗接种率为99.64%，麻疹疫苗接种率为99.66%，乙脑疫苗接种率为99.64%，流脑A+C疫苗接种率为99.44%。

【疫苗与相应疾病监测】 全市共有监测点145个，监测覆盖率100% 。截至10月31日，全市主动监测新生儿破伤风2例；15岁以下乙肝病例29例；报告外地乙脑病例1例，未发现百日咳、白喉等其他免疫规划疫苗相应疾病。与上年同期相比，全市免疫规划疫苗相应疾病继续保持低水平流行态势。

【寄生虫病与地方病防治】 疟疾监测：发热病人血检2653人次，发现4例疟原虫阳性，其中1例恶性疟，1例间日疟，2例卵形疟，该4例病例均为境外输入性疟疾病例。达到韶关市消除疟疾2013年无本地感染阶段目标。寄生虫监测：本年度抽查浈江区、武江区和曲江区各2间小学共1595人，蛔虫感染15人，感染率为0.94%，属轻度感染；其他寄生虫感染，肝吸虫2人、钩虫和鞭虫各1人。根据《关于印发2006—2015年广东省重点寄生虫病防治规划的通知》要求，全市寄生虫人群感染率达到辖区控制规划标准。地方病监测：地方病防治工作任务比往年增加2个县的碘营养监测，要求抽取居民碘样3000份、学生和孕妇尿样700份、水碘样本1000份。各项目检测达到规范要求。

【医疗托幼机构消毒质量监测】 三级医院2间、市级医院11间、区县级医院37个、乡镇级医院90个、个体诊所705个，共845个。监测覆盖率为85.96%。共抽检样品7305份，总合格率为91.21%。共监测124间（上年150间），其中幼儿人数≥200的托幼机构47间、幼儿人数50—199的托幼机构77间、幼儿人数<50的托幼机构0间，监测覆盖率为100%。共抽检样品1210份，总合格率为75.95%。

【鼠蝇密度监测】 中心分别在浈江、武江区布有效鼠夹2556个，共捕获鼠8只，平均捕获率为0.31%（上年同期为0.2%），较上年同期明显上升25.72%。共布笼95个，捕蝇80只，平均密度为0.84只/笼（较上年同期的0.85只/笼下降0.93%）。4月（3.75只/笼）为密度高峰，以家蝇（占35.0%）及市蝇（占17.5%）为优势种。其中，在农贸市场、餐饮行业、绿化带和居民区的密度分别为0.7只/笼、1.3只/笼、0.9只/笼和0.6只/笼。

【蚊密度监测】 中心共布灯176盏次，捕获成蚊2332只，平均密度为13.3只只/灯，较上年同期的4.9只/灯上升169.3%。成蚊各月均可捕17.9只/灯。其中，致乏库蚊为优势种，占96.31%，白纹伊蚊占2.62%，三带喙库蚊和中华按蚊分别占0.47%和0.30%；居民区、公园、医院和农村民房的成蚊密度分别为6.1只/灯、23.3只/灯、5.4只/灯和18.3只/灯。牲畜棚未监测。

【蟑螂密度监测】 共有效布放粘蟑盒960个，阳性盒数为47，捕获蟑螂104只，密度和侵害率分别为0.11只/盒和4.90%（上年为0.07只/盒和4.3%），分别上年上升57.7%和12.9%；密度和侵害率高峰分别出现在9月和7月，分别为0.69只/盒和15%。优势种群为德国小蠊和美洲大蠊，分别占93.3%和4.8%。市场、餐饮、医院和居民区的蟑螂密度分别为0.29只/盒、0.05只/盒、0.01只/盒和0.09只/盒，侵害率分别为7.92%、3.75%、0.83和7.08%。宾馆未监测。

【伊蚊专项监测】 4月至10月分别选择住宅小区、绿地、公园和医院等场所，布放诱蚊诱卵器1230个，回收1145个，其中蚊或卵阳性数254个，捕获蚊虫数393个，4月至10月的诱蚊诱卵指数分别为9.28、24.59、15.38、24.09、0（因洪灾未监测）、38.18和20.87，除8月未监测外，各月的诱蚊诱卵指数均显著超过5的控制值，其中9月指数接近40。各月均较上年同期有较大幅度的上升，提示全市城区一旦有登革热病原的入侵，就极容易引起传播，亦提示城区应加强伊蚊的环境防制工作。

【食品安全风险监测】 完成省食品中化学污染物部分的监测样品11类737份，完成监测计划中食源性致病菌检测样品4类149份的监测任务。在全市10个县（市、区）集贸市场、超市及餐饮单位，抽检包括面制品、皮蛋、大米、土榨花生油、水产品（鲜活淡水鱼）、肉制品（肉丸）、熟肉制品、蔬菜（豆菜类、叶菜类）、速冻米面制品等10类食品。监测结果显示：全市共监测食品样品550份，合格493，总体合格率为89.63%；各类食品样品监测结果合格率最高的是面制品、蔬菜、即食蔬菜水果，合格率100.00%，合格率最低的是食用植物油，合格率48.00%。全市无重大食物中毒事件及食品安全事故发生。截至12月30日，全市共处理报告疑似食物中毒或疑似食源性疾病事件6起，暴露人数17人，中毒13人，无死亡。

【饮用水监测】 市政供水：中心对韶关市区4间水厂，每月开展一次生活饮用水卫生监测。全年共计监测市政供水出厂水和末梢水98份，检测各类指标2234项次，合格率100%。其中，末梢水90份，检测各类指标1854项次，合格率为100%；出厂水8份，检测各类指标380项次，合格率100%。另外，监测市政供水水厂水源水4份，检测各类指标132项次，合格率100%。二次供水：中心共监测61份，合格60份，合格率为98.36%，检测各类指标986项次，合格985项次，合格率99.90%。分散式及农村饮水：中心共监测45份，合格31份，合格率68.89%，检测样品1035项次，合格994项次，合格率96.04%，不合格项目主要为微生物指标。应急饮用水：8月，市区因洪涝灾害，应急监测饮用水13份。9月，武江流域坪石段出现重金属铊超标，应急监测出厂水及末梢水46份。

【公共场所卫生监测】 根据经营单位发（换）证前填写的“委托性卫生检测申请书”要求，全年共监测旅业、公共浴室、文化娱乐场所、商场、美容美发等各类场所299户次，合格272户，合格率为90.97%，监测布点1294个，开展消毒效果监测4611份，共计监测样品15200项次，合格14916项次，合格率98.13%。

【检验与质控】 疾病监测、卫生检验的质量情况，由中国疾控中心地方病防治中心、国家碘缺乏病参照实验室、广东省疾病预防控制中心、CNAS组织的能力验证和比对，共进行4次14个项次验证和比对，4项次检测结果满意或合格。中心质量内部管理，进行7个项目的室内质量控制，全部结果合格或满意。（温劲翠）

附：领导班子成员名单

中心主任：康怀雄

中心副主任：邓俊兴　胡国超

倪秀峰　林裕端

爱国卫生

【概况】 韶关市爱国卫生运动委员会（简称市爱卫会）是负责组织领导、统筹协调全市爱国卫生和防治疾病工作的机构。设市爱卫会主任1名，副主任3名。市爱卫会下设办公室（简称市爱卫办），是市爱卫会的常设办事机构，承担着委员会的具体工作，负责爱国卫生工作日常的组织协调、综合调研和督导检查，是参公管理副处级事业单位，挂靠市卫生局；单位定编8名，领导班子3名，其中主任1名，副主任2名；内设公共卫生科、综合科。2013年，全市爱国卫生工作取得明显实效。爱卫办组织开展以大搞环境卫生、清除卫生死角、消灭四害孳生地、预防虫媒疾病流行发生为内容的群众性爱国卫生运动，来推动巩卫创文工作，提升市容市貌。病媒生物控制指标达到国家规定的标准。农村改水改厕有序推进，全面完成省爱卫会下达的国家重大公共卫生服务项目农村改厕项目10500户任务，完成率达100%。协调农村饮用水水质监测网络建设。

【国家卫生城市顺利通过复审】 按照国家卫生城市管理要求，2013年是韶关市国家卫生城市满3年的首轮复审年。全市做好巩卫迎检各项工作，巩卫工作取得显著成效。4月中旬，通过省级暗访复查；5月28日至30日，通过省爱卫会的复查考核；10月中旬，通过国家暗访组的复查；2013年12月29日，全国爱卫会重新确认韶关市为“国家卫生城市”称号。

【巩固国家卫生城市工作领导组织和文件】 爱卫办作为巩卫迎检的重要职能部门，贯彻执行市委、市政府的部署，发挥统筹组织协调作用，做好巩固国家卫生城市迎检各项工作。市委、市政府成立由74个成员单位组成的市巩固国家卫生城市工作指挥部，下设办公室，由市爱卫办与市创文办合署办公，负责统筹组织协调巩固国家卫生城市迎检复审各项工作。对照《国家卫生城市标准》要求，结合实际，先后制定《韶关市迎接国家卫生城市复查工作方案》《韶关市巩固国家卫生城市督导检查评分标准》《韶关市国家卫生城市省级复查整改工作方案》《韶关市开展“清洁家园，美丽韶关”活动方案》《关于进一步做好周五公共卫生活动日的通知》等系列文件，梳理出巩固国家卫生城市工作的重点难点，细化明确各部门单位职责，全面推进巩卫迎检各项工作。

【召开专题会议，现场检查推进巩卫创文】 2月25日，市委、市政府召开迎接国家卫生城市复审暨全国文明城市测评工作动员大会。市委书记、市人大常委会主任郑振涛动员部署，指出巩卫工作实行“一把手”负责制。会上，市辖三区政府以及26个市直巩卫重点责任部门单位与市政府签订“巩固国家卫生城市责任书”。市辖三区政府、巩卫重点责任单位“一把手”先后在韶关电视台、广播电台以及《韶关日报》等市直3家新闻媒体向全市人民公开承诺，做巩卫工作的表率。4月8日，市委副书记陈向新亲自率队深入浈江、武江和曲江区进行巩卫检查，主持召开现场检查巩卫情况通报会。5月14日，市巩卫指挥部召开第二次全体成员会议，市委副书记、市巩卫指挥部常务总指挥陈向新主持会议，部署迎接巩卫省级复查工作。6月14日，市委、市政府召开市巩卫指挥部第三次全体成员会议，总结通报全市巩卫工作省级复查情况，部署省级复查整改工作。7月11日，市巩卫创文指挥部召开迎接巩卫国家复查暨创建全国文明城市“两测”工作动员大会。7月17日，市人大常委会组织部分省、市人大代表对韶关市巩固国家卫生城市和创建全国文明城市工作进行视察。8月7日、9日、13日，市政协主席李飞、副主席王乙末和林嘉先后率队对巩卫迎检工作进行专项督查。9月11日，市委书记、市人大常委会主任郑振涛，市长艾学峰，市政协主席李飞分别率队对巩卫工作进行现场督导。9月24日，市委十一届第45次常委会议对巩卫创文工作进行专题研究部署。通过专题会议，专题部署研究，及时解决一批重点难点问题，推动巩卫创文的行政推动力，确保各项工作的顺利推进。

【统筹协调巩固国家卫生城市迎检复查】 市爱卫办做好巩卫复查的统筹协调工作，抓好方案制订、自查申报、上下沟通、督促检查、整理资料、调研初评、落实整改、迎检备查等各个环节，先后邀请国家爱卫专家到韶关进行调研指导，为巩卫迎检工作提出宝贵意见和建议。全市市把巩卫宣传与创文宣传有机融合起来，同策划、同宣传，发挥新闻媒体宣传作用。继续实施巩卫宣传“百千万工程”，在市区主要街道、步行街、公交站台及广场、公园、桥头、河堤高层建筑楼层等场所增设一批巩卫公益广告牌，使城市处处可见巩卫宣传，形成多渠道、广覆盖的宣传声势。为加大日常工作督导和专项督导检查力度及密度，发挥简报、通报平台作用，做到督导有内容、有措施、有通报、结果有反馈，及早发现问题和解决问题。特别是进入9月，组织市直3家新闻媒体，对照标准要求，每日一专题进行现场督查曝光，对重点存在问题，限期整改。巩固国家卫生城市建档资料是国家卫生城市复查的一项重要内容，是直接反映全市3年来巩固国家卫生城市工作历程。为确保巩卫建档规范，制定《韶关市巩固国家卫生城市工作建档指引》，采取以点带面，专项督导，重点推进的方法，对巩卫建档资料进行管理。在省级复查考核中，检查组对全市巩固国家卫生工作建档资料给予肯定和赞扬。

【组织开展爱国卫生宣传活动】 利用新闻媒体、单位社区宣传，普及卫生科普知识。开展以防控各类传染性疾病为重点的卫生防病知识的宣教活动，以提高广大群众的卫生保健意识和自我防护能力，培养广大群众良好的个人卫生习惯。3月18日，下发工作通知。3月29日，市爱卫会召开电视电话动员会，掀起爱国卫生行动热潮。爱卫办和三区爱卫办联合举办爱卫宣传活动，宣传有关防控H7N9流感和巩卫创文等方面知识，调动群众参与整治环境卫生的积极性，在全市迅速掀起防控H7N9流感和巩卫创文的热潮。

【开展节假日和重大节庆活动期间的爱国卫生整治活动】 在春节、国庆等传统佳节和举办纪念六组惠能圆寂1300周年暨2013年广东禅宗文化节（韶关）系列活动、“体彩杯”龙舟比赛、第二届青岛啤酒节、世界张氏总会第六届恳亲大会等节庆活动中，发挥统筹组织协调作用，组织全市人民开展城乡环境卫生大整治，同时加强以除“四害”为重点内容的病媒生物防制工作，科学除害。

【开展以“抗洪救灾”为主题的爱国卫生运动】 5月中下旬，全市大部分地区遭遇严重洪涝灾害，爱卫办及时下发《关于在全市开展以抗洪救灾为主要内容的爱国卫生运动的紧急通知》和宣传资料，及时组织受洪涝灾害地区群众开展以环境清理、消毒杀虫和灭鼠、灭蝇为重点的爱国卫生运动。为做好灾区的环境消毒工作，爱卫办及时启动应急措施，配发一定的药物和器械，组织有关人员深入受灾严重灾区进行指导消杀工作，同时做好水源保护和饮水消毒，严防洪涝灾后疫病流行。

【组织开展“清洁家园，美丽韶关”活动】 集中开展“九大”专项清洁行动（即农贸市场清洁行动，街区卫生清洁行动，环卫设施清洁行动，“五小”行业清洁行动，车站、候车亭、公交车（出租车）、电话亭清洁行动，单位办公楼清洁行动，生活区、住宅小区清洁行动，整治“六乱”清洁行动，大型商场清洁行动）。在整个活动中，各级领导以身作则、率先垂范，干部群众参与，集中整治卫生死角，清理暴露垃圾。开展病媒生物防制行动。继续做好“周五公共卫生活动日”活动。为巩固国家卫生城市迎接全国爱卫会暗访复查，实现市委市政府提出“巩卫复查必须通过达标”的目标，发挥促进作用。

【开展以预防传染病为主题的爱国卫生运动】 开展防控感染H7N9禽流感和登革热等疫情的爱国卫生运动。爱卫办贯彻省、市领导批示精神，发动干部群众开展爱国卫生运动，同时深入一线开展督导防控工作，落实活禽销售、宰杀摊点的清洗消毒措施，加强灭蚊蝇、灭鼠等活动，降低“四害”密度，防止各类传染病的发生。

【病媒生物消杀管理】 市爱卫会制定《2013年韶关市病媒生物防制工作计划》《韶关市迎接国家卫生城市复审病媒生物防制工作方案》《韶关市开展除“四害”孳生地本底调查的通知》等有关文件，对病媒生物防制工作目标任务、措施等做具体部署。3月20日，召开全市病媒生物防制工作会议，全面部署除“四害”工作，并先后举办4期除“四害”培训班，对市直及市辖三区街道办（镇）、社区居（村）委干部职工负责病媒生物防制工作人员近560人参加培训。在定期开展“四害”密度检测的基础上，爱卫办根据不同季节和实际，制定开展在全市范围内集中人力物力，统一时间对住宅区、办公区、公共场所、通道、地下污水管道等相关区域进行彻底的消杀投药，控制蚊蝇鼠蟑密度，为市民群众创造良好的生活环境。为促进除“四害”工作落实到位，爱卫办每月采取定期和不定期分别组织对全市大型宾馆酒店、中小型餐饮、学校、医院、车站、农贸市场、居民区、建筑工地、大中型水体等进行病媒生物防制情况检查，并将检查结果予以通报，推进全市病媒生物的开展。

【病媒生物防制设施安装】 根据市巩卫创文工作的部署，爱卫办加强对巩卫创文增量区域范围病媒生物防制基础设施建设管理，组织专业技术人员对新建城区的韶关大道等主次干道、花基绿化带、北江河堤等场所安装“灭鼠屋”设施，并对城区主干道、公园、河堤、广场、关停并转企业原办公区、住宅区等场所破损的“灭鼠屋”进行重新维护安装。新增安装“灭鼠屋”设施8800个，市区公共场所“灭鼠屋”设施安装率达95%以上，为有效除“四害”提供良好的设施。在省爱卫会专项考核中，病媒生物防制通过省的五年一复查，省爱卫会授予韶关市灭鼠、灭蝇达到B级标准，灭蚊达到C级标准，各项指标达到国家标准。

【卫生村镇创建推动农村环境卫生】 爱卫办加强对仁化、始兴巩固国家及省卫生县城开展迎复查工作进行全面督导检查，完善长效管理机制，为迎接省和国家的复查工作的开展奠定基础。同时也组织对翁源县创建国家卫生县城进行技术指导和现场指导。

5月15日至16日，省复查组采取听汇报、查资料和实地检查，对仁化、始兴巩固国家及省卫生县城开展迎复查工作给予较好的评价，两县均顺利通过省级复查。爱卫办加强技术培训和宣传推广。年初，举办一期全市卫生村创建技术培训班，印发宣传版画和海报一批，在村内张贴，提高卫生创建的宣传力度。各级爱卫部门深入镇村检查、指导创建，帮助解决工作实际困难。各地也以新农村建设为契机，以整治村容村貌、营造良好的人居环境为目的，通过把创建卫生村工作与创建生态文明村（镇）、“生态示范村、镇”、建设宜居城乡、“双到扶贫”、“万村绿”等一系列活动相结合，加快农村卫生基础设施的建设步伐，改善农村的环境卫生。2013年，全市创建省卫生村18个，市卫生村49个。截至2013年年底，全市已创建国家卫生县城1个，省卫生城市2个，省卫生县城4个，市卫生镇4个，省卫生村221个，市卫生村252个。

【农村改厕方面】 2013年，爱卫办继续争取国家重大公共卫生服务项目农村改厕项目10500户的任务，在农村建设10500座三格式无害化卫生厕所。韶关市以改厕项目为依托，以建设无害化厕所为导向，争取上级专项资金，严把标准，因地制宜，科学改厕，抓好工作的落实。各级爱卫会重视农村改厕工作，把它作为推进城乡环境卫生整洁行动、改善城乡环境面貌的重要内容来抓。爱卫办统筹组织协调全市改厕项目工作的开展，各项目县、市、区也相应成立项目领导小组及项目技术指导小组等组织机构，建立市、县、镇（村）三级组织网络，确保项目任务落到实处和有序开展。3月底，爱卫办举办一期全市农村改厕技术培训班。编印通俗易懂的农村改厕张贴画、宣传版画，张贴在村委会和项目村，及时将省爱卫会印发的改厕宣传小册子、宣传笔等资料发放到项目农户。各级爱卫会利用召开会议、黑板报、宣传车、印发宣传资料等群众喜闻乐见的形式，不断普及卫生科普知识和农村改厕知识，为调动各地开展农村改厕工作发挥促进作用。9月中旬，组织检查组进行中期督导检查，改厕项目验收合格后，将项目补助资金直接拨付到农户，做到专款专用。至12月，已完成省爱卫会下达农村改厕项目10500户任务，完成率达100%。截至2013年，全市无害化卫生厕所普及率为82.01%。

【农村水质监测】 协调农村饮用水水质监测网络建设。协调市水务局、疾控中心，推进全市农村饮水水质卫生监测网建设工作，完成全市农村饮用水质的卫生状况和安全程度的卫生监测任务，并将统计数据汇总上报。及时做好全市农村饮用水安全预警工作。通过协调市疾控部门开展农村环境卫生监测，对厕所与粪便无害化状况、垃圾情况、污水情况、病媒生物情况、土壤卫生情况等开展监测，掌握全市农村环境卫生健康危害因素水平及动态变化，客观评价农村环境卫生状况，为制订政策措施提供依据和支持。（陈洁莹）

附：领导班子成员名单

主　任：彭有莲

副主任：蓝荣彪　谭国权

卫生监督与执法

【概况】 韶关市卫生监督所是韶关市卫生行政部门下属的执法机构，是依照公务员法管理的公益一类副处级事业单位，位于韶关市体育路12号。编制48名，设置国家公务员职位43个，现有在职干部职工42人，其中公务员37人，工勤人员5人。主要工作职责涵盖公共场所卫生、学校卫生、生活饮用水卫生、医疗机构、采供血机构监督和传染病防制、职业卫生和放射诊疗机构监督，实施卫生许可、预防性卫生监督工作、重大活动公共卫生保障等涉及人民群众公众健康安全的各项卫生监督工作。

【创建国家文明城市和巩固国家卫生城市工作】 开展巩固国家卫生城市、创建全国文明城市工作。将“创文、巩卫”要求与日常业务工作相结合，以巩固国家卫生城市、创建国家文明城市工作为重点，夯实公共卫生监督管理基础，加大对公共场所的监管力度。对全市1400多间公共场所单位进行卫生许可监督检查，督促单位按卫生城市标准完善卫生设施，落实卫生管理和进行卫生监督量化分级管理评分。确定惠民路、新华路、工业路、新津路、沙洲尾一带、解放路、园前路、熏风路、建国路、复兴路、中山路、升平路、火车站广场、金沙大道、北江路、北江桥头周边和浈江路等为重点路段、重点区域，并在这些路段、区域中选择64间较为优秀的公共场所单位作为示范单位。对这些单位按卫生城市标准从卫生管理、卫生操作规程到人员的培训进行全面的现场监督指导。提高被管理对象以及卫生监督员的文明素质。对学校周边的违法医疗广告进行全面清理，并通报工商部门进行处理。巩卫攻坚期间，监督所全体人员利用周末和国庆假期，共出动监督员836人次、164车次，清查出46间不雅发廊，引导办证63间。通过努力，通过省和国家的巩卫“暗访”评估检查，为“创文”指数测评打下良好基础。

【重大活动卫生保障】 开展“韶关市越野车场地邀请赛保障工作”“韶关市纪念六祖慧能圆寂1300周年暨2013年广东禅宗六祖文化节（韶关）卫生监督保障工作”“世界张氏恳亲大会卫生保障工作”“2013年中秋和国庆节日期间公共场所卫生保障工作”。开展保障工作期间共检查接待酒店或宾馆156间次，对其的卫生状况，顾客用品的清洗消毒，场所的通风情况等进行监督检查，对13间使用集中空调通风系统的住宿场所进行卫生调查。针对存在问题和保障要求对接待单位共发出136份整改监督意见书，重点检查传染病预防工作和突发公共卫生事件应急预案的建立情况。保障各种重大活动的顺利开展。

【卫生行政许可】 按照“首问负责、限时办结、服务承诺、责任追究”原则，提高卫生行政审批效率，对符合条件的申请材料第一时间送达各个责任科室。树立“立即办、主动办、上门办、跟踪办、公开办”的工作作风，对申请许可材料齐全的立即进入验收、审批程序，将办理结果在韶关卫生监督网上予以公示。2013年，共办理各种卫生行政许可事项1652件（其中公共场所及供水单位卫生许可730件，母婴保健技术服务执业许可17件，母婴保健技术合格证书核准33件，医疗机构设置及执业许可222件，放射诊疗许可19件，执业医师注册核准378件，护士执业注册核准177件，不予许可54件，注销卫生行政许可22件），监督和指导市护理学会完成3000名护士的延续注册工作，接受各类电话咨询5000余宗，提前预约上门服务467次，提前办结率达到100%。

【卫生监督协管服务覆盖乡镇】 按照“权责一致，人事相宜，保障履职”的原则，经所在地医疗机构推荐和县、区卫生局审核、培训、考核合格，在全市每个乡镇卫生院配备2名卫生监督协管员，全市设立卫生监督协管员300余名。根据市实际，建立卫生监督协管工作流程和卫生监督协管工作制、协管员管理等一系列工作制度。统一印制《卫生监督协管工作手册》，下发到每位协管员。监督所定期组织卫生监督协管员进行业务技能培训，以提高其综合素质和卫生监督协管能力。全市逐步形成以乡镇（社区卫生服务中心）卫生监督协管为基础的二级卫生监督网络，下一步全市还逐步在村（社区卫生服务站）推开卫生监督协管工作。

【公共场所卫生许可、制度审查】 坚持“预防监督”与“日常监督”两手抓。按照《我市各类公共场所卫生许可基本要求》统一标准进行许可审查。2013年度，共发放审核公共场所卫生许可证693间，其中新办共325间、复核112间、不予许可51间。对新、改、扩建的87间公共场所单位进行建设项目设计卫生审查，对91间公共场所单位进行建设项目竣工验收卫生审查。同时，为规范公共场所卫生管理，本年度共对辖区内1121户公共场所进行巡回监督检查，全年共检查3071户次，对经营网点进行卫生监督户均2.74次，监督覆盖率达100%。在监督检查过程中，按照《公共场所卫生管理条例》《公共场所卫生管理条例实施细则》及相关法律、法规，要求所有公共场所从业人员按要求进行预防性体检后上岗，并要求所有经营场所建立并落实各项卫生制度，扼制传染病经公共场所从业人员与用品用具传播。

【卫生监督量化分级管理】 制订公共场所卫生监督量化分级管理工作计划，对相关科室人员进行公共场所卫生监督量化分级管理知识的再次培训，统一评分标准与要求。对838间公共场所单位实施卫生监督量化分级管理，包括209间住宿场所、501间美容美发场所、59间文化娱乐场所、54间公共浴室和15间游泳场馆。市卫生局对评审结果进行审核，共评出A级单位17间、B级单位93间和C级单位728间。

【公共场所卫生监督重点检查】 根据省卫生监督所工作要求，2013年度联合市疾病预防控制中心完成本年度公共场所重点监督检查工作。在市区（不含曲江区）范围内共抽检34间公共场所，其中游泳（场）馆10间（社会性游泳场馆3间、住宅小区游泳场馆7间）、住宿场所8间（三星级以上宾馆4间、连锁便捷酒店4间）、公共浴室6间、大型商场3间、电影院3间、美容美发场所4间。共有18间被抽检单位符合卫生要求。累计抽检各种公共场所用品用具及空气样品共187份，其中游泳场所18份、住宿场所88份、公共浴室40份、美容美发场所20份、大型购物场所12份、电影院9份。在2013年度重点监督抽检的同时，对被抽检单位进行重点监督检查。检查发现，34间公共场所单位大部分成立卫生管理组织机构。建立卫生管理制度，并设有（专）兼职的卫生管理人员。共随机抽查公共场所单位180名从业人员，其中有139名从业人员持有效健康证上岗，占77.22%。使用集中空调通风系统的大型商场均建立专门的集中空调卫生管理档案，检查中发现有个别商场的集中空调通风系统新分口在机房内，或者机房内堆放杂物。大部分商场集中空调通风系统的应急关闭回风和新风装置、分区域运行的装置、空气净化消毒装置和供风管系统清洗、消毒的可开闭窗口等4个装置未能完全设置。空调滤网清洗消毒登记工作未完全落实。在游泳（场）馆监督检查发现，个别游泳场馆池水净化消毒产品索证索票制度未能落实到位，部分单位泳池水和浸脚池池水余氯不符合卫生标准。在住宿场所和公共浴室监督过程中发现，场所未能正常使用洗消间，未有正确使用洗消间内的杯具消毒柜和保洁柜。公共浴室使用一次性杯具，在使用非一次性杯具或非一次性拖鞋的经营单位，未配置按照实际接待能力3倍数量的上述用品；场所能正常使用布草间，客用日化用品索证制度没有落实。美容美发场所不能落实公共用品用具一客一换一消毒。

【医疗餐饮卫生日常监督】 在日常监督工作中，监督所完成128家医疗机构执业许可证年度校验、换发证的现场审查工作；对90家存在不良执业行为的医疗机构进行记分处理；开展对辖区内餐饮具集中消毒单位的监督检查，重点检查相关单位餐饮具集中消毒的生产工艺过程、使用的清洗消毒产品、从业人员健康体检情况、产品检验报告等环节的规范经营行为。

【民营医疗机构诚信守法行为专项监督检查】 2013年2月至3月，按省卫生厅通知精神，开展“民营医疗机构诚信守法行为专项监督检查行动”。重点检查8家民营医疗机构，内容包括：是否存在检验结果造假、使用假劣药物、滥用检查、虚假诊断、诱导检查治疗、虚假宣传和违规收费等医疗欺诈行为。专项行动未发现有关单位存在上述违规行为。

【血液安全监管】 2013年3月初，监督所对乐昌市同路单采血浆有限公司开展血液安全监督工作，重点检查采浆技术操作规范的执行情况，打击非法采浆行为。4月24日，通过国家卫生部专家组的专项考核检查。完成对韶关市中心血站的年度监督检查工作。按计划开展对医疗机构临床用血的监督检查工作。

【医疗机构传染病防控】 结合“巩卫创文”工作，3月中旬召开韶关市区医疗机构迎接国家卫生城市复审暨全国文明城市测评工作会议，会议主要内容是加强医疗机构传染病防控工作，其间下发《卫生监督意见书》141份，会上提出限期落实有关工作的要求。4月、5月，加强对医疗机构的巡回监督检查，对逾期不落实整改意见的部分医疗机构依法进行立案查处。加强对医疗机构禽流感防控工作的监督检查。

【医疗机构医疗废物处置监督检查工作】 监督所召开市区医疗机构医疗废物处置工作会议，会上通报市医疗机构医疗废物监管工作开展情况，并对进一步规范市医疗机构医疗废物管理工作做部署。其间，共检查医疗机构141家，其中与医疗废物集中处置单位波丽公司签订有效合同的有124家，18家未签订有效合同。8月，复查18家未签订有效合同的医疗机构，大部分已签约，部分正在办理。行动中对5家存在问题的医疗机构进行行政处罚。

【人类辅助生殖技术管理专项整治行动】 根据广东省卫生厅《关于印发广东省人类辅助生殖

技术管理专项整治行动实施方案的通知》和韶关市卫生局《关于印发韶关市人类辅助生殖技术管理专项整治行动实施方案的通知》的精神和要求，开展专项整治活动。韶关市市区内持有效人类辅助生殖技术批准证书的医疗单位有韶关市粤北人民医院、韶关市妇幼保健院两家。两院均设有独立的科室，配有相关辅助设备，人员均持有效证件和专门对口培训证明；设有相对应的医学伦理委员会，成立有相关的领导小组及明确责任及分工；病例均按相关要求签署《知情同意书》《多胎减胎同意书》，留有患者的结婚证、身份证、计划生育证明的相关资料，并有回访核实记录；定期组织医务人员开展“伦理道德培训”并有记录。根据广东省卫生监督所转交的《关于举报韶关芜江工业园有非法代孕投诉》开展针对性的调查，在未能联系到投诉人和投诉记录不清晰的情况下进行相似名称中的地方摸查及制定长期巡查计划。专项检查中未发现有其他未持有“人类辅助生殖技术批准证书”开展人类辅助生殖活动的行为。

【打击非法行医】 2013年，查处违法行医案件19宗，罚没金额13.7万元，其中取缔非法诊所10家。案件涉及无证行医、聘用非卫生技术人员开展诊疗活动、执业助理医师独立开具处方、违规处置医疗废物等。

【供水单位监督检查】 贯彻实施及《生活饮用水卫生规范》等法律法规，加大对全市学校卫生、生活饮用水卫生监督工作力度，确保全市人民身体健康。加强对集中式供水单位水质监测，按时准确网报监测结果。对市区管辖的乡镇集中式供水单位进行全面监督和调查，联合浈江区卫生局对犁市、花坪的3间水厂进行监督检查，在按照《生活饮用水水质卫生规范》要求加强日常监督的同时，进行出厂水水质的快速监测，并督促供水单位加强自检能力建设，按照规范要求，做好自检监测，发现问题，及时采取措施，确保供水安全。对城区4间集中式供水单位、63户二次供水单位的水源防护情况、制水工艺、水处理设施清洗消毒、水质自检和涉水产品进行监督检查，重点检查供管水人员健康证情况、卫生管理制度的落实情况、供水设施清洗消毒情况等。对检查中存在问题及时提出监督意见，督促整改。

【学校卫生监督保障】 根据《中华人民共和国传染病防治法》《学校卫生工作条例》，制定学校卫生监督量化分级管理工作方案，20间试点学校进行学校卫生量化分级初评，探讨学校卫生监督工作新模式。指导作为2013年高考、韶关市公务员招录笔试考点的韶关市第二中学、韶关市第五中学、韶关学院医学院、韶关市技师学院、韶关市第二技师学院、广东省南方高级技师学院等学校做好考场通风换气、内外环境消毒并进行饮用水卫生的监督检查。开展学校春季传染病防控专项监督，重点检查学校是否落实学生晨检、因病缺勤登记、传染病报告和消毒制度等。加强对学校教学环境、教学设施、学生宿舍、生活设施等基本卫生条件的建设管理，对60间学校内影响学生健康的环境因素进行监督检查，确保学生有良好的学习生活环境。对学校生活饮用水现状进行监督检查，规范学校饮用水卫生管理，消除饮用水卫生安全隐患，保证师生用水安全。

【“韶关市2013年饮用水卫生宣传周”活动开展】 开展“饮用水卫生宣传周”活动。其间，共出动卫生监督员30人次，分别举行饮用水卫生宣传周启动仪式，开展饮用水安全进社区、农村、学校等现场咨询活动，共张贴标语、悬挂横幅、发放饮用水卫生宣传资料共1800余份（条），在全市掀起生活饮用水卫生宣传热潮。

【涉水产品专项执法行动】 开展强化全市涉水产品专项执法行动。对市区销售净水器、饮水机等涉水产品销售单位进行清理排查，共检查119种涉水产品，检查中发现部分销售企业未能提供所销售的涉水产品有效的卫生许可批件，责令其暂时下架，停止销售，调查核实后，按照《生活饮用水监督管理办法》的规定进行处理。已立案查处3户，罚款3500元，均已结案。按照省卫生厅《转发卫生计生委办公厅关于开展公共卫生专项监督检查工作的通知》要求，组织开展生活饮用水专项监督检查工作，上报专项监督检查工作总结。

【职业和放射卫生监督管理工作】 继续开展职业卫生宣传活动，通过发放宣传材料，张贴宣传画，现场咨询等形式宣传职业卫生知识。推行职业卫生监督“四个一”工程，推进职业健康监护工作，推进新发职业病例溯源督查，保障劳动者的健康权益，健全协调机制，确保监管合力。健全、加强与安监局、人社局、总工会等相关部门的职业病防治工作的协调配合，建立联动机制，确保形成部门监管合力，开展执法专项行动，推动工作场所职业病危害治理、职业健康检查、职业病诊断与鉴定工作的顺利开展。6月中旬，配合韶关市武江区安监局对辖区内的5家铅、铬、锰等重金属职业病危害企业进行现场监督检查，为安监部门提供职业卫生技术支撑，为企业提供职业卫生防护知识。6月底，在韶关市安委办的组织下，监督所与市安全监管局、市质监局和市人社局等部门组成督查组，在全市开展“韶关市2013年职业卫生执法监察联合行动”，重点对乐昌市、乳源县、仁化县和始兴县开展的职业卫生执法工作情况进行专项督查，进一步落实用人单位职业病危害防治主体责任，预防和减少职业病危害事故的发生。督促9家职业卫生技术机构开展职业卫生技术机构质量保障体系与依法执业自查整改、汇总上报工作。组织、指导8个基层卫生监督机构开展《职业健康监护技术规范》的应用情况调查。开展职业卫生、放射卫生重点监督检查。监督所对全市的韶关市职业病防治院和市辖8个县（市、区）的疾病预防控制中心共9个职业健康检查机构、1家职业病诊断机构进行职业卫生工作监督检查。

【放射诊疗监督检查】 加强放射诊疗监督检查，巩固放射诊疗监管模式。推进医疗机构建设项目放射卫生评价审核工作。2013年，对市属的12户放射诊疗机构安装新放射诊疗设备或新、改、扩建放射诊疗工作场所，提前介入，进行预防性卫生监督指导，使之达到国家放射诊疗管理规定的要求。其中，有4项建设项目已按国家规定的程序进行职业病危害放射防护预评价，有5项已进行职业病危害控制效果放射防护评价。在市区开展口腔科X射线牙片机的专项排查、整治工作。目前已排查辖区内的门诊部、口腔牙科私人诊所、卫生站等医疗卫生机构共32户，对其中的10户开展X射线影像诊断的医疗卫生机构，责令其限期整改，对其中的3户医疗卫生机构的3台牙科X射线机予以现场监督封存。

组织对各县（市、区）的11户和市区的8户开展介入放射学工作的放射诊疗机构进行专项监督检查。组织对各县（市、区）的13户和市区的8户拥有大型医疗放射设备CT机的放射诊疗机构开展专项监督检查。对市、县（市、区）两级辖区内开展放射诊疗工作的173间各级各类医疗机构和1家职业卫生技术（放射防护）服务机构进行重点监督检查，监督检查的覆盖率达到100%。依法严厉打击严重违法行为，督促医疗机构依法做好放射诊疗设备检测、个人剂量监测、放射工作人员健康监护等各项工作，维护放射工作人员和受检者的健康权益。全年，书面行政警告医疗机构4宗，立案查处、行政罚款1宗。并组织各学员和开展放射治疗工作的2个“三甲”医院的放射工作人员共524人进行职业健康体检和个人剂量监测。开展医疗卫生（放射诊疗）专项监督检查工作。根据市卫生局《转发国家卫生计生委办公厅关于开展医疗卫生专项监督检查工作的通知》精神，9月下旬，监督所对市辖区内开展放射诊疗工作各级各类医疗机构69间进行专项监督检查工作，监督检查的覆盖率达到100%。

【协助曲江区进行放射防护设施的整改】 曲江区共有放射诊疗机构14间，但只有1间机构持有有效的放射诊疗许可证，严重影响全市放射诊疗许可证的发放率。监督所派出专业人员同曲江区卫生局察看其辖区内的所有放射诊疗机构（其中有9间乡镇卫生院），从放射工作场所的防护设施、警示标志的设置到人员培训、设备的检测、管理制度的建立等各个方面，一一指导，并现场测量、绘图，编制《曲江区放射卫生防护整改经费预算》。整改工程已按计划全部完成，待检测、验收、发证。举办两期放射工作人员职业健康管理学习班，共363人参加培训学习。

【卫生监督稽查工作】 制订稽查工作计划，开展全年的稽查工作。按照卫生监督稽查工作要点，完成年初制定的全年稽查工作目标任务。全年，共受理25宗投诉案件，其中4宗有违法行为，经调查取证已立案查处，给予责令立即停止违法行为、警告及罚款的行政处罚，21宗投诉案件未予立案，其中17宗案件无确凿证据证明该诊所有违法行为，1宗已予当场行政处罚，1宗按广东省卫生粤卫办函〔2007〕60号《关于妥善处理我省个体医生执业资格有关问题的通知》办理，1宗已撰写《关于举报韶关芙江工作园有非法代孕投诉案件的处理报告》上报省卫生监督所，1宗因案发地点为翁源县，现已移交翁源县卫生监督所立案查处，对上述案件的进行反馈，除3宗案件无法与投诉人取得联系外，其余都对办理结果表示满意。完成对监督所新发证单位的稽查工作。对23间新发证单位进行稽查，稽查结果表明，监督科室能够严把许可关，按照相关的许可要求和规范进行现场审核发证，但是也存在从业人员流动后未办理健康证和未建立健全管理制度等问题，针对上述问题，稽查人员给责任监督科室下达稽查意见书，要求其对存在问题的单位进行整改并加大监督力度。归档的行政处罚案卷共6宗，其中当场行政处罚案卷1宗，一般程序行政处罚案卷5宗。

【卫生信息管理】 截至12月31日，全市全年录入卫生监督信息系统被监督单位5167户，建档率达100%；日常监督12591户次（市所4668户次），监督覆盖率达到95.57%（市所98.80%）；建设项目录入105宗；各类行政处罚录入77宗。根据卫生监督工作计划，配合各科室做好全年宣传计划。每周在不同媒体刊登卫生监督工作内容。加强与新闻媒体的联系和信息报送，全面提高卫生监督执法工作的社会认知度。截至2013年12月31日，监督所向省市媒体和各相关部门报送信息58条。全年通过网站对外发布各类通讯报道242条次。信息报告成绩在全省名列前茅，并在2013年广东省卫生监督信息报告培训班获得信息报告先进单位的荣誉称号。

【卫生信息宣传】 在各类现场宣传咨询活动，向居民宣传公共场所禁烟、生活饮用水安全、打击非法行医等相关卫生知识，接受咨询投诉。针对群众关心的热点问题，市卫生监督所工作人员还向广大群众发放业务知识培训等宣传单。各类活动合计当天共向群众发放宣传单600余份，现场咨询800余人次。2013年5月13日至19日开始组织全市各县（市）区实施饮用水卫生宣传周活动，全市各地举办现场宣传活动6场次，通过市所网站发布饮用水周的宣传教育视频及相关宣传资料，发挥电视、广播等媒体的作用，报道和宣传饮用水卫生宣传周活动。宣传周活动共计发放资料1万余份，接受群众咨询1000余次。制作各类创文巩卫、健康教育及普法宣传栏7版次。

【卫生监督学习培训】 截至12月31日，已组织开展各类管理相对人法律法规知识培训8期，共计培训监督对象520人次。结合当前社会的热点问题和卫生监督部门重点工作，参加各级学习培训班、单位集中学习、个人自学和“请进来”传授等方式进行教育培训。其中，共外派学习交流14期共27人次，组织全市卫生监督员培训7期，培训545人次。按照上级要求参加国家卫生监督信息管理系统网络平台培训，列入考核培训32人，通过考核人次6人，通过率18.75%。举办2013年第一期卫生监督协管人员学习培训班，全市近300名卫生监督协管人员参加此次学习培训。重点就食品安全信息报告、职业卫生咨询指导、饮用水卫生安全巡查、学校卫生服务、非法行医和非法采供血、公共场所卫生等方面的知识进行培训。

（戴甲文）

附：领导班子成员名单

所　长：梁方武

副所长：陈晓平　朱逸明

体育管理

【概况】 2001年，根据中共韶关市委、韶关市人民政府《关于印发〈韶关市市级党政机构改革方案〉的通知》和韶关市机构编制委员会《韶关市市级党政机构改革方案实施意见》，体育运动委员会更名为体育局。体育局与体育总会一个机构，两块牌子，是主管体育工作的市人民政府工作部门，在编人员21人。韶关市体育局机关设5个职能科（室）。分别为办公室、群众体育科、竞技体育科、体育经济科、人事监察科。韶关市体育局直属事业单位有3个，分别为韶关市体育场馆管理中心、韶关市中心业余体校、韶关市体育彩票管理中心。2013年，市体育工作落实科学发展观，围绕全市中心工作，贯彻《全民健身条例》《关于加快转变我省体育发展方式的意见》《韶关市加快转变体育发展方式实施意见》，推进体育改革，促进体育事业发展，各项工作开展有序，成效明显。完成局属事业单位的分类改革，整合成立韶关市体育场馆管理中心，召开全市体育局长会议和全市群体暨乡镇农民体育健身工程建设现场会。2013年，国家体育总局命名韶关市乳源瑶族自治县游溪镇全民健身广场为全国乡镇体育健身示范工程。分别涌现出马丽芸、张琳、肖 剑 、杨嘉麒、杨晓翠、谭美云、侯晓兰等一批优秀的体育运动员。

群众体育

【概况】 市体育局贯彻落实《韶关市全民健身实施计划（2011—2015年）》和《广东省群众体育工作方案》，推进场地、组织、活动、服务“四大网络”建设，加强户外运动基地创建工作，开展自行车、徒步、露营等户外体育活动。组团参加广东省第三届体育大会，并取得全省第九名的好成绩。全市一批单位和个人获得国家、省的群众体育工作先进表彰，群众体育事业得到蓬勃发展。

【体育场地设施建设】 市体育局主动与上级部门沟通，争取省专项经费资助体育场馆设施和乡镇农民体育健身工程建设。5月中旬，全市在曲江区召开乡镇农民体育健身工程建设现场会，推进2013年为民办实事工程规划建设。按照《韶关市乡镇农民体育健身工程实施方案（2011—2015年）》的规划建设要求，完成22个乡镇农民体育健身工程的建设任务。管护公共体育场地设施。开展全市机关、企事业、学校等体育场馆设施现状调查，草拟《韶关市体育场地设施向社会开放实施办法》，经市法制部门审核，向市政府报批、印发。加大协调力度，解决市业余体校综合楼建设中遇到的问题，抓紧工程建设，已完成主体工程建设。截至2013年年底全市人均体育用地面积达2.09平方米。

【社会体育组织协会成立】 2013年，韶关市成立社会体育指导员协会，全市单项体育协会共有22个。社会体育指导员在各晨晚运点进行义务指导健身服务，为群众科学健身提供指导。加强体育社团组织的孵化、指导和服务工作，各体育社团组织不断发展成熟，发挥桥梁纽带作用，因地制宜开展喜闻乐见的健身活动，承接政府职能转变的能力和水平不断提高。

【社会体育指导员队伍】 加强社会体育指导员的培训、登记工作，为群众健身提供志愿服务。截至2013年年底，全市共有7254名社会体育指导员，其中国家级20人、一级240人、二级1053人、三级5941人，每万人拥有社会体育指导员24人。

【全民健身活动】 贯彻《全民健身条例》和《全民健身计划（2011—2015年）》，开展全民健身活动，打造群体活动品牌。全市举办2013年韶关市“汇展华城杯”元旦环城跑、“体彩杯”龙舟赛、龙狮闹元宵、周末篮球赛、全国百城和千镇健身气功展示和科普讲座活动、羽林争霸2013年红牛城市羽毛球赛、8月8日全民健身日、韶关市第六届“御和苑杯”社区体育运动会、广东省“体彩杯”（韶关·环南水湖）自行车赛、第三届露营活动、第六届徒步穿越丹霞山、第二届丹霞山绿道快乐骑行活动等一系列群众体育活动。全市经常参加体育锻炼人口达48.80%。

【开展国民体质监测】 开展国民体质监测工作，并获得省的表彰。2013年，完成国民体质监测5896个样本的检测任务。国民体质监测工作向常态化推进。所有的县（市、区）都建立体质测定和运动健身指导站，可为当地的群众提供监测服务，这为提升全民健身服务打下坚实基础。

【体育“创先”工作】 2013年，全市一批单位和个人被国家体育总局表彰为2009—2012年度全国群众体育先进单位和先进个人。先进单位：曲江区人民政府、始兴县人民政府、乳源县文体旅游局、韶关市教育局、韶关市武术协会；先进个人：韶关市体育局宋启龙、翁源县体育局陈思才、韶关市老年人协会黄文富。5个社区居委会被命名广东省第五批城市体育先进社区（居委会）：浈江区车站街道东升社区居委会、浈江区乐园镇锦园矿冶居民区管理委员会、浈江区车站街道广铁一线社区居委会、武江区惠民街道新华北社区居委会、武江区惠民街道沙湖社区居委会。

【参加省以上比赛】 全市派出

194人组团参加广东省第三届体育大会，进行健身秧歌、拔河、定向越野、健身气功、速度轮滑、体育舞蹈、毽球、围棋、象棋、国际象棋、室内五人制足球、信鸽、桥牌和轮滑球14个项目的角逐。共获得4个一等奖，14个二等奖和22个三等奖，总积分388分，全省排名第九。全市参加广东省首届千万人群广场健身排舞大赛。10月17日，全市组队参加由广东省体育局、广东省总工会、广东省教育厅、广东省农业厅联合主办的广东省首届“体育彩票杯”千万人群广场健身排舞展示大赛，韶关市参加大众A组的比赛，获得一等奖的好成绩。

竞技体育

【概况】 市体育局贯彻落实《关于进一步加强和改进青少年体育工作的意见》，加强业余体校学生训练、文化教育和保障工作，推进业余训练重点班、体育传统项目学校、青少年体育俱乐部工作，做好运动员和裁判员引进、交流、培训、输送工作，提高竞技体育核心竞争力。组织各项赛事，组队参加广东省各项目青少年锦标赛，取得好成绩。

【业余训练重点班管理】 为更好地发展韶关市基层业余训练工作，提高基层业余训练水平，培养输送更多更好的体育后备人才。1月，组织人员对全市业余训练重点班进行检查。对符合条件的30个重点班发放2012年训练补助19万元，并命名35个训练点为2013年韶关市业余训练重点班，覆盖全市10个县（市、区），促进韶关市基层业余训练工作的开展。

【青少年体育俱乐部】 体育局申报韶关市星辰青少年体育俱乐部为省级青少年体育俱乐部。截止2013年，全市共有3家国家级青少年体育俱乐部，分别是韶关市山鹰青少年体育俱乐部、韶关市时代青少年体育俱乐部、曲江区益康青少年体育俱乐部，7家省级青少年体育俱乐部。

【举办市青少年锦标赛】 体育局举办韶关市2013年田径、乒乓球、跆拳道等12个项目青少年锦标赛，共有来自10个县（市、区）的近千名运动员参加171个小项的比赛，曲江区、始兴县、仁化县分获团体总分前三名。

【参加广东省青少年锦标赛】 体育局组队参加2013年广东省青少年武术套路、射击、田径、举重、赛艇、皮划艇、乒乓球、羽毛球、摔跤、柔道、跆拳道、击剑、曲棍球、手球、足球、静水回旋等16个项目锦标赛，共获得6枚金牌、7枚银牌、12枚铜牌，总分446.5分。

【裁判员、运动员培养】 2013年体育局共审批二级裁判员161人、三级裁判员286人。做好二级运动员审批，新增72名二级运动员，向省体校输送高水平运动员4人。至2013年年底，全市在省体校、省体工队训练的运动员共28人。

【体教结合】 根据《广东省体育局 广东省教育厅关于开展（2013—2015年）广东省体育传统项目学校评估工作的通知》的要求，韶关市体育局与韶关市教育局合作组织市有关学校申报“2013—2015年广东省体育传统项目学校”，共有8所学校通过审核并被评为省级传统项目学校名单，分别是广东北江中学高中部田径项目，仁化县仁化中学高中部田径、武术两个项目，韶关市第五中学高中部足球项目，广东省韶关市南雄市南雄中学高中部篮球、健美操两个项目，广东省韶关市第一中学高中部篮球项目，韶关市中等职业技术学校高中部定向越野项目。乳源瑶族自治县乳源中学初中部田径项目，韶关市第四中学初中部毽球项目，与市教育局起草《韶关市第十四届运动会竞赛规程总则》，并报市政府审定印发。22所学校被命名为2013—2015年韶关市体育传统项目学校。

【中小学“英东杯”体育比赛】 与市教育局合作举办韶关市第十八届中小学生“英东杯”比赛，一年一度的“英东杯”文体比赛是展现学校教育特色与教育实力的良好平台，发展全市文化教育事业，提高青少年文化体育活动兴趣，全面推进素质教育。4月27日至28日，在广东北江中学体育馆举行韶关市第十八届中小学生“英东杯”毽球竞赛暨韶关市第九届中小学生毽球竞赛；7月12日至15日，韶关市第十八届中小学“英东杯”田径竞赛暨韶关市第五届省、市田径传统项目学校竞赛在韶关学院举行。10月22日至10月26日，韶关市第十八届中学生“英东杯”篮球比赛在翁源中学和翁源县体育馆举行。11月29日至30日，市第十八届中学生“英东杯”健美操竞赛暨市第二届中学生健美操竞赛在韶关市体育馆举行。

体育产业

【概况】 2013年全市体育产业工作以贯彻落实《广东省人民政府办公厅关于加快体育产业发展的实施意见》为主线，做好体育产业的基础性工作，整合场馆资源，集中改革管理，体育彩票事业快速发展，销售量大幅增长。

【韶关市体育场馆管理中心成立】 根据事业单位分类改革要求，市体育局对原市西河体育中心、市游泳场、市体育馆进行整合，重新组建市体育场馆管理中心，为公益二类正科级事业单位。市体育场馆管理中心的成立，标志着韶关市体育场馆步入一个新的里程碑。中心将发挥整合优势，资源合理配置，提升体育场馆管理水平，促进全民健身活动开展，为建设幸福美好韶关作贡献。

【高危险性体育项目管理】 贯彻落实《体育总局关于做好经营高危险性体育项目管理工作的通知》，加强领导，履行好经营高危险性体育项目管理工作。6月，下发《关于加强经营性游泳场所安全管理工作的通知》。7月，市体育局联合市安监局、卫生局、工商局对全市部分经营性游泳场所进行安全生产检查，发现个别场馆证件不齐全、场地不规范，当场要求被检查单位及时整改，进一步规范游泳场所的经营管理。7月，根据《广东省体育局关于加强非临时高危险性体育经营项目许可证行政审批监管的通知》的精神，将非临时性高危险性体育项目许可证的行政审批权限委托各县（市、区）体育行政部门管理。

【体育彩票管理改革】 贯彻落实《彩票管理条例》和实施细则，召开全市年度体彩工作会议，部署加快体彩体制改革工作。体育局与市财政局共同草拟《韶关市加快体育彩票转变发展方式的实施意见》，指导全市体育彩票改革工作。制定并下发《韶关市体育彩票三级管理改革实施方案》，进一步调动县级体彩工作积极性，规范体彩销售管理。加快体彩网点形象升级改造，抓好网点标准化经营与星级网点评选标准相结合的网点巡查工作、网点参评上报工作，开展彩票上市宣传与配套加奖促销活动，扩大销售渠道，加强安全运营和体彩销售管理。

【体育彩票销售】 2013年，全市体育彩票总销量2.62亿元，完成省体育局下达年度总销售基本任务（2.2亿元）的119.42%，同比增长率为23.37%，总销量全省排名第11，完成省局任务全省排名第2。全市体育彩票公益金收入1870.39万元。体育彩票公益金全部用于全民健身和奥运争光，为体育事业发展提供经济支撑。（余丽芬）

附：领导班子成员名单

局　　长：何著东
副 局 长：林钟强　宋启龙
　　　　　林　静
副调研员：陈惠萍

表29　2013—2015年韶关市省级体育传统项目学校名单

省级体育项目	学　校
田径：	北江中学、乳源中学、仁化中学、南雄市第一中学
毽球	韶关市第四中学
篮球	韶关市第一中学
足球	韶关市第五中学
定向越野：	韶关市中等职业技术学校

表 30　　2013 年韶关市国家级、省级青少年体育俱乐部名单

级别	俱乐部名称
国家级	山鹰青少年体育俱乐部时代青少年体育俱乐部、曲江益康青少年体育俱乐部
省　级	金福园青少年体育俱乐部、第二中学青少年体育俱乐部、第十三中学青少年体育俱乐部、曲江一中青少年体育俱乐部、始兴华南虎青少年体育俱乐部、仁化丹霞旭日青少年体育俱乐部、星辰青少年体育俱乐部

表 31　　2013 年韶关市向省输送高水平运动员名单

序号	姓名	性别	项目	输入单位	输出单位	原教练
1	曹丽红	女	田径	省体校	武江区	张永强
2	邱文健	男	田径	省体校	浈江区	张永强
3	温嘉源	男	赛艇	省体校	浈江区	吴晓勇
4	罗林鹏	男	赛艇	省体校	始兴县	吴晓勇

表 32　　2013 年韶关市运动员参加省以上正式比赛获奖运动员名单

序号	姓名	性别	比赛名称	项目	小项	名次	单位	教练
1	黄燕珍	女	第十二届全国运动会	曲棍球	女子曲棍球	第四名	曲江区	张永强
2	黄燕珍	女	全国曲棍球锦标赛	曲棍球	女子曲棍球	第二名	曲江区	张永强
3	邓丽娟	女	广东省青少年柔道锦标赛	柔道	甲组女子 70KG	第一名	乳源县	金杨
4	罗雨森	男	广东省青少年举重锦标赛	举重	丙组男子 48KG 抓举	第一名	新丰县	田全兴
5	赵秀云	女	广东省青少年举重锦标赛	举重	乙组女子 53KG 总成绩	第一名	曲江区	胡永军
6	李婷	女	广东省青少年举重锦标赛	举重	甲组女子 63 + KG 抓举	第一名	仁化县	张丽
7	李婷	女	广东省青少年举重锦标赛	举重	甲组女子 63 + KG 挺举	第一名	仁化县	张丽
8	李婷	女	广东省青少年举重锦标赛	举重	甲组女子 63 + KG 总成绩	第一名	仁化县	张丽
9	黄静君	女	广东省青少年田径锦标赛	田径	甲组女子 1500M	第二名	南雄市	许冬灵
10	邓伟	男	广东省青少年田径锦标赛	田径	甲组男子 1500M	第二名	南雄市	许冬灵
11	陈林峰	男	广东省青少年田径锦标赛	田径	乙组男子 800M	第二名	南雄市	许冬灵
12	罗雨森	男	广东省青少年举重锦标赛	举重	丙组男子 48KG 挺举	第二名	新丰县	田全兴
13	罗雨森	男	广东省青少年举重锦标赛	举重	丙组男子 48KG 总成绩	第二名	新丰县	田全兴
14	赵秀云	女	广东省青少年举重锦标赛	举重	乙组女子 53KG 抓举	第二名	曲江区	胡永军
15	赵秀云	女	广东省青少年举重锦标赛	举重	乙组女子 53KG 挺举	第二名	曲江区	胡永军
16	罗坚	男	广东省青少年田径锦标赛	田径	男子乙组三级跳远	第三名	曲江区	张永强
17	黄静君	女	广东省青少年田径锦标赛	田径	甲组女子 800M	第三名	南雄市	许冬灵
18	黄彩珍	女	广东省青少年举重锦标赛	举重	甲组女子 56KG 抓举	第三名	曲江区	李竹青
19	黄彩珍	女	广东省青少年举重锦标赛	举重	甲组女子 56KG 挺举	第三名	曲江区	李竹青
20	黄彩珍	女	广东省青少年举重锦标赛	举重	甲组女子 56KG 总成绩	第三名	曲江区	李竹青
21	张正财	男	广东省青少年举重锦标赛	举重	乙组男子 62KG 抓举	第三名	曲江区	李竹青
22	赵行辉	男	广东省青少年举重锦标赛	举重	甲组男子 69KG 抓举	第三名	新丰县	田全兴
23	李玉峰	男	广东省青少年赛艇锦标赛	赛艇	乙组男子 2KM 单人双浆	第三名	曲江区	吴晓勇
24	江其峰	男	广东省青少年射击锦标赛	飞碟	甲组男子多向 125 靶	第三名	浈江区	王玉梅
25	杨冰彬	男	广东省青少年跆拳道锦标赛	跆拳道	甲组男子 58KG	第三名	乳源县	杨桂聪
26	杨宗儒	男	广东省青少年太极拳锦标赛	太极拳	甲组男子太极拳	第三名	仁化县	庄小宝
27	吴焕杰	男	广东省青少年太极拳锦标赛	太极拳	乙组男子太极拳	第三名	仁化县	陈星潭

社会生活

民政

【概况】 2013年，市民政局内设机构无变化，共有科（室）12个，分别为办公室、人事监察科、军休退伍安置科、救灾救济科、最低生活保障科、区划地名科、基层政权和社区建设科、优抚科、社会事务科、社会福利科、老龄工作办公室和社会组织管理局（副处级），原13个直属事业单位进行局部的撤并，其中包括：撤销韶关市流浪未成年人救助保护中心和韶关市社会捐助接收站，并入韶关市救助管理站，改名为韶关市救助服务站；撤销韶关市殡葬管理所，并入韶关市殡仪馆，改名为韶关市殡仪馆（韶关市殡葬管理所）。现有直属单位10个。2013年，全市民政系统贯彻落实中共十八大精神，围绕中心，服务大局，以保障民生、实现社会公平、维护社会稳定、促进社会和谐为目标，改革创新，积极作为，民政工作整体推进、全面发展。2013年，全市城乡综合性社会救助体系更加健全，社会福利和慈善事业加速发展，社会管理和公共服务不断创新，优抚安置和拥军优属工作扎实开展，年度工作目标任务圆满完成，发挥民政工作在社会建设中的骨干作用。（唐焕威）

【抗灾救灾】 2013年，全市先后遭受“3·20”风雹灾害、“5·16”洪灾、“5·27”洪灾、“8·16”洪灾等4次自然灾害，全市10个县（市、区）发生不同程度灾情。全年因灾全倒户2406户，死亡23人，失踪3人，紧急转移安置5.09万人，需救助人口6880人。每次灾害发生后，市民政局投入救灾工作，及时收集整理上报灾情。“5·16”洪灾先后启动四级响应和三级响应，“8·15”洪灾及时启动四级响应。各级民政部门共向灾区发放折款约600万元的帐篷、大米等应急救灾物资，其中省级救灾物资折款223.51万元。全年安排下拨中央、省、市自然灾害救助资金6695.732万元，其中省级以上资金5100.132万元、市级资金1595.6万元；紧急转移安置受灾群众、重建家园、过渡期生活救助、冬春生活救助资金分别为1513.2万元、3801.6万元、742.932万元、638万元。由市民政局牵头起草，市政府办公室印发《韶关市“5·16”洪灾灾后重建家园工作方案的通知》，过渡期救助对象3个月生活救助顺利实施，2406户因灾全倒户全部搬入新居。国家第五个“防灾减灾日”期间，市民政局牵头联合市地震局等16个部门，在和平路小学高年部、中山公园举行地震知识讲座、地震应急疏散演练、防灾减灾知识大型科普宣传活动。年初，武江区惠民街道沙湖社区被民政部命名为“全国综合减灾示范社区”，9月，向省民政厅申报2个“全国综合减灾示范社区”。

【社会救济】 2013年春节前，为城乡低保户、五保户、重点优抚对象、部分困难老党员发放中央、省、市各类临时性补贴共计4632.99万元，惠及全市11.9万人。补贴实行社会化一次性发放。其中，发放中央、省级一次性生活补贴4355.89万元。中央、省补贴低保对象、五保对象的标准按城市和农村：城市标准分别为每人300元、150元；农村标准分别为每人200元、150元，中央、省补贴重点优抚对象、中华人民共和国成立前入党的农村老党员和未享受离退休待遇的城镇老党员标准分别为每人360元、150元；市财政对市本级5835户低保户发放春节慰问金，按3人以下家庭每户300元、4人以上家庭中每增加1人增加100元的标准，共发放181.9万元；市财政为市本级、浈江区、武江区低保户、五保户、优抚对象共计9520户发放市区低收入群众春节价格补贴，按每户100元标准，共发放95.2万元。由市委、市政府领导带队的10个困难群众慰问组，分赴县（市、区），慰问10

间敬老院、60户困难家庭、乐昌市复退军人医院，共送出慰问金15.8万元。年底，实现医疗救助"一站式"即时结算县级全覆盖，2013年全市实施医疗救助6973人次，共支出医疗救助金999.17万元，其中城市210.43万元，农村788.74万元。

【五保供养】 截至2013年年底，全市纳入事业单位管理的敬老院共有93间，床位4149张。全市共有五保对象6496户、6577人，其中集中供养1799人、分散供养4778人，全年共支出五保供养经费3231.4万元，其中集中供养951.55万元、分散供养2279.85万元。争取694万元省级农村五保供养专项补助资金。9月，全市10个县（市、区）按当地上年度农村居民人均纯收入的60%全部完成当年的五保提标任务。提标后，全市人月均标准集中供养456元、分散供养442元，较2012年年底分别增加60元、62元。市民政局下拨20万元福彩公益金修缮5间敬老院，向省民政厅推荐上报2间乡镇敬老院参与省区域性敬老院试点项目筛选。联合市档案局出台《韶关市农村五保供养档案管理办法》，下发《关于做好落实敬老院工作人员待遇的通知》，要求各地在理顺敬老院管理体制的基础上，进一步落实敬老院工作人员工资、社保待遇问题。市民政局牵头负责的市政府承诺为民办十件实事之一"为全市敬老院安装太阳能热水器"，于年底如期完工，项目总投资486.03万元，安装太阳能集热面积3520平方米，全部启用后日供热水总量达266.3吨。

（班冰　唐焕威）

【最低生活保障】 2013年年底，全市共有低保对象45317户、91279人，其中城镇低保对象10732户、19348人，农村低保对象34585户、71931人。全年累计支出低保资金18825.19万元，其中城镇6237.82万元，农村12587.37万元。低保金实行社会化发放，及时、安全、足额发放到低保户手中。出台《关于韶关市城乡居民最低生活保障标准制定和调整工作的实施意见》，在全市建立起采用消费支出比例法制定和调整城乡低保标准的长效机制，健全救助标准与物价上涨挂钩的联动机制。根据《关于落实最低生活保障工作经费有关问题的通知》精神，落实省、市、县共325万元低保工作经费。加强低保信息化建设，推行网上管理，实时更新，动态管理。整合民政、公安等21个部门的力量，建立社会救助工作联席会议制度。开展低保、五保入户大普查，按县级100%入户，市级随机抽查的方法，开展低保、五保全市性入户大普查。7月，全市均完成当年的低保提标任务，提标后全市城乡低保人月均补差水平达到243元、110元，较2012年年底分别增加103元、23元，增幅分别达73.6%、26.4%；全市城乡人月均低保标准达到321元、198元，较2012年年底分别增加47元、26元，增幅分别达16.8%、15.1%。

（班冰　唐焕威）

【慈善事业】 韶关慈善总会自2006年成立后，10个县（市、区）也先后成立慈善会。2013年，韶关慈善总会共募集捐款2310.48万元。募集资金来源：一是在全市范围内开展"广东扶贫济困日"活动，动员市直各单位、中省驻韶关企事业单位、大中厂矿、驻韶关部队、学校等各方面的捐款共1652.68万元；二是四川雅安芦山地震接收全市各级捐款共438.28万元；三是通过捐赠者定向到各个项目的专项资金219.34万元；四是通过爱心捐款箱接收捐款0.18万元。

2013年，韶关慈善总会为社会公益事业共支出善款2000.16万元。一是救助本市的特殊困难群体和个人，包括助医济困、助学济困、赈灾济困、扶老助残等，以及给予相关社会公益性机构进行救助，包括教育机构、医疗机构、敬老院机构等下拨救助金136.22万元；二是上缴省慈善总会四川雅安芦山地震捐款438.28万元；三是根据捐赠者意愿定向捐赠下拨286.34万元；四是根据"广东扶贫济困日"活动精神，下拨扶贫救助资金1139.32万元到各县（市、区）扶贫点。（董秋培　唐焕威）

【农村村务公开民主管理示范创建】 韶关市共有村民委员会1202个，2013年按照广东省民政厅《关于开展广东省村（居）务公开民主管理示范创建活动的通知》要求，全市完成180个村委会，32个居委会示范创建任务，并受到省村务公开协调小组的命名表彰。投入80万元配套资金，完成8个村委会"双强双促"计划。根据广东省民政厅《关于开展村级基层组织建设情况调研暨村务公开和农村“三资”监管检查评估活动的通知》文件精神，为做好迎接省检准备工作，由市纪委牵头，组织、民政、农业、财政等部门参与，分3个检查组分别对10个县（市、区）的村务公开和农村“三资”监管工作进行全面检查。省检查组6月6日至7日对韶关市进行检查，通过听取市委、市政府的工作汇报和实地检查，与村干部座谈交流，肯定韶关市所取得的工作成绩，并给予高度的评价。

【城镇社区建设】 全市共有社区居委会220个，2013年根据广东省民政厅《关于实施“强居促和谐、强村促稳定”计划的通知》的文件精神，完成4个居委会“双强双促”计划任务。根据广东省民政厅《关于资助建设家庭服务中心的通知》，拟在乳源县乳城镇源峰社区、乐昌市北乡镇下西坑瑶族村、新丰县丰城街道各建一个家庭服务中心，并报省审批，争取资助资金。根据国家、省的有关文件，督促指导各县（市、区）开展第二次全国和谐社区建设示范单位创建工作，并向省申报1个街道、3个社区为全国和谐社区建设示范单位。不断完善社区服务设施建设，全市有街道政务服务中心5个，城市社区公共服务站97个，每万人拥有城乡社区服务设施25个。

（达丽　唐焕威）

【优抚对象人数分布构成】 截至2013年年底，全市享受定恤定补优待的优抚对象18719人（户）。其中享受定恤的烈属161人、因公牺牲军人家属36人、病故军人家属82人、在乡老复员军人1554人、带病回乡退伍军人550人、部分参战涉核军队退役人员5843人、60周岁以上农村籍退役人员5607人、部分烈士子女367人、直接参与铀矿开采退役人员817人、“五老”人员（老游击队员、老通讯员、老堡垒员、老党员、老苏区干部）695人、享受国家伤残抚恤金的革命残疾人员862人、享受义务兵家属优待的军属2145户。

【提高优抚对象的补助标准】 市委、市政府高度关注优抚对象的生活，从2013年10月1日起，再次大幅度提高重点优抚对象抚恤补助标准。其中，残疾军人残疾抚恤金标准在原来基础上提高15%；烈属、因公牺牲军人遗属、病故军人遗属的定期抚恤金标准均提高10%以上；在乡复员军人、回乡务农抗战老战士、红军失散人员、带病回乡退伍军人、参战涉核退役人员的定期生活补助标准均提高10%以上。提高标准后，烈属农村标准每月920元，城镇标准每月1436元；因公牺牲军人家属农村标准每月890元，城镇标准每月1261元；病故军人家属农村标准每月867元，城镇标准每月1204元；在乡复员军人标准每月790元；回乡务农抗战老战士标准每月798元；红军失散人员标准每月1355元；带病回乡退伍军人标准每月472元；参战涉核退役人员标准每月380元；“五老人员”标准每月307元。2013年，全市共支出优抚对象保障资金6711万元，确保优抚对象的基本生活。

【优抚对象关爱行动】 贯彻落实新颁布的《烈士褒扬条例》，2013年，全市共投入资金2507万元（其中中央和省的资金1799万元），建成（维修）烈士纪念碑等设施60个，完成率达100%，完成零散烈士墓迁移、维修1899个，完成率达92%。提前完成省里下达的散葬烈士墓迁葬和零散烈士纪念设施保护工程分别完成总基数90%的目标。按照省民政厅的统一部署，2013年，全市从韶关复退军人医院抽调医务人员组成工作组，从8月开始，到全市各县（市、区）和清远市开展“关爱功臣、送医送药”活动。全年先后派出医护技术人员169人/次，为各类重点优抚对象诊治疾病3203人，进行体格检查3223人，心理咨询2653人，赠送拐杖98件（条），免费发放药品及其他开支共约38万元，为解决重点优抚对象医疗难问题发挥积极的作用。

【双拥宣传】 2013年，全市各级党委、政府，各有关部门和单位以纪念双拥70周年的“双百拥军行”为契机，通过广播、电视、报纸等新闻媒体，采取多种形式，宣传党中央、国务院、中央军委关于做好新时期拥军优属工作的重要指示精神；宣传广大军民在党的领导下为实现民族解放、国家富强而团结奋斗的光辉历史；宣传驻韶关部队的建设成就和参与韶关市经济建设、抢险救灾所做出的巨大贡献；宣传全市广大军民在双拥工作中涌现出来的先进典型人物和事迹。通过开展双拥宣传，进一步统一全市党政军民的思想，增强全市人民为建设幸福美好韶关，自觉克服困难、顾全大局、维护社会稳定的信心。结合开展创建双拥模范城（县）活动，市委、市政府、韶关军分区、市双拥办在春节前夕共同举办一场“军民鱼水情”双拥文艺晚会。

【地方政府率团慰问部队军人、拥军模范】 2013年“八一”期间，市委、市政府主要领导分别率领5个慰问团慰问韶关军分区及驻韶关75230部队、96166部队、武警、消防、干休所、军休所等10多个部队和优抚单位，慰问爱国拥军模范夫妻易建雄、张新娣夫妇。“八一”建军节前，市委副书记陈向新、副市长李安平亲率慰问团慰问广东省军区、武警广东省总队、广东省消防总队、42集团军等驻粤部队。在慰问完驻粤部队后，市委、市政府慰问团又从广州赶赴安徽黄山慰问二炮96166部队基地、96151部队和驻海南的南海舰队“韶关舰”。市委、市政府向广州军区赠送慰问金。在春节、“八一”两大节日中，市本级共为部队赠送慰问金200多万元。各县（市、区）党委、政府也组织开展各种形式的慰问活动，对驻军进行慰问。全市共组织慰问团（组）170多个，拥军优属活动开支800多万元。9月底市委、市政府又组织慰问团慰问75230部队赴青海野外驻训归来官兵，并赠送慰问金。

【拥军政策落实】 2013年春节期间，市委、市政府组织10个送温暖慰问团，分赴10个县（市、区）走访慰问重点优抚对象代表。“八一”期间，市委、市政府又组织3个慰问团分别赴市辖三区及市直企事业单位慰问优抚对象及参战涉核人员。全市各级慰问团共走访慰问优抚对象2000多户。在慰问活动中，对转业退伍军人安置、随军家属就业和生活保障、义务兵家属优抚金兑现、军人及其家属涉法问题处理、重点优抚对象生活保障、旅游景点和公共服务场所对军人优待等情况进行一次全面检查，各项拥军政策法规均得到较好落实。2013年7月至8月，分3期举办为期7天的军地两用人才培训班。驻韶关部队共有6个单位，238名战士参加培训。开设培训项目设有计算机、维修电工、烹饪技术、制冷设备等4个专业。

（欧阳杰　唐焕威）

【退伍军人安置】 2013年，全市共接收退役士兵858人，其中城镇258人、农村587人，转业三级士官13人（已全部安置完毕），全市共发放退役士兵自主就业一次性经济补助金1310万元，实现安置率100%，取得较好成绩。为提高退役士兵的就业技能，组织退役士兵免费参加职业教育和技能培训，确保有意愿的退役士兵100%参加教育培训。2013年，全市参加就业培训的退役士兵共846人，就业率达到100%，深受退役士兵的好评。

【军休干部管理服务】 全市有军休所3个、服务站1个、服务点7个。2013年，全市有军休干部121人，无军籍退休退职职工105人，其中接收伤残退休干部3人，无军籍退休退职职工16人，完成上级分配的接收安置任务。落实军休干部的生活待遇，做好军休干部现有住房制度改革工作，完成第三批军休干部现有住房兑现资金工作，深受老干部好评。军休所的设施有较大的改观，其中工业东路军休所增添一批健身器材，惠民路军休所新装修办公用房。工业东路军休所被韶关市评为“巾帼文明岗”称号。为丰富军休干部的晚年精神文化生活，组织军休干部开展文娱活动，如开展扑克、麻将、象棋、游园、门球赛等活动，提高军休干部身心健康水平。（周业仁　唐焕威）

【社会福利工作】 2013年，市政府以投资主体多元化、服务对象公众化、服务方式多样化、服务队伍专业化为工作目标，坚持政府投入为主渠道，鼓励社会力量参与，逐步形成以国有社会福利机构为龙头，社区福利服务为依托，其他形式的社会福利机构为补充的发展格局，促进全市城市福利事业的蓬勃发展。2013年，为提高孤儿保障水平，按照《韶关市孤儿基本生活费发放实施办法》规定，福利机构集中供养孤儿标准每人每月1000元、散居孤儿每人每月600元，惠及孤儿1301人，全市全年共发放孤儿基本生活费1180万元。截至2013年年底，全市现有养老服务机构118个，其中社会福利院11所［市级1所，10个县（市、区）各1所］、乡镇敬老院93间、集体和民办养老服务中心14所，共有机构养老床位9102张，在院老人7912人，孤残儿童、弃婴675人。

【社会工作人才建设和服务】 2013年，全市围绕造就一支数量充足、结构合理、素质优良、具有活力的社会工作专业人才队伍的总体目标，在民政事业单位设置社工岗位、社工人才队伍、政府购买服务等方面做大量工作。2013年，在市社会福利院、韶关复退军人医院开展社会工作人才队伍建设试点的基础上，市编办审核同意在市社会福利院和市救助服务站两个单位增设社工部作为内部机构，并分别设置4个和6个专业社工岗位。为不断提升全市专业社会工作人才的数量和质量，韶关市以做好社会工作职业水平考试为突破口，由市委组织部、市民政局和市社工委专门召开全市性的考试动员会并联合发文，要求符合报考条件的人员报考，并且单位要统一报销考生的考务费、资料费、培训费。市民政局免费为全市1746名考生举办考前辅导培训班，局领导还亲自带头报名参加考试。2013年，全市共有2215人报考，510人通过考试。2013年，市民政局和财政局共同确定政府购买社会工作服务试点，同时对承接政府购买服务的民办社工组织各资助30万元。试点工作开展一年来，共为社区居民提供服务15219人次。

（徐湘田　唐焕威）

【流浪乞讨救助工作落实】 2013年，韶关市机构编制委员会根据《中共韶关市委办公室、韶关市人民政府办公室关于印发〈韶关市市直事业单位分类改革方案和有关配套政策〉的通知》文件精神，整合韶关市社会捐助接收工作站、韶关市救助管理站、韶关市流浪未成年人救助保护中心等3个单位，组建成韶关市救助服务站。韶关市救助服务站根据国务院《城市流浪乞讨人员救助管理办法》、省政府《印发广东省城市生活无着的流浪乞讨人员救助管理规定的通知》和韶关市《韶关市城市生活无着的流浪乞讨人员救助管理实施办法》精神，遵循自愿、无偿、公开救助的原则，坚持主动救助与集中救助相结合。2013年，全市共救助各类流浪乞讨人员6317人次其中市救助服务站4100人次，各县（市、区）民政局2217人次，救助流浪未成年人673人次）；将95名流浪精神病患者、危重病人送往相关医院救治，救助资金支出286万元，其中流浪未成年人救助支出73.5万元，流浪成年乞讨人员救助支出157万元，县、市55.5万元。至2013年年底，市救助站建有救助用房21间，床位110张，配备救助车辆4台，为救助工作提供保障。

【流浪乞讨救助宣传】 利用有关媒体如韶关电视台民生关注栏目10次、《韶关日报》4次等先后报道、宣传救助工作情况，营造社会关心、支持救助工作的良好氛围；在车站、主要街（路）口张贴宣传标语和求助电话，救助车辆在流动救助的同时向市民宣传有关政策、法规，让广大市民了解救助管理工作；组织力量在市区内人口密集地段及主要街道发放救助服务卡，每天对市区主要路段进行巡查，对街面流浪乞讨人员实施告知、引导和护送服务。同时，主动配合市委、市政府重要活动及元旦、春节、广东国际旅游文化节等重大节日，联合公安、城管、卫生等部门，先后开展3次市区流浪乞讨人员集中救助行动，维护社会秩序和公共安全。（谭小英　唐焕威）

【殡葬管理】 2013年是韶关市殡葬事业发展“十二五”规划的关键之年，也是全市贯彻落实《中共中央办公厅 国务院办公厅印发〈关于党员干部带头推动殡葬改革的意见〉的通知》开局之年，韶关以节约土地、保护环境、移风易俗、减轻群众负担为宗旨，加大实施《广东省殡葬事业发展“十二五”规划》，殡葬设施现代化建设进一步加强。全市有殡仪馆9家，经营性公墓10座，公益性骨灰楼（堂）100间，公益性生态公墓47个，公益性骨灰树葬区5个。2013年，全市火化遗体18078具（其中本地数16348具），火化率保持100％。免除困难群众殡葬基本服务1656宗，免除费用171.42万元。骨灰安放管理得到进一步加强，违规土葬和乱埋散葬的现象得到遏制，生态安葬推行顺利，文明低碳，节俭办丧的新风得到普及。

【殡葬改革宣传】 各地按照省、市《2013年殡葬改革宣传活动指导方案》的要求，在传统媒体和新兴媒体中宣传殡葬管理有关法律、法规、方针、政策，宣传殡葬改革的意义，宣传树葬等节地生态葬法。同时，还采取印发宣传手册的办法，把殡葬管理有关法律、法规和各级党委政府下发的文件编印成册，发到各乡镇、街道、村（居）委会，使殡葬改革的意义家喻户晓。特别是在清明节祭扫期间，引导群众接受文明低碳祭扫观念，树立移风易俗的祭扫新风尚，宣传家庭追思会、网络祭扫、鲜花祭扫、踏青遥祭等文明低碳的现代祭扫方式，引导错峰祭扫。加强政策宣传，宣传殡葬管理政策法规和惠民政策，引导人民群众自觉遵纪守法，支持和参与殡葬改革。

（李祥安　蓝师武　唐焕威）

【区划地名工作】 2013 年，韶关市行政区划没有调整变化。全市仍是乡镇94 个（其中93 个镇、1 个瑶族乡），10 个街道办事处。

加强行政区域界线管理。2013 年，全市开展平安边界创建活动，经省考评为98 分。完成韶关市与清远市行政区域界线总长347.77 公里，7 个界桩（含“广韶清”三交点桩1 个）的联合检查，所检边界线及两侧地形、地貌、地物没有明显变化，界线实地位置清晰易辨，界桩完好无损，界桩方位物齐全。通过联检，巩固勘界成果，消除纠纷隐患，维护边界附近地区的稳定。界线委托管理情况良好，日常管理工作落实。做好道路和建筑物住宅区命名工作。2013 年，完成市区7 个住宅小区的命名。加强路牌管理和维护保洁工作，确保路牌整洁靓丽。《韶关市城区地名总体规划（2011—2020）》实施顺利。（刘广平　唐焕威）

【婚姻登记管理】 2013 年，根据广东省民政厅《关于转发民政部社会事务司2013 年婚姻登记机关等级评定工作有关事宜的通知》文件要求，动员各县（市、区）民政局婚姻登记处申报，指导有条件的婚姻登记机关进行等级婚姻登记机关创建活动，不断地提高全市婚姻登记管理和服务水平。2013 年3 月、4 月分别组织全市婚姻登记机关登记员参加全省婚姻登记员和颁证员培训班和新系统信息管理的培训。通过培训，提高全市婚姻登记员队伍的素质和业务水平，从而更好地服务群众。2013 年，全市内地结婚登记总数28622 对，涉港澳台、华侨、外国人结婚登记总数141 对。本年度，在民政部门办理协议离婚登记总数7071 对，其中办理内地离婚登记7049 对，涉港澳台、华侨、外国人离婚22 对。

（徐绮雯　唐焕威）

【收养登记】 为全面贯彻落实科学发展观，体现以人为本，民政部门发挥职能部门作用，以一切为孩子和保护收养当事人的合法权益为宗旨，做到依法登记，规范管理，优质服务，促进收养工作的健康发展。2013 年，各级民政部门共办理收养登记151 宗（其中国内公民147 宗，香港同胞4 宗,），使弃婴、孤儿得以实现回归家庭、回归社会的愿望。

（徐湘田　唐焕威）

【社会组织登记管理体制改革】 截至2013 年年底，全市在民政部门依法登记注册的社会组织共计1345 家，比上年底增加158 家，增长率为13%，其中社会团体817 家，民办非企业单位528 家；市本级社会组织378 家（其中社会团体283 家、民办非企业单位95 家）；县（市、区）级社会组织共967 家（其中社会团体534 家、民办非企业单位433 家）。2013 年，按照培育和监督并重的原则，推进社会组织的登记管理体制改革工作。一是降低登记注册资金。把社会组织登记注册资金（原3 万元）降低至2 万元。二是减少登记会员数限额。会员人数（原50 个）减少为个人会员30 个、单位会员（原30 个）减少为20 个以上，个人会员、单位会员混合组成的，会员总数（原50 个）减少为40 个以上，同行业经济组织申请入会个数（原50 个）减少为30 个以上，发起人（原8 个）减少为5 个以上。三是缩短登记审批时限。将行业协会的筹备成立和正式成立合并为直接申请成立登记，并将全部社会组织成立登记审批时限由原来的60 个工作日缩短为17 个工作日。四是扩大异地商会登记范围和权限。允许县（市、区）级异地商会申请登记注册，将地市级异地商会审批权下放至县（市、区）级登记管理。五是“去垄断化”。引入竞争机制，允许行业协会一业多会，允许按国民经济行业分类的小类标准设立行业协会，允许按产业链各个环节、经营方式和服务类型设立行业协会，允许跨区域组建，允许合并和分拆组建。六是允许公益慈善类社会组织使用字号。七是培育枢纽（联合）型社会组织。引导同类型、同性质、同行业、同领域的社会组织建立枢纽（联合）型社会组织，实行协调指导、自律管理和自我服务。

【社会组织健康发展】 2013 年，推进社会组织的党建工作，市浙江商会、市广告协会、市保险行业协会、市高新职业技术培训学校先后分别成立独立党支部。全市社会组织已成立的党支部共有39个，有效带动其他社会组织党建工作。开展社会组织的评估工作。完成首批6家行业协会（商会）等级评估，并在韶关市民政局网、韶关市社会组织网和《韶关日报》等对评估最终结果进行公告，其中AAAAA级1家（市旅游产业促进会），AAAA级4家（市湖南商会、市道路运输行业协会、市房地产行业协会、市保险行业协会），AAA级1家（市广告协会）。在评估活动中，促改革、促建设、促发展。对社会组织的依法办会、规范运作、能力建设及诚信自律等方面起到示范引领的作用，促进社会组织健康有序发展。2013年，韶关市道路运输行业协会被省民政厅评为社会组织模范单位；钟殿友（乳源瑶族自治县水电行业协会会长）和钱芳（韶关市房地产行业协会的副秘书长）被省民政厅评为社会组织模范个人，发挥社会组织先进典型的引领和示范作用。（黄文婷　唐焕威）

【老龄工作】　截至2013年年底，全市常住总人口数289.27万人，60岁以上的老年人44.43万人，占总人口数的15.4%，比2012年的14.9%提高0.5个百分点。2013年，韶关市老龄工作围绕“党政主导、社会参与、全民关怀”的养老方针和“六个老有”（老有所养、老有所医、老有所为、老有所学、老有所教、老有所乐）的工作目标开展工作。推进高龄老人津贴制度建设的落实。各县（市、区）已落实建立高龄老人津贴制度，2013年全年已发放高龄津贴258.34万元，惠及困难高龄老人8600人。做好第一届全国敬老“文明号”推荐工作。经全国老龄办敬老“文明号”组委会评选，韶关市粤北医院、市社会福利院评为全国第一届敬老“文明号”先进单位。组织慰问受灾的乐昌、乳源、武江区的部分困难老人、社会福利院“三无”人员、红星厂的伤残人员。共支出慰问经费9.84万元。（陈维晃　唐焕威）

【福利彩票发行】　韶关市福利彩票发行中心隶属韶关市民政局，原名“韶关市募捐委员会办公室”，成立于1987年，2009年机构名称调整为韶关市福利彩票发行中心。机构级别正科级；经费形式：自收自支，收支两条线管理；运作模式：事业单位管理，企业化运作。其主要工作职能：负责韶关三区、七县（市）的福利彩票发行工作。包括销售系统的建设、运营和维护；销售系统数据管理、资金归集结算、销售渠道和场所规划、物流管理、开奖兑奖；福利彩票的形象建设、彩票代销、广告、营销宣传、业务培训、人才队伍建设等工作。至2013年年底，全市共有投注站352个，中福在线视频票销售厅3个。2013年，全市共发行福利彩票3.31亿元，销量同比增长5237万元，同比增幅18.81%，共筹集福彩公益金约9600万元，市本级留成约3214万元，为全市的社会福利、公益慈善、民生保障等工作提供强有力的资金保障，实现福利彩票事业的可持续发展。2013年，本市留成福彩公益金使用达1700万元，主要用于全市福利院、敬老院、社区建设、低保医疗救助、残疾人事业、养老事业、爱心助学、烈士陵园公墓、公益性生态墓园、骨灰楼建设、旧殡仪馆升级改造、自然灾害救济、社工人才队伍建设及对孤儿、流浪儿童、精神病人救助等社会福利及社会公益性项目。（叶青　唐焕威）

附：领导班子成员名单

局　长：龙勇文

副局长：魏灼姐（—2013.11）

　　　　张占斌　胡建文

　　　　张瑞兰

　　　　赖启新（2013.11—）

纪检书记：赖启新（—2013.11）

　　　　　王淑军（2013.11—）

党组成员、调研员：杨伟亮

调研员：魏灼姐（2013.11—）

人事·劳动·社会保障

【概况】　2013年，市人社局坚持以“民生为本、人才优先”为工作主线，全面实施就业优先战略和人才强市战略，健全社会保障体系，深化人事制度和工资收入分配制度改革，构建和谐劳动关系，完成全年各项目标任务。

【就业再就业】　深入实施更加积极的就业政策，与市财政部门联合下发《关于进一步加强就业专项资金使用管理有关问题的通知》及6个配套文件，全年发放各类就业补贴2243.27万元，惠及40630人次。重点解决离校未就业高校毕业生等就业困难群体的就业问题，举办“南粤春暖”等专场招聘会430场，成功推荐就业4.8万人。在全省地级市率先建立外出务工人员服务协会——“广州市韶关籍务工人员服务协会”，为韶关籍在穗务工人员提供就业服务。全市实现城镇新增就业53904人，完成全年任务的107.8%；城镇失业人员再就业42543人，完成全年任务的106.4%；就业困难人员实现就业3598人，完成全年任务的119.9%，新增转移农业富余劳动力48869人，完成全年任务的108.6%；城镇登记失业率为2.35%，控制在年度目标3%以内，就业局势保持基本稳定。

【创业带动就业】 发挥政策扶持、创业培训、创业服务的联动作用，促进各类群体成功创业。深入开展创业政策宣传推广活动，在浈江区犁市镇、武江区龙归镇、曲江马坝镇等地开展创业典型事迹和政策巡展活动5场，激发劳动者的创业热情。成功举办“邮储银行杯”省创业创富大赛韶关区赛事，评选出韶关市创业、创富和创意组的一等奖参加省决赛。南雄市联合利农生态农业开发有限公司荣获省创业创富大赛铜奖，实现该大赛创办3年以来韶关“零获奖”的突破。全年举办各类创业培训114期，培训人数8607人，实现扶持创业1843人，带动就业4934人。发放小额担保贷款123笔648万元，惠及123人，带动就业313人。

【家庭服务业吸纳就业】 推进家庭服务体系中心城市建设，组织创高清洗公司和心悦家政公司两家企业申报省“百户十强”家服企业。协助家服协会企业壹码惠网公司与市残疾人联合会组织开展3期电子商务培训，促进80名残疾人实现就业和创业。全市培训家庭服务业从业人员3128人，新增就业3650人。

【产业园区拓展就业】 落实“区洽会”劳务合作协议，通过开展“校企、园企、校园”合作，不断深化合作层次，拓展合作空间。建立和完善产业园区岗位信息收集和对接制度，促进劳动者有效对接和有序转移就业。向莞韶产业园输送农民工4790人，园区吸纳本省劳动力就业8616人。

【职业技能培训和鉴定】 落实面向全体劳动者的职业培训制度，着力提升劳动者就业素质，全年共组织技能培训16万人次，其中农村劳动力技能培训2.3万人，转移就业4.9万人，农村劳动力技能培训转移就业工作连续5年进入全省优秀行列。组织技能鉴定59945人次，其中高级技师200人、技师232人、预备技师88人、高级工7990人、中级工22731人、初级工25939人、专项能力2765人。核发国家职业资格证书38616本。组织韶关市职业技能竞赛代表队参加各项省决赛，共计获奖35项，其中：一等奖11项，银奖1项，二等奖13项，三等奖10项。3名选手获得“广东省技术能手”光荣称号。

【现代技工教育】 2013年技校招生25682人，其中：市属技工院校招生12604人，省属技校招生13078人。全市共招收高级工班学生11666人，占新生人数的45.4%。毕业生就业率达98%以上，优质就业率达到60%以上。开展校园对接产业园工程以来，全市8所技工院校与园区企业达成合作项目有81个。为园区企业优先提供技校毕业生2570人；开设全日制校企双制班33个，培养人数达12755人、非全日制校企双制班28个，培训人数达1647人；劳动力培训品牌项目有19个；在园区为企业开展提升培训有1205人；在园区建立分校和教学点及公共实训基地36个，与企业共同进行产品研发、工艺改进项目16个项目。

【社会保障】 推进城乡社会保障体系建设，整合社保、医保经办资源，组建韶关市社会保险服务管理局。截至2013年年底，全市参加城镇职工基本养老保险61.87万人，参加基本医疗保险90.04万人，参加失业保险28.03万人，参加工伤保险40.05万人，参加生育保险16.91万人。五项社保基金总收入47.58亿元，总支出45.68亿元。企业退休人员社区管理服务率达94%。

【社会养老保险】 加强社会保险扩面征缴，在全市范围内开展以企业职工养老保险为重点的扩面征缴行动，通过完善政策措施、明确地税征收主体责任等，进一步地扩大参保覆盖面，提高基金征缴率，增强基金支撑能力。巩固城乡社会养老保险扩面成果，全市城乡居民社会养老保险参保人员达86.74万人，领取待遇的人员达27.83万人。城乡居民养老保险月基础养老金从原来的55元提高到65元；企业退休人员月养老金从2012年的1365.13元提高到1490.37元，养老保障水平进一步提高。

【医疗保险】 推进城乡医疗保险统筹，出台《韶关市城乡居民基本医疗保险实施办法》，实现城乡居民医疗保险制度和经办的统一。制定和实施城乡居民大病保险制度和普通门诊统筹制度。制定《韶关市城乡居民医疗保险经办规程》，组织县级主管机构和经办机构，镇（街道）经办人员共200多人进行专题业务培训。组建城乡医疗保险宣讲团，到医保经办机构、定点药店、定点医院和有关企业宣讲。扩大异地就医即时结算定点医疗机构范围，与广东省人民医院等5家定点医疗机构实现异地就医即时结算，市内双向或多向联网即时结算工作加快推进。加强对“两定”定点医药机构的监督管理，共检查531次，下达整改通知20次，查处违规费用123万元。

【失业、工伤、生育保险】 失业保险单位、个人缴费比例分别下调0.5个百分点，减轻单位和个人失业保险缴费负担；失业保险金由原来的680元/月增加到808元/月，较大地缓解失业人员生活困难。推动公务员及财政全额拨款事业单位人员参加工伤保险，实现新增参保6.3万人。调整工伤保险长期待遇，全市领取伤残津贴人员月人均增加178.38元。生育保险覆盖范围不断扩大。

【人才引进】 推进“百项工程兴韶关”——招才引智工程项目，加强与相关单位和高校沟通，开展2013年高校毕业生就业服务周活动。举办人才招聘会，共举办5场大型人才招聘会，约600家企业提供3000个职位，总需求人数达15000人。组织韶关市25家单位参加“武汉·中国人才智力交流大会”，共接待各类求职人才161人次，初步达成接收意向的有37人，其中硕士生17人，本科生20人。引进各层次人才，2013年全市共引进各类高层次人才339名（含柔性引进56名），比2012年引进178名高层次人才，增长90.4%。包括博士后1名（柔性），具有副高及以上职称专家97名（正高职称38名），硕士及以上学位人才284名，其中企业引进博士13名（含柔性9名）、硕士34名，机关事业单位引进博士16名（含柔性8名）、硕士22名。

【人才服务】 组建韶关市人才服务局，创新人才服务，完成韶关市人才（实名）信息库建设，采集26万多条人才信息，并进行信息的验证，集中反映韶关市的人才队伍数量、机构、分布等基本情况，并以项目为依托搭建人事人才公共服务平台，企业可通过该平台直接申报其所需人才。成立韶关市高层次人才服务专区，专区对用人单位或到韶关工作的高层次人才提交有关的申请材料，由专人负责受理，承办和代办包括学历（学位）认证、落户、子女入学、配偶就业、税收减免、社会保险、出入境等23个项目的有关手续，实行“一站式受理、一次性告知、一条龙服务”。截至2013年年底，专区共受理办结高层次人才服务项目申请20个，接待前来专区或致电咨询的高层次人才近百人。

【公务员队伍建设】 优化公务员队伍结构，从市直单位拿出一定比例的主任科员、副主任科员职位公开招考22个高学历人才进入公务员队伍。加强公务员培训，共培训党政干部7836人次。其中：8月底组织30名乡镇公务员赴珠海开展对口培训。从9月底开始，分别举办绿色发展与结构转型、解决城镇化进程中的土地瓶颈问题、创新型经济和领导者创新思维、招商引资与投资环境优化、公务员心理健康与自我调适、社会保险扩面征缴等6个专题培训班，市直机关及各县（市、区）共2352人参加培训。10月在全市组织开展“为民、务实、清廉”全员培训工作，培训党政干部5430人。11月对新录用的公务员（含参照公务员法管理事业单位工作人员）开展初任培训。加强公务员日常管理，全年办理公务员调任18人，转任116人。办理公务员登记773人，参公登记86人。向市政府报请任免副处以上领导干部143名，其中任职82名，免职61名。

【专业技术人才队伍建设】 组织做好专业技术资格申报评审及核准发证工作，全年新增专业技术人才4793人。开展非公单位职称宣讲活动，在市直组织开展3场共40多家单位近百人参加的非公专技人才职称政策宣讲活动。不断完善“韶关市职称申报与管理系统”，进一步提高申报人填写材料和单位审核材料的效率。完成2012年农村实用技术人才职称评审核准发证工作，全市共183

人通过审核，其中农村高级技师1人，农村技师2人，农业技术员160人。发动部分企事业单位申报博士后科研工作站，广东信达茧丝绸股份有限公司于9月获国家人社部批准设立博士后科研工作站，韶关市博士后科研工作站增加到2家。

【事业单位人事制度改革】 完善事业单位招聘用人机制，出台事业单位分类改革实施细则，建立全市事业单位统一公开招聘工作人员公告机制，做好重点行业事业单位的改革工作。加强事业单位人事管理信息系统应用，完成2012年度事业单位人员统计工作，全市事业单位在职在岗年末实有60423人，其中管理人员7699人，专技人员44084人，工勤人员8640人。

【军转干部安置与服务】 创新军转干部安置机制，正营及以下军转干部安置到机关（含参公）单位的参加省统一组织的考试考核，进一步提高安置工作的透明度和公平性。做好企业军转干部的解困维稳工作，从2013年1月起，韶关市企业军转干部解困生活补助人均月增120元，确保企业军转干部总体稳定。

【人事考试】 严肃考风考纪，打造"阳光考场"。启用200多台反高科技作弊仪器，继续向社会公开聘请10位社会观察员参与公务员面试过程的观察；强化业务培训，建立140多人组成的考务人员信息库，并分别进行业务培训，形成一支责任心强、经验丰富、素质较高的考务人员骨干队伍。规范公安机关考试录用人民警察体能测评工作，与市纪委市公安局联合制定《韶关市公安机关录用人民警察体能测评实施办法》，明确各方的工作职责和纪律要求，建立体能测评裁判库，在市纪委的监督下，随机抽取裁判参与体能测评工作，确保考生体能测评成绩的准确性，维护考录的公平公正。完成各类人事考试的组织工作。完成全国监理、社会工作者、建造等44项考试报名工作，报名人数13021人。组织专业技术人员资格考试7次，合计9865人参加17331个科目的考试。组织专业技术人员计算机应用能力考试13次，共有4851人参加10790个模块的考试。组织韶关市考试录用公务员笔试、面试工作，全市共有11373人参加考试，其中9833人参加笔试，面试1540人。发放各类专业技术人员考试合格证书7108本，其中计算机模块证书2892本，卫生、经济等其他资格证书4216多本。

【工资收入分配制度改革】 下发《关于做好事业单位实施绩效工资工作的通知》，推进事业单位全面实施绩效工资，完善符合事业单位特点和体现优绩优酬的工资收入分配办法，发挥绩效工资的导向作用。逐步提高市直机关公务人员工资待遇水平，继续做好提高县级基层公职人员津贴补贴水平工作，缩小全市公职人员的收入差距。发布2012年韶关市人力资源市场工资指导价位，涉及260个职位（工种），与2011年相比，新增5个职位，指导价位平均增长15%。贯彻落实最低工资制度，从5月1日起调整韶关市企业职工最低工资标准，新调整月最低工资标准为1010元，小时工资为10元，比上一次调整的最低工资标准提高19%，韶关市最低工资标准首次突破千元大关。完善工资指导线制度，科学合理研究制定韶关市2013年企业工资指导线，其中企业调整工资的指导基准线为10.5%，上线（警戒线）为16%，下线为4%。在往年建筑业、住宿和餐饮业、金融业的基础上，增加制造业、批发和零售业两个行业工资指导线。

【劳动关系】 全市企业在岗职工劳动合同签订率达91.5%，参加和谐劳动关系示范区建设企业达45%。基层劳动争议调解组织建设覆盖率达100%，劳动人事争议案件法定审限内结案率达100%。劳动监察举报投诉案件结案率达98%。召开全市预防化解处置劳资纠纷会议，明确劳资纠纷预防调处企业主体责任，基层属地管理，部门各负其责，工会和行业组织协同处理新机制。贯彻落实新修订的劳动合同法，规范劳务派遣行为，已建工会企业集体合同签订率83.5%。全面完成市、县、镇三级劳动保障"两网化"管理全覆盖工作。加大欠薪整治力度，全市缴存建设领域工资保障金1.07亿元，累计为9709名劳动者追回工资等待遇7357.7万元，保障劳动者的合法权益。

【基础能力建设】 完成全市107个乡镇（街道）人力资源和社会保障公共服务平台建设任务，基层人力资源社会保障工作服务水平明显提高。推进省市共建粤北现代技工教育基地建设，市第二技师学院教学大楼工程建设全面完成，省工业高技整体搬迁项目顺利推进。省级高技能实训基地管理中心和韩伟技能大师工作室晋升为国家级高技能人才培训基地和国家级技能大师工作室。推进二代社会保障卡发放工作，累计持卡人数达到169.9万人，“记录一生、保障一生、服务一生”的能力进一步增强。结合韶关市被确定为全国第三批资源枯竭型城市，深入开展就业和社会保障调研活动，及时向部、省反映情况、争取政策和资金支持。全年共争取上级补助资金15.38亿元，同比增长81%，争取中央资源枯竭城市转移资金0.4亿元，为韶关市进一步保障和改善民生创造有利条件。

（吕小辉　蔡春林）

附：领导班子成员名单

局　长：温新才

副局长：刘晓佳（党委副书记、副局长）

李永强（党委副书记）

陈志宏（纪委书记）

梁玉英　安森雨

郭兴华　罗任群

唐小萍（党委委员）

民族宗教

【概况】 韶关是粤北重镇，历史上也是少数民族重要聚居地之一。唐代，已有瑶族先民聚居；明代，“民稀瑶夥”，形成“南岭无山不有瑶”的大分散、小聚居的分布局面。全市有瑶族、畲族等43个少数民族成分，少数民族人口5.5万人，占全市总人口的1.7%，主要分布在乳源瑶族自治县、始兴县、南雄市、曲江区、翁源县、仁化县、乐昌市、武江区等8个县（市、区）的53个乡镇、133个行政村、379个自然村。全市辖1个民族自治县——乳源瑶族自治县；1个民族乡——始兴县深渡水瑶族乡，世居少数民族主要是瑶族和畲族，其中瑶族3.2万人，畲族1.1万人。全市散居少数民族人口3.3万人，占全市少数民族总人口的60%。全市有佛教、道教、天主教、基督教4个宗教，共53处宗教活动场所（其中佛教19处，道教4处，天主教7处，基督教23处）。全市有宗教教职人员901人（其中佛教僧尼838人，道教乾道、坤道15人，天主教神父、修女3人，基督教牧师、长老、传道23人），宗教教徒3万多人。

【“韶关市民族团结进步示范村”创建】 近年来，韶关市始终以“共同团结奋斗，共同繁荣发展”为目标，开展民族团结进步示范村创建活动，着力改善少数民族群众的生产生活条件，推动民族团结进步事业不断发展。4月10日，在乳源瑶族自治县游溪镇“八一”新村举行“韶关市民族团结进步示范村”授牌挂牌仪式，乳源瑶族自治县游溪镇“八一”新村和政研新村、东坪镇东莞新村和东下山新村、必背镇必背口村，始兴县深渡水瑶族乡长梅村、马市镇涝洲水村等7个村被授予“韶关市民族团结进步示范村”荣誉。

【落实省财政资助少数民族大学生上大学政策】 为帮助少数民族聚居区少数民族大学生顺利完成大学学业，加快促进少数民族聚居区脱贫奔康，省人民政府加大力度资助全省少数民族大学生上大学，从2013年秋季学期起，对少数民族聚居区新考上大学的本专科学生在就读期间给予每人每年1万元的学费、住宿费和生活费资助。市民族宗教局和市财政局密切配合，加强政策宣传，严格审核把关，全面公开公示，统一资金发放，确保每一名符合条件的少数民族大学生得到资助。2013年，全市共有170名符合条件的少数民族大学生获得资助。

【下达省佛教界支持少数民族聚居村发展资金】 为帮助少数民族聚居村改善生产生活条件，提高少数民族群众收入水平，加快脱贫致富步伐，2013年，省民族宗教委发动全省佛教界捐助少数民族聚居村。全市共有106个少数民族聚居村各获得1万元资助，用于改善少数民族聚居村的生产生活基础设施条件，培训少数民族群众劳动技能，以及发展优势、特色种植业等，取得良好的经济效益和社会效益。

【8个村寨被列入“十二五”时期全国少数民族特色村寨保护与发展名录】 根据国家民委《少数民族特色村寨保护与发展规划纲要（2011—2015年）》关于“‘十二五’期间，在全国重点保护和打造1000个少数民族特色村寨”的精神，经专家组评审，韶关市有8个村寨被列入“十二

五”时期全国少数民族特色村寨保护与发展名录，包括1个畲族村和7个瑶族村，分别为：始兴县马市镇涝洲水村委会大树坪村、深渡水瑶族乡长梅村委会长梅一组、沈所镇瑶族村，乳源瑶族自治县必背镇必背村委会必背口村、东坪镇茶坪村委会茶岭瑶族村、东坪镇新村村委会东下山瑶族对游溪镇大寮坑村委会八一瑶族新村、游溪镇中心洞村委会政研瑶族新村。

【少数民族优秀传统文化发掘弘扬】 指导、协助乳源瑶族自治县编写《瑶语》《瑶族刺绣应用》等书籍。深入挖掘弘扬瑶族传统历史文化，协助乳源瑶族自治县举办2013年瑶族“十月朝”暨乳源瑶族自治县成立50周年系列活动，“十月朝”节庆文化活动被评为全省群众性文化活动优秀品牌。

【举办纪念六祖惠能圆寂1300周年暨2013年广东禅宗六祖文化节（韶关）系列活动】 筹备纪念六祖惠能圆寂1300周年暨2013年广东禅宗六祖文化节（韶关）系列活动，指导南华寺举办纪念六祖惠能圆寂1300周年大会、曹溪讲坛落成典礼、“祖印重光”重建六祖殿落成典礼暨万众瞻仰六祖真身、“万灯耀祖庭”传灯法会和敬换供法衣法会、“释迦牟尼佛”及“六祖”圣像开光法会、《南华寺》特种邮票首发仪式、大型电视纪录片《中华百寺·南华寺》在央视正式播出、“坛经智慧，幸福人生”佛学讲座、“慧海禅灯”大型书画展、中央媒体“禅宗祖庭行”采访活动、六祖惠能贵金属座像和纪念章（挂坠）发行、素食文化艺术节等系列活动，发掘和弘扬禅宗文化，宣传推介韶关。协助筹备台湾佛光山星云大师广东行活动，星云大师参访南华寺并拜谒六祖真身，举办“六祖惠能大师与人间佛教”主题讲座。

【继续开展和谐寺观教堂创建活动】 贯彻落实国家及省宗教工作部署，开展以“教风”为主题的和谐寺观教堂创建活动，抓好宗教教风建设和服务社会工作。会同有关部门对宗教活动场所进行安全、财务监督管理检查，督促宗教场所建立规范、完善的财务监督管理制度。联合统战、公安等九部门处理涉及佛教寺庙、道教宫观管理有关问题，对全市佛道教活动场所进行全面摸底排查和整改。

【推动宗教与社会主义社会相适应】 继续做好“两个专项”工作，完成宗教教职人员社会保障工作，参加社会养老保险和医疗保险实现2个100%，使宗教界人士实现老有所养、病有所医目标。开展“2013年广东省宗教界扶贫济困日”暨宗教慈善周活动，共筹得捐款140多万元及价值11万元物资。为四川雅安地震捐款17万多元。组织宗教界代表赴“8·15”洪灾重灾区乳源必背镇考察，捐款5万多元支持灾区重建。组织宗教界赴乳源考察扶贫开发工作及开展植树活动。

（梁妙珍　龙　晖）

附：领导班子成员名单

局　长：赵卫东

副局长：赵才金　向志强

江卫华

城镇居民收入与消费

【居民消费价格小幅上涨】 全年市区居民消费价格总水平上涨1.9%，涨幅比上年回落0.8个百分点。其中：消费品价格同比上涨1.7%，服务项目价格同比上涨2.3%，非食品价格同比上涨1.1%，食品价格同比上涨3.1%；从类别上看，居民消费的八大类商品（服务）价格累计同比呈现“五升三降”的格局。其中：娱乐教育文化用品及服务类同比上涨4.7%，食品类同比上涨3.1%，居住类同比上涨1.2%，医疗保健和个人用品类同比上涨0.9%，衣着类同比上涨0.2%，烟酒类同比下降0.1%，家庭设备用品及维修服务类同比下降0.2%，交通和通信类同比下降1.3%。

【实施城乡一体化住户调查】 根据国家统计局广东调查总队《关于印发广东城乡住户调查一体化改革实施方案的通知》和《关于终止参与全国汇总的现行城乡住户调查网点的函》有关精神，在城乡一体化住户调查正式实施后，国家原有城乡住户调查方案终止执行。韶关队从2012年12月起正式开展国家点城乡一体化住户调查工作，从2013年12月起正式开展分市县城乡一体化住户调查工作。

【城乡一体化住户调查改革说明】 城乡一体化住户调查改革是国家

统计局继统计“四大工程”建设之后又一次统计制度的重大变革。城镇住户与农村住户调查正式实现统一调查方案、统一抽样方法、统一指标口径、统一数据处理程序。此次调查改革将统计农村居民人均纯收入改为统计农村居民人均可支配收入，设置农村、城镇和全体居民可支配收入指标，旨在建立城乡可比的、以可支配收入指标为核心的居民收支指标体系。

【城乡一体化住户韶关调查结果】 2013年，市区城镇居民家庭人均可支配收入为25594.73元，同比增长10.4%。其中：人均工资性收入为21220.83元，人均经营净收入为2260.93元，人均财产性收入为716.22元，人均转移性收入为6560.93元，分别同比增长11.1%、6.0%、9.2%、12.8%。

全年市区城镇居民家庭人均消费支出为17642.56元，同比增长8.3%。其中：人均食品支出7004.10元，人均衣着支出1403.03元，人均居住支出1975.98元，人均家庭设备用品及服务支出1345.40元，人均医疗保健支出718.20元，人均交通和通信支出2689.63元，人均教育文化娱乐服务支出1967.70元，人均其他商品和服务支出538.51元，分别同比增长8.3%、10.7%、9.8%、10.3%、5.9%、6.3%、7.2%、9.9%。

（关韶光　雷明平）

附：领导班子成员名单

队　　长：杨应满

党组书记：赖国扬

副 队 长：刘巧玲　陈利红

农村居民收入与消费水平

【概况】 2013年，韶关市农业克服禽流感、生猪价格大幅度下降以及连续的强台风和强烈南海西南季风影响，农业农村工作呈现农业增产、农村稳定、农民增收的良好局面。农民收入持续增长，城乡居民收入差距进一步缩小。农民生活质量、生活消费水平继续提高。

【农民人均收入增加】 2013年韶关市发展山区特色效益农业、提升农业产业化水平，广辟农民增收渠道；加大城乡统筹力度，加强农村各项建设，促进农民就业创业，增加农民非农收入；加快革命老区、民族地区和水库移民区发展，继续推进扶贫开发工作，提高农村低收入人群收入。2013年，第一产业从业人员59.24万人，减少0.23万人，农民外出务工收入增加，加上农村居民家庭生产经营性收入稳步增长，农村居民收入持续增长。2013年，全市农民人均纯收入9584元，比上年同期增长11.7%。城乡居民收入差距不断收窄，城乡收入比从2012年的2.70下降到2.67，下降0.03。

【农村生活质量提高】 收入的持续增长，促进生活质量的提高，农民在吃、穿、用的消费结构上不断改善。2013年，农村居民人均生活消费支出为7326元，比上年增加689元，同比增长10.4%。农村居民家庭食品支出占消费支出的比重（恩格尔系数）为48.7%，同比下降0.2%。随着农村地区基础生活设施的逐步完善，农村居民生活条件得到明显改善。据农村居民抽样调查调查资料显示：农村居民人均住房面积35.3平方米，平均每百户拥有洗衣机66台、电冰箱92台、摩托车（电动车）126辆、彩色电视机111台、空调47台。汽车、电脑也逐步进入农村家庭，平均每百户拥有生活用汽车9辆、计算机23台。

（欧建萍　冯华丽）

【新农村建设】 2013年，韶关市围绕打造美丽乡村、创建设幸福村居的总体要求，以实施名镇、名村、示范村建设项目为重要抓手，推进社会主义新农村建设。全市完成以“完善农村基础设施、实施农村环境和景观综合整治、发掘和拓展各地资源禀赋、整合提升特色优势”为建设内容的名镇2个，分别为生态山水名镇特色——始兴县深渡水乡、历史文化名镇——仁化县石塘镇；名村20个，分别为周陂镇龙田村、仁化县城口镇上寨村、曲江区马坝镇马坝村、浈江区犁市镇黄沙村等行政村；示范村50个，分别为翁源县对龙仙镇中坝村委罗屋村、曲江区罗坑镇中心坝村委下罗村、乳源县游溪镇八一瑶族新村等自然村。共完成总投资4.73亿元，完成改路69432米、改水67042米、绿化60860平方米；修建垃圾屋（池）281个、文化室51个、球场（广场）70个；安装路灯411盏。

消费者权益保护

【消费调解概况】 2013年，韶关市各级消委会共接待来电来访4500多人次，受理消费纠纷投诉449宗，调解结案率100%，调解成功率达93%，涉案金额271.9万元，为消费者挽回经济损失117.4万元。其中，商品消费投诉298宗、占66%；服务消费投诉151宗、占34%。投诉热点属于商品和服务的质量问题，有258宗、占57%。

【“让消费者更有力量”主题宣传】 3月15日至17日，市消委会、市工商局联合质量技术监督局、食品药品监督管理局、物价局、经信局、旅游局等政府职能部门、行业协会、律师团体等26家单位在韶关市西河全民健身广场举行纪念“3·15”国际消费者权益日大型咨询宣传活动，宣传“让消费者更有力量”年主题内容。活动现场向群众派发《中华人民共和国消费者权益保护法》、《消费维权指南》、《韶关日报》“3·15专刊”等法律法规宣传资料3500多份，现场受理消费者投诉49宗，向群众解答有关法律法规的问题800多人次。

【消费权益宣传与教育】 加大社会责任引导，授课企业普及消费知识，在中国移动公司乐昌分公司为56名员工举办“消费者权益保护法与投诉案例分析”培训。加强消费宣传，编印《食品安全知识普及读本》1万册，通过邮政投递、街头派发、公众场所取阅等方式递送到消费者手里。注重媒体平台，打造多方位消费宣传模式，各级消委会利用媒体平台加强消费宣传。2013年，在《韶关日报》上刊登信息65篇；接受电视台记者采访30余次；在消费维权网站更新消费案例、动态等信息135篇，在韶关民声网“天天315”版块解答消费者网民各类咨询90条；竭力争取各方力量，做好电台直播专栏“天天315”节目。

【旅游消费诚信单位评选】 市消委会联合旅游协会开展旅游消费诚信单位评选活动，通过一系列评选程序，确定10家企业入选2013年“韶关市旅游消费诚信单位”，这10家企业分别是：韶关市九地行土特产有限公司（风度北旗舰店）、仁化县五马寨生态园、翁源县官渡五马寨特产店、乐昌市沿溪山茶庄、韶关康泉羊奶乳业有限公司、广东金友集团有限公司（金韶绿色有机产品展销中心）、新丰县大丰观光休闲农场销售部、仁化县喜洋洋休闲农庄、韶关市山宝土特产商贸有限公司、乳源瑶族自治县大南岭民族工艺贸易有限公司。9月6日，在“中国（韶关）素食文化艺术节”现场为入选单位进行授匾仪式，市旅游局局长文清年为各企业颁发牌匾。

【旅游消费调查】 市消委会在国庆黄金周期间组织韶关市多家媒体记者、律师顾问团和普通市民代表，作为旅游体验志愿者对旅游法实施后的本地旅游市场进行一次消费体验调查。11月5日约集各新闻媒体、行业协会、消费者代表召开旅游体验调查情况报告新闻发布会。（罗智毅）

关心下一代工作

【概况】 2013年，韶关市委书记郑振涛、市委副书记陈向新、市委常委肖怀跃先后多次到韶关市关工委开展调研，参加关工委有关会议，及时地指导、帮助关工委各项工作的开展。市长艾学峰为关工委更好地开展工作给予支持。韶关市各级关工组织贯彻落实中共十八大精神，按照围绕中心，服务大局，主动配合，积极补充的原则，结合实际，制定全年的工作计划，落实推进，各项工作均取得良好效果。

【召开调研现场会】 5月15日，在曲江区召开全市关工委调研工作现场会。会上，曲江区关工委重点介绍他们开展调查研究的经验，其余各县（市、区）关工委负责人也作介绍。通过召开现场会，推动全市关工委调研工作的开展。

【农村在校留守少年儿童专题调研】 农村在校留守少年儿童问题不仅关系到留守少年儿童健康成长及其家庭幸福，也关系到社会和谐稳定与可持续发展。韶关市关工委与市妇联、市教育局共同研究制定《关于开展农村在校留守少年儿童情况调研工作的实施方案》。7月至9月，各县（市、区）关工委、妇联、教育局对辖区内的农村留守少年儿童基本情况进行摸底；10月至11月，由韶关市关工委、市妇联、市教育局组成联合调研组，到南雄市、始兴县、浈江区进行调研。通过召开座谈会、听取汇报、实地考察等形式，了解农村留守少年儿童的基本情况、主要做法、存在问题，听取对开展农村留守少年儿童工作的意见和建议。并形成调研报告，为党委、政府科学决策提供参考依据。

【关工委自身组织创新建设调研】 年内，韶关市关工委领导先后到曲江区、仁化县、新丰县、乳源瑶族自治县、浈江区、市工商联、市妇联、市公安局、市司法局、市工商局等关工委和几个非公有制企业，围绕非公有制企业建立关工委、参与创新社会管理、创“五好”关工委等工作进行调查研究，掌握情况，促进相关工作的开展。

【非公企业成立关工委的准备工作】 1月23日，经市委领导同意，由中共韶关市委组织部、市关工委、市工商联（总商会）等8个部门联合发出《关于在我市工商联（总商会）和非公有制企业成立关工组织的意见》，计划用3年左右时间，在市、县（市、区）工商联（总商会）及全市有条件的非公有制企业中基本建立起覆盖全市的关工组织。为学习外地在非公有制企业建立关工组织的经验，5月底，韶关市关工委、市工商联组织部分县（市、区）委统战部、工商联（总商会）和个别非公有制企业负责人，到江苏无锡江阴市考察学习取经。江阴市在有党、团、工会、妇女组织的非公有制企业中普遍建立关工组织，企业没有这些组织的或“五老”人员缺乏的也聘请有关人员参加，建立关工组织，他们的经验给韶关有益的启示。

【在非公企业试点建立关工委组织】 为摸索在非公有制企业中建立关工组织的工作经验和形成良好的创建氛围，2013年年初，韶关市关工委制定在市非公有制企业中办3—4个试点；各县（市、区）在非公有制企业中办2—3个试点的计划。经过市和县（市、区）关工委、工商联和有关企业的共同努力，至年底，全市已有30家非公有制企业建立关工组织。韶关市的试点企业韶关市曲江宏基电源科技有限公司、乳源瑶族自治县东阳光实业发展有限公司、韶关市广业机械有限公司等举行关工委成立挂牌仪式，并开展相关活动。始兴县目前已有5家非公有制企业组建关工委组织。浈江区比亚迪实业有限公司、卓兴药业有限公司、汉鸿木业有限公司等3家非公有制企业成立关工委后，在企业中开展“员工爱企业、企业爱员工”的“双爱”系列活动，以“双爱”创造“双赢”。

【创建“五好”关工委工作获得上级表彰】 2013年是中关工委提出开展三年基层工作年、创建“五好”基层关工委活动的第三年，是关键的一年。韶关市关工委按照2012年市委组织部和市关工委联合发出的关于创“五好”关工委的文件精神，开展“五好”关工委创先争优活动。各地关工组织按照市的工作要求，抓好各项创建工作的落实。9月，中关工委在湖南长沙召开全国关工委基层工作年总结表彰大会，韶关市关工委被中关工委授予创建“五好”基层关工委优秀组织奖称号；仁化县黄坑镇关工委、新丰县丰城街道南区关工小组被中关工委授予“五好”基层关工委先进集体称号。12月，在全省关工委基层工作年总结表彰大会上，韶关市关工委、新丰县关工委、市教育局关工委等6个单位被授予“五好”基层关工委优秀组织奖称号；曲江区马坝镇关工委、翁源县坝仔镇中心小学关工委、宝钢集团广东韶关钢铁有限公司关工委等9个单位被授予“五好”基层关工委先进集体称号。始兴县关工委于2013年4月12日在县教育局召开始兴县创“五好”关工委现场会，县教育局关工委介绍创“五好”关工委的经验，活动开展正常。南雄市关工委在创建“五好”关工委中做到有组织机构、有办公场所、有办公经费、有规章制度。新丰县关工委、仁化县关工委、市直机关工委等也重视此项工作。韶关市市直机关关工委还专门成立关心下一代工作领导小组，指导督促各单位建立健全关工委组织机构，市直机关已有68个单位成立关工委，市直机关关工委还组织开展系列活动。

【关工组织参与和创新社会管理现场会】 10月23日，韶关市关工委在浈江区召开参与创新社会管理工作现场会，进一步推动各县（市、区）关工组织参与和创新社会管理工作，发挥“五老”优势，为全市青少年的健康成长创造良好的环境。会上，浈江区关工委作经验介绍，乳源、始兴、新丰县等关工委也交流参与创新社会管理工作的情况。

【启动关心留守儿童暨“放飞心愿、励志成才”活动】 12月4日，由韶关市科学技术协会、市关心下一代工作委员会、市全民科学素质工作领导小组办公室主办，市科技馆承办的开展关心留守儿童暨“放飞心愿、励志成才”系列活动在浈江区花坪镇实验学校正式启动。活动以全面提高青少年的思想道德素质、科学文化素质和健康素质为目标，加强未成年人思想道德建设。

【协助部门整治不良社会环境】 2013年5月，曲江区关工委联合区关工委法制组、区工商局、区文广新局等单位组成调研组，对城区各网吧开展调查研究，写出《营造良好社会环境，促进未成年人健康成长》的调查报告。区关工委法制组通过对区网吧的调查，了解到许多网吧未按规定禁止未成年人进入，于是将情况向主管部门反映，并会同有关部门对网吧进行整治，取缔“黑网吧”12间，收缴非法经营电脑46台，赌博游戏机12台。乳源瑶族自治县社区网吧监督队全面参与绿网营建工作，纠正不规范经营行为3起，劝返未成年人19人次。各级关工委主动组织“五老”近100人配合各职能部门开展净化社会文化环境的专项行动，为青少年健康成长营造良好的社会环境。

【深入开展“十个一”活动】 2013年，韶关市各级关工组织，注重发挥“五老”的作用，主动配合各职能部门开展对青少年的关爱活动，为青少年的健康成长营造良好的社会环境。全市关工组织和“五老”为青少年作各类辅导报告1274次，撰写有教育意义的文章6897篇，为营造良好育人环境提建议2478条，为保护青少年的合法权益3344件，为青少年教育问题作专题调查1298次，与青少年谈心14170人次，为青少年传授科学技术2587项，帮教失足青少年1115人，为贫困学生提供资助款2416039元、5175人，为青少年做其他好事和实事54791件。

【关心未成年人思想健康】 以社会主义核心价值体系教育为主线，加强未成年人思想道德教育。年初，韶关市教育局、市关工委、市文明办联合发出《“关于在广大师生中开展弘扬雷锋精神，践行社会主义核心价值观”的意见》。为加强未成年人思想道德教育，拓宽家庭教育的渠道，从2013年7月开始，韶关市关工委讲师团和韶关人民广播电台在交通旅游频道《亲了方程式》节目中开办家庭教育栏目《成长天空》，播出23个青少年成长家庭教育专题讲座，帮助全市中、小学生解决成长中存在的困惑和烦恼，并开通热线。韶关市关工委讲师团的专家教授在直播室中解惑释疑，收到很好的效果。韶关市关工委艺术团发挥主动作为，无私奉献的敬业精神，全年到学校演出6场次，观看人数达9160多人，所到之处受到师生、观众的欢迎和好评。2013年6月，该团创编的瑶族舞蹈《欢乐的缅西端》荣获广东省第五届老年文艺汇演金奖。

【开展“朝阳读书”等主题教育活动】 韶关市教育系统关工委结合贯彻中共十八大精神，在全市中小学生中开展以“圆中国梦，从我做起”“美丽中国，我的中国梦”为主题的“朝阳读书”活动，并在全市中小学生中举办“圆中国梦，从我做起”征文比赛。经评选，有111篇获奖作品送省参赛。翁源县关工委和县教育局关工委联合举办“振兴中华从我做起”“圆中国梦从我做起”全县中小学生征文比赛，收集征文共131篇，其中获国家级奖项14篇。乐昌市各中小学开展法制教育120多场次，有6万多名学生接受法律法规教育，使学生从小做到学法、知法、懂法、守法。武江区关工委和区教育局关工委在全区中小学校开展“青少年禁毒宣传教育行动”为主题系列活动。韶关市城管局关工委在“六一”前后，组织城管系统干部职工家属子女开展“做一个有道德的人”“我们的节日”等实践活动。

【扶贫助学】 协助深圳（香港）德昌电机技术学院招收贫困生。4月间，韶关市新丰、乐昌、仁化、始兴、曲江、翁源、乳源7个县（市、区）100多名初中毕业贫困生参加深圳（香港）德昌电机技术学院招生考试，被录取27名。市关工委和县（市、区）关工委协助做好招生工作。“爱心扶贫助学金”资助贫困学生。韶关市关工委安排20万元“爱心扶贫助学金”，拨给各县（市、区）关工委，资助160名贫困学生。各县（市、区）关工委都做好扶贫助学工作，取得较好的成效。曲江区关工委筹集资金资助贫困生214人，金额共133万元。乐昌市关工委全年筹集助学金79.2万元，资助学生417人。新丰县关工委及全县关工组织发动社会力量捐资78万多元，资助贫困生1375人。韶关市财政局关工委为200名贫困学生提供2万元资助，向局职工子弟发放读书卡40份。

【农村创业青年培训】 2013年，韶关市关工委继续坚持一手抓普及、一手抓提高，抓好农村创业青年培训工作。一年来，全市举办农村创业青年培训班（含提高班）11期，参加培训866人。其中，8月市关工委在市委党校举办全市农村创业青年培训提高班一期，培训学员51人。至2013年，韶关市先后举办农村创业青年培训班112期，培训创业青年8476人（次），其中提高班19期，学员1017人（次）。学员们不负期望，在奔康致富中发挥带头、带动作用。先期的学员有1041人年纯收入达5万元以上，有232人年纯收入达10万元以上，50万元以上有70人，超过100万元以上有14人，150万元以上有11人。

【关工宣传】 一年来，出版《韶关关工动态》7期，其中有两期是现场会专刊，印发近4000份。并向新闻媒体供稿。2013年，韶关市关工委开展的活动比较多，内容丰富，向《中国火炬》、《秋光·关心下一代》、《老人报》、《广州文摘报》、《韶关日报》、韶关电台、《韶关老干》等报纸杂志发稿，被采用96篇，扩大关工工作的影响力。同时，做好2013年《中国火炬》《秋光·关心下一代》报刊征订发行工作，全市订阅《中国火炬》514份，《秋光·关心下一代》572份。韶关市教育局、凡口矿订阅“两刊”数量位于市直和驻韶关中省单位的前列。（温祖娟　肖志雄）

附：领导班子成员（部分）名单

主　　任：陈向新
第二主任：肖怀跃
执行主任：邓苏夏
常务副主任：肖汉谋
常务副主任兼秘书长：肖志雄
副主任：曾成恩

重点企业

中央和省驻韶主要企业

【宝钢集团广东韶关钢铁有限公司】 宝钢集团广东韶关钢铁有限公司（简称“韶钢”），前身是广东省韶关钢铁集团有限公司，始建于1966年8月22日。2011年8月22日，宝钢和广东省国资委签订股权划转协议，韶关钢铁在分离办社会的基础上由宝钢集团直接持股51%。2012年4月18日，宝钢集团广东韶关钢铁有限公司挂牌成立。韶钢占地面积9.8平方公里，截至2013年底，在册合同工13555人。

韶钢年产钢能力650万吨，立足钢铁业，工、科、贸并举，多元化经营，着重从价值形态上运营国有资产，是广东省重要的钢铁生产基地、国家高新技术企业，及中国重要的船板钢、工程机械和水电站用高强钢板、建筑结构用高建板、桥梁板、锅炉和压力容器用钢板生产基地。板材、线材、优特钢棒材等产品，主要在珠三角、华东地区及广东邻近省销售，部分出口。

企业效益　全年产铁616万吨、钢617万吨、钢材591万吨、烧结矿880万吨、焦炭178万吨，发电14.3亿千瓦时。全年实现营业收入207亿元，利润0.7亿元。年末总资产241亿元，净资产53.7亿元。

优化组织架构　对供应系统、生产制造系统、产品销售系统以及职能部门组织体系进行全面优化整合；对各生产单元进行优化整合：归并相近职能、合并相近工序、纠正职能错位、聚焦核心职能精简机构设置。2013年，共整合优化53个厂部级单位、子公司，组织机构从2012年12月的47个整合优化到34个（不含子公司）。在全面优化整合组织体系的基础上，为避免管理职能缺失，针对部分缺失管理职能逐一落实，优化职能配置。

有序推进人事、劳动、分配三项制度改革　2013年，以提高劳动效率、规范生产协力管理、强化绩效管理、构建多元薪酬模式、优化干部队伍、加快人才培养为重点，深化三项制度改革，推动人力资源体系建设，提高员工的积极性和生产效率。全年调整领导人员93人，调整比例为65.5%，中层管理人员124人，比2012年减少18人，减幅12.7%；钢铁主业从业人数从12445人下降至9841人，分流减员2604人，劳动效率大幅提升，实现年初职代会提出的将钢铁主业从业人数控制在1万人以内的目标；通过归并、清理，生产协力项目由2012年年底368项降至270项，项目合同由71份降至40份，协力供应商由14家降至12家（含粤凯公司），全年合计共节省协力费用约2193万元，生产协力吨钢费用在12.4元以内，比上年度14.59元降低2.19元。

采购销售效果显著　大宗原燃料采购方面：推进制度与标准化建设，规范采购运营，取得良好效果：主要采购物资与上年同期对比，降低成本14.3亿元；煤、焦、矿全年采购成本对标梅宁钢缩小差距0.48亿元；进口矿完成比普氏指数低3美元的年度目标；废钢与梅宁钢对标缩小差距3506万元，超额完成年度目标2775万元；引进优质客户92家，淘汰劣质客户9家。资材备件方面：完善业务流程，推进采购精细化管理，实现性价比最优采购，全年采购降本6400万元；吨钢备件机物料消耗66.28元，同比下降25.27元，降幅达27.6%，降低资材备件消耗1.56亿元；工程设备采购签订合同301份，金额2.92亿元，对比投资预算节支1881万元，其中特棒项目转工程合同6900万元，去除后实际签订采购合同总金额2.2286亿元；淘汰不合格供应商729家，新增供应商163家。营销方面：深化体制改革，实施以期货销售为主、现货销售为辅的销售管理模式，扭转销售工作被动局面，拉动生产，全年毛利完成9.18亿元年度目标，累计为12.59亿元，其中螺纹贡献率64.63%、线材15.87%、板材

19.3%；全年销售普材553万吨，其中螺纹289万吨，线材105万吨，板材160万吨，产销率98.8%，销售特钢30万吨；实际库存15.8万吨，控制在16万吨风险预警库存量内；直销率为36.5%（不含子公司为18.8%），完成35%的目标。

优化绩效管理体系　将公司“六大运营”模块KPI指标分解到各单位组织绩效评价体系中，创新平衡计分卡+关键绩效指标（KPI）评价模式，年内主要生产工序和原材料采购实现降本增效12亿元。

提高现场管理水平　开展以作业长制为中心、以计划值管理为目标、以标准化作业为准绳、以自主管理为基础、以点检定修制为重点的“五制配套”专项培训28期；各生产单元作业长制、点检定修制初具运行条件；自主管理在全面推广基础上有效组织开展能力提升，管理成果对比2012年成倍增长；标准化作业、集中一贯制造管理、计划值与标准成本管理也在板材厂试点运行基础上逐步向其他生产单元拓展推广。

生产稳定可控　建立常态化铁成本跟踪分析机制，优化配矿配煤结构，完善铁区质量预警信息系统，铁成本得到有效控制，累计铁成本为2328元/吨，比2012年全年累计降低302元/吨，合计降低铁成本18亿元；优化炼钢作业计划编排，提高钢后生产组织效率，炼钢浇次计划完成率由7月份的76%提高至12月份的89.21%，铁到钢成本为559元/吨，同比降18%；推进轧钢工序提质降本、优化结构，钢到材成本215元/吨，同比下降27%；能源消耗、能源成本及能耗成本占比较上年均有大幅降低。

设备状态有较大的改善　2013年吨钢维修费128.16元，同比下降37.67元，对比预算下降10.46元；主作业线设备月均故障停机时间同比下降55.46小时，降幅45.38%，对比目标下降16.26小时，降幅19.59%；定修计划执行准点率稳定保持在90%以上；库存资金下降0.2114亿元，降幅5.42%；稳步推进油品优化、国产化替代工作，降低采购资金559.4万元。

提高用能效率　降低用能成本。全年实施节能技改工程7项，签订合同的合同能源管理项目6项，能源成本下降至999元/吨，远低于目标值1086元/吨，为公司实现降本增效达5.4亿元。

促进阳光采购　强化进厂检化验质量，加大抽查力度，抽查950批次，建立质量异常信息通报机制，及时通报25起进厂检验异常情况。加强招标管理，共完成招标852项，其中：工程类及采购类797项，中标金额22.7亿元，对比估算价降7.54%；标卖类55项，中标金额3.08亿元，对比估算价涨8.62%。公开招标291项，同比增加341%；电子招标254项，同比增加131%。

加强审计监察　控制经营风险。全面建设审计体系，2013年启动重点工作21项，按计划结题17项，提出审计建议179项；推进全面风险管理，识别风险点31个，分析提出应对措施39条，落实应对措施推进工作事项33项；开展效能监察，效能监察立项17项。

财务费用管控到位　重点落实保证资金安全低成本运行、深化对标管理、完善专项成本管理、推进计划值和标准成本管理、优化和完善公司绩效管理指标体系、强化财务现场管理、提升资产运营效率等7项工作，财务费用得到有效管控。全年财务费用2.4亿元，同比减少3.6亿元；吨钢财务费用39元/吨，同比减少70元/吨；综合融资成本率4.45%，全部资金成本率2.73%，为近9年最好水平；营运资金占用同比减少7.5亿元，周转加速21天。

多元经济打开新局面　探索创新多元发展模式，全年共对47个项目进行前期调研论证；明确7个板块作为多元产业发展方向，成立6个子公司作为多元产业发展的载体，营业额70亿元，实现利润1.08亿元（剔除物流及钢铁贸易），同比增加0.5亿元，吸纳钢铁主业分流人员2516人。

主辅分离平稳过渡　2013年完成中小学退休教师、餐饮监管所、韶钢医院、街道办事处等移交，移交人员共计528人。加强社区居民自治管理，实现社区稳定和谐。

产品开发　板材开发耐候板Q355NH系列、1.2311和35CrMo合金模具板、ASTM A36Z15板材、大于60毫米规格Q345EZ35等5个牌号新品种；棒线开发10B21、SWRCH6A/10A、SWRCH15K/15A、40Cr、SWRM17、SWRCH22A—B、55、70等10个冷镦硬线钢，产品规格由单一的6.5毫米拓展到5.5—20毫米范围。

基建技改　2013年，安排基建技改项目80项，投资12.90亿元，其中：续建项目16项，新开工项目64项，已投产40项，在建40项；2013年启动的项目有炉料结构优化之焦炉建设工程；建成投产的项目有合金钢、优质棒材轧机生产线改建工程、能源中心系统工程；在建的项目有4号烧结机烧结余热回收利用工程；组织或参与审查项目建议书51项，否决项目8项，建议书通过率84.3%；快速改进项目立项34项，投资额约2800万元，投产21项。（陈春华）

附：领导班子成员名单

董事、董事长、党委委员：赵昆
董事、党委书记：余子权
董事、总经理、党委委员：
　　王三武（2013.12.26—）
党委副书记、纪委书记：谢琼杰
副总经理、党委委员：张永生
　　朱　宏
党委委员：刘　意
党委副书记、工会主席、职工
　　董事：寿耀明
副总经理、党委委员、董事会
　　秘书：冯国辉
党委委员：赖晓敏
总经理助理：蔡建群

【中金岭南韶关冶炼厂】　韶关冶炼厂隶属于深圳市中金岭南有色金属股份有限公司，始建于1966年，是中国首家采用ISP工艺的大型铅锌冶炼企业。工厂主产品有电铅、精锌、电银、精镉、精铟、锗锭、铅锌系列合金近30种，注册商标为“南华”牌。主产品电铅、精锌、白银已在伦敦金属交易所注册，铅锭、镉锭获国家金质奖，锌锭获国家银质奖并为国家免检产品，铅锭、锌锭获省名优产品荣誉称号。工厂先后通过ISO 9001质量管理体系认证、ISO 10012测量管理体系认证，连续10多年被广东省工商管理部门评为“重合同、守信用”单位。2013年，韶关冶炼厂完成铅锌总产量18.41万吨、工业硫酸14.44万吨、白银49.09吨，实现产品销售收入33.5亿元（不含税）、工业总产值23.2亿元。

过渡性生产　严格按照《韶关冶炼厂二粗炼系统过渡性复产实施方案》要求，坚持“环保优先”原则，量化组织生产。针对生产瓶颈，成立技术攻关组，实施压团、制粒、锗渣预处理等生产重点项目，较好解决瓶颈问题。优化工艺参数，精心操作，有计划降低杂料、氧化物料库存，提高产品产量，整个生产系统平稳有序运行。加大有价金属综合回收力度，最大限度做到危险固废减量化，并综合利用。

安全环保　在过渡性生产组织过程中，牢牢守住安全、环保底线，高度重视安全、环保工作，深刻认识到安全、环保工作对工厂是生命线、高压线，是底线。通过健全管理网络、完善责任制、强化确认制、加强专业指导、加大隐患整治力度，把安全、环保工作落到实处。安全环保工作进班组、入点岗，进一步强化安全、环保责任意识，确保岗位人员处于最佳的工作状态。通过技术攻关，成功解决工业废水氟离子、氯离子、盐平衡问题，工业废水零排放系统平稳有效运行。持之以恒做好有组织排放减量化、达标排放，无组织排放有效控制。建立对外销售危险固废接收单位的环境审核机制，将环保风险防控管理向外延伸。全年实现无重伤以上生产安全事故，做到“六无三减少”；工业废水零排放，废气减量达标排放，固废规范处置，工农关系和谐。工厂获广东省环保诚信企业（绿牌）、韶关市首批清洁生产企业、韶关市职业卫生管理示范企业。

薪酬考核分配公开公正　加强人力资源及薪酬分配管理，加大员工考核力度，采取定量与定性相结合的方式对员工进行绩效考核，考核结果与年度绩效、评先推优挂钩。以“垫低、控中、限高”为原则，加大基层员工薪酬分配的倾斜力度，增加基层员工收入，同时对各车间的薪酬发放进行管控，确保各单位薪酬分配管理公开、公正。

降本增效　加强设备工程管理，完善设备管理台账、技术档案，降低备品备件库存；严控外委工程，严控维修费用。加强管理督察，对废旧物资处置、进厂精矿取样化验、降本增效执行情况等进行专项督察，强化执行力，维护企业利益。通过生产攻关，优化工艺参数，加快消化库存氧化物料，产量水平稳步提高，工业硫酸恢复到2010年停产前的高水平。开展“降本增效，从细节抓起”活动，通过降低管理费用、降低量化指标及原燃料能耗、降低维修费用，多产白银、锗锭高附加值产品等降本增效措施，确保全年控亏目标。

推进鹰文化　作为公司“鹰文化”试点单位，通过各种途径深入宣贯“鹰文化”，召开“鹰文化”进班组活动现场观摩会，推进“鹰文化”文化进班组，引导和激励广大员工弘扬企业核心价值观，增强企业的凝聚力和向心力。公司“鹰文化”已在韶冶落地生根、开花结果，成为引领全厂员工前进的灯塔，为企业可持续发展提供不竭的精神动力。

整体搬迁升级改造　通过对国内外20多家铅锌企业考察，并与多家院校交流，反复论证，召开多次比选论证会，完成工艺选型。在6种锌冶炼工艺进行比选，确定新厂锌冶炼选用氧压浸出工艺；在6种铅冶炼工艺进行比选，确定新厂铅冶炼选用氧气底吹法（即一步炼铅法）。组织多批管理及专业技术人员到丹霞冶炼厂、豫光金铅公司脱产培训，全面了解熟悉氧压浸出炼锌工艺和富氧底吹炼铅工艺相关情况，培训锻炼首批工程技术骨干。做好新厂土地征用，与始兴县政府签订《韶关冶炼厂整体搬迁升级改造工程项目用地框架协议》。推进新厂项目环评及相关工作，完成《水土保持方案报告》《水资源论证报告》《职业病危害预评价报告》《节能评估报告》编制并通过政府审批；推动《韶关市铅锌行业发展规划》及环评报告、《园区扩园规划》及环评报告编制。委托中国恩菲公司结合广东省主体功能区规划和省内工业园区分布情况，完成粤西和粤东沿海厂址比选现场踏勘及《新厂拟选厂址比选评估报告》编制，组织国内知名专家从政策符合性、行业准入、环境风险防范、社会效益、经济效益、企业发展前景等方面对海边的项目拟选地和始兴项目拟选地进行比选论证，并已向上级公司汇报相关情况。

“三旧”改造　韶冶“三旧”改造方式确定为政府收回招拍挂。中金岭南公司、韶冶厂分别成立“三旧”改造工作领导小组和“三旧”改造工作办公室。已完成“三旧”改造地块建筑物的资产评估和控制性详细规划编制，并开展地籍调查。（侯晓思）

附：领导班子成员名单

厂　　长：郑金华

党委书记：饶东辉

纪委书记、工会主席：郭福清

副 厂 长：曾令成　王远文

　　　　　龙红卫　杨立新

【中金岭南有色金属股份有限公司凡口铅锌矿】　深圳市中金岭南有色金属股份有限公司凡口铅锌矿（以下简称凡口铅锌矿）于1958年建矿，1968年正式投产，自2009年起形成日处理铅锌矿石5500吨、年产18万吨铅锌金属量的生产能力。主产品为铅锌矿石、单一铅精矿、单一锌精矿、混合铅锌精矿，副产品为高铁硫精矿。有在岗职工2202人。2013年，凡口铅锌矿总资产27.26亿元，净资产9.15亿元，总产值20.39亿元，实现利润10.76亿元，实现销售收入19.98亿元，上缴税费3.9亿元。被授予全国“安康杯”竞赛优胜单位、国土资源部“矿产资源节约与综合利用先进适用技术推广应用示范矿山”；“凡口铅锌矿近围成矿地质条件与找矿预测综合研究”项目分别获广东省科学技术三等奖和韶关科学技术一等奖。

生产经营　2013年，完成铅锌金属量17.95万吨，同比增加0.45万吨；完成高铁硫精矿61.91万吨，同比增加13.18万吨。全年成本费用控制在中金岭南公司计划范围内。

安全管理　2013年，以打造“本质安全型企业”为目标，主要采取6个方面的管理措施，井下推广应用天井钻机、网络爆破、机械化台车作业等；优化采矿车间机构设置；全面开展班组标准化建设和岗位达标工作；全员学习“墨菲安全定律”；强化安全教育培训，全年培训约20000人次；实施主管以上领导三班派班和科室领导跟班制度。

7月18日采矿车间实现安全生产7周年，7月5日选矿厂发生一起机械伤害工亡1人事故，驻矿施工单位全年共发生11起工伤事故，造成4人轻伤，7人微伤，千人负伤率为1.8‰，8月3日实现安全生产4周年。

人力资源　实施减员增效，采矿车间成立联合采掘队，组建专业的机械化作业队伍，矿山撤并职能相似岗位，对一些独立的岗位采用承包制，对选矿厂碎矿工序实施三班两运转等。

标杆管理　2013年，分期、分批对全矿主管以上干部进行培训，印刷1020册《凡口铅锌矿标杆管理学习资料》发放给班组长以上管理人员，制定相关制度，对选定的课题稳步推进。

内部探矿　2013年，矿区外围和深边部探获一些黄铁铅锌银矿和部分具有较大工业意义的黄铁铅锌矿体，效果显著。完成2000米探索孔的验收并组织外围2500米超深探索孔的设计、施工等工作。

合作探矿 与广东省地质局合作的乐昌坑子探矿权项目有新进展，已取得探矿权，现完成化探及物探的现场工作。广东省连南县大麦山矿外围铜铅锌矿和广东省乳源县宝山铅锌多金属矿的前期地质调查也同步推进。

节能减排 2013年，以“零排放”为目标，开展选矿回水利用试验研究，全年同比多利用选矿废水195万吨，回水利用率达到80%。降低BOD5浓度试验各项工作达到预期指标，尾矿库外排水BOD5、COD及重金属等污染因子实现稳定达标排放，实现环保信用等级“黄牌”到“绿牌”的修复。

净水改造 经近两年的建设，12月净水系统改造工程全部完工投入使用，改造后水的pH值保持在7.3左右，浊度达到0.2左右，均达到或优于国家标准。

“六大系统”工程 从2011年11月启动井下安全避险“六大系统”建设工程，2012年7月完成第一期建设，2013年5月完成第二期建设，6月15日通过验收，该系统全面完成正式投入使用。

选矿改造 经过近两年的努力，选矿1200吨/日生产单一铅锌精矿试验流程项目于2013年11月顺利投产，每年减少混合铅锌精矿产量，同时增加1.1万吨单一铅锌精矿金属量，提高产品价值及市场竞争力。年底前，进行1200吨/日单一铅、锌精矿试验流程的完善和指标优化工作。

产品创新 矿山原选硫系统生产高铁硫精矿和硫精矿，经过近半年的小型试验探索，7月开始进行全高硫的生产，在保持总硫回收率不变的条件下，高硫回收率达到48.78%，比技改前提高9.02%，高硫水分降至6.96%，2013年同比多生产高硫13.18万吨。（卢永青）

附：领导班子成员名单

矿　　长：姚　曙

党委书记：骆建辉

党委副书记、纪委书记、工会主席：蔡　文

副 矿 长：蔡江松　邓拥军　张卫民　陈坤锐　梁成石

【广东韶关瑶岭矿业有限公司】 广东韶关瑶岭矿业有限公司位于韶关市曲江区境内，由原瑶岭钨矿改制组建的股份制企业。原瑶岭钨矿于1919年开始开采，解放后1951年1月收归国有，属中央直属企业。2000年下放广东省管理，2003年经上级主管公司批准改制为股份制企业，2003年3月经广东省韶关市工商行政管理局批准注册成立，现属上市公司广晟有色金属股份有限公司旗下的国有企业。

公司按照现代企业制度设置董事会、监事会、经营班子和党委、纪委、工会，下设6个部和3个分公司，分别为综合部、生产技术部、安全环保部、贸易经营部、财务部、审计部和采矿、选矿、电力分公司。现有员工427人，有一支素质高、专业性强的矿山管理队伍。

主要产品 公司是一个采选联合企业，生产、生活设施完善。矿山开采方式为地下开采，平窿—盲斜井联合开拓，采矿方法为浅孔留矿法，最低主平窿标高450米。现采矿最大垂深500米。设计生产规模为32.6万吨/年、选矿合格矿处理量为375吨/日。选矿工艺为手选与重选，回收黑钨矿精矿及少量白钨精矿、锡精矿。年产钨精矿能力450—600吨左右。小水电装机容量为2940千瓦，具有530万—900万千瓦时的年发电能力。主要产品有黑钨精矿、白钨精矿、铋钼矿，水电等。

生产经营 以提高经济效益为中心，以改革发展为动力，抓好安全、环保、生产和经营，搞好矿山各项建设，努力降低生产成本，提高经济效益和增加员工收入。重点抓好生产和设备管理，加强内控管理，建立激励机制提高劳动效率。2013年，实现营业收入5250万元，利润总额705万元，税后净利润525万元。全年向国家缴纳税金1209万元。公司2013年完成工业总产值5571万元，工业增加值4207万元，资产总额7302万元。

安全生产 公司贯彻“安全第一、预防为主、综合治理”的安全生产方针，公司为树立安全意识加强安全环保教育，为建设绿色矿山和营造安全环保矿区环境作不懈地努力。开展“安全生产月”活动，组织季度、专项、现场日常安全检查；开展安全知识竞赛活动。抓好安全生产规章制度落实；做好安全隐患整改和改善安全生产环保作业条件；抓好安全生产标准化建设；贯彻落实矿领导带班下井制度；签订安全生产环保责任书。做好新招员工的公司级岗前安全培训；调整劳动防护用品发放标准；建立和

健全安全生产责任制度、档案、操作规程；做好安全标准化创建和运行；完成职业卫生评价；修订应急预案；完善环保档案，完成环保核查；完成对生产场所的空气质量检测。

矿山建设和持续发展　北区详勘工程在进行；开拓433、398中段，进入生探和采准；建成尾矿库在线监测系统，并投入试运行；建设安全标准化体系，达到国家2级标准；清洁生产、回顾性环评已验收通过。做好定向增发工作，为少数股东退出做准备，公司将迎来新的发展机遇。公司持续发展有资源保证。自2007年开展探矿工作以来，累计投入资金4000多万元，探获资源储量（WO_3）金属量11000吨，相当于一个中型矿山的储量规模。瑶岭探矿项目荣获中国有色金属行业协会地质找矿成果三等奖。公司持续发展配套工程完善。坪山尾矿库二期排洪系统工程竣解决今后20年的选矿排尾堆砂；安全标准化建设完成；井下六大系统建成，有完善的井下运输、提升、溜矿、供电、供风、供水、通风、排水等八大系统相匹配，配备精细的选矿工艺流程，尾矿库完善，为矿业公司未来的发展奠定良好基础。

企业文化和党建工作　公司注重公司文化建设。“瑶岭是我家，发展靠大家”的责任核心价值观，成为公司员工的共识，公司继承和发扬“勤奋、求实、奉献、创新”的优良传统，形成矿山岩石般坚强、厚重的品格，造就公司鲜明的矿山企业特色。定期出版《瑶岭矿业公司报》和办好宣传栏。加强公司信息收集和定期报送，提升公司在行业内的形象。争取上级部门和当地政府对公司发展的支持，及时有效地解决公司在治安、税收、环保、电力供应等方面的许多问题。公司领导常与周边村镇沟通，促进矿区周围的工农关系和谐发展。

（陈曲安）

附：领导班子成员名单

董事长、党委书记、总经理：
　郑揭东

副总经理、纪委书记、工会
　主席：张清伟

副总经理：梁仁建　刘小毛

【广东省大宝山矿业有限公司】

广东省大宝山矿业有限公司（以下简称大宝山矿）位于广东省韶关市曲江区沙溪镇境内，占地面积9.49平方公里，毗邻106国道、京珠高速公路沙溪出口，是一家具备生产能力成品铁矿石60万t/a、铜精矿3600吨/年（金属量）、硫精矿35万吨/年的国有独资多金属矿采选企业，现为广东省广晟资产经营有限公司旗下的一级企业集团，并于2012年8月被列入全国首批40家、广东省唯一一家“矿产资源综合利用示范基地”。旗下拥有产销PC铜1万吨/年全资子公司广东省南方特种铜材有限公司和产销普通硫酸1万吨/年、高纯酸3万吨/年控股子公司韶关市广宝化工有限公司。大宝山矿本部在岗职工2300多人，其中大学本科及以上学历人员218人，中高级以上技术职称人员256人；矿山居民1万多人。

生产经营指标全面完成　2013年，大宝山矿始终坚持“转型发展、稳定发展”目标不动摇，通过实施一系列有效引导生产经营的稳增长措施，推进改革发展各项工作任务，完成年度生产经营任务指标，实现企业经济的平稳运行和稳步发展。全年铁矿石产53万吨、销67万吨，铜金量产3821吨、销4889吨，硫精矿产销35万吨；实现主营业务收入8.89亿元；实现利润总额2032万元，净利润1352万元；上缴税收1.13亿元。

矿山生产管理提效明显　为克服露天开采末期原生矿不足、开采境界面狭小、作业分散和流程负重生产等实际困难，企业全面加强矿山生产的组织管理，增效明显。全年回收低品位铁矿12万吨、低品位铜硫矿40万吨，资源实现有效配置；完成采剥总量180万方，实现采矿量80万吨，采出铜、硫原矿平均品位分别为0.68%、20.54%，供矿指标持续稳定；完善改进流程工艺，铜硫精矿回收率提高4个百分点；二段磁硫、六槽浮选和陶瓷过滤机等一批技能改造项目建成投产，硫精矿从2010年的20万吨增产至2013年的35万吨，其中磁硫铁矿年均增长183%，实现小投入、大产出，效益显著；完成槽对坑尾矿库5米加高扩容工程，生产供水用水稳定；地质工作完成钻探进尺13361米，连续3年钻探保持增长。抓好产品销售工作，加强产品用户开发力度，全年磁硫销售增长284.28%，成功运作一批48%的铁粉矿、高粉块矿和2万吨泥粉矿市场业务。

重点发展项目建设加快推进　全年完成项目建设投资2.43亿元，投资增长16%。330万吨铜硫项目环评通过专家技术评审，修改完善后将进入行政审批阶段；凡洞村尾矿库及铁选厂项目环评报告分别通过韶关市、曲江区环保局审批；尾矿库405亩建设用地使用权完成挂牌交易手续，拿到土地使用权证；铁选厂一期项目建成投产运行，铁矿持续生产后劲增强；铜硫项目基建采剥工程完成重新招标工作，排土场总出入沟及运输道路工程累计完成土方工程600多万立方米，占总方量85.7%，排土道路工程基本形成；凡洞村新尾矿库及配套污水处理厂已完成前期论证设计、评审和招标文件工作，新尾矿库即将开工建设；铜硫尾矿回收钨完成扩大连选试验，已进入工业试验。外围找矿和接替资源勘查工程、老矿山接替资源潜力立项申报、地质工业指标调整、两个探矿权延续备案工作等其他重点发展项目稳步推进。荣获国家矿山公园资格，并已成立大宝山国家矿山公园建设与管理领导小组，建设工作有序开展。

企业精细化管理稳步推进 全面启动绩效考核工作，完成岗位说明书编写确认和绩效管理制度的制定。数字化矿山建设工程前期详规、方案两个纲领性文件完成。招标管理加强，增加评审议价环节，实行联签制度。成本管理效果明显，全年考核节约成本733万元；物资采购同比库存下降206万元，采购金额下降2.3%；调整工程预结算下浮比例，有效核减项目资金约1947万元。劳务市场化和工资分配改革推进，实施《劳务发包管理办法》《工资二次分配管理办法》，顺利完成劳务派遣转成业务承揽；转变资产运行方式，完成大宝山加油站对外租赁改革方案。推动公司多元化发展，子公司广宝公司增资扩股工作完成，股权结构得到优化，同比增利2566万元，增利100%；新设立全资子公司韶关市大宝山资源综合利用有限公司，办领企业营业法人执照。

安全环保工作力度不断加大 坚持落实好安全生产责任制、风险抵押金和部门“一把手”安全检查制度，突出抓好现场安全管理和日常安全管理。加大隐患排查、设备安全、工程建设等安全检查力度；与外委施工单位签订安全管理协议，出台《外委项目安全监督管理规定》《安全文明施工管理办法》等强化安全管理的措施文件；加重对安全管理失职、“三违”行为和外委施工队伍违规行为处罚力度；采空区防治工作机构建制、预防措施等常态有力机制逐步完善，成功处理采空区2个。严格按《大宝山矿区环境综合整治理行动方案》要求积极推进新尾矿库、清污分流和清淤工程等省重点督办环保项目建设。两个外排水处理厂在线监测系统全面整改完成，全年达标排放。开展大宝山地质环境治理工程建设，启动“全国矿山地质环境治理示范点”申报工作。推进企业清洁生产，荣获广东省清洁生产企业称号。

推进矿山民生改善建设 重视职工利益，调整提高在岗职工工资标准，人均增加300元/月；继续实施职工免费健康体检活动；新增空调客车2台改善职工上下班乘车条件；兴建的139间车库全部被职工认租，解决职工停车难问题；完成新建职工宿舍楼的二期工程装饰，改善职工和新招大学生住宿条件；开展送温暖活动，三大节日发放职工家属困难补助款9.54万元，186人次得到帮助；发放助学金8.84万元，59位职工子女受益。坚持按政策落实好职工法定利益。调整提高工伤保险待遇和员工最低工资标准，最低工资标准由原来的850元/月调整为1010元/月；按规定调整失业保险缴费比例，降低个人缴费比率。 （蔡浩双）

附：领导班子成员名单

董事长、党委书记：刘瑞弟

总经理：马远传

副总经理：巫建平　黄建华

李灼超　刘　聪

【韶关发电厂】 韶关发电厂是广东省粤电集团有限公司下属大型骨干发电企业之一。现有两台330兆瓦机组在运，两台600兆瓦“上大压小”燃煤机组工程已获得国家发改委核准并开工建设，计划2015年3月18日第一台新机组投入商业运行。

生产经营管理 2013年是韶关发电厂实施“减亏扭亏”战略承上启下的一年，也是企业降本增效、抢抓机遇、加快发展的关键之年。电厂通过狠抓安全生产、强化经营管理、力推资产重组、加快新机组扩建、深入开展党的群众路线教育实践活动，超额完成年度经营目标任务，提前实现经营扭亏为盈。企业NOSA五星成果持续巩固，综合升级改造全面完成，新机组项目核准开工，全厂生产、经营、发展均呈现优质高效、持续向上的良好态势。截至12月31日，实现连续安全生产2694天，完成上网电量28.295亿千瓦时。

节能降耗　2013年度，韶关发电厂以节能降耗为重点开展多项技术改造。11号机组综合升级改造后汽机热耗率下降约500克/千瓦时，锅炉效率提升2.5%，供电煤耗下降约22克/千瓦时。

环境保护　韶关发电厂高度重视环保管理工作，2013年重点实施10号炉电除尘器改造、10号炉烟气脱硝工程。全年脱硫投运率>98%，电除尘投入率>99%，实现环保达标排放。2013年全厂未发生环境污染及职业健康事件，连续5年获广东省“环保诚信企业”（绿牌）称号。

新机组建设　12月6日韶关发电厂新机组建设项目获得国家发改委核准，控制总工期目标为18+2个月。10月8日，1号锅炉钢架开始吊装；12月8日，2号锅炉钢架开始吊装。至2013年12月底，主体工程总体进度32.31%，其中建筑工程进度45.38%，安装工程进度11.27%，各项工程进展顺利。

社会责任　筹措扶贫专项资金，精心组织、深入开展扶贫工作。已完成对曲江区展如村的扶贫任务，同时启动对翁源县新江镇新江村为期3年的新一轮扶贫开发。派出1名专职人员驻村，集中精力了解村情民情，联系地方政府与群众开展扶贫工作，扶贫开发工作按照省市县的要求有序开展。2013年，厂获得“广东省扶贫‘双到’工作优秀单位”荣誉称号。

企业文化建设　电厂开展企业文化建设活动。利用各种载体采取各种形式，强化企业文化理念渗透。弘扬“合和共生，守正出新”的企业哲学。企业文化建设力度不断加大，促进员工对企业文化理念的理解、认同和践行，激励广大员工“用心工作、健康生活、激情奉献、追求卓越”。（吴群声　邹海峰　陶花艳）

附：领导班子成员名单

厂长、党委书记：何健康

党委副书记：黄世平

副厂长：曾令雄　高云峰

梅锦龙

【广东省第五建筑工程有限公司】 广东省第五建筑工程有限公司始建于1951年8月，具有国家房屋建筑工程施工总承包一级、市政公用工程施工总承包一级、钢结构工程专业承包一级、建筑装修装饰工程专业承包一级资质，通过ISO 9001质量管理体系、ISO 14001环境管理体系和GB/T 28001职业健康安全管理体系等三大管理体系认证。企业重视智力投资，引进和培养大批专业人才，造就一支既有理论知识又有实践经验的施工队伍。

2013年，签订工程施工承包合同造价总额为12.78亿元，履约率为98%；产值9.3亿元，同比增长27.4%；全员劳动生产率为177962元/人·年，同比增长6.73%；经营性收入为1836万元，同比增长0.3%；上缴税收4746万元，同比增长7.6%。

强化安全质量文明施工管理　进一步确立“责任、监督、考核”三位一体的施工管理需求，通过抓好责任的落实，把建筑规范和操作规程落实到施工生产的每个角落；通过抓好项目过程管理，消除工程质量通病和安全隐患；通过抓好人员的教育、培训和考核，加强奖优罚劣的机制，增强施工管理人员和工作人员的责任意识和工作积极性。坚持生产技术例会制度，组织各项目部相关人员学习政策法规、新工艺技术、分析案例、通报情况、布置工作。坚持深入工地巡查，发现隐患及时整改，杜绝事故的发生。2013年，所有项目安全生产达标率100%，重伤与死亡率为零，轻伤11‰，低于国家与企业目标。

注重科技创新　加强科技进步的力量，增强企业科技进步氛围，落实新技术应用计划，加强技术的研发及推广应用，面向生产经营，解决在施工生产中遇到的技术难点和问题，开发具有自主知识产权的新技术、新工艺，带动本单位施工技术、项目管理、工程质量和经济效益的提高。《型钢水泥土搅拌墙深基坑支护施工技术》通过2012年度省级工法。

企业文化建设　成立推广传统文化领导小组，设立专项资金，在员工中开展中华优秀传统文化学习教育活动，为汲收传统文化推进企业文化建设和促进企业经济发展奠定良好的基础。

获得荣誉　通过“全国水利建设市场信用AAA企业”评审，被广东省工商行政管理局授予“连续二十六年守合同重信用企业”称号。韶关矿山救援基地工程获得“韶关市建设工程优质奖”和“广东省建设工程优质奖”。韶关市曲江区林业局安置

楼B座工程获得“广东省房屋市政工程安全生产”、“广东省文明施工示范工地”称号。（邓彩珍）

附：领导班子成员名单

董事长、党委书记：林　松
副董事长：伍小彝
董事、总经理：朱新魁
董事、副总经理：彭穗平
　　　　　　　　吕清坤
　　　　　　　　欧阳早榕
董　事：詹剑波
副总经理：赵道志　刘卫红
党委副书记：凌小玲

【广东省地质局第三地质大队】 广东省地质局第三地质大队（广东省韶关地质灾害应急抢险技术中心），2013年3月由原广东省地质局七〇五地质大队和七〇六地质大队整合组建而成，隶属广东省地质局，正处级事业单位。2013年，有在职职工308人，各类专业技术人员181人，其中高级专业技术职称23人，中级专业技术职称54人，拥有各类先进设备仪器521台套。在韶关、惠州、清远等地设有基地和办事处。主要承担国家和省下达的国土资源大调查及其他公益性、基础性、战略性地质调查、勘查任务，为韶关市、清远市国土资源管理部门的地质灾害预警、防治、危机管理工作提供技术支撑和技术服务；承接韶关市、清远市政府委托的地质矿产勘查任务和地质规划工作；承接国家和地方重点工程地质勘测任务等。持有固体矿产勘查、区域地质调查、地质灾害危险性评估、工程勘察专业类岩土工程等4个甲级证书；地基与基础工程专业承包壹级资质证书，液体矿产勘查、水工环地质调查、地球物理勘查、地球化学勘查、坑探、钻探等6个乙级证书；地质灾害治理、勘查和设计丙级、工程检测等一批资质证书。通过质量、环境、职业健康与安全三标一体化管理体系认证。

地质勘查　开展基础地质及矿产远景调查5项，其中广东1∶5万隘子、坝仔、翁城、翁源、连平区调等3个项目已完成野外工作任务和资料整理，城口—油山等2个远景调查项目成果报告已通过评审；开展广东省翁源县丘屋金多金属矿预查等5个财政类固体矿产勘查项目；开展大宝山铜硫接替资源勘查等4个项目的立项工作；承接韶关市曲江区船肚—白面石铜硫铅锌多金属矿勘探等14个商业地质勘查项目；粤北地区锡铅锌多金属矿评价成果报告获中国地质调查局地质调查成果奖二等奖，韶关市大宝山钼多金属矿接替资源勘查项目获省地质局地质科学技术成果奖一等奖。

环境地质　完成全国重点实验室科研实验大楼挡土墙安全隐患整改工程、乐昌市工业大道地块地灾评估等29个地质灾害防治项目。与连州市、惠州市大亚湾国土资源局分别联合建立突发地质灾害应急响应机制，并联合印发工作方案，为地方国土资源管理部门的地质灾害预警、防治、危机管理工作提供技术支撑。在多雨汛期，为韶关某部队驻地和曲江某水电站山体滑坡进行地灾隐患排查，提供无偿地灾防治技术服务。

工程地质　承接勘察、测量、检测等项目875个，完成工勘进尺50多万米；承接施工项目64个。5个项目获韶关市建筑协会和省地质局优秀工程勘察项目奖项。

政治文化建设　召开第一次党代会，选举产生第一届党委和纪委；加大宣传报道工作力度，在各类新闻媒体上发表宣传稿件205篇；创先争优氛围浓厚，12名职工分别荣获韶关市道德模范、优秀团干、优秀团员和省地质局劳动模范、优秀党员、优秀党务工作者等称号。（景承云）

附：领导班子成员名单

大队长、党委副书记：罗高雄
党委书记、副大队长：邢丽云
副大队长：赖啸宇　石建国
纪委书记、工会主席：刘秀华
总工程师：黎洲辉

【广东省有色金属地质局九三二队】 广东省有色金属地质局九三二队为正处级事业单位，隶属广东省有色金属地质局，是一支为国家矿产资源勘查开发和地方经济社会发展服务的地质勘查队伍。内设有6个管理科室和10个下属二级单位。在韶关市新华北路、西联小阳山、工业西路、广州、珠海、新疆等地设有基地和办事处。

九三二队持有地质灾害危险性评估、地质灾害治理工程设计、地质灾害治理工程勘查乙级证书和测绘丙级证书。2013年，成功延续固体矿产地质勘查、液体矿产地质勘查、水工环地质调查、地球物理勘查、地球化学勘查、地质钻（坑）探6个地质勘查甲级证书，是全省地质勘查甲级资质最多的地勘单位。曾获中国有色金属工业总公司“‘八五’重大找矿成果奖”以及地矿部“科研成果奖”“科技成果奖”“地质找矿奖”。

地质勘察出成效 九三二队按照“大地质、大服务”的理念，深入推进找矿新机制，在公益性、商业性地质勘察、矿产资源勘查、地质灾害评估（治理）、水文、环境、工程地质调查研究等方面开展多方位服务工作。

全年开展凡口铅锌矿接替资源勘查、韶关市武江区梅子冲铅锌多金属矿详查、始兴县丝鱼坑铅锌多金属矿普查等11个地质勘查项目。其中，在国家危机矿山接替资源找矿项目中，完成地表钻探进尺25029.50米，井下钻探进尺10960.00米，单孔进尺达到2000.00米，刷新广东省小口径岩芯钻探单孔进尺新纪录。成功完成全国危机矿山接替资源找矿项目（广东省翁源县红岭钨矿接替资源勘查）立项申请工作。编制完成各类矿山年报23份，储量核实报告6份。拓展测量测绘和地质延伸产业的领域，开展工业与建筑、铁路、公路、隧道、水利及市政建设等领域岩土工程勘察业务，全年共签订合同项目146个。工作地域涵盖广东广西和江西、海南等省，包括韶赣铁路、广州市轨道交通六号线、芙蓉新城华南路、东莞（韶关）产业转移工业园等一大批国家及省、市重点建设项目的勘察工作。其中，东莞（韶关）产业转移工业园扩园环评甘棠片水文地质勘查项目荣获广东省地质局地质科学技术成果奖二等奖。

地质灾害监测、抢险 推进广东省尤其是粤北地区的地质灾害监测预警和防治体系建设，主动承担韶关市地质灾害高易发区1：5万隐患详细地质调查任务，全面排查地质灾害隐患点，减少地质灾害发生。先后为原曲仁棚户区改造项目二期B地块、韶关市矿山应急救援基地、田螺冲矿矿山等多项重点民生项目进行地质灾害勘查，确保民生项目安全有效推进。针对韶关市曲江区马坝镇马鞍山危岩崩塌地质灾害，九三二队及时开展地质灾害抢险应急施工，为群众撑起“保护伞”。

联系群众树新风 参加广东省第一批党的群众路线教育实践活动，切实转变干部作风，服务职工群众。开展地灾知识进山区进校园活动，增强群众的地灾防治意识。加强小区治安管理，维护小区稳定和谐。稳步推进“三旧”改造、棚户区改造进程，为职工改善办公住房环境。

文化建设显活力 成立业余运动队，开展群众性文化体育活动。在广东省有色金属地质局“幸福有色在我心中”演讲和征文比赛、首届女职工竞智竞技大赛以及广东省地质勘察技能大赛中，参赛选手均取得优异的成绩。2013年，队团委被评为“韶关市五四红旗团委标兵”，凡口项目部被广东省地质局评为“优秀班组”，涌现出“韶关市优秀团员”“广东省优秀共青团干部”“全国优秀工会积极分子”等一批先进个人。（黄伟娟）

附：领导班子成员名单

队长（法人代表）：蒋祖浩

党委书记：罗　颢

副队长：邓新成　肖永忠

纪委书记、工会主席：何万明

【中铁五局集团第四工程有限责任公司】 中国中铁五局集团第四工程有限公司（原铁道部第五工程局第四工程处），是世界企业500强、世界品牌500强的“中国中铁”（601390）旗下的国有综合性一级大型施工企业，成立于1964年10月，2000年6月实现公司制改造。

公司是以公路、铁路、桥梁、市政工程施工见长的队伍，具有公路、铁路、市政公用工程施工总承包一级，桥梁、隧道、公路路基工程专业承包一级等资质，年生产能力40亿元。拥有总资产4.88亿元，装备国内外先进工程机械设备830台（套）。全公司高、中、初级专业技术人员822名，一级建造师44人。

历年参建项目 在49年的创业历程中，公司驰骋华夏，转战南北，先后参建成昆、衡广、京九、南昆、内昆、秦沈、青藏、兰武Ⅱ线、武广、石太、襄渝、向莆、贵广、渝利、杭甬、兰新、杭长、贵开、沪昆（云南段）、宝兰、成贵等40多条铁路干线、复线和客运专线，担负施工深圳坪西，四川达渝，重庆綦万、云万，福建三郊、泉三，江西景鹰，湖南邵怀，安徽徽杭、沿江、合六、六潜，河南南邓、连霍，山西神河，广东连怀、惠澳，河北沧黄，甘肃天定、雷西，陕西关中环线、柞小、宜瓦、潼西、青兰、十天、宝汉、网化、延延，青海茶格，贵州大思路等30多条高速公路和广州、深圳、南京、大连、郑州地铁，

贵阳市贵龙大道、桐荫路、北京东路、开阳环湖等多项市政工程。有多项工程属国内外建筑施工之最，其中南昆铁路家竹箐隧道以其高瓦斯、高地应力、大涌水被称为“天下第一险洞”，青藏铁路昆仑山隧道是目前世界上高原连续多年冻土区第一长隧，全长20.05公里的兰新铁路增建二线乌鞘岭隧道获得鲁班奖，全长27公里的石太客运专线太行山隧道居亚洲山岭铁路隧道之首，沪昆客专壁板半坡隧道为目前在建客专第一长隧。为国家修建铁路、公路1000余公里，先后获总公司以上优质工程奖21项，其中内昆铁路闸上隧道获“国家优质工程奖”，乌鞘岭隧道获得“鲁班奖”。

还承担非洲贝宁共和国GP公路，斯里兰卡南部铁路等项目，曾完成坦桑尼亚、赞比亚、伊拉克、尼泊尔、利比亚等国外铁路、公路建设项目的援建任务。

企业资质　在长期的施工实践中，公司积淀深厚的文化底蕴，同时弘扬“勇于跨越，追求卓越”的企业精神，遵循“依靠科技、规范管理、持续改进、顾客满意”的质量方针，通过GB/T 19000《质量管理体系》、GB/T 24001《环境管理体系》、GB/T 28001《职业健康安全管理体系》认证，是国家级计量合格企业和广东省AAA级信用等级企业。

2013年，公司落实“以科学发展为主题，以提升发展质量为主线，以稳中求进、突显效益、深化集约、强化管控为主调，夯实管理基础，推进管理升级，实现振兴图强新突破”的总体思路。加强企业党建、董事会、监事会、社会事业保险管理、法律事务和综合治理工作，以及群团组织建设。公司沪昆项目部党工委分别获贵州省国资委系统、贵州省“五好”基层党组织称号，实现精神文明和物质文明建设双丰收，企业实现稳步、和谐、健康发展。

企业效益　2013年，公司完成新签合同额42.85亿元；企业营业收入44.3亿元，首次突破40亿大关，创历史新高。

企业项目集约化管理　2013年，公司通过调整优化项目施组，突出加强集约化管理等策略，在全体参建员工的共同努力下，取得较好成效。经营开发规模质量稳中向好，突出公路、地铁、市政市场的开发。施工生产稳步推进，通过加强项目的组织推动、重点工作推进和项目集约化管理工作推进等方式，坚持每季度对各项目的施组进行梳理，明确关键线路和节点工期目标，落实保证措施，及时掌控项目生产情况，各项目施工组织有序推进，实现均衡生产和节点目标。深入推进集约化管理。公司按照“镜头不换，力度不减，纵深推进”的思路，进一步落实经营承包责任化，组织构建专业化、劳务建设组织化、要素管控集中化、基础管理精细化等“五化”建设，促进项目做精、做细、做实。

安全质量平稳可控　2013年，公司重点强化安全质量管理体系的建设，梳理资源配置，完善管理制度，明确卡控流程，制作管理工具，细化考核措施。同时，进一步强化安全质量稽查工作，以梳理的12个高风险源的防范和34条卡控红线管理为重点，有目标、有计划、有重点、分阶段地组织安全质量稽查，发现隐患和问题的能力、处置力度、工作精细化程度、整改落实质量均有较大加强，实现安全质量平稳可控，全年杜绝较大及以上安全生产事故的发生，单位工程一次验收合格率100%。加强人才队伍和科技建设，全年30人参加全国一级建造师、8人参加造价工程师、2人参加注册测绘师、10人参加公路试验检测工程师考试，组织现有铁路、公路、市政、机电专业一级建造师的继续教育。开展混凝土搅拌工、电工、电焊工等技师培训和评审，对劳务工职业技能鉴定155人。

企业科研成果　同时，完成《激光指向仪在直线隧道的应用》《黄土隧道监控量测》《无定向导线的计算方法浅析》《高速铁路沉降观测实施方案》《无砟轨道板CRTSI型板精调控制》《地铁隧道限界测量中横断面确定的研究》《CPIV与传统轨道基准网（GRP）在高铁测量中的对比分析》的撰写。新增“高速铁路隧道单口（大度>7千米）掘进测量技术研究”“内养护材料SAP在干燥地区混凝土施工中的应用研究”两项研究，三级工法9项，实用性专利2项。

企业文化　公司始终坚持“勇于跨越、追求卓越”的企业精神，坚持“立人本、促和谐、树新风”的发展方针和“铸魂、育人、塑形”的文化品牌，弘扬“五种风气”，增强“六种意识”，倡导“六提倡六反对”的企业文

化核心内容，不断充实和完善文化构架，被广大员工所接受，并内化于心、外化于形，提升企业的文化底蕴。（刘 维）

附：领导成员名单

董事长 党委书记：安保成

总经理 党委副书记：李枝元

党委副书记 纪委书记：张习亭

副总经理、工会主席：廖祖华

副总经理：彭宇峰 陈明君
钟勇奇 蒋 思
肖琼朝 廖令军
周尚荣

副总经理 总经济师：张顺强

总会计师 总法律顾问：李传鸿

总工程师：董显苇

【广东中烟工业有限责任公司韶关卷烟厂】 广东中烟工业有限责任公司韶关卷烟厂前身为成立于1950年6月1日的民生卷烟厂，1964年民生卷烟厂更名为韶关卷烟厂，2006年取消韶关卷烟厂法人资格，更名为广东卷烟总厂韶关卷烟厂，2006年更名为广东中烟工业公司韶关卷烟厂，2007年改制更名为广东中烟工业有限责任公司韶关卷烟厂（以下简称韶关卷烟厂）。

企业占地面积约15万平方米，拥有4800千克/时的制丝线1条，拥有3000千克/时的制丝小线1条，拥有1500千克/时的梗丝线1条，额定生产能力570千克/时的二氧化碳膨胀烟丝生产线1条，卷接包机组15套（其中软包机组7套，硬包机组8套），设备年生产能力为301亿支（60.2万箱）。截至2013年年底，共有从业人员760人。

4月，韶关卷烟厂谢乐机被中华全国总工会授予“全国五一劳动奖章”。烟厂分别被中共广东省委宣传部等评为“广东省诚信守法示范企业”；被中共广东省委、广东省人民政府评为广东省扶贫开发“规划到户、责任到人”工作优秀单位；被广东省扶贫开发领导小组评为“2012年度广东省扶贫济困红棉杯铜杯”；10月，卷烟厂的7个QC小组被广东省质量协会评为“广东省优秀质量管理小组”；5月，广东中烟工业有限责任公司被国家安全监管总局评为“全国安全文化建设示范企业”。

卷烟生产 所产卷烟品牌全部为“双喜”系列。全年生产卷烟210亿支（42万大箱），其中“双喜（硬经典）”66.23亿支（13.25万箱）、“双喜（软经典）”6.10亿支（1.22万箱）、“双喜（硬01）”11.62亿支（2.32万箱）、“双喜（软01）”18.05亿支（3.61万箱）、“双喜（软国际）”42.96亿支（8.59万箱）、“双喜（硬世纪经典）”3.86亿支（.0.77万箱）、“双喜（硬蓝红玫王）”11.99亿支（2.4万箱）、“双喜（软蓝红玫王）”30.03亿支（6.01万箱）、“双喜（硬红玫王）”19.16亿支（3.83万箱）。

全年平均耗用烟叶7.07千克/万支，嘴棒1674支/万支，盘纸620米/万支，水0.07吨/万支，电4.98千瓦时/万支，卷烟生产综合能耗1.61千克标煤/万支，万元产值综合能耗为5.93千克标煤。全年累计节约烟叶384吨，比2012年190吨翻一番。同牌号规格生产的单耗全部处于各生产厂的先进水平。

技术改造 2013年，韶关厂共实施基础设施、技术改造项目33项，资金投入达9665.84万元。按照“十二五”规划，持续进行各类型技术升级改造项目，厂区仓库建设项目、制丝线及配套工程技术改造项目已全面展开，目前都已进入实施阶段。上述技术改造项目的实施，升级生产制造水平和动力设施，厂区整体布局得到优化，工艺装备水平不断提升，不仅更能满足生产、物流的发展需要，也为今后企业不断壮大预留空间，为满足双喜品牌均质化生产需要奠定坚实的基础。

经济指标稳步增长 以精益生产推进为引领，深入推进精益能源、台时对标、设备OEE提升等多项工作，完成公司布置的各项生产任务，各项经济指标再创历史新高。全年完成卷烟产量42万箱，同比2012年41万箱增加1万箱，增长2.44%；产值57.89亿元，同比2012年55.25亿元增加2.64亿元，增长4.78%；税金实现数32.91亿元，同比2012年31.14亿元增加1.77亿元，增长5.67%；税金入库数32.64亿元，同比2012年31.27亿元增加1.37亿元，增长4.41%。

全面服务公司大局 推行JIT柔性生产管理模式，在确保各项生产任务顺利完成的基础上，在自身劳动力紧缺的情况下，创新工作思路，强化规范和效率，全力推进双喜跨越式发展。配合公司安全生产标准化一级达标评审工作开展，作为评审的第一站，5月底顺利通过国家安监总局考核评审，为公司整体通过评审打好前仗。结合行业企业管理现场会的工作部署，及时组织编写韶关厂精益生产推进情况汇报材料，并配合公司做好视频拍摄、现场展板素材收集、公司发言材料素材收集等工作，在公司内率先完成精益生产三大亮点课题及工作经验交流材料的编写，得到公司认可。CO_2 膨胀烟丝生产线一直坚持24小时不间断生产，除保障企业生产外，还为品牌转移、联合生产提供膨化烟丝478吨、加香增塑剂58.3吨。

节能降耗成效显著　针对2013年上半年出现个别月份单位综合耗能超定额的现象，通过导入精益能源管理，加强生产过程能源监控系统管控，解决蒸汽利用率偏低，中央空调湿汽量偏大等问题，下半年韶关厂全部综合耗能均控制在1.57千克/万支以下，在保障二氧化碳膨胀烟丝自用和外调供应的前提下，9月全厂全部综合耗能在1.45公斤/万支，创造韶关厂月度全部综合耗能历年新低，完成2013年年度节能目标；运用质量内建原则，借助DMAIC模型及FMEA分析等精益工具，开展原料降耗攻关活动，实现烟叶耗用由结果分析向过程分析、控制的创新转变，累计节约烟叶384吨，烟叶消耗全过程正常受控。

规范质量控制　以防差错子系统建立为基础，引入高科技手段进行质量监控和预防，在卷烟生产全过程系统运用防差错，并完成质量防差错子系统文件、卷烟生产过程差错模式分析及风险控制模型等项目实施，实现质量防差错软、硬件项目落地，在期刊上公开发表科技论文2篇，4个防差错项目专利通过公司审核并提交国家专利局申报专利，质量攻关项目先后获公司科技进步奖三等奖和优秀项目三等奖。同时，规范工艺质量基础管理，以质量分析会为平台，结合绩效考核、KPI年度考核及质量考核方案，落实质量责任，综合质量控制水平整体提升：包装与卷制质量检验得分为99.4分，省内排名第一；卷烟成品放行抽检合格率和成品烟丝抽检合格率均为100%，质量指标整体受控。

完善评价机制　根据“精益管理落实处、生产效率创佳绩”的活动部署，制定厂部和车间两级专项对标创优评比活动方案，以推进生产效率、提升设备台时产量为抓手，通过推进“夺标创优机组”和“正激励”方案，首次将部门绩效考核与预算管理、员工绩效考核有机结合，完善激励考核机制，员工队伍围绕“安全、优质、低耗、高效”的目标，形成浓厚的夺标创优意识，并带动生产综合管理水平和各项经济技术指标的全面提升：9月机台平均台时产量首次突破39.50万支/小时，达到39.51万支/小时；公司发布的前15名标杆机组中，韶关厂最佳成绩为6个机组入选；9月、10月全月均保持超过2000箱/日的生产效率，并创下日产2061箱的最佳成绩。

创新企业管理工作　针对企业生产过程中面临的难点、焦点，采用精益攻关、管理创新、合理化建议的方法进行有针对性地攻关。针对近年来大型项目多，管理人才紧缺的情况，建立基于全寿命周期管理理论的大型项目管理模式，确保施工项目和生产“两不误”；根据动力设备管理现状，借鉴精益库存管理中的ABC分类法，对所有动力设备进行ABC分类，有针对性地对A类设备进行专业优化，使有限的设备发挥最大的经济效益，4个选送公司发布的管理创新攻关成果获1个一等奖、1个二等奖、2个三等奖的优异成绩；通过精益七大浪费查找，全厂共收集合理化提案776份，采用及实施752份，员工智慧被充分调动。

实施竞争上岗　为进一步优化人才队伍结构，借鉴公司副处级干部选拔流程，引进第三方人力评测机构和公司人力资源部参评机制，首次将“管理、高技术、技能三条跑道”融合竞聘，为韶关厂近年来竞聘规模最大、涵盖面最广的竞岗选拔。通过公开选拔、竞争上岗的方式，最终有18名员工走上新的管理岗位，11名员工受聘高技术高技能职务，5名技能竞赛成绩和绩效考核突出的员工被聘为首席挡车工；并从中选拔出一位德才兼备、绩效突出、群众公认的优秀人才走上中层领导岗位，“二条跑道”用人机制不断完善，企业员工队伍素质得到全面提升。

清洁生产高效运行　2013年，韶关厂按照行业新标准，通过加强培训、检查、自评，进一步加强对清洁生产工作的管理，在清洁生产设施、设备基本到位和稳定运行的基础上，结合清洁生产规范，及时发现问题，明确整改要求，清洁生产工作稳步开展。依据新的《卷烟企业清洁生产评价准则》评价，韶关厂年度清洁生产自评437分（总分450分），连续第六年达到国家

"AAAA级"企业，排在行业第三名。

夯实安全基础　以公司创建安全标准化一级企业为契机，通过开展安全生产标准化自评、整改工作，完善安全生产基础。通过推进安全达标示范班组建设、制定岗位安全生产标准化达标手册，员工安全意识和素质明显提高。5月，通过国家安监总局组织的专家评审验证，达到安全生产标准化一级企业达标要求，全年未发生任何安全责任事故，保障企业生产经营的顺利进行。

信息化建设　4月，完成MES系统初始验收工作，MES系统全面进入运行维护阶段。通过建立完善运维沟通机制及系统应用监控、预警机制，MES系统自上线运行以来，系统硬件运行平稳，系统软件功能日趋完善，系统操作日益规范，信息化水平稳步提升。

人力资源管理　以赛促学，提升员工技能素质。一是以竞赛为平台，调动员工学习热情，2013年，全厂共有192名员工参与技能竞赛，并外聘兄弟厂考评员担任裁判13人，是历届技能竞赛首次启动中最大规模的一次，并筛选出2014年省内竞赛选手培养对象。二是充分发挥主观能动作用，克服各种困难，通过自主培训、委外培训和外送培训等方式，有规划、有目的地提升各类人员的学习能力和工作技能，提升教学质量，使教育培训更加科学化、体系化、本土化，2013年，韶关厂共完成培训项目129项，培训人次1982人次。三是畅通青年技能人才获取职业资格的渠道，技师鉴定初考通过率为80%，员工素质整体提升。

精心组织企业文化活动　组织开展党团员到始兴红围省委机关旧址开展教育活动、"责任点亮青春，激情奉献企业"征文活动、"辨别真假烟、专卖知识宣传"志愿者活动、"团员青年走基层活动"、参与公司成立十周年宣传片拍摄、"中国梦．劳动美"演讲，推荐一名少数民族团员出席团市委、团省委、团中央团代会，进一步增强广大团员青年爱国、爱党、爱企之情，展示韶关厂员工乐观向上、勇于进取的精神风貌。

开展评优推先和厂务公开工作　一是完成推优评先工作，评出全厂文明科室（车间）10个、文明机组（班组）20个，谢乐机和何维贵分别荣获"全国五一劳动奖章"和"韶关市劳动模范"荣誉称号，受到上级政府的表彰。二是通过召开8次工会委员会议和主席团（扩大）会议讨论和3次职工代表大会等，对涉及企业生产、管理的等重大事项和职工切身利益等问题进行讨论通过，全年在厂务公开宣传栏、协作网站、职代会上共公开事项116项，厂务公开透明。

做好对点扶贫工作　按照"扶贫双到"工作要求，全面完成南雄市南亩镇岭下村的对点扶贫任务，并到新的扶贫点（南雄市古市镇小坑村）进行实地调研和摸底，明确工作责任，完成贫困村3年扶贫规划和贫困户"一户一法"基础性资料，并在公司的支持下捐赠185万元用于韶关地区的扶贫开发工作，其中90万元用于南雄市古市镇小坑村扶贫开发工作，为韶关厂新一轮的扶贫工作奠定坚实基础。（赵坤辉）

附：领导班子成员名单

厂长、党委书记：张卓研
调研员、副厂长：陈绮婷
副厂长：何维贵　谢乐机
党委副书记、工会主席、纪委书记：刘泉忠

【中金岭南丹霞冶炼厂】 2013年，丹霞冶炼厂面对复杂严峻的经济形势和安全环保形势，以安全环保为前提，以提高生产能力、提升综合回收水平为中心，科学有效组织生产，抓好经营，以赴做好技改项目建设与试产，推进贯标和标杆管理，经过不懈地努力，基本实现各项工作的稳步推进。

生产能力稳步提升　2013年，工厂全面完成年度生产任务，主要产品产量创历史新高，各主要技术经济指标也不断改善。锌锭116056吨，为年计划的100.92%；电解电流效率为89.87%，比计划提高2.37%；锌冶炼综合电单耗为3921千瓦时/吨．锌片，比计划降低279千瓦时/吨．锌片；锌冶炼总能源单耗为1.02吨．标煤/吨．锌锭，比计划降低0.58吨．标煤/吨．锌锭。

2013年，工厂面临的生产任务异常繁重，遇到的困难也比较多，主要表现为因前期大量、集中使用小矿山矿及杂质较高的外购物料（氧化锌、焦粉、锌粉等），导致溶液中杂质，尤其是氟、锗离子超标，再加上对杂质的危害性认识不充分，生产组织管理不及时等原因，系统出现几次比较严重的烧板，剥锌十分困难，生产经营也十分困难。为此，工厂严控原料供给、加强生产组织、强化工艺调控，确保系统在较短时间内恢复稳定并维持高水平的生产，确保年度生产任务的完成。

综合回收能力显著提升 为进一步完善系统配置，提高经济效益，治理污染源，提高生产能力，优化劳动组合，工厂依靠科技进步，主要开展回转窑氧化锌烟气脱硫项目、硫化物滤饼处理项目等技改项目，取得积极的环保和经济效果。

企业管理水平全面提升 工厂于2012年启动质量、环境、职业健康安全管理体系贯标工作，经过一年多的努力，先后完成员工培训、危险源、环境因素的识别及评价，体系文件的编写、审核、发布等工作，并在体系的试运行中不断完善。12月5日，经专家组的验收，工厂顺利通过体系认证审核。同时，工厂严格按照公司的统一部署，做好标杆管理的培训与宣贯，并全力推动以安全环保、降本增效为主要内容的33项标杆管理课题的实施，取得一定成效。

安全环保总体平稳 为进一步提升安全环保管理水平，工厂先后开展雨水收集池、排水沟防腐防渗处理、农用灌溉水渠改道、二期挡土墙等工程，并取得一定进展，有效改善工厂的生存环境，降低环保风险。做好职业病防治工作，委托韶关市职业卫生监测中心对厂区的空气、物理因素等进行检测，开展全厂性的血铅普查及职业健康体检，确保员工的职业健康。加强员工培训，完善劳动防护用品和职业病防护设施，强化现场管理并加大对应急预案的演练力度，提高员工应对突发职业病事件的快速反应能力。

推进经营工作 2013年，工厂共销售锌锭117598吨，硫黄18505吨，锗锭3282公斤，硫精矿21925吨，铅银渣15170吨，镓锗渣5644吨，净化渣4840吨，铁渣32991吨，高银渣435吨，实现销售总收入约17亿元。

存在的主要问题 一是企业目前亏损严重。2013年，工厂亏损约2.38亿元，其中有约1.4亿是固定资产折旧分摊和财务费用，其余的8000多万元受市场低迷，锌精矿的市场加工费不足以弥补实际加工成本影响。金属回收率较低，金属流失及折价损失严重；部分渣类的价值未得到充分体现；硫化物滤饼处理系统处理能力只有70%左右；硫精矿热滤系统硫磺产出率偏低；电耗、物料消耗较高，增加生产成本。二是渣料销售困难。因工厂渣料处理的配套设施不完善，需要外售的危险固废较多，而随着国家环保部门加大对危废转移的监督管理，使渣料处置企业办理危废转移审批的手续十分困难，导致渣料大量积压，无法按期实现价值，并给工厂带来环保安全隐患。三是周边社会环境对工厂的生产经营干扰较大，影响企业基本运行。（黄育平）

附：领导班子成员名单

厂　　长：徐　毅

党委书记：江晓武

副 厂 长：周步欢　刘野平

　　　　　狄国勋　关永华

纪委书记、工会主席：李良生

【广东省储备粮管理总公司韶关直属库】 广东省储备粮管理总公司韶关直属库于2003年1月23日奠基动工兴建，2004年6月28日竣工预验收，2004年9月1日正式成立机构，隶属广东省储备粮管理总公司。库区总占地面积101148平方米，首期主要建设的生产设施有9栋24米跨共5.4万吨平房仓。

粮库下设办公室（人事科）、财务科、储备科。现有员工22人，其中本科学历以上占总人数的65%，研究生学历1人，拥有一支业务精干、素质良好的仓储专业管理队伍，有质检员技师1人、高级保管员2人、中级保管员和质检员5人。粮库配置有机械通风、环流熏蒸、电子测温等先进的保粮设施和计量、装卸、清理等一系列自动化设备。总控室装配有先进的数字控制系统，能够远程监控仓库粮情，为管理员及时了解粮情提供准确的信息；实验室设备齐全、技术先进，集粮油品质检测、微生物实验于一体，是研究粮油储藏的好场所。

库成立以来，秉承“规范储粮保安全，创新管理增效益”的管理理念，以打造“粤储粮人”品牌为契机，以仓储管理的基础工作为抓手，坚持从制度化、规范化着手抓好日常基础管理工作，坚持检查评比考核相结合推进仓储工作的精细化管理，坚持传统与创新相结合促进管理的高效化运作，仓储的基础管理工作取得明显实效。粮面平整如镜，机修房工具和设备归类分区摆放，整齐、美观，已成为库一道亮丽的风景。2010年，荣获国家粮食局“全国粮油仓储规范化管理先进企业”、省粮食局“2009年度粮油仓储规范化管理优秀企业”称号。坚持抓好员工队伍建设、企业制度建设、作风形象建设和企业文化建设，完成上级布置的各项工作任务，得到各级领导的好评。2011年，被广东省直属机关工委授予“先进基层党组织”荣誉称号、被省发展改革委评为2009—2010年度先进党支部，先后荣获广东省储备粮管理总公司2005—2006年度先进党支部、2006年度绩效考核先进单位、2007年“部门排头兵”、2008年度入粮组织先进单位、2009年度党建工作先进单位、2010年度经济增长第一名、2009—2010年度先进党支部、2011年度党建工作先进单位、2013年度绩效考核先进单位称号；并荣获总公司小发明、小创造1项二等奖、2项三等奖。

（麦毅莎）

附：领导班子成员名单

主　任（党支部书记）：侯传忠

副主任：刘大忠

重点市属企业

【广东韶能集团股份有限公司】 广东韶能集团股份有限公司是以可再生能源和清洁能源的投资开发与经营为主营业务的上市公众企业，也是韶关地区优势企业集团之一。集团公司于1996年8月30日在深圳证券交易所挂牌上市，股票简称“韶能股份”，股票代码“000601”。

截至2013年12月31日，公司总股本为10.81亿股，资产总额近90亿元；电力总装机约100万千瓦，水电装机约70万千瓦，生物质发电和综合利用发电装机30万千瓦；其中可再生能源和清洁能源固定资产原值占总固定资产原值比例达80%以上。

完成定向增发工作　公司充分利用上市公司平台募集发展所需的资金。在2012年工作的基础上，3月顺利完成通过定向发行股票募集资金的工作，共募集资金5.5亿元。该项工作的完成，使公司总资产接近90亿元，财务结构得到优化，资产负债率由60.3%降至57%，为公司今后几年留出较大的发展空间。

优化水情调度　通过有效的水情调度，在2013年全年降水量同比下降7%左右的环境下，保持2013年水电经营业绩的持续稳步增长。

坚持“结构调整、市场拓展、质量保障”三轮驱动的经营策略　2013年，公司坚持“三轮”驱动的经营策略。宏大公司实现，且国内市场份额首次超过国外市场份额。绿洲公司国内市场开拓上实现零的突破。珠玑公司做专以纯竹子为原料的新产品。

针对性做好拟投资发展项目的前期调研论证　在经营工作同时，公司集中投资发展部门的人力、物力，加大对与主业相同或相近的可再生清洁能源投资项目的前期调研论证工作的力度，为集团公司的投资发展决策提供参谋。

单独核定电价的水电站上网电价获得调升　通过各方的努力，公司韶关辖区内5家单独核定电价的水电站的上网电价已经获得省物价部门每千瓦时上调0.0189元（不含税）的批复文件，每年可增收约1300万元。

生物质发电项目建成并发电　集团公司坚持“安全、优质、高效”的建设理念，克服建设过程中遇到的天气、土地、工农关系等各种困难和问题，按期完成韶关生物质发电项目建设目标。

推进制度化建设工作　集团公司推进制度化建设工作，完成历年来的规章制度的清理。年度内废止59项已不适用的规章制度，新制（修）订43项规章制度。在桑梓公司、绿洲公司和耒阳电力实业公司等3家企业推行内控制度建设。

做好安全生产标准化达标工作　结合国家、省、市的“安全生产月”活动的主题，公司坚决贯彻“安全生产一岗双责”责任制度，坚持“安全第一，质量第一，文明第一，预防为主”的十六字方针，制订具体的活动方案，有序推进安全生产标准化达标建设的相关工作。

配合党委、政府做好年度内的中心工作　一是贯彻落实市政府的工作部署，加快推进宏大公司原厂区“三旧”改造工作，定期召开会议协调解决相关问题。二是开展新一轮的扶贫双到工作。在上轮扶贫双到工作的基础上，2013年公司又投入168万元进行扶贫工作。三是服从三防指挥调度，做好防灾减灾，保障人民生命和财产安全。灾情发生后，公司对受灾的镇、村尽企业力所能及的工作。（邓　佳）

附：领导班子成员名单

董事长、党委书记：陈来泉

副董事长、总经理、党委副书记：肖南贵

监事会主席、党委副书记、纪委书记：廖树养

副总经理：刘　虹　钟跃元　邱啟华　罗德强　欧德全

【广东力士通机械股份有限公司】 广东力士通机械股份有限公司

（原韶工程机械厂），始建于1940年，厂址设在京广铁路韶关站以南6公里。该公司从1979年开始制造汽车起重机等工程机械、特种车辆，是中国较早研制清障车、高空作业车及国家在广东省唯一定点研制生产汽车起重机的专业化企业。

公司生产区占地面积19万平方米，总资产1.6亿元。拥有金属切削、镗孔、拦缸及冲压、数控切割等先进设备300多台，具备中小型工程机械、特种汽车、液压油缸生产以及为客户提供专项产品订制、专用车改装的能力。

多年来，公司以科技为先导，以工程机械产品为支柱，坚持自主创新、联合开发，致力把企业做大做强，为社会提供更优质的产品和服务。该公司所有产品上国家产品公告及车辆环保目录，并通过中国强制性产品认证（“3C”认证）和IS 09001：2000质量管理体系认证。（全慰恒）

附：领导班子成员名单

党委书记、董事长、总经理：邱文忠

监事会主席：侯德金

副总经理：邓　伟　江振坚

【新鸿达城市投资经营有限公司】 韶关市新鸿达城市投资经营有限公司（简称韶关城投公司）是2003年9月经市政府批准成立的国有企业，芙蓉新城投融资的主体，8月，经市委、市政府授权由韶关芙蓉新区管委会管理。韶关城投公司贯彻落实市委、市政府建设芙蓉新城重大平台和粤北区域中心城市的发展战略，按照“科学规划、加快建设”的思路，推进新城规划、资金筹集、招商引资、项目建设工作，加快芙蓉新城打造机械装备企业总部基地、生态旅游集散地、区域行政文化中心、宜居宜业家园的步伐。

新城规划工作　9月，省政府批复同意新区发展总体规划，新区市政、产业、交通、环保等专项规划进入编制论证阶段。

新城安置房建设　全面推进安置房建设，赤水村安置房完成主体工程，西联、芙蓉村安置房8月开工建设，加快组织车头、下胡村安置项目的前期工作。

筹集建设资金　发挥芙蓉新城重大平台作用，筹集建设资金，向国开行、农发行融资17.7亿元，其中原曲仁矿棚户区改造融资项目在时间紧、任务重、难度大的情况下，以超常规的工作方式顺利完成，得到市政府的肯定。

招商引资　加大引进社会资金投资建设芙蓉新城力度，保利项目、宝马4S店已成功出让土地，加快人口和产业的集聚，营造活力宜居氛围。

项目建设　加快新区市政道路建设，完善城市功能，委托市公路局代建南华路、滨江路、百旺路（扩建）、32号路（二期），委托碧桂园公司启动芙蓉隧道工程建设，加强与老城区交通对接。（兰光有）

附：领导班子成员名单

董事长：李宏（兼任）

总经理：李功保

副总经理：陈荣中　黄　勇　许文山

总经理助理：李　撼

【工贸资产经营有限公司】 韶关市工贸资产经营有限公司（简称工贸公司）是国有独资企业，2008年4月在原市工业、商贸资产经营公司职能的基础上组建而成。公司内设综合部、规划发展部、企业管理部、财审部、物业管理部、企业改革部。注册资本金1亿元。主要工作任务是：受市国资委授权或委托管理范围内的资产进行经营和运作；对所辖的国有和集体企业实施监管、改革；管理市直行政性总公司退休、内退人员，处理市属国有企业实施退出后的历史遗留问题。随着形势的发展，特别是近两年来，公司工作重点从实施企业退出转移到经营发展壮大上，工贸公司整体的综合实力提升。2013年是工贸公司转型升级、创新发展的关键一年，工贸公司认真贯彻中共十八大和十八届三中全会精神，按照市委、市政府的战略部署，围绕市国资委的工作要求，解放思想、锐意进取、同心同德、团结奋进，取得显著成绩。截至12月底，工贸公司系统内总资产和净资产分别达19.03亿元和11.48亿元，分别比2012年年底增长12%和21%。

经营业绩　经济效益明显提高，营利水平逆势增长。2013年，工贸公司及下属企业深挖潜力，取得经济效益与盈利水平双增长的好成绩。公司系统全年实现营业收入12.84亿元，同比增长26.18%，利润总额3356万元，同比增长22.93%，上缴税费8264万元，同比增长21.21%，实现净利润629万元，同比增长28.63%，上缴国资收益1100万元。其中，公司本部营业收入1662万元，同比增长41%，税利394万元，同比增长86%。

改革整合　实现国企资源大整合，投融资平台初步形成。在市国资委的推动下，工贸公司整合市工业资产经营公司、市商贸资产经营公司、市建设开发总公司、韶铸集团韶北分公司及韶运集团下属5家子公司的资源，实现人、财、物统一管理、资源统一调配使用。形成资产初具规模、行业相辅相成、管理集中高效的企业集团，投融资平台初具规模。2013年，工贸公司为市国资系统内韶铸集团、公汽公司、新宇公司、力士通公司等7家国有企业筹措资金3387万元，在提供融资服务工作起到关键的作用。

转型升级　企业转型升级，业务不断扩展，员工精神面貌焕然一新。通过深化改革促进发展，工贸公司完成从"守资产"为主到"资源综合开发利用"为主的升级蜕变，业务范围扩展到土地综合开发利用、矿产、能源、交通、服务等领域。公司内部机构改革重组后，建立新的薪酬考核机制，使全体员工团结一心，努力学习，锐意创新，开拓进取，以全新的姿态同步到公司的跨越式发展当中。

提高履职能力　工贸公司始终把学习作为统一思想、增进共识、提高水平、夯实基础的重要环节来抓紧抓实，不断提高全体员工的整体素质和履职能力。通过整合和改革促进企业转型升级，规范企业运作。在市国资委的推动下，实现国有企业大整合，突出经营发展和企业管理，管理水平不断提高，经营业绩稳中有升。主动开拓新项目，寻找新的经济增长点，谋求公司实现跨越式发展的新道路。

寻找新的发展项目　一是市商办工业开发公司和浈江南路两地块开发房地产项目已得到市政府批复；韶铸生活区"三旧"改造项目进入到单元规划阶段；新津路华泰小区地块和市西河汽车站地块的综合开发也得到市政府的同意。二是以工贸公司为基础组建的韶关市矿投矿业投资开发有限公司正式挂牌成立。三是与大型企业集团中石化韶关分公司、省物资集团广物汽贸公司谋求合作。四是将多年来经营不景气的珠海金湾酒店成功面向社会公开招商，月收入比原来增加26.8万元，增幅为达198%。五是投资约60万元维修改造南郊二公里2247平方米仓库，维修改造后月租金标准由原来的10—12元/平方米提高到30—35元/平方米，提高物业的出租收入。六是在确保资金安全的前提下，最大限度地提高资金利用率。加快企业退出，承担社会责任，维护社会和谐稳定。针对实施退出企业的状况，草拟《韶关市工贸资产经营有限公司国有企业退出工作方案》，并按该方案稳步推进工作。拟写《关于对企业历史遗留问题的调查情况报告》，为上级领导提供决策依据。

配合做好市委、市政府中心工作　按照上级的部署和要求，集中人力、财力、物力开展巩卫检期工作，做好钢窗厂受灾群众的安置及灾后修复工作，共出支52.4万元修复宿舍区挡土墙41.1米。做好退出企业职工独生子女奖励审核认证工作和纪检信访回复处理工作，帮助市新华书店等及部分退出企业宿舍区解决水电分离改造问题。2013年，工贸公司系统在广东扶贫济困日捐款活动中，落实帮扶资金50万元，党员缴交特殊党费1.32万元。与浈江区检察院共建廉政建设，重大项目接受检察部门的监督，预防职务犯罪，公司纪委和监事会全程参与并进行监督。　（李兴华）

附：领导班子成员名单

党委书记、董事长：蓝　湖

党委副书记、总经理：高仁辉

副董事长、副总经理：王伟阳

党委委员、副总经理：卢少新

林东军

党委委员、纪委书记、监事会主席：刘光宏

【广东省韶铸集团有限公司】　广东省韶铸集团有限公司（以下简称韶铸）是中国最大的铸锻件专业生产企业之一，中国机械工业500强企业，综合实力名列国内铸造行业前五名，被评为中国机械工业具影响力的品牌。始建于1969年，总资产11.02亿元。2002年由韶关市工业资产经营有限公司、中国东方资产管理公司、中国华融资产管理公司3家股东组成有限责任公司，在岗职工2184人，下设铸钢分厂、热精锻分厂、锻造分厂、韶关金宝铸造有限公司（韶港合资）、韶关华德铸造有限公司（中德合资）、韶关金属回收公司等分（子）公司。

主要产品　主导产品为铸钢

件、铸铁件、吊钩锻件、精锻件（轴承毛坯）、破碎机等，覆盖汽轮机发电设备、陶瓷机械、水泥矿山、桥梁、锻压机械、起重设备、汽车零部件、轴承、船舶制造业、塑料机械行业、集装箱制造等行业，“宇航”牌吊钩在行业中享有较高的声誉，“破碎机”产品被评为“广东名牌产品”，“韶铸”“双拳”品牌被评为“广东省著名商标”，产品销往全国29个省（市）区，出口美国、英国、法国、德国、日本、韩国、马来西亚、印尼、泰国、新加坡等国。

企业效益　2013年，实现销售收入12.15亿元，出口交货值3500万美元，工业总产值9.74亿元，工业增加值1.8亿元。

企业管理　韶铸是中国铸造协会副理事长单位、全国铸造标准技术委员会副主任委员、全国锻造标准技术委员会精锻件标准工作组组长单位、铸造碳钢件国家标准起草修订单位、广东省机械行业协会、广东省中小企业发展促进会副会长单位、广东省船舶工业协会理事单位、广东省铸造行业协会副会长单位。

公司采用国际标准规范管理。通过ISO 9001质量管理体系和中国船级社（CCS）、美国船级社（ABS）、德国劳氏船级社（GL）、法国船级社（BV）、英国船级社（LR）等船级社工厂认证。所属生产单位全部通过ISO 14001：2004环境管理体系认证和OHSAS 180001：1999职业健康安全管理体系认证。

公司入选广东省制造业百强企业、广东省企业500强，被评为“广东省诚信示范企业”“广东省就业先进企业”，被中国铸造协会授予“企业信用评价AAA级信用企业”。献血、计划生育、人口普查、卫生、扶贫、国家安全等工作受到市级表彰。

技术创新　2013年申请实用新型专利4项，获得实用新型专利授权19项。《减少出口锻件壁厚差超差品》QC小组获市级表彰。同时开展技术改造，立项26项，开工25项，完工16项，验收9项，完成投资1054.6万元。实施的主要项目有华德公司和铸钢分厂中频炉、精锻分厂冷碾扩以及除尘项目等。　（郑丽英）

附：领导班子成员名单

党委书记、董事长：沐清潞
总经理：单贺华
党委副书记、纪委书记、副总经理：周　健
党委副书记、副总经理：周菊秋
副总经理：张　静　杨国华　张太荣
总工程师：徐尔灵
总经理助理：刘敞平

【韶关东南轴承有限公司】　韶关东南轴承有限公司成立于1966年，原为国有控股企业，2011年5月转为民营企业。公司为高新技术企业，建有省部级的研发机构“广东省轿车轮毂轴承工程技术研究开发中心”。公司产品品牌为“IB”，已经在欧美注册，是广东省名牌产品、广东省著名商标。

公司位于韶关市莞韶产业转移工业园内，占地面积20万平方米，厂区建筑面积5.5万平方米。公司现有员工580人，其中各类专业技术人员160人。2013年，公司领导层由董事长、总经理、常务副总经理、副总经理（3人）、财务总监，总经理助理8人组成。公司下设七部（财务部、生产部、销售部、技术部、质量部、装备部、企管部）、六分厂（一分厂、二分厂、四分厂、车削热处理分厂、锻造分厂、轴配分厂）。

公司经过48年的发展，年生产汽车轴承达800万套，年产值近2亿元，拥有主要先进生产设备、检测仪器近千台，拥有完善的计算机内部网络以及ERP管理辅助系统。

公司生产的产品70%以上出口到德国、意大利、法国、美国、英国、加拿大、波兰、日本、巴西、阿根廷、阿联酋、新加坡等40多个国家及中国香港地区，年出口额超过2000万美元，且公司的产品已成功进入德国、意大利、法国等国家以及国内主机配套市场，如德国CW公司、匈牙利Knott公司、舍佛勒集团、上汽通用五菱、昌河铃木、奇瑞汽车、海马汽车，在国际及国内轿车轮毂轴承市场上，得到广泛认可，享有较高声誉。

公司生产主导产品主要有：轿车轮毂轴承单元、汽车空调压缩机电磁离合器轴承、汽车涨紧轮轴承、汽车离合器分离轴承、高精度单列角接触球轴承等。除此之外，公司还生产带座外球面轴承、深沟球轴承等，也可按客户要求生产各种非标轴承。公司产品质量稳定，性能可靠，使用寿命长，技术指标跨入国际同类产品先进行列，多次获得国家、省市科技进步奖。　（李太伦）

附：领导班子成员名单

董事长：黄木藤

总经理：黄思权

常务副总经理：吴银来

副总经理：龙正英　彭裕国

　　　　　张文斌

财务总监：郭雄辉

总经理助理：张恒利

重点民营企业

【概况】 民营经济是全市经济的重要组成部分，在促进经济繁荣、增加就业、推动创新、催生产业等方面，发挥着越来越重要的作用。至2013年年底，全市民营经济主体数量达105982户，民营经济从业人员达290431人，分别比2012年增长7.8%、7.3%。其中，私营企业户数首次突破万户大关，达到10579户，较2012年净增1011户，增长10.6%。

2013年，全市民营经济实现增加值522.3亿元，同比增长13.7%，占地区生产总值的51.7%；规模以上民营工业实现增加值109.54亿元，同比增长3.4%，占全市规模以上民营工业增加值总额的35.7%，比重较2012年提升6.2个百分点。

（郑湘林）

【丽珠集团利民制药厂】 企业始建于1966年，1997年加入丽珠集团，是一家集医药生产、研发为一体的中外合资股份制企业，是广东省高新技术企业、广东省创新型企业，建有国家中药现代化工程技术研究中心中试基地及注射剂研究所、广东省数字化中药工程技术研究开发中心、广东省省级企业技术中心。企业主要生产大容量注射剂、小容量注射剂、片剂、胶囊剂、颗粒剂、中药提取等，主要品种有参芪扶正注射液、血栓通注射液、二维三七桂利嗪胶囊等。

企业占地面积19.2万平方米，现有员工530人，其中大专以上学历210人，研究生以上学历人员28人；企业研发人员86人，占员工总数的16%。

企业重视科研创新，与中国药科大学、香港浸会大学等多家科研院所建立科技合作关系，形成“产、学、研”相结合的技术创新平台。近年来，企业承担18项国家级和省市级的科技项目，共获得国内发明专利12项和实用新型专利6项；获国际发明专利9项；获得广东省科学技术奖2项，中国中西医结合学会科学技术奖1项，韶关市科学技术进步奖5项。企业生产的国家中药二类新药“参芪扶正注射液”，被评为国家重点新产品、国家中药保护品种、广东省名牌产品，被列入国家发改委高技术产业化示范工程项目，获2009年度广东省科技进步一等奖。

企业建立有严格的质量管理制度，从源头控制产品质量，在山西、甘肃、云南等地建立符合“中药材种植生产质量管理规范（GAP）”的药源基地。药品生产车间严格按照国家“药品生产质量管理规范（GMP）”标准生产，主要的生产设备、检测仪器达到国际先进水平，生产过程采用多种先进工艺和技术联合运用，实现生产过程数字化检测和控制，运用质量检验信息管理系统（LIMS），保证产品质量的稳定可控，企业产品质量稳定和社会信誉高。企业不断推进“数字化中药”进程，增强自主创新能力，打造中药输液第一品牌。

2013年，企业实现工业总产值5.6亿元，同比增长30%；实现工业增加值2.31亿元，同比增长17%。

【广东汉鸿木业有限公司】 公司于2009年7月成立，投资5.5亿元，选用全世界工艺最可靠、技术最先进的设备，建设世界一流的工厂和M（H）DF生产线。企业设计年产能22万立方米/年，实际产能可达40万立方米/年，2012年8月，企业一期项目建成投产。现有员工370人，其中中高级专业技术人员78人。公司依托最为先进的技术设备，采用现代企业管理制度，导入ISO国际管理体系和美国加州CARB法规及标准进行质量和生产的管理，培养先进的企业文化理念，创造良好的经济、社会和环保效益。

公司主导产品为“汉鸿”牌中（高）密度纤维板，其环保等级有E0级、E1级和E2级，并成功开发F4星和无甲醛MDI纤维板，经国家级、省级质量检测机构监督检查，产品质量指标达到或超过国家标准，同时通过美国加州CARB认证及国际著名检测机构SGS、TUV莱茵检测，达到或超过欧盟、美国质量标准和ROSH指令标准。企业中高密度纤维板产品品牌定位为：节能、环保、品质、创新，通过持续技术创新，保持产品高环保、高品质和综合服务水平，使产品品牌美誉度处于行业领先地位。创新是公司的核心竞争力，通过持续创新，保证公司在管理、技术等方面处于行业领先水平。企业先后与国内知名的林业院校及林业科研机构建立战略合作伙伴关系，以保证公司技术的前端性。通过自主创新，企业成功地研发、生产全新超环保E1胶粘剂和MDI板，公司产品的环保性能达到国际领先水平。

2013年，企业实现工业产值3.02亿元，同比增长36.7%。

【韶关市顺昌布厂有限公司】 公司是一家1999年成立的民营企业，主要生产各种中、高档牛仔布、色织布和服装系列产品的牛仔生产企业。企业位于韶关曲江经济开发区，占地面积14.65万平方米，注册资本13550万元，有职工800多人，工程技术人员近百人。企业还分别在美国、法国、孟加拉国、中国香港、上海、福建等地设立销售机构10多个，营销网络遍布全球。经过10多年的建设，公司已经发展成为粤北地区规模最大、最具活力的牛仔布生产经营企业。公司现拥有年生产各种中、高档牛仔布4000万米，浆染各类棉纱线6000万米，丝光后整理各类棉、麻、合成纤维布6000万米，各类牛仔休闲服装280万件/套的综合能力，是韶关市纺织出口龙头企业，先后被评为“广东省模范劳动关系和谐企业”“广东省就业先进企业”“广东省诚信示范企业”“广东省民营科技企业”“广东省现代500强企业”“广东省优势民营企业300家示范企业”“韶关市出口先进企业”，连续4年获得韶关市曲江区“模范纳税大户单位”称号。公司董事长顾光荣被中华全国总工会、全国工商联合会授予“全国关爱员工优秀民营企业家”称号。

公司整合资源，完善产业链建设，购置国内外先进生产设备，结合信息化建设，在3年内建成织布、浆染、后整和制衣生产线，完成产业链上下工序的建设，将顺昌打造成为国内拥有牛仔织布、浆染、后整丝光及服装设计、开发、制作和销售完整产业链的企业。公司践行“诚信、高效、创新、共赢”的经营理念，以市场为导向，提高市场占有率逐年提升，实现销售市场最大化，实现企业、客户、员工等相关利益者的多赢局面，为社会创造更多的经济价值。公司产品适合市场对牛仔布、色织布面料品种高端化、多元化、新颖化和时装化的消费需求。企业不断提升创新研发水平，加快转型升级，逐步摆脱传统织布观点，将牛仔布织出时代理念，适应纺织产业高产、优质、高档的产业升级要求。

2013年，公司生产总值6亿多元，出口创汇2500万美元，上缴各类税收1800多万元，实现利润760万元，增加就业岗位180人，经营收入和产值均增长30%以上。

【广东五联木业集团有限公司】 公司成立于2002年，注册资本1亿元，是一家主要生产高质量人造板的股份制民营企业。公司位于韶关市曲江区白土工业园，占地面积26.67多公顷，以农业三剩物和次小薪材为原料的资源综合利用生产企业。公司现有员工200多人，其中技术人员占50%。

为实现企业可持续发展，公司不断调整产品结构，提升市场竞争力，于2011年实施投资4亿元、年产21万立方米高档环保刨花板生产线项目，利用三剩物及次小薪材实现资源综合利用，引进德国迪芬巴赫公司最先进的全套高档环保刨花板生产线，电气设备则由德国西门子提供技术支持。

公司一直秉承“品质至上，诚信服务”的经营理念，外抓市场，内抓管理，视产品质量为企业的生命，不断强化质量管理工作，提高产品的市场竞争力，通过ISO 9001：2008国际质量管理体系、ISO 14001：2004国际环境管理体系、德国莱茵认证、CARB认证、绿居材资质证书及十环环保产品标志认证（刨花板行业唯一一家）；并先后被省市区各级部门评为“守合同重信用单位”“模范纳税户”“广东省诚信示范企业”“广东省名牌产品”“广东省民营科技型企业”“广东省农业龙头企业”“广东省林业龙头企业”等，国内著名品牌欧派、索菲亚、联邦高登、皇朝等企业均与该公司签订战略合作协议。

2013年，公司产值达1.5亿元，同比增长71%。

【翁源县凯通纤维板有限公司】 公司位于翁源县官渡开发区利龙工业园内，占地10万平方米，总投资1.5亿元，采用目前国内最先进的多层压机全自动生产流水线设备，年产10万立方米中（高）密度纤维板。公司利用本地丰富的速生桉树以及外材、枝丫材、边角料等，生产6—22毫米中纤板，企业产品附加值高，市场前景广阔，利润可观，是国家鼓励和支持发展的工业项目。

企业拟进一步开拓中密度纤维板的销售市场，不断对企业进行改造挖潜，进行资源深加工，增加新品种，培育企业品牌，提升产品附加值。

2013年，企业资产达10.97亿元，其中固定资产达3531万元；实现销售收入3.3亿元，同比增长35%。

【广东金悦诚蓄电池有限公司】 公司位于翁源县官渡经济开发试验区翁城工业园，成立于2009年，现有员工260多人，2011年企业一期项目投产，主要生产铅酸蓄电池、太阳能电池、汽车电池等。企业投巨资，建造具有世界先进水平、10万多平方米的现代化生产基地，引进国内外先进设备和仪器，组建成多条全自动化监控生产线，采用国际最先进的VRLA－EF环保工艺，实现工业污水零排放，真正实现环保时代蓄电池工业化的可持续发展的高标准要求。企业年生产规模达205兆千瓦/时，产品畅销100多个国家和地区。

2013年企业实现产值3.97亿，同比增长57.6%。

【金悦通电子（翁源）有限公司】 公司成立于2006年，注册资本2230万美元，2008年投产。公司位于翁源县官渡经济开发试验区翁城工业园，是一家集高精密双面及多层线路板（PCB）、高密度互联（HDI）线路板、盲埋孔线路板及树脂塞孔线路板的研发、制造、销售和技术服务为一体的高新技术企业，现有员工700多人。公司现有年产各类线路板线500万平方尺生产线，产品被广泛应用于通讯产品、医疗器械、电子设备、工业控制、计算机、汽车以及国民经济等各个领域，企业产品主要对外销售，公司产品以技术含量高、产品附加值大的多层板为主，客户涵盖三星、松下、东芝等全球一流电子厂商。

2013年，公司通过增加设备和技改创新，使产能由35万—40万英尺/月增加至50万英尺/月，生产各类线路板线400万平方尺。

全年产值达3亿多元，上缴各类税费 元，实现利润 元。

【中源发展有限公司】 公司位于翁源铁龙林场，投资4.8亿元，拥有员工近800人，建成日产5000吨熟料新型干法水泥生产线项目，是翁源县现有最大工业项目，也是韶关市现有规模最大，工艺、设备最先进的水泥生产项目，同时列入市重点项目，项目建成后，公司年产水泥熟料达155万吨、水泥212万吨。

公司采用新型干法水泥生产工艺进行生产，产品产量规模大、技术先进、自动化程度高、质量有保障，是节能、污染少、环保型的新型干法水泥生产项目，符合国家产业政策，是国家支持 、鼓励的项目。公司计划于2015年再新建设一条5000吨/天水泥熟料生产线。

2013年，公司实现产值5.8亿元，同比增长18%。

【翁源县鼎源金属制品有限公司】 该公司成立于2009年，位于翁源县官渡经济开发区，占地面积3.33公顷，注册资本500万元，现有员工近百人，主要生产和销售有关金属制品、合金钢大方坯。公司尊崇“踏实、拼搏、责任”的企业精神，并以诚信、共赢、开创经营理念，创造良好的企业环境，以全新的管理模式，完善的技术，周到的服务，卓越的品质为生存根本，始终坚持用户至上用心服务于客户。为加快发展，公司计划于2014年扩大生产规模，增加生产基地，新增建设一条轧钢生产线。

2013年，公司生产大方钢坯92580吨，完成工业增加值3.9亿元，同比增长28%。

【乳源瑶族自治县东阳光化成箔有限公司】 公司成立于1998年，位于乳源县民族经济开发区，占地面积29.8万平方米，主导产品为铝电解电容器用电极箔，包括高、中、低压的阳极箔、阴极箔、腐蚀箔和特殊功能用阳极箔等，共10多个系列近百个品种。

公司是国内最大的化成箔生产基地和出口基地，拥有腐蚀箔生产线47条、化成箔生产线25条、阴极箔生产线4条，具备年产腐蚀箔1800万平方米、化成箔460万平方米、阴极箔600万平方米的生产能力。公司现有员工613人，拥有一支年轻的懂技术、善管理的人才队伍。公司坚持走产、学、研结合的道路，组建“广东省电容器材料工程技术研究开发中心”，成立博士后科研工作站。公司重视科技创新，取得多项科研成果，包括“中、高压铝电解电容器用电极箔腐蚀扩面新技术”“中、高压铝电解电容器用电极箔化成技术”“闪光灯电容器用电极箔化成技术”等，均通过省级技术鉴定，处于国内领先水平，其中“中、高压铝电解电容器用电极箔”和“闪光灯电容器用电极箔”分别获得香港国际发明展览会铜奖和全国发明展览会银奖。公司国内用户超100多家，产品市场占有率达30%以上。公司还瞄准国际市场，成立进出口公司和日本销售分公司，开拓国际市场。

公司资信良好，连续3年被银行系统评为AA+级信用单位；公司管理规范，通过ISO 900 1：2000版国际质量体系认证、ISO 900 1：14000环境体系认证、OHSAS 18000职业卫生健康与安全管理体系认证。公司技术领先，先后被认定为国家“重点高新技术企业”、国家发改委“全国100家产业化示范基地”，技改项目被评为信息产业部“优秀技术改造项目”、国家科技部“优秀火炬计划项目”，公司被授予“广东省文明单位”称号和“广东省质量管理先进企业”。公司的HEC商标被评为“中国驰名商标”“中国电极箔十佳品牌”“广东省著名商标”“广东省名牌产品”。

公司还计划新增88条硫酸体系腐蚀生产线，最终形成年产6000万平方米化成箔的生产能力，打造世界第一化成箔产业规模。

2013年，公司销售收入8.03亿元，同比增长31%；实现工业增加值3.3亿元，同比增长43%，上缴各类税费0.88亿元，实现利润1.6亿元。

【新丰越堡水泥有限公司】 该公司位于新丰县回龙镇，由广东鸿发投资集团有限公司投资，建成2×4500吨/天熟料新型干法旋窑水泥生产线，项目总投资15.56亿元，年产值约15亿元，综合税收约1.5亿元，建设用地面积725亩，年产水泥400万吨，是一家员工近500人的现代化水泥企业。2010年5月，企业动工建设，2012年10月2条熟料生产线正式投产，2013年7月2条水泥制成生产线正式投产，2×9兆瓦纯低温余热发电系统已并网发电，余热利用发电量日均约40万千瓦时。

2013年，公司实现产值6.7亿元，同比增长181%。

【新丰县永强五金制品公司】 公司2004年投资建成立，占地面积150亩，2005年3月正式投产，主要生产各类五金制品及各种眼镜，以及为西门子、飞利浦、SEB等国际知名的家电企业和眼镜制造商提供配件，产品全部外销欧美发达国家。公司建有标准厂房3.3万平方米，工人宿舍8栋，面积2万平方米；有员工约2800人，各种机器设备1500台。

企业现有两条生产线，其中一条生产线为五金及塑料制品，生产各类小型家电、厨房电器五金塑料配件，年产量约3000至4000万件，产品销售额约占公司营业额的60%。公司另一生产为眼镜框专业生产线，主要生产中高端品牌眼镜框，年产量120万付，产品全部出口。公司按国际化质量标准与运作管理，制作严紧，连续多年获得客户的最佳质量及最佳供货商称号。

2013年，公司实现产值3.02亿元，同比增长19.4%。

【新丰杰力电工材料有限公司】 公司位于新丰县紫城工业园，2006年3月成立，注册资金4000万元，占地面积10.33公顷。该公司主要研发生产广泛应用于电机、变压器、家电、IT等行业产品绝缘保护的电子电工胶带。至2013年年底，完成投资6600万元，建成4条生产线和3组反应釜系统。公司人力资源雄厚，现有员工163人，其中，大专以上的各类专业人才达89人，占比54.6%，高、中级以上技术职称人才70人，占比43%。

公司注重自主创新和研发工作，已与清华大学、华南师范大学、华南理工大学、华中科技大学等高校及科研机构建立产学研合作关系，设有专门研发部门，并依托大专院校专家人力资源优势和技术优势。公司每年新产品研发经费达销售额的6%以上，专门用于公司新产品开发、工艺技术改造和革新，从而形成具备自主知识产权的科技成果。公司现有自主研发四大胶系的41个品种，大部分产品经ROHS认证，其中6个产品通过美国UL510认证，产品品质达到国内行业领先水平，产品销往国内外市场。2010年以来，该公司已有水性压敏胶等5项创新成果申请发明专利，节能加热器等3项申请实用新型专利，产品达到国内领先水平，有效填补国内空白。2008年，公司通过南德TUVISO 9001质量体系认证及ISO 14000环境体系认证。

公司计划未来5年继续加大

投入，全面建成12条生产线，力争企业年产值规模达10亿元以上，打造全国最大压敏胶带生产基地。

2013年，公司产值达2.7亿元，同比增长30%。

【乐昌南方水泥有限公司】 公司前身为韶关昌山水泥厂有限公司，2011年7月被中国建材集团公司南方水泥公司正式收购。公司占地面积45.42万平方米，有员工460多人，其中技术人员31人。公司设计生产能力为1条2500吨/天水泥熟料生产线（年产量为100万吨），企业年产值预计约3亿元。公司计划于2014年投入2700多万元用于辊压磨改造，预计将于当年7月完成并试产。项目投产后可实现节电1200万千瓦时/月，将节约成本600万元。

2013年，受房地产调控、广乐高速进展缓慢等因素影响，全市水泥市场不景气，水泥价格大幅度下降，至2013年8月，水泥价格逐步止跌影响企业的效益。

2013年，公司实现工业产值2.61亿元，同比增长4.7%。

【东方锆业科技股份有限公司乐昌分公司】 该公司是在深圳证券交易所上市的广东东方锆业科技股份有限公司在乐昌设立的一家分公司，是乐昌市引进的首家上市公司，位于乐昌市坪石镇。公司占地面积16万多平方米，建有厂房5万平方米，有职工355人，是一家专门从事高纯氯氧化锆、氧化锆产品生产的企业，有年生产能力2万吨高纯氯氧化锆和6000吨高纯氧化锆两条产品生产品，产品主要应用于核电、陶瓷、光通讯器件、固体燃料电池、兵器及航天航空等领域中的新材料、新工业行业。

2013年上半年，得益于新投产的年产2万吨高纯氯氧化锆生产线投产，公司产品的产量和质量都有较大幅度提升。2014年公司计划完成母液废酸进行分类回收利用处理新技术的研发，在实现节能减排的同时增加企业收益，建设2014年企业新的增长点。

2013年，企业实现工业总产值3.51亿元，同比增长10.4%。

【南雄市金叶包装材料有限公司】 公司前身是南雄市金叶包装材料厂，1999年改制，注册资金达1200万元，固定资产达7500万元，占地10余公顷，有员工495人，其中拥有各类技术员36名，高级工程师10名。公司位于南雄市湖口镇，是中国塑料加工行业首批获得AAA信用等级和通过ISO 9001：2008质量管理体系认证单位。公司拥有全自动塑料薄膜类生产线90多条，年产薄膜近5万余吨，实力雄冠国内同行。

公司主要生产“金叶”牌塑料袋产品、烤烟育苗农地膜、卷烟用PE热收缩膜及其他包装膜系列产品，为客户提供优质、安全、稳定的塑料薄膜系列产品。以“质量第一、用户至上、优质服务、信守合同”为宗旨，与广东、江西、湖南、贵州、重庆、福建等省市烟草公司建立良好合作关系，拥有用户近60多家。公司产品在满足国内烟草行业客户需求的同时，逐步开拓国内其他薄膜市场，进一步增强企业核心竞争，其中PE热收缩膜类产品主要供应江西、湖南、四川、安徽、贵州、重庆、福建等地的烟草公司；塑料袋产品热销全国主要大中城市知名连锁超市、商场，主要有上海乐购、北京华联、深圳沃尔玛、武汉武商集团、深圳新一佳超市、深圳人人乐超市、山西美特好等。本公司物流配送系统成熟，订单3天内可送达全国各地，赢得广大用户的青睐。

公司2008年投资2500万元，建成4600平方米的省级标准的研发中心，成为中国塑协唯一指定塑料薄膜类技术研发及新品分析测试中心。2013年，华南理工大学高分子材料系正式启用该公司研发中心作为实验基地。公司还投资7600万元进行年产能1.5万吨塑料薄膜及1万吨塑料包装制品生产线的升级扩建，同时对原有老旧设备进行升级换代。公司计划于2014年投资800万元，新增包装材料生产线项目1个，预计2014年产值将达4亿元。

2013年，公司工业产值达2.56亿元，增长10亿元，上缴各类税费822万元，实现利润1549万元。（郑湘林　龙浩辉）

重点港澳台资、外资企业

【乳源东阳光精箔有限公司】 系广东东阳光铝业股份有限公司与日本三井公司、日本株式会社UACJ合资设立的中日合资企业，为国家高新技术企业，先后通过ISO 9001质量管理体系、ISO 14000环境管理体系、OHSAS

18000职业健康安全管理体系及AAAA标准化管理体系认证。2013年10月，获得“广东省政府质量奖”荣誉。主要产品有电子光箔、汽车钎焊箔等铝加工当中最尖端的产品。公司年产设计能力为15万吨铝板、带、箔；通过和日本三井物产、株式会社UACJ等世界名企的合作，依托公司完善的产业链优势，中日携手倾力打造世界一流的铝加工企业。

2013年，完成产值20余亿元，完成销售19.8亿元，净利润7800万，上缴税收6200万元。

【韶关旭日国际有限公司】 是由香港旭日国际集团投资20亿元兴办的一家大型外商独资企业，是韶关规模最大的玩具制造企业。成立于2004年，位于韶关市西郊6公里，占地面积约260公顷。分3期工程建设，预计年总产值超20亿元，计划总用工量达5万—8万人。第一期工程于2007年2月建成投产，第二期工程也已建成试产，计划总用工量达5万—8万人。公司生产规模不断扩大，公司现有员工2万多人。主要生产电子、塑料、合金、毛绒玩具产品，是一个集设计、开发和生产于一体的综合型玩具工业城，产品全部出口远销欧美各地。该公司坚持以人为本的管理方式，除提供良好工作环境外，还设有医务室、图书阅览室、棋乐室、篮球场、羽毛球场、乒乓球场、网吧、台球室、卡拉OK室等生活娱乐配套设施，并不定期组织放映电影，举办球赛等各类文娱活动。

2013年，该公司营业收入13亿元，纳税3000万元。

【建滔积层板（韶关）有限公司】 是香港建滔化工集团于2002年在始兴县设立的独资企业。总投资为5.5亿元，主要生产电子行业所需的基础材料——纸基覆铜面板及电木板。公司拥有4条覆铜面板生产线，主要设备全部从日本、美国引进，自动化程度高。年产量可达1200万张（1.2平方/张），的产值可达6亿元，有员工200多人，是现今全球最大的覆铜面板生产基地之一。公司拥有国际先进的技术和设备，加之丰富的管理经验，质量稳定、客户信赖，产品内销各知名电路板厂，外销东南亚、美国、加拿大、英国、法国、西班牙等世界各地，终端客户包括索尼、三星、高信、荣信、三洋、京写、康佳、飞利浦、长虹、夏普、LG、TCL、HP等。

2013年，该公司营业收入5.82亿元，纳税1511万元。

【至卓飞高线路板（曲江）有限公司】 是亚太地区最大的线路板制造商之一——至卓飞高线路板（香港）有限公司投资兴建的大型高新技术企业，位于曲江工业城，专业生产印制线路板PCB，注册资本9900万美元。公司占地面积13.33公顷，厂房占地面积达13万平方米，总体规划5000人，有员工3000多人。公司是一家以高技术生产PCB的印制线路板厂商，主要生产4至10层线路板，将着力于生产4层及8—16层线路板，月产能将达到150万平方英尺，是韶关市电子信息产业的龙头企业。产品大部分销往欧美、日本、新加坡、马来西亚、泰国等国家和中国香港地区。

2013年，公司营业收入5.43亿元，纳税927万元。

【金悦通电子（翁源）有限公司】 是香港金悦通集团投资的一家大型港资企业，位于韶关市翁源县翁城工业园内，注册资本1672万美元，占地面积26.67公顷，有员工750多人。公司主要生产和销售高密度互联线路板（HDI）、盲埋孔线路板及树脂塞孔线路板，产品广泛用于计算机、通讯、电子、汽车和医疗等行业。公司拥有全套先进微机自动化控制的PCB生产、检测研发设备，拥有一批高素质的管理、生产和研发团队，自2008年投产以来，已先后通过TS 16949、ISO 14001及UL等国际认证，并取得多项专利成果和获得国家级高新技术企业证书。公司生活配套设施齐全，设有网吧、医疗室、KTV室以及灯光篮球场、羽毛球场等设施。

2013年，该公司营业总额为2.3亿元，纳税总额为1800万元。

【万达工业（始兴）有限公司】 成立于2001年，隶属于香港美昌集团，投资总额3500万美元，注册资本1700万美元。公司现有职员工5000多人，用地面积25万多平方米，绿化面积达30%，拥有现代化花园式厂房10幢，职工宿舍7幢，楼房建筑面积合计13万多平方米。公司主要按照真车的内外观设计和体积大小，缩小比例生产合金模型车，拥有

Maisto（美驰图）、Bburago（比美高）、Muscle Machines 及 Polistil 等4个自主品牌，是业界少数拥有多个知名品牌的国际企业，其中 Maisto（美驰图）获得"2009—2011 年广东省重点培育和发展的出口名牌"称誉。2010 年，公司荣获韶关首家广东省出口工业产品分类管理"一类企业"称号。2012 年度，被评为"中国质量诚信企业"。2013 年，荣获国家质检总局颁发的商品"出口免验"证书，成为韶关市首家获得"出口商品免验"的企业，同时也是全国第一家获得这一荣誉的港资企业。公司产品以出口为主，销售市场覆盖全球140 多个国家及地区，2013 年公司出口额达4378 万美元。

【翁源县万成塑胶制品有限公司】 位于广东省韶关市翁源县官渡经济开发试验区翁城鹏辉工业园，工厂总面积约 1.5 万平方米，总投资1500 万港元。主要生产婴幼儿用品，日用塑料制品，产品远销欧美等地。公司主要设备有雅宝注塑机、国钫注吹机、青木注拉吹机、国珠吹瓶机、全立发IML 机、百科硅胶机、丝印机、移印机、吸塑机、包装生产流水线等，实现从塑料配件注塑、成型到包装一条龙生产。公司组织机构完善，设有行政、品质、市场、工程、生产、注塑、图案、包装、货仓等部门，各种专业化管理人才齐全，员工素质高、质量意识强。公司基本管理制度如生产管理、行政管理、财务管理、物料管理等均已实现电脑化。建立完善的质量管理体系，并按 ISO 9001：2008 标准运行，已通过 ISO 9001、ICTI、C－TPAT、QS 等体系认证，与 Tomy、Disney、Wal－Mart、Evenflo、Philips、Nuby、Melissa、Sundesa、SCJ 等众多国际知名客户建立长期的友好合作关系，为公司的持续发展提供有力保障。

2013 年，营业收入 3842 万元，缴纳税款 81 万元。

【日本电产（韶关）有限公司】 是2010 年由日本电产株式会社与日本电产（东莞）有限公司共同投资1250 万美元兴办的一家中外合资企业，位于韶关市始兴县黄花园工业区，占地面积约 5 万平方米，现有员工约1500 人。公司主要生产精密微型马达，散热风扇及微型电子元器件等产品，主要客户为 INTEL/微软/SONY 等国际知名企业。3 年多来公司坚持以人为本的管理方式，除提供良好工作环境外，员工可享受法定休假、年休假、婚假、产假等带薪假期，免费每天为员工提供下午茶、点心，每月生日员工免费旅游等，特别注重员工与公司共同发展。

2013 年，该公司营业收入约6 亿元，纳税 3000 多万元。

【始兴县标准微型马达有限公司】 系香港建溢集团于1995 年在始兴县成立的外商独资企业，公司投资总额 2600 万美元，注册资本2100 万美元，主要生产经营各式微型马达及其配件。公司交通便利，工作环境舒适，设施齐全，设有员工宿舍、管理员宿舍、员工食堂、管理员食堂、电视室、卡拉 OK 厅、篮球场、阅览室等，有良好的工作、食宿环境，员工宿舍与厂区仅一墙之隔，是个融人文、景观、生产、居住为一体的花园式厂区。公司产品广泛应用于汽车、家电、玩具、文仪等行业。"标准电机"已进入欧洲、美洲、亚洲市场，与佳能、飞利浦、孩之宝、美泰、博郎、富士电机、伟创力、SEB 等跨国企业建立长期合作关系。

2013 年，公司产品出口额达3162 万美元。

【韶关康瑞科技有限公司】 于2005 年4 月注册成立，是香港建溢集团（香港上市公司）在内地的独资公司，位于沐溪工业园，占地面积10 万平方米，总投资约3 亿港元，有员工近 5000 人。公司专门研发、生产制造及经营数字影音电子产品、家用电器、电子玩具等，产品主要销往美国、英国、加拿大等欧美国家。自创立以来，公司秉承科技发展的战略，不断引进专业研发技术和专业人才，建立专门的产品研发中心，不断进行工艺研发、产品改造与更新换代，提高产品技术水平。公司先后被评为"韶关市诚信纳税单位"和"韶关市出口先进企业"等荣誉称号。

2013 年，该公司营业收入1.1 亿元，纳税 300 万元。

【韶关丸仁电子有限公司】 由日本丸仁株式会社在韶关的独资企业。公司成立于 1999 年 10 月，投资总额 393 万美元，注册资本358 万美元，于 2001 年 10 月正式投产。公司现有厂房面积 1.43 万平方米，职工宿舍面积 8000 平方米，可容纳职工 2500 人，现拥有员工近 800 人。公司于 2003 年和2007年先后通过SGS认证的质量管理体系和环境管理体系，并全面推行“9S”管理模式。公司下设接插件部、细线同轴部和一般接插件部，主要生产索尼、东芝、佳能、理光、NEC、夏普、富士通、柯尼卡美能达等客户的USB线及各种连接线。在2006—2012年被评为韶关市“出口创汇先进企业”“纳税先进企业”“先进生产企业”等。

2013年，出口总额达1400万美元，纳税总额520万元。

【镇泰（广东）工业有限公司】 是香港镇泰集团在韶关独资兴建的大型玩具生产企业，成立于1997年，占地面积6.67公顷，主要生产娃娃服装和塑料、金属、毛绒、电子等玩具，产品100%外销。公司已通过ISO 9001：2008（质量管理体系）、OHSAS 18001：2007（职业健康安全管理体系）、ISO 14001：2004（環境管理体系）、ICTI（国际玩具业协会商业行为守则）、C-TPAT（海关—商贸反恐怖联盟标准）等认证，确保向顾客提供高质量的产品。全体镇泰人秉承“诚信、卓越、合群”的镇泰价值观，奉行“稳中求进、以质取胜、以人为本、回报社会”的经营宗旨。

2013年，该公司加工总产值7979万元，成品出口额643万美元，纳税211万元。

【韶关科艺创意工业有限公司】 为香港上市星光集团有限公司属下企业，是一家以设计、生产高端创意多功能儿童图书、纸艺精品和包装彩盒的大型港资企业，目前产品以出口为主。公司占地面积近13.33公顷，员工2500人。2007—2013年，公司每年均获得市开发区颁发的外贸先进企业、优秀纳税企业、先进出口创汇企业和先进生产企业等多项嘉奖。2012年，被韶关市委授予“诚信守法示范企业”称号。2013年，被评为广东省诚信守法示范企业等等。公司充分发挥其所具备强大的文化生产能力，并不断强化企业的文化创新能力，配合广东建设文化强省的目标，在规模、结构和质量整体上凸显自身优势。公司为第41届在上海举办的世博会量身定制的4D纪念图书《魅上海》获得被誉为全球印刷界“奥斯卡”之称的“美国印制大奖”的最高荣誉奖Benny Award金奖；同时，获得第五届“省长杯”优良工业设计奖。此次由公司设计的产品能够走出国门，参与国际赛事，并一举夺魁，增强广东文化产业的国际辐射力和影响力，公司也获评为“2011—2012年度及2013—2014年度国家文化出口重点企业”。

2013年，公司营业收入1.57亿元，纳税218万元。（郑梅英）

县（市、区）概况

浈江区

【概况】 浈江区位于广东省韶关市东北部，武江、北江以东，东、南接曲江区，西临武江区、乐昌市，北连仁化县。浈江历来是韶关的政治中心。从西汉元鼎六年（前111年）在本境莲花山下设曲江县、始兴郡，后设郡置州，一直没有中断。到民国时期，先后有国民党广东省政府、南韶连道、第四行政督察区专员公署、中共粤北省委等驻于本境内。中华人民共和国成立后，又是韶关市人民政府、韶关地区行政（专员）公署以及中共韶关市委员会、韶关市人民代表大会常务委员会、中国人民政治协商会议韶关市委员会的驻地。随着韶关的行政区划调整，1975年11月设立浈江区，1984年6月经广东省人民政府同意，浈江区升格为县级市辖区。2004年6月，经国务院同意，撤销韶关市北江区，将原北江区的行政区域和原曲江县犁市镇、花坪镇行政区域划归浈江区管辖。2009年8月，浈江区再次调整行政区域，将原来的和平、南门、太平3个办事处合并为风采办事处。2013年，浈江区下辖新韶、乐园、十里亭、犁市、花坪5个镇和东河、车站、风采3个街道办事处及曲仁、田螺冲2个办事处，45个村委会、65个社区居委会；区域总面积572.1平方公里，年末常住人口39.98万人；年末户籍人口34.87万人，其中农业人口6.7万人。

浈江境内以山地、丘陵、盆地地貌为主，地势周高中低。地质构造属华南褶皱带部分，火成岩分布广泛。河流分布密集，有浈江、武江、北江等9条主要河流。全年盛行南北气流，冷暖交替明显，属中亚热带季风型气候区。

浈江境内交通发达，是韶关铁路、公路交通枢纽，京广铁路贯穿全境，区内有多个铁路货运站，韶关火车东站和汽车客运总站均在该区；京珠高速公路、国道106线、国道323线，省道246线、省道248线、韶赣公路组成连接省内外便利的公路交通网络。

浈江境内资源十分丰富，全区耕地面积6644.86公顷，园地面积334.74公顷，林地面积36586.32公顷，森林覆盖率59.38%，活立木蓄积量189.41万立方米，绿化覆盖率为59.81%。管理的中型水库3座，蓄水量4643万立方米；小型水库66座，蓄水量979万立方米；水力发电站15座，装机容量达5.55万千瓦时。拥有黑色金属和有色金属矿、煤、铁、锡、锑、钨、萤石等多种矿产，储藏量达1.5亿吨以上。文物旅游资源得天独厚，有历史文物230处，已开发的旅游景点有国家森林公园、莲花山、帽峰公园、中山公园、河滨公园、曲江园、湾头现代农业科技示范园、金沙生态园、黄浪水大自然公园、十里亭花场、韶州府学宫、风采楼、大鉴寺、太傅庙和天主教堂、基督教堂以及余靖风采堂等20处。

2013年，浈江区被广东省政府授予“广东省教育强区”称号，被评为“广东省老年体育工作先进基层单位”和“全国法治县（市、区）创建活动先进单位”，并荣获全市耕地保护责任目标履行情况考核二等奖；东河街道办事处荣获“韶关市2012年度人口与计划生育先进单位”荣誉称号；浈江区人武部荣获韶关军分区队列会操评比第 名和韶关市民兵专业技能比武总分第三名，取得连续27年28次无责任退兵的佳绩。

【经济发展加快】 2013年，浈江区全区完成生产总值179.9亿元，同比增长12.1%，其中一、二、三产业分别达到5.6亿元、45.7亿元和128.6亿元，同比分别增长5.4%、23%、9%，三次产业结构为3.1∶25.4∶71.5，经济实现平稳较快增长。固定资产投资完成93.53亿元，同比增长25.6%；全年安排的32个重点建设项目共完成投资 59.51 亿元，完成年度计划 102.5%，占全区固定资产投资的 62%。社会消费品零售总额达到 175.98 亿元，同比增长 18.1%。实际利用外资 1720 万美元，同比增长 27%。地方公共财政预算收入完成 3.61 亿元，同比增长 25.12%，其中税收收入 2.43 亿元，同比增长 29.8%；区公共财政预算支出 7.67 亿元，同比增长 15.84%。农村居民人均纯收入 11211 元，同比增长 11.5%；城镇居民人均可支配收入 25689 元，同比增长 10.4%。城镇登记失业率为 2.72%。人口自然增长率为 5.16‰。万元地区生产总值能耗同比下降 4.62%，完成市下达的节能减排目标任务。此外，累计投入 1.2 亿元，5 件民生实事扎实推进。

【农业发展加快】 2013 年，建成千亩以上农业产业示范园区 3 个，六大农业基地产值增长 6%；新增市级农业龙头企业 5 家，全区 16 家市级以上农业龙头企业完成产值 5 亿元。农业总产值完成 9.3 亿元，同比增长 5.3%。投资 3600 万元，完成省农田水利建设、高标准基本农田建设、小（2）型水库除险加固工程、乡村公路改造建设共 13 个项目，农村基础设施持续改善。同时，新建农村垃圾中转站 9 个，圆满完成 2 个名村、5 个示范村创建任务。完成植树造林 1086.67 公顷和 20 个村“万村绿”绿化工作，生态环境质量得到进一步改善。总结上一轮扶贫“双到”在省考核中获得优秀的经验，掀起新一轮扶贫开发热潮，65 个帮扶项目扎实推进。

【工业经济快速发展】 2013 年，全区规上工业总产值 74.3 亿元，同比增长 25%；规上工业增加值 22.03 亿元，同比增长 31.6%。2013 年，新纳入统计的规上工业企业有 17 家，全区现有规上工业企业 56 家，其中年产值超亿元企业 20 家。韶冶产能回升，明华机械复产，比亚迪叉车、韶能生物质发电等重点项目建成投产，“金、铁、木、电、车”五大工业主导产业占工业增加值比重提高 5.6 个百分点。支持 11 家中小微型企业申报助保金贷款 1.2 亿元，有效缓解企业融资难题。在浈江工业园落户的磊蒙机械、创力机械等 7 家企业建成投产，容声电器、顺泰智慧广告城等 5 个项目开工建设。是年，园区规上工业产值 13.5 亿元，同比增长 11%；规上工业增加值 3.6 亿元，同比增长 10%。

【商贸市场消费持续兴旺】 2013 年，以民营经济为主体的第三产业不断发展壮大，个体工商户 14711 户、私营企业 1206 户，民营经济销售额 223.9 亿元。同时，新增限上商贸企业 31 家，信德万汇广场、百年东街、莱斯万商汇商贸城相继建成运营。社会消费品零售总额 175.98 亿元，同比增长 18.1%。

【财政收入增长排名第一】 2013 年，公共财政预算收入增速在全市排名并列第一，区级税收收入 2.43 亿元，同比增长 29.8%，增速在全市排名第一；非税收入 1.19 亿元，同比增长 16.54%，非税占比低于全市平均水平。公共财政预算支出同比增长 15.84%，其中教育、社保、医疗卫生等民生方面支出占公共财政预算支出的 68.82%。

【重点项目建设再创佳绩】 2013 年，浈江产业园建设继续保持较快速度，园区重点项目征地拆迁工作有力推进，全年共完成征地 333.33 公顷，其中用 2 个月时间完成 41 公顷东环路道路建设用地，确保东环路按时开工建设。同时，用 3 个月时间完成 153.33 公顷东环路沿线商贸物流项目储备用地，促成美吉特家居项目的施工建设和新雪域农产品交易中心的进驻。国电粤华煤矸石发电项目获得国家批复，项目立项工作全力展开；成功引进韶关市鑫金汇建材家居广场、华南商贸物流城、新雪域冷链物流园、红星美凯龙韶关城市综合体等大型专业市场项目。32 个重点项目共完成投资 59.51 亿元，碧桂园、产业园基础设施建设等 11 个重点项目超额完成年度投资任务。是年，全区合同吸收外资 3183 万美元，同比增长 23%；实际利用外资 1720 万美元，同比增长 27%；引进内联项目合同资金 150.38 亿元，同比增长 72%。

【城市扩容提质成效明显】 2013 年，以碧桂园项目为龙头的浈江新城建设初见成效，金色江湾项目建设顺利、油泵油嘴厂项目按计划推进；金色江湾二期、油泵油嘴厂、甘油酯厂、云峰诗意等“三旧”改造项目顺利动工；中山路片区、启明北片区“三旧”改造项目房屋征收工作全面展开。棚户区改造工程的一期、二期5200套进入室内装修阶段，B地块6000多套已动工建设。房地产业完成建筑面积70万平方米、销售面积66万平方米。赣韶铁路浈江段疏解线征拆工作全面完成，广乐高速北连接线浈江段已接近完工。国道323线广乐高速坳背出口连接线互通工程、北出口、东环路建设工程稳步推进；S248线韶关市区过境段黄金村大桥至韶关钢铁厂公路改线工程（东环路）浈江段征地工作进展顺利。依法拆除违法建筑4.4万平方米，完成土地整理102.33公顷。

【就业和社会保障水平稳步提升】城镇登记失业率低于市控制在3.0%以内的目标，超额完成市下达的企业职工养老保险扩面征缴任务，城乡居民养老保险待遇水平提高。发放低保金1207.47万元，6809人享受低保待遇，做到应保尽保。建成首个镇级救灾物资储备仓库，并被认定为市级示范点。

【社会保持和谐稳定】 2013年，全区规上、限上工贸企业安全标准化建设达标率100%。并成功化解各类矛盾纠纷375宗和一批信访积案。同时，快速启动应急救灾机制，有效应对“尤特”强台风，及时疏散群众2300多人，妥善安置和遣送铁路滞留旅客5000多人。

【社会事业取得新进展】 在科教方面，总投资1.5亿元的浈江区实验学校于2013年9月正式开学，并荣获“2013年广东省教育强区”称号；华南虎繁育研究基地被评定为“广东省院士专家企业工作站”；赖家香芋专业合作社荣获“2013年广东省第一批农村科技特派员工作站”称号。同时，顺利通过2013年广东省县市科技进步考核，辖区荣获全市科学技术进步奖数量位居全市前列。在文体方面，全区投入资金195万元，完成区文化馆的改扩建和建成曲仁、乐园两个镇级综合文化站。同时，引进民间资本800万元建成集盛运动场。在计生卫生方面，完善居民健康档案，有效推进公共卫生服务项目落实，成功创建“全国白内障无障碍区”。同时，加强计生行政执法和社会抚养费征收力度。2013年，兑现计生惠民资金500多万元，政策生育率达91.29%。

（黄哲锋　李　琛　浈江区政府办）

表33　　2013年浈江区镇（街道、办事处）基本情况一览表

乡镇（街道、办事处）	总面积（平方公里）	耕地面积（亩）	人口数（人）		生产总值（万元）	地方财政收入（万元）	农村人平纯收入（元）	下辖村（居）民委员会（个）	主要领导	
			总人口	其中农业人口					党委（工委）书记	镇长（主任）
合计	591.42	68648	394850	72608	489394.6	4858.39	48047.66	110	—	—
新韶镇	106	13632	22299	17890	—	875	9184	13	卢群吉	吴贤优
乐园镇	24	1791	55174	7478	151500	363.6	13411	10	吕德基	彭荣华
十里亭镇	53.7	4575	71000	10397	182194.6	450	10549.66	11	谢向军	钟沛珍
犁市镇	305	43776	45800	30264	137500	2767.79	7344	16	杨明	邹来胜
花坪镇	76.5	4874	7765	6579	18200	190	7559	6	吴永亮	唐孝坤
东河街道办	4.2	—	32000	—	—	—	—	6	刘子龙	余华
车站街道办	4.2	—	48000	—	—	—	—	8	张翠萍	唐波
风采街道办	3.02	—	76000	—	—	—	—	19	麦章彬	刘喆焱
曲仁办事处	10.06	—	26692	—	—	—	—	16	林航	钟荔
田螺冲办事处	4.74	—	10120	—	—	212	—	5	曾大海	郭永绍

附：领导班子成员名单

中共韶关市浈江区委员会

书　记：吴玉环

副书记：张德清　翁良方

常　委：谭雪华（女）　何益文
　　　　张广晖　梁　敏
　　　　胡克标　黄德乔（女）
　　　　叶东升　庄　强

韶关市浈江区人大常委会

主　任：吴玉环

副主任：刘　文　黄远辉
　　　　何永兰（女）
　　　　王剑兰（女）　马瑞华
　　　　朱明远

韶关市浈江区人民政府

区　长：张德清

副区长：庄　强　刘　锋
　　　　黄祖平　陈良素
　　　　宋宇林
　　　　张玉花（女，2013.1—）
　　　　张敦亚（—2013.8）

党组副书记：叶东升　庄　强
　　　　　　麦锦祥

政协韶关市浈江区委员会

主　席：何友权

副主席：杨松生　麦桥悠
　　　　周耀成　朱必凤
　　　　林　瑜　卢界群

武江区

【概况】　韶关市武江区位于韶关市西北部，俗称西河。1976年，设韶关市郊区和武江区。1984年9月28日，经广东省人民政府批准，撤销原韶关市郊区和武江区，正式成立武江区，设新武江区为市辖县级行政区。2004年5月，经国务院批准，原曲江县龙归、江湾、重阳3个镇划入武江区管辖，8月正式挂牌。武江区辖西河、西联、龙归、江湾、重阳5个镇和新华、惠民2个街道办事处。行政区域面积682平方公里。2013年年底，户籍人口26.31万人，其中农业人口8.06万人，常住人口30.38万人，人口自然增长率6.33‰。

2013年，武江区耕地面积0.81万公顷，粮食播种面积0.49万公顷，粮食产量2.63万吨。林地面积5.29万公顷，森林覆盖率70.99%，活立木蓄积量368.8万立方米。重要矿产资源有煤、铁、铅锌、锡、钨、金、银、石灰石、高岭土、宝石等20多种。土特产有龙归淮山、重阳花生、重阳丝毛姜、江湾木耳、江湾香菇等。韶关市博物馆珍藏有在武江挖掘的汉代、三国、西晋、东晋出土文物。人文景观有唐朝宰相张九龄家族墓，宋朝尚书余靖墓，芙蓉古刹，文武阁塔，南昌起义军朱德部队旧址，八路军驻韶关办事处遗址，抗战时期中共广东省委遗址，中共南方工委交通站南岸旧址等。

武江区是粤北古邑，文化底蕴深厚，孕育许多名人志士。有唐朝宰相张九龄，宋朝尚书余靖，清代文学家、诗人廖燕，组织和发动西水暴动、壮烈牺牲的革命烈士欧日章，抗日名将欧震等。

2013年，武江区惠民西社区获全国科普示范先进社区；武江区西河镇向阳村被国家人口计生委、中国计划生育协会授予“全国人口计生基层群众自治示范村（居）”荣誉称号。

【2013年经济社会发展状况】　2013年，全区生产总值188.79亿元，比上年增长11.1%。其中，第一产业增加值5.57亿元，同比增长4.5%；第二产业增加值94.32亿元，同比增长10%；工业增加值83.89亿元，同比增长9.2%；第三产业增加值88.90亿元，同比增长12.8%。人均地区生产总值62265元，同比增长10.1%。规模以上工业总产值176.08亿元，同比增长12%。农林牧渔业总产值9.15亿元，同比增长4.5%。全社会固定资产投资63.75亿元，同比增长30.1%。社会消费品零售总额80.50亿元，同比增长12.3%。外贸出口额1858万美元，同比增长9.7%；实际利用外资1723万美元，同比增长22.6%。地方公共财政预算收入3.37亿元，同比增长21.5%。城镇居民人均可支配收入25132元，同比增长10.4%；农村居民人均纯收入11428元，增长同比11.5%。

【西河镇向阳村获全国殊荣】　2013年5月，西河镇向阳村被国家人口计生委、中国计划生育协会授予“全国人口计生基层群众自治示范村（居）”荣誉称号。向阳村开展人口计生基层群众自治示范村活动，以优质服务为重点，组织群众依照法律法规实行自我教育、自我管理、自我服务和自我监督，促进人口计生长效工作机制的建立健全。通过开展奖励扶助、免费检查等计生惠民行动和群众性的互帮互助活动，有效提高群众执行计划生育政策的自觉性。

【武江区获评省体育先进区】　4月23日，武江区举行“广东省体育先进区”揭牌仪式，市领导李飞、兰茵，省体育局副局长曾晓红出席揭牌仪式。近年来，武江区财政安排体育事业经费年均增长110%，辖区内有体育馆3座，游泳池3个，标准田径场1个，非标准田径场42个，标准篮球场160多个，乒乓球、羽毛球、排球等场馆100多个，全区体育设施面积45.6万平方米，人均体育活动面积达1.76平方米。

【惠民西社区获全国科普示范先进社区】 2013年，武江区惠民西社区被评为全国科普示范先进社区。惠民西社区从科普阵地建设入手，调动社会力量，建立以社区所辖单位为主体的多元化投入体系，搭建社区科普平台。抓好科普网络建设，创建韶关市第一个社区网站；抓好科普队伍建设，已拥有包括科普专家、大学生、医务人员等志愿者189人。活动中，该社区巧找结合点，把科普活动同中心工作、环境建设和健康生活相结合，服务群众。

【武江区战胜"5·16""8·15"两次重大洪灾】 5月16日，武江区连续遭受暴雨、局部特大暴雨袭击，龙归河流域出现百年一遇洪涝，5个镇2个街道均受到不同程度的洪灾侵害，全区受灾群众30340人，农作物受灾1693.33公顷，水产养殖损失58.73公顷；大小山体滑坡141处，冲毁饮水工程10处，水浸房屋11135间，倒塌23间，全区直接经济损失1.66亿元。区及时发放救灾物资，为受灾群众解决衣、食、住、行等问题，下拨救灾款70万元。

受台风"尤特"影响，武江区从8月15日起出现持续降雨，造成严重洪涝灾害。洪灾造成46700多人受灾，损失近1.6亿元。农林牧渔业直接经济损失4005.39万元。水利设施直接经济损失2464.71万元。工业交通通讯直接经济损失2960万元。全区全力救援，发放帐篷50顶，简易床107张，棉被1100床，大米25900公斤等折合人民币约113万元。共转移群众14428人，解救被困群众520人，没有出现因灾伤亡情况，财产损失降到最低限度。受灾群众全部得到妥善安置，灾后复产、重建工作稳步推进，全倒重建户在春节前全部建成搬进新居。

【武江区发放领导干部廉洁"口袋书"】 8月14日，武江区向领导干部发放廉洁自律"口袋书"，该书采用"口袋书"的形式进行编辑，小巧方便，收录2006年以来中央、省、市、区关于廉洁从政的有关规定，包括党政"一把手"的有关规定、九个"严禁"、提高执行力"八制度"等管理制度，明确有关工作内容、办理有关手续程序，如何处理无法退还的"红包"、责任追究等，具有较强的指导意义，是一本集教育性、实用性为一体的工具书。使武江区广大干部在增长廉政知识的同时，时刻保持清醒头脑，增强廉洁自律、勤政为民意识，筑牢拒腐防变的思想道德防线。

【西联镇被批准为省级专业镇】 武江区西联镇被广东省科技厅批准为广东省技术创新专业镇。西联镇依托韶关市沐溪工业园和武江科技园，集聚宏大齿轮、东南轴承、韶瑞重工、液压件厂等高科技企业，初步形成汽车轮毂轴承、变速箱、液压油缸、矿山机械、环保机械等一批先进机械产品，成为产业特色明显、专业分工合理、创新基础较好的先进机械制造业产业集群。在坚持自主创新的前提下，加快对先进技术的引进消化吸收创新，集中研制一批重大关键技术项目，为产业化和科技创新提供技术支撑，镇内企业技术专利产出活跃，累计申请专利1350件，其中发明专利365件，占比超过25%。辖区一批骨干企业成长为高新技术企业和省级民营企业，拥有国家高新技术企业8家，占全市高新技术企业总数的1/4，省级民营科技企业31家，占全市省级民营科技企业总数40%左右。

【保利芙蓉新城项目正式动工】 10月16日，保利芙蓉新城项目正式动工建设，这是继碧桂园、恒大地产后芙蓉新城引进的又一重点项目。该项目位于芙蓉大道与百旺路交汇处，总用地面积51.56公顷，项目总建筑面积为160万平方米，拥有超10万平方米的大型购物中心、高端住宅及各种生活配套设施，将建成集商业、商务、居住、休闲、娱乐等多功能一体的城市综合体。该项目对加速芙蓉新城城镇化建设，带动韶关城市建设及经济发展，引领韶关商业及居住产业升级产生巨大的助推作用。

【甘棠工业园首批企业喜入园】 11月27日，武江区甘棠工业园

12家企业同时入园并动工，喜领入园“金钥匙”。甘棠工业园位于芙蓉新区的起步区，处于京港澳高速和广乐高速的交汇处，毗邻国道323线，离武广高铁韶关站和北江航道新港约3公里，交通条件非常优越，区位优势明显。园区有37家优质企业，包括现代科技涂料及配套企业30家，汽车变速箱、烟草机械配件、机械制造和电子信息类企业7家，预计总投资30.93亿元，2016年可全部完成投产。达产后，年产值93.05亿元，年税收8.49亿元。其中，第一期第一批入园并动工的有莱雅化工、飞翔自动变速箱、新科农生物科技等12家企业，预计总投资14.75亿元，全部投产后，年产值将达到59.2亿元，年税收5.4亿元。12月，第二批8家企业紧跟着入园。

【龙归大桥重建竣工】 龙归大桥位于武江区龙归镇街口，是连接江湾镇和龙归镇龙安、冲下、留村等村委会的主要通道。原大桥于1970年兴建，因年久失修及大型超载车辆的长期碾压，2009年桥跨出现贯通裂缝，被鉴定为四级危桥，禁止通行，给周边近4万名村民生产生活带来极大不便。武江区于2012年10月正式启动龙归Y255线龙归危桥改建工程，总投资420万元，2013年年底大桥顺利竣工。新建的龙归大桥为5跨20米预应力空心板桥，桥长106.54米，桥宽8.5米。

【江湾镇卫生院综合大楼竣工投入使用】 江湾镇卫生院建立于1961年，原有业务有房325平方米，有9张病床，设有内科、儿科、药剂科等。随着社会的发展，年久破旧、狭窄的业务用房已不能满足群众日常的治病需求，修建新的综合大楼迫在眉睫。武江区把修建该综合大楼作为承诺为民办好的实事之一，争取省、市支持，2013年1月举行卫生院综合大楼奠基仪式，总投资145万元，2013年年底卫生院综合大楼竣工，并投入使用。该卫生院综合大楼共两层，总建筑面积800平方米。（欧阳征椂　董素梅）

表34　　2013年武江区镇（街道、办事处）基本情况一览表

乡镇（街道、办事处）	总面积（平方公里）	耕地面积（亩）	人口数（人）		生产总值（万元）	地方财政收入（万元）	农村人平纯收入（元）	下辖村（居）民委员会（个）	主要领导	
			总人口	其中农业人口					党委（工委）书记	镇长（主任）
合计	682	121684	263094	80632	1887879	33700	11428	83	—	—
西河镇	63	25397	16896	9911	—	—	14720	14	杨鉴庭	何远韶
西联镇	69	2883	16993	13972	—	—	15877	8	聂平南	粟　健
龙归镇	237	62052	37469	32117	—	—	10352	16	谢　荣	洪维陶
重阳镇	82	19730	19082	17936	—	—	8553	9	刘拥军	李　强 龚映韶
江湾镇	213	11622	7414	6696	—	—	10458	7	谭木初	苏拥兵
新华街	12	—	94699	—	—	—	—	16	钟　真	欧伟强
惠民街	6	—	70541	—	—	—	—	13	古寿英	汤应辉

附：领导班子成员名单

中共韶关市武江区委员会

区委书记：王德雄

副书记：彭裕殿（—2013.8）

　　黄建华（2013.9—）

　　张　雯（女）

区委常委、区委办公室主任：

　　孙理鸣

区委常委、区委组织部部长：

　　周小明

区委常委、常务副区长：曾清兰

区委常委、纪委书记：

　　曹　镅（女）

区委常委：彭　波

区委常委、人武部政委：

　　王海华（—2013.5）

　　顾　健（2013.5—）

区委常委、政法委书记：曾文辉

区委常委、宣传部部长：郑伟平

武江区人大常委会

主　任：王德雄

副主任：王　敏（女）

　　戴兴辉

　　杨乐华

　　李学源

　　陈　雪（女）

　　王韶林

武江区人民政府
区　长：彭裕殿（—2013.8）
代理区长：黄建华（2013.10—）
常务副区长：曾清兰
副区长：黄建华（2013.10—）
　　　　薛　青（女）
　　　　陈岳峰
　　　　黄　真
　　　　游加慧
　　　　邹有胜（2013.4—）
　　　　林　滢（女，挂职，—2013.8）

政协韶关市武江区委员会
主　席：陈坤明
副主席：李松发
　　　　罗元月
　　　　刘素云（女）
　　　　何　岚
　　　　谭浩托
　　　　吴广英（女）

曲江区

【概况】 曲江区地处粤北中部，北江上游，韶关市区南部，傍依五岭南麓、汇集浈武二水，东临始兴，西至乳源，南接翁源、英德，北毗浈江、武江、仁化。据史料记载，因境内江流回曲，故名曲江。2013年，辖9个镇、1个街道、85个行政村、22个居委会。行政区域面积1620.77平方千米。年末户籍人口31.18万人，常住人口 万人，人口自然增长率8.31‰。区政府机关驻马坝镇，距韶关市行政中心15公里，距广州183公里。

曲江历史悠久，是13万年前人类祖先“马坝人”繁衍生息之地，又是“石峡文化”的发祥地，是中华民族的摇篮之一。曲江于汉武帝元鼎六年前111年置县，距今已有2123年的历史。钟灵毓秀的曲江，曾孕育南北朝陈朝开国大将军侯安都、盛唐名将张九龄、北宋名臣余靖等一批历史名人。

曲江地理位置优越，是广东的北大门，自古有“湘粤赣交通之咽喉”之称，如今是珠三角地区资本扩散和产业转移的连绵区，是泛珠三角经济辐射内地的战略通道。水陆交通便利，京广铁路、京珠高速公路、106国道和北江纵贯南北，京珠高速公路在曲江设有沙溪站和韶关南站两个出入口。曲江区政府距韶关武广铁路快线车站12公里。

曲江自然资源丰富，“十五”时期曾经是全国100个水电农村电气化县之一、全国100个重点产煤县之一和全省重点林业县之一。曲江被誉为“黑色金属之乡”和“有色金属之乡”，其中铁矿储量在1亿吨以上、占广东省总储量的1/8，铜矿储量名列全省第一位，锑矿储量居全省第二位，钨矿储量居全省第三位。

曲江旅游资源丰富，境内有被誉为佛教“南宗祖庭”的千年古刹南华禅寺，寺内藏有六祖真身、唐代千佛袈裟、北宋木雕罗汉、历代皇帝圣旨等文物；有史前期古人类“马坝人”遗址和“石峡文化”遗址；有返璞归真、山光水色交融的小坑国家森林公园、罗坑国家级自然保护区和沙溪省级自然保护区；有“广东十佳温泉”之一的曹溪温泉假日度假村及枫湾生态温泉度假村、小坑大森林温泉度假村等多个休闲度假基地。

曲江工业基础雄厚，境内有韶关钢铁厂、大宝山矿、韶关发电厂等多家省属工业企业，产业相互配套，形成冶金、电力、机械、建材、化工、轻工、食品等门类比较齐全的工业体系。2013年，曲江区产值超亿元的规模工业企业有31家，比上年增加 家；新增规模工业企业3家，其中当年新开工3家。全区规模以上工业企业达到64家，其中大中型和小型企业分别为9家和55家。

【松山街道办事处正式挂牌成立】 2014年3月19日上午，曲江区举行简朴仪式庆祝松山街道办事处正式挂牌成立，此举标志着松山街道的发展进入一个新的阶段。2012年7月31日，经省政府同意设立韶关市曲江区松山街道办事处。2013年8月20日，韶钢街道办事处及居委会移交曲江，这标志着韶钢生活区正式融入曲江区。松山街道办事处是曲江区人民政府的派出正科级单位，主要负责以韶钢为主的社区管理工作，下设东区、西区、北区、红旗区4个居民委员会，总面积10平方公里，总人口4.5万人。松山街道办事处驻韶钢厂南大道。市委常委、区委书记黄劲东，宝钢集团广东韶钢有限公司副总经理冯国辉，区人大常委会副主任陈实盟等为街道党工委、办事处、纪工委牌匾揭牌；副区长陈夏广，区政协副主席林英，区人武部政委文健勇，宝钢集团广东韶钢有限公司副总经理张永生等为街道人武部牌匾揭牌。

【综合实力提升】 2013年，全区实现生产总值141.98亿元，比上年增长12.5%。其中，第一产业增加值完成14.29亿元，同比增长4.8%；第二产业增加值完成81.68亿元，同比增长14.9%；第三产业增加值完成46.01亿元，同比增长10.3%。完成社会固定资产投资120.80亿元，同比增长25.2%。其中，曲江经济开发区实现工业总产值55.36亿元，同比增长35.9%；完成工业增加值11.07亿元，同比增长42.21%；完成固定资产投资17.64亿元，同比增长70.82%；实现税收1.86亿元。全区规上企业完成增加值65.04亿元，同比增长16.0%，其中区属规上企业完成增加值25.87亿元，同比增长28.2%。外贸出口总额完成7112万美元。民营经济实现税收6.16亿元，占全区税收总额的65.33%。农民人均纯收入达到10802元，同比增长14%。全年实现区财政总收入17.15亿元，其中，地方公共财政预算收入6.54亿元，比上年增长18.01%。社会消费品零售总额45.42亿元，同比增长12.3%；接待游客386.7万人次，其中接待国际游客3.37万人次，分别同比增长15.1%和36.4%，旅游收入26.28亿元，同比增长20.8%；商品房销售额18.58亿元，同比增长25.8%。全区各项存款余额107.49亿元，其中城乡居民储蓄存款余额77.34亿元，各项贷款余额58.24亿元。

【发展后劲强劲】 2013年，莞韶华南钢铁深加工科技产业园完成首期土地利用试点、园区规划、征地拆迁和水土保持方案，园区基础设施全面启动建设，一批招商项目已达成投资协议。全区实施重点项目36项，储备重点项目8项，列入省、市重点项目5项，总投资66.03亿元。全年共批复项目160宗，备案项目274宗。破解用地瓶颈取得新进展，争取省、市新增建设用地指标70公顷，获得72公顷城乡建设用地增减挂钩指标。12个补充耕地项目顺利通过市级验收确认，建设规模达244.966公顷，补充耕地面积232.05公顷。莞韶华南钢铁深加工科技产业园800公顷用地已纳入低丘缓坡项目的申报，调整规划面积178.00公顷，项目用地保障有力。全区共签订合同31宗，同比增长47.62%；合同投资总额40.86亿元，同比增长92.68%；新旧项目实际到位资金15.72亿元，同比增长19.95%。曲江经济开发区签约项目9宗，其中投资超亿元项目有6宗。莞韶华南钢铁深加工科技产业园储备大型钢铁交易市场、广东晟大环保、红星美凯龙城市综合体、上海恒喆、柳州正菱、韶关正星以及园中园铸锻焊产业园等项目。

【城乡功能日趋完善】 2013年，城市规划进一步完善，城区扩容提质工程加快推进，亿华明珠城、城北新城、府前中路、御湖山、半山豪园、上伙张、农机学校、友谊路、原轧钢厂、原特钢、矮石路、南堤二路、十六冶“三旧”改造等项目进展顺利。启动环山北路、建设北路和梅花中路等城区道路改造。实施城区街道维修工程，加强城区环境卫生整治，城区街道清扫保洁全面实行市场化运作。新建一批亮化、绿化、净化和美化工程。完成一批城乡规划设计，编制17个省级村庄整治试点村规划，实现镇区总体规划全覆盖。交通基础设施不断完善，投资1300多万元，完成农村公路建设项目68个共42公里；完成国道106线隧道加固、县道312线枫湾到小坑一期改造工程；江畔大桥、省道248线改造、省道253线路面大修、县道315线路面大修、广乐高速公路等建设工程有序推进；加快推进农村生活垃圾处理工作，全区9个镇兴建12座生活垃圾中转站，购置垃圾处置机械设备和转运车辆，实现1182个自然村设立1个生活垃圾收集点的目标。民生水利工程建设取得实效，完成枫湾河治理工程、大塘镇小型农田水利示范镇建设工程。投入330万元兴建6宗农村饮水安全工程，解决7000多农民饮水安全问题。成功申报中央财政小型农田水利示范县，获中央和省级补助资金6000万元。加快农业农村基础设施建设，投资6500万元开展3600公顷，高标准农田改造建设，其中3万亩已开工建设；投入900多万元用于推进农村沼气池建设、名镇名村示范村、农村硬底化公路和扶贫开发等工程。

【环保建设力度加强】 2013年，城区污水处理厂、白土污水处理厂减排作用得到有效发挥，排污管网改造建设加快，实现污水处理厂出水量、水质和设施运行的动态管理。大塘镇污水处理厂完成勘探、设计、征地、预算等前期工作。推进机动车减排工作，实现“黄标车”全部强制退出营运市场。开展工业减排工程，淘汰落后水泥生产线，全区所有立窑水泥生产线已停止生产。加强生态修复，争取省级生态公益林补助资金1700多万元；加强生态建设，生态景观带和碳汇林建设取得明显成效。出台《广东曲江沙溪省级自然保护区管理办法》，罗坑省级自然保护区升格为国家级自然保护区，森林资源得到有效保护。加强对饮用水源地的巡查和监管，每月对苍村水厂、苍村水库进行32个项目的水质监测，确保全区饮用水安全。整治养殖污染，完成34家规模化养殖场治理工程，生态环境不断改善。

【发展活力日益迸发】 2013年，完成公共资源交易体制改革，将区建设工程交易中心、政府招标采购中心、国土资源交易中心、产权交易中心进行整合，组建韶关市曲江区公共资源交易中心，统一规范公共资源交易市场。完成城市管理资源整合工作，将区供水管理处、城管执法分局、园林处、环卫所和路灯所整合组建区城市综合管理局。稳步推进食品药品监督管理机构职能转变和机构改革，启动卫生和计生部门职能转变及机构改革。整合护林和国土巡查员队伍，健全管理考核制度，护林和国土巡查工作落到实处。建立健全预算公开机制，财政预算和资金使用绩效评估更加规范。分区发展战略深入推进，镇级财政激励机制不断健全。健全镇级财政资金监管体制，财政预算更加透明、高效，绩效考评、行政监察、审计监督体系更加完善。健全税收协控联管机制体制，落实部门控税责任，税收流失得到有效防控。投融资体制改革不断深化，财政投资评审工作稳步推进，全年节省财政资金6100万元。重视开拓融资模式，加大向市场直接融资力度，小额贷款公司和融资性担保机构运转更加高效。出台信贷投放奖励办法，鼓励和引导金融机构加大信贷投放力度。加强财政审计、金融审计和项目跟踪审计，规范政府投融资行为。强化基层服务，公开招聘85名大学生村官，实现每个行政村一名大学生村官的目标，有80多个村（居）建立便民服务中心。建成启用网上办事大厅，行政审批更加便捷，办事程序更加规范，办事效率和服务能力明显提高。

【民生得到保障和改善】 2013年，投入民生资金8.66亿元，占公共财政预算支出的68.72%。其中，投入教育文体、医疗卫生、就业再就业、社会管理、计生奖励金等4.4亿元。全区共有465647人次参加企业养老保险、职工基本医疗保险、失业保险、工伤保险、生育保险、城乡居民养老保险、城乡居民医疗保险，实现社会养老保险制度全覆盖。发放城镇职工养老保险、失业保险、医疗保险、工伤保险和生育保险等资金2.44亿元。报销发放城乡养老保险、城乡医疗保险、低保和五保金、优抚金、大病救助金、高龄困难老人补贴等资金近1.1亿元，实现城乡低保和农村“五保”动态管理下的应保尽保。发放涉农各类补贴累计达3895万元。投入6793万元建设廉租房和棚户区改造住房1047套。投入568万元，完成马鞍山地质灾害第一和第二阶段工程治理。启动引进社会资本改造旧村庄市级试点工程和镇街“三旧”改造项目。新一轮扶贫开发5个省核定贫困村的村容、村貌和生产生活条件不断改善。推进分区发展战略，生态文明镇、新型工业镇和生态宜居镇的发展格局逐步形成，名镇名村示范村建设和“大清洁，乡村美”工程取得实效，镇域基础设施明显改善。推进“平安曲江”建设，加强社会治安综合治理，严厉打击各类违法犯罪行为。高度重视群众来信来访、网络问政和民声热线工作，排查调处矛盾纠纷。设立松山街道办事处，加强韶钢集团社会管理。启用区人民医院新大楼，投入3000万元建设卫生信息平台和购置更新医疗设备，群众医疗卫生服务条件和环境显著改善。加强食品药品监管，严厉打击制售假劣食品药品行为，2013年，曲江区荣获“首批国家餐饮服务食品安全示范县”称号。投入185万元，完成数字曲江地理空间框架的建设。农村集体土地确权登记发证工作通过国家和省的验收。推进民生工程建设，农村饮水安全工程已全面完成；省道248线改造、省道253线改造、县道312线小坑至枫湾路面硬化、江畔大桥、光纤数字电视等工程已完成2013年度工程进度。

【加强党的建设】 2013年，全面推进基层支部晋位升级和“薄弱村整治赶超”工程，实现党建工作和村级经济发展的共进双赢。基层党建“书记项目”成效明显。创建“两新”组织党建工作示范点，“两新”组织党建工作服务经济发展的功能凸显。在全市村级组织率先建设便民服务中心，把便民惠民触角延伸至村、组。坚持正确用人导向，优化干部队伍结构，提升干部队伍素质。推进干部作风建设提升工程，抓好中央“八项规定”的贯彻落实，开展专项整治活动，解决庸懒散奢和行政慢作为、不作为、乱作为等突出问题。2013年，曲江区共开展会风会纪监督30次，全区性会议同比减少38%。严格落实党风廉政建设责任制，建立健全惩治和预防腐败体系，坚持有案必查、有腐必惩，以党风廉政建设成效取信于民。

【加强政府建设】 2013年，曲江区政府办理区人大代表议案、建议24件，政协提案33件，办复率100%。加强和改进行政执法，建立行政执法工作机制，推进行政复议、应诉和调解工作，有效化解行政争议。推进政务公开、信息公开，区政府公众信息网上网信息超过1300多条，处理和答复“网络问政”投诉426宗，解答和处理“民生热线”反映问题70件。解决行政慢作为、不作为、乱作为等突出问题。完善公务接待制度，压缩“三公”经费支出，全年公务活动支出有效减少。开展反腐败斗争，坚持有案必查、有腐必惩。

【荣获“首批国家餐饮服务食品安全示范县”称号】 2013年4月18日，曲江区被国家食品药品监督管理总局授予“首批国家餐饮服务食品安全示范县（市、区）”称号，成为广东省首批获得此殊荣的两个县（区）之一。曲江区高度重视餐饮服务食品安全工作，把该项工作作为建设旅游强区的“基础工程”、保障群众健康的“民生工程”来抓，将创建国家餐饮服务食品安全示范县工作纳入区政府目标管理考核体系，采取强化宣传教育、创新监管模式、推广示范带动、完善工作制度等措施，促使各餐饮业主的自律意识得到进一步增强，服务水平也得到进一步提高。2013年，全区建立食品药品安全监管站10个，配备监管员42名、村级信息员102名，创建食品药品安全示范镇2个（枫湾镇、沙溪镇）和餐饮服务食品安全量化A级示范单位15家，在城区沿堤二路近30家餐饮单位首批创建（创建首批）餐饮服务食品安全一条街，发挥餐饮服务食品安全示范镇、示范点、示范街的带动作用，推动全区餐饮企业管理上新水平、新台阶，有力维护群众的餐饮食品安全。

【曲江罗坑鳄蜥省级自然保护区晋级】 2013年6月4日，曲江罗坑鳄蜥省级自然保护区通过国务院审定，成功晋升为国家级自然保护区。该保护区总面积18813.6公顷，其中核心区6904.6公顷、缓冲区4063.4公顷、实验区7845.6公顷，先后开展科研项目17项，其中已完成14项，对野生鳄蜥种群的分布、数量、生态习性等方面进行广泛研究，已连续7年人工繁育鳄蜥获得成功，并于2010年成功繁育出子二代鳄蜥，现有鳄蜥人工饲养种群近200只，已成为我国最大的鳄蜥人工饲养繁育基地。同时，也是中国最大的野生鳄蜥种群栖息地。

【85个村（居）便民服务中心建成并投入使用】 2013年6月，曲江区启动村级“便民服务中心”项目的建设，截至2013年年底，曲江区共有85个村（居）的便民服务中心建成并投入使用。便民服务中心以便民、规范、廉洁、高效作为服务宗旨；以优质高效、共创和谐、温暖群众、服务经济、提高效能、树立形象作为服务理念；以热情周到、高效服务、依法办事、清正廉洁作为服务准则。通过对组织构成、工作制度、办事指南等事项全部上墙公开，为民提供“一站式”服务，接受群众监督，畅通联系群众渠道，不断健全村级“便民服务中心”为民服务平台，发挥作用、搞好服务。

【罗坑茶斩获5个奖项】 2013年6月28日，在“2013年首届中国英德红茶文化节暨广东省第十届名优茶质量竞赛”上，由罗坑镇原生态茶叶合作社选送的“雪花岩牌”红茶荣获特等金奖，这是本次竞赛红茶类的最高奖项。此外，罗坑镇其他选送的茶叶共获得2个金奖、1个银奖和1个优质奖的骄人成绩。

【曲江区与涿州市缔结为友好城市】 2013年9月5日，涿州市与曲江区缔结友好城市签约仪式在曲江城区马坝举行，韶关市委常委、曲江区委书记黄劲东，曲江区区长范国文和涿州市市长王彦清等出席签约仪式，两地领导签订缔结友好城市协议书。曲江是“马坝人”的故乡，唐代高僧六祖惠能曾在曲江境内弘扬佛法37载。涿州是六祖惠能的祖籍地，位于河北省中部，邻接北京市。涿州市历史文化底蕴深厚，交通区位优势明显，产业结构合理，旅游资源丰富，与曲江区在城市定位发展、文化产业结构等方面非常相似，具有良好的合作基础。曲江与涿州两地因六祖惠能结缘，建立友好城市关系，将在区域经济、人才技术、生态环境、城市建设、文化旅游等方面开展交流合作，优势互补，携手共进，走出友好合作的成功之路，推动两地经济社会共同繁荣与发展。

【举办纪念六祖惠能圆寂1300周年系列活动】 9月7日，纪念六祖惠能圆寂1300周年大会在“禅宗祖庭”曲江南华禅寺召开。最高人民法院原院长肖扬，广东省原省长卢瑞华，国家宗教事务局副局长蒋坚永，广东省委常委、统战部部长林雄，广东省副省长林少春等出席纪念大会。来自海内外的有关方面负责人、专家学者、高僧大德和社会各界人士约2000人参加大会。9月6日至15日，韶关市隆重举办纪念六祖惠能圆寂1300周年暨2013年广东禅宗六祖文化节（韶关）系列活动，除重点活动纪念大会外，还举办“慧海禅灯”大型书画展、“祖印重光”重建六祖殿落成典礼暨万众瞻仰六祖真身、“坛经智慧，幸福人生”佛学讲座、韶关素食文化艺术节等活动，吸引近15万游客、信众参加。

【第四届道德模范现场交流活动在曲江区人民公园举行】 11月15日晚上，曲江区在区人民公园登山门广场举办以“行善立德、全民修身”为主题的第四届道德模范现场交流活动，对评选出的助人为乐、见义勇为、诚实守信、敬业奉献、孝老爱亲5个类别10名道德模范和10名道德模范提名奖获得者进行表彰。2013年，曲江区有1人荣登中国好人榜，2人被评为市道德模范，6人被评为韶关好人。（邝　静）

表35　　2013年 曲江 区乡镇（街道、办事处）基本情况一览表

乡镇（街道、办事处）	总面积（平方公里）	耕地面积（亩）	人口数（人）		生产总值（万元）	地方财政收入（万元）	农村人平纯收入（元）	下辖村（居）民委员会（个）	主要领导	
			总人口	其中农业人口					党委（工委）书记	镇长（主任）
合计	1619	178000	311810	172436	1419831	65377	10593	107	—	—
马坝镇	188.96	—	105454	35632	—	—	11125	24	王爵承	何宗成（－2013.7） 刘日夫（2013.8－）
大塘镇	172.81	—	34185	31005	—	—	10671	16	林国雄	杨 彦
枫湾镇	196.91	—	17777	16735	—	—	10996	10	邓春鸿	钟毓清
小坑镇	164.46	—	5977	5076	—	—	10169	6	张卫琪（—2013.1） 陈亚雪（2013.7－）	陈亚雪（—2013.6） 邓会成（2013.9－）
沙溪镇	195.76	—	13270	12301	—	—	10894	8	杨朝阳（—2013.6） 蓝振球（2013.7—）	王爵凌
乌石镇	118.66	—	18516	12960	—	—	11135	8	谢伟强	王伟强
樟市镇	225.60	—	28181	25434	—	—	10717	13	陈卫红	邓会成（—2013.7） 何宗成（2013.7—）
白土镇	139.05	—	25121	23361	—	—	10325	12	成家强（—2013.7） 廖伟忠（2013.7—）	廖伟忠（—2013.7） 曹 权（2013.9－）
罗坑镇	218.66	—	10360	9926	—	—	8714	6	黄 华	钟佩军
松山街道	—	—	38911	—	—	—	—	4	张卫琪（2013.7—）	江绍德（2013.7—）
中省厂矿	—	—	14058	6	—	—	—	—	—	—

附：领导班子成员名单

中共曲江区委员会

书　记：黄劲东

副书记：范国文　黄健庭

常　委：黄劲东　范国文

黄健庭　伍海艳

杨新军　罗永东

刘小文　陈来安

朱鹏志　唐继华

文浩培

曲江区人大常委会

主　任：黄劲东（2013.1—）

副主任：李小平　朱福昭

廖年娇（女）　赵玉民

陈实盟　黄云波

曲江区人民政府

区　长：范国文

常务副区长：罗永东

区政府党组副书记：罗永东

陈来安

钟移明

副区长：卢春燕　卜师带

沈建图　钟秋华

陈夏广

曾　颢（—2013.8）

政协曲江区委员会

主　席：杨绍凯

副主席：王锡穗　林　英

释传正　刘求华

钟树梅　梁文华

乐昌市

【概况】 乐昌市位于广东省北部，北与湖南省宜章县、汝城县交界，是粤、湘、桂、赣四省（区）交汇中心，素有“广东北大门”之称。2013年，辖16个镇、1个街道、2个办事处。土地面积2421平方千米。年末户籍人口51.50万人，常住人口40.66万人。人口自然增长率‰。

乐昌距离韶关市区50公里，距离广州250公里，京广铁路、武广高铁、京珠高速公路、国道107线、省道248线纵贯境内，广乐高速公路即将于2014年10月建成通车。乐昌境内山高林密，山峦重叠。山地占72%，丘陵占13.5%，盆地平原占14.5%。全市有耕地面积1.93万公顷，粮食播种面积2.26万公顷，粮食产量11.92万吨。林地面积17.2万公顷，森林覆盖率72.8%，是广东省重点林业县（市）、林业生态县（市）。乐昌矿产资源丰富，锑和萤石矿储量分别居广东省的第一、第二位，煤炭蕴藏量1.41亿吨。土特产有北乡马蹄、张溪香芋、乐昌佗红、乐昌峡香米、黄圃板栗、梅花猪、禾花鱼及奈李、油桃、水晶梨、黑布朗等优质水果，其中，张溪香芋、北乡马蹄、沿溪山茶获得国家地理标志产品保护认证。乐昌是“中国观赏石之乡”，主要有青花石、墨石、蜡石、彩硅石等。主要旅游景点有古佛洞天风景名胜区、白水寨生态园、7011旅游区、后洞森林公园、十二渡水生态旅游区、九峰农家乐、龙山温泉、西石岩寺等。

2013年，全市实现地区生产总值95.38亿元，比上年增长12.6%。其中：第一产业增加值19.78亿元，同比增长5.5%；第二产业增加值32.33亿元，同比增长15.4%；工业增加值25.79亿元，同比增长15.2%；第三产业增加值43.27亿元，同比增长13.4%；人均地区生产总值23559元，同比增长11.9%。规模以上工业总产值70.91亿元，同比增长13.7%。农林牧渔业总产值31.42亿元，同比增长5.5%。固定资产投资82.3亿元，同比增长25.4%。社会消费品零售总额43.52亿元，同比增长12.0%。外贸出口额2613万美元，同比增长5.9%；实际利用外资1720万美元，同比下降15.4%。地方公共财政预算收入5.27亿元，同比增长18.2%。城镇居民人均可支配收入17821元，同比增长11.4%；农村居民人均纯收入8980元，同比增长12.3%。

【抗击“8·16”特大洪灾】 受2013年第11号台风“尤特”和第12号台风“谭美”的影响，从8月15日至24日，乐昌普降暴雨或特大暴雨，导致全市严重受灾。全市19个镇（街道、办事处）全部受灾，受灾人口105237人，转移群众16776人，倒塌房屋1160间，全倒户192户，5460公顷农作物受灾，冲走牲畜1050头，公路中断98条次，工矿企业停产14个，铁路中断2条次，供电线路中断33条次；损坏堤防264处，长度47.77千米，损坏灌溉设施413处，冲毁塘坝10座，损坏机电泵站5座；市区武江河最高水位89.34米，超过警戒水位2.14米；城区内涝面积最广时1.8平方千米，水深最高1.8米，供水一度中断20小时；造成直接经济损失2.458亿元，4人死亡。洪灾诱发乐昌境内京广铁路沿线出现塌方及泥石流，导致京广铁路中断近40小时，8列客车滞留乐昌境内，滞留旅客最多时 1.15 万人。

【项目建设加快推进】 2013 年，完成固定资产投资 82.3 亿元，同比增长 25.4%。广乐高速公路乐昌段建设顺利推进，主体工程接近完工；武广高铁乐昌东站站房项目加快推进，进站道路省道 248 线至产业园连接线加快建设；国道 107 线老坪石至莲塘坳、省道 247 线打禾塘至龙山、县道 331 线石灰冲至三溪完成大修；省道 345 线乐昌坳至廊田段路面改造、县道 328 线黄圃至上坳大修基本完成；硬化农村公路 170 公里，翻一番完成硬化任务。农田水利基础设施不断完善，建设高标准基本农田 3000 公顷；全面完成东洛水库、土洋水库等重点中小型水库除险加固工程；廊田小型农田水利示范镇工程全面完成；中央小型农田水利重点县建设、廊北灌区改造、农村水电增效扩容改造项目不断加快。

【招商引资及产业园建设成效明显】 2013 年，全市新增招商引资项目 90 个，合同金额 10.63 亿元，成功引进 8.5 亿元新型涡流纺项目和 3000 万美元颐丰园绿色植物科技项目。园区承载能力不断提升，实现工业增加值 20.38 亿元。鸿元机械、建强混凝土、韶瑞铸钢、昌龙塑料等一批优质项目建成投产；安拓机械、昌兴机械、长明五金等项目加快建设；管道天然气项目建成使用。国际贸易取得新突破，外贸出口总额 2613 万美元，同比增长 5.9%；合同利用外资 3181 万美元，增长 20.8%。

【新型城镇化建设】 2013 年，乐昌深入实施“一市两城”战略，城市扩容提质步伐加快，完成市区人民路、东川路、金融路、昌山中路路面改造工程，完成“一江两岸三桥”节能亮化工程。大东街公共停车场建成使用，市区三市场、坪石一市场、老坪石市场改造项目加快推进。造纸厂、旧公安局、坪石二粮所等“三旧”改造项目进展顺利。碧桂园、东方家园、永乐城等高标准住宅小区新建项目基本完成，坪石新城二期完成主体工程建设。

【社会民生事业协调发展】 启动可移动文物普查工作，传统曲艺“乐昌渔鼓”获列省非物质文化遗产，千人书画大赛获评广东省“特色文化品牌”。市人民医院综合大楼建设及九峰、三溪卫生院重建项目加快实施。2013 年完成保障性住房新开工 544 套、竣工 864 套目标。 （钟明）

表 36　　2013 年乐昌市镇（街道、办事处）基本情况一览表

乡镇（街道、办事处）	总面积（平方公里）	耕地面积（亩）	人口数（人）		生产总值（万元）	地方财政收入（万元）	农村人平纯收入（元）	下辖村（居）民委员会（个）	主要领导	
			总人口	其中农业人口					党委（工委）书记	镇长（主任）
合计	2421	289049	515005	287785	953802	52700	8980	215		
乐城办事处	187.61	21243	121143	—	—	—	—	27	欧泽湘	
长来镇	89.52	20635	23248	17894	—	—	—	13	肖永剑	
北乡镇	93.46	16800	15320	12263	—	—	—	8	华葵莲	邓继润
廊田镇	151.52	33069	35107	33608	—	—	—	18	朱长林	邓勇健
五山镇	177.49	9525	19065	15884	—	—	—	11	马建民	梁新来
大源镇	273.64	6790	10129	8195	—	—	—	9	连旷怡	
九峰镇	186.39	16200	21281	20415	—	—	—	13	彭洪胜	王洪华
两江镇	130.91	11725	13020	9609	—	—	—	7	张以社	黄元勇
坪石镇	257.1	29866	88175	19786	—	—	—	29	欧阳晓冬	赖强
三溪镇	68.73	7701	12472	10406	—	—	—	8	许建武	吕锦东
黄圃镇	89.17	15747	17741	14981	—	—	—	11	邓宗科	欧建来
庆云镇	89.17	13026	11986	11334	—	—	—	8	黄常春	王小勇

续表 36

乡镇（街道、办事处）	总面积（平方公里）	耕地面积（亩）	人口数（人）		生产总值（万元）	地方财政收入（万元）	农村人平纯收入（元）	下辖村（居）民委员会（个）	主要领导	
			总人口	其中农业人口					党委（工委）书记	镇长（主任）
白石镇	78.27	19320	15720	14933	—	—	—	9	宁芝花	
梅花镇	197.71	27756	53861	45316	—	—		18	邵辉	陆洪华
秀水镇	56	9430	18930	15129	—	—	—	10	何平良	
云岩镇	67.49	10176	15452	14918	—	—	—	9	陈世军	朱新玉
沙坪镇	111.82	20040	22355	18051	—	—	—	7	朱普昌	彭仁学
坪石办事处	—	—	—	—	—	—	—	—	詹彬文	
梅田办事处	—	—	—	—	—	—	—	—	李兴军	

附：领导班子成员名单

中共乐昌市委委员会

书　记：李维员

副书记：罗海俊

伍福县（—2013.1）

陈洁平（2013.2—）

市委常委：陈志刚（—2013.8）

陈洁平（—2013.2）

李华伟

华健生

陈　杰（—2013.5）

莫剑峰

欧阳晓冬

邹福英

张建国（2013.5—）

邓伟荣（2013.8—）

黎海华（2013.8—）

乐昌市人大常委会

主　任：李维员

副主任：沈家华

肖同义

周素岚

杨剑云

孔少川

许新华

乐昌市人民政府

市　　长：罗海俊

常务副市长：

陈洁平（—2013.3）

李华伟（2013.3—）

副市长：向昭晖（—2013.6）

邓伟荣（—2013.8）

肖　景

邱才郁

邓洪炜

邓少华（2013.3—）

郑扬帆（挂职—2013.8）

张盛福（2013.9—）

政协乐昌市委员会

主　席：马森超（—2013.8）

陈志刚（2013.8—）

副主席：邓细优

钟　祥

黎跃飞

周越成

朱作华

朱兰高

南雄市

【概况】 南雄市地处广东省东北部、大庾岭南麓。南雄设县制始于唐光宅元年（公元684年），取名为浈昌县。北宋开宝四年（公元971年）改为南雄州，“南雄”之名由此始。民国始（1912年）废州置县为南雄县，1996年6月撤县设市（县级），由韶关市代管。2013年，辖17个镇1个街道办事处。全市总面积2361.4平方公里，年末常住人口32.6万人，户籍人口47.79万人，人口自然增长率9.4‰。

南雄是古代中原与岭南交往的重要通道，史称“居五岭之首，为江广之冲”“枕楚跨粤，为南北咽喉”，历来为兵家必争之地。是古代岭南政治、经济、文化的重要郡都，是粤赣边境的商贸重镇，古有“岭南第一州”之称。是珠三角地区居民的“七百年前桑梓”“广府文化”的发祥地。

南雄有光荣而悠久革命斗争历史，是广东省重点革命老区县之一，是中国工农红军长征经过地。孙中山两次北伐，均以南雄为前哨。土地革命时期，1927年12月成立中共南雄县委，1928年2月全县农民武装暴动，建立南雄县苏维埃政府，南雄属中央苏区县之一，1932年7月，毛泽东与朱德在南雄水口指挥水口战役。中央红军长征后，项英、陈毅等以南雄油山为中心，坚持艰苦卓绝的三年游击战争。抗日战争时期，中共广东省委机关曾驻南雄黎口瑶坑。解放战争时期，南雄是中共五岭地委驻地和粤赣湘边区解放总队所在地。

南雄有耕地总资源4.34万公顷，粮食播种面积3.72万公顷，粮食产量23.36万吨。林地面积15.94万公顷，森林覆盖率64.98%，林木蓄积量0.08亿立方米。主要农作物有水稻、烟草、花生、大豆。主要特产有黄烟、银杏（白果）、板鸭、香菇、冬笋、金友米、腐竹等。主要矿产有钨、铀、稀土、莹、石灰石、花岗石等。主要河流有浈江、凌江。

主要旅游景点有梅关古道、珠玑古巷、三影古塔、古生物恐龙化石群、钟鼓岩、青嶂山、孔江湿地公园、新田古村落、鱼鲜古村落、黄屋城古村落、莲开净寺、大雄禅寺以及苍石寨、帽子峰、坪田古银杏群落自然风景区等，有张九龄、苏东坡、陈毅等名人遗迹。南雄是全国“国际型优质烤烟生产基地”，是中国黄烟之乡、中国银杏之乡、中国恐龙之乡、中国特色竹乡、国家可持续发展实验区、中央苏区县。

2013年，南雄市荣获“全国粮食流通监督检查示范县”称号。南雄市林业局荣获“全国林业系统先进集体”称号。

【2013年经济社会发展】 2013年，全市生产总值100.79亿元，比上年增长12.7%。其中：第一产业增加值为23.63亿元，同比增长4.8%；第二产业增加值为37.01亿元，同比增长20.6%；工业增加值28.6亿元，同比增长25.9%；第三产业增加值为40.15亿元，同比增长10.3%。人均地区生产总值31050元，同比增长11.8%。规模以上工业总产值94.62亿元，同比增长39.9%。农林牧渔业总产值38.61亿元，同比增长4.9%。固定资产投资82.4亿元，同比增长16%。社会消费品零售总额35.59亿元，同比增长15.1%。外贸出口总额3835万美元，同比增长34.2%。实际利用外资2116万美元。地方财政一般预算收入4.76亿元，同比增长18.9%。城镇居民人均可支配收入17134元，同比增长11.9%。农村居民人均纯收入9203元，同比增长12.5%。

【重点建设项目加快推进】 “三农”项目，湖口镇、邓坊镇2个农综项目已竣工，分别完成投资1320万元和1500万元。烟叶基础设施完成投资3983万元。8个水利建设项目投入资金1.6亿元。44个村级“一事一议”项目、2个名村、5个示范村建设全面完成。工业企业，乐华二期洁具工程投资9500万元，进行设备安装调试。绿洲公司扩产技改项目完成投资2000万元，已完成土建工程。交通基础设施，赣韶铁路南雄段完成铺轨，投资2075万元，完成83公里自然村水泥公路建设，X342线湖口至南亩段改造完成主路面工程。旅游配套项目，珠玑古巷停车场建设已完成，广东奥威斯乐园完成投资1亿元，元升生态观光休闲农场完成投资5000万元，锦绣花园酒店完成投资3000万元，国际会展中心酒店已封顶。信息化建设、城市宽带、C网新建等项目建设完成投资974万元。农村电网改造完成投资3726万元，佛燃天然气公司完成20公里燃气管道铺设。

【社会各项事业不断发展】 城乡就业和社会保障服务均等化不断加强，镇级和园区人力资源社会保障服务平台建成使用。城镇新增就业4613人，新增农村劳动力转移就业7257人，城镇登记失业率为2.4%。社会保险覆盖面不断扩大，16.5万人参加城乡居民养老保险，35.5万人参加城乡居民医疗保险。社会救助体系不断完善，支出低保资金1020万元，为4820户8100名困难群众提供基本生活保障；五保老人生活标准每人每月增加50元；医疗救助支出190万元，救助640人次，有暴力倾向64名精神病人由市财政全额出资治疗。

教育事业加快发展，创建省“教育强市”和全国义务教育发展基本均衡县（市）通过省级督导评估，投入3亿多元南雄一小等教育四大“民生工程”启用。市疾控中心新业务楼投入使用，传染病报告与处理、儿童保健等“十一大基本公共卫生服务项目”全面落实，启动公立医院改革。精神文明创建水平进一步提高，珠玑镇通过“省文明镇”考评。文化广电事业繁荣发展，新城影剧院建成开业，完成数字电视整体转换工作，博物馆、文化馆、图书馆异地重建前期工作正在进行；“南粤雄关与古道”成为第七批全国重点文物保护单位，大成殿等3处文物成为第七批省级文物保护单位，恐龙自然保护区获批“省级地质公园”。科技创新能力增强，完成专利申报116件，南雄阳普医疗被认定为2013年广东省第一批高新技术企业。全民健身运动蓬勃发展，完成黄坑等4个镇农民健身工程建设。

【南雄城区公交车开通】 3月21日，南雄市城区公交车正式开通，该市投资150万元购置6辆城区专用公交车，开通线路3条，基本覆盖城区居民点，还辐射到城区附近古市镇。公交运行时间为每天早上7时至晚上20时，每条线路运行都在20趟以上，全程票价2元。随着城镇化建设步伐加快，城区面积扩大，人口日益增加，城区公交线开通，市民出行将更为便捷舒适。

【农村学校教师享受岗位津贴】 促进城乡教育均衡发展，利于农村学校教师队伍稳定，提高农村教学水平，缩小城乡差距，南雄市制定出台《农村义务教育学校教师享受岗位津贴实施方案》。津贴发放范围对象为全市（不含县城直属学校及原雄州镇小学）农村义务教育学校在编在岗工作人员，津贴发放标准根据学校距县城距离分5个档次，人均每月502元，津贴随工资纳入财政统一发放，每月农村教师岗位津贴经考核公示后次月发放。

【教育“四大”民生工程启用】 9月10日，南雄市举行教育“四大”民生工程启用仪式，优化城区学校布局，投入3亿多元建设南雄一小、南雄二中、特殊教育学校、新全安中学等4所学校。这“四大”民生工程占地18公顷，建设面积8公顷。其中，南雄一小占地4.9公顷，学校建成后成为高标准、示范性小学，可同时容纳3600名学生就读。新全安中学和南雄二中分别占地4.6公顷，可分别容纳1800名和4200名学生就读。南雄市特殊教育学校则是在原珠玑长迳小学闲置校舍基础上，投资412万元进行改造建成。

【珠影文化广场影院落成开业】 2月2日，南雄市珠影文化广场影院落成并正式开业，近年来，南雄在强力推进经济发展的同时，把文化建设作为“软实力”精心打造。珠影文化广场影院项目是南雄重点民生工程之一，总投资3500万元，建筑面积1万平方米，设5个放映厅，约800个座位，3D、4D、5D放映齐全。配套世界先进的SONY 4K放映设备，β3环绕立体音响，进口无缝金属幕。该项目的建成，填补了南雄影视文化产业空白，成为南雄文化新地标，提高南雄文化消费档次和水平，成为建设幸福南雄重要平台和有效载体。

【南粤雄关与古道列为全国重点文物保护单位】 5月，南雄市南粤雄关与古道被列为第七批全国重点文物保护单位。梅关古道位于南雄市东北，距市区26公里珠玑镇境内。地跨粤赣两省，古道上关楼刻有“岭南第一关”“南粤雄关”。自唐代张九龄开凿驿道以来，成为古代连接长江与珠江水系陆路最短交通要道。2012年，评为国家AAAA级旅游景区。截至目前，南雄市有2处全国重点文物保护单位：三影古塔、南粤雄关与古道。

（谢　平）

表37　2013年南雄市镇（街道）基本情况一览表

镇（街道）	区域面积（平方公里）	耕地面积（亩）	人口数（人）		农村经济总收入（万元）	公共财政收入（万元）	农民人均所得（元）	下辖村居民会	主要领导		日常工作联系电话
			户籍人口	其中农业人口					党委（工委）书记	镇长（主任）	
合计	2361.4	456097	477912	391047	623831	7184	7641	232			
雄州	95.6	33161	93797	32827	85201	698	7784	20	叶凌峰	雷毅	3823064
界址	58	16200	14769	13929	13552	490	6654	9	陈华林	雷明峰	3762001
坪田	132.7	26673	23236	22092	24553	676	7099	15	何少波	李明贤	3772001
乌迳	158	48335	44430	41035	65471	270	8387	22	周铁山	李泉洲	3752001
油山	156	49799	32586	30598	29786	183	6841	18	李世勤	蔡庆娟	3712001
黄坑	55.7	28476	25013	22947	50935	498	8140	11	沈文昌	钟祥文	3682001

续表 37

镇（街道）	区域面积（平方公里）	耕地面积（亩）	人口数（人）		农村经济总收入（万元）	公共财政收入（万元）	农民人均所得（元）	下辖村居民会	主要领导		日常工作联系电话
			户籍人口	其中农业人口					党委（工委）书记	镇长（主任）	
邓坊	106.7	18604	16398	15329	26767	241	7124	10	郭才标	刘小弘	3506001
珠玑	222	31818	44322	40924	56581	1552	8060	23	王高峰	陈志光	3612001
湖口	73.7	36415	35156	32631	54213	437	8033	13	朱运通	雷清荣	3652001
江头	164	14334	12269	11478	14293	311	7255	10	曾昭泉	张红华	3806001
水口	107	26910	24364	23050	30103	195	7563	14	范桂全	温春花	3892001
南亩	110	13567	16558	15761	22060	217	7836	12	孔建国	池宏安	3812001
古市	100	25439	20792	19570	31383	381	8500	9	李卫兰	朱世平	3572001
主田	187	15464	14333	12809	22801	305	8256	9	刘飞	邱铭山	3792001
全安	176	30230	27275	25538	36894	268	7766	14	姚远华	邓光祥	3702001
帽子峰	101	12144	9500	8650	11384	127	7715	6	曾智	沈学安	3551001
百顺	187	20155	12904	12159	12491	190	7057	10	叶忠	谭福志	3512001
澜河	171	8373	10210	9720	35363	145	7482	7	李帆	陈华	3532138

附：南雄市四套班子领导名单

中共南雄市委员会

书　记：许志新（—2013.8）
　　　　刘清生（2013.8—）
副书记：刘清生（—2013.8）
　　　　曾凤保（2013.9—）
　　　　丘德周
常委、市纪委书记：谢志铎
常委、政法委书记：刘发龙
常委、常务副市长：何人平
常委、市委办主任：黄德群
常委、组织部长：叶济熊
常委、宣传部长：卜小燕
常委、武装部政委：毛利群
常委、统战部长：朱海兵
常委：邓小强（—2013.8）

南雄市人大常委会

主　任：许志新（—2013.8）
代主任：罗勇新（2013.8—）
副主任：罗勇新　陈玉英
　　　　刘宏伟　李　冰
　　　　陈培兰　张宗财

南雄市人民政府

市　长：刘清生（—2013.10）
代市长：曾凤保（2013.10—）
常务副市长：何人平
副市长：罗战勇　刘悦明
　　　　吕道宏　马细妹
　　　　袁元桃
　　　　邓小强（—2013.8）
　　　　麦允谦（—2013.1）

政协南雄市委员会

主　席：何万飞
副主席：周济粹　刘发雄
　　　　赖华焜　刘卫忠
　　　　陈尚妹　刘光团

仁化县

【概况】 仁化县位于广东省韶关市北部。2013年，辖1个街道、10个镇。行政区域面积2223.22平方公里。年末户籍人口23.55万人，常住人口20.54万人。人口自然增长率6.96‰。

仁化县地处南岭山脉南麓，地势总体北部及东南部高，中部低；地貌类型以中低山、丘陵为主，北部及东南部主要为中低山及丘陵，中部以丘陵为主。境内最高点北部万时山海拔1559.3米，最低点南部长坝一带海拔61.5米。全县处中亚热带南沿，具有明显的季风气候特点，2013年，年平均气温19.8℃，年降雨总量1444.4毫米，无霜期347天。境内土地、森林、矿产、水力、旅游等资源丰富。全县土地总面积2223.22平方公里，2013年，有耕地面积2.135927万公顷，粮食播种面积3.89万公顷，粮食产量10万吨；林地面积17.36万公顷，森林覆盖率77.41%，活立木蓄积量0.1077亿立方米，竹林面积4.33万公顷。北江支流锦江斜贯全境，水力资源蕴藏量约16万千瓦。矿产资源主要有铅、锌、钨、铁、铜、铀、硅、磷、水晶、花岗岩、稀土等50余种。境内的凡口铅锌矿是全国最大的铅锌生产基地。境内的丹霞山是世界自然遗产、世界地质公园、国家级重点风景名胜区、国家AAAAA级景区、世界地理学“丹霞地貌”命名地。境内旅游资源除丹霞山外，还有城口古秦城，建于唐代至清朝时期的古塔、庙宇、会馆，“中国历史文化名村”“最具红色景观村落”石塘村，“广东省古村落”夏富村，“全国重点文物保护单位”石塘双峰寨，城口古恩村，高坪省级森林自然保护区，万时山南国高山草原，丹霞山灵溪河森林旅游度假公园，丹霞山博士生态园，丹霞山中华性文化博物馆，温泉等。民间文化有列入省级非物质文化遗产名录的“石塘月姐歌”“仁化土法造纸技艺”“石塘堆花米酒酿造技艺”，列入市级非物质文化遗产名录的“梅花龙”“闹春牛”及县级非物质文化遗产“仁化八音”等。土特产有茶叶、沙田柚、香菇、灵芝、竹笋干、白菜干、木耳、贡柑、马蹄、板鸭、丹霞山茶油、“农民头”辣椒酱、丹霞铁皮石斛等，其中“长坝沙田柚”为地理标志产品，“丹霞岩红”“丹霞玉芽”为全国名优茶产品（其中“丹霞岩红·红茶”被认定为中国绿色食品A级产品）。仁化是中国“有色金属”之乡，“古塔之乡”，素有广东省“毛竹之乡”“白毛茶之乡”“贡柑之乡”美誉。

2013年，仁化县丹霞源水利风景区获“国家水利风景区”称号，仁化县被评为“全国最美生态旅游示范县”“中国好风光项目拍摄地”“广东省教育强县”“广东省药品安全示范县”“广东省2012年度旅游综合竞争力十强县（市）”。

【经济社会发展状况】 2013年，全县生产总值84.86亿元，比上年增长12.4%。其中，第一产业增加值16.85亿元，同比增长6%；第二产业增加值39.22亿元，同比增长15.5%；工业增加值35.79亿元，同比增长15.3%；第三产业增加值28.79亿元，同比增长11%。人均地区生产总值41521元，同比增长11.4%。规模以上工业总产值70.32亿元，同比增长30.2%。农林牧渔业总产值27.05亿元，同比增长5.9%。固定资产投资43.29亿元，同比增长25.1%。社会消费品零售总额20.69亿元，同比增长12.6%。外贸出口额758万美元，同比增长11.1%；实际利用外资1721万美元，同比增长12.9%。地方财政一般预算收入5.26亿元，同比增长15.9%。城镇居民人均可支配收入17976元，同比增长8.5%；农村居民人均纯收入10433元，同比增长12.1%。高中阶段教育毛入学率93%；九年义务教育巩固率100%。参加城镇职工基本养老保险3.8239万人，参加城镇职工基本医疗保险2.2672万人，参加城镇居民基本医疗保险1.7118万人，参加新型农村合作医疗16.0567万人，参加新型农村社会养老保险37340人。

【社会发展环境优化】 民主法制不断深化。2013年，仁化县广泛开展“六五”普法教育，依法治县工作深入推进。推进政府信息公开，11个镇（街道）建立电子政务公开栏，公开政务信息1500多条。党风廉政建设不断加强，民主评议政风行风活动深入开展，公务用车等专项治理活动取得实效。自觉接受人大、政协和社会监督，全年办理人大代表建议52件、政协提案43件，受理网络问政784宗、民生热线53件。

社会管理不断加强。2013年，仁化县推进“民信档案”工作，评定信用户376户。开展“干群会客厅”活动，开设会客厅12个，开展“干群会客”活动175场，帮助企业和群众调处问题682宗。创建“平安仁化”，建成监控摄像点216个、治安卡口8个。落实安全生产“一岗双责”、信访工作责任制，加强社会治安综合治理，社会保持和谐稳定。政务效能不断提高。2013年，仁化县推进网上办事大厅建设，审批业务事项479项，进驻事项457项，审批事项进驻率95%。贯彻执行国务院调整审批事项要求，取消、转移和下放行政审批事项58项。稳妥推进政府机构改革，卫计、食药、工商、质监等机构改革工作有序实施。

【工业园区建设取得新突破】 2013年，全县有入园建设企业13家，其中广东志成冠军集团有限公司仁化分公司建成试产；鸿伟木业扩建项目竣工投产，并在香港成功上市；奥达胶合板有限公司技术改造项目顺利实施，工业转型升级步伐加快。

【国家现代农业示范区建设取得新成效】 2013年，仁化县按照“一核、两带、三区”总体布局，加快优质米、山茶油、红山茶等主导产业发展。富然农科、车八岭铁皮石斛、天雄茶叶等农业龙头企业壮大。全年新增农民专业合作社108个，申报省、市、县农业龙头企业5家。完成黄坑蓝田、长江里周灌区农田水利改造建设，完成高标准农田建设2066.67公顷。

【生态旅游景区景点建设迈出新步伐】 2013年，仁化县成立县旅游协会，设立旅游发展专项资金，出台一系列加快旅游发展政策和措施，举办首届“红山茶叶节”“石塘堆花米酒旅游文化节”活动，石塘古村开发、宝能旅游项目加快推进，万时山申报省地质公园通过初步评估，丹霞源水利风景区获“国家水利风景区”称号，仁化县被评为“全国最美生态旅游示范县”。

【城乡建设实现新提升】 2013年，全县建成98套廉租房和56套公租房，丹霞新城、御景阁等房地产开发项目加快建设。董塘骏凯轩等镇级房地产开发项目顺利推进。编制5个镇、10个名村、25个示范村规划。黄屋新村建成71栋142套住房。启动韶赣高速公路丹霞出口“穿衣戴帽”改造工程，完成韶赣铁路仁化段铺轨和武深高速公路仁化段勘测设计工作，省道246线河塘至刬鸡坑段改造工程竣工通车。镇村建设管理不断加强，依法查处违章建筑45宗，拆除违建面积1.5万平方米。生态文明建设扎实推进，完成造林任务3413.33公顷，新增省级以上生态公益林6000公顷，全县森林覆盖率达77.41%，红山镇和扶溪镇成功列入市生态示范镇。

【招商引资取得实效】 2013年，仁化县落实《仁化县招商项目奖惩暂行办法》和《招商引资优惠政策》，开展招商引资活动。全年引进境外项目7宗，合同利用外资3193万美元，实际利用外资1721万美元；引进境内县域外项目19宗，合同利用县域外资金50.56亿元，实际利用县域外资金3.1亿元。外贸出口758万美元，比上年增长11.1%。

【财金工作机制创新】 2013年，仁化县健全协税护税机制，试点运行财政管理一体化平台。实施“助保贷”“联保贷”业务，解决小微企业、“三农”工作等方面资金紧缺问题。全县涉农贷款资金19.8亿元，发放“丹霞仁家”农家乐贷款998万元、妇女创业小额贷款675万元。截至2013年12月底，全县金融机构各项存款余额65.39亿元、各项贷款余额25.81亿元，分别比上年增长13.9%和41%。

【项目服务机制强化】 2013年，仁化县继续实施《仁化县争取上级竞争性项目建设资金工作经费奖励办法》《仁化县项目服务奖励暂行办法》，调动各单位抓项目、强服务主动性。全年全县“企忧档案”责任单位累计走访企业2005次，受理“企忧事项”33宗，协调解决事项87宗（含上年所提事项）；累计争取上级项目123项，到位资金2.87亿元。

【十件民生实事全面推进】 2013年，仁化县建成启用一类点社会治安视频监控“天网”工程、县城“一江两岸”美化亮化工程、红山饮用水源保护工程，建成运营星级农家乐20家，初步建成丹霞新城农贸市场，董塘河流域治理工程建设进入收尾阶段，300套保障性住房、新田家炳小学建设工作稳步推进，县城至丹霞山绿道一期工程、国道106线城口马岭至红山上社公路改建工程完成规划设计并开展征拆工作。

【社会保障体系不断完善】 2013年，全县新增城镇就业岗位3057个，完成农村劳动力技能培训586人，转移农村劳动力6272人，城镇登记失业率2.14%；城乡居民社会养老保险参保69207人，城镇居民基本医疗保险参保17118人，农村居民基本医疗保险参保率100%；发放种粮补贴、农业综合直补等惠农补贴4797万元；支出低保金1675.9万元、“五保”供养金233.1万元；全县80岁以上高龄老人享受长寿津贴。

【人民生活水平稳步提高】 2013年，全县城镇居民人均可支配收入17976元，农村居民人均纯收入10433元，分别比上年增长8.5%和12.1%；城乡居民储蓄存款余额47.6亿元，比上年增长12.3%；面向28个省级贫困村的新一轮扶贫“双到”工作扎实推进，全年投入扶贫资金3000万元，启动贫困村、户帮扶项目80多个。

【社会各项事业协调发展】 2013年，仁化县成为全市第2个实现省级教育强镇（街道）覆盖率100%的省级教育强县，普通高考综合排名连续4年位列全市八县（市、区）第一；公共卫生工作位居全市前列；国家卫生县城通过全国爱卫办第2次复检，省文明县城通过复查验收；人口计生工作通过省、市考核；县人武部连续第13次被省军区评为“标兵人武部”。

【仁化县干群会客厅启用】 2013年2月5日，仁化县“干群会客厅”正式启用。县委书记、县人大常委会主任刘锋参加启动仪式，并接待首批群众。至是年底，全县各镇（街道）全部启用“干群会客厅（室）”。“干群会客厅（室）”利用每星期一20时至22时，由县、镇（街道）领导班子成员轮流与群众、企业业主进行座谈，听取群众意见和建议，帮助群众、企业解决重点项目建设中遇到的问题和困难，协调解决各种疑难复杂信访问题。截至是年底，全县“干群会客厅（室）”接待群众671批1424人次，受理民忧、企忧等问题682宗，化解649宗，化解率95.2%，收集群众建言396条，采纳73条，有效促进仁化经济社会和谐稳定。

【仁化县荣膺“全国最美生态旅游示范县”】 2013年11月30日，在北京“美丽中国·首届全国特色生态旅游城市创建与发展论坛”上，仁化县以优越的自然生态环境，独特的旅游景观资源，丰富的历史文化底蕴荣膺“全国最美生态旅游示范县”称号。

【丹霞源水利风景区获“国家水利风景区”】 2013年9月18日，在北京召开的水利部水利风景区建设与管理领导小组会议上，仁化县丹霞源水利风景区荣获“国家水利风景区”称号，是全市第一个国家水利风景区。

【仁化获授“中国好风光项目拍摄地”铭牌】 在2013年11月15日至17日北京“《大众摄影》杂志创刊55周年纪念暨首届‘包览·中国好风光’”全国摄影大擂台颁奖典礼上，仁化县被授予“中国好风光项目拍摄地”铭牌。“广东仁化·醉美丹霞”摄影展在“中国好风光——获奖作品摄影展”14个展览方阵中获得赞誉，备受青睐。

【仁化首家社区戒毒（康复）工作站挂牌】 2013年9月25日，仁化县首家社区戒毒（康复）中心工作站在丹霞街道老城社区挂牌成立。工作站采取以教育和挽救为主，政府各有关部门和社会共同参与的联动戒毒工作模式，帮助戒毒人员戒除毒瘾，帮扶、引导康复人员回归社会，安置就业。截至年底，参加社区戒毒人员3人，回归社会15人。

【仁化县“两法衔接”信息共享平台全市率先启动】 2013年3月28日，仁化县“两法衔接”信息共享平台（行政执法与刑事司法相衔接，由行政执法机关、公安机关、检察机关、行政监察机关依照各自法定职责，将行政执法中发现的涉嫌犯罪案件移送侦查机关审查，及时启动刑事追究程序的协同联动机制）运行，成为韶关市第一个启动“两法衔接”信息共享平台县（市、区）。截至年底，全县有21家单位加入“两法衔接”信息共享平台，录入行政处罚案件23件、信息动态16条，通过平台移送涉嫌犯罪线索6条，其中5条经公安机关立案侦查，6人被提起公诉，均被法院作出有罪判决。

【“文化消费补贴计划”项目落户仁化】 2013年7月25日，广东省文化消费补贴资金书报刊项目流动供应活动在仁化拉开序幕。由省委宣传部等相关部门实施的“文化消费补贴计划”，以“书报刊消费券”为载体，先选取仁化等3个县市作为试点，根据各乡镇低保家庭的实际情况采取“自行选购”+“流动供应”+“配送到户”3种方式向低保户供应文化消费补贴商品，再在全省14个欠发达地区，对城乡低保户实施文化消费定额定向补贴。全年，仁化县发放文化补贴对象为全县4202户城乡低保户，共发放消费券折合人民币42.02万元。

【仁化获“广东省教育强县”称号】 2013年4月，仁化县被省人民政府、省教育厅正式授予“广东省教育强县”称号。自2008年始，全县累计投入创强资金2.16亿元，用于改善中小学校、幼儿园办学条件，城乡教育得到均衡发展。截至2013年9月27日，全县11个镇（街道）全部通过省教育强镇（街道）督导验收。仁化县成为全市第2个实现省级教育强镇（街道）覆盖率100%的省级教育强县（市、区）。 （徐诚林　谢嘉文）

表 38　　2013 年仁化县镇（街道办事处）基本情况一览表

乡镇（街道、办事处）	总面积（平方公里）	耕地面积（亩）	人口数（人）		生产总值（万元）	地方财政收入（万元）	农村人平纯收入（元）	下辖村（居）民委员会（个）	主要领导	
			总人口	其中农业人口					党委（工委）书记	镇长（主任）
合计	2223.22	21353.03	235494	181809	848699	52557	10433	125	—	—
丹霞街道	288.13	2745.59	61033	27629	265751	2405	11037	17	梁钰清（—2013.5） 连辉标（2013.10—）	黄银泰（—2013.1） 连辉标（2013.1—2013.10）
扶溪镇	179.90	1926.2	13237	12028	26682	850	10290	10	谭建华	詹碧清
石塘镇	77.92	1630.49	13020	12175	16988	743	10176	7	梁炜（2013 年 1 月—）	江艳芬（女）
城口镇	266.90	1431.19	10268	9422	26112	610	10787	8	李建平	刘普新（—2013.10）
大桥镇	132.80	1307.25	10801	10238	27385	734	10408	7	林伟清	郭兰招（女）
黄坑镇	164.94	1708.78	14591	13934	23861	739	10670	8	肖俊青（女，—2013.7）	彭国强
周田镇	296.12	2163.42	27220	25243	61568	2933	10436	16	邱志坚	冯奋德
长江镇	300.64	3101.97	26294	23927	79511	2133	10184	17	邹汉明	连辉标（—2013.1） 谭卫财（2013.1—）
董塘镇	243.34	3384.66	42616	31645	285708	1705	10662	20	邹有胜（—2013.4） 谭家琪（2013.5—）	梁炜（—2013.1） 万志明（2013.7 - ）
闻韶镇	85.78	702.59	6253	5711	12752	518	9839	6	陈俊华	万志明（—2013.1） 冯鹊（2013.11—）
红山镇	169.64	1188.47	10161	9857	22381	318	10270	9	谭家琪（—2013.5） 刘普新（2013.10—）	李汉辉
镇域间存在争议地	9.11	62.42	—	—	—	—	—	—	—	—

附：领导班子成员名单

中共仁化县委员会

书　记：刘　锋

副书记：王晓梅（女）

　　林国华（—2013.2）

　　黄令遥（2013.8—）

常委、纪委书记：张朝盛

常委、政法委书记：李秀荣

常委、常务副县长：

　　刘光浩（—2013.1）

　　区毅明（2013.3—）

常委、武装部部长：

　　曾光明（—2013.5）

常委、武装部政委：

　　黄飞跃（2013.5—）

常委、组织部部长：

　　区毅明（—2013.8）

　　李湘柱（2013.8—）

常委、县委办主任：谢庆伟

常委、开发区主任、周田镇党委书记：邱志坚

常委、宣传部部长：

　　赖小红（女）

仁化县人大常委会

主　任：刘　锋

副主任：张云勃　赖绍奇

　　张元展　邓田庭

　　马小荣（女）　连福强

仁化县人民政府

县　长：王晓梅（女）

副县长：刘光浩（—2013.3）

　　区毅明（2013.3—）

　　黄付养

　　李志贞（女）　刘建发

　　杨　云　丘光强

　　王韶华（挂职—2013.8）

政协仁化县委员会

主　席：廖志常

副主席：马志忠　曹杰权

　　张标兵　包伟红（女）

　　彭俊余　邓诗勤

始兴县

【概况】 始兴县位于广东省北部。2013 年，辖 9 个镇、1 个乡。土地面积 2174 平方千米。耕地面积 2.09 万公顷，粮食播种面积 1.42 万公顷，粮食产量 8.58 万吨。林地面积 15.47 万公顷，森林覆盖率 75.98%，活立木蓄积量 1249 万立方米。年末，户籍人口 24.98 万人，年末常住人口 20.98 万人。人口自然增长率 7.73‰。

始兴县是广东省山区县首个

国家级生态示范区，广东省首个生态县建设示范县，广东省“南岭山地森林生态及生物多样性功能区生态发展试点县”。是广东最大的香菇生产基地，是全国商品粮基地县，有“粤北粮仓”之称，被誉为中国枇杷之乡、杨梅之乡、围楼文化之乡及“全国无公害蔬菜”生产示范基地县。荣获“中国最美小城”“中国绿色名县”“中国优秀生态旅游县”等称号。

资源丰富，有重要矿产资源：钨、锡、铋、铝、铜、铅、锌、黄金等8种有色金属；有石英、萤石、绿柱石、钾长石、瓷土、石灰石等6种非金属。植物资源，车八岭自然保护区内就有植物2000多种。常见的有松、杉、樟、枫、柏、桦、楠、酸枣、苦楝、椎等。经济林以油茶、油桐为主，还有柑橘、板栗、猕猴桃、杨梅、青梅、沙梨等。珍稀树种有三尖杉、观光木、伯乐树、金叶含笑等。观赏植物有杜鹃花科植物、木兰科植物、兰科植物等。药用植物有灵芝、金银花、勾藤、首乌、土党参、紫背天葵、天冬、蛹虫草等。野生动物有190多种，其中兽类40多种，两栖爬行类60多种，鸟类80多种。始兴地处南岭山脉南麓，四周高山环抱，雨量充沛，河流密布。境内有大小河流220条。土特产有香菇、木耳、冬笋、蜂蜜、黄烟、西瓜、马蹄、柑橘、枇杷、杨梅、茶油、茶叶、澄江黄酒、清化粉、花生饼、老朋友辣酱、腊肠、板鸭、金银干、鲮鱼干等。

主要旅游景点有车八岭世界生物圈国家级自然保护区，“岭南第一大围”满堂客家大围，东湖坪客家民俗文化村，中共广东省委旧址红围，沈所铜钟寨性趣博物馆，深渡水瑶乡景区及刘张家山温泉度假村等。

2013年，始兴县成功创建省教育强县和全省首个全国社会主义新农村建设档案工作示范县，被国家体育总局评为全国群众体育先进单位；沈所镇被国家卫计委评为全国人口和计划生育依法行政示范乡镇；罗坝长围村围楼列入全国第七批重点文物保护单位；太平镇调委会被司法部评为全国模范人民调解委员会。

【经济保持平稳较快增长】 全县完成生产总值58.6亿元，同比增长12.4%。其中，一、二、三产业分别为15.2亿元、24.6亿元、18.8亿元，分别同比增长4.5%、17.3%、12.6%；三次产业比例为26∶42∶32，产业结构进一步优化。固定资产投资完成49.1亿元，同比增长25.2%。地方公共财政预算收入3.01亿元，同比增长20.5%；税收收入2.1亿元，占公共财政预算收入的72%。工业经济稳步发展。新增9家规上工业企业，实现规模以上工业增加值17.8亿元，同比增长20.5%。实际利用外资1376万美元，外贸出口总值（海关数）1.68亿美元。盛怡实业成功研发出我国第一支太空笔，万达工业成为全国首家获得国家商品出口免验资格的港资企业，旭粤光电成为我县首家集团企业。农业产业化进程加快。烟、桑、菜、果和中草药等传统绿色产业巩固发展，现代特色农业园区和示范基地建设蓬勃发展，建成农业园区5个，东魁杨梅标准化示范区通过省级验收，洪源水果基地和美青蔬菜基地被认定为省级“菜篮子”基地。农业组织化程度明显提升，新增市、县级农业龙头企业7家、农民专业合作社125家、家庭农场7家。新增“三品”认证农产品2个，古塘板鸭被评为省级名牌产品。农业基础不断夯实，完成高标准基本农田建设1946.67公顷，整治中低产田1246.67公顷亩，凉口灌区和胆源灌区等11宗中小型灌区改造工程有序推进。第三产业发展提速。新增个体私营企业252家，新培育限额商贸企业10家，实现社会消费品零售总额12.9亿元，同比增长12.5%。接待游客人次和旅游总收入分别同比增长21.9%、21.7%。金融机构存款余额65亿元，贷款余额26.5亿元，分别同比增长16.9%、21.2%。

【“三区”建设成效初显】 园区建设投入16.4亿元，完善园区基础设施，启动园区二期开发建设，污水处理厂投入使用。开展土地专项清理，盘活存量土地近66.67公顷，完成征地144.6公顷。园区被认定为广东省第二批循环经济工业园，扩园获省初审同意。与省商业联合会开展战略合作，推动“百家商会山区行”试点县项目计划，引进项目28宗。韶冶环保搬迁项目前期工作已启动，塑料再生资源产业基地建设取得进展，已有9家企业投产。城区建设呈现新面貌。完成新一轮城市总规修编和32个重点地块的控规编制工作。启动“三旧”改造项目21个，已开工建设项目16个。新墨江农贸市场、九龄广场和文化交流中心建成启用，丹凤东路和沿江南路已完工，丹凤西路和站前路加快建设，金润大桥已完成桥墩建设。幸福里、墨江豪庭、天元帝景、盛世家园、山水名城等住宅小区建设项目进展顺利。景区建设实现新突破。旅游重点项目建设取得新进展，深渡水樱花谷旅游综合开发首期项目基本完成，车八岭颐心园生态旅游养生人文基地动工建设。旅游招商实现新突破，签订阿公岩影视基地和棕榈园林环丹霞山文化生态产业等重大项目。省级农家乐旅游基地示范县建设有序开展，评定星级农家乐20家，金润大酒店和华粤太阳能生态旅游度假村已经动工建设。

【发展环境不断优化】 在全省率先编制实施县级林地保护利用规划，继续推进南岭生态发展试点县示范项目，加强森林资源培育和管护，完成春季造林1733.33公顷，封山育林10.06万公顷，生态景观林带建设16.9公里，活立木总蓄积量1249万立方米，森林覆盖率达75.98%，在全省国家级重点生态功能区县域生态环境考核中排名第三。推进节能减排，主要污染物排放得到有效控制。深入开展生态镇村创建活动，城南镇创建国家级生态乡镇通过省级验收，隘子镇满堂村等11个行政村被评为韶关市生态示范村。农村宜居环境不断改善。通过PK，以得分第一的成绩成为广东省农村环境连片整治示范县。持续推进乡村“清洁美”工程，全面建成乡镇垃圾中转站，“一县一场、一镇一站、一村一点”的城乡生活垃圾收运处置体系初步形成。完成省道244线陆源至马市段改造和34公里农村公路建设，完成6宗农村饮水安全工程和7宗水库移民后期扶持项目建设，农村生产生活条件不断改善。稳步推进名镇名村示范村创建工作，顿岗镇被评为韶关市宜居示范城镇，顿岗镇高留村、七北村和太平镇总甫村被评为韶关市宜居示范村庄，新增8个省、市级卫生村。

【民生福祉不断改善】 2013年，全县民生支出5.9亿元，占公共财政预算支出的72.9%。社会保险覆盖面不断扩大，困难群众最低生活保障实现应保尽保。第一轮扶贫开发“双到”工作在全省考核中获优秀等次，新一轮扶贫开发“双到”工作开局良好。完成农村低收入住房困难户住房改建145户，“两不具备”贫困村搬迁安置工程286户，各类保障房竣工246套、总面积2.04万平方米。新增就业岗位2504个，城镇失业人员再就业2003人，城镇登记失业率控制在2.9%以内。社会事业全面发展。成功创建广东省教育强县，九龄中学开始招生，风度中学复办初中部。在全市率先完成镇村卫生服务一体化管理，启动县级公立医院综合改革试点和平价医疗服务工作，新中医院建成启用。基本实现人口计生群众自治全覆盖，沈所镇被国家卫计委评为全国人口和计划生育依法行政示范乡镇。公共文体设施不断完善，文化馆、图书馆、档案馆、全民健身广场投入使用，新影剧院和博物馆基本建成，3D多厅数字影院、农村蚕桑文化展示馆对外开放。全民健身运动广泛开展，被国家体育总局评为全国群众体育先进单位；竞技运动水平再攀新高，在市锦标赛获团体总分和金牌数第二名。罗坝长围村围楼被列入全国第七批重点文物保护单位，完成全省山区首个全国社会主义新农村档案工作示范县创建任务。抓好征兵工作，实现连续59年无责任退兵。抓好妇儿工作，被评为“实施广东妇女儿童发展规划省级示范县”。气象现代化建设稳步推进，残疾人事业加快发展，科技、统计、审计、物价、粮食、供销、民族宗教、侨务、工商、电力、邮政、通讯等工作也取得新进步。社会保持和谐稳定。扎实开展“两建”工作，启动农村信用服务体系建设。加强安全生产和食品药品安全监管，安全生产形势总体良好。深入开展“平安始兴”创建活动，城乡社会治安视频监控系统不断完善。抓好突发事件风险隐患排查工作，应急处置能力不断提高。加强社会管理创新，开展按法治框架解决基层矛盾工作，排查化解信访积案，太平镇调委会被司法部授予“全国模范人民调解委员会”称号。

【政府职能转变加快】 推进简政放权，深化农村综合改革，继续开展乡镇综合执法改革试点。深化行政审批制度改革，取消或转移行政审批事项82项，下放和委托乡镇管理的事权106项。落实便民服务措施，新行政服务中心政务大厅建成启用，10个乡镇全面建成便民服务中心，127个村（居）建成便民服务站，完成网上办事分厅建设，县镇村三级政务服务体系日臻完善，城乡居民办事更加便利。法治政府建设扎实推进。启动依法行政考评，推进政府信息公开，行政决策民主化、透明化程度不断提升。深入开展“六五”普法，首次实行无纸化学法考法。自觉接受县人大、县政协和社会各界的监督，人大建议、政协提案办复率达100%。政府机关效能不断提升。贯彻落实中央八项规定和六项禁令，扎实开展行风评议评价，改进工作作风，政风行风不断改善。实行政府工程代建制，成立公共资源交易中心和土地储备中心，推动公共资源公开交易、阳光交易，接受社会监督。推进电子政务建设，政务办公OA系统实现与省网、市网对接，并覆盖各乡镇、各部门，无纸化办公取得新进展。（邓汝良）

表39　　2013年始兴县乡镇（街道、办事处）基本情况一览表

乡镇（街道、办事处）	总面积（平方公里）	耕地面积（亩）	人口数（人）		生产总值（万元）	地方财政收入（万元）	农村人平纯收入（元）	下辖村（居）民委员会（个）	主要领导	
			总人口	其中农业人口					党委（工委）书记	镇长（主任）
合计	2174.12	168609	245911	192988	475038.3	14556.32	9857	127		
太平镇	283.3	37440	64116	27438	262000	2689.3	8877	24	陈尚福	罗祥山
马市镇	277.24	41461	37937	36387	39855.3	3740	8952	19	钟万年	钟茂柱
顿岗镇	91	19068	25552	22555	35076	130.52	9021	12	何武强	刘春明
城南镇	53	7365	20274	17443	21346	1410	9006	11	张相高	张国华
沈所镇	168	12690	19576	13981	23405	937.3	8211	12	朱慧芳	苏　斌
澄江镇	219	13361	16471	15691	18297	890	8772	8	谭晓健	沈小明
罗坝镇	316	12700.5	21873	20946	20400	2128.4	8934	13	钟俊锋	何祺琦
深渡水乡	190.4	3688.5	5270	5270	6970	992	8118	4	邱焕雄	邓伟华
司前镇	252.9	9990	14177	13664	19665	430	8681	10	陈颂明	郑树生
隘子镇	323.28	10845	20665	19613	28024	1208.8	8457	14	聂金鑫	唐代勇

附：领导班子成员名单

中共始兴县委员会

书　记：范秀燎

副书记：杨思远　黄勤昌

常委、纪委书记：高　忠

常委、组织部部长：卢建成

常委、宣传部部长：黄胜文

常委、政法委书记：卢保新

常委、县委办主任：夏　娟

常委：杨　军

常委、人武部政委：

冯广照（—2013.5）

常委、人武部部长：

黄良勇（2013.5—）

始兴县人大常务委员会

主　任：范秀燎

副主任：雷雨明　林应均

陈庚来　肖强运

何兴昌　谢石生

始兴县人民政府

县　长：杨思远

副县长：伍　文　温　鑫

刘胜春　周顺明

何晓域　严石磊

政协始兴县委员会

主　席：赖　根

副主席：田　毅　廖晋雄

邓海清　蔡　军

肖长安　邓炳光

翁源县

【概况】翁源县位于广东省北部、韶关市东南部，北江支流滃江上游。东与连平县相连，南与新丰县毗邻，西与英德市、曲江区交界，北与始兴县、江西省接壤。地处北纬24°07′30″—24°37′15″，东经113°30′5″—114°18′5″。总面积2175平方公里，土地面积21.72万公顷，其中耕地面积3.11万公顷。全县户籍人口40.1万人，辖7个镇、1个场，153个村委会、3个工区，18个社区居委会，1982个村小组。

翁源县域属中亚热带季风气候区，年平均气温21.5℃，最高气温37.8℃，最低气温0.5℃，无霜期322天，年平均降雨量2132.0毫米，年平均光照1636

小时。县内多山区丘陵地，素有“八山一水一分田”之称。

全县有林面积6.35万公顷，森林覆盖率达70.5%，活立木蓄积量891.8万立方米。滃江贯流县境，横纳6条支流。水力蕴藏量16万千瓦，可供开发7.58万千瓦。地下矿产资源丰富，已探明的矿产资源有煤、铁、锰、硫铁矿、黑铁矿、金、银、铜等25种。

“龙僻灵池梅岩书堂皆胜地，仙开翁水双腊如珠尽韶天”，尽可概括翁源钟灵毓秀之气象。东华禅寺地处县城东北东华山风景区内，原名东华院，建于明朝天顺年间（1457—1464年），嘉靖年间重修，民国年间被毁。1997年，万行法师在旧址重新扩建集禅修疗养、休闲观光、礼佛祈福于一体的东华禅寺。客家民居独具特色，有广东客家围屋中独一无二的，按周易八卦文化和客家文化融合的古建筑蒽岭“八卦围”；有明清时建造的，由59座客家围楼组成的湖心坝民居群；有仿如“罗盘”形状的罗盘围。生态资源丰富独特，有青云山省级自然保护区、半溪市级自然保护区等丰富农林资源和全国最大的兰花基地，以及三华李、九仙桃、蚕桑等特色农业产业基地。文化底蕴深厚，千百年来，孕育出不少名人志士，有晚唐诗人邵谒，明朝抗倭名将陈璘，当代旅美华人、全美油画家协会原主席、油画大师涂志伟等。

翁源是“中国三华李之乡”、“中国九仙桃之乡”、“中国兰花之乡”、全国最大的国兰生产基地和“国家级黎蒴丰产林标准化示范区”。三华李获地理标志产品保护。六里柑、九仙桃、黑皮蔗、马古塘莲等名优特产久负盛名，江尾米面、周陂冰花饼等客家小食别具特色，溪黄草茶、白糖、缫丝、户外家具等名牌产品享誉国内外。

【2013年国民经济和社会发展概况】 2013年，全县生产总值完成71.52亿元，比上年增长14.2%，增幅比全市高2.1个百分点，其中第一产业19.36亿元，同比增长4.8%；第二产业25.44亿元，同比增长24.1%；第三产业26.72亿元，同比增长11.7%；三次产业结构比由2012年的28.5∶34.2∶37.3调整为27.1∶35.5∶37.4。人均生产总值2.1万元，同比增长13.2%，增幅比全市高2个百分点；固定资产投资完成44.9亿元，同比增长26.6%，增幅比全市高5.4个百分点；社会消费品零售总额24.7亿元，同比增长12.4%；地方公共财政预算收入3.26亿元，同比增长21.3%，增幅比全市高4.8个百分点；外贸出口10009万美元，同比增长44.2%；实际利用外资1720万美元，同比下降25.1%；城镇登记失业率2.4%，完成控制在3.5%以内的年度目标任务；人口自然增长率为7.7‰，完成控制在10.1‰以内的年度目标任务；农村居民人均纯收入9723元，同比增长10.5%，城镇居民人均可支配收入增长10%，达到16196元，增幅均高于年初计划目标。

【现代农业加快发展】 2013年，受两次洪灾影响，翁源县第一产业增加值19.36亿元，同比增长4.8%，增速在全市排名第4。农业产业化水平不断提高。新增市级以上农业龙头企业2家，累计13家；新增农民专业合作社158家，累计304家。农业产业园区加快发展。粤台农业合作试验区累计引进企业73家，完成固定资产投资1.3亿元。和谐生物科技、巨扬、雨泽、鸿源等4家企业扩建，入园企业及兰花长廊配套建设逐步完善，园区试验示范成效显著。农业基础设施不断加强。农业综合开发投资1000多万元，改造中低产田2533.33公顷，建设高标准农田5533.33公顷，提高农业综合生产能力；加快建设新农村建设步伐，推进2个名村、5个示范村建设。扶贫开发成效显著。改造农村低收入困难户住房工程450户，成立扶贫互助社，贫困村互助资金累计借款户数279户，借款金额234万元，用于发展种植业和养殖业。

【工业转型升级加快】 2013年，第二产业增加值实现25.44亿元，同比增长24.1%。全县实现工业增加值22.1亿元，同比增长22.4%，增速位居全市第2。招商引资有新的发展。华彩化工产业园引进项目34家，12家建成试投产。实际利用外资1720万美元，完成出口贸易10009万美元，同比增长44.2%。引进亿元项目南海密友，投资3000万以上的有兴旺包装、锶惠水业、六和新广大10家企业。新增15家规上工业。新增美欣五金、欧文化学、晨森木业等规模以上工业企业15家，全县规上工业企业达到58家。新增建筑业资质或房地产资质企业3家，实现建筑业增加值3.3亿元，同比增长36.5%。重点企业增产增效。创新思路，开展企业帮扶，采取各种行之有效的方式帮助企业，促进企业增产增效，完成年度制订的目标任务。全县规模以上工业企业个数增加到58家，实现主营业务收入67.6亿元，同比增长34.9%，实现利润总额3.3亿元。

【第三产业经济发展活力增强】2013年，第三产业增加值实现26.72亿元，同比增长11.7%，增速位居全市第4。商品房销售面积18.4万平方米，同比增长100.7%，商品房销售额5.5亿元，同比增长129.6%。旅游经济保持较快发展。2013年，翁源县接待游客人次突破百万，同比增长24.3%；过夜游客92.2万人次，同比增长24.26%；旅游总收入7.37亿元，同比增长26%。加快推进基础设施建设。东华寺完成固定资产投资2400万元，龙泰酒店、冷泉滩、幽兰山庄相继试业，九曲水旅游度假村、万源酒店、锦湖酒店被评为三星级饭店。社会经济繁荣发展。实现社会消费品零售总额完成24.7亿元，同比增长12.4%；交通运输、仓储和邮政业同比增长20.5%，批发与零售业同比增长7.7%，住宿和餐饮业增长4.7%，金融业同比增长2.9%，房地产业同比增长20.6%，其他营利性服务业和非营利性服务业分别同比增长8.7%、10.7%。

【投资持续较快增长】2013年，全县固定资产投资完成44.9亿元，同比增长26.6%，增速排全市第2，投资总量比上年同期增加9.5亿元。分城乡看，城镇投资完成43.4亿元，同比增长46.7%（房地产投资完成5.5亿元）；农村投资完成1.5亿元。分产业看，第一产业完成3.0亿元，同比增长29.5%；第二产业完成22.5亿元，同比增长33.5%，其中制造业投资完成20.0亿元，同比增长40.5%；第三产业完成19.4亿元，同比增长19.1%。2013年，翁源县4个市重点建设项目大幅超额完成市下达投资任务分别华彩化工涂料城完成投资9.5亿元，广业科技园完成投资2.0亿元，危处中心完成投资2.5亿元，粤台农业合作示范区完成1.3亿元。全县41个县重点建设项目，其中在建项目12个，完成投资10.87亿元，力争开工项目21个，已动工14个，完成投资6.19亿元。

【基础设施建设】城区建设加快推进。县城新区八泉路（二期）、新龙仙客运站主体工程、翁山大道、翁中桥至江下桥绿道、文体广场升级改造工程完工，新城区东北片区地产项目成功推出并开工建设，残疾人康复中心加快建设，万隆花园四期工程完成投资1.3亿元；南龙生活垃圾填埋场、粮油仓库建设稳步推进；“三旧”改造项目，翁江新城竣工面积达11万多平方米，预计2014年年底全面竣工，农机厂片区基本完成房屋征收任务，高屋村片区、汽车站片区房屋征收工作稳步推进。交通建设有新进展。县道X161线陂头至贵东（马钟坳至贵联段）路面大修工程、县道X349线松塘至南浦路面大修工程和铁龙林场危处中心公路改建工程已全面完工。完成农村公路硬底化86公里；县城过境公路建设前期工作基本完成，2014年将动工建设。协助省市做好昆汕高速、武深高速公路翁源段动工建设的前期工作。水利建设取得进展。投入450万元加固三角湖水库、长塘、东华水库等工程，修建岩庄灌区、青龙灌区等中小型农田水利工程。投入800万元完成坝仔农田水利建设示范镇的10宗山塘、56宗陂头、16宗水圳等水利项目。投资1600万元完成山塘改造21座，饮水陂37座，改造干、支渠道159千米，渠系配套建筑物599处。严格实行水资源管理制度，加强水资源保护管理，推进水生态文明建设。抓好水资源开发利用，提高水资源利用效率和效益。

【民生明显改善】保障房加快建设，全县廉租房、安置房、公租房已竣工验收72套，在建的有136套。加强中医药强县建设，完善基层综合改革，促进基本公共卫生服务均等化 严密防控H7N9禽流感，全力以赴做好“5·16”洪灾的灾后卫生防疫工作等。2013年实现城镇新增就业3639人；城镇失业人员实现再就业2594人；在县城及各镇（场）举办30场劳务招聘会和就业政策宣传活动，达成就业意向共有4446人，与企业达成用工协议的有999人。继续开展城乡居民社会养老保险工作，开展扩面征缴工作和受理工伤保险工作。教育事业均衡发展，高考成绩稳步上升，教育装备有效充实，共投入1235.5万元用于教育信息化工程建设；教师队伍优化，师资水平提高；各类教育统筹兼顾，社会捐资助学效应扩大。教育创强工作有序开展，已完成强镇、强县的申报工作。文化事业加快推进，县博物馆、文化馆改（扩）建工程以及县图书馆达标定级评估，文体广场升级改造稳步推进，涂志伟美术馆已建成开馆，县城4个文体广场满足市民健身、娱乐、休闲的场地需求。

【推动科技与经济深度融合】 4月24日，县委、县政府在县政府小礼堂召开科学技术表彰大会，对县内科研人员自主研究的14项科研成果及相关单位人员进行表彰奖励，并出台相关激励和科技创新政策，加快推动科技与经济深度融合。该县发展科技兴县战略，14个项目列入省市科技计划项目，214件专利获国家知识产权局授权。2013年，全县高新技术产值达到2.8亿元，科技工作由较落后县跃升为全国科技进步先进县。2013年，该县加大对科技创新的激励政策，对获得省科技进步一、二、三等奖的科研成果分别给予20万元、15万元和10万元的奖励，对获得市县科技进步奖的项目也相应提高奖励标准。此外，该县还着力推动科技与产业相融合，培育战略性新兴产业、改造提升传统产业和发展现代农业，加大科技创新资金的投入，加快高层次的科技创新平台和载体的建设步伐。

【经贸洽谈】 12月28日，翁源县委、县政府在县文体广场举行的2013年广东翁源经贸洽谈会，共有20宗招商项目签约，投资总额达31.5亿元，与会的市、县领导以及嘉宾现场见证签约。这次签约的项目主要包括信达茧丝产业园、万泰花园酒店、铁龙重金属冶炼项目、东莞斯博锐高分子建筑材料公司、电子科技产业园等，涉及商务酒店、建筑、电子等多个领域，规模在5000万元以上的企业有18家。

【招商引资】 招商投资质量提升，发展后劲不断增强。成功举办第四届广东翁源经贸洽谈会和涂料产业创新发展高峰论坛，全年新签约项目30宗，合同金额31.5亿元。新签外资项目5宗，合同金额3190万美元，实际到位资金1720万美元。外贸出口超1亿美元，同比增长44.2%，增速全市第二。4个市重点项目完成投资15.3亿元，41个县重点项目完成投资17.06亿元，全县完成固定资产投资44.9亿元，同比增长26.6%，增速排全市第二，超额完成市县目标任务。

【涂志伟美术馆翁源落成】 10月29日，投资6000万元、坐落在翁源县翁江河畔的涂志伟美术馆举行落成典礼并对外开放。该馆占地面积2.53公顷，建筑面积1.7万平方米，三面环山，一面环水，像一台钢琴镶嵌在青山绿水之间，馆内素雅别致，藏有涂志伟上个世纪70年代至今不同时期的400多幅代表作品，有素描、水粉、油画等等。涂志伟1951年出生于翁源县六里龙船村，现为翁源籍旅居美国著名画家，被美国油画界授予“油画大师”称号。涂志伟1993年加入全美油画家协会，2004年被全美油画家协会选举为主席，这是该组织历史上首位由华裔担任主席。其代表作有《七步诗作品集》《树和巢》《贵妃醉酒》《反弹琵琶》等。涂志伟先生对家乡怀有浓烈的感情，曾多次率领多位美国油画家到翁源采风。

【“茧丝绸产业多元化发展科技人才工程项目”入选省“扬帆计划”】 11月24日，翁源县申报的县级人才培训项目“茧丝绸产业多元化发展科技人才工程项目”通过2013年扬帆计划竞争性扶持市县重点人才工程项目评审工作。此次参加全省性评审比赛的单位共42个，经过激烈的角逐，有25个单位通过评审，翁源县为其中之一。

【云雾仙子牌丹桂红茶叶获全国名优茶评比特等奖】 11月26日至28日在浙江淳安千岛湖举行第十届“中茶杯”全国名优茶评比中，翁源县七仙子生态茶场选送的云雾仙子牌丹桂红在全国180个参评茶样中喜获特等奖。这是本届韶关市唯一获此殊荣的茶叶产品，也是翁源茶叶品牌目前获得的最高荣誉。该县的茶叶生产基地主要集中在坝仔镇，优越的自然环境及优惠政策吸引众多客商前来投资。该镇现有茶园面积166.67公顷，年产值700多万元，成为镇经济发展重要支撑和茶农经济收入的重要来源。其中坝仔胜龙名茶生产基地生产的“珠江源”、七仙子生态茶场生产的“云雾仙子”等品牌的茶叶多次在国家、省的茶叶竞赛中获奖，打响翁源茶叶在省内、国内的品牌。 （钟新红）

表40 2013年翁源县镇（场）基本情况一览表

乡镇（街道、办事处）	总面积（平方公里）	耕地面积（亩）	人口数（人）		生产总值（万元）	地方财政收入（万元）	农村人平纯收入（元）	下辖村（居）民委员会（个）	主要领导	
			总人口	其中农业人口					党委（工委）书记	镇长（主任）
合 计	2173	46.66	400857	336471	715200	32600	9723	174		
龙仙镇	427.3	80096	122462	68156	72700	9576	8631	40	甘志初	练培新
江尾镇	334	72000	45218	42772	73041	2875	7920	27	李金桓	胡可清
周陂镇	230	76831	48342	45177	87139	4444.5	8532	20	涂干忠	叶米昌
官渡镇	240	70623	48606	46248	86140	5366	8073	21	邓红红	刘彩新
坝仔镇	384	4457	53473	50304	35200	5215	8895	24	刘 恒	李文华
翁城镇	146	20300	35888	30391	68200	5600	8208	18	王有龙	朱启养
新江镇	336.75	53031	44833	42282	114887	4373	8808	20	何新平	丘有忠
铁龙林场	96.5	6036	5655	4534	202800	6470	9304	4	童纪章	华富清

附：领导班子成员名单

中共翁源县县委

书　记：朱余旺

副书记：颜　亮　温毅麟

县委常委、常务副县长：

黄令瑶（—2013.8）

朱增志（2013.9）

县委常委、政法委书记：肖伟旗

县委常委、纪委书记：刘祥锋

县委常委、组织部部长：

朱增志（—2013.8）

陆伟杰（2013.9—）

县委常委、县委办主任：陈建为

县委常委、宣传部部长：丘雪媚

县委常委、武装部部长：刘明强

县委常委：官流经济开发区工委书记：叶有昌

翁源县人大常委会

主　任：朱余旺

副主任：刘国富　彭方松

陈志峰　雷展发

张树玉　陈福环

翁源县人民政府

县　长：颜　亮

常务副县长：

黄令瑶（2013.8—）

朱增志（—2013.9）

副县长：包玉兰　陆伟杰

陈路生　柯建忠

邹永祥

刘平云（2013.8—）

政协翁源县委员会

主　席：谢寿通

副主席：余小英　张朝养

涂永先　曾桓有

刘少青　李翠红

新丰县

【概况】 新丰县位于广东省中部偏北。新丰属千年古县。新丰县建制前，属南海郡龙川县地。南齐永明元年（483年）置县，取名新丰县，属南海郡。隋开皇十八年（598年），改新丰县为休吉县，属循州总管府辖。大业三年（607年），将休吉县并入河源县。明隆庆三年（1569年），析河源地，兼割英德、翁源两县之东南隅再复县，取“长久安宁”之意，称长宁县，属惠州府辖。清朝，长宁县一直属惠州府辖。民国3年（1914年）5月9日，因避与江西、四川两省的长宁县重名，而复名新丰县，属潮循道；民国10年（1921年）至38年（1949年9月30日止）隶属广东省第四行政督察区。1949年6月13日，新丰县解放。中华人民共和国成立初，新丰县属北江专区管辖；1951年12月29日，归东江专区管辖；1952年6月，划归粤北行政公署管辖；1958年12月14日，与翁源并县；1959年11月16日，与翁源分县，恢复新丰县建制，属韶关地区管辖；1975年1月，划归广州市管辖；1988年1月，划归韶关市管辖至今。2013年，辖6个镇、1个街道。土地面积2015.2平方千米。年末户籍人口26.05万人，常住人口21.09万人。人口自然增长率7.62‰。

2013年，新丰县有耕地面积1.75万公顷，粮食播种面积1.20万公顷，粮食产量5.31万吨。林地面积15.18万公顷，森林覆盖率79.64%，活立木蓄积量965.9万立方米。全县有乔木树种209种，隶属64科；灌木树种309种，隶属60科。有野生维管植物204科682属1372种。有野生脊椎动物195种，隶属28目，72科，151属。水力资源蕴藏量（理论数据）14.9万千瓦，可开发量（理论数据）14.2万千瓦。重要矿产资源有铁矿、稀土矿、瓷土矿、水泥用灰岩。土特产有冬菇、木耳、灵芝、高山茶、笋干、番薯干、蜂蜜、腊味、木屐等。主要旅游景点有云髻山旅游区、云天海森林温泉度假村、新丰江源温泉旅游度假山庄、樱花峪、佛手瓜村等。

【2013年经济社会发展状况】 2013年，全县生产总值53.01亿元，比上年增长16.2%。其中：第一产业增加值10.03亿元，同比增长4.5%；第二产业增加值24.76亿元，同比增长24.7%；工业增加值22.28亿元，同比增长25.9%；第三产业增加值18.22亿元，同比增长11.5%。人均地区生产总值25251元，同比增长15.4%。规模以上工业总产值63.67亿元，同比增长35.0%。农林牧渔业总产值15.91亿元，同比增长4.6%。固定资产投资36.91亿元，同比增长25.5%。社会消费品零售总额16.22亿元，同比增长15.0%。外贸出口额1538万美元，同比增长38.3%；实际利用外资1108万美元，同比增长0.6%。地方公共财政预算收入2.88亿元，同比增长25.1%。城镇居民人均可支配收入14650元，同比增长11.5%；农村居民人均纯收入8985元，同比增长12.3%。

【产业扩容升级取得重要突破】 2013年，新丰县产业发展战略规划（2013—2025）完成初步编制，产业区划更加科学。中色南方稀土（新丰）分离项目成功签约，并完成征拆、初设等前期工作。总投资68亿元的温泉小镇项目完成初步规划并征地120公顷。总投资10亿元的横江商贸物流城项目动工建设，高速公路出口产业聚集发展有可喜开局。全年40个重点项目，签约项目6个，新开工项目18个，续建项目13个，动工项目31个，投（试）产企业13家。全年重点项目完成投资34.4亿元，跨越发展基础更为厚实。

【特色工业渐具雏形】 2013年，新丰县全部工业增加值完成22.28亿元，同比增长25.9%；规模以上工业增加值19.35亿元，同比增长30.2%；规模以上工业企业57家，新增7家，新增限上商贸企业13家。引进内联项目93个，合同引进资金13.77亿元，同比增长35.2%。总投资10亿元的嘉峰陶瓷落户建设；越堡水泥建成投产，年产400万吨，实现工业产值7.7亿元；华厦生态建陶、环保涂料、苏粤铜铝材厂二期、云髻山酒厂、上川食品饮料、香知韵工艺品、长莹新材料等项目扎实推进，水泥、建陶、铁矿石开采等为主导的资源型特色工业渐成规模，呈现强劲发展态势。

【精品农林业特色凸显】 2013年，新丰县农业总产值15.91亿元。新大康弘、喜事顺等现代农业产业园区蓬勃发展，新建成天地人和葡萄园、仙蜜火龙果采摘园等一批优质果园，精品农业与休闲观光旅游融合发展再添新亮点。板岭原种猪场、万亩佛手瓜种植基地被认定为省菜篮子基地。农民专业合作社新增100家、达217家，“三品一标”（无公害、绿色、有机等“三品”和“国家地理标志保护产品”）生产单位达13家。茶叶加工及林业经济效益提升，“仙堂山牌”红茶荣获省级特等金奖，2项高山茶品牌获全国“中茶杯”一等奖；新增优良杉示范点23.67公顷、珍贵树种基地23.4公顷、竹子基地22公顷、油茶基地20.67公顷。

【生态休闲旅游业多元发展】 2013年，新丰县接待游客130万人次，旅游总收入达9.6亿元，分别增长26.7%和28.8%。成功引进总投资6.8亿元的曦悦山生态氧都项目；云髻山总体开发的温泉古镇项目略具雏形；云天海二期封顶；中心洲柏栎酒店奠基。新丰江源成功评为国家AAA景区，云天海申报国家AAAA景区。成功举办“樱花节”“枫叶节”“福寿新丰”旅游文化周暨第三届“佛手瓜节”系列活动。《丰江美食长廊》规划完成初步编制，“农家乐”规范发展。

【金融业稳步发展】 2013年，新丰县金融机构各项存款余额54.67亿元，同比增长22.74%；各项贷款余额18.94亿元，同比增长40.09%，存贷比34.64%。建立妇女创业和农户信用贷款担保基金，探索中小微企业融资绿道，财政金融对经济社会跨越发展的支撑得到加强。

【基础设施建设】 2013年，大广高速新丰段全面完成征地拆迁，全线动工；成功争取仁深高速新丰段增设朱峒互通出口；县城西部出口沙田至腊坑段改建工程全面动工，新丰县“对接大广州、融入珠三角”区位优势预期凸显。国道105线县城段迁建工程有序推进；省道347线横江至梅坑段改造工程完成测绘、设计；回龙桥和部分水毁桥动工建设。完成17宗农村饮水安全工程，投入近250万元完成马头、回龙墟镇饮水工程，投资300万元动工建设遥田镇区供水工程；完成马头福水陂、丰城双龙小型灌区改造；县城第三水源、羌坑河小流域综合治理完成规划初案。完成大席、黄礤变电站综合自动化改造和35千伏紫城梅坑线、马头大席线改造工程。

【宜居城乡开发建设有新进展】 2013年，新丰县城总体规划修编取得初步成果，城区规划面积扩大到58.7平方公里；启动马头、回龙两大中心镇规划修编。组建丰江新城管委会、综合应急执法队，规划管控和城镇化推进迈上新起点。老城区改造提质加快推进，完成县城主要街道街灯LED节能改造，完成府前路、人民大道、黄陂桥等道路升级改造；完成名汇花园一期、汇龙天下一期房地产开发，老一中及周边地块城市综合体建设完成修建性详规，人民东路南侧“三旧”改造完成招拍挂，滨江国际花园、贵峰商住小区等旧城改造项目稳步推进。省“文明县城”、省“双拥模范县”创建工作及省“卫生县城”巩固工作扎实推进。开展“两违”整治，违法用地、违章建筑等得到有效遏制。农村综合改革、“美丽乡村”创建扎实推进，城乡面貌逐步改善。

【生态环境保护渐显成效】 2013年，新丰县完成森林碳汇等造林3200公顷，全面推进“岭南红叶之乡”特色景观林建设，森林覆盖率达79.64%。建成红叶示范点9个，“生态文明万村绿”示范点20个。完成“广东新丰江源国家湿地公园”申报的可研、规划等前期工作。完成粤北森林火险综合治理信息系统建设，健全三级封山育林森林保护体系。落实耕地、林地保护责任；陶瓷土矿区规划整合顺利推进，矿产资源管理机制不断健全。全力推进丰江河综合治理，关停并转非法造纸厂等“五小”企业；启动县城污水处理厂配套截污管网、马头污水处理厂和丰江美食长廊污水处理示范项目建设。启动农村生活垃圾运营体系建设，农村环境连片整治有新举措，完成节能减排任务，全县环境质量保持优良。

【科教文卫事业有新发展】 2013年，新丰县稀土产业院士专家工作站建成，入选省首批“扬帆计划”项目；科技进步工作通过国家科技部考核，新增省高新技术企业1家，韶关市科技进步奖2项。教育教学质量提高，高考重点、本科、专科上线率位列全市前茅；县城四小及一中部分师生公寓动工建设；农村偏远地区教师福利待遇明显改善。启动第一次全国可移动文物普查，完成回龙六十三军将士墓修缮工程；完成《中国共产党新丰县历史（第二卷）》《新丰年鉴（2012—2013）》编纂。广播电视实现“户户通”。深入推进医药卫生体制改革，完善基本公共卫生服务均等化，完成县医院分院业务综合大楼、残疾人康复中心大楼主体建设。人口计生工作水平稳步提升。启动第三次全国经济普查工作。市锦标赛射击、击剑、举重均位列团体前三名，成立民间体育协会8个，全民健身运动蓬勃发展。

【推进民生实事】 2013年，新丰县民生事业支出达77302万元，占财政总支出的72.6%。8件民生实事扎实推进：完成县城总体规划修编，报市审批；强力推进县城综合整治，县城秩序和卫生环境初步改善；全面完成118套保障性住房建设；基本完成1333.33公顷高标准基本农田建设；完成60公里农村公路硬底化建设；乡镇人力资源和社会保障服务平台及便民服务中心建成投入使用；突发事件预警信息发布中心完成主体建设；县城“四小”动工建设。

【社会保障水平提高】 2013年，新丰县城乡居民收入稳步增长。启动新一轮扶贫开发工作，全年实施水利等基础设施建设219宗，完成1000户低收入住房困难户农房改造和2个村庄148户的整村搬迁任务。县人力资源市场大楼完成主体建设，城镇登记失业率2.56%；城镇新增就业3291人、城镇失业人员再就业

2031人、就业困难人员实现再就业105人、新增农村富余劳动力转移就业4214人。加大社会保险扩面力度，初步建成城乡一体化居民养老和医疗保障体系。投入2860万元，城镇居民低保标准由230元提高到280元，人均月补差由135元提高到242元；农村村民低保由180元提高到200元，人均月补差达110元；五保供养标准由330元提高到400元。

【防汛救灾、重建家园】 2013年，新丰县接连遭受“5·16”“5·27”“8·16”等特大洪涝灾害以及台风“天兔”侵袭，全县6个镇、1个街道、142个村（居）受灾，因灾直接经济损失4.58亿元，全倒户（含重危房户）963户。面对灾情，县委、县政府紧急应对，迅速组织广大干部群众开展抗洪抢险、灾后复产和自救重建工作，受灾群众得到妥善安置，灾区生产生活秩序迅速恢复。截至2014年1月3日，投入重建家园资金3686万元，动工963户，动工率100%；竣工880户，竣工率91%。

【依法行政】 2013年，制定《新丰县重大决策听证实施办法（试行）》，实行重大事项专家咨询与集体民主决策相结合的机制。严格依法行政，执行县人大的各项决议，自觉接受人大的法律监督、政协的民主监督及社会舆论监督，办理人大代表建议和议案75件、政协委员提案62件，答复率100%。严格落实政府信息公开制度，稳步推进大部制、事业单位分类改革；深化行政审批制度改革，组建公共资源交易中心和土地储备中心，建立健全政府投资项目及BT模式管理规范机制，重构政府运行规范。全面实现OA无纸化办公，开通新丰网上办事大厅，进驻事项699项，单位进驻率达100%，事项进驻率达99.6%。深入开展“作风建设年”活动，建成全县党政机关网上行为监管系统，责任、主动、争先、协作意识进一步增强，行政效能明显提升。加强反腐倡廉建设，强化行政监察和审计监督，惩治和预防腐败体系不断健全，干事创业氛围浓厚、效率回升。（俞志高）

表41　2013年新丰县镇（街道）基本情况一览表

乡镇（街道、办事处）	总面积（平方公里）	耕地面积（亩）	人口数（人）		生产总值（万元）	地方财政收入（万元）	农村人平纯收入（元）	下辖村（居）民委员会（个）	主要领导	
			总人口	其中农业人口					党委（工委）书记	镇长（主任）
合计	2015.2	262036	260494	198673	530141	28803	8985	157	—	—
丰城街道	329.6	37799	86440	33930	—		9628	32	李翠琼（女）	潘小定（－2013.8） 陈赞写（2013.8－）
马头镇	530.9	40900	45960	43417	—	—	8718	33	黄思源（－2013.8） 潘小定（2013.8－）	黄剑武
梅坑镇	310	37525	27974	26886	—	—	9126	22	潘文辉	陈赞写（－2013.8） 王春家（女，2013.8－）
沙田镇	241.5	35222	23648	22441	—	—	8775	18	刘祥铁	罗育贤
遥田镇	194.9	38292	36284	34868	—	—	8672	20	欧阳历	温巧靖（女）
回龙镇	161	37470	21123	18824	—	—	9127	18	余文增	胡海峰
黄礤镇	247.3	34827	19065	18307	—	—	8919	14	吴庆东	潘光志

附：2013年新丰县四套领导班子成员名单

中共新丰县委员会

书记：陈俊林

副书记：陈景辉　马志明

常委、县委办主任：曾　军

常委、宣传部部长：陈小同

常委、常务副县长：林小龙

常委、纪委书记：谢林茂

常委，丰城街道党工委书记、人大工委主任：李翠琼（女）

常委、政法委书记：曾　伟

常委、组织部部长：胡亮亮

常委、武装部政委：

杨名友（—2013.5）

常委、武装部部长：

李光高（2013年5月起任县委常委）

新丰县人大常委会

主　任：陈俊林

副主任：江大凡　刘冰清（女）

谭光来　罗衍国

廖少明　李国彬

新丰县人民政府

县　长：陈景辉

常务副县长：林小龙

副县长：赖展锋　潘三峰

罗志方　吴武超

谭雪梅（女）

江琳（女，挂职，—2013.3）

张普辉（挂职，—2013.8）

政协新丰县委员会

主　席：李德彝

副主席：郭世初　潘子英

潘允标　冯南燕（女）

郑　斌　廖保青

乳源瑶族自治县

【概况】 乳源，秦属南海郡，汉属桂阳郡，三国吴属始兴郡，唐属韶州。南宋乾道三年（1167年），分曲江县西境2个乡12个里、乐昌县南境1个乡3个里，共3个乡15个里设立乳源县。因县北丰岗岭溶洞产钟乳石，穴中有源泉流出，故得名乳源。宋时，乳源属韶州府，元、明、清未变，民国属广东省第二行政区。中华人民共和国成立初期隶属北江区（1952年11月改为粤北区，1956年3月改为韶关地区）。1952年3月，与曲江县合并为曲江乳源县；1953年5月，恢复乳源县；1958年12月，撤销乳源县，归入韶关市郊。1963年10月1日，成立乳源瑶族自治县，隶属韶关地区，1983年以后属韶关市。是广东省3个少数民族自治县和21个扶贫开发重点县之一，也是美国、泰国等海外瑶族的祖居地，被誉为“世界过山瑶之乡”。

乳源地处广东省北部，韶关市西北，南岭山脉骑田岭南麓。东临韶关市浈江、武江区，南连英德市波罗镇、西接清远市阳山县，北与乐昌市及湖南省郴州市宜章县相接。是北上湖南和南下广东的重要门户之一，素有“咽喉交广、唇齿湘江”之称，早在汉朝就已开筑连接古都长安的西京路。京广铁路，京珠高速公路，国道323线，省道248线、249线、250线、258线以及建设中的广乐高速贯穿县境，交通网络四通八达。全县总面积2299平方公里，辖乳城、一六、桂头、必背、游溪、东坪、洛阳、大布、大桥等9个镇，现辖共102个村委会、13个社区居委会、1065个自然村。总人口21.7万，其中少数民族人口2.2万，占总人口的10.1%。

境内地势西北高、东南低、石灰岩溶蚀地貌显著，高山峡谷众多。集雨面积35平方公里以上河流共有9条，海拔1000米以上山峰共计102座。境内气候属南亚热带季风性气候区、降雨明显、四季分明，植被生长、保护良好、绿化覆盖率高达77%。是广东重要的林业基地之一，享有“广东绿色植物宝库”之美誉。全县土地、森林、水力、旅游、矿产、地热资源丰富。乳源有悠久的历史和独特人文景观。境内有新石器时代晚期距今4000多年人类聚居的横石山遗址，汉朝时开筑延绵50多公里、距今2000多年的西京古道，南朝时期闻名天下的开国名将侯安都故居，朱德元帅第七代祖先的祖居地——朱家陇，世界过山瑶的古老祖居地必背瑶寨。乳源又是佛教五大禅宗之一——云门宗的发祥地。始建于后唐庄宗同光元年（923年）的云门寺至今已有1000多年历史。

【2013年经济社会发展情况】 2013年，全县完成生产总值58.17亿元，比2012年增长13.1%。其中，第一产业增加值6.57亿元，比2012年增长4.7%；第二产业增加值29.27亿元，比2012年增长17%；第三产业增加值22.3亿元，比2012年增长10.8%。地方财政一般预算收入4.32亿元，同比增长20%。社会固定资产投资47.49亿元，同比增长26%。农民人均纯收入8393元，同比增长13.6%；城镇居民可支配收入16534元，同比增长10.8%。全县呈现经济发展、民族团结、社会和谐、生态优良的良好发展态势。2013年1月，乳源瑶族自治县被国家民族事务委员会授予“全国民族自治县（旗）科学发展示范县”称号。

【三农工作成效明显】 全县发放涉农补贴资金1959万元，播种农作物2.2万公顷。推广种养技术10项，引进新优品种12个，建立测土配方施肥技术等示范点22个，建设粮食高产示范片666.67公顷。完成中央财政小型农田水利重点县和乳城镇小型农田水利示范镇建设，改造小型灌区8宗，建设高标准基本农田3800公顷。建成现代农业园区10个，粤凰生态农业科技园被评为省级现代农业园区。新增农民专业合作社113家和省、市级农业龙头企业各1家。成功举办第二届农特产品展示展销推介会。实现农业总产值10.48亿元，同比增长4.7%。实施整村推进项目7个，改造贫困户住房600套，建成名村、示范村7个和东山瑶族新村等一批新农村。利用广东光彩事业民族地区（乳源）行活动平台，筹集资金1473万元，建设雕子塘、东山光彩家园瑶族新村。

【工业发展提速扩量】 乳源经济开发区区位调整上报广东省政府审批，省级产业转移园申报和新材料产业园扩容有序推进；完成园区征地26.67多公顷，接通新材料产业园自来水管道，园区承载能力明显增强。出台招商引资激励措施，引进工业项目36个，总投资13.48亿元，实际利用外资2223万美元。沐阳铝型材、绿之源、东阳光新型环保制冷剂等一批项目签约、动工、投产。通过“助保贷”、抵押登记帮助企业融资1.6亿元，争取技改等专项资金2000多万元。新增规上、限上企业15家。工业总产值突破百亿规模，达到104.59亿元，同比增长8%；工业增加值25.66亿元，同比增长16.5%。

【第三产业蓬勃发展】 南岭、大峡谷等景区深度开发顺利推进，香谷温泉度假区主体工程进入装修阶段，完成东平山正觉寺重建规划。开通全市首个数字化旅游服务平台，创建农家乐旅游示范点3个。举办“文明与旅游同行”等专题推介，出版2013年宣传画册，旅游影响力进一步扩大。全县接待游客286.5万人次，旅游综合收入21.7亿元，分别同比增长19.4%和19.3%。住宿餐饮、商贸流通等第三产业加快发展，实现社会消费品零售总额15.5亿元，同比增长12%；批发和零售业销售额30.06亿元，同比增长84.7%。金融机构各项存款余额57.2亿元，同比增长17%；各项贷款余额25.4亿元，同比增长32.8%，存贷比达44.46%。

【城乡面貌明显改观】 实施县城区“三旧”改造项目18个，亿华时代广场、源水居等一批项目顺利推进，建成白马雅居、得源锦绣大厦等一批商住小区。完成县城沿江西路、滨江中路、育才东路建设和南环路、迎宾路沥青路面铺设，升级改造“一江两岸”绿化、美化、亮化工程。完成观音山公园改造，建成金狮山公园绿道。完成110千伏茶园变电站3#、附城站2#主变扩建。一六、游溪镇自来水供水工程顺利推进。完成农村饮水安全工程16宗，解决1.9万人饮水安全问题。广乐高速公路建设稳步推进，新建、改造农村公路58.9公里。全县34个重点项目完成投资32.6亿元，3个省市重点项目完成年度投资计划183%。

【生态环境日益优化】 完成县城区园林景观规划编制。完成南岭生态试点县建设和大桥镇石漠化综合治理工程。造林绿化9866.67公顷，新增生态景观林56公顷、珠江防护林360公顷、碳汇林1666.67公顷，全县森林覆盖率达77%。出台南水湖国家湿地公园保护规划，建成林区视频监控点25个，自然保护区和重点林区管护力度增强。县城生活污水处理厂截污管网改造和桂头、大桥镇污水处理厂建设顺利推进，建成镇垃圾中转站9个和村垃圾收集点1065个，削减化学需氧量472吨、氨氮27吨。淘汰4家落后产能企业工作通过验收，完成县城LED路灯改造，万元GDP能耗下降6%。

【民生福祉持续改善】 乳城镇成为广东省教育强镇，乳源第一小学新校园建成使用，新增公办幼儿园3所，边远地区义务教育教师岗位津贴、少数民族大学生资助等政策全面落实。完成县级公立医院改革试点工作，121间村卫生站纳入镇村卫生服务一体化管理，县中医院迁入新院。建成过山瑶博物馆、民族文化广场，县图书馆升格为国家二级馆。《盘王歌》获评广东鲁迅文学艺术奖，“乳源瑶族服饰”列入省第五批非物质文化遗产保护名录，乳源瑶族“十月朝”被评为省群众性文化活动优秀品牌。建成农民健身广场3个。全县争取扶贫开发项目83个、资金4800万元。培训农村劳动力560人、转移就业3662人，城镇新增就业再就业3642人。建成镇人力资源和社会保障服务所9个和村级便民服务站31个、保障性住房342套。新增平价商店9间。

强力扭转计生工作被动局面，政策生育率为90.02%。完成新一届村（社区）“两委”换届选举工作。

【举办2013年瑶族“十月朝”暨乳源瑶族自治县成立50周年活动】 坚持“隆重热烈、节俭务实、特色高效”原则，成功举办2013年瑶族“十月朝”暨乳源瑶族自治县成立50周年活动。举办庆祝大会、广东省（韶关·乳源环南水湖）自行车公开赛、首届中国·广东乳源禅石文化博览会暨乳源彩石文化节、第二届农展会、第三届瑶绣艺术节、50周年成就展、县庆杯体育比赛等系列活动，展示自治县经济建设、社会发展、生态保护、民族团结等领域的成就和经验，激发全县人民建设美丽乳源的热情。抓住县庆推项目，促成粤水电风电开发等10个项目签约、县第一小学新校等12个项目竣工、亿华时代广场等15个项目动工，总投资156亿元，为县域经济发展注入新活力。

【战胜“8·16”特大洪灾】 8月15日至18日，受“尤特”台风影响，乳源持续普降大雨到暴雨、大暴雨，全县9个镇全部受灾。造成全倒户373户，农作物受灾3333.33公顷，公路塌方157处，水利、电力、通信等基础设施遭受严重损毁，全县直接经济损失达3.5亿元。面对突如其来的灾害，县委、县政府始终把人民群众生命财产安全放在第一位，迅速反应，科学决策，靠前指挥，团结带领全县干部群众奋起抗灾，做到领导到位、人员到位、责任到位、物资到位、设备到位，形成全县上下万众一心、众志成城的抗洪救灾坚强力量。共出动救援力量8000多人次、冲锋舟80多台次，解救被困群众1128人、转移2.26万人；设立11个灾民集中安置点，确保全县9个镇5.4万名受灾群众有饭吃、有衣穿、有水喝、有地方住、有病得到及时治疗。抢通水毁公路39条，修复桥梁6座、饮水工程53处、水渠38.8千米、农田92.98公顷，补种、改种农作物333.33公顷，全县373户全倒户新居全部建成。

（赵天养）

表42　2013年乳源瑶族自治县镇（街道、办事处）基本情况一览表

乡镇（街道、办事处）	总面积（平方公里）	耕地面积（亩）	人口数（人）		生产总值（万元）	地方财政收入（万元）	农村人平纯收入（元）	下辖村（居）民委员会（个）	主要领导	
			总人口	其中农业人口					党委（工委）书记	镇长（主任）
合计	2299	148445	216888	177662	1817004	43192	8393	115		
乳城镇	209	21080	65707	37251	289000	2091	6184	18	龚民	林桥远
桂头镇	125	27101	36788	32799	68000	3900	5151	15	唐保生	邓桂雄
一六镇	78	15441	16690	15991	10841	1855	5987	8	秦正京	邓远林
游溪镇	134	6988	11663	11287	9843	1024.5	4638	12	李国洪	黄燕斌
东坪镇	333	5230	12803	12436	6105	280	4948	11	李加武	赵财保
大桥镇	320	39283	38967	37775	41000	2236.08	5085	22	陈毓斌	饶峻洪
洛阳镇	360	14542	9823	9503	19437	680	5465	13	吴衍雄	华跃
必背镇	147	3751	7715	7428	4751	1763	5034	8	王东	赵丹丹
大布镇	220	14765	13145	12525	22100	961.5	4919	8	李世华	马新萍
天井山林场	228	264	1561	437					梁东成	梁东成
乳阳林业局	146		2026	230	3381				陈振明	陈振明

附：四套班子成员名单

中共乳源瑶族自治县委员会

书记：吴春腾

副书记：邓志聪

黄建华（—2013.10）

伍　文（2013.12—）

常委：林昌卫　黄寿生

陈天雄（—2013.2）

张　军　林应良

周金满（—2013.3）
赵志敏　许益云
简连英
饶东成（挂职，—2013.2）
吴炬光

乳源瑶族自治县人民代表大会常务委员会

主　任：吴春腾
常务副主任：马福德
副主任：许尔华　朱均玉
李荣贵　赵　雷
邱　波

乳源瑶族自治县人民政府

县　长：邓志聪
常务副县长：林昌卫
副县长：陈耀宇　连　卫
梁丽娟　林　军
李明华
郑云龙（—2013.11）

政协乳源瑶族自治县委员会

主　席：费玉海
副主席：陈松海　刘宏美
温则精　吴巧英
释明向　邓国雄

人　　物

韶关市当选为第十二届全国人大代表人员简介

艾学峰：男，汉族，1965年8月出生，湖北省安陆市人，1984年12月加入中国共产党，1987年7月参加工作，硕士研究生学历。现任中共韶关市委副书记，市长、市政府党组书记。

刘志强：男，汉族，江西省吉安市人，1965年11月出生。1988年1月加入中国共产党，1985年8月参加工作，省委党校大学本科学历，现任乐昌市沿溪山茶场有限公司制茶车间主任。

余子权：男，汉族，1955年1月出生，籍贯广东省兴宁市，1982年7月加入中国共产党，1982年9月参加工作。硕士研究生学历。现任宝钢集团广东韶关钢铁有限公司董事长、党组书记，职称：教授级高级工程师。

张红伟：男，汉族，1972年5月出生于，籍贯浙江省东阳市，1996年8月入党，1993年9月参加工作。大学本科学历。现任乳源瑶族自治县东阳光实业发展有限公司总经理。

赵雪芳：女，瑶族，出生于1987年6月，籍贯广东省韶关市，2011年9月参加工作，大专高职学历。现任乳源瑶族自治县东坪镇汤盆村委会村主任助理。

（市人大提供：朱彩云整理）

2013年新任韶关市委常委

王检养：男，汉族，1962年10月出生，广东东莞人。1988年12月加入中国共产党，1982年7

月参加工作，大学学历。现任东莞市委常委，东莞对口帮扶韶关指挥部总指挥，韶关市委常委、副市长、市政府党组副书记（挂职）。

（市委组织部供稿：朱彩云整理）

郑佳树：男，汉族，1961年9月出生，湖南浏阳人，1979年11月参加工作，1981年5月加入中国共产党，在职硕士研究生，现任中共韶关市委委员、常委、韶关军分区司令员，省军区党委委员、韶关军分区党委副书记。

孔云龙：男，汉族，1965年8月出生，浙江杭州人，1986年4月加入中国共产党，1991年7月参加工作，在职博士研究生，现任中共韶关市委常委、秘书长、市社工委副主任（兼）。

2013年新任韶关市政府副市长人员简介

陈波：男，汉族，1966年3月出生，广东新丰人，出生地广东曲江，1985年7月参加工作，1987年6月加入中国共产党，讲师（中专）职称，中央党校在职研究生学历，现任中共韶关市委常委，党务副市长、市政府党组副书记，市丹霞山（市环丹霞山旅游产业园）管理委员会主任、党委书记，广东韶关丹霞山国家级自然保护区管理局局长（兼）。

王青西：男，汉族。1962年4月出生，广东南雄人。1981年7月参加工作，1985年10月加入中国共产党，农艺师职称，省委党校研究生学历，现任市政府副市长、党组成员，韶关芙蓉新区管委会主任（兼）。

（市委组织部供稿：朱彩云整理）

熊万鹏：男，汉族，1975年3月出生，湖北省天门市人。2003年4月加入中国共产党，1997年7月参加工作，法学博士研究生，现任韶关市党组成员、副市长（挂职）。

许志新：男，汉族，1963年9月出生，广东省翁源县人，1981年7月参加工作，1983年8月加入中国共产党。政工师职称，省委党校大学学历。现任韶关市副市长、党组成员。

2013年全国五一劳动奖章获得者简介

田志刚：男，汉族，1974年5月出生，籍贯湖南省洪江市，本科学历，中共党员，1997年7月参加工作。现任深圳市中金岭南有色金属股份有限公司凡口铅锌矿采矿车间主任兼采矿副总工程师。

谢乐机：男。汉族，1967年7月出生，籍贯广东乐昌，大学本科学历，1990年7月参加工作，中共党员，工程师。现任广东中烟工业有限责任公司韶关卷烟厂副厂长、党委委员。

（市总工会供稿：朱彩云整理）

2013年广东省五一劳动奖章获得者简介

赖朝华，男，汉族，1967年7月出生，籍贯江西省南康县，大学本科学历，1990年7月参加工作，副主任医师。现任南雄市中医院内科主任。

吴春明，男，汉族，1978年3月出生，籍贯广东省翁源县，本科学历，1997年7月参加工作，中共党员，电力技术院，高级配电线路工，现任广东电网韶关翁源供电局龙仙供电所所长。

黄岳龙，男，汉族，1972年1月出生，籍贯湖南省桂东县，初中学历。1987年参加工作，中共党员，2006年12月进入韶关梅子窝矿业有限责任公司，现任采矿分公司平掘台班长。

周能良，男，汉族，1975年12月出生。籍贯浙江省磐安县，大专学历。1994年进入东阳光公司工作，中共党员，现任乳源瑶族自治县东阳光化成箔有限公司计划科科长。

黄桂兰，女。汉族，1964年7月出生。籍贯江西省崇仁县，大学本科。1983年7月参加工作，中共党员，中学英语高级教师，专业技术岗位7级。现任职仁化县仁化中学教研室副主任。

刘伟辉，男，汉族，1965年1月出生。籍贯广东省博罗县，研究生学历。1983年12月参加工作，中共党员，工程师。现任广东电网公司韶关供电局局长。

2013年度广东省“三八红旗手”人员简介

卢金华，女，汉族，1977年9月出生，中共党员，大学文化，1996年12月参加公安工作，一级警司警衔，历任新丰县公安局丰城派出所民警、东门派出所副所长，现任新丰县公安局交警大队教导员。

杨学梅，女，汉族，1973年3月出生，中共党员，本科学历，现任广东省北江监狱工会女工委主任。

李梅丰，女，汉族，1973年12月出生，中共党员，大专学历，现任宝钢集团广东韶关钢铁有限公司物流部原料分厂作业长。

侯金彦，女，汉族，1980年6月出生，中共党员，本科学历，现任韶关发电厂热控技术人员。

韶关市劳动模范（先进工作者）名单

（一）劳动模范名单（67名）

黄艳芬（女）南雄市地方公路管理站副站长

陈泽明　南雄市浈江电业有限责任公司总支书记、董事长、

总经理

周细妹（女）南雄市雄州街道开心大药房店长

刘烈亿　南雄市湖口镇岗围村村支书、主任

刘志强　乐昌市沿溪山茶场有限公司董事长

周荣华（女）乐昌市乐城镇第一小学教师

何迎春　乐昌南方水泥有限公司润滑主管

杨宗宝　乐昌市粤宝农副产品流通专业合作社理事长

曾军干　仁化县锦江电力开发总公司总经理、党总支书记

刘福祥　仁化县生态公益林管理中心主任

曾小明　广东银海有色金属渣业集团有限公司车间主任

钟志明　始兴县星光杰特玩具有限公司厂长

聂建祥　广东电网韶关始兴供电局隘子供电所所长

唐伟发　始兴县人民医院检验科主任

陈远忠　广东信达茧丝绸股份有限公司董事总经理

陈启珍（女）翁源县龙仙第一小学教师

沈仲灯　翁源县邦农金银花专业合作社理事长

潘新德　新丰县第三中学副校长

莫延按　新丰县小正新绿源蔬菜专业合作社经理

刘业秀（女）乳源瑶族自治县乳源中学教师

许尔岭　广东电网韶关乳源供电局大桥运维中心主任

李加萍　乳源瑶族自治县东阳光电化厂安全员

陈　青（女）韶关市浈江区执信小学教导处主任

谭武清　韶关市浈江区环境卫生管理所车队副队长

熊囧昊　广东汉鸿木业有限公司电气主管

邱军成　韶关市武江区龙归卫生院院长

余金梅（女）韶关市武江区惠民街道惠民北社区居委会主任

王化定　广东省韶关市曲江区曲江中学教师

陈福英（女）韶关市曲江区环境卫生管理所工人

邓兵祥　中国石油化工股份有限公司广东韶关石油分公司站长

邱云兰　韶关学院韶州师范分院副教授

罗树海　始兴县中等职业学校教师

侯巨青　广东省韶关市第一中学教师

朱铁平　韶关市市政设施管理中心业务部部长

张克前　韶关市园林管理局职工

黄联继　韶关学院医学院教研室主任

刘永红（女）韶关市第一人民医院护士长

温志华　粤北第二人民医院科主任

陈昌镇　韶能集团韶关宏大齿轮有限公司总经理

赵校宇（女）广东省韶铸集团有限公司热精锻分厂科长

陈维权　韶关市第一建筑工程公司施工员

周湘平（女）韶关市广播电视台电视中心新闻部副主任

吴达明　韶关市文化馆馆长

王　柱　中国联合网络通信有限公司韶关市分公司总经理

钟海滨　中国移动通信集团广东有限公司韶关分公司省级专家

文爱民　广东省韶关烟草机械配件厂有限公司厂长助理

张　琴（女）　丽珠集团利民制药厂车间主任

钟良明　韶关市水产研究所所长

李田申　韶关市公共汽车公司司机

黄防兴　韶关市地方公路管理站道班班长

吴世瑞　韶关核力重工机械有限公司董事长

陆小利（女）　韶关科艺创意工业有限公司成品部经理

方明科　旭日国际玩具集团内聘高级工程师

王　海　中国工商银行股份有限公司韶关分行党委书记、行长

吴泳睿　中国太平洋财产保险股份有限公司韶关中心支公司保险理赔员

顾光荣　韶关市顺昌布厂有限公司董事长

罗兴群　韶关市曲江宏基电源科技有限公司极板车间主任

何维贵　广东中烟工业有限责任公司韶关卷烟厂副厂长

张　伟　广东烟草韶关市有限公司始兴县分公司站长

郑祖光　宝钢集团广东韶关钢铁有限公司修建部经理、党委书记

刘进强　宝钢集团广东韶关钢铁有限公司炼轧厂工人

刘瑞弟　广东省大宝山矿业有限公司党委书记、董事长

孙肇淑　中金岭南凡口铅锌

矿选矿厂厂长

叶军乔 中金岭南丹霞冶炼厂部长

李军群 中金岭南韶关冶炼厂工段长

叶秋云 广东电网公司韶关供电局党委书记、副局长

郑彩平 韶关发电厂生产技术分部主任

（二）先进工作者（12 名）

谭天生 新丰县公安局副局长

汤 恍 韶关市武江区人民法院庭长

苏文生 韶关市曲江区人民检察院反贪污贿赂局副局长

杨 娟（女）韶关市浈江区地方税务局股长

何晓婷（女）韶关市国家税务局科员

冯子凌（女）韶关市环境监测中心站室主任

李湘柱 中共韶关市委组织部干部综合科科长

陈珊珊（女）中华人民共和国韶关海关副科长

谷卫国 中华人民共和国韶关出入境检验检疫局科长

李 芳（女）韶关市中级人民法院刑事审判第二庭庭长

王小军 韶关市公安局浈江分局十里亭派出所副所长

周又田 韶关市司法局副科长 （韶关市总工会）

韶关市第七期专业技术拔尖人才名单

（共 57 名）

华 璟 广东裕龙医学影像科技有限公司副董事长兼首席技术执行官

娄高明 韶关学院英东动物疫病研究所所长

颜志森 韶关学院学报编辑部主任

陈晓远 韶关学院英东农业科学与工程学院院长

蒋志伟 韶关学院音乐学院教师

肖华茂（女）韶关学院经济管理学院院长

赵三银 韶关学院教务处处长

郭红辉 韶关学院英东食品科学与工程学院副教授

靳伍银 韶关学院物理与机电工程学院研究员

刘益民 韶关学院物理与机电工程学院副院长

宁夏江 韶关学院文学院教授

戴经国 韶关学院计算机科学学院院长

曾宇辉 韶关学院政治与公共事务管理学院院长

简国明 韶关学院数学与信息科学学院院长

彭国良 韶关学院英东动物疫病研究所研究员

徐兰升 广东韶钢华欣有限责任公司总经理、广东韶钢嘉羊新型材料有限公司总经理

徐尔灵 广东省韶铸集团有限公司总工程师

廖春惠 广东省韶铸集团有限公司热精锻分厂厂长

李亚平 广东省矿产应用研究所总工程师

陈伟光 韶关市伟光液压油缸有限公司总经理

叶章良 乳源东阳光铝业股份公司总经理助理、精箔有限公司总工程师

罗元月 韶关飞翔自动变速箱有限公司总工程师

张 战 韶关市赛普超硬材料科技有限公司董事长兼总经理

黄文华 丽珠集团利民制药厂医药研究所副所长

刘保林 韶能集团广东绿洲纸模包装制品有限公司总经理

谢文牧 韶关市起重机厂有限责任公司工程技术研究开发中心主任

文北福 广东鸿源众力发电设备有限公司副总经理、总工程师

龙正英 韶关东南轴承有限公司副总经理、总工程师

詹三毛 韶关市财政局投资评审中心高级造价工程师

王进福 韶关市出入境检验检疫局主任科员

钟良明 韶关市水产研究所所长

张伟群 韶关市农业科学研究所副所长

邝旺祥 韶关市畜牧研究所所长

林 军 乐昌市龙山林场场长

张金道 乐昌市农业技术推广站技术员

邹华旭 仁化县农业技术推广中心主任

林东方 韶关市教育局教研室副主任

蓝 凌 广东北江中学教师、网络中心负责人

朱静萍（女）韶关市田家炳中学朱静萍工作室主任

郎永兵 广东省工商高级技工学校教师

黄学波　南雄市第一中学教科室副主任

朱祖春（女）始兴县实验小学副校长

徐　新　粤北人民医院院长、党委副书记、心脑疾病防治中心主任

许红雁（女）粤北人民医院副院长、妇产科主任

吴　强　粤北人民医院骨科主任兼骨科四区主任

邓国宝　韶关市第一人民医院综合二科主任

曾祥益　韶关市第一人民医院呼吸内二科主任

胡国超　韶关市疾病预防控制中心副主任

卢志坚　韶关市疾病预防控制中心主任科员

陈友方　南雄市人民医院副院长

刘炎生　中共韶关市委宣传部副部长，韶关日报社社长、总编辑

欧阳建国　中共韶关市委党校校务委员

吴达明　韶关市文化馆馆长

王心钢　韶关市残疾人联合会康复科科长、韶关市作家协会副主席

林伟新　韶关市广播电视台电视中心副主任

李国荣　韶关市广播电视台电视中心副主任

庞小琥　韶关市广播电视台广播中心副主任

2013年“感动韶关十佳道德模范”人员名单

一、助人为乐模范：

陈　燕（女）韶关市广播电视台民声网爱心协会会长

夏义婵（女）韶关市红星综合厂职工

二、见义勇为模范：

罗树海（男）始兴县中等职业学校教师

三、诚实守信模范：

陈秀嫦（女）浈江区环境卫生管理所退休工人

郑晓生（男）广东金基经贸有限公司总经理

四、敬业奉献模范：

江　晖（男）浈江公安分局刑侦大队科员

林建华（男）广东省地质局七〇五地质大队地调所副所长

郑考明（男）新丰县黄礤镇中心小学教师

五、孝老爱亲模范：

贝清花（女）翁源县翁城镇广播站工作人员

吴火生（男）南雄市江头中学教师

2013“韶关好人”人员名单

一、助人为乐好人：

冯春华（男）韶关日报副刊部副主任

龙增德（男）曲江区沙溪中心小学老师

刘　莲（女）深圳市晶莹美容连锁机构董事长（仁化籍）

二、见义勇为好人：

贺泽胜（男）仁化县林业科学研究所职工

三、诚实守信好人：

朱丰元（男）韶关市天源重机有限公司董事长

四、敬业奉献好人：

周志奎（男）武江区司法局新华街司法所所长

高　军（女）乐昌市人民医院妇产科主任

曲　英（女）曲江区社会福利院副院长

五、孝老爱亲好人：

吴碧霞（女）曲江区文化馆干部

赵月秀（女）乳源瑶族自治县乳城镇新兴村委东黄村村民

韶关市人民政府关于授予刘成伟等10位同志韶关市名中医称号的决定

（韶府〔2013〕45号）

各县（市、区）人民政府，市政府各部门、直属机构：

近年来，我市认真贯彻党和国家的中医药工作政策，加快发展中医药事业，取得了较大成绩，涌现出一批医术精湛、医德高尚、深受群众信赖的中医学科带头人，他们为加快发展我市中医事业作出了积极贡献。为激发广大中医药工作者的积极性和创造性，根据公开评选的结果及市名中医评审领导小组的评审意见，决定授予刘成伟等10位同志韶关市名中医称号。希望广大中医医务工作者向名中医学习，勤求古训、博采众长、爱岗敬业、扎实工作，努力提高中医药服务能力，为发展中医药事业和保障人民群众身体健康做出新贡献。

附表：韶关市名中医名单

韶关市人民政府

2013年8月26日

附表

表43　　韶关市名中医名单

序号	性别	姓名	出生年月	技术职务	工作单位
1	男	刘成伟	1962.7	主任中医师	粤北人民医院
2	男	范世平	1959.12	主任中医师	粤北人民医院
3	女	邓红梅	1966.12	副主任中医师	韶关市第一人民医院
4	男	容兆宇	1963.4	副主任中医师	韶关市中医院
5	男	肖　青	1956.9	副主任中医师	韶关市中医院
6	男	易建昌	1959.8	副主任中医师	韶关学院医学院
7	男	江成林	1966.1	副主任中医师	粤北第二人民医院
8	男	刘梓平	1961.11	副主任中医师	乐昌市中医院
9	男	杨君良	1963.8	副主任中医师	韶关市曲江区人民医院
10	男	文云星	1963.8	副主任中医师	乳源瑶族自治县中医院

（根据市政府文件整理　殷南光）

荣获国务院特殊津贴专家

娄高明，男，1965年6月生于江西省临川县，现为韶关学院英东动物疫病研究所所长。农学博士，教授（专业技术二级岗位）。韶关学院重点岗位（第一层次）特聘教授（参照广东省教育厅“珠江学者”条件评定，全校仅一人）。享受国务院特殊津贴专家、广东省教育厅“千百十”工程省级培养对象、韶关市第六期、第七期专业技术拔尖人才、广东省防治高致病性禽流感工作先进工作者、韶关市优秀教师、韶关市十大杰出青年、广东省现代农业生猪产业技术体系创新团队综合示范与培训站站长；国家自然科学基金评审委员会评审专家、广东省自然科学基金评审委员会评审专家、广东省科技奖励评审委员会评审专家。中国畜牧兽医学会家畜传染病学分会理事会理事、中国畜牧兽医学会生物技术学分会理事会理事、中国畜牧兽医学会公共卫生学会理事会理事、中国农机学会机械化养猪协会理事会理事、广东省突发重大动物疫情应急管理专家组成员、广东省动物疫情预警专家、国家与广东省“猪高热病”防控专家组成员、广东省畜牧兽医学会第八届理事会常务理事、广东省养猪行业协会专家委员会成员、广东省高致病性禽流感现场诊断专家组成员、广东省青年科学家协会第三届会员、先后主持并参加国家级、省（部）级、厅局级课题58项，获科研经费2300余万元，主编专著2部、参编专著2部。参与研制成功我国第一个具有自主知识产权的动物病毒基因工程疫苗——伪狂犬病基因缺失疫苗。

广东省“扬帆计划”粤东西北紧缺拔尖人才人选

陈昌永，男，1964年8月出生于湖南涟源。韶关学院物理与机电学院教授，博士；湖南师范大学兼职教授，硕士生导师，国家自然科学基金项目评审专家，广东省“扬帆计划”粤东西北紧缺拔尖人才人选。

主要从事量子信息科学与技术前沿理论及应用研究。主持并完成国家自然基金项目2项，以第一参与人参与并完成国家自然基金项目1项，主持首届广东省”扬帆计划”粤东西北紧缺拔尖人才引进项目，主持并完成湖南省自然基金项目2项，湖南省科技计划重点项目2项；曾担任湖南省物理学特色专业带头人，湖南省示范物理实验室建设带头人和湖南省高校科技创新团队带头人；累计科研经费达400多万元，发表被SCI收录学术论文40多篇，他引217次，其中美国物理评论A（Phys. Rev. A）上7篇，单篇引用达56次。

肖华茂，女，1974年8月出生于湖南双峰。现为韶关学院经管学院院长。管理学博士，经济学博士后，管理学教授（破格晋升）。广东省第十二届人大代表、广东省“扬帆计划”粤东西北紧缺拔尖人才人选、广东省自然科学基金评审委员会评审专家、韶关市第七届拔尖人才人选、湖南大学特聘教授、湖南农业大学兼职硕士生导师、湖南省121人才工程人选、国内多种学术期刊编委。

主要研究领域为生态经济、循环经济、区域经济与产业集群等。主持完成国家社科基金1项并鉴定获良好，主持完成中国博士后特别资助1项、中国博士后面上资助1项，主持教育部人文社科基金1项，主持完成省科技厅软科学重点课题、省社科哲学规划课题等省级研究课题近10项，主持市校级科研课题多项，主持“十二五”规划等横向项目多项，参与国家省部级课题多项；主持省级专业综合改革、省级教改课题等本科质量工程项目；以独著或第一作者在国内公开期刊上发表论文约50篇，其中国家权威、CSSCI和中文核心论文30多篇；出版专著一部；获得湖南省第十届哲学社会科学成果奖及其他省、市、校级奖励10多项，重点学科《企业管理》学科带头人；指导学生获得过省级以上大学生挑战杯等奖励多项。

广东省“扬帆计划”高层次人才培养对象

刘益民，男，汉族，湖南祁阳人，1965年9月生，中共党员，中山大学物理系博士，中国科学院武汉物理与数学研究所博士后，韶关学院物理与机电工程学院教授。广东省“扬帆计划”高层次人才培养对象，广东省“千百十工程”省级学术骨干教师，国家自然科学基金和广东省自然科学基金评审专家，湖北省自然科学奖函评专家（一等奖评审），中国数学、力学、物理学、高新技术交叉研究学会理事。第二届广东省物理师范生教学技能创新实践大赛“优秀指导教师”、“评委”，第四届全国大学生物理教学技能大赛和广东省第四届物理师范生教学技能创新实践大赛“优秀指导教师”“评委”省级重点学科方向负责人之一。2011年中央财政支持地方高校发展专项资金项目“韶关学院现代机电工程创新实践基地”指导专家。2014年广东省教育厅高等学校物理实验教学示范中心负责人，获得专项资金125万元。参编《大学物理学》教材（撰写第一、二章），完成三项校级教研课题。

主要从事凝聚态物理、量子信息和计算方法研究。在科研方面，以第一作者、第二作者和通讯作者在美国《Physical Review B》（7篇）、英国《Journal of Physics B》、《中国科学》（11篇）等国内外一流刊物发表高质量论文88篇，其中被SCI收录86篇，被EI收录2篇。部分论文被美国刊物《纳米科学与技术》转载，且被中国、美国、日本、意大利等多国学者引用。主持2项国家自然科学基金项目、1项广东省高等学校高层次人才项目、3项省自然科学基金项目、1项国家重点实验室基金项目和2项校级科研课题，参与1项国家自然科学基金重大研究计划重点项目和1项国家自然科学基金面上项目。现主持1项广东省“扬帆计划”培养高层次人才项目，参与1项国家自然科学基金面上项目，为韶关学院“粤北现代机电工程技术开发中心”学术带头人。近几年，前往清华大学、浙江大学、中国科学院物理所、香港中文大学、香港大学、新加坡国立大学和南洋理工大学、国际理论物理中心（意大利）、瑞士弗里堡大学等高校和研究机构参加学术会议或者开展合作研究。

陈晓远，男，汉族，内蒙古丰镇人，1968年生，中共党员，中国农业大学资源与环境学院土壤学专业毕业，研究生学历，农学博士学位，中国农科院博士后，三级教授，硕士生导师。广东省“扬帆计划”高层次人才培养对象，广东省高等学校“千百十”工程第四批省级培养对象，韶关市第六期、第七期专业技术拔尖人才，广东省土壤学会理事、广东省植物生理学会理事、

中国自然资源学会热带亚热带地区资源研究专业委员会委员、韶关市农学会理事长。主要从事作物土水关系、作物营养和高效施肥等方面的教学和研究工作。近年来，主持完成国家“十一五”科技支撑计划子课题、广东省自然科学基金项目，广东省科技计划项目、广东省低碳发展专项资金项目等科研课题20余项，发表学术论文40余篇，其中被SCI收录1篇，被EI收录2篇。2002年调入韶关学院工作，现任韶关学院英东农业科学与工程学院院长。　　　　（韶关学院供稿）

统 计 资 料

2013年韶关市国民经济和社会发展统计公报

韶关市统计局　韶关调查队

2014年3月12日

2013年，全市人民在市委、市政府的正确领导下，深入贯彻落实党的十八大精神，积极抢抓省进一步促进粤东西北地区振兴发展的重大机遇，努力开创绿色转型、振兴发展新局面，实现了经济社会平稳较快发展。

一、综合

国民经济较快发展。初步核算，全市生产总值1010.1亿元，增长12.1%。其中：第一产业增加值131.3亿元，增长4.8%；第二产业增加值428.3亿元，增长16%，第三产业增加值450.5亿元，增长10.5%。三次产业结构为13.0：42.4：44.6。按常住人口计算，人均生产总值35063元，增长11.3%，按平均汇率折算为5662美元。分区域看：韶关市区生产总值510.7亿元、增长11.9%，占全市生产总值的49.4%，人均生产总值5.05万元；县域生产总值522.4亿元、增长13.2%，占全市的50.6%，人均生产总值2.79万元。在现代产业中，先进制造业增加值98.1亿元、增长25.5%，现代服务业增加值160亿元、增长9.1%。在第三产业中，批发和零售业增加值增长10.8%，住宿和餐饮业增加值增长8.5%，房地产业增加值增长16.1%。民营经济增加值523.3亿元，增长13.9%，占全市生产总值的51.8%。

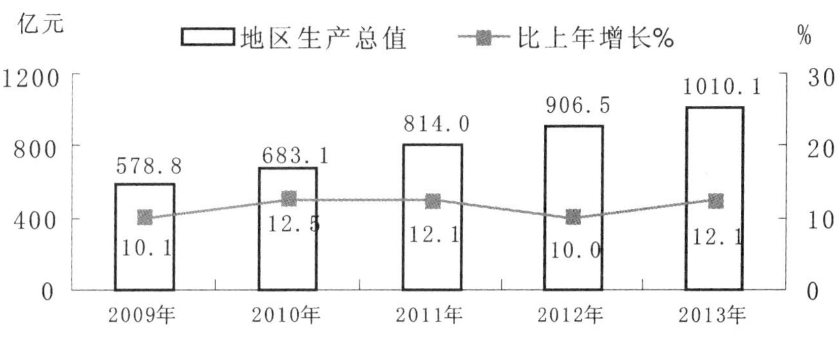

图2　2009—2013年地区生产总值及其增长速度

劳动生产率稳步提高。全年地区生产总值与全部就业人员的比率为65860元（以2010年不变价格计算），比上年提高11.7%。

居民消费价格基本稳定。韶关市区居民消费价格比上年上涨1.9%。其中，服务项目价格上涨2.3%，消费品价格上涨1.7%。在八大类消费品价格中，食品类价格上涨3.1%、烟酒价格下降0.1%、衣着类价格上涨0.2%、家庭设备用品及维修服务价格下降0.2%、医疗保健和个人用品价格上涨0.9%、交通和通信价格下降1.3%、娱乐教

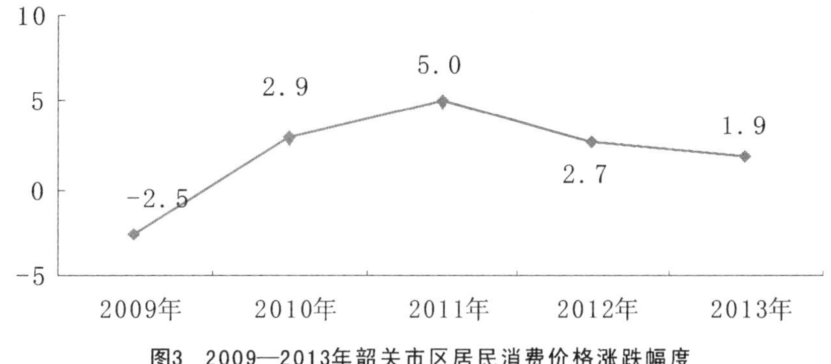

图3　2009—2013年韶关市区居民消费价格涨跌幅度

育文化用品及服务价格上涨4.7%、居住价格上涨1.2%。全市工业品出厂价格总水平下降2.8%。

就业持续增加。年末从业人员143.78万人，增加0.68万人。其中：第一产业59.24万人，减少0.22万人；第二产业32.34万人，增加0.52万人；第三产业52.20万人，增加0.39万人。据工商部门统计，年末工商登记注册的私营企业和个体户从业人员29.04万人，增加1.97万人。全年城镇新增就业人数5.39万人。安置城镇下岗失业人员再就业4.25万人，其中就业困难人员再就业0.36万人。年末城镇登记失业人员5.99万人，登记失业率2.35%，下降0.4个百分点。

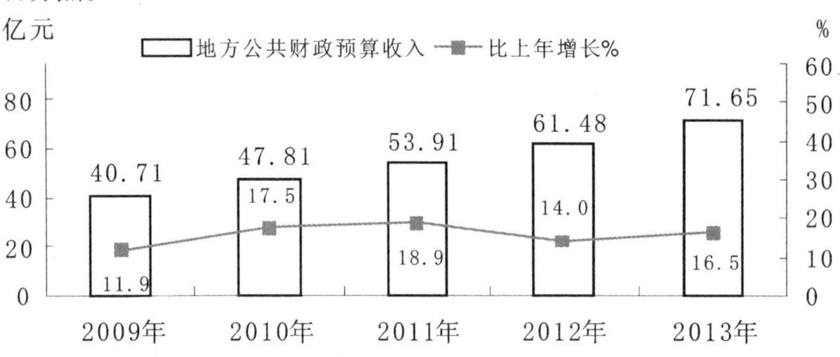

图4 2009—2013年地方公共财政预算收入及其增长速度

财政收入较快增长。全年地方公共财政预算收入71.65亿元，增长16.5%。其中税收收入46.76亿元，增长13.2%。基本县级公共财政预算收入42.28亿元，增长19.8%。地方公共财政预算支出166.81亿元，增长12.9%。其中：教育支出34.77亿元，增长14.9%。民生支出占财政支出的比重68.9%。

经济发展存在的主要问题：经济总量小，人均水平低；产业支撑力不强，创新能力弱；重大项目和骨干企业少，工业投资增长不快；城镇化步伐还不够大，中心城区辐射带动力不强；资源环境承载压力加大，节能减排任务繁重。

二、农业

农业发展稳定。全年农林牧渔业总产值216.4亿元，增长4.9%。其中，种植业增长4.6%，林业增长6.1%，渔业增长5.5%，畜牧业增长5%。

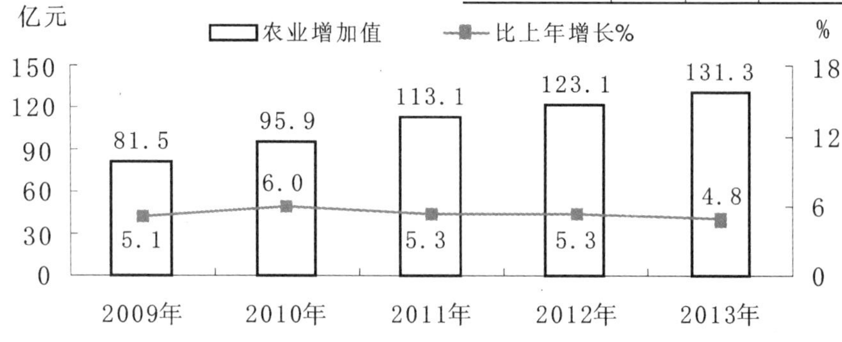

图5 2009—2013年农业增加值及其增长速度

全年粮食作物播种面积235.62万亩，下降1.2%；甘蔗种植面积8.06万亩，增长0.8%；油料种植面积67.23万亩，增长3.4%；烟叶种植面积20.83万亩，下降0.4%；蔬菜种植面积127.58万亩，增长5.5%。

表44 2013年主要农产品产量

农产品名称	计量单位	产量	比上年±%
粮食	万吨	86.06	-6.1
其中：稻谷	万吨	73.43	-7.2

续表44

农产品名称	计量单位	产量	比上年±%
蔬菜	万吨	192.76	6.4
甘蔗	万吨	55.44	3.1
花生	万吨	12.69	4.5
烟叶	万吨	3.40	1.1
水果	万吨	43.05	9.1
茶叶	吨	3638	17.5
蚕茧	吨	8070	2.3
肉类	万吨	15.06	-0.7
其中：猪肉	万吨	11.91	0.6
水产品	万吨	7.74	3.6

年末农业机械总动力138.22万千瓦，增长0.4%；农村用电量4.3亿千瓦时，增长12%；化肥施用量（折纯）11.7万吨，增长2.3%。有效灌溉面积144.39万亩，增长2.3%。

三、工业和建筑业

工业生产快速增长。全部工业增加值360.3亿元，增长16.1%。年末规模以上工业企业554个，比上年底增加72个，规模以上工业企业增加值306.77亿元，增长17.8%。在规模以上工业中，国有及国有控股工业增加值149.42亿元，增长9.3%。股份制工业132.26亿元，增长26.6%；民营工业109.54亿元，增长33.4%；外商及港澳台工业49.13亿元，增长16.9%。轻工业增加值100.27亿元，增长

15.4%；重工业增加值206.5亿元，增长19.3%。年末产业转移园规模以上工业企业186个，工业增加值68.81亿元，增长27.9%。

七大支柱工业增加值195.3亿元，增长10.9%，占规模以上工业增加值的63.7%。其中：制药工业增长39.5%，机械工业增长28.1%，有色金属工业增长12.4%，钢铁工业增长11.5%，玩具工业增长10.4%，电力工业增长6.1%，烟草工业增长4.6%。

高技术制造业增加值10.9亿元，增长12.3%。

先进制造业增加值98.08亿元，增长25.5%。其中，装备制造业增加值33.78亿元，增长28.8%。

优势传统工业增加值93.71亿元，增长16.7%。其中：金属制品业增长48.8%，建筑材料业增长28.2%，纺织服装业增长23.9%，家具制造业增长21.1%。

全年规模以上工业企业资产贡献率13.8%，资产保值增值率124.3%，资产负债率64.8%，成本费用利润率6.3%。主营业务收入1095亿元，增长17.3%；利税总额136.11亿元，增长44.5%，其中利润总额62.98亿元、增长144.7%；亏损企业亏损额9.07亿元，下降67%。

全年年末资质等级及以上建筑企业102个、比上年增加3个，建筑业增加值67.96亿元，增长15.5%。完成建筑业总产值212.3亿元、增长29.8%，实现利润9.2亿元、增长89%，利税总额17.1亿元、增长22.3%。

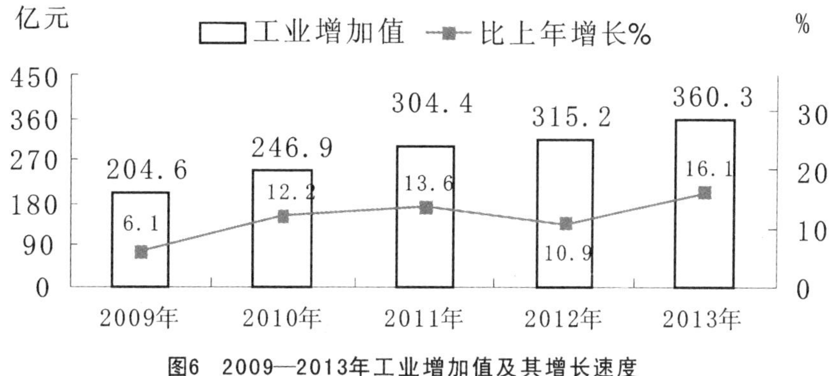

图6 2009—2013年工业增加值及其增长速度

2013年规模以上工业主要产品产量

表45

产品名称	计量单位	产量	比上年±%
成品钢材	万吨	662.21	13.8
十种有色金属	万吨	32.06	96.3
发电量	亿千瓦小时	120.58	1.8
其中：火电	亿千瓦小时	91.06	-1.1
水电	亿千瓦小时	29.52	12.1
水泥	万吨	649.3	19.4
滚动轴承	万套	977.7	15.2
布	万米	3041.5	7.3
糖	万吨	18495	14.7
卷烟	亿支	210	2.4
其中：一、二类烟	亿支	15.9	49.2
人造板	万立方米	127.85	13.9
机制纸及纸板	万吨	3.78	-22.1

房屋施工面积1145.5万平方米，增长13.8%；房屋竣工面积566.5万平方米，增长30.6%。

四、固定资产投资

固定资产投资较快增长。全年完成固定资产投资664.5亿元，增长21.2%。分城乡看，城镇投资639.9亿元，增长26.1%；农村投资24.6亿元，下降40%。分投资主体看，国有及国有控股经济投资242.2亿元，增长4.4%；外商及港澳台经济投资42.6亿元，增长46.2%；民营经济投资379.8亿元，增长32.1%。分三次产业看，第一产业完成投资54.3亿元，增长72.8%；第二产业中的工业投资236.6亿元，增长9.8%；第三产业完成投资373.6亿元、增长23.9%，其中房地产

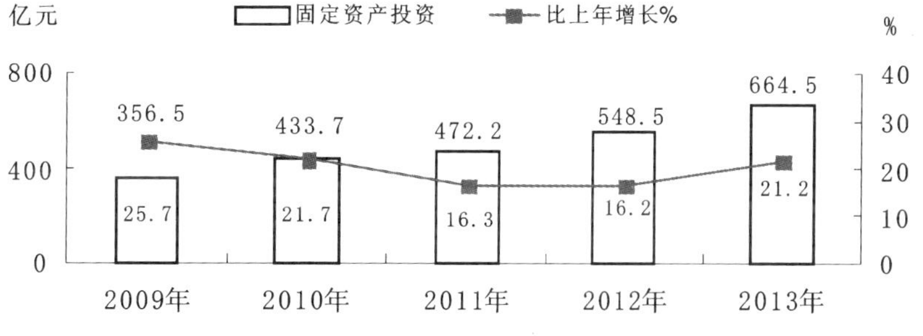

图7 2009—2013年固定资产投资及其增长速度

开发完成投资123.6亿元、增长35.4%。

重点项目建设加快，中心城区扩容提质有序开展。在建的市以上重点项目50个，完成投资311.4亿元，增长13%。乐昌峡水利枢纽工程、韶能生物质发电项目、乳源东阳光生物制药项目建成试产，芙蓉新区、大广高速、翁源华彩涂料城、新丰云髻山旅游开发等项目正在加紧建设中。

全年商品房销售面积347.2万平方米、增长33.7%，其中商品住宅销售面积327.4万平方米、增长39.4%。商品房销售额153.8亿元、增长32.2%，其中商品住宅销售额136.8亿元、增长54.8%。年末商品房待售面积124.3万平方米，增长32.5%。

五、贸易和外经

年末限额以上批发零售企业268个，比上年增加120个；限额以上住宿餐饮企业186个，比上年增加52个。全年批发零售和住宿餐饮业销售额783.8亿元，增长18.6%。其中：批发零售业销售额718.3亿元，增长18.8%；住宿餐饮业营业额65.5亿元，增长15.9%。全社会消费品零售额471.1亿元，增长15%。其中：城镇消费品零售额411.3亿元，增长14.8%；乡村消费品零售额59.8亿元，增长15.9%。

限额以上批发和零售业零售额中，粮油类零售额比上年增长46.1%，通讯器材类增长45.4%，肉禽蛋类增长37.1%，服装、鞋帽针纺织品类增长25.2%，汽车类增长10.5%。

全年进出口总额23.17亿美元，增长13.9%。其中：进口13.97亿美元，增长20.1%；出口9.2亿美元，增长5.7%。按贸易方式分：一般贸易出口3.58亿美元，下降2.1%；加工贸易出口5.62亿美元，增长11.4%。按经营主体分：国有企业出口下降4.8%，“三资企业”出口增长6.9%，私营企业出口增长3.2%。按出口商品分：玩具出口增长24.5%，机电产品出口下降5%，服装出口增长17.3%，高新技术产品出口下降27.3%。按出口市场分：对香港出口增长1.93%，对欧盟出口下降3.6%，对美国出口增长23.3%，对日本出口增长7.9%。全年新批外商直接投资项目69个，与上年持平。实际利用外资1.89亿美元，增长10.3%。全年规模以上工业企业工业产品出口交货值114.23亿元，增长9.1%。

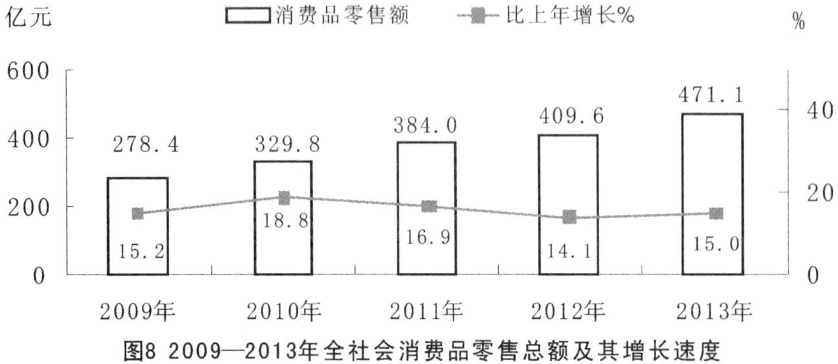

图8 2009—2013年全社会消费品零售总额及其增长速度

六、交通、邮电和旅游

全年交通运输、仓储和邮政业增加值68.4亿元，增长12.9%。

公路货运周转量161亿吨公里，客运周转量70亿人公里。年末公路通车里程15273公里（公路密度83公里/百平方公里），其中高级、次高级路面公路10742公里。等级公路14852公里，其中高速公路291公里、一级公路207公里、二级公路815公里。年末实有公共汽车营运车辆368辆，其中浈江和武江336辆。公共汽车客运总量5247万人次，其中浈江和武江5113万人次。

内河航道维护通航里程386公里，其中等级航道256公里，码头8个，泊位23个。港口货物吞吐量52.8万吨，增长56.2%。

全年完成邮电通信业务总量（按2010年不变价格计算，下同）27.2亿元，增长6.4%。其中：邮政业务（含快递）总量2.9亿元，增长17.5%；通信业务总量24.3亿元，增长5.2%。年末电话交换机总容量320.6万门，固定电话55.5万户，移动电话用户272.2万户。按常住人口计算，电话普及率达到每百人113.3部。全市家庭宽带用户数37.8万户，手机上网用户数152.98万户，移动基站总数6022个，WLAN无线局域网985个，AP热点4507个。

全年接待旅游者人数2437万人次、增长15%，其中入境过夜旅游者10.8万人次、增长14.6%。旅游总收入187.2亿元，增长20.1%。

七、金融和保险业

年末金融机构本外币各项存款余额 1255.8 亿元，增长12.3%。其中，城乡居民本外币储蓄存款余额 787.8 亿元，增长12.3%。年末金融机构本外币各项贷款余额 581.4 亿元，增长16.8%。个人消费贷款 138.7 亿元，增长 29.5%。其中，个人中长期消费贷款 127.3 亿元，增长26.1%；个人短期消费贷款 11.4亿元，增长 87.1%。交通银行、东亚银行在韶首家分支机构开业，汇丰银行新增一家支行。

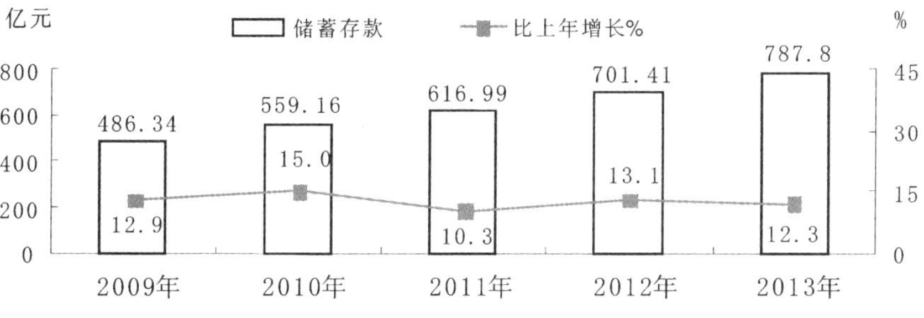

图9 2009—2013年城乡居民人民币储蓄存款余额及其增长速度

全市证券金融机构交易额1055.9 亿元，增长 48.9%；新增开户数 7642 户，下降 17.9%。

全年保费总收入 24.3 亿元，增长 9.9%。其中，寿险保费收入 16.4 亿元，增长 4.6%；财产险保费收入 7.9 亿元，增长22.9%。财产险赔付支出 4.4 亿元，增长 14.3%。

八、教育和科学技术

教育创强加快推进。年末拥有普通中学 153 所，技工学校 10所，中等职业学校 22 所，小学182 所，幼儿园 424 所。适龄儿童入学率 100%，初中学龄人口入学率 99.8%，初中毕业升学率96.93%。韶关学院授予 48 个专业学士学位，4731 名学生获得学士学位。成人高等教育在校学生16371 人，毕业生 4634 人，比上年分别减少 9.7%，23.2%。全年参加高等教育自学考试 9229人，18287 科次。

表 46 各类学校教育发展情况

	学校数（所）	招生数（万人）	在校学生数（万人）	比上年增长（%）
全日制高等学校	2	1.1	3.7	6.4%
技工学校	10	2.6	6.5	-23.5%
其中：市属	5	1.3	2.8	-26.3%
中等职业学校	22	1	3.5	-13.0%
普通中学	153	5.4	16.7	-6.1%
其中：高中	24	2.2	6.4	0.9%
初中	129	3.2	10.3	-10.0%
小学	182	3.6	20.7	0.8%

年末拥有省级工程技术研究开发中心 12 家，其中省级重点研发中心 2 家。国家级高新技术企业 32 家，省级民营科技企业81 家，省级火炬计划特色产业基地 3 个。全年取得科技成果 88项，其中 3 项获省科技进步奖、76 项获市级科技进步奖。全年实施国家“火炬计划”1 项，国家“星火计划”1 项。全年专利申请量 2266 项，专利授权 1438项，其中韶关市区 661 项；发明专利申请 316 项，发明专利授权61 项，其中韶关市区 34 项。

九、文化卫生和体育

通过国家卫生城市复审，创建全国文明城市有序推进。成功举办世界张氏总会第六届恳亲大会、纪念六祖惠能圆寂 1300 周年暨 2013 广东禅宗六祖文化节（韶关）系列活动。年末全市共有各类专业艺术团体 4 个，文化站 107 个，文化广场 12 个，博物馆 9 个，剧场、影剧院 13 个，公共图书馆 9 个。公共图书馆图书总藏量 116.7 万册。卫星地面接收站点 528 个，微波线路总长232.5 公里，广播电视微波站 10座，广播调频发射台 10 座，广播覆盖率 99%。电视发射台 7座，有线电视用户 48.6 万户，电视覆盖率 98.4%。广播电视人口综合覆盖率 99.95%。

年末共有医疗卫生机构 657个。其中：医院、卫生院 164个，床位 1.34 万张；疾病预防控制中心 10 个；妇幼保健院（站、所）9 个。各类卫生技术人员 17128 人。其中：执业（助理）医师 4358 人，注册护士5563 人。乡镇卫生院 103 个，床位 2542 张，卫生技术人员 2988人，乡村医疗点 1549 个。居民碘盐监测合格率 97.5%，食品安全风险监测总体合格率 89.5%。农村居民卫生厕所普及率91.8%，农村改水累计受益率99.3%，其中自来水普及率88.8%。全年无偿献血 4.5 万人次。

参加广东省第三届体育大会，成绩在全省位列第九。建成22 个乡镇农民健身工程。全市人均体育用地面积达 2.09 平方米。全年销售体育彩票 2.62 亿元，比上年增长 23.4%。

十、人民生活、社会保障与安全生产

城乡居民收入继续增加。全市城乡居民人均收入 15320 元，增长 11.3%，扣除价格因素，实际增长 9.2%。其中，城镇居民人均可支配收入20259元，增长10.4%，扣除价格因素，实际增长8.3%；农民人均纯收入9584元，增长11.7%，扣除价格因素，实际增长9.6%。城乡居民收入差距继续缩小。农村居民人均住房面积35.3平方米。

韶关市区中心城区居民人均可支配收入25595元，增长10.4%。居民家庭食品消费支出占消费总支出的比重（恩格尔系数）为39.7%，与上年持平。居民人均住房建筑面积36.2平方米。

年末拥有社会福利机构106所（其中，敬老院95所、社会福利院11所），床位6049张，在院人数2864人。城乡居民享受最低生活保障9.1万人，其中城镇居民1.9万人。全年发放低保资金1.88亿元，其中城镇6238万元；发放救灾资金5579万元；发放救济物资折款249万元，累计救灾8万人次。全年销售社会福利彩票3.3亿元，筹集社会福利基金0.9亿元。

住房保障力度加大。开工建设保障性住房2454套，建成3252套。

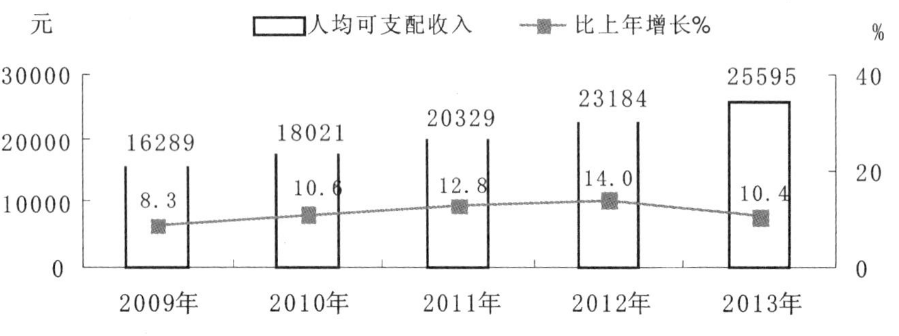

图10　2009—2013年市区居民人均可支配收入及其增长速度

新一轮扶贫开发开局良好。全年落实帮扶资金6.59亿元、落实贫困村帮扶项目3955个，贫困村集体经济平均收入4.09万元，贫困户人均纯收入4775元。

落实各项保障政策，民生福祉得到改善。年末参加基本养老保险（含机关、事业单位）48.23万人，参加基本医疗保险（含城乡居民基本医疗）286.14万人，参加失业保险28.03万人，参加工伤保险40.05万人，参加生育保险16.9万人。年末享受社会养老待遇的离、退休人员13.64万人。参加城乡居民社会养老保险86.74万人。养老、失业、工伤、生育保险全年征缴24.2亿元，增长18.8%。

全年共发生各类生产安全事故693起、增长52.3%，死亡215人、受伤448人、直接经济损失3511万元，分别下降8.1%、增长6.4%和增长44.3%。其中：道路交通事故386起、增长3.5%，死亡198人、直接经济损失604万元，分别下降4.4%、11.4%；工矿商贸领域发生事故14起、死亡17人、直接经济损失1253万元，分别下降6.7%和32%和17.3%；消防火灾事故293起、增长3.4倍，死亡0人，直接经济损失1654万元。亿元地区生产总值生产安全事故死亡率0.24人，工矿商贸企业就业人员10万人生产安全事故死亡率2.03人，道路交通万车死亡率3.5人。

十一、人口、资源与环境

年末常住人口289.27万人，比上年增加2.4万人，增长0.84%。城镇人口比重53.7%，比上年提高0.4个百分点。户籍人口328万人，其中非农业人口118.4万人。全年出生人口4.93万人，人口出生率14.6‰；死亡人口1.77万人，死亡率5.22‰；人口自然增长率9.38‰。

已探明的矿产资源储量中：煤1.31亿吨，铁矿石3177万吨，锰矿石74万吨，铜矿石8405万吨，铅矿石9678万吨，锌矿石1.36亿吨，钨矿石1.87亿吨，钼矿石1.15万吨，锑矿石246万吨，铋矿石1.28亿吨。

全年降雨量1792毫米，比上年减少203毫米。年平均气温20.2℃，年日照时数1499小时。年末大中型水库蓄水量17.4亿立方米，增长10.9%。

年末林业用地面积142万公顷，森林覆盖率73.6%，林木绿化率75.9%，活立木总蓄积量8059万立方米。全年完成荒山（沙、土）造林面积1.3万公顷。省级以上自然保护区17个（其中国家级3个），自然保护区面积19.4万公顷。年末城市建设用地面积92.1平方公里。其中：居住用地面积30.5平方公里，公共设施用地面积11.2平方公里，工业用地面积24.3平方公里。韶关市区建成区绿化覆盖面积4247公顷，绿化覆盖率46.1%，人均公园绿地面积12.1平方米。

全年规模以上工业综合能源消耗量712.3万吨标准煤，增长

5.3%。全年全社会用电量109.69亿千瓦小时，增长13.5%。其中：工业用电81.88亿千瓦小时，增长17.6%；第三产业用电11.82亿千瓦小时，增长2.7%；居民生活用电13.49亿千瓦小时，增长2%。

注：

1. 本公报中各项统计数据为初步统计数，部分数据因四舍五入的原因，存在着与分项合计不等的情况。

2. 地区生产总值、增加值、产值绝对数按当年价计算，增长速度按可比价计算。

3. 从2011年起，规模以上工业统计口径由500万元调整为2000万元及以上；固定资产投资项目统计起点由计划总投资50万元提高到500万元；限额以上批发企业标准，年销售额2000万元以上；限额以上零售企业标准，年零售额500万元以上；限额以上住宿餐饮企业标准，年营业额200万元以上。

4. 现代服务业主要包括金融业、现代物流业、信息服务业、科技服务业、外包服务业、商务会展业、文化创意产业和总部经济八个产业。先进制造业包括装备制造业、钢铁冶炼及加工业、石油及化学制造业。高技术制造业包括核燃料加工业、信息化学品制造业、医药制造业、航空航天器制造业、电子通信设备制造业、计算机制造业、医疗仪器设备制造业。

5. 接待入境过夜旅游者为旅游住宿设施的接待境外人数。

6. 目前我国实施的“火炬计划”、“星火计划”均只有国家级。

7. 2013年人民币对美元平均汇率为6.1932。

8. 户籍人口由市公安局提供，常住人口由市统计局提供，出生人口、人口出生率、人口自然增长率、死亡人口、死亡率由市卫生和计划生育局提供。

9. 市区中心城区居民恩格尔系数、居民人均住房建筑面积为预计数。

表47　**2013年韶关市及各县（市、区）国民经济和社会发展主要经济指标**

	固定资产投资完成额		社会消费品零售总额		外贸出口总额		实际利用外资		金融机构各项贷款余额（本外币）		金融机构贷存（本外币）	
	总量（亿元）	增长 %	总量（亿元）	增长 %	总量（万美元）	增长 %	总量（万美元）	增长 %	总量（亿元）	增长 %	%	增长 %
全市	664.52	21.2	471.11	15.0	91987	5.7	18935	10.3	581.38	16.8	46.30	1.8
1、县域	386.41	23.4	169.21	13.5	48012	9.6	12088	-2.6	212.33	35.7	39.82	5.4
始兴县	49.14	25.2	12.94	12.5	16825	0.2	1376	-32.2	26.53	21.2	40.45	1.2
仁化县	43.29	25.1	20.69	12.6	758	11.1	1721	12.9	25.81	41.0	39.47	7.6
翁源县	44.86	26.6	24.75	12.4	10009	44.2	1720	-25.1	32.33	21.7	37.27	0.4
乳源县	47.49	26.0	15.51	12.0	12514	-1.6	2223	98.5	25.44	32.8	44.46	5.3
新丰县	36.91	25.5	16.22	15.0	1738	56.3	1108	0.6	18.94	40.1	34.64	4.3
乐昌市	82.30	25.4	43.52	12.0	2613	5.9	1720	-15.4	46.09	35.8	41.20	7.3
南雄市	82.41	16.0	35.59	15.1	3555	15.3	2220	-3.7	37.20	61.2	40.57	10.0
2、市区	278.11	18.1	301.90	16.3	43975	1.7	6847	43.9	369.05	8.1	51.07	-0.4
武江区	63.78	30.1	80.50	12.3	1858	9.7	1723	22.6	—	—	—	—
浈江区	93.53	25.6	175.98	18.1	8112	-5.0	1720	26.6	—	—	—	—
曲江区	120.80	25.2	45.42	12.3	7526	-32.5	2221	100.8	42.11	22.4	39.18	4.0

附　　录

加快推进新型工业化和新型城镇化为全面建成小康社会奠定坚实基础

——在市委十一届四次全会上的讲话

（2013 年 7 月 10 日）

郑振涛

同志们：

这次全会的主题是，深入学习贯彻党的十八大和省委十一届二次全会精神，贯彻落实胡春华同志在韶关调研时的重要讲话精神，研究部署加快推进新型工业化和新型城镇化（简称“两化”）工作，推动“两化”良性发展，为全面建成小康社会奠定坚实基础。下面，我代表市委常委会向全会作报告。

一、充分认识推进新型工业化和新型城镇化的重要意义

党的十八大报告明确指出，要坚持走中国特色新型工业化、信息化、城镇化、农业现代化道路，推动信息化和工业化深度融合、工业化和城镇化良性互动、城镇化和农业现代化相互协调，促进工业化、信息化、城镇化、农业现代化同步发展。今年初，省委书记胡春华在韶关调研时，对推进工业化和城镇化提出了明确要求。我们必须进一步统一思想认识，增强责任感和紧迫感，抢抓机遇，主动作为，全力以赴加快推进“两化”进程，努力跟上全省“两个率先”步伐。

（一）加快推进新型工业化和新型城镇化是率先全面建成小康社会的必由之路。工业化和城镇化水平，是衡量一个地区经济社会发展水平的重要标志，是全面建成小康社会必须经历的历史阶段和必须完成的历史重任。韶关工业化、城镇化历经了几个阶段：上世纪五六十年代，国家先后把韶关作为华南重工业基地和广东战略后方来建设，建立起韶钢、韶冶、凡口铅锌矿、大宝山矿等一大批骨干工业企业，奠定了韶关的工业城市地位；七十年代，韶关已成为广东重要的工业基地；改革开放以后，韶关工业化、城镇化发展步伐虽然加快，但滞后于珠三角地区。2012 年，全省工业化率为 45.5%，我市工业化率为 35.5%；全省城镇化率为 67.4%，我市城镇化率为 53.3%。与周边地区相比，我市的工业化、城镇化水平也存在一定差距。对照全面建成小康社会关于“到 2020 年要基本实现工业化，城镇化质量明显提高”的要求，我市推进“两化”进程的任务非常艰巨。按照衡量工业化、城镇化水平的指标测算，我市进入了工业化、城镇化中期阶段。从世界城市发展的经验看，工业化、城镇化中期阶段，是经济的快速增长期。我们必须准确把握这一发展规律，把加快推进新型工业化、新型城镇化作为我市当前和今后一个时期加快发展的重要工作来抓，保持“两化”快速推进的势头，加快缩小与发达地区的差距。

（二）加快推进新型工业化和新型城镇化是建设粤北区域中心城市的战略举措。加快建设粤北区域中心城市，把韶关建设成为老工业基地振兴示范市、广东制造业基地、粤湘赣边界商贸物流中心和旅游产业集聚区、国家级陆路交通枢纽城市、全国生态旅游休闲目的地，是我们既定的发展战略和工作目标。但从目前情况看，我市距离建成粤北区域中心城市的目标仍然有较大差距。工业化方面，我市工业规模小，布局分散，多数企业处于产业链低端，缺乏自主品牌、高技能人才和核心竞争力，辐射带动能力弱。城镇化方面，我市城市规模偏小，城市功能不完善，教育、医疗、文化、卫生、保障性住房等公共服务能力偏低，随着大量农民进入城镇，公共服务供需矛盾更加凸显。此外，交通基础设施、产业配套设施、城镇功能设施等多个方面，还达不到区域中心城市的建设要求，有较大的改造提升空间。这些问题，都属于区域中心城市建设的基础性、功能性问题，只有通过加快推进工业化、城镇化，有效运用市场化力量，才能得到解决。

（三）加快推进新型工业化和新型城镇化是进一步保障和改善民生的内在要求。工业化、城镇化发展水平直接决定着人民群众的生活质量。工业是地区经济的重要支撑，是培养财源的关键。没有工业的大发展，我市“吃饭财政”的状况就不可能得到根本改变，改善民生就不可能落到实处。城镇化的过程，是人口、资源向城镇集中的过程。加快新型城镇化进程，有利于更多的农村劳动力向非农产业转移，更多的农村居民转移为城镇居民，促进贫困地区和贫困人口脱贫致富；有利于更多的人民群众享受公平的文化、教育、卫生等公共服务和社会保障，改善人民群众的生活质量。有关研究表明，城镇化水平每提高 1 个百分点，城镇就业人口就增长 1.27 个百分点。未来 10 年，我国城镇化率年均提高 1.2 个百分点，将再有 2 亿农民进入城镇，转变为城镇居民。必须把握这一发展趋势，致力于加快推进新型工业化和新型城镇化，提升发展质量，增进民生福祉，实现共同富裕。

加快推进新型工业化和新型城镇化，是市委、市政府根据韶关当今发展阶段性特征作出的战略决策。各级各部门要把思想和行动统一到市委、市政府的决策部署上来，群策群力，开拓创新，大胆探索符合时代要求、具有韶关特点、满足群众意愿的工业化、城镇化发展道路，推动韶关向粤北区域中心城市迈进。

二、加快建立符合现代产业发展要求的新型工业体系

工业是韶关实现振兴发展的重要推动力。要以改革创新为动力，以转变经济发展方式为主线，坚定不移地走新型工业化道路，推动特色资源产业化、传统产业规模化、新兴产业高端化、园区建设集聚化，加快建立符合现代产业发展要求的新型工业体系，推动韶关工业整体提升。力争到 2017 年，全市工业增加值突破 700 亿元，年均增长 15% 左右；三次产业结构从 2012 年的 13.6：41.9：44.5 调整到 2017 年的 10：48：42。

（一）明确产业定位，做大工业规模。要以战略眼光和长远视野审视我市的产业定位，发挥资源优势，依托现有产业基础，坚持产业互补、差异竞争、错位发展，优化存量，扩大增量，构建韶关现代工业体系，增强工业综合实力。一是改造提升传统产业。从市场需求看，传统产业仍然具有广阔的发展前景。要按照走新型工业化道路的要求，加快传统产业扩量提质。围绕钢铁、烟草、电力、有色金属、机械装备和玩具等传统优势产业，加快企业技术创新、兼并重组和质量品牌建设，促进产业结构更合理、布局结构更集约、产品和服务更高端，再造传统产业发展新优势。二是培育发展特色资源产业。要充分利用本地特色资源，突出比较优势，选准主攻方向，做大做强资源精深加工业。抓住市场需求和发达地区产业转移的契机，深度开发矿产、农业和林业等资源，发展新型建材、水泥、食品饮料及农副产品深加工、木业加工和家具生产，延伸产业链，提高产品附加值和竞争力，将资源优势转化为产业优势。三是大力发展战略性新兴产业和生产性服务业。要实施战略性新兴产业培育计划，培育生物医药、稀土新材料、电子信息和精细化工等产业，抢占新兴产业发展的制高点。完善生产性服务业发展规划，重点发展现代物流、电子商务、工业设计、技术检测和集论坛、展览、商贸以及招商于一体的会展经济，实现生产性服务业与先进制造业的深度融合。

（二）培育产业集群，打造产业品牌。集群式发展是工业发展的趋势。要针对韶关工业规模小、布局分散、关联度低的特点，把产业集群发展放在突出位置，有规划、有步骤地加以推动，培育发展一批特色鲜明、辐射带动能力和市场竞争力强的产业，形成一批集聚度高的产业集群。围绕我市工业发展定位，定向引进和培育一批关联性大、带动性强、主营业务收入超十亿、几十亿甚至超百亿元的大型企业和产业链配套企业，发挥龙头带动效应，形成产业群体规模优势。依托重点骨干企业，加强产业内上下游企业合作，推动资金链、资源链、产业链的配套和延伸，形成分工明确、协作配套的产业体系，构建以大带小的产业集群。鼓励企业加强技术改造和关键技术研发，推动产业升级和创新发展。实施中小企业成长计划，加强对中小企业的指导和服务，完善鼓励新增规模以上工业企业的奖励政策，引导中小企业往“专、特、精、新”的方向集聚发展，着力打造特色产品和区域品牌。力争到2017年，全市规模以上工业企业达到800户以上，其中，年产值在10亿—50亿元的工业企业达17户以上，年产值在50亿—100亿元的工业企业达6户以上，年产值在100亿元以上的工业企业达3户以上。

（三）加快园区建设，发展园区经济。园区是产业聚集的载体，是推进新型工业化的根本路径。要按照产城融合、以产带城、以城促产的原则，把园区建设纳入城镇建设总体规划，促进产业向园区集中、园区向城市集中。抓住土地利用总体规划中期评估修编、国家和省开发区扩区及区位调整机遇，推动我市工业园扩园和区位调整，实现省级产业园县域全覆盖，拓展园区用地空间和承载功能，支撑县域经济发展。加快推进园区扩园提质，创新管理体制，改善投资环境，完善服务体系，提升园区集聚集约发展水平。创新园区建设模式，坚持“谁投资、谁受益”，建立园区基础设施共建共享机制，吸引社会资本积极参与园区的水、电、路、气、讯以及污水处理等基础设施和居住、教育、医疗卫生、交通、购物、娱乐等生活设施建设。优化投资环境，设立市行政审批制度改革专门机构，加快推进简政放权改革，赋予园区相应的经济社会管理权和自主权，并在园区设立投资服务中心，建立更加高效的行政管理和运行机制，为入园企业提供高效、方便、快捷的“保姆式”服务，将园区打造成工业经济增长极。

（四）加大招商力度，构建产业洼地。招商引资是区域经济发展的重要驱动力，是欠发达地区实现跨越发展的有效途径。大力实施工业项目招商引资一把手工程，建立一支懂工业经济、熟悉市场、善于公关、精通业务的专业招商队伍，加强与中介组织、行业协会和行业龙头企业的合作，引进一批符合韶关产业需求的优质项目。树立“大招商、招大商”理念，主动对接国家和省有关产业政策和重大规划，立足比较优势，储备一批优质项目；创新招商形式，实行招商选资，健全招商引资项目综合筛选评审机制，严把招商项目质量关，重点引进创税型龙头项目，实现规模、质量和效益的统一。要善于争取政策，积极创新政策，通过国家和省的政策支持及我市自主政策的创新，解决招商引资遇到的困难，提升我市招商引资的竞争力。健全招商引资激励机制，完善招商引资优惠政策和奖励办法，奖励招商引资有功集体和个人，引导和鼓励全社会力量为招商引资服务，打造投资“洼地”，营造“亲商”环境，把对外开放推向新水平。

（五）发展循环经济，推动绿色发展。我市已被国家列入资源枯竭型城市，随着资源、环境的刚性约束日益趋紧，依赖资源能源消耗的工业模式，已经不能适应发展的要求。要转变发展理念和发展方式，坚持生态发展，发展循环经济，实现资源利用的最大化。优化扶持政策，开展重点行业、重点企业和产业园区的循环经济试点，探索建立有色金属、化工、电力、新材料、装备制造等循环经济产业体系，围绕产业链条构建多联产业横向扩展和资源精深加工纵向延伸相结合的循环型产业格局。深入推进资源综合利用，支持企业内提高废渣、废水的二次利用程度，并在企业之间打造资源梯级利用循环链。加快淘汰落后产能，抓好重点领域、重点行业节能减排，支持优势企业兼并重组困难企业，在市场竞争中发展壮大新兴产业和先进产能。严格执行国家在节能减排等环保方面的法律法规，加强检查监测和惩处力度，迫使落后产能尽早退出市场。健全环境污染事故预防和应急处置制度，防止重大环境污染事故发生。

三、着力构建特色鲜明的新型城镇化发展格局

城镇化是人口不断向城镇集中和消费不断升级的过程，是扩大内需的潜力所在，是经济增长的持久动力。新型城镇化的突出特征是以人为本、城乡统筹、城乡一体、产城互动、生态宜居、和谐发展，必须坚持以新型工业化为动力，推动形成大中小城市、新型农村社区协调发展、互促共进的格局。要按照新型城镇化的内在要求，加快建成粤北区域中心城市和粤北生态城镇群，全面提升城镇化发展质量和居民生活水平。

（一）构建科学的城镇体系。按照建设资源集约、信息智能、环境友好、生态宜居的新型城镇的要求，遵循经济发展规律，高起点、高标准、高质量编制中心城区、县城和中心镇城镇总体规划、城镇产业规划、各功能区的详细规划，科学规划城市建设的规模和布局，明确城镇发展路线图，引领大中小城市健康协调发展。完善小城镇和新型农村社区建设规划，建立覆盖城乡的规划体系。要坚持因地制宜，突出地方特色，把自然生态、人文历史和产业发展等融入规划中，凸显城镇的文化特色、产业特色和环境特色，塑造城镇个性，避免“千城一面”。生态资源是韶关的最大优势，是城市的魅力所在，要充分利用我市的山水资源，塑造鲜明的环境特色，提升宜居宜业水平。

（二）加快城镇扩容提质。科学确定城镇空间布局和发展规模，优化城镇发展格局，形成以芙蓉新区为龙头、以县城和有条件的中心镇为重点的城镇发展格局，加快建成粤北区域中心城市和粤北生态城镇群。

加强以芙蓉新区为龙头的中心城区建设。按照“扩容提质、完善功能、改善环境、提升品位”的要求，提升市中心城区的人口和产业承载力、综合竞争力以及对县（市）的辐射带动力，打造粤北区域中心城市，树立岭南门户城市形象。优化芙蓉新区功能分区，合理布局组团，加强基础设施、交通体系、产业园区、物流基地、商贸中心、行政中心、住宅小区和公共服务体系建设，带动中心城区实现扩容提质。到2015年，市区常住人口达到110万，生产总值680亿元；到2017年，市区常住人口达到115万，生产总值900亿元；到2020年，市区常住人口达到130万，生产总值1370亿元。加强老城区改造，利用“三旧”改造政策，盘活土地资源，集聚高端要素，加快“退二进三”，推动金融服务、电子商务、商贸会展、仓储物流等都市型产业集聚发展，促进旧城功能整体更新。推进马坝片区同城化改造，实现与中心城区一体化。

加快以县城为重点的中小城市发展。各县（市）城区要按照“产城融合、凸显特色”的理念，加快推进县（市）城区建设，拉大县城框架，扩大县城规模，建设一批10—20万人口规模的中等城市和一批与中心城区配套服务、特色鲜明的小城镇，形成特色鲜明、分工明确、协调发展的粤北生态城市群。加强县城生活居住区、工业园区、交通设施和生态环境建设，完善县城功能，有序引导产业和人口向县城、工业园聚集。

加强中心镇和特色小镇建设。对条件成熟的中心镇和资源独特的特色小镇，要按照特色鲜明、主业突出、生态良好的原则，发展特色资源开发产业，积极探索新型城镇化与新型产业化相结合模式，打造农业强镇、工业强镇、旅游名镇、边贸重镇，示范带动周边乡村建设。

（三）加强城镇基础设施建设。城镇基础设施建设水平决定城镇的综合功能承载能力。要按照新型城镇化的要求，坚持基础设施先行，不断完善城市功能，提高城镇基础设施水平。加快市政道路建设和公共交通路网建设，构建纵横交织、畅通快速的多层次城市公共交通体系。充分利用省推进重要基础设施建设的机遇，加快推进粤北高速公路网、韶关机场、北江航道等重大交通项目建设，形成立体交通网。以南水水库供水工程、老城区截污管网改造、污水处理厂、生活垃圾无害化填埋场等项目为重点，加快推进城市供排水、供电、供气、通信等市政设施建设，实现市政公共设施基本配套。加快市区第三期防洪堤、市区和各县（市）城市防洪体系的排涝站工程、中心城镇的乡镇防洪堤建设，提高城镇消防基础设施建设和抗震救灾标准，提升城镇综合防护水平。以县城垃圾无害化填埋场、镇级垃圾中转站、村垃圾收集点建设为抓手，推进城镇环境卫生设施体系建设。完善信息基础设施建设，以信息资源整合共享为突破口，建设开放融合的信息网络体系和信息服务网络，推动电信网、广播电视网和互联网“三网融合”，打造“无线城市”、“数字韶关”。加强城市空间地理信息系统、环境监测与市容监管、应急联动与处置管理等信息平台建设，建立覆盖城市的数字网络，打造反应快速、处置高效的城市综合管理新模式，提高城市信息化、智能化水平。

（四）完善城市公共服务功能。新型城镇化的核心是人的城镇化。必须坚持以人为本，按照人民的意愿、依靠人民的力量、建设人民的城市。要加快发展社会各项事业，不断加强科技教育、医疗卫生、食品安全、文化体育、就业培训、社会保障、人口计生、社会福利、社会治安等基础性公共服务设施建设，建立综合性服务平台，推动社会公共服务资源向城镇和社区延伸，提升城市公共服务供给能力，建设满足人生存和发展需要的新型城镇，逐步让进入城镇体系的各类群体真正成为公平享受城镇社会公共服务资源的城镇居民。

（五）提高城市管理水平。城市管理水平是体现城市文明程度的重要标志。推进城镇化，必须提高城市管理水平，提升城市文明程度。要推进城市管理体制改革，理清管理职责，建立责任明确、分工合理、运转高效、监管有力的管理机制。整合城管、公安、卫生、环保、林业等部门的城市管理职能，构建多部门联动的“大城管”工作格局。推广居民小区物业化管理，探索推进老城居民区、城中村、城乡结合部社区化管理。加强社区警务室建设，落实实有人口管理措施，完善社区治安群防群治网络建设。注重发挥社区居委会、业委会、物管公司、社工机构在社区自治中的积极作用，形成“多元共治”社会管理格局，创建“平安和谐”的新型社区。以巩卫创文为抓手，严厉打击违法用地和违规建筑行为，有效整治群众反映强烈的环境卫生、公共秩序混乱等突出问题。加强城市园林景观、生态景观林带、绿化带建设，优化城镇发展空间和发展环境，打造“绿、美、亮、净、畅”的生态宜居城市。

四、推动新型工业化和新型城镇化的互动发展

工业化与城镇化是相互促进、互为依托的有机整体。要坚持城市发展与以工业为主导的产业成长“两手抓”，统筹推进新型工业化、新型城镇化，做到时间上同步演进，空间上产城融合，布局上功能分区，形成“两化”良性互动、相互支撑的发展格局。

（一）强化规划引领。要强化规划的战略性、前瞻性和导向性作用，加强城市总体规划与产业发展规划、土地利用总体规划、交通发展规划、新农村发展规划、环境保护规划等专项规划的有机衔接，做到城镇规划、土地利用规划、产业规划“三规合一”，增强工业对城市的支撑作用和城市对工业的服务功能。在制定城乡规划时，要坚持公众参与、专家论证和政府决策相结合，确保制定出来的规划符合本地实际和群众意愿，增强科学性和可操作性。要严格落实城乡规划法规，建立健全“规划一张图、审批一支笔、建设一盘棋、管理一个法”的管理机制，增强规划的权威性和约束力，确保规划实施不走样，做到“一张蓝图绘到底”。

（二）强化产城融合。城市的发展离不开产业的支撑，只有发展产业，才能带动人口集聚，推动城市规模扩张。要牢固树立“产城”融合互动理念，按照“以产兴城、以城促产、产城一体”的原则，重点围绕产业聚集、产业园区、产业新城三个层次，有序推进产业园区化、园区城镇化、产城一体化。把产业园区作为“两化”互动、融合发展的重要结合点和有效突破点，根据产业园区建设需要布局城镇新区，通过城镇新区建设服务产业园区发展。在规划建设产业园区时，要同步规划建设配套的公共服务设施，增加园区商住用地的比例和容量，把园区建设成为产业新城和城镇新区。要改变分散搞工业的做法，避免出现“城园分离”、“产城分离”现象。在产业培育上，要结合当地的资源禀赋和文化特色，优先发展先进制造业和现代服务业等非资源型产业，扶持发展就业带动力强的劳动密集型产业。要把推进城镇化与繁荣服务业结合起来，加强政策引导和体制机制创新，充分挖掘和释放其中蕴含的发展潜力。我市是生态发展区，在加快发展的同时，肩负着保护生态环境的重要职责，在推进工业化、城镇化过程中，切忌不讲条件地盲目发展工业和扩大城市规模，要加强生态环境保护，防治污染和其他公害，巩固我市作为南粤生态屏障的重要地位。

（三）强化城乡统筹。城市与农村既是发展极不平衡的“二元”区域，又是互相支撑、互相影响的发展共同体。工业化是发展的动力，农业现代化是发展的根基，城镇化能够一举托两头，促进工农和城市协调发展。要摒弃过去重城市、轻农村，“城乡分治”的传统观念和做法，把农村和城市作为有机整体，统筹推进城乡一体化规划和建设，优化城乡空间布局，破解城乡“二元”结构。坚持工业反哺农业、城市支持农村方针，加快发展现代农业，提高农业综合生产能力和产业化水平，促进农业产业化与新型工业化协调发展。坚持城镇发展和新农村建设相结合，认真落实强农惠农富农政策，加强农村民生事业发展，扎实推进新一轮扶贫开发工作，改善农村生产生活条件，最大限度地缩小城乡差距，实现共融发展。

（四）强化管理协调。让农民工更好地融入城市，是“两化”协调发展的关键。要加快户籍制度改革，帮助符合条件的外来务工人员进城落户，消除农民进城的身份障碍，形成城乡人口有序流动的机制；优化社会管理，促进基本公共服务均等化，让农村转移人口进得来、住得下、融得进、可创业、能就业。深化社会保障体制改革，建立和完善与工业化和城镇化发展水平相适应的城乡社会保障制度；加快就业制度改革，建立覆盖城乡的就业服务体系，取消对农民工进城就业的不合理规定，保障进城务工农民的合法权益。

（五）强化要素支撑。推进工业化、城镇化的过程是资源和要素在空间上不断优化的过程，土地、资金、人才等要素制约是当前推进工业化和城镇化发展的主要瓶颈。要充分发挥市场在配置资源中的基础性作用，引导土地、资金、人才等要素有序向城镇和产业园区集聚，为推动“两化”建设提供有力保障。科学配置土地资源，用活用足国家低丘缓坡未利用地试点政策和城乡建设用地增减挂钩政策，提高土地资源节约集约利用水平，促进城乡资源良性互动，挖掘存量用地潜力，缓解建设用地紧张的问题。加大土地统筹力度，实施建设用地差别化管理，优先保证重点产业、重大基础设施、民生工程等重大项目的用地需求。整合工业发展和城市建设资金，增加对工业和城镇建设的财政投入。积极支持各类金融机构在我市设立分支机构，鼓励有条件的地区成立村镇银行，建立银行、担保、保险、风投联贷机制，进一步增强投融资能力，缓解项目建设资金短缺问题。加强人才引进和培育，一方面，要搭建平台，充分发挥韶关学院等高校人才资源的作用；另一方面，要引进一批熟悉工业经济、城市规划等方面的急需人才。开展大规模干部培训工作，着力加强市场经济、新型工业化、新型城镇化、新农村建设等知识的培训，提高各级领导干部抓工业化、城镇化工作的能力。

同志们，推进新型工业化和新型城镇化，事关韶关发展大局，意义重大。全市党员干部群众要进一步解放思想，与时俱进，抢抓机遇，攻坚克难，奋力开创新型工业化和新型城镇化互动发展的新局面，为全面建成小康社会奠定坚实的基础。

政府工作报告

——2013 年 2 月 27 日在韶关市第十三届人民代表大会第三次会议上

韶关市市长　艾学峰

各位代表：

我代表市人民政府向大会作政府工作报告，请予审议，并请政协各位委员和其他列席人员提出意见。

2012 年工作回顾

2012 年是国际金融危机爆发以来最困难的一年。市政府在市委的坚强领导下，在市人大及其常委会和市政协的监督、支持下，认真落实党中央、国务院和省委、省政府的决策部署，依靠全市人民，克服各种困难，应对复杂形势，开展“百项工程兴韶关”活动，着力转方式、惠民生、增后劲，基本完成市十三届人大一次会议确定的 2012 年目标任务，经济社会平稳健康发展。

推进产业转型发展取得新成效。全年实现生产总值 888.5 亿元、增长 9.8%，地方公共财政预算收入 61.5 亿元、增长 14%，均高于全省平均增长水平。农业生产再创佳绩。新增标准农田 2 万亩，粮食产量实现“六连增”，仁化县被认定为国家现代农业示范区。工业保持较快增长。全年净增规模以上工业企业 74 户，年底达 482 户。服务业量质齐升。净增限额以上批发零售、住宿餐饮企业 122 家，年底达 282 家；南岭国家森林公园、珠玑古巷—梅关古道成为国家 AAAA 级景区；金融产业稳步发展，金融机构存贷款余额较快增长，汇丰银行、交通银行落户我市。投资力度加大。固定资产投资增长 16.2%，发行企业债券 14 亿元，承接产业转移项目到位资金 101.8 亿元，新丰越堡水泥建成试产，乐昌城市广场投入使用，广乐高速公路建设加快推进，翁源华彩涂料城，以及曲江商务中心、南雄东方广场等商业综合体建设进展顺利，大广高速公路新丰段、韶能生物质能发电等项目开工建设，国电粤华煤矸石发电、南水水库供水工程、原曲仁矿棚户区改造等项目取得新进展。消费继续扩张。社会消费品零售总额增长 14.1%。外贸逆势增长。进出口总额增长 14.4%，增幅居全省第二位。创新驱动更加有力。专利申请量连续 8 年居全省山区市首位，高新技术产品产值增长 18%，产学研工作荣获中国产学研结合促进奖。经济结构进一步优化。民营经济增加值增长 13.6%，在经济总量中的比重首次超过 50%。县域经济持续较快发展，增幅高于全市平均水平 0.7 个百分点。

统筹城乡发展取得新成绩。芙蓉新城建设扎实推进。芙蓉新城发展战略规划与控制性详细规划整合工作基本完成。赤水村安置区动工建设，芙蓉、车头、西联、下胡村安置区建设前期工作有序推进。碧桂园太阳城及五星级酒店、恒大地产、韶关联通、武警市支队作战指挥中心等项目加快推进。老城区得到优化提升。组织编制《韶关市主城区旧城改造及改造重点地区控制性详细规划整合》。通天塔重建竣工，百年东街基本建成，完成解放路和粤北医院门诊综合楼前道路的交通整治、林桥坑排水渠二期覆盖、韶关汽车客运南站主体工程等一批市政工程建设，北江大桥大修完成，二棉厂、油泵油嘴厂等一批“三旧”改造项目加快推进，市中心区通往曲江区客运班线实现公交化改造，投放新能源公交车 38 辆，完成 1 万多户“一户一表”自来水改造。新农村建设成效明显。全市硬化农村公路 562 公里，帮助低收入农户改造住房 4870 户，316 个 20 户以下通电自然村实现广播电视“村村通”，首批 2 个名镇、20 个名村、50 个示范村创建工作初显成效。民生水利成效显著。乐昌峡水利枢纽开始发挥防洪效益，提前一年完成中央和省下达的农村饮水安全工程任务，累计解决72.8万农村人口饮水安全问题。扶贫开发“双到”工作圆满完成。全年落实帮扶资金4.44亿元、落实帮扶项目487个，贫困村集体生产性经营收入平均8.5万元，贫困户人均纯收入7546元。

生态文明建设取得新进展。乐昌、南雄、仁化、始兴、乳源五个县（市）被列入中央财政国家重点生态功能区均衡性转移支付范围。在全省率先完成136公里生态景观林带建设任务。完成造林38.8万亩，封山育林1162.4万亩。基本完成韶关国家森林公园生态休闲项目建设。启动了森林防火远程视频监控及预警系统一期建设。荣获省“林业生态市”称号。地质灾害防治和矿山资源整治加强，开展对重点工矿企业重金属污染综合整治和环境修复。产业转移工业园和中心镇污水处理设施建设全面推进。乡村清洁美工程深入开展，完成村庄整治363个，初步建立“户收、村集、镇运、县处置”的农村生活垃圾收运处置体系。全年淘汰190万吨落后水泥产能，减排二氧化硫约1万吨，规模以上工业增加值综合能耗下降16%，万元生产总值能耗下降4.2%。

改善民生和社会建设取得新进步。居民收入较快增长。全市农村居民人均纯收入、市区居民人均可支配收入分别增长15%和14%，企业退休人员人均养老金比上年增长10.1%。居民消费价格涨幅低于控制目标。民生投入持续增加。民生支出占财政支出的比重提高2.4个百分点，达69.6%。基本公共服务均等化水平提高。市政府承诺办好的8件实事和市政府各部门（单位）公开承诺为民办的49件实事基本完成。社保体系更加健全。实现城乡居民社会养老保险制度全覆盖，医疗保险城乡一体化及工伤、失业、生育保险和社会保障一卡通建设扎实推进。开工建设保障性住房6362套，建成2829套。11万人次享受低保待遇，实施医疗救助8022人次。就业工作成绩显著。培训农村劳动力2.2万人，转移就业4.8万人。城镇新增就业5.4万人，城镇失业人员再就业4.2万人，城镇登记失业率2.75%。社会事业全面发展。3—5周岁幼儿学前三年毛入园率达92.9%，义务教育规范化学校覆盖率达93.6%，户籍人口高中阶段毛入学率达92%以上，武江区、曲江区、始兴县、乳源瑶族自治县成为广东省教育强县（区）。新型农村合作医疗参合率100%，基本公共卫生服务均等化各项年度任务全面完成，政府办基层医疗卫生机构全面实施基本药物制度，公立医院改革试点工作稳妥推进，医疗服务能力得到提升。首次开展农村实用技术人才职称评审工作。首次接受全国文明城市创建“两测”国检成绩排名靠前，完成国家和省文化惠民工程任务。建成29个乡镇农民健身广场。成功创建第九届全国双拥模范城。全国人口计生综合改革示范市工作和省市共建韶关食品药品安全示范区工作取得新进展。妇女儿童、老龄、民族、宗教、对台、外事、侨务、港澳、司法、史志、统计、审计、物价、档案、供销、新闻、出版、气象、水文、人防、防震减灾、广播电视、应急管理、无线电管理与信息化等工作取得新进步。深入开展“三打两建”，启动平安韶关创建，社会管理得到加强。安全生产形势总体平稳。

政府自身建设取得新成果。扎实转变政府职能。深化行政审批制度改革和县（市、区）党政机构改革迈出重要步伐，出台第一批行政审批事项改革目录，取消行政审批事项113项、转移31项、下放61项、委托2项。推进要素市场改革，组建了公共资源交易中心和监管机构。加强廉政风险防控。全面落实领导干部廉政责任制和“五个一”制度，成立市预防腐败局。推进网络问政和政务公开，加强纠风工作，解决了一批关系群众切身利益的问题。强化效能监察。完善市直机关绩效考评、突出贡献奖、县域科学发展观考核等制度。同时，自觉接受监督，支持人大代表和政协委员履行职责。实施人大议案1件、政协建议案3件。办理代表建议77件和委员提案112件，办复率和办结率均为100%，代表、委员普遍表示满意或基本满意。

各位代表，上述成绩来之不易，这是全市人民团结奋斗的结果。在此，我代表市政府，向全市人民，向驻韶人民解放军和武警官兵，向各民主党派、人民团体、社会各界人士表示崇高的敬意！向关心、支持韶关发展的港澳台同胞和海内外朋友表示衷心的感谢！

在看到成绩的同时，我们也

清醒地看到面临的困难和问题：2012年我市经济增长和实际利用外资没有实现预期目标；经济发展方式仍然比较粗放，资源、能源、环境约束加剧，产业结构有待进一步优化；工业发展后劲不强，第三产业发展偏慢，农业现代化水平不高；中心城市带动力不强，城乡差距依然较大；社会建设任务繁重，民生质量有待进一步提高。对此，我们一定要增强忧患意识，采取有力措施加以解决。

2013年工作安排

今年政府工作的总体要求是：坚持发展这个硬道理，以科学发展观和习近平总书记视察我省提出的“三个定位、两个率先”目标为指引，认真落实党的十八大精神和省委、省政府决策部署，切实增强加快发展的紧迫感，坚定信心，抓住机遇，加快转变经济发展方式，以新型工业化和新型城镇化双轮驱动，积极推进信息化、农业现代化和基本公共服务均等化，着力深化改革开放，着力实施“双转移”战略，着力保障和改善民生，实现经济增长质量和人民幸福指数同步提升。

综合考虑国家和我省经济发展趋势向好，以及国内外经济发展环境复杂、不确定性增加等多种有利和不利因素，今年全市经济社会发展主要预期目标是：生产总值增长11%以上；人均生产总值增长10%；地方公共财政预算收入增长11%以上；固定资产投资增长16%；社会消费品零售总额增长15%；城镇居民人均可支配收入增长9%，农村居民人均纯收入增长10%；居民消费价格指数涨幅控制在4%左右；城镇登记失业率控制在3%以内；单位生产总值能耗下降3.9%，完成省下达的节能减排等各项任务。

围绕上述目标，我们将更加注重解放思想、深化改革，用党的十八大和习近平总书记视察广东重要讲话精神武装头脑，着力破除妨碍科学发展的思想束缚，以更大的勇气和智慧推进符合韶关实际的改革，着力建设大市场、好社会、强政府，在改革中获取发展的最大红利；我们将更加注重转变发展方式、提高发展质量，突出以人为本、绿色转型、共建共享，追求利税效果更好、创新能力更强、环境代价更小、资源消耗更少、群众受益更广的更为协调、可持续的包容性增长，用发展的办法解决前进中的矛盾和问题；我们将更加注重联系群众、转变作风，深入基层、摸索规律、解决问题，务实进取、不尚空谈、廉洁自律，以政府作风的转变促进各项工作的进步。

发展不足是我市当前最大的问题，加快发展是解决我市所有问题的关键。今年突出抓好五个方面的工作：

一、加强经济建设

在推动韶关科学发展的全局里，必须扭住经济建设这个中心不动摇，在加速经济发展的过程中，坚持质量为先，充分体现富民惠民取向。

改善对经济运行的调控，保持经济较快增长的势头。从我市作为欠发达地区的实际出发，在投资、消费、出口三大经济增长驱动力中：首先要突出投资拉动的关键作用。加大质量招商力度。整合招商资源，创新专业招商工作机制，努力“招大商、招好商”。加强与珠三角的有机联系，强化产业对接，加大承接产业转移力度。大力推进乡贤反哺工程，吸引外出乡贤回韶投资兴业。加大项目工作力度。开展“项目建设年”活动。加强项目前期工作和项目储备，建成和不断完善市重点项目储备库。实施更加积极的财政政策，集中财力上一批事关我市长远发展的基础设施、公共服务、民生保障关键项目，并相应加强政策引导和服务，撬动和带动信贷资金、社会资本加大投入。突出抓社会资本的投资到位，积极协调解决项目用地、规划、环评等前期工作，促成签约项目尽快落地动工，在建项目尽快建成投产、达产、达效。其次要发挥扩大消费需求的重要作用。优化消费环境，培育消费热点，繁荣活跃城乡市场。合理布局建设区域商务中心，积极发展社区商业服务网点。加快培育健康、文化、养老服务等消费热点。积极推广信贷、租赁等新型消费模式。推进“农超对接”，加强平价商店建设管理。继续实施“万村千乡”市场工程和“新网工程”，拓展农家店综合服务功能，大力开拓农村市场。通过完善公积金贷款政策等措施，引导释放社会住房需求，拉动衍生消费需求。组织专业商品展会，满足群众需求。此外，还要加大外贸工作力度。加强口岸基础设施建设，优化通关环境，做优“铁海联运”，培育出口品牌，努力开拓国际市场，培育外贸新增长点。

加快转型升级，构建现代产业体系。积极实施《广东省韶关市资源枯竭城市转型发展规划》。坚持绿色发展。培育发展绿色健康产业，积极发展健康卫生、智慧生活、绿色环保、休闲旅游等幸福导向型产业，加快把生态优势转化为发展优势，积极探索依靠生态加快发展的路子。坚持集约发展。从我市既要加快发展又要调整结构的“双重任务”出发，在激活存量的同时，更多地在增量上做文章，以增量提升促存量优化，加快产业规模化、集约化、集群化进程。一是大力发展现代农业，加强三农工作。提高农业综合生产能力和城乡防灾减灾能力。认真落实中央一号文件精神。落实强农惠农政策，建设高标准基本农田，完善农田水利设施，保障主要农产品有效供给。促进政策性涉农保险业务发展。推进气象现代化。提高农业产业化水平。积极组织农民，大力发展农业龙头企业、专业合作社、种养大户和家庭农场，新增市级以上农业龙头企业10家、农民专业合作社100家。完善基层农业技术推广体系，培养现代新型农民。加快土地流转，促进土地适度规模经营；大力推进绿色种植，发展特色精品农业；提高农产品精深加工水平。改进包装，加强配送，搞活农产品流通。提高农业发展载体水平。抓好现代农业园区建设，打造现代农业示范基地。强化林业建设。大力发展乡土珍贵阔叶树、油茶、竹子、绿化苗木等林业主导产业，打造450万亩特色产业基地，有效调控竹木采伐加工规模，采取措施大力发展林下经济。大力创建幸福村居。统筹谋划全市农村自然村建、转、撤、并，支持两不具备村庄整村搬迁；鼓励引导社会资本参与村庄建设。新建400公里通自然村路面硬化公路。开展全省“公交一卡通”在农村客运领域的试点应用。优化扶贫方式。启动新一轮扶贫开发，支持民族地区、革命老区、贫困地区、水库移民区加快发展。二是加大“工业强市”力度。促进工业集群发展。从实际出发，明确我市各地工业发展的产业定位。促进企业按产业分工协作关系集聚发展，着力打造、补足、延伸、强化产业链，推进机械装备制造、钢铁、有色金属、烟草、电力、新型建材、精细化工、稀土、生物医药、食品饮料、纺织服装、家具和玩具等产业健康发展，重点发展带动力强的整机装备、成套设备、智能装备和终端产品生产企业。加大工业项目推进力度。加快韶钢优特钢、翁源华彩涂料城、韶关发电厂、韶能生物质能发电、东阳光生物制药、氟化工等在建项目建设，争取华电（南雄）热电联产、国电粤华煤矸石发电、南水水库供水工程、曲江台泥等项目动工建设。调整工业结构，优化工业存量。继续推动韶钢、韶关烟厂、东阳光、丹冶、凡口矿、大宝山矿等现有优势企业技改创新和韶冶环保搬迁，同时积极扶持韶关液压、韶铸、中机重工、韶瑞重工、正星车轮、东南轴承、北江纺织等一批潜力较大的企业做大做强。总结青岛啤酒入主我市活力啤酒公司和世界矿山机械巨头芬兰美卓集团兼并韶瑞重工的经验，引导工业企业与国内外行业领先企业合作或重组。引导鼓励扶持个体户发展为企业、规模以下工业企业发展为规模以上工业企业。制定优惠政策，支持有条件的工业企业加快上市。落实支持中小微企业发展的政策措施，培育中小企业创新产业化示范基地，缓解中小企业融资难题，促进中小企业加快发展。优化工业园区载体建设。重点推进省级产业转移工业园以及莞韶华南钢铁科技产业园、稀土产业园规划建设。加快扩园工作，扩大园区自主权，加大园区基础设施和配套设施投入，加强公共服务平台建设，扩展园区服务功能，将园区建成更具竞争力、吸引力的工业新城。大力支持各县（市、区）工业园区建设，培育一批优质县域工业园。三是加快服务业发展。加大旅游资源开发力度，促进旅游业率先跨越发展。积极引入有诚意、有实力、有经验的旅游开发战略投资者，加大南雄奥威斯、新丰云髻山等旅游重点项目推进力度，提高旅游产业化水平。重点建设环丹霞山旅游产业园，整合资源、改革体制，培育做大丹霞山景区市场主体。丹霞山巴寨景区免费开放100天。积极推进农村旅游社区建设，发展农家乐旅游。引导旅游业与其他产业融合发展，发展节庆、商务会议等旅游新业态。举办好啤酒节等节庆旅游活动，进一步打响徒步穿越丹霞山品牌。整合本地吃、住、行、游、购、娱等要素，打造有竞争力的旅游产品，并与周边市合作推广精品旅游线路，着力提高游客过夜停留比重。加快完善市区通往各主要景区景点的高等级快速旅游交通网络。积极发展社区服务业。重视发挥金融业的作用。加强政府、企业与金融机构的交流，引入更多金融机构，支持金融机构扩大和创新业务，引导商业银行提高贷存比。完善农村金融服务体系。大力发展商贸流通业。推进专业市场、商业综合体、星级和商务酒店等商贸项目建设，发展带动力强的连锁经营龙头企业。争取物流业发展有新突破。建设物流园区，发展现代物流配送和专业物流中心。培育供应链一体化管理现代化物流龙头企业，推进成品油、钢材、香烟、煤炭、矿石、农副产品等大宗商品物流项目建设，推动物流业与工商业联动发展。积极发展电子商务。加快发展网络零售、行业电子商务、综合性电子商务平台，壮大网商队伍。

推进城镇化进程，着力城市扩容提质。以韶关市区和各县（市）城区为重点加快城市建设，引导农村人口向城镇、周边人口向市区聚集，推进城镇化和农民市民化，加快建设粤北区域中心城市，增强辐射带动周边发展的能力。完善创新流动人口管理服务，完善异地务工人员积分制入户城镇、参与社会管理、享受公共服务等制度。要把芙蓉新城建设作为城镇化的重中之重来抓。抓好芙蓉新城扩区域和组建管委会工作，按照打造机械装备企业总部基地、生态旅游集散地、区域行政文化中心、宜居宜业家园的定位合理安排开发时序。坚持农民优先，完成赤水村安置房建设，开工其他4个村安置房项目；坚持道路优先，全面推进芙蓉大道、芙蓉隧道、南华路、32号路、百旺路、滨江路等新城骨干路网建设，完善新城道路基本框架；坚持公建优先，加快学校、医院、文化场馆和便民服务中心、韶关联通、移动服务大楼及武警市支队作战指挥中心等建设；坚持产业骨干项目优先，加快金融街、中央商务区、总部基地、专业市场、城市综合体等产业带动项目的建设。继续优化提升老城区。改造老城区东西南北四大出口，推进上饶路、新兴路、群康路、东环线、移山路等道路建设，提高市区交通畅达水平。大力推进“三旧”改造。加大违法违章建筑整治力度。大力推进城市管理科学化、精细化、信息化。加强交通等基础设施建设。加快广乐、大广高速公路、赣韶铁路和武广高铁乐昌东站建设。推进仁深、汕昆高速公路和北江航道“五改三”前期工作。韶关汽车客运南站投入使用。建设智能化公交综合管理系统，优化加密连接新老城区的公交线路。推进 CNG 气站建设。建设西气东输天然气市区门站。加速创新型城市建设。强化创新平台，改善创新环境，推进技术创新成果产业化。加强各县（市）城区和有条件的中心镇规划建设。强化规划协调和衔接，全面开展市域城镇体系规划和县域村镇体系规划，优化功能定位和产业布局，大力培育发展中心镇和特色专业镇。积极促进城市要素和公共资源向农村延伸。

二、加强文化建设

深化文化体制改革，大力发展公共文化服务，推动文化事业和文化产业发展，充分发挥文化引领风尚、教育人民、服务社会、推动发展的作用。

加强社会主义核心价值观教育。着力推进以社会公德、职业道德、家庭美德、个人品德、诚实守信为主要内容的公民道德建设工程，加强和改进未成年人思想道德建设，大力倡导“厚于德、诚于信、敏于行”的新时期广东精神。加快公共文体服务体系建设。推进文化骨干工程和公共文化基础设施建设，加快建设芙蓉新城图书馆、文化馆、档案馆。完成文化信息资源共享、农村电影放映、广播电视“户户通”、县镇数字影院建设等工程。促进文化产业发展。加快培育广播电视、新闻出版、演艺娱乐、平面传媒、创意设计、信息网络等产业。推进大南华文化旅游创意产业园、金鸡岭文化产业园等建设，以重点文化项目建设带动文化产业发展。加强文化市场监管。规范文化市场和网络文化管理，深入开展“扫黄打非”。推进正版软件在公务部门的应用。深化文化体制改革。加大市直文艺院团改革力度。推进文明城市建设。推进全国文明城市、国家历史文化名城创建和历史文化名镇、名村的保护。做好国家卫生城市复审通过工作。建立市、县两级非物质文化遗产保护名录和数据库。深入开展群众性文体活动。努力打造韶关群众文体活动品牌。办好世界张氏总会第六届恳亲大会和纪念“六祖”惠能示寂1300周年系列活动。实施全民健身计划。建成21个乡镇农民体育健身工程，推进机关、企事业单位体育设施向社会开放。推进市运会和市中小学运动会合二为一。力争在省第三届体育大会上取得好成绩。

三、加强社会建设

以保障和改善民生为重点，充分发挥政府在推动社会管理创新中的主导作用，推进和谐韶关建设。

着力保障和改善民生。合理调整收入分配关系，强化工资支付保障机制，维护劳动者合法权益。实施积极的就业创业政策，抓好农村劳动力技能培训转移就业工作，推动实现更高质量的就业。加强养老保险、医疗保险、低保、社会救助、优抚安置、住房保障和残疾人康复等工作，完善城乡统筹的社会保障体系。启动第十届全国双拥模范城创建。加大解决农村集体经济发展用地历史遗留问题工作力度。坚持教育优先发展，促进教育公平，努力创建省教育强市。完成学前教育三年行动计划（2011－2013年），进一步推进学前教育健康发展。推动异地务工人员子女平等接受教育。推进城乡义务教育均衡发展，加强农村寄宿制学校建设，着力解决“小校园大班额”现象；促进学校内涵发展，加强校长和教师队伍建设。推进高等教育整合资源，提高办学质量和水平。加大改革力度，推动技工教育、中职教育从数量扩张向质量提升转变，推进校园对接产业园工程，推行招工即入学的“校企双制”联合办学。完成市特殊教育学校搬迁改造。提升医疗卫生等公共服务水平。健全农村三级医疗卫生服务网络和城市社区卫生服务体系，抓好乳源瑶族自治县公立医院改革试点。巩固城乡基层医疗卫生机构综合改革成果，推进“平价医院、平价诊室、平价药包”建设。合理配置卫生资源，推进粤北区域医疗服务中心建设，推动中医药强市战略实施；开展城乡环境卫生整治，加强城乡居民健康教育工作。大力发展慈善事业。关注民生价格，保持价格总水平基本稳定。

着力加强和创新社会管理。全面推进创建平安韶关工作，加大社会信用体系和市场监管体系建设力度。制定扶持社会组织发展的政策措施，建设社会组织培育基地，加快培育发展社会组织，推进社会组织去行政化、去垄断化改革。创新社会利益和矛盾调处机制，建立社会建设信息网络平台，及早化解社会矛盾和冲突。完善立体化社会治安防控体系，提升应急管理水平，增强群众安全感和满意度。全面开展城乡社区建设，完善社区管理和服务体制，打造专业化社区工作者队伍，推进社区服务信息化标准化。继续推进食品药品安全示范区创建，以及人口计生、安全生产、民族团结进步事业等工作。建立社会建设工作综合考核评价体系，优化社会事业发展方式，推动教育、医疗等公共服务资源优化整合与布局调整，提高公共服务质量。创新社会建设投融资机制，在加大财政对社会建设投入的同时，积极吸引民间资源进入社会建设领域。

今年，要在继续做好市政府以往承诺民生工作的同时，办好10件关系民生的实事：1、推行森林保险；2、开展自然灾害公众责任保险；3、建立扶持中小企业融资机制；4、实施广乐高速公路北连接线犁市互通黄岗至十里亭路段改（扩）建工程；5、实施韶南大道百旺大桥到南华寺路段改（扩）建工程；6、实施工业西路内涝整治工程；7、建设韶关国家森林公园8公里健身步道；8、建设北江中学新运动场和综合大楼；9、建设五里亭桥底和北江源群众文体活动广场；10、为全市敬老院安装太阳能热水器。

四、加强生态建设

大力实施绿色发展战略和主体功能区规划，正确处理发展与保护的关系，面上加强保护、点上有序开发，打造“蓝天、青山、碧水、洁净、美丽”的宜居宜业环境，推进绿色低碳、可持续发展，促进生态效益和经济效益“双赢”。

着力巩固生态屏障。大力推进封山育林，抓好生态景观林带、森林碳汇、森林进城围城等重点林业生态工程建设和绿道网建设，加快石漠化、水土流失、地质灾害和荒废矿区综合治理，强化对河沙采集的管理，加强自然保护区、生态公益林、湿地、江河水库保护。

着力强化环境保护。认真落实环保规划，抓好重点区域、重点行业和重要领域的规划环评。加大减排工作力度，重点抓好污水处理项目、城市污水管网建设以及机动车和规模化畜禽养殖场减排措施的落实。完善落后产能退出机制，完成小水泥等落后产能淘汰任务。加强重金属污染防治。深入开展农村环境综合整治和生态示范村（镇）创建，建设美丽乡村。

节约集约利用资源。实施供

电与产出挂钩政策，加强对高耗能行业和企业的调控，实施差别水价政策，积极推广LED照明产品。制定全市土地利用水平年度考核办法，强化“以亩产论英雄”的理念，推行企业用地与产出挂钩，依法征收土地税费，探索土地出让合同附加项目质量和建设进度条件，促进节约集约用地。加强土地批后、供后监管，严格耕地保护。优化国土空间开发，做好市重大发展平台和重点项目用地规划调整工作，保障重点项目建设用地。抓好城乡建设用地增减挂钩试点工作。争取土地利用改革先行先试，充分利用低丘缓坡和废弃工矿地保障发展。大力发展循环经济，加强再生资源回收利用管理。

五、加强政府建设

我们将牢固树立“政务就是服务”的理念，重点在依法行政、深化改革、改进作风、廉政建设、人才支撑上再造政务服务新优势。

严格依法行政。自觉接受市人大及其常委会的法律监督和市政协的民主监督，办好人大议案、代表建议和政协提案。虚心听取各民主党派、工商联、无党派人士和各人民团体的意见建议。完善市政府工作规则和会议制度，制定《韶关市重大行政决策程序规定》，把公众参与、专家论证、风险评估、合法性审查和集体讨论决定纳入决策程序。建立重大行政决策咨询论证专家库。深入推行行政执法责任制，完善行政执法程序，进一步减少和规范行政执法自由裁量权。推进行政执法与刑事司法衔接，规范执法行为。公开政务信息，完善网络问政。尽力解决历史遗留问题，公平对待市场主体，打造诚信法制政府。

深化改革。以转变政府职能为核心，继续深化行政审批制度改革，清理、调整和压缩市级行政审批事项，减少、下放和向社会组织转移行政审批职能。实施审批目录管理，落实首问负责、限时办结、服务承诺、并联审批等制度，优化政务服务流程，缩短审批时限。建成网上服务大厅，加强市县镇三级行政社会服务体系建设，提高服务效能。优化创新政府提供公共服务机制，有序推进政府向社会组织购买公共服务工作，降低行政成本，提高服务质量。深化企业投资管理体制改革和商事登记制度改革。推进山区县农村综合改革、富县强镇和简政强镇事权改革。完成县（市、区）党政机构改革。大力推进事业单位分类改革，开展法人治理结构试点。加强政府投资管理体制改革。加大市属国企改革力度，支持其与行业领先企业合作或重组，完善法人治理结构和经营机制。落实协税护税机制，加强税收征管。

改进工作作风。领导干部要带头转变作风，坚持密切联系群众。市政府领导和政府所属单位一把手要率先深入基层，针对影响我市科学发展和群众利益的突出问题扎实调研，按照市委、市政府谋划确定的发展大思路，结合本职工作实际进行具体谋划，按程序形成具体工作目标和措施，通过现场办公等形式及时协调决策，狠抓督促落实。简化、优化政府部门检查评比，更加重视工作结果，并在相对集中时段进行，减轻基层负担。大力推进电子政务建设，全面实施OA办公系统办公，以信息技术提高政务透明度，倒逼政府工作人员提高工作效率。转变文风会风，践行开短会、讲短话、发短文，严控会议和表彰庆典等活动。整顿机关作风，坚决整治庸懒散奢，严查和制止行政不作为、乱作为、慢作为行为。

加强廉政建设。进一步落实党风廉政建设责任制和一把手述责述廉、“五个一”等制度，深入开展廉政风险防控和行政权力公开透明运行机制建设，构建惩防体系。全面加快公共资源交易平台建设，健全工作规则和流程，探索公共工程和政府网上采购招标、资格后审机制。加强政府工程监督，对经批准的项目严格投资评审，按照批复概算组织实施。优化财政支出，严控行政成本，发文规范税费减免。加强审计监督，除对政府部门的审计外，还要扩大对事业单位、重点国企等单位的审计，创新开展对政府工程、政府采购和公共资产处置招标的审计，清查纠正限制公平竞争、损害公众利益的行为。加强政府内部廉政监察、执法监察、效能监察、纠风和督办工作，强化重大工程、重点行业、重点领域和重要环节的监管。

强化人才支撑。必须把人才与事业紧密结合起来，完善聘用、开发、激励约束等激活人才资源的体制机制，让合适的人干合适的事，让合适的人干好合适的事。积极实施符合韶关发展阶段性要求的人才工程，着力储备、培养、吸引、用好人才，重点引进和培养较高层次适用人才，加快科技创新团队和产业创新联盟建设。制定文件完善政府公务员和事业单位人员录用的基本条件和办法，提高选录工作公平性。

各位代表，让我们在省委、省政府和市委的正确领导下，解放思想、实事求是、群策群力、攻坚克难，为建设幸福美好韶关而努力奋斗！

韶关市芙蓉新区挂牌成立

经广东省政府常务会议审议，通过韶关市芙蓉新区发展总体规划，2013年10月28日，韶关市芙蓉新区管委会正式挂牌成立。

《广东韶关芙蓉新区发展总体规划（2013—2030年）》，明确芙蓉新区的建设要积极探索后发地区转型升级发展新模式，充分发挥南岭生态优势，走人本发展、绿色发展、工贸引领、文化提升、产城融合的新型城镇化道路，高度重视做好水资源保护和北部连绵山体生态保护工作，依托山体、林带、水、田园形成生态间隔，彰显现代山水城市特色，注重文化传承，为人民群众提供更安全、更舒适、更优美的人居环境，把芙蓉新区建设成为国家老工业基地振兴发展示范区、粤北地区中心城市核心区、粤湘赣现代商贸物流中心。

韶关芙蓉新区成立后，对以芙蓉新区为龙头，以主城区和县城为重点，加快推进城镇化进程，加快推进旅游服务、现代物流、交通枢纽、劳动就业技能教育培训、医疗服务五大中心建设，不断提高韶关市域集聚辐射带动能力，并逐步建设成为粤北地区中心城市具有重要意义。

一、从“小岛时代”走向“芙蓉时代”

现在的韶关市区为一副“Y”字形图案：市区西面的武江和东侧的浈江在城市中心汇流成北江，在韶关市区境内构成“三江六岸”的独特风景。而韶关的中心城区，就位于这个“Y”字形上方的半岛部分，俗称“小岛”。

1949年新中国成立后，韶关市人口渐渐往“小岛”地区聚集。如今，这块仅2．2平方公里的区域集中了市内主要的行政机关、公共服务设施以及娱乐场所，其承载能力已不堪重负。诸如拥堵之类的“大城市病”已频繁显现。

为缓解旧城区承载压力，韶关市委、市政府将城区扩容提质提上重要的议事议程，而承载这一重要使命的即是芙蓉新区。在省委省政府振兴粤东西北的大背景下，芙蓉新区的建设，有利于韶关拉大城市发展框架，强化产城融合，加快城镇一体化发展，实现城市发展从“小岛时代”向“芙蓉时代”转移。

芙蓉新区位于韶关老城区南部和西北部，涉及市辖三区11个镇和乳源瑶族自治县的桂头镇，按照产城融合、转型发展的要求，新区规划总面积约490平方公里，包括芙蓉新城、莞韶产业园、韶钢以及特钢产业园等区域，其中城市建设用地规模约110平方公里，约占新区总面积的22%。其战略定位为：国家老工业基地振兴发展与生态文明建设示范区、粤北地区中心城市核心区、粤湘赣现代商贸物流中心。

科学发展，规划先行。芙蓉新区开发以高起点规划、高标准建设、高效率管理为原则，形成“一带”（依托“三江六岸”的滨江城市发展带）、“两翼”（背靠生态屏障的东、西两翼产业发展区）、“三心”（新城中心、老城中心、曲江副中心）组团式协调发展的新格局。

重点工程建设是新区开发建设的重要抓手，是全力加快粤北地区中心城市建设进程，推进城乡统筹发展、城市扩容提质，建设幸福韶关的节点。韶关市政府制定的《芙蓉新城开发建设工作计划》近30个项目涉及芙蓉新城的城市公共基础设施、服务功能配套和招商引资项目等。这些带动性强的项目建设后预计可带动投资100亿元，年利税可达10亿元。目前，碧桂园·太阳城、韶关恒大城、信德·尚筑置业、粤北亚太财富中心、保利地产等知名地产项目已进驻，完成宝马（粤北）4S旗舰店土地出让，韶关火车站前片区、金融街、三甲医院、华师合作项目正在积极推进中。

二、三大社区承载18万人口

结合芙蓉新区的发展布局、基础设施条件和项目引进情况，韶关将芙蓉新城和东莞（韶关）产业转移工业园甘棠片区作为芙蓉新区的起步区，面积约14平方公里。其中，芙蓉新城面积约为9平方公里，包括芙蓉新城中央商务区以及中部和北部居住片区，约占整个起步区总面积的三分之二。

在芙蓉新城起步区，中央商务区重点依托京广高铁站和优美的滨江环境，加快发展商业、文化以及生活居住等综合服务功能，为起步区发展提供有力支撑。中部和北部居住片区，则通过芙蓉隧道便捷联系韶关老城区，依托实验中学、三甲医院等优质公共服务资源的吸引力，形成衔接老城、疏解老城的新城片区。另一方面，东莞（韶关）产业转移工业园甘棠片区位于芙蓉新城起步区西南面、京港澳高速以南的区域，面积约5平方公里。依托已有建设基础和临近芙蓉新城的有利条件，加快园区基础设施和公共服务设施建设，形成新的工业发展平台，吸引企业入驻。

正是看准了扩容提质的重要机遇，国内地产龙头企业纷纷把目光瞄准韶关，毗邻高铁站而建的恒大城和碧桂园的太阳城等项目正在迅速推进。不久的将来，芙蓉新城将形成三大居住社区——保利、恒大、碧桂园。这三家房地产公司的楼盘承载了芙蓉新城的主要人口，此外还有一些规模较小的商业楼盘。按照三大房地产公司规划的60万平方米的建筑面积，总户数将达到6万户。如果未来5—10年内这些房屋全部住满，按照一户三口人来计算，仅这三大社区所容纳的人口就有18万之多。再加上其他楼盘和回迁的村民，芙蓉新城总人口将达到20万以上。为此，市委、市政府提出，要加快新区基础设施建设，构建高效绿色的综合运输体系、低碳清洁的能源体系、智慧高效的信息基础设施体系，完善安全优质的市政公用设施建设，构建健全可靠的综合防灾体系。

三、山水特色与文化传承并重

随着芙蓉新区规划的逐步完善，起步区芙蓉新城的基础设施建设也在同步进行中。目前，芙蓉新城已完成投资额约30亿元，建成韶关大道、百旺路、芙蓉大道南、16号路、32号路（一期）等市政主次干道以及市公安局、城市规划展示厅、武广客运韶关站等一批公共配套设施。

为了完善新区的配套设施，市公路局一直在推进路网施工，预计2014年总共有11条公路开工。为解决新区家庭子女入学问题，广东韶关实验中学正处于紧张建设之中，2014年9月开始招生。该中学将按省一级以上标准设计和建设，学校占地约20公顷，规划建筑面积20万平方米，总投资将超过5亿元。学校建成后，可同时容纳120个教学班、6000名学生就读，将提高韶关市区优质教育资源的覆盖率。芙蓉新区正在招商引资建立一座综合性大型医院，由民间投资、政府管理，以满足未来新区人口聚集的需要。此外，目前一批金融机构也有进驻芙蓉新区的意愿。

随着新区人口的增加，对文化设施的要求必然日渐增长。2012年年底，芙蓉新城“三馆”奠基。“三馆”项目位于芙蓉新城所确定的中南部核心区域——武广韶关站前、新区规划东西向金融商业及公建服务设施轴线上，总建筑面积达4万平方米，主要用于建设图书馆、档案馆、文化馆及配套设施等。“三馆”项目是韶关2012年为民办实事之一，预计在2014年完成主体工程，届时将是韶关市最大的文化设施集群。

随着新区起步区建设日渐成熟，新区安置区建设也正在有条不紊地进行。芙蓉新城辖区内的赤水村委安置房建设项目已基本完工，西联和芙蓉村委的项目已经开工，下胡和车头村的项目也在加紧筹备中。

为了给韶城人民提供一个新的生活休闲场所，新区将大大提升开放式绿化广场的面积，不仅规划市民公园、盆景山公园以及石背窝绿道休闲公园，还在滨江路旁边设了一条宽300米、长3公里的滨江景观带，全部作景观绿化之用，占地达1000亩，该滨江景观带正在设计规划中，不久将成为韶关城区一大新的靓景。而石背窝项目充分利用石灰岩岩溶凹地，依托山体、林带、水、田园形成生态间隔，将成为新城“绿肺”所在。

展望未来的芙蓉新区，它将依托天然的生态和交通区位优势，充分发挥产业关联度和集聚度扩大效应，成为推进韶关城市化、现代化进程的驱动器。一座以北江为纽带，体现自然与人和谐共生的生态理念，充分延续历史文脉的现代、大气的城市新中心和商务中心正在崛起。

（根据 2013 年 10 月 28 日《南方日报》报道整理　殷南光）

韶关市人民政府关于给予市公安消防支队记集体二等功的决定

（韶府〔2013〕69 号）

各县（市、区）人民政府，市政府各部门、各直属机构，中省驻韶各单位：

近年来，韶关市公安消防支队以创建“平安韶关”“幸福韶关”为目标，围绕中心，服务大局，依法履职，全面推进社会单位“防火墙”工程建设，充分发挥防火灭火和应急救援主力军作用，全力打造现代化消防铁军，圆满完成党和政府交给的各项工作任务。2010 年以来，市公安消防支队共参加灭火、应急救援战斗 12795 次，抢救疏散遇险群众 107992 人，保护国家和公民财产价值 78.7 亿元，出色完成了 2011 年“5・26”高架桥坍塌抢险救援、2012 年“8・22”宝林山隧道炸药货车灭火救援和“11・7”天然气槽罐车泄漏事故救援、2013 年“5・16”和“8・17”特大洪水台风灾害救援等“急难险重”任务，最大限度降低了灾害事故损失，最大程度保护了人民群众生命和财产安全，为建设“平安韶关”“幸福韶关”做出了突出贡献，得到各级领导的高度肯定和人民群众的普遍赞誉。

为表彰市公安消防支队作出的突出贡献，大力弘扬他们的先进事迹和崇高精神，市政府决定给予市公安消防支队记集体二等功。希望市公安消防支队全体官兵珍惜荣誉，发扬成绩，再接再厉，再立新功。全市各级政府、各部门要学习市公安消防支队忠于职守、求真务实、积极进取的精神，以饱满的工作热情，立足本职，开拓创新，勤奋工作，为建设幸福美好韶关做出新的更大的贡献。

韶关市人民政府

2013 年 11 月 25 日

表 48

2013 年韶关市人民政府规范性文件目录

序号	文件名	发文号	发文时间
1	韶关市电子政务建设项目管理办法	韶府〔2013〕14 号	2013 年 3 月 8 日
2	韶关市“十二五”主要污染物总量减排考核办法	韶府〔2013〕20 号	2013 年 3 月 26 日
3	韶关市城市基础设施配套费征收管理办法	韶府令第 103 号	2013 年 3 月 29 日
4	韶关市建设工程规划批后监督管理办法	韶府办〔2013〕76 号	2013 年 5 月 29 日
5	韶关市公众移动通信基站管理办法	韶府令第 104 号	2013 年 6 月 13 日
6	韶关市人民政府关于延长《韶关市土地储备管理暂行办法》和《韶关市土地储备资金财务管理暂行办法》有效期限的通知	韶府〔2013〕43 号	2013 年 8 月 22 日
7	韶关市城市生活无着的流浪乞讨人员救助管理实施办法	韶府令第 105 号	2013 年 9 月 3 日
8	韶关市市政设施管理规定	韶府令第 106 号	2013 年 9 月 3 日
9	韶关市区生活饮用水二次供水管理规定	韶府令第 107 号	2013 年 9 月 3 日
10	韶关市区政府投资项目 BT 模式建设管理暂行办法	韶府办〔2013〕143 号	2013 年 9 月 9 日

续表48

序号	文件名	发文号	发文时间
11	《韶关市城乡居民基本医疗保险实施办法》	韶府令第108号	2013年9月16日
12	韶关市重大行政决策程序规定	韶府〔2013〕54号	2013年9月24日
13	韶关市依法行政考评办法	韶府〔2013〕55号	2013年9月24日
14	韶关市市级国有资本经营预算试行办法	韶府令第109号	2013年11月1日
15	韶关市区违法建设查处暂行规定	韶府令第110号	2013年11月12日
16	韶关市体育场馆设施向社会开放实施办法	韶府令第111号	2013年12月9日

说明：2013年度23件政府规范性文件制订计划中，完成16件

（殷南光　整理）

全市文物保护单位一览表

表49

截至2013年止

区分	文物名称	公布（批准）机关	公布（批准）年月	备注
浈江区	北江农军学校	广东省人民政府	1978.7	第一批
	走马岗遗址	广东省人民政府	1978.7	第一批
	中共广东省委（五里亭）机关旧址	广东省人民政府	2010.5	第六批
	犁市街当铺	广东省人民政府	2012.10	第七批
	韶州府学宫大成殿	韶关市人民政府	2006.6	—
	广州会馆门坊	韶关市人民政府	1960	—
	风采楼	韶关市人民政府	2006.6	—
	帽子峰武城堡	韶关市人民政府	2003.11	—
	帽子峰主峰碉堡	韶关市人民政府	2003.11	—
	帽子峰定韶堡	韶关市人民政府	2003.11	—
	帽子峰巩北堡	韶关市人民政府	2003.11	—
	广富新街门楼	韶关市人民政府	2003.11	—
	广富新街洋楼	韶关市人民政府	2003.11	—
	广富新街住宅	韶关市人民政府	2003.11	—
	抗日战争时期余汉谋指挥部旧址	浈江区人民政府	2013.8	—
	国民党将领卢崇善旧居	浈江区人民政府	2013.8	
武江区	张九龄家族墓地	广东省人民政府	1978.7	省第一批
	余靖墓	广东省人民政府	2002.7	省第四批
	文武阁塔	韶关市人民政府	2006.6	市级
	基督教循道会西教士住所	韶关市人民政府	1984.4	市级
	青水塘炮楼	韶关市人民政府	2006.6	—
	李子园炮楼	韶关市人民政府	2006.6	—
	沙山矿冶遗址	武江区人民政府	2012.3	—
	下胡村晒谷坪	武江区人民政府	2012.3	—
	侯屋村晒坪	武江区人民政府	2012.3	—
	芹村南晒坪	武江区人民政府	2012.3	—
	芹村北晒坪	武江区人民政府	2012.3	—
	高坟墩遗址	武江区人民政府	2012.3	—
	圆墩岭遗址	武江区人民政府	2012.3	—
	蒲杓岭遗址	武江区人民政府	2012.3	—
	龙湾村谭鉴夫妻墓	武江区人民政府	2012.3	—
	奇石村龚氏古墓	武江区人民政府	2012.3	—
	芙蓉古刹	武江区人民政府	2012.3	—
	津头岭村古井	武江区人民政府	2012.3	—
	林屋村林氏祠堂	武江区人民政府	2012.3	—
	山架岭村曹氏祠堂	武江区人民政府	2012.3	—
	广明龙村古井	武江区人民政府	2012.3	—
	墩子头村赖家祠堂	武江区人民政府	2012.3	—
	墩子头村何氏祠堂	武江区人民政府	2012.3	—
	大村梁公祠	武江区人民政府	2012.3	—
	村头村北古井	武江区人民政府	2012.3	—
	村头村南古井	武江区人民政府	2012.3	—
	村头村朱氏祠堂	武江区人民政府	2012.3	—
	村头村刘氏祠堂	武江区人民政府	2012.3	—

续表49

区分	文物名称	公布（批准）机关	公布（批准）年月	备注
武江区	村头村刘氏宗祠	武江区人民政府	2012.3	
	石狮头萧家宗祠	武江区人民政府	2012.3	
	丘屋村邱氏祠堂	武江区人民政府	2012.3	
	马屋村马家祠堂	武江区人民政府	2012.3	
	麦元村何家祠堂	武江区人民政府	2012.3	
	大村赖氏祠堂	武江区人民政府	2012.3	
	大村邓氏祠堂	武江区人民政府	2012.3	
	石脚下村古井	武江区人民政府	2012.3	
	邝屋村邝氏祠堂	武江区人民政府	2012.3	
	老何屋村东古井	武江区人民政府	2012.3	
	老何屋村西古井	武江区人民政府	2012.3	
	老何屋村何氏祠堂	武江区人民政府	2012.3	
	赤水村苏氏祠堂	武江区人民政府	2012.3	
	岭头村刘氏祠堂	武江区人民政府	2012.3	
	何屋村何氏祠堂	武江区人民政府	2012.3	
	中心门村欧氏祠堂	武江区人民政府	2012.3	
	井边村古井	武江区人民政府	2012.3	
	下塘村刘氏祠堂	武江区人民政府	2012.3	
	石角村刘氏祠堂	武江区人民政府	2012.3	
	上塘村欧屋围	武江区人民政府	2012.3	
	新甘棠村欧阳氏祠堂	武江区人民政府	2012.3	
	下胡村南胡氏祠堂	武江区人民政府	2012.3	
	下胡村北胡氏祠堂	武江区人民政府	2012.3	
	诗石桥	武江区人民政府	2012.3	
	老阳山村马氏祠堂	武江区人民政府	2012.3	
	老阳山村谭氏祠堂	武江区人民政府	2012.3	
	吉石古祠	武江区人民政府	2012.3	
	叶屋村叶氏祠堂	武江区人民政府	2012.3	
	寺前村许氏祠堂	武江区人民政府	2012.3	
	涂屋村涂氏祠堂	武江区人民政府	2012.3	
	倒流水村邹氏祠堂	武江区人民政府	2012.3	
	湖洋村邹氏祠堂	武江区人民政府	2012.3	
	梁屋村梁氏祠堂	武江区人民政府	2012.3	
	湾仔村许氏祠堂	武江区人民政府	2012.3	
	红山村陈氏祠堂	武江区人民政府	2012.3	
	洞头源村张氏祠堂	武江区人民政府	2012.3	
	妙梓阁村南刘氏祠堂	武江区人民政府	2012.3	
	妙梓阁村北刘氏祠堂	武江区人民政府	2012.3	
	妙梓阁村古井	武江区人民政府	2012.3	
	妙梓阁村廖氏祠堂	武江区人民政府	2012.3	
	陀村侯屋侯氏祠堂	武江区人民政府	2012.3	
	黄屋村古井	武江区人民政府	2012.3	
	侯屋村侯氏祠堂	武江区人民政府	2012.3	
	徐屋村徐氏祠堂	武江区人民政府	2012.3	
	芹村饶氏门楼	武江区人民政府	2012.3	

续表 49

区分	文物名称	公布（批准）机关	公布（批准）年 月	备注
武江区	芹村饶氏祠堂	武江区人民政府	2012. 3	
	青水塘古井	武江区人民政府	2012. 3	
	李子园村古井	武江区人民政府	2012. 3	
	前村古井	武江区人民政府	2012. 3	
	芹村石拱桥	武江区人民政府	2012. 3	
	双头村古井	武江区人民政府	2012. 3	
	双头村林氏祠堂	武江区人民政府	2012. 3	
	双头村林屋围	武江区人民政府	2012. 3	
	冲下邹屋村邹氏祠堂	武江区人民政府	2012. 3	
	老郑屋村郑氏祠堂	武江区人民政府	2012. 3	
	邓屋楼村邓氏祠堂	武江区人民政府	2012. 3	
	车角岭村欧氏祠堂	武江区人民政府	2012. 3	
	坳头村古井	武江区人民政府	2012. 3	
	坳头村陈大夫宅	武江区人民政府	2012. 3	
	龚屋村龚氏祠堂	武江区人民政府	2012. 3	
	高屋村高氏祠堂	武江区人民政府	2012. 3	
	多田村河背丘氏祠堂	武江区人民政府	2012. 3	
	多田村老屋丘氏祠堂	武江区人民政府	2012. 3	
	多田村新屋丘氏祠堂	武江区人民政府	2012. 3	
	张屋村张氏祠堂	武江区人民政府	2012. 3	
	盘村四点金黄屋围	武江区人民政府	2012. 3	
	南岸村老厅陈氏宗祠	武江区人民政府	2012. 3	
	南岸村新厅陈氏祠堂	武江区人民政府	2012. 3	
	大村古庙	武江区人民政府	2012. 3	
	大村古井（大井）	武江区人民政府	2012. 3	
	大村古井（小井）	武江区人民政府	2012. 3	
	大村南门楼	武江区人民政府	2012. 3	
	小村赖氏宗祠	武江区人民政府	2012. 3	
	小村西侯氏祠堂	武江区人民政府	2012. 3	
	小村东侯氏祠堂	武江区人民政府	2012. 3	
	安村叶氏祠堂	武江区人民政府	2012. 3	
	水中坪村唐氏祠堂	武江区人民政府	2012. 3	
	水中坪水黄氏祠堂	武江区人民政府	2012. 3	
	留村东龚氏祠堂	武江区人民政府	2012. 3	
	留村龚氏祠堂	武江区人民政府	2012. 3	
	留村西龚氏祠堂	武江区人民政府	2012. 3	
	管塘村黄氏祠堂	武江区人民政府	2012. 3	
	矿塘村沈氏祠堂	武江区人民政府	2012. 3	
	马渡村老屋牛巷桥	武江区人民政府	2012. 3	
	马渡村老屋金竹园坑桥	武江区人民政府	2012. 3	
	社主村刘氏宗祠	武江区人民政府	2012. 3	
	镇平祠	武江区人民政府	2012. 3	
	厚坪村曹氏宗祠	武江区人民政府	2012. 3	
	厚坪村曹氏祠堂	武江区人民政府	2012. 3	
	带头村陈氏祠堂	武江区人民政府	2012. 3	

续表49

区分	文物名称	公布（批准）机关	公布（批准）年月	备注
武江区	带头村西古井	武江区人民政府	2012.3	
	带头村东古井	武江区人民政府	2012.3	
	桥源村谭氏祠堂	武江区人民政府	2012.3	
	桥源村古桥	武江区人民政府	2012.3	
	新茹屋村茹氏祠堂	武江区人民政府	2012.3	
	马渡老屋村民居	武江区人民政府	2012.3	
	马渡老屋村古码头	武江区人民政府	2012.3	
	马渡老屋村李氏祠堂	武江区人民政府	2012.3	
	龙湾村胡氏祠堂	武江区人民政府	2012.3	
	龙湾村叶氏祠堂	武江区人民政府	2012.3	
	山前村古井	武江区人民政府	2012.3	
	山前村卢氏祠堂	武江区人民政府	2012.3	
	榕树下村古桥	武江区人民政府	2012.3	
	奇石村谭氏祠堂（新厅）	武江区人民政府	2012.3	
	奇石村谭氏祠堂（满厅）	武江区人民政府	2012.3	
	奇石村谭氏宗祠	武江区人民政府	2012.3	
	奇石村谭氏祠堂（老厅）	武江区人民政府	2012.3	
	潘屋村潘氏祠堂	武江区人民政府	2012.3	
	冯屋村冯氏祠堂	武江区人民政府	2012.3	
	圆石村萧氏祠堂	武江区人民政府	2012.3	
	圆石村萧氏祖堂	武江区人民政府	2012.3	
	圆石村炮楼	武江区人民政府	2012.3	
	圆石村刘氏祠堂	武江区人民政府	2012.3	
	奇石村林氏宗祠	武江区人民政府	2012.3	
	大村石桥	武江区人民政府	2012.3	
	安村安民祠	武江区人民政府	2012.3	
	安村黄氏祠堂	武江区人民政府	2012.3	
	安村肖氏祠堂	武江区人民政府	2012.3	
	赤水洞摩岩石刻	武江区人民政府	2012.3	
	西河天主教堂	武江区人民政府	2012.3	
	红星综合厂印刷分厂洋楼	武江区人民政府	2012.3	
	田心村渡槽	武江区人民政府	2012.3	
	太平楼	武江区人民政府	2012.3	
	马屋大队部	武江区人民政府	2012.3	
	沐溪水库大坝	武江区人民政府	2012.3	
	沐溪渡槽	武江区人民政府	2012.3	
	寺前村炮楼	武江区人民政府	2012.3	
	江湾围坪革命烈士纪念碑	武江区人民政府	2012.3	
	江湾胡屋革命烈士纪念碑	武江区人民政府	2012.3	
	欧屋村四清井	武江区人民政府	2012.3	
	侯屋村炮楼	武江区人民政府	2012.3	
	徐屋村炮楼	武江区人民政府	2012.3	
	芹村东炮楼	武江区人民政府	2012.3	
	芹村西炮楼	武江区人民政府	2012.3	
	重阳革命烈士纪念碑	武江区人民政府	2012.	

续表 49

区分	文物名称	公布（批准）机关	公布（批准）年 月	备注
武江区	陈荣机将军夫妇合葬墓	武江区人民政府	2012.3	
	奇石村革命烈士纪念碑	武江区人民政府	2012.3	
	冲下革命烈士纪念碑	武江区人民政府	2012.3	
	龙归粮仓	武江区人民政府	2012.3	
曲江区	马坝人遗址	国务院	2001.6	第五批
	石峡遗址	国务院	2001.6	
	南华禅寺	国务院	2001.6	第五批
	"马坝人"出土地点	广东省人民政府	1978.1	第一批
	鲶鱼转遗址	广东省人民政府	1978.1	第一批
	仙人塔	广东省人民政府	1979.12	第二批
	曲江区拱桥岭遗址	广东省人民政府	2012.10（韶关市2006.6）	广东省第七批，韶关市2006.6公布
	桂龙岩遗址	韶关市人民政府	2006.6（曲江1993.6）	
	骑马石遗址	韶关市人民政府	2006.6（曲江1993）	韶关市2006.6公布
	梅花寨遗址	韶关市人民政府	1993.6	
	禅关摩崖石刻	韶关市人民政府	2007.5	
	六祖避难石	韶关市人民政府	2007.5	
	桂龙岩古脊椎动物化石遗址	韶关市人民政府	2006.6	罗坑镇
	骑马石旧石器遗址	韶关市人民政府	2006.6	枫湾镇石下村
	梅花寨遗址	韶关市人民政府	2006.6	大塘镇梅花寨
	拱桥岭遗址	韶关市人民政府	2006.6	樟市镇南约村
	阴阳墟遗址	韶关市人民政府	2006.6	白沙乡大村
	大涌泉遗址	韶关市人民政府	2006.6	马坝镇乐村坪
	梅花桥	韶关市人民政府	2006.6	大塘镇梅花寨
	苏拱门楼	韶关市人民政府	2006.6	白土镇苏拱村
	紫薇岩石刻	韶关市人民政府	2006.6	马坝镇乐村坪
乐昌市	应山村应山石桥	广东省人民政府	2002.7	第四批
	大路下村薛氏家祠	广东省人民政府	2011.1	增补
	江湾村伯陵堂	广东省人民政府	2011.1	增补
	大路下村薛岳家居	广东省人民政府	2011.1	增补
	大路下村薛岳家族墓	广东省人民政府	2011.1	增补
	朱家村紫阳书院	广东省人民政府	2012.10	第七批
	五注村谭氏宗祠	广东省人民政府	2012.10	第七批
	薛岳故居	广东省人民政府	2010.5	第六批
	南昌起义军革命活动旧址	乐昌市人民政府	1978.11	
	龟峰塔	乐昌市人民政府	1978.11	
	梅花红七军指挥部旧址	乐昌市人民政府	1978.11	
	浆源村红军烈士墓	乐昌市人民政府	1978.11	
	赵佗城遗址	乐昌市人民政府	1987.12	
	西石岩玄帝赞碑	乐昌市人民政府	1987.12	
	金鸡岭人心天里摩崖石刻	乐昌市人民政府	1987.12	

续表49

区分	文物名称	公布（批准）机关	公布（批准）年 月	备注
乐昌市	塔岗岭文峰塔	乐昌市人民政府	1987.12	
	户昌山村李陈氏孝坊	乐昌市人民政府	1987.12	
	小庾岭蔚岭关	乐昌市人民政府	1987.12	
	上斜村听泉摩崖石刻	乐昌市人民政府	1987.12	
	朱目龙村朱氏宗祠	乐昌市人民政府	2011.5	
	中心坌村石拱桥	乐昌市人民政府	2011.5	
	赵家村赵氏宗祠	乐昌市人民政府	2011.5	
	园岭新石器遗址	乐昌市人民政府	2011.5	
	背坑村张氏三公祠	乐昌市人民政府	2011.5	
	大江村月湾桥	乐昌市人民政府	2011.5	
	坪田红军烈士墓	乐昌市人民政府	2011.5	
	江湾村西石岩寺	乐昌市人民政府	2011.5	
	广州节度使墓	乐昌市人民政府	2011.5	
	乐昌县人民革命烈士纪念碑	乐昌市人民政府	2011.5	
	三拱桥村三拱桥	乐昌市人民政府	2011.5	
	塘口村朱氏宗祠	乐昌市人民政府	2011.5	
	大坪村文昌阁	乐昌市人民政府	2011.5	
	石子坝山李谦烈士墓	乐昌市人民政府	2011.5	
	下开封桥村石凉亭	乐昌市人民政府	2011.5	
	下沙坪村长寿亭	乐昌市人民政府	2011.5	
	上东村欧阳氏宗祠	乐昌市人民政府	2011.5	
	下东村水坝	乐昌市人民政府	2011.5	
南雄市	三影塔	国务院	1988.1	全国第三批
	南粤雄关与古道	国务院	2013.5	广东省第三批
	珠玑石塔	广东省人民政府	1979.12	广东省第二批
	钟鼓岩摩崖石刻	广东省人民政府	1989.6	广东省第三批
	南雄府城正南门	广东省人民政府	2002.7	第四批
	南雄广州会馆	广东省人民政府	2002.7	第四批
	南雄市瑶坑村中共广东省委旧址	广东省人民政府	2010.5	第六批
	大成殿	广东省人民政府	2012.10	第七批
	回龙寺塔	广东省人民政府	2012.10	第七批
	溪头塔	广东省人民政府	2012.10	第七批
	里东戏台	广东省人民政府	2008.11	
	平林惜字塔	南雄市人民政府	1982.5	
	大塘上朔塔	南雄市人民政府	1982.5	
	新龙塔	南雄市人民政府	1982.5	
	古城墙	南雄市人民政府	1995.7	
	葛坪塔	南雄市人民政府	1997.7	
	许村塔	南雄市人民政府	1982.5	
	小竹塔	南雄市人民政府	1997.7	
	珠玑古巷（含牌楼）	南雄市人民政府	1982.5	
	“七星世镇”城堡	南雄市人民政府	1997.7	
	接龙桥	南雄市人民政府	1997.7	
	孔塘进士牌坊	南雄市人民政府	1997.7	
	赣粤边红军独立师第三团团部旧址	南雄市人民政府	1997.7	

续表49

区分	文物名称	公布（批准）机关	公布（批准）年 月	备注
南雄市	南雄县苏维埃政府旧址	南雄市人民政府	1982.5	
	新田村	南雄市人民政府	2006.6	
	中站村	南雄市人民政府	2006.6	
	溪塘村	南雄市人民政府	2006.6	
	鱼鲜村	南雄市人民政府	2006.6	
	黄屋城村	南雄市人民政府	2006.6	
	白胜村叶氏祠堂	南雄市人民政府	2006.6	
	黄塘村叶氏祠堂	南雄市人民政府	2006.6	
	水松村董氏祠堂	南雄市人民政府	2006.6	
	黄氏爱敬堂	南雄市人民政府	2006.6	
	黄氏一本堂	南雄市人民政府	2006.6	
	欧阳氏祠堂	南雄市人民政府	2006.6	
	茅坑村何氏祠堂	南雄市人民政府	2006.6	
	麦铁杖墓	南雄市人民政府	2006.6	
	水西桥	南雄市人民政府	2006.6	
	莲塘坳窑址	南雄市人民政府	2006.6	
	铺背窑址	南雄市人民政府	2006.6	
	红军标语	南雄市人民政府	1982.5	
	红军标语	南雄市人民政府	1982.5	
	红军标语	南雄市人民政府	1982.5	
仁化县	云龙寺塔	国务院	1988.1	第三批
	双峰寨（石塘村）	国务院	2006.5	第六批
	丹霞山摩崖石刻	国务院	2013.3	第七批
	鲶鱼转遗址	广东省人民政府	1960.10	
	澌溪寺塔	广东省人民政府	1979.12	第二批
	华林寺塔	广东省人民政府	1989.6	第三批
	水南文峰塔	广东省人民政府	2008.11	第五批
	双水塔	广东省人民政府	2008.11	第五批
	董劝书院	仁化县人民政府	1989.6	
	安岗思诒堂	仁化县人民政府	1982.3	
	古秦城	仁化县人民政府	1982.3	
	仁化县暴动纪念碑	仁化县人民政府	1989.6	
	石塘大革命烈士纪念碑	仁化县人民政府	1989.6	
	红山红军长征革命烈士纪念碑	仁化县人民政府	1989.6	
	长江革命烈士纪念碑	仁化县人民政府	1989.6	
	董塘大革命烈士纪念碑	仁化县人民政府	1989.6	
	覆船岭遗址	仁化县人民政府	1989.6	
	康溪走马坪遗址	仁化县人民政府	1989.6	
	腾凤塔	仁化县人民政府	1989.6	
	历林水口塔	仁化县人民政府	1989.6	
	文明峰塔	仁化县人民政府	1989.6	
	华表峰塔	仁化县人民政府	1989.6	
	张子胄墓	曲江县人民政府	1984.4	原为曲江县管辖
	东庄门楼	曲江县人民政府	1993.6	原为曲江县管辖
	老街万年桥	曲江县人民政府	1993.6	原为曲江县管辖

续表49

区分	文物名称	公布（批准）机关	公布（批准）年 月	备注
仁化县	水南村梁氏宗祠	仁化县人民政府	2011.4	
	夏富村李氏宗祠	仁化县人民政府	2011.4	
	恩村蒙氏家庙	仁化县人民政府	2011.4	
	恩村昆寿公祠	仁化县人民政府	2011.4	
	恩村蒙氏宗祠	仁化县人民政府	2011.4	
	恩村德志祠	仁化县人民政府	2011.4	
	古竹石拱桥	仁化县人民政府	2011.4	
	春坑古竹石拱桥	仁化县人民政府	2011.4	
	下徐村黎氏宗祠	仁化县人民政府	2011.4	
	左龙村石拱桥	仁化县人民政府	2011.4	
	灵溪大石围	仁化县人民政府	2011.4	
	石塘镇贻德堂	仁化县人民政府	2011.4	
	李仲生故居	仁化县人民政府	2011.4	
	早禾田民居	仁化县人民政府	2011.4	
	石塘镇门楼	仁化县人民政府	2011.4	
	石塘镇杂货铺	仁化县人民政府	2011.4	
	长江镇广州会馆	仁化县人民政府	2011.4	
	长江镇刘氏宗祠	仁化县人民政府	2011.4	
	船背垇石拱桥	仁化县人民政府	2011.4	
	长江镇陈氏宗祠	仁化县人民政府	2011.4	
	城口镇红军烈士纪念碑	仁化县人民政府	2011.4	
	谭甫仁将军故居	仁化县人民政府	2011.4	
	红军石拱桥	仁化县人民政府	2011.4	
	黄溪水拱桥	仁化县人民政府	2011.4	
	宝珠峰塔墓	仁化县人民政府	2011.4	
	雪岩寺	仁化县人民政府	2011.4	
	海螺峰石乳泉	仁化县人民政府	2011.4	
	佛日峰塔墓	仁化县人民政府	2011.4	
	断石村吴氏祠堂	仁化县人民政府	2011.4	
	细美寨	仁化县人民政府	2011.4	
	狮子岩庙遗址	仁化县人民政府	2011.4	
	燕岩禅寺	仁化县人民政府	2011.4	
	锦江岩画	仁化县人民政府	2011.4	
	澹归塔墓遗址	仁化县人民政府	1989.6	
	锦石岩普同塔	仁化县人民政府	1989.6	
	螺顶浮屠遗址	仁化县人民政府	1989.6	
	金龟岩庙遗址	曲江县人民政府	1993.6	原为曲江县管辖
	涌泉岩庙遗址	曲江县人民政府	1993.6	原为曲江县管辖
	打锣寨上京古道遗址	曲江县人民政府	1993.6	原为曲江县管辖
	打锣岩庙遗址	曲江县人民政府	1993.6	原为曲江县管辖
	穿窿岩庙遗址	曲江县人民政府	1993.6	原为曲江县管辖
始兴县	满堂围	国务院	1996.12	第四批
	罗坝城堡建筑遗址	广东省人民政府	1989.6	第三批
	始兴县崇益堂	广东省人民政府	2012.10	第七批
	始兴县贵庐（张发奎故居）	广东省人民政府	2012.10	第七批

续表 49

区分	文物名称	公布（批准）机关	公布（批准）年 月	备注
始兴县	始兴县红梨渡槽	广东省人民政府	2012. 10	第七批
	中镇村遗址	始兴县人民政府	1990. 7	
	狗公岭遗址	始兴县人民政府	1990. 7	
	桂山书院	始兴县人民政府	1990. 7	
	始兴广州会馆	始兴县人民政府	1990. 7	
	通利桥	始兴县人民政府	1990. 7	
	水田坝围楼	始兴县人民政府	1990. 7	
	始兴文昌阁	始兴县人民政府	1990. 7	
	石下村民居	始兴县人民政府	2004	
	邓氏宗祠	始兴县人民政府	2009	
	八一小学旧址	始兴县人民政府	2009	
	寨头村遗址	始兴县人民政府	2010. 11	
	白石坪遗址	始兴县人民政府	2010. 11	
	倒流水窑址	始兴县人民政府	2010. 11	
	竹苞松茂围楼	始兴县人民政府	2010. 11	
	八家宗祠	始兴县人民政府	2010. 1	
	三栋屋村围楼	始兴县人民政府	2010. 11	
	联丰泥拱桥	始兴县人民政府	2010. 11	
	湖湾绍芬围	始兴县人民政府	2010. 11	
	栋护晴岚围楼	始兴县人民政府	2010. 11	
	石头塘张氏宗祠	始兴县人民政府	2009. 11	
	汇川别墅	始兴县人民政府	2010. 11	
	东湖坪民居	始兴县人民政府	2004. 11	
	下彭村围楼	始兴县人民政府	2010. 11	
	马市戏台	始兴县人民政府	2004. 11	
	飞阁积祥围	始兴县人民政府	2010. 11	
	温氏道理公墓	始兴县人民政府	2012. 12	
	上围桥	始兴县人民政府	2012. 12	
	贺坪村围楼	始兴县人民政府	2012. 12	
	黄沙鸡公桥	始兴县人民政府	2012. 12	
	万古观光围楼	始兴县人民政府	2012. 12	
	忠厚传家围楼	始兴县人民政府	2012. 12	
	保障峙储围楼	始兴县人民政府	2012. 12	
翁源县	湖心坝民居群	广东省人民政府	2010. 5	第六批
	翁源县光明陈氏宗祠	广东省人民政府	2012. 10	第七批
	李祖恩烈士纪念碑	翁源县人民政府	1985. 1	翁城镇五一村
	下角垄遗址	翁源县人民政府	1985. 1	坝仔镇芙蓉村
	书堂石遗址	翁源县人民政府	1985. 1	龙仙镇三华村
	陈氏宗祠	翁源县人民政府	1985. 1	周陂镇光明村
	八角庙	翁源县人民政府	1985. 1	坝仔镇一心村
	湖心坝客家民楼建筑群	翁源县人民政府	1995. 5	江尾镇南塘村
	葸茅围	翁源县人民政府	1985. 1	江尾镇葸岭村
	龙仙镇当楼	翁源县人民政府	1985. 1	城西居委会
	黄洞革命烈士纪念碑	翁源县人民政府	1999. 11	江尾镇黄洞村
	龙仙镇烈士陵园	翁源县人民政府	1985. 1	城东居委会

续表49

区分	文物名称	公布（批准）机关	公布（批准）年 月	备注
翁源县	李翰林夫妻墓	翁源县人民政府		翁城镇明星村
	文阁	翁源县人民政府		江尾镇长江村
	龙仙桥（2007年6月洪水冲毁，已消失）			龙仙镇下陂村
	东华禅寺遗址	翁源县人民政府	2011. 11	龙仙镇联群村
	叶屋背夫窑址	翁源县人民政府	2011. 11	坝仔镇新梅村
	碗山背窑址	翁源县人民政府	2011. 11	翁城镇星光村
	碗窑坪窑址	翁源县人民政府	2011. 11	翁城镇星光村
	廖公夫妇墓	翁源县人民政府	2011. 11	翁城镇沾坑村
	松岗石神庙	翁源县人民政府	2011. 11	江尾镇松岗村
	礼岭积峰塔	翁源县人民政府	2011. 11	坝仔镇礼岭村
	坝仔花桥	翁源县人民政府	2011. 11	坝仔镇金星村
	义仓井	翁源县人民政府	2011. 11	翁城镇五一村
	永龙围陈门堂	翁源县人民政府	2011. 11	龙仙镇中心村
	径群李氏宗祠	翁源县人民政府	2011. 11	江尾镇径群村
	江尾罗盘围	翁源县人民政府	2011. 11	江尾镇长江村
	大袁屋围楼	翁源县人民政府	2011. 11	新江镇太坪村
	铁石径摩崖石刻	翁源县人民政府	2011. 11	江尾镇松岗村
	大腊坑水利碑	翁源县人民政府	2011. 11	坝仔镇新梅村
	磨刀坑战斗遗址	翁源县人民政府	2011. 11	新江镇东方村
	神背岭墓葬群	翁源县人民政府	2011. 11	官渡镇官渡村
新丰县	大洞雁塔	广东省人民政府	2002. 7	第四批
	濂溪祠	新丰县人民政府	1984. 12	
	新丰县革命烈士纪念碑	新丰县人民政府	1984. 12	
	古成之夫妇墓	新丰县人民政府	1984. 12	
	李子端烈士墓	新丰县人民政府	1984. 12	
	文武帝阁塔	新丰县人民政府	1984. 12	
	沙田革命烈士纪念碑	新丰县人民政府	1984. 12	
	白楼水口塔	新丰县人民政府	1984. 12	
	梅东白塔	新丰县人民政府	1984. 12	
	六十三军抗日阵亡将士公墓	新丰县人民政府	1984. 12	
	赵有兴等烈士纪念碑	新丰县人民政府	1984. 12	
	张田坑革命烈士墓	新丰县人民政府	1984. 12	
	梁坝革命烈士纪念亭	新丰县人民政府	1984. 12	
	营盘革命烈士纪念亭	新丰县人民政府	1984. 12	
	郭祥烈士墓	新丰县人民政府	1984. 12	
	黄卫民、赖苍天烈士墓	新丰县人民政府	1984. 12	
乳源县	云门寺南汉石碑	广东省人民政府办公厅	1989. 6	第三批
	镇溪祠古戏台	广东省人民政府办公厅	2008. 11	第五批
	观澜书院	广东省人民政府	2012. 10	第七批
	西京古道（含红云村仰止亭、猴子岭心韩亭及其古道、梯云岭亭及其古道）	广东省人民政府	2012. 10	第七批
	乳城文昌塔	乳源瑶族自治县人民政府	1993. 1	
	大富桥	乳源瑶族自治县人民政府	1993. 1	
	通济桥	乳源瑶族自治县人民政府	1993. 1	
	宋田文塔	乳源瑶族自治县人民政府	1993. 1	
	云门寺	乳源瑶族自治县人民政府	1993. 12	

续表 49

区分	文物名称	公布（批准）机关	公布（批准）年 月	备注
乳源县	泽桥山墓葬	乳源瑶族自治县人民政府	2000. 8	
	红云村乐善亭	乳源瑶族自治县人民政府	2005. 8	
	三元村寿德亭	乳源瑶族自治县人民政府	2005. 8	
	老虎冲纳凉避雨亭	乳源瑶族自治县人民政府	2005. 8	
	侯安都墓	乳源瑶族自治县人民政府	2011. 9	
	凰村忠烈祠	乳源瑶族自治县人民政府	2011. 9	
	福龙桥	乳源瑶族自治县人民政府	2011. 9	
	刘天锡墓	乳源瑶族自治县人民政府	2011. 9	
	河北上街刘氏祠堂	乳源瑶族自治县人民政府	2011. 9	
	肖屋村肖氏祠堂	乳源瑶族自治县人民政府	2011. 9	
	莫家村莫氏宗祠	乳源瑶族自治县人民政府	2011. 9	
	牛婆洞村文风楼	乳源瑶族自治县人民政府	2011. 9	
	乐富村农民协会旧址	乳源瑶族自治县人民政府	2011. 9	
	黄沙岭村安庆楼	乳源瑶族自治县人民政府	2011. 9	
	走马祠	乳源瑶族自治县人民政府	2011. 9	
	官亨桥	乳源瑶族自治县人民政府	2011. 9	
	永兴桥	乳源瑶族自治县人民政府	2011. 9	

说明：由于部分县（市、区）资料收集不完整，本表内容仍有遗漏

（殷南光　整理）

全市爱国主义教育基地一览表

表50　　（截至2013年止）

区分	基地名称	公布或批准机关	公布或批准时间	备注
浈江区	中共广东省委、粤北省委机关旧址	广东省委宣传部	2010.6	
	孙中山纪念馆	广东省委宣传部、广东省军区政治部公布为广东省国防教育基地	2009.7	
曲江区	马坝人博物馆	广东省精神文明建设委员会、中共广东省委宣传部	2000.4	
南雄市	梅关	南雄市委、市政府	2004.9	
	珠玑古巷	南雄市委、市政府	2004.9	
	南雄市博物馆	南雄市委、市政府	2004.9	
	南雄革命烈士陵园	南雄市委、市政府	2004.9	
	油山革命游击根据地旧址	南雄市委、市政府	2004.9	
	南雄县苏维埃政府遗址	南雄市委、市政府	2004.9	
	“水口战役”旧址	南雄市委、市政府	2004.9	
	李乐天烈士纪念园地	南雄市委、市政府	2004.9	
	五岭地委、粤赣湘边人民解放总队机关旧址	南雄市委、市政府	2004.9	
	赣粤边红军独立师第三团团部旧址	南雄市委、市政府	2004.9	
	“油山会师”旧址	南雄市委宣传部	2013.8	
	中共南雄（中心）县委旧址	南雄市委宣传部	2013.8	
仁化县	董塘镇安岗（“思贻堂”）	仁化县委、县政府	1995.8	
	董塘镇大革命烈士纪念碑	仁化县委、县政府	1995.8	
	长江镇中山公园“革命烈士纪念碑”	仁化县委、县政府	1995.8	
	闻韶镇下徐华林寺塔	仁化县委、县政府	1995.8	
	红山新白“红军长征革命烈士纪念碑”	仁化县委、县政府	1995.8	
	石塘双峰寨	仁化县委、县政府	1995.6	
	丹霞山	仁化县委、县政府	1995.6	
	锦江电厂	仁化县委、县政府	1995.6	
	县博物馆	仁化县委、县政府	1995.6	
	仁化暴动纪念碑	仁化县委、县政府	1995.6	
	县档案局	仁化县委、县政府	2008	
	石塘双峰寨	韶关市委、市政府	1995.6	
	丹霞山管委会	韶关市委、市政府	2001	
	石塘双峰寨	省文明委、省委宣传部	2000.4	
始兴县	中共广东省委旧址始兴红围	中共韶关市委、韶关市人民政府	2010.4	
	中共广东省委旧址始兴红围	中共始兴县委、始兴县人民政府	2010.5	
	外营革命纪念碑、被毁围楼遗址和“八一村”	中共始兴县委、始兴县人民政府	2000	
翁源县	龙仙烈士陵园	韶关市精神文明建设委员会	1995.5	
	黄竹坪（霍英东）水电站	韶关市精神文明建设委员会		
	广东信达茧丝绸股份公司	韶关市精神文明建设委员会		
	广东青云山药业有限公司	韶关市精神文明建设委员会		
	陈氏宗祠（翁源县委成立旧址）	翁源县精神文明建设委员会	1995.8	
	三华中学	翁源县精神文明建设委员会	1995.8	
	书堂石	翁源县精神文明建设委员会	1995.8	
	松塘革命纪念碑	翁源县精神文明建设委员会	1995.8	
	周陂革命纪念碑	翁源县精神文明建设委员会	1995.8	

续表50

区分	基地名称	公布或批准机关	公布或批准时间	备注
翁源县	黄洞革命纪念碑	翁源县精神文明建设委员会	1995.8	
	新江革命纪念碑	翁源县精神文明建设委员会	1995.8	
	档案局（馆）	翁源县精神文明建设委员会	2007.4	
新丰县	新丰县烈士纪念碑	韶关市委市政府	1995.5	
乳源县	乳源瑶族自治县民族博物馆	韶关市委、市人民政府	2004.9	
	革命烈士纪念碑（县城金狮山公园）	省委宣传部	2003	
	革命烈士纪念碑	省委宣传部	2002	大桥镇

说明：由于部分县（区）资料收集不完整，本表内容仍有遗漏　　（殷南光　整理）

韶关市主要旅游景区、景点一览表

表51

编码	单位名称	地址	电话号码	传真号码	负责人	A级	A级评定
1	韶关市丹霞山风景名胜区	广东省韶关市丹霞山	6291683	6291689	陈 波	AAAAA	2011
2	韶关市国家森林公园	韶关市南郊二公里国营韶关林场	8293219	8293363	钟志勋		
3	韶关市博物馆（新馆）	韶关市武江区工业西路	8172290	8172290	王若枫		
4	南华寺	曲江区	6676761	6666003			
5	曲江区马坝人遗址管理处	曲江区马坝狮岩路3号	6666955	6666955	梁雪萍		
6	曲江区曹溪温泉假日度假村	韶关市曲江区马坝镇转溪桥头	6666666	6658388	周楚钧	AAAA	2006
7	曲江百丈崖漂流	韶关市曲江区沙溪镇老郭屋村	6611498	6611444	王建华		
8	曲江区枫日泉温泉	韶关市曲江区枫湾镇白水村委会	6582888	6582777	何 斌		
9	始兴县满堂围景区	始兴县隘子镇满堂村	3206999	3206999			
10	始兴县东湖坪景区	始兴县太平镇东湖坪村	3162688	3333211	黄全胜		
11	始兴县车八岭生态旅游有限公司	始兴县都亨樟栋水	3462114	3462418	饶纪腾		
12	乳源大峡谷旅游发展有限公司	乳源县大布镇	5458338	5458228	欧柏余	AAAA	2009
13	乳源天景山仙人桥风景区	乳源县大布镇	5461196	5461195	陈龙春		
14	乳源南岭国家森林公园	广东省乳源县五指山	5232038	5232303	魏能强	AAAA	2012
15	乳源县云门寺	乳源县云门寺	5382757	5371577		AAAA	2010
16	乳源县天井山森林公园	乳源县洛阳镇	5468388	5468545	梁东成	AAA	2011
17	乳源县必背瑶寨	乳源县必背瑶寨	5420888	5210933	李 恪		
18	乳源县丽宫国际旅游度假区	乳源县乳城镇侯公渡过青岗	5223388	5223399	万 文	AAAA	2011
19	仁化县灵溪河漂流	仁化县周田镇	6421308	6421398	陈维新		
20	仁化县丹霞山性文化博物馆	仁化县丹霞山金霞小区	6298333	6293999	林祥伦		
21	新丰县云髻山	新丰县丰城街道办事处	2298286	2298286	唐皓明		
22	乐昌市金鸡岭风景区管理处	乐昌市坪石镇登峰路55号	5522216	5522216	邓伟凤	AAA	2011
23	乐昌古佛洞天景区	乐昌市河南月坵	5503598	5503598	郭志豪	AAAA	2011
24	乐昌三龙谷（龙王潭）	乐昌市廊田五山交界处	5600833	5600833	廖光生	AAA	2010
25	乐昌市九峰农家乐（九峰农产品流通合作社）	乐昌市九峰镇人民政府大院内	5722288	5720447	吴丽捐		

续表 51

编码	单位名称	地址	电话号码	传真号码	负责人	A 级	A 级评定
26	乐昌市龙山温泉度假村	乐昌市廊田镇	5631028	5631028	贾建平		
27	乐昌市 7011 旅游点	乐昌市坪石镇	5520867	5520867	张伙泰		
28	乐昌市白水寨生态园	乐昌市五山镇大乐村（东洛水库旁）	5631233	5631233	刘东升		
29	乐昌市洞天生态庄园	乐昌市后洞林场内	5501204	5501074	李良昌		
30	南雄市珠玑巷	南雄市珠玑镇	3612684	3612684	侯声安	AAAA	2012
31	南雄市钟鼓岩	南雄市珠玑镇梅岭村	3591039		何辉阳		
32	南雄市梅关	南雄市珠玑镇	3591765	3591765	吴莫雄	AAAA	2012
33	翁源县东华山旅游风景区	翁源县东华山	2867488	2820772	释万行		

韶关市主要旅行社一览表

表 52

编码	单位名称	地址	总经理	电话号码	传真号码	邮编	现许可证编号
1	韶关市中国旅行社有限责任公司	韶关市熏风路 12 号综合大楼一、二楼	刘西钦	8877796	8877761	512000	L－GD－CJ00095
2	广之旅韶关分公司	韶关市熏风路 12 号 2 楼	任力强	8882622	8894215	512000	L－GD－CJ00004－SG001
3	韶关广之旅旅行社	韶关惠民北路 18 号	李光汉	8895688	8886218	512026	L－GD00295
4	韶关市旅总旅行社	韶关市熏风路 12 号 1 楼	任力强	8882622	8894215	512000	L－GD00296
5	韶关市粤泰旅行社有限公司	韶关市浈江区风采路 104 号首层 5 号铺	黎解明	8919733	8919719	512000	L－GD00313
6	韶关市中天旅行社有限公司	熏风路 24 号	邓志华	8888678	8882277	512000	L－GD00297
7	韶关市第一村旅行社有限公司	韶关市园前路 4 号供销大厦 15 楼	饶仲斌	8887732	8890252	512000	L－GD00304
8	韶关市大丹霞旅行社有限公司	韶关市解放路 128 号大丹霞酒店八楼	蔡育生	8888110	8888628	512000	L－GD00311
9	韶关市商会旅行社	韶关市园前路 9 号	伍怡昌	8890138	8871337	512000	L－GD00298
10	韶关市教育旅行社	韶关市浈江区东河十二横巷 11 栋 104 房	李伟东	8892992	8895764	512000	L－GD00308
11	韶关市友好旅行社	韶关市熏风路 16 号 4 号楼首层韶关日报印刷厂右侧第一间铺位	王建华	8910623	8914970	512000	L－GD00306
12	韶关市国之旅旅行社有限公司	韶关市浈江区东堤横路 4 号 1 幢嘉信大厦 5 号铺	李丽嫦	8914688	8914198	512000	L－GD00299
13	韶关市健之旅旅行社有限公司	韶关市熏风路富康大厦首层	郑维贤	8888960	8884291	512000	L－GD00314
14	韶关市风采假日旅行社有限公司	市东堤南路军分区大门右侧	温健强	8880433	8873123	512000	L－GD00310
15	韶关市凤凰假期旅行社有限公司	韶关市浈江区北江北路 1 号财富广场 A 单元 2801 号	杨 凯	8866222	8879868	512000	L－GD00312
16	韶关市快乐假期旅行社有限公司	韶关市浈江区风采路风采广场 301 号	彭韶雄	8878818	8877771	512000	L－GD00300
17	韶关市开心假日旅行社有限公司	韶关市北江北路 1 号财富广场 A 单元 1710 号	迟长福	8868880	8868080	512000	L－GD00307
18	韶关市国泰旅行社有限责任公司	韶关市风度北路中港大厦 408	王 晶	8889111	8889222	512000	L－GD00301
19	韶关市喜安交通旅行社	韶关市站道 56 号汽车客运站二楼	潘 欣	8765008	8766626	512023	L－GD00315

续表 52

编码	单位名称	地址	总经理	电话号码	传真号码	邮编	现许可证编号
20	韶关市中青旅行社	韶关市园前路4号601房	何建华	8863388	8866988	512000	L-GD00309
21	韶关市职工旅行社	韶关市浈江区风度南路8号茗景大厦201号	温韶军	8885311	8886311	512023	L-GD00305
22	韶关市风情旅行社	韶关市工业西8栋之一103室	颜 祯	8531796	8534204	512026	L-GD00303
23	韶关市完美假期旅行社	韶关市武江区新华北路28号	刘育瑛	8764808	8616010	512026	L-GD00303
24	韶关市康泰旅行社有限公司	韶关市浈江区熏风路14号鼎禾会社503室	马超展	8889200	8889281	512000	L-GD01076
25	韶关市韶之旅旅行社有限公司	韶关市浈江中路十二横巷东城大厦C座二层7号铺	赖新兴	8883060	8883070	512000	L-GD01096
26	广东中旅（韶关）旅行社有限公司	韶关市东堤横街13号首层一号商铺2楼	肖思伟	8879639	8911022	512000	L-GD01146
27	韶关市浈江区悠游旅行社有限公司	韶关市浈江区熏风路12号东南大夏1004房	刘海辉	8879802	8186868	512000	L-GD01331
28	深圳中国国际旅行社有限公司韶关分公司	韶关市浈江区熏风路12号综合大楼二层	杨一龙	8877796	88777761	51200	L-GD-CJ00039
29	韶关市浈江区通泰旅行社有限公司	韶关市浈江区风采路73号	尹 飞	8201611		512000	L-GD01406
30	韶关市假日之旅旅行社有限公司	韶关市武江区新华北路40号A2铺	黎志荣	8631901		512000	L-GD01529
31	韶关市美丽华旅行社有限公司	韶关市武江区武江北路金旭大厦首层4号铺	冯继武	8106100			L-GD01556
32	韶关市锦之旅旅行社有限公司	韶关市浈江区中山路2号201	梁家丽	8876682			L-GD01568
33	曲江区旅游公司	曲江区马坝镇文化路	梁志勇	6666003	6666003	512100	L-GD00316
34	曲江区阳光旅行社	韶关市曲江区城南大道国土局对面	陈伟军	6677345	6677335	512100	L-GD00317
35	曲江区风光旅行社有限公司	曲江区马坝镇鞍山路32号	虞平凡	6664839	6667103	512100	L-GD00318
36	始兴县客家风情旅游有限公司	始兴县城红旗路60号	黄全胜	3333211	3333211	512500	L-GD00335
37	始兴县九龄旅行社有限公司	始兴县太平镇红旗大道148号	廖晓庆	3318999		512500	L-GD00334
38	仁化县丹霞山旅行社有限公司	仁化县城滨江路1号富凯华城1幢13号	戚建红	6353384	6353418	512300	L-GD00323
39	仁化县丹霞山中旅社	丹霞山风景区内	罗锦灵	6291180	6298228	512300	L-GD00324
40	仁化县乐曙旅行社有限公司	仁化县县城新东大街4号	许英娜	6352299		512300	L-GD01536
41	翁源县旅游公司	翁源县龙仙镇幸福南路89号	张镜清	2820176	2875247	512600	L-GD00329
42	翁源县友谊旅行社有限公司	翁源县城朝阳路45号	赖志琴	2820838	2874395	512600	L-GD00331
43	翁源县龙翔旅行社有限公司	翁源县龙翔大道8号（龙翔大酒店内）	何志华	2815099	6128388	512600	L-GD00330
44	翁源县兰友旅行社	翁源县龙仙镇幸福南路四巷11号	冯少红	2818899	2819899	512600	L-GD00949
45	广州豪旅旅行社有限公司翁源分公司	翁源县龙仙镇龙英路144号	杨清娥	2818809	2818808	512600	L-GD00977-WY001
46	翁源县团结旅行社有限公司	翁源县建设一路259号	徐振标	2866282	2866282	512600	L-GD01283
47	乳源县天翔旅行社有限责任公司	乳源县乳城鹰峰东路	汤永强	5381111	5374881	512700	L-GD00333

续表 52

编码	单位名称	地址	总经理	电话号码	传真号码	邮编	现许可证编号
48	乳源县瑶家源旅行社有限公司	乳源县乳城镇鹰峰东路2号铺	欧建伟	5384939	5370102	512700	L－GD00332
49	乳源瑶族自治县南岭瑶乡旅行社有限公司	乳源瑶族自治县乳城鹰峰东路2号	王衍明	5388648	5388648	512700	L－GD00915
50	新丰县旅游公司	新丰县丰城镇法政路4号	金铃子	2260100	2260101	511100	L－GD00328
51	新丰县阿婆髻旅行社有限公司	新丰县丰城镇公园内2号	张秀芹	2288610	2288510	511100	L－GD00326
52	新丰县交通旅行社有限公司	新丰县丰城镇法政路4号	谢海生	2259335	2262345	511100	L－GD00327
53	乐昌市金鸡岭中国旅行社	乐昌市坪石镇金鸡南路3号	陈忠英	5528388	5527427	512229	L－GD00322
54	乐昌市旅游有限公司	乐昌市金融路33号	罗发明	5556867	5553027	512200	L－GD00321
55	乐昌市长城旅行社	乐昌市昌山西路65号	蔡克勤	5565088	5568122	512200	L－GD00320
56	乐昌市中青旅行社	乐昌市文化路紫荆花苑8栋13号	曹建国	5566988	6168928	512200	L－GD00319
57	乐昌市开心假日旅行社有限公司	乐昌市乐城文化路顺易华庭愉景轩A19号铺	付军祥	13927875333	5558133	512200	L－GD01119
58	南雄市旅游公司	南雄市三影塔广场十三栋7－8号	侯声安	3835288	3822909	512400	L－GD00325
59	南雄市幸福旅行社有限公司	南雄市雄州镇永康路4－5号	沈学英	3881118	3861118	512400	L－GD01039
60	南雄市华旅旅行社有限公司	南雄市三影塔广场13号楼一层31号门店	张发安	3865808	3865808	512400	L－GD01460

韶关市主要宾馆、酒店一览表

表 53

序号	单位名称	星级	法人	单位所在地（地址）	邮编	电话号码	传真号码	地区
1	莱斯大酒店	5	刘楚龙	韶关市浈江区启明北路	512000	8198888	8192222 8198199	浈江
2	韶关市西河流花宾馆	4	赵英华	韶关市新华北路138号	512000	8636668	8770551	武江
3	曲江县曹溪假日温矿泉度假村有限公司	4	李裕桥	曲江区马坝镇转溪桥头	512126	6666666	6658996	曲江
4	曲江友好温泉商务酒店	4	范桂华	曲江区马坝镇	512000	6678888	6653388	曲江
5	翁源县龙翔大酒店	4	何志华	县城龙翔大道8号	512600	6128888	6128563	翁源
6	乐昌迎宾大酒店	4	胡迎胜	乐昌市乐城红星南路	512200	5555555	5579555	乐昌
7	韶关市绿苑酒店	3	付 波	韶关市西堤路北路12号	512000	8803333	8188388	浈江
8	韶关市小岛饭店	3	陈庆年	韶关市西堤北路	512000	8188188	8188183	浈江
9	韶关市湖心宾馆	3	黄碧云	韶关市西河工业东路17号	512000	8176082	8176182	武江
10	韶关市北苑宾馆	3	张广生	韶关市风度北路122号	512000	8188828	8188808	浈江
11	国林宾馆	3	陈朝洪	韶关市站南路	512000	8251244	8211103	浈江
12	韶关市泉景酒店	3	吴玩香	韶关市环园西路一号	512000	8186068	8186396	浈江
13	韶关市濠景酒店	3	蓝兆平	韶关市解放路124号	512000	8186666	8888929	浈江
14	韶关市丛林山庄	3	张松岩	韶关市浈江区森态路11号	512000	8282128	6179777	浈江

续表53

序号	单位名称	星级	法人	单位所在地（地址）	邮编	电话号码	传真号码	地区
15	韶关市幸福华庭酒店	3	周锡华	韶关市武江区惠民南路122号	512026	8611188	8523365	武江
16	曲江区迎宾馆	3	廖 斌	曲江区马坝镇府前路5号	512100	6666950	6666950	曲江
17	曲江南华温泉大酒店	3	李桂全	曲江区马坝镇	512100	6651067	6651066	曲江
18	曲江区正星商务酒店	3	刘建萍	韶关市曲江区马坝大道北128号3－6楼	512100	6911866	6911966	曲江
19	始兴远东酒店	3	张志光	韶关市始兴县兴平路1号	512500	3339301	3339301	始兴
20	始兴县九龄宾馆	3	何祝东	始兴县红旗路128号	512500	3324888	3324333	始兴
21	始兴县顺丰楼酒店	3	温为军	始兴县司前镇大街1号	512532	3288288	3288388	始兴
22	始兴县煌宫大酒店	3	黄燕华	始兴县太平镇迎宾大道北6号	512500	3132222	3136333	始兴
23	乳源小岛饭店	3	吴文光	乳源县解放北路2号	512700	5389888	5389222	乳源
24	乳源宁泰商务酒店	3	林翔龙	乳源县迎宾南路	512700	6120666	6120600	乳源
25	乳源（广东天井山林场云锦山庄）	3	黄秀红	广东省韶关市乳源县天井山林场	512726	5468388	5468388	乳源
26	仁化县和景酒店	3	郑红双	仁化县丹霞山新山门前	512300	6292168	6292248	仁化
27	仁化县丹霞假日山庄	3	萧志标	仁化县丹霞山金霞小区霞兴南路18号前	512300	6800999	6800999	仁化
28	仁化县锦城宾馆	3	林红英	仁化县新城路2号	512300	6323368	6391999	仁化
29	翁源富源大酒店	3	罗定胜	翁源县龙仙建设一路368号	512600	2873333	2861133	翁源
30	翁源县粤源酒店	3	徐汉明	龙仙镇沿江路3号	512600	2819828	2819828	翁源
31	翁源县新世纪酒店	3	蔡日洲	翁源县龙仙镇紫荆路1号	512600	6928333	6928111	翁源
32	翁源县雅园大酒店	3	谢惠团	翁源县龙仙镇龙英路	512600	2816666	2817138	翁源
33	翁源县昇东商务酒店	3	吴雪东	翁源县官渡镇赤桉西路5号	512600	2888028	2888028	翁源
34	翁源县九曲水生态旅游度假村	3	伍 洁	翁源县国营九曲水林场下径工区	512600	2811111	2805338	翁源
35	翁源县锦湖酒店	3	黄汉明	翁源县龙仙镇滨河东路88号	512600	6928999	6928229	翁源
36	翁源县万源大酒店	3	陈源生	翁源县建国路	512600	2808888	2808888	翁源
37	新丰交通大酒店	3	邓耀权	韶关市新丰县城105国道旁	511100	2299888	2299668	新丰
38	新丰百乐宫大酒店	3	邱 刚	新丰县丰城大道东10号	511100	2267088	2267078	新丰
39	新丰江源温泉旅游度假山庄	3	李振华	新丰县梅花坑镇梅东村	511100	2381997	2381084	新丰
40	新丰县皇天星悦酒店	3	潘金海	新丰县斗城街道新龙大道113号	511100	2328888	2328999	新丰
41	新丰县云髻山温泉度假山庄	3	骆桂萁	新丰县丰城镇云髻山西坑	511100	2295979	2280020	新丰
42	乐昌坪石富丽酒店	3	钟 文	乐昌市坪石岭南路	512229	5523488	5521188	乐昌
43	乐昌市星之光大酒店	3	陈晓群	乐昌市（城南所）解放路57号	512200	5552208	5566220	乐昌
44	乐昌坪石金鸡宾馆	3	袁新玲	乐昌市坪石镇金鸡南路3号	512229	5522435	5523406	乐昌
45	乐昌金海洋假日酒店	3	苏丽明	乐昌市长乐路88号	512200	5568688	5576068	乐昌
46	乐昌市汇丰酒店	3	杨超明	乐昌市人民南路3号	512200	5500333	5557333	乐昌
47	南雄珠玑大酒店	3	黄俊平	南雄市雄州镇建设路12号	512400	3830888	3822709	南雄
48	南雄市迎宾馆	3	张海林	南雄市雄州镇建设路6号	512400	3822955	3823215	南雄
49	南雄市金雄鹰宾馆	3	何 海	南雄市雄中路55号	512400	3868888	3868889	南雄
50	南雄雄州大酒店	3	黄 晖	南雄市雄中路	512400	3818199	3889618	南雄
51	港都大酒店	2	陈树源	韶关市火车站广场	512000	8881122	8252238	浈江

续表53

序号	单位名称	星级	法人	单位所在地（地址）	邮编	电话号码	传真号码	地区
52	乳源白云天宾馆	2	杨 德	乳源县鹰峰东路汽车站对面	512700	5387888	5387777	乳源
53	乳源星之光商务酒店	2	陈晓群	乳源乳城镇环城西路24号	512700	5375990	5370828	乳源
54	乳源县韧杰商务酒店	2	许 武	乳源县沿江路8号	512700	5389868	5368166	乳源
55	乳源县名瑶酒店有限公司	2	赵 刚	乳源县鲜明北路白马彩虹小区	512700	6120111	6120111	乳源
56	乐昌市兴华宾馆	2	罗 杰	乐昌市人民中路	512200	5579111		乐昌
57	仁化县联城酒店	2	李秋爽	仁化县董塘镇连塘路27－35号	512300	6366002	6366008	仁化
58	始兴县平湖山庄	1	官锦雄	始兴县花山水库	512500	3412328	3412322	始兴
59	韶关市倚山商务酒店		程 军	韶关市武江区工业东路19号	512000	8199999	8176666	武江
60	韶关市山水商务酒店		王秋荣	韶关市工业西路26号	512000	8726305	8726498	武江
61	韶州宾馆			韶关市武江区沙湖路	512000	8729888	8729333 8735748	武江
62	荷花园酒店		邓郎明	韶关市武江区沙湖路	512000	8729888	8729333	武江
63	韶关碧桂园凤凰酒店		刘总监	韶关市五里亭镇碧桂园	512000	8113300	8113399	浈江
64	韶关风度华美达广场酒店		刘长红	韶关市解放路1号	512000	8208888	8208668	浈江

说明：韶关市倚山商务酒店等5家酒店未评星级

索　引

主题索引

说明：

1. 本索引采用主题分析方法，款目按照首字汉语拼音字母（同音字按声调）顺序排列。
2. 索引款目后的数字表示本书的页码；数字后的英文字母（a、b、c）分别表示该页码的左栏、中栏、右栏。
3. 本索引未对特载、大事记、人物、图、表、统计资料和附录等内容作主题分析。
4. 同一主题的内容在文中多处出现的，在其款目后用不同的页码标明或者加“/”后标明记述单位。

C

D

E

F

G

H

J

K

P

Q

R

S

T

W

X

Z

表格索引

图照索引